中国人口普查
CHINA POPULATION CENSUS

2020

广东省人口普查年鉴

(第2册)

GUANGDONG POPULATION CENSUS YEARBOOK 2020

(BOOK 2)

广　东　省　统　计　局
广东省第七次全国人口普查领导小组办公室　编

Compiled by
Guangdong Provincial Bureau of Statistics
Office of the Leading Group of Guangdong Province for the Seventh National Population Census

中国统计出版社
China Statistics Press

图书在版编目（CIP）数据

广东省人口普查年鉴. 2020. 第 2 册 / 广东省统计局，广东省第七次全国人口普查领导小组办公室编. -- 北京：中国统计出版社, 2022.9
ISBN 978-7-5037-9948-8 —2

Ⅰ. ①广… Ⅱ. ①广… ②广… Ⅲ. ①人口普查－统计资料－广东－2020－年鉴 Ⅳ. ①C924.256.5-54

中国版本图书馆 CIP 数据核字(2022)第 157089 号

广东省人口普查年鉴-2020（第 2 册）
Guangdong Population Census Yearbook 2020 (Book 2)

作　　者/国务院第七次全国人口普查领导小组办公室
责任编辑/郭　栋　佘竞雄
执行编辑/张　怡
封面设计/李雪燕
出版发行/中国统计出版社有限公司
通信地址/北京市丰台区西三环南路甲 6 号　邮政编码/100073
发行电话/邮购（010）63376909　书店（010）68783171
网　　址/http://www.zgtjcbs.com/
印　　刷/河北鑫兆源印刷有限公司
经　　销/新华书店
开　　本/880mm×1230mm　1/16
字　　数/1260 千字
印　　张/52.5
版　　别/2022 年 9 月第 1 版
版　　次/2022 年 9 月第 1 次印刷
定　　价/1680.00 元（全六册附光盘）

目　　录

第 2 册

第一部分　全部数据资料(续)

第六卷　死亡

第七卷　户口登记状况

第八卷 住房

第一部分　全部数据资料

第五卷　家庭

5-1　全省不同规模的家庭户类别

单位：户

家庭户规模	家庭户户　数	一代户	二代户	三代户	四代户	五代及以上户
总　计	**42469178**	**22913634**	**13585529**	**5786238**	**183612**	**165**
一人户	14109849	14109849				
二人户	10298011	7742063	2555948			
三人户	6999483	659483	5990080	349920		
四人户	5189548	234782	3623927	1323166	7673	
五人户	2872342	81192	1006204	1755558	29376	12
六人户	1632082	34487	276620	1274378	46578	19
七人户	699877	17192	82290	555821	44537	37
八人户	313946	10160	28923	248451	26388	24
九人户	158737	6229	11066	128187	13228	27
十人及以上户	195303	18197	10471	150757	15832	46

5-1a　全省不同规模的家庭户类别(城市)

单位：户

家庭户规模	家庭户户　数	一代户	二代户	三代户	四代户	五代及以上户
总　计	**27382359**	**16424203**	**8057561**	**2836970**	**63562**	**63**
一人户	10256757	10256757				
二人户	7006726	5512407	1494319			
三人户	4356361	400287	3778943	177131		
四人户	3036779	140471	2161045	731931	3332	
五人户	1487143	56793	463262	955519	11559	10
六人户	764465	25043	109940	612006	17471	5
七人户	258886	11985	31250	200188	15447	16
八人户	104580	6724	10902	78995	7954	5
九人户	51433	3793	4045	39954	3630	11
十人及以上户	59229	9943	3855	41246	4169	16

5-1b　全省不同规模的家庭户类别(镇)

单位：户

家庭户规模	家庭户户　数	一代户	二代户	三代户	四代户	五代及以上户
总　计	**5096023**	**2276509**	**1853822**	**930879**	**34787**	**26**
一人户	1399247	1399247				
二人户	1118250	784470	333780			
三人户	849346	49305	750505	49536		
四人户	724233	18899	519255	185092	987	
五人户	455857	9774	175326	266094	4661	2
六人户	277887	4574	50134	214791	8387	1
七人户	133708	2672	14922	107223	8886	5
八人户	62171	1875	5368	49455	5469	4
九人户	32260	1318	2205	25834	2899	4
十人及以上户	43064	4375	2327	32854	3498	10

5-1c　全省不同规模的家庭户类别(乡村)

单位：户

家庭户规模	家庭户户　数	一代户	二代户	三代户	四代户	五代及以上户
总　计	**9990796**	**4212922**	**3674146**	**2018389**	**85263**	**76**
一人户	2453845	2453845				
二人户	2173035	1445186	727849			
三人户	1793776	209891	1460632	123253		
四人户	1428536	75412	943627	406143	3354	
五人户	929342	14625	367616	533945	13156	
六人户	589730	4870	116546	447581	20720	13
七人户	307283	2535	36118	248410	20204	16
八人户	147195	1561	12653	120001	12965	15
九人户	75044	1118	4816	62399	6699	12
十人及以上户	93010	3879	4289	76657	8165	20

5-2　各地区分年龄、性别的一人户

单位：户

地　区	合　计			14岁及以下		
	合计	男	女	小计	男	女
广　东	**14109849**	**8473402**	**5636447**	**409901**	**224521**	**185380**
广州市	**2932399**	**1738643**	**1193756**	**47252**	**25943**	**21309**
荔湾区	149056	79199	69857	2622	1430	1192
越秀区	110446	53280	57166	3290	1762	1528
海珠区	290092	156019	134073	4472	2460	2012
天河区	417312	246608	170704	4815	2613	2202
白云区	731026	444120	286906	8319	4637	3682
黄埔区	199609	133243	66366	2621	1412	1209
番禺区	491902	291477	200425	6964	3827	3137
花都区	235834	146549	89285	5142	2894	2248
南沙区	116486	76922	39564	2493	1339	1154
从化区	42272	22707	19565	1717	956	761
增城区	148364	88519	59845	4797	2613	2184
韶关市	**242263**	**129319**	**112944**	**11296**	**6339**	**4957**
武江区	32743	16600	16143	997	531	466
浈江区	30697	15645	15052	933	522	411
曲江区	23761	13238	10523	818	448	370
始兴县	18697	9793	8904	887	512	375
仁化县	14694	8104	6590	688	372	316
翁源县	23906	13303	10603	1295	692	603
乳源瑶族自治县	12594	6996	5598	759	428	331
新丰县	18746	10424	8322	1023	577	446
乐昌市	34964	18530	16434	1726	1014	712
南雄市	31461	16686	14775	2170	1243	927
深圳市	**2573200**	**1605483**	**967717**	**32306**	**17610**	**14696**
罗湖区	113324	52812	60512	2326	1274	1052
福田区	165042	81508	83534	3447	1811	1636
南山区	175426	97245	78181	4406	2329	2077
宝安区	761115	492723	268392	7772	4299	3473
龙岗区	602215	376432	225783	7620	4169	3451
盐田区	15418	8615	6803	355	197	158
龙华区	439534	288884	150650	3844	2077	1767
坪山区	93799	64520	29279	968	562	406
光明区	207327	142744	64583	1568	892	676
珠海市	**294354**	**180536**	**113818**	**5118**	**2796**	**2322**
香洲区	175074	102709	72365	2987	1617	1370
斗门区	71664	46000	25664	1242	690	552
金湾区	47616	31827	15789	889	489	400
汕头市	**217652**	**113540**	**104112**	**11459**	**6096**	**5363**
龙湖区	35958	19763	16195	859	442	417
金平区	47691	22980	24711	1220	691	529
濠江区	9679	5314	4365	411	215	196
潮阳区	50227	25632	24595	3957	2077	1880
潮南区	33890	18277	15613	3784	2045	1739
澄海区	35026	19101	15925	1005	513	492
南澳县	5181	2473	2708	223	113	110
佛山市	**1192097**	**738909**	**453188**	**21319**	**11664**	**9655**
禅城区	180765	105894	74871	2573	1387	1186
南海区	469625	286948	182677	9257	5112	4145
顺德区	406372	262870	143502	6454	3516	2938
三水区	81297	49970	31327	1773	944	829
高明区	54038	33227	20811	1262	705	557

5-2 续表 1 单位：户

地　区	合　计			14岁及以下		
	合计	男	女	小计	男	女
江门市	**408482**	**229498**	**178984**	**10380**	**5691**	**4689**
蓬江区	78595	44984	33611	1534	838	696
江海区	31223	19691	11532	475	267	208
新会区	73667	40991	32676	1621	851	770
台山市	75838	40085	35753	2206	1197	1009
开平市	56236	29546	26690	1588	908	680
鹤山市	57936	34977	22959	1446	803	643
恩平市	34987	19224	15763	1510	827	683
湛江市	**417058**	**219874**	**197184**	**30869**	**16842**	**14027**
赤坎区	33596	16873	16723	1185	632	553
霞山区	52464	25642	26822	1656	852	804
坡头区	20105	10734	9371	1386	734	652
麻章区	26143	13995	12148	2177	1171	1006
遂溪县	49792	26267	23525	4062	2233	1829
徐闻县	31542	16461	15081	2070	1185	885
廉江市	76455	42663	33792	6759	3772	2987
雷州市	81154	43464	37690	7414	4053	3361
吴川市	45807	23775	22032	4160	2210	1950
茂名市	**371227**	**202240**	**168987**	**33160**	**18099**	**15061**
茂南区	69072	35536	33536	4664	2518	2146
电白区	71344	39066	32278	6643	3606	3037
高州市	92741	51996	40745	7929	4412	3517
化州市	73489	40306	33183	8656	4644	4012
信宜市	64581	35336	29245	5268	2919	2349
肇庆市	**351486**	**193502**	**157984**	**20871**	**11907**	**8964**
端州区	57470	29083	28387	3016	1660	1356
鼎湖区	11315	5146	6169	492	298	194
高要区	66400	36431	29969	2881	1650	1231
广宁县	38928	21012	17916	2649	1468	1181
怀集县	52479	29446	23033	5882	3418	2464
封开县	30603	17652	12951	2170	1230	940
德庆县	28839	16820	12019	1411	791	620
四会市	65452	37912	27540	2370	1392	978
惠州市	**610645**	**377814**	**232831**	**21804**	**11755**	**10049**
惠城区	207662	127633	80029	5980	3193	2787
惠阳区	210326	137997	72329	5922	3204	2718
博罗县	98935	58279	40656	3923	2174	1749
惠东县	67751	39239	28512	4359	2319	2040
龙门县	25971	14666	11305	1620	865	755
梅州市	**280531**	**146601**	**133930**	**19152**	**10344**	**8808**
梅江区	24295	12333	11962	979	506	473
梅县区	41538	22641	18897	1944	1052	892
大埔县	33596	17625	15971	2624	1373	1251
丰顺县	35326	18736	16590	2932	1571	1361
五华县	49592	25902	23690	4981	2755	2226
平远县	12985	6845	6140	636	346	290
蕉岭县	13452	6924	6528	481	251	230
兴宁市	69747	35595	34152	4575	2490	2085

5-2　续表 2　　单位：户

地　区	合　计			14岁及以下		
	合计	男	女	小计	男	女
汕尾市	**176269**	**95956**	**80313**	**19013**	**10072**	**8941**
城　区	33394	18730	14664	2260	1201	1059
海丰县	54278	29884	24394	4706	2553	2153
陆河县	15938	8879	7059	2245	1144	1101
陆丰市	72659	38463	34196	9802	5174	4628
河源市	**216888**	**122189**	**94699**	**15985**	**8651**	**7334**
源城区	46033	27131	18902	1200	649	551
紫金县	35773	19309	16464	3342	1796	1546
龙川县	54281	29375	24906	4420	2377	2043
连平县	19699	10912	8787	1562	880	682
和平县	30221	16978	13243	3062	1663	1399
东源县	30881	18484	12397	2399	1286	1113
阳江市	**188356**	**102676**	**85680**	**10903**	**5920**	**4983**
江城区	55890	28510	27380	2907	1597	1310
阳东区	37074	20728	16346	2179	1166	1013
阳西县	31906	17987	13919	1901	999	902
阳春市	63486	35451	28035	3916	2158	1758
清远市	**278805**	**155649**	**123156**	**15213**	**8547**	**6666**
清城区	64876	34380	30496	2514	1384	1130
清新区	47385	26197	21188	2336	1307	1029
佛冈县	25251	14203	11048	1169	640	529
阳山县	30310	17413	12897	2036	1181	855
连山壮族瑶族自治县	6187	3529	2658	394	237	157
连南瑶族自治县	9641	5024	4617	1060	571	489
英德市	63669	36381	27288	3752	2133	1619
连州市	31486	18522	12964	1952	1094	858
东莞市	**2131239**	**1391971**	**739268**	**33159**	**18689**	**14470**
市辖区	2131239	1391971	739268	33159	18689	14470
中山市	**677845**	**431430**	**246415**	**11741**	**6555**	**5186**
市辖区	677845	431430	246415	11741	6555	5186
潮州市	**123004**	**67086**	**55918**	**4150**	**2205**	**1945**
湘桥区	32292	16235	16057	800	429	371
潮安区	47672	28086	19586	1376	730	646
饶平县	43040	22765	20275	1974	1046	928
揭阳市	**261459**	**140995**	**120464**	**23836**	**12860**	**10976**
榕城区	35720	18513	17207	1937	1074	863
揭东区	41452	23826	17626	2839	1565	1274
揭西县	40007	21678	18329	3885	2043	1842
惠来县	40886	20655	20231	5307	2861	2446
普宁市	103394	56323	47071	9868	5317	4551
云浮市	**164590**	**89491**	**75099**	**10915**	**5936**	**4979**
云城区	22573	12502	10071	898	498	400
云安区	15303	8906	6397	1015	566	449
新兴县	30837	16534	14303	1384	763	621
郁南县	29045	16235	12810	1682	861	821
罗定市	66832	35314	31518	5936	3248	2688

5-2 续表 3

单位：户

地 区	15-19岁			20-24岁		
	小计	男	女	小计	男	女
广 东	**344377**	**206885**	**137492**	**1487562**	**877006**	**610556**
广州市	**64274**	**37626**	**26648**	**408536**	**229347**	**179189**
荔湾区	2675	1592	1083	17172	9099	8073
越秀区	1733	954	779	7615	3898	3717
海珠区	5361	2944	2417	28903	15493	13410
天河区	8456	4873	3583	87959	48848	39111
白云区	19643	11094	8549	116922	62315	54607
黄埔区	3224	2015	1209	26716	16396	10320
番禺区	11063	6476	4587	70764	39635	31129
花都区	6318	3885	2433	24677	15453	9224
南沙区	2260	1546	714	11249	7850	3399
从化区	833	531	302	2900	1660	1240
增城区	2708	1716	992	13659	8700	4959
韶关市	**5390**	**3096**	**2294**	**13126**	**7360**	**5766**
武江区	601	337	264	2144	1104	1040
浈江区	533	293	240	1792	994	798
曲江区	397	228	169	1085	643	442
始兴县	388	217	171	873	511	362
仁化县	327	148	179	655	350	305
翁源县	545	323	222	1164	644	520
乳源瑶族自治县	318	179	139	644	379	265
新丰县	471	292	179	1247	730	517
乐昌市	970	578	392	1836	1033	803
南雄市	840	501	339	1686	972	714
深圳市	**44338**	**25405**	**18933**	**340288**	**188211**	**152077**
罗湖区	1462	778	684	11143	4847	6296
福田区	2517	1443	1074	18741	9199	9542
南山区	1885	1005	880	19530	10549	8981
宝安区	13742	7762	5980	104562	58727	45835
龙岗区	11094	6410	4684	83418	45070	38348
盐田区	291	168	123	1107	607	500
龙华区	7109	3998	3111	66280	37069	29211
坪山区	2070	1380	690	11038	7208	3830
光明区	4168	2461	1707	24469	14935	9534
珠海市	**5674**	**3429**	**2245**	**32294**	**19852**	**12442**
香洲区	3144	1870	1274	19876	11629	8247
斗门区	1578	970	608	7355	4940	2415
金湾区	952	589	363	5063	3283	1780
汕头市	**5337**	**3074**	**2263**	**13653**	**7889**	**5764**
龙湖区	935	533	402	3233	1752	1481
金平区	711	417	294	2115	1202	913
濠江区	194	110	84	604	386	218
潮阳区	1403	788	615	3669	2150	1519
潮南区	1179	676	503	2077	1218	859
澄海区	850	517	333	1764	1071	693
南澳县	65	33	32	191	110	81
佛山市	**25709**	**16261**	**9448**	**119645**	**74908**	**44737**
禅城区	3449	2157	1292	20725	12003	8722
南海区	10117	6229	3888	48829	29812	19017
顺德区	9846	6386	3460	40005	26323	13682
三水区	1346	868	478	6352	4252	2100
高明区	951	621	330	3734	2518	1216

5-2　续表 4　　　　单位：户

地　区	15-19岁			20-24岁		
	小计	男	女	小计	男	女
江门市	**7852**	**4816**	**3036**	**24139**	**15268**	**8871**
蓬江区	1834	1149	685	6284	3928	2356
江海区	998	571	427	2921	2011	910
新会区	1093	678	415	3595	2366	1229
台山市	911	537	374	2838	1631	1207
开平市	926	552	374	2622	1594	1028
鹤山市	1510	997	513	4060	2688	1372
恩平市	580	332	248	1819	1050	769
湛江市	**12657**	**7622**	**5035**	**26434**	**15090**	**11344**
赤坎区	882	494	388	2743	1345	1398
霞山区	1349	784	565	4096	1995	2101
坡头区	425	244	181	1066	664	402
麻章区	680	419	261	1549	944	605
遂溪县	1309	788	521	2455	1342	1113
徐闻县	792	493	299	1670	985	685
廉江市	2771	1705	1066	5065	3049	2016
雷州市	2812	1637	1175	4849	2888	1961
吴川市	1637	1058	579	2941	1878	1063
茂名市	**12428**	**7769**	**4659**	**24718**	**14883**	**9835**
茂南区	1803	1058	745	4841	2704	2137
电白区	2341	1451	890	4617	2764	1853
高州市	2966	1946	1020	5710	3697	2013
化州市	2941	1841	1100	5116	3063	2053
信宜市	2377	1473	904	4434	2655	1779
肇庆市	**8750**	**5304**	**3446**	**18366**	**10875**	**7491**
端州区	1432	848	584	3093	1676	1417
鼎湖区	161	105	56	497	303	194
高要区	1277	817	460	3192	2049	1143
广宁县	905	539	366	1684	960	724
怀集县	2007	1189	818	3053	1787	1266
封开县	1186	723	463	1560	868	692
德庆县	647	374	273	1139	606	533
四会市	1135	709	426	4148	2626	1522
惠州市	**19774**	**12028**	**7746**	**65527**	**41269**	**24258**
惠城区	7510	4499	3011	26801	16449	10352
惠阳区	6401	4074	2327	24370	16229	8141
博罗县	3408	2076	1332	8446	5315	3131
惠东县	1601	913	688	4398	2481	1917
龙门县	854	466	388	1512	795	717
梅州市	**8485**	**4856**	**3629**	**15754**	**9030**	**6724**
梅江区	634	355	279	1692	895	797
梅县区	1047	533	514	2027	1159	868
大埔县	968	547	421	1465	878	587
丰顺县	1210	656	554	2215	1185	1030
五华县	2176	1304	872	3652	2118	1534
平远县	231	134	97	518	291	227
蕉岭县	184	94	90	403	220	183
兴宁市	2035	1233	802	3782	2284	1498

5-2 续表 5 单位：户

地　区	15-19岁			20-24岁		
	小计	男	女	小计	男	女
汕尾市	**6970**	**3994**	**2976**	**13008**	**7517**	**5491**
城　区	1315	764	551	2323	1350	973
海丰县	1360	789	571	3547	2041	1506
陆河县	711	436	275	1362	819	543
陆丰市	3584	2005	1579	5776	3307	2469
河源市	**7236**	**4158**	**3078**	**14625**	**8356**	**6269**
源城区	1556	844	712	5328	3097	2231
紫金县	1338	805	533	2053	1159	894
龙川县	1897	1048	849	3286	1798	1488
连平县	473	278	195	887	501	386
和平县	1063	647	416	1335	754	581
东源县	909	536	373	1736	1047	689
阳江市	**3598**	**2163**	**1435**	**9801**	**5741**	**4060**
江城区	693	425	268	2588	1457	1131
阳东区	604	342	262	1862	1056	806
阳西县	727	444	283	2084	1271	813
阳春市	1574	952	622	3267	1957	1310
清远市	**6641**	**3960**	**2681**	**16578**	**9397**	**7181**
清城区	1214	684	530	4388	2528	1860
清新区	1342	812	530	3070	1845	1225
佛冈县	488	285	203	1348	758	590
阳山县	673	403	270	1707	919	788
连山壮族瑶族自治县	126	67	59	326	190	136
连南瑶族自治县	318	175	143	445	255	190
英德市	1834	1135	699	4188	2295	1893
连州市	646	399	247	1106	607	499
东莞市	**64764**	**40192**	**24572**	**231767**	**150314**	**81453**
市辖区	64764	40192	24572	231767	150314	81453
中山市	**19861**	**12709**	**7152**	**67491**	**43966**	**23525**
市辖区	19861	12709	7152	67491	43966	23525
潮州市	**2307**	**1330**	**977**	**5899**	**3353**	**2546**
湘桥区	512	275	237	1728	908	820
潮安区	960	582	378	2408	1455	953
饶平县	835	473	362	1763	990	773
揭阳市	**8466**	**4733**	**3733**	**16626**	**9107**	**7519**
榕城区	985	471	514	2108	1003	1105
揭东区	1209	719	490	2328	1299	1029
揭西县	1459	819	640	2062	1185	877
惠来县	1663	923	740	2350	1344	1006
普宁市	3150	1801	1349	7778	4276	3502
云浮市	**3866**	**2360**	**1506**	**9287**	**5273**	**4014**
云城区	338	214	124	1239	703	536
云安区	338	195	143	825	470	355
新兴县	579	342	237	1904	1041	863
郁南县	620	380	240	1353	757	596
罗定市	1991	1229	762	3966	2302	1664

5-2 续表 6

单位：户

地区	25-29岁			30-34岁			35-39岁		
	小计	男	女	小计	男	女	小计	男	女
广东	**2160185**	**1353417**	**806768**	**2113717**	**1394331**	**719386**	**1509152**	**980533**	**528619**
广州市	**542592**	**331420**	**211172**	**470713**	**306385**	**164328**	**315547**	**203276**	**112271**
荔湾区	22116	12491	9625	17450	10463	6987	12057	7127	4930
越秀区	13636	6846	6790	12053	6363	5690	8507	4406	4101
海珠区	44055	24737	19318	43687	25547	18140	30354	17549	12805
天河区	111614	67240	44374	67381	43112	24269	34873	22187	12686
白云区	137800	83533	54267	120273	80327	39946	83580	56059	27521
黄埔区	43253	28805	14448	39785	28804	10981	23798	17358	6440
番禺区	93483	56886	36597	83943	53725	30218	56969	36177	20792
花都区	35176	23070	12106	41200	27790	13410	31354	20406	10948
南沙区	17535	12500	5035	18983	13658	5325	13639	9482	4157
从化区	3774	2187	1587	3553	2077	1476	3373	1873	1500
增城区	20150	13125	7025	22405	14519	7886	17043	10652	6391
韶关市	**17479**	**10180**	**7299**	**16508**	**9967**	**6541**	**14405**	**8525**	**5880**
武江区	3466	1960	1506	3352	1925	1427	2725	1485	1240
浈江区	2479	1467	1012	2287	1394	893	1843	1054	789
曲江区	1545	934	611	1640	1086	554	1370	864	506
始兴县	1029	580	449	989	626	363	962	620	342
仁化县	915	550	365	984	627	357	810	502	308
翁源县	1643	924	719	1390	815	575	1241	756	485
乳源瑶族自治县	825	479	346	773	482	291	779	486	293
新丰县	1316	760	556	1184	663	521	1251	673	578
乐昌市	2272	1330	942	2164	1302	862	1779	1110	669
南雄市	1989	1196	793	1745	1047	698	1645	975	670
深圳市	**602222**	**366832**	**235390**	**540451**	**362283**	**178168**	**320216**	**216062**	**104154**
罗湖区	22759	10237	12522	19786	8912	10874	13253	6190	7063
福田区	41584	20846	20738	30548	15361	15187	17729	8709	9020
南山区	46118	26053	20065	35719	20523	15196	19757	11413	8344
宝安区	181411	114420	66991	167398	116351	51047	98286	69175	29111
龙岗区	134268	81016	53252	114440	76757	37683	72685	49525	23160
盐田区	2460	1305	1155	2334	1306	1028	1742	1048	694
龙华区	113891	72197	41694	104569	75025	29544	54111	38970	15141
坪山区	19424	13294	6130	19031	13825	5206	12205	8679	3526
光明区	40307	27464	12843	46626	34223	12403	30448	22353	8095
珠海市	**50332**	**32073**	**18259**	**50768**	**33871**	**16897**	**33675**	**21885**	**11790**
香洲区	31240	18763	12477	30483	19350	11133	19518	12208	7310
斗门区	11632	8154	3478	12334	8744	3590	8399	5580	2819
金湾区	7460	5156	2304	7951	5777	2174	5758	4097	1661
汕头市	**18846**	**11122**	**7724**	**17310**	**10329**	**6981**	**14340**	**8450**	**5890**
龙湖区	4469	2618	1851	4508	2623	1885	3442	2052	1390
金平区	3694	2131	1563	3511	2046	1465	2827	1636	1191
濠江区	798	503	295	633	412	221	516	352	164
潮阳区	4373	2583	1790	3110	1809	1301	2788	1625	1163
潮南区	2642	1627	1015	2263	1470	793	1939	1179	760
澄海区	2437	1427	1010	2936	1774	1162	2537	1440	1097
南澳县	433	233	200	349	195	154	291	166	125
佛山市	**171397**	**111980**	**59417**	**184601**	**123591**	**61010**	**145812**	**96244**	**49568**
禅城区	29633	18139	11494	28551	18247	10304	20775	13219	7556
南海区	69762	44713	25049	73032	47496	25536	58055	37487	20568
顺德区	56738	38826	17912	65475	45851	19624	52268	35762	16506
三水区	9454	6400	3054	10685	7313	3372	8792	5970	2822
高明区	5810	3902	1908	6858	4684	2174	5922	3806	2116

5-2 续表 7

单位：户

地区	25-29岁			30-34岁			35-39岁		
	小计	男	女	小计	男	女	小计	男	女
江门市	**36893**	**23721**	**13172**	**41581**	**27050**	**14531**	**34193**	**21229**	**12964**
蓬江区	8840	5583	3257	9847	6416	3431	7966	5028	2938
江海区	4372	3062	1310	4797	3337	1460	3592	2402	1190
新会区	5899	3953	1946	6430	4424	2006	5448	3500	1948
台山市	4754	2836	1918	5334	3186	2148	4419	2496	1923
开平市	4193	2603	1590	4914	3082	1832	4039	2347	1692
鹤山市	6068	4100	1968	7294	4887	2407	6451	4154	2297
恩平市	2767	1584	1183	2965	1718	1247	2278	1302	976
湛江市	**35316**	**20309**	**15007**	**31725**	**18251**	**13474**	**24058**	**13680**	**10378**
赤坎区	4460	2424	2036	4124	2334	1790	2694	1394	1300
霞山区	6808	3534	3274	6302	3399	2903	4204	2170	2034
坡头区	1676	1075	601	1595	1020	575	1168	757	411
麻章区	2109	1271	838	1927	1167	760	1620	1037	583
遂溪县	3114	1763	1351	2758	1533	1225	2251	1322	929
徐闻县	2098	1215	883	2087	1172	915	1802	897	905
廉江市	6032	3515	2517	5178	2978	2200	3826	2210	1616
雷州市	5272	3081	2191	4586	2621	1965	4198	2464	1734
吴川市	3747	2431	1316	3168	2027	1141	2295	1429	866
茂名市	**30077**	**17646**	**12431**	**24389**	**14121**	**10268**	**18858**	**10628**	**8230**
茂南区	7419	4153	3266	6510	3659	2851	4864	2623	2241
电白区	5257	3113	2144	4361	2516	1845	3754	2196	1558
高州市	6842	4165	2677	5274	3068	2206	4106	2223	1883
化州市	5772	3377	2395	4863	2851	2012	3534	2047	1487
信宜市	4787	2838	1949	3381	2027	1354	2600	1539	1061
肇庆市	**25608**	**15061**	**10547**	**27510**	**16449**	**11061**	**24743**	**14423**	**10320**
端州区	5817	3187	2630	6334	3485	2849	5299	2763	2536
鼎湖区	869	484	385	776	415	361	568	309	259
高要区	4298	2622	1676	5104	3183	1921	4941	2988	1953
广宁县	1949	1096	853	1832	1006	826	1845	1047	798
怀集县	3095	1889	1206	2946	1789	1157	3011	1820	1191
封开县	1634	954	680	1522	910	612	1376	809	567
德庆县	1372	680	692	1410	741	669	1530	861	669
四会市	6574	4149	2425	7586	4920	2666	6173	3826	2347
惠州市	**89777**	**58693**	**31084**	**91374**	**60751**	**30623**	**67852**	**43921**	**23931**
惠城区	35341	22985	12356	32420	21543	10877	22549	14553	7996
惠阳区	34380	23725	10655	37226	25929	11297	26092	17650	8442
博罗县	10704	6743	3961	11631	7232	4399	10158	6267	3891
惠东县	7373	4145	3228	8038	4897	3141	7111	4291	2820
龙门县	1979	1095	884	2059	1150	909	1942	1160	782
梅州市	**19562**	**11103**	**8459**	**16482**	**9347**	**7135**	**13861**	**7426**	**6435**
梅江区	2517	1414	1103	2318	1345	973	1685	878	807
梅县区	3021	1797	1224	3115	1854	1261	2251	1206	1045
大埔县	1731	993	738	1731	959	772	1472	787	685
丰顺县	2419	1276	1143	1971	1059	912	1884	961	923
五华县	3712	2134	1578	2402	1367	1035	2221	1207	1014
平远县	802	493	309	599	358	241	526	287	239
蕉岭县	641	366	275	622	356	266	532	289	243
兴宁市	4719	2630	2089	3724	2049	1675	3290	1811	1479

5-2 续表 8

单位：户

地 区	25-29岁			30-34岁			35-39岁		
	小计	男	女	小计	男	女	小计	男	女
汕尾市	**16254**	**9368**	**6886**	**13892**	**8073**	**5819**	**11993**	**6705**	**5288**
城 区	3647	2208	1439	3259	1995	1264	2731	1546	1185
海丰县	5412	3019	2393	5093	2891	2202	4594	2564	2030
陆河县	1180	677	503	945	557	388	857	451	406
陆丰市	6015	3464	2551	4595	2630	1965	3811	2144	1667
河源市	**17932**	**10695**	**7237**	**15742**	**9530**	**6212**	**14585**	**8574**	**6011**
源城区	6831	4337	2494	6323	4054	2269	5140	3083	2057
紫金县	2266	1308	958	1895	1052	843	1805	947	858
龙川县	3721	2044	1677	2910	1660	1250	3024	1805	1219
连平县	966	515	451	1041	574	467	1074	604	470
和平县	1711	993	718	1454	897	557	1562	954	608
东源县	2437	1498	939	2119	1293	826	1980	1181	799
阳江市	**15416**	**8602**	**6814**	**14471**	**7826**	**6645**	**12161**	**6657**	**5504**
江城区	5104	2852	2252	5243	2752	2491	4348	2247	2101
阳东区	3205	1744	1461	3360	1824	1536	3055	1736	1319
阳西县	2794	1539	1255	2300	1245	1055	1842	1064	778
阳春市	4313	2467	1846	3568	2005	1563	2916	1610	1306
清远市	**22068**	**12575**	**9493**	**22104**	**12564**	**9540**	**19064**	**10912**	**8152**
清城区	6721	3892	2829	7157	4017	3140	5813	3166	2647
清新区	3972	2271	1701	3742	2151	1591	3435	1931	1504
佛冈县	1946	1111	835	2063	1133	930	1841	1021	820
阳山县	1983	1094	889	1891	1081	810	1684	1028	656
连山壮族瑶族自治县	408	234	174	320	177	143	337	208	129
连南瑶族自治县	485	246	239	505	268	237	503	307	196
英德市	5121	2884	2237	4802	2720	2082	3886	2276	1610
连州市	1432	843	589	1624	1017	607	1565	975	590
东莞市	**314420**	**215800**	**98620**	**385855**	**266592**	**119263**	**303197**	**205057**	**98140**
市辖区	314420	215800	98620	385855	266592	119263	303197	205057	98140
中山市	**92327**	**62123**	**30204**	**113759**	**77184**	**36575**	**91411**	**60387**	**31024**
市辖区	92327	62123	30204	113759	77184	36575	91411	60387	31024
潮州市	**8321**	**4912**	**3409**	**8232**	**4957**	**3275**	**7141**	**4167**	**2974**
湘桥区	2739	1521	1218	2561	1418	1143	2115	1120	995
潮安区	3379	2086	1293	3759	2454	1305	3180	2019	1161
饶平县	2203	1305	898	1912	1085	827	1846	1028	818
揭阳市	**21274**	**12388**	**8886**	**15763**	**9096**	**6667**	**13748**	**7448**	**6300**
榕城区	2701	1563	1138	2145	1258	887	1990	1097	893
揭东区	2973	1851	1122	2315	1537	778	1842	1076	766
揭西县	2305	1275	1030	1905	1014	891	1832	925	907
惠来县	2715	1583	1132	1818	1030	788	1819	1010	809
普宁市	10580	6116	4464	7580	4257	3323	6265	3340	2925
云浮市	**12072**	**6814**	**5258**	**10487**	**6114**	**4373**	**8292**	**4877**	**3415**
云城区	2288	1287	1001	2157	1202	955	1773	976	797
云安区	997	526	471	811	464	347	662	427	235
新兴县	2595	1420	1175	2142	1283	859	1759	1035	724
郁南县	1794	1028	766	1590	936	654	1199	700	499
罗定市	4398	2553	1845	3787	2229	1558	2899	1739	1160

5-2 续表 9

单位：户

地区	40-44岁			45-49岁			50-54岁		
	小计	男	女	小计	男	女	小计	男	女
广 东	**1214717**	**746442**	**468275**	**1309230**	**763693**	**545537**	**1051525**	**642088**	**409437**
广州市	**238355**	**147343**	**91012**	**251166**	**147129**	**104037**	**193115**	**116286**	**76829**
荔湾区	9438	5380	4058	11538	6312	5226	10945	6101	4844
越秀区	6807	3527	3280	8528	4117	4411	8358	4374	3984
海珠区	23633	13340	10293	26157	14071	12086	22534	12444	10090
天河区	23273	14279	8994	23971	14025	9946	19437	11642	7795
白云区	62901	40490	22411	63772	38841	24931	46575	28869	17706
黄埔区	15904	11158	4746	15257	10167	5090	11108	7711	3397
番禺区	43628	26591	17037	45244	26108	19136	32011	18906	13105
花都区	23780	14712	9068	23603	13899	9704	16767	10217	6550
南沙区	11668	7750	3918	12946	8259	4687	9468	6322	3146
从化区	3569	1834	1735	4765	2462	2303	4055	2399	1656
增城区	13754	8282	5472	15385	8868	6517	11857	7301	4556
韶关市	**16213**	**9043**	**7170**	**24404**	**12698**	**11706**	**26597**	**14879**	**11718**
武江区	2774	1380	1394	3660	1668	1992	3278	1749	1529
浈江区	2002	1079	923	2952	1548	1404	3232	1699	1533
曲江区	1748	1059	689	2545	1460	1085	2810	1698	1112
始兴县	1065	621	444	1942	896	1046	2323	1157	1166
仁化县	879	535	344	1457	843	614	1753	1043	710
翁源县	1257	706	551	2340	1276	1064	2560	1534	1026
乳源瑶族自治县	991	617	374	1268	710	558	1274	778	496
新丰县	1209	631	578	1802	935	867	1965	1169	796
乐昌市	2231	1240	991	3472	1817	1655	3743	2036	1707
南雄市	2057	1175	882	2966	1545	1421	3659	2016	1643
深圳市	**215522**	**138663**	**76859**	**195768**	**118357**	**77411**	**135854**	**86146**	**49708**
罗湖区	10194	4826	5368	10507	4997	5510	8266	4240	4026
福田区	12309	5933	6376	12808	6034	6774	9996	5108	4888
南山区	12886	7125	5761	12601	6731	5870	9515	5263	4252
宝安区	63842	43044	20798	54027	33930	20097	35875	23607	12268
龙岗区	53752	34818	18934	52620	32181	20439	36481	23913	12568
盐田区	1625	907	718	1841	1013	828	1580	942	638
龙华区	31253	21560	9693	25170	16276	8894	16754	11119	5635
坪山区	9270	6239	3031	8639	5626	3013	5861	4128	1733
光明区	20391	14211	6180	17555	11569	5986	11526	7826	3700
珠海市	**26130**	**15548**	**10582**	**29023**	**16671**	**12352**	**23169**	**14166**	**9003**
香洲区	15261	8702	6559	17300	9464	7836	13986	8146	5840
斗门区	6354	3866	2488	6755	3973	2782	5248	3283	1965
金湾区	4515	2980	1535	4968	3234	1734	3935	2737	1198
汕头市	**14348**	**7932**	**6416**	**19200**	**10401**	**8799**	**19129**	**10801**	**8328**
龙湖区	3291	1780	1511	4142	2258	1884	3243	1870	1373
金平区	2931	1544	1387	4245	2120	2125	4548	2323	2225
濠江区	583	362	221	841	476	365	952	587	365
潮阳区	2871	1566	1305	3890	1990	1900	4216	2238	1978
潮南区	1765	1086	679	2559	1514	1045	2747	1677	1070
澄海区	2622	1433	1189	3163	1853	1310	3021	1895	1126
南澳县	285	161	124	360	190	170	402	211	191
佛山市	**122897**	**76620**	**46277**	**133886**	**80255**	**53631**	**102338**	**65035**	**37303**
禅城区	16203	9778	6425	17796	10440	7356	13801	8432	5369
南海区	48433	29706	18727	52577	31134	21443	39540	24853	14687
顺德区	44692	28689	16003	47747	29089	18658	36492	23414	13078
三水区	8213	5160	3053	9544	5837	3707	7580	5054	2526
高明区	5356	3287	2069	6222	3755	2467	4925	3282	1643

5-2　续表 10　　　　单位：户

地　区	40-44岁			45-49岁			50-54岁		
	小计	男	女	小计	男	女	小计	男	女
江门市	**33649**	**19654**	**13995**	**42071**	**23435**	**18636**	**37196**	**21805**	**15391**
蓬江区	7658	4450	3208	9272	5168	4104	7345	4239	3106
江海区	3099	1963	1136	3438	2023	1415	2609	1605	1004
新会区	5351	3267	2084	7505	4297	3208	6668	4058	2610
台山市	4984	2751	2233	6708	3583	3125	7368	4054	3314
开平市	3908	2212	1696	5466	2909	2557	5180	2947	2233
鹤山市	5961	3536	2425	6503	3709	2794	4778	2969	1809
恩平市	2688	1475	1213	3179	1746	1433	3248	1933	1315
湛江市	**24173**	**12774**	**11399**	**30403**	**15661**	**14742**	**31733**	**17188**	**14545**
赤坎区	2498	1148	1350	3085	1409	1676	2721	1338	1383
霞山区	4036	1894	2142	4834	2252	2582	4491	2231	2260
坡头区	1030	586	444	1200	630	570	1363	720	643
麻章区	1536	919	617	1632	941	691	1817	1075	742
遂溪县	2658	1422	1236	3453	1900	1553	3937	2214	1723
徐闻县	1804	941	863	2430	1337	1093	2592	1501	1091
廉江市	3862	2061	1801	4775	2537	2238	5351	3060	2291
雷州市	4503	2537	1966	5947	3276	2671	6156	3558	2598
吴川市	2246	1266	980	3047	1379	1668	3305	1491	1814
茂名市	**19730**	**10393**	**9337**	**27332**	**13834**	**13498**	**29837**	**16028**	**13809**
茂南区	4630	2281	2349	5831	2798	3033	5226	2664	2562
电白区	3986	2192	1794	5238	2670	2568	5625	2972	2653
高州市	4646	2407	2239	6866	3489	3377	8113	4512	3601
化州市	3465	1915	1550	4772	2532	2240	5047	2750	2297
信宜市	3003	1598	1405	4625	2345	2280	5826	3130	2696
肇庆市	**24579**	**13839**	**10740**	**34625**	**19095**	**15530**	**35100**	**20697**	**14403**
端州区	4977	2458	2519	6867	3188	3679	5807	2862	2945
鼎湖区	565	288	277	971	470	501	951	503	448
高要区	4807	2777	2030	6791	4028	2763	6562	4099	2463
广宁县	2002	1109	893	3213	1727	1486	4022	2266	1756
怀集县	3234	1970	1264	4540	2574	1966	4917	2879	2038
封开县	1555	946	609	2667	1646	1021	3295	2124	1171
德庆县	1887	1069	818	2740	1605	1135	3236	2156	1080
四会市	5552	3222	2330	6836	3857	2979	6310	3808	2502
惠州市	**55706**	**34161**	**21545**	**60385**	**36176**	**24209**	**47638**	**30161**	**17477**
惠城区	17678	10612	7066	19231	11239	7992	15009	9346	5663
惠阳区	20452	13246	7206	20806	12889	7917	15398	9942	5456
博罗县	9601	5618	3983	10792	6280	4512	8681	5459	3222
惠东县	6192	3680	2512	7322	4392	2930	6087	3824	2263
龙门县	1783	1005	778	2234	1376	858	2463	1590	873
梅州市	**13656**	**6735**	**6921**	**23200**	**11362**	**11838**	**26012**	**14717**	**11295**
梅江区	1492	716	776	2387	1145	1242	2080	1162	918
梅县区	1994	1016	978	3376	1750	1626	3618	2114	1504
大埔县	1642	829	813	2460	1232	1228	3209	1807	1402
丰顺县	1814	882	932	2795	1438	1357	2882	1774	1108
五华县	2382	1134	1248	3974	1975	1999	4377	2512	1865
平远县	604	289	315	1062	561	501	1373	817	556
蕉岭县	589	289	300	1073	457	616	1307	723	584
兴宁市	3139	1580	1559	6073	2804	3269	7166	3808	3358

5－2 续表 11

单位：户

地 区	40－44岁			45－49岁			50－54岁		
	小计	男	女	小计	男	女	小计	男	女
汕尾市	**10336**	**5419**	**4917**	**14432**	**7713**	**6719**	**14342**	**8253**	**6089**
城 区	2301	1209	1092	3191	1760	1431	3221	1968	1253
海丰县	3779	1985	1794	5128	2820	2308	4594	2640	1954
陆河县	924	431	493	1334	605	729	1316	707	609
陆丰市	3332	1794	1538	4779	2528	2251	5211	2938	2273
河源市	**14615**	**8133**	**6482**	**19760**	**10582**	**9178**	**20479**	**12800**	**7679**
源城区	4549	2487	2062	5092	2734	2358	3859	2394	1465
紫金县	1929	1012	917	3075	1594	1481	3403	2018	1385
龙川县	3223	1754	1469	4433	2208	2225	5193	3055	2138
连平县	1107	614	493	1682	908	774	2036	1277	759
和平县	1642	997	645	2444	1357	1087	3081	2028	1053
东源县	2165	1269	896	3034	1781	1253	2907	2028	879
阳江市	**13329**	**7060**	**6269**	**17396**	**9374**	**8022**	**17906**	**10559**	**7347**
江城区	4695	2257	2438	5809	2915	2894	5413	2931	2482
阳东区	3180	1761	1419	3616	2072	1544	3277	2029	1248
阳西县	1911	1093	818	2590	1394	1196	2765	1643	1122
阳春市	3543	1949	1594	5381	2993	2388	6451	3956	2495
清远市	**18696**	**10169**	**8527**	**25436**	**13982**	**11454**	**27187**	**16476**	**10711**
清城区	5547	2874	2673	6899	3637	3262	6045	3425	2620
清新区	3488	1771	1717	4476	2289	2187	4270	2599	1671
佛冈县	1592	860	732	2054	1152	902	2461	1499	962
阳山县	1466	824	642	2386	1328	1058	3035	1851	1184
连山壮族瑶族自治县	324	190	134	590	346	244	646	398	248
连南瑶族自治县	665	386	279	876	501	375	907	526	381
英德市	4009	2329	1680	5746	3302	2444	6448	4042	2406
连州市	1605	935	670	2409	1427	982	3375	2136	1239
东莞市	**244195**	**157630**	**86565**	**235592**	**144875**	**90717**	**158201**	**101750**	**56451**
市辖区	244195	157630	86565	235592	144875	90717	158201	101750	56451
中山市	**77692**	**48143**	**29549**	**82302**	**48148**	**34154**	**58093**	**35901**	**22192**
市辖区	77692	48143	29549	82302	48148	34154	58093	35901	22192
潮州市	**7702**	**4580**	**3122**	**10702**	**6471**	**4231**	**11472**	**7438**	**4034**
湘桥区	2113	1132	981	2947	1652	1295	2792	1673	1119
潮安区	3611	2318	1293	4552	2966	1586	4628	3204	1424
饶平县	1978	1130	848	3203	1853	1350	4052	2561	1491
揭阳市	**14294**	**7609**	**6685**	**19709**	**10757**	**8952**	**21135**	**12424**	**8711**
榕城区	2110	1178	932	3035	1734	1301	3213	1847	1366
揭东区	2181	1280	901	3018	1848	1170	3186	2154	1032
揭西县	1803	917	886	2754	1403	1351	3214	1864	1350
惠来县	1922	1021	901	2593	1347	1246	3244	1835	1409
普宁市	6278	3213	3065	8309	4425	3884	8278	4724	3554
云浮市	**8900**	**4994**	**3906**	**12438**	**6717**	**5721**	**14992**	**8578**	**6414**
云城区	1672	914	758	2036	1126	910	2062	1206	856
云安区	700	465	235	983	609	374	1285	844	441
新兴县	1810	1010	800	2386	1241	1145	2668	1531	1137
郁南县	1488	848	640	2043	1114	929	2961	1736	1225
罗定市	3230	1757	1473	4990	2627	2363	6016	3261	2755

5-2　续表 12　　　　单位：户

地　区	55—59岁			60—64岁			65岁及以上		
	小计	男	女	小计	男	女	小计	男	女
广　东	**701811**	**443758**	**258053**	**413365**	**249056**	**164309**	**1394307**	**591672**	**802635**
广州市	**129238**	**78398**	**50840**	**72798**	**39739**	**33059**	**198813**	**75751**	**123062**
荔湾区	10705	6009	4696	8776	4457	4319	23562	8738	14824
越秀区	8986	4785	4201	7806	3819	3987	23127	8429	14698
海珠区	17610	9796	7814	12110	6016	6094	31216	11622	19594
天河区	13211	8096	5115	6832	3652	3180	15490	6041	9449
白云区	28370	17934	10436	13326	7965	5361	29545	12056	17489
黄埔区	6799	4598	2201	2888	1735	1153	8256	3084	5172
番禺区	18070	10858	7212	8083	4379	3704	21680	7909	13771
花都区	9460	6038	3422	4341	2651	1690	14016	5534	8482
南沙区	5377	3654	1723	2456	1425	1031	8412	3137	5275
从化区	3141	1927	1214	2080	1229	851	8512	3572	4940
增城区	7509	4703	2806	4100	2411	1689	14997	5629	9368
韶关市	**23492**	**14358**	**9134**	**15548**	**9372**	**6176**	**57805**	**23502**	**34303**
武江区	2661	1468	1193	1742	932	810	5343	2061	3282
浈江区	3046	1752	1294	1960	1063	897	7638	2780	4858
曲江区	2392	1551	841	1471	883	588	5940	2384	3556
始兴县	2082	1231	851	1171	720	451	4986	2102	2884
仁化县	1562	1038	524	909	571	338	3755	1525	2230
翁源县	2364	1606	758	1851	1334	517	6256	2693	3563
乳源瑶族自治县	1143	736	407	851	522	329	2969	1200	1769
新丰县	1699	1093	606	1371	889	482	4208	2012	2196
乐昌市	3461	2056	1405	2409	1408	1001	8901	3606	5295
南雄市	3082	1827	1255	1813	1050	763	7809	3139	4670
深圳市	**75071**	**49786**	**25285**	**28529**	**17838**	**10691**	**42635**	**18290**	**24345**
罗湖区	5569	3121	2448	2591	1363	1228	5468	2027	3441
福田区	6567	3505	3062	2899	1418	1481	5897	2141	3756
南山区	5700	3274	2426	2435	1253	1182	4874	1727	3147
宝安区	18725	12977	5748	6673	4472	2201	8802	3959	4843
龙岗区	19403	13471	5932	7113	4714	2399	9321	4388	4933
盐田区	987	643	344	386	205	181	710	274	436
龙华区	9131	6250	2881	3469	2318	1151	3953	2025	1928
坪山区	3117	2304	813	990	706	284	1186	569	617
光明区	5872	4241	1631	1973	1389	584	2424	1180	1244
珠海市	**14916**	**9374**	**5542**	**6893**	**4128**	**2765**	**16362**	**6743**	**9619**
香洲区	9274	5615	3659	3950	2213	1737	8055	3132	4923
斗门区	3277	2133	1144	1791	1161	630	5699	2506	3193
金湾区	2365	1626	739	1152	754	398	2608	1105	1503
汕头市	**17879**	**10081**	**7798**	**15377**	**8304**	**7073**	**50774**	**19061**	**31713**
龙湖区	2373	1371	1002	1580	855	725	3883	1609	2274
金平区	4787	2475	2312	4046	1962	2084	13056	4433	8623
濠江区	820	485	335	740	486	254	2587	940	1647
潮阳区	3937	2101	1836	3612	1903	1709	12401	4802	7599
潮南区	2367	1368	999	2297	1270	1027	8271	3147	5124
澄海区	3094	1981	1113	2662	1605	1057	8935	3592	5343
南澳县	501	300	201	440	223	217	1641	538	1103
佛山市	**58043**	**38284**	**19759**	**24842**	**14937**	**9905**	**81608**	**29130**	**52478**
禅城区	8595	5205	3390	4271	2246	2025	14393	4641	9752
南海区	21715	14351	7364	8921	5432	3489	29387	10623	18764
顺德区	19733	13238	6495	7629	4763	2866	19293	7013	12280
三水区	4723	3210	1513	2208	1328	880	10627	3634	6993
高明区	3277	2280	997	1813	1168	645	7908	3219	4689

5-2 续表 13 单位：户

地区	55-59岁			60-64岁			65岁及以上		
	小计	男	女	小计	男	女	小计	男	女
江门市	**29625**	**17884**	**11741**	**20898**	**12552**	**8346**	**90005**	**36393**	**53612**
蓬江区	5101	3040	2061	2740	1535	1205	10174	3610	6564
江海区	1561	972	589	745	453	292	2616	1025	1591
新会区	5524	3354	2170	3991	2476	1515	20542	7767	12775
台山市	6915	4079	2836	5894	3555	2339	23507	10180	13327
开平市	4374	2531	1843	3389	1899	1490	15637	5962	9675
鹤山市	3268	2105	1163	2026	1307	719	8571	3722	4849
恩平市	2882	1803	1079	2113	1327	786	8958	4127	4831
湛江市	**28972**	**16586**	**12386**	**24729**	**14316**	**10413**	**115989**	**51555**	**64434**
赤坎区	2419	1291	1128	1888	954	934	4897	2110	2787
霞山区	3900	1992	1908	2755	1412	1343	8033	3127	4906
坡头区	1245	695	550	1203	668	535	6748	2941	3807
麻章区	1576	953	623	1442	795	647	8078	3303	4775
遂溪县	3522	2149	1373	3096	1934	1162	17177	7667	9510
徐闻县	2556	1626	930	2142	1378	764	9499	3731	5768
廉江市	4827	2853	1974	4463	2752	1711	23546	12171	11375
雷州市	5815	3633	2182	5248	3252	1996	24354	10464	13890
吴川市	3112	1394	1718	2492	1171	1321	13657	6041	7616
茂名市	**25317**	**15048**	**10269**	**20959**	**12837**	**8122**	**104422**	**50954**	**53468**
茂南区	4258	2341	1917	3192	1743	1449	15834	6994	8840
电白区	4732	2751	1981	3838	2323	1515	20952	10512	10440
高州市	7083	4346	2737	5701	3634	2067	27505	14097	13408
化州市	4355	2548	1807	4110	2432	1678	20858	10306	10552
信宜市	4889	3062	1827	4118	2705	1413	19273	9045	10228
肇庆市	**28877**	**17878**	**10999**	**20641**	**12674**	**7967**	**81816**	**35300**	**46516**
端州区	4402	2240	2162	2595	1330	1265	7831	3386	4445
鼎湖区	836	452	384	679	340	339	3950	1179	2771
高要区	5067	3271	1796	3319	2038	1281	18161	6909	11252
广宁县	3749	2298	1451	3295	2088	1207	11783	5408	6375
怀集县	4037	2502	1535	3261	1945	1316	12496	5684	6812
封开县	3033	2069	964	2229	1534	695	8376	3839	4537
德庆县	2961	2061	900	2288	1591	697	8218	4285	3933
四会市	4792	2985	1807	2975	1808	1167	11001	4610	6391
惠州市	**29233**	**19163**	**10070**	**15151**	**9454**	**5697**	**46424**	**20282**	**26142**
惠城区	8924	5638	3286	4386	2675	1711	11833	4901	6932
惠阳区	8435	5628	2807	3452	2156	1296	7392	3325	4067
博罗县	5752	3860	1892	3383	2091	1292	12456	5164	7292
惠东县	3890	2565	1325	2357	1510	847	9023	4222	4801
龙门县	2232	1472	760	1573	1022	551	5720	2670	3050
梅州市	**25220**	**15592**	**9628**	**21524**	**13377**	**8147**	**77623**	**32712**	**44911**
梅江区	2014	1169	845	1511	856	655	4986	1892	3094
梅县区	4102	2646	1456	3423	2239	1184	11620	5275	6345
大埔县	3347	2124	1223	3016	1936	1080	9931	4160	5771
丰顺县	2790	1865	925	2766	1787	979	9648	4282	5366
五华县	3724	2207	1517	3057	1805	1252	12934	5384	7550
平远县	1438	924	514	1066	675	391	4130	1670	2460
蕉岭县	1487	946	541	1379	903	476	4754	2030	2724
兴宁市	6318	3711	2607	5306	3176	2130	19620	8019	11601

5-2　续表 14　　单位：户

地　区	55-59岁			60-64岁			65岁及以上		
	小计	男	女	小计	男	女	小计	男	女
汕尾市	**10733**	**6452**	**4281**	**9088**	**5266**	**3822**	**36208**	**17124**	**19084**
城　区	2119	1313	806	1608	929	679	5419	2487	2932
海丰县	3293	1973	1320	2372	1407	965	10400	5202	5198
陆河县	976	621	355	872	552	320	3216	1879	1337
陆丰市	4345	2545	1800	4236	2378	1858	17173	7556	9617
河源市	**17128**	**11838**	**5290**	**12831**	**8379**	**4452**	**45970**	**20493**	**25477**
源城区	2209	1491	718	1095	687	408	2851	1274	1577
紫金县	3039	1987	1052	2280	1469	811	9348	4162	5186
龙川县	4614	3215	1399	3652	2373	1279	13908	6038	7870
连平县	1992	1385	607	1685	1086	599	5194	2290	2904
和平县	2728	1853	875	2192	1411	781	7947	3424	4523
东源县	2546	1907	639	1927	1353	574	6722	3305	3417
阳江市	**14592**	**9314**	**5278**	**10055**	**6457**	**3598**	**48728**	**23003**	**25725**
江城区	4239	2395	1844	2657	1516	1141	12194	5166	7028
阳东区	2357	1587	770	1681	1094	587	8698	4317	4381
阳西县	2341	1531	810	1775	1159	616	8876	4605	4271
阳春市	5655	3801	1854	3942	2688	1254	18960	8915	10045
清远市	**23279**	**15197**	**8082**	**17092**	**11167**	**5925**	**65447**	**30703**	**34744**
清城区	4525	2663	1862	2633	1527	1106	11420	4583	6837
清新区	3367	2228	1139	2445	1571	874	11442	5422	6020
佛冈县	2213	1462	751	1641	1058	583	6435	3224	3211
阳山县	2737	1823	914	2365	1570	795	8347	4311	4036
连山壮族瑶族自治县	620	410	210	420	271	149	1676	801	875
连南瑶族自治县	888	548	340	623	352	271	2366	889	1477
英德市	5521	3746	1775	4175	2883	1292	14187	6636	7551
连州市	3408	2317	1091	2790	1935	855	9574	4837	4737
东莞市	**77129**	**52021**	**25108**	**26513**	**17279**	**9234**	**56447**	**21772**	**34675**
市辖区	77129	52021	25108	26513	17279	9234	56447	21772	34675
中山市	**29481**	**19476**	**10005**	**10931**	**6914**	**4017**	**22756**	**9924**	**12832**
市辖区	29481	19476	10005	10931	6914	4017	22756	9924	12832
潮州市	**10788**	**6935**	**3853**	**10060**	**6058**	**4002**	**36230**	**14680**	**21550**
湘桥区	2548	1494	1054	2203	1219	984	9234	3394	5840
潮安区	4025	2778	1247	3574	2240	1334	12220	5254	6966
饶平县	4215	2663	1552	4283	2599	1684	14776	6032	8744
揭阳市	**19314**	**11721**	**7593**	**18521**	**11304**	**7217**	**68773**	**31548**	**37225**
榕城区	2910	1689	1221	2626	1539	1087	9960	4060	5900
揭东区	3146	2153	993	3280	2188	1092	13135	6156	6979
揭西县	3192	1985	1207	3227	2001	1226	12369	6247	6122
惠来县	2911	1681	1230	3054	1749	1305	11490	4271	7219
普宁市	7155	4213	2942	6334	3827	2507	21819	10814	11005
云浮市	**13484**	**8372**	**5112**	**10385**	**6704**	**3681**	**49472**	**22752**	**26720**
云城区	1683	1113	570	1093	727	366	5334	2536	2798
云安区	1350	919	431	1133	820	313	5204	2601	2603
新兴县	2197	1416	781	1680	1128	552	9733	4324	5409
郁南县	2954	1840	1114	2273	1459	814	9088	4576	4512
罗定市	5300	3084	2216	4206	2570	1636	20113	8715	11398

5-2a 各地区分年龄、性别的一人户(城市)

单位：户

地区	合计			14岁及以下		
	合计	男	女	小计	男	女
广东	**10256757**	**6222203**	**4034554**	**189037**	**103565**	**85472**
广州市	**2469149**	**1446542**	**1022607**	**36720**	**20036**	**16684**
荔湾区	149056	79199	69857	2622	1430	1192
越秀区	110446	53280	57166	3290	1762	1528
海珠区	290092	156019	134073	4472	2460	2012
天河区	417312	246608	170704	4815	2613	2202
白云区	583094	349766	233328	5892	3244	2648
黄埔区	186340	124502	61838	2188	1173	1015
番禺区	429370	250354	179016	6133	3377	2756
花都区	171941	105695	66246	3493	1958	1535
南沙区	70181	47630	22551	1554	831	723
从化区	16764	8322	8442	577	303	274
增城区	44553	25167	19386	1684	885	799
韶关市	**79765**	**39607**	**40158**	**2179**	**1205**	**974**
武江区	28403	14035	14368	727	394	333
浈江区	24012	12142	11870	651	369	282
曲江区	11044	5516	5528	298	163	135
始兴县						
仁化县						
翁源县						
乳源瑶族自治县						
新丰县						
乐昌市	9133	4236	4897	298	175	123
南雄市	7173	3678	3495	205	104	101
深圳市	**2564359**	**1599374**	**964985**	**32214**	**17566**	**14648**
罗湖区	113324	52812	60512	2326	1274	1052
福田区	165042	81508	83534	3447	1811	1636
南山区	175278	97116	78162	4406	2329	2077
宝安区	761115	492723	268392	7772	4299	3473
龙岗区	593656	370504	223152	7536	4127	3409
盐田区	15418	8615	6803	355	197	158
龙华区	439534	288884	150650	3844	2077	1767
坪山区	93665	64468	29197	960	560	400
光明区	207327	142744	64583	1568	892	676
珠海市	**229754**	**136350**	**93404**	**4064**	**2205**	**1859**
香洲区	167522	97363	70159	2882	1549	1333
斗门区	32184	20042	12142	510	290	220
金湾区	30048	18945	11103	672	366	306
汕头市	**130237**	**66934**	**63303**	**4738**	**2519**	**2219**
龙湖区	34111	18663	15448	790	405	385
金平区	47241	22748	24493	1184	672	512
濠江区	7160	3840	3320	299	158	141
潮阳区	17156	8420	8736	1073	562	511
潮南区	10687	5780	4907	955	511	444
澄海区	13882	7483	6399	437	211	226
南澳县						
佛山市	**1068891**	**658419**	**410472**	**19182**	**10504**	**8678**
禅城区	155968	90123	65845	2089	1132	957
南海区	441886	269004	172882	8885	4916	3969
顺德区	399888	258128	141760	6357	3459	2898
三水区	27461	14292	13169	908	467	441
高明区	43688	26872	16816	943	530	413

5-2a　续表 1

单位：户

地　区	合　计			14岁及以下		
	合计	男	女	小计	男	女
江门市	**221763**	**124195**	**97568**	**4914**	**2646**	**2268**
蓬江区	77274	44231	33043	1509	821	688
江海区	31223	19691	11532	475	267	208
新会区	31349	16767	14582	603	278	325
台山市	27519	14410	13109	672	365	307
开平市	19857	10296	9561	528	299	229
鹤山市	23601	13108	10493	708	387	321
恩平市	10940	5692	5248	419	229	190
湛江市	**137334**	**68250**	**69084**	**5910**	**3203**	**2707**
赤坎区	33324	16733	16591	1166	623	543
霞山区	50907	24912	25995	1546	797	749
坡头区	4459	2364	2095	143	82	61
麻章区	6769	3573	3196	452	249	203
遂溪县	1606	851	755	64	28	36
徐闻县						
廉江市	13658	6366	7292	755	430	325
雷州市	15500	8051	7449	1075	607	468
吴川市	11111	5400	5711	709	387	322
茂名市	**109915**	**54902**	**55013**	**8225**	**4427**	**3798**
茂南区	48210	23915	24295	2946	1596	1350
电白区	13868	6927	6941	1118	595	523
高州市	19946	10282	9664	1728	936	792
化州市	14007	7056	6951	1593	833	760
信宜市	13884	6722	7162	840	467	373
肇庆市	**113916**	**61139**	**52777**	**4979**	**2817**	**2162**
端州区	57470	29083	28387	3016	1660	1356
鼎湖区	5128	2433	2695	199	123	76
高要区	11516	6259	5257	469	274	195
广宁县						
怀集县						
封开县						
德庆县						
四会市	39802	23364	16438	1295	760	535
惠州市	**328232**	**206600**	**121632**	**9222**	**4938**	**4284**
惠城区	163208	98424	64784	4522	2417	2105
惠阳区	160822	105386	55436	4639	2486	2153
博罗县	4202	2790	1412	61	35	26
惠东县						
龙门县						
梅州市	**57561**	**29174**	**28387**	**2572**	**1382**	**1190**
梅江区	21283	10720	10563	827	428	399
梅县区	11641	6334	5307	363	188	175
大埔县						
丰顺县						
五华县	936	463	473	124	75	49
平远县						
蕉岭县						
兴宁市	23701	11657	12044	1258	691	567

5-2a 续表 2

单位：户

地区	合计			14岁及以下		
	合计	男	女	小计	男	女
汕尾市	**35069**	**18932**	**16137**	**2479**	**1321**	**1158**
城　区	20702	11286	9416	1262	676	586
海丰县						
陆河县						
陆丰市	14367	7646	6721	1217	645	572
河源市	**36928**	**21029**	**15899**	**1008**	**544**	**464**
源城区	36928	21029	15899	1008	544	464
紫金县						
龙川县						
连平县						
和平县						
东源县						
阳江市	**63220**	**32095**	**31125**	**2866**	**1543**	**1323**
江城区	36542	18267	18275	1779	973	806
阳东区	12275	6955	5320	541	293	248
阳西县						
阳春市	14403	6873	7530	546	277	269
清远市	**68465**	**33689**	**34776**	**2187**	**1177**	**1010**
清城区	35839	17456	18383	1174	646	528
清新区	11926	6254	5672	285	163	122
佛冈县						
阳山县						
连山壮族瑶族自治县						
连南瑶族自治县						
英德市	11856	5575	6281	386	205	181
连州市	8844	4404	4440	342	163	179
东莞市	**1958648**	**1274126**	**684522**	**30786**	**17317**	**13469**
市辖区	1958648	1274126	684522	30786	17317	13469
中山市	**424301**	**265932**	**158369**	**8134**	**4560**	**3574**
市辖区	424301	265932	158369	8134	4560	3574
潮州市	**52179**	**28512**	**23667**	**1302**	**699**	**603**
湘桥区	26558	13194	13364	604	324	280
潮安区	25621	15318	10303	698	375	323
饶平县						
揭阳市	**77113**	**41070**	**36043**	**4147**	**2301**	**1846**
榕城区	24284	12693	11591	1008	566	442
揭东区	12540	7461	5079	613	353	260
揭西县						
惠来县						
普宁市	40289	20916	19373	2526	1382	1144
云浮市	**29958**	**15332**	**14626**	**1209**	**655**	**554**
云城区	15853	8559	7294	521	302	219
云安区	1288	751	537	58	29	29
新兴县						
郁南县						
罗定市	12817	6022	6795	630	324	306

5-2a　续表 3

单位：户

地　　区	15-19岁			20-24岁		
	小计	男	女	小计	男	女
广　东	**237301**	**141096**	**96205**	**1216857**	**708231**	**508626**
广州市	**53407**	**30664**	**22743**	**357673**	**197031**	**160642**
荔湾区	2675	1592	1083	17172	9099	8073
越秀区	1733	954	779	7615	3898	3717
海珠区	5361	2944	2417	28903	15493	13410
天河区	8456	4873	3583	87959	48848	39111
白云区	15388	8501	6887	95011	49403	45608
黄埔区	3009	1870	1139	25387	15495	9892
番禺区	9618	5542	4076	63505	34587	28918
花都区	4758	2819	1939	18220	11099	7121
南沙区	1313	905	408	8064	5648	2416
从化区	371	229	142	1395	769	626
增城区	725	435	290	4442	2692	1750
韶关市	**1480**	**813**	**667**	**4861**	**2577**	**2284**
武江区	501	277	224	1926	969	957
浈江区	453	245	208	1559	854	705
曲江区	208	109	99	516	293	223
始兴县						
仁化县						
翁源县						
乳源瑶族自治县						
新丰县						
乐昌市	207	115	92	527	277	250
南雄市	111	67	44	333	184	149
深圳市	**44134**	**25278**	**18856**	**339512**	**187700**	**151812**
罗湖区	1462	778	684	11143	4847	6296
福田区	2517	1443	1074	18741	9199	9542
南山区	1884	1004	880	19524	10543	8981
宝安区	13742	7762	5980	104562	58727	45835
龙岗区	10891	6284	4607	82651	44566	38085
盐田区	291	168	123	1107	607	500
龙华区	7109	3998	3111	66280	37069	29211
坪山区	2070	1380	690	11035	7207	3828
光明区	4168	2461	1707	24469	14935	9534
珠海市	**4371**	**2606**	**1765**	**26085**	**15592**	**10493**
香洲区	2986	1763	1223	18833	10978	7855
斗门区	709	439	270	3829	2483	1346
金湾区	676	404	272	3423	2131	1292
汕头市	**2926**	**1671**	**1255**	**8293**	**4698**	**3595**
龙湖区	883	505	378	3153	1708	1445
金平区	690	400	290	2089	1188	901
濠江区	125	69	56	399	237	162
潮阳区	463	247	216	1145	649	496
潮南区	304	168	136	617	365	252
澄海区	461	282	179	890	551	339
南澳县						
佛山市	**23480**	**14764**	**8716**	**109776**	**68133**	**41643**
禅城区	3009	1884	1125	18487	10612	7875
南海区	9556	5851	3705	46551	28215	18336
顺德区	9690	6272	3418	39471	25950	13521
三水区	460	256	204	2066	1184	882
高明区	765	501	264	3201	2172	1029

5-2a 续表 4

单位：户

地 区	15-19岁			20-24岁		
	小计	男	女	小计	男	女
江门市	**4653**	**2768**	**1885**	**15784**	**9833**	**5951**
蓬江区	1813	1137	676	6232	3893	2339
江海区	998	571	427	2921	2011	910
新会区	519	317	202	1828	1145	683
台山市	281	159	122	1386	797	589
开平市	367	211	156	1103	669	434
鹤山市	456	249	207	1608	932	676
恩平市	219	124	95	706	386	320
湛江市	**3929**	**2332**	**1597**	**10220**	**5198**	**5022**
赤坎区	876	489	387	2732	1337	1395
霞山区	1311	758	553	4041	1964	2077
坡头区	62	30	32	217	133	84
麻章区	151	88	63	438	251	187
遂溪县	24	15	9	52	32	20
徐闻县						
廉江市	650	386	264	1175	592	583
雷州市	401	247	154	846	489	357
吴川市	454	319	135	719	400	319
茂名市	**3211**	**1911**	**1300**	**7834**	**4363**	**3471**
茂南区	1314	745	569	3826	2034	1792
电白区	360	211	149	938	528	410
高州市	684	433	251	1391	837	554
化州市	462	289	173	876	521	355
信宜市	391	233	158	803	443	360
肇庆市	**2559**	**1547**	**1012**	**7015**	**4095**	**2920**
端州区	1432	848	584	3093	1676	1417
鼎湖区	94	60	34	293	165	128
高要区	296	190	106	693	409	284
广宁县						
怀集县						
封开县						
德庆县						
四会市	737	449	288	2936	1845	1091
惠州市	**10954**	**6631**	**4323**	**42243**	**26534**	**15709**
惠城区	5810	3381	2429	21683	12883	8800
惠阳区	4965	3134	1831	20160	13397	6763
博罗县	179	116	63	400	254	146
惠东县						
龙门县						
梅州市	**1928**	**1083**	**845**	**4376**	**2500**	**1876**
梅江区	579	328	251	1609	847	762
梅县区	457	221	236	939	549	390
大埔县						
丰顺县						
五华县	37	23	14	70	40	30
平远县						
蕉岭县						
兴宁市	855	511	344	1758	1064	694

5-2a 续表 5

单位：户

地区	15-19岁			20-24岁		
	小计	男	女	小计	男	女
汕尾市	**982**	**523**	**459**	**2394**	**1318**	**1076**
城 区	477	252	225	1516	851	665
海丰县						
陆河县						
陆丰市	505	271	234	878	467	411
河源市	**1299**	**688**	**611**	**4458**	**2496**	**1962**
源城区	1299	688	611	4458	2496	1962
紫金县						
龙川县						
连平县						
和平县						
东源县						
阳江市	**982**	**571**	**411**	**3182**	**1746**	**1436**
江城区	441	261	180	1685	904	781
阳东区	230	121	109	766	445	321
阳西县						
阳春市	311	189	122	731	397	334
清远市	**1499**	**849**	**650**	**5243**	**2880**	**2363**
清城区	738	384	354	2880	1590	1290
清新区	311	214	97	976	602	374
佛冈县						
阳山县						
连山壮族瑶族自治县						
连南瑶族自治县						
英德市	302	164	138	1083	521	562
连州市	148	87	61	304	167	137
东莞市	**60138**	**37091**	**23047**	**216627**	**139754**	**76873**
市辖区	60138	37091	23047	216627	139754	76873
中山市	**12126**	**7509**	**4617**	**41119**	**26365**	**14754**
市辖区	12126	7509	4617	41119	26365	14754
潮州市	**930**	**523**	**407**	**2867**	**1655**	**1212**
湘桥区	418	225	193	1449	766	683
潮安区	512	298	214	1418	889	529
饶平县						
揭阳市	**1789**	**961**	**828**	**5623**	**2864**	**2759**
榕城区	595	274	321	1431	660	771
揭东区	273	146	127	653	365	288
揭西县						
惠来县						
普宁市	921	541	380	3539	1839	1700
云浮市	**524**	**313**	**211**	**1672**	**899**	**773**
云城区	228	141	87	950	530	420
云安区	21	11	10	57	30	27
新兴县						
郁南县						
罗定市	275	161	114	665	339	326

5-2a 续表 6 单位：户

地　区	25-29岁			30-34岁			35-39岁		
	小计	男	女	小计	男	女	小计	男	女
广　东	**1814053**	**1131866**	**682187**	**1763635**	**1164573**	**599062**	**1218622**	**793478**	**425144**
广州市	**476865**	**286960**	**189905**	**401860**	**258712**	**143148**	**263556**	**168146**	**95410**
荔湾区	22116	12491	9625	17450	10463	6987	12057	7127	4930
越秀区	13636	6846	6790	12053	6363	5690	8507	4406	4101
海珠区	44055	24737	19318	43687	25547	18140	30354	17549	12805
天河区	111614	67240	44374	67381	43112	24269	34873	22187	12686
白云区	112422	66899	45523	97478	64302	33176	67064	44702	22362
黄埔区	41174	27366	13808	37420	27136	10284	22314	16316	5998
番禺区	83359	49623	33736	73647	46349	27298	49844	31117	18727
花都区	26976	17313	9663	31678	21132	10546	23874	15310	8564
南沙区	12884	9214	3670	13138	9578	3560	8357	5849	2508
从化区	1906	1045	861	1545	834	711	1386	688	698
增城区	6723	4186	2537	6383	3896	2487	4926	2895	2031
韶关市	**7418**	**4270**	**3148**	**7020**	**4094**	**2926**	**5601**	**3052**	**2549**
武江区	3216	1803	1413	3072	1733	1339	2508	1341	1167
浈江区	2153	1256	897	1935	1147	788	1537	858	679
曲江区	762	457	305	859	553	306	626	360	266
始兴县									
仁化县									
翁源县									
乳源瑶族自治县									
新丰县									
乐昌市	687	389	298	621	325	296	490	250	240
南雄市	600	365	235	533	336	197	440	243	197
深圳市	**601027**	**365981**	**235046**	**539060**	**361272**	**177788**	**319077**	**215191**	**103886**
罗湖区	22759	10237	12522	19786	8912	10874	13253	6190	7063
福田区	41584	20846	20738	30548	15361	15187	17729	8709	9020
南山区	46110	26048	20062	35699	20507	15192	19728	11387	8341
宝安区	181411	114420	66991	167398	116351	51047	98286	69175	29111
龙岗区	133092	80173	52919	113090	75770	37320	71589	48688	22901
盐田区	2460	1305	1155	2334	1306	1028	1742	1048	694
龙华区	113891	72197	41694	104569	75025	29544	54111	38970	15141
坪山区	19413	13291	6122	19010	13817	5193	12191	8671	3520
光明区	40307	27464	12843	46626	34223	12403	30448	22353	8095
珠海市	**41107**	**25312**	**15795**	**40454**	**26117**	**14337**	**26203**	**16515**	**9688**
香洲区	30041	17920	12121	29381	18530	10851	18687	11582	7105
斗门区	6016	4087	1929	5954	4058	1896	3893	2471	1422
金湾区	5050	3305	1745	5119	3529	1590	3623	2462	1161
汕头市	**12264**	**7138**	**5126**	**12013**	**7013**	**5000**	**9714**	**5664**	**4050**
龙湖区	4341	2555	1786	4387	2555	1832	3344	1994	1350
金平区	3652	2107	1545	3477	2030	1447	2809	1628	1181
濠江区	522	311	211	472	297	175	388	256	132
潮阳区	1590	878	712	1197	647	550	1107	618	489
潮南区	927	579	348	857	542	315	722	410	312
澄海区	1232	708	524	1623	942	681	1344	758	586
南澳县									
佛山市	**156761**	**101772**	**54989**	**167325**	**111309**	**56016**	**131326**	**85969**	**45357**
禅城区	25869	15653	10216	24449	15451	8998	17578	11002	6576
南海区	66559	42461	24098	68812	44507	24305	54468	35005	19463
顺德区	55936	38243	17693	64451	45063	19388	51416	35086	16330
三水区	3317	1983	1334	3520	2118	1402	2711	1576	1135
高明区	5080	3432	1648	6093	4170	1923	5153	3300	1853

5-2a　续表 7　　　　单位：户

地　区	25-29岁			30-34岁			35-39岁		
	小计	男	女	小计	男	女	小计	男	女
江门市	**24509**	**15718**	**8791**	**27466**	**17813**	**9653**	**22113**	**13546**	**8567**
蓬江区	8753	5523	3230	9749	6343	3406	7903	4989	2914
江海区	4372	3062	1310	4797	3337	1460	3592	2402	1190
新会区	3137	2061	1076	3281	2209	1072	2710	1662	1048
台山市	2563	1552	1011	2933	1782	1151	2414	1345	1069
开平市	1958	1231	727	2135	1332	803	1605	854	751
鹤山市	2644	1667	977	3392	2133	1259	3007	1819	1188
恩平市	1082	622	460	1179	677	502	882	475	407
湛江市	**16442**	**8771**	**7671**	**15431**	**8273**	**7158**	**10939**	**5523**	**5416**
赤坎区	4445	2410	2035	4106	2325	1781	2688	1390	1298
霞山区	6697	3472	3225	6188	3329	2859	4129	2116	2013
坡头区	589	442	147	500	320	180	343	213	130
麻章区	665	361	304	674	365	309	569	316	253
遂溪县	71	52	19	64	38	26	71	49	22
徐闻县									
廉江市	1716	820	896	1516	704	812	1073	445	628
雷州市	1227	670	557	1345	667	678	1268	615	653
吴川市	1032	544	488	1038	525	513	798	379	419
茂名市	**11596**	**6267**	**5329**	**10412**	**5490**	**4922**	**8043**	**3936**	**4107**
茂南区	5802	3114	2688	5099	2718	2381	3791	1898	1893
电白区	1250	669	581	1228	638	590	1069	513	556
高州市	1932	1062	870	1675	862	813	1366	652	714
化州市	1384	762	622	1352	721	631	992	463	529
信宜市	1228	660	568	1058	551	507	825	410	415
肇庆市	**12238**	**7067**	**5171**	**13538**	**7954**	**5584**	**11156**	**6171**	**4985**
端州区	5817	3187	2630	6334	3485	2849	5299	2763	2536
鼎湖区	536	277	259	480	246	234	345	174	171
高要区	1070	577	493	1106	587	519	1112	543	569
广宁县									
怀集县									
封开县									
德庆县									
四会市	4815	3026	1789	5618	3636	1982	4400	2691	1709
惠州市	**57832**	**38227**	**19605**	**57293**	**38616**	**18677**	**38830**	**25324**	**13506**
惠城区	28778	18235	10543	26332	17177	9155	18186	11502	6684
惠阳区	28578	19673	8905	30327	21015	9312	20107	13455	6652
博罗县	476	319	157	634	424	210	537	367	170
惠东县									
龙门县									
梅州市	**5965**	**3481**	**2484**	**5202**	**3030**	**2172**	**3796**	**1954**	**1842**
梅江区	2367	1337	1030	2174	1266	908	1508	796	712
梅县区	1557	1015	542	1445	951	494	987	534	453
大埔县									
丰顺县									
五华县	60	37	23	51	30	21	36	19	17
平远县									
蕉岭县									
兴宁市	1981	1092	889	1532	783	749	1265	605	660

5-2a 续表 8 单位：户

地区	25-29岁			30-34岁			35-39岁		
	小计	男	女	小计	男	女	小计	男	女
汕尾市	**3689**	**2090**	**1599**	**3545**	**1968**	**1577**	**3093**	**1618**	**1475**
城　区	2363	1403	960	2156	1266	890	1822	987	835
海丰县									
陆河县									
陆丰市	1326	687	639	1389	702	687	1271	631	640
河源市	**5518**	**3367**	**2151**	**4831**	**2966**	**1865**	**3813**	**2175**	**1638**
源城区	5518	3367	2151	4831	2966	1865	3813	2175	1638
紫金县									
龙川县									
连平县									
和平县									
东源县									
阳江市	**6284**	**3557**	**2727**	**6727**	**3646**	**3081**	**5784**	**3020**	**2764**
江城区	3599	2041	1558	3811	1986	1825	3223	1622	1601
阳东区	1343	820	523	1576	956	620	1467	897	570
阳西县									
阳春市	1342	696	646	1340	704	636	1094	501	593
清远市	**8026**	**4454**	**3572**	**8020**	**4257**	**3763**	**6438**	**3172**	**3266**
清城区	4477	2487	1990	4478	2320	2158	3450	1665	1785
清新区	1478	866	612	1410	822	588	1343	694	649
佛冈县									
阳山县									
连山壮族瑶族自治县									
连南瑶族自治县									
英德市	1592	826	766	1548	787	761	1123	542	581
连州市	479	275	204	584	328	256	522	271	251
东莞市	**293613**	**200712**	**92901**	**357459**	**245891**	**111568**	**278908**	**187764**	**91144**
市辖区	293613	200712	92901	357459	245891	111568	278908	187764	91144
中山市	**56799**	**37595**	**19204**	**71673**	**48014**	**23659**	**58152**	**38058**	**20094**
市辖区	56799	37595	19204	71673	48014	23659	58152	38058	20094
潮州市	**4555**	**2657**	**1898**	**4792**	**2894**	**1898**	**4137**	**2425**	**1712**
湘桥区	2441	1372	1069	2305	1276	1029	1930	1018	912
潮安区	2114	1285	829	2487	1618	869	2207	1407	800
饶平县									
揭阳市	**8515**	**4773**	**3742**	**6472**	**3634**	**2838**	**5413**	**2928**	**2485**
榕城区	1763	1049	714	1457	862	595	1474	821	653
揭东区	1144	701	443	1042	693	349	922	555	367
揭西县									
惠来县									
普宁市	5608	3023	2585	3973	2079	1894	3017	1552	1465
云浮市	**3030**	**1697**	**1333**	**3042**	**1610**	**1432**	**2530**	**1327**	**1203**
云城区	1925	1078	847	1925	1064	861	1588	854	734
云安区	80	45	35	78	51	27	75	42	33
新兴县									
郁南县									
罗定市	1025	574	451	1039	495	544	867	431	436

5-2a 续表 9

单位：户

地 区	40-44岁			45-49岁			50-54岁		
	小计	男	女	小计	男	女	小计	男	女
广 东	**942958**	**579498**	**363460**	**964973**	**560314**	**404659**	**715824**	**432611**	**283213**
广州市	**195517**	**119472**	**76045**	**203858**	**117636**	**86222**	**156574**	**92500**	**64074**
荔湾区	9438	5380	4058	11538	6312	5226	10945	6101	4844
越秀区	6807	3527	3280	8528	4117	4411	8358	4374	3984
海珠区	23633	13340	10293	26157	14071	12086	22534	12444	10090
天河区	23273	14279	8994	23971	14025	9946	19437	11642	7795
白云区	49857	31906	17951	49736	29970	19766	36091	21976	14115
黄埔区	14815	10410	4405	14155	9425	4730	10131	6993	3138
番禺区	37844	22634	15210	38929	22087	16842	27341	15897	11444
花都区	17909	10830	7079	17481	9978	7503	11841	6957	4884
南沙区	6378	4300	2078	6655	4304	2351	4772	3225	1547
从化区	1587	682	905	2195	963	1232	1635	839	796
增城区	3976	2184	1792	4513	2384	2129	3489	2052	1437
韶关市	**6231**	**3082**	**3149**	**8922**	**4095**	**4827**	**8774**	**4363**	**4411**
武江区	2524	1207	1317	3298	1428	1870	2824	1433	1391
浈江区	1631	841	790	2469	1241	1228	2541	1281	1260
曲江区	863	434	429	1323	612	711	1346	682	664
始兴县									
仁化县									
翁源县									
乳源瑶族自治县									
新丰县									
乐昌市	641	292	349	1069	446	623	1101	485	616
南雄市	572	308	264	763	368	395	962	482	480
深圳市	**214580**	**138019**	**76561**	**194572**	**117600**	**76972**	**134954**	**85533**	**49421**
罗湖区	10194	4826	5368	10507	4997	5510	8266	4240	4026
福田区	12309	5933	6376	12808	6034	6774	9996	5108	4888
南山区	12874	7113	5761	12568	6705	5863	9493	5242	4251
宝安区	63842	43044	20798	54027	33930	20097	35875	23607	12268
龙岗区	52842	34194	18648	51478	31455	20023	35618	23329	12289
盐田区	1625	907	718	1841	1013	828	1580	942	638
龙华区	31253	21560	9693	25170	16276	8894	16754	11119	5635
坪山区	9250	6231	3019	8618	5621	2997	5846	4120	1726
光明区	20391	14211	6180	17555	11569	5986	11526	7826	3700
珠海市	**20001**	**11409**	**8592**	**22277**	**12235**	**10042**	**17493**	**10169**	**7324**
香洲区	14564	8195	6369	16473	8892	7581	13225	7568	5657
斗门区	2718	1546	1172	2870	1579	1291	2075	1229	846
金湾区	2719	1668	1051	2934	1764	1170	2193	1372	821
汕头市	**9759**	**5261**	**4498**	**13006**	**6829**	**6177**	**12078**	**6457**	**5621**
龙湖区	3172	1713	1459	3975	2154	1821	3064	1758	1306
金平区	2912	1538	1374	4225	2110	2115	4519	2308	2211
濠江区	423	262	161	647	349	298	718	423	295
潮阳区	1212	627	585	1726	821	905	1658	765	893
潮南区	710	436	274	984	581	403	950	549	401
澄海区	1330	685	645	1449	814	635	1169	654	515
南澳县									
佛山市	**110065**	**67867**	**42198**	**119443**	**70645**	**48798**	**90951**	**56991**	**33960**
禅城区	13712	8084	5628	15018	8580	6438	11773	7026	4747
南海区	45233	27558	17675	49205	29005	20200	36934	23146	13788
顺德区	43945	28131	15814	46885	28449	18436	35829	22918	12911
三水区	2598	1319	1279	3026	1474	1552	2382	1275	1107
高明区	4577	2775	1802	5309	3137	2172	4033	2626	1407

5-2a 续表 10 单位：户

地区	40-44岁			45-49岁			50-54岁		
	小计	男	女	小计	男	女	小计	男	女
江门市	**20950**	**11719**	**9231**	**25647**	**13627**	**12020**	**20448**	**11418**	**9030**
蓬江区	7564	4382	3182	9177	5106	4071	7217	4158	3059
江海区	3099	1963	1136	3438	2023	1415	2609	1605	1004
新会区	2566	1390	1176	3499	1784	1715	2917	1646	1271
台山市	2456	1264	1192	3134	1582	1552	2731	1390	1341
开平市	1540	778	762	2288	1084	1204	1956	983	973
鹤山市	2708	1440	1268	2943	1498	1445	1931	1082	849
恩平市	1017	502	515	1168	550	618	1087	554	533
湛江市	**10516**	**4853**	**5663**	**12871**	**5904**	**6967**	**11744**	**5845**	**5899**
赤坎区	2486	1142	1344	3070	1399	1671	2704	1326	1378
霞山区	3951	1839	2112	4751	2196	2555	4385	2167	2218
坡头区	278	139	139	311	140	171	295	137	158
麻章区	520	257	263	542	269	273	520	283	237
遂溪县	73	43	30	128	70	58	153	90	63
徐闻县									
廉江市	1142	431	711	1283	511	772	1134	537	597
雷州市	1243	634	609	1719	867	852	1520	821	699
吴川市	823	368	455	1067	452	615	1033	484	549
茂名市	**8491**	**3881**	**4610**	**10771**	**4791**	**5980**	**9721**	**4514**	**5207**
茂南区	3803	1746	2057	4716	2131	2585	3948	1906	2042
电白区	1110	526	584	1356	614	742	1215	566	649
高州市	1561	727	834	2058	933	1125	1990	956	1034
化州市	971	450	521	1259	549	710	1075	481	594
信宜市	1046	432	614	1382	564	818	1493	605	888
肇庆市	**10210**	**5313**	**4897**	**13540**	**6747**	**6793**	**11509**	**6101**	**5408**
端州区	4977	2458	2519	6867	3188	3679	5807	2862	2945
鼎湖区	347	165	182	580	250	330	521	252	269
高要区	1011	512	499	1468	794	674	1282	749	533
广宁县									
怀集县									
封开县									
德庆县									
四会市	3875	2178	1697	4625	2515	2110	3899	2238	1661
惠州市	**29368**	**18001**	**11367**	**30255**	**17902**	**12353**	**22382**	**13973**	**8409**
惠城区	13914	8095	5819	15089	8609	6480	11630	7082	4548
惠阳区	14931	9571	5360	14585	8917	5668	10322	6597	3725
博罗县	523	335	188	581	376	205	430	294	136
惠东县									
龙门县									
梅州市	**3663**	**1703**	**1960**	**6088**	**2579**	**3509**	**5326**	**2632**	**2694**
梅江区	1340	637	703	2145	1001	1144	1800	977	823
梅县区	855	422	433	1251	574	677	1023	527	496
大埔县									
丰顺县									
五华县	37	17	20	51	20	31	71	39	32
平远县									
蕉岭县									
兴宁市	1431	627	804	2641	984	1657	2432	1089	1343

5-2a　续表 11　　单位：户

地　区	40-44岁			45-49岁			50-54岁		
	小计	男	女	小计	男	女	小计	男	女
汕尾市	**2690**	**1352**	**1338**	**3625**	**1929**	**1696**	**3476**	**2000**	**1476**
城　区	1532	750	782	2168	1148	1020	2169	1279	890
海丰县									
陆河县									
陆丰市	1158	602	556	1457	781	676	1307	721	586
河源市	**3489**	**1842**	**1647**	**4042**	**2109**	**1933**	**3182**	**1929**	**1253**
源城区	3489	1842	1647	4042	2109	1933	3182	1929	1253
紫金县									
龙川县									
连平县									
和平县									
东源县									
阳江市	**6206**	**2894**	**3312**	**7301**	**3456**	**3845**	**6699**	**3392**	**3307**
江城区	3515	1593	1922	4161	1982	2179	3790	1932	1858
阳东区	1463	791	672	1471	775	696	1213	667	546
阳西县									
阳春市	1228	510	718	1669	699	970	1696	793	903
清远市	**6159**	**2735**	**3424**	**7414**	**3244**	**4170**	**6590**	**3249**	**3341**
清城区	3175	1417	1758	3699	1649	2050	3140	1488	1652
清新区	1339	571	768	1564	650	914	1188	643	545
佛冈县									
阳山县									
连山壮族瑶族自治县									
连南瑶族自治县									
英德市	983	428	555	1151	481	670	1079	505	574
连州市	662	319	343	1000	464	536	1183	613	570
东莞市	**223104**	**143153**	**79951**	**213463**	**130228**	**83235**	**142813**	**91067**	**51746**
市辖区	223104	143153	79951	213463	130228	83235	142813	91067	51746
中山市	**49384**	**30128**	**19256**	**51566**	**29831**	**21735**	**36041**	**21841**	**14200**
市辖区	49384	30128	19256	51566	29831	21735	36041	21841	14200
潮州市	**4337**	**2563**	**1774**	**5604**	**3323**	**2281**	**5019**	**3159**	**1860**
湘桥区	1946	1035	911	2659	1453	1206	2373	1380	993
潮安区	2391	1528	863	2945	1870	1075	2646	1779	867
饶平县									
揭阳市	**5674**	**2987**	**2687**	**7548**	**4080**	**3468**	**6975**	**3901**	**3074**
榕城区	1611	879	732	2235	1278	957	2300	1338	962
揭东区	1069	634	435	1357	867	490	1089	729	360
揭西县									
惠来县									
普宁市	2994	1474	1520	3956	1935	2021	3586	1834	1752
云浮市	**2564**	**1264**	**1300**	**3160**	**1524**	**1636**	**3075**	**1577**	**1498**
云城区	1440	765	675	1634	870	764	1461	814	647
云安区	94	66	28	107	70	37	144	90	54
新兴县									
郁南县									
罗定市	1030	433	597	1419	584	835	1470	673	797

5-2a 续表 12

单位：户

地区	55-59岁			60-64岁			65岁及以上		
	小计	男	女	小计	男	女	小计	男	女
广东	**435193**	**269309**	**165884**	**212721**	**121969**	**90752**	**545583**	**215693**	**329890**
广州市	**107456**	**63740**	**43716**	**61602**	**32879**	**28723**	**154061**	**58766**	**95295**
荔湾区	10705	6009	4696	8776	4457	4319	23562	8738	14824
越秀区	8986	4785	4201	7806	3819	3987	23127	8429	14698
海珠区	17610	9796	7814	12110	6016	6094	31216	11622	19594
天河区	13211	8096	5115	6832	3652	3180	15490	6041	9449
白云区	22567	13951	8616	10756	6320	4436	20832	8592	12240
黄埔区	6188	4164	2024	2602	1561	1041	6957	2593	4364
番禺区	15452	9132	6320	6875	3673	3202	16823	6336	10487
花都区	6423	3952	2471	2709	1650	1059	6579	2697	3882
南沙区	2745	1862	883	1158	673	485	3163	1241	1922
从化区	1164	616	548	677	367	310	2326	987	1339
增城区	2405	1377	1028	1301	691	610	3986	1490	2496
韶关市	**7475**	**3993**	**3482**	**4440**	**2304**	**2136**	**15364**	**5759**	**9605**
武江区	2255	1172	1083	1388	715	673	4164	1563	2601
浈江区	2412	1344	1068	1509	784	725	5162	1922	3240
曲江区	1075	588	487	620	325	295	2548	940	1608
始兴县									
仁化县									
翁源县									
乳源瑶族自治县									
新丰县									
乐昌市	989	484	505	557	285	272	1946	713	1233
南雄市	744	405	339	366	195	171	1544	621	923
深圳市	**74481**	**49343**	**25138**	**28353**	**17706**	**10647**	**42395**	**18185**	**24210**
罗湖区	5569	3121	2448	2591	1363	1228	5468	2027	3441
福田区	6567	3505	3062	2899	1418	1481	5897	2141	3756
南山区	5686	3261	2425	2432	1250	1182	4874	1727	3147
宝安区	18725	12977	5748	6673	4472	2201	8802	3959	4843
龙岗区	18838	13045	5793	6943	4586	2357	9088	4287	4801
盐田区	987	643	344	386	205	181	710	274	436
龙华区	9131	6250	2881	3469	2318	1151	3953	2025	1928
坪山区	3106	2300	806	987	705	282	1179	565	614
光明区	5872	4241	1631	1973	1389	584	2424	1180	1244
珠海市	**11392**	**6846**	**4546**	**5117**	**2884**	**2233**	**11190**	**4460**	**6730**
香洲区	8774	5224	3550	3791	2103	1688	7885	3059	4826
斗门区	1278	772	506	643	368	275	1689	720	969
金湾区	1340	850	490	683	413	270	1616	681	935
汕头市	**10814**	**5784**	**5030**	**8598**	**4420**	**4178**	**26034**	**9480**	**16554**
龙湖区	2182	1232	950	1411	739	672	3409	1345	2064
金平区	4755	2455	2300	4007	1931	2076	12922	4381	8541
濠江区	649	360	289	582	380	202	1936	738	1198
潮阳区	1463	712	751	1166	582	584	3356	1312	2044
潮南区	736	423	313	729	388	341	2196	828	1368
澄海区	1029	602	427	703	400	303	2215	876	1339
南澳县									
佛山市	**51548**	**33470**	**18078**	**21935**	**12991**	**8944**	**67099**	**24004**	**43095**
禅城区	7560	4467	3093	3941	2057	1884	12483	4175	8308
南海区	20376	13378	6998	8432	5116	3316	26875	9846	17029
顺德区	19435	12997	6438	7499	4672	2827	18974	6888	12086
三水区	1736	957	779	886	439	447	3851	1244	2607
高明区	2441	1671	770	1177	707	470	4916	1851	3065

5−2a　续表 13　　　　单位：户

地　区	55−59岁			60−64岁			65岁及以上		
	小计	男	女	小计	男	女	小计	男	女
江门市	**14919**	**8489**	**6430**	**8663**	**4776**	**3887**	**31697**	**11842**	**19855**
蓬江区	4987	2955	2032	2667	1488	1179	9703	3436	6267
江海区	1561	972	589	745	453	292	2616	1025	1591
新会区	2274	1194	1080	1430	795	635	6585	2286	4299
台山市	2234	1236	998	1564	824	740	5151	2114	3037
开平市	1624	868	756	1092	567	525	3661	1420	2241
鹤山市	1321	762	559	647	353	294	2236	786	1450
恩平市	918	502	416	518	296	222	1745	775	970
湛江市	**10013**	**5220**	**4793**	**7393**	**3901**	**3492**	**21926**	**9227**	**12699**
赤坎区	2401	1279	1122	1872	950	922	4778	2063	2715
霞山区	3824	1942	1882	2670	1374	1296	7414	2958	4456
坡头区	288	138	150	230	111	119	1203	479	724
麻章区	442	249	193	383	213	170	1413	672	741
遂溪县	152	98	54	115	76	39	639	260	379
徐闻县									
廉江市	818	430	388	599	330	269	1797	750	1047
雷州市	1255	679	576	970	567	403	2631	1188	1443
吴川市	833	405	428	554	280	274	2051	857	1194
茂名市	**7125**	**3820**	**3305**	**4827**	**2617**	**2210**	**19659**	**8885**	**10774**
茂南区	2933	1561	1372	1884	983	901	8148	3483	4665
电白区	923	497	426	678	379	299	2623	1191	1432
高州市	1380	737	643	900	494	406	3281	1653	1628
化州市	876	475	401	644	338	306	2523	1174	1349
信宜市	1013	550	463	721	423	298	3084	1384	1700
肇庆市	**8474**	**4608**	**3866**	**4809**	**2653**	**2156**	**13889**	**6066**	**7823**
端州区	4402	2240	2162	2595	1330	1265	7831	3386	4445
鼎湖区	394	203	191	282	150	132	1057	368	689
高要区	1002	596	406	519	322	197	1488	706	782
广宁县									
怀集县									
封开县									
德庆县									
四会市	2676	1569	1107	1413	851	562	3513	1606	1907
惠州市	**12759**	**8074**	**4685**	**5703**	**3450**	**2253**	**11391**	**4930**	**6461**
惠城区	6791	4159	2632	3220	1912	1308	7253	2972	4281
惠阳区	5751	3754	1997	2412	1488	924	4045	1899	2146
博罗县	217	161	56	71	50	21	93	59	34
惠东县									
龙门县									
梅州市	**4545**	**2473**	**2072**	**3302**	**1880**	**1422**	**10798**	**4477**	**6321**
梅江区	1677	925	752	1218	668	550	4039	1510	2529
梅县区	833	475	358	510	302	208	1421	576	845
大埔县									
丰顺县									
五华县	62	32	30	55	31	24	282	100	182
平远县									
蕉岭县									
兴宁市	1973	1041	932	1519	879	640	5056	2291	2765

5-2a 续表 14　　单位：户

地　区	55-59岁			60-64岁			65岁及以上		
	小计	男	女	小计	男	女	小计	男	女
汕尾市	**2374**	**1424**	**950**	**1718**	**1014**	**704**	**5004**	**2375**	**2629**
城　区	1392	834	558	973	552	421	2872	1288	1584
海丰县									
陆河县									
陆丰市	982	590	392	745	462	283	2132	1087	1045
河源市	**1861**	**1230**	**631**	**938**	**577**	**361**	**2489**	**1106**	**1383**
源城区	1861	1230	631	938	577	361	2489	1106	1383
紫金县									
龙川县									
连平县									
和平县									
东源县									
阳江市	**4938**	**2701**	**2237**	**2867**	**1576**	**1291**	**9384**	**3993**	**5391**
江城区	2932	1572	1360	1729	924	805	5877	2477	3400
阳东区	696	426	270	369	221	148	1140	543	597
阳西县									
阳春市	1310	703	607	769	431	338	2367	973	1394
清远市	**4942**	**2560**	**2382**	**2798**	**1536**	**1262**	**9149**	**3576**	**5573**
清城区	2378	1188	1190	1379	722	657	4871	1900	2971
清新区	736	422	314	361	205	156	935	402	533
佛冈县									
阳山县									
连山壮族瑶族自治县									
连南瑶族自治县									
英德市	817	398	419	460	263	197	1332	455	877
连州市	1011	552	459	598	346	252	2011	819	1192
东莞市	**69636**	**46583**	**23053**	**24056**	**15596**	**8460**	**48045**	**18970**	**29075**
市辖区	69636	46583	23053	24056	15596	8460	48045	18970	29075
中山市	**18294**	**11784**	**6510**	**6894**	**4238**	**2656**	**14119**	**6009**	**8110**
市辖区	18294	11784	6510	6894	4238	2656	14119	6009	8110
潮州市	**4071**	**2513**	**1558**	**3004**	**1676**	**1328**	**11561**	**4425**	**7136**
湘桥区	2055	1141	914	1588	819	769	6790	2385	4405
潮安区	2016	1372	644	1416	857	559	4771	2040	2731
饶平县									
揭阳市	**5706**	**3311**	**2395**	**4366**	**2547**	**1819**	**14885**	**6783**	**8102**
榕城区	2068	1208	860	1736	1015	721	6606	2743	3863
揭东区	896	602	294	731	486	245	2751	1330	1421
揭西县									
惠来县									
普宁市	2742	1501	1241	1899	1046	853	5528	2710	2818
云浮市	**2370**	**1343**	**1027**	**1338**	**748**	**590**	**5444**	**2375**	**3069**
云城区	1099	695	404	543	328	215	2539	1118	1421
云安区	134	89	45	92	61	31	348	167	181
新兴县									
郁南县									
罗定市	1137	559	578	703	359	344	2557	1090	1467

5-2b　各地区分年龄、性别的一人户(镇)

单位：户

地　　区	合　计			14岁及以下		
	合计	男	女	小计	男	女
广　东	**1399247**	**810831**	**588416**	**60057**	**32820**	**27237**
广州市	**159718**	**98063**	**61655**	**3736**	**2095**	**1641**
荔湾区						
越秀区						
海珠区						
天河区						
白云区	38596	23807	14789	680	402	278
黄埔区	2626	1401	1225	189	98	91
番禺区	12348	8196	4152	159	84	75
花都区	9280	5950	3330	255	154	101
南沙区	20562	12788	7774	391	203	188
从化区	8751	5118	3633	364	203	161
增城区	67555	40803	26752	1698	951	747
韶关市	**55874**	**27829**	**28045**	**2247**	**1244**	**1003**
武江区	302	172	130	10	7	3
浈江区	3451	1605	1846	91	49	42
曲江区	3150	1919	1231	62	32	30
始兴县	7169	3349	3820	248	138	110
仁化县	6315	3151	3164	214	115	99
翁源县	7177	3279	3898	226	106	120
乳源瑶族自治县	5232	2632	2600	177	105	72
新丰县	8690	4340	4350	457	254	203
乐昌市	9526	4865	4661	428	252	176
南雄市	4862	2517	2345	334	186	148
深圳市	**282**	**181**	**101**	**8**	**2**	**6**
罗湖区						
福田区						
南山区	148	129	19			
宝安区						
龙岗区						
盐田区						
龙华区						
坪山区	134	52	82	8	2	6
光明区						
珠海市	**41215**	**28253**	**12962**	**704**	**415**	**289**
香洲区	7416	5241	2175	105	68	37
斗门区	17921	11367	6554	409	237	172
金湾区	15878	11645	4233	190	110	80
汕头市	**43968**	**22762**	**21206**	**2961**	**1613**	**1348**
龙湖区						
金平区						
濠江区	335	145	190	12	6	6
潮阳区	15136	7771	7365	1200	644	556
潮南区	9702	5106	4596	1137	641	496
澄海区	14392	7662	6730	416	225	191
南澳县	4403	2078	2325	196	97	99
佛山市	**68508**	**45512**	**22996**	**1112**	**604**	**508**
禅城区	24797	15771	9026	484	255	229
南海区	10256	6798	3458	87	43	44
顺德区						
三水区	29438	20217	9221	475	264	211
高明区	4017	2726	1291	66	42	24

5-2b 续表 1 单位：户

地　区	合　计			14岁及以下		
	合计	男	女	小计	男	女
江门市	**48965**	**29857**	**19108**	**1048**	**591**	**457**
蓬江区						
江海区						
新会区	11854	6927	4927	225	126	99
台山市	7658	4313	3345	194	104	90
开平市	8304	4959	3345	203	118	85
鹤山市	16296	10748	5548	273	159	114
恩平市	4853	2910	1943	153	84	69
湛江市	**73837**	**39145**	**34692**	**4715**	**2602**	**2113**
赤坎区						
霞山区	216	94	122	7	2	5
坡头区	4703	2475	2228	354	185	169
麻章区	4772	2724	2048	249	141	108
遂溪县	18375	9349	9026	1282	712	570
徐闻县	13040	6659	6381	538	309	229
廉江市	13361	7310	6051	869	485	384
雷州市	13064	7348	5716	901	486	415
吴川市	6306	3186	3120	515	282	233
茂名市	**56575**	**31618**	**24957**	**4397**	**2394**	**2003**
茂南区	3331	1928	1403	324	173	151
电白区	19156	10208	8948	1580	830	750
高州市	15376	8977	6399	984	559	425
化州市	12011	6736	5275	1085	601	484
信宜市	6701	3769	2932	424	231	193
肇庆市	**82490**	**47100**	**35390**	**3584**	**2076**	**1508**
端州区						
鼎湖区	1890	961	929	67	42	25
高要区	20996	12715	8281	506	286	220
广宁县	14197	7312	6885	887	501	386
怀集县	18147	10486	7661	1070	638	432
封开县	11374	6524	4850	502	298	204
德庆县	12092	6825	5267	399	218	181
四会市	3794	2277	1517	153	93	60
惠州市	**149627**	**87634**	**61993**	**5935**	**3163**	**2772**
惠城区	13558	8730	4828	432	223	209
惠阳区	15280	9915	5365	329	185	144
博罗县	64108	37187	26921	2053	1115	938
惠东县	42319	24567	17752	2061	1076	985
龙门县	14362	7235	7127	1060	564	496
梅州市	**63174**	**32469**	**30705**	**3794**	**2059**	**1735**
梅江区	485	267	218	23	10	13
梅县区	5714	3495	2219	300	172	128
大埔县	10775	5295	5480	787	423	364
丰顺县	16293	8279	8014	1055	574	481
五华县	13985	7179	6806	899	502	397
平远县	5312	2664	2648	268	135	133
蕉岭县	4989	2265	2724	161	88	73
兴宁市	5621	3025	2596	301	155	146

5-2b 续表 2

单位：户

地 区	合 计			14岁及以下		
	合计	男	女	小计	男	女
汕尾市	**66909**	**36288**	**30621**	**6326**	**3325**	**3001**
城 区	3522	2503	1019	82	47	35
海丰县	32282	17505	14777	2304	1252	1052
陆河县	8846	4769	4077	1327	659	668
陆丰市	22259	11511	10748	2613	1367	1246
河源市	**47650**	**25825**	**21825**	**2331**	**1282**	**1049**
源城区	4671	2982	1689	104	54	50
紫金县	10238	5187	5051	596	344	252
龙川县	13063	6666	6397	663	368	295
连平县	6158	3115	3043	356	189	167
和平县	6216	3296	2920	364	185	179
东源县	7304	4579	2725	248	142	106
阳江市	**27408**	**14777**	**12631**	**1163**	**626**	**537**
江城区	3954	2079	1875	159	85	74
阳东区	4312	2467	1845	180	90	90
阳西县	10594	5381	5213	463	244	219
阳春市	8548	4850	3698	361	207	154
清远市	**63951**	**35456**	**28495**	**3022**	**1688**	**1334**
清城区	18845	11139	7706	890	485	405
清新区	3995	2330	1665	157	86	71
佛冈县	10359	5466	4893	370	203	167
阳山县	10482	5470	5012	559	340	219
连山壮族瑶族自治县	2538	1259	1279	119	74	45
连南瑶族自治县	4366	2153	2213	335	171	164
英德市	10800	6134	4666	434	238	196
连州市	2566	1505	1061	158	91	67
东莞市	**19028**	**11960**	**7068**	**282**	**159**	**123**
市辖区	19028	11960	7068	282	159	123
中山市	**185107**	**119305**	**65802**	**2723**	**1513**	**1210**
市辖区	185107	119305	65802	2723	1513	1210
潮州市	**31258**	**16236**	**15022**	**1287**	**690**	**597**
湘桥区	2462	1259	1203	85	46	39
潮安区	7768	4342	3426	211	113	98
饶平县	21028	10635	10393	991	531	460
揭阳市	**80808**	**43206**	**37602**	**7279**	**3932**	**3347**
榕城区	5858	2815	3043	595	311	284
揭东区	10431	5943	4488	693	369	324
揭西县	15465	8104	7361	1129	580	549
惠来县	22874	11711	11163	2406	1313	1093
普宁市	26180	14633	11547	2456	1359	1097
云浮市	**32895**	**17355**	**15540**	**1403**	**747**	**656**
云城区						
云安区	3108	1921	1187	161	88	73
新兴县	12569	6489	6080	323	174	149
郁南县	11788	6102	5686	548	284	264
罗定市	5430	2843	2587	371	201	170

5-2b 续表 3 单位：户

地区	15-19岁			20-24岁		
	小计	男	女	小计	男	女
广 东	**34933**	**21271**	**13662**	**102790**	**62808**	**39982**
广州市	**3454**	**2185**	**1269**	**16330**	**10082**	**6248**
荔湾区						
越秀区						
海珠区						
天河区						
白云区	1153	671	482	6011	3340	2671
黄埔区	25	18	7	163	91	72
番禺区	221	144	77	1479	1069	410
花都区	235	176	59	873	633	240
南沙区	489	327	162	1444	937	507
从化区	164	114	50	702	422	280
增城区	1167	735	432	5658	3590	2068
韶关市	**1148**	**637**	**511**	**2988**	**1601**	**1387**
武江区	4	2	2	13	8	5
浈江区	23	12	11	96	54	42
曲江区	33	21	12	136	97	39
始兴县	134	84	50	413	218	195
仁化县	145	44	101	359	178	181
翁源县	132	79	53	401	204	197
乳源瑶族自治县	103	55	48	264	147	117
新丰县	243	143	100	683	360	323
乐昌市	228	137	91	397	216	181
南雄市	103	60	43	226	119	107
深圳市	**1**	**1**		**9**	**7**	**2**
罗湖区						
福田区						
南山区	1	1		6	6	
宝安区						
龙岗区						
盐田区						
龙华区						
坪山区				3	1	2
光明区						
珠海市	**768**	**489**	**279**	**4235**	**2875**	**1360**
香洲区	158	107	51	1035	645	390
斗门区	345	205	140	1625	1117	508
金湾区	265	177	88	1575	1113	462
汕头市	**1046**	**596**	**450**	**2549**	**1461**	**1088**
龙湖区						
金平区						
濠江区	6	3	3	16	10	6
潮阳区	393	216	177	1159	665	494
潮南区	336	191	145	583	329	254
澄海区	255	155	100	622	359	263
南澳县	56	31	25	169	98	71
佛山市	**1240**	**821**	**419**	**6085**	**4092**	**1993**
禅城区	440	273	167	2238	1391	847
南海区	201	133	68	917	617	300
顺德区						
三水区	512	360	152	2645	1892	753
高明区	87	55	32	285	192	93

5−2b　续表 4　　　　单位：户

地　区	15−19岁			20−24岁		
	小计	男	女	小计	男	女
江门市	**1153**	**794**	**359**	**3146**	**2128**	**1018**
蓬江区						
江海区						
新会区	149	93	56	494	339	155
台山市	70	37	33	303	164	139
开平市	131	80	51	472	300	172
鹤山市	736	545	191	1695	1222	473
恩平市	67	39	28	182	103	79
湛江市	**1947**	**1147**	**800**	**3822**	**2160**	**1662**
赤坎区						
霞山区	7	6	1	15	7	8
坡头区	77	41	36	207	109	98
麻章区	107	63	44	296	183	113
遂溪县	402	249	153	900	433	467
徐闻县	232	141	91	726	416	310
廉江市	344	202	142	740	461	279
雷州市	579	318	261	539	285	254
吴川市	199	127	72	399	266	133
茂名市	**1504**	**937**	**567**	**2915**	**1675**	**1240**
茂南区	73	42	31	105	55	50
电白区	531	328	203	1076	649	427
高州市	328	215	113	663	380	283
化州市	345	212	133	665	374	291
信宜市	227	140	87	406	217	189
肇庆市	**1640**	**961**	**679**	**3692**	**2154**	**1538**
端州区						
鼎湖区	19	15	4	71	50	21
高要区	327	198	129	1086	729	357
广宁县	336	200	136	606	350	256
怀集县	390	221	169	807	445	362
封开县	331	195	136	500	263	237
德庆县	179	100	79	444	224	220
四会市	58	32	26	178	93	85
惠州市	**4602**	**2711**	**1891**	**12711**	**7752**	**4959**
惠城区	372	240	132	1344	924	420
惠阳区	409	273	136	1262	821	441
博罗县	2312	1369	943	6185	3820	2365
惠东县	866	488	378	2834	1641	1193
龙门县	643	341	302	1086	546	540
梅州市	**1706**	**926**	**780**	**3157**	**1688**	**1469**
梅江区	5	3	2	16	9	7
梅县区	104	44	60	213	117	96
大埔县	317	175	142	425	250	175
丰顺县	539	283	256	1006	524	482
五华县	461	261	200	883	481	402
平远县	75	38	37	237	120	117
蕉岭县	72	38	34	191	95	96
兴宁市	133	84	49	186	92	94

5-2b 续表 5

单位：户

地区	15-19岁			20-24岁		
	小计	男	女	小计	男	女
汕尾市	**2120**	**1225**	**895**	**4762**	**2837**	**1925**
城　区	63	49	14	267	206	61
海丰县	748	417	331	2075	1195	880
陆河县	361	216	145	690	410	280
陆丰市	948	543	405	1730	1026	704
河源市	**1193**	**697**	**496**	**2796**	**1550**	**1246**
源城区	134	82	52	456	306	150
紫金县	255	157	98	543	277	266
龙川县	350	185	165	868	439	429
连平县	120	69	51	246	117	129
和平县	191	117	74	268	146	122
东源县	143	87	56	415	265	150
阳江市	**441**	**266**	**175**	**1371**	**801**	**570**
江城区	53	33	20	178	116	62
阳东区	50	28	22	151	88	63
阳西县	200	122	78	673	367	306
阳春市	138	83	55	369	230	139
清远市	**1172**	**695**	**477**	**3230**	**1818**	**1412**
清城区	294	182	112	995	619	376
清新区	80	42	38	155	80	75
佛冈县	186	107	79	647	368	279
阳山县	214	132	82	496	262	234
连山壮族瑶族自治县	37	18	19	131	68	63
连南瑶族自治县	131	67	64	227	121	106
英德市	200	129	71	515	272	243
连州市	30	18	12	64	28	36
东莞市	**471**	**307**	**164**	**1543**	**1008**	**535**
市辖区	471	307	164	1543	1008	535
中山市	**5828**	**3903**	**1925**	**20017**	**13104**	**6913**
市辖区	5828	3903	1925	20017	13104	6913
潮州市	**541**	**319**	**222**	**1320**	**707**	**613**
湘桥区	41	21	20	127	52	75
潮安区	144	103	41	356	199	157
饶平县	356	195	161	837	456	381
揭阳市	**2390**	**1319**	**1071**	**4160**	**2263**	**1897**
榕城区	255	124	131	433	203	230
揭东区	286	166	120	499	253	246
揭西县	413	222	191	640	361	279
惠来县	755	423	332	1139	653	486
普宁市	681	384	297	1449	793	656
云浮市	**568**	**335**	**233**	**1952**	**1045**	**907**
云城区						
云安区	42	24	18	180	104	76
新兴县	196	95	101	984	523	461
郁南县	200	132	68	505	295	210
罗定市	130	84	46	283	123	160

5-2b 续表 6

单位：户

地 区	25-29岁			30-34岁			35-39岁		
	小计	男	女	小计	男	女	小计	男	女
广 东	**144938**	**90515**	**54423**	**155009**	**98042**	**56967**	**129687**	**78865**	**50822**
广州市	**23085**	**14994**	**8091**	**25775**	**17072**	**8703**	**19367**	**12339**	**7028**
荔湾区									
越秀区									
海珠区									
天河区									
白云区	6899	4289	2610	6104	4145	1959	4326	2857	1469
黄埔区	396	221	175	584	334	250	312	170	142
番禺区	2158	1583	575	2040	1475	565	1362	957	405
花都区	1381	966	415	1566	1059	507	1192	768	424
南沙区	2119	1459	660	2640	1776	864	2383	1577	806
从化区	983	606	377	1128	686	442	1066	585	481
增城区	9149	5870	3279	11713	7597	4116	8726	5425	3301
韶关市	**4082**	**2179**	**1903**	**3523**	**1998**	**1525**	**3060**	**1656**	**1404**
武江区	17	11	6	14	9	5	16	7	9
浈江区	141	96	45	155	107	48	134	81	53
曲江区	195	118	77	214	153	61	183	135	48
始兴县	527	265	262	472	266	206	401	204	197
仁化县	562	327	235	440	260	180	312	154	158
翁源县	627	304	323	433	222	211	382	183	199
乳源瑶族自治县	404	224	180	367	224	143	334	184	150
新丰县	735	374	361	594	300	294	620	295	325
乐昌市	626	325	301	614	343	271	451	274	177
南雄市	248	135	113	220	114	106	227	139	88
深圳市	**19**	**8**	**11**	**41**	**24**	**17**	**43**	**34**	**9**
罗湖区									
福田区									
南山区	8	5	3	20	16	4	29	26	3
宝安区									
龙岗区									
盐田区									
龙华区									
坪山区	11	3	8	21	8	13	14	8	6
光明区									
珠海市	**6147**	**4423**	**1724**	**6763**	**4991**	**1772**	**5037**	**3567**	**1470**
香洲区	1185	832	353	1087	805	282	815	611	204
斗门区	2720	1869	851	3035	2106	929	2250	1453	797
金湾区	2242	1722	520	2641	2080	561	1972	1503	469
汕头市	**3406**	**1973**	**1433**	**3014**	**1789**	**1225**	**2658**	**1526**	**1132**
龙湖区									
金平区									
濠江区	19	8	11	13	7	6	12	10	2
潮阳区	1464	850	614	1131	641	490	921	531	390
潮南区	672	406	266	587	377	210	577	340	237
澄海区	865	510	355	975	592	383	889	496	393
南澳县	386	199	187	308	172	136	259	149	110
佛山市	**9364**	**6482**	**2882**	**10847**	**7657**	**3190**	**8742**	**6121**	**2621**
禅城区	3764	2486	1278	4102	2796	1306	3197	2217	980
南海区	1357	909	448	1828	1279	549	1489	1020	469
顺德区									
三水区	3852	2810	1042	4454	3238	1216	3607	2580	1027
高明区	391	277	114	463	344	119	449	304	145

5-2b 续表 7

单位：户

地　区	25-29岁			30-34岁			35-39岁		
	小计	男	女	小计	男	女	小计	男	女
江门市	**4461**	**3021**	**1440**	**5190**	**3492**	**1698**	**4474**	**2862**	**1612**
蓬江区									
江海区									
新会区	816	557	259	995	714	281	895	583	312
台山市	376	218	158	450	254	196	383	217	166
开平市	728	492	236	886	601	285	785	489	296
鹤山市	2231	1576	655	2505	1713	792	2087	1381	706
恩平市	310	178	132	354	210	144	324	192	132
湛江市	**5481**	**3049**	**2432**	**5440**	**2780**	**2660**	**4778**	**2382**	**2396**
赤坎区									
霞山区	27	11	16	16	8	8	12	8	4
坡头区	314	162	152	376	205	171	338	186	152
麻章区	489	348	141	406	262	144	320	196	124
遂溪县	1421	745	676	1276	597	679	1059	510	549
徐闻县	1155	607	548	1219	597	622	1162	481	681
廉江市	862	478	384	904	467	437	730	370	360
雷州市	764	405	359	865	421	444	838	459	379
吴川市	449	293	156	378	223	155	319	172	147
茂名市	**3864**	**2132**	**1732**	**3384**	**1820**	**1564**	**3193**	**1713**	**1480**
茂南区	200	118	82	218	136	82	201	113	88
电白区	1349	760	589	1140	615	525	1114	617	497
高州市	994	540	454	877	455	422	858	438	420
化州市	851	487	364	801	406	395	722	382	340
信宜市	470	227	243	348	208	140	298	163	135
肇庆市	**5384**	**3041**	**2343**	**6244**	**3564**	**2680**	**6046**	**3397**	**2649**
端州区									
鼎湖区	124	79	45	140	96	44	101	60	41
高要区	1526	971	555	2037	1304	733	1923	1235	688
广宁县	824	432	392	837	402	435	815	384	431
怀集县	1164	637	527	1372	735	637	1409	735	674
封开县	706	392	314	665	385	280	570	312	258
德庆县	706	325	381	788	378	410	887	462	425
四会市	334	205	129	405	264	141	341	209	132
惠州市	**18214**	**11220**	**6994**	**19892**	**12289**	**7603**	**17017**	**10235**	**6782**
惠城区	1918	1337	581	1882	1324	558	1468	961	507
惠阳区	1785	1189	596	2067	1429	638	1945	1286	659
博罗县	7989	4971	3018	8677	5263	3414	7336	4373	2963
惠东县	5038	2959	2079	5779	3536	2243	4970	2948	2022
龙门县	1484	764	720	1487	737	750	1298	667	631
梅州市	**4422**	**2473**	**1949**	**3857**	**2135**	**1722**	**3690**	**1860**	**1830**
梅江区	21	7	14	30	16	14	32	19	13
梅县区	319	181	138	384	229	155	332	186	146
大埔县	701	395	306	660	374	286	590	280	310
丰顺县	1183	621	562	983	513	470	986	489	497
五华县	1163	653	510	965	524	441	911	469	442
平远县	409	249	160	322	178	144	296	138	158
蕉岭县	347	203	144	281	160	121	259	120	139
兴宁市	279	164	115	232	141	91	284	159	125

5-2b 续表 8

单位：户

地区	25-29岁			30-34岁			35-39岁		
	小计	男	女	小计	男	女	小计	男	女
汕尾市	**6305**	**3645**	**2660**	**5927**	**3459**	**2468**	**5152**	**2864**	**2288**
城　区	413	317	96	447	359	88	363	263	100
海丰县	3480	1963	1517	3479	1969	1510	3099	1703	1396
陆河县	644	344	300	590	319	271	568	278	290
陆丰市	1768	1021	747	1411	812	599	1122	620	502
河源市	**4051**	**2365**	**1686**	**3881**	**2259**	**1622**	**3891**	**2030**	**1861**
源城区	661	454	207	775	533	242	718	457	261
紫金县	692	377	315	665	347	318	697	305	392
龙川县	1203	643	560	869	464	405	846	419	427
连平县	304	141	163	393	199	194	406	183	223
和平县	425	229	196	374	209	165	405	188	217
东源县	766	521	245	805	507	298	819	478	341
阳江市	**2135**	**1198**	**937**	**2022**	**1142**	**880**	**1775**	**983**	**792**
江城区	332	198	134	353	210	143	271	161	110
阳东区	271	149	122	305	176	129	328	188	140
阳西县	1082	610	472	983	539	444	806	437	369
阳春市	450	241	209	381	217	164	370	197	173
清远市	**5104**	**2906**	**2198**	**5529**	**3148**	**2381**	**4995**	**2898**	**2097**
清城区	1565	993	572	2089	1338	751	1837	1168	669
清新区	242	120	122	256	135	121	269	151	118
佛冈县	1113	638	475	1144	577	567	1006	521	485
阳山县	742	391	351	750	384	366	681	338	343
连山壮族瑶族自治县	223	115	108	150	70	80	166	91	75
连南瑶族自治县	286	130	156	290	143	147	239	127	112
英德市	824	455	369	753	440	313	702	441	261
连州市	109	64	45	97	61	36	95	61	34
东莞市	**2212**	**1504**	**708**	**3273**	**2130**	**1143**	**2862**	**1809**	**1053**
市辖区	2212	1504	708	3273	2130	1143	2862	1809	1053
中山市	**26977**	**18260**	**8717**	**31581**	**21461**	**10120**	**24475**	**16168**	**8307**
市辖区	26977	18260	8717	31581	21461	10120	24475	16168	8307
潮州市	**1757**	**1010**	**747**	**1681**	**935**	**746**	**1571**	**841**	**730**
湘桥区	158	77	81	104	57	47	82	47	35
潮安区	458	278	180	448	272	176	414	233	181
饶平县	1141	655	486	1129	606	523	1075	561	514
揭阳市	**5471**	**3055**	**2416**	**4574**	**2486**	**2088**	**4719**	**2372**	**2347**
榕城区	623	315	308	418	223	195	359	172	187
揭东区	607	356	251	467	298	169	471	232	239
揭西县	855	407	448	913	434	479	913	422	491
惠来县	1424	803	621	1115	602	513	1295	675	620
普宁市	1962	1174	788	1661	929	732	1681	871	810
云浮市	**2997**	**1577**	**1420**	**2571**	**1411**	**1160**	**2142**	**1208**	**934**
云城区									
云安区	254	138	116	229	133	96	187	128	59
新兴县	1620	860	760	1282	714	568	1083	609	474
郁南县	781	422	359	756	399	357	628	331	297
罗定市	342	157	185	304	165	139	244	140	104

5-2b 续表 9 单位：户

地区	40-44岁			45-49岁			50-54岁		
	小计	男	女	小计	男	女	小计	男	女
广东	**122176**	**70826**	**51350**	**147640**	**82152**	**65488**	**130360**	**77144**	**53216**
广州市	**15990**	**9861**	**6129**	**17613**	**10469**	**7144**	**12771**	**7967**	**4804**
荔湾区									
越秀区									
海珠区									
天河区									
白云区	3366	2155	1211	3659	2261	1398	2635	1665	970
黄埔区	195	105	90	158	89	69	103	57	46
番禺区	1083	738	345	1167	743	424	841	553	288
花都区	935	565	370	870	531	339	650	405	245
南沙区	2408	1510	898	2924	1770	1154	2135	1373	762
从化区	926	494	432	1058	569	489	785	482	303
增城区	7077	4294	2783	7777	4506	3271	5622	3432	2190
韶关市	**3932**	**2006**	**1926**	**6162**	**2842**	**3320**	**6622**	**3260**	**3362**
武江区	27	17	10	29	18	11	39	19	20
浈江区	197	127	70	239	132	107	330	170	160
曲江区	263	193	70	369	247	122	393	241	152
始兴县	474	210	264	897	313	584	925	377	548
仁化县	404	202	202	699	339	360	777	401	376
翁源县	487	198	289	892	341	551	928	398	530
乳源瑶族自治县	448	228	220	576	268	308	600	323	277
新丰县	631	279	352	944	406	538	952	467	485
乐昌市	661	344	317	1055	544	511	1075	553	522
南雄市	340	208	132	462	234	228	603	311	292
深圳市	**32**	**20**	**12**	**54**	**31**	**23**	**37**	**29**	**8**
罗湖区									
福田区									
南山区	12	12		33	26	7	22	21	1
宝安区									
龙岗区									
盐田区									
龙华区									
坪山区	20	8	12	21	5	16	15	8	7
光明区									
珠海市	**4167**	**2788**	**1379**	**4576**	**2988**	**1588**	**3735**	**2654**	**1081**
香洲区	683	498	185	805	557	248	745	566	179
斗门区	1832	1094	738	1937	1115	822	1477	906	571
金湾区	1652	1196	456	1834	1316	518	1513	1182	331
汕头市	**2550**	**1412**	**1138**	**3372**	**1834**	**1538**	**3543**	**2089**	**1454**
龙湖区									
金平区									
濠江区	11	4	7	22	15	7	34	22	12
潮阳区	928	501	427	1100	565	535	1115	636	479
潮南区	455	257	198	724	398	326	792	459	333
澄海区	916	518	398	1212	696	516	1254	793	461
南澳县	240	132	108	314	160	154	348	179	169
佛山市	**7495**	**5110**	**2385**	**8279**	**5486**	**2793**	**6229**	**4415**	**1814**
禅城区	2491	1694	797	2778	1860	918	2028	1406	622
南海区	1298	880	418	1268	784	484	888	569	319
顺德区									
三水区	3273	2239	1034	3725	2495	1230	2904	2134	770
高明区	433	297	136	508	347	161	409	306	103

5-2b　续表 10　　　　单位：户

地　区	40-44岁			45-49岁			50-54岁		
	小计	男	女	小计	男	女	小计	男	女
江门市	**4513**	**2746**	**1767**	**5280**	**3053**	**2227**	**4525**	**2809**	**1716**
蓬江区									
江海区									
新会区	928	596	332	1257	755	502	1145	699	446
台山市	482	268	214	684	399	285	822	464	358
开平市	838	516	322	958	553	405	831	524	307
鹤山市	1849	1139	710	1912	1121	791	1237	811	426
恩平市	416	227	189	469	225	244	490	311	179
湛江市	**5381**	**2701**	**2680**	**6750**	**3472**	**3278**	**7120**	**3869**	**3251**
赤坎区									
霞山区	12	7	5	17	9	8	20	12	8
坡头区	322	161	161	382	192	190	425	221	204
麻章区	312	193	119	374	211	163	456	285	171
遂溪县	1398	645	753	1801	897	904	1884	970	914
徐闻县	1116	518	598	1367	696	671	1257	680	577
廉江市	889	461	428	1095	573	522	1279	726	553
雷州市	1018	556	462	1254	701	553	1277	754	523
吴川市	314	160	154	460	193	267	522	221	301
茂名市	**3602**	**1861**	**1741**	**4533**	**2372**	**2161**	**5157**	**2864**	**2293**
茂南区	163	98	65	187	107	80	222	131	91
电白区	1229	602	627	1632	801	831	1755	866	889
高州市	1061	559	502	1286	708	578	1561	968	593
化州市	762	383	379	908	488	420	991	550	441
信宜市	387	219	168	520	268	252	628	349	279
肇庆市	**7061**	**4010**	**3051**	**9448**	**5189**	**4259**	**9207**	**5408**	**3799**
端州区									
鼎湖区	114	71	43	192	107	85	171	107	64
高要区	2001	1210	791	2490	1495	995	2186	1389	797
广宁县	1016	484	532	1488	669	819	1622	793	829
怀集县	1586	913	673	2155	1219	936	2003	1175	828
封开县	766	452	314	1208	699	509	1381	838	543
德庆县	1172	639	533	1436	737	699	1418	845	573
四会市	406	241	165	479	263	216	426	261	165
惠州市	**15436**	**8965**	**6471**	**17402**	**9973**	**7429**	**13920**	**8425**	**5495**
惠城区	1363	878	485	1632	978	654	1253	788	465
惠阳区	1838	1204	634	2124	1295	829	1733	1142	591
博罗县	6785	3822	2963	7210	4014	3196	5449	3226	2223
惠东县	4323	2510	1813	5162	3013	2149	4247	2615	1632
龙门县	1127	551	576	1274	673	601	1238	654	584
梅州市	**3849**	**1770**	**2079**	**5985**	**2709**	**3276**	**6140**	**3294**	**2846**
梅江区	14	10	4	32	21	11	58	42	16
梅县区	347	197	150	514	282	232	506	301	205
大埔县	628	266	362	904	377	527	1034	503	531
丰顺县	942	422	520	1453	675	778	1379	764	615
五华县	970	443	527	1485	668	817	1364	755	609
平远县	349	146	203	554	243	311	618	340	278
蕉岭县	296	115	181	506	172	334	554	225	329
兴宁市	303	171	132	537	271	266	627	364	263

5-2b 续表 11

单位：户

地区	40-44岁			45-49岁			50-54岁		
	小计	男	女	小计	男	女	小计	男	女
汕尾市	**4529**	**2331**	**2198**	**6155**	**3215**	**2940**	**5909**	**3342**	**2567**
城　区	342	236	106	425	282	143	402	305	97
海丰县	2555	1295	1260	3335	1791	1544	3016	1690	1326
陆河县	602	272	330	843	375	468	753	390	363
陆丰市	1030	528	502	1552	767	785	1738	957	781
河源市	**4285**	**2128**	**2157**	**5765**	**2660**	**3105**	**5371**	**2991**	**2380**
源城区	596	340	256	589	326	263	376	243	133
紫金县	778	385	393	1110	487	623	1137	575	562
龙川县	1149	476	673	1671	658	1013	1572	790	782
连平县	430	214	216	652	301	351	685	389	296
和平县	502	219	283	756	315	441	825	463	362
东源县	830	494	336	987	573	414	776	531	245
阳江市	**2046**	**1034**	**1012**	**2905**	**1449**	**1456**	**2936**	**1649**	**1287**
江城区	300	150	150	420	217	203	412	235	177
阳东区	360	201	159	486	272	214	451	308	143
阳西县	803	375	428	1138	491	647	1083	522	561
阳春市	583	308	275	861	469	392	990	584	406
清远市	**5079**	**2849**	**2230**	**6917**	**3765**	**3152**	**6828**	**3994**	**2834**
清城区	1784	1097	687	2299	1422	877	1940	1272	668
清新区	316	167	149	435	221	214	425	259	166
佛冈县	876	437	439	1020	503	517	993	531	462
阳山县	669	335	334	1070	494	576	1214	641	573
连山壮族瑶族自治县	156	68	88	255	122	133	268	135	133
连南瑶族自治县	320	164	156	457	220	237	444	230	214
英德市	857	518	339	1209	671	538	1273	758	515
连州市	101	63	38	172	112	60	271	168	103
东莞市	**2573**	**1574**	**999**	**2514**	**1532**	**982**	**1692**	**1059**	**633**
市辖区	2573	1574	999	2514	1532	982	1692	1059	633
中山市	**20627**	**12910**	**7717**	**22074**	**12956**	**9118**	**15417**	**9699**	**5718**
市辖区	20627	12910	7717	22074	12956	9118	15417	9699	5718
潮州市	**1677**	**934**	**743**	**2466**	**1379**	**1087**	**2778**	**1669**	**1109**
湘桥区	80	42	38	110	70	40	154	100	54
潮安区	485	283	202	639	423	216	672	448	224
饶平县	1112	609	503	1717	886	831	1952	1121	831
揭阳市	**5002**	**2564**	**2438**	**6452**	**3298**	**3154**	**7058**	**3884**	**3174**
榕城区	354	190	164	453	222	231	519	254	265
揭东区	533	287	246	750	415	335	839	537	302
揭西县	926	426	500	1411	649	762	1467	732	735
惠来县	1391	729	662	1796	906	890	2151	1167	984
普宁市	1798	932	866	2042	1106	936	2082	1194	888
云浮市	**2350**	**1252**	**1098**	**2938**	**1480**	**1458**	**3365**	**1774**	**1591**
云城区									
云安区	189	119	70	242	152	90	260	168	92
新兴县	1024	529	495	1201	561	640	1161	598	563
郁南县	794	410	384	1029	504	525	1387	737	650
罗定市	343	194	149	466	263	203	557	271	286

5-2b　续表 12　　　　单位：户

地　区	55-59岁			60-64岁			65岁及以上		
	小计	男	女	小计	男	女	小计	男	女
广　东	**94787**	**60177**	**34610**	**61041**	**37481**	**23560**	**215829**	**98730**	**117099**
广州市	**7322**	**4688**	**2634**	**3531**	**2092**	**1439**	**10744**	**4219**	**6525**
荔湾区									
越秀区									
海珠区									
天河区									
白云区	1487	943	544	701	425	276	1575	654	921
黄埔区	87	47	40	49	17	32	365	154	211
番禺区	503	317	186	264	164	100	1071	369	702
花都区	430	295	135	210	123	87	683	275	408
南沙区	1176	776	400	577	333	244	1876	747	1129
从化区	522	352	170	280	175	105	773	430	343
增城区	3117	1958	1159	1450	855	595	4401	1590	2811
韶关市	**5522**	**3224**	**2298**	**3357**	**1921**	**1436**	**13231**	**5261**	**7970**
武江区	34	26	8	30	20	10	69	28	41
浈江区	316	198	118	210	118	92	1519	461	1058
曲江区	334	242	92	165	100	65	803	340	463
始兴县	712	364	348	362	201	161	1604	709	895
仁化县	656	384	272	366	212	154	1381	535	846
翁源县	739	429	310	454	278	176	1476	537	939
乳源瑶族自治县	511	289	222	318	180	138	1130	405	725
新丰县	760	426	334	545	289	256	1526	747	779
乐昌市	971	571	400	597	320	277	2423	986	1437
南雄市	489	295	194	310	203	107	1300	513	787
深圳市	**25**	**17**	**8**	**6**	**4**	**2**	**7**	**4**	**3**
罗湖区									
福田区									
南山区	14	13	1	3	3				
宝安区									
龙岗区									
盐田区									
龙华区									
坪山区	11	4	7	3	1	2	7	4	3
光明区									
珠海市	**2234**	**1605**	**629**	**922**	**631**	**291**	**1927**	**827**	**1100**
香洲区	485	378	107	151	105	46	162	69	93
斗门区	879	569	310	393	249	144	1019	447	572
金湾区	870	658	212	378	277	101	746	311	435
汕头市	**3556**	**2075**	**1481**	**3343**	**1820**	**1523**	**11970**	**4574**	**7396**
龙湖区									
金平区									
濠江区	15	13	2	14	9	5	161	38	123
潮阳区	1077	585	492	1064	546	518	3584	1391	2193
潮南区	708	377	331	658	355	303	2473	976	1497
澄海区	1337	856	481	1254	742	512	4397	1720	2677
南澳县	419	244	175	353	168	185	1355	449	906
佛山市	**3197**	**2370**	**827**	**1111**	**709**	**402**	**4807**	**1645**	**3162**
禅城区	1035	738	297	330	189	141	1910	466	1444
南海区	451	330	121	138	87	51	334	147	187
顺德区									
三水区	1443	1096	347	515	334	181	2033	775	1258
高明区	268	206	62	128	99	29	530	257	273

5-2b 续表 13 单位：户

地　区	55-59岁			60-64岁			65岁及以上		
	小计	男	女	小计	男	女	小计	男	女
江门市	**3580**	**2351**	**1229**	**2318**	**1544**	**774**	**9277**	**4466**	**4811**
蓬江区									
江海区									
新会区	984	651	333	609	393	216	3357	1421	1936
台山市	832	501	331	670	440	230	2392	1247	1145
开平市	646	413	233	404	254	150	1422	619	803
鹤山市	639	453	186	279	205	74	853	423	430
恩平市	479	333	146	356	252	104	1253	756	497
湛江市	**6258**	**3790**	**2468**	**4754**	**2920**	**1834**	**17391**	**8273**	**9118**
赤坎区									
霞山区	15	10	5	11	6	5	57	8	49
坡头区	317	179	138	299	172	127	1292	662	630
麻章区	385	241	144	265	152	113	1113	449	664
遂溪县	1599	947	652	1167	697	470	4186	1947	2239
徐闻县	1095	673	422	760	482	278	2413	1059	1354
廉江市	1122	672	450	938	613	325	3589	1802	1787
雷州市	1283	846	437	917	615	302	2829	1502	1327
吴川市	442	222	220	397	183	214	1912	844	1068
茂名市	**4396**	**2795**	**1601**	**3385**	**2216**	**1169**	**16245**	**8839**	**7406**
茂南区	241	149	92	207	130	77	1190	676	514
电白区	1471	853	618	1044	641	403	5235	2646	2589
高州市	1246	858	388	958	659	299	4560	2638	1922
化州市	865	552	313	736	471	265	3280	1830	1450
信宜市	573	383	190	440	315	125	1980	1049	931
肇庆市	**7545**	**4889**	**2656**	**4954**	**3195**	**1759**	**17685**	**9216**	**8469**
端州区									
鼎湖区	131	73	58	105	46	59	655	215	440
高要区	1640	1137	503	983	676	307	4291	2085	2206
广宁县	1404	821	583	1012	623	389	3350	1653	1697
怀集县	1545	1012	533	1095	699	396	3551	2057	1494
封开县	1276	843	433	779	505	274	2690	1342	1348
德庆县	1257	807	450	828	546	282	2578	1544	1034
四会市	292	196	96	152	100	52	570	320	250
惠州市	**8357**	**5324**	**3033**	**4091**	**2445**	**1646**	**12050**	**5132**	**6918**
惠城区	729	498	231	308	188	120	857	391	466
惠阳区	899	612	287	284	197	87	605	282	323
博罗县	3239	2083	1156	1656	969	687	5217	2162	3055
惠东县	2462	1571	891	1231	762	469	3346	1448	1898
龙门县	1028	560	468	612	329	283	2025	849	1176
梅州市	**5713**	**3532**	**2181**	**4439**	**2732**	**1707**	**16422**	**7291**	**9131**
梅江区	48	35	13	43	27	16	163	68	95
梅县区	537	375	162	449	324	125	1709	1087	622
大埔县	1070	627	443	821	484	337	2838	1141	1697
丰顺县	1248	801	447	1147	696	451	4372	1917	2455
五华县	1090	654	436	751	446	305	3043	1323	1720
平远县	567	356	211	348	216	132	1269	505	764
蕉岭县	560	306	254	419	237	182	1343	506	837
兴宁市	593	378	215	461	302	159	1685	744	941

5-2b 续表 14

单位：户

地 区	55-59岁			60-64岁			65岁及以上		
	小计	男	女	小计	男	女	小计	男	女
汕尾市	**4378**	**2661**	**1717**	**3392**	**1940**	**1452**	**11954**	**5444**	**6510**
城 区	226	172	54	133	89	44	359	178	181
海丰县	2118	1282	836	1362	786	576	4711	2162	2549
陆河县	539	345	194	445	285	160	1484	876	608
陆丰市	1495	862	633	1452	780	672	5400	2228	3172
河源市	**3931**	**2642**	**1289**	**2411**	**1537**	**874**	**7744**	**3684**	**4060**
源城区	168	126	42	57	41	16	37	20	17
紫金县	930	579	351	584	355	229	2251	999	1252
龙川县	1117	763	354	618	392	226	2137	1069	1068
连平县	574	360	214	519	317	202	1473	636	837
和平县	625	423	202	343	238	105	1138	564	574
东源县	517	391	126	290	194	96	708	396	312
阳江市	**2570**	**1615**	**955**	**1592**	**1000**	**592**	**6452**	**3014**	**3438**
江城区	320	182	138	207	125	82	949	367	582
阳东区	404	278	126	253	168	85	1073	521	552
阳西县	864	488	376	525	294	231	1974	892	1082
阳春市	982	667	315	607	413	194	2456	1234	1222
清远市	**5627**	**3613**	**2014**	**3467**	**2136**	**1331**	**12981**	**5946**	**7035**
清城区	1374	919	455	703	437	266	3075	1207	1868
清新区	376	244	132	249	157	92	1035	668	367
佛冈县	830	498	332	456	265	191	1718	818	900
阳山县	978	588	390	682	387	295	2427	1178	1249
连山壮族瑶族自治县	267	162	105	160	99	61	606	237	369
连南瑶族自治县	457	296	161	245	139	106	935	345	590
英德市	1051	708	343	711	475	236	2271	1029	1242
连州市	294	198	96	261	177	84	914	464	450
东莞市	**760**	**500**	**260**	**256**	**173**	**83**	**590**	**205**	**385**
市辖区	760	500	260	256	173	83	590	205	385
中山市	**7753**	**5261**	**2492**	**2722**	**1796**	**926**	**4913**	**2274**	**2639**
市辖区	7753	5261	2492	2722	1796	926	4913	2274	2639
潮州市	**2861**	**1767**	**1094**	**2932**	**1727**	**1205**	**10387**	**4258**	**6129**
湘桥区	197	135	62	227	154	73	1097	458	639
潮安区	641	420	221	728	449	279	2572	1121	1451
饶平县	2023	1212	811	1977	1124	853	6718	2679	4039
揭阳市	**6333**	**3760**	**2573**	**6095**	**3727**	**2368**	**21275**	**10546**	**10729**
榕城区	361	193	168	315	169	146	1173	439	734
揭东区	803	562	241	945	622	323	3538	1846	1692
揭西县	1367	797	570	1143	717	426	4288	2357	1931
惠来县	1889	1067	822	1826	1048	778	5687	2325	3362
普宁市	1913	1141	772	1866	1171	695	6589	3579	3010
云浮市	**2869**	**1698**	**1171**	**1963**	**1216**	**747**	**7777**	**3612**	**4165**
云城区									
云安区	259	187	72	203	157	46	902	523	379
新兴县	832	508	324	498	310	188	2365	1008	1357
郁南县	1315	730	585	881	511	370	2964	1347	1617
罗定市	463	273	190	381	238	143	1546	734	812

5-2c 各地区分年龄、性别的一人户(乡村)

单位：户

地　区	合　计			14岁及以下		
	合计	男	女	小计	男	女
广　东	**2453845**	**1440368**	**1013477**	**160807**	**88136**	**72671**
广州市	**303532**	**194038**	**109494**	**6796**	**3812**	**2984**
荔湾区						
越秀区						
海珠区						
天河区						
白云区	109336	70547	38789	1747	991	756
黄埔区	10643	7340	3303	244	141	103
番禺区	50184	32927	17257	672	366	306
花都区	54613	34904	19709	1394	782	612
南沙区	25743	16504	9239	548	305	243
从化区	16757	9267	7490	776	450	326
增城区	36256	22549	13707	1415	777	638
韶关市	**106624**	**61883**	**44741**	**6870**	**3890**	**2980**
武江区	4038	2393	1645	260	130	130
浈江区	3234	1898	1336	191	104	87
曲江区	9567	5803	3764	458	253	205
始兴县	11528	6444	5084	639	374	265
仁化县	8379	4953	3426	474	257	217
翁源县	16729	10024	6705	1069	586	483
乳源瑶族自治县	7362	4364	2998	582	323	259
新丰县	10056	6084	3972	566	323	243
乐昌市	16305	9429	6876	1000	587	413
南雄市	19426	10491	8935	1631	953	678
深圳市	**8559**	**5928**	**2631**	**84**	**42**	**42**
罗湖区						
福田区						
南山区						
宝安区						
龙岗区	8559	5928	2631	84	42	42
盐田区						
龙华区						
坪山区						
光明区						
珠海市	**23385**	**15933**	**7452**	**350**	**176**	**174**
香洲区	136	105	31			
斗门区	21559	14591	6968	323	163	160
金湾区	1690	1237	453	27	13	14
汕头市	**43447**	**23844**	**19603**	**3760**	**1964**	**1796**
龙湖区	1847	1100	747	69	37	32
金平区	450	232	218	36	19	17
濠江区	2184	1329	855	100	51	49
潮阳区	17935	9441	8494	1684	871	813
潮南区	13501	7391	6110	1692	893	799
澄海区	6752	3956	2796	152	77	75
南澳县	778	395	383	27	16	11
佛山市	**54698**	**34978**	**19720**	**1025**	**556**	**469**
禅城区						
南海区	17483	11146	6337	285	153	132
顺德区	6484	4742	1742	97	57	40
三水区	24398	15461	8937	390	213	177
高明区	6333	3629	2704	253	133	120

5-2c　续表 1　　单位：户

地　区	合　计			14岁及以下		
	合计	男	女	小计	男	女
江门市	**137754**	**75446**	**62308**	**4418**	**2454**	**1964**
蓬江区	1321	753	568	25	17	8
江海区						
新会区	30464	17297	13167	793	447	346
台山市	40661	21362	19299	1340	728	612
开平市	28075	14291	13784	857	491	366
鹤山市	18039	11121	6918	465	257	208
恩平市	19194	10622	8572	938	514	424
湛江市	**205887**	**112479**	**93408**	**20244**	**11037**	**9207**
赤坎区	272	140	132	19	9	10
霞山区	1341	636	705	103	53	50
坡头区	10943	5895	5048	889	467	422
麻章区	14602	7698	6904	1476	781	695
遂溪县	29811	16067	13744	2716	1493	1223
徐闻县	18502	9802	8700	1532	876	656
廉江市	49436	28987	20449	5135	2857	2278
雷州市	52590	28065	24525	5438	2960	2478
吴川市	28390	15189	13201	2936	1541	1395
茂名市	**204737**	**115720**	**89017**	**20538**	**11278**	**9260**
茂南区	17531	9693	7838	1394	749	645
电白区	38320	21931	16389	3945	2181	1764
高州市	57419	32737	24682	5217	2917	2300
化州市	47471	26514	20957	5978	3210	2768
信宜市	43996	24845	19151	4004	2221	1783
肇庆市	**155080**	**85263**	**69817**	**12308**	**7014**	**5294**
端州区						
鼎湖区	4297	1752	2545	226	133	93
高要区	33888	17457	16431	1906	1090	816
广宁县	24731	13700	11031	1762	967	795
怀集县	34332	18960	15372	4812	2780	2032
封开县	19229	11128	8101	1668	932	736
德庆县	16747	9995	6752	1012	573	439
四会市	21856	12271	9585	922	539	383
惠州市	**132786**	**83580**	**49206**	**6647**	**3654**	**2993**
惠城区	30896	20479	10417	1026	553	473
惠阳区	34224	22696	11528	954	533	421
博罗县	30625	18302	12323	1809	1024	785
惠东县	25432	14672	10760	2298	1243	1055
龙门县	11609	7431	4178	560	301	259
梅州市	**159796**	**84958**	**74838**	**12786**	**6903**	**5883**
梅江区	2527	1346	1181	129	68	61
梅县区	24183	12812	11371	1281	692	589
大埔县	22821	12330	10491	1837	950	887
丰顺县	19033	10457	8576	1877	997	880
五华县	34671	18260	16411	3958	2178	1780
平远县	7673	4181	3492	368	211	157
蕉岭县	8463	4659	3804	320	163	157
兴宁市	40425	20913	19512	3016	1644	1372

5-2c 续表 2

单位：户

地区	合计			14岁及以下		
	合计	男	女	小计	男	女
汕尾市	**74291**	**40736**	**33555**	**10208**	**5426**	**4782**
城　区	9170	4941	4229	916	478	438
海丰县	21996	12379	9617	2402	1301	1101
陆河县	7092	4110	2982	918	485	433
陆丰市	36033	19306	16727	5972	3162	2810
河源市	**132310**	**75335**	**56975**	**12646**	**6825**	**5821**
源城区	4434	3120	1314	88	51	37
紫金县	25535	14122	11413	2746	1452	1294
龙川县	41218	22709	18509	3757	2009	1748
连平县	13541	7797	5744	1206	691	515
和平县	24005	13682	10323	2698	1478	1220
东源县	23577	13905	9672	2151	1144	1007
阳江市	**97728**	**55804**	**41924**	**6874**	**3751**	**3123**
江城区	15394	8164	7230	969	539	430
阳东区	20487	11306	9181	1458	783	675
阳西县	21312	12606	8706	1438	755	683
阳春市	40535	23728	16807	3009	1674	1335
清远市	**146389**	**86504**	**59885**	**10004**	**5682**	**4322**
清城区	10192	5785	4407	450	253	197
清新区	31464	17613	13851	1894	1058	836
佛冈县	14892	8737	6155	799	437	362
阳山县	19828	11943	7885	1477	841	636
连山壮族瑶族自治县	3649	2270	1379	275	163	112
连南瑶族自治县	5275	2871	2404	725	400	325
英德市	41013	24672	16341	2932	1690	1242
连州市	20076	12613	7463	1452	840	612
东莞市	**153563**	**105885**	**47678**	**2091**	**1213**	**878**
市辖区	153563	105885	47678	2091	1213	878
中山市	**68437**	**46193**	**22244**	**884**	**482**	**402**
市辖区	68437	46193	22244	884	482	402
潮州市	**39567**	**22338**	**17229**	**1561**	**816**	**745**
湘桥区	3272	1782	1490	111	59	52
潮安区	14283	8426	5857	467	242	225
饶平县	22012	12130	9882	983	515	468
揭阳市	**103538**	**56719**	**46819**	**12410**	**6627**	**5783**
榕城区	5578	3005	2573	334	197	137
揭东区	18481	10422	8059	1533	843	690
揭西县	24542	13574	10968	2756	1463	1293
惠来县	18012	8944	9068	2901	1548	1353
普宁市	36925	20774	16151	4886	2576	2310
云浮市	**101737**	**56804**	**44933**	**8303**	**4534**	**3769**
云城区	6720	3943	2777	377	196	181
云安区	10907	6234	4673	796	449	347
新兴县	18268	10045	8223	1061	589	472
郁南县	17257	10133	7124	1134	577	557
罗定市	48585	26449	22136	4935	2723	2212

5-2c 续表 3

单位：户

地 区	15-19岁			20-24岁		
	小计	男	女	小计	男	女
广 东	**72143**	**44518**	**27625**	**167915**	**105967**	**61948**
广州市	**7413**	**4777**	**2636**	**34533**	**22234**	**12299**
荔湾区						
越秀区						
海珠区						
天河区						
白云区	3102	1922	1180	15900	9572	6328
黄埔区	190	127	63	1166	810	356
番禺区	1224	790	434	5780	3979	1801
花都区	1325	890	435	5584	3721	1863
南沙区	458	314	144	1741	1265	476
从化区	298	188	110	803	469	334
增城区	816	546	270	3559	2418	1141
韶关市	**2762**	**1646**	**1116**	**5277**	**3182**	**2095**
武江区	96	58	38	205	127	78
浈江区	57	36	21	137	86	51
曲江区	156	98	58	433	253	180
始兴县	254	133	121	460	293	167
仁化县	182	104	78	296	172	124
翁源县	413	244	169	763	440	323
乳源瑶族自治县	215	124	91	380	232	148
新丰县	228	149	79	564	370	194
乐昌市	535	326	209	912	540	372
南雄市	626	374	252	1127	669	458
深圳市	**203**	**126**	**77**	**767**	**504**	**263**
罗湖区						
福田区						
南山区						
宝安区						
龙岗区	203	126	77	767	504	263
盐田区						
龙华区						
坪山区						
光明区						
珠海市	**535**	**334**	**201**	**1974**	**1385**	**589**
香洲区				8	6	2
斗门区	524	326	198	1901	1340	561
金湾区	11	8	3	65	39	26
汕头市	**1365**	**807**	**558**	**2811**	**1730**	**1081**
龙湖区	52	28	24	80	44	36
金平区	21	17	4	26	14	12
濠江区	63	38	25	189	139	50
潮阳区	547	325	222	1365	836	529
潮南区	539	317	222	877	524	353
澄海区	134	80	54	252	161	91
南澳县	9	2	7	22	12	10
佛山市	**989**	**676**	**313**	**3784**	**2683**	**1101**
禅城区						
南海区	360	245	115	1361	980	381
顺德区	156	114	42	534	373	161
三水区	374	252	122	1641	1176	465
高明区	99	65	34	248	154	94

5-2c 续表 4 单位：户

地 区	15-19岁			20-24岁		
	小计	男	女	小计	男	女
江门市	**2046**	**1254**	**792**	**5209**	**3307**	**1902**
蓬江区	21	12	9	52	35	17
江海区						
新会区	425	268	157	1273	882	391
台山市	560	341	219	1149	670	479
开平市	428	261	167	1047	625	422
鹤山市	318	203	115	757	534	223
恩平市	294	169	125	931	561	370
湛江市	**6781**	**4143**	**2638**	**12392**	**7732**	**4660**
赤坎区	6	5	1	11	8	3
霞山区	31	20	11	40	24	16
坡头区	286	173	113	642	422	220
麻章区	422	268	154	815	510	305
遂溪县	883	524	359	1503	877	626
徐闻县	560	352	208	944	569	375
廉江市	1777	1117	660	3150	1996	1154
雷州市	1832	1072	760	3464	2114	1350
吴川市	984	612	372	1823	1212	611
茂名市	**7713**	**4921**	**2792**	**13969**	**8845**	**5124**
茂南区	416	271	145	910	615	295
电白区	1450	912	538	2603	1587	1016
高州市	1954	1298	656	3656	2480	1176
化州市	2134	1340	794	3575	2168	1407
信宜市	1759	1100	659	3225	1995	1230
肇庆市	**4551**	**2796**	**1755**	**7659**	**4626**	**3033**
端州区						
鼎湖区	48	30	18	133	88	45
高要区	654	429	225	1413	911	502
广宁县	569	339	230	1078	610	468
怀集县	1617	968	649	2246	1342	904
封开县	855	528	327	1060	605	455
德庆县	468	274	194	695	382	313
四会市	340	228	112	1034	688	346
惠州市	**4218**	**2686**	**1532**	**10573**	**6983**	**3590**
惠城区	1328	878	450	3774	2642	1132
惠阳区	1027	667	360	2948	2011	937
博罗县	917	591	326	1861	1241	620
惠东县	735	425	310	1564	840	724
龙门县	211	125	86	426	249	177
梅州市	**4851**	**2847**	**2004**	**8221**	**4842**	**3379**
梅江区	50	24	26	67	39	28
梅县区	486	268	218	875	493	382
大埔县	651	372	279	1040	628	412
丰顺县	671	373	298	1209	661	548
五华县	1678	1020	658	2699	1597	1102
平远县	156	96	60	281	171	110
蕉岭县	112	56	56	212	125	87
兴宁市	1047	638	409	1838	1128	710

5-2c　续表 5　　　　　　　　　　　　　　　　　　　　　　　　单位：户

地　区	15-19岁			20-24岁		
	小计	男	女	小计	男	女
汕尾市	**3868**	**2246**	**1622**	**5852**	**3362**	**2490**
城　区	775	463	312	540	293	247
海丰县	612	372	240	1472	846	626
陆河县	350	220	130	672	409	263
陆丰市	2131	1191	940	3168	1814	1354
河源市	**4744**	**2773**	**1971**	**7371**	**4310**	**3061**
源城区	123	74	49	414	295	119
紫金县	1083	648	435	1510	882	628
龙川县	1547	863	684	2418	1359	1059
连平县	353	209	144	641	384	257
和平县	872	530	342	1067	608	459
东源县	766	449	317	1321	782	539
阳江市	**2175**	**1326**	**849**	**5248**	**3194**	**2054**
江城区	199	131	68	725	437	288
阳东区	324	193	131	945	523	422
阳西县	527	322	205	1411	904	507
阳春市	1125	680	445	2167	1330	837
清远市	**3970**	**2416**	**1554**	**8105**	**4699**	**3406**
清城区	182	118	64	513	319	194
清新区	951	556	395	1939	1163	776
佛冈县	302	178	124	701	390	311
阳山县	459	271	188	1211	657	554
连山壮族瑶族自治县	89	49	40	195	122	73
连南瑶族自治县	187	108	79	218	134	84
英德市	1332	842	490	2590	1502	1088
连州市	468	294	174	738	412	326
东莞市	**4155**	**2794**	**1361**	**13597**	**9552**	**4045**
市辖区	4155	2794	1361	13597	9552	4045
中山市	**1907**	**1297**	**610**	**6355**	**4497**	**1858**
市辖区	1907	1297	610	6355	4497	1858
潮州市	**836**	**488**	**348**	**1712**	**991**	**721**
湘桥区	53	29	24	152	90	62
潮安区	304	181	123	634	367	267
饶平县	479	278	201	926	534	392
揭阳市	**4287**	**2453**	**1834**	**6843**	**3980**	**2863**
榕城区	135	73	62	244	140	104
揭东区	650	407	243	1176	681	495
揭西县	1046	597	449	1422	824	598
惠来县	908	500	408	1211	691	520
普宁市	1548	876	672	2790	1644	1146
云浮市	**2774**	**1712**	**1062**	**5663**	**3329**	**2334**
云城区	110	73	37	289	173	116
云安区	275	160	115	588	336	252
新兴县	383	247	136	920	518	402
郁南县	420	248	172	848	462	386
罗定市	1586	984	602	3018	1840	1178

5-2c 续表 6 单位：户

地　区	25-29岁			30-34岁			35-39岁		
	小计	男	女	小计	男	女	小计	男	女
广　东	**201194**	**131036**	**70158**	**195073**	**131716**	**63357**	**160843**	**108190**	**52653**
广州市	**42642**	**29466**	**13176**	**43078**	**30601**	**12477**	**32624**	**22791**	**9833**
荔湾区									
越秀区									
海珠区									
天河区									
白云区	18479	12345	6134	16691	11880	4811	12190	8500	3690
黄埔区	1683	1218	465	1781	1334	447	1172	872	300
番禺区	7966	5680	2286	8256	5901	2355	5763	4103	1660
花都区	6819	4791	2028	7956	5599	2357	6288	4328	1960
南沙区	2532	1827	705	3205	2304	901	2899	2056	843
从化区	885	536	349	880	557	323	921	600	321
增城区	4278	3069	1209	4309	3026	1283	3391	2332	1059
韶关市	**5979**	**3731**	**2248**	**5965**	**3875**	**2090**	**5744**	**3817**	**1927**
武江区	233	146	87	266	183	83	201	137	64
浈江区	185	115	70	197	140	57	172	115	57
曲江区	588	359	229	567	380	187	561	369	192
始兴县	502	315	187	517	360	157	561	416	145
仁化县	353	223	130	544	367	177	498	348	150
翁源县	1016	620	396	957	593	364	859	573	286
乳源瑶族自治县	421	255	166	406	258	148	445	302	143
新丰县	581	386	195	590	363	227	631	378	253
乐昌市	959	616	343	929	634	295	838	586	252
南雄市	1141	696	445	992	597	395	978	593	385
深圳市	**1176**	**843**	**333**	**1350**	**987**	**363**	**1096**	**837**	**259**
罗湖区									
福田区									
南山区									
宝安区									
龙岗区	1176	843	333	1350	987	363	1096	837	259
盐田区									
龙华区									
坪山区									
光明区									
珠海市	**3078**	**2338**	**740**	**3551**	**2763**	**788**	**2435**	**1803**	**632**
香洲区	14	11	3	15	15		16	15	1
斗门区	2896	2198	698	3345	2580	765	2256	1656	600
金湾区	168	129	39	191	168	23	163	132	31
汕头市	**3176**	**2011**	**1165**	**2283**	**1527**	**756**	**1968**	**1260**	**708**
龙湖区	128	63	65	121	68	53	98	58	40
金平区	42	24	18	34	16	18	18	8	10
濠江区	257	184	73	148	108	40	116	86	30
潮阳区	1319	855	464	782	521	261	760	476	284
潮南区	1043	642	401	819	551	268	640	429	211
澄海区	340	209	131	338	240	98	304	186	118
南澳县	47	34	13	41	23	18	32	17	15
佛山市	**5272**	**3726**	**1546**	**6429**	**4625**	**1804**	**5744**	**4154**	**1590**
禅城区									
南海区	1846	1343	503	2392	1710	682	2098	1462	636
顺德区	802	583	219	1024	788	236	852	676	176
三水区	2285	1607	678	2711	1957	754	2474	1814	660
高明区	339	193	146	302	170	132	320	202	118

5-2c 续表 7

单位：户

地区	25—29岁			30—34岁			35—39岁		
	小计	男	女	小计	男	女	小计	男	女
江门市	**7923**	**4982**	**2941**	**8925**	**5745**	**3180**	**7606**	**4821**	**2785**
蓬江区	87	60	27	98	73	25	63	39	24
江海区									
新会区	1946	1335	611	2154	1501	653	1843	1255	588
台山市	1815	1066	749	1951	1150	801	1622	934	688
开平市	1507	880	627	1893	1149	744	1649	1004	645
鹤山市	1193	857	336	1397	1041	356	1357	954	403
恩平市	1375	784	591	1432	831	601	1072	635	437
湛江市	**13393**	**8489**	**4904**	**10854**	**7198**	**3656**	**8341**	**5775**	**2566**
赤坎区	15	14	1	18	9	9	6	4	2
霞山区	84	51	33	98	62	36	63	46	17
坡头区	773	471	302	719	495	224	487	358	129
麻章区	955	562	393	847	540	307	731	525	206
遂溪县	1622	966	656	1418	898	520	1121	763	358
徐闻县	943	608	335	868	575	293	640	416	224
廉江市	3454	2217	1237	2758	1807	951	2023	1395	628
雷州市	3281	2006	1275	2376	1533	843	2092	1390	702
吴川市	2266	1594	672	1752	1279	473	1178	878	300
茂名市	**14617**	**9247**	**5370**	**10593**	**6811**	**3782**	**7622**	**4979**	**2643**
茂南区	1417	921	496	1193	805	388	872	612	260
电白区	2658	1684	974	1993	1263	730	1571	1066	505
高州市	3916	2563	1353	2722	1751	971	1882	1133	749
化州市	3537	2128	1409	2710	1724	986	1820	1202	618
信宜市	3089	1951	1138	1975	1268	707	1477	966	511
肇庆市	**7986**	**4953**	**3033**	**7728**	**4931**	**2797**	**7541**	**4855**	**2686**
端州区									
鼎湖区	209	128	81	156	73	83	122	75	47
高要区	1702	1074	628	1961	1292	669	1906	1210	696
广宁县	1125	664	461	995	604	391	1030	663	367
怀集县	1931	1252	679	1574	1054	520	1602	1085	517
封开县	928	562	366	857	525	332	806	497	309
德庆县	666	355	311	622	363	259	643	399	244
四会市	1425	918	507	1563	1020	543	1432	926	506
惠州市	**13731**	**9246**	**4485**	**14189**	**9846**	**4343**	**12005**	**8362**	**3643**
惠城区	4645	3413	1232	4206	3042	1164	2895	2090	805
惠阳区	4017	2863	1154	4832	3485	1347	4040	2909	1131
博罗县	2239	1453	786	2320	1545	775	2285	1527	758
惠东县	2335	1186	1149	2259	1361	898	2141	1343	798
龙门县	495	331	164	572	413	159	644	493	151
梅州市	**9175**	**5149**	**4026**	**7423**	**4182**	**3241**	**6375**	**3612**	**2763**
梅江区	129	70	59	114	63	51	145	63	82
梅县区	1145	601	544	1286	674	612	932	486	446
大埔县	1030	598	432	1071	585	486	882	507	375
丰顺县	1236	655	581	988	546	442	898	472	426
五华县	2489	1444	1045	1386	813	573	1274	719	555
平远县	393	244	149	277	180	97	230	149	81
蕉岭县	294	163	131	341	196	145	273	169	104
兴宁市	2459	1374	1085	1960	1125	835	1741	1047	694

5-2c 续表 8 单位：户

地区	25-29岁			30-34岁			35-39岁		
	小计	男	女	小计	男	女	小计	男	女
汕尾市	**6260**	**3633**	**2627**	**4420**	**2646**	**1774**	**3748**	**2223**	**1525**
城区	871	488	383	656	370	286	546	296	250
海丰县	1932	1056	876	1614	922	692	1495	861	634
陆河县	536	333	203	355	238	117	289	173	116
陆丰市	2921	1756	1165	1795	1116	679	1418	893	525
河源市	**8363**	**4963**	**3400**	**7030**	**4305**	**2725**	**6881**	**4369**	**2512**
源城区	652	516	136	717	555	162	609	451	158
紫金县	1574	931	643	1230	705	525	1108	642	466
龙川县	2518	1401	1117	2041	1196	845	2178	1386	792
连平县	662	374	288	648	375	273	668	421	247
和平县	1286	764	522	1080	688	392	1157	766	391
东源县	1671	977	694	1314	786	528	1161	703	458
阳江市	**6997**	**3847**	**3150**	**5722**	**3038**	**2684**	**4602**	**2654**	**1948**
江城区	1173	613	560	1079	556	523	854	464	390
阳东区	1591	775	816	1479	692	787	1260	651	609
阳西县	1712	929	783	1317	706	611	1036	627	409
阳春市	2521	1530	991	1847	1084	763	1452	912	540
清远市	**8938**	**5215**	**3723**	**8555**	**5159**	**3396**	**7631**	**4842**	**2789**
清城区	679	412	267	590	359	231	526	333	193
清新区	2252	1285	967	2076	1194	882	1823	1086	737
佛冈县	833	473	360	919	556	363	835	500	335
阳山县	1241	703	538	1141	697	444	1003	690	313
连山壮族瑶族自治县	185	119	66	170	107	63	171	117	54
连南瑶族自治县	199	116	83	215	125	90	264	180	84
英德市	2705	1603	1102	2501	1493	1008	2061	1293	768
连州市	844	504	340	943	628	315	948	643	305
东莞市	**18595**	**13584**	**5011**	**25123**	**18571**	**6552**	**21427**	**15484**	**5943**
市辖区	18595	13584	5011	25123	18571	6552	21427	15484	5943
中山市	**8551**	**6268**	**2283**	**10505**	**7709**	**2796**	**8784**	**6161**	**2623**
市辖区	8551	6268	2283	10505	7709	2796	8784	6161	2623
潮州市	**2009**	**1245**	**764**	**1759**	**1128**	**631**	**1433**	**901**	**532**
湘桥区	140	72	68	152	85	67	103	55	48
潮安区	807	523	284	824	564	260	559	379	180
饶平县	1062	650	412	783	479	304	771	467	304
揭阳市	**7288**	**4560**	**2728**	**4717**	**2976**	**1741**	**3616**	**2148**	**1468**
榕城区	315	199	116	270	173	97	157	104	53
揭东区	1222	794	428	806	546	260	449	289	160
揭西县	1450	868	582	992	580	412	919	503	416
惠来县	1291	780	511	703	428	275	524	335	189
普宁市	3010	1919	1091	1946	1249	697	1567	917	650
云浮市	**6045**	**3540**	**2505**	**4874**	**3093**	**1781**	**3620**	**2342**	**1278**
云城区	363	209	154	232	138	94	185	122	63
云安区	663	343	320	504	280	224	400	257	143
新兴县	975	560	415	860	569	291	676	426	250
郁南县	1013	606	407	834	537	297	571	369	202
罗定市	3031	1822	1209	2444	1569	875	1788	1168	620

5-2c　续表 9　　　　单位：户

地　区	40-44岁			45-49岁			50-54岁		
	小计	男	女	小计	男	女	小计	男	女
广　东	**149583**	**96118**	**53465**	**196617**	**121227**	**75390**	**205341**	**132333**	**73008**
广州市	**26848**	**18010**	**8838**	**29695**	**19024**	**10671**	**23770**	**15819**	**7951**
荔湾区									
越秀区									
海珠区									
天河区									
白云区	9678	6429	3249	10377	6610	3767	7849	5228	2621
黄埔区	894	643	251	944	653	291	874	661	213
番禺区	4701	3219	1482	5148	3278	1870	3829	2456	1373
花都区	4936	3317	1619	5252	3390	1862	4276	2855	1421
南沙区	2882	1940	942	3367	2185	1182	2561	1724	837
从化区	1056	658	398	1512	930	582	1635	1078	557
增城区	2701	1804	897	3095	1978	1117	2746	1817	929
韶关市	**6050**	**3955**	**2095**	**9320**	**5761**	**3559**	**11201**	**7256**	**3945**
武江区	223	156	67	333	222	111	415	297	118
浈江区	174	111	63	244	175	69	361	248	113
曲江区	622	432	190	853	601	252	1071	775	296
始兴县	591	411	180	1045	583	462	1398	780	618
仁化县	475	333	142	758	504	254	976	642	334
翁源县	770	508	262	1448	935	513	1632	1136	496
乳源瑶族自治县	543	389	154	692	442	250	674	455	219
新丰县	578	352	226	858	529	329	1013	702	311
乐昌市	929	604	325	1348	827	521	1567	998	569
南雄市	1145	659	486	1741	943	798	2094	1223	871
深圳市	**910**	**624**	**286**	**1142**	**726**	**416**	**863**	**584**	**279**
罗湖区									
福田区									
南山区									
宝安区									
龙岗区	910	624	286	1142	726	416	863	584	279
盐田区									
龙华区									
坪山区									
光明区									
珠海市	**1962**	**1351**	**611**	**2170**	**1448**	**722**	**1941**	**1343**	**598**
香洲区	14	9	5	22	15	7	16	12	4
斗门区	1804	1226	578	1948	1279	669	1696	1148	548
金湾区	144	116	28	200	154	46	229	183	46
汕头市	**2039**	**1259**	**780**	**2822**	**1738**	**1084**	**3508**	**2255**	**1253**
龙湖区	119	67	52	167	104	63	179	112	67
金平区	19	6	13	20	10	10	29	15	14
濠江区	149	96	53	172	112	60	200	142	58
潮阳区	731	438	293	1064	604	460	1443	837	606
潮南区	600	393	207	851	535	316	1005	669	336
澄海区	376	230	146	502	343	159	598	448	150
南澳县	45	29	16	46	30	16	54	32	22
佛山市	**5337**	**3643**	**1694**	**6164**	**4124**	**2040**	**5158**	**3629**	**1529**
禅城区									
南海区	1902	1268	634	2104	1345	759	1718	1138	580
顺德区	747	558	189	862	640	222	663	496	167
三水区	2342	1602	740	2793	1868	925	2294	1645	649
高明区	346	215	131	405	271	134	483	350	133

5-2c 续表 10 单位：户

地区	40-44岁			45-49岁			50-54岁		
	小计	男	女	小计	男	女	小计	男	女
江门市	**8186**	**5189**	**2997**	**11144**	**6755**	**4389**	**12223**	**7578**	**4645**
蓬江区	94	68	26	95	62	33	128	81	47
江海区									
新会区	1857	1281	576	2749	1758	991	2606	1713	893
台山市	2046	1219	827	2890	1602	1288	3815	2200	1615
开平市	1530	918	612	2220	1272	948	2393	1440	953
鹤山市	1404	957	447	1648	1090	558	1610	1076	534
恩平市	1255	746	509	1542	971	571	1671	1068	603
湛江市	**8276**	**5220**	**3056**	**10782**	**6285**	**4497**	**12869**	**7474**	**5395**
赤坎区	12	6	6	15	10	5	17	12	5
霞山区	73	48	25	66	47	19	86	52	34
坡头区	430	286	144	507	298	209	643	362	281
麻章区	704	469	235	716	461	255	841	507	334
遂溪县	1187	734	453	1524	933	591	1900	1154	746
徐闻县	688	423	265	1063	641	422	1335	821	514
廉江市	1831	1169	662	2397	1453	944	2938	1797	1141
雷州市	2242	1347	895	2974	1708	1266	3359	1983	1376
吴川市	1109	738	371	1520	734	786	1750	786	964
茂名市	**7637**	**4651**	**2986**	**12028**	**6671**	**5357**	**14959**	**8650**	**6309**
茂南区	664	437	227	928	560	368	1056	627	429
电白区	1647	1064	583	2250	1255	995	2655	1540	1115
高州市	2024	1121	903	3522	1848	1674	4562	2588	1974
化州市	1732	1082	650	2605	1495	1110	2981	1719	1262
信宜市	1570	947	623	2723	1513	1210	3705	2176	1529
肇庆市	**7308**	**4516**	**2792**	**11637**	**7159**	**4478**	**14384**	**9188**	**5196**
端州区									
鼎湖区	104	52	52	199	113	86	259	144	115
高要区	1795	1055	740	2833	1739	1094	3094	1961	1133
广宁县	986	625	361	1725	1058	667	2400	1473	927
怀集县	1648	1057	591	2385	1355	1030	2914	1704	1210
封开县	789	494	295	1459	947	512	1914	1286	628
德庆县	715	430	285	1304	868	436	1818	1311	507
四会市	1271	803	468	1732	1079	653	1985	1309	676
惠州市	**10902**	**7195**	**3707**	**12728**	**8301**	**4427**	**11336**	**7763**	**3573**
惠城区	2401	1639	762	2510	1652	858	2126	1476	650
惠阳区	3683	2471	1212	4097	2677	1420	3343	2203	1140
博罗县	2293	1461	832	3001	1890	1111	2802	1939	863
惠东县	1869	1170	699	2160	1379	781	1840	1209	631
龙门县	656	454	202	960	703	257	1225	936	289
梅州市	**6144**	**3262**	**2882**	**11127**	**6074**	**5053**	**14546**	**8791**	**5755**
梅江区	138	69	69	210	123	87	222	143	79
梅县区	792	397	395	1611	894	717	2089	1286	803
大埔县	1014	563	451	1556	855	701	2175	1304	871
丰顺县	872	460	412	1342	763	579	1503	1010	493
五华县	1375	674	701	2438	1287	1151	2942	1718	1224
平远县	255	143	112	508	318	190	755	477	278
蕉岭县	293	174	119	567	285	282	753	498	255
兴宁市	1405	782	623	2895	1549	1346	4107	2355	1752

5–2c　续表 11　　　　单位：户

地　　区	40–44岁			45–49岁			50–54岁		
	小计	男	女	小计	男	女	小计	男	女
汕尾市	**3117**	**1736**	**1381**	**4652**	**2569**	**2083**	**4957**	**2911**	**2046**
城　区	427	223	204	598	330	268	650	384	266
海丰县	1224	690	534	1793	1029	764	1578	950	628
陆河县	322	159	163	491	230	261	563	317	246
陆丰市	1144	664	480	1770	980	790	2166	1260	906
河源市	**6841**	**4163**	**2678**	**9953**	**5813**	**4140**	**11926**	**7880**	**4046**
源城区	464	305	159	461	299	162	301	222	79
紫金县	1151	627	524	1965	1107	858	2266	1443	823
龙川县	2074	1278	796	2762	1550	1212	3621	2265	1356
连平县	677	400	277	1030	607	423	1351	888	463
和平县	1140	778	362	1688	1042	646	2256	1565	691
东源县	1335	775	560	2047	1208	839	2131	1497	634
阳江市	**5077**	**3132**	**1945**	**7190**	**4469**	**2721**	**8271**	**5518**	**2753**
江城区	880	514	366	1228	716	512	1211	764	447
阳东区	1357	769	588	1659	1025	634	1613	1054	559
阳西县	1108	718	390	1452	903	549	1682	1121	561
阳春市	1732	1131	601	2851	1825	1026	3765	2579	1186
清远市	**7458**	**4585**	**2873**	**11105**	**6973**	**4132**	**13769**	**9233**	**4536**
清城区	588	360	228	901	566	335	965	665	300
清新区	1833	1033	800	2477	1418	1059	2657	1697	960
佛冈县	716	423	293	1034	649	385	1468	968	500
阳山县	797	489	308	1316	834	482	1821	1210	611
连山壮族瑶族自治县	168	122	46	335	224	111	378	263	115
连南瑶族自治县	345	222	123	419	281	138	463	296	167
英德市	2169	1383	786	3386	2150	1236	4096	2779	1317
连州市	842	553	289	1237	851	386	1921	1355	566
东莞市	**18518**	**12903**	**5615**	**19615**	**13115**	**6500**	**13696**	**9624**	**4072**
市辖区	18518	12903	5615	19615	13115	6500	13696	9624	4072
中山市	**7681**	**5105**	**2576**	**8662**	**5361**	**3301**	**6635**	**4361**	**2274**
市辖区	7681	5105	2576	8662	5361	3301	6635	4361	2274
潮州市	**1688**	**1083**	**605**	**2632**	**1769**	**863**	**3675**	**2610**	**1065**
湘桥区	87	55	32	178	129	49	265	193	72
潮安区	735	507	228	968	673	295	1310	977	333
饶平县	866	521	345	1486	967	519	2100	1440	660
揭阳市	**3618**	**2058**	**1560**	**5709**	**3379**	**2330**	**7102**	**4639**	**2463**
榕城区	145	109	36	347	234	113	394	255	139
揭东区	579	359	220	911	566	345	1258	888	370
揭西县	877	491	386	1343	754	589	1747	1132	615
惠来县	531	292	239	797	441	356	1093	668	425
普宁市	1486	807	679	2311	1384	927	2610	1696	914
云浮市	**3986**	**2478**	**1508**	**6340**	**3713**	**2627**	**8552**	**5227**	**3325**
云城区	232	149	83	402	256	146	601	392	209
云安区	417	280	137	634	387	247	881	586	295
新兴县	786	481	305	1185	680	505	1507	933	574
郁南县	694	438	256	1014	610	404	1574	999	575
罗定市	1857	1130	727	3105	1780	1325	3989	2317	1672

5-2c 续表 12

单位：户

地 区	55-59岁			60-64岁			65岁及以上		
	小计	男	女	小计	男	女	小计	男	女
广 东	**171831**	**114272**	**57559**	**139603**	**89606**	**49997**	**632895**	**277249**	**355646**
广州市	**14460**	**9970**	**4490**	**7665**	**4768**	**2897**	**34008**	**12766**	**21242**
荔湾区									
越秀区									
海珠区									
天河区									
白云区	4316	3040	1276	1869	1220	649	7138	2810	4328
黄埔区	524	387	137	237	157	80	934	337	597
番禺区	2115	1409	706	944	542	402	3786	1204	2582
花都区	2607	1791	816	1422	878	544	6754	2562	4192
南沙区	1456	1016	440	721	419	302	3373	1149	2224
从化区	1455	959	496	1123	687	436	5413	2155	3258
增城区	1987	1368	619	1349	865	484	6610	2549	4061
韶关市	**10495**	**7141**	**3354**	**7751**	**5147**	**2604**	**29210**	**12482**	**16728**
武江区	372	270	102	324	197	127	1110	470	640
浈江区	318	210	108	241	161	80	957	397	560
曲江区	983	721	262	686	458	228	2589	1104	1485
始兴县	1370	867	503	809	519	290	3382	1393	1989
仁化县	906	654	252	543	359	184	2374	990	1384
翁源县	1625	1177	448	1397	1056	341	4780	2156	2624
乳源瑶族自治县	632	447	185	533	342	191	1839	795	1044
新丰县	939	667	272	826	600	226	2682	1265	1417
乐昌市	1501	1001	500	1255	803	452	4532	1907	2625
南雄市	1849	1127	722	1137	652	485	4965	2005	2960
深圳市	**565**	**426**	**139**	**170**	**128**	**42**	**233**	**101**	**132**
罗湖区									
福田区									
南山区									
宝安区									
龙岗区	565	426	139	170	128	42	233	101	132
盐田区									
龙华区									
坪山区									
光明区									
珠海市	**1290**	**923**	**367**	**854**	**613**	**241**	**3245**	**1456**	**1789**
香洲区	15	13	2	8	5	3	8	4	4
斗门区	1120	792	328	755	544	211	2991	1339	1652
金湾区	155	118	37	91	64	27	246	113	133
汕头市	**3509**	**2222**	**1287**	**3436**	**2064**	**1372**	**12770**	**5007**	**7763**
龙湖区	191	139	52	169	116	53	474	264	210
金平区	32	20	12	39	31	8	134	52	82
濠江区	156	112	44	144	97	47	490	164	326
潮阳区	1397	804	593	1382	775	607	5461	2099	3362
潮南区	923	568	355	910	527	383	3602	1343	2259
澄海区	728	523	205	705	463	242	2323	996	1327
南澳县	82	56	26	87	55	32	286	89	197
佛山市	**3298**	**2444**	**854**	**1796**	**1237**	**559**	**9702**	**3481**	**6221**
禅城区									
南海区	888	643	245	351	229	122	2178	630	1548
顺德区	298	241	57	130	91	39	319	125	194
三水区	1544	1157	387	807	555	252	4743	1615	3128
高明区	568	403	165	508	362	146	2462	1111	1351

5–2c 续表 13

单位：户

地 区	55–59岁			60–64岁			65岁及以上		
	小计	男	女	小计	男	女	小计	男	女
江门市	**11126**	**7044**	**4082**	**9917**	**6232**	**3685**	**49031**	**20085**	**28946**
蓬江区	114	85	29	73	47	26	471	174	297
江海区									
新会区	2266	1509	757	1952	1288	664	10600	4060	6540
台山市	3849	2342	1507	3660	2291	1369	15964	6819	9145
开平市	2104	1250	854	1893	1078	815	10554	3923	6631
鹤山市	1308	890	418	1100	749	351	5482	2513	2969
恩平市	1485	968	517	1239	779	460	5960	2596	3364
湛江市	**12701**	**7576**	**5125**	**12582**	**7495**	**5087**	**76672**	**34055**	**42617**
赤坎区	18	12	6	16	4	12	119	47	72
霞山区	61	40	21	74	32	42	562	161	401
坡头区	640	378	262	674	385	289	4253	1800	2453
麻章区	749	463	286	794	430	364	5552	2182	3370
遂溪县	1771	1104	667	1814	1161	653	12352	5460	6892
徐闻县	1461	953	508	1382	896	486	7086	2672	4414
廉江市	2887	1751	1136	2926	1809	1117	18160	9619	8541
雷州市	3277	2108	1169	3361	2070	1291	18894	7774	11120
吴川市	1837	767	1070	1541	708	833	9694	4340	5354
茂名市	**13796**	**8433**	**5363**	**12747**	**8004**	**4743**	**68518**	**33230**	**35288**
茂南区	1084	631	453	1101	630	471	6496	2835	3661
电白区	2338	1401	937	2116	1303	813	13094	6675	6419
高州市	4457	2751	1706	3843	2481	1362	19664	9806	9858
化州市	2614	1521	1093	2730	1623	1107	15055	7302	7753
信宜市	3303	2129	1174	2957	1967	990	14209	6612	7597
肇庆市	**12858**	**8381**	**4477**	**10878**	**6826**	**4052**	**50242**	**20018**	**30224**
端州区									
鼎湖区	311	176	135	292	144	148	2238	596	1642
高要区	2425	1538	887	1817	1040	777	12382	4118	8264
广宁县	2345	1477	868	2283	1465	818	8433	3755	4678
怀集县	2492	1490	1002	2166	1246	920	8945	3627	5318
封开县	1757	1226	531	1450	1029	421	5686	2497	3189
德庆县	1704	1254	450	1460	1045	415	5640	2741	2899
四会市	1824	1220	604	1410	857	553	6918	2684	4234
惠州市	**8117**	**5765**	**2352**	**5357**	**3559**	**1798**	**22983**	**10220**	**12763**
惠城区	1404	981	423	858	575	283	3723	1538	2185
惠阳区	1785	1262	523	756	471	285	2742	1144	1598
博罗县	2296	1616	680	1656	1072	584	7146	2943	4203
惠东县	1428	994	434	1126	748	378	5677	2774	2903
龙门县	1204	912	292	961	693	268	3695	1821	1874
梅州市	**14962**	**9587**	**5375**	**13783**	**8765**	**5018**	**50403**	**20944**	**29459**
梅江区	289	209	80	250	161	89	784	314	470
梅县区	2732	1796	936	2464	1613	851	8490	3612	4878
大埔县	2277	1497	780	2195	1452	743	7093	3019	4074
丰顺县	1542	1064	478	1619	1091	528	5276	2365	2911
五华县	2572	1521	1051	2251	1328	923	9609	3961	5648
平远县	871	568	303	718	459	259	2861	1165	1696
蕉岭县	927	640	287	960	666	294	3411	1524	1887
兴宁市	3752	2292	1460	3326	1995	1331	12879	4984	7895

5-2c 续表 14 单位：户

地区	55-59岁			60-64岁			65岁及以上		
	小计	男	女	小计	男	女	小计	男	女
汕尾市	**3981**	**2367**	**1614**	**3978**	**2312**	**1666**	**19250**	**9305**	**9945**
城　区	501	307	194	502	288	214	2188	1021	1167
海丰县	1175	691	484	1010	621	389	5689	3040	2649
陆河县	437	276	161	427	267	160	1732	1003	729
陆丰市	1868	1093	775	2039	1136	903	9641	4241	5400
河源市	**11336**	**7966**	**3370**	**9482**	**6265**	**3217**	**35737**	**15703**	**20034**
源城区	180	135	45	100	69	31	325	148	177
紫金县	2109	1408	701	1696	1114	582	7097	3163	3934
龙川县	3497	2452	1045	3034	1981	1053	11771	4969	6802
连平县	1418	1025	393	1166	769	397	3721	1654	2067
和平县	2103	1430	673	1849	1173	676	6809	2860	3949
东源县	2029	1516	513	1637	1159	478	6014	2909	3105
阳江市	**7084**	**4998**	**2086**	**5596**	**3881**	**1715**	**32892**	**15996**	**16896**
江城区	987	641	346	721	467	254	5368	2322	3046
阳东区	1257	883	374	1059	705	354	6485	3253	3232
阳西县	1477	1043	434	1250	865	385	6902	3713	3189
阳春市	3363	2431	932	2566	1844	722	14137	6708	7429
清远市	**12710**	**9024**	**3686**	**10827**	**7495**	**3332**	**43317**	**21181**	**22136**
清城区	773	556	217	551	368	183	3474	1476	1998
清新区	2255	1562	693	1835	1209	626	9472	4352	5120
佛冈县	1383	964	419	1185	793	392	4717	2406	2311
阳山县	1759	1235	524	1683	1183	500	5920	3133	2787
连山壮族瑶族自治县	353	248	105	260	172	88	1070	564	506
连南瑶族自治县	431	252	179	378	213	165	1431	544	887
英德市	3653	2640	1013	3004	2145	859	10584	5152	5432
连州市	2103	1567	536	1931	1412	519	6649	3554	3095
东莞市	**6733**	**4938**	**1795**	**2201**	**1510**	**691**	**7812**	**2597**	**5215**
市辖区	6733	4938	1795	2201	1510	691	7812	2597	5215
中山市	**3434**	**2431**	**1003**	**1315**	**880**	**435**	**3724**	**1641**	**2083**
市辖区	3434	2431	1003	1315	880	435	3724	1641	2083
潮州市	**3856**	**2655**	**1201**	**4124**	**2655**	**1469**	**14282**	**5997**	**8285**
湘桥区	296	218	78	388	246	142	1347	551	796
潮安区	1368	986	382	1430	934	496	4877	2093	2784
饶平县	2192	1451	741	2306	1475	831	8058	3353	4705
揭阳市	**7275**	**4650**	**2625**	**8060**	**5030**	**3030**	**32613**	**14219**	**18394**
榕城区	481	288	193	575	355	220	2181	878	1303
揭东区	1447	989	458	1604	1080	524	6846	2980	3866
揭西县	1825	1188	637	2084	1284	800	8081	3890	4191
惠来县	1022	614	408	1228	701	527	5803	1946	3857
普宁市	2500	1571	929	2569	1610	959	9702	4525	5177
云浮市	**8245**	**5331**	**2914**	**7084**	**4740**	**2344**	**36251**	**16765**	**19486**
云城区	584	418	166	550	399	151	2795	1418	1377
云安区	957	643	314	838	602	236	3954	1911	2043
新兴县	1365	908	457	1182	818	364	7368	3316	4052
郁南县	1639	1110	529	1392	948	444	6124	3229	2895
罗定市	3700	2252	1448	3122	1973	1149	16010	6891	9119

5-3　各地区家庭户中民族混合户户数

单位：户、%

地　　区	家庭户户　数	单一民族户		二个民族户		三个民族户		四个及以上民族户	
		户数	占家庭户比重	户数	占家庭户比重	户数	占家庭户比重	户数	占家庭户比重
广　东	**42469178**	**41675124**	**98.13**	**775395**	**1.83**	**17461**	**0.04**	**1198**	
广州市	**7185023**	**7075882**	**98.48**	**106540**	**1.48**	**2393**	**0.03**	**208**	
荔湾区	421995	418319	99.13	3622	0.86	50	0.01	4	
越秀区	384946	380837	98.93	4054	1.05	53	0.01	2	
海珠区	757207	751157	99.20	5977	0.79	69	0.01	4	
天河区	884692	874349	98.83	10243	1.16	95	0.01	5	
白云区	1564667	1535050	98.11	28890	1.85	661	0.04	66	
黄埔区	478199	468116	97.89	9927	2.08	148	0.03	8	
番禺区	1103060	1084713	98.34	18064	1.64	273	0.02	10	
花都区	597951	585829	97.97	11523	1.93	532	0.09	67	0.01
南沙区	315840	309253	97.91	6446	2.04	129	0.04	12	
从化区	191468	189849	99.15	1528	0.80	84	0.04	7	
增城区	484998	478410	98.64	6266	1.29	299	0.06	23	
韶关市	**969413**	**957832**	**98.81**	**11472**	**1.18**	**108**	**0.01**	**1**	
武江区	127818	126445	98.93	1353	1.06	20	0.02		
浈江区	118029	117433	99.50	581	0.49	14	0.01	1	
曲江区	98093	97263	99.15	821	0.84	9	0.01		
始兴县	71066	69169	97.33	1879	2.64	18	0.03		
仁化县	64685	63746	98.55	932	1.44	7	0.01		
翁源县	103874	103045	99.20	826	0.80	3			
乳源瑶族自治县	59796	57495	96.15	2289	3.83	12	0.02		
新丰县	65819	65493	99.50	313	0.48	13	0.02		
乐昌市	135949	135011	99.31	934	0.69	4			
南雄市	124284	122732	98.75	1544	1.24	8	0.01		
深圳市	**6406899**	**6192979**	**96.66**	**211332**	**3.30**	**2511**	**0.04**	**77**	
罗湖区	372258	364986	98.05	7180	1.93	89	0.02	3	
福田区	510115	496942	97.42	12940	2.54	227	0.04	6	
南山区	547661	534048	97.51	13400	2.45	211	0.04	2	
宝安区	1747974	1677845	95.99	69414	3.97	691	0.04	24	
龙岗区	1523036	1481983	97.30	40527	2.66	516	0.03	10	
盐田区	60694	58997	97.20	1669	2.75	28	0.05		
龙华区	986744	950495	96.33	35791	3.63	444	0.04	14	
坪山区	209256	201154	96.13	7961	3.80	131	0.06	10	
光明区	449161	426529	94.96	22450	5.00	174	0.04	8	
珠海市	**836663**	**817763**	**97.74**	**18433**	**2.20**	**435**	**0.05**	**32**	
香洲区	487991	477509	97.85	10326	2.12	149	0.03	7	
斗门区	213094	208074	97.64	4759	2.23	237	0.11	24	0.01
金湾区	135578	132180	97.49	3348	2.47	49	0.04	1	
汕头市	**1364282**	**1359087**	**99.62**	**4854**	**0.36**	**278**	**0.02**	**63**	
龙湖区	182409	181743	99.63	660	0.36	5		1	
金平区	248402	247664	99.70	716	0.29	22	0.01		
濠江区	62280	61992	99.54	265	0.43	22	0.04	1	
潮阳区	365102	363672	99.61	1357	0.37	44	0.01	29	0.01
潮南区	266269	265592	99.75	664	0.25	9		4	
澄海区	217608	216273	99.39	1134	0.52	173	0.08	28	0.01
南澳县	22212	22151	99.73	58	0.26	3	0.01		
佛山市	**3326970**	**3261455**	**98.03**	**63752**	**1.92**	**1638**	**0.05**	**125**	
禅城区	497073	491514	98.88	5481	1.10	76	0.02	2	
南海区	1241779	1218875	98.16	22228	1.79	620	0.05	56	
顺德区	1154560	1126867	97.60	27167	2.35	484	0.04	42	
三水区	265814	258954	97.42	6497	2.44	341	0.13	22	0.01
高明区	167744	165245	98.51	2379	1.42	117	0.07	3	

5-3 续表 1

单位：户、%

地　区	家庭户户　数	单一民族户		二个民族户		三个民族户		四个及以上民族户	
		户数	占家庭户比重	户数	占家庭户比重	户数	占家庭户比重	户数	占家庭户比重
江门市	**1606832**	**1573162**	**97.90**	**32008**	**1.99**	**1556**	**0.10**	**106**	**0.01**
蓬江区	284897	279562	98.13	5176	1.82	149	0.05	10	
江海区	115821	111557	96.32	4178	3.61	83	0.07	3	
新会区	308732	301878	97.78	6239	2.02	548	0.18	67	0.02
台山市	309882	304745	98.34	5003	1.61	131	0.04	3	
开平市	247434	242151	97.86	4921	1.99	349	0.14	13	0.01
鹤山市	188267	183743	97.60	4338	2.30	178	0.09	8	
恩平市	151799	149526	98.50	2153	1.42	118	0.08	2	
湛江市	**2004387**	**1989321**	**99.25**	**14778**	**0.74**	**286**	**0.01**	**2**	
赤坎区	129682	129062	99.52	610	0.47	10	0.01		
霞山区	211968	210740	99.42	1205	0.57	23	0.01		
坡头区	99778	98669	98.89	1064	1.07	45	0.05		
麻章区	127309	126566	99.42	735	0.58	8	0.01		
遂溪县	242600	241296	99.46	1248	0.51	56	0.02		
徐闻县	176811	175311	99.15	1476	0.83	24	0.01		
廉江市	385245	380382	98.74	4832	1.25	30	0.01	1	
雷州市	376259	375231	99.73	1013	0.27	15			
吴川市	254735	252064	98.95	2595	1.02	75	0.03	1	
茂名市	**1763265**	**1748485**	**99.16**	**14586**	**0.83**	**186**	**0.01**	**8**	
茂南区	305435	302171	98.93	3169	1.04	94	0.03	1	
电白区	406453	403765	99.34	2671	0.66	17			
高州市	395481	392366	99.21	3090	0.78	20	0.01	5	
化州市	360306	357238	99.15	3022	0.84	44	0.01	2	
信宜市	295590	292945	99.11	2634	0.89	11			
肇庆市	**1319834**	**1309976**	**99.25**	**9196**	**0.70**	**621**	**0.05**	**41**	
端州区	200438	199234	99.40	1164	0.58	36	0.02	4	
鼎湖区	53193	52635	98.95	484	0.91	64	0.12	10	0.02
高要区	236780	234046	98.85	2439	1.03	291	0.12	4	
广宁县	141084	140666	99.70	414	0.29	4			
怀集县	246522	244930	99.35	1547	0.63	42	0.02	3	
封开县	123193	122782	99.67	402	0.33	8	0.01	1	
德庆县	109189	108788	99.63	381	0.35	16	0.01	4	
四会市	209435	206895	98.79	2365	1.13	160	0.08	15	0.01
惠州市	**1896645**	**1857162**	**97.92**	**37693**	**1.99**	**1621**	**0.09**	**169**	**0.01**
惠城区	664590	650883	97.94	13206	1.99	466	0.07	35	0.01
惠阳区	491101	478242	97.38	12438	2.53	370	0.08	51	0.01
博罗县	357473	349608	97.80	7248	2.03	553	0.15	64	0.02
惠东县	283228	280139	98.91	2878	1.02	197	0.07	14	
龙门县	100253	98290	98.04	1923	1.92	35	0.03	5	
梅州市	**1198758**	**1195017**	**99.69**	**3620**	**0.30**	**120**	**0.01**	**1**	
梅江区	120948	120545	99.67	395	0.33	8	0.01		
梅县区	178185	177497	99.61	641	0.36	47	0.03		
大埔县	117187	116812	99.68	355	0.30	20	0.02		
丰顺县	146969	146384	99.60	571	0.39	14	0.01		
五华县	247078	246329	99.70	734	0.30	14	0.01	1	
平远县	63047	62827	99.65	215	0.34	5	0.01		
蕉岭县	61520	61342	99.71	175	0.28	3			
兴宁市	263824	263281	99.79	534	0.20	9			

5-3　续表 2　　　　单位：户、%

地　区	家庭户户　数	单一民族户		二个民族户		三个民族户		四个及以上民族户	
		户数	占家庭户比重	户数	占家庭户比重	户数	占家庭户比重	户数	占家庭户比重
汕尾市	**764298**	**761730**	**99.66**	**2483**	**0.32**	**81**	**0.01**	**4**	
城　区	128206	127804	99.69	389	0.30	13	0.01		
海丰县	230977	229534	99.38	1376	0.60	64	0.03	3	
陆河县	67445	67217	99.66	226	0.34	2			
陆丰市	337670	337175	99.85	492	0.15	2		1	
河源市	**874581**	**865644**	**98.98**	**8727**	**1.00**	**203**	**0.02**	**7**	
源城区	195238	191646	98.16	3539	1.81	52	0.03	1	
紫金县	160907	159895	99.37	958	0.60	50	0.03	4	
龙川县	200967	199981	99.51	983	0.49	3			
连平县	89732	89010	99.20	716	0.80	6	0.01		
和平县	119884	119382	99.58	491	0.41	11	0.01		
东源县	107853	105730	98.03	2040	1.89	81	0.08	2	
阳江市	**804747**	**796279**	**98.95**	**8219**	**1.02**	**244**	**0.03**	**5**	
江城区	246508	244928	99.36	1537	0.62	42	0.02	1	
阳东区	147536	144923	98.23	2444	1.66	166	0.11	3	
阳西县	134179	133326	99.36	841	0.63	12	0.01		
阳春市	276524	273102	98.76	3397	1.23	24	0.01	1	
清远市	**1208065**	**1183178**	**97.94**	**24033**	**1.99**	**841**	**0.07**	**13**	
清城区	309826	305512	98.61	4194	1.35	117	0.04	3	
清新区	194335	192732	99.18	1580	0.81	23	0.01		
佛冈县	100058	99417	99.36	605	0.60	32	0.03	4	
阳山县	119208	118177	99.14	1001	0.84	30	0.03		
连山壮族瑶族自治县	29938	19882	66.41	9540	31.87	513	1.71	3	0.01
连南瑶族自治县	44423	41464	93.34	2929	6.59	30	0.07		
英德市	282943	280525	99.15	2334	0.82	81	0.03	3	
连州市	127334	125469	98.54	1850	1.45	15	0.01		
东莞市	**4388293**	**4251467**	**96.88**	**134447**	**3.06**	**2222**	**0.05**	**157**	
市辖区	4388293	4251467	96.88	134447	3.06	2222	0.05	157	
中山市	**1697001**	**1642679**	**96.80**	**52845**	**3.11**	**1326**	**0.08**	**151**	**0.01**
市辖区	1697001	1642679	96.80	52845	3.11	1326	0.08	151	0.01
潮州市	**717700**	**711265**	**99.10**	**6005**	**0.84**	**410**	**0.06**	**20**	
湘桥区	172716	171457	99.27	1221	0.71	38	0.02		
潮安区	309024	304578	98.56	4059	1.31	367	0.12	20	0.01
饶平县	235960	235230	99.69	725	0.31	5			
揭阳市	**1418586**	**1412649**	**99.58**	**5690**	**0.40**	**243**	**0.02**	**4**	
榕城区	231347	230280	99.54	985	0.43	81	0.04	1	
揭东区	241430	239876	99.36	1457	0.60	97	0.04		
揭西县	190026	189404	99.67	609	0.32	13	0.01		
惠来县	245240	244910	99.87	308	0.13	20	0.01	2	
普宁市	510543	508179	99.54	2331	0.46	32	0.01	1	
云浮市	**716936**	**712112**	**99.33**	**4682**	**0.65**	**138**	**0.02**	**4**	
云城区	114466	113684	99.32	763	0.67	17	0.01	2	
云安区	67936	67450	99.28	466	0.69	20	0.03		
新兴县	132774	131718	99.20	1015	0.76	41	0.03		
郁南县	117132	116616	99.56	507	0.43	9	0.01		
罗定市	284628	282644	99.30	1931	0.68	51	0.02	2	

5-3a 各地区家庭户中民族混合户户数(城市)

单位：户、%

地　区	家庭户户　数	单一民族户		二个民族户		三个民族户		四个及以上民族户	
		户数	占家庭户比重	户数	占家庭户比重	户数	占家庭户比重	户数	占家庭户比重
广　东	**27382359**	**26793247**	**97.85**	**580954**	**2.12**	**7647**	**0.03**	**511**	
广州市	**5901655**	**5816692**	**98.56**	**83977**	**1.42**	**937**	**0.02**	**49**	
荔湾区	421995	418319	99.13	3622	0.86	50	0.01	4	
越秀区	384946	380837	98.93	4054	1.05	53	0.01	2	
海珠区	757207	751157	99.20	5977	0.79	69	0.01	4	
天河区	884692	874349	98.83	10243	1.16	95	0.01	5	
白云区	1235744	1213855	98.23	21671	1.75	209	0.02	9	
黄埔区	435005	425851	97.90	9050	2.08	101	0.02	3	
番禺区	959759	944479	98.41	15101	1.57	173	0.02	6	
花都区	411561	403763	98.11	7664	1.86	123	0.03	11	
南沙区	175993	171966	97.71	3987	2.27	38	0.02	2	
从化区	64674	64440	99.64	234	0.36				
增城区	170079	167676	98.59	2374	1.40	26	0.02	3	
韶关市	**320509**	**317888**	**99.18**	**2606**	**0.81**	**14**		**1**	
武江区	108335	107211	98.96	1119	1.03	5			
浈江区	91237	90786	99.51	446	0.49	4		1	
曲江区	50635	50266	99.27	368	0.73	1			
始兴县									
仁化县									
翁源县									
乳源瑶族自治县									
新丰县									
乐昌市	36025	35750	99.24	274	0.76	1			
南雄市	34277	33875	98.83	399	1.16	3	0.01		
深圳市	**6387556**	**6174440**	**96.66**	**210571**	**3.30**	**2469**	**0.04**	**76**	
罗湖区	372258	364986	98.05	7180	1.93	89	0.02	3	
福田区	510115	496942	97.42	12940	2.54	227	0.04	6	
南山区	547387	533781	97.51	13393	2.45	211	0.04	2	
宝安区	1747974	1677845	95.99	69414	3.97	691	0.04	24	
龙岗区	1504724	1464438	97.32	39802	2.65	475	0.03	9	
盐田区	60694	58997	97.20	1669	2.75	28	0.05		
龙华区	986744	950495	96.33	35791	3.63	444	0.04	14	
坪山区	208499	200427	96.13	7932	3.80	130	0.06	10	
光明区	449161	426529	94.96	22450	5.00	174	0.04	8	
珠海市	**658765**	**644621**	**97.85**	**13946**	**2.12**	**188**	**0.03**	**10**	
香洲区	474669	464467	97.85	10054	2.12	141	0.03	7	
斗门区	91963	90349	98.24	1591	1.73	21	0.02	2	
金湾区	92133	89805	97.47	2301	2.50	26	0.03	1	
汕头市	**693471**	**691494**	**99.71**	**1889**	**0.27**	**60**	**0.01**	**28**	
龙湖区	160361	159797	99.65	560	0.35	3		1	
金平区	244881	244186	99.72	680	0.28	15	0.01		
濠江区	45732	45612	99.74	118	0.26	2			
潮阳区	87247	87146	99.88	71	0.08	14	0.02	16	0.02
潮南区	87717	87582	99.85	124	0.14	7	0.01	4	
澄海区	67533	67171	99.46	336	0.50	19	0.03	7	0.01
南澳县									
佛山市	**2993935**	**2937881**	**98.13**	**54995**	**1.84**	**977**	**0.03**	**82**	
禅城区	425117	420975	99.03	4097	0.96	45	0.01		
南海区	1172868	1152004	98.22	20379	1.74	442	0.04	43	
顺德区	1137810	1110751	97.62	26579	2.34	441	0.04	39	
三水区	120266	118094	98.19	2145	1.78	27	0.02		
高明区	137874	136057	98.68	1795	1.30	22	0.02		

5-3a　续表 1　　　　单位：户、%

地　　区	家庭户户　数	单一民族户		二个民族户		三个民族户		四个及以上民族户	
		户数	占家庭户比重	户数	占家庭户比重	户数	占家庭户比重	户数	占家庭户比重
江门市	**921283**	**905376**	**98.27**	**15605**	**1.69**	**287**	**0.03**	**15**	
蓬江区	277161	271996	98.14	5043	1.82	115	0.04	7	
江海区	115821	111557	96.32	4178	3.61	83	0.07	3	
新会区	157951	155411	98.39	2487	1.57	50	0.03	3	
台山市	117966	117143	99.30	810	0.69	12	0.01	1	
开平市	105242	104467	99.26	771	0.73	4			
鹤山市	90505	88467	97.75	2014	2.23	23	0.03	1	
恩平市	56637	56335	99.47	302	0.53				
湛江市	**587413**	**584350**	**99.48**	**3032**	**0.52**	**31**	**0.01**		
赤坎区	127364	126772	99.54	584	0.46	8	0.01		
霞山区	202337	201212	99.44	1116	0.55	9			
坡头区	21524	21279	98.86	243	1.13	2	0.01		
麻章区	28170	28025	99.49	145	0.51				
遂溪县	6534	6487	99.28	47	0.72				
徐闻县									
廉江市	68532	68099	99.37	432	0.63	1			
雷州市	67912	67844	99.90	68	0.10				
吴川市	65040	64632	99.37	397	0.61	11	0.02		
茂名市	**496327**	**493424**	**99.42**	**2878**	**0.58**	**22**		**3**	
茂南区	201251	199711	99.23	1531	0.76	9			
电白区	65475	65244	99.65	230	0.35	1			
高州市	79449	78999	99.43	443	0.56	5	0.01	2	
化州市	72369	72062	99.58	300	0.41	6	0.01	1	
信宜市	77783	77408	99.52	374	0.48	1			
肇庆市	**394005**	**391180**	**99.28**	**2763**	**0.70**	**55**	**0.01**	**7**	
端州区	200438	199234	99.40	1164	0.58	36	0.02	4	
鼎湖区	26585	26390	99.27	188	0.71	5	0.02	2	0.01
高要区	35995	35852	99.60	142	0.39	1			
广宁县									
怀集县									
封开县									
德庆县									
四会市	130987	129704	99.02	1269	0.97	13	0.01	1	
惠州市	**896200**	**877004**	**97.86**	**18931**	**2.11**	**241**	**0.03**	**24**	
惠城区	524559	514610	98.10	9818	1.87	121	0.02	10	
惠阳区	362835	353784	97.51	8918	2.46	119	0.03	14	
博罗县	8806	8610	97.77	195	2.21	1	0.01		
惠东县									
龙门县									
梅州市	**278519**	**277905**	**99.78**	**603**	**0.22**	**11**			
梅江区	107138	106842	99.72	290	0.27	6	0.01		
梅县区	71483	71312	99.76	170	0.24	1			
大埔县									
丰顺县									
五华县	4187	4176	99.74	11	0.26				
平远县									
蕉岭县									
兴宁市	95711	95575	99.86	132	0.14	4			

5-3a 续表 2

单位：户、%

地　区	家庭户户　数	单一民族户		二个民族户		三个民族户		四个及以上民族户	
		户数	占家庭户比重	户数	占家庭户比重	户数	占家庭户比重	户数	占家庭户比重
汕尾市	**143885**	**143662**	**99.85**	**223**	**0.15**				
城　区	84427	84249	99.79	178	0.21				
海丰县									
陆河县									
陆丰市	59458	59413	99.92	45	0.08				
河源市	**172352**	**169362**	**98.27**	**2953**	**1.71**	**36**	**0.02**	**1**	
源城区	172352	169362	98.27	2953	1.71	36	0.02	1	
紫金县									
龙川县									
连平县									
和平县									
东源县									
阳江市	**297164**	**294829**	**99.21**	**2308**	**0.78**	**25**	**0.01**	**2**	
江城区	167768	167021	99.55	736	0.44	10	0.01	1	
阳东区	54501	53574	98.30	917	1.68	10	0.02		
阳西县									
阳春市	74895	74234	99.12	655	0.87	5	0.01	1	
清远市	**354621**	**350587**	**98.86**	**3970**	**1.12**	**63**	**0.02**	**1**	
清城区	186241	183814	98.70	2380	1.28	47	0.03		
清新区	67054	66441	99.09	608	0.91	5	0.01		
佛冈县									
阳山县									
连山壮族瑶族自治县									
连南瑶族自治县									
英德市	57656	57270	99.33	377	0.65	8	0.01	1	
连州市	43670	43062	98.61	605	1.39	3	0.01		
东莞市	**4021954**	**3897313**	**96.90**	**122862**	**3.05**	**1657**	**0.04**	**122**	
市辖区	4021954	3897313	96.90	122862	3.05	1657	0.04	122	
中山市	**1068268**	**1034623**	**96.85**	**33039**	**3.09**	**520**	**0.05**	**86**	**0.01**
市辖区	1068268	1034623	96.85	33039	3.09	520	0.05	86	0.01
潮州市	**277089**	**274865**	**99.20**	**2203**	**0.80**	**19**	**0.01**	**2**	
湘桥区	136071	135124	99.30	939	0.69	8	0.01		
潮安区	141018	139741	99.09	1264	0.90	11	0.01	2	
饶平县									
揭阳市	**365890**	**364996**	**99.76**	**876**	**0.24**	**18**			
榕城区	158904	158455	99.72	442	0.28	7			
揭东区	73100	72802	99.59	288	0.39	10	0.01		
揭西县									
惠来县									
普宁市	133886	133739	99.89	146	0.11	1			
云浮市	**151498**	**150755**	**99.51**	**724**	**0.48**	**17**	**0.01**	**2**	
云城区	84222	83721	99.41	493	0.59	6	0.01	2	
云安区	5316	5296	99.62	19	0.36	1	0.02		
新兴县									
郁南县									
罗定市	61960	61738	99.64	212	0.34	10	0.02		

5-3b　各地区家庭户中民族混合户户数(镇)

单位：户、%

地　区	家庭户户数	单一民族户		二个民族户		三个民族户		四个及以上民族户	
		户数	占家庭户比重	户数	占家庭户比重	户数	占家庭户比重	户数	占家庭户比重
广　东	**5096023**	**5034611**	**98.79**	**60109**	**1.18**	**1191**	**0.02**	**112**	
广州市	**411505**	**405713**	**98.59**	**5692**	**1.38**	**85**	**0.02**	**15**	
荔湾区									
越秀区									
海珠区									
天河区									
白云区	79896	78695	98.50	1187	1.49	13	0.02	1	
黄埔区	12569	12269	97.61	298	2.37	2	0.02		
番禺区	27235	26779	98.33	454	1.67	2	0.01		
花都区	27858	27316	98.05	524	1.88	16	0.06	2	0.01
南沙区	58308	57304	98.28	991	1.70	13	0.02		
从化区	23036	22733	98.68	282	1.22	15	0.07	6	0.03
增城区	182603	180617	98.91	1956	1.07	24	0.01	6	
韶关市	**228426**	**224761**	**98.40**	**3623**	**1.59**	**42**	**0.02**		
武江区	1030	1020	99.03	10	0.97				
浈江区	10542	10509	99.69	32	0.30	1	0.01		
曲江区	10439	10343	99.08	96	0.92				
始兴县	28199	27452	97.35	739	2.62	8	0.03		
仁化县	26802	26375	98.41	423	1.58	4	0.01		
翁源县	36157	35867	99.20	290	0.80				
乳源瑶族自治县	26959	25539	94.73	1409	5.23	11	0.04		
新丰县	32633	32475	99.52	146	0.45	12	0.04		
乐昌市	35327	35113	99.39	212	0.60	2	0.01		
南雄市	20338	20068	98.67	266	1.31	4	0.02		
深圳市	**1031**	**994**	**96.41**	**36**	**3.49**	**1**	**0.10**		
罗湖区									
福田区									
南山区	274	267	97.45	7	2.55				
宝安区									
龙岗区									
盐田区									
龙华区									
坪山区	757	727	96.04	29	3.83	1	0.13		
光明区									
珠海市	**101490**	**98912**	**97.46**	**2541**	**2.50**	**35**	**0.03**	**2**	
香洲区	13079	12809	97.94	263	2.01	7	0.05		
斗门区	50737	49367	97.30	1352	2.66	16	0.03	2	
金湾区	37674	36736	97.51	926	2.46	12	0.03		
汕头市	**306293**	**305640**	**99.79**	**605**	**0.20**	**33**	**0.01**	**15**	
龙湖区									
金平区									
濠江区	1582	1577	99.68	5	0.32				
潮阳区	123496	123291	99.83	177	0.14	18	0.01	10	0.01
潮南区	68799	68712	99.87	87	0.13				
澄海区	94234	93917	99.66	298	0.32	14	0.01	5	0.01
南澳县	18182	18143	99.79	38	0.21	1	0.01		
佛山市	**176762**	**172484**	**97.58**	**4197**	**2.37**	**79**	**0.04**	**2**	
禅城区	71956	70539	98.03	1384	1.92	31	0.04	2	
南海区	20351	19937	97.97	405	1.99	9	0.04		
顺德区									
三水区	74604	72342	96.97	2229	2.99	33	0.04		
高明区	9851	9666	98.12	179	1.82	6	0.06		

5—3b 续表 1

单位：户、%

地　　区	家庭户户　数	单一民族户		二个民族户		三个民族户		四个及以上民族户	
		户数	占家庭户比重	户数	占家庭户比重	户数	占家庭户比重	户数	占家庭户比重
江门市	**148811**	**145499**	**97.77**	**3254**	**2.19**	**56**	**0.04**	**2**	
蓬江区									
江海区									
新会区	42131	41231	97.86	885	2.10	14	0.03	1	
台山市	26608	26312	98.89	294	1.10	2	0.01		
开平市	30891	29673	96.06	1192	3.86	25	0.08	1	
鹤山市	31749	30998	97.63	739	2.33	12	0.04		
恩平市	17432	17285	99.16	144	0.83	3	0.02		
湛江市	**324765**	**323654**	**99.66**	**1105**	**0.34**	**6**			
赤坎区									
霞山区	1164	1163	99.91	1	0.09				
坡头区	21751	21638	99.48	112	0.51	1			
麻章区	18258	18172	99.53	86	0.47				
遂溪县	78596	78461	99.83	135	0.17				
徐闻县	64296	64063	99.64	229	0.36	4	0.01		
廉江市	54757	54515	99.56	242	0.44				
雷州市	49313	49262	99.90	50	0.10	1			
吴川市	36630	36380	99.32	250	0.68				
茂名市	**244611**	**243359**	**99.49**	**1241**	**0.51**	**9**		**2**	
茂南区	12573	12458	99.09	115	0.91				
电白区	100032	99601	99.57	427	0.43	4			
高州市	52344	52089	99.51	250	0.48	3	0.01	2	
化州市	51355	51083	99.47	270	0.53	2			
信宜市	28307	28128	99.37	179	0.63				
肇庆市	**271221**	**269670**	**99.43**	**1478**	**0.54**	**59**	**0.02**	**14**	**0.01**
端州区									
鼎湖区	8148	8059	98.91	79	0.97	5	0.06	5	0.06
高要区	54147	53539	98.88	593	1.10	15	0.03		
广宁县	53590	53461	99.76	128	0.24	1			
怀集县	66462	66221	99.64	221	0.33	18	0.03	2	
封开县	41582	41441	99.66	138	0.33	2		1	
德庆县	36677	36505	99.53	159	0.43	10	0.03	3	0.01
四会市	10615	10444	98.39	160	1.51	8	0.08	3	0.03
惠州市	**511544**	**503403**	**98.41**	**7939**	**1.55**	**170**	**0.03**	**32**	**0.01**
惠城区	40150	39370	98.06	766	1.91	12	0.03	2	
惠阳区	39538	38585	97.59	924	2.34	23	0.06	6	0.02
博罗县	206099	201876	97.95	4112	2.00	92	0.04	19	0.01
惠东县	177631	176292	99.25	1313	0.74	23	0.01	3	
龙门县	48126	47280	98.24	824	1.71	20	0.04	2	
梅州市	**299267**	**298588**	**99.77**	**666**	**0.22**	**12**		**1**	
梅江区	2032	2029	99.85	3	0.15				
梅县区	15529	15474	99.65	54	0.35	1	0.01		
大埔县	48550	48425	99.74	123	0.25	2			
丰顺县	73537	73396	99.81	139	0.19	2			
五华县	77155	77017	99.82	132	0.17	5	0.01	1	
平远县	29314	29228	99.71	85	0.29	1			
蕉岭县	30596	30507	99.71	88	0.29	1			
兴宁市	22554	22512	99.81	42	0.19				

5-3b　续表 2　　　　单位：户、%

地　区	家庭户户数	单一民族户		二个民族户		三个民族户		四个及以上民族户	
		户数	占家庭户比重	户数	占家庭户比重	户数	占家庭户比重	户数	占家庭户比重
汕尾市	**293514**	**292642**	**99.70**	**857**	**0.29**	**14**		**1**	
城　区	12058	12017	99.66	41	0.34				
海丰县	151950	151285	99.56	652	0.43	13	0.01		
陆河县	35197	35125	99.80	71	0.20	1			
陆丰市	94309	94215	99.90	93	0.10			1	
河源市	**214818**	**213173**	**99.23**	**1627**	**0.76**	**17**	**0.01**	**1**	
源城区	9287	9031	97.24	252	2.71	4	0.04		
紫金县	54599	54376	99.59	218	0.40	4	0.01	1	
龙川县	60091	59764	99.46	327	0.54				
连平县	31346	31126	99.30	215	0.69	5	0.02		
和平县	33324	33213	99.67	108	0.32	3	0.01		
东源县	26171	25663	98.06	507	1.94	1			
阳江市	**120542**	**119873**	**99.45**	**659**	**0.55**	**10**	**0.01**		
江城区	16303	16225	99.52	77	0.47	1	0.01		
阳东区	18108	17979	99.29	129	0.71				
阳西县	53764	53616	99.72	143	0.27	5	0.01		
阳春市	32367	32053	99.03	310	0.96	4	0.01		
清远市	**277709**	**269326**	**96.98**	**8086**	**2.91**	**293**	**0.11**	**4**	
清城区	76073	75037	98.64	1015	1.33	19	0.02	2	
清新区	13357	13295	99.54	62	0.46				
佛冈县	43126	42926	99.54	199	0.46			1	
阳山县	47561	47342	99.54	217	0.46	2			
连山壮族瑶族自治县	12221	7720	63.17	4261	34.87	239	1.96	1	0.01
连南瑶族自治县	19967	18067	90.48	1873	9.38	27	0.14		
英德市	54425	54069	99.35	352	0.65	4	0.01		
连州市	10979	10870	99.01	107	0.97	2	0.02		
东莞市	**36686**	**35658**	**97.20**	**1015**	**2.77**	**13**	**0.04**		
市辖区	36686	35658	97.20	1015	2.77	13	0.04		
中山市	**434609**	**420722**	**96.80**	**13662**	**3.14**	**211**	**0.05**	**14**	
市辖区	434609	420722	96.80	13662	3.14	211	0.05	14	
潮州市	**188852**	**188204**	**99.66**	**619**	**0.33**	**25**	**0.01**	**4**	
湘桥区	17314	17251	99.64	62	0.36	1	0.01		
潮安区	58534	58091	99.24	419	0.72	20	0.03	4	0.01
饶平县	113004	112862	99.87	138	0.12	4			
揭阳市	**363716**	**363165**	**99.85**	**541**	**0.15**	**8**		**2**	
榕城区	23763	23707	99.76	56	0.24				
揭东区	53189	53037	99.71	151	0.28	1			
揭西县	60458	60374	99.86	82	0.14	2			
惠来县	109565	109509	99.95	53	0.05	1		2	
普宁市	116741	116538	99.83	199	0.17	4			
云浮市	**139851**	**139171**	**99.51**	**666**	**0.48**	**13**	**0.01**	**1**	
云城区									
云安区	12822	12747	99.42	74	0.58	1	0.01		
新兴县	55535	55190	99.38	337	0.61	8	0.01		
郁南县	49295	49138	99.68	154	0.31	3	0.01		
罗定市	22199	22096	99.54	101	0.45	1		1	

5-3c 各地区家庭户中民族混合户户数(乡村)

单位：户、%

地区	家庭户户数	单一民族户		二个民族户		三个民族户		四个及以上民族户	
		户数	占家庭户比重	户数	占家庭户比重	户数	占家庭户比重	户数	占家庭户比重
广东	**9990796**	**9847266**	**98.56**	**134332**	**1.34**	**8623**	**0.09**	**575**	**0.01**
广州市	**871863**	**853477**	**97.89**	**16871**	**1.94**	**1371**	**0.16**	**144**	**0.02**
荔湾区									
越秀区									
海珠区									
天河区									
白云区	249027	242500	97.38	6032	2.42	439	0.18	56	0.02
黄埔区	30625	29996	97.95	579	1.89	45	0.15	5	0.02
番禺区	116066	113455	97.75	2509	2.16	98	0.08	4	
花都区	158532	154750	97.61	3335	2.10	393	0.25	54	0.03
南沙区	81539	79983	98.09	1468	1.80	78	0.10	10	0.01
从化区	103758	102676	98.96	1012	0.98	69	0.07	1	
增城区	132316	130117	98.34	1936	1.46	249	0.19	14	0.01
韶关市	**420478**	**415183**	**98.74**	**5243**	**1.25**	**52**	**0.01**		
武江区	18453	18214	98.70	224	1.21	15	0.08		
浈江区	16250	16138	99.31	103	0.63	9	0.06		
曲江区	37019	36654	99.01	357	0.96	8	0.02		
始兴县	42867	41717	97.32	1140	2.66	10	0.02		
仁化县	37883	37371	98.65	509	1.34	3	0.01		
翁源县	67717	67178	99.20	536	0.79	3			
乳源瑶族自治县	32837	31956	97.32	880	2.68	1			
新丰县	33186	33018	99.49	167	0.50	1			
乐昌市	64597	64148	99.30	448	0.69	1			
南雄市	69669	68789	98.74	879	1.26	1			
深圳市	**18312**	**17545**	**95.81**	**725**	**3.96**	**41**	**0.22**	**1**	**0.01**
罗湖区									
福田区									
南山区									
宝安区									
龙岗区	18312	17545	95.81	725	3.96	41	0.22	1	0.01
盐田区									
龙华区									
坪山区									
光明区									
珠海市	**76408**	**74230**	**97.15**	**1946**	**2.55**	**212**	**0.28**	**20**	**0.03**
香洲区	243	233	95.88	9	3.70	1	0.41		
斗门区	70394	68358	97.11	1816	2.58	200	0.28	20	0.03
金湾区	5771	5639	97.71	121	2.10	11	0.19		
汕头市	**364518**	**361953**	**99.30**	**2360**	**0.65**	**185**	**0.05**	**20**	**0.01**
龙湖区	22048	21946	99.54	100	0.45	2	0.01		
金平区	3521	3478	98.78	36	1.02	7	0.20		
濠江区	14966	14803	98.91	142	0.95	20	0.13	1	0.01
潮阳区	154359	153235	99.27	1109	0.72	12	0.01	3	
潮南区	109753	109298	99.59	453	0.41	2			
澄海区	55841	55185	98.83	500	0.90	140	0.25	16	0.03
南澳县	4030	4008	99.45	20	0.50	2	0.05		
佛山市	**156273**	**151090**	**96.68**	**4560**	**2.92**	**582**	**0.37**	**41**	**0.03**
禅城区									
南海区	48560	46934	96.65	1444	2.97	169	0.35	13	0.03
顺德区	16750	16116	96.21	588	3.51	43	0.26	3	0.02
三水区	70944	68518	96.58	2123	2.99	281	0.40	22	0.03
高明区	20019	19522	97.52	405	2.02	89	0.44	3	0.01

5–3c 续表 1 单位：户、%

地 区	家庭户户 数	单一民族户		二个民族户		三个民族户		四个及以上民族户	
		户数	占家庭户比重	户数	占家庭户比重	户数	占家庭户比重	户数	占家庭户比重
江门市	**536738**	**522287**	**97.31**	**13149**	**2.45**	**1213**	**0.23**	**89**	**0.02**
蓬江区	7736	7566	97.80	133	1.72	34	0.44	3	0.04
江海区									
新会区	108650	105236	96.86	2867	2.64	484	0.45	63	0.06
台山市	165308	161290	97.57	3899	2.36	117	0.07	2	
开平市	111301	108011	97.04	2958	2.66	320	0.29	12	0.01
鹤山市	66013	64278	97.37	1585	2.40	143	0.22	7	0.01
恩平市	77730	75906	97.65	1707	2.20	115	0.15	2	
湛江市	**1092209**	**1081317**	**99.00**	**10641**	**0.97**	**249**	**0.02**	**2**	
赤坎区	2318	2290	98.79	26	1.12	2	0.09		
霞山区	8467	8365	98.80	88	1.04	14	0.17		
坡头区	56503	55752	98.67	709	1.25	42	0.07		
麻章区	80881	80369	99.37	504	0.62	8	0.01		
遂溪县	157470	156348	99.29	1066	0.68	56	0.04		
徐闻县	112515	111248	98.87	1247	1.11	20	0.02		
廉江市	261956	257768	98.40	4158	1.59	29	0.01	1	
雷州市	259034	258125	99.65	895	0.35	14	0.01		
吴川市	153065	151052	98.68	1948	1.27	64	0.04	1	
茂名市	**1022327**	**1011702**	**98.96**	**10467**	**1.02**	**155**	**0.02**	**3**	
茂南区	91611	90002	98.24	1523	1.66	85	0.09	1	
电白区	240946	238920	99.16	2014	0.84	12			
高州市	263688	261278	99.09	2397	0.91	12		1	
化州市	236582	234093	98.95	2452	1.04	36	0.02	1	
信宜市	189500	187409	98.90	2081	1.10	10	0.01		
肇庆市	**654608**	**649126**	**99.16**	**4955**	**0.76**	**507**	**0.08**	**20**	
端州区									
鼎湖区	18460	18186	98.52	217	1.18	54	0.29	3	0.02
高要区	146638	144655	98.65	1704	1.16	275	0.19	4	
广宁县	87494	87205	99.67	286	0.33	3			
怀集县	180060	178709	99.25	1326	0.74	24	0.01	1	
封开县	81611	81341	99.67	264	0.32	6	0.01		
德庆县	72512	72283	99.68	222	0.31	6	0.01	1	
四会市	67833	66747	98.40	936	1.38	139	0.20	11	0.02
惠州市	**488901**	**476755**	**97.52**	**10823**	**2.21**	**1210**	**0.25**	**113**	**0.02**
惠城区	99881	96903	97.02	2622	2.63	333	0.33	23	0.02
惠阳区	88728	85873	96.78	2596	2.93	228	0.26	31	0.03
博罗县	142568	139122	97.58	2941	2.06	460	0.32	45	0.03
惠东县	105597	103847	98.34	1565	1.48	174	0.16	11	0.01
龙门县	52127	51010	97.86	1099	2.11	15	0.03	3	0.01
梅州市	**620972**	**618524**	**99.61**	**2351**	**0.38**	**97**	**0.02**		
梅江区	11778	11674	99.12	102	0.87	2	0.02		
梅县区	91173	90711	99.49	417	0.46	45	0.05		
大埔县	68637	68387	99.64	232	0.34	18	0.03		
丰顺县	73432	72988	99.40	432	0.59	12	0.02		
五华县	165736	165136	99.64	591	0.36	9	0.01		
平远县	33733	33599	99.60	130	0.39	4	0.01		
蕉岭县	30924	30835	99.71	87	0.28	2	0.01		
兴宁市	145559	145194	99.75	360	0.25	5			

5-3c 续表 2

单位：户、%

地区	家庭户户数	单一民族户		二个民族户		三个民族户		四个及以上民族户	
		户数	占家庭户比重	户数	占家庭户比重	户数	占家庭户比重	户数	占家庭户比重
汕尾市	**326899**	**325426**	**99.55**	**1403**	**0.43**	**67**	**0.02**	**3**	
城　区	31721	31538	99.42	170	0.54	13	0.04		
海丰县	79027	78249	99.02	724	0.92	51	0.06	3	
陆河县	32248	32092	99.52	155	0.48	1			
陆丰市	183903	183547	99.81	354	0.19	2			
河源市	**487411**	**483109**	**99.12**	**4147**	**0.85**	**150**	**0.03**	**5**	
源城区	13599	13253	97.46	334	2.46	12	0.09		
紫金县	106308	105519	99.26	740	0.70	46	0.04	3	
龙川县	140876	140217	99.53	656	0.47	3			
连平县	58386	57884	99.14	501	0.86	1			
和平县	86560	86169	99.55	383	0.44	8	0.01		
东源县	81682	80067	98.02	1533	1.88	80	0.10	2	
阳江市	**387041**	**381577**	**98.59**	**5252**	**1.36**	**209**	**0.05**	**3**	
江城区	62437	61682	98.79	724	1.16	31	0.05		
阳东区	74927	73370	97.92	1398	1.87	156	0.21	3	
阳西县	80415	79710	99.12	698	0.87	7	0.01		
阳春市	169262	166815	98.55	2432	1.44	15	0.01		
清远市	**575735**	**563265**	**97.83**	**11977**	**2.08**	**485**	**0.08**	**8**	
清城区	47512	46661	98.21	799	1.68	51	0.11	1	
清新区	113924	112996	99.19	910	0.80	18	0.02		
佛冈县	56932	56491	99.23	406	0.71	32	0.06	3	0.01
阳山县	71647	70835	98.87	784	1.09	28	0.04		
连山壮族瑶族自治县	17717	12162	68.65	5279	29.80	274	1.55	2	0.01
连南瑶族自治县	24456	23397	95.67	1056	4.32	3	0.01		
英德市	170862	169186	99.02	1605	0.94	69	0.04	2	
连州市	72685	71537	98.42	1138	1.57	10	0.01		
东莞市	**329653**	**318496**	**96.62**	**10570**	**3.21**	**552**	**0.17**	**35**	**0.01**
市辖区	329653	318496	96.62	10570	3.21	552	0.17	35	0.01
中山市	**194124**	**187334**	**96.50**	**6144**	**3.16**	**595**	**0.31**	**51**	**0.03**
市辖区	194124	187334	96.50	6144	3.16	595	0.31	51	0.03
潮州市	**251759**	**248196**	**98.58**	**3183**	**1.26**	**366**	**0.15**	**14**	**0.01**
湘桥区	19331	19082	98.71	220	1.14	29	0.15		
潮安区	109472	106746	97.51	2376	2.17	336	0.31	14	0.01
饶平县	122956	122368	99.52	587	0.48	1			
揭阳市	**688980**	**684488**	**99.35**	**4273**	**0.62**	**217**	**0.03**	**2**	
榕城区	48680	48118	98.85	487	1.00	74	0.15	1	
揭东区	115141	114037	99.04	1018	0.88	86	0.07		
揭西县	129568	129030	99.58	527	0.41	11	0.01		
惠来县	135675	135401	99.80	255	0.19	19	0.01		
普宁市	259916	257902	99.23	1986	0.76	27	0.01	1	
云浮市	**425587**	**422186**	**99.20**	**3292**	**0.77**	**108**	**0.03**	**1**	
云城区	30244	29963	99.07	270	0.89	11	0.04		
云安区	49798	49407	99.21	373	0.75	18	0.04		
新兴县	77239	76528	99.08	678	0.88	33	0.04		
郁南县	67837	67478	99.47	353	0.52	6	0.01		
罗定市	200469	198810	99.17	1618	0.81	40	0.02	1	

5-4　各地区有60岁及以上人口的家庭户户数

单位：户

地　　区	合　　计	有一个60岁及以上人口的户				有二个60岁及以上人口的户				有三个60岁及以上人口的户
		小计	独自居住	只与未成年人口共同居住	其他	小计	只有一对60岁及以上夫妇居住	只有一对60岁及以上夫妇与未成年人口共同居住	其他	
广　东	**10711431**	**6532256**	**1807672**	**141867**	**4582717**	**4066754**	**1227315**	**162749**	**2676690**	**112421**
广州市	**1411563**	**829494**	**271611**	**9700**	**548183**	**566456**	**206497**	**9658**	**350301**	**15613**
荔湾区	142753	84420	32338	1156	50926	55984	21924	911	33149	2349
越秀区	153408	86814	30933	1209	54672	63324	22059	1400	39865	3270
海珠区	207980	117686	43326	1146	73214	87365	34985	1328	51052	2929
天河区	126317	72260	22322	851	49087	52785	20099	846	31840	1272
白云区	212456	130884	42871	1354	86659	79836	27823	1141	50872	1736
黄埔区	70470	42051	11144	407	30500	27999	9811	419	17769	420
番禺区	153719	92078	29763	909	61406	60589	22531	795	37263	1052
花都区	105944	62900	18357	833	43710	42159	13848	778	27533	885
南沙区	62458	35956	10868	352	24736	26007	9845	341	15821	495
从化区	63776	40002	10592	650	28760	23396	5597	632	17167	378
增城区	112282	64443	19097	833	44513	47012	17975	1067	27970	827
韶关市	**371980**	**233528**	**73353**	**8586**	**151589**	**135226**	**53653**	**10032**	**71541**	**3226**
武江区	40789	24451	7085	426	16940	15941	6812	525	8604	397
浈江区	45034	26723	9598	430	16695	17882	8450	607	8825	429
曲江区	37586	23831	7411	602	15818	13470	5341	662	7467	285
始兴县	27706	19061	6157	885	12019	8442	3194	877	4371	203
仁化县	24999	15606	4664	620	10322	9197	3642	712	4843	196
翁源县	42460	27754	8107	1034	18613	14319	4973	1288	8058	387
乳源瑶族自治县	23423	15010	3820	540	10650	8196	2634	580	4982	217
新丰县	26971	17617	5579	644	11394	8998	2807	740	5451	356
乐昌市	54131	32491	11310	1589	19592	21237	9046	2222	9969	403
南雄市	48881	30984	9622	1816	19546	17544	6754	1819	8971	353
深圳市	**643920**	**411439**	**71164**	**4933**	**335342**	**227981**	**61650**	**3951**	**162380**	**4500**
罗湖区	66229	39552	8059	402	31091	26041	7832	394	17815	636
福田区	86242	48625	8796	498	39331	36828	11309	589	24930	789
南山区	85624	49859	7309	443	42107	34879	9211	506	25162	886
宝安区	122296	84070	15475	1201	67394	37676	10134	778	26764	550
龙岗区	154349	101737	16434	1254	84049	51692	12313	904	38475	920
盐田区	10923	6669	1096	46	5527	4121	1174	50	2897	133
龙华区	73922	49918	7422	573	41923	23637	5625	408	17604	367
坪山区	17038	11638	2176	192	9270	5290	1377	135	3778	110
光明区	27297	19371	4397	324	14650	7817	2675	187	4955	109
珠海市	**162824**	**95413**	**23255**	**1102**	**71056**	**65950**	**21297**	**1461**	**43192**	**1461**
香洲区	85858	50207	12005	542	37660	34819	11874	589	22356	832
斗门区	51326	30074	7490	363	22221	20791	5963	565	14263	461
金湾区	25640	15132	3760	197	11175	10340	3460	307	6573	168
汕头市	**574099**	**342631**	**66151**	**3521**	**272959**	**222918**	**52279**	**4125**	**166514**	**8550**
龙湖区	59921	33664	5463	209	27992	25326	6084	274	18968	931
金平区	108447	60895	17102	409	43384	46050	15028	511	30511	1502
濠江区	29184	16993	3327	132	13534	11778	2033	189	9556	413
潮阳区	150870	94036	16013	1183	76840	55133	11687	1259	42187	1701
潮南区	113178	70483	10568	1127	58788	40791	6397	1262	33132	1904
澄海区	102255	60926	11597	400	48929	39368	9065	485	29818	1961
南澳县	10244	5634	2081	61	3492	4472	1985	145	2342	138
佛山市	**660479**	**380423**	**106450**	**4287**	**269686**	**274318**	**81363**	**4139**	**188816**	**5738**
禅城区	105986	57997	18664	577	38756	46994	17800	659	28535	995
南海区	230940	130819	38308	1570	90941	98349	28223	1433	68693	1772
顺德区	215589	127743	26922	1351	99470	85642	17172	1162	67308	2204
三水区	64095	36991	12835	449	23707	26617	11249	575	14793	487
高明区	43869	26873	9721	340	16812	16716	6919	310	9487	280

5-4 续表 1

单位：户

地　区	合　计	有一个60岁及以上人口的户				有二个60岁及以上人口的户				有三个60岁及以上人口的户
		小计	独自居住	只与未成年人口共同居住	其他	小计	只有一对60岁及以上夫妇居住	只有一对60岁及以上夫妇与未成年人口共同居住	其他	
江门市	**609794**	**367231**	**110903**	**3916**	**252412**	**236922**	**75856**	**5052**	**156014**	**5641**
蓬江区	83455	46633	12914	398	33321	35952	12422	552	22978	870
江海区	28779	16069	3361	119	12589	12386	2882	132	9372	324
新会区	115923	66556	24533	584	41439	48532	20143	813	27576	835
台山市	150427	95765	29401	1194	65170	53132	15414	1476	36242	1530
开平市	105878	64580	19026	646	44908	40354	11504	834	28016	944
鹤山市	58070	35357	10597	405	24355	22124	7567	520	14037	589
恩平市	67262	42271	11071	570	30630	24442	5924	725	17793	549
湛江市	**793870**	**453614**	**140718**	**12194**	**300702**	**331730**	**103626**	**17595**	**210509**	**8526**
赤坎区	38296	22214	6785	316	15113	15547	5139	342	10066	535
霞山区	62688	36546	10788	526	25232	25621	8955	667	15999	521
坡头区	40915	23733	7951	424	15358	16902	5729	584	10589	280
麻章区	49629	28573	9520	630	18423	20476	6228	713	13535	580
遂溪县	106595	60638	20273	1498	38867	45017	14234	2360	28423	940
徐闻县	73771	41675	11641	1239	28795	31282	9307	2133	19842	814
廉江市	170520	95861	28009	3245	64607	72544	20507	5164	46873	2115
雷州市	146988	86474	29602	2908	53964	58843	19378	3699	35766	1671
吴川市	104468	57900	16149	1408	40343	45498	14149	1933	29416	1070
茂名市	**714043**	**427447**	**125381**	**15545**	**286521**	**278739**	**82831**	**22057**	**173851**	**7857**
茂南区	104180	62224	19026	1135	42063	41018	13130	1413	26475	938
电白区	166681	95777	24790	2906	68081	68852	17051	4391	47410	2052
高州市	174180	107830	33206	4773	69851	64402	20811	6832	36759	1948
化州市	147508	86475	24968	3615	57892	59493	16681	5227	37585	1540
信宜市	121494	75141	23391	3116	48634	44974	15158	4194	25622	1379
肇庆市	**482001**	**312187**	**102457**	**10922**	**198808**	**165377**	**49050**	**9798**	**106529**	**4437**
端州区	57606	34399	10426	611	23362	22277	7161	492	14624	930
鼎湖区	20243	12015	4629	182	7204	8030	3359	263	4408	198
高要区	91140	55780	21480	1169	33131	34727	10186	1243	23298	633
广宁县	64478	44571	15078	2307	27186	19466	5771	1754	11941	441
怀集县	87403	59618	15757	3386	40475	26991	6473	2628	17890	794
封开县	52108	33497	10605	1454	21438	18023	5351	1715	10957	588
德庆县	45722	30547	10506	888	19153	14887	3952	961	9974	288
四会市	63301	41760	13976	925	26859	20976	6797	742	13437	565
惠州市	**415195**	**260496**	**61575**	**4751**	**194170**	**150227**	**44010**	**5124**	**101093**	**4472**
惠城区	127622	78825	16219	1253	61353	47524	14158	1312	32054	1273
惠阳区	67179	43872	10844	839	32189	22679	6959	716	15004	628
博罗县	98479	59243	15839	1125	42279	38138	12700	1461	23977	1098
惠东县	84935	54733	11380	952	42401	29037	5803	987	22247	1165
龙门县	36980	23823	7293	582	15948	12849	4390	648	7811	308
梅州市	**548756**	**347380**	**99147**	**11154**	**237079**	**195224**	**64704**	**14343**	**116177**	**6152**
梅江区	49727	28929	6497	320	22112	20124	6599	466	13059	674
梅县区	81901	52493	15043	1026	36424	28436	9518	1390	17528	972
大埔县	56740	36734	12947	1705	22082	19342	7298	2058	9986	664
丰顺县	69242	41746	12414	1328	28004	26665	7657	2048	16960	831
五华县	109730	69954	15991	3314	50649	38321	9671	4081	24569	1455
平远县	29384	18156	5196	496	12464	10909	4500	747	5662	319
蕉岭县	29935	18967	6133	423	12411	10702	4874	472	5356	266
兴宁市	122097	80401	24926	2542	52933	40725	14587	3081	23057	971

5-4　续表 2　　　　单位：户

地　区	合　计	有一个60岁及以上人口的户				有二个60岁及以上人口的户				有三个60岁及以上人口的户
		小计	独自居住	只与未成年人口共同居住	其他	小计	只有一对60岁及以上夫妇居住	只有一对60岁及以上夫妇与未成年人口共同居住	其他	
汕尾市	**284223**	**176817**	**45296**	**4268**	**127253**	**103345**	**28346**	**4753**	**70246**	**4061**
城　区	44763	27972	7027	517	20428	16307	3875	532	11900	484
海丰县	78844	51007	12772	1091	37144	27025	7218	1074	18733	812
陆河县	29106	18773	4088	540	14145	9860	2040	637	7183	473
陆丰市	131510	79065	21409	2120	55536	50153	15213	2510	32430	2292
河源市	**336961**	**220761**	**58801**	**9523**	**152437**	**112541**	**34262**	**9688**	**68591**	**3659**
源城区	51546	32612	3946	595	28071	18372	3604	617	14151	562
紫金县	71104	46430	11628	1886	32916	23664	6340	2302	15022	1010
龙川县	82793	54017	17560	2949	33508	27940	10675	2767	14498	836
连平县	39339	26087	6879	1114	18094	12858	3862	1156	7840	394
和平县	49420	32104	10139	1930	20035	16883	5928	1894	9061	433
东源县	42759	29511	8649	1049	19813	12824	3853	952	8019	424
阳江市	**307553**	**186884**	**58783**	**4272**	**123829**	**117798**	**35856**	**6044**	**75898**	**2871**
江城区	88388	53079	14851	756	37472	34311	9048	781	24482	998
阳东区	53726	33649	10379	581	22689	19618	5639	582	13397	459
阳西县	52929	33196	10651	710	21835	19321	5890	886	12545	412
阳春市	112510	66960	22902	2225	41833	44548	15279	3795	25474	1002
清远市	**466234**	**303446**	**82539**	**10523**	**210384**	**158342**	**45480**	**10556**	**102306**	**4446**
清城区	101168	60213	14053	1124	45036	39981	11672	1235	27074	974
清新区	72795	49552	13887	1366	34299	22645	6462	1239	14944	598
佛冈县	37355	25110	8076	674	16360	11989	3715	644	7630	256
阳山县	53103	37040	10712	1868	24460	15494	4029	1633	9832	569
连山壮族瑶族自治县	12546	7884	2096	307	5481	4555	1355	378	2822	107
连南瑶族自治县	16616	10963	2989	514	7460	5512	1668	475	3369	141
英德市	112490	73408	18362	2925	52121	37905	10469	3214	24222	1177
连州市	60161	39276	12364	1745	25167	20261	6110	1738	12413	624
东莞市	**392841**	**243548**	**82960**	**4853**	**155735**	**146677**	**54856**	**3143**	**88678**	**2616**
市辖区	392841	243548	82960	4853	155735	146677	54856	3143	88678	2616
中山市	**273414**	**166163**	**33687**	**1830**	**130646**	**104420**	**20101**	**1392**	**82927**	**2831**
市辖区	273414	166163	33687	1830	130646	104420	20101	1392	82927	2831
潮州市	**336488**	**196200**	**46290**	**2407**	**147503**	**135166**	**37325**	**3515**	**94326**	**5122**
湘桥区	77068	41992	11437	360	30195	34015	11782	537	21696	1061
潮安区	144337	87116	15794	551	70771	55083	11102	848	43133	2138
饶平县	115083	67092	19059	1496	46537	46068	14441	2130	29497	1923
揭阳市	**626219**	**384677**	**87294**	**7499**	**289884**	**233399**	**45469**	**9029**	**178901**	**8143**
榕城区	110131	65827	12586	561	52680	43107	7200	682	35225	1197
揭东区	120939	73271	16415	1309	55547	46250	8631	1688	35931	1418
揭西县	97335	61669	15596	1853	44220	34288	7469	2043	24776	1378
惠来县	103525	61353	14544	1573	45236	40669	9356	2040	29273	1503
普宁市	194289	122557	28153	2203	92201	69085	12813	2576	53696	2647
云浮市	**298974**	**192477**	**59857**	**6081**	**126539**	**103998**	**28804**	**7294**	**67900**	**2499**
云城区	39727	24533	6427	449	17657	14937	3641	517	10779	257
云安区	30132	19562	6337	546	12679	10290	2876	645	6769	280
新兴县	57182	37107	11413	987	24707	19663	5788	1032	12843	412
郁南县	55237	36114	11361	1402	23351	18504	4862	1681	11961	619
罗定市	116696	75161	24319	2697	48145	40604	11637	3419	25548	931

5-4a 各地区有60岁及以上人口的家庭户户数(城市)

单位：户

地区	合计	有一个60岁及以上人口的户				有二个60岁及以上人口的户				有三个60岁及以上人口的户
		小计	独自居住	只与未成年人口共同居住	其他	小计	只有一对60岁及以上夫妇居住	只有一对60岁及以上夫妇与未成年人口共同居住	其他	
广东	**4902845**	**2923396**	**758304**	**39544**	**2125548**	**1928081**	**592593**	**38785**	**1296703**	**51368**
广州市	**1104822**	**649631**	**215663**	**7362**	**426606**	**442027**	**165134**	**7214**	**269679**	**13164**
荔湾区	142753	84420	32338	1156	50926	55984	21924	911	33149	2349
越秀区	153408	86814	30933	1209	54672	63324	22059	1400	39865	3270
海珠区	207980	117686	43326	1146	73214	87365	34985	1328	51052	2929
天河区	126317	72260	22322	851	49087	52785	20099	846	31840	1272
白云区	148437	93387	31588	889	60910	53941	21264	764	31913	1109
黄埔区	59893	35605	9559	333	25713	23971	8926	355	14690	317
番禺区	128386	77090	23698	808	52584	50387	17946	718	31723	909
花都区	56363	34221	9288	418	24515	21734	7018	360	14356	408
南沙区	26899	15861	4321	183	11357	10819	3719	151	6949	219
从化区	16513	10342	3003	122	7217	6072	1923	101	4048	99
增城区	37873	21945	5287	247	16411	15645	5271	280	10094	283
韶关市	**107275**	**64072**	**19804**	**1283**	**42985**	**42274**	**18938**	**1690**	**21646**	**929**
武江区	32681	19180	5552	253	13375	13194	5863	379	6952	307
浈江区	32464	19146	6671	261	12214	12994	6218	361	6415	324
曲江区	17251	10623	3168	205	7250	6537	2880	252	3405	91
始兴县										
仁化县										
翁源县										
乳源瑶族自治县										
新丰县										
乐昌市	12383	7570	2503	320	4747	4709	2180	393	2136	104
南雄市	12496	7553	1910	244	5399	4840	1797	305	2738	103
深圳市	**641755**	**409940**	**70748**	**4913**	**334279**	**227339**	**61419**	**3942**	**161978**	**4476**
罗湖区	66229	39552	8059	402	31091	26041	7832	394	17815	636
福田区	86242	48625	8796	498	39331	36828	11309	589	24930	789
南山区	85617	49853	7306	442	42105	34878	9211	506	25161	886
宝安区	122296	84070	15475	1201	67394	37676	10134	778	26764	550
龙岗区	152332	100343	16031	1235	83077	51092	12096	897	38099	897
盐田区	10923	6669	1096	46	5527	4121	1174	50	2897	133
龙华区	73922	49918	7422	573	41923	23637	5625	408	17604	367
坪山区	16897	11539	2166	192	9181	5249	1363	133	3753	109
光明区	27297	19371	4397	324	14650	7817	2675	187	4955	109
珠海市	**119674**	**69565**	**16307**	**774**	**52484**	**49046**	**16533**	**919**	**31594**	**1063**
香洲区	84616	49336	11676	526	37134	34453	11706	577	22170	827
斗门区	18236	10217	2332	115	7770	7887	2534	160	5193	132
金湾区	16822	10012	2299	133	7580	6706	2293	182	4231	104
汕头市	**271844**	**156780**	**34632**	**1315**	**120833**	**111087**	**30268**	**1539**	**79280**	**3977**
龙湖区	48055	26280	4820	182	21278	21065	5751	229	15085	710
金平区	106647	59809	16929	406	42474	45365	14936	495	29934	1473
濠江区	21210	12427	2518	102	9807	8513	1535	136	6842	270
潮阳区	34233	20329	4522	214	15593	13450	3862	275	9313	454
潮南区	36867	23882	2925	342	20615	12387	1497	300	10590	598
澄海区	24832	14053	2918	69	11066	10307	2687	104	7516	472
南澳县										
佛山市	**580781**	**334684**	**89034**	**3662**	**241988**	**240915**	**68732**	**3456**	**168727**	**5182**
禅城区	92484	50985	16424	503	34058	40571	15861	571	24139	928
南海区	214560	121887	35307	1449	85131	90999	25981	1295	63723	1674
顺德区	211951	125451	26473	1327	97651	84324	16959	1143	66222	2176
三水区	30222	17265	4737	169	12359	12752	5139	242	7371	205
高明区	31564	19096	6093	214	12789	12269	4792	205	7272	199

5-4a　续表 1　　单位：户

地　区	合　计	有一个60岁及以上人口的户				有二个60岁及以上人口的户				有三个60岁及以上人口的户
		小计	独自居住	只与未成年人口共同居住	其他	小计	只有一对60岁及以上夫妇居住	只有一对60岁及以上夫妇与未成年人口共同居住	其他	
江门市	**284185**	**160431**	**40360**	**1343**	**118728**	**120947**	**36834**	**1793**	**82320**	**2807**
蓬江区	79357	44354	12370	377	31607	34177	11991	521	21665	826
江海区	28779	16069	3361	119	12589	12386	2882	132	9372	324
新会区	51153	27322	8015	190	19117	23413	8923	296	14194	418
台山市	41755	25021	6715	261	18045	16273	4621	303	11349	461
开平市	39617	22520	4753	171	17596	16718	3668	247	12803	379
鹤山市	21240	12430	2883	127	9420	8613	2910	168	5535	197
恩平市	22284	12715	2263	98	10354	9367	1839	126	7402	202
湛江市	**179477**	**102240**	**29319**	**2009**	**70912**	**75121**	**23385**	**2358**	**49378**	**2116**
赤坎区	37400	21725	6650	313	14762	15146	5009	336	9801	529
霞山区	58697	34344	10084	510	23750	23852	8449	629	14774	501
坡头区	7555	3984	1433	54	2497	3525	1568	85	1872	46
麻章区	8890	5273	1796	81	3396	3507	1035	107	2365	110
遂溪县	3370	1787	754	47	986	1555	641	95	819	28
徐闻县										
廉江市	20736	11164	2396	388	8380	9354	2207	493	6654	218
雷州市	19746	11898	3601	400	7897	7495	2033	324	5138	353
吴川市	23083	12065	2605	216	9244	10687	2443	289	7955	331
茂名市	**155063**	**89062**	**24486**	**2173**	**62403**	**64194**	**18936**	**2591**	**42667**	**1807**
茂南区	57885	33567	10032	571	22964	23790	7938	659	15193	528
电白区	23120	12678	3301	317	9060	10111	2467	405	7239	331
高州市	25233	15069	4181	457	10431	9807	2811	518	6478	357
化州市	23318	12822	3167	331	9324	10235	2725	414	7096	261
信宜市	25507	14926	3805	497	10624	10251	2995	595	6661	330
肇庆市	**104759**	**64505**	**18698**	**1171**	**44636**	**38865**	**11468**	**938**	**26459**	**1389**
端州区	57606	34399	10426	611	23362	22277	7161	492	14624	930
鼎湖区	8481	4958	1339	64	3555	3419	1061	86	2272	104
高要区	8275	5578	2007	155	3416	2632	528	70	2034	65
广宁县										
怀集县										
封开县										
德庆县										
四会市	30397	19570	4926	341	14303	10537	2718	290	7529	290
惠州市	**135379**	**84353**	**17094**	**1423**	**65836**	**49821**	**14780**	**1351**	**33690**	**1205**
惠城区	91765	55983	10473	836	44674	34961	10303	860	23798	821
惠阳区	42758	27765	6457	574	20734	14619	4396	484	9739	374
博罗县	856	605	164	13	428	241	81	7	153	10
惠东县										
龙门县										
梅州市	**105542**	**63504**	**14100**	**1333**	**48071**	**40869**	**12842**	**1761**	**26266**	**1169**
梅江区	42497	24410	5257	292	18861	17510	5709	413	11388	577
梅县区	23870	14340	1931	276	12133	9266	2267	412	6587	264
大埔县										
丰顺县										
五华县	1844	1249	337	55	857	576	191	51	334	19
平远县										
蕉岭县										
兴宁市	37331	23505	6575	710	16220	13517	4675	885	7957	309

5-4a 续表 2

单位：户

地区	合计	有一个60岁及以上人口的户				有二个60岁及以上人口的户				有三个60岁及以上人口的户
		小计	独自居住	只与未成年人口共同居住	其他	小计	只有一对60岁及以上夫妇居住	只有一对60岁及以上夫妇与未成年人口共同居住	其他	
汕尾市	**46434**	**27844**	**6722**	**477**	**20645**	**17391**	**4024**	**466**	**12901**	**1199**
城　区	26928	16445	3845	270	12330	10154	2187	273	7694	329
海丰县										
陆河县										
陆丰市	19506	11399	2877	207	8315	7237	1837	193	5207	870
河源市	**47441**	**29807**	**3427**	**550**	**25830**	**17123**	**3312**	**572**	**13239**	**511**
源城区	47441	29807	3427	550	25830	17123	3312	572	13239	511
紫金县										
龙川县										
连平县										
和平县										
东源县										
阳江市	**90287**	**53019**	**12251**	**867**	**39901**	**36216**	**8653**	**926**	**26637**	**1052**
江城区	53205	31264	7606	436	23222	21281	4917	370	15994	660
阳东区	13603	8195	1509	100	6586	5292	938	121	4233	116
阳西县										
阳春市	23479	13560	3136	331	10093	9643	2798	435	6410	276
清远市	**108894**	**66638**	**11947**	**1584**	**53107**	**41220**	**10949**	**1533**	**28738**	**1036**
清城区	55837	32901	6250	500	26151	22396	6309	521	15566	540
清新区	18634	12424	1296	405	10723	6113	1069	336	4708	97
佛冈县										
阳山县										
连山壮族瑶族自治县										
连南瑶族自治县										
英德市	16908	10467	1792	279	8396	6257	1831	292	4134	184
连州市	17515	10846	2609	400	7837	6454	1740	384	4330	215
东莞市	**346532**	**217643**	**72101**	**4410**	**141132**	**126534**	**45898**	**2758**	**77878**	**2355**
市辖区	346532	217643	72101	4410	141132	126534	45898	2758	77878	2355
中山市	**164673**	**99514**	**21013**	**1106**	**77395**	**63324**	**12757**	**838**	**49729**	**1835**
市辖区	164673	99514	21013	1106	77395	63324	12757	838	49729	1835
潮州市	**111324**	**61674**	**14565**	**370**	**46739**	**48025**	**14227**	**572**	**33226**	**1625**
湘桥区	55714	29240	8378	225	20637	25754	9702	346	15706	720
潮安区	55610	32434	6187	145	26102	22271	4525	226	17520	905
饶平县										
揭阳市	**146685**	**88433**	**19251**	**772**	**68410**	**56281**	**9428**	**844**	**46009**	**1971**
榕城区	73510	43163	8342	238	34583	29514	4883	329	24302	833
揭东区	32363	19068	3482	175	15411	12821	1765	205	10851	474
揭西县										
惠来县										
普宁市	40812	26202	7427	359	18416	13946	2780	310	10856	664
云浮市	**50019**	**30057**	**6782**	**647**	**22628**	**19462**	**4076**	**724**	**14662**	**500**
云城区	24953	14965	3082	193	11690	9830	2110	215	7505	158
云安区	1961	1268	440	23	805	679	190	32	457	14
新兴县										
郁南县										
罗定市	23105	13824	3260	431	10133	8953	1776	477	6700	328

5-4b　各地区有60岁及以上人口的家庭户户数(镇)

单位：户

地　区	合　计	有一个60岁及以上人口的户				有二个60岁及以上人口的户				有三个60岁及以上人口的户
		小计	独自居住	只与未成年人口共同居住	其他	小计	只有一对60岁及以上夫妇居住	只有一对60岁及以上夫妇与未成年人口共同居住	其他	
广　东	**1622125**	**995968**	**276870**	**28387**	**690711**	**607238**	**172394**	**31714**	**403130**	**18919**
广州市	**73487**	**43926**	**14275**	**526**	**29125**	**29028**	**10628**	**544**	**17856**	**533**
荔湾区										
越秀区										
海珠区										
天河区										
白云区	11702	7266	2276	103	4887	4320	1196	53	3071	116
黄埔区	2707	1720	414	22	1284	945	162	17	766	42
番禺区	4512	2828	1335	16	1477	1668	807	17	844	16
花都区	5266	3142	893	45	2204	2087	671	55	1361	37
南沙区	13673	7944	2453	68	5423	5630	1942	85	3603	99
从化区	4393	2928	1053	64	1811	1433	513	47	873	32
增城区	31234	18098	5851	208	12039	12945	5337	270	7338	191
韶关市	**83544**	**52916**	**16588**	**2769**	**33559**	**29943**	**11973**	**2920**	**15050**	**685**
武江区	372	257	99	14	144	113	50	8	55	2
浈江区	5572	3265	1729	65	1471	2289	1394	99	796	18
曲江区	3996	2571	968	76	1527	1385	626	93	666	40
始兴县	9645	6419	1966	306	4147	3151	1238	328	1585	75
仁化县	8890	5673	1747	245	3681	3154	1415	217	1522	63
翁源县	12681	8083	1930	446	5707	4498	1577	445	2476	100
乳源瑶族自治县	9312	5946	1448	215	4283	3289	1199	222	1868	77
新丰县	11646	7495	2071	297	5127	3967	1082	316	2569	184
乐昌市	13409	8056	3020	615	4421	5276	2399	703	2174	77
南雄市	8021	5151	1610	490	3051	2821	993	489	1339	49
深圳市	**148**	**105**	**13**	**1**	**91**	**42**	**14**	**2**	**26**	**1**
罗湖区										
福田区										
南山区	7	6	3	1	2	1			1	
宝安区										
龙岗区										
盐田区										
龙华区										
坪山区	141	99	10		89	41	14	2	25	1
光明区										
珠海市	**17345**	**10555**	**2849**	**153**	**7553**	**6662**	**2010**	**214**	**4438**	**128**
香洲区	1197	837	313	16	508	355	161	12	182	5
斗门区	9301	5693	1412	89	4192	3524	1010	106	2408	84
金湾区	6847	4025	1124	48	2853	2783	839	96	1848	39
汕头市	**134726**	**81646**	**15313**	**913**	**65420**	**50955**	**10986**	**1080**	**38889**	**2125**
龙湖区										
金平区										
濠江区	752	427	175	2	250	315	91	6	218	10
潮阳区	49775	31309	4648	386	26275	17886	2992	324	14570	580
潮南区	29284	17903	3131	280	14492	10863	1823	376	8664	518
澄海区	46782	27562	5651	203	21708	18303	4418	255	13630	917
南澳县	8133	4445	1708	42	2695	3588	1662	119	1807	100
佛山市	**30740**	**17198**	**5918**	**229**	**11051**	**13363**	**4486**	**209**	**8668**	**179**
禅城区	13502	7012	2240	74	4698	6423	1939	88	4396	67
南海区	2988	1616	472	18	1126	1352	236	15	1101	20
顺德区										
三水区	11741	7032	2548	107	4377	4630	1891	88	2651	79
高明区	2509	1538	658	30	850	958	420	18	520	13

5-4b 续表 1

单位：户

地区	合计	有一个60岁及以上人口的户				有二个60岁及以上人口的户				有三个60岁及以上人口的户
		小计	独自居住	只与未成年人口共同居住	其他	小计	只有一对60岁及以上夫妇居住	只有一对60岁及以上夫妇与未成年人口共同居住	其他	
江门市	**50752**	**31618**	**11595**	**418**	**19605**	**18683**	**6183**	**555**	**11945**	**451**
蓬江区										
江海区										
新会区	15470	9340	3966	91	5283	6022	2463	129	3430	108
台山市	13824	8893	3062	121	5710	4789	1326	156	3307	142
开平市	8895	5474	1826	72	3576	3361	1075	70	2216	60
鹤山市	5144	3248	1132	43	2073	1847	608	56	1183	49
恩平市	7419	4663	1609	91	2963	2664	711	144	1809	92
湛江市	**121313**	**68872**	**22145**	**2199**	**44528**	**51002**	**15247**	**2925**	**32830**	**1439**
赤坎区										
霞山区	388	224	68	1	155	162	42	1	119	2
坡头区	7834	4618	1591	109	2918	3157	964	116	2077	59
麻章区	6764	3882	1378	105	2399	2746	911	107	1728	136
遂溪县	28268	16192	5353	431	10408	11808	3511	546	7751	268
徐闻县	21759	12415	3173	362	8880	9070	2408	478	6184	274
廉江市	24520	13191	4527	550	8114	10986	3328	847	6811	343
雷州市	16994	10357	3746	382	6229	6437	2068	459	3910	200
吴川市	14786	7993	2309	259	5425	6636	2015	371	4250	157
茂名市	**97744**	**58097**	**19630**	**2368**	**36099**	**38456**	**11335**	**3185**	**23936**	**1191**
茂南区	5354	3374	1397	50	1927	1938	542	94	1302	42
电白区	38743	22196	6279	681	15236	16004	4167	924	10913	543
高州市	22396	13893	5518	582	7793	8253	2895	787	4571	250
化州市	19420	11452	4016	661	6775	7759	2273	862	4624	209
信宜市	11831	7182	2420	394	4368	4502	1458	518	2526	147
肇庆市	**93067**	**62588**	**22639**	**2292**	**37657**	**29544**	**8693**	**1825**	**19026**	**935**
端州区										
鼎湖区	3134	1875	760	37	1078	1234	468	55	711	25
高要区	17055	11134	5274	203	5657	5798	1758	167	3873	123
广宁县	20716	14138	4362	834	8942	6443	1718	544	4181	135
怀集县	20760	14445	4646	583	9216	6066	1556	432	4078	249
封开县	16114	10430	3469	405	6556	5388	1711	417	3260	296
德庆县	12602	8763	3406	175	5182	3758	1178	170	2410	81
四会市	2686	1803	722	55	1026	857	304	40	513	26
惠州市	**116142**	**71973**	**16141**	**1332**	**54500**	**42886**	**11435**	**1406**	**30045**	**1283**
惠城区	6983	4404	1165	86	3153	2518	843	85	1590	61
惠阳区	6066	3938	889	70	2979	2064	539	65	1460	64
博罗县	44403	26561	6873	449	19239	17356	5601	565	11190	486
惠东县	44845	28209	4577	478	23154	16063	2841	472	12750	573
龙门县	13845	8861	2637	249	5975	4885	1611	219	3055	99
梅州市	**125785**	**76989**	**20861**	**2908**	**53220**	**47305**	**14770**	**3890**	**28645**	**1491**
梅江区	1045	671	206	3	462	359	133	10	216	15
梅县区	7062	4841	2158	103	2580	2144	784	143	1217	77
大埔县	20767	12804	3659	827	8318	7727	2772	1006	3949	236
丰顺县	33140	18984	5519	504	12961	13719	3817	898	9004	437
五华县	29506	18283	3794	769	13720	10842	2687	978	7177	381
平远县	11423	6959	1617	236	5106	4328	1518	289	2521	136
蕉岭县	12543	7715	1762	197	5756	4705	1872	215	2618	123
兴宁市	10299	6732	2146	269	4317	3481	1187	351	1943	86

5-4b　续表 2　　　　　　　　　　　　　　　　　　　　　　　　　单位：户

地　　区	合　　计	有一个60岁及以上人口的户				有二个60岁及以上人口的户				有三个60岁及以上人口的户
		小计	独自居住	只与未成年人口共同居住	其他	小计	只有一对60岁及以上夫妇居住	只有一对60岁及以上夫妇与未成年人口共同居住	其他	
汕尾市	**101037**	**62358**	**15346**	**1576**	**45436**	**37387**	**10328**	**1695**	**25364**	**1292**
城　区	3940	2397	492	37	1868	1495	336	43	1116	48
海丰县	46793	29300	6073	662	22565	16986	4119	622	12245	507
陆河县	13855	8706	1929	255	6522	4890	994	296	3600	259
陆丰市	36449	21955	6852	622	14481	14016	4879	734	8403	478
河源市	**70275**	**45532**	**10155**	**2748**	**32629**	**24005**	**6849**	**2522**	**14634**	**738**
源城区	591	472	94	12	366	119	24	12	83	
紫金县	20928	13226	2835	466	9925	7411	1882	620	4909	291
龙川县	18730	12189	2755	1159	8275	6380	2102	856	3422	161
连平县	12563	7992	1992	333	5667	4447	1344	371	2732	124
和平县	10456	6940	1481	599	4860	3416	986	485	1945	100
东源县	7007	4713	998	179	3536	2232	511	178	1543	62
阳江市	**43397**	**26058**	**8044**	**695**	**17319**	**16911**	**5152**	**1043**	**10716**	**428**
江城区	6869	4002	1156	53	2793	2787	794	60	1933	80
阳东区	6889	4171	1326	86	2759	2643	791	90	1762	75
阳西县	16680	9958	2499	218	7241	6553	1845	276	4432	169
阳春市	12959	7927	3063	338	4526	4928	1722	617	2589	104
清远市	**97628**	**62446**	**16448**	**2822**	**43176**	**34291**	**9659**	**2519**	**22113**	**891**
清城区	24079	14069	3778	387	9904	9801	2840	398	6563	209
清新区	4755	3374	1284	134	1956	1348	426	137	785	33
佛冈县	12535	8203	2174	252	5777	4266	1249	203	2814	66
阳山县	18354	12387	3109	692	8586	5763	1486	539	3738	204
连山壮族瑶族自治县	4433	2823	766	111	1946	1574	542	115	917	36
连南瑶族自治县	7131	4603	1180	199	3224	2460	723	156	1581	68
英德市	20957	13465	2982	809	9674	7289	1857	791	4641	203
连州市	5384	3522	1175	238	2109	1790	536	180	1074	72
东莞市	**3463**	**2129**	**846**	**59**	**1224**	**1305**	**545**	**26**	**734**	**29**
市辖区	3463	2129	846	59	1224	1305	545	26	734	29
中山市	**58958**	**36800**	**7635**	**410**	**28755**	**21617**	**4404**	**318**	**16895**	**541**
市辖区	58958	36800	7635	410	28755	21617	4404	318	16895	541
潮州市	**93269**	**54036**	**13319**	**739**	**39978**	**37543**	**10203**	**1143**	**26197**	**1690**
湘桥区	10057	5820	1324	58	4438	4061	924	75	3062	176
潮安区	30598	18417	3300	113	15004	11763	2339	210	9214	418
饶平县	52614	29799	8695	568	20536	21719	6940	858	13921	1096
揭阳市	**156583**	**97015**	**27370**	**2014**	**67631**	**57212**	**12046**	**2290**	**42876**	**2356**
榕城区	10597	6539	1488	108	4943	3947	601	104	3242	111
揭东区	27393	17029	4483	302	12244	10048	1986	369	7693	316
揭西县	29047	17755	5431	409	11915	10836	2532	462	7842	456
惠来县	44330	26818	7513	654	18651	16634	3977	741	11916	878
普宁市	45216	28874	8455	541	19878	15747	2950	614	12183	595
云浮市	**52722**	**33111**	**9740**	**1216**	**22155**	**19098**	**5448**	**1403**	**12247**	**513**
云城区										
云安区	5295	3392	1105	88	2199	1844	463	133	1248	59
新兴县	17862	10946	2863	241	7842	6793	2128	282	4383	123
郁南县	20603	13083	3845	607	8631	7285	1956	636	4693	235
罗定市	8962	5690	1927	280	3483	3176	901	352	1923	96

5-4c 各地区有60岁及以上人口的家庭户户数(乡村)

单位：户

地区	合计	有一个60岁及以上人口的户				有二个60岁及以上人口的户				有三个60岁及以上人口的户
		小计	独自居住	只与未成年人口共同居住	其他	小计	只有一对60岁及以上夫妇居住	只有一对60岁及以上夫妇与未成年人口共同居住	其他	
广东	**4186461**	**2612892**	**772498**	**73936**	**1766458**	**1531435**	**462328**	**92250**	**976857**	**42134**
广州市	**233254**	**135937**	**41673**	**1812**	**92452**	**95401**	**30735**	**1900**	**62766**	**1916**
荔湾区										
越秀区										
海珠区										
天河区										
白云区	52317	30231	9007	362	20862	21575	5363	324	15888	511
黄埔区	7870	4726	1171	52	3503	3083	723	47	2313	61
番禺区	20821	12160	4730	85	7345	8534	3778	60	4696	127
花都区	44315	25537	8176	370	16991	18338	6159	363	11816	440
南沙区	21886	12151	4094	101	7956	9558	4184	105	5269	177
从化区	42870	26732	6536	464	19732	15891	3161	484	12246	247
增城区	43175	24400	7959	378	16063	18422	7367	517	10538	353
韶关市	**181161**	**116540**	**36961**	**4534**	**75045**	**63009**	**22742**	**5422**	**34845**	**1612**
武江区	7736	5014	1434	159	3421	2634	899	138	1597	88
浈江区	6998	4312	1198	104	3010	2599	838	147	1614	87
曲江区	16339	10637	3275	321	7041	5548	1835	317	3396	154
始兴县	18061	12642	4191	579	7872	5291	1956	549	2786	128
仁化县	16109	9933	2917	375	6641	6043	2227	495	3321	133
翁源县	29779	19671	6177	588	12906	9821	3396	843	5582	287
乳源瑶族自治县	14111	9064	2372	325	6367	4907	1435	358	3114	140
新丰县	15325	10122	3508	347	6267	5031	1725	424	2882	172
乐昌市	28339	16865	5787	654	10424	11252	4467	1126	5659	222
南雄市	28364	18280	6102	1082	11096	9883	3964	1025	4894	201
深圳市	**2017**	**1394**	**403**	**19**	**972**	**600**	**217**	**7**	**376**	**23**
罗湖区										
福田区										
南山区										
宝安区										
龙岗区	2017	1394	403	19	972	600	217	7	376	23
盐田区										
龙华区										
坪山区										
光明区										
珠海市	**25805**	**15293**	**4099**	**175**	**11019**	**10242**	**2754**	**328**	**7160**	**270**
香洲区	45	34	16		18	11	7		4	
斗门区	23789	14164	3746	159	10259	9380	2419	299	6662	245
金湾区	1971	1095	337	16	742	851	328	29	494	25
汕头市	**167529**	**104205**	**16206**	**1293**	**86706**	**60876**	**11025**	**1506**	**48345**	**2448**
龙湖区	11866	7384	643	27	6714	4261	333	45	3883	221
金平区	1800	1086	173	3	910	685	92	16	577	29
濠江区	7222	4139	634	28	3477	2950	407	47	2496	133
潮阳区	66862	42398	6843	583	34972	23797	4833	660	18304	667
潮南区	47027	28698	4512	505	23681	17541	3077	586	13878	788
澄海区	30641	19311	3028	128	16155	10758	1960	126	8672	572
南澳县	2111	1189	373	19	797	884	323	26	535	38
佛山市	**48958**	**28541**	**11498**	**396**	**16647**	**20040**	**8145**	**474**	**11421**	**377**
禅城区										
南海区	13392	7316	2529	103	4684	5998	2006	123	3869	78
顺德区	3638	2292	449	24	1819	1318	213	19	1086	28
三水区	22132	12694	5550	173	6971	9235	4219	245	4771	203
高明区	9796	6239	2970	96	3173	3489	1707	87	1695	68

5-4c　续表 1　　　　　　　　　　　　　　　　　　　　　　　　单位：户

地　区	合　计	有一个60岁及以上人口的户				有二个60岁及以上人口的户				有三个60岁及以上人口的户
		小计	独自居住	只与未成年人口共同居住	其他	小计	只有一对60岁及以上夫妇居住	只有一对60岁及以上夫妇与未成年人口共同居住	其他	
江门市	**274857**	**175182**	**58948**	**2155**	**114079**	**97292**	**32839**	**2704**	**61749**	**2383**
蓬江区	4098	2279	544	21	1714	1775	431	31	1313	44
江海区										
新会区	49300	29894	12552	303	17039	19097	8757	388	9952	309
台山市	94848	61851	19624	812	41415	32070	9467	1017	21586	927
开平市	57366	36586	12447	403	23736	20275	6761	517	12997	505
鹤山市	31686	19679	6582	235	12862	11664	4049	296	7319	343
恩平市	37559	24893	7199	381	17313	12411	3374	455	8582	255
湛江市	**493080**	**282502**	**89254**	**7986**	**185262**	**205607**	**64994**	**12312**	**128301**	**4971**
赤坎区	896	489	135	3	351	401	130	6	265	6
霞山区	3603	1978	636	15	1327	1607	464	37	1106	18
坡头区	25526	15131	4927	261	9943	10220	3197	383	6640	175
麻章区	33975	19418	6346	444	12628	14223	4282	499	9442	334
遂溪县	74957	42659	14166	1020	27473	31654	10082	1719	19853	644
徐闻县	52012	29260	8468	877	19915	22212	6899	1655	13658	540
廉江市	125264	71506	21086	2307	48113	52204	14972	3824	33408	1554
雷州市	110248	64219	22255	2126	39838	44911	15277	2916	26718	1118
吴川市	66599	37842	11235	933	25674	28175	9691	1273	17211	582
茂名市	**461236**	**280288**	**81265**	**11004**	**188019**	**176089**	**52560**	**16281**	**107248**	**4859**
茂南区	40941	25283	7597	514	17172	15290	4650	660	9980	368
电白区	104818	60903	15210	1908	43785	42737	10417	3062	29258	1178
高州市	126551	78868	23507	3734	51627	46342	15105	5527	25710	1341
化州市	104770	62201	17785	2623	41793	41499	11683	3951	25865	1070
信宜市	84156	53033	17166	2225	33642	30221	10705	3081	16435	902
肇庆市	**284175**	**185094**	**61120**	**7459**	**116515**	**96968**	**28889**	**7035**	**61044**	**2113**
端州区										
鼎湖区	8628	5182	2530	81	2571	3377	1830	122	1425	69
高要区	65810	39068	14199	811	24058	26297	7900	1006	17391	445
广宁县	43762	30433	10716	1473	18244	13023	4053	1210	7760	306
怀集县	66643	45173	11111	2803	31259	20925	4917	2196	13812	545
封开县	35994	23067	7136	1049	14882	12635	3640	1298	7697	292
德庆县	33120	21784	7100	713	13971	11129	2774	791	7564	207
四会市	30218	20387	8328	529	11530	9582	3775	412	5395	249
惠州市	**163674**	**104170**	**28340**	**1996**	**73834**	**57520**	**17795**	**2367**	**37358**	**1984**
惠城区	28874	18438	4581	331	13526	10045	3012	367	6666	391
惠阳区	18355	12169	3498	195	8476	5996	2024	167	3805	190
博罗县	53220	32077	8802	663	22612	20541	7018	889	12634	602
惠东县	40090	26524	6803	474	19247	12974	2962	515	9497	592
龙门县	23135	14962	4656	333	9973	7964	2779	429	4756	209
梅州市	**317429**	**206887**	**64186**	**6913**	**135788**	**107050**	**37092**	**8692**	**61266**	**3492**
梅江区	6185	3848	1034	25	2789	2255	757	43	1455	82
梅县区	50969	33312	10954	647	21711	17026	6467	835	9724	631
大埔县	35973	23930	9288	878	13764	11615	4526	1052	6037	428
丰顺县	36102	22762	6895	824	15043	12946	3840	1150	7956	394
五华县	78380	50422	11860	2490	36072	26903	6793	3052	17058	1055
平远县	17961	11197	3579	260	7358	6581	2982	458	3141	183
蕉岭县	17392	11252	4371	226	6655	5997	3002	257	2738	143
兴宁市	74467	50164	16205	1563	32396	23727	8725	1845	13157	576

5-4c 续表 2

单位：户

地区	合计	有一个60岁及以上人口的户				有二个60岁及以上人口的户				有三个60岁及以上人口的户
		小计	独自居住	只与未成年人口共同居住	其他	小计	只有一对60岁及以上夫妇居住	只有一对60岁及以上夫妇与未成年人口共同居住	其他	
汕尾市	**136752**	**86615**	**23228**	**2215**	**61172**	**48567**	**13994**	**2592**	**31981**	**1570**
城　区	13895	9130	2690	210	6230	4658	1352	216	3090	107
海丰县	32051	21707	6699	429	14579	10039	3099	452	6488	305
陆河县	15251	10067	2159	285	7623	4970	1046	341	3583	214
陆丰市	75555	45711	11680	1291	32740	28900	8497	1583	18820	944
河源市	**219245**	**145422**	**45219**	**6225**	**93978**	**71413**	**24101**	**6594**	**40718**	**2410**
源城区	3514	2333	425	33	1875	1130	268	33	829	51
紫金县	50176	33204	8793	1420	22991	16253	4458	1682	10113	719
龙川县	64063	41828	14805	1790	25233	21560	8573	1911	11076	675
连平县	26776	18095	4887	781	12427	8411	2518	785	5108	270
和平县	38964	25164	8658	1331	15175	13467	4942	1409	7116	333
东源县	35752	24798	7651	870	16277	10592	3342	774	6476	362
阳江市	**173869**	**107807**	**38488**	**2710**	**66609**	**64671**	**22051**	**4075**	**38545**	**1391**
江城区	28314	17813	6089	267	11457	10243	3337	351	6555	258
阳东区	33234	21283	7544	395	13344	11683	3910	371	7402	268
阳西县	36249	23238	8152	492	14594	12768	4045	610	8113	243
阳春市	76072	45473	16703	1556	27214	29977	10759	2743	16475	622
清远市	**259712**	**174362**	**54144**	**6117**	**114101**	**82831**	**24872**	**6504**	**51455**	**2519**
清城区	21252	13243	4025	237	8981	7784	2523	316	4945	225
清新区	49406	33754	11307	827	21620	15184	4967	766	9451	468
佛冈县	24820	16907	5902	422	10583	7723	2466	441	4816	190
阳山县	34749	24653	7603	1176	15874	9731	2543	1094	6094	365
连山壮族瑶族自治县	8113	5061	1330	196	3535	2981	813	263	1905	71
连南瑶族自治县	9485	6360	1809	315	4236	3052	945	319	1788	73
英德市	74625	49476	13588	1837	34051	24359	6781	2131	15447	790
连州市	37262	24908	8580	1107	15221	12017	3834	1174	7009	337
东莞市	**42846**	**23776**	**10013**	**384**	**13379**	**18838**	**8413**	**359**	**10066**	**232**
市辖区	42846	23776	10013	384	13379	18838	8413	359	10066	232
中山市	**49783**	**29849**	**5039**	**314**	**24496**	**19479**	**2940**	**236**	**16303**	**455**
市辖区	49783	29849	5039	314	24496	19479	2940	236	16303	455
潮州市	**131895**	**80490**	**18406**	**1298**	**60786**	**49598**	**12895**	**1800**	**34903**	**1807**
湘桥区	11297	6932	1735	77	5120	4200	1156	116	2928	165
潮安区	58129	36265	6307	293	29665	21049	4238	412	16399	815
饶平县	62469	37293	10364	928	26001	24349	7501	1272	15576	827
揭阳市	**322951**	**199229**	**40673**	**4713**	**153843**	**119906**	**23995**	**5895**	**90016**	**3816**
榕城区	26024	16125	2756	215	13154	9646	1716	249	7681	253
揭东区	61183	37174	8450	832	27892	23381	4880	1114	17387	628
揭西县	68288	43914	10165	1444	32305	23452	4937	1581	16934	922
惠来县	59195	34535	7031	919	26585	24035	5379	1299	17357	625
普宁市	108261	67481	12271	1303	53907	39392	7083	1652	30657	1388
云浮市	**196233**	**129309**	**43335**	**4218**	**81756**	**65438**	**19280**	**5167**	**40991**	**1486**
云城区	14774	9568	3345	256	5967	5107	1531	302	3274	99
云安区	22876	14902	4792	435	9675	7767	2223	480	5064	207
新兴县	39320	26161	8550	746	16865	12870	3660	750	8460	289
郁南县	34634	23031	7516	795	14720	11219	2906	1045	7268	384
罗定市	84629	55647	19132	1986	34529	28475	8960	2590	16925	507

5–5 各地区有65岁及以上人口的家庭户户数

单位：户

地区	合计	有一个65岁及以上人口的户				有二个65岁及以上人口的户				有三个65岁及以上人口的户
		小计	独自居住	只与未成年人口共同居住	其他	小计	只有一对65岁及以上夫妇居住	只有一对65岁及以上夫妇与未成年人口共同居住	其他	
广东	**7872427**	**5343882**	**1394307**	**93698**	**3855877**	**2489400**	**838218**	**82023**	**1569159**	**39145**
广州市	**1012519**	**654715**	**198813**	**6349**	**449553**	**352794**	**141023**	**5476**	**206295**	**5010**
荔湾区	102250	67909	23562	776	43571	33578	14126	547	18905	763
越秀区	116052	73547	23127	833	49587	41546	15669	898	24979	959
海珠区	150598	94955	31216	779	62960	54797	23554	786	30457	846
天河区	89395	54654	15490	544	38620	34311	14027	511	19773	430
白云区	147016	97458	29545	855	67058	48983	18364	624	29995	575
黄埔区	48180	31110	8256	242	22612	16919	6836	215	9868	151
番禺区	108022	70333	21680	584	48069	37329	15568	441	21320	360
花都区	77550	50558	14016	541	36001	26661	9847	409	16405	331
南沙区	44876	28499	8412	231	19856	16206	6892	186	9128	171
从化区	48009	33431	8512	426	24493	14438	3919	329	10190	140
增城区	80571	52261	14997	538	36726	28026	12221	530	15275	284
韶关市	**280529**	**195804**	**57805**	**5605**	**132394**	**83631**	**36293**	**4787**	**42551**	**1094**
武江区	30078	20156	5343	292	14521	9802	4413	270	5119	120
浈江区	34129	22601	7638	277	14686	11389	5776	301	5312	139
曲江区	28702	20022	5940	413	13669	8579	3770	314	4495	101
始兴县	21757	16177	4986	592	10599	5496	2234	453	2809	84
仁化县	19448	13493	3755	427	9311	5879	2511	347	3021	76
翁源县	31265	22737	6256	645	15836	8413	3353	573	4487	115
乳源瑶族自治县	17367	12454	2969	363	9122	4839	1760	270	2809	74
新丰县	19771	14530	4208	393	9929	5125	1786	298	3041	116
乐昌市	40317	27157	8901	993	17263	13029	6041	1046	5942	131
南雄市	37695	26477	7809	1210	17458	11080	4649	915	5516	138
深圳市	**403484**	**275791**	**42635**	**2669**	**230487**	**126089**	**37855**	**1799**	**86435**	**1604**
罗湖区	44382	28701	5468	220	23013	15485	5058	214	10213	196
福田区	58329	35287	5897	293	29097	22745	7856	320	14569	297
南山区	57606	35990	4874	247	30869	21270	6236	256	14778	346
宝安区	72899	53311	8802	643	43866	19422	5768	318	13336	166
龙岗区	94196	67277	9321	682	57274	26586	7011	384	19191	333
盐田区	7112	4711	710	23	3978	2354	679	22	1653	47
龙华区	42693	30884	3953	287	26644	11664	3025	159	8480	145
坪山区	10183	7587	1186	107	6294	2561	717	43	1801	35
光明区	16084	12043	2424	167	9452	4002	1505	83	2414	39
珠海市	**113172**	**72705**	**16362**	**649**	**55694**	**40010**	**14202**	**732**	**25076**	**457**
香洲区	59407	37536	8055	312	29169	21608	7903	306	13399	263
斗门区	36673	23919	5699	228	17992	12621	4117	287	8217	133
金湾区	17092	11250	2608	109	8533	5781	2182	139	3460	61
汕头市	**422788**	**288887**	**50774**	**2262**	**235851**	**131224**	**33210**	**2119**	**95895**	**2677**
龙湖区	42740	27777	3883	127	23767	14708	3805	148	10755	255
金平区	78458	51368	13056	282	38030	26701	9404	269	17028	389
濠江区	21357	14311	2587	89	11635	6923	1345	110	5468	123
潮阳区	111616	78104	12401	761	64942	32918	7489	632	24797	594
潮南区	85399	59903	8271	720	50912	24770	4164	653	19953	726
澄海区	75708	52562	8935	251	43376	22593	5722	233	16638	553
南澳县	7510	4862	1641	32	3189	2611	1281	74	1256	37
佛山市	**484132**	**306645**	**81608**	**2851**	**222186**	**175330**	**58585**	**2339**	**114406**	**2157**
禅城区	77804	46756	14393	392	31971	30701	12685	386	17630	347
南海区	169520	105428	29387	1034	75007	63412	20808	836	41768	680
顺德区	157297	102692	19293	919	82480	53779	11912	670	41197	826
三水区	47449	30256	10627	288	19341	17007	8285	285	8437	186
高明区	32062	21513	7908	218	13387	10431	4895	162	5374	118

5-5 续表 1

单位：户

地 区	合 计	有一个65岁及以上人口的户				有二个65岁及以上人口的户				有三个65岁及以上人口的户
		小计	独自居住	只与未成年人口共同居住	其他	小计	只有一对65岁及以上夫妇居住	只有一对65岁及以上夫妇与未成年人口共同居住	其他	
江门市	**459212**	**309237**	**90005**	**2651**	**216581**	**148098**	**52877**	**2635**	**92586**	**1877**
蓬江区	62027	38700	10174	262	28264	23040	8666	307	14067	287
江海区	21086	13176	2616	77	10483	7807	1950	75	5782	103
新会区	87179	55551	20542	382	34627	31329	14638	407	16284	299
台山市	114404	81599	23507	847	57245	32341	10285	750	21306	464
开平市	80441	55440	15637	444	39359	24705	7927	427	16351	296
鹤山市	43798	29458	8571	267	20620	14112	5318	267	8527	228
恩平市	50277	35313	8958	372	25983	14764	4093	402	10269	200
湛江市	**599186**	**389221**	**115989**	**8540**	**264692**	**206857**	**73368**	**9583**	**123906**	**3108**
赤坎区	27480	17871	4897	204	12770	9444	3232	186	6026	165
霞山区	45096	29182	8033	339	20810	15768	5767	382	9619	146
坡头区	30827	20557	6748	298	13511	10164	4064	331	5769	106
麻章区	37404	24522	8078	456	15988	12603	4444	424	7735	279
遂溪县	81725	52613	17177	1096	34340	28788	10515	1334	16939	324
徐闻县	55043	35647	9499	827	25321	19133	6456	1045	11632	263
廉江市	131525	85386	23546	2268	59572	45370	14463	2754	28153	769
雷州市	109424	72089	24354	1995	45740	36668	14197	1943	20528	667
吴川市	80662	51354	13657	1057	36640	28919	10230	1184	17505	389
茂名市	**543996**	**366416**	**104422**	**10746**	**251248**	**174621**	**58592**	**11357**	**104672**	**2959**
茂南区	79207	52945	15834	813	36298	25939	9205	793	15941	323
电白区	126546	82212	20952	2152	59108	43523	12191	2528	28804	811
高州市	133662	92531	27505	3177	61849	40371	14739	3300	22332	760
化州市	113072	75227	20858	2562	51807	37273	11846	2782	22645	572
信宜市	91509	63501	19273	2042	42186	27515	10611	1954	14950	493
肇庆市	**366492**	**262180**	**81816**	**7298**	**173066**	**102636**	**33901**	**5047**	**63688**	**1676**
端州区	42943	28350	7831	405	20114	14249	4663	299	9287	344
鼎湖区	15294	10285	3950	115	6220	4927	2425	144	2358	82
高要区	71795	48892	18161	831	29900	22667	7592	677	14398	236
广宁县	48539	36883	11783	1512	23588	11498	3846	821	6831	158
怀集县	66614	50071	12496	2289	35286	16225	4177	1405	10643	318
封开县	39800	28357	8376	966	19015	11224	3720	862	6642	219
德庆县	34259	25350	8218	593	16539	8812	2656	449	5707	97
四会市	47248	33992	11001	587	22404	13034	4822	390	7822	222
惠州市	**300350**	**210465**	**46424**	**3015**	**161026**	**88402**	**29174**	**2444**	**56784**	**1483**
惠城区	90154	61837	11833	772	49232	27892	9201	662	18029	425
惠阳区	46290	33193	7392	505	25296	12885	4405	343	8137	212
博罗县	72759	49553	12456	710	36387	22798	8642	671	13485	408
惠东县	63430	45820	9023	649	36148	17260	3974	484	12802	350
龙门县	27717	20062	5720	379	13963	7567	2952	284	4331	88
梅州市	**419142**	**296494**	**77623**	**7233**	**211638**	**120586**	**43405**	**6447**	**70734**	**2062**
梅江区	37253	24666	4986	179	19501	12381	4411	208	7762	206
梅县区	61526	44309	11620	640	32049	16914	6171	551	10192	303
大埔县	43160	31330	9931	1123	20276	11631	4713	918	6000	199
丰顺县	52166	35864	9648	885	25331	16028	5155	940	9933	274
五华县	85150	60607	12934	2232	45441	23988	6702	1893	15393	555
平远县	23185	15936	4130	307	11499	7140	3129	346	3665	109
蕉岭县	22742	15963	4754	240	10969	6688	3276	186	3226	91
兴宁市	93960	67819	19620	1627	46572	25816	9848	1405	14563	325

5-5 续表 2 单位：户

地 区	合 计	有一个65岁及以上人口的户				有二个65岁及以上人口的户				有三个65岁及以上人口的户
		小计	独自居住	只与未成年人口共同居住	其他	小计	只有一对65岁及以上夫妇居住	只有一对65岁及以上夫妇与未成年人口共同居住	其他	
汕尾市	**215749**	**151992**	**36208**	**3133**	**112651**	**62007**	**18689**	**2481**	**40837**	**1750**
城 区	33244	23487	5419	367	17701	9586	2509	261	6816	171
海丰县	60076	43719	10400	840	32479	16014	4820	558	10636	343
陆河县	22187	16361	3216	378	12767	5688	1304	294	4090	138
陆丰市	100242	68425	17173	1548	49704	30719	10056	1368	19295	1098
河源市	**255169**	**185339**	**45970**	**6205**	**133164**	**68710**	**23258**	**4596**	**40856**	**1120**
源城区	36417	26034	2851	345	22838	10238	2362	259	7617	145
紫金县	55091	40325	9348	1250	29727	14431	4237	1051	9143	335
龙川县	63570	45342	13908	1892	29542	17953	7490	1386	9077	275
连平县	29297	21848	5194	702	15952	7344	2448	473	4423	105
和平县	37951	27115	7947	1312	17856	10705	4049	953	5703	131
东源县	32843	24675	6722	704	17249	8039	2672	474	4893	129
阳江市	**237828**	**160329**	**48728**	**2967**	**108634**	**76397**	**26257**	**3162**	**46978**	**1102**
江城区	68030	45834	12194	545	33095	21819	6509	446	14864	377
阳东区	41812	28774	8698	425	19651	12852	4218	335	8299	186
阳西县	40526	28066	8876	500	18690	12280	4212	469	7599	180
阳春市	87460	57655	18960	1497	37198	29446	11318	1912	16216	359
清远市	**352473**	**255027**	**65447**	**6814**	**182766**	**95907**	**31387**	**4992**	**59528**	**1539**
清城区	76100	50804	11420	721	38663	24903	8330	623	15950	393
清新区	56338	42321	11442	877	30002	13771	4627	611	8533	246
佛冈县	28000	20967	6435	399	14133	6949	2529	261	4159	84
阳山县	40254	31048	8347	1203	21498	9046	2647	736	5663	160
连山壮族瑶族自治县	9541	6759	1676	192	4891	2737	935	184	1618	45
连南瑶族自治县	12491	9099	2366	328	6405	3344	1131	216	1997	48
英德市	83406	60561	14187	1928	44446	22477	7083	1452	13942	368
连州市	46343	33468	9574	1166	22728	12680	4105	909	7666	195
东莞市	**265558**	**174686**	**56447**	**2803**	**115436**	**89837**	**37946**	**1572**	**50319**	**1035**
市辖区	265558	174686	56447	2803	115436	89837	37946	1572	50319	1035
中山市	**194032**	**129300**	**22756**	**1162**	**105382**	**63818**	**13237**	**740**	**49841**	**914**
市辖区	194032	129300	22756	1162	105382	63818	13237	740	49841	914
潮州市	**250353**	**168888**	**36230**	**1558**	**131100**	**79791**	**24055**	**1537**	**54199**	**1674**
湘桥区	57605	36752	9234	262	27256	20505	7722	265	12518	348
潮安区	106863	74369	12220	361	61788	31837	7214	389	24234	657
饶平县	85885	57767	14776	935	42056	27449	9119	883	17447	669
揭阳市	**468783**	**326311**	**68773**	**5104**	**252434**	**139518**	**30714**	**4531**	**104273**	**2954**
榕城区	80574	55329	9960	391	44978	24880	4802	317	19761	365
揭东区	90418	62710	13135	921	48654	27236	5953	800	20483	472
揭西县	74222	52973	12369	1197	39407	20778	5036	1004	14738	471
惠来县	78042	52059	11490	1116	39453	25346	6429	1141	17776	637
普宁市	145527	103240	21819	1479	79942	41278	8494	1269	31515	1009
云浮市	**227480**	**163450**	**49472**	**4084**	**109894**	**63137**	**20190**	**3647**	**39300**	**893**
云城区	29947	20763	5334	311	15118	9104	2586	288	6230	80
云安区	22809	16508	5204	362	10942	6226	2028	335	3863	75
新兴县	45141	32160	9733	706	21721	12807	4356	586	7865	174
郁南县	41973	30847	9088	926	20833	10909	3250	803	6856	217
罗定市	87610	63172	20113	1779	41280	24091	7970	1635	14486	347

5-5a 各地区有65岁及以上人口的家庭户户数(城市)

单位：户

地　区	合　计	有一个65岁及以上人口的户				有二个65岁及以上人口的户				有三个65岁及以上人口的户
		小计	独自居住	只与未成年人口共同居住	其他	小计	只有一对65岁及以上夫妇居住	只有一对65岁及以上夫妇与未成年人口共同居住	其他	
广　东	**3459381**	**2272175**	**545583**	**24538**	**1702054**	**1169808**	**396439**	**20234**	**753135**	**17398**
广州市	**782569**	**504983**	**154061**	**4795**	**346127**	**273551**	**111468**	**4167**	**157916**	**4035**
荔湾区	102250	67909	23562	776	43571	33578	14126	547	18905	763
越秀区	116052	73547	23127	833	49587	41546	15669	898	24979	959
海珠区	150598	94955	31216	779	62960	54797	23554	786	30457	846
天河区	89395	54654	15490	544	38620	34311	14027	511	19773	430
白云区	98355	66501	20832	541	45128	31532	13477	382	17673	322
黄埔区	40513	25938	6957	201	18780	14478	6209	183	8086	97
番禺区	89287	58205	16823	520	40862	30783	12294	403	18086	299
花都区	39384	25903	6579	255	19069	13352	4829	192	8331	129
南沙区	18343	11848	3163	110	8575	6424	2522	68	3834	71
从化区	12083	8296	2326	78	5892	3757	1338	62	2357	30
增城区	26309	17227	3986	158	13083	8993	3423	135	5435	89
韶关市	**79877**	**52805**	**15364**	**802**	**36639**	**26788**	**12742**	**852**	**13194**	**284**
武江区	23940	15700	4164	162	11374	8152	3777	202	4173	88
浈江区	24228	15886	5162	161	10563	8245	4161	180	3904	97
曲江区	13175	8766	2548	143	6075	4382	2103	137	2142	27
始兴县										
仁化县										
翁源县										
乳源瑶族自治县										
新丰县										
乐昌市	9075	6092	1946	182	3964	2950	1471	190	1289	33
南雄市	9459	6361	1544	154	4663	3059	1230	143	1686	39
深圳市	**402051**	**274721**	**42395**	**2655**	**229671**	**125738**	**37722**	**1797**	**86219**	**1592**
罗湖区	44382	28701	5468	220	23013	15485	5058	214	10213	196
福田区	58329	35287	5897	293	29097	22745	7856	320	14569	297
南山区	57604	35989	4874	246	30869	21269	6236	256	14777	346
宝安区	72899	53311	8802	643	43866	19422	5768	318	13336	166
龙岗区	92858	66284	9088	669	56527	26253	6883	383	18987	321
盐田区	7112	4711	710	23	3978	2354	679	22	1653	47
龙华区	42693	30884	3953	287	26644	11664	3025	159	8480	145
坪山区	10090	7511	1179	107	6225	2544	712	42	1790	35
光明区	16084	12043	2424	167	9452	4002	1505	83	2414	39
珠海市	**82645**	**52237**	**11190**	**441**	**40606**	**30066**	**10995**	**467**	**18604**	**342**
香洲区	58705	37035	7885	308	28842	21409	7809	300	13300	261
斗门区	12711	7772	1689	64	6019	4895	1748	84	3063	44
金湾区	11229	7430	1616	69	5745	3762	1438	83	2241	37
汕头市	**197126**	**131103**	**26034**	**833**	**104236**	**64855**	**19073**	**822**	**44960**	**1168**
龙湖区	34041	21544	3409	111	18024	12302	3592	124	8586	195
金平区	77129	50445	12922	279	37244	26299	9345	262	16692	385
濠江区	15477	10432	1936	72	8424	4959	1008	79	3872	86
潮阳区	24822	16788	3356	135	13297	7876	2432	148	5296	158
潮南区	27562	19852	2196	199	17457	7483	979	161	6343	227
澄海区	18095	12042	2215	37	9790	5936	1717	48	4171	117
南澳县										
佛山市	**424006**	**268307**	**67099**	**2432**	**198776**	**153774**	**49014**	**1972**	**102788**	**1925**
禅城区	68015	41170	12483	342	28345	26531	11128	332	15071	314
南海区	157047	97708	26875	953	69880	58700	19048	756	38896	639
顺德区	154601	100808	18974	899	80935	52971	11760	658	40553	822
三水区	21875	13709	3851	103	9755	8095	3711	119	4265	71
高明区	22468	14912	4916	135	9861	7477	3367	107	4003	79

5-5a 续表 1

单位：户

地区	合计	有一个65岁及以上人口的户				有二个65岁及以上人口的户				有三个65岁及以上人口的户
		小计	独自居住	只与未成年人口共同居住	其他	小计	只有一对65岁及以上夫妇居住	只有一对65岁及以上夫妇与未成年人口共同居住	其他	
江门市	**209580**	**132364**	**31697**	**877**	**99790**	**76283**	**25609**	**985**	**49689**	**933**
蓬江区	58859	36703	9703	243	26757	21881	8333	288	13260	275
江海区	21086	13176	2616	77	10483	7807	1950	75	5782	103
新会区	37991	22567	6585	134	15848	15292	6510	173	8609	132
台山市	30768	20778	5151	171	15456	9843	3075	156	6612	147
开平市	29259	18829	3661	109	15059	10302	2508	137	7657	128
鹤山市	15391	9773	2236	83	7454	5543	1999	85	3459	75
恩平市	16226	10538	1745	60	8733	5615	1234	71	4310	73
湛江市	**129551**	**83022**	**21926**	**1289**	**59807**	**45782**	**15226**	**1295**	**29261**	**747**
赤坎区	26793	17434	4778	201	12455	9195	3138	185	5872	164
霞山区	42098	27287	7414	326	19547	14670	5365	359	8946	141
坡头区	5769	3480	1203	38	2239	2275	1128	57	1090	14
麻章区	6431	4259	1413	50	2796	2112	721	59	1332	60
遂溪县	2605	1562	639	29	894	1033	459	49	525	10
徐闻县										
廉江市	14822	9169	1797	228	7144	5588	1461	259	3868	65
雷州市	13594	9191	2631	263	6297	4234	1286	167	2781	169
吴川市	17439	10640	2051	154	8435	6675	1668	160	4847	124
茂名市	**115672**	**74856**	**19659**	**1451**	**53746**	**40146**	**12881**	**1371**	**25894**	**670**
茂南区	43995	28235	8148	401	19686	15569	5548	399	9622	191
电白区	17186	10816	2623	237	7956	6267	1626	244	4397	103
高州市	18714	12555	3281	293	8981	6005	1873	242	3890	154
化州市	17197	10842	2523	228	8091	6258	1844	203	4211	97
信宜市	18580	12408	3084	292	9032	6047	1990	283	3774	125
肇庆市	**76418**	**51738**	**13889**	**741**	**37108**	**24142**	**7602**	**535**	**16005**	**538**
端州区	42943	28350	7831	405	20114	14249	4663	299	9287	344
鼎湖区	6213	4112	1057	40	3015	2058	765	46	1247	43
高要区	6011	4375	1488	98	2789	1601	342	37	1222	35
广宁县										
怀集县										
封开县										
德庆县										
四会市	21251	14901	3513	198	11190	6234	1832	153	4249	116
惠州市	**92083**	**63191**	**11391**	**832**	**50968**	**28500**	**9287**	**655**	**18558**	**392**
惠城区	63094	42638	7253	488	34897	20195	6529	415	13251	261
惠阳区	28425	20116	4045	337	15734	8182	2718	235	5229	127
博罗县	564	437	93	7	337	123	40	5	78	4
惠东县										
龙门县										
梅州市	**78211**	**52872**	**10798**	**780**	**41294**	**24946**	**8632**	**773**	**15541**	**393**
梅江区	31726	20742	4039	162	16541	10805	3826	192	6787	179
梅县区	16919	11549	1421	155	9973	5274	1479	160	3635	96
大埔县										
丰顺县										
五华县	1457	1095	282	38	775	360	132	21	207	2
平远县										
蕉岭县										
兴宁市	28109	19486	5056	425	14005	8507	3195	400	4912	116

5-5a　续表 2　　　　单位：户

地区	合计	有一个65岁及以上人口的户				有二个65岁及以上人口的户				有三个65岁及以上人口的户
		小计	独自居住	只与未成年人口共同居住	其他	小计	只有一对65岁及以上夫妇居住	只有一对65岁及以上夫妇与未成年人口共同居住	其他	
汕尾市	**33944**	**23101**	**5004**	**338**	**17759**	**10249**	**2576**	**220**	**7453**	**594**
城　区	19672	13586	2872	192	10522	5966	1413	127	4426	120
海丰县										
陆河县										
陆丰市	14272	9515	2132	146	7237	4283	1163	93	3027	474
河源市	**33460**	**23786**	**2489**	**317**	**20980**	**9540**	**2167**	**241**	**7132**	**134**
源城区	33460	23786	2489	317	20980	9540	2167	241	7132	134
紫金县										
龙川县										
连平县										
和平县										
东源县										
阳江市	**66826**	**44082**	**9384**	**552**	**34146**	**22338**	**5876**	**453**	**16009**	**406**
江城区	39784	26352	5877	302	20173	13179	3391	185	9603	253
阳东区	9793	6636	1140	58	5438	3101	608	60	2433	56
阳西县										
阳春市	17249	11094	2367	192	8535	6058	1877	208	3973	97
清远市	**78691**	**53826**	**9149**	**963**	**43714**	**24497**	**7420**	**763**	**16314**	**368**
清城区	40319	26685	4871	307	21507	13435	4348	264	8823	199
清新区	13074	9699	935	235	8529	3341	694	162	2485	34
佛冈县										
阳山县										
连山壮族瑶族自治县										
连南瑶族自治县										
英德市	11966	8271	1332	171	6768	3626	1209	131	2286	69
连州市	13332	9171	2011	250	6910	4095	1169	206	2720	66
东莞市	**232030**	**154190**	**48045**	**2529**	**103616**	**76912**	**31271**	**1375**	**44266**	**928**
市辖区	232030	154190	48045	2529	103616	76912	31271	1375	44266	928
中山市	**117140**	**77614**	**14119**	**703**	**62792**	**38954**	**8390**	**439**	**30125**	**572**
市辖区	117140	77614	14119	703	62792	38954	8390	439	30125	572
潮州市	**82540**	**53709**	**11561**	**263**	**41885**	**28333**	**9288**	**283**	**18762**	**498**
湘桥区	41552	25740	6790	161	18789	15594	6359	184	9051	218
潮安区	40988	27969	4771	102	23096	12739	2929	99	9711	280
饶平县										
揭阳市	**107993**	**74463**	**14885**	**529**	**59049**	**32846**	**6438**	**401**	**26007**	**684**
榕城区	54013	36608	6606	165	29837	17156	3327	157	13672	249
揭东区	23806	16298	2751	121	13426	7337	1229	87	6021	171
揭西县										
惠来县										
普宁市	30174	21557	5528	243	15786	8353	1882	157	6314	264
云浮市	**36968**	**25205**	**5444**	**416**	**19345**	**11568**	**2762**	**368**	**8438**	**195**
云城区	18321	12417	2539	128	9750	5846	1484	115	4247	58
云安区	1450	1065	348	16	701	385	132	12	241	
新兴县										
郁南县										
罗定市	17197	11723	2557	272	8894	5337	1146	241	3950	137

5-5b 各地区有65岁及以上人口的家庭户户数(镇)

单位：户

地区	合计	有一个65岁及以上人口的户				有二个65岁及以上人口的户				有三个65岁及以上人口的户
		小计	独自居住	只与未成年人口共同居住	其他	小计	只有一对65岁及以上夫妇居住	只有一对65岁及以上夫妇与未成年人口共同居住	其他	
广东	**1200850**	**827952**	**215829**	**18214**	**593909**	**365837**	**116453**	**15258**	**234126**	**7061**
广州市	**51865**	**33785**	**10744**	**307**	**22734**	**17842**	**7359**	**282**	**10201**	**238**
荔湾区										
越秀区										
海珠区										
天河区										
白云区	8295	5496	1575	66	3855	2747	810	25	1912	52
黄埔区	1777	1248	365	10	873	499	104	9	386	30
番禺区	3329	2284	1071	10	1203	1039	573	7	459	6
花都区	3630	2350	683	20	1647	1262	464	27	771	18
南沙区	10049	6398	1876	48	4474	3609	1360	58	2191	42
从化区	3031	2156	773	33	1350	858	332	19	507	17
增城区	21754	13853	4401	120	9332	7828	3716	137	3975	73
韶关市	**62840**	**44041**	**13231**	**1753**	**29057**	**18534**	**8292**	**1416**	**8826**	**265**
武江区	282	204	69	9	126	77	37	4	36	1
浈江区	4623	3044	1519	41	1484	1569	1048	48	473	10
曲江区	3108	2211	803	48	1360	879	439	48	392	18
始兴县	7533	5402	1604	198	3600	2097	885	167	1045	34
仁化县	6790	4726	1381	163	3182	2042	987	103	952	22
翁源县	9147	6467	1476	263	4728	2650	1055	193	1402	30
乳源瑶族自治县	6749	4771	1130	143	3498	1953	823	107	1023	25
新丰县	8244	6031	1526	168	4337	2133	654	128	1351	80
乐昌市	10152	6774	2423	380	3971	3355	1674	357	1324	23
南雄市	6212	4411	1300	340	2771	1779	690	261	828	22
深圳市	**95**	**77**	**7**	**1**	**69**	**18**	**5**	**1**	**12**	
罗湖区										
福田区										
南山区	2	1		1		1			1	
宝安区										
龙岗区										
盐田区										
龙华区										
坪山区	93	76	7		69	17	5	1	11	
光明区										
珠海市	**11564**	**7772**	**1927**	**84**	**5761**	**3753**	**1293**	**101**	**2359**	**39**
香洲区	670	478	162	4	312	190	89	6	95	2
斗门区	6390	4342	1019	49	3274	2026	655	53	1318	22
金湾区	4504	2952	746	31	2175	1537	549	42	946	15
汕头市	**100784**	**70002**	**11970**	**575**	**57457**	**30059**	**6940**	**547**	**22572**	**723**
龙湖区										
金平区										
濠江区	559	362	161	1	200	193	67	4	122	4
潮阳区	36909	26125	3584	246	22295	10579	1868	161	8550	205
潮南区	22341	15515	2473	185	12857	6617	1175	197	5245	209
澄海区	34972	24130	4397	124	19609	10567	2765	125	7677	275
南澳县	6003	3870	1355	19	2496	2103	1065	60	978	30
佛山市	**22359**	**13690**	**4807**	**150**	**8733**	**8597**	**3441**	**123**	**5033**	**72**
禅城区	9789	5586	1910	50	3626	4170	1557	54	2559	33
南海区	2220	1337	334	12	991	875	170	12	693	8
顺德区										
三水区	8464	5524	2033	66	3425	2915	1414	49	1452	25
高明区	1886	1243	530	22	691	637	300	8	329	6

5-5b 续表 1

单位：户

地区	合计	有一个65岁及以上人口的户				有二个65岁及以上人口的户				有三个65岁及以上人口的户
		小计	独自居住	只与未成年人口共同居住	其他	小计	只有一对65岁及以上夫妇居住	只有一对65岁及以上夫妇与未成年人口共同居住	其他	
江门市	**37895**	**26313**	**9277**	**269**	**16767**	**11405**	**4271**	**268**	**6866**	**177**
蓬江区										
江海区										
新会区	11595	7747	3357	52	4338	3804	1797	63	1944	44
台山市	10533	7551	2392	86	5073	2946	882	75	1989	36
开平市	6479	4532	1422	43	3067	1926	722	36	1168	21
鹤山市	3826	2666	853	33	1780	1138	414	25	699	22
恩平市	5462	3817	1253	55	2509	1591	456	69	1066	54
湛江市	**89215**	**57625**	**17391**	**1443**	**38791**	**31080**	**10284**	**1497**	**19299**	**510**
赤坎区										
霞山区	287	182	57	1	124	105	34	1	70	
坡头区	5799	3937	1292	70	2575	1838	667	48	1123	24
麻章区	4949	3170	1113	68	1989	1711	633	60	1018	68
遂溪县	20649	13415	4186	288	8941	7145	2364	276	4505	89
徐闻县	15516	10167	2413	213	7541	5273	1529	205	3539	76
廉江市	18692	11534	3589	366	7579	7048	2305	464	4279	110
雷州市	11881	8088	2829	246	5013	3705	1293	213	2199	88
吴川市	11442	7132	1912	191	5029	4255	1459	230	2566	55
茂名市	**74193**	**49670**	**16245**	**1596**	**31829**	**24028**	**8065**	**1653**	**14310**	**495**
茂南区	4034	2903	1190	41	1672	1117	384	40	693	14
电白区	29232	18974	5235	505	13234	10033	2916	514	6603	225
高州市	17317	11958	4560	389	7009	5246	2087	393	2766	113
化州市	14698	9740	3280	421	6039	4867	1619	462	2786	91
信宜市	8912	6095	1980	240	3875	2765	1059	244	1462	52
肇庆市	**69529**	**51230**	**17685**	**1460**	**32085**	**17874**	**5896**	**877**	**11101**	**425**
端州区										
鼎湖区	2337	1617	655	21	941	710	323	29	358	10
高要区	13389	9511	4291	148	5072	3826	1321	96	2409	52
广宁县	15130	11332	3350	516	7466	3742	1140	251	2351	56
怀集县	15343	11707	3551	368	7788	3511	983	207	2321	125
封开县	12129	8647	2690	260	5697	3343	1171	204	1968	139
德庆县	9227	6967	2578	108	4281	2230	752	72	1406	30
四会市	1974	1449	570	39	840	512	206	18	288	13
惠州市	**83541**	**58215**	**12050**	**826**	**45339**	**24911**	**7610**	**628**	**16673**	**415**
惠城区	4901	3455	857	58	2540	1425	540	40	845	21
惠阳区	4322	3089	605	38	2446	1218	353	29	836	15
博罗县	31899	21468	5217	263	15988	10241	3808	262	6171	190
惠东县	32320	22959	3346	311	19302	9202	1847	203	7152	159
龙门县	10099	7244	2025	156	5063	2825	1062	94	1669	30
梅州市	**94991**	**65626**	**16422**	**1859**	**47345**	**28840**	**9965**	**1751**	**17124**	**525**
梅江区	795	579	163	1	415	214	88	2	124	2
梅县区	5316	4055	1709	69	2277	1230	490	58	682	31
大埔县	15497	10703	2838	524	7341	4712	1880	441	2391	82
丰顺县	24895	16490	4372	342	11776	8260	2627	416	5217	145
五华县	22611	15854	3043	496	12315	6604	1824	441	4339	153
平远县	8763	5956	1269	138	4549	2761	1032	140	1589	46
蕉岭县	9264	6360	1343	105	4912	2862	1229	87	1546	42
兴宁市	7850	5629	1685	184	3760	2197	795	166	1236	24

5–5b　续表 2　　　　单位：户

地　区	合　计	有一个65岁及以上人口的户				有二个65岁及以上人口的户				有三个65岁及以上人口的户
		小计	独自居住	只与未成年人口共同居住	其他	小计	只有一对65岁及以上夫妇居住	只有一对65岁及以上夫妇与未成年人口共同居住	其他	
汕尾市	**75245**	**52938**	**11954**	**1176**	**39808**	**21790**	**6578**	**846**	**14366**	**517**
城　区	2892	2034	359	25	1650	841	201	20	620	17
海丰县	34546	24534	4711	523	19300	9788	2650	318	6820	224
陆河县	10433	7601	1484	180	5937	2764	619	132	2013	68
陆丰市	27374	18769	5400	448	12921	8397	3108	376	4913	208
河源市	**51577**	**37160**	**7744**	**1637**	**27779**	**14195**	**4628**	**1130**	**8437**	**222**
源城区	316	271	37	8	226	45	11	2	32	
紫金县	15857	11318	2251	280	8787	4467	1258	287	2922	72
龙川县	13689	9734	2137	692	6905	3897	1492	396	2009	58
连平县	9158	6595	1473	197	4925	2525	859	151	1515	38
和平县	7617	5557	1138	365	4054	2028	665	204	1159	32
东源县	4940	3685	708	95	2882	1233	343	90	800	22
阳江市	**32335**	**21684**	**6452**	**448**	**14784**	**10489**	**3574**	**489**	**6426**	**162**
江城区	5252	3480	949	39	2492	1746	545	38	1163	26
阳东区	5196	3471	1073	58	2340	1699	563	44	1092	26
阳西县	12047	8075	1974	132	5969	3892	1220	131	2541	80
阳春市	9840	6658	2456	219	3983	3152	1246	276	1630	30
清远市	**72899**	**51937**	**12981**	**1714**	**37242**	**20633**	**6641**	**1166**	**12826**	**329**
清城区	18494	12147	3075	248	8824	6249	2084	194	3971	98
清新区	3613	2849	1035	87	1727	753	268	60	425	11
佛冈县	9043	6575	1718	144	4713	2445	835	94	1516	23
阳山县	13740	10226	2427	394	7405	3440	990	249	2201	74
连山壮族瑶族自治县	3309	2363	606	62	1695	927	370	50	507	19
连南瑶族自治县	5422	3864	935	113	2816	1537	500	64	973	21
英德市	15151	10897	2271	510	8116	4198	1231	363	2604	56
连州市	4127	3016	914	156	1946	1084	363	92	629	27
东莞市	**2356**	**1542**	**590**	**31**	**921**	**801**	**391**	**11**	**399**	**13**
市辖区	2356	1542	590	31	921	801	391	11	399	13
中山市	**40541**	**27525**	**4913**	**251**	**22361**	**12820**	**2806**	**166**	**9848**	**196**
市辖区	40541	27525	4913	251	22361	12820	2806	166	9848	196
潮州市	**70054**	**47080**	**10387**	**508**	**36185**	**22374**	**6528**	**469**	**15377**	**600**
湘桥区	7628	5130	1097	45	3988	2436	630	27	1779	62
潮安区	22947	15952	2572	79	13301	6863	1510	94	5259	132
饶平县	39479	25998	6718	384	18896	13075	4388	348	8339	406
揭阳市	**117634**	**82267**	**21275**	**1345**	**59647**	**34430**	**8124**	**1181**	**25125**	**937**
榕城区	7700	5456	1173	77	4206	2210	382	42	1786	34
揭东区	20580	14541	3538	219	10784	5926	1367	173	4386	113
揭西县	22081	15316	4288	242	10786	6606	1739	242	4625	159
惠来县	33185	22408	5687	457	16264	10374	2727	417	7230	403
普宁市	34088	24546	6589	350	17607	9314	1909	307	7098	228
云浮市	**39338**	**27773**	**7777**	**781**	**19215**	**11364**	**3762**	**656**	**6946**	**201**
云城区										
云安区	3984	2855	902	56	1897	1113	318	57	738	16
新兴县	13558	9175	2365	164	6646	4325	1589	157	2579	58
郁南县	15168	10956	2964	380	7612	4125	1252	283	2590	87
罗定市	6628	4787	1546	181	3060	1801	603	159	1039	40

5-5c 各地区有65岁及以上人口的家庭户户数(乡村)

单位：户

地区	合计	有一个65岁及以上人口的户				有二个65岁及以上人口的户				有三个65岁及以上人口的户
		小计	独自居住	只与未成年人口共同居住	其他	小计	只有一对65岁及以上夫妇居住	只有一对65岁及以上夫妇与未成年人口共同居住	其他	
广东	**3212196**	**2243755**	**632895**	**50946**	**1559914**	**953755**	**325326**	**46531**	**581898**	**14686**
广州市	**178085**	**115947**	**34008**	**1247**	**80692**	**61401**	**22196**	**1027**	**38178**	**737**
荔湾区										
越秀区										
海珠区										
天河区										
白云区	40366	25461	7138	248	18075	14704	4077	217	10410	201
黄埔区	5890	3924	934	31	2959	1942	523	23	1396	24
番禺区	15406	9844	3786	54	6004	5507	2701	31	2775	55
花都区	34536	22305	6754	266	15285	12047	4554	190	7303	184
南沙区	16484	10253	3373	73	6807	6173	3010	60	3103	58
从化区	32895	22979	5413	315	17251	9823	2249	248	7326	93
增城区	32508	21181	6610	260	14311	11205	5082	258	5865	122
韶关市	**137812**	**98958**	**29210**	**3050**	**66698**	**38309**	**15259**	**2519**	**20531**	**545**
武江区	5856	4252	1110	121	3021	1573	599	64	910	31
浈江区	5278	3671	957	75	2639	1575	567	73	935	32
曲江区	12419	9045	2589	222	6234	3318	1228	129	1961	56
始兴县	14224	10775	3382	394	6999	3399	1349	286	1764	50
仁化县	12658	8767	2374	264	6129	3837	1524	244	2069	54
翁源县	22118	16270	4780	382	11108	5763	2298	380	3085	85
乳源瑶族自治县	10618	7683	1839	220	5624	2886	937	163	1786	49
新丰县	11527	8499	2682	225	5592	2992	1132	170	1690	36
乐昌市	21090	14291	4532	431	9328	6724	2896	499	3329	75
南雄市	22024	15705	4965	716	10024	6242	2729	511	3002	77
深圳市	**1338**	**993**	**233**	**13**	**747**	**333**	**128**	**1**	**204**	**12**
罗湖区										
福田区										
南山区										
宝安区										
龙岗区	1338	993	233	13	747	333	128	1	204	12
盐田区										
龙华区										
坪山区										
光明区										
珠海市	**18963**	**12696**	**3245**	**124**	**9327**	**6191**	**1914**	**164**	**4113**	**76**
香洲区	32	23	8		15	9	5		4	
斗门区	17572	11805	2991	115	8699	5700	1714	150	3836	67
金湾区	1359	868	246	9	613	482	195	14	273	9
汕头市	**124878**	**87782**	**12770**	**854**	**74158**	**36310**	**7197**	**750**	**28363**	**786**
龙湖区	8699	6233	474	16	5743	2406	213	24	2169	60
金平区	1329	923	134	3	786	402	59	7	336	4
濠江区	5321	3517	490	16	3011	1771	270	27	1474	33
潮阳区	49885	35191	5461	380	29350	14463	3189	323	10951	231
潮南区	35496	24536	3602	336	20598	10670	2010	295	8365	290
澄海区	22641	16390	2323	90	13977	6090	1240	60	4790	161
南澳县	1507	992	286	13	693	508	216	14	278	7
佛山市	**37767**	**24648**	**9702**	**269**	**14677**	**12959**	**6130**	**244**	**6585**	**160**
禅城区										
南海区	10253	6383	2178	69	4136	3837	1590	68	2179	33
顺德区	2696	1884	319	20	1545	808	152	12	644	4
三水区	17110	11023	4743	119	6161	5997	3160	117	2720	90
高明区	7708	5358	2462	61	2835	2317	1228	47	1042	33

5-5c 续表 1

单位：户

地区	合计	有一个65岁及以上人口的户				有二个65岁及以上人口的户				有三个65岁及以上人口的户
		小计	独自居住	只与未成年人口共同居住	其他	小计	只有一对65岁及以上夫妇居住	只有一对65岁及以上夫妇与未成年人口共同居住	其他	
江门市	**211737**	**150560**	**49031**	**1505**	**100024**	**60410**	**22997**	**1382**	**36031**	**767**
蓬江区	3168	1997	471	19	1507	1159	333	19	807	12
江海区										
新会区	37593	25237	10600	196	14441	12233	6331	171	5731	123
台山市	73103	53270	15964	590	36716	19552	6328	519	12705	281
开平市	44703	32079	10554	292	21233	12477	4697	254	7526	147
鹤山市	24581	17019	5482	151	11386	7431	2905	157	4369	131
恩平市	28589	20958	5960	257	14741	7558	2403	262	4893	73
湛江市	**380420**	**248574**	**76672**	**5808**	**166094**	**129995**	**47858**	**6791**	**75346**	**1851**
赤坎区	687	437	119	3	315	249	94	1	154	1
霞山区	2711	1713	562	12	1139	993	368	22	603	5
坡头区	19259	13140	4253	190	8697	6051	2269	226	3556	68
麻章区	26024	17093	5552	338	11203	8780	3090	305	5385	151
遂溪县	58471	37636	12352	779	24505	20610	7692	1009	11909	225
徐闻县	39527	25480	7086	614	17780	13860	4927	840	8093	187
廉江市	98011	64683	18160	1674	44849	32734	10697	2031	20006	594
雷州市	83949	54810	18894	1486	34430	28729	11618	1563	15548	410
吴川市	51781	33582	9694	712	23176	17989	7103	794	10092	210
茂名市	**354131**	**241890**	**68518**	**7699**	**165673**	**110447**	**37646**	**8333**	**64468**	**1794**
茂南区	31178	21807	6496	371	14940	9253	3273	354	5626	118
电白区	80128	52422	13094	1410	37918	27223	7649	1770	17804	483
高州市	97631	68018	19664	2495	45859	29120	10779	2665	15676	493
化州市	81177	54645	15055	1913	37677	26148	8383	2117	15648	384
信宜市	64017	44998	14209	1510	29279	18703	7562	1427	9714	316
肇庆市	**220545**	**159212**	**50242**	**5097**	**103873**	**60620**	**20403**	**3635**	**36582**	**713**
端州区										
鼎湖区	6744	4556	2238	54	2264	2159	1337	69	753	29
高要区	52395	35006	12382	585	22039	17240	5929	544	10767	149
广宁县	33409	25551	8433	996	16122	7756	2706	570	4480	102
怀集县	51271	38364	8945	1921	27498	12714	3194	1198	8322	193
封开县	27671	19710	5686	706	13318	7881	2549	658	4674	80
德庆县	25032	18383	5640	485	12258	6582	1904	377	4301	67
四会市	24023	17642	6918	350	10374	6288	2784	219	3285	93
惠州市	**124726**	**89059**	**22983**	**1357**	**64719**	**34991**	**12277**	**1161**	**21553**	**676**
惠城区	22159	15744	3723	226	11795	6272	2132	207	3933	143
惠阳区	13543	9988	2742	130	7116	3485	1334	79	2072	70
博罗县	40296	27648	7146	440	20062	12434	4794	404	7236	214
惠东县	31110	22861	5677	338	16846	8058	2127	281	5650	191
龙门县	17618	12818	3695	223	8900	4742	1890	190	2662	58
梅州市	**245940**	**177996**	**50403**	**4594**	**122999**	**66800**	**24808**	**3923**	**38069**	**1144**
梅江区	4732	3345	784	16	2545	1362	497	14	851	25
梅县区	39291	28705	8490	416	19799	10410	4202	333	5875	176
大埔县	27663	20627	7093	599	12935	6919	2833	477	3609	117
丰顺县	27271	19374	5276	543	13555	7768	2528	524	4716	129
五华县	61082	43658	9609	1698	32351	17024	4746	1431	10847	400
平远县	14422	9980	2861	169	6950	4379	2097	206	2076	63
蕉岭县	13478	9603	3411	135	6057	3826	2047	99	1680	49
兴宁市	58001	42704	12879	1018	28807	15112	5858	839	8415	185

5-5c 续表 2

单位：户

地　区	合　计	有一个65岁及以上人口的户				有二个65岁及以上人口的户				有三个65岁及以上人口的户
		小计	独自居住	只与未成年人口共同居住	其他	小计	只有一对65岁及以上夫妇居住	只有一对65岁及以上夫妇与未成年人口共同居住	其他	
汕尾市	**106560**	**75953**	**19250**	**1619**	**55084**	**29968**	**9535**	**1415**	**19018**	**639**
城　区	10680	7867	2188	150	5529	2779	895	114	1770	34
海丰县	25530	19185	5689	317	13179	6226	2170	240	3816	119
陆河县	11754	8760	1732	198	6830	2924	685	162	2077	70
陆丰市	58596	40141	9641	954	29546	18039	5785	899	11355	416
河源市	**170132**	**124393**	**35737**	**4251**	**84405**	**44975**	**16463**	**3225**	**25287**	**764**
源城区	2641	1977	325	20	1632	653	184	16	453	11
紫金县	39234	29007	7097	970	20940	9964	2979	764	6221	263
龙川县	49881	35608	11771	1200	22637	14056	5998	990	7068	217
连平县	20139	15253	3721	505	11027	4819	1589	322	2908	67
和平县	30334	21558	6809	947	13802	8677	3384	749	4544	99
东源县	27903	20990	6014	609	14367	6806	2329	384	4093	107
阳江市	**138667**	**94563**	**32892**	**1967**	**59704**	**43570**	**16807**	**2220**	**24543**	**534**
江城区	22994	16002	5368	204	10430	6894	2573	223	4098	98
阳东区	26823	18667	6485	309	11873	8052	3047	231	4774	104
阳西县	28479	19991	6902	368	12721	8388	2992	338	5058	100
阳春市	60371	39903	14137	1086	24680	20236	8195	1428	10613	232
清远市	**200883**	**149264**	**43317**	**4137**	**101810**	**50777**	**17326**	**3063**	**30388**	**842**
清城区	17287	11972	3474	166	8332	5219	1898	165	3156	96
清新区	39651	29773	9472	555	19746	9677	3665	389	5623	201
佛冈县	18957	14392	4717	255	9420	4504	1694	167	2643	61
阳山县	26514	20822	5920	809	14093	5606	1657	487	3462	86
连山壮族瑶族自治县	6232	4396	1070	130	3196	1810	565	134	1111	26
连南瑶族自治县	7069	5235	1431	215	3589	1807	631	152	1024	27
英德市	56289	41393	10584	1247	29562	14653	4643	958	9052	243
连州市	28884	21281	6649	760	13872	7501	2573	611	4317	102
东莞市	**31172**	**18954**	**7812**	**243**	**10899**	**12124**	**6284**	**186**	**5654**	**94**
市辖区	31172	18954	7812	243	10899	12124	6284	186	5654	94
中山市	**36351**	**24161**	**3724**	**208**	**20229**	**12044**	**2041**	**135**	**9868**	**146**
市辖区	36351	24161	3724	208	20229	12044	2041	135	9868	146
潮州市	**97759**	**68099**	**14282**	**787**	**53030**	**29084**	**8239**	**785**	**20060**	**576**
湘桥区	8425	5882	1347	56	4479	2475	733	54	1688	68
潮安区	42928	30448	4877	180	25391	12235	2775	196	9264	245
饶平县	46406	31769	8058	551	23160	14374	4731	535	9108	263
揭阳市	**243156**	**169581**	**32613**	**3230**	**133738**	**72242**	**16152**	**2949**	**53141**	**1333**
榕城区	18861	13265	2181	149	10935	5514	1093	118	4303	82
揭东区	46032	31871	6846	581	24444	13973	3357	540	10076	188
揭西县	52141	37657	8081	955	28621	14172	3297	762	10113	312
惠来县	44857	29651	5803	659	23189	14972	3702	724	10546	234
普宁市	81265	57137	9702	886	46549	23611	4703	805	18103	517
云浮市	**151174**	**110472**	**36251**	**2887**	**71334**	**40205**	**13666**	**2623**	**23916**	**497**
云城区	11626	8346	2795	183	5368	3258	1102	173	1983	22
云安区	17375	12588	3954	290	8344	4728	1578	266	2884	59
新兴县	31583	22985	7368	542	15075	8482	2767	429	5286	116
郁南县	26805	19891	6124	546	13221	6784	1998	520	4266	130
罗定市	63785	46662	16010	1326	29326	16953	6221	1235	9497	170

5-6　各地区有80岁及以上人口的家庭户户数

单位：户

地　区	合　计	有一个80岁及以上人口的户				有二个80岁及以上人口的户				有三个80岁及以上人口的户
		小计	独自居住	只与未成年人口共同居住	其他	小计	只有一对80岁及以上夫妇居住	只有一对80岁及以上夫妇与未成年人口共同居住	其他	
广　东	**1995840**	**1783916**	**472500**	**13644**	**1297772**	**210336**	**90410**	**2398**	**117528**	**1588**
广州市	**248712**	**217432**	**64278**	**844**	**152310**	**31013**	**14127**	**132**	**16754**	**267**
荔湾区	29014	25498	8168	144	17186	3408	1425	9	1974	108
越秀区	37981	32126	8545	125	23456	5824	2296	38	3490	31
海珠区	41274	35622	10261	126	25235	5629	2531	23	3075	23
天河区	22136	18262	4560	70	13632	3853	1734	14	2105	21
白云区	31978	28690	8876	93	19721	3270	1557	17	1696	18
黄埔区	10087	8874	2725	26	6123	1178	623	3	552	35
番禺区	21515	18940	6178	56	12706	2562	1300	7	1255	13
花都区	15356	13918	4173	62	9683	1436	726	8	702	2
南沙区	9303	8225	2590	19	5616	1071	562		509	7
从化区	11695	10767	2896	59	7812	926	366	7	553	2
增城区	18373	16510	5306	64	11140	1856	1007	6	843	7
韶关市	**74493**	**67469**	**17936**	**542**	**48991**	**6999**	**3540**	**93**	**3366**	**25**
武江区	7629	6793	1626	30	5137	831	440	7	384	5
浈江区	9332	8257	2474	27	5756	1068	616	6	446	7
曲江区	7675	6938	1840	41	5057	735	379	6	350	2
始兴县	6106	5664	1598	38	4028	442	210	3	229	
仁化县	5272	4788	1173	42	3573	484	237	11	236	
翁源县	8440	7756	1958	70	5728	684	304	15	365	
乳源瑶族自治县	4831	4385	947	39	3399	443	211	9	223	3
新丰县	5679	5134	1297	41	3796	539	227	6	306	6
乐昌市	9866	8925	2791	99	6035	940	500	16	424	1
南雄市	9663	8829	2232	115	6482	833	416	14	403	1
深圳市	**63608**	**55198**	**9871**	**136**	**45191**	**8385**	**3435**	**24**	**4926**	**25**
罗湖区	8650	7376	1606	17	5753	1269	552	3	714	5
福田区	11139	9069	1389	17	7663	2063	881	10	1172	7
南山区	9870	8263	1280	14	6969	1605	650	6	949	2
宝安区	10349	9323	1998	33	7292	1024	420	1	603	2
龙岗区	13190	11886	1955	36	9895	1297	526	2	769	7
盐田区	1386	1208	224	1	983	177	57	1	119	1
龙华区	4974	4465	656	13	3796	509	174	1	334	
坪山区	1664	1503	266		1237	160	53		107	1
光明区	2386	2105	497	5	1603	281	122		159	
珠海市	**24150**	**20928**	**4914**	**55**	**15959**	**3204**	**1465**	**13**	**1726**	**18**
香洲区	12949	11049	2201	29	8819	1885	840	6	1039	15
斗门区	7805	6946	1910	18	5018	858	391	5	462	1
金湾区	3396	2933	803	8	2122	461	234	2	225	2
汕头市	**105053**	**96189**	**16123**	**307**	**79759**	**8830**	**2661**	**39**	**6130**	**34**
龙湖区	9371	8426	1044	14	7368	943	299	2	642	2
金平区	19998	17905	4691	41	13173	2088	882	6	1200	5
濠江区	5249	4827	935	10	3882	421	117	2	302	1
潮阳区	26740	24597	3699	93	20805	2130	557	15	1558	13
潮南区	23539	21574	2700	114	18760	1955	393	13	1549	10
澄海区	18511	17345	2589	32	14724	1163	346	1	816	3
南澳县	1645	1515	465	3	1047	130	67		63	
佛山市	**101449**	**90574**	**27088**	**344**	**63142**	**10799**	**5052**	**54**	**5693**	**76**
禅城区	18217	15773	5208	65	10500	2433	1257	12	1164	11
南海区	32813	29507	9527	111	19869	3296	1594	14	1688	10
顺德区	31799	28801	5460	104	23237	2968	894	13	2061	30
三水区	10956	9716	3987	33	5696	1222	751	12	459	18
高明区	7664	6777	2906	31	3840	880	556	3	321	7

5-6 续表 1

单位：户

地区	合计	有一个80岁及以上人口的户				有二个80岁及以上人口的户				有三个80岁及以上人口的户
		小计	独自居住	只与未成年人口共同居住	其他	小计	只有一对80岁及以上夫妇居住	只有一对80岁及以上夫妇与未成年人口共同居住	其他	
江门市	**105148**	**96017**	**30292**	**323**	**65402**	**9075**	**4250**	**39**	**4786**	**56**
蓬江区	13891	12220	3429	25	8766	1657	786	4	867	14
江海区	4233	3844	882	5	2957	387	150	1	236	2
新会区	19722	17813	7337	39	10437	1895	1126	10	759	14
台山市	27120	25203	7469	116	17618	1907	732	10	1165	10
开平市	17870	16559	5392	52	11115	1306	587	8	711	5
鹤山市	10336	9342	2758	30	6554	984	465	4	515	10
恩平市	11976	11036	3025	56	7955	939	404	2	533	1
湛江市	**186054**	**159342**	**50173**	**1826**	**107343**	**26517**	**13027**	**488**	**13002**	**195**
赤坎区	7564	6561	1713	37	4811	991	387	5	599	12
霞山区	12097	10483	2947	62	7474	1608	756	13	839	6
坡头区	9076	7906	3184	61	4661	1166	699	11	456	4
麻章区	11495	9941	3754	104	6083	1498	798	25	675	56
遂溪县	28134	23540	8125	260	15155	4581	2333	90	2158	13
徐闻县	17903	15267	4053	168	11046	2621	1199	46	1376	15
廉江市	40868	35035	10100	488	24447	5811	2606	109	3096	22
雷州市	35935	30435	10533	430	19472	5444	2878	128	2438	56
吴川市	22982	20174	5764	216	14194	2797	1371	61	1365	11
茂名市	**157199**	**138232**	**40469**	**1916**	**95847**	**18771**	**8233**	**413**	**10125**	**196**
茂南区	21812	19410	6096	130	13184	2380	1091	32	1257	22
电白区	38684	33483	8939	480	24064	5123	2011	103	3009	78
高州市	37763	33382	9893	495	22994	4337	1977	105	2255	44
化州市	33573	29436	8513	497	20426	4113	1758	116	2239	24
信宜市	25367	22521	7028	314	15179	2818	1396	57	1365	28
肇庆市	**91916**	**83906**	**25487**	**859**	**57560**	**7919**	**3334**	**91**	**4494**	**91**
端州区	10279	8910	2227	58	6625	1347	524	7	816	22
鼎湖区	3518	3200	1476	16	1708	317	197	2	118	1
高要区	16892	15510	6163	99	9248	1377	707	9	661	5
广宁县	12053	11234	3483	178	7573	817	349	15	453	2
怀集县	17367	16080	3515	238	12327	1263	361	30	872	24
封开县	11064	10039	2559	124	7356	1001	399	14	588	24
德庆县	9302	8515	2553	93	5869	786	287	7	492	1
四会市	11441	10418	3511	53	6854	1011	510	7	494	12
惠州市	**82683**	**74711**	**16230**	**442**	**58039**	**7935**	**3144**	**62**	**4729**	**37**
惠城区	22569	20260	3900	103	16257	2298	960	12	1326	11
惠阳区	11798	10694	2241	53	8400	1100	438	8	654	4
博罗县	20138	18142	4533	110	13499	1983	879	17	1087	13
惠东县	20568	18668	3661	132	14875	1891	562	18	1311	9
龙门县	7610	6947	1895	44	5008	663	305	7	351	
梅州市	**119440**	**108229**	**25354**	**1115**	**81760**	**11148**	**4416**	**184**	**6548**	**63**
梅江区	10003	9034	1667	17	7350	957	399	1	557	12
梅县区	17795	16215	3843	91	12281	1572	607	18	947	8
大埔县	13119	11934	3220	171	8543	1181	486	20	675	4
丰顺县	15826	14151	3590	158	10403	1664	636	32	996	11
五华县	25013	22614	4251	392	17971	2384	749	56	1579	15
平远县	6927	6165	1292	43	4830	761	336	10	415	1
蕉岭县	6537	5887	1580	16	4291	649	354	4	291	1
兴宁市	24220	22229	5911	227	16091	1980	849	43	1088	11

5-6 续表 2

单位：户

地区	合计	有一个80岁及以上人口的户				有二个80岁及以上人口的户				有三个80岁及以上人口的户
		小计	独自居住	只与未成年人口共同居住	其他	小计	只有一对80岁及以上夫妇居住	只有一对80岁及以上夫妇与未成年人口共同居住	其他	
汕尾市	**59668**	**53919**	**12594**	**697**	**40628**	**5552**	**1846**	**87**	**3619**	**197**
城　区	8725	7967	1972	83	5912	756	247	13	496	2
海丰县	16924	15324	3992	195	11137	1579	604	29	946	21
陆河县	6975	6391	1095	102	5194	583	161	4	418	1
陆丰市	27044	24237	5535	317	18385	2634	834	41	1759	173
河源市	**75750**	**68780**	**14926**	**891**	**52963**	**6948**	**2675**	**144**	**4129**	**22**
源城区	8945	8166	785	23	7358	777	207	3	567	2
紫金县	18079	16502	3244	221	13037	1573	501	35	1037	4
龙川县	19613	17511	4840	250	12421	2096	1015	54	1027	6
连平县	8362	7758	1458	92	6208	603	208	10	385	1
和平县	10439	9470	2440	181	6849	966	415	22	529	3
东源县	10312	9373	2159	124	7090	933	329	20	584	6
阳江市	**68634**	**60742**	**18791**	**523**	**41428**	**7867**	**3728**	**118**	**4021**	**25**
江城区	19920	17675	5022	109	12544	2238	958	17	1263	7
阳东区	11700	10333	3315	81	6937	1363	671	14	678	4
阳西县	11963	10722	3451	120	7151	1235	584	22	629	6
阳春市	25051	22012	7003	213	14796	3031	1515	65	1451	8
清远市	**92068**	**84512**	**20185**	**794**	**63533**	**7523**	**3196**	**127**	**4200**	**33**
清城区	17820	16016	3971	72	11973	1786	868	9	909	18
清新区	14126	13219	3688	110	9421	905	440	14	451	2
佛冈县	7290	6734	1999	37	4698	553	258	7	288	3
阳山县	11208	10491	2291	140	8060	712	243	15	454	5
连山壮族瑶族自治县	2512	2274	525	25	1724	238	93	5	140	
连南瑶族自治县	3154	2912	680	42	2190	242	83	5	154	
英德市	24574	22313	4593	260	17460	2259	875	55	1329	2
连州市	11384	10553	2438	108	8007	828	336	17	475	3
东莞市	**53814**	**47598**	**19000**	**258**	**28340**	**6195**	**3670**	**29**	**2496**	**21**
市辖区	53814	47598	19000	258	28340	6195	3670	29	2496	21
中山市	**39785**	**36029**	**6249**	**123**	**29657**	**3741**	**1091**	**14**	**2636**	**15**
市辖区	39785	36029	6249	123	29657	3741	1091	14	2636	15
潮州市	**61195**	**56392**	**11380**	**210**	**44802**	**4777**	**1660**	**26**	**3091**	**26**
湘桥区	13380	12195	3042	35	9118	1182	535	6	641	3
潮安区	24951	23456	3637	41	19778	1493	371	4	1118	2
饶平县	22864	20741	4701	134	15906	2102	754	16	1332	21
揭阳市	**124803**	**113025**	**23636**	**887**	**88502**	**11635**	**3288**	**134**	**8213**	**143**
榕城区	18103	16623	3158	46	13419	1477	440	3	1034	3
揭东区	23253	21243	4515	155	16573	1990	624	16	1350	20
揭西县	21661	19499	4425	201	14873	2147	605	40	1502	15
惠来县	21972	19411	4138	204	15069	2519	731	38	1750	42
普宁市	39814	36249	7400	281	28568	3502	888	37	2577	63
云浮市	**60218**	**54692**	**17524**	**552**	**36616**	**5503**	**2572**	**87**	**2844**	**23**
云城区	7715	6899	1971	52	4876	816	365	13	438	
云安区	6980	6245	1959	74	4212	732	341	9	382	3
新兴县	12061	10891	3480	110	7301	1167	559	13	595	3
郁南县	11400	10426	2977	113	7336	966	401	20	545	8
罗定市	22062	20231	7137	203	12891	1822	906	32	884	9

5-6a 各地区有80岁及以上人口的家庭户户数(城市)

单位：户

地区	合计	有一个80岁及以上人口的户				有二个80岁及以上人口的户				有三个80岁及以上人口的户
		小计	独自居住	只与未成年人口共同居住	其他	小计	只有一对80岁及以上夫妇居住	只有一对80岁及以上夫妇与未成年人口共同居住	其他	
广东	**769082**	**678323**	**171340**	**2762**	**504221**	**90012**	**38807**	**444**	**50761**	**747**
广州市	**196196**	**169518**	**49149**	**636**	**119733**	**26455**	**11859**	**108**	**14488**	**223**
荔湾区	29014	25498	8168	144	17186	3408	1425	9	1974	108
越秀区	37981	32126	8545	125	23456	5824	2296	38	3490	31
海珠区	41274	35622	10261	126	25235	5629	2531	23	3075	23
天河区	22136	18262	4560	70	13632	3853	1734	14	2105	21
白云区	21593	19145	6163	56	12926	2439	1207	12	1220	9
黄埔区	8126	7108	2146	18	4944	1011	569	2	440	7
番禺区	17238	15072	4554	46	10472	2154	1040	7	1107	12
花都区	6981	6231	1727	23	4481	749	386	2	361	1
南沙区	3783	3270	1036	6	2228	507	256		251	6
从化区	2639	2389	705	6	1678	249	115		134	1
增城区	5431	4795	1284	16	3495	632	300	1	331	4
韶关市	**20009**	**17720**	**4790**	**62**	**12868**	**2275**	**1283**	**11**	**981**	**14**
武江区	5863	5168	1275	14	3879	690	378	4	308	5
浈江区	6532	5754	1669	17	4068	772	447	3	322	6
曲江区	3150	2792	783	12	1997	356	217	2	137	2
始兴县										
仁化县										
翁源县										
乳源瑶族自治县										
新丰县										
乐昌市	2110	1890	605	11	1274	220	126		94	
南雄市	2354	2116	458	8	1650	237	115	2	120	1
深圳市	**63195**	**54819**	**9793**	**136**	**44890**	**8352**	**3423**	**24**	**4905**	**24**
罗湖区	8650	7376	1606	17	5753	1269	552	3	714	5
福田区	11139	9069	1389	17	7663	2063	881	10	1172	7
南山区	9869	8262	1280	14	6968	1605	650	6	949	2
宝安区	10349	9323	1998	33	7292	1024	420	1	603	2
龙岗区	12797	11527	1878	36	9613	1264	514	2	748	6
盐田区	1386	1208	224	1	983	177	57	1	119	1
龙华区	4974	4465	656	13	3796	509	174	1	334	
坪山区	1645	1484	265		1219	160	53		107	1
光明区	2386	2105	497	5	1603	281	122		159	
珠海市	**17139**	**14681**	**3066**	**37**	**11578**	**2440**	**1108**	**10**	**1322**	**18**
香洲区	12793	10904	2150	29	8725	1874	833	6	1035	15
斗门区	2266	1962	439	5	1518	303	139	2	162	1
金湾区	2080	1815	477	3	1335	263	136	2	125	2
汕头市	**47804**	**43224**	**8621**	**101**	**34502**	**4562**	**1650**	**16**	**2896**	**18**
龙湖区	7328	6479	937	11	5531	847	292	2	553	2
金平区	19695	17616	4655	40	12921	2074	882	6	1186	5
濠江区	3656	3362	681	6	2675	293	86	2	205	1
潮阳区	5746	5228	1003	13	4212	513	182	3	328	5
潮南区	7238	6697	643	26	6028	537	91	3	443	4
澄海区	4141	3842	702	5	3135	298	117		181	1
南澳县										
佛山市	**86731**	**77365**	**21321**	**277**	**55767**	**9313**	**4107**	**43**	**5163**	**53**
禅城区	16053	13859	4363	49	9447	2188	1094	11	1083	6
南海区	29884	26850	8517	98	18235	3024	1439	13	1572	10
顺德区	31250	28281	5369	103	22809	2939	885	13	2041	30
三水区	4593	4013	1297	8	2708	579	332	6	241	1
高明区	4951	4362	1775	19	2568	583	357		226	6

5–6a 续表 1

单位：户

地区	合计	有一个80岁及以上人口的户				有二个80岁及以上人口的户				有三个80岁及以上人口的户
		小计	独自居住	只与未成年人口共同居住	其他	小计	只有一对80岁及以上夫妇居住	只有一对80岁及以上夫妇与未成年人口共同居住	其他	
江门市	**43109**	**38504**	**10309**	**85**	**28110**	**4564**	**2097**	**17**	**2450**	**41**
蓬江区	13111	11518	3249	23	8246	1579	761	4	814	14
江海区	4233	3844	882	5	2957	387	150	1	236	2
新会区	8148	7140	2445	16	4679	1004	558	7	439	4
台山市	6031	5573	1464	17	4092	450	166	1	283	8
开平市	5119	4652	1063	6	3583	464	181	2	281	3
鹤山市	3308	2917	721	7	2189	382	190	2	190	9
恩平市	3159	2860	485	11	2364	298	91		207	1
湛江市	**34800**	**29883**	**8030**	**226**	**21627**	**4860**	**2077**	**47**	**2736**	**57**
赤坎区	7349	6371	1664	36	4671	966	374	5	587	12
霞山区	11267	9722	2644	58	7020	1540	706	12	822	5
坡头区	1490	1258	449	7	802	232	150	4	78	
麻章区	1825	1557	607	5	945	255	114	3	138	13
遂溪县	843	701	296	8	397	142	83	2	57	
徐闻县										
廉江市	3656	3078	685	30	2363	576	228	6	342	2
雷州市	3582	3031	834	42	2155	529	201	6	322	22
吴川市	4788	4165	851	40	3274	620	221	9	390	3
茂名市	**30706**	**26834**	**7432**	**246**	**19156**	**3834**	**1598**	**50**	**2186**	**38**
茂南区	11621	10241	3059	71	7111	1367	630	13	724	13
电白区	5227	4468	1110	59	3299	755	251	14	490	4
高州市	4697	4175	1116	40	3019	514	203	4	307	8
化州市	4679	3997	1018	44	2935	681	294	12	375	1
信宜市	4482	3953	1129	32	2792	517	220	7	290	12
肇庆市	**16863**	**14823**	**3908**	**98**	**10817**	**2010**	**813**	**13**	**1184**	**30**
端州区	10279	8910	2227	58	6625	1347	524	7	816	22
鼎湖区	1160	1041	309	5	727	118	60		58	1
高要区	1121	1019	384	14	621	101	37	1	63	1
广宁县										
怀集县										
封开县										
德庆县										
四会市	4303	3853	988	21	2844	444	192	5	247	6
惠州市	**20033**	**17863**	**3098**	**78**	**14687**	**2161**	**868**	**9**	**1284**	**9**
惠城区	13837	12293	2117	46	10130	1538	636	5	897	6
惠阳区	6065	5453	961	29	4463	610	229	4	377	2
博罗县	131	117	20	3	94	13	3		10	1
惠东县										
龙门县										
梅州市	**18512**	**16806**	**3252**	**47**	**13507**	**1686**	**730**	**8**	**948**	**20**
梅江区	8300	7441	1334	14	6093	848	351	1	496	11
梅县区	3553	3255	369	3	2883	298	108	2	188	
大埔县										
丰顺县										
五华县	424	394	118	7	269	30	21		9	
平远县										
蕉岭县										
兴宁市	6235	5716	1431	23	4262	510	250	5	255	9

5-6a 续表 2

单位：户

地区	合计	有一个80岁及以上人口的户				有二个80岁及以上人口的户				有三个80岁及以上人口的户
		小计	独自居住	只与未成年人口共同居住	其他	小计	只有一对80岁及以上夫妇居住	只有一对80岁及以上夫妇与未成年人口共同居住	其他	
汕尾市	**8786**	**7752**	**1632**	**74**	**6046**	**926**	**216**	**9**	**701**	**108**
城　区	4788	4358	961	42	3355	428	111	7	310	2
海丰县										
陆河县										
陆丰市	3998	3394	671	32	2691	498	105	2	391	106
河源市	**8067**	**7346**	**669**	**21**	**6656**	**719**	**191**	**3**	**525**	**2**
源城区	8067	7346	669	21	6656	719	191	3	525	2
紫金县										
龙川县										
连平县										
和平县										
东源县										
阳江市	**16689**	**14715**	**3281**	**91**	**11343**	**1965**	**717**	**15**	**1233**	**9**
江城区	10494	9207	2167	58	6982	1281	480	8	793	6
阳东区	2061	1835	309	11	1515	225	53	1	171	1
阳西县										
阳春市	4134	3673	805	22	2846	459	184	6	269	2
清远市	**16746**	**15129**	**2819**	**60**	**12250**	**1602**	**702**	**6**	**894**	**15**
清城区	8631	7665	1644	21	6000	952	445	2	505	14
清新区	2269	2142	194	9	1939	126	39	3	84	1
佛冈县										
阳山县										
连山壮族瑶族自治县										
连南瑶族自治县										
英德市	2825	2547	395	16	2136	278	135		143	
连州市	3021	2775	586	14	2175	246	83	1	162	
东莞市	**46081**	**40753**	**15539**	**225**	**24989**	**5307**	**3010**	**25**	**2272**	**21**
市辖区	46081	40753	15539	225	24989	5307	3010	25	2272	21
中山市	**24515**	**22141**	**3889**	**78**	**18174**	**2368**	**696**	**11**	**1661**	**6**
市辖区	24515	22141	3889	78	18174	2368	696	11	1661	6
潮州市	**18535**	**17022**	**3831**	**39**	**13152**	**1510**	**634**	**5**	**871**	**3**
湘桥区	9551	8599	2377	23	6199	950	469	5	476	2
潮安区	8984	8423	1454	16	6953	560	165		395	1
饶平县										
揭阳市	**26123**	**23837**	**5052**	**94**	**18691**	**2253**	**694**	**8**	**1551**	**33**
榕城区	12238	11135	2188	18	8929	1100	353	3	744	3
揭东区	5771	5292	942	22	4328	464	115	3	346	15
揭西县										
惠来县										
普宁市	8114	7410	1922	54	5434	689	226	2	461	15
云浮市	**8443**	**7588**	**1859**	**51**	**5678**	**850**	**334**	**6**	**510**	**5**
云城区	4212	3762	928	20	2814	450	196	2	252	
云安区	391	351	125	3	223	40	20		20	
新兴县										
郁南县										
罗定市	3840	3475	806	28	2641	360	118	4	238	5

5-6b　各地区有80岁及以上人口的家庭户户数(镇)

单位：户

地　区	合　计	有一个80岁及以上人口的户				有二个80岁及以上人口的户				有三个80岁及以上人口的户
		小计	独自居住	只与未成年人口共同居住	其他	小计	只有一对80岁及以上夫妇居住	只有一对80岁及以上夫妇与未成年人口共同居住	其他	
广　东	**306892**	**277012**	**72248**	**2215**	**202549**	**29502**	**12028**	**339**	**17135**	**378**
广州市	**11224**	**10125**	**3691**	**30**	**6404**	**1060**	**586**	**4**	**470**	**39**
荔湾区										
越秀区										
海珠区										
天河区										
白云区	1854	1680	515	6	1159	166	69	1	96	8
黄埔区	434	379	220	2	157	29	14		15	26
番禺区	809	727	391	3	333	82	67		15	
花都区	731	661	240		421	69	34		35	1
南沙区	2161	1962	549	2	1411	198	96		102	1
从化区	648	596	208	4	384	51	19		32	1
增城区	4587	4120	1568	13	2539	465	287	3	175	2
韶关市	**15897**	**14383**	**4228**	**107**	**10048**	**1504**	**831**	**16**	**657**	**10**
武江区	68	63	31		32	5	2		3	
浈江区	1382	1224	534	4	686	158	116		42	
曲江区	854	767	252	3	512	87	52		35	
始兴县	1979	1806	566	7	1233	173	97	1	75	
仁化县	1694	1530	424	7	1099	164	93	1	70	
翁源县	2235	2017	493	19	1505	218	107	3	108	
乳源瑶族自治县	1787	1602	380	7	1215	182	103	1	78	3
新丰县	2186	1983	492	14	1477	197	81	2	114	6
乐昌市	2189	1993	693	18	1282	195	118	3	74	1
南雄市	1523	1398	363	28	1007	125	62	5	58	
深圳市	**20**	**20**	**1**		**19**					
罗湖区										
福田区										
南山区	1	1			1					
宝安区										
龙岗区										
盐田区										
龙华区										
坪山区	19	19	1		18					
光明区										
珠海市	**2414**	**2119**	**621**	**6**	**1492**	**295**	**135**		**160**	
香洲区	149	140	49		91	9	6		3	
斗门区	1275	1139	331	3	805	136	58		78	
金湾区	990	840	241	3	596	150	71		79	
汕头市	**25297**	**23488**	**3603**	**94**	**19791**	**1802**	**464**	**11**	**1327**	**7**
龙湖区										
金平区										
濠江区	159	147	69		78	12	6		6	
潮阳区	9062	8383	1066	40	7277	677	144	5	528	2
潮南区	6321	5797	840	36	4921	521	105	5	411	3
澄海区	8462	7966	1244	17	6705	494	151	1	342	2
南澳县	1293	1195	384	1	810	98	58		40	
佛山市	**5029**	**4426**	**1894**	**30**	**2502**	**594**	**369**	**4**	**221**	**9**
禅城区	2164	1914	845	16	1053	245	163	1	81	5
南海区	450	396	110	1	285	54	18		36	
顺德区										
三水区	1962	1722	754	11	957	237	148	2	87	3
高明区	453	394	185	2	207	58	40	1	17	1

5-6b 续表 1　　　　单位：户

地　区	合　计	有一个80岁及以上人口的户				有二个80岁及以上人口的户				有三个80岁及以上人口的户
		小计	独自居住	只与未成年人口共同居住	其他	小计	只有一对80岁及以上夫妇居住	只有一对80岁及以上夫妇与未成年人口共同居住	其他	
江门市	**8330**	**7719**	**2865**	**25**	**4829**	**608**	**292**	**2**	**314**	**3**
蓬江区										
江海区										
新会区	2619	2419	1152	5	1262	199	119		80	1
台山市	2530	2361	715	8	1638	168	64		104	1
开平市	1270	1190	427	7	756	79	42		37	1
鹤山市	812	742	254	2	486	70	31	1	38	
恩平市	1099	1007	317	3	687	92	36	1	55	
湛江市	**26290**	**22491**	**6970**	**228**	**15293**	**3766**	**1683**	**57**	**2026**	**33**
赤坎区										
霞山区	74	65	31	1	33	9	4		5	
坡头区	1667	1448	589	12	847	217	121	2	94	2
麻章区	1531	1302	501	12	789	221	122	1	98	8
遂溪县	6377	5356	1748	60	3548	1015	441	16	558	6
徐闻县	4368	3765	858	28	2879	599	229	7	363	4
廉江市	5805	4972	1490	44	3438	830	341	13	476	3
雷州市	3294	2829	957	41	1831	456	205	10	241	9
吴川市	3174	2754	796	30	1928	419	220	8	191	1
茂名市	**21335**	**18681**	**6211**	**271**	**12199**	**2599**	**1205**	**47**	**1347**	**55**
茂南区	1212	1086	492	5	589	123	66	2	55	3
电白区	8574	7457	2135	111	5211	1089	467	12	610	28
高州市	4894	4284	1581	58	2645	595	297	17	281	15
化州市	4179	3646	1287	68	2291	525	251	13	261	8
信宜市	2476	2208	716	29	1463	267	124	3	140	1
肇庆市	**16706**	**15339**	**5255**	**140**	**9944**	**1330**	**557**	**11**	**762**	**37**
端州区										
鼎湖区	566	522	267	3	252	44	27	1	16	
高要区	3081	2833	1347	12	1474	246	126	1	119	2
广宁县	3293	3075	969	48	2058	217	105	3	109	1
怀集县	3900	3594	965	33	2596	297	84	5	208	9
封开县	3190	2857	809	28	2020	312	134	1	177	21
德庆县	2238	2063	735	14	1314	174	65		109	1
四会市	438	395	163	2	230	40	16		24	3
惠州市	**22218**	**20130**	**4208**	**93**	**15829**	**2077**	**742**	**18**	**1317**	**11**
惠城区	1250	1142	315	4	823	108	43	4	61	
惠阳区	1193	1072	200	3	869	120	39	2	79	1
博罗县	7966	7135	1815	28	5292	822	361	8	453	9
惠东县	9393	8566	1222	44	7300	826	199	4	623	1
龙门县	2416	2215	656	14	1545	201	100		101	
梅州市	**26015**	**23438**	**5485**	**210**	**17743**	**2555**	**1021**	**36**	**1498**	**22**
梅江区	212	199	52		147	13	4		9	
梅县区	1706	1591	696	2	893	110	42	1	67	5
大埔县	4128	3708	859	49	2800	418	192	7	219	2
丰顺县	7364	6535	1731	47	4757	820	330	10	480	9
五华县	5827	5293	877	72	4344	530	166	12	352	4
平远县	2450	2186	387	12	1787	264	109	4	151	
蕉岭县	2350	2117	436	9	1672	232	108	2	122	1
兴宁市	1978	1809	447	19	1343	168	70		98	1

5-6b 续表 2 单位：户

地区	合计	有一个80岁及以上人口的户				有二个80岁及以上人口的户				有三个80岁及以上人口的户
		小计	独自居住	只与未成年人口共同居住	其他	小计	只有一对80岁及以上夫妇居住	只有一对80岁及以上夫妇与未成年人口共同居住	其他	
汕尾市	**19216**	**17485**	**3999**	**249**	**13237**	**1695**	**585**	**31**	**1079**	**36**
城 区	721	675	127	5	543	46	13	1	32	
海丰县	8648	7844	1688	103	6053	789	273	15	501	15
陆河县	3123	2848	504	55	2289	274	79		195	1
陆丰市	6724	6118	1680	86	4352	586	220	15	351	20
河源市	**13460**	**12167**	**2420**	**95**	**9652**	**1285**	**514**	**18**	**753**	**8**
源城区	24	24	5		19					
紫金县	4708	4272	737	29	3506	434	148	5	281	2
龙川县	3429	3045	742	37	2266	382	208	5	169	2
连平县	2392	2205	410	12	1783	187	59	3	125	
和平县	1718	1547	321	14	1212	168	65	3	100	3
东源县	1189	1074	205	3	866	114	34	2	78	1
阳江市	**8103**	**7263**	**2212**	**57**	**4994**	**835**	**379**	**9**	**447**	**5**
江城区	1412	1268	358	10	900	144	50	2	92	
阳东区	1321	1166	361	5	800	154	76		78	1
阳西县	2864	2589	652	21	1916	272	112	3	157	3
阳春市	2506	2240	841	21	1378	265	141	4	120	1
清远市	**17804**	**16313**	**4007**	**157**	**12149**	**1481**	**660**	**23**	**798**	**10**
清城区	4361	3943	1082	23	2838	416	211	1	204	2
清新区	915	874	323	10	541	41	24		17	
佛冈县	1993	1815	528	10	1277	176	87	5	84	2
阳山县	3313	3099	685	38	2376	209	81	1	127	5
连山壮族瑶族自治县	794	721	189	7	525	73	39	2	32	
连南瑶族自治县	1275	1162	256	6	900	113	42	2	69	
英德市	4132	3745	713	54	2978	387	145	11	231	
连州市	1021	954	231	9	714	66	31	1	34	1
东莞市	**469**	**424**	**195**	**5**	**224**	**45**	**32**	**1**	**12**	
市辖区	469	424	195	5	224	45	32	1	12	
中山市	**7823**	**7126**	**1282**	**23**	**5821**	**692**	**208**		**484**	**5**
市辖区	7823	7126	1282	23	5821	692	208		484	5
潮州市	**17751**	**16288**	**3250**	**73**	**12965**	**1444**	**486**	**6**	**952**	**19**
湘桥区	1793	1677	325	5	1347	115	38		77	1
潮安区	5444	5127	760	8	4359	316	71	2	243	1
饶平县	10514	9484	2165	60	7259	1013	377	4	632	17
揭阳市	**31936**	**28935**	**7207**	**231**	**21497**	**2942**	**859**	**36**	**2047**	**59**
榕城区	1645	1556	307	11	1238	89	27		62	
揭东区	5172	4765	1157	36	3572	405	135	1	269	2
揭西县	6243	5636	1592	35	4009	599	188	11	400	8
惠来县	9421	8323	1953	86	6284	1071	312	18	741	27
普宁市	9455	8655	2198	63	6394	778	197	6	575	22
云浮市	**9555**	**8652**	**2644**	**91**	**5917**	**893**	**420**	**9**	**464**	**10**
云城区										
云安区	1140	1024	302	10	712	114	50	1	63	2
新兴县	3207	2830	881	25	1924	377	200	3	174	
郁南县	3586	3295	933	38	2324	285	127	5	153	6
罗定市	1622	1503	528	18	957	117	43		74	2

5－6c 各地区有80岁及以上人口的家庭户户数(乡村)

单位：户

地区	合计	有一个80岁及以上人口的户				有二个80岁及以上人口的户				有三个80岁及以上人口的户
		小计	独自居住	只与未成年人口共同居住	其他	小计	只有一对80岁及以上夫妇居住	只有一对80岁及以上夫妇与未成年人口共同居住	其他	
广东	**919866**	**828581**	**228912**	**8667**	**591002**	**90822**	**39575**	**1615**	**49632**	**463**
广州市	**41292**	**37789**	**11438**	**178**	**26173**	**3498**	**1682**	**20**	**1796**	**5**
荔湾区										
越秀区										
海珠区										
天河区										
白云区	8531	7865	2198	31	5636	665	281	4	380	1
黄埔区	1527	1387	359	6	1022	138	40	1	97	2
番禺区	3468	3141	1233	7	1901	326	193		133	1
花都区	7644	7026	2206	39	4781	618	306	6	306	
南沙区	3359	2993	1005	11	1977	366	210		156	
从化区	8408	7782	1983	49	5750	626	232	7	387	
增城区	8355	7595	2454	35	5106	759	420	2	337	1
韶关市	**38587**	**35366**	**8918**	**373**	**26075**	**3220**	**1426**	**66**	**1728**	**1**
武江区	1698	1562	320	16	1226	136	60	3	73	
浈江区	1418	1279	271	6	1002	138	53	3	82	1
曲江区	3671	3379	805	26	2548	292	110	4	178	
始兴县	4127	3858	1032	31	2795	269	113	2	154	
仁化县	3578	3258	749	35	2474	320	144	10	166	
翁源县	6205	5739	1465	51	4223	466	197	12	257	
乳源瑶族自治县	3044	2783	567	32	2184	261	108	8	145	
新丰县	3493	3151	805	27	2319	342	146	4	192	
乐昌市	5567	5042	1493	70	3479	525	256	13	256	
南雄市	5786	5315	1411	79	3825	471	239	7	225	
深圳市	**393**	**359**	**77**		**282**	**33**	**12**		**21**	**1**
罗湖区										
福田区										
南山区										
宝安区										
龙岗区	393	359	77		282	33	12		21	1
盐田区										
龙华区										
坪山区										
光明区										
珠海市	**4597**	**4128**	**1227**	**12**	**2889**	**469**	**222**	**3**	**244**	
香洲区	7	5	2		3	2	1		1	
斗门区	4264	3845	1140	10	2695	419	194	3	222	
金湾区	326	278	85	2	191	48	27		21	
汕头市	**31952**	**29477**	**3899**	**112**	**25466**	**2466**	**547**	**12**	**1907**	**9**
龙湖区	2043	1947	107	3	1837	96	7		89	
金平区	303	289	36	1	252	14			14	
濠江区	1434	1318	185	4	1129	116	25		91	
潮阳区	11932	10986	1630	40	9316	940	231	7	702	6
潮南区	9980	9080	1217	52	7811	897	197	5	695	3
澄海区	5908	5537	643	10	4884	371	78		293	
南澳县	352	320	81	2	237	32	9		23	
佛山市	**9689**	**8783**	**3873**	**37**	**4873**	**892**	**576**	**7**	**309**	**14**
禅城区										
南海区	2479	2261	900	12	1349	218	137	1	80	
顺德区	549	520	91	1	428	29	9		20	
三水区	4401	3981	1936	14	2031	406	271	4	131	14
高明区	2260	2021	946	10	1065	239	159	2	78	

5-6c 续表 1

单位：户

地区	合计	有一个80岁及以上人口的户				有二个80岁及以上人口的户				有三个80岁及以上人口的户
		小计	独自居住	只与未成年人口共同居住	其他	小计	只有一对80岁及以上夫妇居住	只有一对80岁及以上夫妇与未成年人口共同居住	其他	
江门市	**53709**	**49794**	**17118**	**213**	**32463**	**3903**	**1861**	**20**	**2022**	**12**
蓬江区	780	702	180	2	520	78	25		53	
江海区										
新会区	8955	8254	3740	18	4496	692	449	3	240	9
台山市	18559	17269	5290	91	11888	1289	502	9	778	1
开平市	11481	10717	3902	39	6776	763	364	6	393	1
鹤山市	6216	5683	1783	21	3879	532	244	1	287	1
恩平市	7718	7169	2223	42	4904	549	277	1	271	
湛江市	**124964**	**106968**	**35173**	**1372**	**70423**	**17891**	**9267**	**384**	**8240**	**105**
赤坎区	215	190	49	1	140	25	13		12	
霞山区	756	696	272	3	421	59	46	1	12	1
坡头区	5919	5200	2146	42	3012	717	428	5	284	2
麻章区	8139	7082	2646	87	4349	1022	562	21	439	35
遂溪县	20914	17483	6081	192	11210	3424	1809	72	1543	7
徐闻县	13535	11502	3195	140	8167	2022	970	39	1013	11
廉江市	31407	26985	7925	414	18646	4405	2037	90	2278	17
雷州市	29059	24575	8742	347	15486	4459	2472	112	1875	25
吴川市	15020	13255	4117	146	8992	1758	930	44	784	7
茂名市	**105158**	**92717**	**26826**	**1399**	**64492**	**12338**	**5430**	**316**	**6592**	**103**
茂南区	8979	8083	2545	54	5484	890	395	17	478	6
电白区	24883	21558	5694	310	15554	3279	1293	77	1909	46
高州市	28172	24923	7196	397	17330	3228	1477	84	1667	21
化州市	24715	21793	6208	385	15200	2907	1213	91	1603	15
信宜市	18409	16360	5183	253	10924	2034	1052	47	935	15
肇庆市	**58347**	**53744**	**16324**	**621**	**36799**	**4579**	**1964**	**67**	**2548**	**24**
端州区										
鼎湖区	1792	1637	900	8	729	155	110	1	44	
高要区	12690	11658	4432	73	7153	1030	544	7	479	2
广宁县	8760	8159	2514	130	5515	600	244	12	344	1
怀集县	13467	12486	2550	205	9731	966	277	25	664	15
封开县	7874	7182	1750	96	5336	689	265	13	411	3
德庆县	7064	6452	1818	79	4555	612	222	7	383	
四会市	6700	6170	2360	30	3780	527	302	2	223	3
惠州市	**40432**	**36718**	**8924**	**271**	**27523**	**3697**	**1534**	**35**	**2128**	**17**
惠城区	7482	6825	1468	53	5304	652	281	3	368	5
惠阳区	4540	4169	1080	21	3068	370	170	2	198	1
博罗县	12041	10890	2698	79	8113	1148	515	9	624	3
惠东县	11175	10102	2439	88	7575	1065	363	14	688	8
龙门县	5194	4732	1239	30	3463	462	205	7	250	
梅州市	**74913**	**67985**	**16617**	**858**	**50510**	**6907**	**2665**	**140**	**4102**	**21**
梅江区	1491	1394	281	3	1110	96	44		52	1
梅县区	12536	11369	2778	86	8505	1164	457	15	692	3
大埔县	8991	8226	2361	122	5743	763	294	13	456	2
丰顺县	8462	7616	1859	111	5646	844	306	22	516	2
五华县	18762	16927	3256	313	13358	1824	562	44	1218	11
平远县	4477	3979	905	31	3043	497	227	6	264	1
蕉岭县	4187	3770	1144	7	2619	417	246	2	169	
兴宁市	16007	14704	4033	185	10486	1302	529	38	735	1

5-6c 续表 2

单位：户

地 区	合 计	有一个80岁及以上人口的户				有二个80岁及以上人口的户				有三个80岁及以上人口的户
		小计	独自居住	只与未成年人口共同居住	其他	小计	只有一对80岁及以上夫妇居住	只有一对80岁及以上夫妇与未成年人口共同居住	其他	
汕尾市	**31666**	**28682**	**6963**	**374**	**21345**	**2931**	**1045**	**47**	**1839**	**53**
城 区	3216	2934	884	36	2014	282	123	5	154	
海丰县	8276	7480	2304	92	5084	790	331	14	445	6
陆河县	3852	3543	591	47	2905	309	82	4	223	
陆丰市	16322	14725	3184	199	11342	1550	509	24	1017	47
河源市	**54223**	**49267**	**11837**	**775**	**36655**	**4944**	**1970**	**123**	**2851**	**12**
源城区	854	796	111	2	683	58	16		42	
紫金县	13371	12230	2507	192	9531	1139	353	30	756	2
龙川县	16184	14466	4098	213	10155	1714	807	49	858	4
连平县	5970	5553	1048	80	4425	416	149	7	260	1
和平县	8721	7923	2119	167	5637	798	350	19	429	
东源县	9123	8299	1954	121	6224	819	295	18	506	5
阳江市	**43842**	**38764**	**13298**	**375**	**25091**	**5067**	**2632**	**94**	**2341**	**11**
江城区	8014	7200	2497	41	4662	813	428	7	378	1
阳东区	8318	7332	2645	65	4622	984	542	13	429	2
阳西县	9099	8133	2799	99	5235	963	472	19	472	3
阳春市	18411	16099	5357	170	10572	2307	1190	55	1062	5
清远市	**57518**	**53070**	**13359**	**577**	**39134**	**4440**	**1834**	**98**	**2508**	**8**
清城区	4828	4408	1245	28	3135	418	212	6	200	2
清新区	10942	10203	3171	91	6941	738	377	11	350	1
佛冈县	5297	4919	1471	27	3421	377	171	2	204	1
阳山县	7895	7392	1606	102	5684	503	162	14	327	
连山壮族瑶族自治县	1718	1553	336	18	1199	165	54	3	108	
连南瑶族自治县	1879	1750	424	36	1290	129	41	3	85	
英德市	17617	16021	3485	190	12346	1594	595	44	955	2
连州市	7342	6824	1621	85	5118	516	222	15	279	2
东莞市	**7264**	**6421**	**3266**	**28**	**3127**	**843**	**628**	**3**	**212**	
市辖区	7264	6421	3266	28	3127	843	628	3	212	
中山市	**7447**	**6762**	**1078**	**22**	**5662**	**681**	**187**	**3**	**491**	**4**
市辖区	7447	6762	1078	22	5662	681	187	3	491	4
潮州市	**24909**	**23082**	**4299**	**98**	**18685**	**1823**	**540**	**15**	**1268**	**4**
湘桥区	2036	1919	340	7	1572	117	28	1	88	
潮安区	10523	9906	1423	17	8466	617	135	2	480	
饶平县	12350	11257	2536	74	8647	1089	377	12	700	4
揭阳市	**66744**	**60253**	**11377**	**562**	**48314**	**6440**	**1735**	**90**	**4615**	**51**
榕城区	4220	3932	663	17	3252	288	60		228	
揭东区	12310	11186	2416	97	8673	1121	374	12	735	3
揭西县	15418	13863	2833	166	10864	1548	417	29	1102	7
惠来县	12551	11088	2185	118	8785	1448	419	20	1009	15
普宁市	22245	20184	3280	164	16740	2035	465	29	1541	26
云浮市	**42220**	**38452**	**13021**	**410**	**25021**	**3760**	**1818**	**72**	**1870**	**8**
云城区	3503	3137	1043	32	2062	366	169	11	186	
云安区	5449	4870	1532	61	3277	578	271	8	299	1
新兴县	8854	8061	2599	85	5377	790	359	10	421	3
郁南县	7814	7131	2044	75	5012	681	274	15	392	2
罗定市	16600	15253	5803	157	9293	1345	745	28	572	2

第一部分　全部数据资料

第六卷　死亡

6-1　各地区分年龄、性别的死亡人口
(2019.11.1-2020.10.31)

单位：人

地　区	死亡人口			0岁			1-4岁		
	合计	男	女	小计	男	女	小计	男	女
广　东	**457665**	**264692**	**192973**	**1572**	**918**	**654**	**1085**	**622**	**463**
广州市	**59536**	**33862**	**25674**	**177**	**96**	**81**	**121**	**61**	**60**
荔湾区	6733	3669	3064	13	9	4	6	3	3
越秀区	8937	5018	3919	13	8	5	8	4	4
海珠区	8207	4663	3544	9	4	5	10	4	6
天河区	3482	2074	1408	11	7	4	7	4	3
白云区	9816	5606	4210	40	22	18	19	12	7
黄埔区	2217	1333	884	8	6	2	4	1	3
番禺区	4502	2584	1918	15	7	8	12	6	6
花都区	4334	2415	1919	16	7	9	21	9	12
南沙区	2907	1719	1188	14	8	6	12	5	7
从化区	3602	2107	1495	22	12	10	11	5	6
增城区	4799	2674	2125	16	6	10	11	8	3
韶关市	**20789**	**11983**	**8806**	**79**	**37**	**42**	**53**	**30**	**23**
武江区	1907	1119	788	9	3	6	4	3	1
浈江区	2605	1543	1062	7	4	3	6	5	1
曲江区	2190	1303	887	8	4	4	4	2	2
始兴县	1626	896	730	12	8	4	4	2	2
仁化县	1371	757	614	8	3	5	1		1
翁源县	2644	1511	1133	9	5	4	14	10	4
乳源瑶族自治县	1244	765	479	3		3	4		4
新丰县	1346	765	581	2		2	1		1
乐昌市	3055	1852	1203	9	5	4	8	7	1
南雄市	2801	1472	1329	12	5	7	7	1	6
深圳市	**15172**	**9306**	**5866**	**256**	**129**	**127**	**82**	**41**	**41**
罗湖区	1547	947	600	12	6	6	3	2	1
福田区	2126	1296	830	7	2	5	16	3	13
南山区	2317	1398	919	28	15	13	4	2	2
宝安区	2589	1582	1007	107	50	57	24	15	9
龙岗区	3679	2259	1420	53	30	23	16	8	8
盐田区	303	154	149	3	1	2	1		1
龙华区	1380	894	486	26	17	9	11	5	6
坪山区	395	237	158				3	2	1
光明区	836	539	297	20	8	12	4	4	
珠海市	**7245**	**4534**	**2711**	**38**	**26**	**12**	**29**	**20**	**9**
香洲区	3765	2343	1422	21	16	5	17	12	5
斗门区	2935	1857	1078	14	8	6	8	7	1
金湾区	545	334	211	3	2	1	4	1	3
汕头市	**27096**	**15108**	**11988**	**36**	**22**	**14**	**38**	**24**	**14**
龙湖区	2153	1236	917	2	1	1	2	2	
金平区	5495	3056	2439	7	4	3	4	4	
濠江区	1290	705	585	4	1	3	2	1	1
潮阳区	7487	4212	3275	13	8	5	18	11	7
潮南区	5332	2971	2361	7	6	1	8	5	3
澄海区	4773	2615	2158	2	1	1	3	1	2
南澳县	566	313	253	1	1		1		1
佛山市	**22897**	**12895**	**10002**	**84**	**44**	**40**	**55**	**30**	**25**
禅城区	4205	2339	1866	18	9	9	7	6	1
南海区	6881	3879	3002	31	10	21	18	11	7
顺德区	6636	3678	2958	17	10	7	19	8	11
三水区	3346	1908	1438	11	9	2	9	5	4
高明区	1829	1091	738	7	6	1	2		2

6-1 续表 1

单位：人

地　区	死亡人口			0岁			1-4岁		
	合计	男	女	小计	男	女	小计	男	女
江门市	**28492**	**16328**	**12164**	**71**	**47**	**24**	**40**	**29**	**11**
蓬江区	3164	1783	1381	11	8	3	7	5	2
江海区	868	472	396	2	2		1	1	
新会区	5300	2959	2341	7	4	3	6	3	3
台山市	7237	4237	3000	14	9	5	5	3	2
开平市	5480	3082	2398	11	8	3	7	7	
鹤山市	2896	1723	1173	17	10	7	9	8	1
恩平市	3547	2072	1475	9	6	3	5	2	3
湛江市	**29066**	**17430**	**11636**	**130**	**72**	**58**	**97**	**58**	**39**
赤坎区	1082	626	456	5	4	1	3	1	2
霞山区	2059	1260	799	10	3	7	3	1	2
坡头区	1383	820	563	3	1	2	4	3	1
麻章区	1696	1017	679	11	8	3	2		2
遂溪县	4367	2556	1811	10	4	6	15	9	6
徐闻县	2313	1470	843	12	6	6	5	3	2
廉江市	8652	5153	3499	44	25	19	38	22	16
雷州市	3662	2252	1410	15	7	8	21	15	6
吴川市	3852	2276	1576	20	14	6	6	4	2
茂名市	**25092**	**14989**	**10103**	**80**	**47**	**33**	**84**	**53**	**31**
茂南区	2871	1661	1210	8	4	4	6	5	1
电白区	5181	3065	2116	12	7	5	14	9	5
高州市	8331	4930	3401	26	18	8	18	12	6
化州市	4886	2950	1936	16	9	7	26	17	9
信宜市	3823	2383	1440	18	9	9	20	10	10
肇庆市	**25516**	**14720**	**10796**	**73**	**39**	**34**	**43**	**22**	**21**
端州区	2333	1385	948	4	2	2	4	3	1
鼎湖区	1072	599	473	4	3	1	1		1
高要区	5133	2741	2392	6	2	4	7	5	2
广宁县	4295	2550	1745	9	5	4	6	4	2
怀集县	4523	2757	1766	26	15	11	13	4	9
封开县	2292	1333	959	2	1	1	4	2	2
德庆县	2469	1437	1032	9	7	2	4	3	1
四会市	3399	1918	1481	13	4	9	4	1	3
惠州市	**16437**	**9292**	**7145**	**51**	**30**	**21**	**55**	**31**	**24**
惠城区	3822	2219	1603	11	6	5	15	8	7
惠阳区	2488	1388	1100	14	11	3	17	11	6
博罗县	5071	2808	2263	8	2	6	13	5	8
惠东县	3046	1717	1329	5	1	4	5	3	2
龙门县	2010	1160	850	13	10	3	5	4	1
梅州市	**27869**	**15900**	**11969**	**68**	**47**	**21**	**49**	**34**	**15**
梅江区	2117	1204	913	9	8	1	3	2	1
梅县区	3318	1805	1513	3	3		3	2	1
大埔县	3574	2059	1515	7	5	2	6	4	2
丰顺县	3503	2103	1400	13	6	7	5	4	1
五华县	6245	3639	2606	25	20	5	16	10	6
平远县	1846	1066	780	3	3		4	2	2
蕉岭县	1795	1012	783	2		2	3	2	1
兴宁市	5471	3012	2459	6	2	4	9	8	1

6−1 续表 2 单位：人

地区	死亡人口			0岁			1−4岁		
	合计	男	女	小计	男	女	小计	男	女
汕尾市	**12370**	**7533**	**4837**	**14**	**5**	**9**	**20**	**13**	**7**
城　区	2242	1408	834	1		1	4	1	3
海丰县	3885	2309	1576	6	4	2	5	4	1
陆河县	1668	1008	660	3	1	2	4	3	1
陆丰市	4575	2808	1767	4		4	7	5	2
河源市	**17116**	**9758**	**7358**	**37**	**20**	**17**	**43**	**20**	**23**
源城区	2270	1353	917	5		5	4		4
紫金县	3074	1778	1296	8	7	1	8	5	3
龙川县	3941	2268	1673	7	2	5	10	6	4
连平县	2483	1366	1117	6	3	3	6	2	4
和平县	3017	1740	1277	5	3	2	6	4	2
东源县	2331	1253	1078	6	5	1	9	3	6
阳江市	**14464**	**8387**	**6077**	**25**	**14**	**11**	**28**	**13**	**15**
江城区	3316	1849	1467	6	5	1	2		2
阳东区	2673	1556	1117	4	2	2	6	2	4
阳西县	2453	1509	944	6	3	3	5	2	3
阳春市	6022	3473	2549	9	4	5	15	9	6
清远市	**26384**	**15575**	**10809**	**58**	**29**	**29**	**65**	**34**	**31**
清城区	4689	2695	1994	16	6	10	9	4	5
清新区	4284	2482	1802	5	2	3	4	2	2
佛冈县	2299	1371	928	6	2	4	6	4	2
阳山县	3494	2093	1401	9	5	4	12	4	8
连山壮族瑶族自治县	756	469	287	4	1	3			
连南瑶族自治县	919	576	343	2	2		3	1	2
英德市	6635	3891	2744	14	10	4	23	15	8
连州市	3308	1998	1310	2	1	1	8	4	4
东莞市	**10020**	**5570**	**4450**	**34**	**23**	**11**	**35**	**24**	**11**
市辖区	10020	5570	4450	34	23	11	35	24	11
中山市	**11709**	**6848**	**4861**	**51**	**36**	**15**	**40**	**25**	**15**
市辖区	11709	6848	4861	51	36	15	40	25	15
潮州市	**16596**	**9262**	**7334**	**26**	**13**	**13**	**20**	**7**	**13**
湘桥区	3558	1958	1600	6	3	3	2		2
潮安区	7131	3976	3155	11	5	6	10	5	5
饶平县	5907	3328	2579	9	5	4	8	2	6
揭阳市	**29090**	**16852**	**12238**	**144**	**120**	**24**	**45**	**27**	**18**
榕城区	4020	2233	1787	6	4	2	4	2	2
揭东区	6419	3604	2815	12	8	4	12	8	4
揭西县	5634	3291	2343	88	87	1	12	8	4
惠来县	3958	2350	1608	5	1	4	2	1	1
普宁市	9059	5374	3685	33	20	13	15	8	7
云浮市	**14709**	**8560**	**6149**	**40**	**22**	**18**	**43**	**26**	**17**
云城区	1725	996	729	4	3	1	6	2	4
云安区	1685	940	745	9	4	5	6	4	2
新兴县	3010	1674	1336	7	6	1	3	2	1
郁南县	3400	2015	1385	7	2	5	6	4	2
罗定市	4889	2935	1954	13	7	6	22	14	8

6-1 续表 3

单位：人

地区	5-9岁			10-14岁			15-19岁		
	小计	男	女	小计	男	女	小计	男	女
广 东	**823**	**503**	**320**	**892**	**563**	**329**	**1387**	**954**	**433**
广州市	**68**	**45**	**23**	**75**	**45**	**30**	**129**	**77**	**52**
荔湾区	3		3	5	3	2	3	1	2
越秀区	2	1	1	5	2	3	11	7	4
海珠区				4	1	3	10	5	5
天河区	10	8	2	7	4	3	13	7	6
白云区	21	15	6	18	13	5	30	16	14
黄埔区	6	6		6	3	3	9	6	3
番禺区	9	4	5	6	3	3	13	8	5
花都区	8	5	3	11	7	4	14	8	6
南沙区	2	1	1	2	1	1	9	7	2
从化区	3	2	1	2	1	1	6	3	3
增城区	4	3	1	9	7	2	11	9	2
韶关市	**26**	**18**	**8**	**46**	**34**	**12**	**47**	**29**	**18**
武江区	1		1	8	3	5	9	6	3
浈江区				5	3	2	6	5	1
曲江区				3	1	2	3	3	
始兴县	2	2					3	1	2
仁化县	1	1		5	5				
翁源县	8	5	3	5	3	2	9	2	7
乳源瑶族自治县	3	3		5	5		3	3	
新丰县	2	1	1	4	4		1	1	
乐昌市	4	2	2	5	5		9	6	3
南雄市	5	4	1	6	5	1	4	2	2
深圳市	**58**	**31**	**27**	**71**	**45**	**26**	**122**	**83**	**39**
罗湖区	3	3		7	4	3	11	7	4
福田区	4	1	3	4	3	1	12	6	6
南山区	12	3	9	9	8	1	8	7	1
宝安区	14	8	6	8	7	1	26	18	8
龙岗区	19	12	7	27	13	14	34	22	12
盐田区							1		1
龙华区	4	2	2	6	5	1	16	12	4
坪山区				2	1	1	5	5	
光明区	2	2		8	4	4	9	6	3
珠海市	**10**	**5**	**5**	**27**	**16**	**11**	**46**	**30**	**16**
香洲区	5	3	2	16	9	7	32	18	14
斗门区	3	1	2	11	7	4	13	12	1
金湾区	2	1	1				1		1
汕头市	**30**	**16**	**14**	**35**	**18**	**17**	**73**	**48**	**25**
龙湖区				7	5	2	4	4	
金平区	2	1	1	4	3	1	3	1	2
濠江区	2	2		2	1	1	3	2	1
潮阳区	12	5	7	8	2	6	27	15	12
潮南区	10	5	5	8	4	4	24	16	8
澄海区	4	3	1	5	2	3	12	10	2
南澳县				1	1				
佛山市	**25**	**12**	**13**	**30**	**19**	**11**	**43**	**23**	**20**
禅城区	1		1	3	3		6	2	4
南海区	8	4	4	9	7	2	11	6	5
顺德区	10	3	7	7	6	1	12	8	4
三水区	5	5		7	2	5	11	6	5
高明区	1		1	4	1	3	3	1	2

6-1 续表 4 单位：人

地 区	5-9岁			10-14岁			15-19岁		
	小计	男	女	小计	男	女	小计	男	女
江门市	**18**	**7**	**11**	**24**	**12**	**12**	**42**	**27**	**15**
蓬江区	1		1	2	1	1	8	2	6
江海区	1	1					4	1	3
新会区	4	2	2	6	3	3	9	8	1
台山市	5	2	3	7	3	4	7	6	1
开平市	2		2	4	3	1	6	5	1
鹤山市	3	2	1	2	1	1	6	4	2
恩平市	2		2	3	1	2	2	1	1
湛江市	**66**	**40**	**26**	**75**	**49**	**26**	**106**	**83**	**23**
赤坎区	1		1	3	1	2	2	2	
霞山区	3	1	2	2	2		3	2	1
坡头区	2	1	1	1	1		5	4	1
麻章区	4	3	1	6	4	2	10	7	3
遂溪县	6	6		11	5	6	13	11	2
徐闻县	7	4	3	6	5	1	6	4	2
廉江市	22	14	8	23	18	5	34	29	5
雷州市	13	8	5	13	9	4	21	17	4
吴川市	8	3	5	10	4	6	12	7	5
茂名市	**61**	**38**	**23**	**62**	**41**	**21**	**106**	**81**	**25**
茂南区				4	2	2	5	2	3
电白区	14	11	3	6	5	1	22	18	4
高州市	16	9	7	13	8	5	35	29	6
化州市	12	5	7	24	15	9	20	15	5
信宜市	19	13	6	15	11	4	24	17	7
肇庆市	**58**	**36**	**22**	**54**	**33**	**21**	**84**	**53**	**31**
端州区	5	4	1	4		4	6	3	3
鼎湖区	2	1	1	1	1				
高要区	13	8	5	8	7	1	9	5	4
广宁县	7	5	2	9	4	5	7	4	3
怀集县	20	9	11	13	9	4	34	23	11
封开县	6	5	1	6	3	3	6	6	
德庆县	1	1		6	4	2	8	4	4
四会市	4	3	1	7	5	2	14	8	6
惠州市	**57**	**30**	**27**	**24**	**11**	**13**	**49**	**35**	**14**
惠城区	21	13	8	6		6	23	14	9
惠阳区	7	3	4	7	2	5	6	6	
博罗县	16	7	9	6	4	2	12	10	2
惠东县	10	6	4	5	5		3	1	2
龙门县	3	1	2				5	4	1
梅州市	**50**	**31**	**19**	**44**	**26**	**18**	**69**	**48**	**21**
梅江区				3	1	2	1	1	
梅县区				1	1		9	8	1
大埔县	5	4	1	4	3	1	11	7	4
丰顺县	7	4	3	6	4	2	8	4	4
五华县	17	12	5	15	11	4	26	19	7
平远县	4	3	1	5	2	3	1	1	
蕉岭县	4	2	2	1		1	2	1	1
兴宁市	13	6	7	9	4	5	11	7	4

6-1 续表 5

单位：人

地　区	5-9岁			10-14岁			15-19岁		
	小计	男	女	小计	男	女	小计	男	女
汕尾市	**23**	**16**	**7**	**23**	**19**	**4**	**42**	**27**	**15**
城　区	1	1		4	3	1	4	2	2
海丰县	6	4	2	6	5	1	12	9	3
陆河县	6	5	1	6	5	1	4	3	1
陆丰市	10	6	4	7	6	1	22	13	9
河源市	**38**	**21**	**17**	**41**	**28**	**13**	**63**	**44**	**19**
源城区	6	3	3	10	7	3	10	7	3
紫金县	4	3	1	2	2		14	10	4
龙川县	9	4	5	8	4	4	13	9	4
连平县	6	4	2	8	5	3	11	8	3
和平县	8	4	4	4	3	1	10	9	1
东源县	5	3	2	9	7	2	5	1	4
阳江市	**18**	**11**	**7**	**39**	**29**	**10**	**31**	**22**	**9**
江城区	3	1	2	11	6	5	10	8	2
阳东区	2		2	5	5		6	5	1
阳西县	3	1	2	7	6	1	4	3	1
阳春市	10	9	1	16	12	4	11	6	5
清远市	**46**	**31**	**15**	**53**	**36**	**17**	**66**	**50**	**16**
清城区	4	3	1	9	8	1	8	5	3
清新区	7	4	3	7	5	2	9	7	2
佛冈县	4	2	2	4	2	2	8	7	1
阳山县	5	3	2	6	2	4	6	4	2
连山壮族瑶族自治县	2	1	1	2		2	1	1	
连南瑶族自治县	1	1					3	2	1
英德市	19	15	4	17	15	2	20	14	6
连州市	4	2	2	8	4	4	11	10	1
东莞市	**34**	**23**	**11**	**28**	**19**	**9**	**42**	**32**	**10**
市辖区	34	23	11	28	19	9	42	32	10
中山市	**25**	**20**	**5**	**25**	**16**	**9**	**40**	**28**	**12**
市辖区	25	20	5	25	16	9	40	28	12
潮州市	**32**	**21**	**11**	**16**	**12**	**4**	**39**	**28**	**11**
湘桥区	7	6	1	2	2		4	2	2
潮安区	15	9	6	5	5		23	16	7
饶平县	10	6	4	9	5	4	12	10	2
揭阳市	**54**	**36**	**18**	**69**	**38**	**31**	**100**	**73**	**27**
榕城区	5	3	2	3	1	2	12	6	6
揭东区	10	5	5	12	3	9	14	10	4
揭西县	10	5	5	8	4	4	15	10	5
惠来县	15	12	3	24	17	7	18	12	6
普宁市	14	11	3	22	13	9	41	35	6
云浮市	**26**	**15**	**11**	**31**	**17**	**14**	**48**	**33**	**15**
云城区	4	2	2	1	1		4	2	2
云安区	3	3		6	2	4	4	2	2
新兴县	4	2	2	3	1	2	12	9	3
郁南县	6	4	2	6	3	3	5	5	
罗定市	9	4	5	15	10	5	23	15	8

6–1　续表 6　　单位：人

地　区	20–24岁			25–29岁			30–34岁		
	小计	男	女	小计	男	女	小计	男	女
广　东	**2118**	**1495**	**623**	**3059**	**2209**	**850**	**3847**	**2694**	**1153**
广州市	**189**	**143**	**46**	**317**	**229**	**88**	**434**	**293**	**141**
荔湾区	6	5	1	13	8	5	20	11	9
越秀区	11	5	6	23	15	8	30	21	9
海珠区	22	14	8	17	13	4	34	23	11
天河区	22	17	5	36	26	10	31	20	11
白云区	59	47	12	82	65	17	125	86	39
黄埔区	6	5	1	17	11	6	24	18	6
番禺区	12	11	1	15	9	6	39	28	11
花都区	8	6	2	20	16	4	34	15	19
南沙区	13	13		25	17	8	31	24	7
从化区	13	9	4	28	23	5	26	19	7
增城区	17	11	6	41	26	15	40	28	12
韶关市	**61**	**46**	**15**	**94**	**63**	**31**	**148**	**94**	**54**
武江区	2	1	1	8	3	5	18	14	4
浈江区	4	3	1	11	9	2	9	4	5
曲江区	6	5	1	11	8	3	13	7	6
始兴县	11	8	3	8	3	5	11	8	3
仁化县	2	1	1	8	7	1	15	8	7
翁源县	2	2		19	13	6	15	9	6
乳源瑶族自治县	13	11	2	8	7	1	16	14	2
新丰县	1	1		7	5	2	9	5	4
乐昌市	12	8	4	11	6	5	25	14	11
南雄市	8	6	2	3	2	1	17	11	6
深圳市	**218**	**145**	**73**	**300**	**224**	**76**	**395**	**276**	**119**
罗湖区	12	7	5	9	6	3	23	12	11
福田区	13	8	5	32	19	13	44	29	15
南山区	16	13	3	24	22	2	38	28	10
宝安区	42	33	9	71	50	21	83	57	26
龙岗区	66	46	20	77	57	20	74	48	26
盐田区	3	1	2	3	2	1	1	1	
龙华区	44	24	20	43	36	7	66	47	19
坪山区	5	2	3	10	7	3	14	12	2
光明区	17	11	6	31	25	6	52	42	10
珠海市	**71**	**50**	**21**	**76**	**59**	**17**	**128**	**93**	**35**
香洲区	50	34	16	46	35	11	61	45	16
斗门区	19	15	4	27	21	6	58	40	18
金湾区	2	1	1	3	3		9	8	1
汕头市	**136**	**86**	**50**	**191**	**129**	**62**	**195**	**129**	**66**
龙湖区	6	5	1	11	4	7	15	12	3
金平区	9	5	4	17	11	6	23	15	8
濠江区	9	7	2	17	12	5	13	9	4
潮阳区	52	34	18	68	45	23	60	42	18
潮南区	40	27	13	48	35	13	46	27	19
澄海区	18	6	12	26	20	6	33	23	10
南澳县	2	2		4	2	2	5	1	4
佛山市	**71**	**48**	**23**	**107**	**80**	**27**	**170**	**111**	**59**
禅城区	8	6	2	15	10	5	24	14	10
南海区	24	18	6	24	20	4	55	34	21
顺德区	19	14	5	35	24	11	43	31	12
三水区	16	8	8	29	23	6	43	30	13
高明区	4	2	2	4	3	1	5	2	3

6−1 续表 7 单位：人

地 区	20−24岁			25−29岁			30−34岁		
	小计	男	女	小计	男	女	小计	男	女
江门市	**79**	**54**	**25**	**137**	**96**	**41**	**209**	**149**	**60**
蓬江区	6	3	3	16	11	5	21	15	6
江海区	4	2	2	4	2	2	7	5	2
新会区	10	6	4	20	14	6	26	22	4
台山市	23	19	4	31	23	8	46	32	14
开平市	21	17	4	19	17	2	54	38	16
鹤山市	5	3	2	21	15	6	22	15	7
恩平市	10	4	6	26	14	12	33	22	11
湛江市	**177**	**121**	**56**	**206**	**149**	**57**	**297**	**213**	**84**
赤坎区	2	2		5	3	2	10	8	2
霞山区	5	2	3	9	6	3	19	14	5
坡头区	9	4	5	11	10	1	24	16	8
麻章区	13	11	2	13	10	3	28	21	7
遂溪县	27	19	8	27	19	8	37	26	11
徐闻县	13	8	5	14	12	2	14	10	4
廉江市	42	32	10	65	45	20	88	65	23
雷州市	38	25	13	35	23	12	44	30	14
吴川市	28	18	10	27	21	6	33	23	10
茂名市	**147**	**106**	**41**	**212**	**156**	**56**	**223**	**158**	**65**
茂南区	11	9	2	17	12	5	30	14	16
电白区	34	23	11	48	39	9	53	41	12
高州市	45	31	14	66	45	21	66	53	13
化州市	24	20	4	42	32	10	37	26	11
信宜市	33	23	10	39	28	11	37	24	13
肇庆市	**108**	**82**	**26**	**160**	**115**	**45**	**174**	**130**	**44**
端州区	6	1	5	8	4	4	13	8	5
鼎湖区	3	2	1	4	3	1	10	5	5
高要区	12	11	1	21	16	5	35	27	8
广宁县	6	5	1	22	16	6	18	11	7
怀集县	43	37	6	48	39	9	45	37	8
封开县	9	4	5	21	15	6	15	12	3
德庆县	11	8	3	15	11	4	14	9	5
四会市	18	14	4	21	11	10	24	21	3
惠州市	**56**	**39**	**17**	**101**	**76**	**25**	**140**	**105**	**35**
惠城区	12	8	4	30	20	10	38	28	10
惠阳区	9	8	1	21	17	4	30	20	10
博罗县	13	10	3	24	18	6	45	35	10
惠东县	13	7	6	19	16	3	18	15	3
龙门县	9	6	3	7	5	2	9	7	2
梅州市	**105**	**75**	**30**	**163**	**112**	**51**	**179**	**122**	**57**
梅江区	6	5	1	8	8		9	6	3
梅县区	10	8	2	17	10	7	21	14	7
大埔县	9	8	1	14	12	2	24	17	7
丰顺县	19	14	5	15	8	7	23	13	10
五华县	39	25	14	62	41	21	53	39	14
平远县	4	4		7	5	2	6	4	2
蕉岭县	5	1	4	7	3	4	7	6	1
兴宁市	13	10	3	33	25	8	36	23	13

6-1　续表 8　　　　单位：人

地　区	20-24岁			25-29岁			30-34岁		
	小计	男	女	小计	男	女	小计	男	女
汕尾市	**80**	**54**	**26**	**89**	**64**	**25**	**108**	**78**	**30**
城　区	15	10	5	15	11	4	18	13	5
海丰县	11	8	3	30	18	12	34	24	10
陆河县	11	8	3	9	8	1	14	9	5
陆丰市	43	28	15	35	27	8	42	32	10
河源市	**51**	**35**	**16**	**100**	**74**	**26**	**108**	**77**	**31**
源城区	8	5	3	23	18	5	25	20	5
紫金县	8	5	3	9	7	2	12	7	5
龙川县	12	9	3	28	20	8	29	23	6
连平县	4	4		15	12	3	13	8	5
和平县	11	9	2	12	10	2	18	12	6
东源县	8	3	5	13	7	6	11	7	4
阳江市	**47**	**35**	**12**	**69**	**48**	**21**	**90**	**65**	**25**
江城区	7	5	2	18	8	10	20	17	3
阳东区	7	6	1	16	10	6	11	7	4
阳西县	8	6	2	9	8	1	18	15	3
阳春市	25	18	7	26	22	4	41	26	15
清远市	**106**	**76**	**30**	**192**	**150**	**42**	**238**	**174**	**64**
清城区	8	5	3	36	25	11	39	29	10
清新区	22	15	7	26	22	4	40	29	11
佛冈县	7	6	1	20	15	5	12	6	6
阳山县	16	11	5	29	19	10	33	30	3
连山壮族瑶族自治县	6	4	2	4	4		11	8	3
连南瑶族自治县	6	3	3	6	6		10	7	3
英德市	30	25	5	56	46	10	57	40	17
连州市	11	7	4	15	13	2	36	25	11
东莞市	**44**	**34**	**10**	**97**	**70**	**27**	**107**	**82**	**25**
市辖区	44	34	10	97	70	27	107	82	25
中山市	**68**	**47**	**21**	**72**	**52**	**20**	**134**	**92**	**42**
市辖区	68	47	21	72	52	20	134	92	42
潮州市	**58**	**42**	**16**	**80**	**51**	**29**	**85**	**55**	**30**
湘桥区	14	11	3	17	13	4	12	7	5
潮安区	23	16	7	38	25	13	37	23	14
饶平县	21	15	6	25	13	12	36	25	11
揭阳市	**189**	**127**	**62**	**200**	**142**	**58**	**186**	**131**	**55**
榕城区	26	18	8	30	15	15	19	15	4
揭东区	28	21	7	43	30	13	49	25	24
揭西县	35	24	11	23	19	4	33	26	7
惠来县	22	17	5	28	23	5	20	10	10
普宁市	78	47	31	76	55	21	65	55	10
云浮市	**57**	**50**	**7**	**96**	**70**	**26**	**99**	**67**	**32**
云城区	4	3	1	10	8	2	7	5	2
云安区	7	7		11	6	5	13	9	4
新兴县	5	4	1	18	12	6	12	7	5
郁南县	16	13	3	21	18	3	28	19	9
罗定市	25	23	2	36	26	10	39	27	12

6-1 续表 9

单位：人

地区	35-39岁			40-44岁			45-49岁		
	小计	男	女	小计	男	女	小计	男	女
广 东	**5339**	**3753**	**1586**	**7187**	**5159**	**2028**	**13291**	**9259**	**4032**
广州市	**629**	**407**	**222**	**886**	**623**	**263**	**1663**	**1148**	**515**
荔湾区	41	27	14	45	32	13	114	60	54
越秀区	46	32	14	67	41	26	143	90	53
海珠区	50	27	23	77	53	24	186	128	58
天河区	37	15	22	64	44	20	111	70	41
白云区	158	95	63	191	129	62	331	238	93
黄埔区	36	21	15	50	38	12	90	59	31
番禺区	55	41	14	95	69	26	152	109	43
花都区	63	44	19	74	56	18	138	101	37
南沙区	41	33	8	58	43	15	137	107	30
从化区	51	37	14	81	58	23	126	97	29
增城区	51	35	16	84	60	24	135	89	46
韶关市	**213**	**153**	**60**	**294**	**203**	**91**	**608**	**411**	**197**
武江区	17	9	8	34	20	14	52	32	20
浈江区	17	16	1	31	18	13	50	33	17
曲江区	23	14	9	32	21	11	87	57	30
始兴县	22	16	6	29	24	5	46	36	10
仁化县	6	3	3	25	20	5	42	25	17
翁源县	21	13	8	28	18	10	75	43	32
乳源瑶族自治县	15	13	2	20	15	5	48	37	11
新丰县	14	8	6	12	8	4	33	23	10
乐昌市	36	28	8	36	24	12	90	64	26
南雄市	42	33	9	47	35	12	85	61	24
深圳市	**471**	**313**	**158**	**560**	**396**	**164**	**868**	**605**	**263**
罗湖区	25	13	12	38	26	12	65	38	27
福田区	38	21	17	58	37	21	85	59	26
南山区	34	21	13	57	32	25	101	73	28
宝安区	99	63	36	120	86	34	181	126	55
龙岗区	142	102	40	160	116	44	242	163	79
盐田区	7	1	6	6	4	2	11	9	2
龙华区	68	48	20	68	52	16	79	57	22
坪山区	17	13	4	18	13	5	24	18	6
光明区	41	31	10	35	30	5	80	62	18
珠海市	**147**	**100**	**47**	**189**	**138**	**51**	**330**	**236**	**94**
香洲区	84	52	32	108	75	33	198	135	63
斗门区	54	45	9	63	53	10	105	80	25
金湾区	9	3	6	18	10	8	27	21	6
汕头市	**289**	**182**	**107**	**332**	**233**	**99**	**638**	**434**	**204**
龙湖区	19	11	8	19	16	3	61	41	20
金平区	29	17	12	49	29	20	98	61	37
濠江区	25	15	10	22	16	6	33	22	11
潮阳区	91	54	37	111	80	31	167	113	54
潮南区	72	45	27	72	48	24	162	118	44
澄海区	50	38	12	54	41	13	101	65	36
南澳县	3	2	1	5	3	2	16	14	2
佛山市	**256**	**148**	**108**	**368**	**251**	**117**	**711**	**511**	**200**
禅城区	26	15	11	52	38	14	109	75	34
南海区	79	43	36	89	52	37	210	150	60
顺德区	81	42	39	115	78	37	198	134	64
三水区	46	30	16	78	57	21	130	101	29
高明区	24	18	6	34	26	8	64	51	13

6-1 续表 10 单位：人

地 区	35-39岁			40-44岁			45-49岁		
	小计	男	女	小计	男	女	小计	男	女
江门市	**245**	**173**	**72**	**389**	**268**	**121**	**747**	**515**	**232**
蓬江区	26	16	10	47	27	20	98	65	33
江海区	11	8	3	13	10	3	39	27	12
新会区	39	30	9	73	50	23	108	75	33
台山市	57	42	15	90	64	26	191	137	54
开平市	43	31	12	76	52	24	154	102	52
鹤山市	24	16	8	45	32	13	85	64	21
恩平市	45	30	15	45	33	12	72	45	27
湛江市	**340**	**262**	**78**	**471**	**348**	**123**	**721**	**502**	**219**
赤坎区	9	5	4	17	12	5	32	21	11
霞山区	19	10	9	36	29	7	65	47	18
坡头区	12	11	1	20	13	7	30	17	13
麻章区	23	18	5	26	21	5	38	20	18
遂溪县	55	44	11	75	58	17	105	75	30
徐闻县	28	21	7	37	33	4	65	51	14
廉江市	105	85	20	132	97	35	199	137	62
雷州市	51	41	10	74	50	24	108	88	20
吴川市	38	27	11	54	35	19	79	46	33
茂名市	**319**	**227**	**92**	**412**	**295**	**117**	**709**	**454**	**255**
茂南区	33	25	8	46	35	11	84	57	27
电白区	82	57	25	95	73	22	164	94	70
高州市	83	59	24	119	79	40	205	128	77
化州市	59	41	18	76	55	21	122	84	38
信宜市	62	45	17	76	53	23	134	91	43
肇庆市	**277**	**218**	**59**	**426**	**331**	**95**	**871**	**650**	**221**
端州区	15	11	4	46	35	11	83	55	28
鼎湖区	9	7	2	13	10	3	32	23	9
高要区	53	41	12	72	57	15	120	94	26
广宁县	45	39	6	78	63	15	145	106	39
怀集县	84	62	22	80	63	17	191	133	58
封开县	17	15	2	34	27	7	83	62	21
德庆县	16	13	3	42	31	11	91	78	13
四会市	38	30	8	61	45	16	126	99	27
惠州市	**216**	**158**	**58**	**268**	**198**	**70**	**489**	**346**	**143**
惠城区	47	39	8	74	51	23	135	85	50
惠阳区	51	33	18	51	38	13	88	65	23
博罗县	59	40	19	90	67	23	134	99	35
惠东县	39	27	12	29	21	8	79	56	23
龙门县	20	19	1	24	21	3	53	41	12
梅州市	**269**	**192**	**77**	**366**	**257**	**109**	**713**	**506**	**207**
梅江区	12	11	1	32	20	12	56	39	17
梅县区	27	20	7	34	21	13	83	60	23
大埔县	22	15	7	47	34	13	72	56	16
丰顺县	35	24	11	43	37	6	81	56	25
五华县	69	45	24	94	60	34	185	132	53
平远县	29	22	7	23	20	3	48	36	12
蕉岭县	19	12	7	22	16	6	54	33	21
兴宁市	56	43	13	71	49	22	134	94	40

6-1 续表 11 单位：人

地 区	35-39岁			40-44岁			45-49岁		
	小计	男	女	小计	男	女	小计	男	女
汕尾市	**159**	**120**	**39**	**144**	**103**	**41**	**332**	**224**	**108**
城 区	34	29	5	24	16	8	78	49	29
海丰县	63	51	12	38	26	12	92	68	24
陆河县	12	9	3	20	15	5	38	20	18
陆丰市	50	31	19	62	46	16	124	87	37
河源市	**192**	**141**	**51**	**279**	**207**	**72**	**429**	**317**	**112**
源城区	38	24	14	58	40	18	76	57	19
紫金县	29	22	7	43	31	12	69	51	18
龙川县	41	36	5	58	46	12	91	66	25
连平县	16	10	6	32	26	6	39	30	9
和平县	39	27	12	58	44	14	82	64	18
东源县	29	22	7	30	20	10	72	49	23
阳江市	**155**	**122**	**33**	**265**	**194**	**71**	**440**	**297**	**143**
江城区	33	29	4	66	43	23	104	67	37
阳东区	34	28	6	55	42	13	97	64	33
阳西县	24	16	8	48	32	16	78	59	19
阳春市	64	49	15	96	77	19	161	107	54
清远市	**344**	**272**	**72**	**438**	**318**	**120**	**840**	**608**	**232**
清城区	53	38	15	66	51	15	126	85	41
清新区	48	36	12	68	51	17	127	94	33
佛冈县	41	33	8	45	29	16	88	68	20
阳山县	65	52	13	58	41	17	126	88	38
连山壮族瑶族自治县	22	18	4	17	12	5	24	14	10
连南瑶族自治县	11	11		34	29	5	48	37	11
英德市	62	51	11	98	70	28	206	152	54
连州市	42	33	9	52	35	17	95	70	25
东莞市	**141**	**90**	**51**	**188**	**139**	**49**	**325**	**233**	**92**
市辖区	141	90	51	188	139	49	325	233	92
中山市	**160**	**109**	**51**	**210**	**158**	**52**	**445**	**330**	**115**
市辖区	160	109	51	210	158	52	445	330	115
潮州市	**111**	**70**	**41**	**165**	**112**	**53**	**357**	**228**	**129**
湘桥区	19	12	7	28	18	10	71	39	32
潮安区	47	33	14	72	47	25	159	102	57
饶平县	45	25	20	65	47	18	127	87	40
揭阳市	**258**	**180**	**78**	**332**	**233**	**99**	**665**	**436**	**229**
榕城区	27	20	7	36	25	11	75	45	30
揭东区	40	27	13	75	51	24	126	78	48
揭西县	57	36	21	54	39	15	111	77	34
惠来县	49	40	9	59	45	14	103	75	28
普宁市	85	57	28	108	73	35	250	161	89
云浮市	**148**	**116**	**32**	**205**	**154**	**51**	**390**	**268**	**122**
云城区	17	14	3	23	17	6	46	29	17
云安区	19	14	5	23	18	5	46	35	11
新兴县	25	17	8	36	24	12	65	46	19
郁南县	40	33	7	44	32	12	92	64	28
罗定市	47	38	9	79	63	16	141	94	47

6-1 续表 12

单位：人

地区	50-54岁			55-59岁			60-64岁		
	小计	男	女	小计	男	女	小计	男	女
广东	**20116**	**14119**	**5997**	**25451**	**18044**	**7407**	**32778**	**23143**	**9635**
广州市	**2228**	**1572**	**656**	**3383**	**2435**	**948**	**4329**	**3101**	**1228**
荔湾区	190	138	52	373	258	115	554	401	153
越秀区	220	157	63	461	343	118	648	486	162
海珠区	212	143	69	436	312	124	629	472	157
天河区	134	99	35	203	140	63	209	141	68
白云区	447	319	128	569	408	161	734	519	215
黄埔区	104	68	36	157	110	47	130	96	34
番禺区	198	138	60	281	198	83	339	241	98
花都区	192	137	55	215	154	61	287	188	99
南沙区	160	115	45	200	152	48	228	167	61
从化区	179	131	48	216	159	57	256	184	72
增城区	192	127	65	272	201	71	315	206	109
韶关市	**994**	**689**	**305**	**1309**	**960**	**349**	**1543**	**1076**	**467**
武江区	94	62	32	121	102	19	131	95	36
浈江区	90	61	29	160	111	49	170	119	51
曲江区	107	78	29	149	121	28	152	109	43
始兴县	80	57	23	99	70	29	120	80	40
仁化县	55	34	21	70	54	16	96	61	35
翁源县	119	80	39	168	132	36	192	148	44
乳源瑶族自治县	69	54	15	91	67	24	100	76	24
新丰县	78	55	23	77	50	27	107	68	39
乐昌市	156	108	48	187	131	56	255	174	81
南雄市	146	100	46	187	122	65	220	146	74
深圳市	**988**	**697**	**291**	**962**	**695**	**267**	**1057**	**720**	**337**
罗湖区	74	58	16	99	67	32	104	75	29
福田区	119	78	41	129	92	37	157	107	50
南山区	169	105	64	143	102	41	160	119	41
宝安区	178	131	47	144	106	38	161	110	51
龙岗区	256	181	75	256	184	72	288	183	105
盐田区	15	8	7	24	17	7	18	14	4
龙华区	87	65	22	98	70	28	80	52	28
坪山区	26	22	4	16	15	1	32	22	10
光明区	64	49	15	53	42	11	57	38	19
珠海市	**408**	**300**	**108**	**462**	**337**	**125**	**540**	**387**	**153**
香洲区	229	161	68	249	172	77	265	191	74
斗门区	152	120	32	183	149	34	228	161	67
金湾区	27	19	8	30	16	14	47	35	12
汕头市	**1047**	**695**	**352**	**1488**	**1038**	**450**	**2308**	**1568**	**740**
龙湖区	100	54	46	103	72	31	204	139	65
金平区	183	116	67	365	255	110	495	328	167
濠江区	61	52	9	58	45	13	115	81	34
潮阳区	312	201	111	366	233	133	584	412	172
潮南区	188	136	52	299	207	92	420	276	144
澄海区	179	117	62	256	192	64	427	284	143
南澳县	24	19	5	41	34	7	63	48	15
佛山市	**987**	**730**	**257**	**1237**	**910**	**327**	**1592**	**1119**	**473**
禅城区	155	108	47	214	158	56	265	181	84
南海区	297	215	82	337	242	95	469	309	160
顺德区	322	244	78	378	276	102	515	380	135
三水区	151	118	33	196	143	53	193	140	53
高明区	62	45	17	112	91	21	150	109	41

6-1 续表 13 单位：人

地区	50-54岁			55-59岁			60-64岁		
	小计	男	女	小计	男	女	小计	男	女
江门市	**1086**	**722**	**364**	**1580**	**1068**	**512**	**1958**	**1361**	**597**
蓬江区	121	86	35	219	153	66	204	136	68
江海区	39	29	10	58	36	22	65	44	21
新会区	189	132	57	309	225	84	363	250	113
台山市	286	189	97	382	252	130	516	361	155
开平市	214	130	84	291	189	102	367	254	113
鹤山市	106	82	24	135	96	39	192	140	52
恩平市	131	74	57	186	117	69	251	176	75
湛江市	**1247**	**910**	**337**	**1352**	**888**	**464**	**1791**	**1237**	**554**
赤坎区	47	33	14	55	36	19	66	49	17
霞山区	93	71	22	96	67	29	135	89	46
坡头区	49	25	24	61	35	26	92	55	37
麻章区	80	48	32	75	45	30	102	72	30
遂溪县	150	107	43	211	150	61	300	217	83
徐闻县	256	229	27	108	72	36	142	114	28
廉江市	281	201	80	353	220	133	453	300	153
雷州市	147	97	50	216	152	64	245	182	63
吴川市	144	99	45	177	111	66	256	159	97
茂名市	**1152**	**740**	**412**	**1365**	**894**	**471**	**1648**	**1119**	**529**
茂南区	131	87	44	137	87	50	167	97	70
电白区	215	141	74	297	191	106	320	220	100
高州市	384	241	143	460	287	173	555	397	158
化州市	221	143	78	251	168	83	303	188	115
信宜市	201	128	73	220	161	59	303	217	86
肇庆市	**1235**	**892**	**343**	**1436**	**1065**	**371**	**1850**	**1329**	**521**
端州区	97	62	35	114	80	34	156	90	66
鼎湖区	44	32	12	58	47	11	71	55	16
高要区	220	151	69	227	164	63	333	215	118
广宁县	197	136	61	259	192	67	353	261	92
怀集县	285	214	71	284	210	74	355	269	86
封开县	118	92	26	153	113	40	167	123	44
德庆县	113	86	27	146	115	31	177	130	47
四会市	161	119	42	195	144	51	238	186	52
惠州市	**704**	**496**	**208**	**881**	**636**	**245**	**1092**	**789**	**303**
惠城区	179	126	53	221	146	75	276	189	87
惠阳区	123	88	35	125	89	36	148	111	37
博罗县	199	138	61	226	161	65	330	233	97
惠东县	121	87	34	172	136	36	193	147	46
龙门县	82	57	25	137	104	33	145	109	36
梅州市	**1132**	**783**	**349**	**1428**	**1023**	**405**	**1936**	**1410**	**526**
梅江区	62	37	25	109	78	31	136	98	38
梅县区	126	83	43	189	134	55	221	160	61
大埔县	134	98	36	187	140	47	269	194	75
丰顺县	147	101	46	181	127	54	288	213	75
五华县	267	175	92	289	208	81	421	303	118
平远县	103	78	25	86	66	20	101	78	23
蕉岭县	62	52	10	107	76	31	123	100	23
兴宁市	231	159	72	280	194	86	377	264	113

6—1　续表 14　　　　单位：人

地　　区	50—54岁			55—59岁			60—64岁		
	小计	男	女	小计	男	女	小计	男	女
汕尾市	**522**	**381**	**141**	**636**	**458**	**178**	**926**	**666**	**260**
城　区	107	81	26	136	91	45	177	134	43
海丰县	148	100	48	164	111	53	261	186	75
陆河县	56	40	16	79	61	18	116	79	37
陆丰市	211	160	51	257	195	62	372	267	105
河源市	**752**	**552**	**200**	**931**	**705**	**226**	**1171**	**865**	**306**
源城区	130	99	31	129	99	30	168	130	38
紫金县	101	80	21	174	127	47	189	147	42
龙川县	175	127	48	230	172	58	257	190	67
连平县	99	73	26	126	93	33	201	142	59
和平县	152	101	51	155	119	36	204	152	52
东源县	95	72	23	117	95	22	152	104	48
阳江市	**640**	**449**	**191**	**764**	**548**	**216**	**865**	**601**	**264**
江城区	151	99	52	154	106	48	173	114	59
阳东区	105	78	27	130	92	38	153	111	42
阳西县	103	73	30	118	83	35	149	108	41
阳春市	281	199	82	362	267	95	390	268	122
清远市	**1372**	**1020**	**352**	**1666**	**1245**	**421**	**1938**	**1417**	**521**
清城区	206	155	51	236	169	67	303	209	94
清新区	190	136	54	244	159	85	309	207	102
佛冈县	155	114	41	182	136	46	171	122	49
阳山县	218	162	56	227	188	39	267	201	66
连山壮族瑶族自治县	47	39	8	39	29	10	71	59	12
连南瑶族自治县	68	54	14	86	72	14	71	56	15
英德市	325	239	86	429	314	115	494	373	121
连州市	163	121	42	223	178	45	252	190	62
东莞市	**423**	**301**	**122**	**485**	**341**	**144**	**593**	**400**	**193**
市辖区	423	301	122	485	341	144	593	400	193
中山市	**656**	**461**	**195**	**759**	**540**	**219**	**882**	**636**	**246**
市辖区	656	461	195	759	540	219	882	636	246
潮州市	**684**	**451**	**233**	**954**	**645**	**309**	**1433**	**983**	**450**
湘桥区	143	92	51	204	123	81	317	208	109
潮安区	297	196	101	406	272	134	632	430	202
饶平县	244	163	81	344	250	94	484	345	139
揭阳市	**1203**	**800**	**403**	**1547**	**1057**	**490**	**2291**	**1626**	**665**
榕城区	143	80	63	235	153	82	322	217	105
揭东区	236	155	81	345	224	121	526	374	152
揭西县	220	148	72	263	171	92	398	269	129
惠来县	185	132	53	195	146	49	334	252	82
普宁市	419	285	134	509	363	146	711	514	197
云浮市	**656**	**478**	**178**	**826**	**556**	**270**	**1035**	**733**	**302**
云城区	76	51	25	97	66	31	138	102	36
云安区	84	61	23	96	64	32	101	70	31
新兴县	125	90	35	137	90	47	158	114	44
郁南县	145	111	34	199	141	58	254	180	74
罗定市	226	165	61	297	195	102	384	267	117

6-1 续表 15

单位：人

地 区	65-69岁			70-74岁			75-79岁		
	小计	男	女	小计	男	女	小计	男	女
广 东	**43415**	**29535**	**13880**	**47722**	**31361**	**16361**	**54390**	**32949**	**21441**
广州市	**5613**	**3814**	**1799**	**5819**	**3746**	**2073**	**6460**	**3757**	**2703**
荔湾区	630	423	207	565	377	188	624	384	240
越秀区	733	501	232	765	506	259	830	472	358
海珠区	725	521	204	783	519	264	826	459	367
天河区	285	187	98	344	214	130	404	244	160
白云区	901	610	291	979	609	370	1078	613	465
黄埔区	222	151	71	213	130	83	263	169	94
番禺区	449	311	138	480	323	157	518	298	220
花都区	463	283	180	501	307	194	581	351	230
南沙区	298	213	85	272	169	103	332	194	138
从化区	395	278	117	408	277	131	435	254	181
增城区	512	336	176	509	315	194	569	319	250
韶关市	**1976**	**1344**	**632**	**2306**	**1515**	**791**	**2887**	**1717**	**1170**
武江区	203	140	63	200	127	73	230	124	106
浈江区	226	153	73	296	200	96	424	245	179
曲江区	196	145	51	246	166	80	324	198	126
始兴县	154	110	44	166	109	57	179	96	83
仁化县	113	75	38	144	92	52	193	118	75
翁源县	249	178	71	295	189	106	371	234	137
乳源瑶族自治县	122	83	39	111	82	29	155	83	72
新丰县	118	90	28	129	86	43	175	118	57
乐昌市	327	210	117	402	278	124	439	287	152
南雄市	268	160	108	317	186	131	397	214	183
深圳市	**1350**	**876**	**474**	**1376**	**893**	**483**	**1471**	**864**	**607**
罗湖区	158	98	60	165	106	59	173	100	73
福田区	173	116	57	195	125	70	253	148	105
南山区	218	131	87	245	139	106	293	162	131
宝安区	196	125	71	192	128	64	220	125	95
龙岗区	355	243	112	316	219	97	310	200	110
盐田区	20	14	6	40	24	16	33	10	23
龙华区	149	97	52	127	86	41	104	70	34
坪山区	31	21	10	45	31	14	31	12	19
光明区	50	31	19	51	35	16	54	37	17
珠海市	**693**	**481**	**212**	**698**	**480**	**218**	**726**	**445**	**281**
香洲区	338	237	101	362	245	117	369	218	151
斗门区	291	204	87	285	199	86	314	200	114
金湾区	64	40	24	51	36	15	43	27	16
汕头市	**2908**	**1898**	**1010**	**3007**	**1872**	**1135**	**3051**	**1800**	**1251**
龙湖区	250	162	88	251	159	92	245	136	109
金平区	576	404	172	617	389	228	619	378	241
濠江区	128	84	44	150	93	57	110	54	56
潮阳区	830	522	308	881	535	346	903	558	345
潮南区	563	354	209	574	378	196	561	325	236
澄海区	492	330	162	479	288	191	555	319	236
南澳县	69	42	27	55	30	25	58	30	28
佛山市	**2221**	**1485**	**736**	**2655**	**1725**	**930**	**2803**	**1618**	**1185**
禅城区	344	241	103	445	288	157	530	308	222
南海区	741	466	275	844	538	306	884	505	379
顺德区	686	480	206	791	520	271	729	397	332
三水区	289	189	100	371	239	132	421	255	166
高明区	161	109	52	204	140	64	239	153	86

6-1 续表 16 单位：人

地区	65-69岁			70-74岁			75-79岁		
	小计	男	女	小计	男	女	小计	男	女
江门市	**2800**	**1932**	**868**	**3387**	**2234**	**1153**	**3270**	**2013**	**1257**
蓬江区	279	178	101	399	262	137	328	199	129
江海区	77	51	26	108	60	48	85	52	33
新会区	504	340	164	614	393	221	586	348	238
台山市	749	537	212	799	565	234	849	560	289
开平市	601	413	188	691	434	257	607	349	258
鹤山市	267	191	76	353	236	117	349	204	145
恩平市	323	222	101	423	284	139	466	301	165
湛江市	**2235**	**1523**	**712**	**2831**	**1895**	**936**	**3573**	**2250**	**1323**
赤坎区	84	49	35	117	78	39	119	68	51
霞山区	170	101	69	224	149	75	309	178	131
坡头区	116	82	34	138	103	35	158	92	66
麻章区	126	90	36	167	121	46	226	140	86
遂溪县	332	239	93	376	241	135	466	278	188
徐闻县	190	143	47	196	129	67	244	146	98
廉江市	607	417	190	858	586	272	1089	718	371
雷州市	295	206	89	356	238	118	428	295	133
吴川市	315	196	119	399	250	149	534	335	199
茂名市	**2166**	**1437**	**729**	**2608**	**1667**	**941**	**3269**	**2029**	**1240**
茂南区	224	129	95	306	184	122	406	241	165
电白区	418	262	156	489	306	183	592	385	207
高州市	758	524	234	849	535	314	1162	716	446
化州市	414	266	148	538	357	181	588	367	221
信宜市	352	256	96	426	285	141	521	320	201
肇庆市	**2495**	**1696**	**799**	**2658**	**1660**	**998**	**3426**	**2053**	**1373**
端州区	207	137	70	279	177	102	357	223	134
鼎湖区	98	73	25	108	66	42	169	92	77
高要区	480	299	181	599	346	253	743	439	304
广宁县	469	317	152	473	307	166	512	331	181
怀集县	444	311	133	462	302	160	567	350	217
封开县	198	146	52	177	113	64	355	206	149
德庆县	260	181	79	236	146	90	313	179	134
四会市	339	232	107	324	203	121	410	233	177
惠州市	**1390**	**976**	**414**	**1529**	**1026**	**503**	**1773**	**1074**	**699**
惠城区	352	238	114	378	254	124	405	245	160
惠阳区	209	158	51	232	161	71	189	111	78
博罗县	441	295	146	458	300	158	616	359	257
惠东县	217	155	62	289	198	91	321	211	110
龙门县	171	130	41	172	113	59	242	148	94
梅州市	**2727**	**1949**	**778**	**2773**	**1883**	**890**	**3219**	**2005**	**1214**
梅江区	214	145	69	225	137	88	251	163	88
梅县区	289	212	77	286	200	86	358	233	125
大埔县	393	291	102	354	250	104	358	216	142
丰顺县	338	240	98	332	229	103	365	235	130
五华县	579	410	169	636	457	179	732	444	288
平远县	168	125	43	151	102	49	216	139	77
蕉岭县	158	110	48	167	108	59	219	137	82
兴宁市	588	416	172	622	400	222	720	438	282

6-1 续表 17 单位：人

地 区	65-69岁			70-74岁			75-79岁		
	小计	男	女	小计	男	女	小计	男	女
汕尾市	**1266**	**886**	**380**	**1450**	**1008**	**442**	**1470**	**967**	**503**
城 区	250	193	57	298	219	79	242	159	83
海丰县	372	249	123	437	293	144	448	307	141
陆河县	133	100	33	163	113	50	243	153	90
陆丰市	511	344	167	552	383	169	537	348	189
河源市	**1437**	**1005**	**432**	**1658**	**1101**	**557**	**2308**	**1384**	**924**
源城区	194	129	65	209	149	60	261	160	101
紫金县	249	180	69	293	188	105	427	283	144
龙川县	341	246	95	405	278	127	510	305	205
连平县	217	161	56	237	142	95	362	213	149
和平县	276	188	88	319	212	107	430	244	186
东源县	160	101	59	195	132	63	318	179	139
阳江市	**1194**	**813**	**381**	**1455**	**962**	**493**	**1826**	**1129**	**697**
江城区	274	187	87	339	213	126	389	236	153
阳东区	229	138	91	250	183	67	319	212	107
阳西县	195	136	59	242	169	73	288	196	92
阳春市	496	352	144	624	397	227	830	485	345
清远市	**2546**	**1786**	**760**	**2623**	**1783**	**840**	**3482**	**2095**	**1387**
清城区	456	315	141	531	346	185	609	355	254
清新区	450	307	143	420	289	131	579	371	208
佛冈县	214	159	55	220	152	68	298	167	131
阳山县	327	242	85	340	227	113	475	273	202
连山壮族瑶族自治县	73	50	23	69	44	25	103	60	43
连南瑶族自治县	93	63	30	78	49	29	122	72	50
英德市	569	411	158	609	430	179	816	485	331
连州市	364	239	125	356	246	110	480	312	168
东莞市	**834**	**567**	**267**	**952**	**592**	**360**	**1106**	**642**	**464**
市辖区	834	567	267	952	592	360	1106	642	464
中山市	**1220**	**863**	**357**	**1317**	**851**	**466**	**1191**	**693**	**498**
市辖区	1220	863	357	1317	851	466	1191	693	498
潮州市	**1855**	**1218**	**637**	**1934**	**1271**	**663**	**1809**	**1094**	**715**
湘桥区	387	241	146	468	311	157	354	220	134
潮安区	829	520	309	808	527	281	770	458	312
饶平县	639	457	182	658	433	225	685	416	269
揭阳市	**3061**	**1999**	**1062**	**3214**	**2179**	**1035**	**3274**	**2069**	**1205**
榕城区	510	302	208	502	324	178	471	294	177
揭东区	703	428	275	687	480	207	751	476	275
揭西县	495	336	159	545	393	152	650	428	222
惠来县	412	300	112	442	294	148	401	249	152
普宁市	941	633	308	1038	688	350	1001	622	379
云浮市	**1428**	**987**	**441**	**1472**	**1018**	**454**	**1996**	**1251**	**745**
云城区	163	111	52	192	143	49	229	128	101
云安区	147	107	40	143	106	37	185	118	67
新兴县	258	179	79	320	218	102	440	287	153
郁南县	324	223	101	326	216	110	488	290	198
罗定市	536	367	169	491	335	156	654	428	226

6-1　续表 18　　　　单位：人

地　区	80-84岁			85-89岁			90岁及以上		
	小计	男	女	小计	男	女	小计	男	女
广　东	**70762**	**38035**	**32727**	**67566**	**30407**	**37159**	**54865**	**18970**	**35895**
广州市	**9244**	**4942**	**4302**	**9877**	**4458**	**5419**	**7895**	**2870**	**5025**
荔湾区	1087	575	512	1313	549	764	1128	405	723
越秀区	1523	788	735	1896	903	993	1502	636	866
海珠区	1390	734	656	1567	734	833	1220	497	723
天河区	662	376	286	496	277	219	396	174	222
白云区	1397	766	631	1475	636	839	1162	388	774
黄埔区	367	210	157	279	140	139	226	85	141
番禺区	617	328	289	645	279	366	552	173	379
花都区	573	323	250	627	252	375	488	146	342
南沙区	393	209	184	371	148	223	309	93	216
从化区	510	259	251	477	201	276	357	98	259
增城区	725	374	351	731	339	392	555	175	380
韶关市	**3442**	**1795**	**1647**	**2781**	**1173**	**1608**	**1882**	**596**	**1286**
武江区	337	184	153	270	139	131	159	52	107
浈江区	507	286	221	384	189	195	202	79	123
曲江区	341	186	155	267	133	134	218	45	173
始兴县	285	138	147	220	82	138	175	46	129
仁化县	240	125	115	203	82	121	144	43	101
翁源县	478	229	249	308	111	197	259	87	172
乳源瑶族自治县	166	89	77	161	71	90	131	52	79
新丰县	216	114	102	215	86	129	145	42	103
乐昌市	431	243	188	362	152	210	251	100	151
南雄市	441	201	240	391	128	263	198	50	148
深圳市	**1937**	**1101**	**836**	**1528**	**791**	**737**	**1102**	**381**	**721**
罗湖区	241	137	104	203	127	76	122	55	67
福田区	406	243	163	245	140	105	136	59	77
南山区	381	225	156	242	144	98	135	47	88
宝安区	246	143	103	267	126	141	210	75	135
龙岗区	385	212	173	321	140	181	282	80	202
盐田区	46	19	27	36	16	20	35	13	22
龙华区	114	71	43	96	49	47	94	29	65
坪山区	39	16	23	41	19	22	36	6	30
光明区	79	35	44	77	30	47	52	17	35
珠海市	**1011**	**560**	**451**	**903**	**466**	**437**	**713**	**305**	**408**
香洲区	614	338	276	424	222	202	277	125	152
斗门区	337	190	147	405	205	200	365	140	225
金湾区	60	32	28	74	39	35	71	40	31
汕头市	**4113**	**2125**	**1988**	**3984**	**1769**	**2215**	**3197**	**1022**	**2175**
龙湖区	344	187	157	309	147	162	201	79	122
金平区	835	420	415	895	385	510	665	230	435
濠江区	167	82	85	193	84	109	176	42	134
潮阳区	1139	607	532	1044	491	553	801	244	557
潮南区	793	423	370	728	329	399	709	207	502
澄海区	753	365	388	734	311	423	590	199	391
南澳县	82	41	41	81	22	59	55	21	34
佛山市	**3455**	**1840**	**1615**	**3083**	**1297**	**1786**	**2944**	**894**	**2050**
禅城区	733	382	351	696	318	378	554	177	377
南海区	972	560	412	869	401	468	910	288	622
顺德区	1001	489	512	878	324	554	780	210	570
三水区	470	253	217	404	160	244	466	135	331
高明区	279	156	123	236	94	142	234	84	150

6-1 续表 19

单位：人

地　区	80-84岁			85-89岁			90岁及以上		
	小计	男	女	小计	男	女	小计	男	女
江门市	**4362**	**2471**	**1891**	**4363**	**1938**	**2425**	**3685**	**1212**	**2473**
蓬江区	544	282	262	481	222	259	346	112	234
江海区	126	63	63	136	50	86	88	28	60
新会区	822	458	364	842	355	487	763	241	522
台山市	1075	609	466	1105	509	596	1000	315	685
开平市	779	479	300	800	331	469	733	223	510
鹤山市	437	251	186	449	224	225	369	129	240
恩平市	579	329	250	550	247	303	386	164	222
湛江市	**4553**	**2633**	**1920**	**4574**	**2362**	**2212**	**4224**	**1835**	**2389**
赤坎区	174	99	75	190	94	96	141	61	80
霞山区	349	206	143	297	181	116	212	101	111
坡头区	203	131	72	231	127	104	214	89	125
麻章区	242	141	101	254	135	119	250	102	148
遂溪县	632	352	280	730	373	357	789	323	466
徐闻县	340	185	155	336	176	160	294	119	175
廉江市	1396	822	574	1429	696	733	1394	624	770
雷州市	573	319	254	531	278	253	438	172	266
吴川市	644	378	266	576	302	274	492	244	248
茂名市	**3974**	**2284**	**1690**	**3495**	**1845**	**1650**	**3000**	**1318**	**1682**
茂南区	537	317	220	392	215	177	327	139	188
电白区	794	432	362	791	417	374	721	334	387
高州市	1303	750	553	1210	608	602	958	401	557
化州市	774	464	310	668	365	303	671	313	358
信宜市	566	321	245	434	240	194	323	131	192
肇庆市	**4035**	**2065**	**1970**	**3544**	**1495**	**2049**	**2509**	**756**	**1753**
端州区	397	241	156	311	160	151	221	89	132
鼎湖区	161	88	73	151	50	101	133	41	92
高要区	817	392	425	727	276	451	631	186	445
广宁县	659	339	320	643	282	361	378	123	255
怀集县	642	346	296	528	220	308	359	104	255
封开县	398	193	205	304	137	167	219	58	161
德庆县	436	213	223	360	162	198	211	56	155
四会市	525	253	272	520	208	312	357	99	258
惠州市	**2610**	**1344**	**1266**	**2774**	**1206**	**1568**	**2178**	**686**	**1492**
惠城区	539	296	243	597	287	310	463	166	297
惠阳区	362	185	177	393	156	237	406	115	291
博罗县	839	426	413	873	386	487	669	213	456
惠东县	508	265	243	571	234	337	429	126	303
龙门县	362	172	190	340	143	197	211	66	145
梅州市	**4454**	**2353**	**2101**	**4468**	**1920**	**2548**	**3657**	**1124**	**2533**
梅江区	369	179	190	340	168	172	272	98	174
梅县区	505	254	251	608	243	365	528	139	389
大埔县	554	300	254	606	258	348	498	147	351
丰顺县	592	334	258	544	264	280	461	186	275
五华县	1024	553	471	974	446	528	722	229	493
平远县	337	175	162	310	129	181	240	72	168
蕉岭县	318	181	137	295	108	187	220	64	156
兴宁市	755	377	378	791	304	487	716	189	527

6-1　续表 20　　　　单位：人

地　区	80-84岁			85-89岁			90岁及以上		
	小计	男	女	小计	男	女	小计	男	女
汕尾市	**2006**	**1105**	**901**	**1747**	**835**	**912**	**1313**	**504**	**809**
城　区	321	180	141	306	149	157	207	67	140
海丰县	702	390	312	611	286	325	439	166	273
陆河县	303	175	128	248	133	115	200	68	132
陆丰市	680	360	320	582	267	315	467	203	264
河源市	**2938**	**1503**	**1435**	**2639**	**1076**	**1563**	**1901**	**583**	**1318**
源城区	370	200	170	333	135	198	213	71	142
紫金县	541	281	260	490	209	281	404	133	271
龙川县	609	313	296	615	256	359	493	156	337
连平县	469	233	236	385	143	242	231	54	177
和平县	502	245	257	426	192	234	300	98	202
东源县	447	231	216	390	141	249	260	71	189
阳江市	**2215**	**1191**	**1024**	**2293**	**1056**	**1237**	**2005**	**788**	**1217**
江城区	511	276	235	553	246	307	492	183	309
阳东区	389	220	169	411	189	222	444	162	282
阳西县	362	203	159	417	212	205	369	178	191
阳春市	953	492	461	912	409	503	700	265	435
清远市	**3943**	**2023**	**1920**	**3589**	**1511**	**2078**	**2779**	**917**	**1862**
清城区	691	375	316	735	339	396	548	173	375
清新区	616	325	291	607	249	358	506	172	334
佛冈县	333	175	158	255	93	162	230	79	151
阳山县	537	263	274	445	195	250	293	83	210
连山壮族瑶族自治县	116	62	54	86	39	47	59	24	35
连南瑶族自治县	126	56	70	88	35	53	63	20	43
英德市	1030	517	513	962	397	565	799	272	527
连州市	494	250	244	411	164	247	281	94	187
东莞市	**1489**	**845**	**644**	**1648**	**686**	**962**	**1415**	**427**	**988**
市辖区	1489	845	644	1648	686	962	1415	427	988
中山市	**1607**	**835**	**772**	**1545**	**648**	**897**	**1262**	**408**	**854**
市辖区	1607	835	772	1545	648	897	1262	408	854
潮州市	**2489**	**1310**	**1179**	**2468**	**1079**	**1389**	**1981**	**572**	**1409**
湘桥区	530	267	263	550	248	302	423	135	288
潮安区	1078	596	482	1071	464	607	800	227	573
饶平县	881	447	434	847	367	480	758	210	548
揭阳市	**4457**	**2407**	**2050**	**4168**	**1893**	**2275**	**3633**	**1279**	**2354**
榕城区	632	308	324	549	255	294	413	146	267
揭东区	1005	541	464	914	393	521	831	267	564
揭西县	906	479	427	895	420	475	816	312	504
惠来县	566	327	239	539	226	313	539	171	368
普宁市	1348	752	596	1271	599	672	1034	383	651
云浮市	**2428**	**1303**	**1125**	**2095**	**903**	**1192**	**1590**	**493**	**1097**
云城区	281	160	121	233	99	134	190	50	140
云安区	301	140	161	256	107	149	225	63	162
新兴县	553	290	263	458	179	279	371	97	274
郁南县	528	286	242	522	243	279	343	128	215
罗定市	765	427	338	626	275	351	461	155	306

6-1a 各地区分年龄、性别的死亡人口 (2019.11.1-2020.10.31)(城市)

单位：人

地区	死亡人口			0岁			1-4岁		
	合计	男	女	小计	男	女	小计	男	女
广 东	**175310**	**101621**	**73689**	**725**	**400**	**325**	**444**	**247**	**197**
广州市	**45572**	**25968**	**19604**	**121**	**66**	**55**	**84**	**44**	**40**
荔湾区	6733	3669	3064	13	9	4	6	3	3
越秀区	8937	5018	3919	13	8	5	8	4	4
海珠区	8207	4663	3544	9	4	5	10	4	6
天河区	3482	2074	1408	11	7	4	7	4	3
白云区	7073	4049	3024	23	12	11	16	11	5
黄埔区	1907	1156	751	7	5	2	2	1	1
番禺区	3713	2141	1572	15	7	8	10	5	5
花都区	2290	1297	993	11	5	6	15	7	8
南沙区	1139	682	457	5	3	2	5	2	3
从化区	735	437	298	6	3	3	3	1	2
增城区	1356	782	574	8	3	5	2	2	
韶关市	**4837**	**2908**	**1929**	**13**	**7**	**6**	**7**	**4**	**3**
武江区	1384	817	567	6	2	4	1	1	
浈江区	1744	1035	709	3	2	1	3	2	1
曲江区	805	513	292	1	1		1		1
始兴县									
仁化县									
翁源县									
乳源瑶族自治县									
新丰县									
乐昌市	545	346	199	2	1	1	1	1	
南雄市	359	197	162	1	1		1		1
深圳市	**15112**	**9281**	**5831**	**255**	**128**	**127**	**82**	**41**	**41**
罗湖区	1547	947	600	12	6	6	3	2	1
福田区	2126	1296	830	7	2	5	16	3	13
南山区	2317	1398	919	28	15	13	4	2	2
宝安区	2589	1582	1007	107	50	57	24	15	9
龙岗区	3619	2234	1385	52	29	23	16	8	8
盐田区	303	154	149	3	1	2	1		1
龙华区	1380	894	486	26	17	9	11	5	6
坪山区	395	237	158				3	2	1
光明区	836	539	297	20	8	12	4	4	
珠海市	**5544**	**3482**	**2062**	**30**	**21**	**9**	**23**	**16**	**7**
香洲区	3714	2313	1401	20	15	5	17	12	5
斗门区	1599	1026	573	7	4	3	4	3	1
金湾区	231	143	88	3	2	1	2	1	1
汕头市	**12855**	**7177**	**5678**	**18**	**9**	**9**	**12**	**9**	**3**
龙湖区	2131	1226	905	2	1	1	2	2	
金平区	5391	2996	2395	7	4	3	4	4	
濠江区	900	486	414	4	1	3	1		1
潮阳区	1598	888	710	3	2	1	2	1	1
潮南区	1669	918	751	2	1	1	3	2	1
澄海区	1166	663	503						
南澳县									
佛山市	**19162**	**10825**	**8337**	**68**	**33**	**35**	**47**	**25**	**22**
禅城区	3657	2028	1629	17	9	8	6	5	1
南海区	6325	3608	2717	28	9	19	17	10	7
顺德区	6551	3627	2924	17	10	7	19	8	11
三水区	1446	844	602	3	2	1	4	2	2
高明区	1183	718	465	3	3		1		1

6—1a 续表 1

单位：人

地区	死亡人口			0岁			1—4岁		
	合计	男	女	小计	男	女	小计	男	女
江门市	**10738**	**6182**	**4556**	**35**	**23**	**12**	**19**	**13**	**6**
蓬江区	2982	1676	1306	10	7	3	7	5	2
江海区	868	472	396	2	2		1	1	
新会区	1906	1047	859	2	1	1	1		1
台山市	1866	1122	744	6	4	2	2	1	1
开平市	1310	751	559	3	2	1	1	1	
鹤山市	888	563	325	8	5	3	6	5	1
恩平市	918	551	367	4	2	2	1		1
湛江市	**5673**	**3469**	**2204**	**31**	**22**	**9**	**15**	**8**	**7**
赤坎区	1058	609	449	5	4	1	3	1	2
霞山区	1924	1189	735	6	2	4	3	1	2
坡头区	143	90	53						
麻章区	378	236	142	4	3	1	1		1
遂溪县	138	77	61						
徐闻县									
廉江市	744	497	247	3	3		3	3	
雷州市	310	201	109	4	2	2	3	1	2
吴川市	978	570	408	9	8	1	2	2	
茂名市	**5409**	**3271**	**2138**	**14**	**10**	**4**	**17**	**11**	**6**
茂南区	1509	911	598	4	3	1	2	2	
电白区	615	363	252	1		1	2		2
高州市	1618	975	643	6	5	1	6	5	1
化州市	985	594	391	2	2		6	4	2
信宜市	682	428	254	1		1	1		1
肇庆市	**4129**	**2483**	**1646**	**12**	**5**	**7**	**7**	**4**	**3**
端州区	2333	1385	948	4	2	2	4	3	1
鼎湖区	324	200	124	2	1	1			
高要区	229	140	89	1	1				
广宁县									
怀集县									
封开县									
德庆县									
四会市	1243	758	485	5	1	4	3	1	2
惠州市	**3463**	**2045**	**1418**	**13**	**7**	**6**	**23**	**12**	**11**
惠城区	2228	1342	886	5	1	4	12	6	6
惠阳区	1190	675	515	8	6	2	11	6	5
博罗县	15	12	3						
惠东县	30	16	14						
龙门县									
梅州市	**3090**	**1738**	**1352**	**11**	**10**	**1**	**2**	**1**	**1**
梅江区	1692	974	718	8	7	1	2	1	1
梅县区	426	256	170	2	2				
大埔县									
丰顺县									
五华县	111	61	50						
平远县									
蕉岭县									
兴宁市	861	447	414	1	1				

6-1a 续表 2

单位：人

地　区	死亡人口			0岁			1-4岁		
	合计	男	女	小计	男	女	小计	男	女
汕尾市	**1859**	**1157**	**702**	**1**		**1**	**5**	**2**	**3**
城　区	1122	704	418	1		1	4	1	3
海丰县									
陆河县									
陆丰市	737	453	284				1	1	
河源市	**2053**	**1223**	**830**	**5**		**5**	**4**		**4**
源城区	2053	1223	830	5		5	4		4
紫金县									
龙川县									
连平县									
和平县									
东源县									
阳江市	**3033**	**1734**	**1299**	**4**	**2**	**2**	**8**	**4**	**4**
江城区	1484	833	651	2	2		2		2
阳东区	472	265	207				3	1	2
阳西县									
阳春市	1077	636	441	2		2	3	3	
清远市	**3300**	**1988**	**1312**	**9**	**3**	**6**	**4**	**2**	**2**
清城区	1839	1079	760	8	2	6	3	1	2
清新区	405	240	165	1	1		1	1	
佛冈县									
阳山县									
连山壮族瑶族自治县									
连南瑶族自治县									
英德市	326	201	125						
连州市	730	468	262						
东莞市	**9317**	**5178**	**4139**	**34**	**23**	**11**	**34**	**23**	**11**
市辖区	9317	5178	4139	34	23	11	34	23	11
中山市	**7203**	**4194**	**3009**	**28**	**17**	**11**	**32**	**19**	**13**
市辖区	7203	4194	3009	28	17	11	32	19	13
潮州市	**4868**	**2683**	**2185**	**8**	**3**	**5**	**9**	**5**	**4**
湘桥区	2415	1323	1092	2	1	1	1		1
潮安区	2453	1360	1093	6	2	4	8	5	3
饶平县									
揭阳市	**5713**	**3278**	**2435**	**10**	**8**	**2**	**8**	**3**	**5**
榕城区	2281	1282	999	5	4	1	3	1	2
揭东区	1653	941	712	3	2	1	5	2	3
揭西县									
惠来县									
普宁市	1779	1055	724	2	2				
云浮市	**2380**	**1357**	**1023**	**5**	**3**	**2**	**2**	**1**	**1**
云城区	1117	644	473	3	2	1	1		1
云安区	230	130	100						
新兴县									
郁南县									
罗定市	1033	583	450	2	1	1	1	1	

6-1a　续表 3　　　　单位：人

地　区	5-9岁			10-14岁			15-19岁		
	小计	男	女	小计	男	女	小计	男	女
广　东	**312**	**179**	**133**	**346**	**200**	**146**	**540**	**361**	**179**
广州市	**52**	**33**	**19**	**59**	**33**	**26**	**92**	**55**	**37**
荔湾区	3		3	5	3	2	3	1	2
越秀区	2	1	1	5	2	3	11	7	4
海珠区				4	1	3	10	5	5
天河区	10	8	2	7	4	3	13	7	6
白云区	14	10	4	15	10	5	21	11	10
黄埔区	6	6		4	2	2	7	5	2
番禺区	8	4	4	4	2	2	10	6	4
花都区	6	3	3	9	5	4	8	5	3
南沙区	2	1	1	1	1		2	2	
从化区	1		1	1	1		2	2	
增城区				4	2	2	5	4	1
韶关市	**1**		**1**	**10**	**2**	**8**	**11**	**7**	**4**
武江区	1		1	5		5	8	6	2
浈江区				4	2	2	1		1
曲江区				1		1			
始兴县									
仁化县									
翁源县									
乳源瑶族自治县									
新丰县									
乐昌市							1	1	
南雄市							1		1
深圳市	**58**	**31**	**27**	**71**	**45**	**26**	**121**	**83**	**38**
罗湖区	3	3		7	4	3	11	7	4
福田区	4	1	3	4	3	1	12	6	6
南山区	12	3	9	9	8	1	8	7	1
宝安区	14	8	6	8	7	1	26	18	8
龙岗区	19	12	7	27	13	14	33	22	11
盐田区							1		1
龙华区	4	2	2	6	5	1	16	12	4
坪山区				2	1	1	5	5	
光明区	2	2		8	4	4	9	6	3
珠海市	**8**	**5**	**3**	**24**	**15**	**9**	**45**	**29**	**16**
香洲区	5	3	2	16	9	7	31	17	14
斗门区	2	1	1	8	6	2	13	12	1
金湾区	1	1					1		1
汕头市	**13**	**8**	**5**	**17**	**10**	**7**	**18**	**12**	**6**
龙湖区				7	5	2	4	4	
金平区	2	1	1	4	3	1	3	1	2
濠江区	2	2		1	1		2	2	
潮阳区	1		1				1	1	
潮南区	6	3	3	5	1	4	8	4	4
澄海区	2	2							
南澳县									
佛山市	**22**	**10**	**12**	**27**	**18**	**9**	**30**	**16**	**14**
禅城区	1		1	3	3		1		1
南海区	7	4	3	9	7	2	11	6	5
顺德区	10	3	7	7	6	1	12	8	4
三水区	3	3		7	2	5	3	1	2
高明区	1		1	1		1	3	1	2

6-1a 续表 4　　单位：人

地区	5-9岁			10-14岁			15-19岁		
	小计	男	女	小计	男	女	小计	男	女
江门市	**10**	**3**	**7**	**10**	**5**	**5**	**21**	**10**	**11**
蓬江区	1		1	2	1	1	8	2	6
江海区	1	1					4	1	3
新会区	2	1	1	2	1	1	4	4	
台山市	2		2						
开平市	1		1	2	1	1	2	2	
鹤山市	1	1		2	1	1	2	1	1
恩平市	2		2	2	1	1	1		1
湛江市	**10**	**5**	**5**	**10**	**7**	**3**	**14**	**12**	**2**
赤坎区	1		1	3	1	2	2	2	
霞山区	3	1	2	2	2		3	2	1
坡头区									
麻章区				4	3	1	2	2	
遂溪县	1	1					1	1	
徐闻县									
廉江市	1	1		1	1		2	2	
雷州市	2	2					3	3	
吴川市	2		2				1		1
茂名市	**15**	**7**	**8**	**13**	**6**	**7**	**14**	**9**	**5**
茂南区				3	2	1	2		2
电白区							1	1	
高州市	5	2	3	4	2	2	6	4	2
化州市	3	1	2	4	1	3	3	2	1
信宜市	7	4	3	2	1	1	2	2	
肇庆市	**8**	**5**	**3**	**8**	**2**	**6**	**16**	**9**	**7**
端州区	5	4	1	4		4	6	3	3
鼎湖区	1		1						
高要区				1	1				
广宁县									
怀集县									
封开县									
德庆县									
四会市	2	1	1	3	1	2	10	6	4
惠州市	**25**	**13**	**12**	**6**	**1**	**5**	**20**	**14**	**6**
惠城区	19	11	8	2		2	16	10	6
惠阳区	5	1	4	4	1	3	4	4	
博罗县									
惠东县	1	1							
龙门县									
梅州市	**3**	**3**		**4**	**1**	**3**	**1**	**1**	
梅江区				3	1	2			
梅县区									
大埔县									
丰顺县									
五华县									
平远县									
蕉岭县									
兴宁市	3	3		1		1	1	1	

6-1a　续表 5　　　　单位：人

地　区	5-9岁			10-14岁			15-19岁		
	小计	男	女	小计	男	女	小计	男	女
汕尾市							**3**	**1**	**2**
城　区							2	1	1
海丰县									
陆河县									
陆丰市							1		1
河源市	**5**	**3**	**2**	**5**	**3**	**2**	**10**	**7**	**3**
源城区	5	3	2	5	3	2	10	7	3
紫金县									
龙川县									
连平县									
和平县									
东源县									
阳江市	**3**	**1**	**2**	**10**	**7**	**3**	**11**	**10**	**1**
江城区	1		1	6	3	3	5	5	
阳东区	1		1	1	1		2	2	
阳西县									
阳春市	1	1		3	3		4	3	1
清远市	**4**	**3**	**1**	**8**	**7**	**1**	**5**	**3**	**2**
清城区	1	1		3	3		2	1	1
清新区	1	1		2	2				
佛冈县									
阳山县									
连山壮族瑶族自治县									
连南瑶族自治县									
英德市	1	1		3	2	1			
连州市	1		1				3	2	1
东莞市	**33**	**22**	**11**	**28**	**19**	**9**	**41**	**31**	**10**
市辖区	33	22	11	28	19	9	41	31	10
中山市	**19**	**15**	**4**	**19**	**12**	**7**	**28**	**21**	**7**
市辖区	19	15	4	19	12	7	28	21	7
潮州市	**11**	**8**	**3**	**2**	**2**		**11**	**9**	**2**
湘桥区	3	2	1	1	1		2	1	1
潮安区	8	6	2	1	1		9	8	1
饶平县									
揭阳市	**5**	**2**	**3**	**8**	**2**	**6**	**20**	**16**	**4**
榕城区	3	2	1	1		1	8	6	2
揭东区	2		2	3	1	2	3	2	1
揭西县									
惠来县									
普宁市				4	1	3	9	8	1
云浮市	**7**	**2**	**5**	**7**	**3**	**4**	**8**	**6**	**2**
云城区	4	2	2				2	1	1
云安区				3	1	2	1	1	
新兴县									
郁南县									
罗定市	3		3	4	2	2	5	4	1

6-1a 续表 6 单位：人

地区	20-24岁			25-29岁			30-34岁		
	小计	男	女	小计	男	女	小计	男	女
广 东	**841**	**587**	**254**	**1259**	**906**	**353**	**1711**	**1199**	**512**
广州市	**147**	**111**	**36**	**227**	**163**	**64**	**305**	**203**	**102**
荔湾区	6	5	1	13	8	5	20	11	9
越秀区	11	5	6	23	15	8	30	21	9
海珠区	22	14	8	17	13	4	34	23	11
天河区	22	17	5	36	26	10	31	20	11
白云区	54	43	11	71	56	15	96	68	28
黄埔区	4	3	1	16	10	6	21	16	5
番禺区	10	9	1	13	8	5	29	18	11
花都区	6	4	2	9	7	2	19	10	9
南沙区	6	6		12	7	5	12	10	2
从化区	1	1		5	5		4	1	3
增城区	5	4	1	12	8	4	9	5	4
韶关市	**9**	**6**	**3**	**21**	**15**	**6**	**26**	**20**	**6**
武江区	2	1	1	4	2	2	13	11	2
浈江区	1		1	10	8	2	5	3	2
曲江区	2	1	1	5	4	1	3	2	1
始兴县									
仁化县									
翁源县									
乳源瑶族自治县									
新丰县									
乐昌市	3	3		2	1	1	4	3	1
南雄市	1	1					1	1	
深圳市	**218**	**145**	**73**	**299**	**223**	**76**	**395**	**276**	**119**
罗湖区	12	7	5	9	6	3	23	12	11
福田区	13	8	5	32	19	13	44	29	15
南山区	16	13	3	24	22	2	38	28	10
宝安区	42	33	9	71	50	21	83	57	26
龙岗区	66	46	20	76	56	20	74	48	26
盐田区	3	1	2	3	2	1	1	1	
龙华区	44	24	20	43	36	7	66	47	19
坪山区	5	2	3	10	7	3	14	12	2
光明区	17	11	6	31	25	6	52	42	10
珠海市	**69**	**48**	**21**	**69**	**55**	**14**	**105**	**78**	**27**
香洲区	50	34	16	46	35	11	60	45	15
斗门区	17	13	4	23	20	3	41	30	11
金湾区	2	1	1				4	3	1
汕头市	**45**	**31**	**14**	**77**	**50**	**27**	**96**	**57**	**39**
龙湖区	6	5	1	11	4	7	15	12	3
金平区	8	5	3	17	11	6	23	15	8
濠江区	3	2	1	11	8	3	8	4	4
潮阳区	9	6	3	12	8	4	23	13	10
潮南区	16	12	4	18	14	4	20	8	12
澄海区	3	1	2	8	5	3	7	5	2
南澳县									
佛山市	**58**	**43**	**15**	**82**	**61**	**21**	**138**	**92**	**46**
禅城区	6	5	1	10	6	4	20	11	9
南海区	23	17	6	24	20	4	47	30	17
顺德区	19	14	5	34	24	10	43	31	12
三水区	7	5	2	11	8	3	24	19	5
高明区	3	2	1	3	3		4	1	3

6-1a　续表 7　　　　单位：人

地　区	20-24岁			25-29岁			30-34岁		
	小计	男	女	小计	男	女	小计	男	女
江门市	**31**	**21**	**10**	**42**	**28**	**14**	**88**	**62**	**26**
蓬江区	5	2	3	13	8	5	21	15	6
江海区	4	2	2	4	2	2	7	5	2
新会区	3	2	1	3	3		5	3	2
台山市	7	6	1	9	6	3	16	12	4
开平市	7	6	1	1	1		17	14	3
鹤山市	2	2		7	6	1	11	6	5
恩平市	3	1	2	5	2	3	11	7	4
湛江市	**19**	**12**	**7**	**39**	**27**	**12**	**63**	**48**	**15**
赤坎区	2	2		4	3	1	9	7	2
霞山区	5	2	3	8	5	3	19	14	5
坡头区	1		1	2	2		2	2	
麻章区	1	1		6	5	1	6	5	1
遂溪县				1		1			
徐闻县									
廉江市	5	3	2	4	2	2	16	14	2
雷州市	1	1		4	2	2	3		3
吴川市	4	3	1	10	8	2	8	6	2
茂名市	**27**	**22**	**5**	**29**	**18**	**11**	**46**	**27**	**19**
茂南区	4	3	1	3	1	2	11	3	8
电白区	3	2	1	6	5	1	8	7	1
高州市	8	6	2	10	6	4	16	10	6
化州市	8	8		5	2	3	8	5	3
信宜市	4	3	1	5	4	1	3	2	1
肇庆市	**21**	**11**	**10**	**23**	**13**	**10**	**31**	**24**	**7**
端州区	6	1	5	8	4	4	13	8	5
鼎湖区	1		1	2	2		1	1	
高要区	1	1		1		1	3	3	
广宁县									
怀集县									
封开县									
德庆县									
四会市	13	9	4	12	7	5	14	12	2
惠州市	**12**	**8**	**4**	**40**	**30**	**10**	**49**	**38**	**11**
惠城区	6	3	3	26	18	8	32	25	7
惠阳区	6	5	1	13	12	1	16	12	4
博罗县				1		1			
惠东县							1	1	
龙门县									
梅州市	**10**	**8**	**2**	**11**	**11**		**17**	**11**	**6**
梅江区	6	5	1	8	8		5	3	2
梅县区	2	1	1	2	2		4	3	1
大埔县									
丰顺县									
五华县									
平远县									
蕉岭县									
兴宁市	2	2		1	1		8	5	3

6-1a 续表 8

单位：人

地　　区	20-24岁			25-29岁			30-34岁		
	小计	男	女	小计	男	女	小计	男	女
汕尾市	**16**	**10**	**6**	**13**	**9**	**4**	**20**	**15**	**5**
城　区	9	6	3	10	6	4	12	8	4
海丰县									
陆河县									
陆丰市	7	4	3	3	3		8	7	1
河源市	**7**	**4**	**3**	**20**	**16**	**4**	**23**	**19**	**4**
源城区	7	4	3	20	16	4	23	19	4
紫金县									
龙川县									
连平县									
和平县									
东源县									
阳江市	**9**	**6**	**3**	**16**	**11**	**5**	**21**	**16**	**5**
江城区	4	3	1	5	1	4	11	11	
阳东区				5	4	1	1		1
阳西县									
阳春市	5	3	2	6	6		9	5	4
清远市	**4**	**4**		**18**	**11**	**7**	**20**	**15**	**5**
清城区	1	1		13	6	7	11	8	3
清新区	2	2		1	1		1	1	
佛冈县									
阳山县									
连山壮族瑶族自治县									
连南瑶族自治县									
英德市				2	2		1	1	
连州市	1	1		2	2		7	5	2
东莞市	**43**	**33**	**10**	**94**	**68**	**26**	**99**	**77**	**22**
市辖区	43	33	10	94	68	26	99	77	22
中山市	**39**	**28**	**11**	**45**	**32**	**13**	**92**	**64**	**28**
市辖区	39	28	11	45	32	13	92	64	28
潮州市	**10**	**5**	**5**	**25**	**18**	**7**	**22**	**18**	**4**
湘桥区	4	3	1	12	9	3	11	7	4
潮安区	6	2	4	13	9	4	11	11	
饶平县									
揭阳市	**41**	**25**	**16**	**55**	**35**	**20**	**35**	**28**	**7**
榕城区	16	10	6	18	9	9	11	9	2
揭东区	10	8	2	18	12	6	8	4	4
揭西县									
惠来县									
普宁市	15	7	8	19	14	5	16	15	1
云浮市	**6**	**6**		**14**	**12**	**2**	**20**	**11**	**9**
云城区	3	3		7	6	1	6	4	2
云安区	1	1		2	2		4	3	1
新兴县									
郁南县									
罗定市	2	2		5	4	1	10	4	6

6-1a　续表 9　　　　单位：人

地　区	35-39岁			40-44岁			45-49岁		
	小计	男	女	小计	男	女	小计	男	女
广　东	**2201**	**1444**	**757**	**3129**	**2210**	**919**	**5619**	**3857**	**1762**
广州市	**424**	**265**	**159**	**656**	**458**	**198**	**1247**	**843**	**404**
荔湾区	41	27	14	45	32	13	114	60	54
越秀区	46	32	14	67	41	26	143	90	53
海珠区	50	27	23	77	53	24	186	128	58
天河区	37	15	22	64	44	20	111	70	41
白云区	111	69	42	151	106	45	257	189	68
黄埔区	27	16	11	45	33	12	74	49	25
番禺区	49	37	12	81	57	24	134	93	41
花都区	32	19	13	44	33	11	90	67	23
南沙区	17	14	3	29	24	5	60	43	17
从化区	4	2	2	21	13	8	31	22	9
增城区	10	7	3	32	22	10	47	32	15
韶关市	**48**	**34**	**14**	**76**	**46**	**30**	**122**	**72**	**50**
武江区	12	6	6	27	15	12	33	19	14
浈江区	14	13	1	25	15	10	31	20	11
曲江区	9	5	4	15	10	5	35	21	14
始兴县									
仁化县									
翁源县									
乳源瑶族自治县									
新丰县									
乐昌市	7	6	1	5	2	3	18	8	10
南雄市	6	4	2	4	4		5	4	1
深圳市	**471**	**313**	**158**	**559**	**396**	**163**	**863**	**603**	**260**
罗湖区	25	13	12	38	26	12	65	38	27
福田区	38	21	17	58	37	21	85	59	26
南山区	34	21	13	57	32	25	101	73	28
宝安区	99	63	36	120	86	34	181	126	55
龙岗区	142	102	40	159	116	43	237	161	76
盐田区	7	1	6	6	4	2	11	9	2
龙华区	68	48	20	68	52	16	79	57	22
坪山区	17	13	4	18	13	5	24	18	6
光明区	41	31	10	35	30	5	80	62	18
珠海市	**123**	**82**	**41**	**159**	**118**	**41**	**273**	**192**	**81**
香洲区	84	52	32	107	74	33	193	131	62
斗门区	37	29	8	46	40	6	65	50	15
金湾区	2	1	1	6	4	2	15	11	4
汕头市	**126**	**74**	**52**	**146**	**102**	**44**	**294**	**200**	**94**
龙湖区	19	11	8	19	16	3	60	41	19
金平区	28	16	12	48	28	20	97	61	36
濠江区	19	13	6	15	11	4	23	14	9
潮阳区	15	5	10	27	20	7	31	25	6
潮南区	30	16	14	23	16	7	53	42	11
澄海区	15	13	2	14	11	3	30	17	13
南澳县									
佛山市	**210**	**119**	**91**	**291**	**196**	**95**	**588**	**422**	**166**
禅城区	24	14	10	48	35	13	90	62	28
南海区	75	41	34	83	49	34	197	143	54
顺德区	78	40	38	112	76	36	197	133	64
三水区	14	10	4	28	22	6	60	48	12
高明区	19	14	5	20	14	6	44	36	8

6−1a 续表 10 单位：人

地　区	35−39岁			40−44岁			45−49岁		
	小计	男	女	小计	男	女	小计	男	女
江门市	**90**	**66**	**24**	**172**	**115**	**57**	**333**	**226**	**107**
蓬江区	26	16	10	45	26	19	94	63	31
江海区	11	8	3	13	10	3	39	27	12
新会区	12	11	1	22	12	10	42	25	17
台山市	15	11	4	38	30	8	53	40	13
开平市	13	11	2	25	17	8	46	30	16
鹤山市	6	4	2	20	14	6	37	28	9
恩平市	7	5	2	9	6	3	22	13	9
湛江市	**62**	**44**	**18**	**109**	**81**	**28**	**159**	**113**	**46**
赤坎区	9	5	4	16	11	5	31	20	11
霞山区	18	9	9	32	25	7	60	44	16
坡头区	1	1					3	1	2
麻章区	5	4	1	5	4	1	5	3	2
遂溪县	1	1		1		1	3	3	
徐闻县									
廉江市	10	10		20	17	3	23	16	7
雷州市	8	7	1	15	11	4	14	13	1
吴川市	10	7	3	20	13	7	20	13	7
茂名市	**71**	**49**	**22**	**100**	**75**	**25**	**174**	**104**	**70**
茂南区	19	14	5	25	19	6	48	31	17
电白区	7	4	3	19	14	5	25	10	15
高州市	20	14	6	24	20	4	47	31	16
化州市	16	10	6	22	15	7	25	17	8
信宜市	9	7	2	10	7	3	29	15	14
肇庆市	**40**	**31**	**9**	**92**	**70**	**22**	**163**	**116**	**47**
端州区	15	11	4	46	35	11	83	55	28
鼎湖区	5	3	2	6	5	1	12	9	3
高要区	1	1		7	5	2	5	5	
广宁县									
怀集县									
封开县									
德庆县									
四会市	19	16	3	33	25	8	63	47	16
惠州市	**69**	**51**	**18**	**82**	**58**	**24**	**142**	**96**	**46**
惠城区	33	28	5	49	32	17	89	55	34
惠阳区	36	23	13	32	25	7	53	41	12
博罗县									
惠东县				1	1				
龙门县									
梅州市	**27**	**21**	**6**	**45**	**31**	**14**	**77**	**53**	**24**
梅江区	9	9		25	16	9	38	24	14
梅县区	5	4	1	2	1	1	15	12	3
大埔县									
丰顺县									
五华县	1	1					5	4	1
平远县									
蕉岭县									
兴宁市	12	7	5	18	14	4	19	13	6

6-1a　续表 11　　单位：人

地　区	35-39岁			40-44岁			45-49岁		
	小计	男	女	小计	男	女	小计	男	女
汕尾市	**23**	**20**	**3**	**19**	**15**	**4**	**57**	**35**	**22**
城　区	20	19	1	12	9	3	42	25	17
海丰县									
陆河县									
陆丰市	3	1	2	7	6	1	15	10	5
河源市	**34**	**21**	**13**	**49**	**35**	**14**	**73**	**55**	**18**
源城区	34	21	13	49	35	14	73	55	18
紫金县									
龙川县									
连平县									
和平县									
东源县									
阳江市	**30**	**21**	**9**	**69**	**53**	**16**	**99**	**64**	**35**
江城区	8	7	1	37	26	11	50	32	18
阳东区	7	5	2	5	4	1	14	11	3
阳西县									
阳春市	15	9	6	27	23	4	35	21	14
清远市	**40**	**30**	**10**	**59**	**44**	**15**	**87**	**59**	**28**
清城区	18	13	5	29	20	9	42	25	17
清新区	11	9	2	15	11	4	7	5	2
佛冈县									
阳山县									
连山壮族瑶族自治县									
连南瑶族自治县									
英德市	5	4	1	6	5	1	15	12	3
连州市	6	4	2	9	8	1	23	17	6
东莞市	**132**	**85**	**47**	**172**	**126**	**46**	**296**	**210**	**86**
市辖区	132	85	47	172	126	46	296	210	86
中山市	**94**	**58**	**36**	**129**	**90**	**39**	**282**	**209**	**73**
市辖区	94	58	36	129	90	39	282	209	73
潮州市	**27**	**19**	**8**	**51**	**34**	**17**	**93**	**65**	**28**
湘桥区	14	10	4	19	12	7	46	28	18
潮安区	13	9	4	32	22	10	47	37	10
饶平县									
揭阳市	**39**	**27**	**12**	**58**	**44**	**14**	**138**	**82**	**56**
榕城区	14	11	3	17	13	4	48	29	19
揭东区	10	5	5	13	10	3	30	18	12
揭西县									
惠来县									
普宁市	15	11	4	28	21	7	60	35	25
云浮市	**21**	**14**	**7**	**36**	**23**	**13**	**59**	**38**	**21**
云城区	7	4	3	21	15	6	31	20	11
云安区	3	2	1	2	1	1	5	3	2
新兴县									
郁南县									
罗定市	11	8	3	13	7	6	23	15	8

6-1a 续表 12

单位：人

地　　区	50-54岁			55-59岁			60-64岁		
	小计	男	女	小计	男	女	小计	男	女
广　东	**7695**	**5366**	**2329**	**10183**	**7154**	**3029**	**12707**	**8809**	**3898**
广州市	**1580**	**1106**	**474**	**2622**	**1855**	**767**	**3350**	**2416**	**934**
荔湾区	190	138	52	373	258	115	554	401	153
越秀区	220	157	63	461	343	118	648	486	162
海珠区	212	143	69	436	312	124	629	472	157
天河区	134	99	35	203	140	63	209	141	68
白云区	334	243	91	443	308	135	541	390	151
黄埔区	93	63	30	138	97	41	116	85	31
番禺区	156	107	49	238	162	76	285	201	84
花都区	100	66	34	125	87	38	147	93	54
南沙区	47	34	13	86	63	23	89	59	30
从化区	41	26	15	48	34	14	41	29	12
增城区	53	30	23	71	51	20	91	59	32
韶关市	**212**	**141**	**71**	**320**	**243**	**77**	**331**	**229**	**102**
武江区	68	42	26	90	74	16	93	68	25
浈江区	56	37	19	122	86	36	117	78	39
曲江区	41	26	15	48	37	11	53	37	16
始兴县									
仁化县									
翁源县									
乳源瑶族自治县									
新丰县									
乐昌市	26	20	6	39	31	8	47	33	14
南雄市	21	16	5	21	15	6	21	13	8
深圳市	**984**	**694**	**290**	**957**	**692**	**265**	**1056**	**720**	**336**
罗湖区	74	58	16	99	67	32	104	75	29
福田区	119	78	41	129	92	37	157	107	50
南山区	169	105	64	143	102	41	160	119	41
宝安区	178	131	47	144	106	38	161	110	51
龙岗区	252	178	74	251	181	70	287	183	104
盐田区	15	8	7	24	17	7	18	14	4
龙华区	87	65	22	98	70	28	80	52	28
坪山区	26	22	4	16	15	1	32	22	10
光明区	64	49	15	53	42	11	57	38	19
珠海市	**317**	**229**	**88**	**357**	**254**	**103**	**412**	**286**	**126**
香洲区	223	158	65	247	170	77	261	188	73
斗门区	86	65	21	100	78	22	133	85	48
金湾区	8	6	2	10	6	4	18	13	5
汕头市	**498**	**319**	**179**	**737**	**525**	**212**	**1109**	**737**	**372**
龙湖区	100	54	46	103	72	31	200	136	64
金平区	178	113	65	361	252	109	483	320	163
濠江区	41	32	9	39	33	6	74	52	22
潮阳区	64	42	22	92	66	26	119	80	39
潮南区	71	54	17	85	58	27	129	82	47
澄海区	44	24	20	57	44	13	104	67	37
南澳县									
佛山市	**846**	**630**	**216**	**1042**	**763**	**279**	**1354**	**942**	**412**
禅城区	133	94	39	183	139	44	225	153	72
南海区	277	202	75	314	227	87	437	282	155
顺德区	319	241	78	371	269	102	506	373	133
三水区	72	59	13	94	64	30	80	57	23
高明区	45	34	11	80	64	16	106	77	29

6-1a　续表 13　　　　单位：人

地　区	50-54岁			55-59岁			60-64岁		
	小计	男	女	小计	男	女	小计	男	女
江门市	**420**	**284**	**136**	**680**	**456**	**224**	**732**	**487**	**245**
蓬江区	113	79	34	211	148	63	193	126	67
江海区	39	29	10	58	36	22	65	44	21
新会区	63	38	25	113	79	34	110	76	34
台山市	72	52	20	104	66	38	150	96	54
开平市	60	36	24	83	60	23	89	57	32
鹤山市	34	29	5	47	32	15	51	38	13
恩平市	39	21	18	64	35	29	74	50	24
湛江市	**235**	**170**	**65**	**273**	**181**	**92**	**388**	**270**	**118**
赤坎区	47	33	14	54	35	19	63	47	16
霞山区	88	67	21	87	60	27	129	85	44
坡头区	2	1	1	6	3	3	14	5	9
麻章区	23	14	9	11	7	4	34	26	8
遂溪县	3	2	1	7	5	2	8	3	5
徐闻县									
廉江市	23	19	4	47	32	15	42	32	10
雷州市	17	15	2	19	12	7	27	20	7
吴川市	32	19	13	42	27	15	71	52	19
茂名市	**292**	**191**	**101**	**311**	**209**	**102**	**367**	**241**	**126**
茂南区	82	56	26	73	48	25	83	51	32
电白区	25	17	8	36	21	15	47	35	12
高州市	98	68	30	98	67	31	117	79	38
化州市	38	21	17	58	40	18	65	40	25
信宜市	49	29	20	46	33	13	55	36	19
肇庆市	**198**	**142**	**56**	**241**	**172**	**69**	**286**	**192**	**94**
端州区	97	62	35	114	80	34	156	90	66
鼎湖区	14	11	3	22	18	4	18	17	1
高要区	12	9	3	19	11	8	14	10	4
广宁县									
怀集县									
封开县									
德庆县									
四会市	75	60	15	86	63	23	98	75	23
惠州市	**182**	**120**	**62**	**211**	**143**	**68**	**249**	**172**	**77**
惠城区	113	74	39	135	91	44	171	115	56
惠阳区	68	46	22	73	50	23	75	54	21
博罗县							3	3	
惠东县	1		1	3	2	1			
龙门县									
梅州市	**87**	**54**	**33**	**153**	**105**	**48**	**189**	**125**	**64**
梅江区	48	29	19	87	60	27	100	69	31
梅县区	12	8	4	16	11	5	18	12	6
大埔县									
丰顺县									
五华县	2	1	1	6	4	2	9	6	3
平远县									
蕉岭县									
兴宁市	25	16	9	44	30	14	62	38	24

6-1a 续表 14

单位：人

地区	50-54岁			55-59岁			60-64岁		
	小计	男	女	小计	男	女	小计	男	女
汕尾市	**106**	**85**	**21**	**115**	**76**	**39**	**147**	**107**	**40**
城　区	65	51	14	71	43	28	91	72	19
海丰县									
陆河县									
陆丰市	41	34	7	44	33	11	56	35	21
河源市	**120**	**91**	**29**	**113**	**86**	**27**	**151**	**116**	**35**
源城区	120	91	29	113	86	27	151	116	35
紫金县									
龙川县									
连平县									
和平县									
东源县									
阳江市	**141**	**100**	**41**	**195**	**141**	**54**	**185**	**120**	**65**
江城区	69	46	23	89	62	27	84	53	31
阳东区	21	15	6	29	23	6	25	20	5
阳西县									
阳春市	51	39	12	77	56	21	76	47	29
清远市	**151**	**111**	**40**	**208**	**148**	**60**	**253**	**184**	**69**
清城区	78	61	17	92	70	22	124	90	34
清新区	21	15	6	37	20	17	41	31	10
佛冈县									
阳山县									
连山壮族瑶族自治县									
连南瑶族自治县									
英德市	14	8	6	26	18	8	30	22	8
连州市	38	27	11	53	40	13	58	41	17
东莞市	**392**	**283**	**109**	**445**	**312**	**133**	**557**	**373**	**184**
市辖区	392	283	109	445	312	133	557	373	184
中山市	**395**	**285**	**110**	**462**	**321**	**141**	**530**	**373**	**157**
市辖区	395	285	110	462	321	141	530	373	157
潮州市	**195**	**124**	**71**	**274**	**174**	**100**	**418**	**272**	**146**
湘桥区	92	60	32	133	77	56	205	126	79
潮安区	103	64	39	141	97	44	213	146	67
饶平县									
揭阳市	**229**	**136**	**93**	**311**	**203**	**108**	**467**	**325**	**142**
榕城区	79	44	35	137	94	43	169	104	65
揭东区	67	43	24	94	59	35	163	118	45
揭西县									
惠来县									
普宁市	83	49	34	80	50	30	135	103	32
云浮市	**115**	**71**	**44**	**156**	**95**	**61**	**176**	**122**	**54**
云城区	57	36	21	67	45	22	86	60	26
云安区	11	6	5	18	11	7	16	12	4
新兴县									
郁南县									
罗定市	47	29	18	71	39	32	74	50	24

6−1a 续表 15

单位：人

地 区	65−69岁			70−74岁			75−79岁		
	小计	男	女	小计	男	女	小计	男	女
广 东	**16541**	**11037**	**5504**	**18492**	**11967**	**6525**	**19663**	**11656**	**8007**
广州市	**4118**	**2801**	**1317**	**4309**	**2811**	**1498**	**4757**	**2746**	**2011**
荔湾区	630	423	207	565	377	188	624	384	240
越秀区	733	501	232	765	506	259	830	472	358
海珠区	725	521	204	783	519	264	826	459	367
天河区	285	187	98	344	214	130	404	244	160
白云区	608	408	200	654	409	245	743	408	335
黄埔区	188	125	63	188	115	73	232	146	86
番禺区	376	260	116	393	268	125	431	250	181
花都区	244	144	100	273	179	94	294	170	124
南沙区	103	74	29	111	69	42	128	84	44
从化区	91	66	25	81	55	26	84	46	38
增城区	135	92	43	152	100	52	161	83	78
韶关市	**445**	**302**	**143**	**571**	**374**	**197**	**730**	**439**	**291**
武江区	146	96	50	144	89	55	167	87	80
浈江区	138	89	49	202	135	67	285	176	109
曲江区	67	51	16	108	72	36	154	109	45
始兴县									
仁化县									
翁源县									
乳源瑶族自治县									
新丰县									
乐昌市	69	49	20	62	38	24	73	48	25
南雄市	25	17	8	55	40	15	51	19	32
深圳市	**1345**	**871**	**474**	**1374**	**892**	**482**	**1462**	**861**	**601**
罗湖区	158	98	60	165	106	59	173	100	73
福田区	173	116	57	195	125	70	253	148	105
南山区	218	131	87	245	139	106	293	162	131
宝安区	196	125	71	192	128	64	220	125	95
龙岗区	350	238	112	314	218	96	301	197	104
盐田区	20	14	6	40	24	16	33	10	23
龙华区	149	97	52	127	86	41	104	70	34
坪山区	31	21	10	45	31	14	31	12	19
光明区	50	31	19	51	35	16	54	37	17
珠海市	**508**	**355**	**153**	**536**	**367**	**169**	**559**	**334**	**225**
香洲区	333	235	98	356	242	114	367	217	150
斗门区	145	104	41	156	109	47	176	107	69
金湾区	30	16	14	24	16	8	16	10	6
汕头市	**1357**	**905**	**452**	**1460**	**918**	**542**	**1417**	**818**	**599**
龙湖区	247	160	87	248	158	90	243	135	108
金平区	561	395	166	603	378	225	602	367	235
濠江区	89	56	33	119	75	44	70	34	36
潮阳区	176	105	71	186	111	75	184	110	74
潮南区	167	105	62	171	115	56	191	105	86
澄海区	117	84	33	133	81	52	127	67	60
南澳县									
佛山市	**1872**	**1258**	**614**	**2269**	**1469**	**800**	**2340**	**1346**	**994**
禅城区	288	200	88	385	248	137	466	275	191
南海区	691	438	253	779	498	281	807	468	339
顺德区	676	472	204	779	512	267	721	393	328
三水区	123	83	40	186	116	70	193	110	83
高明区	94	65	29	140	95	45	153	100	53

6-1a 续表 16 单位：人

地　区	65-69岁			70-74岁			75-79岁		
	小计	男	女	小计	男	女	小计	男	女
江门市	**991**	**653**	**338**	**1300**	**832**	**468**	**1191**	**731**	**460**
蓬江区	261	165	96	373	242	131	301	187	114
江海区	77	51	26	108	60	48	85	52	33
新会区	149	94	55	194	125	69	231	144	87
台山市	213	149	64	221	160	61	197	127	70
开平市	130	84	46	181	97	84	144	79	65
鹤山市	70	49	21	108	73	35	108	59	49
恩平市	91	61	30	115	75	40	125	83	42
湛江市	**438**	**275**	**163**	**615**	**403**	**212**	**753**	**466**	**287**
赤坎区	81	46	35	115	76	39	116	66	50
霞山区	155	96	59	206	135	71	293	171	122
坡头区	14	10	4	22	17	5	22	13	9
麻章区	25	17	8	41	28	13	47	32	15
遂溪县	6	4	2	13	7	6	20	14	6
徐闻县									
廉江市	41	27	14	82	57	25	97	71	26
雷州市	35	26	9	30	16	14	20	14	6
吴川市	81	49	32	106	67	39	138	85	53
茂名市	**479**	**292**	**187**	**629**	**369**	**260**	**692**	**436**	**256**
茂南区	109	60	49	181	101	80	223	135	88
电白区	52	35	17	67	36	31	55	38	17
高州市	167	105	62	177	99	78	203	128	75
化州市	82	50	32	116	74	42	114	70	44
信宜市	69	42	27	88	59	29	97	65	32
肇庆市	**372**	**244**	**128**	**456**	**289**	**167**	**577**	**358**	**219**
端州区	207	137	70	279	177	102	357	223	134
鼎湖区	30	22	8	37	24	13	59	32	27
高要区	20	14	6	30	17	13	30	18	12
广宁县									
怀集县									
封开县									
德庆县									
四会市	115	71	44	110	71	39	131	85	46
惠州市	**307**	**213**	**94**	**320**	**213**	**107**	**323**	**190**	**133**
惠城区	203	135	68	205	136	69	235	141	94
惠阳区	103	77	26	110	74	36	81	45	36
博罗县	1	1		2	2		3	1	2
惠东县				3	1	2	4	3	1
龙门县									
梅州市	**327**	**227**	**100**	**352**	**234**	**118**	**353**	**227**	**126**
梅江区	181	123	58	180	110	70	205	134	71
梅县区	39	28	11	56	44	12	37	27	10
大埔县									
丰顺县									
五华县	13	7	6	14	11	3	14	11	3
平远县									
蕉岭县									
兴宁市	94	69	25	102	69	33	97	55	42

6−1a　续表 17　　单位：人

地　区	65−69岁			70−74岁			75−79岁		
	小计	男	女	小计	男	女	小计	男	女
汕尾市	**222**	**168**	**54**	**226**	**153**	**73**	**191**	**120**	**71**
城　区	136	103	33	151	107	44	114	76	38
海丰县									
陆河县									
陆丰市	86	65	21	75	46	29	77	44	33
河源市	**177**	**115**	**62**	**188**	**134**	**54**	**240**	**145**	**95**
源城区	177	115	62	188	134	54	240	145	95
紫金县									
龙川县									
连平县									
和平县									
东源县									
阳江市	**262**	**163**	**99**	**319**	**192**	**127**	**407**	**248**	**159**
江城区	118	78	40	152	92	60	192	109	83
阳东区	46	23	23	44	33	11	58	41	17
阳西县									
阳春市	98	62	36	123	67	56	157	98	59
清远市	**327**	**223**	**104**	**374**	**248**	**126**	**440**	**280**	**160**
清城区	182	125	57	216	141	75	239	140	99
清新区	46	30	16	35	23	12	50	34	16
佛冈县									
阳山县									
连山壮族瑶族自治县									
连南瑶族自治县									
英德市	32	21	11	29	16	13	40	23	17
连州市	67	47	20	94	68	26	111	83	28
东莞市	**773**	**521**	**252**	**879**	**547**	**332**	**1038**	**595**	**443**
市辖区	773	521	252	879	547	332	1038	595	443
中山市	**716**	**511**	**205**	**777**	**492**	**285**	**740**	**428**	**312**
市辖区	716	511	205	777	492	285	740	428	312
潮州市	**551**	**341**	**210**	**610**	**398**	**212**	**445**	**259**	**186**
湘桥区	252	152	100	318	210	108	221	136	85
潮安区	299	189	110	292	188	104	224	123	101
饶平县									
揭阳市	**686**	**427**	**259**	**657**	**438**	**219**	**699**	**436**	**263**
榕城区	282	176	106	287	185	102	277	175	102
揭东区	202	129	73	166	121	45	212	136	76
揭西县									
惠来县									
普宁市	202	122	80	204	132	72	210	125	85
云浮市	**268**	**172**	**96**	**271**	**194**	**77**	**309**	**193**	**116**
云城区	123	82	41	127	97	30	152	87	65
云安区	23	17	6	24	19	5	13	10	3
新兴县									
郁南县									
罗定市	122	73	49	120	78	42	144	96	48

6-1a 续表 18 单位：人

地　区	80-84岁			85-89岁			90岁及以上		
	小计	男	女	小计	男	女	小计	男	女
广　东	**26996**	**14711**	**12285**	**25890**	**12055**	**13835**	**20016**	**7276**	**12740**
广州市	**7310**	**3939**	**3371**	**7900**	**3633**	**4267**	**6212**	**2387**	**3825**
荔湾区	1087	575	512	1313	549	764	1128	405	723
越秀区	1523	788	735	1896	903	993	1502	636	866
海珠区	1390	734	656	1567	734	833	1220	497	723
天河区	662	376	286	496	277	219	396	174	222
白云区	1021	548	473	1095	464	631	805	286	519
黄埔区	322	186	136	231	119	112	186	74	112
番禺区	500	270	230	541	242	299	430	135	295
花都区	313	191	122	325	133	192	220	69	151
南沙区	165	93	72	130	53	77	129	40	89
从化区	125	67	58	91	46	45	54	17	37
增城区	202	111	91	215	113	102	142	54	88
韶关市	**866**	**498**	**368**	**667**	**346**	**321**	**351**	**123**	**228**
武江区	261	148	113	197	112	85	106	38	68
浈江区	329	186	143	263	131	132	135	52	83
曲江区	137	80	57	74	44	30	51	13	38
始兴县									
仁化县									
翁源县									
乳源瑶族自治县									
新丰县									
乐昌市	86	56	30	72	35	37	28	10	18
南雄市	53	28	25	61	24	37	31	10	21
深圳市	**1932**	**1100**	**832**	**1518**	**789**	**729**	**1092**	**378**	**714**
罗湖区	241	137	104	203	127	76	122	55	67
福田区	406	243	163	245	140	105	136	59	77
南山区	381	225	156	242	144	98	135	47	88
宝安区	246	143	103	267	126	141	210	75	135
龙岗区	380	211	169	311	138	173	272	77	195
盐田区	46	19	27	36	16	20	35	13	22
龙华区	114	71	43	96	49	47	94	29	65
坪山区	39	16	23	41	19	22	36	6	30
光明区	79	35	44	77	30	47	52	17	35
珠海市	**810**	**448**	**362**	**648**	**337**	**311**	**469**	**213**	**256**
香洲区	605	333	272	418	219	199	275	124	151
斗门区	178	102	76	202	101	101	160	67	93
金湾区	27	13	14	28	17	11	34	22	12
汕头市	**1962**	**1000**	**962**	**2016**	**902**	**1114**	**1437**	**491**	**946**
龙湖区	342	186	156	305	146	159	198	78	120
金平区	818	410	408	890	383	507	654	229	425
濠江区	121	58	63	135	58	77	123	30	93
潮阳区	246	126	120	250	121	129	157	46	111
潮南区	253	120	133	235	102	133	183	58	125
澄海区	182	100	82	201	92	109	122	50	72
南澳县									
佛山市	**2919**	**1546**	**1373**	**2599**	**1105**	**1494**	**2360**	**731**	**1629**
禅城区	655	336	319	620	284	336	476	149	327
南海区	896	522	374	790	372	418	813	263	550
顺德区	989	485	504	871	321	550	771	208	563
三水区	204	106	98	176	71	105	154	56	98
高明区	175	97	78	142	57	85	146	55	91

6−1a　续表 19　　　　单位：人

地　　区	80−84岁			85−89岁			90岁及以上		
	小计	男	女	小计	男	女	小计	男	女
江门市	**1770**	**980**	**790**	**1624**	**769**	**855**	**1179**	**418**	**761**
蓬江区	514	264	250	451	209	242	333	111	222
江海区	126	63	63	136	50	86	88	28	60
新会区	344	189	155	328	139	189	276	100	176
台山市	285	164	121	270	134	136	206	64	142
开平市	200	121	79	178	91	87	127	41	86
鹤山市	140	89	51	141	80	61	87	41	46
恩平市	161	90	71	120	66	54	62	33	29
湛江市	**936**	**556**	**380**	**862**	**474**	**388**	**642**	**295**	**347**
赤坎区	172	97	75	188	93	95	137	60	77
霞山区	336	199	137	277	173	104	194	96	98
坡头区	29	20	9	12	8	4	13	7	6
麻章区	43	23	20	63	39	24	52	20	32
遂溪县	25	13	12	26	13	13	22	10	12
徐闻县									
廉江市	118	86	32	114	55	59	92	46	46
雷州市	60	38	22	23	12	11	22	6	16
吴川市	153	80	73	159	81	78	110	50	60
茂名市	**858**	**530**	**328**	**706**	**395**	**311**	**555**	**270**	**285**
茂南区	305	203	102	195	114	81	137	65	72
电白区	89	45	44	95	58	37	77	35	42
高州市	236	140	96	217	113	104	153	71	82
化州市	144	93	51	127	67	60	139	72	67
信宜市	84	49	35	72	43	29	49	27	22
肇庆市	**642**	**373**	**269**	**546**	**267**	**279**	**390**	**156**	**234**
端州区	397	241	156	311	160	151	221	89	132
鼎湖区	29	18	11	47	21	26	38	16	22
高要区	29	16	13	23	11	12	32	17	15
广宁县									
怀集县									
封开县									
德庆县									
四会市	187	98	89	165	75	90	99	34	65
惠州市	**510**	**282**	**228**	**495**	**242**	**253**	**385**	**142**	**243**
惠城区	332	191	141	321	173	148	224	97	127
惠阳区	174	89	85	164	61	103	154	43	111
博罗县	1	1		3	3		1	1	
惠东县	3	1	2	7	5	2	6	1	5
龙门县									
梅州市	**501**	**249**	**252**	**510**	**234**	**276**	**410**	**132**	**278**
梅江区	312	157	155	275	144	131	200	74	126
梅县区	66	36	30	77	39	38	73	26	47
大埔县									
丰顺县									
五华县	15	6	9	22	7	15	10	3	7
平远县									
蕉岭县									
兴宁市	108	50	58	136	44	92	127	29	98

6-1a 续表 20 单位：人

地区	80-84岁			85-89岁			90岁及以上		
	小计	男	女	小计	男	女	小计	男	女
汕尾市	**269**	**142**	**127**	**273**	**132**	**141**	**153**	**67**	**86**
城　区	158	82	76	144	65	79	80	30	50
海丰县									
陆河县									
陆丰市	111	60	51	129	67	62	73	37	36
河源市	**341**	**188**	**153**	**303**	**123**	**180**	**185**	**62**	**123**
源城区	341	188	153	303	123	180	185	62	123
紫金县									
龙川县									
连平县									
和平县									
东源县									
阳江市	**454**	**247**	**207**	**435**	**194**	**241**	**355**	**134**	**221**
江城区	238	130	108	239	107	132	172	66	106
阳东区	64	31	33	54	23	31	92	28	64
阳西县									
阳春市	152	86	66	142	64	78	91	40	51
清远市	**508**	**280**	**228**	**468**	**221**	**247**	**313**	**112**	**201**
清城区	303	156	147	279	144	135	195	71	124
清新区	39	23	16	54	19	35	40	11	29
佛冈县									
阳山县									
连山壮族瑶族自治县									
连南瑶族自治县									
英德市	52	39	13	45	17	28	25	10	15
连州市	114	62	52	90	41	49	53	20	33
东莞市	**1384**	**784**	**600**	**1537**	**649**	**888**	**1306**	**397**	**909**
市辖区	1384	784	600	1537	649	888	1306	397	909
中山市	**1036**	**544**	**492**	**936**	**409**	**527**	**804**	**266**	**538**
市辖区	1036	544	492	936	409	527	804	266	538
潮州市	**763**	**386**	**377**	**752**	**346**	**406**	**591**	**197**	**394**
湘桥区	388	186	202	396	193	203	295	109	186
潮安区	375	200	175	356	153	203	296	88	208
饶平县									
揭阳市	**848**	**436**	**412**	**803**	**365**	**438**	**596**	**240**	**356**
榕城区	351	174	177	317	151	166	238	85	153
揭东区	238	116	122	225	89	136	181	66	115
揭西县									
惠来县									
普宁市	259	146	113	261	125	136	177	89	88
云浮市	**377**	**203**	**174**	**292**	**123**	**169**	**231**	**65**	**166**
云城区	185	108	77	131	52	79	104	20	84
云安区	38	17	21	34	12	22	32	12	20
新兴县									
郁南县									
罗定市	154	78	76	127	59	68	95	33	62

6-1b　各地区分年龄、性别的死亡人口
(2019.11.1-2020.10.31)(镇)

单位：人

地　区	死亡人口			0岁			1-4岁		
	合计	男	女	小计	男	女	小计	男	女
广　东	**86505**	**51681**	**34824**	**228**	**146**	**82**	**176**	**96**	**80**
广州市	**3680**	**2172**	**1508**	**12**	**6**	**6**	**10**	**3**	**7**
荔湾区									
越秀区									
海珠区									
天河区									
白云区	754	450	304	5	2	3	1		1
黄埔区	35	23	12						
番禺区	196	104	92				1		1
花都区	328	200	128						
南沙区	727	429	298	4	3	1	4	1	3
从化区	279	198	81				1		1
增城区	1361	768	593	3	1	2	3	2	1
韶关市	**4979**	**2987**	**1992**	**18**	**10**	**8**	**11**	**6**	**5**
武江区	100	38	62				1		1
浈江区	492	296	196	2	2				
曲江区	394	236	158	1		1			
始兴县	459	284	175	3	3				
仁化县	493	279	214	3	1	2			
翁源县	782	461	321	2	1	1	5	5	
乳源瑶族自治县	401	247	154	1		1	2		2
新丰县	346	207	139	2		2	1		1
乐昌市	1047	662	385	4	3	1	1	1	
南雄市	465	277	188				1		1
深圳市									
罗湖区									
福田区									
南山区									
宝安区									
龙岗区									
盐田区									
龙华区									
坪山区									
光明区									
珠海市	**644**	**401**	**243**	**2**	**1**	**1**	**3**	**1**	**2**
香洲区	46	27	19	1	1				
斗门区	301	193	108	1		1	1	1	
金湾区	297	181	116				2		2
汕头市	**6719**	**3786**	**2933**	**11**	**6**	**5**	**9**	**5**	**4**
龙湖区									
金平区									
濠江区	32	13	19						
潮阳区	2457	1424	1033	4		4	4	3	1
潮南区	1527	847	680	4	4		1	1	
澄海区	2229	1236	993	2	1	1	3	1	2
南澳县	474	266	208	1	1		1		1
佛山市	**1770**	**999**	**771**	**10**	**8**	**2**	**4**	**2**	**2**
禅城区	548	311	237	1		1	1	1	
南海区	105	54	51	1	1				
顺德区									
三水区	929	529	400	7	6	1	3	1	2
高明区	188	105	83	1	1				

6-1b 续表 1

单位：人

地区	死亡人口			0岁			1-4岁		
	合计	男	女	小计	男	女	小计	男	女
江门市	**3317**	**2029**	**1288**	**7**	**6**	**1**	**4**	**3**	**1**
蓬江区									
江海区									
新会区	850	530	320	1	1		1		1
台山市	1046	617	429	4	3	1			
开平市	606	381	225	1	1		3	3	
鹤山市	483	281	202	1	1				
恩平市	332	220	112						
湛江市	**5338**	**3302**	**2036**	**15**	**9**	**6**	**9**	**6**	**3**
赤坎区									
霞山区	10	5	5						
坡头区	258	156	102				2	2	
麻章区	279	163	116	1	1				
遂溪县	1031	631	400	4	2	2	1		1
徐闻县	657	479	178	1	1		1	1	
廉江市	1797	1061	736	7	3	4	4	2	2
雷州市	453	290	163				1	1	
吴川市	853	517	336	2	2				
茂名市	**6176**	**3763**	**2413**	**19**	**11**	**8**	**20**	**10**	**10**
茂南区	158	85	73	1	1		3	2	1
电白区	1481	899	582	4	2	2	3	2	1
高州市	2309	1390	919	7	2	5	2		2
化州市	1223	748	475	4	4		5	3	2
信宜市	1005	641	364	3	2	1	7	3	4
肇庆市	**5728**	**3505**	**2223**	**12**	**6**	**6**	**10**	**7**	**3**
端州区									
鼎湖区	186	110	76	1	1				
高要区	1261	724	537				2	2	
广宁县	1326	836	490	3		3	1		1
怀集县	1287	806	481	5	4	1	5	3	2
封开县	559	341	218						
德庆县	656	419	237	1	1		2	2	
四会市	453	269	184	2		2			
惠州市	**4008**	**2255**	**1753**	**10**	**6**	**4**	**9**	**5**	**4**
惠城区	224	134	90						
惠阳区	292	180	112	2	2				
博罗县	2119	1146	973	3	1	2	6	3	3
惠东县	779	437	342	1		1	1	1	
龙门县	594	358	236	4	3	1	2	1	1
梅州市	**8698**	**5295**	**3403**	**19**	**17**	**2**	**11**	**8**	**3**
梅江区	58	36	22						
梅县区	970	573	397						
大埔县	1179	717	462				2	1	1
丰顺县	1539	937	602	7	5	2	3	2	1
五华县	2301	1409	892	12	12		2	1	1
平远县	748	474	274						
蕉岭县	778	464	314				1	1	
兴宁市	1125	685	440				3	3	

6-1b　续表 2　　　　单位：人

地　区	死亡人口			0岁			1-4岁		
	合计	男	女	小计	男	女	小计	男	女
汕尾市	**4477**	**2692**	**1785**	**4**	**1**	**3**	**7**	**5**	**2**
城　区	330	212	118						
海丰县	1637	955	682	1	1		1	1	
陆河县	672	419	253				4	3	1
陆丰市	1838	1106	732	3		3	2	1	1
河源市	**3648**	**2221**	**1427**	**11**	**7**	**4**	**12**	**5**	**7**
源城区	13	6	7						
紫金县	590	363	227	4	4		1		1
龙川县	760	488	272	2		2	3	1	2
连平县	956	551	405	4	2	2	2	1	1
和平县	832	530	302				3	2	1
东源县	497	283	214	1	1		3	1	2
阳江市	**2763**	**1710**	**1053**	**4**	**4**		**7**	**3**	**4**
江城区	428	250	178	1	1				
阳东区	541	320	221	2	2		2	1	1
阳西县	775	515	260				3	2	1
阳春市	1019	625	394	1	1		2		2
清远市	**6258**	**3770**	**2488**	**14**	**7**	**7**	**16**	**7**	**9**
清城区	1335	757	578	4	1	3	1		1
清新区	623	392	231	1	1				
佛冈县	883	552	331	2		2	5	3	2
阳山县	1015	638	377	3	1	2	2		2
连山壮族瑶族自治县	328	203	125	1	1				
连南瑶族自治县	287	183	104	1	1				
英德市	1446	863	583	2	2		4	2	2
连州市	341	182	159				4	2	2
东莞市	**141**	**67**	**74**						
市辖区	141	67	74						
中山市	**2875**	**1728**	**1147**	**15**	**12**	**3**	**6**	**5**	**1**
市辖区	2875	1728	1147	15	12	3	6	5	1
潮州市	**4672**	**2637**	**2035**	**8**	**4**	**4**	**5**	**2**	**3**
湘桥区	522	276	246	1		1			
潮安区	1723	976	747	4	3	1	1		1
饶平县	2427	1385	1042	3	1	2	4	2	2
揭阳市	**7162**	**4288**	**2874**	**28**	**20**	**8**	**9**	**4**	**5**
榕城区	542	315	227	1		1	1	1	
揭东区	1547	891	656	1	1		3	2	1
揭西县	1709	1041	668	13	13		1	1	
惠来县	1360	812	548	1	1		1		1
普宁市	2004	1229	775	12	5	7	3		3
云浮市	**3452**	**2074**	**1378**	**9**	**5**	**4**	**14**	**9**	**5**
云城区	72	48	24						
云安区	337	176	161	1		1	4	3	1
新兴县	974	569	405	2	2		1		1
郁南县	1202	730	472	3	2	1	4	2	2
罗定市	867	551	316	3	1	2	5	4	1

6–1b 续表 3 单位：人

地 区	5–9岁			10–14岁			15–19岁		
	小计	男	女	小计	男	女	小计	男	女
广 东	**141**	**90**	**51**	**145**	**91**	**54**	**232**	**166**	**66**
广州市	**5**	**3**	**2**	**6**	**4**	**2**	**9**	**9**	
荔湾区									
越秀区									
海珠区									
天河区									
白云区	3	2	1	2	2		3	3	
黄埔区				2	1	1			
番禺区							1	1	
花都区							1	1	
南沙区				1		1	3	3	
从化区									
增城区	2	1	1	1	1		1	1	
韶关市	**5**	**4**	**1**	**8**	**8**		**12**	**8**	**4**
武江区									
浈江区							2	2	
曲江区							3	3	
始兴县									
仁化县	1	1		1	1				
翁源县	3	2	1	1	1		2		2
乳源瑶族自治县	1	1		1	1				
新丰县				2	2				
乐昌市				2	2		4	2	2
南雄市				1	1		1	1	
深圳市									
罗湖区									
福田区									
南山区									
宝安区									
龙岗区									
盐田区									
龙华区									
坪山区									
光明区									
珠海市	**1**		**1**	**1**	**1**		**1**	**1**	
香洲区							1	1	
斗门区				1	1				
金湾区	1		1						
汕头市	**5**	**2**	**3**	**5**	**3**	**2**	**19**	**14**	**5**
龙湖区									
金平区									
濠江区									
潮阳区	1		1	2		2	6	3	3
潮南区	3	1	2				4	4	
澄海区	1	1		2	2		9	7	2
南澳县				1	1				
佛山市	**1**	**1**		**2**	**1**	**1**	**8**	**3**	**5**
禅城区							5	2	3
南海区									
顺德区									
三水区	1	1					3	1	2
高明区				2	1	1			

6-1b 续表 4

单位：人

地 区	5-9岁			10-14岁			15-19岁		
	小计	男	女	小计	男	女	小计	男	女
江门市	**1**		**1**	**3**	**3**		**6**	**3**	**3**
蓬江区									
江海区									
新会区							1		1
台山市				1	1		3	2	1
开平市				2	2				
鹤山市	1		1				2	1	1
恩平市									
湛江市	**10**	**6**	**4**	**10**	**5**	**5**	**12**	**7**	**5**
赤坎区									
霞山区									
坡头区							1	1	
麻章区							2	1	1
遂溪县	2	2		3	1	2	1	1	
徐闻县	2	1	1	2	2				
廉江市	4	3	1	4	2	2	6	4	2
雷州市							1		1
吴川市	2		2	1		1	1		1
茂名市	**19**	**13**	**6**	**20**	**13**	**7**	**30**	**23**	**7**
茂南区				1		1			
电白区	7	6	1	1	1		8	7	1
高州市	6	4	2	5	3	2	7	6	1
化州市	3	1	2	8	5	3	8	6	2
信宜市	3	2	1	5	4	1	7	4	3
肇庆市	**9**	**6**	**3**	**15**	**10**	**5**	**11**	**8**	**3**
端州区									
鼎湖区									
高要区	1	1		2	2		1	1	
广宁县	1	1		4	2	2			
怀集县	6	3	3	7	4	3	6	4	2
封开县	1	1					1	1	
德庆县				1	1		3	2	1
四会市				1	1				
惠州市	**12**	**6**	**6**	**7**	**2**	**5**	**7**	**4**	**3**
惠城区				1		1	1	1	
惠阳区				2		2			
博罗县	9	3	6	3	1	2	4	2	2
惠东县	2	2		1	1		1		1
龙门县	1	1					1	1	
梅州市	**14**	**11**	**3**	**9**	**4**	**5**	**19**	**17**	**2**
梅江区									
梅县区							4	4	
大埔县				1		1	4	4	
丰顺县	2	1	1	2	1	1	5	3	2
五华县	8	7	1	4	3	1	6	6	
平远县	3	2	1						
蕉岭县	1	1		1		1			
兴宁市				1		1			

6-1b 续表 5

单位：人

地 区	5-9岁			10-14岁			15-19岁		
	小计	男	女	小计	男	女	小计	男	女
汕尾市	**10**	**7**	**3**	**8**	**8**		**16**	**11**	**5**
城 区									
海丰县	4	3	1	1	1		7	5	2
陆河县	1	1		2	2		2	2	
陆丰市	5	3	2	5	5		7	4	3
河源市	**7**	**2**	**5**	**7**	**4**	**3**	**10**	**8**	**2**
源城区	1		1	1		1			
紫金县	1		1				4	2	2
龙川县	1		1	1	1		3	3	
连平县				3	1	2	2	2	
和平县	2	1	1				1	1	
东源县	2	1	1	2	2				
阳江市	**2**	**2**		**4**	**3**	**1**	**6**	**3**	**3**
江城区	1	1							
阳东区							1		1
阳西县				2	1	1	1	1	
阳春市	1	1		2	2		4	2	2
清远市	**8**	**4**	**4**	**9**	**6**	**3**	**13**	**12**	**1**
清城区	2	2		5	4	1	4	4	
清新区									
佛冈县	1		1	1		1	2	2	
阳山县	1		1				4	3	1
连山壮族瑶族自治县	2	1	1	1		1			
连南瑶族自治县									
英德市	2	1	1	1	1		2	2	
连州市				1	1		1	1	
东莞市									
市辖区									
中山市	**3**	**2**	**1**	**4**	**2**	**2**	**10**	**7**	**3**
市辖区	3	2	1	4	2	2	10	7	3
潮州市	**10**	**8**	**2**	**3**	**3**		**10**	**6**	**4**
湘桥区	2	2					2	1	1
潮安区	4	2	2	1	1		5	3	2
饶平县	4	4		2	2		3	2	1
揭阳市	**14**	**9**	**5**	**17**	**10**	**7**	**25**	**17**	**8**
榕城区				1	1		1		1
揭东区	3	2	1	1		1	5	3	2
揭西县	3	1	2	1	1		2	2	
惠来县	2	2		9	6	3	8	5	3
普宁市	6	4	2	5	2	3	9	7	2
云浮市	**5**	**4**	**1**	**7**	**1**	**6**	**8**	**5**	**3**
云城区									
云安区	1	1		1		1			
新兴县	1	1		1		1	4	3	1
郁南县	3	2	1	2		2	1	1	
罗定市				3	1	2	3	1	2

6-1b 续表 6 单位：人

地区	20-24岁			25-29岁			30-34岁		
	小计	男	女	小计	男	女	小计	男	女
广 东	**360**	**244**	**116**	**488**	**360**	**128**	**633**	**465**	**168**
广州市	**16**	**15**	**1**	**26**	**17**	**9**	**47**	**34**	**13**
荔湾区									
越秀区									
海珠区									
天河区									
白云区	2	2		3	2	1	15	8	7
黄埔区	1	1					1	1	
番禺区				1		1	4	4	
花都区	1	1		2	2		1		1
南沙区	4	4		10	8	2	9	8	1
从化区	4	4		1	1		1	1	
增城区	4	3	1	9	4	5	16	12	4
韶关市	**9**	**7**	**2**	**13**	**7**	**6**	**27**	**15**	**12**
武江区				2		2	1		1
浈江区	1	1					1		1
曲江区	1	1					2		2
始兴县	2	2		2	1	1	1	1	
仁化县				1	1		3	2	1
翁源县				4	3	1	2	1	1
乳源瑶族自治县	2	1	1	3	2	1	6	5	1
新丰县							2	1	1
乐昌市	2	1	1	1		1	7	4	3
南雄市	1	1					2	1	1
深圳市									
罗湖区									
福田区									
南山区									
宝安区									
龙岗区									
盐田区									
龙华区									
坪山区									
光明区									
珠海市	**1**	**1**		**5**	**4**	**1**	**10**	**7**	**3**
香洲区							1		1
斗门区	1	1		2	1	1	4	2	2
金湾区				3	3		5	5	
汕头市	**42**	**23**	**19**	**42**	**34**	**8**	**54**	**41**	**13**
龙湖区									
金平区									
濠江区				2	2				
潮阳区	20	13	7	19	15	4	22	18	4
潮南区	11	5	6	7	4	3	14	11	3
澄海区	9	3	6	11	11		14	11	3
南澳县	2	2		3	2	1	4	1	3
佛山市	**7**	**3**	**4**	**16**	**13**	**3**	**14**	**9**	**5**
禅城区	2	1	1	5	4	1	4	3	1
南海区							3	1	2
顺德区									
三水区	5	2	3	11	9	2	7	5	2
高明区									

6-1b 续表 7 单位：人

地　区	20-24岁			25-29岁			30-34岁		
	小计	男	女	小计	男	女	小计	男	女
江门市	**9**	**7**	**2**	**20**	**15**	**5**	**23**	**18**	**5**
蓬江区									
江海区									
新会区	2	2		4	3	1	3	3	
台山市	3	3		4	3	1	8	8	
开平市	1	1		3	3		7	4	3
鹤山市	2	1	1	6	5	1	3	2	1
恩平市	1		1	3	1	2	2	1	1
湛江市	**24**	**17**	**7**	**26**	**21**	**5**	**43**	**34**	**9**
赤坎区									
霞山区				1	1				
坡头区	1	1		1	1		4	3	1
麻章区	2	2					1	1	
遂溪县	6	3	3	4	4		7	5	2
徐闻县	1		1	3	2	1	2	2	
廉江市	3	3		8	5	3	13	12	1
雷州市	5	4	1	5	4	1	7	6	1
吴川市	6	4	2	4	4		9	5	4
茂名市	**34**	**24**	**10**	**43**	**34**	**9**	**50**	**40**	**10**
茂南区				3	2	1	3		3
电白区	10	8	2	9	9		12	10	2
高州市	13	9	4	18	13	5	18	15	3
化州市	3	3		6	5	1	8	7	1
信宜市	8	4	4	7	5	2	9	8	1
肇庆市	**18**	**14**	**4**	**41**	**30**	**11**	**30**	**25**	**5**
端州区									
鼎湖区	1	1					1	1	
高要区	1	1		7	6	1	10	9	1
广宁县	2	2		6	3	3	2	2	
怀集县	7	5	2	11	9	2	10	7	3
封开县	2		2	11	8	3	2	2	
德庆县	4	4		5	4	1	3	2	1
四会市	1	1		1		1	2	2	
惠州市	**11**	**9**	**2**	**16**	**10**	**6**	**37**	**28**	**9**
惠城区							3	2	1
惠阳区	2	2		2	1	1	5	3	2
博罗县	5	4	1	9	6	3	22	17	5
惠东县	2	1	1	4	2	2	5	4	1
龙门县	2	2		1	1		2	2	
梅州市	**40**	**24**	**16**	**41**	**30**	**11**	**55**	**46**	**9**
梅江区							1	1	
梅县区	3	3		2	1	1	4	4	
大埔县	3	3		5	5		13	10	3
丰顺县	9	5	4	8	4	4	9	6	3
五华县	18	11	7	17	12	5	17	15	2
平远县	2	2		3	2	1	2	2	
蕉岭县	3		3	1	1		4	4	
兴宁市	2		2	5	5		5	4	1

6-1b 续表 8

单位：人

地　区	20-24岁			25-29岁			30-34岁		
	小计	男	女	小计	男	女	小计	男	女
汕尾市	**27**	**17**	**10**	**33**	**22**	**11**	**38**	**25**	**13**
城　区	2		2				2	1	1
海丰县	5	4	1	12	6	6	12	6	6
陆河县	3	1	2	4	3	1	7	5	2
陆丰市	17	12	5	17	13	4	17	13	4
河源市	**7**	**6**	**1**	**24**	**19**	**5**	**17**	**13**	**4**
源城区				1	1				
紫金县	1	1		2	1	1			
龙川县	3	2	1	8	6	2	8	8	
连平县				8	7	1	6	3	3
和平县	2	2		3	3		2	2	
东源县	1	1		2	1	1	1		1
阳江市	**6**	**4**	**2**	**11**	**6**	**5**	**16**	**13**	**3**
江城区				3		3	1		1
阳东区				2		2	2	1	1
阳西县	3	3		2	2		8	7	1
阳春市	3	1	2	4	4		5	5	
清远市	**24**	**12**	**12**	**49**	**39**	**10**	**59**	**44**	**15**
清城区	4	2	2	13	11	2	14	10	4
清新区	3	1	2	3	2	1	5	4	1
佛冈县	4	3	1	12	9	3	5	3	2
阳山县	3	2	1	6	4	2	7	7	
连山壮族瑶族自治县	3	1	2	1	1		7	4	3
连南瑶族自治县	2	1	1	2	2		1		1
英德市	4	1	3	12	10	2	16	12	4
连州市	1	1					4	4	
东莞市				**1**		**1**	**1**		**1**
市辖区				1		1	1		1
中山市	**23**	**15**	**8**	**15**	**10**	**5**	**27**	**19**	**8**
市辖区	23	15	8	15	10	5	27	19	8
潮州市	**15**	**11**	**4**	**18**	**13**	**5**	**24**	**13**	**11**
湘桥区	4	3	1	1	1				
潮安区	3	2	1	6	5	1	11	5	6
饶平县	8	6	2	11	7	4	13	8	5
揭阳市	**37**	**25**	**12**	**28**	**21**	**7**	**37**	**26**	**11**
榕城区	3	3		4	2	2			
揭东区	4	2	2	5	4	1	13	8	5
揭西县	9	5	4	4	3	1	9	7	2
惠来县	5	3	2	6	4	2	3	2	1
普宁市	16	12	4	9	8	1	12	9	3
云浮市	**10**	**10**		**20**	**15**	**5**	**24**	**15**	**9**
云城区									
云安区	1	1		2	1	1	2	1	1
新兴县				3	3		4		4
郁南县	4	4		8	6	2	9	7	2
罗定市	5	5		7	5	2	9	7	2

6—1b　续表 9　　　　单位：人

地　区	35—39岁			40—44岁			45—49岁		
	小计	男	女	小计	男	女	小计	男	女
广　东	**929**	**670**	**259**	**1229**	**888**	**341**	**2402**	**1694**	**708**
广州市	**44**	**30**	**14**	**54**	**35**	**19**	**114**	**79**	**35**
荔湾区									
越秀区									
海珠区									
天河区									
白云区	13	6	7	6	4	2	28	19	9
黄埔区				1	1		2	1	1
番禺区	2	1	1	2	1	1	5	3	2
花都区	7	7		4	3	1	5	3	2
南沙区	7	6	1	11	6	5	29	26	3
从化区	3	2	1	5	4	1	9	8	1
增城区	12	8	4	25	16	9	36	19	17
韶关市	**41**	**26**	**15**	**51**	**33**	**18**	**142**	**100**	**42**
武江区	1		1				6	3	3
浈江区				2	2		10	8	2
曲江区	5	1	4	6	3	3	10	8	2
始兴县	4	2	2	7	6	1	12	9	3
仁化县	3	1	2	4	3	1	17	10	7
翁源县	4	3	1	3	2	1	19	12	7
乳源瑶族自治县	2	2		5	3	2	10	7	3
新丰县	5	4	1	6	3	3	9	5	4
乐昌市	9	8	1	9	5	4	31	24	7
南雄市	8	5	3	9	6	3	18	14	4
深圳市									
罗湖区									
福田区									
南山区									
宝安区									
龙岗区									
盐田区									
龙华区									
坪山区									
光明区									
珠海市	**7**	**3**	**4**	**23**	**15**	**8**	**24**	**19**	**5**
香洲区				1	1		4	3	1
斗门区	1	1		10	8	2	8	6	2
金湾区	6	2	4	12	6	6	12	10	2
汕头市	**77**	**51**	**26**	**93**	**67**	**26**	**159**	**106**	**53**
龙湖区									
金平区									
濠江区				1	1				
潮阳区	36	21	15	41	32	9	61	39	22
潮南区	13	10	3	24	15	9	41	24	17
澄海区	25	18	7	22	16	6	45	33	12
南澳县	3	2	1	5	3	2	12	10	2
佛山市	**16**	**10**	**6**	**29**	**17**	**12**	**59**	**44**	**15**
禅城区	2	1	1	4	3	1	19	13	6
南海区				1	1		2	1	1
顺德区									
三水区	14	9	5	22	12	10	37	29	8
高明区				2	1	1	1	1	

6-1b 续表 10

单位：人

地区	35-39岁			40-44岁			45-49岁		
	小计	男	女	小计	男	女	小计	男	女
江门市	**24**	**16**	**8**	**44**	**34**	**10**	**86**	**68**	**18**
蓬江区									
江海区									
新会区	6	5	1	16	12	4	18	16	2
台山市	8	6	2	11	11		20	16	4
开平市	5	3	2	8	6	2	23	17	6
鹤山市	3	1	2	7	5	2	18	14	4
恩平市	2	1	1	2		2	7	5	2
湛江市	**60**	**46**	**14**	**87**	**63**	**24**	**133**	**96**	**37**
赤坎区									
霞山区									
坡头区	1	1		5	4	1	3	3	
麻章区	3	2	1	2	1	1	7	3	4
遂溪县	14	12	2	28	21	7	32	19	13
徐闻县	8	4	4	6	6		13	12	1
廉江市	22	18	4	26	18	8	42	33	9
雷州市	5	3	2	8	5	3	14	13	1
吴川市	7	6	1	12	8	4	22	13	9
茂名市	**83**	**63**	**20**	**104**	**70**	**34**	**177**	**125**	**52**
茂南区	1		1	2	2		3	1	2
电白区	27	20	7	27	19	8	50	33	17
高州市	24	17	7	37	25	12	53	39	14
化州市	11	7	4	22	13	9	38	27	11
信宜市	20	19	1	16	11	5	33	25	8
肇庆市	**61**	**51**	**10**	**98**	**78**	**20**	**182**	**126**	**56**
端州区									
鼎湖区	1	1		2	2		2	2	
高要区	15	13	2	19	13	6	34	23	11
广宁县	14	13	1	27	23	4	44	28	16
怀集县	18	13	5	19	16	3	50	31	19
封开县	4	4		11	7	4	16	13	3
德庆县	6	5	1	13	12	1	19	15	4
四会市	3	2	1	7	5	2	17	14	3
惠州市	**47**	**34**	**13**	**60**	**42**	**18**	**111**	**83**	**28**
惠城区	2	2		4	2	2	5	4	1
惠阳区	3	2	1	2	1	1	15	12	3
博罗县	25	16	9	38	30	8	52	39	13
惠东县	13	10	3	9	5	4	20	12	8
龙门县	4	4		7	4	3	19	16	3
梅州市	**79**	**51**	**28**	**104**	**74**	**30**	**212**	**147**	**65**
梅江区							2	1	1
梅县区	7	5	2	8	6	2	26	17	9
大埔县	5	4	1	17	14	3	20	15	5
丰顺县	13	8	5	17	15	2	30	22	8
五华县	22	11	11	36	20	16	70	49	21
平远县	17	14	3	11	10	1	16	10	6
蕉岭县	5	2	3	8	5	3	22	13	9
兴宁市	10	7	3	7	4	3	26	20	6

6－1b　续表 11　　　　单位：人

地　　区	35－39岁			40－44岁			45－49岁		
	小计	男	女	小计	男	女	小计	男	女
汕尾市	**56**	**39**	**17**	**48**	**36**	**12**	**125**	**87**	**38**
城　区	3	2	1	4	2	2	16	12	4
海丰县	21	17	4	15	11	4	37	25	12
陆河县	5	3	2	10	8	2	16	9	7
陆丰市	27	17	10	19	15	4	56	41	15
河源市	**28**	**24**	**4**	**60**	**41**	**19**	**104**	**74**	**30**
源城区	1		1	4	1	3			
紫金县	6	5	1	10	9	1	17	12	5
龙川县	6	6		11	9	2	21	12	9
连平县	1	1		12	8	4	20	17	3
和平县	6	4	2	18	11	7	22	16	6
东源县	8	8		5	3	2	24	17	7
阳江市	**23**	**15**	**8**	**48**	**39**	**9**	**85**	**61**	**24**
江城区	3	2	1	5	4	1	11	6	5
阳东区	8	5	3	14	11	3	16	9	7
阳西县	7	5	2	15	11	4	31	27	4
阳春市	5	3	2	14	13	1	27	19	8
清远市	**95**	**72**	**23**	**113**	**79**	**34**	**210**	**152**	**58**
清城区	20	12	8	20	17	3	45	32	13
清新区	8	6	2	11	5	6	15	11	4
佛冈县	22	19	3	22	12	10	43	31	12
阳山县	18	12	6	13	11	2	33	23	10
连山壮族瑶族自治县	10	10		12	9	3	12	7	5
连南瑶族自治县	1	1		11	8	3	18	15	3
英德市	11	9	2	17	13	4	40	30	10
连州市	5	3	2	7	4	3	4	3	1
东莞市	**3**	**1**	**2**	**3**	**2**	**1**	**5**	**5**	
市辖区	3	1	2	3	2	1	5	5	
中山市	**38**	**30**	**8**	**54**	**44**	**10**	**105**	**81**	**24**
市辖区	38	30	8	54	44	10	105	81	24
潮州市	**33**	**22**	**11**	**44**	**34**	**10**	**114**	**66**	**48**
湘桥区	3	1	2	3	2	1	12	6	6
潮安区	11	9	2	13	7	6	44	22	22
饶平县	19	12	7	28	25	3	58	38	20
揭阳市	**75**	**52**	**23**	**72**	**56**	**16**	**164**	**110**	**54**
榕城区	3	2	1	6	6		6	3	3
揭东区	10	9	1	13	11	2	33	23	10
揭西县	22	13	9	15	10	5	35	23	12
惠来县	19	14	5	20	16	4	38	27	11
普宁市	21	14	7	18	13	5	52	34	18
云浮市	**39**	**34**	**5**	**40**	**29**	**11**	**91**	**65**	**26**
云城区	2	2					1		1
云安区	4	4		3	3		6	5	1
新兴县	6	5	1	12	7	5	20	13	7
郁南县	18	15	3	9	5	4	34	27	7
罗定市	9	8	1	16	14	2	30	20	10

6-1b 续表 12

单位：人

地 区	50-54岁			55-59岁			60-64岁		
	小计	男	女	小计	男	女	小计	男	女
广 东	**3851**	**2745**	**1106**	**4659**	**3303**	**1356**	**6187**	**4426**	**1761**
广州市	**176**	**127**	**49**	**192**	**145**	**47**	**266**	**182**	**84**
荔湾区									
越秀区									
海珠区									
天河区									
白云区	35	25	10	37	29	8	61	39	22
黄埔区				1	1		2	2	
番禺区	7	7		9	7	2	16	11	5
花都区	17	14	3	14	9	5	23	21	2
南沙区	39	25	14	43	33	10	56	43	13
从化区	17	14	3	17	13	4	22	17	5
增城区	61	42	19	71	53	18	86	49	37
韶关市	**217**	**142**	**75**	**283**	**197**	**86**	**346**	**240**	**106**
武江区	4	2	2	7	7		11	6	5
浈江区	15	10	5	15	11	4	23	17	6
曲江区	17	14	3	21	16	5	18	13	5
始兴县	20	14	6	35	26	9	34	23	11
仁化县	16	7	9	35	26	9	25	17	8
翁源县	30	18	12	48	36	12	56	41	15
乳源瑶族自治县	27	22	5	21	13	8	32	27	5
新丰县	18	9	9	23	14	9	31	18	13
乐昌市	47	31	16	50	30	20	86	56	30
南雄市	23	15	8	28	18	10	30	22	8
深圳市									
罗湖区									
福田区									
南山区									
宝安区									
龙岗区									
盐田区									
龙华区									
坪山区									
光明区									
珠海市	**35**	**24**	**11**	**35**	**21**	**14**	**47**	**37**	**10**
香洲区	5	3	2	2	2		4	3	1
斗门区	12	9	3	13	9	4	16	13	3
金湾区	18	12	6	20	10	10	27	21	6
汕头市	**285**	**195**	**90**	**378**	**255**	**123**	**562**	**392**	**170**
龙湖区									
金平区									
濠江区				5	2	3	3	2	1
潮阳区	111	74	37	119	74	45	175	127	48
潮南区	57	39	18	88	58	30	126	86	40
澄海区	95	64	31	128	90	38	209	140	69
南澳县	22	18	4	38	31	7	49	37	12
佛山市	**78**	**57**	**21**	**101**	**71**	**30**	**116**	**88**	**28**
禅城区	22	14	8	31	19	12	40	28	12
南海区	4	3	1	3	3		11	9	2
顺德区									
三水区	47	37	10	55	39	16	56	42	14
高明区	5	3	2	12	10	2	9	9	

6-1b 续表 13

单位：人

地区	50-54岁			55-59岁			60-64岁		
	小计	男	女	小计	男	女	小计	男	女
江门市	**122**	**86**	**36**	**169**	**121**	**48**	**224**	**156**	**68**
蓬江区									
江海区									
新会区	32	26	6	47	39	8	60	40	20
台山市	47	33	14	46	28	18	71	53	18
开平市	22	14	8	40	29	11	36	20	16
鹤山市	13	10	3	20	16	4	30	22	8
恩平市	8	3	5	16	9	7	27	21	6
湛江市	**365**	**324**	**41**	**248**	**160**	**88**	**321**	**225**	**96**
赤坎区									
霞山区				1	1				
坡头区	15	11	4	13	9	4	16	12	4
麻章区	9	7	2	11	9	2	9	4	5
遂溪县	38	25	13	49	36	13	80	61	19
徐闻县	193	190	3	33	21	12	40	33	7
廉江市	61	50	11	68	38	30	89	62	27
雷州市	13	10	3	27	17	10	37	27	10
吴川市	36	31	5	46	29	17	50	26	24
茂名市	**275**	**177**	**98**	**306**	**197**	**109**	**407**	**274**	**133**
茂南区	10	8	2	6	4	2	11	3	8
电白区	69	43	26	77	52	25	93	63	30
高州市	90	52	38	114	68	46	149	106	43
化州市	54	37	17	54	33	21	78	54	24
信宜市	52	37	15	55	40	15	76	48	28
肇庆市	**241**	**177**	**64**	**326**	**247**	**79**	**412**	**302**	**110**
端州区									
鼎湖区	9	4	5	12	9	3	16	13	3
高要区	47	35	12	56	41	15	84	53	31
广宁县	52	37	15	79	59	20	106	77	29
怀集县	70	54	16	66	50	16	103	82	21
封开县	24	19	5	44	34	10	37	25	12
德庆县	26	20	6	42	32	10	45	33	12
四会市	13	8	5	27	22	5	21	19	2
惠州市	**180**	**125**	**55**	**224**	**168**	**56**	**282**	**208**	**74**
惠城区	8	6	2	13	9	4	18	15	3
惠阳区	16	12	4	12	7	5	20	17	3
博罗县	93	67	26	100	77	23	138	98	40
惠东县	38	24	14	58	43	15	59	45	14
龙门县	25	16	9	41	32	9	47	33	14
梅州市	**351**	**246**	**105**	**427**	**300**	**127**	**607**	**442**	**165**
梅江区	1	1		3	3		8	6	2
梅县区	41	28	13	66	44	22	77	62	15
大埔县	33	24	9	62	43	19	94	63	31
丰顺县	64	40	24	64	44	20	119	81	38
五华县	92	61	31	102	78	24	141	96	45
平远县	49	39	10	32	25	7	49	37	12
蕉岭县	24	18	6	47	31	16	49	45	4
兴宁市	47	35	12	51	32	19	70	52	18

6-1b 续表 14

单位：人

地区	50-54岁			55-59岁			60-64岁		
	小计	男	女	小计	男	女	小计	男	女
汕尾市	**182**	**122**	**60**	**229**	**177**	**52**	**330**	**238**	**92**
城 区	11	7	4	22	17	5	26	17	9
海丰县	63	40	23	76	51	25	112	80	32
陆河县	26	17	9	35	30	5	43	33	10
陆丰市	82	58	24	96	79	17	149	108	41
河源市	**141**	**104**	**37**	**199**	**155**	**44**	**263**	**193**	**70**
源城区				1	1				
紫金县	22	18	4	34	24	10	43	37	6
龙川县	24	17	7	32	28	4	60	44	16
连平县	37	26	11	59	45	14	69	45	24
和平县	35	23	12	54	40	14	55	44	11
东源县	23	20	3	19	17	2	36	23	13
阳江市	**116**	**76**	**40**	**138**	**93**	**45**	**185**	**135**	**50**
江城区	21	11	10	12	6	6	31	22	9
阳东区	19	13	6	32	25	7	34	25	9
阳西县	40	29	11	34	20	14	50	34	16
阳春市	36	23	13	60	42	18	70	54	16
清远市	**325**	**238**	**87**	**399**	**293**	**106**	**465**	**339**	**126**
清城区	54	40	14	67	45	22	85	53	32
清新区	25	20	5	30	22	8	53	37	16
佛冈县	57	40	17	74	56	18	65	53	12
阳山县	61	43	18	57	45	12	74	52	22
连山壮族瑶族自治县	20	17	3	20	13	7	32	30	2
连南瑶族自治县	17	11	6	29	27	2	20	13	7
英德市	77	59	18	100	69	31	112	86	26
连州市	14	8	6	22	16	6	24	15	9
东莞市	**7**	**4**	**3**	**4**	**3**	**1**	**5**	**4**	**1**
市辖区	7	4	3	4	3	1	5	4	1
中山市	**162**	**108**	**54**	**175**	**142**	**33**	**211**	**160**	**51**
市辖区	162	108	54	175	142	33	211	160	51
潮州市	**183**	**117**	**66**	**259**	**178**	**81**	**392**	**277**	**115**
湘桥区	20	11	9	26	15	11	50	35	15
潮安区	78	51	27	83	58	25	141	95	46
饶平县	85	55	30	150	105	45	201	147	54
揭阳市	**276**	**193**	**83**	**385**	**266**	**119**	**522**	**372**	**150**
榕城区	19	8	11	27	16	11	43	33	10
揭东区	50	32	18	81	55	26	103	72	31
揭西县	48	34	14	91	62	29	116	77	39
惠来县	64	46	18	82	58	24	105	77	28
普宁市	95	73	22	104	75	29	155	113	42
云浮市	**134**	**103**	**31**	**182**	**114**	**68**	**224**	**162**	**62**
云城区	5	3	2	5	4	1	6	5	1
云安区	17	10	7	17	9	8	21	14	7
新兴县	31	22	9	49	31	18	45	34	11
郁南县	56	47	9	61	40	21	87	61	26
罗定市	25	21	4	50	30	20	65	48	17

6-1b 续表 15

单位：人

地区	65-69岁			70-74岁			75-79岁		
	小计	男	女	小计	男	女	小计	男	女
广　东	**8608**	**5967**	**2641**	**9349**	**6285**	**3064**	**10816**	**6792**	**4024**
广州市	**371**	**264**	**107**	**417**	**268**	**149**	**460**	**285**	**175**
荔湾区									
越秀区									
海珠区									
天河区									
白云区	74	57	17	87	55	32	85	54	31
黄埔区	9	7	2	3		3	3	2	1
番禺区	13	9	4	28	17	11	19	10	9
花都区	28	20	8	42	29	13	50	36	14
南沙区	84	58	26	78	54	24	78	40	38
从化区	25	19	6	29	24	5	45	37	8
增城区	138	94	44	150	89	61	180	106	74
韶关市	**497**	**344**	**153**	**595**	**425**	**170**	**739**	**464**	**275**
武江区	8	3	5	9	5	4	15	3	12
浈江区	46	37	9	53	36	17	93	42	51
曲江区	34	25	9	44	32	12	51	28	23
始兴县	47	35	12	44	33	11	60	39	21
仁化县	45	31	14	60	40	20	69	44	25
翁源县	78	54	24	83	53	30	125	89	36
乳源瑶族自治县	51	33	18	38	29	9	50	29	21
新丰县	30	26	4	31	22	9	46	33	13
乐昌市	117	74	43	182	138	44	162	113	49
南雄市	41	26	15	51	37	14	68	44	24
深圳市									
罗湖区									
福田区									
南山区									
宝安区									
龙岗区									
盐田区									
龙华区									
坪山区									
光明区									
珠海市	**71**	**44**	**27**	**57**	**42**	**15**	**64**	**43**	**21**
香洲区	3	1	2	6	3	3	1		1
斗门区	36	21	15	26	21	5	37	26	11
金湾区	32	22	10	25	18	7	26	17	9
汕头市	**730**	**481**	**249**	**705**	**434**	**271**	**723**	**436**	**287**
龙湖区									
金平区									
濠江区	2	1	1	2	1	1			
潮阳区	271	179	92	268	167	101	278	174	104
潮南区	163	100	63	173	109	64	140	84	56
澄海区	239	166	73	214	130	84	257	152	105
南澳县	55	35	20	48	27	21	48	26	22
佛山市	**174**	**119**	**55**	**172**	**112**	**60**	**217**	**134**	**83**
禅城区	56	41	15	60	40	20	64	33	31
南海区	9	4	5	14	9	5	14	9	5
顺德区									
三水区	86	60	26	79	50	29	116	78	38
高明区	23	14	9	19	13	6	23	14	9

6-1b　续表 16　　　　单位：人

地　区	65-69岁			70-74岁			75-79岁		
	小计	男	女	小计	男	女	小计	男	女
江门市	**336**	**236**	**100**	**394**	**275**	**119**	**394**	**250**	**144**
蓬江区									
江海区									
新会区	86	59	27	106	71	35	87	54	33
台山市	100	68	32	103	70	33	142	90	52
开平市	79	60	19	81	57	24	65	32	33
鹤山市	40	28	12	55	39	16	43	27	16
恩平市	31	21	10	49	38	11	57	47	10
湛江市	**437**	**303**	**134**	**539**	**346**	**193**	**653**	**404**	**249**
赤坎区									
霞山区	1		1				1		1
坡头区	20	14	6	29	23	6	35	14	21
麻章区	16	11	5	23	20	3	45	24	21
遂溪县	96	69	27	106	66	40	109	59	50
徐闻县	42	28	14	56	38	18	48	30	18
廉江市	132	94	38	194	118	76	232	156	76
雷州市	54	36	18	38	30	8	57	39	18
吴川市	76	51	25	93	51	42	126	82	44
茂名市	**513**	**352**	**161**	**638**	**424**	**214**	**795**	**502**	**293**
茂南区	9	3	6	17	11	6	21	13	8
电白区	127	82	45	139	93	46	167	110	57
高州市	199	141	58	250	165	85	332	212	120
化州市	99	64	35	124	84	40	145	85	60
信宜市	79	62	17	108	71	37	130	82	48
肇庆市	**605**	**425**	**180**	**645**	**435**	**210**	**808**	**525**	**283**
端州区									
鼎湖区	14	10	4	18	11	7	29	19	10
高要区	123	88	35	153	88	65	206	128	78
广宁县	156	109	47	166	116	50	165	119	46
怀集县	139	93	46	144	105	39	190	120	70
封开县	49	33	16	46	33	13	76	51	25
德庆县	73	54	19	66	45	21	87	55	32
四会市	51	38	13	52	37	15	55	33	22
惠州市	**364**	**239**	**125**	**383**	**253**	**130**	**430**	**242**	**188**
惠城区	19	14	5	25	19	6	29	15	14
惠阳区	24	19	5	24	16	8	20	11	9
博罗县	198	116	82	198	127	71	246	126	120
惠东县	66	45	21	82	54	28	72	46	26
龙门县	57	45	12	54	37	17	63	44	19
梅州市	**877**	**650**	**227**	**869**	**618**	**251**	**1056**	**683**	**373**
梅江区	4	3	1	7	3	4	7	3	4
梅县区	77	60	17	76	55	21	117	83	34
大埔县	123	97	26	122	92	30	118	71	47
丰顺县	164	122	42	143	95	48	166	104	62
五华县	232	163	69	242	187	55	283	177	106
平远县	79	64	15	68	41	27	83	57	26
蕉岭县	64	47	17	83	54	29	97	63	34
兴宁市	134	94	40	128	91	37	185	125	60

6-1b 续表 17

单位：人

地区	65-69岁			70-74岁			75-79岁		
	小计	男	女	小计	男	女	小计	男	女
汕尾市	**479**	**330**	**149**	**557**	**373**	**184**	**563**	**367**	**196**
城　区	36	30	6	43	31	12	40	27	13
海丰县	162	112	50	207	131	76	208	138	70
陆河县	64	47	17	64	47	17	100	64	36
陆丰市	217	141	76	243	164	79	215	138	77
河源市	**313**	**226**	**87**	**401**	**261**	**140**	**498**	**321**	**177**
源城区	1	1		1	1		1	1	
紫金县	54	38	16	66	44	22	76	48	28
龙川县	70	54	16	94	60	34	86	56	30
连平县	80	59	21	97	62	35	155	98	57
和平县	65	47	18	96	64	32	124	81	43
东源县	43	27	16	47	30	17	56	37	19
阳江市	**235**	**166**	**69**	**317**	**214**	**103**	**387**	**244**	**143**
江城区	35	24	11	49	29	20	52	31	21
阳东区	35	23	12	58	40	18	78	45	33
阳西县	72	50	22	91	67	24	93	70	23
阳春市	93	69	24	119	78	41	164	98	66
清远市	**621**	**432**	**189**	**648**	**452**	**196**	**822**	**482**	**340**
清城区	129	91	38	152	96	56	177	102	75
清新区	72	52	20	76	55	21	81	45	36
佛冈县	88	62	26	80	56	24	112	68	44
阳山县	108	81	27	101	74	27	164	100	64
连山壮族瑶族自治县	30	21	9	27	13	14	35	22	13
连南瑶族自治县	25	18	7	28	18	10	36	20	16
英德市	133	88	45	142	113	29	178	103	75
连州市	36	19	17	42	27	15	39	22	17
东莞市	**20**	**13**	**7**	**14**	**7**	**7**	**13**	**9**	**4**
市辖区	20	13	7	14	7	7	13	9	4
中山市	**325**	**236**	**89**	**354**	**242**	**112**	**298**	**175**	**123**
市辖区	325	236	89	354	242	112	298	175	123
潮州市	**514**	**341**	**173**	**507**	**323**	**184**	**556**	**358**	**198**
湘桥区	60	33	27	63	40	23	70	47	23
潮安区	189	115	74	186	116	70	220	137	83
饶平县	265	193	72	258	167	91	266	174	92
揭阳市	**769**	**507**	**262**	**794**	**554**	**240**	**859**	**564**	**295**
榕城区	77	48	29	73	46	27	73	49	24
揭东区	190	112	78	169	117	52	190	130	60
揭西县	153	99	54	183	134	49	223	143	80
惠来县	146	111	35	143	101	42	156	92	64
普宁市	203	137	66	226	156	70	217	150	67
云浮市	**357**	**259**	**98**	**343**	**227**	**116**	**481**	**304**	**177**
云城区	3	2	1	12	11	1	10	6	4
云安区	29	19	10	24	15	9	48	29	19
新兴县	86	56	30	99	75	24	146	92	54
郁南县	135	97	38	125	72	53	166	100	66
罗定市	104	85	19	83	54	29	111	77	34

6-1b　续表 18　　　　单位：人

地　区	80-84岁			85-89岁			90岁及以上		
	小计	男	女	小计	男	女	小计	男	女
广　东	**13626**	**7633**	**5993**	**12657**	**5985**	**6672**	**9789**	**3635**	**6154**
广州市	**528**	**274**	**254**	**507**	**241**	**266**	**420**	**151**	**269**
荔湾区									
越秀区									
海珠区									
天河区									
白云区	111	65	46	96	43	53	87	33	54
黄埔区	3	2	1	4	2	2	3	2	1
番禺区	29	12	17	30	11	19	29	10	19
花都区	49	20	29	51	24	27	33	10	23
南沙区	93	47	46	91	39	52	83	25	58
从化区	46	21	25	31	23	8	23	10	13
增城区	197	107	90	204	99	105	162	61	101
韶关市	**879**	**495**	**384**	**675**	**299**	**376**	**411**	**157**	**254**
武江区	12	4	8	13	2	11	10	3	7
浈江区	128	76	52	73	37	36	28	15	13
曲江区	67	38	29	78	43	35	36	11	25
始兴县	91	51	40	54	23	31	43	16	27
仁化县	91	50	41	75	33	42	44	11	33
翁源县	154	83	71	89	33	56	74	24	50
乳源瑶族自治县	59	32	27	57	26	31	33	14	19
新丰县	54	32	22	49	23	26	37	15	22
乐昌市	141	84	57	114	47	67	78	39	39
南雄市	82	45	37	73	32	41	28	9	19
深圳市									
罗湖区									
福田区									
南山区									
宝安区									
龙岗区									
盐田区									
龙华区									
坪山区									
光明区									
珠海市	**79**	**50**	**29**	**95**	**53**	**42**	**83**	**34**	**49**
香洲区	9	5	4	6	3	3	2	1	1
斗门区	39	27	12	47	30	17	46	16	30
金湾区	31	18	13	42	20	22	35	17	18
汕头市	**1026**	**541**	**485**	**958**	**428**	**530**	**836**	**272**	**564**
龙湖区									
金平区									
濠江区	4		4	8	3	5	5	1	4
潮阳区	381	222	159	339	163	176	299	100	199
潮南区	233	132	101	211	102	109	214	58	156
澄海区	341	152	189	330	141	189	273	97	176
南澳县	67	35	32	70	19	51	45	16	29
佛山市	**246**	**136**	**110**	**237**	**95**	**142**	**263**	**76**	**187**
禅城区	78	46	32	76	34	42	78	28	50
南海区	11	6	5	19	5	14	13	2	11
顺德区									
三水区	133	72	61	110	45	65	137	31	106
高明区	24	12	12	32	11	21	35	15	20

6-1b 续表 19

单位：人

地　区	80-84岁			85-89岁			90岁及以上		
	小计	男	女	小计	男	女	小计	男	女
江门市	**526**	**330**	**196**	**496**	**256**	**240**	**429**	**146**	**283**
蓬江区									
江海区									
新会区	142	90	52	137	77	60	101	32	69
台山市	167	99	68	166	80	86	142	43	99
开平市	76	60	16	80	42	38	74	27	47
鹤山市	86	43	43	71	36	35	82	30	52
恩平市	55	38	17	42	21	21	30	14	16
湛江市	**798**	**465**	**333**	**821**	**420**	**401**	**727**	**345**	**382**
赤坎区									
霞山区	2	1	1	2	1	1	2	1	1
坡头区	32	18	14	43	24	19	37	15	22
麻章区	46	26	20	45	21	24	57	30	27
遂溪县	150	95	55	173	89	84	128	61	67
徐闻县	85	51	34	69	36	33	52	21	31
廉江市	274	149	125	319	154	165	289	137	152
雷州市	74	45	29	63	36	27	44	14	30
吴川市	135	80	55	107	59	48	118	66	52
茂名市	**977**	**581**	**396**	**868**	**460**	**408**	**798**	**370**	**428**
茂南区	30	12	18	23	15	8	14	8	6
电白区	214	115	99	223	115	108	214	109	105
高州市	356	219	137	341	176	165	288	118	170
化州市	203	127	76	165	89	76	185	94	91
信宜市	174	108	66	116	65	51	97	41	56
肇庆市	**944**	**522**	**422**	**765**	**352**	**413**	**495**	**159**	**336**
端州区									
鼎湖区	35	20	15	23	8	15	22	8	14
高要区	202	106	96	173	76	97	125	38	87
广宁县	222	128	94	173	82	91	103	35	68
怀集县	191	107	84	153	68	85	87	28	59
封开县	98	49	49	81	46	35	56	15	41
德庆县	121	70	51	86	43	43	53	19	34
四会市	75	42	33	76	29	47	49	16	33
惠州市	**659**	**324**	**335**	**690**	**314**	**376**	**469**	**153**	**316**
惠城区	37	22	15	31	14	17	28	9	19
惠阳区	41	28	13	55	31	24	47	16	31
博罗县	358	166	192	359	166	193	253	81	172
惠东县	117	57	60	140	56	84	88	29	59
龙门县	106	51	55	105	47	58	53	18	35
梅州市	**1420**	**826**	**594**	**1473**	**727**	**746**	**1015**	**374**	**641**
梅江区	6	3	3	11	7	4	8	5	3
梅县区	139	74	65	181	84	97	142	43	99
大埔县	196	114	82	204	98	106	157	59	98
丰顺县	258	145	113	252	136	116	204	98	106
五华县	403	232	171	365	186	179	229	82	147
平远县	118	77	41	134	68	66	82	24	58
蕉岭县	147	89	58	144	63	81	77	27	50
兴宁市	153	92	61	182	85	97	116	36	80

6-1b　续表 20　　　　单位：人

地　区	80-84岁			85-89岁			90岁及以上		
	小计	男	女	小计	男	女	小计	男	女
汕尾市	**710**	**380**	**330**	**617**	**276**	**341**	**438**	**171**	**267**
城　区	50	34	16	38	22	16	37	10	27
海丰县	289	155	134	248	111	137	156	57	99
陆河县	101	62	39	112	53	59	73	29	44
陆丰市	270	129	141	219	90	129	172	75	97
河源市	**606**	**341**	**265**	**558**	**265**	**293**	**382**	**152**	**230**
源城区				1		1			
紫金县	94	56	38	81	40	41	74	24	50
龙川县	105	61	44	124	71	53	98	49	49
连平县	181	98	83	147	54	93	73	22	51
和平县	142	78	64	117	70	47	85	41	44
东源县	84	48	36	88	30	58	52	16	36
阳江市	**441**	**251**	**190**	**410**	**216**	**194**	**322**	**162**	**160**
江城区	80	44	36	66	42	24	57	27	30
阳东区	82	45	37	87	38	49	69	37	32
阳西县	113	72	41	107	56	51	103	58	45
阳春市	166	90	76	150	80	70	93	40	53
清远市	**963**	**514**	**449**	**804**	**386**	**418**	**601**	**200**	**401**
清城区	199	106	93	190	86	104	150	43	107
清新区	85	58	27	87	46	41	68	27	41
佛冈县	128	74	54	87	33	54	73	28	45
阳山县	166	82	84	122	71	51	72	27	45
连山壮族瑶族自治县	50	26	24	38	15	23	27	12	15
连南瑶族自治县	42	26	16	34	15	19	20	7	13
英德市	245	118	127	201	101	100	147	43	104
连州市	48	24	24	45	19	26	44	13	31
东莞市	**23**	**12**	**11**	**23**	**4**	**19**	**19**	**3**	**16**
市辖区	23	12	11	23	4	19	19	3	16
中山市	**372**	**202**	**170**	**393**	**150**	**243**	**285**	**86**	**199**
市辖区	372	202	170	393	150	243	285	86	199
潮州市	**701**	**391**	**310**	**704**	**316**	**388**	**572**	**154**	**418**
湘桥区	62	34	28	78	31	47	65	14	51
潮安区	263	162	101	266	129	137	194	54	140
饶平县	376	195	181	360	156	204	313	86	227
揭阳市	**1139**	**655**	**484**	**1064**	**501**	**563**	**848**	**326**	**522**
榕城区	83	37	46	76	38	38	45	22	23
揭东区	242	139	103	237	104	133	194	65	129
揭西县	296	174	122	279	143	136	206	96	110
惠来县	202	118	84	187	79	108	163	50	113
普宁市	316	187	129	285	137	148	240	93	147
云浮市	**589**	**343**	**246**	**499**	**226**	**273**	**376**	**144**	**232**
云城区	11	8	3	7	4	3	10	3	7
云安区	60	31	29	51	16	35	45	14	31
新兴县	191	117	74	144	57	87	129	51	78
郁南县	183	105	78	182	91	91	112	46	66
罗定市	144	82	62	115	58	57	80	30	50

6-1c 各地区分年龄、性别的死亡人口
(2019.11.1-2020.10.31)(乡村)

单位：人

地 区	死亡人口			0岁			1-4岁		
	合计	男	女	小计	男	女	小计	男	女
广 东	**195850**	**111390**	**84460**	**619**	**372**	**247**	**465**	**279**	**186**
广州市	**10284**	**5722**	**4562**	**44**	**24**	**20**	**27**	**14**	**13**
荔湾区									
越秀区									
海珠区									
天河区									
白云区	1989	1107	882	12	8	4	2	1	1
黄埔区	275	154	121	1	1		2		2
番禺区	593	339	254				1	1	
花都区	1716	918	798	5	2	3	6	2	4
南沙区	1041	608	433	5	2	3	3	2	1
从化区	2588	1472	1116	16	9	7	7	4	3
增城区	2082	1124	958	5	2	3	6	4	2
韶关市	**10973**	**6088**	**4885**	**48**	**20**	**28**	**35**	**20**	**15**
武江区	423	264	159	3	1	2	2	2	
浈江区	369	212	157	2		2	3	3	
曲江区	991	554	437	6	3	3	3	2	1
始兴县	1167	612	555	9	5	4	4	2	2
仁化县	878	478	400	5	2	3	1		1
翁源县	1862	1050	812	7	4	3	9	5	4
乳源瑶族自治县	843	518	325	2		2	2		2
新丰县	1000	558	442						
乐昌市	1463	844	619	3	1	2	6	5	1
南雄市	1977	998	979	11	4	7	5	1	4
深圳市	**60**	**25**	**35**	**1**	**1**				
罗湖区									
福田区									
南山区									
宝安区									
龙岗区	60	25	35	1	1				
盐田区									
龙华区									
坪山区									
光明区									
珠海市	**1057**	**651**	**406**	**6**	**4**	**2**	**3**	**3**	
香洲区	5	3	2						
斗门区	1035	638	397	6	4	2	3	3	
金湾区	17	10	7						
汕头市	**7522**	**4145**	**3377**	**7**	**7**		**17**	**10**	**7**
龙湖区	22	10	12						
金平区	104	60	44						
濠江区	358	206	152				1	1	
潮阳区	3432	1900	1532	6	6		12	7	5
潮南区	2136	1206	930	1	1		4	2	2
澄海区	1378	716	662						
南澳县	92	47	45						
佛山市	**1965**	**1071**	**894**	**6**	**3**	**3**	**4**	**3**	**1**
禅城区									
南海区	451	217	234	2		2	1	1	
顺德区	85	51	34						
三水区	971	535	436	1	1		2	2	
高明区	458	268	190	3	2	1	1		1

6-1c　续表 1　　　　单位：人

地　区	死亡人口			0岁			1-4岁		
	合计	男	女	小计	男	女	小计	男	女
江门市	**14437**	**8117**	**6320**	**29**	**18**	**11**	**17**	**13**	**4**
蓬江区	182	107	75	1	1				
江海区									
新会区	2544	1382	1162	4	2	2	4	3	1
台山市	4325	2498	1827	4	2	2	3	2	1
开平市	3564	1950	1614	7	5	2	3	3	
鹤山市	1525	879	646	8	4	4	3	3	
恩平市	2297	1301	996	5	4	1	4	2	2
湛江市	**18055**	**10659**	**7396**	**84**	**41**	**43**	**73**	**44**	**29**
赤坎区	24	17	7						
霞山区	125	66	59	4	1	3			
坡头区	982	574	408	3	1	2	2	1	1
麻章区	1039	618	421	6	4	2	1		1
遂溪县	3198	1848	1350	6	2	4	14	9	5
徐闻县	1656	991	665	11	5	6	4	2	2
廉江市	6111	3595	2516	34	19	15	31	17	14
雷州市	2899	1761	1138	11	5	6	17	13	4
吴川市	2021	1189	832	9	4	5	4	2	2
茂名市	**13507**	**7955**	**5552**	**47**	**26**	**21**	**47**	**32**	**15**
茂南区	1204	665	539	3		3	1	1	
电白区	3085	1803	1282	7	5	2	9	7	2
高州市	4404	2565	1839	13	11	2	10	7	3
化州市	2678	1608	1070	10	3	7	15	10	5
信宜市	2136	1314	822	14	7	7	12	7	5
肇庆市	**15659**	**8732**	**6927**	**49**	**28**	**21**	**26**	**11**	**15**
端州区									
鼎湖区	562	289	273	1	1		1		1
高要区	3643	1877	1766	5	1	4	5	3	2
广宁县	2969	1714	1255	6	5	1	5	4	1
怀集县	3236	1951	1285	21	11	10	8	1	7
封开县	1733	992	741	2	1	1	4	2	2
德庆县	1813	1018	795	8	6	2	2	1	1
四会市	1703	891	812	6	3	3	1		1
惠州市	**8966**	**4992**	**3974**	**28**	**17**	**11**	**23**	**14**	**9**
惠城区	1370	743	627	6	5	1	3	2	1
惠阳区	1006	533	473	4	3	1	6	5	1
博罗县	2937	1650	1287	5	1	4	7	2	5
惠东县	2237	1264	973	4	1	3	4	2	2
龙门县	1416	802	614	9	7	2	3	3	
梅州市	**16081**	**8867**	**7214**	**38**	**20**	**18**	**36**	**25**	**11**
梅江区	367	194	173	1	1		1	1	
梅县区	1922	976	946	1	1		3	2	1
大埔县	2395	1342	1053	7	5	2	4	3	1
丰顺县	1964	1166	798	6	1	5	2	2	
五华县	3833	2169	1664	13	8	5	14	9	5
平远县	1098	592	506	3	3		4	2	2
蕉岭县	1017	548	469	2		2	2	1	1
兴宁市	3485	1880	1605	5	1	4	6	5	1

6-1c 续表 2

单位：人

地区	死亡人口			0岁			1-4岁		
	合计	男	女	小计	男	女	小计	男	女
汕尾市	**6034**	**3684**	**2350**	**9**	**4**	**5**	**8**	**6**	**2**
城　区	790	492	298						
海丰县	2248	1354	894	5	3	2	4	3	1
陆河县	996	589	407	3	1	2			
陆丰市	2000	1249	751	1		1	4	3	1
河源市	**11415**	**6314**	**5101**	**21**	**13**	**8**	**27**	**15**	**12**
源城区	204	124	80						
紫金县	2484	1415	1069	4	3	1	7	5	2
龙川县	3181	1780	1401	5	2	3	7	5	2
连平县	1527	815	712	2	1	1	4	1	3
和平县	2185	1210	975	5	3	2	3	2	1
东源县	1834	970	864	5	4	1	6	2	4
阳江市	**8668**	**4943**	**3725**	**17**	**8**	**9**	**13**	**6**	**7**
江城区	1404	766	638	3	2	1			
阳东区	1660	971	689	2		2	1		1
阳西县	1678	994	684	6	3	3	2		2
阳春市	3926	2212	1714	6	3	3	10	6	4
清远市	**16826**	**9817**	**7009**	**35**	**19**	**16**	**45**	**25**	**20**
清城区	1515	859	656	4	3	1	5	3	2
清新区	3256	1850	1406	3		3	3	1	2
佛冈县	1416	819	597	4	2	2	1	1	
阳山县	2479	1455	1024	6	4	2	10	4	6
连山壮族瑶族自治县	428	266	162	3		3			
连南瑶族自治县	632	393	239	1	1		3	1	2
英德市	4863	2827	2036	12	8	4	19	13	6
连州市	2237	1348	889	2	1	1	4	2	2
东莞市	**562**	**325**	**237**				**1**	**1**	
市辖区	562	325	237				1	1	
中山市	**1631**	**926**	**705**	**8**	**7**	**1**	**2**	**1**	**1**
市辖区	1631	926	705	8	7	1	2	1	1
潮州市	**7056**	**3942**	**3114**	**10**	**6**	**4**	**6**		**6**
湘桥区	621	359	262	3	2	1	1		1
潮安区	2955	1640	1315	1		1	1		1
饶平县	3480	1943	1537	6	4	2	4		4
揭阳市	**16215**	**9286**	**6929**	**106**	**92**	**14**	**28**	**20**	**8**
榕城区	1197	636	561						
揭东区	3219	1772	1447	8	5	3	4	4	
揭西县	3925	2250	1675	75	74	1	11	7	4
惠来县	2598	1538	1060	4		4	1	1	
普宁市	5276	3090	2186	19	13	6	12	8	4
云浮市	**8877**	**5129**	**3748**	**26**	**14**	**12**	**27**	**16**	**11**
云城区	536	304	232	1	1		5	2	3
云安区	1118	634	484	8	4	4	2	1	1
新兴县	2036	1105	931	5	4	1	2	2	
郁南县	2198	1285	913	4		4	2	2	
罗定市	2989	1801	1188	8	5	3	16	9	7

6-1c 续表 3

单位：人

地 区	5-9岁			10-14岁			15-19岁		
	小计	男	女	小计	男	女	小计	男	女
广 东	**370**	**234**	**136**	**401**	**272**	**129**	**615**	**427**	**188**
广州市	**11**	**9**	**2**	**10**	**8**	**2**	**28**	**13**	**15**
荔湾区									
越秀区									
海珠区									
天河区									
白云区	4	3	1	1	1		6	2	4
黄埔区							2	1	1
番禺区	1		1	2	1	1	2	1	1
花都区	2	2		2	2		5	2	3
南沙区							4	2	2
从化区	2	2		1		1	4	1	3
增城区	2	2		4	4		5	4	1
韶关市	**20**	**14**	**6**	**28**	**24**	**4**	**24**	**14**	**10**
武江区				3	3		1		1
浈江区				1	1		3	3	
曲江区				2	1	1			
始兴县	2	2					3	1	2
仁化县				4	4				
翁源县	5	3	2	4	2	2	7	2	5
乳源瑶族自治县	2	2		4	4		3	3	
新丰县	2	1	1	2	2		1	1	
乐昌市	4	2	2	3	3		4	3	1
南雄市	5	4	1	5	4	1	2	1	1
深圳市							**1**		**1**
罗湖区									
福田区									
南山区									
宝安区									
龙岗区							1		1
盐田区									
龙华区									
坪山区									
光明区									
珠海市	**1**		**1**	**2**		**2**			
香洲区									
斗门区	1		1	2		2			
金湾区									
汕头市	**12**	**6**	**6**	**13**	**5**	**8**	**36**	**22**	**14**
龙湖区									
金平区									
濠江区				1		1	1		1
潮阳区	10	5	5	6	2	4	20	11	9
潮南区	1	1		3	3		12	8	4
澄海区	1		1	3		3	3	3	
南澳县									
佛山市	**2**	**1**	**1**	**1**		**1**	**5**	**4**	**1**
禅城区									
南海区	1		1						
顺德区									
三水区	1	1					5	4	1
高明区				1		1			

6-1c 续表 4

单位：人

地 区	5-9岁			10-14岁			15-19岁		
	小计	男	女	小计	男	女	小计	男	女
江门市	**7**	**4**	**3**	**11**	**4**	**7**	**15**	**14**	**1**
蓬江区									
江海区									
新会区	2	1	1	4	2	2	4	4	
台山市	3	2	1	6	2	4	4	4	
开平市	1		1				4	3	1
鹤山市	1	1					2	2	
恩平市				1		1	1	1	
湛江市	**46**	**29**	**17**	**55**	**37**	**18**	**80**	**64**	**16**
赤坎区									
霞山区									
坡头区	2	1	1	1	1		4	3	1
麻章区	4	3	1	2	1	1	6	4	2
遂溪县	3	3		8	4	4	11	9	2
徐闻县	5	3	2	4	3	1	6	4	2
廉江市	17	10	7	18	15	3	26	23	3
雷州市	11	6	5	13	9	4	17	14	3
吴川市	4	3	1	9	4	5	10	7	3
茂名市	**27**	**18**	**9**	**29**	**22**	**7**	**62**	**49**	**13**
茂南区							3	2	1
电白区	7	5	2	5	4	1	13	10	3
高州市	5	3	2	4	3	1	22	19	3
化州市	6	3	3	12	9	3	9	7	2
信宜市	9	7	2	8	6	2	15	11	4
肇庆市	**41**	**25**	**16**	**31**	**21**	**10**	**57**	**36**	**21**
端州区									
鼎湖区	1	1		1	1				
高要区	12	7	5	5	4	1	8	4	4
广宁县	6	4	2	5	2	3	7	4	3
怀集县	14	6	8	6	5	1	28	19	9
封开县	5	4	1	6	3	3	5	5	
德庆县	1	1		5	3	2	5	2	3
四会市	2	2		3	3		4	2	2
惠州市	**20**	**11**	**9**	**11**	**8**	**3**	**22**	**17**	**5**
惠城区	2	2		3		3	6	3	3
惠阳区	2	2		1	1		2	2	
博罗县	7	4	3	3	3		8	8	
惠东县	7	3	4	4	4		2	1	1
龙门县	2		2				4	3	1
梅州市	**33**	**17**	**16**	**31**	**21**	**10**	**49**	**30**	**19**
梅江区							1	1	
梅县区				1	1		5	4	1
大埔县	5	4	1	3	3		7	3	4
丰顺县	5	3	2	4	3	1	3	1	2
五华县	9	5	4	11	8	3	20	13	7
平远县	1	1		5	2	3	1	1	
蕉岭县	3	1	2				2	1	1
兴宁市	10	3	7	7	4	3	10	6	4

6-1c　续表 5　　　　单位：人

地　区	5-9岁			10-14岁			15-19岁		
	小计	男	女	小计	男	女	小计	男	女
汕尾市	**13**	**9**	**4**	**15**	**11**	**4**	**23**	**15**	**8**
城　区	1	1		4	3	1	2	1	1
海丰县	2	1	1	5	4	1	5	4	1
陆河县	5	4	1	4	3	1	2	1	1
陆丰市	5	3	2	2	1	1	14	9	5
河源市	**26**	**16**	**10**	**29**	**21**	**8**	**43**	**29**	**14**
源城区				4	4				
紫金县	3	3		2	2		10	8	2
龙川县	8	4	4	7	3	4	10	6	4
连平县	6	4	2	5	4	1	9	6	3
和平县	6	3	3	4	3	1	9	8	1
东源县	3	2	1	7	5	2	5	1	4
阳江市	**13**	**8**	**5**	**25**	**19**	**6**	**14**	**9**	**5**
江城区	1		1	5	3	2	5	3	2
阳东区	1		1	4	4		3	3	
阳西县	3	1	2	5	5		3	2	1
阳春市	8	7	1	11	7	4	3	1	2
清远市	**34**	**24**	**10**	**36**	**23**	**13**	**48**	**35**	**13**
清城区	1		1	1	1		2		2
清新区	6	3	3	5	3	2	9	7	2
佛冈县	3	2	1	3	2	1	6	5	1
阳山县	4	3	1	6	2	4	2	1	1
连山壮族瑶族自治县				1		1	1	1	
连南瑶族自治县	1	1					3	2	1
英德市	16	13	3	13	12	1	18	12	6
连州市	3	2	1	7	3	4	7	7	
东莞市	**1**	**1**					**1**	**1**	
市辖区	1	1					1	1	
中山市	**3**	**3**		**2**	**2**		**2**		**2**
市辖区	3	3		2	2		2		2
潮州市	**11**	**5**	**6**	**11**	**7**	**4**	**18**	**13**	**5**
湘桥区	2	2		1	1				
潮安区	3	1	2	3	3		9	5	4
饶平县	6	2	4	7	3	4	9	8	1
揭阳市	**35**	**25**	**10**	**44**	**26**	**18**	**55**	**40**	**15**
榕城区	2	1	1	1		1	3		3
揭东区	5	3	2	8	2	6	6	5	1
揭西县	7	4	3	7	3	4	13	8	5
惠来县	13	10	3	15	11	4	10	7	3
普宁市	8	7	1	13	10	3	23	20	3
云浮市	**14**	**9**	**5**	**17**	**13**	**4**	**32**	**22**	**10**
云城区				1	1		2	1	1
云安区	2	2		2	1	1	3	1	2
新兴县	3	1	2	2	1	1	8	6	2
郁南县	3	2	1	4	3	1	4	4	
罗定市	6	4	2	8	7	1	15	10	5

6-1c 续表 6

单位：人

地 区	20-24岁			25-29岁			30-34岁		
	小计	男	女	小计	男	女	小计	男	女
广 东	**917**	**664**	**253**	**1312**	**943**	**369**	**1503**	**1030**	**473**
广州市	**26**	**17**	**9**	**64**	**49**	**15**	**82**	**56**	**26**
荔湾区									
越秀区									
海珠区									
天河区									
白云区	3	2	1	8	7	1	14	10	4
黄埔区	1	1		1	1		2	1	1
番禺区	2	2		1	1		6	6	
花都区	1	1		9	7	2	14	5	9
南沙区	3	3		3	2	1	10	6	4
从化区	8	4	4	22	17	5	21	17	4
增城区	8	4	4	20	14	6	15	11	4
韶关市	**43**	**33**	**10**	**60**	**41**	**19**	**95**	**59**	**36**
武江区				2	1	1	4	3	1
浈江区	2	2		1	1		3	1	2
曲江区	3	3		6	4	2	8	5	3
始兴县	9	6	3	6	2	4	10	7	3
仁化县	2	1	1	7	6	1	12	6	6
翁源县	2	2		15	10	5	13	8	5
乳源瑶族自治县	11	10	1	5	5		10	9	1
新丰县	1	1		7	5	2	7	4	3
乐昌市	7	4	3	8	5	3	14	7	7
南雄市	6	4	2	3	2	1	14	9	5
深圳市				**1**	**1**				
罗湖区									
福田区									
南山区									
宝安区									
龙岗区				1	1				
盐田区									
龙华区									
坪山区									
光明区									
珠海市	**1**	**1**		**2**		**2**	**13**	**8**	**5**
香洲区									
斗门区	1	1		2		2	13	8	5
金湾区									
汕头市	**49**	**32**	**17**	**72**	**45**	**27**	**45**	**31**	**14**
龙湖区									
金平区	1		1						
濠江区	6	5	1	4	2	2	5	5	
潮阳区	23	15	8	37	22	15	15	11	4
潮南区	13	10	3	23	17	6	12	8	4
澄海区	6	2	4	7	4	3	12	7	5
南澳县				1		1	1		1
佛山市	**6**	**2**	**4**	**9**	**6**	**3**	**18**	**10**	**8**
禅城区									
南海区	1	1					5	3	2
顺德区				1		1			
三水区	4	1	3	7	6	1	12	6	6
高明区	1		1	1		1	1	1	

6-1c 续表 7

单位：人

地区	20-24岁			25-29岁			30-34岁		
	小计	男	女	小计	男	女	小计	男	女
江门市	**39**	**26**	**13**	**75**	**53**	**22**	**98**	**69**	**29**
蓬江区	1	1		3	3				
江海区									
新会区	5	2	3	13	8	5	18	16	2
台山市	13	10	3	18	14	4	22	12	10
开平市	13	10	3	15	13	2	30	20	10
鹤山市	1		1	8	4	4	8	7	1
恩平市	6	3	3	18	11	7	20	14	6
湛江市	**134**	**92**	**42**	**141**	**101**	**40**	**191**	**131**	**60**
赤坎区				1		1	1	1	
霞山区									
坡头区	7	3	4	8	7	1	18	11	7
麻章区	10	8	2	7	5	2	21	15	6
遂溪县	21	16	5	22	15	7	30	21	9
徐闻县	12	8	4	11	10	1	12	8	4
廉江市	34	26	8	53	38	15	59	39	20
雷州市	32	20	12	26	17	9	34	24	10
吴川市	18	11	7	13	9	4	16	12	4
茂名市	**86**	**60**	**26**	**140**	**104**	**36**	**127**	**91**	**36**
茂南区	7	6	1	11	9	2	16	11	5
电白区	21	13	8	33	25	8	33	24	9
高州市	24	16	8	38	26	12	32	28	4
化州市	13	9	4	31	25	6	21	14	7
信宜市	21	16	5	27	19	8	25	14	11
肇庆市	**69**	**57**	**12**	**96**	**72**	**24**	**113**	**81**	**32**
端州区									
鼎湖区	1	1		2	1	1	8	3	5
高要区	10	9	1	13	10	3	22	15	7
广宁县	4	3	1	16	13	3	16	9	7
怀集县	36	32	4	37	30	7	35	30	5
封开县	7	4	3	10	7	3	13	10	3
德庆县	7	4	3	10	7	3	11	7	4
四会市	4	4		8	4	4	8	7	1
惠州市	**33**	**22**	**11**	**45**	**36**	**9**	**54**	**39**	**15**
惠城区	6	5	1	4	2	2	3	1	2
惠阳区	1	1		6	4	2	9	5	4
博罗县	8	6	2	14	12	2	23	18	5
惠东县	11	6	5	15	14	1	12	10	2
龙门县	7	4	3	6	4	2	7	5	2
梅州市	**55**	**43**	**12**	**111**	**71**	**40**	**107**	**65**	**42**
梅江区							3	2	1
梅县区	5	4	1	13	7	6	13	7	6
大埔县	6	5	1	9	7	2	11	7	4
丰顺县	10	9	1	7	4	3	14	7	7
五华县	21	14	7	45	29	16	36	24	12
平远县	2	2		4	3	1	4	2	2
蕉岭县	2	1	1	6	2	4	3	2	1
兴宁市	9	8	1	27	19	8	23	14	9

6-1c 续表 8

单位：人

地区	20-24岁			25-29岁			30-34岁		
	小计	男	女	小计	男	女	小计	男	女
汕尾市	**37**	**27**	**10**	**43**	**33**	**10**	**50**	**38**	**12**
城　区	4	4		5	5		4	4	
海丰县	6	4	2	18	12	6	22	18	4
陆河县	8	7	1	5	5		7	4	3
陆丰市	19	12	7	15	11	4	17	12	5
河源市	**37**	**25**	**12**	**56**	**39**	**17**	**68**	**45**	**23**
源城区	1	1		2	1	1	2	1	1
紫金县	7	4	3	7	6	1	12	7	5
龙川县	9	7	2	20	14	6	21	15	6
连平县	4	4		7	5	2	7	5	2
和平县	9	7	2	9	7	2	16	10	6
东源县	7	2	5	11	6	5	10	7	3
阳江市	**32**	**25**	**7**	**42**	**31**	**11**	**53**	**36**	**17**
江城区	3	2	1	10	7	3	8	6	2
阳东区	7	6	1	9	6	3	8	6	2
阳西县	5	3	2	7	6	1	10	8	2
阳春市	17	14	3	16	12	4	27	16	11
清远市	**78**	**60**	**18**	**125**	**100**	**25**	**159**	**115**	**44**
清城区	3	2	1	10	8	2	14	11	3
清新区	17	12	5	22	19	3	34	24	10
佛冈县	3	3		8	6	2	7	3	4
阳山县	13	9	4	23	15	8	26	23	3
连山壮族瑶族自治县	3	3		3	3		4	4	
连南瑶族自治县	4	2	2	4	4		9	7	2
英德市	26	24	2	42	34	8	40	27	13
连州市	9	5	4	13	11	2	25	16	9
东莞市	**1**	**1**		**2**	**2**		**7**	**5**	**2**
市辖区	1	1		2	2		7	5	2
中山市	**6**	**4**	**2**	**12**	**10**	**2**	**15**	**9**	**6**
市辖区	6	4	2	12	10	2	15	9	6
潮州市	**33**	**26**	**7**	**37**	**20**	**17**	**39**	**24**	**15**
湘桥区	6	5	1	4	3	1	1		1
潮安区	14	12	2	19	11	8	15	7	8
饶平县	13	9	4	14	6	8	23	17	6
揭阳市	**111**	**77**	**34**	**117**	**86**	**31**	**114**	**77**	**37**
榕城区	7	5	2	8	4	4	8	6	2
揭东区	14	11	3	20	14	6	28	13	15
揭西县	26	19	7	19	16	3	24	19	5
惠来县	17	14	3	22	19	3	17	8	9
普宁市	47	28	19	48	33	15	37	31	6
云浮市	**41**	**34**	**7**	**62**	**43**	**19**	**55**	**41**	**14**
云城区	1		1	3	2	1	1	1	
云安区	5	5		7	3	4	7	5	2
新兴县	5	4	1	15	9	6	8	7	1
郁南县	12	9	3	13	12	1	19	12	7
罗定市	18	16	2	24	17	7	20	16	4

6-1c 续表 9

单位：人

地区	35-39岁			40-44岁			45-49岁		
	小计	男	女	小计	男	女	小计	男	女
广东	**2209**	**1639**	**570**	**2829**	**2061**	**768**	**5270**	**3708**	**1562**
广州市	**161**	**112**	**49**	**176**	**130**	**46**	**302**	**226**	**76**
荔湾区									
越秀区									
海珠区									
天河区									
白云区	34	20	14	34	19	15	46	30	16
黄埔区	9	5	4	4	4		14	9	5
番禺区	4	3	1	12	11	1	13	13	
花都区	24	18	6	26	20	6	43	31	12
南沙区	17	13	4	18	13	5	48	38	10
从化区	44	33	11	55	41	14	86	67	19
增城区	29	20	9	27	22	5	52	38	14
韶关市	**124**	**93**	**31**	**167**	**124**	**43**	**344**	**239**	**105**
武江区	4	3	1	7	5	2	13	10	3
浈江区	3	3		4	1	3	9	5	4
曲江区	9	8	1	11	8	3	42	28	14
始兴县	18	14	4	22	18	4	34	27	7
仁化县	3	2	1	21	17	4	25	15	10
翁源县	17	10	7	25	16	9	56	31	25
乳源瑶族自治县	13	11	2	15	12	3	38	30	8
新丰县	9	4	5	6	5	1	24	18	6
乐昌市	20	14	6	22	17	5	41	32	9
南雄市	28	24	4	34	25	9	62	43	19
深圳市				**1**		**1**	**5**	**2**	**3**
罗湖区									
福田区									
南山区									
宝安区									
龙岗区				1		1	5	2	3
盐田区									
龙华区									
坪山区									
光明区									
珠海市	**17**	**15**	**2**	**7**	**5**	**2**	**33**	**25**	**8**
香洲区							1	1	
斗门区	16	15	1	7	5	2	32	24	8
金湾区	1		1						
汕头市	**86**	**57**	**29**	**93**	**64**	**29**	**185**	**128**	**57**
龙湖区							1		1
金平区	1	1		1	1		1		1
濠江区	6	2	4	6	4	2	10	8	2
潮阳区	40	28	12	43	28	15	75	49	26
潮南区	29	19	10	25	17	8	68	52	16
澄海区	10	7	3	18	14	4	26	15	11
南澳县							4	4	
佛山市	**30**	**19**	**11**	**48**	**38**	**10**	**64**	**45**	**19**
禅城区									
南海区	4	2	2	5	2	3	11	6	5
顺德区	3	2	1	3	2	1	1	1	
三水区	18	11	7	28	23	5	33	24	9
高明区	5	4	1	12	11	1	19	14	5

6-1c 续表 10 单位：人

地区	35-39岁			40-44岁			45-49岁		
	小计	男	女	小计	男	女	小计	男	女
江门市	**131**	**91**	**40**	**173**	**119**	**54**	**328**	**221**	**107**
蓬江区				2	1	1	4	2	2
江海区									
新会区	21	14	7	35	26	9	48	34	14
台山市	34	25	9	41	23	18	118	81	37
开平市	25	17	8	43	29	14	85	55	30
鹤山市	15	11	4	18	13	5	30	22	8
恩平市	36	24	12	34	27	7	43	27	16
湛江市	**218**	**172**	**46**	**275**	**204**	**71**	**429**	**293**	**136**
赤坎区				1	1		1	1	
霞山区	1	1		4	4		5	3	2
坡头区	10	9	1	15	9	6	24	13	11
麻章区	15	12	3	19	16	3	26	14	12
遂溪县	40	31	9	46	37	9	70	53	17
徐闻县	20	17	3	31	27	4	52	39	13
廉江市	73	57	16	86	62	24	134	88	46
雷州市	38	31	7	51	34	17	80	62	18
吴川市	21	14	7	22	14	8	37	20	17
茂名市	**165**	**115**	**50**	**208**	**150**	**58**	**358**	**225**	**133**
茂南区	13	11	2	19	14	5	33	25	8
电白区	48	33	15	49	40	9	89	51	38
高州市	39	28	11	58	34	24	105	58	47
化州市	32	24	8	32	27	5	59	40	19
信宜市	33	19	14	50	35	15	72	51	21
肇庆市	**176**	**136**	**40**	**236**	**183**	**53**	**526**	**408**	**118**
端州区									
鼎湖区	3	3		5	3	2	18	12	6
高要区	37	27	10	46	39	7	81	66	15
广宁县	31	26	5	51	40	11	101	78	23
怀集县	66	49	17	61	47	14	141	102	39
封开县	13	11	2	23	20	3	67	49	18
德庆县	10	8	2	29	19	10	72	63	9
四会市	16	12	4	21	15	6	46	38	8
惠州市	**100**	**73**	**27**	**126**	**98**	**28**	**236**	**167**	**69**
惠城区	12	9	3	21	17	4	41	26	15
惠阳区	12	8	4	17	12	5	20	12	8
博罗县	34	24	10	52	37	15	82	60	22
惠东县	26	17	9	19	15	4	59	44	15
龙门县	16	15	1	17	17		34	25	9
梅州市	**163**	**120**	**43**	**217**	**152**	**65**	**424**	**306**	**118**
梅江区	3	2	1	7	4	3	16	14	2
梅县区	15	11	4	24	14	10	42	31	11
大埔县	17	11	6	30	20	10	52	41	11
丰顺县	22	16	6	26	22	4	51	34	17
五华县	46	33	13	58	40	18	110	79	31
平远县	12	8	4	12	10	2	32	26	6
蕉岭县	14	10	4	14	11	3	32	20	12
兴宁市	34	29	5	46	31	15	89	61	28

6-1c 续表 11

单位：人

地区	35-39岁			40-44岁			45-49岁		
	小计	男	女	小计	男	女	小计	男	女
汕尾市	**80**	**61**	**19**	**77**	**52**	**25**	**150**	**102**	**48**
城 区	11	8	3	8	5	3	20	12	8
海丰县	42	34	8	23	15	8	55	43	12
陆河县	7	6	1	10	7	3	22	11	11
陆丰市	20	13	7	36	25	11	53	36	17
河源市	**130**	**96**	**34**	**170**	**131**	**39**	**252**	**188**	**64**
源城区	3	3		5	4	1	3	2	1
紫金县	23	17	6	33	22	11	52	39	13
龙川县	35	30	5	47	37	10	70	54	16
连平县	15	9	6	20	18	2	19	13	6
和平县	33	23	10	40	33	7	60	48	12
东源县	21	14	7	25	17	8	48	32	16
阳江市	**102**	**86**	**16**	**148**	**102**	**46**	**256**	**172**	**84**
江城区	22	20	2	24	13	11	43	29	14
阳东区	19	18	1	36	27	9	67	44	23
阳西县	17	11	6	33	21	12	47	32	15
阳春市	44	37	7	55	41	14	99	67	32
清远市	**209**	**170**	**39**	**266**	**195**	**71**	**543**	**397**	**146**
清城区	15	13	2	17	14	3	39	28	11
清新区	29	21	8	42	35	7	105	78	27
佛冈县	19	14	5	23	17	6	45	37	8
阳山县	47	40	7	45	30	15	93	65	28
连山壮族瑶族自治县	12	8	4	5	3	2	12	7	5
连南瑶族自治县	10	10		23	21	2	30	22	8
英德市	46	38	8	75	52	23	151	110	41
连州市	31	26	5	36	23	13	68	50	18
东莞市	**6**	**4**	**2**	**13**	**11**	**2**	**24**	**18**	**6**
市辖区	6	4	2	13	11	2	24	18	6
中山市	**28**	**21**	**7**	**27**	**24**	**3**	**58**	**40**	**18**
市辖区	28	21	7	27	24	3	58	40	18
潮州市	**51**	**29**	**22**	**70**	**44**	**26**	**150**	**97**	**53**
湘桥区	2	1	1	6	4	2	13	5	8
潮安区	23	15	8	27	18	9	68	43	25
饶平县	26	13	13	37	22	15	69	49	20
揭阳市	**144**	**101**	**43**	**202**	**133**	**69**	**363**	**244**	**119**
榕城区	10	7	3	13	6	7	21	13	8
揭东区	20	13	7	49	30	19	63	37	26
揭西县	35	23	12	39	29	10	76	54	22
惠来县	30	26	4	39	29	10	65	48	17
普宁市	49	32	17	62	39	23	138	92	46
云浮市	**88**	**68**	**20**	**129**	**102**	**27**	**240**	**165**	**75**
云城区	8	8		2	2		14	9	5
云安区	12	8	4	18	14	4	35	27	8
新兴县	19	12	7	24	17	7	45	33	12
郁南县	22	18	4	35	27	8	58	37	21
罗定市	27	22	5	50	42	8	88	59	29

6-1c 续表 12

单位：人

地 区	50-54岁			55-59岁			60-64岁		
	小计	男	女	小计	男	女	小计	男	女
广 东	**8570**	**6008**	**2562**	**10609**	**7587**	**3022**	**13884**	**9908**	**3976**
广州市	**472**	**339**	**133**	**569**	**435**	**134**	**713**	**503**	**210**
荔湾区									
越秀区									
海珠区									
天河区									
白云区	78	51	27	89	71	18	132	90	42
黄埔区	11	5	6	18	12	6	12	9	3
番禺区	35	24	11	34	29	5	38	29	9
花都区	75	57	18	76	58	18	117	74	43
南沙区	74	56	18	71	56	15	83	65	18
从化区	121	91	30	151	112	39	193	138	55
增城区	78	55	23	130	97	33	138	98	40
韶关市	**565**	**406**	**159**	**706**	**520**	**186**	**866**	**607**	**259**
武江区	22	18	4	24	21	3	27	21	6
浈江区	19	14	5	23	14	9	30	24	6
曲江区	49	38	11	80	68	12	81	59	22
始兴县	60	43	17	64	44	20	86	57	29
仁化县	39	27	12	35	28	7	71	44	27
翁源县	89	62	27	120	96	24	136	107	29
乳源瑶族自治县	42	32	10	70	54	16	68	49	19
新丰县	60	46	14	54	36	18	76	50	26
乐昌市	83	57	26	98	70	28	122	85	37
南雄市	102	69	33	138	89	49	169	111	58
深圳市	**4**	**3**	**1**	**5**	**3**	**2**	**1**		**1**
罗湖区									
福田区									
南山区									
宝安区									
龙岗区	4	3	1	5	3	2	1		1
盐田区									
龙华区									
坪山区									
光明区									
珠海市	**56**	**47**	**9**	**70**	**62**	**8**	**81**	**64**	**17**
香洲区	1		1						
斗门区	54	46	8	70	62	8	79	63	16
金湾区	1	1					2	1	1
汕头市	**264**	**181**	**83**	**373**	**258**	**115**	**637**	**439**	**198**
龙湖区							4	3	1
金平区	5	3	2	4	3	1	12	8	4
濠江区	20	20		14	10	4	38	27	11
潮阳区	137	85	52	155	93	62	290	205	85
潮南区	60	43	17	126	91	35	165	108	57
澄海区	40	29	11	71	58	13	114	77	37
南澳县	2	1	1	3	3		14	11	3
佛山市	**63**	**43**	**20**	**94**	**76**	**18**	**122**	**89**	**33**
禅城区									
南海区	16	10	6	20	12	8	21	18	3
顺德区	3	3		7	7		9	7	2
三水区	32	22	10	47	40	7	57	41	16
高明区	12	8	4	20	17	3	35	23	12

6-1c　续表 13　　　　单位：人

地　区	50-54岁			55-59岁			60-64岁		
	小计	男	女	小计	男	女	小计	男	女
江门市	**544**	**352**	**192**	**731**	**491**	**240**	**1002**	**718**	**284**
蓬江区	8	7	1	8	5	3	11	10	1
江海区									
新会区	94	68	26	149	107	42	193	134	59
台山市	167	104	63	232	158	74	295	212	83
开平市	132	80	52	168	100	68	242	177	65
鹤山市	59	43	16	68	48	20	111	80	31
恩平市	84	50	34	106	73	33	150	105	45
湛江市	**647**	**416**	**231**	**831**	**547**	**284**	**1082**	**742**	**340**
赤坎区				1	1		3	2	1
霞山区	5	4	1	8	6	2	6	4	2
坡头区	32	13	19	42	23	19	62	38	24
麻章区	48	27	21	53	29	24	59	42	17
遂溪县	109	80	29	155	109	46	212	153	59
徐闻县	63	39	24	75	51	24	102	81	21
廉江市	197	132	65	238	150	88	322	206	116
雷州市	117	72	45	170	123	47	181	135	46
吴川市	76	49	27	89	55	34	135	81	54
茂名市	**585**	**372**	**213**	**748**	**488**	**260**	**874**	**604**	**270**
茂南区	39	23	16	58	35	23	73	43	30
电白区	121	81	40	184	118	66	180	122	58
高州市	196	121	75	248	152	96	289	212	77
化州市	129	85	44	139	95	44	160	94	66
信宜市	100	62	38	119	88	31	172	133	39
肇庆市	**796**	**573**	**223**	**869**	**646**	**223**	**1152**	**835**	**317**
端州区									
鼎湖区	21	17	4	24	20	4	37	25	12
高要区	161	107	54	152	112	40	235	152	83
广宁县	145	99	46	180	133	47	247	184	63
怀集县	215	160	55	218	160	58	252	187	65
封开县	94	73	21	109	79	30	130	98	32
德庆县	87	66	21	104	83	21	132	97	35
四会市	73	51	22	82	59	23	119	92	27
惠州市	**342**	**251**	**91**	**446**	**325**	**121**	**561**	**409**	**152**
惠城区	58	46	12	73	46	27	87	59	28
惠阳区	39	30	9	40	32	8	53	40	13
博罗县	106	71	35	126	84	42	189	132	57
惠东县	82	63	19	111	91	20	134	102	32
龙门县	57	41	16	96	72	24	98	76	22
梅州市	**694**	**483**	**211**	**848**	**618**	**230**	**1140**	**843**	**297**
梅江区	13	7	6	19	15	4	28	23	5
梅县区	73	47	26	107	79	28	126	86	40
大埔县	101	74	27	125	97	28	175	131	44
丰顺县	83	61	22	117	83	34	169	132	37
五华县	173	113	60	181	126	55	271	201	70
平远县	54	39	15	54	41	13	52	41	11
蕉岭县	38	34	4	60	45	15	74	55	19
兴宁市	159	108	51	185	132	53	245	174	71

6-1c 续表 14 单位：人

地 区	50-54岁			55-59岁			60-64岁		
	小计	男	女	小计	男	女	小计	男	女
汕尾市	**234**	**174**	**60**	**292**	**205**	**87**	**449**	**321**	**128**
城 区	31	23	8	43	31	12	60	45	15
海丰县	85	60	25	88	60	28	149	106	43
陆河县	30	23	7	44	31	13	73	46	27
陆丰市	88	68	20	117	83	34	167	124	43
河源市	**491**	**357**	**134**	**619**	**464**	**155**	**757**	**556**	**201**
源城区	10	8	2	15	12	3	17	14	3
紫金县	79	62	17	140	103	37	146	110	36
龙川县	151	110	41	198	144	54	197	146	51
连平县	62	47	15	67	48	19	132	97	35
和平县	117	78	39	101	79	22	149	108	41
东源县	72	52	20	98	78	20	116	81	35
阳江市	**383**	**273**	**110**	**431**	**314**	**117**	**495**	**346**	**149**
江城区	61	42	19	53	38	15	58	39	19
阳东区	65	50	15	69	44	25	94	66	28
阳西县	63	44	19	84	63	21	99	74	25
阳春市	194	137	57	225	169	56	244	167	77
清远市	**896**	**671**	**225**	**1059**	**804**	**255**	**1220**	**894**	**326**
清城区	74	54	20	77	54	23	94	66	28
清新区	144	101	43	177	117	60	215	139	76
佛冈县	98	74	24	108	80	28	106	69	37
阳山县	157	119	38	170	143	27	193	149	44
连山壮族瑶族自治县	27	22	5	19	16	3	39	29	10
连南瑶族自治县	51	43	8	57	45	12	51	43	8
英德市	234	172	62	303	227	76	352	265	87
连州市	111	86	25	148	122	26	170	134	36
东莞市	**24**	**14**	**10**	**36**	**26**	**10**	**31**	**23**	**8**
市辖区	24	14	10	36	26	10	31	23	8
中山市	**99**	**68**	**31**	**122**	**77**	**45**	**141**	**103**	**38**
市辖区	99	68	31	122	77	45	141	103	38
潮州市	**306**	**210**	**96**	**421**	**293**	**128**	**623**	**434**	**189**
湘桥区	31	21	10	45	31	14	62	47	15
潮安区	116	81	35	182	117	65	278	189	89
饶平县	159	108	51	194	145	49	283	198	85
揭阳市	**698**	**471**	**227**	**851**	**588**	**263**	**1302**	**929**	**373**
榕城区	45	28	17	71	43	28	110	80	30
揭东区	119	80	39	170	110	60	260	184	76
揭西县	172	114	58	172	109	63	282	192	90
惠来县	121	86	35	113	88	25	229	175	54
普宁市	241	163	78	325	238	87	421	298	123
云浮市	**407**	**304**	**103**	**488**	**347**	**141**	**635**	**449**	**186**
云城区	14	12	2	25	17	8	46	37	9
云安区	56	45	11	61	44	17	64	44	20
新兴县	94	68	26	88	59	29	113	80	33
郁南县	89	64	25	138	101	37	167	119	48
罗定市	154	115	39	176	126	50	245	169	76

6−1c　续表 15　　　　单位：人

地　　区	65−69岁			70−74岁			75−79岁		
	小计	男	女	小计	男	女	小计	男	女
广　东	**18266**	**12531**	**5735**	**19881**	**13109**	**6772**	**23911**	**14501**	**9410**
广州市	**1124**	**749**	**375**	**1093**	**667**	**426**	**1243**	**726**	**517**
荔湾区									
越秀区									
海珠区									
天河区									
白云区	219	145	74	238	145	93	250	151	99
黄埔区	25	19	6	22	15	7	28	21	7
番禺区	60	42	18	59	38	21	68	38	30
花都区	191	119	72	186	99	87	237	145	92
南沙区	111	81	30	83	46	37	126	70	56
从化区	279	193	86	298	198	100	306	171	135
增城区	239	150	89	207	126	81	228	130	98
韶关市	**1034**	**698**	**336**	**1140**	**716**	**424**	**1418**	**814**	**604**
武江区	49	41	8	47	33	14	48	34	14
浈江区	42	27	15	41	29	12	46	27	19
曲江区	95	69	26	94	62	32	119	61	58
始兴县	107	75	32	122	76	46	119	57	62
仁化县	68	44	24	84	52	32	124	74	50
翁源县	171	124	47	212	136	76	246	145	101
乳源瑶族自治县	71	50	21	73	53	20	105	54	51
新丰县	88	64	24	98	64	34	129	85	44
乐昌市	141	87	54	158	102	56	204	126	78
南雄市	202	117	85	211	109	102	278	151	127
深圳市	**5**	**5**		**2**	**1**	**1**	**9**	**3**	**6**
罗湖区									
福田区									
南山区									
宝安区									
龙岗区	5	5		2	1	1	9	3	6
盐田区									
龙华区									
坪山区									
光明区									
珠海市	**114**	**82**	**32**	**105**	**71**	**34**	**103**	**68**	**35**
香洲区	2	1	1				1	1	
斗门区	110	79	31	103	69	34	101	67	34
金湾区	2	2		2	2		1		1
汕头市	**821**	**512**	**309**	**842**	**520**	**322**	**911**	**546**	**365**
龙湖区	3	2	1	3	1	2	2	1	1
金平区	15	9	6	14	11	3	17	11	6
濠江区	37	27	10	29	17	12	40	20	20
潮阳区	383	238	145	427	257	170	441	274	167
潮南区	233	149	84	230	154	76	230	136	94
澄海区	136	80	56	132	77	55	171	100	71
南澳县	14	7	7	7	3	4	10	4	6
佛山市	**175**	**108**	**67**	**214**	**144**	**70**	**246**	**138**	**108**
禅城区									
南海区	41	24	17	51	31	20	63	28	35
顺德区	10	8	2	12	8	4	8	4	4
三水区	80	46	34	106	73	33	112	67	45
高明区	44	30	14	45	32	13	63	39	24

6-1c 续表 16 单位：人

地区	65-69岁			70-74岁			75-79岁		
	小计	男	女	小计	男	女	小计	男	女
江门市	**1473**	**1043**	**430**	**1693**	**1127**	**566**	**1685**	**1032**	**653**
蓬江区	18	13	5	26	20	6	27	12	15
江海区									
新会区	269	187	82	314	197	117	268	150	118
台山市	436	320	116	475	335	140	510	343	167
开平市	392	269	123	429	280	149	398	238	160
鹤山市	157	114	43	190	124	66	198	118	80
恩平市	201	140	61	259	171	88	284	171	113
湛江市	**1360**	**945**	**415**	**1677**	**1146**	**531**	**2167**	**1380**	**787**
赤坎区	3	3		2	2		3	2	1
霞山区	14	5	9	18	14	4	15	7	8
坡头区	82	58	24	87	63	24	101	65	36
麻章区	85	62	23	103	73	30	134	84	50
遂溪县	230	166	64	257	168	89	337	205	132
徐闻县	148	115	33	140	91	49	196	116	80
廉江市	434	296	138	582	411	171	760	491	269
雷州市	206	144	62	288	192	96	351	242	109
吴川市	158	96	62	200	132	68	270	168	102
茂名市	**1174**	**793**	**381**	**1341**	**874**	**467**	**1782**	**1091**	**691**
茂南区	106	66	40	108	72	36	162	93	69
电白区	239	145	94	283	177	106	370	237	133
高州市	392	278	114	422	271	151	627	376	251
化州市	233	152	81	298	199	99	329	212	117
信宜市	204	152	52	230	155	75	294	173	121
肇庆市	**1518**	**1027**	**491**	**1557**	**936**	**621**	**2041**	**1170**	**871**
端州区									
鼎湖区	54	41	13	53	31	22	81	41	40
高要区	337	197	140	416	241	175	507	293	214
广宁县	313	208	105	307	191	116	347	212	135
怀集县	305	218	87	318	197	121	377	230	147
封开县	149	113	36	131	80	51	279	155	124
德庆县	187	127	60	170	101	69	226	124	102
四会市	173	123	50	162	95	67	224	115	109
惠州市	**719**	**524**	**195**	**826**	**560**	**266**	**1020**	**642**	**378**
惠城区	130	89	41	148	99	49	141	89	52
惠阳区	82	62	20	98	71	27	88	55	33
博罗县	242	178	64	258	171	87	367	232	135
惠东县	151	110	41	204	143	61	245	162	83
龙门县	114	85	29	118	76	42	179	104	75
梅州市	**1523**	**1072**	**451**	**1552**	**1031**	**521**	**1810**	**1095**	**715**
梅江区	29	19	10	38	24	14	39	26	13
梅县区	173	124	49	154	101	53	204	123	81
大埔县	270	194	76	232	158	74	240	145	95
丰顺县	174	118	56	189	134	55	199	131	68
五华县	334	240	94	380	259	121	435	256	179
平远县	89	61	28	83	61	22	133	82	51
蕉岭县	94	63	31	84	54	30	122	74	48
兴宁市	360	253	107	392	240	152	438	258	180

6—1c　续表 17　　　　单位：人

地　区	65—69岁			70—74岁			75—79岁		
	小计	男	女	小计	男	女	小计	男	女
汕尾市	**565**	**388**	**177**	**667**	**482**	**185**	**716**	**480**	**236**
城　区	78	60	18	104	81	23	88	56	32
海丰县	210	137	73	230	162	68	240	169	71
陆河县	69	53	16	99	66	33	143	89	54
陆丰市	208	138	70	234	173	61	245	166	79
河源市	**947**	**664**	**283**	**1069**	**706**	**363**	**1570**	**918**	**652**
源城区	16	13	3	20	14	6	20	14	6
紫金县	195	142	53	227	144	83	351	235	116
龙川县	271	192	79	311	218	93	424	249	175
连平县	137	102	35	140	80	60	207	115	92
和平县	211	141	70	223	148	75	306	163	143
东源县	117	74	43	148	102	46	262	142	120
阳江市	**697**	**484**	**213**	**819**	**556**	**263**	**1032**	**637**	**395**
江城区	121	85	36	138	92	46	145	96	49
阳东区	148	92	56	148	110	38	183	126	57
阳西县	123	86	37	151	102	49	195	126	69
阳春市	305	221	84	382	252	130	509	289	220
清远市	**1598**	**1131**	**467**	**1601**	**1083**	**518**	**2220**	**1333**	**887**
清城区	145	99	46	163	109	54	193	113	80
清新区	332	225	107	309	211	98	448	292	156
佛冈县	126	97	29	140	96	44	186	99	87
阳山县	219	161	58	239	153	86	311	173	138
连山壮族瑶族自治县	43	29	14	42	31	11	68	38	30
连南瑶族自治县	68	45	23	50	31	19	86	52	34
英德市	404	302	102	438	301	137	598	359	239
连州市	261	173	88	220	151	69	330	207	123
东莞市	**41**	**33**	**8**	**59**	**38**	**21**	**55**	**38**	**17**
市辖区	41	33	8	59	38	21	55	38	17
中山市	**179**	**116**	**63**	**186**	**117**	**69**	**153**	**90**	**63**
市辖区	179	116	63	186	117	69	153	90	63
潮州市	**790**	**536**	**254**	**817**	**550**	**267**	**808**	**477**	**331**
湘桥区	75	56	19	87	61	26	63	37	26
潮安区	341	216	125	330	223	107	326	198	128
饶平县	374	264	110	400	266	134	419	242	177
揭阳市	**1606**	**1065**	**541**	**1763**	**1187**	**576**	**1716**	**1069**	**647**
榕城区	151	78	73	142	93	49	121	70	51
揭东区	311	187	124	352	242	110	349	210	139
揭西县	342	237	105	362	259	103	427	285	142
惠来县	266	189	77	299	193	106	245	157	88
普宁市	536	374	162	608	400	208	574	347	227
云浮市	**803**	**556**	**247**	**858**	**597**	**261**	**1206**	**754**	**452**
云城区	37	27	10	53	35	18	67	35	32
云安区	95	71	24	95	72	23	124	79	45
新兴县	172	123	49	221	143	78	294	195	99
郁南县	189	126	63	201	144	57	322	190	132
罗定市	310	209	101	288	203	85	399	255	144

6-1c 续表 18

单位：人

地　区	80-84岁			85-89岁			90岁及以上		
	小计	男	女	小计	男	女	小计	男	女
广　东	**30140**	**15691**	**14449**	**29019**	**12367**	**16652**	**25060**	**8059**	**17001**
广州市	**1406**	**729**	**677**	**1470**	**584**	**886**	**1263**	**332**	**931**
荔湾区									
越秀区									
海珠区									
天河区									
白云区	265	153	112	284	129	155	270	69	201
黄埔区	42	22	20	44	19	25	37	9	28
番禺区	88	46	42	74	26	48	93	28	65
花都区	211	112	99	251	95	156	235	67	168
南沙区	135	69	66	150	56	94	97	28	69
从化区	339	171	168	355	132	223	280	71	209
增城区	326	156	170	312	127	185	251	60	191
韶关市	**1697**	**802**	**895**	**1439**	**528**	**911**	**1120**	**316**	**804**
武江区	64	32	32	60	25	35	43	11	32
浈江区	50	24	26	48	21	27	39	12	27
曲江区	137	68	69	115	46	69	131	21	110
始兴县	194	87	107	166	59	107	132	30	102
仁化县	149	75	74	128	49	79	100	32	68
翁源县	324	146	178	219	78	141	185	63	122
乳源瑶族自治县	107	57	50	104	45	59	98	38	60
新丰县	162	82	80	166	63	103	108	27	81
乐昌市	204	103	101	176	70	106	145	51	94
南雄市	306	128	178	257	72	185	139	31	108
深圳市	**5**	**1**	**4**	**10**	**2**	**8**	**10**	**3**	**7**
罗湖区									
福田区									
南山区									
宝安区									
龙岗区	5	1	4	10	2	8	10	3	7
盐田区									
龙华区									
坪山区									
光明区									
珠海市	**122**	**62**	**60**	**160**	**76**	**84**	**161**	**58**	**103**
香洲区									
斗门区	120	61	59	156	74	82	159	57	102
金湾区	2	1	1	4	2	2	2	1	1
汕头市	**1125**	**584**	**541**	**1010**	**439**	**571**	**924**	**259**	**665**
龙湖区	2	1	1	4	1	3	3	1	2
金平区	17	10	7	5	2	3	11	1	10
濠江区	42	24	18	50	23	27	48	11	37
潮阳区	512	259	253	455	207	248	345	98	247
潮南区	307	171	136	282	125	157	312	91	221
澄海区	230	113	117	203	78	125	195	52	143
南澳县	15	6	9	11	3	8	10	5	5
佛山市	**290**	**158**	**132**	**247**	**97**	**150**	**321**	**87**	**234**
禅城区									
南海区	65	32	33	60	24	36	84	23	61
顺德区	12	4	8	7	3	4	9	2	7
三水区	133	75	58	118	44	74	175	48	127
高明区	80	47	33	62	26	36	53	14	39

6-1c 续表 19 单位：人

地 区	80-84岁			85-89岁			90岁及以上		
	小计	男	女	小计	男	女	小计	男	女
江门市	**2066**	**1161**	**905**	**2243**	**913**	**1330**	**2077**	**648**	**1429**
蓬江区	30	18	12	30	13	17	13	1	12
江海区									
新会区	336	179	157	377	139	238	386	109	277
台山市	623	346	277	669	295	374	652	208	444
开平市	503	298	205	542	198	344	532	155	377
鹤山市	211	119	92	237	108	129	200	58	142
恩平市	363	201	162	388	160	228	294	117	177
湛江市	**2819**	**1612**	**1207**	**2891**	**1468**	**1423**	**2855**	**1195**	**1660**
赤坎区	2	2		2	1	1	4	1	3
霞山区	11	6	5	18	7	11	16	4	12
坡头区	142	93	49	176	95	81	164	67	97
麻章区	153	92	61	146	75	71	141	52	89
遂溪县	457	244	213	531	271	260	639	252	387
徐闻县	255	134	121	267	140	127	242	98	144
廉江市	1004	587	417	996	487	509	1013	441	572
雷州市	439	236	203	445	230	215	372	152	220
吴川市	356	218	138	310	162	148	264	128	136
茂名市	**2139**	**1173**	**966**	**1921**	**990**	**931**	**1647**	**678**	**969**
茂南区	202	102	100	174	86	88	176	66	110
电白区	491	272	219	473	244	229	430	190	240
高州市	711	391	320	652	319	333	517	212	305
化州市	427	244	183	376	209	167	347	147	200
信宜市	308	164	144	246	132	114	177	63	114
肇庆市	**2449**	**1170**	**1279**	**2233**	**876**	**1357**	**1624**	**441**	**1183**
端州区									
鼎湖区	97	50	47	81	21	60	73	17	56
高要区	586	270	316	531	189	342	474	131	343
广宁县	437	211	226	470	200	270	275	88	187
怀集县	451	239	212	375	152	223	272	76	196
封开县	300	144	156	223	91	132	163	43	120
德庆县	315	143	172	274	119	155	158	37	121
四会市	263	113	150	279	104	175	209	49	160
惠州市	**1441**	**738**	**703**	**1589**	**650**	**939**	**1324**	**391**	**933**
惠城区	170	83	87	245	100	145	211	60	151
惠阳区	147	68	79	174	64	110	205	56	149
博罗县	480	259	221	511	217	294	415	131	284
惠东县	388	207	181	424	173	251	335	96	239
龙门县	256	121	135	235	96	139	158	48	110
梅州市	**2533**	**1278**	**1255**	**2485**	**959**	**1526**	**2232**	**618**	**1614**
梅江区	51	19	32	54	17	37	64	19	45
梅县区	300	144	156	350	120	230	313	70	243
大埔县	358	186	172	402	160	242	341	88	253
丰顺县	334	189	145	292	128	164	257	88	169
五华县	606	315	291	587	253	334	483	144	339
平远县	219	98	121	176	61	115	158	48	110
蕉岭县	171	92	79	151	45	106	143	37	106
兴宁市	494	235	259	473	175	298	473	124	349

6-1c 续表 20

单位：人

地区	80-84岁			85-89岁			90岁及以上		
	小计	男	女	小计	男	女	小计	男	女
汕尾市	**1027**	**583**	**444**	**857**	**427**	**430**	**722**	**266**	**456**
城　区	113	64	49	124	62	62	90	27	63
海丰县	413	235	178	363	175	188	283	109	174
陆河县	202	113	89	136	80	56	127	39	88
陆丰市	299	171	128	234	110	124	222	91	131
河源市	**1991**	**974**	**1017**	**1778**	**688**	**1090**	**1334**	**369**	**965**
源城区	29	12	17	29	12	17	28	9	19
紫金县	447	225	222	409	169	240	330	109	221
龙川县	504	252	252	491	185	306	395	107	288
连平县	288	135	153	238	89	149	158	32	126
和平县	360	167	193	309	122	187	215	57	158
东源县	363	183	180	302	111	191	208	55	153
阳江市	**1320**	**693**	**627**	**1448**	**646**	**802**	**1328**	**492**	**836**
江城区	193	102	91	248	97	151	263	90	173
阳东区	243	144	99	270	128	142	283	97	186
阳西县	249	131	118	310	156	154	266	120	146
阳春市	635	316	319	620	265	355	516	185	331
清远市	**2472**	**1229**	**1243**	**2317**	**904**	**1413**	**1865**	**605**	**1260**
清城区	189	113	76	266	109	157	203	59	144
清新区	492	244	248	466	184	282	398	134	264
佛冈县	205	101	104	168	60	108	157	51	106
阳山县	371	181	190	323	124	199	221	56	165
连山壮族瑶族自治县	66	36	30	48	24	24	32	12	20
连南瑶族自治县	84	30	54	54	20	34	43	13	30
英德市	733	360	373	716	279	437	627	219	408
连州市	332	164	168	276	104	172	184	61	123
东莞市	**82**	**49**	**33**	**88**	**33**	**55**	**90**	**27**	**63**
市辖区	82	49	33	88	33	55	90	27	63
中山市	**199**	**89**	**110**	**216**	**89**	**127**	**173**	**56**	**117**
市辖区	199	89	110	216	89	127	173	56	117
潮州市	**1025**	**533**	**492**	**1012**	**417**	**595**	**818**	**221**	**597**
湘桥区	80	47	33	76	24	52	63	12	51
潮安区	440	234	206	449	182	267	310	85	225
饶平县	505	252	253	487	211	276	445	124	321
揭阳市	**2470**	**1316**	**1154**	**2301**	**1027**	**1274**	**2189**	**713**	**1476**
榕城区	198	97	101	156	66	90	130	39	91
揭东区	525	286	239	452	200	252	456	136	320
揭西县	610	305	305	616	277	339	610	216	394
惠来县	364	209	155	352	147	205	376	121	255
普宁市	773	419	354	725	337	388	617	201	416
云浮市	**1462**	**757**	**705**	**1304**	**554**	**750**	**983**	**284**	**699**
云城区	85	44	41	95	43	52	76	27	49
云安区	203	92	111	171	79	92	148	37	111
新兴县	362	173	189	314	122	192	242	46	196
郁南县	345	181	164	340	152	188	231	82	149
罗定市	467	267	200	384	158	226	286	92	194

6-2　各地区分性别、受教育程度的3岁及以上死亡人口
(2019.11.1—2020.10.31)

单位：人

地　区	3岁及以上死亡人口			未上过学		
	合计	男	女	小计	男	女
广　东	**455440**	**263395**	**192045**	**78381**	**23184**	**55197**
广州市	**59291**	**33730**	**25561**	**4501**	**1015**	**3486**
荔湾区	6718	3659	3059	376	71	305
越秀区	8920	5007	3913	274	61	213
海珠区	8195	4656	3539	393	81	312
天河区	3468	2065	1403	164	44	120
白云区	9763	5578	4185	604	95	509
黄埔区	2206	1326	880	229	56	173
番禺区	4480	2572	1908	523	141	382
花都区	4307	2403	1904	466	103	363
南沙区	2884	1708	1176	518	129	389
从化区	3574	2092	1482	484	97	387
增城区	4776	2664	2112	470	137	333
韶关市	**20678**	**11928**	**8750**	**4524**	**998**	**3526**
武江区	1896	1114	782	248	60	188
浈江区	2592	1534	1058	301	69	232
曲江区	2180	1298	882	478	102	376
始兴县	1611	887	724	415	78	337
仁化县	1363	754	609	396	82	314
翁源县	2628	1500	1128	599	137	462
乳源瑶族自治县	1239	765	474	307	88	219
新丰县	1343	765	578	247	45	202
乐昌市	3042	1844	1198	779	222	557
南雄市	2784	1467	1317	754	115	639
深圳市	**14872**	**9152**	**5720**	**998**	**300**	**698**
罗湖区	1533	939	594	67	16	51
福田区	2111	1292	819	82	19	63
南山区	2289	1383	906	82	36	46
宝安区	2466	1521	945	230	66	164
龙岗区	3618	2225	1393	295	93	202
盐田区	299	153	146	20	2	18
龙华区	1351	876	475	88	31	57
坪山区	392	235	157	44	6	38
光明区	813	528	285	90	31	59
珠海市	**7187**	**4493**	**2694**	**1202**	**472**	**730**
香洲区	3732	2317	1415	666	308	358
斗门区	2915	1844	1071	448	136	312
金湾区	540	332	208	88	28	60
汕头市	**27038**	**15073**	**11965**	**6488**	**2192**	**4296**
龙湖区	2151	1235	916	606	234	372
金平区	5486	3050	2436	626	140	486
濠江区	1284	703	581	585	194	391
潮阳区	7462	4197	3265	1893	694	1199
潮南区	5321	2963	2358	1594	581	1013
澄海区	4769	2613	2156	945	272	673
南澳县	565	312	253	239	77	162
佛山市	**22781**	**12834**	**9947**	**3627**	**916**	**2711**
禅城区	4183	2327	1856	454	102	352
南海区	6838	3862	2976	1081	271	810
顺德区	6611	3665	2946	1275	349	926
三水区	3329	1895	1434	573	127	446
高明区	1820	1085	735	244	67	177

6-2 续表 1

单位：人

地 区	3岁及以上死亡人口			未上过学		
	合计	男	女	小计	男	女
江门市	**28396**	**16264**	**12132**	**3004**	**767**	**2237**
蓬江区	3149	1773	1376	243	48	195
江海区	865	469	396	153	30	123
新会区	5290	2954	2336	818	222	596
台山市	7218	4225	2993	651	186	465
开平市	5465	3070	2395	600	143	457
鹤山市	2873	1708	1165	212	54	158
恩平市	3536	2065	1471	327	84	243
湛江市	**28870**	**17318**	**11552**	**7024**	**2651**	**4373**
赤坎区	1074	621	453	99	25	74
霞山区	2047	1256	791	185	63	122
坡头区	1378	818	560	407	160	247
麻章区	1684	1009	675	510	230	280
遂溪县	4347	2546	1801	1190	443	747
徐闻县	2299	1463	836	529	187	342
廉江市	8581	5112	3469	2046	747	1299
雷州市	3633	2235	1398	1234	498	736
吴川市	3827	2258	1569	824	298	526
茂名市	**24969**	**14918**	**10051**	**4624**	**1651**	**2973**
茂南区	2860	1655	1205	338	88	250
电白区	5161	3053	2108	1727	710	1017
高州市	8297	4906	3391	1466	502	964
化州市	4860	2936	1924	554	186	368
信宜市	3791	2368	1423	539	165	374
肇庆市	**25416**	**14667**	**10749**	**4379**	**1073**	**3306**
端州区	2326	1381	945	218	43	175
鼎湖区	1067	596	471	292	64	228
高要区	5122	2735	2387	1225	365	860
广宁县	4284	2543	1741	536	120	416
怀集县	4488	2739	1749	682	174	508
封开县	2288	1331	957	517	117	400
德庆县	2458	1428	1030	346	85	261
四会市	3383	1914	1469	563	105	458
惠州市	**16353**	**9240**	**7113**	**2877**	**834**	**2043**
惠城区	3805	2208	1597	401	116	285
惠阳区	2463	1369	1094	391	119	272
博罗县	5055	2803	2252	925	279	646
惠东县	3037	1714	1323	809	233	576
龙门县	1993	1146	847	351	87	264
梅州市	**27771**	**15831**	**11940**	**3837**	**691**	**3146**
梅江区	2105	1194	911	130	37	93
梅县区	3313	1801	1512	336	44	292
大埔县	3564	2052	1512	437	69	368
丰顺县	3486	2093	1393	493	111	382
五华县	6211	3613	2598	1010	237	773
平远县	1840	1062	778	398	50	348
蕉岭县	1793	1012	781	242	30	212
兴宁市	5459	3004	2455	791	113	678

6–2　续表 2　　　　单位：人

地　　区	3岁及以上死亡人口			未上过学		
	合计	男	女	小计	男	女
汕尾市	**12343**	**7520**	**4823**	**4243**	**1761**	**2482**
城　区	2238	1408	830	808	359	449
海丰县	3876	2303	1573	1097	413	684
陆河县	1663	1005	658	424	157	267
陆丰市	4566	2804	1762	1914	832	1082
河源市	**17050**	**9725**	**7325**	**3113**	**769**	**2344**
源城区	2261	1353	908	267	68	199
紫金县	3060	1766	1294	649	140	509
龙川县	3929	2263	1666	542	115	427
连平县	2472	1362	1110	681	200	481
和平县	3010	1736	1274	556	147	409
东源县	2318	1245	1073	418	99	319
阳江市	**14424**	**8366**	**6058**	**3434**	**1073**	**2361**
江城区	3308	1844	1464	753	236	517
阳东区	2665	1552	1113	656	219	437
阳西县	2444	1505	939	756	289	467
阳春市	6007	3465	2542	1269	329	940
清远市	**26290**	**15530**	**10760**	**5561**	**1434**	**4127**
清城区	4668	2688	1980	726	171	555
清新区	4276	2478	1798	1040	281	759
佛冈县	2290	1367	923	304	67	237
阳山县	3478	2085	1393	901	220	681
连山壮族瑶族自治县	752	468	284	81	19	62
连南瑶族自治县	916	574	342	187	57	130
英德市	6607	3873	2734	1751	452	1299
连州市	3303	1997	1306	571	167	404
东莞市	**9964**	**5532**	**4432**	**1579**	**450**	**1129**
市辖区	9964	5532	4432	1579	450	1129
中山市	**11637**	**6799**	**4838**	**1592**	**429**	**1163**
市辖区	11637	6799	4838	1592	429	1163
潮州市	**16555**	**9243**	**7312**	**3902**	**1126**	**2776**
湘桥区	3550	1955	1595	457	94	363
潮安区	7112	3966	3146	1493	466	1027
饶平县	5893	3322	2571	1952	566	1386
揭阳市	**28915**	**16713**	**12202**	**5516**	**2019**	**3497**
榕城区	4011	2227	1784	716	273	443
揭东区	6398	3591	2807	912	308	604
揭西县	5540	3199	2341	793	264	529
惠来县	3952	2349	1603	1559	586	973
普宁市	9014	5347	3667	1536	588	948
云浮市	**14640**	**8519**	**6121**	**2356**	**563**	**1793**
云城区	1717	991	726	241	53	188
云安区	1671	933	738	439	103	336
新兴县	3002	1667	1335	427	102	325
郁南县	3391	2011	1380	611	164	447
罗定市	4859	2917	1942	638	141	497

6-2 续表 3 单位：人

地区	学前教育			小学		
	小计	男	女	小计	男	女
广东	**3493**	**1479**	**2014**	**230590**	**131001**	**99589**
广州市	**238**	**89**	**149**	**26354**	**13187**	**13167**
荔湾区	41	17	24	3164	1408	1756
越秀区	15	2	13	3254	1347	1907
海珠区	16	5	11	3392	1536	1856
天河区	12	6	6	1133	572	561
白云区	27	12	15	3181	1646	1535
黄埔区	9	3	6	1027	592	435
番禺区	51	15	36	2500	1414	1086
花都区	22	10	12	2293	1171	1122
南沙区	18	8	10	1598	955	643
从化区	14	3	11	1783	957	826
增城区	13	8	5	3029	1589	1440
韶关市	**144**	**59**	**85**	**9470**	**5707**	**3763**
武江区	2		2	748	400	348
浈江区	27	10	17	1164	655	509
曲江区	3	2	1	942	601	341
始兴县	10	3	7	695	396	299
仁化县	15	4	11	612	391	221
翁源县	27	11	16	1231	727	504
乳源瑶族自治县	9	5	4	653	433	220
新丰县	10	5	5	636	362	274
乐昌市	18	13	5	1411	934	477
南雄市	23	6	17	1378	808	570
深圳市	**63**	**32**	**31**	**4354**	**2212**	**2142**
罗湖区	1	1		432	214	218
福田区	7	2	5	412	189	223
南山区	5		5	416	197	219
宝安区	17	9	8	813	426	387
龙岗区	17	9	8	1346	719	627
盐田区	5	3	2	101	33	68
龙华区	7	5	2	415	211	204
坪山区	2	1	1	146	79	67
光明区	2	2		273	144	129
珠海市	**19**	**5**	**14**	**3168**	**2001**	**1167**
香洲区	10	4	6	1523	964	559
斗门区	4	1	3	1416	892	524
金湾区	5		5	229	145	84
汕头市	**248**	**125**	**123**	**13797**	**7878**	**5919**
龙湖区	20	11	9	961	582	379
金平区	28	17	11	2625	1343	1282
濠江区	13	8	5	518	362	156
潮阳区	77	34	43	3779	2159	1620
潮南区	59	25	34	2820	1688	1132
澄海区	48	29	19	2865	1588	1277
南澳县	3	1	2	229	156	73
佛山市	**237**	**84**	**153**	**12330**	**6993**	**5337**
禅城区	66	23	43	1976	1028	948
南海区	68	27	41	3989	2328	1661
顺德区	70	22	48	3699	2134	1565
三水区	19	7	12	1674	939	735
高明区	14	5	9	992	564	428

6-2 续表 4

单位：人

地区	学前教育			小学		
	小计	男	女	小计	男	女
江门市	**174**	**55**	**119**	**16781**	**9155**	**7626**
蓬江区	19	9	10	1622	816	806
江海区	8	4	4	462	250	212
新会区	20	9	11	3301	1811	1490
台山市	64	15	49	4497	2487	2010
开平市	38	12	26	3270	1790	1480
鹤山市	10	4	6	1713	937	776
恩平市	15	2	13	1916	1064	852
湛江市	**289**	**149**	**140**	**13613**	**8314**	**5299**
赤坎区	2	1	1	444	231	213
霞山区	4	3	1	779	399	380
坡头区	25	10	15	611	384	227
麻章区	30	17	13	782	491	291
遂溪县	50	29	21	2029	1236	793
徐闻县	19	7	12	1032	646	386
廉江市	73	39	34	4398	2691	1707
雷州市	30	18	12	1524	1019	505
吴川市	56	25	31	2014	1217	797
茂名市	**243**	**117**	**126**	**12952**	**7711**	**5241**
茂南区	19	8	11	1377	771	606
电白区	68	30	38	2409	1549	860
高州市	103	46	57	4595	2722	1873
化州市	30	19	11	2549	1446	1103
信宜市	23	14	9	2022	1223	799
肇庆市	**291**	**110**	**181**	**13066**	**7356**	**5710**
端州区	15	7	8	818	434	384
鼎湖区	12	4	8	497	312	185
高要区	94	40	54	2887	1613	1274
广宁县	30	10	20	2392	1305	1087
怀集县	75	22	53	2344	1383	961
封开县	15	6	9	1122	671	451
德庆县	18	8	10	1300	681	619
四会市	32	13	19	1706	957	749
惠州市	**101**	**38**	**63**	**8757**	**4833**	**3924**
惠城区	23	7	16	1737	908	829
惠阳区	15	7	8	1360	698	662
博罗县	31	11	20	2937	1593	1344
惠东县	22	11	11	1635	1011	624
龙门县	10	2	8	1088	623	465
梅州市	**129**	**36**	**93**	**12910**	**6557**	**6353**
梅江区	3	1	2	645	253	392
梅县区	18	4	14	1464	590	874
大埔县	14	7	7	1875	972	903
丰顺县	25	5	20	2044	1228	816
五华县	24	12	12	3194	1760	1434
平远县	14	2	12	741	426	315
蕉岭县	5	2	3	737	350	387
兴宁市	26	3	23	2210	978	1232

6-2 续表 5

单位：人

地　区	学前教育			小　学		
	小计	男	女	小计	男	女
汕尾市	**113**	**60**	**53**	**5898**	**3982**	**1916**
城　区	24	13	11	983	679	304
海丰县	26	12	14	2002	1281	721
陆河县	30	16	14	934	595	339
陆丰市	33	19	14	1979	1427	552
河源市	**93**	**34**	**59**	**8887**	**4904**	**3983**
源城区	11	7	4	965	504	461
紫金县	11	2	9	1475	873	602
龙川县	29	10	19	2177	1150	1027
连平县	8	3	5	1298	761	537
和平县	21	8	13	1648	930	718
东源县	13	4	9	1324	686	638
阳江市	**152**	**65**	**87**	**7779**	**4796**	**2983**
江城区	35	14	21	1758	1025	733
阳东区	25	14	11	1471	914	557
阳西县	44	19	25	1293	909	384
阳春市	48	18	30	3257	1948	1309
清远市	**137**	**69**	**68**	**14103**	**8729**	**5374**
清城区	47	25	22	2707	1558	1149
清新区	20	8	12	2354	1476	878
佛冈县	15	6	9	1241	713	528
阳山县	6	3	3	1725	1152	573
连山壮族瑶族自治县	3	2	1	370	219	151
连南瑶族自治县	2	1	1	475	308	167
英德市	33	18	15	3375	2193	1182
连州市	11	6	5	1856	1110	746
东莞市	**123**	**53**	**70**	**5557**	**3011**	**2546**
市辖区	123	53	70	5557	3011	2546
中山市	**111**	**60**	**51**	**6607**	**3847**	**2760**
市辖区	111	60	51	6607	3847	2760
潮州市	**156**	**66**	**90**	**8873**	**5161**	**3712**
湘桥区	14	3	11	1848	934	914
潮安区	67	35	32	4230	2410	1820
饶平县	75	28	47	2795	1817	978
揭阳市	**333**	**136**	**197**	**17290**	**10072**	**7218**
榕城区	23	10	13	2567	1411	1156
揭东区	88	33	55	4296	2435	1861
揭西县	95	48	47	3251	1816	1435
惠来县	27	8	19	1827	1280	547
普宁市	100	37	63	5349	3130	2219
云浮市	**99**	**37**	**62**	**8044**	**4595**	**3449**
云城区	9	3	6	979	556	423
云安区	13	5	8	853	534	319
新兴县	28	9	19	1789	944	845
郁南县	29	10	19	1745	1013	732
罗定市	20	10	10	2678	1548	1130

6-2　续表 6　　　　单位：人

地　区	初　中			高　中			大学专科		
	小计	男	女	小计	男	女	小计	男	女
广　东	**103953**	**77972**	**25981**	**28587**	**22033**	**6554**	**6310**	**4644**	**1666**
广州市	**16672**	**11178**	**5494**	**7770**	**5570**	**2200**	**1964**	**1376**	**588**
荔湾区	1819	1232	587	1027	731	296	164	110	54
越秀区	2499	1569	930	1950	1374	576	484	324	160
海珠区	2330	1535	795	1421	1019	402	325	232	93
天河区	840	541	299	657	429	228	272	184	88
白云区	3980	2433	1547	1292	911	381	390	277	113
黄埔区	536	377	159	259	196	63	81	61	20
番禺区	896	648	248	337	237	100	102	73	29
花都区	1212	876	336	243	193	50	40	30	10
南沙区	558	448	110	155	138	17	23	20	3
从化区	1060	839	221	194	161	33	32	29	3
增城区	942	680	262	235	181	54	51	36	15
韶关市	**4998**	**3919**	**1079**	**1196**	**983**	**213**	**244**	**184**	**60**
武江区	605	431	174	198	151	47	65	48	17
浈江区	822	597	225	214	154	60	43	33	10
曲江区	559	438	121	156	126	30	30	21	9
始兴县	361	302	59	105	88	17	18	14	4
仁化县	275	225	50	53	47	6	8	4	4
翁源县	646	515	131	111	97	14	11	10	1
乳源瑶族自治县	207	183	24	43	39	4	16	13	3
新丰县	368	284	84	72	62	10	6	3	3
乐昌市	677	541	136	121	105	16	28	24	4
南雄市	478	403	75	123	114	9	19	14	5
深圳市	**4465**	**3109**	**1356**	**2986**	**2076**	**910**	**1147**	**788**	**359**
罗湖区	450	294	156	369	268	101	119	73	46
福田区	527	321	206	510	357	153	286	195	91
南山区	571	350	221	753	470	283	269	186	83
宝安区	820	588	232	355	264	91	144	106	38
龙岗区	1081	776	305	582	419	163	185	129	56
盐田区	91	62	29	52	32	20	17	11	6
龙华区	492	377	115	207	150	57	93	65	28
坪山区	121	93	28	53	39	14	16	10	6
光明区	312	248	64	105	77	28	18	13	5
珠海市	**1659**	**1181**	**478**	**742**	**541**	**201**	**254**	**186**	**68**
香洲区	828	562	266	450	306	144	142	93	49
斗门区	673	506	167	246	202	44	101	82	19
金湾区	158	113	45	46	33	13	11	11	
汕头市	**4672**	**3459**	**1213**	**1504**	**1167**	**337**	**201**	**150**	**51**
龙湖区	340	241	99	164	119	45	39	30	9
金平区	1386	955	431	658	474	184	88	63	25
濠江区	137	113	24	27	23	4	3	2	1
潮阳区	1333	994	339	314	261	53	52	42	10
潮南区	741	580	161	99	84	15	5	3	2
澄海区	676	531	145	213	179	34	12	8	4
南澳县	59	45	14	29	27	2	2	2	
佛山市	**4468**	**3258**	**1210**	**1504**	**1120**	**384**	**370**	**275**	**95**
禅城区	954	637	317	472	333	139	149	113	36
南海区	1170	846	324	356	261	95	109	81	28
顺德区	1069	792	277	381	289	92	76	50	26
三水区	816	630	186	201	155	46	23	19	4
高明区	459	353	106	94	82	12	13	12	1

6-2 续表 7 单位：人

地 区	初中			高中			大学专科		
	小计	男	女	小计	男	女	小计	男	女
江门市	**6710**	**4947**	**1763**	**1442**	**1128**	**314**	**190**	**142**	**48**
蓬江区	823	582	241	324	238	86	64	43	21
江海区	163	123	40	61	48	13	14	11	3
新会区	849	672	177	255	203	52	36	28	8
台山市	1661	1266	395	314	247	67	24	19	5
开平市	1299	912	387	234	191	43	20	18	2
鹤山市	762	572	190	144	118	26	21	14	7
恩平市	1153	820	333	110	83	27	11	9	2
湛江市	**6359**	**4910**	**1449**	**1222**	**999**	**223**	**256**	**208**	**48**
赤坎区	332	221	111	144	103	41	27	19	8
霞山区	662	465	197	298	233	65	78	59	19
坡头区	259	202	57	52	40	12	15	14	1
麻章区	299	217	82	56	48	8	3	3	
遂溪县	893	689	204	156	127	29	24	20	4
徐闻县	617	528	89	84	77	7	16	16	
廉江市	1835	1444	391	190	158	32	35	30	5
雷州市	698	567	131	103	96	7	35	29	6
吴川市	764	577	187	139	117	22	23	18	5
茂名市	**5703**	**4259**	**1444**	**1185**	**973**	**212**	**200**	**160**	**40**
茂南区	724	490	234	300	221	79	67	51	16
电白区	784	624	160	140	116	24	26	20	6
高州市	1720	1278	442	356	310	46	49	41	8
化州市	1514	1112	402	185	149	36	20	17	3
信宜市	961	755	206	204	177	27	38	31	7
肇庆市	**6282**	**4980**	**1302**	**1113**	**922**	**191**	**212**	**169**	**43**
端州区	715	484	231	399	288	111	108	83	25
鼎湖区	222	176	46	38	34	4	4	4	
高要区	820	633	187	80	71	9	15	12	3
广宁县	1182	971	211	132	126	6	9	9	
怀集县	1208	996	212	148	136	12	27	24	3
封开县	557	468	89	64	59	5	10	7	3
德庆县	710	579	131	75	67	8	8	7	1
四会市	868	673	195	177	141	36	31	23	8
惠州市	**3681**	**2795**	**886**	**720**	**568**	**152**	**135**	**106**	**29**
惠城区	1186	844	342	333	238	95	73	56	17
惠阳区	570	440	130	101	84	17	15	11	4
博罗县	983	766	217	140	120	20	27	22	5
惠东县	494	396	98	65	53	12	9	8	1
龙门县	448	349	99	81	73	8	11	9	2
梅州市	**8953**	**6904**	**2049**	**1683**	**1427**	**256**	**189**	**159**	**30**
梅江区	967	630	337	280	210	70	53	42	11
梅县区	1221	924	297	251	221	30	15	12	3
大埔县	1054	849	205	176	147	29	6	6	
丰顺县	784	628	156	128	112	16	7	5	2
五华县	1719	1365	354	217	197	20	38	35	3
平远县	518	435	83	142	124	18	23	21	2
蕉岭县	611	467	144	170	138	32	19	17	2
兴宁市	2079	1606	473	319	278	41	28	21	7

6-2 续表 8

单位：人

地区	初中			高中			大学专科		
	小计	男	女	小计	男	女	小计	男	女
汕尾市	**1768**	**1449**	**319**	**272**	**228**	**44**	**40**	**35**	**5**
城　区	353	297	56	60	51	9	7	7	
海丰县	624	496	128	109	88	21	16	13	3
陆河县	232	199	33	34	31	3	7	6	1
陆丰市	559	457	102	69	58	11	10	9	1
河源市	**4177**	**3349**	**828**	**651**	**569**	**82**	**103**	**81**	**22**
源城区	749	551	198	203	169	34	49	41	8
紫金县	813	650	163	99	89	10	12	11	1
龙川县	1029	852	177	138	125	13	13	10	3
连平县	415	339	76	59	52	7	11	7	4
和平县	682	562	120	87	78	9	10	8	2
东源县	489	395	94	65	56	9	8	4	4
阳江市	**2498**	**1951**	**547**	**464**	**402**	**62**	**79**	**65**	**14**
江城区	602	439	163	134	112	22	20	14	6
阳东区	444	346	98	61	53	8	6	5	1
阳西县	289	232	57	52	46	6	9	9	
阳春市	1163	934	229	217	191	26	44	37	7
清远市	**5353**	**4330**	**1023**	**921**	**788**	**133**	**167**	**140**	**27**
清城区	940	737	203	166	131	35	53	43	10
清新区	775	637	138	80	70	10	7	6	1
佛冈县	601	472	129	112	95	17	14	11	3
阳山县	725	607	118	97	84	13	23	18	5
连山壮族瑶族自治县	213	159	54	72	59	13	10	8	2
连南瑶族自治县	201	162	39	39	35	4	11	10	1
英德市	1192	979	213	214	194	20	34	30	4
连州市	706	577	129	141	120	21	15	14	1
东莞市	**1808**	**1325**	**483**	**626**	**482**	**144**	**165**	**127**	**38**
市辖区	1808	1325	483	626	482	144	165	127	38
中山市	**2348**	**1744**	**604**	**745**	**563**	**182**	**148**	**94**	**54**
市辖区	2348	1744	604	745	563	182	148	94	54
潮州市	**2837**	**2247**	**590**	**656**	**547**	**109**	**99**	**77**	**22**
湘桥区	889	653	236	279	219	60	48	43	5
潮安区	1057	840	217	225	189	36	27	19	8
饶平县	891	754	137	152	139	13	24	15	9
揭阳市	**5007**	**3866**	**1141**	**678**	**553**	**125**	**69**	**53**	**16**
榕城区	577	432	145	111	89	22	11	9	2
揭东区	958	705	253	131	102	29	10	5	5
揭西县	1224	934	290	160	123	37	16	14	2
惠来县	460	407	53	68	59	9	5	4	1
普宁市	1788	1388	400	208	180	28	27	21	6
云浮市	**3535**	**2812**	**723**	**507**	**427**	**80**	**78**	**69**	**9**
云城区	383	288	95	82	70	12	16	16	
云安区	330	259	71	35	31	4	1	1	
新兴县	639	523	116	106	78	28	9	9	
郁南县	880	714	166	105	95	10	18	13	5
罗定市	1303	1028	275	179	153	26	34	30	4

6-2 续表 9 单位：人

地　区	大学本科			硕士研究生			博士研究生		
	小计	男	女	小计	男	女	小计	男	女
广　东	**3903**	**2923**	**980**	**175**	**126**	**49**	**48**	**33**	**15**
广州市	**1680**	**1236**	**444**	**99**	**70**	**29**	**13**	**9**	**4**
荔湾区	124	87	37	2	2		1	1	
越秀区	422	312	110	21	17	4	1	1	
海珠区	297	236	61	18	11	7	3	1	2
天河区	366	271	95	19	15	4	5	3	2
白云区	265	191	74	22	11	11	2	2	
黄埔区	58	35	23	6	5	1	1	1	
番禺区	65	40	25	6	4	2			
花都区	29	18	11	2	2				
南沙区	14	10	4						
从化区	7	6	1						
增城区	33	30	3	3	3				
韶关市	**100**	**76**	**24**	**2**	**2**				
武江区	29	23	6	1	1				
浈江区	20	15	5	1	1				
曲江区	12	8	4						
始兴县	7	6	1						
仁化县	4	1	3						
翁源县	3	3							
乳源瑶族自治县	4	4							
新丰县	4	4							
乐昌市	8	5	3						
南雄市	9	7	2						
深圳市	**812**	**602**	**210**	**39**	**28**	**11**	**8**	**5**	**3**
罗湖区	92	71	21	3	2	1			
福田区	265	193	72	20	14	6	2	2	
南山区	185	138	47	5	4	1	3	2	1
宝安区	83	60	23	1	1		3	1	2
龙岗区	106	76	30	6	4	2			
盐田区	13	10	3						
龙华区	47	35	12	2	2				
坪山区	8	6	2	2	1	1			
光明区	13	13							
珠海市	**135**	**101**	**34**	**7**	**6**	**1**	**1**		**1**
香洲区	105	74	31	7	6	1	1		1
斗门区	27	25	2						
金湾区	3	2	1						
汕头市	**123**	**97**	**26**	**3**	**3**		**2**	**2**	
龙湖区	19	16	3	2	2				
金平区	74	57	17	1	1				
濠江区	1	1							
潮阳区	14	13	1						
潮南区	1		1				2	2	
澄海区	10	6	4						
南澳县	4	4							
佛山市	**237**	**182**	**55**	**5**	**3**	**2**	**3**	**3**	
禅城区	111	90	21				1	1	
南海区	62	46	16	1		1	2	2	
顺德区	37	26	11	4	3	1			
三水区	23	18	5						
高明区	4	2	2						

6−2　续表 10　　　　单位：人

地　区	大学本科			硕士研究生			博士研究生		
	小计	男	女	小计	男	女	小计	男	女
江门市	**93**	**68**	**25**	**2**	**2**				
蓬江区	54	37	17						
江海区	4	3	1						
新会区	11	9	2						
台山市	6	4	2	1	1				
开平市	4	4							
鹤山市	10	8	2	1	1				
恩平市	4	3	1						
湛江市	**105**	**86**	**19**	**2**	**1**	**1**			
赤坎区	25	21	4	1		1			
霞山区	40	33	7	1	1				
坡头区	9	8	1						
麻章区	4	3	1						
遂溪县	5	2	3						
徐闻县	2	2							
廉江市	4	3	1						
雷州市	9	8	1						
吴川市	7	6	1						
茂名市	**60**	**45**	**15**	**2**	**2**				
茂南区	33	24	9	2	2				
电白区	7	4	3						
高州市	8	7	1						
化州市	8	7	1						
信宜市	4	3	1						
肇庆市	**72**	**56**	**16**	**1**	**1**				
端州区	52	41	11	1	1				
鼎湖区	2	2							
高要区	1	1							
广宁县	3	2	1						
怀集县	4	4							
封开县	3	3							
德庆县	1	1							
四会市	6	2	4						
惠州市	**79**	**63**	**16**	**2**	**2**		**1**	**1**	
惠城区	52	39	13						
惠阳区	9	8	1	1	1		1	1	
博罗县	11	11		1	1				
惠东县	3	2	1						
龙门县	4	3	1						
梅州市	**67**	**55**	**12**	**1**		**1**	**2**	**2**	
梅江区	26	21	5	1		1			
梅县区	7	5	2				1	1	
大埔县	2	2							
丰顺县	5	4	1						
五华县	8	6	2				1	1	
平远县	4	4							
蕉岭县	9	8	1						
兴宁市	6	5	1						

6-2 续表 11　　单位：人

地　区	大学本科			硕士研究生			博士研究生		
	小计	男	女	小计	男	女	小计	男	女
汕尾市	**7**	**3**	**4**	**1**	**1**		**1**	**1**	
城　区	3	2	1						
海丰县	2		2						
陆河县	1		1				1	1	
陆丰市	1	1		1	1				
河源市	**24**	**18**	**6**	**1**		**1**	**1**	**1**	
源城区	17	13	4						
紫金县	1	1							
龙川县	1	1							
连平县									
和平县	4	2	2	1		1	1	1	
东源县	1	1							
阳江市	**16**	**12**	**4**	**2**	**2**				
江城区	6	4	2						
阳东区	2	1	1						
阳西县				1	1				
阳春市	8	7	1	1	1				
清远市	**46**	**38**	**8**	**2**	**2**				
清城区	27	21	6	2	2				
清新区									
佛冈县	3	3							
阳山县	1	1							
连山壮族瑶族自治县	3	2	1						
连南瑶族自治县	1	1							
英德市	8	7	1						
连州市	3	3							
东莞市	**101**	**80**	**21**	**2**	**1**	**1**	**3**	**3**	
市辖区	101	80	21	2	1	1	3	3	
中山市	**81**	**60**	**21**	**1**		**1**	**4**	**2**	**2**
市辖区	81	60	21	1		1	4	2	2
潮州市	**23**	**16**	**7**	**1**		**1**	**8**	**3**	**5**
湘桥区	14	9	5	1		1			
潮安区	5	4	1				8	3	5
饶平县	4	3	1						
揭阳市	**22**	**14**	**8**						
榕城区	6	3	3						
揭东区	3	3							
揭西县	1		1						
惠来县	6	5	1						
普宁市	6	3	3						
云浮市	**20**	**15**	**5**				**1**	**1**	
云城区	7	5	2						
云安区									
新兴县	4	2	2						
郁南县	3	2	1						
罗定市	6	6					1	1	

6–2a　各地区分性别、受教育程度的3岁及以上死亡人口 (2019.11.1–2020.10.31)(城市)

单位：人

地　区	3岁及以上死亡人口			未上过学		
	合计	男	女	小计	男	女
广　东	**174327**	**101078**	**73249**	**19514**	**5858**	**13656**
广州市	**45406**	**25878**	**19528**	**2630**	**588**	**2042**
荔湾区	6718	3659	3059	376	71	305
越秀区	8920	5007	3913	274	61	213
海珠区	8195	4656	3539	393	81	312
天河区	3468	2065	1403	164	44	120
白云区	7040	4032	3008	299	52	247
黄埔区	1898	1150	748	191	47	144
番禺区	3692	2130	1562	350	88	262
花都区	2270	1288	982	191	47	144
南沙区	1130	678	452	210	51	159
从化区	727	434	293	68	8	60
增城区	1348	779	569	114	38	76
韶关市	**4819**	**2898**	**1921**	**471**	**128**	**343**
武江区	1377	814	563	102	28	74
浈江区	1738	1031	707	120	25	95
曲江区	804	512	292	95	29	66
始兴县						
仁化县						
翁源县						
乳源瑶族自治县						
新丰县						
乐昌市	543	345	198	79	31	48
南雄市	357	196	161	75	15	60
深圳市	**14813**	**9128**	**5685**	**985**	**298**	**687**
罗湖区	1533	939	594	67	16	51
福田区	2111	1292	819	82	19	63
南山区	2289	1383	906	82	36	46
宝安区	2466	1521	945	230	66	164
龙岗区	3559	2201	1358	282	91	191
盐田区	299	153	146	20	2	18
龙华区	1351	876	475	88	31	57
坪山区	392	235	157	44	6	38
光明区	813	528	285	90	31	59
珠海市	**5500**	**3450**	**2050**	**789**	**356**	**433**
香洲区	3682	2288	1394	656	305	351
斗门区	1590	1021	569	102	40	62
金湾区	228	141	87	31	11	20
汕头市	**12832**	**7165**	**5667**	**2531**	**810**	**1721**
龙湖区	2129	1225	904	595	231	364
金平区	5382	2990	2392	592	126	466
濠江区	895	485	410	390	122	268
潮阳区	1595	886	709	339	112	227
潮南区	1665	916	749	466	175	291
澄海区	1166	663	503	149	44	105
南澳县						
佛山市	**19067**	**10778**	**8289**	**2894**	**751**	**2143**
禅城区	3637	2017	1620	332	64	268
南海区	6285	3592	2693	959	250	709
顺德区	6526	3614	2912	1255	340	915
三水区	1440	840	600	206	54	152
高明区	1179	715	464	142	43	99

6-2a 续表 1　　单位：人

地　区	3岁及以上死亡人口			未上过学		
	合计	男	女	小计	男	女
江门市	**10691**	**6153**	**4538**	**903**	**222**	**681**
蓬江区	2968	1667	1301	230	45	185
江海区	865	469	396	153	30	123
新会区	1903	1046	857	201	46	155
台山市	1858	1117	741	81	30	51
开平市	1307	749	558	127	32	95
鹤山市	877	556	321	56	23	33
恩平市	913	549	364	55	16	39
湛江市	**5630**	**3439**	**2191**	**726**	**268**	**458**
赤坎区	1050	604	446	95	22	73
霞山区	1916	1186	730	158	53	105
坡头区	143	90	53	22	7	15
麻章区	374	233	141	107	49	58
遂溪县	138	77	61	27	10	17
徐闻县						
廉江市	738	491	247	79	40	39
雷州市	304	198	106	64	26	38
吴川市	967	560	407	174	61	113
茂名市	**5389**	**3258**	**2131**	**698**	**300**	**398**
茂南区	1504	907	597	98	26	72
电白区	613	363	250	196	83	113
高州市	1610	968	642	224	116	108
化州市	982	592	390	109	46	63
信宜市	680	428	252	71	29	42
肇庆市	**4112**	**2476**	**1636**	**443**	**108**	**335**
端州区	2326	1381	945	218	43	175
鼎湖区	322	199	123	62	17	45
高要区	228	139	89	39	16	23
广宁县						
怀集县						
封开县						
德庆县						
四会市	1236	757	479	124	32	92
惠州市	**3440**	**2031**	**1409**	**349**	**120**	**229**
惠城区	2219	1338	881	179	66	113
惠阳区	1176	665	511	162	51	111
博罗县	15	12	3			
惠东县	30	16	14	8	3	5
龙门县						
梅州市	**3077**	**1727**	**1350**	**255**	**53**	**202**
梅江区	1682	966	716	97	29	68
梅县区	424	254	170	28	8	20
大埔县						
丰顺县						
五华县	111	61	50	16	2	14
平远县						
蕉岭县						
兴宁市	860	446	414	114	14	100

6-2a　续表 2　　　　单位：人

地　区	3岁及以上死亡人口			未上过学		
	合计	男	女	小计	男	女
汕尾市	**1855**	**1157**	**698**	**579**	**285**	**294**
城　区	1118	704	414	346	163	183
海丰县						
陆河县						
陆丰市	737	453	284	233	122	111
河源市	**2044**	**1223**	**821**	**233**	**57**	**176**
源城区	2044	1223	821	233	57	176
紫金县						
龙川县						
连平县						
和平县						
东源县						
阳江市	**3022**	**1729**	**1293**	**496**	**155**	**341**
江城区	1480	831	649	219	66	153
阳东区	469	264	205	113	36	77
阳西县						
阳春市	1073	634	439	164	53	111
清远市	**3288**	**1984**	**1304**	**382**	**92**	**290**
清城区	1829	1077	752	224	53	171
清新区	403	238	165	64	14	50
佛冈县						
阳山县						
连山壮族瑶族自治县						
连南瑶族自治县						
英德市	326	201	125	39	10	29
连州市	730	468	262	55	15	40
东莞市	**9261**	**5140**	**4121**	**1414**	**404**	**1010**
市辖区	9261	5140	4121	1414	404	1010
中山市	**7159**	**4168**	**2991**	**813**	**243**	**570**
市辖区	7159	4168	2991	813	243	570
潮州市	**4852**	**2675**	**2177**	**812**	**238**	**574**
湘桥区	2412	1322	1090	260	48	212
潮安区	2440	1353	1087	552	190	362
饶平县						
揭阳市	**5697**	**3268**	**2429**	**843**	**329**	**514**
榕城区	2274	1277	997	454	182	272
揭东区	1646	938	708	196	65	131
揭西县						
惠来县						
普宁市	1777	1053	724	193	82	111
云浮市	**2373**	**1353**	**1020**	**268**	**53**	**215**
云城区	1113	642	471	150	29	121
云安区	230	130	100	24	6	18
新兴县						
郁南县						
罗定市	1030	581	449	94	18	76

6-2a 续表 3 单位：人

地　区	学前教育			小　学		
	小计	男	女	小计	男	女
广　东	**1140**	**501**	**639**	**80240**	**42908**	**37332**
广州市	**171**	**65**	**106**	**18480**	**8980**	**9500**
荔湾区	41	17	24	3164	1408	1756
越秀区	15	2	13	3254	1347	1907
海珠区	16	5	11	3392	1536	1856
天河区	12	6	6	1133	572	561
白云区	15	7	8	1792	900	892
黄埔区	7	3	4	838	487	351
番禺区	44	15	29	2038	1147	891
花都区	13	6	7	1187	618	569
南沙区	6	3	3	573	356	217
从化区	1		1	322	171	151
增城区	1	1		787	438	349
韶关市	**17**	**6**	**11**	**1948**	**1041**	**907**
武江区	1		1	508	245	263
浈江区	13	5	8	711	366	345
曲江区	2	1	1	329	199	130
始兴县						
仁化县						
翁源县						
乳源瑶族自治县						
新丰县						
乐昌市				231	139	92
南雄市	1		1	169	92	77
深圳市	**63**	**32**	**31**	**4329**	**2204**	**2125**
罗湖区	1	1		432	214	218
福田区	7	2	5	412	189	223
南山区	5		5	416	197	219
宝安区	17	9	8	813	426	387
龙岗区	17	9	8	1321	711	610
盐田区	5	3	2	101	33	68
龙华区	7	5	2	415	211	204
坪山区	2	1	1	146	79	67
光明区	2	2		273	144	129
珠海市	**12**	**4**	**8**	**2352**	**1439**	**913**
香洲区	10	4	6	1498	950	548
斗门区	1		1	754	428	326
金湾区	1		1	100	61	39
汕头市	**90**	**50**	**40**	**6193**	**3398**	**2795**
龙湖区	20	11	9	953	577	376
金平区	28	17	11	2560	1300	1260
濠江区	8	4	4	378	262	116
潮阳区	5	1	4	750	400	350
潮南区	14	6	8	883	506	377
澄海区	15	11	4	669	353	316
南澳县						
佛山市	**212**	**75**	**137**	**10309**	**5820**	**4489**
禅城区	57	19	38	1672	838	834
南海区	68	27	41	3659	2149	1510
顺德区	67	21	46	3652	2104	1548
三水区	11	5	6	692	372	320
高明区	9	3	6	634	357	277

6–2a　续表 4　　　　单位：人

地　区	学前教育			小　学		
	小计	男	女	小计	男	女
江门市	**52**	**19**	**33**	**5818**	**3077**	**2741**
蓬江区	15	8	7	1501	747	754
江海区	8	4	4	462	250	212
新会区	4	2	2	1192	614	578
台山市	19	2	17	1027	547	480
开平市	5	2	3	722	395	327
鹤山市	1	1		440	250	190
恩平市				474	274	200
湛江市	**48**	**26**	**22**	**2451**	**1366**	**1085**
赤坎区	2	1	1	432	223	209
霞山区	4	3	1	717	368	349
坡头区	3	2	1	66	43	23
麻章区	11	7	4	185	125	60
遂溪县	2	2		83	48	35
徐闻县						
廉江市	5	2	3	358	211	147
雷州市	1		1	107	67	40
吴川市	20	9	11	503	281	222
茂名市	**38**	**16**	**22**	**2593**	**1471**	**1122**
茂南区	3	1	2	656	373	283
电白区	6	1	5	263	171	92
高州市	20	8	12	831	458	373
化州市	5	5		542	301	241
信宜市	4	1	3	301	168	133
肇庆市	**28**	**14**	**14**	**1640**	**919**	**721**
端州区	15	7	8	818	434	384
鼎湖区	3		3	169	111	58
高要区	1		1	123	73	50
广宁县						
怀集县						
封开县						
德庆县						
四会市	9	7	2	530	301	229
惠州市	**25**	**7**	**18**	**1493**	**764**	**729**
惠城区	17	4	13	874	457	417
惠阳区	8	3	5	587	286	301
博罗县				13	11	2
惠东县				19	10	9
龙门县						
梅州市	**8**	**2**	**6**	**1002**	**413**	**589**
梅江区	3	1	2	453	181	272
梅县区				185	87	98
大埔县						
丰顺县						
五华县	1		1	56	27	29
平远县						
蕉岭县						
兴宁市	4	1	3	308	118	190

6-2a 续表 5

单位：人

地　区	学前教育			小　学		
	小计	男	女	小计	男	女
汕尾市	**25**	**15**	**10**	**862**	**553**	**309**
城　区	9	4	5	533	349	184
海丰县						
陆河县						
陆丰市	16	11	5	329	204	125
河源市	**10**	**6**	**4**	**857**	**441**	**416**
源城区	10	6	4	857	441	416
紫金县						
龙川县						
连平县						
和平县						
东源县						
阳江市	**30**	**14**	**16**	**1605**	**899**	**706**
江城区	23	10	13	819	449	370
阳东区				264	154	110
阳西县						
阳春市	7	4	3	522	296	226
清远市	**22**	**10**	**12**	**1695**	**971**	**724**
清城区	16	6	10	988	562	426
清新区	3	2	1	196	118	78
佛冈县						
阳山县						
连山壮族瑶族自治县						
连南瑶族自治县						
英德市				152	89	63
连州市	3	2	1	359	202	157
东莞市	**115**	**52**	**63**	**5149**	**2766**	**2383**
市辖区	115	52	63	5149	2766	2383
中山市	**84**	**46**	**38**	**4026**	**2284**	**1742**
市辖区	84	46	38	4026	2284	1742
潮州市	**44**	**23**	**21**	**2652**	**1421**	**1231**
湘桥区	11	3	8	1189	581	608
潮安区	33	20	13	1463	840	623
饶平县						
揭阳市	**37**	**15**	**22**	**3503**	**1979**	**1524**
榕城区	12	5	7	1373	767	606
揭东区	12	6	6	1127	636	491
揭西县						
惠来县						
普宁市	13	4	9	1003	576	427
云浮市	**9**	**4**	**5**	**1283**	**702**	**581**
云城区	1		1	591	330	261
云安区	2		2	139	80	59
新兴县						
郁南县						
罗定市	6	4	2	553	292	261

6-2a　续表 6　　　　单位：人

地　区	初　中			高　中			大学专科		
	小计	男	女	小计	男	女	小计	男	女
广　东	**45002**	**31117**	**13885**	**19465**	**14145**	**5320**	**5171**	**3724**	**1447**
广州市	**13449**	**8684**	**4765**	**7073**	**4988**	**2085**	**1868**	**1305**	**563**
荔湾区	1819	1232	587	1027	731	296	164	110	54
越秀区	2499	1569	930	1950	1374	576	484	324	160
海珠区	2330	1535	795	1421	1019	402	325	232	93
天河区	840	541	299	657	429	228	272	184	88
白云区	3254	1906	1348	1056	725	331	357	256	101
黄埔区	487	341	146	237	175	62	76	57	19
番禺区	784	553	231	307	214	93	100	71	29
花都区	656	454	202	171	127	44	27	20	7
南沙区	244	185	59	76	66	10	15	13	2
从化区	230	171	59	76	58	18	25	22	3
增城区	306	197	109	95	70	25	23	16	7
韶关市	**1624**	**1150**	**474**	**535**	**404**	**131**	**150**	**113**	**37**
武江区	484	327	157	188	143	45	64	47	17
浈江区	656	465	191	178	124	54	39	30	9
曲江区	247	184	63	99	78	21	22	15	7
始兴县									
仁化县									
翁源县									
乳源瑶族自治县									
新丰县									
乐昌市	173	122	51	42	36	6	14	14	
南雄市	64	52	12	28	23	5	11	7	4
深圳市	**4454**	**3102**	**1352**	**2979**	**2071**	**908**	**1146**	**787**	**359**
罗湖区	450	294	156	369	268	101	119	73	46
福田区	527	321	206	510	357	153	286	195	91
南山区	571	350	221	753	470	283	269	186	83
宝安区	820	588	232	355	264	91	144	106	38
龙岗区	1070	769	301	575	414	161	184	128	56
盐田区	91	62	29	52	32	20	17	11	6
龙华区	492	377	115	207	150	57	93	65	28
坪山区	121	93	28	53	39	14	16	10	6
光明区	312	248	64	105	77	28	18	13	5
珠海市	**1294**	**884**	**410**	**670**	**484**	**186**	**240**	**176**	**64**
香洲区	819	554	265	445	302	143	141	93	48
斗门区	416	289	127	199	164	35	91	75	16
金湾区	59	41	18	26	18	8	8	8	
汕头市	**2630**	**1866**	**764**	**1098**	**820**	**278**	**177**	**132**	**45**
龙湖区	338	240	98	163	118	45	39	30	9
金平区	1384	954	430	655	472	183	88	63	25
濠江区	94	76	18	21	18	3	3	2	1
潮阳区	313	221	92	140	113	27	39	31	8
潮南区	263	196	67	38	33	5	1		1
澄海区	238	179	59	81	66	15	7	6	1
南澳县									
佛山市	**3689**	**2661**	**1028**	**1374**	**1026**	**348**	**353**	**263**	**90**
禅城区	880	584	296	445	315	130	141	108	33
南海区	1088	785	303	342	255	87	105	78	27
顺德区	1057	783	274	378	287	91	76	50	26
三水区	358	272	86	135	106	29	19	16	3
高明区	306	237	69	74	63	11	12	11	1

6-2a 续表 7

单位：人

地区	初中			高中			大学专科		
	小计	男	女	小计	男	女	小计	男	女
江门市	**2790**	**1997**	**793**	**892**	**665**	**227**	**153**	**113**	**40**
蓬江区	790	558	232	317	231	86	62	42	20
江海区	163	123	40	61	48	13	14	11	3
新会区	323	243	80	142	109	33	31	24	7
台山市	573	424	149	138	99	39	13	10	3
开平市	332	226	106	105	80	25	14	12	2
鹤山市	283	207	76	80	62	18	12	9	3
恩平市	326	216	110	49	36	13	7	5	2
湛江市	**1599**	**1154**	**445**	**584**	**450**	**134**	**135**	**104**	**31**
赤坎区	327	217	110	141	101	40	27	19	8
霞山区	625	440	185	294	230	64	77	58	19
坡头区	23	16	7	17	11	6	3	3	
麻章区	58	42	16	10	7	3	3	3	
遂溪县	24	15	9	2	2				
徐闻县									
廉江市	237	189	48	51	42	9	6	6	
雷州市	105	83	22	16	13	3	7	6	1
吴川市	200	152	48	53	44	9	12	9	3
茂名市	**1401**	**977**	**424**	**498**	**367**	**131**	**117**	**92**	**25**
茂南区	427	273	154	227	163	64	62	47	15
电白区	109	80	29	32	23	9	5	4	1
高州市	376	260	116	130	101	29	24	20	4
化州市	267	199	68	47	31	16	8	6	2
信宜市	222	165	57	62	49	13	18	15	3
肇庆市	**1239**	**868**	**371**	**562**	**413**	**149**	**141**	**109**	**32**
端州区	715	484	231	399	288	111	108	83	25
鼎湖区	65	52	13	18	14	4	3	3	
高要区	50	37	13	11	10	1	4	3	1
广宁县									
怀集县									
封开县									
德庆县									
四会市	409	295	114	134	101	33	26	20	6
惠州市	**1069**	**770**	**299**	**368**	**264**	**104**	**78**	**61**	**17**
惠城区	742	518	224	292	205	87	65	51	14
惠阳区	323	248	75	75	59	16	13	10	3
博罗县	1	1		1		1			
惠东县	3	3							
龙门县									
梅州市	**1324**	**882**	**442**	**389**	**299**	**90**	**68**	**54**	**14**
梅江区	789	501	288	262	192	70	52	42	10
梅县区	145	105	40	58	48	10	5	4	1
大埔县									
丰顺县									
五华县	33	27	6	3	3		2	2	
平远县									
蕉岭县									
兴宁市	357	249	108	66	56	10	9	6	3

6-2a　续表 8　　　　单位：人

地　区	初　中			高　中			大学专科		
	小计	男	女	小计	男	女	小计	男	女
汕尾市	**319**	**245**	**74**	**59**	**49**	**10**	**8**	**8**	
城　区	187	151	36	37	32	5	4	4	
海丰县									
陆河县									
陆丰市	132	94	38	22	17	5	4	4	
河源市	**683**	**501**	**182**	**196**	**164**	**32**	**48**	**41**	**7**
源城区	683	501	182	196	164	32	48	41	7
紫金县									
龙川县									
连平县									
和平县									
东源县									
阳江市	**653**	**469**	**184**	**187**	**153**	**34**	**40**	**29**	**11**
江城区	312	219	93	91	76	15	12	7	5
阳东区	76	61	15	14	12	2	2	1	1
阳西县									
阳春市	265	189	76	82	65	17	26	21	5
清远市	**853**	**641**	**212**	**237**	**187**	**50**	**67**	**55**	**12**
清城区	415	313	102	119	88	31	42	34	8
清新区	117	85	32	22	18	4	1	1	
佛冈县									
阳山县									
连山壮族瑶族自治县									
连南瑶族自治县									
英德市	88	63	25	31	26	5	12	9	3
连州市	233	180	53	65	55	10	12	11	1
东莞市	**1713**	**1244**	**469**	**606**	**467**	**139**	**161**	**124**	**37**
市辖区	1713	1244	469	606	467	139	161	124	37
中山市	**1522**	**1093**	**429**	**524**	**379**	**145**	**122**	**75**	**47**
市辖区	1522	1093	429	524	379	145	122	75	47
潮州市	**945**	**685**	**260**	**320**	**247**	**73**	**53**	**47**	**6**
湘桥区	651	456	195	240	184	56	46	41	5
潮安区	294	229	65	80	63	17	7	6	1
饶平县									
揭阳市	**1106**	**788**	**318**	**184**	**143**	**41**	**20**	**12**	**8**
榕城区	350	259	91	77	58	19	6	5	1
揭东区	270	200	70	36	29	7	5	2	3
揭西县									
惠来县									
普宁市	486	329	157	71	56	15	9	5	4
云浮市	**646**	**456**	**190**	**130**	**105**	**25**	**26**	**24**	**2**
云城区	283	207	76	67	57	10	14	14	
云安区	59	38	21	5	5		1	1	
新兴县									
郁南县									
罗定市	304	211	93	58	43	15	11	9	2

6-2a 续表 9

单位：人

地　区	大学本科			硕士研究生			博士研究生		
	小计	男	女	小计	男	女	小计	男	女
广　东	**3586**	**2679**	**907**	**169**	**121**	**48**	**40**	**25**	**15**
广州市	**1625**	**1191**	**434**	**98**	**69**	**29**	**12**	**8**	**4**
荔湾区	124	87	37	2	2		1	1	
越秀区	422	312	110	21	17	4	1	1	
海珠区	297	236	61	18	11	7	3	1	2
天河区	366	271	95	19	15	4	5	3	2
白云区	244	174	70	22	11	11	1	1	
黄埔区	55	34	21	6	5	1	1	1	
番禺区	63	38	25	6	4	2			
花都区	24	15	9	1	1				
南沙区	6	4	2						
从化区	5	4	1						
增城区	19	16	3	3	3				
韶关市	**72**	**54**	**18**	**2**	**2**				
武江区	29	23	6	1	1				
浈江区	20	15	5	1	1				
曲江区	10	6	4						
始兴县									
仁化县									
翁源县									
乳源瑶族自治县									
新丰县									
乐昌市	4	3	1						
南雄市	9	7	2						
深圳市	**811**	**602**	**209**	**38**	**27**	**11**	**8**	**5**	**3**
罗湖区	92	71	21	3	2	1			
福田区	265	193	72	20	14	6	2	2	
南山区	185	138	47	5	4	1	3	2	1
宝安区	83	60	23	1	1		3	1	2
龙岗区	105	76	29	5	3	2			
盐田区	13	10	3						
龙华区	47	35	12	2	2				
坪山区	8	6	2	2	1	1			
光明区	13	13							
珠海市	**135**	**101**	**34**	**7**	**6**	**1**	**1**		**1**
香洲区	105	74	31	7	6	1	1		1
斗门区	27	25	2						
金湾区	3	2	1						
汕头市	**110**	**86**	**24**	**3**	**3**				
龙湖区	19	16	3	2	2				
金平区	74	57	17	1	1				
濠江区	1	1							
潮阳区	9	8	1						
潮南区									
澄海区	7	4	3						
南澳县									
佛山市	**228**	**176**	**52**	**5**	**3**	**2**	**3**	**3**	
禅城区	109	88	21				1	1	
南海区	61	46	15	1		1	2	2	
顺德区	37	26	11	4	3	1			
三水区	19	15	4						
高明区	2	1	1						

6–2a　续表 10　　　　单位：人

地　区	大学本科			硕士研究生			博士研究生		
	小计	男	女	小计	男	女	小计	男	女
江门市	**81**	**58**	**23**	**2**	**2**				
蓬江区	53	36	17						
江海区	4	3	1						
新会区	10	8	2						
台山市	6	4	2	1	1				
开平市	2	2							
鹤山市	4	3	1	1	1				
恩平市	2	2							
湛江市	**85**	**70**	**15**	**2**	**1**	**1**			
赤坎区	25	21	4	1		1			
霞山区	40	33	7	1	1				
坡头区	9	8	1						
麻章区									
遂溪县									
徐闻县									
廉江市	2	1	1						
雷州市	4	3	1						
吴川市	5	4	1						
茂名市	**42**	**33**	**9**	**2**	**2**				
茂南区	29	22	7	2	2				
电白区	2	1	1						
高州市	5	5							
化州市	4	4							
信宜市	2	1	1						
肇庆市	**58**	**44**	**14**	**1**	**1**				
端州区	52	41	11	1	1				
鼎湖区	2	2							
高要区									
广宁县									
怀集县									
封开县									
德庆县									
四会市	4	1	3						
惠州市	**56**	**43**	**13**	**1**	**1**		**1**	**1**	
惠城区	50	37	13						
惠阳区	6	6		1	1		1	1	
博罗县									
惠东县									
龙门县									
梅州市	**30**	**24**	**6**	**1**		**1**			
梅江区	25	20	5	1		1			
梅县区	3	2	1						
大埔县									
丰顺县									
五华县									
平远县									
蕉岭县									
兴宁市	2	2							

6-2a 续表 11 单位：人

地　区	大学本科			硕士研究生			博士研究生		
	小计	男	女	小计	男	女	小计	男	女
汕尾市	**2**	**1**	**1**	**1**	**1**				
城　区	2	1	1						
海丰县									
陆河县									
陆丰市				1	1				
河源市	**17**	**13**	**4**						
源城区	17	13	4						
紫金县									
龙川县									
连平县									
和平县									
东源县									
阳江市	**10**	**9**	**1**	**1**	**1**				
江城区	4	4							
阳东区									
阳西县									
阳春市	6	5	1	1	1				
清远市	**31**	**27**	**4**	**1**	**1**				
清城区	24	20	4	1	1				
清新区									
佛冈县									
阳山县									
连山壮族瑶族自治县									
连南瑶族自治县									
英德市	4	4							
连州市	3	3							
东莞市	**98**	**79**	**19**	**2**	**1**	**1**	**3**	**3**	
市辖区	98	79	19	2	1	1	3	3	
中山市	**63**	**46**	**17**	**1**		**1**	**4**	**2**	**2**
市辖区	63	46	17	1		1	4	2	2
潮州市	**17**	**11**	**6**	**1**		**1**	**8**	**3**	**5**
湘桥区	14	9	5	1		1			
潮安区	3	2	1				8	3	5
饶平县									
揭阳市	**4**	**2**	**2**						
榕城区	2	1	1						
揭东区									
揭西县									
惠来县									
普宁市	2	1	1						
云浮市	**11**	**9**	**2**						
云城区	7	5	2						
云安区									
新兴县									
郁南县									
罗定市	4	4							

6–2b　各地区分性别、受教育程度的3岁及以上死亡人口
(2019.11.1–2020.10.31)(镇)

单位：人

地　区	3岁及以上死亡人口			未上过学		
	合计	男	女	小计	男	女
广　东	**86175**	**51478**	**34697**	**15419**	**4851**	**10568**
广州市	**3663**	**2165**	**1498**	**411**	**100**	**311**
荔湾区						
越秀区						
海珠区						
天河区						
白云区	748	448	300	82	13	69
黄埔区	35	23	12	1		1
番禺区	196	104	92	18	1	17
花都区	328	200	128	40	11	29
南沙区	721	426	295	119	25	94
从化区	279	198	81	22	6	16
增城区	1356	766	590	129	44	85
韶关市	**4956**	**2974**	**1982**	**987**	**246**	**741**
武江区	100	38	62	30	5	25
浈江区	490	294	196	81	22	59
曲江区	393	236	157	89	23	66
始兴县	456	281	175	75	12	63
仁化县	490	278	212	114	25	89
翁源县	777	457	320	154	39	115
乳源瑶族自治县	400	247	153	90	28	62
新丰县	343	207	136	43	11	32
乐昌市	1043	659	384	221	68	153
南雄市	464	277	187	90	13	77
深圳市						
罗湖区						
福田区						
南山区						
宝安区						
龙岗区						
盐田区						
龙华区						
坪山区						
光明区						
珠海市	**639**	**399**	**240**	**122**	**37**	**85**
香洲区	45	26	19	9	3	6
斗门区	299	192	107	60	18	42
金湾区	295	181	114	53	16	37
汕头市	**6702**	**3776**	**2926**	**1731**	**591**	**1140**
龙湖区						
金平区						
濠江区	32	13	19	13	3	10
潮阳区	2449	1421	1028	572	207	365
潮南区	1523	843	680	453	176	277
澄海区	2225	1234	991	496	137	359
南澳县	473	265	208	197	68	129
佛山市	**1758**	**990**	**768**	**346**	**88**	**258**
禅城区	546	310	236	122	38	84
南海区	104	53	51	22	2	20
顺德区						
三水区	921	523	398	164	39	125
高明区	187	104	83	38	9	29

6-2b 续表 1

单位：人

地　区	3岁及以上死亡人口			未上过学		
	合计	男	女	小计	男	女
江门市	**3307**	**2021**	**1286**	**356**	**104**	**252**
蓬江区						
江海区						
新会区	848	529	319	131	48	83
台山市	1042	614	428	102	26	76
开平市	603	378	225	57	18	39
鹤山市	482	280	202	49	10	39
恩平市	332	220	112	17	2	15
湛江市	**5319**	**3291**	**2028**	**1140**	**460**	**680**
赤坎区						
霞山区	10	5	5	3	1	2
坡头区	257	155	102	79	25	54
麻章区	278	162	116	56	31	25
遂溪县	1027	629	398	258	114	144
徐闻县	656	478	178	97	35	62
廉江市	1787	1057	730	368	144	224
雷州市	453	290	163	127	59	68
吴川市	851	515	336	152	51	101
茂名市	**6145**	**3746**	**2399**	**1057**	**384**	**673**
茂南区	156	84	72	18	5	13
电白区	1476	897	579	450	189	261
高州市	2301	1388	913	366	122	244
化州市	1216	741	475	91	32	59
信宜市	996	636	360	132	36	96
肇庆市	**5710**	**3494**	**2216**	**844**	**218**	**626**
端州区						
鼎湖区	185	109	76	52	21	31
高要区	1259	722	537	300	94	206
广宁县	1323	836	487	106	20	86
怀集县	1279	800	479	138	23	115
封开县	559	341	218	110	24	86
德庆县	654	417	237	80	27	53
四会市	451	269	182	58	9	49
惠州市	**3993**	**2246**	**1747**	**607**	**181**	**426**
惠城区	224	134	90	22	5	17
惠阳区	290	178	112	42	15	27
博罗县	2112	1143	969	290	96	194
惠东县	778	437	341	172	48	124
龙门县	589	354	235	81	17	64
梅州市	**8671**	**5272**	**3399**	**904**	**188**	**716**
梅江区	58	36	22	10	3	7
梅县区	970	573	397	91	14	77
大埔县	1177	716	461	106	22	84
丰顺县	1530	930	600	163	45	118
五华县	2287	1396	891	268	65	203
平远县	748	474	274	85	13	72
蕉岭县	778	464	314	66	9	57
兴宁市	1123	683	440	115	17	98

6-2b　续表 2　　　　单位：人

地　区	3岁及以上死亡人口			未上过学		
	合计	男	女	小计	男	女
汕尾市	**4468**	**2687**	**1781**	**1340**	**502**	**838**
城　区	330	212	118	83	33	50
海丰县	1635	953	682	375	120	255
陆河县	670	417	253	147	47	100
陆丰市	1833	1105	728	735	302	433
河源市	**3631**	**2212**	**1419**	**514**	**155**	**359**
源城区	13	6	7	1		1
紫金县	586	359	227	78	15	63
龙川县	756	487	269	68	17	51
连平县	951	549	402	210	78	132
和平县	831	530	301	105	33	72
东源县	494	281	213	52	12	40
阳江市	**2756**	**1704**	**1052**	**612**	**213**	**399**
江城区	427	249	178	118	43	75
阳东区	538	317	221	138	49	89
阳西县	773	514	259	206	84	122
阳春市	1018	624	394	150	37	113
清远市	**6236**	**3762**	**2474**	**1092**	**304**	**788**
清城区	1330	756	574	215	51	164
清新区	622	391	231	118	37	81
佛冈县	879	551	328	93	21	72
阳山县	1011	637	374	166	45	121
连山壮族瑶族自治县	327	202	125	32	8	24
连南瑶族自治县	286	182	104	49	19	30
英德市	1442	861	581	343	102	241
连州市	339	182	157	76	21	55
东莞市	**141**	**67**	**74**	**24**	**6**	**18**
市辖区	141	67	74	24	6	18
中山市	**2855**	**1712**	**1143**	**417**	**102**	**315**
市辖区	2855	1712	1143	417	102	315
潮州市	**4662**	**2632**	**2030**	**1151**	**366**	**785**
湘桥区	521	276	245	75	20	55
潮安区	1719	973	746	362	120	242
饶平县	2422	1383	1039	714	226	488
揭阳市	**7128**	**4266**	**2862**	**1258**	**476**	**782**
榕城区	540	314	226	95	34	61
揭东区	1544	889	655	265	97	168
揭西县	1696	1028	668	120	46	74
惠来县	1358	811	547	453	163	290
普宁市	1990	1224	766	325	136	189
云浮市	**3435**	**2062**	**1373**	**506**	**130**	**376**
云城区	72	48	24	4		4
云安区	333	174	159	98	18	80
新兴县	972	567	405	126	36	90
郁南县	1198	727	471	182	59	123
罗定市	860	546	314	96	17	79

6-2b 续表 3 单位：人

地 区	学前教育			小 学		
	小计	男	女	小计	男	女
广 东	**627**	**286**	**341**	**44790**	**26149**	**18641**
广州市	**17**	**7**	**10**	**2146**	**1191**	**955**
荔湾区						
越秀区						
海珠区						
天河区						
白云区	3		3	393	225	168
黄埔区	1		1	15	8	7
番禺区	2		2	131	67	64
花都区	2	1	1	181	105	76
南沙区	2	1	1	435	259	176
从化区				116	71	45
增城区	7	5	2	875	456	419
韶关市	**19**	**10**	**9**	**2287**	**1366**	**921**
武江区				46	16	30
浈江区				290	177	113
曲江区				168	104	64
始兴县				174	99	75
仁化县	4	1	3	220	130	90
翁源县	5	3	2	339	191	148
乳源瑶族自治县	4	1	3	180	111	69
新丰县				146	80	66
乐昌市	5	5		485	310	175
南雄市	1		1	239	148	91
深圳市						
罗湖区						
福田区						
南山区						
宝安区						
龙岗区						
盐田区						
龙华区						
坪山区						
光明区						
珠海市	**6**	**1**	**5**	**287**	**187**	**100**
香洲区				22	11	11
斗门区	2	1	1	147	100	47
金湾区	4		4	118	76	42
汕头市	**67**	**34**	**33**	**3619**	**2139**	**1480**
龙湖区						
金平区						
濠江区				17	8	9
潮阳区	38	21	17	1253	743	510
潮南区	12	5	7	828	478	350
澄海区	15	7	8	1329	782	547
南澳县	2	1	1	192	128	64
佛山市	**11**	**4**	**7**	**958**	**568**	**390**
禅城区	9	4	5	304	190	114
南海区				67	41	26
顺德区						
三水区	2		2	480	273	207
高明区				107	64	43

6–2b 续表 4　　单位：人

地　区	学前教育			小　学		
	小计	男	女	小计	男	女
江门市	**19**	**11**	**8**	**1947**	**1111**	**836**
蓬江区						
江海区						
新会区	5	4	1	534	325	209
台山市	8	4	4	659	355	304
开平市	5	2	3	333	198	135
鹤山市	1	1		278	151	127
恩平市				143	82	61
湛江市	**32**	**15**	**17**	**2400**	**1415**	**985**
赤坎区						
霞山区				6	3	3
坡头区	3	1	2	98	62	36
麻章区	4	2	2	148	83	65
遂溪县	1		1	411	244	167
徐闻县	4	2	2	212	127	85
廉江市	11	6	5	889	502	387
雷州市	2	2		200	122	78
吴川市	7	2	5	436	272	164
茂名市	**62**	**30**	**32**	**3162**	**1884**	**1278**
茂南区	3		3	88	48	40
电白区	19	12	7	678	426	252
高州市	22	9	13	1243	735	508
化州市	11	5	6	626	352	274
信宜市	7	4	3	527	323	204
肇庆市	**60**	**23**	**37**	**2882**	**1661**	**1221**
端州区						
鼎湖区	2	1	1	90	54	36
高要区	22	10	12	667	401	266
广宁县	8	1	7	691	388	303
怀集县	20	8	12	630	366	264
封开县	1	1		247	149	98
德庆县	4	2	2	310	166	144
四会市	3		3	247	137	110
惠州市	**23**	**6**	**17**	**2201**	**1159**	**1042**
惠城区				104	60	44
惠阳区				159	94	65
博罗县	11	2	9	1286	635	651
惠东县	6	2	4	382	220	162
龙门县	6	2	4	270	150	120
梅州市	**31**	**9**	**22**	**4074**	**2191**	**1883**
梅江区				27	16	11
梅县区	2		2	391	171	220
大埔县	3	1	2	594	335	259
丰顺县	9	2	7	856	500	356
五华县	6	3	3	1151	641	510
平远县	3	1	2	297	156	141
蕉岭县	2	1	1	296	133	163
兴宁市	6	1	5	462	239	223

6-2b 续表 5

单位：人

地区	学前教育			小学		
	小计	男	女	小计	男	女
汕尾市	**31**	**16**	**15**	**2206**	**1452**	**754**
城 区	10	7	3	169	115	54
海丰县	7	4	3	822	498	324
陆河县	10	4	6	359	233	126
陆丰市	4	1	3	856	606	250
河源市	**6**	**3**	**3**	**1899**	**1081**	**818**
源城区				4	2	2
紫金县				250	145	105
龙川县				375	214	161
连平县	2	1	1	526	306	220
和平县	1	1		444	263	181
东源县	3	1	2	300	151	149
阳江市	**17**	**9**	**8**	**1449**	**939**	**510**
江城区	3	1	2	199	126	73
阳东区				286	185	101
阳西县	9	7	2	408	299	109
阳春市	5	1	4	556	329	227
清远市	**38**	**19**	**19**	**3167**	**1886**	**1281**
清城区	20	11	9	799	459	340
清新区	3	1	2	348	216	132
佛冈县	6	2	4	416	246	170
阳山县	1		1	489	307	182
连山壮族瑶族自治县	1	1		137	77	60
连南瑶族自治县				137	84	53
英德市	6	3	3	683	417	266
连州市	1	1		158	80	78
东莞市	**2**		**2**	**87**	**42**	**45**
市辖区	2		2	87	42	45
中山市	**17**	**10**	**7**	**1660**	**992**	**668**
市辖区	17	10	7	1660	992	668
潮州市	**62**	**24**	**38**	**2494**	**1476**	**1018**
湘桥区	3		3	313	150	163
潮安区	12	5	7	1019	591	428
饶平县	47	19	28	1162	735	427
揭阳市	**80**	**42**	**38**	**4079**	**2398**	**1681**
榕城区	5	3	2	348	206	142
揭东区	13	6	7	990	582	408
揭西县	28	16	12	902	489	413
惠来县	3	2	1	677	449	228
普宁市	31	15	16	1162	672	490
云浮市	**27**	**13**	**14**	**1786**	**1011**	**775**
云城区	3	2	1	49	34	15
云安区	3	2	1	158	93	65
新兴县	10	6	4	511	273	238
郁南县	7	2	5	599	331	268
罗定市	4	1	3	469	280	189

6–2b　续表 6　　　　单位：人

地　　区	初　　中			高　　中			大学专科		
	小计	男	女	小计	男	女	小计	男	女
广　东	**20207**	**15850**	**4357**	**4241**	**3612**	**629**	**698**	**575**	**123**
广州市	**804**	**631**	**173**	**221**	**186**	**35**	**44**	**33**	**11**
荔湾区									
越秀区									
海珠区									
天河区									
白云区	184	139	45	69	58	11	13	9	4
黄埔区	8	7	1	7	7		2	1	1
番禺区	30	25	5	14	10	4			
花都区	90	70	20	10	10		4	3	1
南沙区	119	100	19	38	35	3	4	3	1
从化区	114	95	19	21	20	1	4	4	
增城区	259	195	64	62	46	16	17	13	4
韶关市	**1221**	**980**	**241**	**345**	**295**	**50**	**77**	**59**	**18**
武江区	22	15	7	1	1		1	1	
浈江区	90	73	17	26	20	6	3	2	1
曲江区	99	80	19	30	24	6	5	3	2
始兴县	127	103	24	59	48	11	15	13	2
仁化县	109	88	21	34	29	5	6	4	2
翁源县	212	164	48	55	49	6	10	9	1
乳源瑶族自治县	88	74	14	23	21	2	13	10	3
新丰县	115	86	29	31	25	6	5	2	3
乐昌市	275	230	45	43	36	7	12	8	4
南雄市	84	67	17	43	42	1	7	7	
深圳市									
罗湖区									
福田区									
南山区									
宝安区									
龙岗区									
盐田区									
龙华区									
坪山区									
光明区									
珠海市	**174**	**136**	**38**	**42**	**31**	**11**	**8**	**7**	**1**
香洲区	8	8		5	4	1	1		1
斗门区	69	57	12	17	12	5	4	4	
金湾区	97	71	26	20	15	5	3	3	
汕头市	**1012**	**782**	**230**	**244**	**207**	**37**	**17**	**12**	**5**
龙湖区									
金平区									
濠江区	2	2							
潮阳区	468	352	116	106	87	19	8	7	1
潮南区	200	160	40	26	21	5	2	1	1
澄海区	293	231	62	85	74	11	5	2	3
南澳县	49	37	12	27	25	2	2	2	
佛山市	**362**	**273**	**89**	**65**	**47**	**18**	**9**	**6**	**3**
禅城区	74	53	21	27	18	9	8	5	3
南海区	13	10	3	1		1			
顺德区									
三水区	241	186	55	31	23	8	1	1	
高明区	34	24	10	6	6				

6-2b 续表 7

单位：人

地　区	初　中			高　中			大学专科		
	小计	男	女	小计	男	女	小计	男	女
江门市	**802**	**638**	**164**	**167**	**144**	**23**	**16**	**13**	**3**
蓬江区									
江海区									
新会区	142	121	21	35	31	4	1		1
台山市	204	171	33	62	52	10	7	6	1
开平市	176	131	45	30	27	3	2	2	
鹤山市	128	95	33	22	20	2	4	3	1
恩平市	152	120	32	18	14	4	2	2	
湛江市	**1413**	**1124**	**289**	**250**	**204**	**46**	**72**	**63**	**9**
赤坎区									
霞山区							1	1	
坡头区	60	51	9	10	9	1	7	7	
麻章区	52	32	20	15	12	3			
遂溪县	265	205	60	73	51	22	17	14	3
徐闻县	300	275	25	32	28	4	9	9	
廉江市	447	343	104	57	48	9	14	13	1
雷州市	88	74	14	18	18		15	12	3
吴川市	201	144	57	45	38	7	9	7	2
茂名市	**1509**	**1133**	**376**	**304**	**273**	**31**	**45**	**37**	**8**
茂南区	33	23	10	12	8	4	1		1
电白区	269	218	51	47	43	4	12	8	4
高州市	523	388	135	128	118	10	17	14	3
化州市	427	298	129	51	44	7	8	8	
信宜市	257	206	51	66	60	6	7	7	
肇庆市	**1623**	**1320**	**303**	**243**	**224**	**19**	**47**	**39**	**8**
端州区									
鼎湖区	34	26	8	6	6		1	1	
高要区	237	190	47	24	20	4	8	6	2
广宁县	446	359	87	65	62	3	5	5	
怀集县	391	313	78	79	71	8	18	16	2
封开县	165	136	29	25	23	2	8	5	3
德庆县	224	187	37	30	29	1	5	5	
四会市	126	109	17	14	13	1	2	1	1
惠州市	**928**	**699**	**229**	**183**	**158**	**25**	**34**	**28**	**6**
惠城区	84	58	26	10	9	1	3	1	2
惠阳区	74	56	18	13	12	1			
博罗县	417	317	100	81	68	13	17	15	2
惠东县	178	133	45	31	26	5	8	7	1
龙门县	175	135	40	48	43	5	6	5	1
梅州市	**2950**	**2281**	**669**	**618**	**522**	**96**	**72**	**61**	**11**
梅江区	19	15	4	2	2				
梅县区	398	306	92	82	77	5	5	4	1
大埔县	379	286	93	89	66	23	4	4	
丰顺县	415	313	102	79	65	14	4	2	2
五华县	726	564	162	107	97	10	23	21	2
平远县	258	213	45	87	75	12	15	13	2
蕉岭县	292	223	69	104	81	23	12	11	1
兴宁市	463	361	102	68	59	9	9	6	3

6-2b　续表 8　　　　单位：人

地　区	初　中			高　中			大学专科		
	小计	男	女	小计	男	女	小计	男	女
汕尾市	**736**	**595**	**141**	**128**	**102**	**26**	**22**	**18**	**4**
城　区	58	50	8	8	5	3	1	1	
海丰县	337	259	78	81	64	17	11	8	3
陆河县	130	112	18	16	15	1	7	6	1
陆丰市	211	174	37	23	18	5	3	3	
河源市	**993**	**781**	**212**	**185**	**163**	**22**	**28**	**24**	**4**
源城区	4	2	2	4	2	2			
紫金县	205	152	53	44	39	5	8	7	1
龙川县	255	205	50	50	44	6	7	6	1
连平县	184	140	44	24	20	4	5	4	1
和平县	225	182	43	47	43	4	5	5	
东源县	120	100	20	16	15	1	3	2	1
阳江市	**508**	**389**	**119**	**137**	**125**	**12**	**29**	**27**	**2**
江城区	83	58	25	17	15	2	6	6	
阳东区	89	62	27	23	20	3	1	1	
阳西县	115	90	25	29	28	1	5	5	
阳春市	221	179	42	68	62	6	17	15	2
清远市	**1530**	**1205**	**325**	**328**	**280**	**48**	**67**	**58**	**9**
清城区	260	205	55	25	22	3	7	6	1
清新区	131	117	14	19	18	1	3	2	1
佛冈县	278	211	67	70	58	12	13	10	3
阳山县	283	223	60	55	47	8	16	14	2
连山壮族瑶族自治县	96	70	26	51	38	13	7	6	1
连南瑶族自治县	71	53	18	19	17	2	9	8	1
英德市	319	254	65	77	72	5	12	12	
连州市	92	72	20	12	8	4			
东莞市	**22**	**16**	**6**	**3**	**1**	**2**	**2**	**2**	
市辖区	22	16	6	3	1	2	2	2	
中山市	**552**	**438**	**114**	**174**	**143**	**31**	**19**	**14**	**5**
市辖区	552	438	114	174	143	31	19	14	5
潮州市	**768**	**604**	**164**	**158**	**141**	**17**	**25**	**18**	**7**
湘桥区	106	83	23	22	21	1	2	2	
潮安区	253	194	59	61	53	8	10	8	2
饶平县	409	327	82	75	67	8	13	8	5
揭阳市	**1394**	**1088**	**306**	**276**	**228**	**48**	**32**	**28**	**4**
榕城区	75	55	20	14	13	1	1	1	
揭东区	232	168	64	40	33	7	2	1	1
揭西县	511	374	137	120	90	30	14	13	1
惠来县	180	158	22	39	35	4	3	2	1
普宁市	396	333	63	63	57	6	12	11	1
云浮市	**906**	**737**	**169**	**170**	**138**	**32**	**33**	**28**	**5**
云城区	12	9	3	3	2	1	1	1	
云安区	64	52	12	10	9	1			
新兴县	242	192	50	74	52	22	6	6	
郁南县	350	284	66	44	39	5	13	10	3
罗定市	238	200	38	39	36	3	13	11	2

6-2b　续表 9　　　　单位：人

地　区	大学本科			硕士研究生			博士研究生		
	小计	男	女	小计	男	女	小计	男	女
广　东	**186**	**149**	**37**	**3**	**2**	**1**	**4**	**4**	
广州市	**20**	**17**	**3**						
荔湾区									
越秀区									
海珠区									
天河区									
白云区	4	4							
黄埔区	1		1						
番禺区	1	1							
花都区	1		1						
南沙区	4	3	1						
从化区	2	2							
增城区	7	7							
韶关市	**20**	**18**	**2**						
武江区									
浈江区									
曲江区	2	2							
始兴县	6	6							
仁化县	3	1	2						
翁源县	2	2							
乳源瑶族自治县	2	2							
新丰县	3	3							
乐昌市	2	2							
南雄市									
深圳市									
罗湖区									
福田区									
南山区									
宝安区									
龙岗区									
盐田区									
龙华区									
坪山区									
光明区									
珠海市									
香洲区									
斗门区									
金湾区									
汕头市	**10**	**9**	**1**				**2**	**2**	
龙湖区									
金平区									
濠江区									
潮阳区	4	4							
潮南区							2	2	
澄海区	2	1	1						
南澳县	4	4							
佛山市	**7**	**4**	**3**						
禅城区	2	2							
南海区	1		1						
顺德区									
三水区	2	1	1						
高明区	2	1	1						

6-2b　续表 10　　　　单位：人

地　区	大学本科			硕士研究生			博士研究生		
	小计	男	女	小计	男	女	小计	男	女
江门市									
蓬江区									
江海区									
新会区									
台山市									
开平市									
鹤山市									
恩平市									
湛江市	**12**	**10**	**2**						
赤坎区									
霞山区									
坡头区									
麻章区	3	2	1						
遂溪县	2	1	1						
徐闻县	2	2							
廉江市	1	1							
雷州市	3	3							
吴川市	1	1							
茂名市	**6**	**5**	**1**						
茂南区	1		1						
电白区	1	1							
高州市	2	2							
化州市	2	2							
信宜市									
肇庆市	**11**	**9**	**2**						
端州区									
鼎湖区									
高要区	1	1							
广宁县	2	1	1						
怀集县	3	3							
封开县	3	3							
德庆县	1	1							
四会市	1		1						
惠州市	**17**	**15**	**2**						
惠城区	1	1							
惠阳区	2	1	1						
博罗县	10	10							
惠东县	1	1							
龙门县	3	2	1						
梅州市	**21**	**19**	**2**				**1**	**1**	
梅江区									
梅县区	1	1							
大埔县	2	2							
丰顺县	4	3	1						
五华县	5	4	1				1	1	
平远县	3	3							
蕉岭县	6	6							
兴宁市									

6−2b　续表 11　　　　单位：人

地　区	大学本科			硕士研究生			博士研究生		
	小计	男	女	小计	男	女	小计	男	女
汕尾市	**5**	**2**	**3**						
城　区	1	1							
海丰县	2		2						
陆河县	1		1						
陆丰市	1	1							
河源市	**4**	**4**		**1**		**1**	**1**	**1**	
源城区									
紫金县	1	1							
龙川县	1	1							
连平县									
和平县	2	2		1		1	1	1	
东源县									
阳江市	**3**	**1**	**2**	**1**	**1**				
江城区	1		1						
阳东区	1		1						
阳西县				1	1				
阳春市	1	1							
清远市	**13**	**9**	**4**	**1**	**1**				
清城区	3	1	2	1	1				
清新区									
佛冈县	3	3							
阳山县	1	1							
连山壮族瑶族自治县	3	2	1						
连南瑶族自治县	1	1							
英德市	2	1	1						
连州市									
东莞市	**1**		**1**						
市辖区	1		1						
中山市	**16**	**13**	**3**						
市辖区	16	13	3						
潮州市	**4**	**3**	**1**						
湘桥区									
潮安区	2	2							
饶平县	2	1	1						
揭阳市	**9**	**6**	**3**						
榕城区	2	2							
揭东区	2	2							
揭西县	1		1						
惠来县	3	2	1						
普宁市	1		1						
云浮市	**7**	**5**	**2**						
云城区									
云安区									
新兴县	3	2	1						
郁南县	3	2	1						
罗定市	1	1							

6-2c　各地区分性别、受教育程度的3岁及以上死亡人口 (2019.11.1-2020.10.31)(乡村)

单位：人

地　区	3岁及以上死亡人口			未上过学		
	合计	男	女	小计	男	女
广　东	**194938**	**110839**	**84099**	**43448**	**12475**	**30973**
广州市	**10222**	**5687**	**4535**	**1460**	**327**	**1133**
荔湾区						
越秀区						
海珠区						
天河区						
白云区	1975	1098	877	223	30	193
黄埔区	273	153	120	37	9	28
番禺区	592	338	254	155	52	103
花都区	1709	915	794	235	45	190
南沙区	1033	604	429	189	53	136
从化区	2568	1460	1108	394	83	311
增城区	2072	1119	953	227	55	172
韶关市	**10903**	**6056**	**4847**	**3066**	**624**	**2442**
武江区	419	262	157	116	27	89
浈江区	364	209	155	100	22	78
曲江区	983	550	433	294	50	244
始兴县	1155	606	549	340	66	274
仁化县	873	476	397	282	57	225
翁源县	1851	1043	808	445	98	347
乳源瑶族自治县	839	518	321	217	60	157
新丰县	1000	558	442	204	34	170
乐昌市	1456	840	616	479	123	356
南雄市	1963	994	969	589	87	502
深圳市	**59**	**24**	**35**	**13**	**2**	**11**
罗湖区						
福田区						
南山区						
宝安区						
龙岗区	59	24	35	13	2	11
盐田区						
龙华区						
坪山区						
光明区						
珠海市	**1048**	**644**	**404**	**291**	**79**	**212**
香洲区	5	3	2	1		1
斗门区	1026	631	395	286	78	208
金湾区	17	10	7	4	1	3
汕头市	**7504**	**4132**	**3372**	**2226**	**791**	**1435**
龙湖区	22	10	12	11	3	8
金平区	104	60	44	34	14	20
濠江区	357	205	152	182	69	113
潮阳区	3418	1890	1528	982	375	607
潮南区	2133	1204	929	675	230	445
澄海区	1378	716	662	300	91	209
南澳县	92	47	45	42	9	33
佛山市	**1956**	**1066**	**890**	**387**	**77**	**310**
禅城区						
南海区	449	217	232	100	19	81
顺德区	85	51	34	20	9	11
三水区	968	532	436	203	34	169
高明区	454	266	188	64	15	49

6-2c 续表 1 单位：人

地 区	3岁及以上死亡人口			未上过学		
	合计	男	女	小计	男	女
江门市	**14398**	**8090**	**6308**	**1745**	**441**	**1304**
蓬江区	181	106	75	13	3	10
江海区						
新会区	2539	1379	1160	486	128	358
台山市	4318	2494	1824	468	130	338
开平市	3555	1943	1612	416	93	323
鹤山市	1514	872	642	107	21	86
恩平市	2291	1296	995	255	66	189
湛江市	**17921**	**10588**	**7333**	**5158**	**1923**	**3235**
赤坎区	24	17	7	4	3	1
霞山区	121	65	56	24	9	15
坡头区	978	573	405	306	128	178
麻章区	1032	614	418	347	150	197
遂溪县	3182	1840	1342	905	319	586
徐闻县	1643	985	658	432	152	280
廉江市	6056	3564	2492	1599	563	1036
雷州市	2876	1747	1129	1043	413	630
吴川市	2009	1183	826	498	186	312
茂名市	**13435**	**7914**	**5521**	**2869**	**967**	**1902**
茂南区	1200	664	536	222	57	165
电白区	3072	1793	1279	1081	438	643
高州市	4386	2550	1836	876	264	612
化州市	2662	1603	1059	354	108	246
信宜市	2115	1304	811	336	100	236
肇庆市	**15594**	**8697**	**6897**	**3092**	**747**	**2345**
端州区						
鼎湖区	560	288	272	178	26	152
高要区	3635	1874	1761	886	255	631
广宁县	2961	1707	1254	430	100	330
怀集县	3209	1939	1270	544	151	393
封开县	1729	990	739	407	93	314
德庆县	1804	1011	793	266	58	208
四会市	1696	888	808	381	64	317
惠州市	**8920**	**4963**	**3957**	**1921**	**533**	**1388**
惠城区	1362	736	626	200	45	155
惠阳区	997	526	471	187	53	134
博罗县	2928	1648	1280	635	183	452
惠东县	2229	1261	968	629	182	447
龙门县	1404	792	612	270	70	200
梅州市	**16023**	**8832**	**7191**	**2678**	**450**	**2228**
梅江区	365	192	173	23	5	18
梅县区	1919	974	945	217	22	195
大埔县	2387	1336	1051	331	47	284
丰顺县	1956	1163	793	330	66	264
五华县	3813	2156	1657	726	170	556
平远县	1092	588	504	313	37	276
蕉岭县	1015	548	467	176	21	155
兴宁市	3476	1875	1601	562	82	480

6-2c　续表 2　　　　单位：人

地　区	3岁及以上死亡人口			未上过学		
	合计	男	女	小计	男	女
汕尾市	**6020**	**3676**	**2344**	**2324**	**974**	**1350**
城　区	790	492	298	379	163	216
海丰县	2241	1350	891	722	293	429
陆河县	993	588	405	277	110	167
陆丰市	1996	1246	750	946	408	538
河源市	**11375**	**6290**	**5085**	**2366**	**557**	**1809**
源城区	204	124	80	33	11	22
紫金县	2474	1407	1067	571	125	446
龙川县	3173	1776	1397	474	98	376
连平县	1521	813	708	471	122	349
和平县	2179	1206	973	451	114	337
东源县	1824	964	860	366	87	279
阳江市	**8646**	**4933**	**3713**	**2326**	**705**	**1621**
江城区	1401	764	637	416	127	289
阳东区	1658	971	687	405	134	271
阳西县	1671	991	680	550	205	345
阳春市	3916	2207	1709	955	239	716
清远市	**16766**	**9784**	**6982**	**4087**	**1038**	**3049**
清城区	1509	855	654	287	67	220
清新区	3251	1849	1402	858	230	628
佛冈县	1411	816	595	211	46	165
阳山县	2467	1448	1019	735	175	560
连山壮族瑶族自治县	425	266	159	49	11	38
连南瑶族自治县	630	392	238	138	38	100
英德市	4839	2811	2028	1369	340	1029
连州市	2234	1347	887	440	131	309
东莞市	**562**	**325**	**237**	**141**	**40**	**101**
市辖区	562	325	237	141	40	101
中山市	**1623**	**919**	**704**	**362**	**84**	**278**
市辖区	1623	919	704	362	84	278
潮州市	**7041**	**3936**	**3105**	**1939**	**522**	**1417**
湘桥区	617	357	260	122	26	96
潮安区	2953	1640	1313	579	156	423
饶平县	3471	1939	1532	1238	340	898
揭阳市	**16090**	**9179**	**6911**	**3415**	**1214**	**2201**
榕城区	1197	636	561	167	57	110
揭东区	3208	1764	1444	451	146	305
揭西县	3844	2171	1673	673	218	455
惠来县	2594	1538	1056	1106	423	683
普宁市	5247	3070	2177	1018	370	648
云浮市	**8832**	**5104**	**3728**	**1582**	**380**	**1202**
云城区	532	301	231	87	24	63
云安区	1108	629	479	317	79	238
新兴县	2030	1100	930	301	66	235
郁南县	2193	1284	909	429	105	324
罗定市	2969	1790	1179	448	106	342

6-2c 续表 3

单位：人

地区	学前教育			小学		
	小计	男	女	小计	男	女
广东	**1726**	**692**	**1034**	**105560**	**61944**	**43616**
广州市	**50**	**17**	**33**	**5728**	**3016**	**2712**
荔湾区						
越秀区						
海珠区						
天河区						
白云区	9	5	4	996	521	475
黄埔区	1		1	174	97	77
番禺区	5		5	331	200	131
花都区	7	3	4	925	448	477
南沙区	10	4	6	590	340	250
从化区	13	3	10	1345	715	630
增城区	5	2	3	1367	695	672
韶关市	**108**	**43**	**65**	**5235**	**3300**	**1935**
武江区	1		1	194	139	55
浈江区	14	5	9	163	112	51
曲江区	1	1		445	298	147
始兴县	10	3	7	521	297	224
仁化县	11	3	8	392	261	131
翁源县	22	8	14	892	536	356
乳源瑶族自治县	5	4	1	473	322	151
新丰县	10	5	5	490	282	208
乐昌市	13	8	5	695	485	210
南雄市	21	6	15	970	568	402
深圳市				**25**	**8**	**17**
罗湖区						
福田区						
南山区						
宝安区						
龙岗区				25	8	17
盐田区						
龙华区						
坪山区						
光明区						
珠海市	**1**		**1**	**529**	**375**	**154**
香洲区				3	3	
斗门区	1		1	515	364	151
金湾区				11	8	3
汕头市	**91**	**41**	**50**	**3985**	**2341**	**1644**
龙湖区				8	5	3
金平区				65	43	22
濠江区	5	4	1	123	92	31
潮阳区	34	12	22	1776	1016	760
潮南区	33	14	19	1109	704	405
澄海区	18	11	7	867	453	414
南澳县	1		1	37	28	9
佛山市	**14**	**5**	**9**	**1063**	**605**	**458**
禅城区						
南海区				263	138	125
顺德区	3	1	2	47	30	17
三水区	6	2	4	502	294	208
高明区	5	2	3	251	143	108

6–2c　续表 4

单位：人

地　区	学前教育			小　学		
	小计	男	女	小计	男	女
江门市	**103**	**25**	**78**	**9016**	**4967**	**4049**
蓬江区	4	1	3	121	69	52
江海区						
新会区	11	3	8	1575	872	703
台山市	37	9	28	2811	1585	1226
开平市	28	8	20	2215	1197	1018
鹤山市	8	2	6	995	536	459
恩平市	15	2	13	1299	708	591
湛江市	**209**	**108**	**101**	**8762**	**5533**	**3229**
赤坎区				12	8	4
霞山区				56	28	28
坡头区	19	7	12	447	279	168
麻章区	15	8	7	449	283	166
遂溪县	47	27	20	1535	944	591
徐闻县	15	5	10	820	519	301
廉江市	57	31	26	3151	1978	1173
雷州市	27	16	11	1217	830	387
吴川市	29	14	15	1075	664	411
茂名市	**143**	**71**	**72**	**7197**	**4356**	**2841**
茂南区	13	7	6	633	350	283
电白区	43	17	26	1468	952	516
高州市	61	29	32	2521	1529	992
化州市	14	9	5	1381	793	588
信宜市	12	9	3	1194	732	462
肇庆市	**203**	**73**	**130**	**8544**	**4776**	**3768**
端州区						
鼎湖区	7	3	4	238	147	91
高要区	71	30	41	2097	1139	958
广宁县	22	9	13	1701	917	784
怀集县	55	14	41	1714	1017	697
封开县	14	5	9	875	522	353
德庆县	14	6	8	990	515	475
四会市	20	6	14	929	519	410
惠州市	**53**	**25**	**28**	**5063**	**2910**	**2153**
惠城区	6	3	3	759	391	368
惠阳区	7	4	3	614	318	296
博罗县	20	9	11	1638	947	691
惠东县	16	9	7	1234	781	453
龙门县	4		4	818	473	345
梅州市	**90**	**25**	**65**	**7834**	**3953**	**3881**
梅江区				165	56	109
梅县区	16	4	12	888	332	556
大埔县	11	6	5	1281	637	644
丰顺县	16	3	13	1188	728	460
五华县	17	9	8	1987	1092	895
平远县	11	1	10	444	270	174
蕉岭县	3	1	2	441	217	224
兴宁市	16	1	15	1440	621	819

6-2c 续表 5

单位：人

地　区	学前教育			小　学		
	小计	男	女	小计	男	女
汕尾市	**57**	**29**	**28**	**2830**	**1977**	**853**
城　区	5	2	3	281	215	66
海丰县	19	8	11	1180	783	397
陆河县	20	12	8	575	362	213
陆丰市	13	7	6	794	617	177
河源市	**77**	**25**	**52**	**6131**	**3382**	**2749**
源城区	1	1		104	61	43
紫金县	11	2	9	1225	728	497
龙川县	29	10	19	1802	936	866
连平县	6	2	4	772	455	317
和平县	20	7	13	1204	667	537
东源县	10	3	7	1024	535	489
阳江市	**105**	**42**	**63**	**4725**	**2958**	**1767**
江城区	9	3	6	740	450	290
阳东区	25	14	11	921	575	346
阳西县	35	12	23	885	610	275
阳春市	36	13	23	2179	1323	856
清远市	**77**	**40**	**37**	**9241**	**5872**	**3369**
清城区	11	8	3	920	537	383
清新区	14	5	9	1810	1142	668
佛冈县	9	4	5	825	467	358
阳山县	5	3	2	1236	845	391
连山壮族瑶族自治县	2	1	1	233	142	91
连南瑶族自治县	2	1	1	338	224	114
英德市	27	15	12	2540	1687	853
连州市	7	3	4	1339	828	511
东莞市	**6**	**1**	**5**	**321**	**203**	**118**
市辖区	6	1	5	321	203	118
中山市	**10**	**4**	**6**	**921**	**571**	**350**
市辖区	10	4	6	921	571	350
潮州市	**50**	**19**	**31**	**3727**	**2264**	**1463**
湘桥区				346	203	143
潮安区	22	10	12	1748	979	769
饶平县	28	9	19	1633	1082	551
揭阳市	**216**	**79**	**137**	**9708**	**5695**	**4013**
榕城区	6	2	4	846	438	408
揭东区	63	21	42	2179	1217	962
揭西县	67	32	35	2349	1327	1022
惠来县	24	6	18	1150	831	319
普宁市	56	18	38	3184	1882	1302
云浮市	**63**	**20**	**43**	**4975**	**2882**	**2093**
云城区	5	1	4	339	192	147
云安区	8	3	5	556	361	195
新兴县	18	3	15	1278	671	607
郁南县	22	8	14	1146	682	464
罗定市	10	5	5	1656	976	680

6–2c　续表 6　　　　单位：人

地　区	初中			高中			大学专科		
	小计	男	女	小计	男	女	小计	男	女
广　东	**38744**	**31005**	**7739**	**4881**	**4276**	**605**	**441**	**345**	**96**
广州市	**2419**	**1863**	**556**	**476**	**396**	**80**	**52**	**38**	**14**
荔湾区									
越秀区									
海珠区									
天河区									
白云区	542	388	154	167	128	39	20	12	8
黄埔区	41	29	12	15	14	1	3	3	
番禺区	82	70	12	16	13	3	2	2	
花都区	466	352	114	62	56	6	9	7	2
南沙区	195	163	32	41	37	4	4	4	
从化区	716	573	143	97	83	14	3	3	
增城区	377	288	89	78	65	13	11	7	4
韶关市	**2153**	**1789**	**364**	**316**	**284**	**32**	**17**	**12**	**5**
武江区	99	89	10	9	7	2			
浈江区	76	59	17	10	10		1	1	
曲江区	213	174	39	27	24	3	3	3	
始兴县	234	199	35	46	40	6	3	1	2
仁化县	166	137	29	19	18	1	2		2
翁源县	434	351	83	56	48	8	1	1	
乳源瑶族自治县	119	109	10	20	18	2	3	3	
新丰县	253	198	55	41	37	4	1	1	
乐昌市	229	189	40	36	33	3	2	2	
南雄市	330	284	46	52	49	3	1		1
深圳市	**11**	**7**	**4**	**7**	**5**	**2**	**1**	**1**	
罗湖区									
福田区									
南山区									
宝安区									
龙岗区	11	7	4	7	5	2	1	1	
盐田区									
龙华区									
坪山区									
光明区									
珠海市	**191**	**161**	**30**	**30**	**26**	**4**	**6**	**3**	**3**
香洲区	1		1						
斗门区	188	160	28	30	26	4	6	3	3
金湾区	2	1	1						
汕头市	**1030**	**811**	**219**	**162**	**140**	**22**	**7**	**6**	**1**
龙湖区	2	1	1	1	1				
金平区	2	1	1	3	2	1			
濠江区	41	35	6	6	5	1			
潮阳区	552	421	131	68	61	7	5	4	1
潮南区	278	224	54	35	30	5	2	2	
澄海区	145	121	24	47	39	8			
南澳县	10	8	2	2	2				
佛山市	**417**	**324**	**93**	**65**	**47**	**18**	**8**	**6**	**2**
禅城区									
南海区	69	51	18	13	6	7	4	3	1
顺德区	12	9	3	3	2	1			
三水区	217	172	45	35	26	9	3	2	1
高明区	119	92	27	14	13	1	1	1	

6-2c 续表 7 单位：人

地　区	初　中			高　中			大学专科		
	小计	男	女	小计	男	女	小计	男	女
江门市	**3118**	**2312**	**806**	**383**	**319**	**64**	**21**	**16**	**5**
蓬江区	33	24	9	7	7		2	1	1
江海区									
新会区	384	308	76	78	63	15	4	4	
台山市	884	671	213	114	96	18	4	3	1
开平市	791	555	236	99	84	15	4	4	
鹤山市	351	270	81	42	36	6	5	2	3
恩平市	675	484	191	43	33	10	2	2	
湛江市	**3347**	**2632**	**715**	**388**	**345**	**43**	**49**	**41**	**8**
赤坎区	5	4	1	3	2	1			
霞山区	37	25	12	4	3	1			
坡头区	176	135	41	25	20	5	5	4	1
麻章区	189	143	46	31	29	2			
遂溪县	604	469	135	81	74	7	7	6	1
徐闻县	317	253	64	52	49	3	7	7	
廉江市	1151	912	239	82	68	14	15	11	4
雷州市	505	410	95	69	65	4	13	11	2
吴川市	363	281	82	41	35	6	2	2	
茂名市	**2793**	**2149**	**644**	**383**	**333**	**50**	**38**	**31**	**7**
茂南区	264	194	70	61	50	11	4	4	
电白区	406	326	80	61	50	11	9	8	1
高州市	821	630	191	98	91	7	8	7	1
化州市	820	615	205	87	74	13	4	3	1
信宜市	482	384	98	76	68	8	13	9	4
肇庆市	**3420**	**2792**	**628**	**308**	**285**	**23**	**24**	**21**	**3**
端州区									
鼎湖区	123	98	25	14	14				
高要区	533	406	127	45	41	4	3	3	
广宁县	736	612	124	67	64	3	4	4	
怀集县	817	683	134	69	65	4	9	8	1
封开县	392	332	60	39	36	3	2	2	
德庆县	486	392	94	45	38	7	3	2	1
四会市	333	269	64	29	27	2	3	2	1
惠州市	**1684**	**1326**	**358**	**169**	**146**	**23**	**23**	**17**	**6**
惠城区	360	268	92	31	24	7	5	4	1
惠阳区	173	136	37	13	13		2	1	1
博罗县	565	448	117	58	52	6	10	7	3
惠东县	313	260	53	34	27	7	1	1	
龙门县	273	214	59	33	30	3	5	4	1
梅州市	**4679**	**3741**	**938**	**676**	**606**	**70**	**49**	**44**	**5**
梅江区	159	114	45	16	16		1		1
梅县区	678	513	165	111	96	15	5	4	1
大埔县	675	563	112	87	81	6	2	2	
丰顺县	369	315	54	49	47	2	3	3	
五华县	960	774	186	107	97	10	13	12	1
平远县	260	222	38	55	49	6	8	8	
蕉岭县	319	244	75	66	57	9	7	6	1
兴宁市	1259	996	263	185	163	22	10	9	1

6-2c 续表 8

单位：人

地区	初中			高中			大学专科		
	小计	男	女	小计	男	女	小计	男	女
汕尾市	**713**	**609**	**104**	**85**	**77**	**8**	**10**	**9**	**1**
城区	108	96	12	15	14	1	2	2	
海丰县	287	237	50	28	24	4	5	5	
陆河县	102	87	15	18	16	2			
陆丰市	216	189	27	24	23	1	3	2	1
河源市	**2501**	**2067**	**434**	**270**	**242**	**28**	**27**	**16**	**11**
源城区	62	48	14	3	3		1		1
紫金县	608	498	110	55	50	5	4	4	
龙川县	774	647	127	88	81	7	6	4	2
连平县	231	199	32	35	32	3	6	3	3
和平县	457	380	77	40	35	5	5	3	2
东源县	369	295	74	49	41	8	5	2	3
阳江市	**1337**	**1093**	**244**	**140**	**124**	**16**	**10**	**9**	**1**
江城区	207	162	45	26	21	5	2	1	1
阳东区	279	223	56	24	21	3	3	3	
阳西县	174	142	32	23	18	5	4	4	
阳春市	677	566	111	67	64	3	1	1	
清远市	**2970**	**2484**	**486**	**356**	**321**	**35**	**33**	**27**	**6**
清城区	265	219	46	22	21	1	4	3	1
清新区	527	435	92	39	34	5	3	3	
佛冈县	323	261	62	42	37	5	1	1	
阳山县	442	384	58	42	37	5	7	4	3
连山壮族瑶族自治县	117	89	28	21	21		3	2	1
连南瑶族自治县	130	109	21	20	18	2	2	2	
英德市	785	662	123	106	96	10	10	9	1
连州市	381	325	56	64	57	7	3	3	
东莞市	**73**	**65**	**8**	**17**	**14**	**3**	**2**	**1**	**1**
市辖区	73	65	8	17	14	3	2	1	1
中山市	**274**	**213**	**61**	**47**	**41**	**6**	**7**	**5**	**2**
市辖区	274	213	61	47	41	6	7	5	2
潮州市	**1124**	**958**	**166**	**178**	**159**	**19**	**21**	**12**	**9**
湘桥区	132	114	18	17	14	3			
潮安区	510	417	93	84	73	11	10	5	5
饶平县	482	427	55	77	72	5	11	7	4
揭阳市	**2507**	**1990**	**517**	**218**	**182**	**36**	**17**	**13**	**4**
榕城区	152	118	34	20	18	2	4	3	1
揭东区	456	337	119	55	40	15	3	2	1
揭西县	713	560	153	40	33	7	2	1	1
惠来县	280	249	31	29	24	5	2	2	
普宁市	906	726	180	74	67	7	6	5	1
云浮市	**1983**	**1619**	**364**	**207**	**184**	**23**	**19**	**17**	**2**
云城区	88	72	16	12	11	1	1	1	
云安区	207	169	38	20	17	3			
新兴县	397	331	66	32	26	6	3	3	
郁南县	530	430	100	61	56	5	5	3	2
罗定市	761	617	144	82	74	8	10	10	

6-2c 续表 9

单位：人

地区	大学本科			硕士研究生			博士研究生		
	小计	男	女	小计	男	女	小计	男	女
广　东	**131**	**95**	**36**	**3**	**3**		**4**	**4**	
广州市	**35**	**28**	**7**	**1**	**1**		**1**	**1**	
荔湾区									
越秀区									
海珠区									
天河区									
白云区	17	13	4				1	1	
黄埔区	2	1	1						
番禺区	1	1							
花都区	4	3	1	1	1				
南沙区	4	3	1						
从化区									
增城区	7	7							
韶关市	**8**	**4**	**4**						
武江区									
浈江区									
曲江区									
始兴县	1		1						
仁化县	1		1						
翁源县	1	1							
乳源瑶族自治县	2	2							
新丰县	1	1							
乐昌市	2		2						
南雄市									
深圳市	**1**		**1**	**1**	**1**				
罗湖区									
福田区									
南山区									
宝安区									
龙岗区	1		1	1	1				
盐田区									
龙华区									
坪山区									
光明区									
珠海市									
香洲区									
斗门区									
金湾区									
汕头市	**3**	**2**	**1**						
龙湖区									
金平区									
濠江区									
潮阳区	1	1							
潮南区	1		1						
澄海区	1	1							
南澳县									
佛山市	**2**	**2**							
禅城区									
南海区									
顺德区									
三水区	2	2							
高明区									

6-2c　续表 10　　　　　　　　　　　　　　　　　　　　　　　单位：人

地　区	大学本科			硕士研究生			博士研究生		
	小计	男	女	小计	男	女	小计	男	女
江门市	**12**	**10**	**2**						
蓬江区	1	1							
江海区									
新会区	1	1							
台山市									
开平市	2	2							
鹤山市	6	5	1						
恩平市	2	1	1						
湛江市	**8**	**6**	**2**						
赤坎区									
霞山区									
坡头区									
麻章区	1	1							
遂溪县	3	1	2						
徐闻县									
廉江市	1	1							
雷州市	2	2							
吴川市	1	1							
茂名市	**12**	**7**	**5**						
茂南区	3	2	1						
电白区	4	2	2						
高州市	1		1						
化州市	2	1	1						
信宜市	2	2							
肇庆市	**3**	**3**							
端州区									
鼎湖区									
高要区									
广宁县	1	1							
怀集县	1	1							
封开县									
德庆县									
四会市	1	1							
惠州市	**6**	**5**	**1**	**1**	**1**				
惠城区	1	1							
惠阳区	1	1							
博罗县	1	1		1	1				
惠东县	2	1	1						
龙门县	1	1							
梅州市	**16**	**12**	**4**				**1**	**1**	
梅江区	1	1							
梅县区	3	2	1				1	1	
大埔县									
丰顺县	1	1							
五华县	3	2	1						
平远县	1	1							
蕉岭县	3	2	1						
兴宁市	4	3	1						

6-2c 续表 11 单位：人

地区	大学本科			硕士研究生			博士研究生		
	小计	男	女	小计	男	女	小计	男	女
汕尾市							**1**	**1**	
城　区									
海丰县									
陆河县							1	1	
陆丰市									
河源市	**3**	**1**	**2**						
源城区									
紫金县									
龙川县									
连平县									
和平县	2		2						
东源县	1	1							
阳江市	**3**	**2**	**1**						
江城区	1		1						
阳东区	1	1							
阳西县									
阳春市	1	1							
清远市	**2**	**2**							
清城区									
清新区									
佛冈县									
阳山县									
连山壮族瑶族自治县									
连南瑶族自治县									
英德市	2	2							
连州市									
东莞市	**2**	**1**	**1**						
市辖区	2	1	1						
中山市	**2**	**1**	**1**						
市辖区	2	1	1						
潮州市	**2**	**2**							
湘桥区									
潮安区									
饶平县	2	2							
揭阳市	**9**	**6**	**3**						
榕城区	2		2						
揭东区	1	1							
揭西县									
惠来县	3	3							
普宁市	3	2	1						
云浮市	**2**	**1**	**1**				**1**	**1**	
云城区									
云安区									
新兴县	1		1						
郁南县									
罗定市	1	1					1	1	

6-3 各地区分性别、婚姻状况的15岁及以上死亡人口
(2019.11.1—2020.10.31)

单位：人

地区	15岁及以上死亡人口			未婚		
	合计	男	女	小计	男	女
广　东	**453293**	**262086**	**191207**	**25090**	**21076**	**4014**
广州市	**59095**	**33615**	**25480**	**2937**	**2125**	**812**
荔湾区	6706	3654	3052	285	203	82
越秀区	8909	5003	3906	517	324	193
海珠区	8184	4654	3530	406	278	128
天河区	3447	2051	1396	169	105	64
白云区	9718	5544	4174	497	374	123
黄埔区	2193	1317	876	108	74	34
番禺区	4460	2564	1896	205	131	74
花都区	4278	2387	1891	171	133	38
南沙区	2877	1704	1173	144	124	20
从化区	3564	2087	1477	217	196	21
增城区	4759	2650	2109	218	183	35
韶关市	**20585**	**11864**	**8721**	**862**	**736**	**126**
武江区	1885	1110	775	96	64	32
浈江区	2587	1531	1056	87	69	18
曲江区	2175	1296	879	90	80	10
始兴县	1608	884	724	71	58	13
仁化县	1356	748	608	40	39	1
翁源县	2608	1488	1120	144	126	18
乳源瑶族自治县	1229	757	472	71	67	4
新丰县	1337	760	577	60	58	2
乐昌市	3029	1833	1196	125	111	14
南雄市	2771	1457	1314	78	64	14
深圳市	**14705**	**9060**	**5645**	**1081**	**764**	**317**
罗湖区	1522	932	590	72	45	27
福田区	2095	1287	808	104	64	40
南山区	2264	1370	894	176	112	64
宝安区	2436	1502	934	206	157	49
龙岗区	3564	2196	1368	244	173	71
盐田区	299	153	146	14	8	6
龙华区	1333	865	468	156	118	38
坪山区	390	234	156	24	19	5
光明区	802	521	281	85	68	17
珠海市	**7141**	**4467**	**2674**	**599**	**463**	**136**
香洲区	3706	2303	1403	436	323	113
斗门区	2899	1834	1065	148	128	20
金湾区	536	330	206	15	12	3
汕头市	**26957**	**15028**	**11929**	**1179**	**895**	**284**
龙湖区	2142	1228	914	78	57	21
金平区	5478	3044	2434	230	165	65
濠江区	1280	700	580	70	56	14
潮阳区	7436	4186	3250	348	269	79
潮南区	5299	2951	2348	224	160	64
澄海区	4759	2608	2151	209	169	40
南澳县	563	311	252	20	19	1
佛山市	**22703**	**12790**	**9913**	**816**	**578**	**238**
禅城区	4176	2321	1855	125	78	47
南海区	6815	3847	2968	247	180	67
顺德区	6583	3651	2932	244	171	73
三水区	3314	1887	1427	123	93	30
高明区	1815	1084	731	77	56	21

6-3 续表 1　　　　　　　　　　　　　　　　　　　　　　　　　　　　单位：人

地　　区	15岁及以上死亡人口			未　　婚		
	合计	男	女	小计	男	女
江门市	**28339**	**16233**	**12106**	**1442**	**1264**	**178**
蓬江区	3143	1769	1374	111	73	38
江海区	864	468	396	44	34	10
新会区	5277	2947	2330	235	199	36
台山市	7206	4220	2986	456	419	37
开平市	5456	3064	2392	238	220	18
鹤山市	2865	1702	1163	174	159	15
恩平市	3528	2063	1465	184	160	24
湛江市	**28698**	**17211**	**11487**	**2121**	**1905**	**216**
赤坎区	1070	620	450	42	34	8
霞山区	2041	1253	788	91	64	27
坡头区	1373	814	559	95	85	10
麻章区	1673	1002	671	122	111	11
遂溪县	4325	2532	1793	318	272	46
徐闻县	2283	1452	831	292	284	8
廉江市	8525	5074	3451	622	580	42
雷州市	3600	2213	1387	342	305	37
吴川市	3808	2251	1557	197	170	27
茂名市	**24805**	**14810**	**9995**	**1658**	**1485**	**173**
茂南区	2853	1650	1203	106	92	14
电白区	5135	3033	2102	372	333	39
高州市	8258	4883	3375	527	473	54
化州市	4808	2904	1904	334	299	35
信宜市	3751	2340	1411	319	288	31
肇庆市	**25288**	**14590**	**10698**	**1469**	**1292**	**177**
端州区	2316	1376	940	77	51	26
鼎湖区	1064	594	470	48	42	6
高要区	5099	2719	2380	216	175	41
广宁县	4264	2532	1732	259	239	20
怀集县	4451	2720	1731	311	274	37
封开县	2274	1322	952	170	157	13
德庆县	2449	1422	1027	255	240	15
四会市	3371	1905	1466	133	114	19
惠州市	**16250**	**9190**	**7060**	**779**	**658**	**121**
惠城区	3769	2192	1577	144	102	42
惠阳区	2443	1361	1082	94	81	13
博罗县	5028	2790	2238	261	221	40
惠东县	3021	1702	1319	170	152	18
龙门县	1989	1145	844	110	102	8
梅州市	**27658**	**15762**	**11896**	**1358**	**1207**	**151**
梅江区	2102	1193	909	62	50	12
梅县区	3311	1799	1512	169	149	20
大埔县	3552	2043	1509	209	193	16
丰顺县	3472	2085	1387	210	188	22
五华县	6172	3586	2586	301	266	35
平远县	1830	1056	774	52	46	6
蕉岭县	1785	1008	777	77	65	12
兴宁市	5434	2992	2442	278	250	28

6-3 续表 2

单位：人

地区	15岁及以上死亡人口			未婚		
	合计	男	女	小计	男	女
汕尾市	**12290**	**7480**	**4810**	**820**	**712**	**108**
城区	2232	1403	829	155	133	22
海丰县	3862	2292	1570	280	253	27
陆河县	1649	994	655	130	117	13
陆丰市	4547	2791	1756	255	209	46
河源市	**16957**	**9669**	**7288**	**843**	**726**	**117**
源城区	2245	1343	902	86	74	12
紫金县	3052	1761	1291	144	134	10
龙川县	3907	2252	1655	212	187	25
连平县	2457	1352	1105	175	133	42
和平县	2994	1726	1268	123	114	9
东源县	2302	1235	1067	103	84	19
阳江市	**14354**	**8320**	**6034**	**969**	**881**	**88**
江城区	3294	1837	1457	180	148	32
阳东区	2656	1547	1109	200	180	20
阳西县	2432	1497	935	265	255	10
阳春市	5972	3439	2533	324	298	26
清远市	**26162**	**15445**	**10717**	**1797**	**1629**	**168**
清城区	4651	2674	1977	203	174	29
清新区	4261	2469	1792	319	291	28
佛冈县	2279	1361	918	216	190	26
阳山县	3462	2079	1383	284	259	25
连山壮族瑶族自治县	748	467	281	52	49	3
连南瑶族自治县	913	572	341	52	49	3
英德市	6562	3836	2726	428	388	40
连州市	3286	1987	1299	243	229	14
东莞市	**9889**	**5481**	**4408**	**397**	**305**	**92**
市辖区	9889	5481	4408	397	305	92
中山市	**11568**	**6751**	**4817**	**551**	**429**	**122**
市辖区	11568	6751	4817	551	429	122
潮州市	**16502**	**9209**	**7293**	**813**	**729**	**84**
湘桥区	3541	1947	1594	139	120	19
潮安区	7090	3952	3138	342	305	37
饶平县	5871	3310	2561	332	304	28
揭阳市	**28778**	**16631**	**12147**	**1624**	**1393**	**231**
榕城区	4002	2223	1779	174	142	32
揭东区	6373	3580	2793	334	289	45
揭西县	5516	3187	2329	349	308	41
惠来县	3912	2319	1593	193	169	24
普宁市	8975	5322	3653	574	485	89
云浮市	**14569**	**8480**	**6089**	**975**	**900**	**75**
云城区	1710	988	722	92	82	10
云安区	1661	927	734	130	119	11
新兴县	2993	1663	1330	164	149	15
郁南县	3375	2002	1373	275	261	14
罗定市	4830	2900	1930	314	289	25

6-3 续表 3

单位：人

地区	有配偶			离婚			丧偶		
	小计	男	女	小计	男	女	小计	男	女
广东	**253054**	**178468**	**74586**	**7238**	**5490**	**1748**	**167911**	**57052**	**110859**
广州市	**34340**	**24041**	**10299**	**1586**	**1084**	**502**	**20232**	**6365**	**13867**
荔湾区	3494	2484	1010	249	164	85	2678	803	1875
越秀区	4830	3403	1427	315	230	85	3247	1046	2201
海珠区	4631	3272	1359	241	171	70	2906	933	1973
天河区	2226	1550	676	93	56	37	959	340	619
白云区	6095	4132	1963	258	170	88	2868	868	2000
黄埔区	1355	987	368	65	43	22	665	213	452
番禺区	2736	1928	808	113	65	48	1406	440	966
花都区	2584	1767	817	67	46	21	1456	441	1015
南沙区	1700	1236	464	54	39	15	979	305	674
从化区	1946	1417	529	68	54	14	1333	420	913
增城区	2743	1865	878	63	46	17	1735	556	1179
韶关市	**11431**	**8138**	**3293**	**449**	**342**	**107**	**7843**	**2648**	**5195**
武江区	1087	782	305	83	59	24	619	205	414
浈江区	1544	1110	434	78	54	24	878	298	580
曲江区	1236	913	323	34	25	9	815	278	537
始兴县	817	574	243	25	21	4	695	231	464
仁化县	747	517	230	24	19	5	545	173	372
翁源县	1391	1000	391	46	36	10	1027	326	701
乳源瑶族自治县	662	493	169	35	31	4	461	166	295
新丰县	686	500	186	29	24	5	562	178	384
乐昌市	1766	1265	501	49	41	8	1089	416	673
南雄市	1495	984	511	46	32	14	1152	377	775
深圳市	**10367**	**7079**	**3288**	**310**	**201**	**109**	**2947**	**1016**	**1931**
罗湖区	1102	747	355	33	18	15	315	122	193
福田区	1504	1038	466	56	33	23	431	152	279
南山区	1692	1101	591	45	33	12	351	124	227
宝安区	1649	1142	507	60	37	23	521	166	355
龙岗区	2540	1734	806	51	39	12	729	250	479
盐田区	184	118	66	9	5	4	92	22	70
龙华区	876	613	263	33	21	12	268	113	155
坪山区	266	192	74	7	3	4	93	20	73
光明区	554	394	160	16	12	4	147	47	100
珠海市	**3743**	**2641**	**1102**	**524**	**367**	**157**	**2275**	**996**	**1279**
香洲区	1782	1198	584	467	322	145	1021	460	561
斗门区	1592	1184	408	44	36	8	1115	486	629
金湾区	369	259	110	13	9	4	139	50	89
汕头市	**14956**	**10465**	**4491**	**222**	**168**	**54**	**10600**	**3500**	**7100**
龙湖区	1249	853	396	21	13	8	794	305	489
金平区	3143	2208	935	100	69	31	2005	602	1403
濠江区	660	492	168	10	8	2	540	144	396
潮阳区	4141	2868	1273	36	27	9	2911	1022	1889
潮南区	2929	2067	862	18	16	2	2128	708	1420
澄海区	2531	1753	778	31	29	2	1988	657	1331
南澳县	303	224	79	6	6		234	62	172
佛山市	**13427**	**9661**	**3766**	**400**	**288**	**112**	**8060**	**2263**	**5797**
禅城区	2465	1746	719	111	80	31	1475	417	1058
南海区	4130	2925	1205	95	61	34	2343	681	1662
顺德区	3835	2812	1023	106	72	34	2398	596	1802
三水区	1954	1407	547	71	59	12	1166	328	838
高明区	1043	771	272	17	16	1	678	241	437

6-3 续表 4

单位：人

地区	有配偶			离婚			丧偶		
	小计	男	女	小计	男	女	小计	男	女
江门市	**15341**	**11041**	**4300**	**432**	**342**	**90**	**11124**	**3586**	**7538**
蓬江区	1830	1285	545	93	72	21	1109	339	770
江海区	507	340	167	19	18	1	294	76	218
新会区	2897	2049	848	64	47	17	2081	652	1429
台山市	3745	2821	924	121	100	21	2884	880	2004
开平市	2883	2045	838	59	44	15	2276	755	1521
鹤山市	1563	1139	424	34	25	9	1094	379	715
恩平市	1916	1362	554	42	36	6	1386	505	881
湛江市	**15892**	**11096**	**4796**	**345**	**280**	**65**	**10340**	**3930**	**6410**
赤坎区	632	448	184	33	23	10	363	115	248
霞山区	1234	905	329	46	29	17	670	255	415
坡头区	778	531	247	15	13	2	485	185	300
麻章区	940	665	275	15	12	3	596	214	382
遂溪县	2307	1594	713	46	40	6	1654	626	1028
徐闻县	1258	889	369	28	24	4	705	255	450
廉江市	4450	3084	1366	95	86	9	3358	1324	2034
雷州市	2056	1447	609	37	32	5	1165	429	736
吴川市	2237	1533	704	30	21	9	1344	527	817
茂名市	**14245**	**9687**	**4558**	**246**	**201**	**45**	**8656**	**3437**	**5219**
茂南区	1737	1188	549	30	23	7	980	347	633
电白区	2939	1985	954	44	34	10	1780	681	1099
高州市	4600	3098	1502	68	60	8	3063	1252	1811
化州市	2770	1867	903	46	38	8	1658	700	958
信宜市	2199	1549	650	58	46	12	1175	457	718
肇庆市	**13195**	**9324**	**3871**	**299**	**242**	**57**	**10325**	**3732**	**6593**
端州区	1445	1017	428	58	35	23	736	273	463
鼎湖区	552	404	148	7	6	1	457	142	315
高要区	2520	1673	847	27	25	2	2336	846	1490
广宁县	2119	1536	583	53	46	7	1833	711	1122
怀集县	2413	1732	681	54	46	8	1673	668	1005
封开县	1110	812	298	14	13	1	980	340	640
德庆县	1181	811	370	25	21	4	988	350	638
四会市	1855	1339	516	61	50	11	1322	402	920
惠州市	**8942**	**6272**	**2670**	**252**	**183**	**69**	**6277**	**2077**	**4200**
惠城区	2316	1582	734	103	66	37	1206	442	764
惠阳区	1375	983	392	32	20	12	942	277	665
博罗县	2595	1796	799	55	49	6	2117	724	1393
惠东县	1623	1155	468	32	26	6	1196	369	827
龙门县	1033	756	277	30	22	8	816	265	551
梅州市	**14836**	**10697**	**4139**	**433**	**367**	**66**	**11031**	**3491**	**7540**
梅江区	1224	856	368	41	34	7	775	253	522
梅县区	1714	1240	474	48	44	4	1380	366	1014
大埔县	1873	1347	526	60	56	4	1410	447	963
丰顺县	1925	1399	526	36	27	9	1301	471	830
五华县	3317	2389	928	101	83	18	2453	848	1605
平远县	971	714	257	29	22	7	778	274	504
蕉岭县	925	679	246	35	30	5	748	234	514
兴宁市	2887	2073	814	83	71	12	2186	598	1588

6–3 续表 5

单位：人

地　　区	有配偶			离　　婚			丧　　偶		
	小计	男	女	小计	男	女	小计	男	女
汕尾市	**7180**	**5142**	**2038**	**154**	**136**	**18**	**4136**	**1490**	**2646**
城　区	1392	1016	376	21	19	2	664	235	429
海丰县	2159	1525	634	55	48	7	1368	466	902
陆河县	875	614	261	20	16	4	624	247	377
陆丰市	2754	1987	767	58	53	5	1480	542	938
河源市	**9100**	**6507**	**2593**	**268**	**216**	**52**	**6746**	**2220**	**4526**
源城区	1293	961	332	48	34	14	818	274	544
紫金县	1616	1189	427	46	41	5	1246	397	849
龙川县	2130	1528	602	47	40	7	1518	497	1021
连平县	1323	907	416	36	26	10	923	286	637
和平县	1601	1138	463	58	48	10	1212	426	786
东源县	1137	784	353	33	27	6	1029	340	689
阳江市	**7690**	**5360**	**2330**	**186**	**154**	**32**	**5509**	**1925**	**3584**
江城区	1810	1251	559	43	33	10	1261	405	856
阳东区	1380	976	404	26	22	4	1050	369	681
阳西县	1249	872	377	35	31	4	883	339	544
阳春市	3251	2261	990	82	68	14	2315	812	1503
清远市	**13897**	**10084**	**3813**	**409**	**333**	**76**	**10059**	**3399**	**6660**
清城区	2647	1888	759	70	49	21	1731	563	1168
清新区	2167	1560	607	65	54	11	1710	564	1146
佛冈县	1254	910	344	32	24	8	777	237	540
阳山县	1714	1278	436	61	53	8	1403	489	914
连山壮族瑶族自治县	414	307	107	10	9	1	272	102	170
连南瑶族自治县	543	416	127	19	13	6	299	94	205
英德市	3449	2467	982	100	87	13	2585	894	1691
连州市	1709	1258	451	52	44	8	1282	456	826
东莞市	**5926**	**4066**	**1860**	**119**	**81**	**38**	**3447**	**1029**	**2418**
市辖区	5926	4066	1860	119	81	38	3447	1029	2418
中山市	**6951**	**4926**	**2025**	**151**	**114**	**37**	**3915**	**1282**	**2633**
市辖区	6951	4926	2025	151	114	37	3915	1282	2633
潮州市	**8867**	**6251**	**2616**	**113**	**97**	**16**	**6709**	**2132**	**4577**
湘桥区	1968	1351	617	36	27	9	1398	449	949
潮安区	3822	2716	1106	40	36	4	2886	895	1991
饶平县	3077	2184	893	37	34	3	2425	788	1637
揭阳市	**15096**	**10592**	**4504**	**194**	**169**	**25**	**11864**	**4477**	**7387**
榕城区	2123	1478	645	26	20	6	1679	583	1096
揭东区	3300	2249	1051	32	27	5	2707	1015	1692
揭西县	2767	1958	809	45	37	8	2355	884	1471
惠来县	2171	1603	568	32	30	2	1516	517	999
普宁市	4735	3304	1431	59	55	4	3607	1478	2129
云浮市	**7632**	**5398**	**2234**	**146**	**125**	**21**	**5816**	**2057**	**3759**
云城区	957	688	269	17	14	3	644	204	440
云安区	861	592	269	16	12	4	654	204	450
新兴县	1520	1037	483	17	11	6	1292	466	826
郁南县	1704	1222	482	32	30	2	1364	489	875
罗定市	2590	1859	731	64	58	6	1862	694	1168

6-3a 各地区分性别、婚姻状况的15岁及以上死亡人口(2019.11.1-2020.10.31)(城市)

单位：人

地区	15岁及以上死亡人口			未婚		
	合计	男	女	小计	男	女
广东	**173483**	**100595**	**72888**	**8072**	**5902**	**2170**
广州市	**45256**	**25792**	**19464**	**2253**	**1556**	**697**
荔湾区	6706	3654	3052	285	203	82
越秀区	8909	5003	3906	517	324	193
海珠区	8184	4654	3530	406	278	128
天河区	3447	2051	1396	169	105	64
白云区	7005	4006	2999	402	303	99
黄埔区	1888	1142	746	93	63	30
番禺区	3676	2123	1553	160	103	57
花都区	2249	1277	972	71	55	16
南沙区	1126	675	451	63	55	8
从化区	724	432	292	29	20	9
增城区	1342	775	567	58	47	11
韶关市	**4806**	**2895**	**1911**	**156**	**106**	**50**
武江区	1371	814	557	67	40	27
浈江区	1734	1029	705	55	39	16
曲江区	802	512	290	15	11	4
始兴县						
仁化县						
翁源县						
乳源瑶族自治县						
新丰县						
乐昌市	542	344	198	13	12	1
南雄市	357	196	161	6	4	2
深圳市	**14646**	**9036**	**5610**	**1080**	**764**	**316**
罗湖区	1522	932	590	72	45	27
福田区	2095	1287	808	104	64	40
南山区	2264	1370	894	176	112	64
宝安区	2436	1502	934	206	157	49
龙岗区	3505	2172	1333	243	173	70
盐田区	299	153	146	14	8	6
龙华区	1333	865	468	156	118	38
坪山区	390	234	156	24	19	5
光明区	802	521	281	85	68	17
珠海市	**5459**	**3425**	**2034**	**509**	**379**	**130**
香洲区	3656	2274	1382	434	322	112
斗门区	1578	1012	566	71	55	16
金湾区	225	139	86	4	2	2
汕头市	**12795**	**7141**	**5654**	**541**	**386**	**155**
龙湖区	2120	1218	902	78	57	21
金平区	5374	2984	2390	228	164	64
濠江区	892	482	410	41	33	8
潮阳区	1592	885	707	66	46	20
潮南区	1653	911	742	86	55	31
澄海区	1164	661	503	42	31	11
南澳县						
佛山市	**18998**	**10739**	**8259**	**667**	**469**	**198**
禅城区	3630	2011	1619	104	65	39
南海区	6264	3578	2686	227	167	60
顺德区	6498	3600	2898	243	170	73
三水区	1429	835	594	40	31	9
高明区	1177	715	462	53	36	17

6-3a 续表 1 单位：人

地　区	15岁及以上死亡人口			未　婚		
	合计	男	女	小计	男	女
江门市	**10664**	**6138**	**4526**	**426**	**330**	**96**
蓬江区	2962	1663	1299	105	69	36
江海区	864	468	396	44	34	10
新会区	1899	1044	855	59	45	14
台山市	1856	1117	739	88	75	13
开平市	1303	747	556	47	41	6
鹤山市	871	551	320	46	40	6
恩平市	909	548	361	37	26	11
湛江市	**5607**	**3427**	**2180**	**247**	**188**	**59**
赤坎区	1046	603	443	41	33	8
霞山区	1910	1183	727	87	60	27
坡头区	143	90	53	5	4	1
麻章区	369	230	139	27	27	
遂溪县	137	76	61	6	5	1
徐闻县						
廉江市	736	489	247	26	19	7
雷州市	301	196	105	22	15	7
吴川市	965	560	405	33	25	8
茂名市	**5350**	**3237**	**2113**	**220**	**180**	**40**
茂南区	1500	904	596	36	27	9
电白区	612	363	249	36	31	5
高州市	1597	961	636	65	53	12
化州市	970	586	384	48	37	11
信宜市	671	423	248	35	32	3
肇庆市	**4094**	**2467**	**1627**	**156**	**112**	**44**
端州区	2316	1376	940	77	51	26
鼎湖区	321	199	122	21	18	3
高要区	227	138	89	14	11	3
广宁县						
怀集县						
封开县						
德庆县						
四会市	1230	754	476	44	32	12
惠州市	**3396**	**2012**	**1384**	**133**	**97**	**36**
惠城区	2190	1324	866	84	56	28
惠阳区	1162	661	501	47	40	7
博罗县	15	12	3	1		1
惠东县	29	15	14	1	1	
龙门县						
梅州市	**3070**	**1723**	**1347**	**94**	**75**	**19**
梅江区	1679	965	714	45	35	10
梅县区	424	254	170	16	12	4
大埔县						
丰顺县						
五华县	111	61	50	1	1	
平远县						
蕉岭县						
兴宁市	856	443	413	32	27	5

6−3a 续表 2 单位：人

地 区	15岁及以上死亡人口			未 婚		
	合计	男	女	小计	男	女
汕尾市	**1853**	**1155**	**698**	**97**	**75**	**22**
城 区	1117	703	414	64	50	14
海丰县						
陆河县						
陆丰市	736	452	284	33	25	8
河源市	**2034**	**1217**	**817**	**70**	**59**	**11**
源城区	2034	1217	817	70	59	11
紫金县						
龙川县						
连平县						
和平县						
东源县						
阳江市	**3008**	**1720**	**1288**	**139**	**107**	**32**
江城区	1473	828	645	57	41	16
阳东区	467	263	204	47	39	8
阳西县						
阳春市	1068	629	439	35	27	8
清远市	**3275**	**1973**	**1302**	**75**	**59**	**16**
清城区	1824	1072	752	35	24	11
清新区	400	235	165	3	3	
佛冈县						
阳山县						
连山壮族瑶族自治县						
连南瑶族自治县						
英德市	322	198	124	11	10	1
连州市	729	468	261	26	22	4
东莞市	**9188**	**5091**	**4097**	**380**	**292**	**88**
市辖区	9188	5091	4097	380	292	88
中山市	**7105**	**4131**	**2974**	**322**	**246**	**76**
市辖区	7105	4131	2974	322	246	76
潮州市	**4838**	**2665**	**2173**	**162**	**133**	**29**
湘桥区	2408	1319	1089	72	57	15
潮安区	2430	1346	1084	90	76	14
饶平县						
揭阳市	**5682**	**3263**	**2419**	**229**	**185**	**44**
榕城区	2269	1275	994	82	64	18
揭东区	1640	936	704	75	62	13
揭西县						
惠来县						
普宁市	1773	1052	721	72	59	13
云浮市	**2359**	**1348**	**1011**	**116**	**104**	**12**
云城区	1109	640	469	48	42	6
云安区	227	129	98	15	14	1
新兴县						
郁南县						
罗定市	1023	579	444	53	48	5

6-3a 续表 3 单位：人

地区	有配偶			离婚			丧偶		
	小计	男	女	小计	男	女	小计	男	女
广 东	**104422**	**72981**	**31441**	**3895**	**2670**	**1225**	**57094**	**19042**	**38052**
广州市	**26618**	**18574**	**8044**	**1370**	**914**	**456**	**15015**	**4748**	**10267**
荔湾区	3494	2484	1010	249	164	85	2678	803	1875
越秀区	4830	3403	1427	315	230	85	3247	1046	2201
海珠区	4631	3272	1359	241	171	70	2906	933	1973
天河区	2226	1550	676	93	56	37	959	340	619
白云区	4491	3009	1482	210	138	72	1902	556	1346
黄埔区	1192	864	328	63	41	22	540	174	366
番禺区	2280	1612	668	100	54	46	1136	354	782
花都区	1476	991	485	36	22	14	666	209	457
南沙区	699	503	196	21	13	8	343	104	239
从化区	452	318	134	16	11	5	227	83	144
增城区	847	568	279	26	14	12	411	146	265
韶关市	**3031**	**2143**	**888**	**174**	**122**	**52**	**1445**	**524**	**921**
武江区	813	576	237	71	47	24	420	151	269
浈江区	1108	780	328	64	47	17	507	163	344
曲江区	521	383	138	15	12	3	251	106	145
始兴县									
仁化县									
翁源县									
乳源瑶族自治县									
新丰县									
乐昌市	356	257	99	15	11	4	158	64	94
南雄市	233	147	86	9	5	4	109	40	69
深圳市	**10336**	**7060**	**3276**	**308**	**199**	**109**	**2922**	**1013**	**1909**
罗湖区	1102	747	355	33	18	15	315	122	193
福田区	1504	1038	466	56	33	23	431	152	279
南山区	1692	1101	591	45	33	12	351	124	227
宝安区	1649	1142	507	60	37	23	521	166	355
龙岗区	2509	1715	794	49	37	12	704	247	457
盐田区	184	118	66	9	5	4	92	22	70
龙华区	876	613	263	33	21	12	268	113	155
坪山区	266	192	74	7	3	4	93	20	73
光明区	554	394	160	16	12	4	147	47	100
珠海市	**2781**	**1921**	**860**	**483**	**333**	**150**	**1686**	**792**	**894**
香洲区	1745	1174	571	466	321	145	1011	457	554
斗门区	871	633	238	12	8	4	624	316	308
金湾区	165	114	51	5	4	1	51	19	32
汕头市	**7322**	**5109**	**2213**	**139**	**96**	**43**	**4793**	**1550**	**3243**
龙湖区	1238	845	393	21	13	8	783	303	480
金平区	3091	2170	921	100	69	31	1955	581	1374
濠江区	467	343	124	5	4	1	379	102	277
潮阳区	880	628	252	6	3	3	640	208	432
潮南区	987	672	315	3	3		577	181	396
澄海区	659	451	208	4	4		459	175	284
南澳县									
佛山市	**11389**	**8166**	**3223**	**362**	**257**	**105**	**6580**	**1847**	**4733**
禅城区	2147	1513	634	107	77	30	1272	356	916
南海区	3844	2726	1118	92	59	33	2101	626	1475
顺德区	3781	2772	1009	106	72	34	2368	586	1782
三水区	913	640	273	43	36	7	433	128	305
高明区	704	515	189	14	13	1	406	151	255

6-3a　续表 4　　　　单位：人

地　区	有配偶			离　婚			丧　偶		
	小计	男	女	小计	男	女	小计	男	女
江门市	**6298**	**4413**	**1885**	**210**	**153**	**57**	**3730**	**1242**	**2488**
蓬江区	1734	1209	525	91	70	21	1032	315	717
江海区	507	340	167	19	18	1	294	76	218
新会区	1149	768	381	30	20	10	661	211	450
台山市	1050	798	252	30	22	8	688	222	466
开平市	758	521	237	20	11	9	478	174	304
鹤山市	541	388	153	12	7	5	272	116	156
恩平市	559	389	170	8	5	3	305	128	177
湛江市	**3403**	**2453**	**950**	**109**	**75**	**34**	**1848**	**711**	**1137**
赤坎区	617	435	182	33	23	10	355	112	243
霞山区	1157	852	305	46	29	17	620	242	378
坡头区	95	67	28	1	1		42	18	24
麻章区	210	148	62	4	3	1	128	52	76
遂溪县	88	56	32				43	15	28
徐闻县									
廉江市	439	335	104	12	10	2	259	125	134
雷州市	183	139	44	5	4	1	91	38	53
吴川市	614	421	193	8	5	3	310	109	201
茂名市	**3433**	**2319**	**1114**	**59**	**41**	**18**	**1638**	**697**	**941**
茂南区	986	686	300	22	16	6	456	175	281
电白区	389	254	135	8	5	3	179	73	106
高州市	985	648	337	7	6	1	540	254	286
化州市	621	420	201	9	7	2	292	122	170
信宜市	452	311	141	13	7	6	171	73	98
肇庆市	**2535**	**1799**	**736**	**90**	**60**	**30**	**1313**	**496**	**817**
端州区	1445	1017	428	58	35	23	736	273	463
鼎湖区	188	139	49	2	2		110	40	70
高要区	125	88	37	4	3	1	84	36	48
广宁县									
怀集县									
封开县									
德庆县									
四会市	777	555	222	26	20	6	383	147	236
惠州市	**2184**	**1495**	**689**	**90**	**57**	**33**	**989**	**363**	**626**
惠城区	1445	985	460	67	45	22	594	238	356
惠阳区	716	492	224	23	12	11	376	117	259
博罗县	9	8	1				5	4	1
惠东县	14	10	4				14	4	10
龙门县									
梅州市	**1749**	**1251**	**498**	**42**	**31**	**11**	**1185**	**366**	**819**
梅江区	1007	704	303	21	14	7	606	212	394
梅县区	230	176	54	5	5		173	61	112
大埔县									
丰顺县									
五华县	64	48	16	1	1		45	11	34
平远县									
蕉岭县									
兴宁市	448	323	125	15	11	4	361	82	279

6-3a 续表 5

单位：人

地 区	有配偶			离婚			丧偶		
	小计	男	女	小计	男	女	小计	男	女
汕尾市	**1209**	**846**	**363**	**14**	**13**	**1**	**533**	**221**	**312**
城 区	750	541	209	7	6	1	296	106	190
海丰县									
陆河县									
陆丰市	459	305	154	7	7		237	115	122
河源市	**1182**	**872**	**310**	**43**	**31**	**12**	**739**	**255**	**484**
源城区	1182	872	310	43	31	12	739	255	484
紫金县									
龙川县									
连平县									
和平县									
东源县									
阳江市	**1794**	**1237**	**557**	**34**	**22**	**12**	**1041**	**354**	**687**
江城区	893	592	301	15	10	5	508	185	323
阳东区	213	154	59	1	1		206	69	137
阳西县									
阳春市	688	491	197	18	11	7	327	100	227
清远市	**2057**	**1511**	**546**	**57**	**38**	**19**	**1086**	**365**	**721**
清城区	1164	834	330	34	22	12	591	192	399
清新区	263	187	76	4	2	2	130	43	87
佛冈县									
阳山县									
连山壮族瑶族自治县									
连南瑶族自治县									
英德市	218	160	58	4	3	1	89	25	64
连州市	412	330	82	15	11	4	276	105	171
东莞市	**5531**	**3774**	**1757**	**113**	**75**	**38**	**3164**	**950**	**2214**
市辖区	5531	3774	1757	113	75	38	3164	950	2214
中山市	**4317**	**3036**	**1281**	**90**	**64**	**26**	**2376**	**785**	**1591**
市辖区	4317	3036	1281	90	64	26	2376	785	1591
潮州市	**2743**	**1897**	**846**	**44**	**36**	**8**	**1889**	**599**	**1290**
湘桥区	1387	942	445	31	23	8	918	297	621
潮安区	1356	955	401	13	13		971	302	669
饶平县									
揭阳市	**3165**	**2175**	**990**	**33**	**30**	**3**	**2255**	**873**	**1382**
榕城区	1267	894	373	14	12	2	906	305	601
揭东区	892	620	272	8	8		665	246	419
揭西县									
惠来县									
普宁市	1006	661	345	11	10	1	684	322	362
云浮市	**1345**	**930**	**415**	**31**	**23**	**8**	**867**	**291**	**576**
云城区	649	461	188	13	11	2	399	126	273
云安区	132	90	42	3	1	2	77	24	53
新兴县									
郁南县									
罗定市	564	379	185	15	11	4	391	141	250

6-3b　各地区分性别、婚姻状况的15岁及以上死亡人口 (2019.11.1-2020.10.31)(镇)

单位：人

地　区	15岁及以上死亡人口			未　婚		
	合计	男	女	小计	男	女
广　东	**85815**	**51258**	**34557**	**4401**	**3752**	**649**
广州市	**3647**	**2156**	**1491**	**174**	**131**	**43**
荔湾区						
越秀区						
海珠区						
天河区						
白云区	743	444	299	22	17	5
黄埔区	33	22	11	3	3	
番禺区	195	104	91	22	10	12
花都区	328	200	128	16	13	3
南沙区	718	425	293	47	41	6
从化区	278	198	80	18	17	1
增城区	1352	763	589	46	30	16
韶关市	**4937**	**2959**	**1978**	**180**	**150**	**30**
武江区	99	38	61	4	3	1
浈江区	490	294	196	13	11	2
曲江区	393	236	157	14	11	3
始兴县	456	281	175	7	5	2
仁化县	488	276	212	11	10	1
翁源县	771	452	319	61	50	11
乳源瑶族自治县	396	245	151	14	12	2
新丰县	341	205	136	11	11	
乐昌市	1040	656	384	33	27	6
南雄市	463	276	187	12	10	2
深圳市						
罗湖区						
福田区						
南山区						
宝安区						
龙岗区						
盐田区						
龙华区						
坪山区						
光明区						
珠海市	**637**	**398**	**239**	**29**	**26**	**3**
香洲区	45	26	19	2	1	1
斗门区	298	191	107	16	15	1
金湾区	294	181	113	11	10	1
汕头市	**6689**	**3770**	**2919**	**300**	**235**	**65**
龙湖区						
金平区						
濠江区	32	13	19	5	3	2
潮阳区	2446	1421	1025	106	84	22
潮南区	1519	841	678	62	41	21
澄海区	2221	1231	990	110	91	19
南澳县	471	264	207	17	16	1
佛山市	**1753**	**987**	**766**	**68**	**46**	**22**
禅城区	546	310	236	21	13	8
南海区	104	53	51	7	4	3
顺德区						
三水区	918	521	397	36	27	9
高明区	185	103	82	4	2	2

6-3b 续表 1 单位：人

地区	15岁及以上死亡人口			未婚		
	合计	男	女	小计	男	女
江门市	**3302**	**2017**	**1285**	**161**	**145**	**16**
蓬江区						
江海区						
新会区	848	529	319	35	30	5
台山市	1041	613	428	56	54	2
开平市	600	375	225	25	21	4
鹤山市	481	280	201	29	27	2
恩平市	332	220	112	16	13	3
湛江市	**5294**	**3276**	**2018**	**472**	**422**	**50**
赤坎区						
霞山区	10	5	5	1	1	
坡头区	256	154	102	5	5	
麻章区	278	162	116	19	15	4
遂溪县	1021	626	395	90	65	25
徐闻县	651	474	177	200	199	1
廉江市	1778	1051	727	84	77	7
雷州市	452	289	163	35	29	6
吴川市	848	515	333	38	31	7
茂名市	**6098**	**3716**	**2382**	**404**	**363**	**41**
茂南区	153	82	71	9	7	2
电白区	1466	888	578	92	85	7
高州市	2289	1381	908	127	109	18
化州市	1203	735	468	82	78	4
信宜市	987	630	357	94	84	10
肇庆市	**5682**	**3476**	**2206**	**278**	**241**	**37**
端州区						
鼎湖区	185	109	76	6	5	1
高要区	1256	719	537	46	38	8
广宁县	1317	833	484	56	49	7
怀集县	1264	792	472	70	60	10
封开县	558	340	218	37	31	6
德庆县	652	415	237	45	40	5
四会市	450	268	182	18	18	
惠州市	**3970**	**2236**	**1734**	**136**	**111**	**25**
惠城区	223	134	89	11	9	2
惠阳区	288	178	110	7	5	2
博罗县	2098	1138	960	70	59	11
惠东县	774	433	341	27	19	8
龙门县	587	353	234	21	19	2
梅州市	**8645**	**5255**	**3390**	**359**	**311**	**48**
梅江区	58	36	22	4	4	
梅县区	970	573	397	51	45	6
大埔县	1176	716	460	43	41	2
丰顺县	1525	928	597	75	65	10
五华县	2275	1386	889	81	69	12
平远县	745	472	273	18	15	3
蕉岭县	775	462	313	32	23	9
兴宁市	1121	682	439	55	49	6

6–3b　续表 2　　　　单位：人

地　区	15岁及以上死亡人口			未　婚		
	合计	男	女	小计	男	女
汕尾市	**4448**	**2671**	**1777**	**247**	**210**	**37**
城　区	330	212	118	24	22	2
海丰县	1630	949	681	82	68	14
陆河县	665	413	252	39	34	5
陆丰市	1823	1097	726	102	86	16
河源市	**3611**	**2203**	**1408**	**201**	**164**	**37**
源城区	11	6	5	2	2	
紫金县	584	359	225	17	14	3
龙川县	753	486	267	59	49	10
连平县	947	547	400	75	54	21
和平县	827	527	300	27	27	
东源县	489	278	211	21	18	3
阳江市	**2746**	**1698**	**1048**	**139**	**117**	**22**
江城区	426	248	178	19	13	6
阳东区	537	317	220	19	14	5
阳西县	770	512	258	61	56	5
阳春市	1013	621	392	40	34	6
清远市	**6211**	**3746**	**2465**	**372**	**321**	**51**
清城区	1323	750	573	77	67	10
清新区	622	391	231	38	35	3
佛冈县	874	549	325	72	61	11
阳山县	1009	637	372	55	45	10
连山壮族瑶族自治县	324	201	123	15	15	
连南瑶族自治县	286	182	104	16	15	1
英德市	1437	857	580	81	66	15
连州市	336	179	157	18	17	1
东莞市	**141**	**67**	**74**	**4**	**2**	**2**
市辖区	141	67	74	4	2	2
中山市	**2847**	**1707**	**1140**	**139**	**110**	**29**
市辖区	2847	1707	1140	139	110	29
潮州市	**4646**	**2620**	**2026**	**214**	**191**	**23**
湘桥区	519	274	245	25	22	3
潮安区	1713	970	743	85	78	7
饶平县	2414	1376	1038	104	91	13
揭阳市	**7094**	**4245**	**2849**	**357**	**307**	**50**
榕城区	539	313	226	21	20	1
揭东区	1539	886	653	78	69	9
揭西县	1691	1025	666	93	78	15
惠来县	1347	803	544	54	45	9
普宁市	1978	1218	760	111	95	16
云浮市	**3417**	**2055**	**1362**	**167**	**149**	**18**
云城区	72	48	24	1	1	
云安区	330	172	158	15	12	3
新兴县	969	566	403	34	29	5
郁南县	1190	724	466	66	61	5
罗定市	856	545	311	51	46	5

6-3b 续表 3

单位：人

地区	有配偶			离婚			丧偶		
	小计	男	女	小计	男	女	小计	男	女
广东	**48066**	**34719**	**13347**	**925**	**753**	**172**	**32423**	**12034**	**20389**
广州市	**2118**	**1539**	**579**	**50**	**40**	**10**	**1305**	**446**	**859**
荔湾区									
越秀区									
海珠区									
天河区									
白云区	455	329	126	12	7	5	254	91	163
黄埔区	17	13	4	1	1		12	5	7
番禺区	102	71	31	3	2	1	68	21	47
花都区	202	152	50	4	3	1	106	32	74
南沙区	390	290	100	16	15	1	265	79	186
从化区	168	139	29	6	6		86	36	50
增城区	784	545	239	8	6	2	514	182	332
韶关市	**2799**	**2060**	**739**	**81**	**58**	**23**	**1877**	**691**	**1186**
武江区	47	26	21	2	2		46	7	39
浈江区	240	195	45	9	3	6	228	85	143
曲江区	218	166	52	3	3		158	56	102
始兴县	276	197	79	8	7	1	165	72	93
仁化县	282	204	78	11	8	3	184	54	130
翁源县	436	309	127	7	5	2	267	88	179
乳源瑶族自治县	240	179	61	12	9	3	130	45	85
新丰县	203	146	57	4	2	2	123	46	77
乐昌市	616	461	155	16	14	2	375	154	221
南雄市	241	177	64	9	5	4	201	84	117
深圳市									
罗湖区									
福田区									
南山区									
宝安区									
龙岗区									
盐田区									
龙华区									
坪山区									
光明区									
珠海市	**407**	**295**	**112**	**13**	**9**	**4**	**188**	**68**	**120**
香洲区	32	21	11	1	1		10	3	7
斗门区	180	136	44	5	3	2	97	37	60
金湾区	195	138	57	7	5	2	81	28	53
汕头市	**3602**	**2559**	**1043**	**42**	**34**	**8**	**2745**	**942**	**1803**
龙湖区									
金平区									
濠江区	12	7	5	1	1		14	2	12
潮阳区	1357	968	389	12	8	4	971	361	610
潮南区	824	578	246	6	4	2	627	218	409
澄海区	1156	815	341	17	15	2	938	310	628
南澳县	253	191	62	6	6		195	51	144
佛山市	**987**	**725**	**262**	**21**	**18**	**3**	**677**	**198**	**479**
禅城区	318	233	85	4	3	1	203	61	142
南海区	57	37	20	1	1		39	11	28
顺德区									
三水区	519	385	134	15	13	2	348	96	252
高明区	93	70	23	1	1		87	30	57

6–3b 续表 4

单位：人

地区	有配偶			离婚			丧偶		
	小计	男	女	小计	男	女	小计	男	女
江门市	**1836**	**1385**	**451**	**31**	**27**	**4**	**1274**	**460**	**814**
蓬江区									
江海区									
新会区	501	389	112	10	8	2	302	102	200
台山市	518	401	117	8	8		459	150	309
开平市	356	259	97	6	5	1	213	90	123
鹤山市	250	181	69	3	3		199	69	130
恩平市	211	155	56	4	3	1	101	49	52
湛江市	**2895**	**2071**	**824**	**51**	**44**	**7**	**1876**	**739**	**1137**
赤坎区									
霞山区	2	1	1				7	3	4
坡头区	151	108	43	6	6		94	35	59
麻章区	145	102	43	4	3	1	110	42	68
遂溪县	546	391	155	11	9	2	374	161	213
徐闻县	306	225	81	8	7	1	137	43	94
廉江市	977	691	286	12	11	1	705	272	433
雷州市	272	200	72	3	3		142	57	85
吴川市	496	353	143	7	5	2	307	126	181
茂名市	**3542**	**2436**	**1106**	**47**	**41**	**6**	**2105**	**876**	**1229**
茂南区	89	51	38	2	2		53	22	31
电白区	867	592	275	9	8	1	498	203	295
高州市	1332	916	416	17	16	1	813	340	473
化州市	681	464	217	13	9	4	427	184	243
信宜市	573	413	160	6	6		314	127	187
肇庆市	**3022**	**2215**	**807**	**48**	**43**	**5**	**2334**	**977**	**1357**
端州区									
鼎湖区	100	74	26	1	1		78	29	49
高要区	660	453	207	3	3		547	225	322
广宁县	672	506	166	12	10	2	577	268	309
怀集县	687	508	179	16	14	2	491	210	281
封开县	285	215	70	1	1		235	93	142
德庆县	361	260	101	8	8		238	107	131
四会市	257	199	58	7	6	1	168	45	123
惠州市	**2266**	**1565**	**701**	**40**	**29**	**11**	**1528**	**531**	**997**
惠城区	124	89	35	2		2	86	36	50
惠阳区	182	136	46	1	1		98	36	62
博罗县	1167	769	398	23	20	3	838	290	548
惠东县	462	317	145	5	3	2	280	94	186
龙门县	331	254	77	9	5	4	226	75	151
梅州市	**4842**	**3629**	**1213**	**136**	**111**	**25**	**3308**	**1204**	**2104**
梅江区	29	22	7	3	3		22	7	15
梅县区	535	415	120	17	17		367	96	271
大埔县	681	491	190	13	12	1	439	172	267
丰顺县	884	657	227	18	14	4	548	192	356
五华县	1245	934	311	50	41	9	899	342	557
平远县	405	316	89	10	6	4	312	135	177
蕉岭县	413	307	106	9	6	3	321	126	195
兴宁市	650	487	163	16	12	4	400	134	266

6-3b 续表 5　　　　　　　　　　　　　　　　　　　　　　　　　　　单位：人

地　区	有配偶			离　婚			丧　偶		
	小计	男	女	小计	男	女	小计	男	女
汕尾市	**2627**	**1877**	**750**	**47**	**39**	**8**	**1527**	**545**	**982**
城　区	210	154	56	1		1	95	36	59
海丰县	960	674	286	16	13	3	572	194	378
陆河县	380	268	112	7	6	1	239	105	134
陆丰市	1077	781	296	23	20	3	621	210	411
河源市	**2018**	**1470**	**548**	**57**	**44**	**13**	**1335**	**525**	**810**
源城区	7	4	3	1		1	1		1
紫金县	324	247	77	12	12		231	86	145
龙川县	426	328	98	9	6	3	259	103	156
连平县	545	366	179	14	10	4	313	117	196
和平县	481	354	127	14	9	5	305	137	168
东源县	235	171	64	7	7		226	82	144
阳江市	**1598**	**1168**	**430**	**38**	**28**	**10**	**971**	**385**	**586**
江城区	224	161	63	8	7	1	175	67	108
阳东区	321	236	85	4	3	1	193	64	129
阳西县	464	338	126	9	6	3	236	112	124
阳春市	589	433	156	17	12	5	367	142	225
清远市	**3528**	**2551**	**977**	**84**	**69**	**15**	**2227**	**805**	**1422**
清城区	720	498	222	13	10	3	513	175	338
清新区	333	250	83	13	11	2	238	95	143
佛冈县	548	405	143	12	8	4	242	75	167
阳山县	554	413	141	18	16	2	382	163	219
连山壮族瑶族自治县	193	142	51	5	5		111	39	72
连南瑶族自治县	174	130	44	7	4	3	89	33	56
英德市	829	597	232	15	14	1	512	180	332
连州市	177	116	61	1	1		140	45	95
东莞市	**86**	**56**	**30**				**51**	**9**	**42**
市辖区	86	56	30				51	9	42
中山市	**1723**	**1255**	**468**	**38**	**32**	**6**	**947**	**310**	**637**
市辖区	1723	1255	468	38	32	6	947	310	637
潮州市	**2490**	**1766**	**724**	**23**	**21**	**2**	**1919**	**642**	**1277**
湘桥区	258	175	83	2	2		234	75	159
潮安区	911	649	262	7	5	2	710	238	472
饶平县	1321	942	379	14	14		975	329	646
揭阳市	**3841**	**2786**	**1055**	**44**	**35**	**9**	**2852**	**1117**	**1735**
榕城区	263	183	80	3	2	1	252	108	144
揭东区	841	582	259	5	2	3	615	233	382
揭西县	916	669	247	15	13	2	667	265	402
惠来县	747	571	176	9	7	2	537	180	357
普宁市	1074	781	293	12	11	1	781	331	450
云浮市	**1839**	**1311**	**528**	**34**	**31**	**3**	**1377**	**564**	**813**
云城区	49	39	10	1		1	21	8	13
云安区	185	121	64	5	5		125	34	91
新兴县	501	339	162	7	6	1	427	192	235
郁南县	645	475	170	9	9		470	179	291
罗定市	459	337	122	12	11	1	334	151	183

6—3c　各地区分性别、婚姻状况的15岁及以上死亡人口(2019.11.1—2020.10.31)(乡村)

单位：人

地　区	15岁及以上死亡人口			未　婚		
	合计	男	女	小计	男	女
广　东	**193995**	**110233**	**83762**	**12617**	**11422**	**1195**
广州市	**10192**	**5667**	**4525**	**510**	**438**	**72**
荔湾区						
越秀区						
海珠区						
天河区						
白云区	1970	1094	876	73	54	19
黄埔区	272	153	119	12	8	4
番禺区	589	337	252	23	18	5
花都区	1701	910	791	84	65	19
南沙区	1033	604	429	34	28	6
从化区	2562	1457	1105	170	159	11
增城区	2065	1112	953	114	106	8
韶关市	**10842**	**6010**	**4832**	**526**	**480**	**46**
武江区	415	258	157	25	21	4
浈江区	363	208	155	19	19	
曲江区	980	548	432	61	58	3
始兴县	1152	603	549	64	53	11
仁化县	868	472	396	29	29	
翁源县	1837	1036	801	83	76	7
乳源瑶族自治县	833	512	321	57	55	2
新丰县	996	555	441	49	47	2
乐昌市	1447	833	614	79	72	7
南雄市	1951	985	966	60	50	10
深圳市	**59**	**24**	**35**	**1**		**1**
罗湖区						
福田区						
南山区						
宝安区						
龙岗区	59	24	35	1		1
盐田区						
龙华区						
坪山区						
光明区						
珠海市	**1045**	**644**	**401**	**61**	**58**	**3**
香洲区	5	3	2			
斗门区	1023	631	392	61	58	3
金湾区	17	10	7			
汕头市	**7473**	**4117**	**3356**	**338**	**274**	**64**
龙湖区	22	10	12			
金平区	104	60	44	2	1	1
濠江区	356	205	151	24	20	4
潮阳区	3398	1880	1518	176	139	37
潮南区	2127	1199	928	76	64	12
澄海区	1374	716	658	57	47	10
南澳县	92	47	45	3	3	
佛山市	**1952**	**1064**	**888**	**81**	**63**	**18**
禅城区						
南海区	447	216	231	13	9	4
顺德区	85	51	34	1	1	
三水区	967	531	436	47	35	12
高明区	453	266	187	20	18	2

6-3c 续表 1

单位：人

地　区	15岁及以上死亡人口			未　婚		
	合计	男	女	小计	男	女
江门市	**14373**	**8078**	**6295**	**855**	**789**	**66**
蓬江区	181	106	75	6	4	2
江海区						
新会区	2530	1374	1156	141	124	17
台山市	4309	2490	1819	312	290	22
开平市	3553	1942	1611	166	158	8
鹤山市	1513	871	642	99	92	7
恩平市	2287	1295	992	131	121	10
湛江市	**17797**	**10508**	**7289**	**1402**	**1295**	**107**
赤坎区	24	17	7	1	1	
霞山区	121	65	56	3	3	
坡头区	974	570	404	85	76	9
麻章区	1026	610	416	76	69	7
遂溪县	3167	1830	1337	222	202	20
徐闻县	1632	978	654	92	85	7
廉江市	6011	3534	2477	512	484	28
雷州市	2847	1728	1119	285	261	24
吴川市	1995	1176	819	126	114	12
茂名市	**13357**	**7857**	**5500**	**1034**	**942**	**92**
茂南区	1200	664	536	61	58	3
电白区	3057	1782	1275	244	217	27
高州市	4372	2541	1831	335	311	24
化州市	2635	1583	1052	204	184	20
信宜市	2093	1287	806	190	172	18
肇庆市	**15512**	**8647**	**6865**	**1035**	**939**	**96**
端州区						
鼎湖区	558	286	272	21	19	2
高要区	3616	1862	1754	156	126	30
广宁县	2947	1699	1248	203	190	13
怀集县	3187	1928	1259	241	214	27
封开县	1716	982	734	133	126	7
德庆县	1797	1007	790	210	200	10
四会市	1691	883	808	71	64	7
惠州市	**8884**	**4942**	**3942**	**510**	**450**	**60**
惠城区	1356	734	622	49	37	12
惠阳区	993	522	471	40	36	4
博罗县	2915	1640	1275	190	162	28
惠东县	2218	1254	964	142	132	10
龙门县	1402	792	610	89	83	6
梅州市	**15943**	**8784**	**7159**	**905**	**821**	**84**
梅江区	365	192	173	13	11	2
梅县区	1917	972	945	102	92	10
大埔县	2376	1327	1049	166	152	14
丰顺县	1947	1157	790	135	123	12
五华县	3786	2139	1647	219	196	23
平远县	1085	584	501	34	31	3
蕉岭县	1010	546	464	45	42	3
兴宁市	3457	1867	1590	191	174	17

6-3c　续表 2　　　　单位：人

地　区	15岁及以上死亡人口			未　婚		
	合计	男	女	小计	男	女
汕尾市	**5989**	**3654**	**2335**	**476**	**427**	**49**
城　区	785	488	297	67	61	6
海丰县	2232	1343	889	198	185	13
陆河县	984	581	403	91	83	8
陆丰市	1988	1242	746	120	98	22
河源市	**11312**	**6249**	**5063**	**572**	**503**	**69**
源城区	200	120	80	14	13	1
紫金县	2468	1402	1066	127	120	7
龙川县	3154	1766	1388	153	138	15
连平县	1510	805	705	100	79	21
和平县	2167	1199	968	96	87	9
东源县	1813	957	856	82	66	16
阳江市	**8600**	**4902**	**3698**	**691**	**657**	**34**
江城区	1395	761	634	104	94	10
阳东区	1652	967	685	134	127	7
阳西县	1662	985	677	204	199	5
阳春市	3891	2189	1702	249	237	12
清远市	**16676**	**9726**	**6950**	**1350**	**1249**	**101**
清城区	1504	852	652	91	83	8
清新区	3239	1843	1396	278	253	25
佛冈县	1405	812	593	144	129	15
阳山县	2453	1442	1011	229	214	15
连山壮族瑶族自治县	424	266	158	37	34	3
连南瑶族自治县	627	390	237	36	34	2
英德市	4803	2781	2022	336	312	24
连州市	2221	1340	881	199	190	9
东莞市	**560**	**323**	**237**	**13**	**11**	**2**
市辖区	560	323	237	13	11	2
中山市	**1616**	**913**	**703**	**90**	**73**	**17**
市辖区	1616	913	703	90	73	17
潮州市	**7018**	**3924**	**3094**	**437**	**405**	**32**
湘桥区	614	354	260	42	41	1
潮安区	2947	1636	1311	167	151	16
饶平县	3457	1934	1523	228	213	15
揭阳市	**16002**	**9123**	**6879**	**1038**	**901**	**137**
榕城区	1194	635	559	71	58	13
揭东区	3194	1758	1436	181	158	23
揭西县	3825	2162	1663	256	230	26
惠来县	2565	1516	1049	139	124	15
普宁市	5224	3052	2172	391	331	60
云浮市	**8793**	**5077**	**3716**	**692**	**647**	**45**
云城区	529	300	229	43	39	4
云安区	1104	626	478	100	93	7
新兴县	2024	1097	927	130	120	10
郁南县	2185	1278	907	209	200	9
罗定市	2951	1776	1175	210	195	15

6-3c 续表 3 单位：人

地区	有配偶			离婚			丧偶		
	小计	男	女	小计	男	女	小计	男	女
广东	**100566**	**70768**	**29798**	**2418**	**2067**	**351**	**78394**	**25976**	**52418**
广州市	**5604**	**3928**	**1676**	**166**	**130**	**36**	**3912**	**1171**	**2741**
荔湾区									
越秀区									
海珠区									
天河区									
白云区	1149	794	355	36	25	11	712	221	491
黄埔区	146	110	36	1	1		113	34	79
番禺区	354	245	109	10	9	1	202	65	137
花都区	906	624	282	27	21	6	684	200	484
南沙区	611	443	168	17	11	6	371	122	249
从化区	1326	960	366	46	37	9	1020	301	719
增城区	1112	752	360	29	26	3	810	228	582
韶关市	**5601**	**3935**	**1666**	**194**	**162**	**32**	**4521**	**1433**	**3088**
武江区	227	180	47	10	10		153	47	106
浈江区	196	135	61	5	4	1	143	50	93
曲江区	497	364	133	16	10	6	406	116	290
始兴县	541	377	164	17	14	3	530	159	371
仁化县	465	313	152	13	11	2	361	119	242
翁源县	955	691	264	39	31	8	760	238	522
乳源瑶族自治县	422	314	108	23	22	1	331	121	210
新丰县	483	354	129	25	22	3	439	132	307
乐昌市	794	547	247	18	16	2	556	198	358
南雄市	1021	660	361	28	22	6	842	253	589
深圳市	**31**	**19**	**12**	**2**	**2**		**25**	**3**	**22**
罗湖区									
福田区									
南山区									
宝安区									
龙岗区	31	19	12	2	2		25	3	22
盐田区									
龙华区									
坪山区									
光明区									
珠海市	**555**	**425**	**130**	**28**	**25**	**3**	**401**	**136**	**265**
香洲区	5	3	2						
斗门区	541	415	126	27	25	2	394	133	261
金湾区	9	7	2	1		1	7	3	4
汕头市	**4032**	**2797**	**1235**	**41**	**38**	**3**	**3062**	**1008**	**2054**
龙湖区	11	8	3				11	2	9
金平区	52	38	14				50	21	29
濠江区	181	142	39	4	3	1	147	40	107
潮阳区	1904	1272	632	18	16	2	1300	453	847
潮南区	1118	817	301	9	9		924	309	615
澄海区	716	487	229	10	10		591	172	419
南澳县	50	33	17				39	11	28
佛山市	**1051**	**770**	**281**	**17**	**13**	**4**	**803**	**218**	**585**
禅城区									
南海区	229	162	67	2	1	1	203	44	159
顺德区	54	40	14				30	10	20
三水区	522	382	140	13	10	3	385	104	281
高明区	246	186	60	2	2		185	60	125

6–3c　续表 4

单位：人

地　区	有配偶			离　婚			丧　偶		
	小计	男	女	小计	男	女	小计	男	女
江门市	**7207**	**5243**	**1964**	**191**	**162**	**29**	**6120**	**1884**	**4236**
蓬江区	96	76	20	2	2		77	24	53
江海区									
新会区	1247	892	355	24	19	5	1118	339	779
台山市	2177	1622	555	83	70	13	1737	508	1229
开平市	1769	1265	504	33	28	5	1585	491	1094
鹤山市	772	570	202	19	15	4	623	194	429
恩平市	1146	818	328	30	28	2	980	328	652
湛江市	**9594**	**6572**	**3022**	**185**	**161**	**24**	**6616**	**2480**	**4136**
赤坎区	15	13	2				8	3	5
霞山区	75	52	23				43	10	33
坡头区	532	356	176	8	6	2	349	132	217
麻章区	585	415	170	7	6	1	358	120	238
遂溪县	1673	1147	526	35	31	4	1237	450	787
徐闻县	952	664	288	20	17	3	568	212	356
廉江市	3034	2058	976	71	65	6	2394	927	1467
雷州市	1601	1108	493	29	25	4	932	334	598
吴川市	1127	759	368	15	11	4	727	292	435
茂名市	**7270**	**4932**	**2338**	**140**	**119**	**21**	**4913**	**1864**	**3049**
茂南区	662	451	211	6	5	1	471	150	321
电白区	1683	1139	544	27	21	6	1103	405	698
高州市	2283	1534	749	44	38	6	1710	658	1052
化州市	1468	983	485	24	22	2	939	394	545
信宜市	1174	825	349	39	33	6	690	257	433
肇庆市	**7638**	**5310**	**2328**	**161**	**139**	**22**	**6678**	**2259**	**4419**
端州区									
鼎湖区	264	191	73	4	3	1	269	73	196
高要区	1735	1132	603	20	19	1	1705	585	1120
广宁县	1447	1030	417	41	36	5	1256	443	813
怀集县	1726	1224	502	38	32	6	1182	458	724
封开县	825	597	228	13	12	1	745	247	498
德庆县	820	551	269	17	13	4	750	243	507
四会市	821	585	236	28	24	4	771	210	561
惠州市	**4492**	**3212**	**1280**	**122**	**97**	**25**	**3760**	**1183**	**2577**
惠城区	747	508	239	34	21	13	526	168	358
惠阳区	477	355	122	8	7	1	468	124	344
博罗县	1419	1019	400	32	29	3	1274	430	844
惠东县	1147	828	319	27	23	4	902	271	631
龙门县	702	502	200	21	17	4	590	190	400
梅州市	**8245**	**5817**	**2428**	**255**	**225**	**30**	**6538**	**1921**	**4617**
梅江区	188	130	58	17	17		147	34	113
梅县区	949	649	300	26	22	4	840	209	631
大埔县	1192	856	336	47	44	3	971	275	696
丰顺县	1041	742	299	18	13	5	753	279	474
五华县	2008	1407	601	50	41	9	1509	495	1014
平远县	566	398	168	19	16	3	466	139	327
蕉岭县	512	372	140	26	24	2	427	108	319
兴宁市	1789	1263	526	52	48	4	1425	382	1043

6-3c 续表 5

单位：人

地区	有配偶			离婚			丧偶		
	小计	男	女	小计	男	女	小计	男	女
汕尾市	**3344**	**2419**	**925**	**93**	**84**	**9**	**2076**	**724**	**1352**
城　区	432	321	111	13	13		273	93	180
海丰县	1199	851	348	39	35	4	796	272	524
陆河县	495	346	149	13	10	3	385	142	243
陆丰市	1218	901	317	28	26	2	622	217	405
河源市	**5900**	**4165**	**1735**	**168**	**141**	**27**	**4672**	**1440**	**3232**
源城区	104	85	19	4	3	1	78	19	59
紫金县	1292	942	350	34	29	5	1015	311	704
龙川县	1704	1200	504	38	34	4	1259	394	865
连平县	778	541	237	22	16	6	610	169	441
和平县	1120	784	336	44	39	5	907	289	618
东源县	902	613	289	26	20	6	803	258	545
阳江市	**4298**	**2955**	**1343**	**114**	**104**	**10**	**3497**	**1186**	**2311**
江城区	693	498	195	20	16	4	578	153	425
阳东区	846	586	260	21	18	3	651	236	415
阳西县	785	534	251	26	25	1	647	227	420
阳春市	1974	1337	637	47	45	2	1621	570	1051
清远市	**8312**	**6022**	**2290**	**268**	**226**	**42**	**6746**	**2229**	**4517**
清城区	763	556	207	23	17	6	627	196	431
清新区	1571	1123	448	48	41	7	1342	426	916
佛冈县	706	505	201	20	16	4	535	162	373
阳山县	1160	865	295	43	37	6	1021	326	695
连山壮族瑶族自治县	221	165	56	5	4	1	161	63	98
连南瑶族自治县	369	286	83	12	9	3	210	61	149
英德市	2402	1710	692	81	70	11	1984	689	1295
连州市	1120	812	308	36	32	4	866	306	560
东莞市	**309**	**236**	**73**	**6**	**6**		**232**	**70**	**162**
市辖区	309	236	73	6	6		232	70	162
中山市	**911**	**635**	**276**	**23**	**18**	**5**	**592**	**187**	**405**
市辖区	911	635	276	23	18	5	592	187	405
潮州市	**3634**	**2588**	**1046**	**46**	**40**	**6**	**2901**	**891**	**2010**
湘桥区	323	234	89	3	2	1	246	77	169
潮安区	1555	1112	443	20	18	2	1205	355	850
饶平县	1756	1242	514	23	20	3	1450	459	991
揭阳市	**8090**	**5631**	**2459**	**117**	**104**	**13**	**6757**	**2487**	**4270**
榕城区	593	401	192	9	6	3	521	170	351
揭东区	1567	1047	520	19	17	2	1427	536	891
揭西县	1851	1289	562	30	24	6	1688	619	1069
惠来县	1424	1032	392	23	23		979	337	642
普宁市	2655	1862	793	36	34	2	2142	825	1317
云浮市	**4448**	**3157**	**1291**	**81**	**71**	**10**	**3572**	**1202**	**2370**
云城区	259	188	71	3	3		224	70	154
云安区	544	381	163	8	6	2	452	146	306
新兴县	1019	698	321	10	5	5	865	274	591
郁南县	1059	747	312	23	21	2	894	310	584
罗定市	1567	1143	424	37	36	1	1137	402	735

6-4 全省分年龄、性别的死亡人口状况
(2019.11.1—2020.10.31)

单位：人、‰

年龄	平均人口			死亡人口			死亡率		
	合计	男	女	合计	男	女	合计	男	女
总 计	**125648403**	**66687238**	**58961165**	**457665**	**264692**	**192973**	**3.64**	**3.97**	**3.27**
0-4岁	**8215099**	**4384666**	**3830433**	**2657**	**1540**	**1117**	**0.32**	**0.35**	**0.29**
0	1451425	775683	675742	1572	918	654	1.08	1.18	0.97
1	1535247	819587	715660	401	240	161	0.26	0.29	0.22
2	1732201	921942	810259	252	139	113	0.15	0.15	0.14
3	1873747	998340	875407	255	143	112	0.14	0.14	0.13
4	1622479	869114	753365	177	100	77	0.11	0.12	0.1
5-9岁	**8541281**	**4590657**	**3950624**	**823**	**503**	**320**	**0.10**	**0.11**	**0.08**
5	1708677	917787	790890	161	89	72	0.09	0.10	0.09
6	1663655	893415	770240	155	93	62	0.09	0.10	0.08
7	1867655	1001750	865905	185	113	72	0.10	0.11	0.08
8	1710840	918851	791989	176	113	63	0.10	0.12	0.08
9	1590454	858854	731600	146	95	51	0.09	0.11	0.07
10-14岁	**7019253**	**3790855**	**3228398**	**892**	**563**	**329**	**0.13**	**0.15**	**0.10**
10	1553973	839199	714774	142	99	43	0.09	0.12	0.06
11	1523493	821048	702445	171	106	65	0.11	0.13	0.09
12	1435811	773405	662406	180	101	79	0.13	0.13	0.12
13	1301371	703092	598279	191	123	68	0.15	0.17	0.11
14	1204605	654111	550494	208	134	74	0.17	0.20	0.13
15-19岁	**6488930**	**3659554**	**2829376**	**1387**	**954**	**433**	**0.21**	**0.26**	**0.15**
15	1225595	674004	551591	259	174	85	0.21	0.26	0.15
16	1229721	690123	539598	249	178	71	0.20	0.26	0.13
17	1255958	713413	542545	280	188	92	0.22	0.26	0.17
18	1300153	742001	558152	278	187	91	0.21	0.25	0.16
19	1477503	840013	637490	321	227	94	0.22	0.27	0.15
20-24岁	**9895329**	**5518382**	**4376947**	**2118**	**1495**	**623**	**0.21**	**0.27**	**0.14**
20	1605609	908530	697079	323	226	97	0.20	0.25	0.14
21	1814164	1024417	789747	384	274	110	0.21	0.27	0.14
22	1957168	1092705	864463	390	273	117	0.20	0.25	0.14
23	2184050	1209165	974885	485	344	141	0.22	0.28	0.14
24	2334338	1283565	1050773	536	378	158	0.23	0.29	0.15
25-29岁	**12108738**	**6661912**	**5446826**	**3059**	**2209**	**850**	**0.25**	**0.33**	**0.16**
25	2289225	1257746	1031479	600	425	175	0.26	0.34	0.17
26	2288503	1255767	1032736	545	388	157	0.24	0.31	0.15
27	2425358	1335281	1090077	608	447	161	0.25	0.33	0.15
28	2468509	1363953	1104556	632	470	162	0.26	0.34	0.15
29	2637143	1449165	1187978	674	479	195	0.26	0.33	0.16
30-34岁	**12933543**	**7022951**	**5910592**	**3847**	**2694**	**1153**	**0.30**	**0.38**	**0.20**
30	2810828	1537934	1272894	755	523	232	0.27	0.34	0.18
31	2610818	1422771	1188047	700	491	209	0.27	0.35	0.18
32	2624639	1426270	1198369	761	544	217	0.29	0.38	0.18
33	2539531	1373097	1166434	807	569	238	0.32	0.41	0.20
34	2347727	1262879	1084848	824	567	257	0.35	0.45	0.24
35-39岁	**10854880**	**5826681**	**5028199**	**5339**	**3753**	**1586**	**0.49**	**0.64**	**0.32**
35	2276592	1224640	1051952	897	619	278	0.39	0.51	0.26
36	2192395	1178901	1013494	1027	728	299	0.47	0.62	0.30
37	2190492	1179660	1010832	1032	710	322	0.47	0.60	0.32
38	2251964	1207138	1044826	1143	803	340	0.51	0.67	0.33
39	1943437	1036342	907095	1240	893	347	0.64	0.86	0.38
40-44岁	**8981527**	**4753052**	**4228475**	**7187**	**5159**	**2028**	**0.80**	**1.09**	**0.48**
40	2024920	1080952	943968	1316	940	376	0.65	0.87	0.40
41	1841913	977836	864077	1384	999	385	0.75	1.02	0.45
42	1659385	878525	780860	1312	940	372	0.79	1.07	0.48
43	1685985	889506	796479	1423	1007	416	0.84	1.13	0.52
44	1769324	926233	843091	1752	1273	479	0.99	1.37	0.57

6-4 续表

单位：人、‰

年龄	平均人口			死亡人口			死亡率		
	合计	男	女	合计	男	女	合计	男	女
45-49岁	**9951257**	**5156672**	**4794585**	**13291**	**9259**	**4032**	**1.34**	**1.80**	**0.84**
45	1908378	991412	916966	2012	1396	616	1.05	1.41	0.67
46	2045927	1060265	985662	2432	1687	745	1.19	1.59	0.76
47	2031636	1055106	976530	2746	1947	799	1.35	1.85	0.82
48	1980931	1026246	954685	2878	1955	923	1.45	1.91	0.97
49	1984385	1023643	960742	3223	2274	949	1.62	2.22	0.99
50-54岁	**8770175**	**4557716**	**4212459**	**20116**	**14119**	**5997**	**2.29**	**3.10**	**1.42**
50	1906294	987443	918851	3638	2550	1088	1.91	2.58	1.18
51	1979871	1027253	952618	3874	2668	1206	1.96	2.60	1.27
52	1670802	866034	804768	3874	2717	1157	2.32	3.14	1.44
53	1561387	813296	748091	4018	2832	1186	2.57	3.48	1.59
54	1651821	863690	788131	4712	3352	1360	2.85	3.88	1.73
55-59岁	**6550198**	**3371293**	**3178905**	**25451**	**18044**	**7407**	**3.89**	**5.35**	**2.33**
55	1585983	821954	764029	5128	3572	1556	3.23	4.35	2.04
56	1597613	828917	768696	5627	3990	1637	3.52	4.81	2.13
57	1626083	843347	782736	6352	4549	1803	3.91	5.39	2.30
58	1010057	514512	495545	4721	3361	1360	4.67	6.53	2.74
59	730462	362563	367899	3623	2572	1051	4.96	7.09	2.86
60-64岁	**4863210**	**2450951**	**2412259**	**32778**	**23143**	**9635**	**6.74**	**9.44**	**3.99**
60	853189	433520	419669	4801	3414	1387	5.63	7.88	3.30
61	981170	497249	483921	5979	4220	1759	6.09	8.49	3.63
62	1125220	572709	552511	7252	5255	1997	6.44	9.18	3.61
63	992631	496660	495971	7313	5118	2195	7.37	10.30	4.43
64	911000	450813	460187	7433	5136	2297	8.16	11.39	4.99
65-69岁	**4031769**	**1977334**	**2054435**	**43415**	**29535**	**13880**	**10.77**	**14.94**	**6.76**
65	970686	479793	490893	8444	5860	2584	8.70	12.21	5.26
66	894512	438585	455927	8760	6071	2689	9.79	13.84	5.90
67	815253	397275	417978	8713	5930	2783	10.69	14.93	6.66
68	688629	334989	353640	8644	5749	2895	12.55	17.16	8.19
69	662689	326692	335997	8854	5925	2929	13.36	18.14	8.72
70-74岁	**2538889**	**1259419**	**1279470**	**47722**	**31361**	**16361**	**18.80**	**24.90**	**12.79**
70	658312	330804	327508	10021	6686	3335	15.22	20.21	10.18
71	547172	271269	275903	9320	6260	3060	17.03	23.08	11.09
72	486397	240979	245418	9534	6351	3183	19.60	26.35	12.97
73	439704	217029	222675	9160	5934	3226	20.83	27.34	14.49
74	407304	199338	207966	9687	6130	3557	23.78	30.75	17.10
75-79岁	**1646574**	**782515**	**864059**	**54390**	**32949**	**21441**	**33.03**	**42.11**	**24.81**
75	386765	189018	197747	10236	6443	3793	26.47	34.09	19.18
76	337123	161408	175715	9992	6213	3779	29.64	38.49	21.51
77	322607	153486	169121	10564	6405	4159	32.75	41.73	24.59
78	310572	144503	166069	11427	6772	4655	36.79	46.86	28.03
79	289507	134100	155407	12171	7116	5055	42.04	53.06	32.53
80-84岁	**1222010**	**538948**	**683062**	**70762**	**38035**	**32727**	**57.91**	**70.57**	**47.91**
80	272965	125226	147739	12809	7339	5470	46.93	58.61	37.02
81	263964	119625	144339	13437	7555	5882	50.90	63.16	40.75
82	248953	110634	138319	14648	7970	6678	58.84	72.04	48.28
83	225872	97274	128598	14710	7677	7033	65.13	78.92	54.69
84	210256	86189	124067	15158	7494	7664	72.09	86.95	61.77
85-89岁	**710610**	**275171**	**435439**	**67566**	**30407**	**37159**	**95.08**	**110.50**	**85.34**
85	184838	73745	111093	14773	7027	7746	79.92	95.29	69.73
86	171242	67618	103624	14764	6880	7884	86.22	101.75	76.08
87	138929	53101	85828	13791	6241	7550	99.27	117.53	87.97
88	117169	44128	73041	12618	5465	7153	107.69	123.84	97.93
89	98432	36579	61853	11620	4794	6826	118.05	131.06	110.36
90岁及以上	**325131**	**108509**	**216622**	**54865**	**18970**	**35895**	**168.75**	**174.82**	**165.70**

6-4a　全省分年龄、性别的死亡人口状况
(2019.11.1-2020.10.31)(城市)

单位：人、‰

年　龄	平均人口			死亡人口			死亡率		
	合计	男	女	合计	男	女	合计	男	女
总　计	**76166093**	**40702443**	**35463650**	**175310**	**101621**	**73689**	**2.30**	**2.50**	**2.08**
0-4岁	**4489221**	**2401249**	**2087972**	**1169**	**647**	**522**	**0.26**	**0.27**	**0.25**
0	780024	416818	363206	725	400	325	0.93	0.96	0.89
1	833625	445901	387724	161	91	70	0.19	0.20	0.18
2	961513	512089	449424	97	52	45	0.10	0.10	0.10
3	1052461	562718	489743	113	59	54	0.11	0.10	0.11
4	861598	463723	397875	73	45	28	0.08	0.10	0.07
5-9岁	**4388904**	**2379153**	**2009751**	**312**	**179**	**133**	**0.07**	**0.08**	**0.07**
5	903241	487876	415365	70	35	35	0.08	0.07	0.08
6	858235	464930	393305	57	38	19	0.07	0.08	0.05
7	967737	523978	443759	71	38	33	0.07	0.07	0.07
8	864809	468588	396221	67	43	24	0.08	0.09	0.06
9	794882	433781	361101	47	25	22	0.06	0.06	0.06
10-14岁	**3460643**	**1889217**	**1571426**	**346**	**200**	**146**	**0.10**	**0.11**	**0.09**
10	764524	418109	346415	51	39	12	0.07	0.09	0.03
11	748667	408006	340661	61	39	22	0.08	0.10	0.06
12	709587	386084	323503	73	34	39	0.10	0.09	0.12
13	628357	343975	284382	70	37	33	0.11	0.11	0.12
14	609508	333043	276465	91	51	40	0.15	0.15	0.14
15-19岁	**4144315**	**2344246**	**1800069**	**540**	**361**	**179**	**0.13**	**0.15**	**0.10**
15	724330	400583	323747	88	57	31	0.12	0.14	0.10
16	783091	442634	340457	90	63	27	0.11	0.14	0.08
17	804879	460396	344483	114	71	43	0.14	0.15	0.12
18	838857	479498	359359	108	72	36	0.13	0.15	0.10
19	993158	561135	432023	140	98	42	0.14	0.17	0.10
20-24岁	**6758939**	**3752817**	**3006122**	**841**	**587**	**254**	**0.12**	**0.16**	**0.08**
20	1096464	615682	480782	147	106	41	0.13	0.17	0.09
21	1237769	695614	542155	158	115	43	0.13	0.17	0.08
22	1338656	744836	593820	163	114	49	0.12	0.15	0.08
23	1495066	824305	670761	175	123	52	0.12	0.15	0.08
24	1590984	872380	718604	198	129	69	0.12	0.15	0.10
25-29岁	**8300389**	**4575279**	**3725110**	**1259**	**906**	**353**	**0.15**	**0.20**	**0.09**
25	1563995	858168	705827	242	178	64	0.15	0.21	0.09
26	1563042	857475	705567	232	165	67	0.15	0.19	0.09
27	1649779	909984	739795	265	189	76	0.16	0.21	0.10
28	1694171	939865	754306	262	192	70	0.15	0.20	0.09
29	1829402	1009787	819615	258	182	76	0.14	0.18	0.09
30-34岁	**9095460**	**4965577**	**4129883**	**1711**	**1199**	**512**	**0.19**	**0.24**	**0.12**
30	1972776	1085660	887116	336	234	102	0.17	0.22	0.11
31	1843332	1010078	833254	304	213	91	0.16	0.21	0.11
32	1854132	1013334	840798	345	246	99	0.19	0.24	0.12
33	1783795	969650	814145	376	271	105	0.21	0.28	0.13
34	1641425	886855	754570	350	235	115	0.21	0.26	0.15
35-39岁	**7436533**	**4008754**	**3427779**	**2201**	**1444**	**757**	**0.30**	**0.36**	**0.22**
35	1573287	850666	722621	363	236	127	0.23	0.28	0.18
36	1506874	813222	693652	424	282	142	0.28	0.35	0.20
37	1510890	815839	695051	450	279	171	0.30	0.34	0.25
38	1535009	825778	709231	471	316	155	0.31	0.38	0.22
39	1310473	703249	607224	493	331	162	0.38	0.47	0.27
40-44岁	**6045164**	**3222305**	**2822859**	**3129**	**2210**	**919**	**0.52**	**0.69**	**0.33**
40	1374008	737377	636631	573	409	164	0.42	0.55	0.26
41	1243014	663730	579284	606	430	176	0.49	0.65	0.30
42	1120801	597680	523121	598	410	188	0.53	0.69	0.36
43	1131082	601434	529648	606	428	178	0.54	0.71	0.34
44	1176259	622084	554175	746	533	213	0.63	0.86	0.38

6-4a 续表　　　　单位：人、‰

年龄	平均人口			死亡人口			死亡率		
	合计	男	女	合计	男	女	合计	男	女
45-49岁	**6317772**	**3323718**	**2994054**	**5619**	**3857**	**1762**	**0.89**	**1.16**	**0.59**
45	1254090	659469	594621	840	589	251	0.67	0.89	0.42
46	1321043	694479	626564	1046	711	335	0.79	1.02	0.53
47	1298137	684191	613946	1172	844	328	0.90	1.23	0.53
48	1234268	649937	584331	1227	805	422	0.99	1.24	0.72
49	1210234	635642	574592	1334	908	426	1.10	1.43	0.74
50-54岁	**5034231**	**2648569**	**2385662**	**7695**	**5366**	**2329**	**1.53**	**2.03**	**0.98**
50	1146078	603123	542955	1367	936	431	1.19	1.55	0.79
51	1170093	616049	554044	1562	1076	486	1.33	1.75	0.88
52	951651	499354	452297	1495	1045	450	1.57	2.09	0.99
53	864400	455375	409025	1546	1098	448	1.79	2.41	1.10
54	902009	474668	427341	1725	1211	514	1.91	2.55	1.20
55-59岁	**3533580**	**1806305**	**1727275**	**10183**	**7154**	**3029**	**2.88**	**3.96**	**1.75**
55	865536	449777	415759	1985	1364	621	2.29	3.03	1.49
56	878609	454134	424475	2237	1562	675	2.55	3.44	1.59
57	878183	449949	428234	2585	1824	761	2.94	4.05	1.78
58	522917	262140	260777	1873	1336	537	3.58	5.10	2.06
59	388335	190305	198030	1503	1068	435	3.87	5.61	2.20
60-64岁	**2434640**	**1192511**	**1242129**	**12707**	**8809**	**3898**	**5.22**	**7.39**	**3.14**
60	443812	220307	223505	2037	1423	614	4.59	6.46	2.75
61	487150	240330	246820	2313	1611	702	4.75	6.70	2.84
62	556584	274399	282185	2730	1919	811	4.90	6.99	2.87
63	493079	239458	253621	2779	1901	878	5.64	7.94	3.46
64	454015	218017	235998	2848	1955	893	6.27	8.97	3.78
65-69岁	**1947094**	**923433**	**1023661**	**16541**	**11037**	**5504**	**8.50**	**11.95**	**5.38**
65	477603	228008	249595	3216	2159	1057	6.73	9.47	4.23
66	436964	207088	229876	3393	2337	1056	7.76	11.29	4.59
67	389702	183386	206316	3265	2200	1065	8.38	12.00	5.16
68	331315	156156	175159	3325	2151	1174	10.04	13.77	6.70
69	311510	148795	162715	3342	2190	1152	10.73	14.72	7.08
70-74岁	**1181086**	**567426**	**613660**	**18492**	**11967**	**6525**	**15.66**	**21.09**	**10.63**
70	313667	152170	161497	3863	2568	1295	12.32	16.88	8.02
71	257285	122883	134402	3667	2403	1264	14.25	19.56	9.40
72	227476	108687	118789	3801	2506	1295	16.71	23.06	10.90
73	204674	98436	106238	3583	2262	1321	17.51	22.98	12.43
74	177984	85250	92734	3578	2228	1350	20.10	26.13	14.56
75-79岁	**691814**	**320922**	**370892**	**19663**	**11656**	**8007**	**28.42**	**36.32**	**21.59**
75	165988	79091	86897	3753	2312	1441	22.61	29.23	16.58
76	143045	66517	76528	3551	2152	1399	24.82	32.35	18.28
77	134733	62309	72424	3795	2262	1533	28.17	36.30	21.17
78	127353	57719	69634	4147	2407	1740	32.56	41.70	24.99
79	120695	55286	65409	4417	2523	1894	36.60	45.64	28.96
80-84岁	**508339**	**225298**	**283041**	**26996**	**14711**	**12285**	**53.11**	**65.30**	**43.40**
80	114526	51973	62553	4821	2723	2098	42.10	52.39	33.54
81	110918	49841	61077	5061	2870	2191	45.63	57.58	35.87
82	103675	46550	57125	5598	3070	2528	54.00	65.95	44.25
83	94541	41601	52940	5747	3108	2639	60.79	74.71	49.85
84	84679	35333	49346	5769	2940	2829	68.13	83.21	57.33
85-89岁	**278877**	**113194**	**165683**	**25890**	**12055**	**13835**	**92.84**	**106.50**	**83.50**
85	74134	30149	43985	5732	2736	2996	77.32	90.75	68.11
86	68648	28292	40356	5704	2783	2921	83.09	98.37	72.38
87	54138	21896	32242	5261	2445	2816	97.18	111.66	87.34
88	44440	17769	26671	4754	2139	2615	106.98	120.38	98.05
89	37517	15088	22429	4439	1952	2487	118.32	129.37	110.88
90岁及以上	**119092**	**42470**	**76622**	**20016**	**7276**	**12740**	**168.07**	**171.32**	**166.27**

6–4b　全省分年龄、性别的死亡人口状况
(2019.11.1–2020.10.31)(镇)

单位：人、‰

年　龄	平均人口			死亡人口			死亡率		
	合计	男	女	合计	男	女	合计	男	女
总　计	**17006751**	**8872561**	**8134190**	**86505**	**51681**	**34824**	**5.09**	**5.82**	**4.28**
0–4岁	**1245293**	**665857**	**579436**	**404**	**242**	**162**	**0.32**	**0.36**	**0.28**
0	214821	115266	99555	228	146	82	1.06	1.27	0.82
1	230875	123755	107120	60	34	26	0.26	0.27	0.24
2	260657	139195	121462	42	23	19	0.16	0.17	0.16
3	283927	151137	132790	48	27	21	0.17	0.18	0.16
4	255013	136504	118509	26	12	14	0.10	0.09	0.12
5–9岁	**1412715**	**756176**	**656539**	**141**	**90**	**51**	**0.10**	**0.12**	**0.08**
5	271903	145690	126213	24	12	12	0.09	0.08	0.10
6	273841	146546	127295	25	12	13	0.09	0.08	0.10
7	309129	164964	144165	33	19	14	0.11	0.12	0.10
8	288453	154260	134193	32	23	9	0.11	0.15	0.07
9	269389	144716	124673	27	24	3	0.10	0.17	0.02
10–14岁	**1201424**	**643010**	**558414**	**145**	**91**	**54**	**0.12**	**0.14**	**0.10**
10	266849	143118	123731	22	11	11	0.08	0.08	0.09
11	262007	140167	121840	30	22	8	0.11	0.16	0.07
12	243850	130517	113333	35	20	15	0.14	0.15	0.13
13	221862	118324	103538	29	17	12	0.13	0.14	0.12
14	206856	110884	95972	29	21	8	0.14	0.19	0.08
15–19岁	**945895**	**519396**	**426499**	**232**	**166**	**66**	**0.25**	**0.32**	**0.15**
15	205345	109577	95768	49	33	16	0.24	0.30	0.17
16	199168	106884	92284	35	30	5	0.18	0.28	0.05
17	189246	103584	85662	57	39	18	0.30	0.38	0.21
18	173511	97855	75656	46	32	14	0.27	0.33	0.19
19	178625	101496	77129	45	32	13	0.25	0.32	0.17
20–24岁	**1063132**	**590413**	**472719**	**360**	**244**	**116**	**0.34**	**0.41**	**0.25**
20	181743	102892	78851	51	33	18	0.28	0.32	0.23
21	197541	111380	86161	71	41	30	0.36	0.37	0.35
22	207995	115596	92399	69	48	21	0.33	0.42	0.23
23	228296	125803	102493	75	53	22	0.33	0.42	0.21
24	247557	134742	112815	94	69	25	0.38	0.51	0.22
25–29岁	**1320719**	**705746**	**614973**	**488**	**360**	**128**	**0.37**	**0.51**	**0.21**
25	244940	132355	112585	91	66	25	0.37	0.50	0.22
26	248400	133303	115097	79	58	21	0.32	0.44	0.18
27	266171	142321	123850	104	78	26	0.39	0.55	0.21
28	271703	144866	126837	92	70	22	0.34	0.48	0.17
29	289505	152901	136604	122	88	34	0.42	0.58	0.25
30–34岁	**1442228**	**750650**	**691578**	**633**	**465**	**168**	**0.44**	**0.62**	**0.24**
30	306200	160092	146108	124	88	36	0.40	0.55	0.25
31	286587	149378	137209	112	81	31	0.39	0.54	0.23
32	291682	151910	139772	131	103	28	0.45	0.68	0.20
33	286747	148789	137958	135	97	38	0.47	0.65	0.28
34	271012	140481	130531	131	96	35	0.48	0.68	0.27
35–39岁	**1332074**	**689879**	**642195**	**929**	**670**	**259**	**0.70**	**0.97**	**0.40**
35	270489	140144	130345	146	109	37	0.54	0.78	0.28
36	265651	137347	128304	182	131	51	0.69	0.95	0.40
37	267936	139545	128391	182	138	44	0.68	0.99	0.34
38	282094	146316	135778	192	137	55	0.68	0.94	0.41
39	245904	126527	119377	227	155	72	0.92	1.23	0.60
40–44岁	**1140165**	**590181**	**549984**	**1229**	**888**	**341**	**1.08**	**1.50**	**0.62**
40	255632	132397	123235	229	173	56	0.90	1.31	0.45
41	234613	121674	112939	235	172	63	1.00	1.41	0.56
42	209034	107880	101154	210	142	68	1.00	1.32	0.67
43	214144	111254	102890	260	186	74	1.21	1.67	0.72
44	226742	116976	109766	295	215	80	1.30	1.84	0.73

6-4b 续表 单位：人、‰

年龄	平均人口			死亡人口			死亡率		
	合计	男	女	合计	男	女	合计	男	女
45-49岁	**1325361**	**675098**	**650263**	**2402**	**1694**	**708**	**1.81**	**2.51**	**1.09**
45	246422	126127	120295	374	244	130	1.52	1.93	1.08
46	269432	137067	132365	454	329	125	1.69	2.40	0.94
47	271085	138140	132945	470	328	142	1.73	2.37	1.07
48	268054	136445	131609	506	362	144	1.89	2.65	1.09
49	270368	137319	133049	598	431	167	2.21	3.14	1.26
50-54岁	**1245463**	**639255**	**606208**	**3851**	**2745**	**1106**	**3.09**	**4.29**	**1.82**
50	262129	133950	128179	816	593	223	3.11	4.43	1.74
51	275394	141236	134158	731	506	225	2.65	3.58	1.68
52	238771	122078	116693	706	502	204	2.96	4.11	1.75
53	226879	116598	110281	735	502	233	3.24	4.31	2.11
54	242290	125393	116897	863	642	221	3.56	5.12	1.89
55-59岁	**966692**	**494353**	**472339**	**4659**	**3303**	**1356**	**4.82**	**6.68**	**2.87**
55	234480	120364	114116	955	691	264	4.07	5.74	2.31
56	232728	119529	113199	1037	748	289	4.46	6.26	2.55
57	238213	122861	115352	1153	813	340	4.84	6.62	2.95
58	154864	78718	76146	872	606	266	5.63	7.70	3.49
59	106407	52881	53526	642	445	197	6.03	8.42	3.68
60-64岁	**743062**	**374973**	**368089**	**6187**	**4426**	**1761**	**8.33**	**11.80**	**4.78**
60	128439	64997	63442	842	617	225	6.56	9.49	3.55
61	151860	77145	74715	1108	774	334	7.30	10.03	4.47
62	173041	88180	84861	1344	1002	342	7.77	11.36	4.03
63	151773	76089	75684	1434	1014	420	9.45	13.33	5.55
64	137949	68562	69387	1459	1019	440	10.58	14.86	6.34
65-69岁	**616830**	**303599**	**313231**	**8608**	**5967**	**2641**	**13.96**	**19.65**	**8.43**
65	148270	73476	74794	1686	1211	475	11.37	16.48	6.35
66	135397	66800	68597	1757	1213	544	12.98	18.16	7.93
67	125587	61158	64429	1697	1154	543	13.51	18.87	8.43
68	104750	51165	53585	1676	1161	515	16.00	22.69	9.61
69	102826	51000	51826	1792	1228	564	17.43	24.08	10.88
70-74岁	**391692**	**198475**	**193217**	**9349**	**6285**	**3064**	**23.87**	**31.67**	**15.86**
70	100616	51373	49243	1939	1353	586	19.27	26.34	11.90
71	84197	42685	41512	1821	1251	570	21.63	29.31	13.73
72	74541	37967	36574	1829	1208	621	24.54	31.82	16.98
73	68086	34256	33830	1823	1208	615	26.77	35.26	18.18
74	64252	32194	32058	1937	1265	672	30.15	39.29	20.96
75-79岁	**258451**	**126136**	**132315**	**10816**	**6792**	**4024**	**41.85**	**53.85**	**30.41**
75	61404	30823	30581	2052	1348	704	33.42	43.73	23.02
76	52365	25834	26531	1986	1282	704	37.93	49.62	26.53
77	50819	24911	25908	2150	1320	830	42.31	52.99	32.04
78	48829	23174	25655	2221	1375	846	45.49	59.33	32.98
79	45034	21394	23640	2407	1467	940	53.45	68.57	39.76
80-84岁	**191421**	**86226**	**105195**	**13626**	**7633**	**5993**	**71.18**	**88.52**	**56.97**
80	42827	20206	22621	2515	1515	1000	58.72	74.98	44.21
81	41288	19163	22125	2654	1564	1090	64.28	81.62	49.27
82	38880	17623	21257	2826	1601	1225	72.69	90.85	57.63
83	35646	15547	20099	2762	1476	1286	77.48	94.94	63.98
84	32780	13687	19093	2869	1477	1392	87.52	107.91	72.91
85-89岁	**111341**	**44289**	**67052**	**12657**	**5985**	**6672**	**113.68**	**135.14**	**99.50**
85	28623	11759	16864	2848	1459	1389	99.50	124.08	82.36
86	26510	10616	15894	2720	1315	1405	102.60	123.87	88.40
87	21789	8607	13182	2573	1232	1341	118.09	143.14	101.73
88	18738	7203	11535	2335	1054	1281	124.61	146.33	111.05
89	15681	6104	9577	2181	925	1256	139.09	151.54	131.15
90岁及以上	**52793**	**18849**	**33944**	**9789**	**3635**	**6154**	**185.42**	**192.85**	**181.30**

6-4c　全省分年龄、性别的死亡人口状况
(2019.11.1-2020.10.31)(乡村)

单位：人、‰

年　龄	平均人口			死亡人口			死亡率		
	合计	男	女	合计	男	女	合计	男	女
总　计	**32475559**	**17112234**	**15363325**	**195850**	**111390**	**84460**	**6.03**	**6.51**	**5.50**
0-4岁	**2480585**	**1317560**	**1163025**	**1084**	**651**	**433**	**0.44**	**0.49**	**0.37**
0	456580	243599	212981	619	372	247	1.36	1.53	1.16
1	470747	249931	220816	180	115	65	0.38	0.46	0.29
2	510031	270658	239373	113	64	49	0.22	0.24	0.20
3	537359	284485	252874	94	57	37	0.17	0.20	0.15
4	505868	268887	236981	78	43	35	0.15	0.16	0.15
5-9岁	**2739662**	**1455328**	**1284334**	**370**	**234**	**136**	**0.14**	**0.16**	**0.11**
5	533533	284221	249312	67	42	25	0.13	0.15	0.10
6	531579	281939	249640	73	43	30	0.14	0.15	0.12
7	590789	312808	277981	81	56	25	0.14	0.18	0.09
8	557578	296003	261575	77	47	30	0.14	0.16	0.11
9	526183	280357	245826	72	46	26	0.14	0.16	0.11
10-14岁	**2357186**	**1258628**	**1098558**	**401**	**272**	**129**	**0.17**	**0.22**	**0.12**
10	522600	277972	244628	69	49	20	0.13	0.18	0.08
11	512819	272875	239944	80	45	35	0.16	0.16	0.15
12	482374	256804	225570	72	47	25	0.15	0.18	0.11
13	451152	240793	210359	92	69	23	0.20	0.29	0.11
14	388241	210184	178057	88	62	26	0.23	0.29	0.15
15-19岁	**1398720**	**795912**	**602808**	**615**	**427**	**188**	**0.44**	**0.54**	**0.31**
15	295920	163844	132076	122	84	38	0.41	0.51	0.29
16	247462	140605	106857	124	85	39	0.50	0.60	0.36
17	261833	149433	112400	109	78	31	0.42	0.52	0.28
18	287785	164648	123137	124	83	41	0.43	0.50	0.33
19	305720	177382	128338	136	97	39	0.44	0.55	0.30
20-24岁	**2073258**	**1175152**	**898106**	**917**	**664**	**253**	**0.44**	**0.57**	**0.28**
20	327402	189956	137446	125	87	38	0.38	0.46	0.28
21	378854	217423	161431	155	118	37	0.41	0.54	0.23
22	410517	232273	178244	158	111	47	0.38	0.48	0.26
23	460688	259057	201631	235	168	67	0.51	0.65	0.33
24	495797	276443	219354	244	180	64	0.49	0.65	0.29
25-29岁	**2487630**	**1380887**	**1106743**	**1312**	**943**	**369**	**0.53**	**0.68**	**0.33**
25	480290	267223	213067	267	181	86	0.56	0.68	0.40
26	477061	264989	212072	234	165	69	0.49	0.62	0.33
27	509408	282976	226432	239	180	59	0.47	0.64	0.26
28	502635	279222	223413	278	208	70	0.55	0.74	0.31
29	518236	286477	231759	294	209	85	0.57	0.73	0.37
30-34岁	**2395855**	**1306724**	**1089131**	**1503**	**1030**	**473**	**0.63**	**0.79**	**0.43**
30	531852	292182	239670	295	201	94	0.55	0.69	0.39
31	480899	263315	217584	284	197	87	0.59	0.75	0.40
32	478825	261026	217799	285	195	90	0.60	0.75	0.41
33	468989	254658	214331	296	201	95	0.63	0.79	0.44
34	435290	235543	199747	343	236	107	0.79	1.00	0.54
35-39岁	**2086273**	**1128048**	**958225**	**2209**	**1639**	**570**	**1.06**	**1.45**	**0.59**
35	432816	233830	198986	388	274	114	0.90	1.17	0.57
36	419870	228332	191538	421	315	106	1.00	1.38	0.55
37	411666	224276	187390	400	293	107	0.97	1.31	0.57
38	434861	235044	199817	480	350	130	1.10	1.49	0.65
39	387060	206566	180494	520	407	113	1.34	1.97	0.63
40-44岁	**1796198**	**940566**	**855632**	**2829**	**2061**	**768**	**1.57**	**2.19**	**0.90**
40	395280	211178	184102	514	358	156	1.30	1.70	0.85
41	364286	192432	171854	543	397	146	1.49	2.06	0.85
42	329550	172965	156585	504	388	116	1.53	2.24	0.74
43	340759	176818	163941	557	393	164	1.63	2.22	1.00
44	366323	187173	179150	711	525	186	1.94	2.80	1.04

6-4c 续表

单位：人、‰

年龄	平均人口			死亡人口			死亡率		
	合计	男	女	合计	男	女	合计	男	女
45—49岁	**2308124**	**1157856**	**1150268**	**5270**	**3708**	**1562**	**2.28**	**3.20**	**1.36**
45	407866	205816	202050	798	563	235	1.96	2.74	1.16
46	455452	228719	226733	932	647	285	2.05	2.83	1.26
47	462414	232775	229639	1104	775	329	2.39	3.33	1.43
48	478609	239864	238745	1145	788	357	2.39	3.29	1.50
49	503783	250682	253101	1291	935	356	2.56	3.73	1.41
50—54岁	**2490481**	**1269892**	**1220589**	**8570**	**6008**	**2562**	**3.44**	**4.73**	**2.10**
50	498087	250370	247717	1455	1021	434	2.92	4.08	1.75
51	534384	269968	264416	1581	1086	495	2.96	4.02	1.87
52	480380	244602	235778	1673	1170	503	3.48	4.78	2.13
53	470108	241323	228785	1737	1232	505	3.69	5.11	2.21
54	507522	263629	243893	2124	1499	625	4.19	5.69	2.56
55—59岁	**2049926**	**1070635**	**979291**	**10609**	**7587**	**3022**	**5.18**	**7.09**	**3.09**
55	485967	251813	234154	2188	1517	671	4.50	6.02	2.87
56	486276	255254	231022	2353	1680	673	4.84	6.58	2.91
57	509687	270537	239150	2614	1912	702	5.13	7.07	2.94
58	332276	173654	158622	1976	1419	557	5.95	8.17	3.51
59	235720	119377	116343	1478	1059	419	6.27	8.87	3.60
60—64岁	**1685508**	**883467**	**802041**	**13884**	**9908**	**3976**	**8.24**	**11.21**	**4.96**
60	280938	148216	132722	1922	1374	548	6.84	9.27	4.13
61	342160	179774	162386	2558	1835	723	7.48	10.21	4.45
62	395595	210130	185465	3178	2334	844	8.03	11.11	4.55
63	347779	181113	166666	3100	2203	897	8.91	12.16	5.38
64	319036	164234	154802	3126	2162	964	9.80	13.16	6.23
65—69岁	**1467845**	**750302**	**717543**	**18266**	**12531**	**5735**	**12.44**	**16.70**	**7.99**
65	344813	178309	166504	3542	2490	1052	10.27	13.96	6.32
66	322151	164697	157454	3610	2521	1089	11.21	15.31	6.92
67	299964	152731	147233	3751	2576	1175	12.50	16.87	7.98
68	252564	127668	124896	3643	2437	1206	14.42	19.09	9.66
69	248353	126897	121456	3720	2507	1213	14.98	19.76	9.99
70—74岁	**966111**	**493518**	**472593**	**19881**	**13109**	**6772**	**20.58**	**26.56**	**14.33**
70	244029	127261	116768	4219	2765	1454	17.29	21.73	12.45
71	205690	105701	99989	3832	2606	1226	18.63	24.65	12.26
72	184380	94325	90055	3904	2637	1267	21.17	27.96	14.07
73	166944	84337	82607	3754	2464	1290	22.49	29.22	15.62
74	165068	81894	83174	4172	2637	1535	25.27	32.20	18.46
75—79岁	**696309**	**335457**	**360852**	**23911**	**14501**	**9410**	**34.34**	**43.23**	**26.08**
75	159373	79104	80269	4431	2783	1648	27.80	35.18	20.53
76	141713	69057	72656	4455	2779	1676	31.44	40.24	23.07
77	137055	66266	70789	4619	2823	1796	33.70	42.60	25.37
78	134390	63610	70780	5059	2990	2069	37.64	47.01	29.23
79	123778	57420	66358	5347	3126	2221	43.20	54.44	33.47
80—84岁	**522250**	**227424**	**294826**	**30140**	**15691**	**14449**	**57.71**	**68.99**	**49.01**
80	115612	53047	62565	5473	3101	2372	47.34	58.46	37.91
81	111758	50621	61137	5722	3121	2601	51.20	61.65	42.54
82	106398	46461	59937	6224	3299	2925	58.50	71.01	48.80
83	95685	40126	55559	6201	3093	3108	64.81	77.08	55.94
84	92797	37169	55628	6520	3077	3443	70.26	82.78	61.89
85—89岁	**320392**	**117688**	**202704**	**29019**	**12367**	**16652**	**90.57**	**105.08**	**82.15**
85	82081	31837	50244	6193	2832	3361	75.45	88.95	66.89
86	76084	28710	47374	6340	2782	3558	83.33	96.90	75.10
87	63002	22598	40404	5957	2564	3393	94.55	113.46	83.98
88	53991	19156	34835	5529	2272	3257	102.41	118.61	93.50
89	45234	15387	29847	5000	1917	3083	110.54	124.59	103.29
90岁及以上	**153246**	**47190**	**106056**	**25060**	**8059**	**17001**	**163.53**	**170.78**	**160.30**

第一部分　全部数据资料

第七卷　户口登记状况

7-1 全省按现住地、户口登记地、

现住地	户口					
	合计			省内		
	合计	男	女	小计	男	女
广东	**60635086**	**33711847**	**26923239**	**31012976**	**16200166**	**14812810**
广州市	**11522907**	**6302836**	**5220071**	**6587909**	**3430418**	**3157491**
荔湾区	768996	407592	361404	571102	291204	279898
越秀区	417677	211142	206535	278492	135901	142591
海珠区	1060498	552155	508343	609190	300849	308341
天河区	1573823	848459	725364	1011357	527376	483981
白云区	2761490	1523670	1237820	1522867	800004	722863
黄埔区	826321	477919	348402	422947	229784	193163
番禺区	1775598	965692	809906	937783	486417	451366
花都区	987462	550355	437107	473713	250159	223554
南沙区	444824	267872	176952	186415	106428	79987
从化区	219385	120207	99178	174158	92966	81192
增城区	686833	377773	309060	399885	209330	190555
韶关市	**896241**	**450599**	**445642**	**748923**	**366545**	**382378**
武江区	180820	91418	89402	139729	68175	71554
浈江区	164656	83023	81633	136281	67371	68910
曲江区	95570	50083	45487	77465	39337	38128
始兴县	48678	23248	25430	43012	20005	23007
仁化县	44651	22834	21817	35064	17207	17857
翁源县	65853	32819	33034	57907	27964	29943
乳源瑶族自治县	54228	27244	26984	48048	23497	24551
新丰县	51484	26033	25451	44897	21909	22988
乐昌市	103908	51210	52698	88932	43422	45510
南雄市	86393	42687	43706	77588	37658	39930
深圳市	**14089685**	**7943327**	**6146358**	**5868479**	**3119794**	**2748685**
罗湖区	792671	412853	379818	447130	223116	224014
福田区	1025636	548337	477299	562486	291482	271004
南山区	1191559	656422	535137	558975	292844	266131
宝安区	3907260	2240601	1666659	1387240	753449	633791
龙岗区	3366933	1868446	1498487	1539853	813651	726202
盐田区	156096	87845	68251	84514	44961	39553
龙华区	2173167	1256129	917038	819523	439122	380401
坪山区	466743	274335	192408	164350	90870	73480
光明区	1009620	598359	411261	304408	170299	134109
珠海市	**1476534**	**828154**	**648380**	**740233**	**391446**	**348787**
香洲区	861208	475325	385883	449034	235764	213270
斗门区	315053	179585	135468	156371	83180	73191
金湾区	300273	173244	127029	134828	72502	62326
汕头市	**976345**	**529388**	**446957**	**560985**	**284362**	**276623**
龙湖区	209120	113084	96036	132466	67230	65236
金平区	226368	115542	110826	173085	85188	87897
濠江区	34064	21018	13046	24052	14232	9820
潮阳区	179994	98605	81389	92998	47446	45552
潮南区	87245	50103	37142	34409	18261	16148
澄海区	233620	128033	105587	99972	50108	49864
南澳县	5934	3003	2931	4003	1897	2106
佛山市	**5565101**	**3247371**	**2317730**	**2458334**	**1352724**	**1105610**
禅城区	761862	426184	335678	441902	235500	206402
南海区	2241402	1318312	923090	1042563	584879	457684
顺德区	1865658	1094517	771141	626711	344290	282421
三水区	460823	272528	188295	217733	118750	98983
高明区	235356	135830	99526	129425	69305	60120

性别分的户口登记地在外乡镇街道的人口

单位：人

登记地								
市辖区内人户分离			省内流动人口			省外		
小计	男	女	小计	男	女	小计	男	女
8568936	**4203808**	**4365128**	**22444040**	**11996358**	**10447682**	**29622110**	**17511681**	**12110429**
2144082	**1043733**	**1100349**	**4443827**	**2386685**	**2057142**	**4934998**	**2872418**	**2062580**
213084	101243	111841	358018	189961	168057	197894	116388	81506
127092	58351	68741	151400	77550	73850	139185	75241	63944
266873	124952	141921	342317	175897	166420	451308	251306	200002
255796	124717	131079	755561	402659	352902	562466	321083	241383
385934	189090	196844	1136933	610914	526019	1238623	723666	514957
131699	66311	65388	291248	163473	127775	403374	248135	155239
270026	129872	140154	667757	356545	311212	837815	479275	358540
188216	95339	92877	285497	154820	130677	513749	300196	213553
52905	27145	25760	133510	79283	54227	258409	161444	96965
71900	35290	36610	102258	57676	44582	45227	27241	17986
180557	91423	89134	219328	117907	101421	286948	168443	118505
180977	**87656**	**93321**	**567946**	**278889**	**289057**	**147318**	**84054**	**63264**
70698	33600	37098	69031	34575	34456	41091	23243	17848
63022	30784	32238	73259	36587	36672	28375	15652	12723
47257	23272	23985	30208	16065	14143	18105	10746	7359
			43012	20005	23007	5666	3243	2423
			35064	17207	17857	9587	5627	3960
			57907	27964	29943	7946	4855	3091
			48048	23497	24551	6180	3747	2433
			44897	21909	22988	6587	4124	2463
			88932	43422	45510	14976	7788	7188
			77588	37658	39930	8805	5029	3776
1667041	**821004**	**846037**	**4201438**	**2298790**	**1902648**	**8221206**	**4823533**	**3397673**
156001	73380	82621	291129	149736	141393	345541	189737	155804
221886	104455	117431	340600	187027	153573	463150	256855	206295
249698	123329	126369	309277	169515	139762	632584	363578	269006
313666	158495	155171	1073574	594954	478620	2520020	1487152	1032868
371968	184509	187459	1167885	629142	538743	1827080	1054795	772285
28032	13378	14654	56482	31583	24899	71582	42884	28698
233049	115223	117826	586474	323899	262575	1353644	817007	536637
35355	18318	17037	128995	72552	56443	302393	183465	118928
57386	29917	27469	247022	140382	106640	705212	428060	277152
226324	**109724**	**116600**	**513909**	**281722**	**232187**	**736301**	**436708**	**299593**
142153	68117	74036	306881	167647	139234	412174	239561	172613
60779	29399	31380	95592	53781	41811	158682	96405	62277
23392	12208	11184	111436	60294	51142	165445	100742	64703
362853	**178140**	**184713**	**198132**	**106222**	**91910**	**415360**	**245026**	**170334**
69997	33769	36228	62469	33461	29008	76654	45854	30800
116315	55908	60407	56770	29280	27490	53283	30354	22929
14631	8307	6324	9421	5925	3496	10012	6786	3226
71279	35636	35643	21719	11810	9909	86996	51159	35837
12690	6591	6099	21719	11670	10049	52836	31842	20994
77941	37929	40012	22031	12179	9852	133648	77925	55723
			4003	1897	2106	1931	1106	825
546300	**260996**	**285304**	**1912034**	**1091728**	**820306**	**3106767**	**1894647**	**1212120**
97451	45159	52292	344451	190341	154110	319960	190684	129276
152243	73350	78893	890320	511529	378791	1198839	733433	465406
133145	60059	73086	493566	284231	209335	1238947	750227	488720
85892	42414	43478	131841	76336	55505	243090	153778	89312
77569	40014	37555	51856	29291	22565	105931	66525	39406

7-1 续表 1

现住地	户口					
	合计			省内		
	合计	男	女	小计	男	女
江门市	**1924205**	**1047249**	**876956**	**1141649**	**583755**	**557894**
蓬江区	429754	235025	194729	238837	122282	116555
江海区	212872	117929	94943	103061	52670	50391
新会区	361858	198406	163452	199800	101767	98033
台山市	223027	119249	103778	156839	79882	76957
开平市	314360	163559	150801	223846	111464	112382
鹤山市	243814	138085	105729	108469	57901	50568
恩平市	138520	74996	63524	110797	57789	53008
湛江市	**1584833**	**806490**	**778343**	**1448762**	**730261**	**718501**
赤坎区	226538	111896	114642	206826	101150	105676
霞山区	370281	189026	181255	340832	172735	168097
坡头区	43315	22451	20864	34973	17493	17480
麻章区	131201	70041	61160	113906	58718	55188
遂溪县	111200	56056	55144	104387	52402	51985
徐闻县	113107	58065	55042	102944	52275	50669
廉江市	257295	128269	129026	236682	118751	117931
雷州市	199861	104228	95633	193399	100487	92912
吴川市	132035	66458	65577	114813	56250	58563
茂名市	**1014730**	**517337**	**497393**	**922342**	**466799**	**455543**
茂南区	270175	139671	130504	238872	121210	117662
电白区	186242	93462	92780	169026	83975	85051
高州市	200929	103280	97649	181652	92716	88936
化州市	209865	106471	103394	196027	99845	96182
信宜市	147519	74453	73066	136765	69053	67712
肇庆市	**1043590**	**570927**	**472663**	**756983**	**395473**	**361510**
端州区	251861	132737	119124	213597	110445	103152
鼎湖区	92749	51799	40950	66894	34769	32125
高要区	153033	87494	65539	90215	49095	41120
广宁县	59106	30592	28514	50974	25343	25631
怀集县	72480	37084	35396	65004	32639	32365
封开县	35129	18223	16906	28997	14557	14440
德庆县	37560	18685	18875	33562	16409	17153
四会市	341672	194313	147359	207740	112216	95524
惠州市	**3332388**	**1882821**	**1449567**	**1718206**	**906588**	**811618**
惠城区	1244513	693721	550792	692535	363065	329470
惠阳区	1006478	589012	417466	403726	220384	183342
博罗县	522221	298251	223970	225210	119435	105775
惠东县	483304	261182	222122	342673	176780	165893
龙门县	75872	40655	35217	54062	26924	27138
梅州市	**1035174**	**515667**	**519507**	**946368**	**464642**	**481726**
梅江区	243283	121116	122167	219564	107584	111980
梅县区	231543	115066	116477	209254	102607	106647
大埔县	87883	43808	44075	82007	40385	41622
丰顺县	69361	35468	33893	60815	30401	30414
五华县	95182	49572	45610	85932	43798	42134
平远县	42624	21091	21533	38196	18712	19484
蕉岭县	61044	29927	31117	55654	26776	28878
兴宁市	204254	99619	104635	194946	94379	100567

单位：人

登记地

市辖区内人户分离			省内流动人口			省外		
小计	男	女	小计	男	女	小计	男	女
273104	**131575**	**141529**	**868545**	**452180**	**416365**	**782556**	**463494**	**319062**
92451	43771	48680	146386	78511	67875	190917	112743	78174
39558	18647	20911	63503	34023	29480	109811	65259	44552
141095	69157	71938	58705	32610	26095	162058	96639	65419
			156839	79882	76957	66188	39367	26821
			223846	111464	112382	90514	52095	38419
			108469	57901	50568	135345	80184	55161
			110797	57789	53008	27723	17207	10516
326568	**163623**	**162945**	**1122194**	**566638**	**555556**	**136071**	**76229**	**59842**
85098	42052	43046	121728	59098	62630	19712	10746	8966
193614	96618	96996	147218	76117	71101	29449	16291	13158
20533	10148	10385	14440	7345	7095	8342	4958	3384
27323	14805	12518	86583	43913	42670	17295	11323	5972
			104387	52402	51985	6813	3654	3159
			102944	52275	50669	10163	5790	4373
			236682	118751	117931	20613	9518	11095
			193399	100487	92912	6462	3741	2721
			114813	56250	58563	17222	10208	7014
274462	**136075**	**138387**	**647880**	**330724**	**317156**	**92388**	**50538**	**41850**
150831	76362	74469	88041	44848	43193	31303	18461	12842
123631	59713	63918	45395	24262	21133	17216	9487	7729
			181652	92716	88936	19277	10564	8713
			196027	99845	96182	13838	6626	7212
			136765	69053	67712	10754	5400	5354
198388	**101619**	**96769**	**558595**	**293854**	**264741**	**286607**	**175454**	**111153**
112352	57163	55189	101245	53282	47963	38264	22292	15972
29285	14703	14582	37609	20066	17543	25855	17030	8825
56751	29753	26998	33464	19342	14122	62818	38399	24419
			50974	25343	25631	8132	5249	2883
			65004	32639	32365	7476	4445	3031
			28997	14557	14440	6132	3666	2466
			33562	16409	17153	3998	2276	1722
			207740	112216	95524	133932	82097	51835
298977	**148015**	**150962**	**1419229**	**758573**	**660656**	**1614182**	**976233**	**637949**
199490	97735	101755	493045	265330	227715	551978	330656	221322
99487	50280	49207	304239	170104	134135	602752	368628	234124
			225210	119435	105775	297011	178816	118195
			342673	176780	165893	140631	84402	56229
			54062	26924	27138	21810	13731	8079
272830	**132637**	**140193**	**673538**	**332005**	**341533**	**88806**	**51025**	**37781**
120616	58209	62407	98948	49375	49573	23719	13532	10187
152214	74428	77786	57040	28179	28861	22289	12459	9830
			82007	40385	41622	5876	3423	2453
			60815	30401	30414	8546	5067	3479
			85932	43798	42134	9250	5774	3476
			38196	18712	19484	4428	2379	2049
			55654	26776	28878	5390	3151	2239
			194946	94379	100567	9308	5240	4068

7-1 续表 2

现住地	户口					
	合计			省内		
	合计	男	女	小计	男	女
汕尾市	**712075**	**374925**	**337150**	**614317**	**316006**	**298311**
城　区	177919	93936	83983	152401	77874	74527
海丰县	362701	192214	170487	307125	158863	148262
陆河县	50736	25595	25141	45193	22128	23065
陆丰市	120719	63180	57539	109598	57141	52457
河源市	**1009881**	**513978**	**495903**	**858720**	**423353**	**435367**
源城区	465979	239637	226342	378251	188432	189819
紫金县	98443	51347	47096	81688	40734	40954
龙川县	185239	90517	94722	171472	82215	89257
连平县	63243	32006	31237	57394	28509	28885
和平县	81187	39735	41452	76240	36581	39659
东源县	115790	60736	55054	93675	46882	46793
阳江市	**837124**	**436748**	**400376**	**726850**	**372381**	**354469**
江城区	379278	197926	181352	336421	172567	163854
阳东区	196387	105361	91026	152997	80221	72776
阳西县	97055	50237	46818	87486	44562	42924
阳春市	164404	83224	81180	149946	75031	74915
清远市	**1329007**	**693211**	**635796**	**1101584**	**556388**	**545196**
清城区	572125	306720	265405	446369	230990	215379
清新区	269341	138824	130517	239917	121854	118063
佛冈县	78057	41048	37009	62041	30956	31085
阳山县	73673	36239	37434	67780	32640	35140
连山壮族瑶族自治县	15651	7567	8084	13429	6391	7038
连南瑶族自治县	18849	9180	9669	17633	8525	9108
英德市	229076	118325	110751	188824	93669	95155
连州市	72235	35308	36927	65591	31363	34228
东莞市	**8308567**	**4843788**	**3464779**	**2115064**	**1168280**	**946784**
市辖区	8308567	4843788	3464779	2115064	1168280	946784
中山市	**2765605**	**1567974**	**1197631**	**835603**	**438462**	**397141**
市辖区	2765605	1567974	1197631	835603	438462	397141
潮州市	**452923**	**237333**	**215590**	**277782**	**134850**	**142932**
湘桥区	220082	109497	110585	177739	84927	92812
潮安区	193575	107658	85917	67602	33737	33865
饶平县	39266	20178	19088	32441	16186	16255
揭阳市	**279720**	**152046**	**127674**	**173653**	**88331**	**85322**
榕城区	50832	28481	22351	21311	10261	11050
揭东区	53319	30832	22487	22836	12301	10535
揭西县	27637	14539	13098	19899	10101	9798
惠来县	36310	19171	17139	31495	16129	15366
普宁市	111622	59023	52599	78112	39539	38573
云浮市	**478451**	**249678**	**228773**	**410230**	**209308**	**200922**
云城区	157016	84114	72902	132022	68555	63467
云安区	24003	13861	10142	17922	9781	8141
新兴县	110737	57571	53166	91341	46019	45322
郁南县	43881	21997	21884	38771	19306	19465
罗定市	142814	72135	70679	130174	65647	64527

单位：人

登记地

市辖区内人户分离			省内流动人口			省外		
小计	男	女	小计	男	女	小计	男	女
103594	**52660**	**50934**	**510723**	**263346**	**247377**	**97758**	**58919**	**38839**
103594	52660	50934	48807	25214	23593	25518	16062	9456
			307125	158863	148262	55576	33351	22225
			45193	22128	23065	5543	3467	2076
			109598	57141	52457	11121	6039	5082
68864	**33208**	**35656**	**789856**	**390145**	**399711**	**151161**	**90625**	**60536**
68864	33208	35656	309387	155224	154163	87728	51205	36523
			81688	40734	40954	16755	10613	6142
			171472	82215	89257	13767	8302	5465
			57394	28509	28885	5849	3497	2352
			76240	36581	39659	4947	3154	1793
			93675	46882	46793	22115	13854	8261
373114	**191277**	**181837**	**353736**	**181104**	**172632**	**110274**	**64367**	**45907**
253538	129253	124285	82883	43314	39569	42857	25359	17498
119576	62024	57552	33421	18197	15224	43390	25140	18250
			87486	44562	42924	9569	5675	3894
			149946	75031	74915	14458	8193	6265
402987	**202204**	**200783**	**698597**	**354184**	**344413**	**227423**	**136823**	**90600**
230517	115339	115178	215852	115651	100201	125756	75730	50026
172470	86865	85605	67447	34989	32458	29424	16970	12454
			62041	30956	31085	16016	10092	5924
			67780	32640	35140	5893	3599	2294
			13429	6391	7038	2222	1176	1046
			17633	8525	9108	1216	655	561
			188824	93669	95155	40252	24656	15596
			65591	31363	34228	6644	3945	2699
356353	**173970**	**182383**	**1758711**	**994310**	**764401**	**6193503**	**3675508**	**2517995**
356353	173970	182383	1758711	994310	764401	6193503	3675508	2517995
181158	**81899**	**99259**	**654445**	**356563**	**297882**	**1930002**	**1129512**	**800490**
181158	81899	99259	654445	356563	297882	1930002	1129512	800490
191340	**92684**	**98656**	**86442**	**42166**	**44276**	**175141**	**102483**	**72658**
145505	70612	74893	32234	14315	17919	42343	24570	17773
45835	22072	23763	21767	11665	10102	125973	73921	52052
			32441	16186	16255	6825	3992	2833
18717	**9917**	**8800**	**154936**	**78414**	**76522**	**106067**	**63715**	**42352**
6113	3186	2927	15198	7075	8123	29521	18220	11301
12604	6731	5873	10232	5570	4662	30483	18531	11952
			19899	10101	9798	7738	4438	3300
			31495	16129	15366	4815	3042	1773
			78112	39539	38573	33510	19484	14026
100903	**51192**	**49711**	**309327**	**158116**	**151211**	**68221**	**40370**	**27851**
94739	48038	46701	37283	20517	16766	24994	15559	9435
6164	3154	3010	11758	6627	5131	6081	4080	2001
			91341	46019	45322	19396	11552	7844
			38771	19306	19465	5110	2691	2419
			130174	65647	64527	12640	6488	6152

7—1a 全省按现住地、户口登记地、

现住地	户口					
	合计			省内		
	合计	男	女	小计	男	女
广 东	**49618272**	**27539974**	**22078298**	**24758290**	**12934364**	**11823926**
广州市	**9824621**	**5315061**	**4509560**	**5789317**	**2992887**	**2796430**
荔湾区	768996	407592	361404	571102	291204	279898
越秀区	417677	211142	206535	278492	135901	142591
海珠区	1060498	552155	508343	609190	300849	308341
天河区	1573823	848459	725364	1011357	527376	483981
白云区	2224579	1212477	1012102	1247444	649182	598262
黄埔区	773322	446335	326987	396280	215164	181116
番禺区	1572674	844261	728413	855590	439321	416269
花都区	706132	386531	319601	355213	185999	169214
南沙区	286406	171841	114565	130243	75471	54772
从化区	103602	54297	49305	91281	47334	43947
增城区	336912	179971	156941	243125	125086	118039
韶关市	**490654**	**243136**	**247518**	**409242**	**198459**	**210783**
武江区	169011	84717	84294	131801	63952	67849
浈江区	142740	70610	72130	119220	57864	61356
曲江区	64848	32121	32727	54853	26656	28197
始兴县						
仁化县						
翁源县						
乳源瑶族自治县						
新丰县						
乐昌市	50750	24742	26008	44455	21494	22961
南雄市	63305	30946	32359	58913	28493	30420
深圳市	**14041548**	**7912385**	**6129163**	**5850578**	**3108901**	**2741677**
罗湖区	792671	412853	379818	447130	223116	224014
福田区	1025636	548337	477299	562486	291482	271004
南山区	1187566	652950	534616	558354	292283	266071
宝安区	3907260	2240601	1666659	1387240	753449	633791
龙岗区	3324279	1841691	1482588	1523624	803822	719802
盐田区	156096	87845	68251	84514	44961	39553
龙华区	2173167	1256129	917038	819523	439122	380401
坪山区	465253	273620	191633	163299	90367	72932
光明区	1009620	598359	411261	304408	170299	134109
珠海市	**1174271**	**640528**	**533743**	**614876**	**318881**	**295995**
香洲区	815332	441914	373418	433197	224890	208307
斗门区	140993	77937	63056	75687	38821	36866
金湾区	217946	120677	97269	105992	55170	50822
汕头市	**686063**	**362783**	**323280**	**457778**	**228896**	**228882**
龙湖区	199309	107548	91761	130023	65910	64113
金平区	224966	114776	110190	172179	84720	87459
濠江区	21058	11962	9096	14742	7724	7018
潮阳区	75895	38869	37026	60511	29885	30626
潮南区	37246	21558	15688	14274	7805	6469
澄海区	127589	68070	59519	66049	32852	33197
南澳县						
佛山市	**5045997**	**2924355**	**2121642**	**2284573**	**1249528**	**1035045**
禅城区	644487	355614	288873	400131	211769	188362
南海区	2141621	1254964	886657	1011885	565762	446123
顺德区	1840898	1078720	762178	621753	341280	280473
三水区	207137	113952	93185	129163	65882	63281
高明区	211854	121105	90749	121641	64835	56806

性别分的户口登记地在外乡镇街道的人口(城市)

单位：人

登记地	市辖区内人户分离			省内流动人口			省外		
	小计	男	女	小计	男	女	小计	男	女
	7919832	**3879445**	**4040387**	**16838458**	**9054919**	**7783539**	**24859982**	**14605610**	**10254372**
	1967292	**957100**	**1010192**	**3822025**	**2035787**	**1786238**	**4035304**	**2322174**	**1713130**
	213084	101243	111841	358018	189961	168057	197894	116388	81506
	127092	58351	68741	151400	77550	73850	139185	75241	63944
	266873	124952	141921	342317	175897	166420	451308	251306	200002
	255796	124717	131079	755561	402659	352902	562466	321083	241383
	346635	169253	177382	900809	479929	420880	977135	563295	413840
	120874	60913	59961	275406	154251	121155	377042	231171	145871
	249578	120446	129132	606012	318875	287137	717084	404940	312144
	165400	83927	81473	189813	102072	87741	350919	200532	150387
	36392	19993	16399	93851	55478	38373	156163	96370	59793
	53463	26760	26703	37818	20574	17244	12321	6963	5358
	132105	66545	65560	111020	58541	52479	93787	54885	38902
	161116	**77132**	**83984**	**248126**	**121327**	**126799**	**81412**	**44677**	**36735**
	67600	32024	35576	64201	31928	32273	37210	20765	16445
	54461	26083	28378	64759	31781	32978	23520	12746	10774
	39055	19025	20030	15798	7631	8167	9995	5465	4530
				44455	21494	22961	6295	3248	3047
				58913	28493	30420	4392	2453	1939
	1661039	**817681**	**843358**	**4189539**	**2291220**	**1898319**	**8190970**	**4803484**	**3387486**
	156001	73380	82621	291129	149736	141393	345541	189737	155804
	221886	104455	117431	340600	187027	153573	463150	256855	206295
	249649	123287	126362	308705	168996	139709	629212	360667	268545
	313666	158495	155171	1073574	594954	478620	2520020	1487152	1032868
	366840	181624	185216	1156784	622198	534586	1800655	1037869	762786
	28032	13378	14654	56482	31583	24899	71582	42884	28698
	233049	115223	117826	586474	323899	262575	1353644	817007	536637
	34530	17922	16608	128769	72445	56324	301954	183253	118701
	57386	29917	27469	247022	140382	106640	705212	428060	277152
	196271	**94159**	**102112**	**418605**	**224722**	**193883**	**559395**	**321647**	**237748**
	139717	66639	73078	293480	158251	135229	382135	217024	165111
	37848	17931	19917	37839	20890	16949	65306	39116	26190
	18706	9589	9117	87286	45581	41705	111954	65507	46447
	312966	**151847**	**161119**	**144812**	**77049**	**67763**	**228285**	**133887**	**94398**
	69592	33562	36030	60431	32348	28083	69286	41638	27648
	116210	55867	60343	55969	28853	27116	52787	30056	22731
	10787	5419	5368	3955	2305	1650	6316	4238	2078
	53816	26154	27662	6695	3731	2964	15384	8984	6400
	7312	3937	3375	6962	3868	3094	22972	13753	9219
	55249	26908	28341	10800	5944	4856	61540	35218	26322
	522850	**248915**	**273935**	**1761723**	**1000613**	**761110**	**2761424**	**1674827**	**1086597**
	92118	42913	49205	308013	168856	139157	244356	143845	100511
	148857	71599	77258	863028	494163	368865	1129736	689202	440534
	132655	59934	72721	489098	281346	207752	1219145	737440	481705
	72618	35026	37592	56545	30856	25689	77974	48070	29904
	76602	39443	37159	45039	25392	19647	90213	56270	33943

7-1a 续表 1

现住地	户口					
	合计			省内		
	合计	男	女	小计	男	女
江门市	**1456227**	**774962**	**681265**	**956050**	**481438**	**474612**
蓬江区	426603	233062	193541	237871	121719	116152
江海区	212872	117929	94943	103061	52670	50391
新会区	238175	125172	113003	162443	80845	81598
台山市	164870	85443	79427	130724	65338	65386
开平市	199071	98673	100398	177011	86367	90644
鹤山市	142542	77404	65138	78589	40614	37975
恩平市	72094	37279	34815	66351	33885	32466
湛江市	**1039358**	**528479**	**510879**	**969597**	**489707**	**479890**
赤坎区	225520	111341	114179	205976	100690	105286
霞山区	365104	186306	178798	336711	170639	166072
坡头区	22414	11369	11045	18240	9028	9212
麻章区	50084	28691	21393	45861	25807	20054
遂溪县	3532	1814	1718	2783	1421	1362
徐闻县						
廉江市	157181	79136	78045	152594	76972	75622
雷州市	129290	67031	62259	128610	66649	61961
吴川市	86233	42791	43442	78822	38501	40321
茂名市	**695893**	**359092**	**336801**	**646824**	**330248**	**316576**
茂南区	227635	119479	108156	204069	105456	98613
电白区	74388	37662	36726	69613	34627	34986
高州市	152831	78187	74644	140554	71073	69481
化州市	130569	67468	63101	126440	65205	61235
信宜市	110470	56296	54174	106148	53887	52261
肇庆市	**655704**	**356190**	**299514**	**501868**	**263045**	**238823**
端州区	251861	132737	119124	213597	110445	103152
鼎湖区	69850	37871	31979	56317	28873	27444
高要区	62622	33530	29092	57614	30496	27118
广宁县						
怀集县						
封开县						
德庆县						
四会市	271371	152052	119319	174340	93231	81109
惠州市	**1817919**	**1025023**	**792896**	**914213**	**483303**	**430910**
惠城区	1022978	562277	460701	585654	305180	280474
惠阳区	776369	452081	324288	321082	174125	146957
博罗县	18572	10665	7907	7477	3998	3479
惠东县						
龙门县						
梅州市	**609336**	**299244**	**310092**	**565709**	**274945**	**290764**
梅江区	235710	117069	118641	213505	104477	109028
梅县区	201470	99097	102373	184842	89945	94897
大埔县						
丰顺县						
五华县	797	459	338	704	400	304
平远县						
蕉岭县						
兴宁市	171359	82619	88740	166658	80123	86535

单位：人

登记地								
市辖区内人户分离			省内流动人口			省外		
小计	男	女	小计	男	女	小计	男	女
265158	**127408**	**137750**	**690892**	**354030**	**336862**	**500177**	**293524**	**206653**
92264	43666	48598	145607	78053	67554	188732	111343	77389
39558	18647	20911	63503	34023	29480	109811	65259	44552
133336	65095	68241	29107	15750	13357	75732	44327	31405
			130724	65338	65386	34146	20105	14041
			177011	86367	90644	22060	12306	9754
			78589	40614	37975	63953	36790	27163
			66351	33885	32466	5743	3394	2349
303475	**151638**	**151837**	**666122**	**338069**	**328053**	**69761**	**38772**	**30989**
84859	41923	42936	121117	58767	62350	19544	10651	8893
192113	95839	96274	144598	74800	69798	28393	15667	12726
11985	5880	6105	6255	3148	3107	4174	2341	1833
14518	7996	6522	31343	17811	13532	4223	2884	1339
			2783	1421	1362	749	393	356
			152594	76972	75622	4587	2164	2423
			128610	66649	61961	680	382	298
			78822	38501	40321	7411	4290	3121
200805	**101065**	**99740**	**446019**	**229183**	**216836**	**49069**	**28844**	**20225**
138357	70269	68088	65712	35187	30525	23566	14023	9543
62448	30796	31652	7165	3831	3334	4775	3035	1740
			140554	71073	69481	12277	7114	5163
			126440	65205	61235	4129	2263	1866
			106148	53887	52261	4322	2409	1913
182670	**93139**	**89531**	**319198**	**169906**	**149292**	**153836**	**93145**	**60691**
112352	57163	55189	101245	53282	47963	38264	22292	15972
27090	13568	13522	29227	15305	13922	13533	8998	4535
43228	22408	20820	14386	8088	6298	5008	3034	1974
			174340	93231	81109	97031	58821	38210
261524	**128963**	**132561**	**652689**	**354340**	**298349**	**903706**	**541720**	**361986**
174787	85190	89597	410867	219990	190877	437324	257097	180227
86737	43773	42964	234345	130352	103993	455287	277956	177331
			7477	3998	3479	11095	6667	4428
259669	**126019**	**133650**	**306040**	**148926**	**157114**	**43627**	**24299**	**19328**
118000	56936	61064	95505	47541	47964	22205	12592	9613
141669	69083	72586	43173	20862	22311	16628	9152	7476
			704	400	304	93	59	34
			166658	80123	86535	4701	2496	2205

7—1a 续表 2

现住地	户口					
	合计			省内		
	合计	男	女	小计	男	女
汕尾市	**207531**	**107616**	**99915**	**187144**	**95974**	**91170**
城区	149312	76847	72465	132989	67321	65668
海丰县						
陆河县						
陆丰市	58219	30769	27450	54155	28653	25502
河源市	**418507**	**213322**	**205185**	**350401**	**174210**	**176191**
源城区	418507	213322	205185	350401	174210	176191
紫金县						
龙川县						
连平县						
和平县						
东源县						
阳江市	**573594**	**293171**	**280423**	**525176**	**266639**	**258537**
江城区	331948	170068	161880	307073	156329	150744
阳东区	129415	67430	61985	111988	57770	54218
阳西县						
阳春市	112231	55673	56558	106115	52540	53575
清远市	**766040**	**385667**	**380373**	**684796**	**340376**	**344420**
清城区	390184	199110	191074	335152	167947	167205
清新区	198906	99926	98980	186516	93428	93088
佛冈县						
阳山县						
连山壮族瑶族自治县						
连南瑶族自治县						
英德市	117022	58231	58791	106757	52519	54238
连州市	59928	28400	31528	56371	26482	29889
东莞市	**7663530**	**4446379**	**3217151**	**1991739**	**1095811**	**895928**
市辖区	7663530	4446379	3217151	1991739	1095811	895928
中山市	**1730279**	**974614**	**755665**	**532515**	**277705**	**254810**
市辖区	1730279	974614	755665	532515	277705	254810
潮州市	**332021**	**173183**	**158838**	**215070**	**105411**	**109659**
湘桥区	199829	100656	99173	163102	79385	83717
潮安区	132192	72527	59665	51968	26026	25942
饶平县						
揭阳市	**134539**	**72378**	**62161**	**82954**	**41698**	**41256**
榕城区	39714	21849	17865	17722	8358	9364
揭东区	30735	17185	13550	14608	7677	6931
揭西县						
惠来县						
普宁市	64090	33344	30746	50624	25663	24961
云浮市	**254640**	**132406**	**122234**	**227870**	**116302**	**111568**
云城区	148353	78919	69434	126595	65571	61024
云安区	4167	2246	1921	3511	1801	1710
新兴县						
郁南县						
罗定市	102120	51241	50879	97764	48930	48834

单位：人

登记地	市辖区内人户分离			省内流动人口			省外		
	小计	男	女	小计	男	女	小计	男	女
	93002	**47157**	**45845**	**94142**	**48817**	**45325**	**20387**	**11642**	**8745**
	93002	47157	45845	39987	20164	19823	16323	9526	6797
				54155	28653	25502	4064	2116	1948
	65815	**31784**	**34031**	**284586**	**142426**	**142160**	**68106**	**39112**	**28994**
	65815	31784	34031	284586	142426	142160	68106	39112	28994
	337730	**172336**	**165394**	**187446**	**94303**	**93143**	**48418**	**26532**	**21886**
	242376	123340	119036	64697	32989	31708	24875	13739	11136
	95354	48996	46358	16634	8774	7860	17427	9660	7767
				106115	52540	53575	6116	3133	2983
	351701	**175034**	**176667**	**333095**	**165342**	**167753**	**81244**	**45291**	**35953**
	204294	101141	103153	130858	66806	64052	55032	31163	23869
	147407	73893	73514	39109	19535	19574	12390	6498	5892
				106757	52519	54238	10265	5712	4553
				56371	26482	29889	3557	1918	1639
	343180	**168336**	**174844**	**1648559**	**927475**	**721084**	**5671791**	**3350568**	**2321223**
	343180	168336	174844	1648559	927475	721084	5671791	3350568	2321223
	139514	**64315**	**75199**	**393001**	**213390**	**179611**	**1197764**	**696909**	**500855**
	139514	64315	75199	393001	213390	179611	1197764	696909	500855
	182134	**88543**	**93591**	**32936**	**16868**	**16068**	**116951**	**67772**	**49179**
	143729	69756	73973	19373	9629	9744	36727	21271	15456
	38405	18787	19618	13563	7239	6324	80224	46501	33723
	16055	**8354**	**7701**	**66899**	**33344**	**33555**	**51585**	**30680**	**20905**
	5486	2859	2627	12236	5499	6737	21992	13491	8501
	10569	5495	5074	4039	2182	1857	16127	9508	6619
				50624	25663	24961	13466	7681	5785
	95866	**48520**	**47346**	**132004**	**67782**	**64222**	**26770**	**16104**	**10666**
	93352	47325	46027	33243	18246	14997	21758	13348	8410
	2514	1195	1319	997	606	391	656	445	211
				97764	48930	48834	4356	2311	2045

7-1b 全省按现住地、户口登记地、

现住地	合计			户口 省内		
	合计	男	女	小计	男	女
广 东	**6173567**	**3352112**	**2821455**	**3902060**	**1999145**	**1902915**
广州市	**734023**	**413312**	**320711**	**395130**	**213408**	**181722**
荔湾区						
越秀区						
海珠区						
天河区						
白云区	189287	105882	83405	122507	66086	56421
黄埔区	17332	8570	8762	11929	5872	6057
番禺区	48168	27958	20210	25590	14155	11435
花都区	67420	36797	30623	34964	17975	16989
南沙区	76398	45991	30407	27418	14953	12465
从化区	65602	40143	25459	47770	28950	18820
增城区	269816	147971	121845	124952	65417	59535
韶关市	**259383**	**126887**	**132496**	**230611**	**111183**	**119428**
武江区	588	322	266	455	237	218
浈江区	11806	6708	5098	10014	5706	4308
曲江区	8328	4553	3775	6120	3221	2899
始兴县	39756	18606	21150	36730	16964	19766
仁化县	33493	16380	17113	28108	13467	14641
翁源县	42134	19946	22188	39792	18759	21033
乳源瑶族自治县	41062	20139	20923	36843	17755	19088
新丰县	41887	20407	21480	38509	18456	20053
乐昌市	32182	15818	16364	27149	13319	13830
南雄市	8147	4008	4139	6891	3299	3592
深圳市	**5483**	**4187**	**1296**	**1672**	**1064**	**608**
罗湖区						
福田区						
南山区	3993	3472	521	621	561	60
宝安区						
龙岗区						
盐田区						
龙华区						
坪山区	1490	715	775	1051	503	548
光明区						
珠海市	**218432**	**137392**	**81040**	**88474**	**52012**	**36462**
香洲区	44893	32662	12231	15451	10591	4860
斗门区	98428	56830	41598	47107	25817	21290
金湾区	75111	47900	27211	25916	15604	10312
汕头市	**172073**	**95955**	**76118**	**64989**	**33389**	**31600**
龙湖区						
金平区						
濠江区	314	217	97	118	81	37
潮阳区	70150	40095	30055	21489	11592	9897
潮南区	24726	13697	11029	10586	5386	5200
澄海区	71759	39432	32327	29168	14621	14547
南澳县	5124	2514	2610	3628	1709	1919
佛山市	**309250**	**190412**	**118838**	**106468**	**62559**	**43909**
禅城区	117375	70570	46805	41771	23731	18040
南海区	33961	20858	13103	10277	6086	4191
顺德区						
三水区	143981	90208	53773	49502	29874	19628
高明区	13933	8776	5157	4918	2868	2050

性别分的户口登记地在外乡镇街道的人口(镇)

单位：人

登记地	市辖区内人户分离			省内流动人口			省外		
	小计	男	女	小计	男	女	小计	男	女
	360999	**181742**	**179257**	**3541061**	**1817403**	**1723658**	**2271507**	**1352967**	**918540**
	105582	**53169**	**52413**	**289548**	**160239**	**129309**	**338893**	**199904**	**138989**
	20493	10251	10242	102014	55835	46179	66780	39796	26984
	7162	3588	3574	4767	2284	2483	5403	2698	2705
	9075	4287	4788	16515	9868	6647	22578	13803	8775
	8669	4280	4389	26295	13695	12600	32456	18822	13634
	8935	4222	4713	18483	10731	7752	48980	31038	17942
	8927	4702	4225	38843	24248	14595	17832	11193	6639
	42321	21839	20482	82631	43578	39053	144864	82554	62310
	8406	**4562**	**3844**	**222205**	**106621**	**115584**	**28772**	**15704**	**13068**
	285	147	138	170	90	80	133	85	48
	5354	3004	2350	4660	2702	1958	1792	1002	790
	2767	1411	1356	3353	1810	1543	2208	1332	876
				36730	16964	19766	3026	1642	1384
				28108	13467	14641	5385	2913	2472
				39792	18759	21033	2342	1187	1155
				36843	17755	19088	4219	2384	1835
				38509	18456	20053	3378	1951	1427
				27149	13319	13830	5033	2499	2534
				6891	3299	3592	1256	709	547
	874	**438**	**436**	**798**	**626**	**172**	**3811**	**3123**	**688**
	49	42	7	572	519	53	3372	2911	461
	825	396	429	226	107	119	439	212	227
	22087	**11561**	**10526**	**66387**	**40451**	**25936**	**129958**	**85380**	**44578**
	2355	1416	939	13096	9175	3921	29442	22071	7371
	15717	7913	7804	31390	17904	13486	51321	31013	20308
	4015	2232	1783	21901	13372	8529	49195	32296	16899
	37507	**18864**	**18643**	**27482**	**14525**	**12957**	**107084**	**62566**	**44518**
	45	37	8	73	44	29	196	136	60
	12576	6778	5798	8913	4814	4099	48661	28503	20158
	3179	1542	1637	7407	3844	3563	14140	8311	5829
	21707	10507	11200	7461	4114	3347	42591	24811	17780
				3628	1709	1919	1496	805	691
	15524	**7835**	**7689**	**90944**	**54724**	**36220**	**202782**	**127853**	**74929**
	5333	2246	3087	36438	21485	14953	75604	46839	28765
	712	296	416	9565	5790	3775	23684	14772	8912
	8757	4869	3888	40745	25005	15740	94479	60334	34145
	722	424	298	4196	2444	1752	9015	5908	3107

7-1b 续表 1

现住地	户口					
	合计			省内		
	合计	男	女	小计	男	女
江门市	**176182**	**99698**	**76484**	**76072**	**40738**	**35334**
蓬江区						
江海区						
新会区	39398	22654	16744	12477	6752	5725
台山市	11645	6391	5254	6782	3537	3245
开平市	52054	28803	23251	21353	11365	9988
鹤山市	48934	28737	20197	16617	9377	7240
恩平市	24151	13113	11038	18843	9707	9136
湛江市	**294631**	**149350**	**145281**	**269728**	**134841**	**134887**
赤坎区						
霞山区	1245	622	623	952	454	498
坡头区	11355	5922	5433	9745	4901	4844
麻章区	55124	27546	27578	45723	21597	24126
遂溪县	73813	36698	37115	71384	35379	36005
徐闻县	81412	41462	39950	77698	39352	38346
廉江市	35804	18631	17173	31541	16487	15054
雷州市	21233	11036	10197	20559	10684	9875
吴川市	14645	7433	7212	12126	5987	6139
茂名市	**122817**	**61915**	**60902**	**110920**	**55654**	**55266**
茂南区	4445	2254	2191	3662	1807	1855
电白区	54824	27662	27162	50066	24972	25094
高州市	21423	10943	10480	18839	9568	9271
化州市	31479	15782	15697	29030	14676	14354
信宜市	10646	5274	5372	9323	4631	4692
肇庆市	**258702**	**138422**	**120280**	**190560**	**96425**	**94135**
端州区						
鼎湖区	17523	10592	6931	7656	4200	3456
高要区	52269	30921	21348	19204	10847	8357
广宁县	44163	21940	22223	40693	19743	20950
怀集县	64002	32596	31406	59125	29546	29579
封开县	27407	13876	13531	23832	11805	12027
德庆县	29714	14577	15137	27438	13348	14090
四会市	23624	13920	9704	12612	6936	5676
惠州市	**984058**	**539001**	**445057**	**588123**	**305363**	**282760**
惠城区	87405	49352	38053	49105	26343	22762
惠阳区	86520	49638	36882	36840	19893	16947
博罗县	372925	209683	163242	170003	90024	79979
惠东县	388101	205676	182425	291670	149505	142165
龙门县	49107	24652	24455	40505	19598	20907
梅州市	**296144**	**147158**	**148986**	**272757**	**133694**	**139063**
梅江区	1028	524	504	845	415	430
梅县区	9155	4756	4399	7681	3929	3752
大埔县	70555	34172	36383	67081	32347	34734
丰顺县	55746	28350	27396	49518	24590	24928
五华县	65704	33489	32215	61351	30850	30501
平远县	34472	16735	17737	31498	15189	16309
蕉岭县	51578	24876	26702	48505	23207	25298
兴宁市	7906	4256	3650	6278	3167	3111

单位：人

登记地

市辖区内人户分离			省内流动人口			省　　外		
小计	男	女	小计	男	女	小计	男	女
3953	**1993**	**1960**	**72119**	**38745**	**33374**	**100110**	**58960**	**41150**
3953	1993	1960	8524	4759	3765	26921	15902	11019
			6782	3537	3245	4863	2854	2009
			21353	11365	9988	30701	17438	13263
			16617	9377	7240	32317	19360	12957
			18843	9707	9136	5308	3406	1902
12556	**6568**	**5988**	**257172**	**128273**	**128899**	**24903**	**14509**	**10394**
364	182	182	588	272	316	293	168	125
6210	3131	3079	3535	1770	1765	1610	1021	589
5982	3255	2727	39741	18342	21399	9401	5949	3452
			71384	35379	36005	2429	1319	1110
			77698	39352	38346	3714	2110	1604
			31541	16487	15054	4263	2144	2119
			20559	10684	9875	674	352	322
			12126	5987	6139	2519	1446	1073
42184	**20668**	**21516**	**68736**	**34986**	**33750**	**11897**	**6261**	**5636**
2386	1165	1221	1276	642	634	783	447	336
39798	19503	20295	10268	5469	4799	4758	2690	2068
			18839	9568	9271	2584	1375	1209
			29030	14676	14354	2449	1106	1343
			9323	4631	4692	1323	643	680
11853	**6342**	**5511**	**178707**	**90083**	**88624**	**68142**	**41997**	**26145**
1464	738	726	6192	3462	2730	9867	6392	3475
10389	5604	4785	8815	5243	3572	33065	20074	12991
			40693	19743	20950	3470	2197	1273
			59125	29546	29579	4877	3050	1827
			23832	11805	12027	3575	2071	1504
			27438	13348	14090	2276	1229	1047
			12612	6936	5676	11012	6984	4028
20620	**10288**	**10332**	**567503**	**295075**	**272428**	**395935**	**233638**	**162297**
14103	7119	6984	35002	19224	15778	38300	23009	15291
6517	3169	3348	30323	16724	13599	49680	29745	19935
			170003	90024	79979	202922	119659	83263
			291670	149505	142165	96431	56171	40260
			40505	19598	20907	8602	5054	3548
3718	**1830**	**1888**	**269039**	**131864**	**137175**	**23387**	**13464**	**9923**
355	153	202	490	262	228	183	109	74
3363	1677	1686	4318	2252	2066	1474	827	647
			67081	32347	34734	3474	1825	1649
			49518	24590	24928	6228	3760	2468
			61351	30850	30501	4353	2639	1714
			31498	15189	16309	2974	1546	1428
			48505	23207	25298	3073	1669	1404
			6278	3167	3111	1628	1089	539

7-1b 续表 2

现住地	户口					
	合计			省内		
	合计	男	女	小计	男	女
汕尾市	**409070**	**212675**	**196395**	**363017**	**185860**	**177157**
城　区	13112	7566	5546	9912	5301	4611
海丰县	312875	163237	149638	277140	142802	134338
陆河县	43026	21616	21410	39079	19121	19958
陆丰市	40057	20256	19801	36886	18636	18250
河源市	**380153**	**187173**	**192980**	**339736**	**163614**	**176122**
源城区	29578	15928	13650	16998	8322	8676
紫金县	69341	34897	34444	61350	30070	31280
龙川县	120353	56813	63540	114766	53952	60814
连平县	41970	20705	21265	39436	19256	20180
和平县	61648	29375	32273	59092	27848	31244
东源县	57263	29455	27808	48094	24166	23928
阳江市	**122474**	**63015**	**59459**	**109664**	**55641**	**54023**
江城区	10538	5715	4823	7519	3992	3527
阳东区	16727	9081	7646	12892	6794	6098
阳西县	79580	40503	39077	75253	38001	37252
阳春市	15629	7716	7913	14000	6854	7146
清远市	**311103**	**163044**	**148059**	**235800**	**117816**	**117984**
清城区	108656	62647	46009	57572	31441	26131
清新区	8874	4856	4018	6312	3325	2987
佛冈县	56175	28176	27999	49279	24289	24990
阳山县	61977	29650	32327	59201	28092	31109
连山壮族瑶族自治县	12610	5971	6639	11270	5274	5996
连南瑶族自治县	16645	8002	8643	15716	7501	8215
英德市	42859	22040	20819	33826	16600	17226
连州市	3307	1702	1605	2624	1294	1330
东莞市	**70155**	**40754**	**29401**	**13673**	**7558**	**6115**
市辖区	70155	40754	29401	13673	7558	6115
中山市	**777940**	**442199**	**335741**	**231238**	**123061**	**108177**
市辖区	777940	442199	335741	231238	123061	108177
潮州市	**64058**	**32772**	**31286**	**42470**	**19838**	**22632**
湘桥区	14128	5947	8181	10994	4145	6849
潮安区	21711	12583	9128	6535	3300	3235
饶平县	28219	14242	13977	24941	12393	12548
揭阳市	**67461**	**36076**	**31385**	**48368**	**24661**	**23707**
榕城区	3648	2102	1546	1420	743	677
揭东区	8666	5456	3210	3553	2153	1400
揭西县	12100	6185	5915	9589	4787	4802
惠来县	24213	12548	11665	21858	11227	10631
普宁市	18834	9785	9049	11948	5751	6197
云浮市	**139975**	**70715**	**69260**	**122590**	**60766**	**61824**
云城区						
云安区	8735	5097	3638	6255	3447	2808
新兴县	90083	45301	44782	79136	39078	40058
郁南县	32976	16235	16741	30403	14845	15558
罗定市	8181	4082	4099	6796	3396	3400

单位：人

登记地	市辖区内人户分离			省内流动人口			省外		
	小计	男	女	小计	男	女	小计	男	女
	7015	**3620**	**3395**	**356002**	**182240**	**173762**	**46053**	**26815**	**19238**
	7015	3620	3395	2897	1681	1216	3200	2265	935
				277140	142802	134338	35735	20435	15300
				39079	19121	19958	3947	2495	1452
				36886	18636	18250	3171	1620	1551
	2006	**918**	**1088**	**337730**	**162696**	**175034**	**40417**	**23559**	**16858**
	2006	918	1088	14992	7404	7588	12580	7606	4974
				61350	30070	31280	7991	4827	3164
				114766	53952	60814	5587	2861	2726
				39436	19256	20180	2534	1449	1085
				59092	27848	31244	2556	1527	1029
				48094	24166	23928	9169	5289	3880
	10972	**5652**	**5320**	**98692**	**49989**	**48703**	**12810**	**7374**	**5436**
	2559	1261	1298	4960	2731	2229	3019	1723	1296
	8413	4391	4022	4479	2403	2076	3835	2287	1548
				75253	38001	37252	4327	2502	1825
				14000	6854	7146	1629	862	767
	19961	**10664**	**9297**	**215839**	**107152**	**108687**	**75303**	**45228**	**30075**
	17717	9494	8223	39855	21947	17908	51084	31206	19878
	2244	1170	1074	4068	2155	1913	2562	1531	1031
				49279	24289	24990	6896	3887	3009
				59201	28092	31109	2776	1558	1218
				11270	5274	5996	1340	697	643
				15716	7501	8215	929	501	428
				33826	16600	17226	9033	5440	3593
				2624	1294	1330	683	408	275
	1571	**745**	**826**	**12102**	**6813**	**5289**	**56482**	**33196**	**23286**
	1571	745	826	12102	6813	5289	56482	33196	23286
	25882	**11509**	**14373**	**205356**	**111552**	**93804**	**546702**	**319138**	**227564**
	25882	11509	14373	205356	111552	93804	546702	319138	227564
	5118	**2400**	**2718**	**37352**	**17438**	**19914**	**21588**	**12934**	**8654**
	1497	738	759	9497	3407	6090	3134	1802	1332
	3621	1662	1959	2914	1638	1276	15176	9283	5893
				24941	12393	12548	3278	1849	1429
	1937	**1215**	**722**	**46431**	**23446**	**22985**	**19093**	**11415**	**7678**
	407	209	198	1013	534	479	2228	1359	869
	1530	1006	524	2023	1147	876	5113	3303	1810
				9589	4787	4802	2511	1398	1113
				21858	11227	10631	2355	1321	1034
				11948	5751	6197	6886	4034	2852
	1673	**901**	**772**	**120917**	**59865**	**61052**	**17385**	**9949**	**7436**
	1673	901	772	4582	2546	2036	2480	1650	830
				79136	39078	40058	10947	6223	4724
				30403	14845	15558	2573	1390	1183
				6796	3396	3400	1385	686	699

7-1c 全省按现住地、户口登记地、

现住地	合计			户口 省内		
	合计	男	女	小计	男	女
广　东	**4843247**	**2819761**	**2023486**	**2352626**	**1266657**	**1085969**
广州市	**964263**	**574463**	**389800**	**403462**	**224123**	**179339**
荔湾区						
越秀区						
海珠区						
天河区						
白云区	347624	205311	142313	152916	84736	68180
黄埔区	35667	23014	12653	14738	8748	5990
番禺区	154756	93473	61283	56603	32941	23662
花都区	213910	127027	86883	83536	46185	37351
南沙区	82020	50040	31980	28754	16004	12750
从化区	50181	25767	24414	35107	16682	18425
增城区	80105	49831	30274	31808	18827	12981
韶关市	**146204**	**80576**	**65628**	**109070**	**56903**	**52167**
武江区	11221	6379	4842	7473	3986	3487
浈江区	10110	5705	4405	7047	3801	3246
曲江区	22394	13409	8985	16492	9460	7032
始兴县	8922	4642	4280	6282	3041	3241
仁化县	11158	6454	4704	6956	3740	3216
翁源县	23719	12873	10846	18115	9205	8910
乳源瑶族自治县	13166	7105	6061	11205	5742	5463
新丰县	9597	5626	3971	6388	3453	2935
乐昌市	20976	10650	10326	17328	8609	8719
南雄市	14941	7733	7208	11784	5866	5918
深圳市	**42654**	**26755**	**15899**	**16229**	**9829**	**6400**
罗湖区						
福田区						
南山区						
宝安区						
龙岗区	42654	26755	15899	16229	9829	6400
盐田区						
龙华区						
坪山区						
光明区						
珠海市	**83831**	**50234**	**33597**	**36883**	**20553**	**16330**
香洲区	983	749	234	386	283	103
斗门区	75632	44818	30814	33577	18542	15035
金湾区	7216	4667	2549	2920	1728	1192
汕头市	**118209**	**70650**	**47559**	**38218**	**22077**	**16141**
龙湖区	9811	5536	4275	2443	1320	1123
金平区	1402	766	636	906	468	438
濠江区	12692	8839	3853	9192	6427	2765
潮阳区	33949	19641	14308	10998	5969	5029
潮南区	25273	14848	10425	9549	5070	4479
澄海区	34272	20531	13741	4755	2635	2120
南澳县	810	489	321	375	188	187
佛山市	**209854**	**132604**	**77250**	**67293**	**40637**	**26656**
禅城区						
南海区	65820	42490	23330	20401	13031	7370
顺德区	24760	15797	8963	4958	3010	1948
三水区	109705	68368	41337	39068	22994	16074
高明区	9569	5949	3620	2866	1602	1264

性别分的户口登记地在外乡镇街道的人口(乡村)

单位：人

登记地								
市辖区内人户分离			省内流动人口			省　　外		
小计	男	女	小计	男	女	小计	男	女
288105	**142621**	**145484**	**2064521**	**1124036**	**940485**	**2490621**	**1553104**	**937517**
71208	**33464**	**37744**	**332254**	**190659**	**141595**	**560801**	**350340**	**210461**
18806	9586	9220	134110	75150	58960	194708	120575	74133
3663	1810	1853	11075	6938	4137	20929	14266	6663
11373	5139	6234	45230	27802	17428	98153	60532	37621
14147	7132	7015	69389	39053	30336	130374	80842	49532
7578	2930	4648	21176	13074	8102	53266	34036	19230
9510	3828	5682	25597	12854	12743	15074	9085	5989
6131	3039	3092	25677	15788	9889	48297	31004	17293
11455	**5962**	**5493**	**97615**	**50941**	**46674**	**37134**	**23673**	**13461**
2813	1429	1384	4660	2557	2103	3748	2393	1355
3207	1697	1510	3840	2104	1736	3063	1904	1159
5435	2836	2599	11057	6624	4433	5902	3949	1953
			6282	3041	3241	2640	1601	1039
			6956	3740	3216	4202	2714	1488
			18115	9205	8910	5604	3668	1936
			11205	5742	5463	1961	1363	598
			6388	3453	2935	3209	2173	1036
			17328	8609	8719	3648	2041	1607
			11784	5866	5918	3157	1867	1290
5128	**2885**	**2243**	**11101**	**6944**	**4157**	**26425**	**16926**	**9499**
5128	2885	2243	11101	6944	4157	26425	16926	9499
7966	**4004**	**3962**	**28917**	**16549**	**12368**	**46948**	**29681**	**17267**
81	62	19	305	221	84	597	466	131
7214	3555	3659	26363	14987	11376	42055	26276	15779
671	387	284	2249	1341	908	4296	2939	1357
12380	**7429**	**4951**	**25838**	**14648**	**11190**	**79991**	**48573**	**31418**
405	207	198	2038	1113	925	7368	4216	3152
105	41	64	801	427	374	496	298	198
3799	2851	948	5393	3576	1817	3500	2412	1088
4887	2704	2183	6111	3265	2846	22951	13672	9279
2199	1112	1087	7350	3958	3392	15724	9778	5946
985	514	471	3770	2121	1649	29517	17896	11621
			375	188	187	435	301	134
7926	**4246**	**3680**	**59367**	**36391**	**22976**	**142561**	**91967**	**50594**
2674	1455	1219	17727	11576	6151	45419	29459	15960
490	125	365	4468	2885	1583	19802	12787	7015
4517	2519	1998	34551	20475	14076	70637	45374	25263
245	147	98	2621	1455	1166	6703	4347	2356

7-1c 续表 1

现住地	户口					
	合计			省内		
	合计	男	女	小计	男	女
江门市	**291796**	**172589**	**119207**	**109527**	**61579**	**47948**
蓬江区	3151	1963	1188	966	563	403
江海区						
新会区	84285	50580	33705	24880	14170	10710
台山市	46512	27415	19097	19333	11007	8326
开平市	63235	36083	27152	25482	13732	11750
鹤山市	52338	31944	20394	13263	7910	5353
恩平市	42275	24604	17671	25603	14197	11406
湛江市	**250844**	**128661**	**122183**	**209437**	**105713**	**103724**
赤坎区	1018	555	463	850	460	390
霞山区	3932	2098	1834	3169	1642	1527
坡头区	9546	5160	4386	6988	3564	3424
麻章区	25993	13804	12189	22322	11314	11008
遂溪县	33855	17544	16311	30220	15602	14618
徐闻县	31695	16603	15092	25246	12923	12323
廉江市	64310	30502	33808	52547	25292	27255
雷州市	49338	26161	23177	44230	23154	21076
吴川市	31157	16234	14923	23865	11762	12103
茂名市	**196020**	**96330**	**99690**	**164598**	**80897**	**83701**
茂南区	38095	17938	20157	31141	13947	17194
电白区	57030	28138	28892	49347	24376	24971
高州市	26675	14150	12525	22259	12075	10184
化州市	47817	23221	24596	40557	19964	20593
信宜市	26403	12883	13520	21294	10535	10759
肇庆市	**129184**	**76315**	**52869**	**64555**	**36003**	**28552**
端州区						
鼎湖区	5376	3336	2040	2921	1696	1225
高要区	38142	23043	15099	13397	7752	5645
广宁县	14943	8652	6291	10281	5600	4681
怀集县	8478	4488	3990	5879	3093	2786
封开县	7722	4347	3375	5165	2752	2413
德庆县	7846	4108	3738	6124	3061	3063
四会市	46677	28341	18336	20788	12049	8739
惠州市	**530411**	**318797**	**211614**	**215870**	**117922**	**97948**
惠城区	134130	82092	52038	57776	31542	26234
惠阳区	143589	87293	56296	45804	26366	19438
博罗县	130724	77903	52821	47730	25413	22317
惠东县	95203	55506	39697	51003	27275	23728
龙门县	26765	16003	10762	13557	7326	6231
梅州市	**129694**	**69265**	**60429**	**107902**	**56003**	**51899**
梅江区	6545	3523	3022	5214	2692	2522
梅县区	20918	11213	9705	16731	8733	7998
大埔县	17328	9636	7692	14926	8038	6888
丰顺县	13615	7118	6497	11297	5811	5486
五华县	28681	15624	13057	23877	12548	11329
平远县	8152	4356	3796	6698	3523	3175
蕉岭县	9466	5051	4415	7149	3569	3580
兴宁市	24989	12744	12245	22010	11089	10921

单位：人

登记地

市辖区内人户分离			省内流动人口			省外		
小计	男	女	小计	男	女	小计	男	女
3993	**2174**	**1819**	**105534**	**59405**	**46129**	**182269**	**111010**	**71259**
187	105	82	779	458	321	2185	1400	785
3806	2069	1737	21074	12101	8973	59405	36410	22995
			19333	11007	8326	27179	16408	10771
			25482	13732	11750	37753	22351	15402
			13263	7910	5353	39075	24034	15041
			25603	14197	11406	16672	10407	6265
10537	**5417**	**5120**	**198900**	**100296**	**98604**	**41407**	**22948**	**18459**
239	129	110	611	331	280	168	95	73
1137	597	540	2032	1045	987	763	456	307
2338	1137	1201	4650	2427	2223	2558	1596	962
6823	3554	3269	15499	7760	7739	3671	2490	1181
			30220	15602	14618	3635	1942	1693
			25246	12923	12323	6449	3680	2769
			52547	25292	27255	11763	5210	6553
			44230	23154	21076	5108	3007	2101
			23865	11762	12103	7292	4472	2820
31473	**14342**	**17131**	**133125**	**66555**	**66570**	**31422**	**15433**	**15989**
10088	4928	5160	21053	9019	12034	6954	3991	2963
21385	9414	11971	27962	14962	13000	7683	3762	3921
			22259	12075	10184	4416	2075	2341
			40557	19964	20593	7260	3257	4003
			21294	10535	10759	5109	2348	2761
3865	**2138**	**1727**	**60690**	**33865**	**26825**	**64629**	**40312**	**24317**
731	397	334	2190	1299	891	2455	1640	815
3134	1741	1393	10263	6011	4252	24745	15291	9454
			10281	5600	4681	4662	3052	1610
			5879	3093	2786	2599	1395	1204
			5165	2752	2413	2557	1595	962
			6124	3061	3063	1722	1047	675
			20788	12049	8739	25889	16292	9597
16833	**8764**	**8069**	**199037**	**109158**	**89879**	**314541**	**200875**	**113666**
10600	5426	5174	47176	26116	21060	76354	50550	25804
6233	3338	2895	39571	23028	16543	97785	60927	36858
			47730	25413	22317	82994	52490	30504
			51003	27275	23728	44200	28231	15969
			13557	7326	6231	13208	8677	4531
9443	**4788**	**4655**	**98459**	**51215**	**47244**	**21792**	**13262**	**8530**
2261	1120	1141	2953	1572	1381	1331	831	500
7182	3668	3514	9549	5065	4484	4187	2480	1707
			14926	8038	6888	2402	1598	804
			11297	5811	5486	2318	1307	1011
			23877	12548	11329	4804	3076	1728
			6698	3523	3175	1454	833	621
			7149	3569	3580	2317	1482	835
			22010	11089	10921	2979	1655	1324

7-1c 续表 2

现住地	户口					
	合计			省内		
	合计	男	女	小计	男	女
汕尾市	**95474**	**54634**	**40840**	**64156**	**34172**	**29984**
城　区	15495	9523	5972	9500	5252	4248
海丰县	49826	28977	20849	29985	16061	13924
陆河县	7710	3979	3731	6114	3007	3107
陆丰市	22443	12155	10288	18557	9852	8705
河源市	**211221**	**113483**	**97738**	**168583**	**85529**	**83054**
源城区	17894	10387	7507	10852	5900	4952
紫金县	29102	16450	12652	20338	10664	9674
龙川县	64886	33704	31182	56706	28263	28443
连平县	21273	11301	9972	17958	9253	8705
和平县	19539	10360	9179	17148	8733	8415
东源县	58527	31281	27246	45581	22716	22865
阳江市	**141056**	**80562**	**60494**	**92010**	**50101**	**41909**
江城区	36792	22143	14649	21829	12246	9583
阳东区	50245	28850	21395	28117	15657	12460
阳西县	17475	9734	7741	12233	6561	5672
阳春市	36544	19835	16709	29831	15637	14194
清远市	**251864**	**144500**	**107364**	**180988**	**98196**	**82792**
清城区	73285	44963	28322	53645	31602	22043
清新区	61561	34042	27519	47089	25101	21988
佛冈县	21882	12872	9010	12762	6667	6095
阳山县	11696	6589	5107	8579	4548	4031
连山壮族瑶族自治县	3041	1596	1445	2159	1117	1042
连南瑶族自治县	2204	1178	1026	1917	1024	893
英德市	69195	38054	31141	48241	24550	23691
连州市	9000	5206	3794	6596	3587	3009
东莞市	**574882**	**356655**	**218227**	**109652**	**64911**	**44741**
市辖区	574882	356655	218227	109652	64911	44741
中山市	**257386**	**151161**	**106225**	**71850**	**37696**	**34154**
市辖区	257386	151161	106225	71850	37696	34154
潮州市	**56844**	**31378**	**25466**	**20242**	**9601**	**10641**
湘桥区	6125	2894	3231	3643	1397	2246
潮安区	39672	22548	17124	9099	4411	4688
饶平县	11047	5936	5111	7500	3793	3707
揭阳市	**77720**	**43592**	**34128**	**42331**	**21972**	**20359**
榕城区	7470	4530	2940	2169	1160	1009
揭东区	13918	8191	5727	4675	2471	2204
揭西县	15537	8354	7183	10310	5314	4996
惠来县	12097	6623	5474	9637	4902	4735
普宁市	28698	15894	12804	15540	8125	7415
云浮市	**83836**	**46557**	**37279**	**59770**	**32240**	**27530**
云城区	8663	5195	3468	5427	2984	2443
云安区	11101	6518	4583	8156	4533	3623
新兴县	20654	12270	8384	12205	6941	5264
郁南县	10905	5762	5143	8368	4461	3907
罗定市	32513	16812	15701	25614	13321	12293

单位：人

登记地

市辖区内人户分离			省内流动人口			省外		
小计	男	女	小计	男	女	小计	男	女
3577	**1883**	**1694**	**60579**	**32289**	**28290**	**31318**	**20462**	**10856**
3577	1883	1694	5923	3369	2554	5995	4271	1724
			29985	16061	13924	19841	12916	6925
			6114	3007	3107	1596	972	624
			18557	9852	8705	3886	2303	1583
1043	**506**	**537**	**167540**	**85023**	**82517**	**42638**	**27954**	**14684**
1043	506	537	9809	5394	4415	7042	4487	2555
			20338	10664	9674	8764	5786	2978
			56706	28263	28443	8180	5441	2739
			17958	9253	8705	3315	2048	1267
			17148	8733	8415	2391	1627	764
			45581	22716	22865	12946	8565	4381
24412	**13289**	**11123**	**67598**	**36812**	**30786**	**49046**	**30461**	**18585**
8603	4652	3951	13226	7594	5632	14963	9897	5066
15809	8637	7172	12308	7020	5288	22128	13193	8935
			12233	6561	5672	5242	3173	2069
			29831	15637	14194	6713	4198	2515
31325	**16506**	**14819**	**149663**	**81690**	**67973**	**70876**	**46304**	**24572**
8506	4704	3802	45139	26898	18241	19640	13361	6279
22819	11802	11017	24270	13299	10971	14472	8941	5531
			12762	6667	6095	9120	6205	2915
			8579	4548	4031	3117	2041	1076
			2159	1117	1042	882	479	403
			1917	1024	893	287	154	133
			48241	24550	23691	20954	13504	7450
			6596	3587	3009	2404	1619	785
11602	**4889**	**6713**	**98050**	**60022**	**38028**	**465230**	**291744**	**173486**
11602	4889	6713	98050	60022	38028	465230	291744	173486
15762	**6075**	**9687**	**56088**	**31621**	**24467**	**185536**	**113465**	**72071**
15762	6075	9687	56088	31621	24467	185536	113465	72071
4088	**1741**	**2347**	**16154**	**7860**	**8294**	**36602**	**21777**	**14825**
279	118	161	3364	1279	2085	2482	1497	985
3809	1623	2186	5290	2788	2502	30573	18137	12436
			7500	3793	3707	3547	2143	1404
725	**348**	**377**	**41606**	**21624**	**19982**	**35389**	**21620**	**13769**
220	118	102	1949	1042	907	5301	3370	1931
505	230	275	4170	2241	1929	9243	5720	3523
			10310	5314	4996	5227	3040	2187
			9637	4902	4735	2460	1721	739
			15540	8125	7415	13158	7769	5389
3364	**1771**	**1593**	**56406**	**30469**	**25937**	**24066**	**14317**	**9749**
1387	713	674	4040	2271	1769	3236	2211	1025
1977	1058	919	6179	3475	2704	2945	1985	960
			12205	6941	5264	8449	5329	3120
			8368	4461	3907	2537	1301	1236
			25614	13321	12293	6899	3491	3408

7-2 全省按户口登记地、年龄、性别分的

年 龄	户口					
	合 计			省 内		
	合计	男	女	小计	男	女
总 计	**60635086**	**33711847**	**26923239**	**31012976**	**16200166**	**14812810**
0-4岁	**2382369**	**1282227**	**1100142**	**1587982**	**855541**	**732441**
0	235595	127237	108358	167212	90347	76865
1	454502	244603	209899	306211	164958	141253
2	505182	271342	233840	336346	180892	155454
3	602795	323136	279659	402047	215885	186162
4	584295	315909	268386	376166	203459	172707
5-9岁	**2842584**	**1555599**	**1286985**	**1841264**	**1000245**	**841019**
5	553302	300729	252573	354320	191749	162571
6	553846	302825	251021	359469	195473	163996
7	561181	307333	253848	366190	198940	167250
8	621808	340828	280980	405192	219950	185242
9	552447	303884	248563	356093	194133	161960
10-14岁	**2376707**	**1314510**	**1062197**	**1582620**	**863723**	**718897**
10	523610	290255	233355	338288	185398	152890
11	522922	289161	233761	340366	185921	154445
12	482187	266381	215806	325227	177521	147706
13	433325	239494	193831	295006	161019	133987
14	414663	229219	185444	283733	153864	129869
15-19岁	**3877777**	**2189958**	**1687819**	**2627622**	**1415036**	**1212586**
15	545649	298252	247397	417523	223008	194515
16	783320	435829	347491	590781	317595	273186
17	810719	462672	348047	564840	307527	257313
18	789728	456790	332938	490134	268543	221591
19	948361	536415	411946	564344	298363	265981
20-24岁	**6079425**	**3417440**	**2661985**	**3341208**	**1748168**	**1593040**
20	1059176	595679	463497	626235	328158	298077
21	1097509	616969	480540	621422	324630	296792
22	1241600	704068	537532	664214	352585	311629
23	1296279	728980	567299	685970	359450	326520
24	1384861	771744	613117	743367	383345	360022
25-29岁	**7372239**	**4157198**	**3215041**	**3723563**	**1923245**	**1800318**
25	1461736	817735	644001	772851	398054	374797
26	1397828	781498	616330	737145	378414	358731
27	1479951	832374	647577	757884	390048	367836
28	1501866	852952	648914	739042	383857	355185
29	1530858	872639	658219	716641	372872	343769
30-34岁	**8252419**	**4713508**	**3538911**	**3413299**	**1771333**	**1641966**
30	1802471	1029402	773069	771887	400289	371598
31	1704789	972814	731975	711219	369223	341996
32	1571423	897307	674116	643539	334016	309523
33	1676860	960717	716143	670316	348390	321926
34	1496876	853268	643608	616338	319415	296923
35-39岁	**6420664**	**3669345**	**2751319**	**2799553**	**1470596**	**1328957**
35	1337185	763531	573654	567609	296052	271557
36	1327963	758388	569575	584088	306551	277537
37	1234948	707676	527272	548630	290011	258619
38	1324342	759482	564860	565721	298008	267713
39	1196226	680268	515958	533505	279974	253531
40-44岁	**5088307**	**2865830**	**2222477**	**2110322**	**1099241**	**1011081**
40	1065109	604270	460839	463949	242587	221362
41	1116359	633125	483234	487815	255155	232660
42	996840	561867	434973	413958	216069	197889
43	908349	508933	399416	358459	185946	172513
44	1001650	557635	444015	386141	199484	186657

户口登记地在外乡镇街道的人口

单位：人

登记地					
其中市辖区内人户分离			省外		
小计	男	女	小计	男	女
8568936	**4203808**	**4365128**	**29622110**	**17511681**	**12110429**
561325	**300440**	**260885**	**794387**	**426686**	**367701**
67053	35818	31235	68383	36890	31493
109282	58491	50791	148291	79645	68646
119031	63624	55407	168836	90450	78386
143324	76669	66655	200748	107251	93497
122635	65838	56797	208129	112450	95679
521731	**281728**	**240003**	**1001320**	**555354**	**445966**
109692	58879	50813	198982	108980	90002
104367	56483	47884	194377	107352	87025
102658	55732	46926	194991	108393	86598
110966	60130	50836	216616	120878	95738
94048	50504	43544	196354	109751	86603
423487	**228253**	**195234**	**794087**	**450787**	**343300**
89349	48209	41140	185322	104857	80465
88306	47669	40637	182556	103240	79316
87735	47225	40510	156960	88860	68100
81126	43924	37202	138319	78475	59844
76971	41226	35745	130930	75355	55575
749828	**399850**	**349978**	**1250155**	**774922**	**475233**
150187	78136	72051	128126	75244	52882
221240	116074	105166	192539	118234	74305
197616	105502	92114	245879	155145	90734
103991	58277	45714	299594	188247	111347
76794	41861	34933	384017	238052	145965
490411	**248518**	**241893**	**2738217**	**1669272**	**1068945**
78404	41848	36556	432941	267521	165420
77448	41011	36437	476087	292339	183748
91105	47354	43751	577386	351483	225903
110547	55067	55480	610309	369530	240779
132907	63238	69669	641494	388399	253095
829369	**376910**	**452459**	**3648676**	**2233953**	**1414723**
149995	69833	80162	688885	419681	269204
158624	72689	85935	660683	403084	257599
170429	76848	93581	722067	442326	279741
173648	78339	95309	762824	469095	293729
176673	79201	97472	814217	499767	314450
919060	**410300**	**508760**	**4839120**	**2942175**	**1896945**
195921	87232	108689	1030584	629113	401471
190002	84568	105434	993570	603591	389979
176556	78705	97851	927884	563291	364593
184046	82318	101728	1006544	612327	394217
172535	77477	95058	880538	533853	346685
777104	**356576**	**420528**	**3621111**	**2198749**	**1422362**
159526	72191	87335	769576	467479	302097
160894	73613	87281	743875	451837	292038
153067	70715	82352	686318	417665	268653
158514	73179	85335	758621	461474	297147
145103	66878	78225	662721	400294	262427
622363	**291119**	**331244**	**2977985**	**1766589**	**1211396**
131372	60723	70649	601160	361683	239477
141694	65954	75740	628544	377970	250574
122961	57601	65360	582882	345798	237084
109258	51387	57871	549890	322987	226903
117078	55454	61624	615509	358151	257358

7-2 续表

年龄	户口					
	合计			省内		
	合计	男	女	小计	男	女
45-49岁	**5266151**	**2898508**	**2367643**	**2115695**	**1089209**	**1026486**
45	1021142	563513	457629	389431	199881	189550
46	1119832	614332	505500	438556	224820	213736
47	1085241	596129	489112	443282	227432	215850
48	1038165	571021	467144	421715	217761	203954
49	1001771	553513	448258	422711	219315	203396
50-54岁	**4198957**	**2324793**	**1874164**	**1808581**	**942348**	**866233**
50	995418	548066	447352	419362	217701	201661
51	885189	491107	394082	378590	197462	181128
52	912274	504742	407532	386448	201220	185228
53	691014	382672	308342	306900	160157	146743
54	715062	398206	316856	317281	165808	151473
55-59岁	**2670293**	**1444590**	**1225703**	**1379180**	**706866**	**672314**
55	668150	369046	299104	319818	166586	153232
56	608478	331287	277191	299743	154475	145268
57	641842	349334	292508	322492	165408	157084
58	497501	264903	232598	279138	142113	137025
59	254322	130020	124302	157989	78284	79705
60-64岁	**1432888**	**726985**	**705903**	**902517**	**447484**	**455033**
60	253905	129002	124903	154454	76329	78125
61	261703	134945	126758	169785	85461	84324
62	317015	161980	155035	199490	99074	100416
63	328049	166215	161834	205093	101835	103258
64	272216	134843	137373	173695	84785	88910
65-69岁	**1072626**	**523954**	**548672**	**722784**	**351281**	**371503**
65	263341	129723	133618	171818	83715	88103
66	249700	121827	127873	164966	79966	85000
67	209959	101783	108176	141997	68534	73463
68	191205	92887	98318	130456	63221	67235
69	158421	77734	80687	113547	55845	57702
70-74岁	**575277**	**290092**	**285185**	**439417**	**225207**	**214210**
70	149362	74593	74769	111001	56031	54970
71	137054	70194	66860	103601	53949	49652
72	108997	54518	54479	84051	42655	41396
73	95166	47858	47308	73919	37933	35986
74	84698	42929	41769	66845	34639	32206
75-79岁	**321787**	**156986**	**164801**	**262543**	**131210**	**131333**
75	77670	38888	38782	62735	32117	30618
76	69361	34677	34684	56135	28698	27437
77	62039	30056	31983	50706	25287	25419
78	58163	27704	30459	47835	23340	24495
79	54554	25661	28893	45132	21768	23364
80-84岁	**220735**	**102037**	**118698**	**188357**	**88480**	**99877**
80	51897	24663	27234	43458	21157	22301
81	45016	21040	23976	38126	18212	19914
82	45125	20879	24246	38533	18126	20407
83	40773	18711	22062	35194	16311	18883
84	37924	16744	21180	33046	14674	18372
85-89岁	**124338**	**53611**	**70727**	**111145**	**48016**	**63129**
85	32256	13771	18485	28407	12188	16219
86	28501	12278	16223	25275	10909	14366
87	26537	11552	14985	23790	10359	13431
88	20240	8793	11447	18338	7953	10385
89	16804	7217	9587	15335	6607	8728
90岁及以上	**59543**	**24676**	**34867**	**55324**	**22937**	**32387**

单位：人

登记地					
其中市辖区内人户分离			省外		
小计	男	女	小计	男	女
650527	**315650**	**334877**	**3150456**	**1809299**	**1341157**
120207	57370	62837	631711	363632	268079
132935	64030	68905	681276	389512	291764
137206	66572	70634	641959	368697	273262
130321	63496	66825	616450	353260	263190
129858	64182	65676	579060	334198	244862
560073	**279889**	**280184**	**2390376**	**1382445**	**1007931**
130360	64452	65908	576056	330365	245691
119003	59059	59944	506599	293645	212954
120872	60235	60637	525826	303522	222304
92644	46791	45853	384114	222515	161599
97194	49352	47842	397781	232398	165383
474549	**241357**	**233192**	**1291113**	**737724**	**553389**
103524	52826	50698	348332	202460	145872
101564	51877	49687	308735	176812	131923
114690	58184	56506	319350	183926	135424
97544	49735	47809	218363	122790	95573
57227	28735	28492	96333	51736	44597
323398	**161750**	**161648**	**530371**	**279501**	**250870**
59459	30060	29399	99451	52673	46778
59973	30247	29726	91918	49484	42434
69588	34963	34625	117525	62906	54619
72115	35926	36189	122956	64380	58576
62263	30554	31709	98521	50058	48463
265702	**127794**	**137908**	**349842**	**172673**	**177169**
62535	30344	32191	91523	46008	45515
60705	29310	31395	84734	41861	42873
51873	24738	27135	67962	33249	34713
48306	23132	25174	60749	29666	31083
42283	20270	22013	44874	21889	22985
168431	**82031**	**86400**	**135860**	**64885**	**70975**
41551	20394	21157	38361	18562	19799
39641	19671	19970	33453	16245	17208
32548	15500	17048	24946	11863	13083
29234	13997	15237	21247	9925	11322
25457	12469	12988	17853	8290	9563
97192	**45908**	**51284**	**59244**	**25776**	**33468**
23250	11217	12033	14935	6771	8164
21170	10174	10996	13226	5979	7247
18454	8662	9792	11333	4769	6564
17497	8088	9409	10328	4364	5964
16821	7767	9054	9422	3893	5529
72645	**32677**	**39968**	**32378**	**13557**	**18821**
16252	7520	8732	8439	3506	4933
14665	6729	7936	6890	2828	4062
15031	6925	8106	6592	2753	3839
13664	6048	7616	5579	2400	3179
13033	5455	7578	4878	2070	2808
42527	**16698**	**25829**	**13193**	**5595**	**7598**
10961	4404	6557	3849	1583	2266
9831	3852	5979	3226	1369	1857
9065	3596	5469	2747	1193	1554
6878	2644	4234	1902	840	1062
5792	2202	3590	1469	610	859
19214	**6360**	**12854**	**4219**	**1739**	**2480**

7-2a 全省按户口登记地、年龄、性别分的

年龄	合计			户口 省内		
	合计	男	女	小计	男	女
总计	**49618272**	**27539974**	**22078298**	**24758290**	**12934364**	**11823926**
0-4岁	**1894199**	**1019959**	**874240**	**1235790**	**666351**	**569439**
0	189390	102162	87228	132018	71275	60743
1	361909	194744	167165	238701	128626	110075
2	401065	215519	185546	261142	140626	120516
3	479213	256979	222234	313118	168167	144951
4	462622	250555	212067	290811	157657	133154
5-9岁	**2191357**	**1203783**	**987574**	**1379271**	**752667**	**626604**
5	434224	236571	197653	271050	147056	123994
6	427492	234512	192980	269957	147324	122633
7	430322	236878	193444	272883	149176	123707
8	477386	262966	214420	301893	164800	137093
9	421933	232856	189077	263488	144311	119177
10-14岁	**1805887**	**1004947**	**800940**	**1165185**	**640526**	**524659**
10	400529	223365	177164	250797	138444	112353
11	397476	221042	176434	250287	137557	112730
12	365516	203059	162457	239172	131378	107794
13	329119	183042	146077	217546	119672	97874
14	313247	174439	138808	207383	113475	93908
15-19岁	**3012858**	**1709894**	**1302964**	**1966058**	**1063530**	**902528**
15	412841	227511	185330	307428	165701	141727
16	596644	334502	262142	437208	236967	200241
17	628749	361213	267536	423603	232416	191187
18	617190	358295	258895	365501	200852	164649
19	757434	428373	329061	432318	227594	204724
20-24岁	**5169737**	**2893293**	**2276444**	**2796367**	**1459900**	**1336467**
20	868085	487498	380587	497696	260177	237519
21	919605	515835	403770	509409	265950	243459
22	1061819	598794	463025	561002	297107	263895
23	1119645	625876	493769	588297	307462	280835
24	1200583	665290	535293	639963	329204	310759
25-29岁	**6347606**	**3574708**	**2772898**	**3170066**	**1641568**	**1528498**
25	1265733	704817	560916	663841	341321	322520
26	1207358	673008	534350	631294	324240	307054
27	1275485	716611	558874	646596	333701	312895
28	1289414	732579	556835	625635	326628	299007
29	1309616	747693	561923	602700	315678	287022
30-34岁	**7006894**	**4009792**	**2997102**	**2837285**	**1484179**	**1353106**
30	1540288	880802	659486	645656	337000	308656
31	1451956	830227	621729	592514	310139	282375
32	1335529	763992	571537	535445	280065	255380
33	1418960	814752	604208	555295	291108	264187
34	1260161	720019	540142	508375	265867	242508
35-39岁	**5332579**	**3055989**	**2276590**	**2281805**	**1209285**	**1072520**
35	1120374	641280	479094	466573	245427	221146
36	1108515	635058	473457	478359	253400	224959
37	1026181	589962	436219	447585	238822	208763
38	1095166	629602	465564	459057	243996	215061
39	982343	560087	422256	430231	227640	202591
40-44岁	**4144200**	**2334689**	**1809511**	**1695575**	**887100**	**808475**
40	872278	496233	376045	373844	197046	176798
41	914468	519011	395457	393805	207157	186648
42	811587	457416	354171	332530	174156	158374
43	737581	412622	324959	287480	149355	138125
44	808286	449407	358879	307916	159386	148530

户口登记地在外乡镇街道的人口(城市)

单位：人

登记地					
其中市辖区内人户分离			省外		
小计	男	女	小计	男	女
7919832	**3879445**	**4040387**	**24859982**	**14605610**	**10254372**
524219	**280551**	**243668**	**658409**	**353608**	**304801**
63058	33703	29355	57372	30887	26485
101994	54562	47432	123208	66118	57090
110855	59234	51621	139923	74893	65030
133918	71612	62306	166095	88812	77283
114394	61440	52954	171811	92898	78913
484001	**261553**	**222448**	**812086**	**451116**	**360970**
102070	54783	47287	163174	89515	73659
96872	52490	44382	157535	87188	70347
95218	51759	43459	157439	87702	69737
102899	55749	47150	175493	98166	77327
86942	46772	40170	158445	88545	69900
391671	**211428**	**180243**	**640702**	**364421**	**276281**
82637	44647	37990	149732	84921	64811
81400	43966	37434	147189	83485	63704
81258	43841	37417	126344	71681	54663
75350	40855	34495	111573	63370	48203
71026	38119	32907	105864	60964	44900
653417	**347087**	**306330**	**1046800**	**646364**	**400436**
133198	69131	64067	105413	61810	43603
192966	100827	92139	159436	97535	61901
172748	91943	80805	205146	128797	76349
88360	49265	39095	251689	157443	94246
66145	35921	30224	325116	200779	124337
445055	**225773**	**219282**	**2373370**	**1433393**	**939977**
69166	36981	32185	370389	227321	143068
68916	36606	32310	410196	249885	160311
82668	42987	39681	500817	301687	199130
101565	50636	50929	531348	318414	212934
122740	58563	64177	560620	336086	224534
769686	**351215**	**418471**	**3177540**	**1933140**	**1244400**
139190	64836	74354	601892	363496	238396
147220	67678	79542	576064	348768	227296
158153	71683	86470	628889	382910	245979
161215	73099	88116	663779	405951	257828
163908	73919	89989	706916	432015	274901
854383	**383573**	**470810**	**4169609**	**2525613**	**1643996**
182007	81505	100502	894632	543802	350830
176595	79089	97506	859442	520088	339354
164415	73789	90626	800084	483927	316157
171102	76855	94247	863665	523644	340021
160264	72335	87929	751786	454152	297634
723048	**332204**	**390844**	**3050774**	**1846704**	**1204070**
148377	67377	81000	653801	395853	257948
149658	68609	81049	630156	381658	248498
142625	65946	76679	578596	351140	227456
147702	68203	79499	636109	385606	250503
134686	62069	72617	552112	332447	219665
578524	**270232**	**308292**	**2448625**	**1447589**	**1001036**
122075	56452	65623	498434	299187	199247
132030	61380	70650	520663	311854	208809
114293	53442	60851	479057	283260	195797
101594	47661	53933	450101	263267	186834
108532	51297	57235	500370	290021	210349

7-2a 续表

年龄	户口 合计 合计	男	女	省内 小计	男	女
45-49岁	**4216741**	**2311906**	**1904835**	**1679982**	**864989**	**814993**
45	820457	451910	368547	309318	159014	150304
46	897257	490657	406600	347723	178397	169326
47	869567	476111	393456	352445	181032	171413
48	830627	454645	375982	335313	173013	162300
49	798833	438583	360250	335183	173533	161650
50-54岁	**3331055**	**1825332**	**1505723**	**1417566**	**735024**	**682542**
50	791216	432735	358481	330615	171340	159275
51	703434	386785	316649	298391	155104	143287
52	724208	396615	327593	303279	157151	146128
53	546666	299022	247644	238736	123797	114939
54	565531	310175	255356	246545	127632	118913
55-59岁	**2136924**	**1132722**	**1004202**	**1083263**	**547409**	**535854**
55	531115	288318	242797	250120	128785	121335
56	485979	259506	226473	235245	119616	115629
57	516035	274674	241361	254505	128578	125927
58	399079	207875	191204	219009	109791	109218
59	204716	102349	102367	124384	60639	63745
60-64岁	**1166778**	**579628**	**587150**	**710772**	**345861**	**364911**
60	207906	103381	104525	123708	60224	63484
61	212344	107082	105262	133777	66000	67777
62	256900	128543	128357	156364	76209	80155
63	267732	132764	134968	160966	78286	82680
64	221896	107858	114038	135957	65142	70815
65-69岁	**873064**	**419105**	**453959**	**565217**	**269255**	**295962**
65	214884	103949	110935	134703	64382	70321
66	204054	97784	106270	129482	61480	68002
67	170863	81352	89511	111210	52623	58587
68	155459	74359	81100	101798	48379	53419
69	127804	61661	66143	88024	42391	45633
70-74岁	**454272**	**223847**	**230425**	**334485**	**166778**	**167707**
70	118981	58349	60632	85089	42029	43060
71	108759	54396	54363	79280	40124	39156
72	86065	42012	44053	64056	31540	32516
73	74807	36592	38215	56082	27866	28216
74	65660	32498	33162	49978	25219	24759
75-79岁	**242106**	**114644**	**127462**	**190624**	**92212**	**98412**
75	59187	28754	30433	46134	22798	23336
76	52326	25341	26985	40853	20180	20673
77	46394	21845	24549	36578	17705	18873
78	43559	20115	23444	34582	16316	18266
79	40640	18589	22051	32477	15213	17264
80-84岁	**162430**	**72998**	**89432**	**134375**	**61308**	**73067**
80	38356	17719	20637	31089	14710	16379
81	33272	15110	18162	27299	12653	14646
82	33339	15045	18294	27578	12653	14925
83	29678	13174	16504	24841	11110	13731
84	27785	11950	15835	23568	10182	13386
85-89岁	**89230**	**37111**	**52119**	**77796**	**32263**	**45533**
85	23370	9579	13791	20029	8199	11830
86	20549	8563	11986	17768	7383	10385
87	19084	8049	11035	16666	7015	9651
88	14418	6035	8383	12791	5316	7475
89	11809	4885	6924	10542	4350	6192
90岁及以上	**40355**	**15627**	**24728**	**36808**	**14159**	**22649**

单位：人

登记地					
其中市辖区内人户分离			省　　外		
小计	男	女	小计	男	女
602974	**292006**	**310968**	**2536759**	**1446917**	**1089842**
111282	52995	58287	511139	292896	218243
123084	59218	63866	549534	312260	237274
127359	61685	65674	517122	295079	222043
120811	58699	62112	495314	281632	213682
120438	59409	61029	463650	265050	198600
519832	**258761**	**261071**	**1913489**	**1090308**	**823181**
120854	59573	61281	460601	261395	199206
110575	54675	55900	405043	231681	173362
112375	55830	56545	420929	239464	181465
85903	43222	42681	307930	175225	132705
90125	45461	44664	318986	182543	136443
444494	**224700**	**219794**	**1053661**	**585313**	**468348**
96456	48917	47539	280995	159533	121462
95083	48312	46771	250734	139890	110844
107580	54207	53373	261530	146096	115434
91389	46324	45065	180070	98084	81986
53986	26940	27046	80332	41710	38622
305273	**151853**	**153420**	**456006**	**233767**	**222239**
56274	28320	27954	84198	43157	41041
56554	28351	28203	78567	41082	37485
65610	32781	32829	100536	52334	48202
68049	33732	34317	106766	54478	52288
58786	28669	30117	85939	42716	43223
250284	**119400**	**130884**	**307847**	**149850**	**157997**
58968	28339	30629	80181	39567	40614
57263	27431	29832	74572	36304	38268
48857	23134	25723	59653	28729	30924
45430	21590	23840	53661	25980	27681
39766	18906	20860	39780	19270	20510
157580	**75805**	**81775**	**119787**	**57069**	**62718**
38904	18895	20009	33892	16320	17572
37087	18180	18907	29479	14272	15207
30428	14280	16148	22009	10472	11537
27315	12914	14401	18725	8726	9999
23846	11536	12310	15682	7279	8403
90433	**42086**	**48347**	**51482**	**22432**	**29050**
21714	10309	11405	13053	5956	7097
19629	9286	10343	11473	5161	6312
17146	7937	9209	9816	4140	5676
16287	7404	8883	8977	3799	5178
15657	7150	8507	8163	3376	4787
67561	**30020**	**37541**	**28055**	**11690**	**16365**
15091	6906	8185	7267	3009	4258
13660	6192	7468	5973	2457	3516
13973	6353	7620	5761	2392	3369
12695	5544	7151	4837	2064	2773
12142	5025	7117	4217	1768	2449
39663	**15406**	**24257**	**11434**	**4848**	**6586**
10242	4057	6185	3341	1380	1961
9166	3556	5610	2781	1180	1601
8475	3325	5150	2418	1034	1384
6406	2445	3961	1627	719	908
5374	2023	3351	1267	535	732
17734	**5792**	**11942**	**3547**	**1468**	**2079**

7-2b 全省按户口登记地、年龄、性别分的

年龄	户口					
	合计			省内		
	合计	男	女	小计	男	女
总计	**6173567**	**3352112**	**2821455**	**3902060**	**1999145**	**1902915**
0-4岁	**309226**	**166818**	**142408**	**238734**	**128955**	**109779**
0	29788	16270	13518	24072	13161	10911
1	57553	31147	26406	44907	24296	20611
2	65226	35076	30150	50417	27125	23292
3	78812	42409	36403	60704	32806	27898
4	77847	41916	35931	58634	31567	27067
5-9岁	**425786**	**230355**	**195431**	**326910**	**175947**	**150963**
5	76892	41565	35327	58234	31453	26781
6	82407	44733	37674	63196	34155	29041
7	85983	46258	39725	66258	35443	30815
8	94850	51115	43735	73267	39220	34047
9	85654	46684	38970	65955	35676	30279
10-14岁	**376251**	**203197**	**173054**	**294792**	**157559**	**137233**
10	81003	43997	37006	62283	33531	28752
11	82364	44590	37774	63736	34220	29516
12	77305	41881	35424	60923	32721	28202
13	68795	36901	31894	54529	28951	25578
14	66784	35828	30956	53321	28136	25185
15-19岁	**503912**	**273388**	**230524**	**408145**	**214104**	**194041**
15	83460	43933	39527	71479	36894	34585
16	114618	60464	54154	98821	50849	47972
17	110098	59039	51059	91658	47489	44169
18	95816	53578	42238	73792	39681	34111
19	99920	56374	43546	72395	39191	33204
20-24岁	**468001**	**265017**	**202984**	**299605**	**158716**	**140889**
20	100330	56104	44226	70997	37664	33333
21	91773	51491	40282	61374	32375	28999
22	91274	52581	38693	56227	30339	25888
23	89456	51290	38166	53361	28385	24976
24	95168	53551	41617	57646	29953	27693
25-29岁	**538155**	**298158**	**239997**	**316236**	**159701**	**156535**
25	101357	57254	44103	60664	31551	29113
26	99886	55455	44431	60349	30657	29692
27	107438	59172	48266	63471	31797	31674
28	111922	61827	50095	65272	32587	32685
29	117552	64450	53102	66480	33109	33371
30-34岁	**674078**	**365988**	**308090**	**349381**	**170342**	**179039**
30	139490	76333	63157	74145	36479	37666
31	135777	73637	62140	70855	34547	36308
32	127408	69129	58279	65511	31914	33597
33	140547	76302	64245	71031	34593	36438
34	130856	70587	60269	67839	32809	35030
35-39岁	**615502**	**333155**	**282347**	**337146**	**165945**	**171201**
35	120893	65247	55646	64376	31429	32947
36	124624	67297	57327	68645	33737	34908
37	118498	63863	54635	65813	32392	33421
38	130334	71140	59194	70672	35019	35653
39	121153	65608	55545	67640	33368	34272
40-44岁	**513992**	**280604**	**233388**	**262568**	**131521**	**131047**
40	107459	58080	49379	58283	28769	29514
41	112136	61200	50936	60509	30221	30288
42	100968	55319	45649	51398	25888	25510
43	91061	49945	41116	44197	22354	21843
44	102368	56060	46308	48181	24289	23892

户口登记地在外乡镇街道的人口(镇)

单位：人

登记地					
其中市辖区内人户分离			省　　外		
小计	男	女	小计	男	女
360999	**181742**	**179257**	**2271507**	**1352967**	**918540**
22537	**12185**	**10352**	**70492**	**37863**	**32629**
2350	1257	1093	5716	3109	2607
4351	2370	1981	12646	6851	5795
4984	2695	2289	14809	7951	6858
5859	3186	2673	18108	9603	8505
4993	2677	2316	19213	10349	8864
22768	**12323**	**10445**	**98876**	**54408**	**44468**
4572	2486	2086	18658	10112	8546
4499	2429	2070	19211	10578	8633
4521	2467	2054	19725	10815	8910
4899	2659	2240	21583	11895	9688
4277	2282	1995	19699	11008	8691
19038	**10103**	**8935**	**81459**	**45638**	**35821**
3984	2114	1870	18720	10466	8254
4133	2187	1946	18628	10370	8258
3932	2073	1859	16382	9160	7222
3503	1869	1634	14266	7950	6316
3486	1860	1626	13463	7692	5771
48743	**26416**	**22327**	**95767**	**59284**	**36483**
7952	4248	3704	11981	7039	4942
13500	7254	6246	15797	9615	6182
12782	6819	5963	18440	11550	6890
8571	4785	3786	22024	13897	8127
5938	3310	2628	27525	17183	10342
23645	**12233**	**11412**	**168396**	**106301**	**62095**
4919	2620	2299	29333	18440	10893
4322	2269	2053	30399	19116	11283
4359	2324	2035	35047	22242	12805
4720	2452	2268	36095	22905	13190
5325	2568	2757	37522	23598	13924
30488	**14139**	**16349**	**221919**	**138457**	**83462**
5530	2740	2790	40693	25703	14990
5782	2719	3063	39537	24798	14739
6193	2834	3359	43967	27375	16592
6408	2911	3497	46650	29240	17410
6575	2935	3640	51072	31341	19731
35005	**15372**	**19633**	**324697**	**195646**	**129051**
7280	3196	4084	65345	39854	25491
7135	3154	3981	64922	39090	25832
6555	2808	3747	61897	37215	24682
7206	3211	3995	69516	41709	27807
6829	3003	3826	63017	37778	25239
31729	**14821**	**16908**	**278356**	**167210**	**111146**
6514	2951	3563	56517	33818	22699
6527	3022	3505	55979	33560	22419
6132	2878	3254	52685	31471	21214
6449	3073	3376	59662	36121	23541
6107	2897	3210	53513	32240	21273
25863	**12407**	**13456**	**251424**	**149083**	**102341**
5452	2545	2907	49176	29311	19865
5708	2719	2989	51627	30979	20648
5066	2459	2607	49570	29431	20139
4597	2244	2353	46864	27591	19273
5040	2440	2600	54187	31771	22416

7-2b 续表

年龄	户口					
	合计			省内		
	合计	男	女	小计	男	女
45-49岁	**549486**	**299477**	**250009**	**265216**	**134257**	**130959**
45	105658	57270	48388	48896	24499	24397
46	116895	63466	53429	55183	27841	27342
47	113384	61348	52036	55426	27745	27681
48	108173	59192	48981	52657	26861	25796
49	105376	58201	47175	53054	27311	25743
50-54岁	**454006**	**251853**	**202153**	**239373**	**123295**	**116078**
50	105927	58108	47819	53770	27438	26332
51	94742	52670	42072	48731	25169	23562
52	97707	54075	43632	50710	26061	24649
53	76259	42425	33834	42146	21786	20360
54	79371	44575	34796	44016	22841	21175
55-59岁	**294312**	**161600**	**132712**	**188023**	**96161**	**91862**
55	74340	41522	32818	44252	22926	21326
56	67210	37227	29983	41377	21397	19980
57	68834	38076	30758	42891	21946	20945
58	55450	29963	25487	38213	19351	18862
59	28478	14812	13666	21290	10541	10749
60-64岁	**161691**	**83262**	**78429**	**125476**	**62430**	**63046**
60	26983	13983	13000	19762	9752	10010
61	29636	15592	14044	23300	11844	11456
62	36744	18908	17836	28492	14136	14356
63	37082	19132	17950	29095	14571	14524
64	31246	15647	15599	24827	12127	12700
65-69岁	**122678**	**60282**	**62396**	**100425**	**48748**	**51677**
65	29993	14906	15087	24104	11748	12356
66	28199	13862	14337	22827	11082	11745
67	23952	11710	12242	19523	9394	10129
68	21915	10619	11296	18122	8730	9392
69	18619	9185	9434	15849	7794	8055
70-74岁	**69203**	**35128**	**34075**	**60471**	**30991**	**29480**
70	17814	8959	8855	15481	7808	7673
71	16315	8492	7823	14150	7462	6688
72	13096	6567	6529	11478	5811	5667
73	11489	5860	5629	10091	5214	4877
74	10489	5250	5239	9271	4696	4575
75-79岁	**43183**	**20871**	**22312**	**39018**	**19061**	**19957**
75	10173	5103	5070	9139	4644	4495
76	9200	4597	4603	8266	4156	4110
77	8537	4033	4504	7723	3688	4035
78	7870	3695	4175	7164	3397	3767
79	7403	3443	3960	6726	3176	3550
80-84岁	**29874**	**13366**	**16508**	**27548**	**12337**	**15211**
80	7043	3233	3810	6423	2973	3450
81	6056	2793	3263	5556	2578	2978
82	6100	2715	3385	5633	2509	3124
83	5612	2514	3098	5206	2332	2874
84	5063	2111	2952	4730	1945	2785
85-89岁	**16453**	**6664**	**9789**	**15563**	**6287**	**9276**
85	4381	1836	2545	4127	1735	2392
86	3729	1483	2246	3494	1387	2107
87	3493	1411	2082	3331	1329	2002
88	2690	1092	1598	2552	1029	1523
89	2160	842	1318	2059	807	1252
90岁及以上	**7778**	**2929**	**4849**	**7430**	**2788**	**4642**

单位：人

登记地					
其中市辖区内人户分离			省外		
小计	男	女	小计	男	女
27890	**13767**	**14123**	**284270**	**165220**	**119050**
5227	2550	2677	56762	32771	23991
5809	2836	2973	61712	35625	26087
5793	2823	2970	57958	33603	24355
5566	2787	2779	55516	32331	23185
5495	2771	2724	52322	30890	21432
23319	**12179**	**11140**	**214633**	**128558**	**86075**
5572	2877	2695	52157	30670	21487
4851	2561	2290	46011	27501	18510
4886	2503	2383	46997	28014	18983
3941	2076	1865	34113	20639	13474
4069	2162	1907	35355	21734	13621
17721	**9491**	**8230**	**106289**	**65439**	**40850**
4112	2214	1898	30088	18596	11492
3855	2081	1774	25833	15830	10003
4211	2259	1952	25943	16130	9813
3689	1949	1740	17237	10612	6625
1854	988	866	7188	4271	2917
10733	**5593**	**5140**	**36215**	**20832**	**15383**
1939	1017	922	7221	4231	2990
2025	1064	961	6336	3748	2588
2352	1197	1155	8252	4772	3480
2388	1258	1130	7987	4561	3426
2029	1057	972	6419	3520	2899
8593	**4409**	**4184**	**22253**	**11534**	**10719**
2026	1069	957	5889	3158	2731
1935	1008	927	5372	2780	2592
1664	832	832	4429	2316	2113
1604	798	806	3793	1889	1904
1364	702	662	2770	1391	1379
5506	**2864**	**2642**	**8732**	**4137**	**4595**
1397	713	684	2333	1151	1182
1296	683	613	2165	1030	1135
1066	549	517	1618	756	862
959	507	452	1398	646	752
788	412	376	1218	554	664
3201	**1629**	**1572**	**4165**	**1810**	**2355**
721	391	330	1034	459	575
735	389	346	934	441	493
630	309	321	814	345	469
570	279	291	706	298	408
545	261	284	677	267	410
2324	**1060**	**1264**	**2326**	**1029**	**1297**
548	250	298	620	260	360
466	215	251	500	215	285
479	221	258	467	206	261
435	203	232	406	182	224
396	171	225	333	166	167
1250	**507**	**743**	**890**	**377**	**513**
328	143	185	254	101	153
293	106	187	235	96	139
267	105	162	162	82	80
206	87	119	138	63	75
156	66	90	101	35	66
646	**244**	**402**	**348**	**141**	**207**

7-2c 全省按户口登记地、年龄、性别分的

年龄	户口					
	合计			省内		
	合计	男	女	小计	男	女
总计	**4843247**	**2819761**	**2023486**	**2352626**	**1266657**	**1085969**
0-4岁	**178944**	**95450**	**83494**	**113458**	**60235**	**53223**
0	16417	8805	7612	11122	5911	5211
1	35040	18712	16328	22603	12036	10567
2	38891	20747	18144	24787	13141	11646
3	44770	23748	21022	28225	14912	13313
4	43826	23438	20388	26721	14235	12486
5-9岁	**225441**	**121461**	**103980**	**135083**	**71631**	**63452**
5	42186	22593	19593	25036	13240	11796
6	43947	23580	20367	26316	13994	12322
7	44876	24197	20679	27049	14321	12728
8	49572	26747	22825	30032	15930	14102
9	44860	24344	20516	26650	14146	12504
10-14岁	**194569**	**106366**	**88203**	**122643**	**65638**	**57005**
10	42078	22893	19185	25208	13423	11785
11	43082	23529	19553	26343	14144	12199
12	39366	21441	17925	25132	13422	11710
13	35411	19551	15860	22931	12396	10535
14	34632	18952	15680	23029	12253	10776
15-19岁	**361007**	**206676**	**154331**	**253419**	**137402**	**116017**
15	49348	26808	22540	38616	20413	18203
16	72058	40863	31195	54752	29779	24973
17	71872	42420	29452	49579	27622	21957
18	76722	44917	31805	50841	28010	22831
19	91007	51668	39339	59631	31578	28053
20-24岁	**441687**	**259130**	**182557**	**245236**	**129552**	**115684**
20	90761	52077	38684	57542	30317	27225
21	86131	49643	36488	50639	26305	24334
22	88507	52693	35814	46985	25139	21846
23	87178	51814	35364	44312	23603	20709
24	89110	52903	36207	45758	24188	21570
25-29岁	**486478**	**284332**	**202146**	**237261**	**121976**	**115285**
25	94646	55664	38982	48346	25182	23164
26	90584	53035	37549	45502	23517	21985
27	97028	56591	40437	47817	24550	23267
28	100530	58546	41984	48135	24642	23493
29	103690	60496	43194	47461	24085	23376
30-34岁	**571447**	**337728**	**233719**	**226633**	**116812**	**109821**
30	122693	72267	50426	52086	26810	25276
31	117056	68950	48106	47850	24537	23313
32	108486	64186	44300	42583	22037	20546
33	117353	69663	47690	43990	22689	21301
34	105859	62662	43197	40124	20739	19385
35-39岁	**472583**	**280201**	**192382**	**180602**	**95366**	**85236**
35	95918	57004	38914	36660	19196	17464
36	94824	56033	38791	37084	19414	17670
37	90269	53851	36418	35232	18797	16435
38	98842	58740	40102	35992	18993	16999
39	92730	54573	38157	35634	18966	16668
40-44岁	**430115**	**250537**	**179578**	**152179**	**80620**	**71559**
40	85372	49957	35415	31822	16772	15050
41	89755	52914	36841	33501	17777	15724
42	84285	49132	35153	30030	16025	14005
43	79707	46366	33341	26782	14237	12545
44	90996	52168	38828	30044	15809	14235

户口登记地在外乡镇街道的人口(乡村)

单位：人

登记地					
其中市辖区内人户分离			省外		
小计	男	女	小计	男	女
288105	**142621**	**145484**	**2490621**	**1553104**	**937517**
14569	**7704**	**6865**	**65486**	**35215**	**30271**
1645	858	787	5295	2894	2401
2937	1559	1378	12437	6676	5761
3192	1695	1497	14104	7606	6498
3547	1871	1676	16545	8836	7709
3248	1721	1527	17105	9203	7902
14962	**7852**	**7110**	**90358**	**49830**	**40528**
3050	1610	1440	17150	9353	7797
2996	1564	1432	17631	9586	8045
2919	1506	1413	17827	9876	7951
3168	1722	1446	19540	10817	8723
2829	1450	1379	18210	10198	8012
12778	**6722**	**6056**	**71926**	**40728**	**31198**
2728	1448	1280	16870	9470	7400
2773	1516	1257	16739	9385	7354
2545	1311	1234	14234	8019	6215
2273	1200	1073	12480	7155	5325
2459	1247	1212	11603	6699	4904
47668	**26347**	**21321**	**107588**	**69274**	**38314**
9037	4757	4280	10732	6395	4337
14774	7993	6781	17306	11084	6222
12086	6740	5346	22293	14798	7495
7060	4227	2833	25881	16907	8974
4711	2630	2081	31376	20090	11286
21711	**10512**	**11199**	**196451**	**129578**	**66873**
4319	2247	2072	33219	21760	11459
4210	2136	2074	35492	23338	12154
4078	2043	2035	41522	27554	13968
4262	1979	2283	42866	28211	14655
4842	2107	2735	43352	28715	14637
29195	**11556**	**17639**	**249217**	**162356**	**86861**
5275	2257	3018	46300	30482	15818
5622	2292	3330	45082	29518	15564
6083	2331	3752	49211	32041	17170
6025	2329	3696	52395	33904	18491
6190	2347	3843	56229	36411	19818
29672	**11355**	**18317**	**344814**	**220916**	**123898**
6634	2531	4103	70607	45457	25150
6272	2325	3947	69206	44413	24793
5586	2108	3478	65903	42149	23754
5738	2252	3486	73363	46974	26389
5442	2139	3303	65735	41923	23812
22327	**9551**	**12776**	**291981**	**184835**	**107146**
4635	1863	2772	59258	37808	21450
4709	1982	2727	57740	36619	21121
4310	1891	2419	55037	35054	19983
4363	1903	2460	62850	39747	23103
4310	1912	2398	57096	35607	21489
17976	**8480**	**9496**	**277936**	**169917**	**108019**
3845	1726	2119	53550	33185	20365
3956	1855	2101	56254	35137	21117
3602	1700	1902	54255	33107	21148
3067	1482	1585	52925	32129	20796
3506	1717	1789	60952	36359	24593

7–2c 续表

年 龄	户口					
	合 计			省 内		
	合计	男	女	小计	男	女
45–49岁	**499924**	**287125**	**212799**	**170497**	**89963**	**80534**
45	95027	54333	40694	31217	16368	14849
46	105680	60209	45471	35650	18582	17068
47	102290	58670	43620	35411	18655	16756
48	99365	57184	42181	33745	17887	15858
49	97562	56729	40833	34474	18471	16003
50–54岁	**413896**	**247608**	**166288**	**151642**	**84029**	**67613**
50	98275	57223	41052	34977	18923	16054
51	87013	51652	35361	31468	17189	14279
52	90359	54052	36307	32459	18008	14451
53	68089	41225	26864	26018	14574	11444
54	70160	43456	26704	26720	15335	11385
55–59岁	**239057**	**150268**	**88789**	**107894**	**63296**	**44598**
55	62695	39206	23489	25446	14875	10571
56	55289	34554	20735	23121	13462	9659
57	56973	36584	20389	25096	14884	10212
58	42972	27065	15907	21916	12971	8945
59	21128	12859	8269	12315	7104	5211
60–64岁	**104419**	**64095**	**40324**	**66269**	**39193**	**27076**
60	19016	11638	7378	10984	6353	4631
61	19723	12271	7452	12708	7617	5091
62	23371	14529	8842	14634	8729	5905
63	23235	14319	8916	15032	8978	6054
64	19074	11338	7736	12911	7516	5395
65–69岁	**76884**	**44567**	**32317**	**57142**	**33278**	**23864**
65	18464	10868	7596	13011	7585	5426
66	17447	10181	7266	12657	7404	5253
67	15144	8721	6423	11264	6517	4747
68	13831	7909	5922	10536	6112	4424
69	11998	6888	5110	9674	5660	4014
70–74岁	**51802**	**31117**	**20685**	**44461**	**27438**	**17023**
70	12567	7285	5282	10431	6194	4237
71	11980	7306	4674	10171	6363	3808
72	9836	5939	3897	8517	5304	3213
73	8870	5406	3464	7746	4853	2893
74	8549	5181	3368	7596	4724	2872
75–79岁	**36498**	**21471**	**15027**	**32901**	**19937**	**12964**
75	8310	5031	3279	7462	4675	2787
76	7835	4739	3096	7016	4362	2654
77	7108	4178	2930	6405	3894	2511
78	6734	3894	2840	6089	3627	2462
79	6511	3629	2882	5929	3379	2550
80–84岁	**28431**	**15673**	**12758**	**26434**	**14835**	**11599**
80	6498	3711	2787	5946	3474	2472
81	5688	3137	2551	5271	2981	2290
82	5686	3119	2567	5322	2964	2358
83	5483	3023	2460	5147	2869	2278
84	5076	2683	2393	4748	2547	2201
85–89岁	**18655**	**9836**	**8819**	**17786**	**9466**	**8320**
85	4505	2356	2149	4251	2254	1997
86	4223	2232	1991	4013	2139	1874
87	3960	2092	1868	3793	2015	1778
88	3132	1666	1466	2995	1608	1387
89	2835	1490	1345	2734	1450	1284
90岁及以上	**11410**	**6120**	**5290**	**11086**	**5990**	**5096**

单位：人

登记地					
其中市辖区内人户分离			省外		
小计	男	女	小计	男	女
19663	**9877**	**9786**	**329427**	**197162**	**132265**
3698	1825	1873	63810	37965	25845
4042	1976	2066	70030	41627	28403
4054	2064	1990	66879	40015	26864
3944	2010	1934	65620	39297	26323
3925	2002	1923	63088	38258	24830
16922	**8949**	**7973**	**262254**	**163579**	**98675**
3934	2002	1932	63298	38300	24998
3577	1823	1754	55545	34463	21082
3611	1902	1709	57900	36044	21856
2800	1493	1307	42071	26651	15420
3000	1729	1271	43440	28121	15319
12334	**7166**	**5168**	**131163**	**86972**	**44191**
2956	1695	1261	37249	24331	12918
2626	1484	1142	32168	21092	11076
2899	1718	1181	31877	21700	10177
2466	1462	1004	21056	14094	6962
1387	807	580	8813	5755	3058
7392	**4304**	**3088**	**38150**	**24902**	**13248**
1246	723	523	8032	5285	2747
1394	832	562	7015	4654	2361
1626	985	641	8737	5800	2937
1678	936	742	8203	5341	2862
1448	828	620	6163	3822	2341
6825	**3985**	**2840**	**19742**	**11289**	**8453**
1541	936	605	5453	3283	2170
1507	871	636	4790	2777	2013
1352	772	580	3880	2204	1676
1272	744	528	3295	1797	1498
1153	662	491	2324	1228	1096
5345	**3362**	**1983**	**7341**	**3679**	**3662**
1250	786	464	2136	1091	1045
1258	808	450	1809	943	866
1054	671	383	1319	635	684
960	576	384	1124	553	571
823	521	302	953	457	496
3558	**2193**	**1365**	**3597**	**1534**	**2063**
815	517	298	848	356	492
806	499	307	819	377	442
678	416	262	703	284	419
640	405	235	645	267	378
619	356	263	582	250	332
2760	**1597**	**1163**	**1997**	**838**	**1159**
613	364	249	552	237	315
539	322	217	417	156	261
579	351	228	364	155	209
534	301	233	336	154	182
495	259	236	328	136	192
1614	**785**	**829**	**869**	**370**	**499**
391	204	187	254	102	152
372	190	182	210	93	117
323	166	157	167	77	90
266	112	154	137	58	79
262	113	149	101	40	61
834	**324**	**510**	**324**	**130**	**194**

7-3 全省按现住地、性别分的户口登记地在外省的人口

单位：人

现住地	户口登记地					
	合计			北京		
	合计	男	女	小计	男	女
广东	**29622110**	**17511681**	**12110429**	**31435**	**18583**	**12852**
广州市	**4934998**	**2872418**	**2062580**	**6937**	**4021**	**2916**
荔湾区	197894	116388	81506	224	138	86
越秀区	139185	75241	63944	617	362	255
海珠区	451308	251306	200002	847	473	374
天河区	562466	321083	241383	1921	1067	854
白云区	1238623	723666	514957	769	455	314
黄埔区	403374	248135	155239	540	347	193
番禺区	837815	479275	358540	1307	724	583
花都区	513749	300196	213553	303	183	120
南沙区	258409	161444	96965	166	119	47
从化区	45227	27241	17986	38	22	16
增城区	286948	168443	118505	205	131	74
韶关市	**147318**	**84054**	**63264**	**132**	**81**	**51**
武江区	41091	23243	17848	26	13	13
浈江区	28375	15652	12723	60	37	23
曲江区	18105	10746	7359	4	3	1
始兴县	5666	3243	2423	3	3	
仁化县	9587	5627	3960	2	2	
翁源县	7946	4855	3091	18	12	6
乳源瑶族自治县	6180	3747	2433	6	4	2
新丰县	6587	4124	2463	1	1	
乐昌市	14976	7788	7188	5	2	3
南雄市	8805	5029	3776	7	4	3
深圳市	**8221206**	**4823533**	**3397673**	**16852**	**9989**	**6863**
罗湖区	345541	189737	155804	1294	762	532
福田区	463150	256855	206295	3845	2209	1636
南山区	632584	363578	269006	6517	3814	2703
宝安区	2520020	1487152	1032868	1617	1019	598
龙岗区	1827080	1054795	772285	1847	1108	739
盐田区	71582	42884	28698	210	107	103
龙华区	1353644	817007	536637	1173	720	453
坪山区	302393	183465	118928	176	120	56
光明区	705212	428060	277152	173	130	43
珠海市	**736301**	**436708**	**299593**	**2115**	**1180**	**935**
香洲区	412174	239561	172613	1909	1060	849
斗门区	158682	96405	62277	84	41	43
金湾区	165445	100742	64703	122	79	43
汕头市	**415360**	**245026**	**170334**	**184**	**104**	**80**
龙湖区	76654	45854	30800	63	35	28
金平区	53283	30354	22929	71	39	32
濠江区	10012	6786	3226	6	3	3
潮阳区	86996	51159	35837	16	11	5
潮南区	52836	31842	20994	10	6	4
澄海区	133648	77925	55723	18	10	8
南澳县	1931	1106	825			
佛山市	**3106767**	**1894647**	**1212120**	**1323**	**820**	**503**
禅城区	319960	190684	129276	237	144	93
南海区	1198839	733433	465406	584	347	237
顺德区	1238947	750227	488720	417	278	139
三水区	243090	153778	89312	55	35	20
高明区	105931	66525	39406	30	16	14

7-3　续表 1　　　　单位：人

现住地	户口登记地					
	合计			北京		
	合计	男	女	小计	男	女
江门市	**782556**	**463494**	**319062**	**245**	**144**	**101**
蓬江区	190917	112743	78174	130	81	49
江海区	109811	65259	44552	27	14	13
新会区	162058	96639	65419	25	15	10
台山市	66188	39367	26821	23	11	12
开平市	90514	52095	38419	8	5	3
鹤山市	135345	80184	55161	25	15	10
恩平市	27723	17207	10516	7	3	4
湛江市	**136071**	**76229**	**59842**	**185**	**111**	**74**
赤坎区	19712	10746	8966	44	28	16
霞山区	29449	16291	13158	75	38	37
坡头区	8342	4958	3384	18	11	7
麻章区	17295	11323	5972	35	23	12
遂溪县	6813	3654	3159	2	2	
徐闻县	10163	5790	4373	2	2	
廉江市	20613	9518	11095	2	2	
雷州市	6462	3741	2721	2		2
吴川市	17222	10208	7014	5	5	
茂名市	**92388**	**50538**	**41850**	**48**	**30**	**18**
茂南区	31303	18461	12842	35	22	13
电白区	17216	9487	7729	4	3	1
高州市	19277	10564	8713	4	3	1
化州市	13838	6626	7212	3	2	1
信宜市	10754	5400	5354	2		2
肇庆市	**286607**	**175454**	**111153**	**107**	**61**	**46**
端州区	38264	22292	15972	45	23	22
鼎湖区	25855	17030	8825	14	11	3
高要区	62818	38399	24419	6	5	1
广宁县	8132	5249	2883	5	2	3
怀集县	7476	4445	3031	6	4	2
封开县	6132	3666	2466			
德庆县	3998	2276	1722	2	1	1
四会市	133932	82097	51835	29	15	14
惠州市	**1614182**	**976233**	**637949**	**683**	**416**	**267**
惠城区	551978	330656	221322	267	166	101
惠阳区	602752	368628	234124	278	154	124
博罗县	297011	178816	118195	74	55	19
惠东县	140631	84402	56229	60	38	22
龙门县	21810	13731	8079	4	3	1
梅州市	**88806**	**51025**	**37781**	**52**	**32**	**20**
梅江区	23719	13532	10187	19	12	7
梅县区	22289	12459	9830	14	8	6
大埔县	5876	3423	2453	3	2	1
丰顺县	8546	5067	3479	4	1	3
五华县	9250	5774	3476	2	2	
平远县	4428	2379	2049			
蕉岭县	5390	3151	2239	3		3
兴宁市	9308	5240	4068	7	7	

7-3 续表 2

单位：人

现住地	户口登记地					
	合计			北京		
	合计	男	女	小计	男	女
汕尾市	**97758**	**58919**	**38839**	**62**	**41**	**21**
城　区	25518	16062	9456	10	5	5
海丰县	55576	33351	22225	29	22	7
陆河县	5543	3467	2076	8	7	1
陆丰市	11121	6039	5082	15	7	8
河源市	**151161**	**90625**	**60536**	**87**	**51**	**36**
源城区	87728	51205	36523	47	26	21
紫金县	16755	10613	6142	21	13	8
龙川县	13767	8302	5465	3	1	2
连平县	5849	3497	2352	3	2	1
和平县	4947	3154	1793	1	1	
东源县	22115	13854	8261	12	8	4
阳江市	**110274**	**64367**	**45907**	**97**	**65**	**32**
江城区	42857	25359	17498	35	22	13
阳东区	43390	25140	18250	49	32	17
阳西县	9569	5675	3894	3	3	
阳春市	14458	8193	6265	10	8	2
清远市	**227423**	**136823**	**90600**	**103**	**72**	**31**
清城区	125756	75730	50026	66	41	25
清新区	29424	16970	12454	8	5	3
佛冈县	16016	10092	5924	4	3	1
阳山县	5893	3599	2294	7	7	
连山壮族瑶族自治县	2222	1176	1046			
连南瑶族自治县	1216	655	561			
英德市	40252	24656	15596	15	13	2
连州市	6644	3945	2699	3	3	
东莞市	**6193503**	**3675508**	**2517995**	**1529**	**959**	**570**
市辖区	6193503	3675508	2517995	1529	959	570
中山市	**1930002**	**1129512**	**800490**	**597**	**345**	**252**
市辖区	1930002	1129512	800490	597	345	252
潮州市	**175141**	**102483**	**72658**	**46**	**31**	**15**
湘桥区	42343	24570	17773	24	17	7
潮安区	125973	73921	52052	16	11	5
饶平县	6825	3992	2833	6	3	3
揭阳市	**106067**	**63715**	**42352**	**20**	**14**	**6**
榕城区	29521	18220	11301	4	3	1
揭东区	30483	18531	11952	1		1
揭西县	7738	4438	3300	2	2	
惠来县	4815	3042	1773	7	4	3
普宁市	33510	19484	14026	6	5	1
云浮市	**68221**	**40370**	**27851**	**31**	**16**	**15**
云城区	24994	15559	9435	16	6	10
云安区	6081	4080	2001	2	2	
新兴县	19396	11552	7844	8	6	2
郁南县	5110	2691	2419	1	1	
罗定市	12640	6488	6152	4	1	3

7–3 续表 3

单位：人

现住地	户口登记地								
	天津			河北			山西		
	小计	男	女	小计	男	女	小计	男	女
广东	**18740**	**10861**	**7879**	**126560**	**77121**	**49439**	**82010**	**50005**	**32005**
广州市	**4282**	**2422**	**1860**	**31075**	**18434**	**12641**	**17822**	**10489**	**7333**
荔湾区	183	103	80	1126	654	472	480	285	195
越秀区	265	141	124	1572	866	706	705	384	321
海珠区	455	237	218	2339	1296	1043	1253	683	570
天河区	860	495	365	4887	2775	2112	3318	1897	1421
白云区	615	339	276	7722	4726	2996	3856	2326	1530
黄埔区	380	242	138	2569	1596	973	1758	1127	631
番禺区	891	474	417	4751	2795	1956	3068	1762	1306
花都区	265	163	102	2617	1558	1059	1627	931	696
南沙区	171	112	59	1491	984	507	700	460	240
从化区	17	12	5	266	168	98	250	140	110
增城区	180	104	76	1735	1016	719	807	494	313
韶关市	**71**	**49**	**22**	**899**	**520**	**379**	**388**	**250**	**138**
武江区	21	12	9	280	160	120	100	61	39
浈江区	24	21	3	229	117	112	90	56	34
曲江区	3	3		104	61	43	50	35	15
始兴县	1	1		37	21	16	17	8	9
仁化县	1	1		32	19	13	13	10	3
翁源县	4	2	2	38	20	18	22	13	9
乳源瑶族自治县	2	1	1	44	30	14	21	16	5
新丰县	1		1	32	26	6	20	15	5
乐昌市	7	4	3	62	38	24	29	20	9
南雄市	7	4	3	41	28	13	26	16	10
深圳市	**7992**	**4595**	**3397**	**42939**	**26076**	**16863**	**30822**	**18673**	**12149**
罗湖区	603	313	290	2506	1420	1086	1531	868	663
福田区	1189	621	568	4016	2309	1707	2737	1553	1184
南山区	2159	1229	930	6436	3775	2661	4642	2599	2043
宝安区	1335	824	511	10256	6245	4011	7305	4501	2804
龙岗区	1437	832	605	8944	5344	3600	6385	3841	2544
盐田区	110	70	40	589	354	235	331	210	121
龙华区	831	504	327	6613	4179	2434	5165	3285	1880
坪山区	148	90	58	1368	877	491	1230	829	401
光明区	180	112	68	2211	1573	638	1496	987	509
珠海市	**1286**	**708**	**578**	**5333**	**3130**	**2203**	**3984**	**2324**	**1660**
香洲区	917	482	435	3409	1917	1492	2478	1376	1102
斗门区	85	56	29	738	447	291	544	330	214
金湾区	284	170	114	1186	766	420	962	618	344
汕头市	**132**	**73**	**59**	**840**	**512**	**328**	**504**	**329**	**175**
龙湖区	49	30	19	220	129	91	109	80	29
金平区	40	18	22	205	113	92	119	65	54
濠江区	2	1	1	29	23	6	11	9	2
潮阳区	9	5	4	100	63	37	81	57	24
潮南区	30	18	12	171	119	52	95	57	38
澄海区	2	1	1	107	61	46	85	58	27
南澳县				8	4	4	4	3	1
佛山市	**1027**	**613**	**414**	**11507**	**7266**	**4241**	**5671**	**3621**	**2050**
禅城区	176	100	76	1388	861	527	733	456	277
南海区	398	236	162	5203	3239	1964	2298	1458	840
顺德区	378	222	156	3923	2505	1418	2073	1344	729
三水区	46	32	14	662	432	230	375	235	140
高明区	29	23	6	331	229	102	192	128	64

7-3 续表 4

单位：人

现住地	户口登记地								
	天津			河北			山西		
	小计	男	女	小计	男	女	小计	男	女
江门市	**176**	**100**	**76**	**1968**	**1247**	**721**	**1044**	**691**	**353**
蓬江区	59	32	27	669	418	251	367	232	135
江海区	20	8	12	278	181	97	146	96	50
新会区	22	15	7	329	218	111	131	93	38
台山市	16	11	5	174	110	64	92	61	31
开平市	15	6	9	188	106	82	52	30	22
鹤山市	35	21	14	273	176	97	215	145	70
恩平市	9	7	2	57	38	19	41	34	7
湛江市	**327**	**235**	**92**	**1274**	**767**	**507**	**712**	**361**	**351**
赤坎区	59	42	17	262	141	121	175	76	99
霞山区	77	44	33	367	210	157	112	47	65
坡头区	90	71	19	138	77	61	50	31	19
麻章区	72	53	19	314	215	99	254	123	131
遂溪县	7	6	1	21	7	14	3	2	1
徐闻县	4	4		40	23	17	10	9	1
廉江市	4	2	2	43	20	23	32	16	16
雷州市	4	4		20	15	5	37	30	7
吴川市	10	9	1	69	59	10	39	27	12
茂名市	**87**	**57**	**30**	**412**	**266**	**146**	**252**	**174**	**78**
茂南区	63	40	23	260	162	98	149	99	50
电白区	8	7	1	76	62	14	38	28	10
高州市	2	2		27	16	11	24	19	5
化州市	3	2	1	29	14	15	29	22	7
信宜市	11	6	5	20	12	8	12	6	6
肇庆市	**114**	**59**	**55**	**1011**	**624**	**387**	**562**	**361**	**201**
端州区	42	18	24	241	130	111	160	87	73
鼎湖区	8	5	3	100	66	34	32	24	8
高要区	4	4		75	48	27	76	58	18
广宁县				16	10	6	8	4	4
怀集县	6	4	2	38	25	13	17	10	7
封开县	1	1		50	40	10	33	29	4
德庆县	2	1	1	5	2	3	5	2	3
四会市	51	26	25	486	303	183	231	147	84
惠州市	**914**	**552**	**362**	**6082**	**3710**	**2372**	**4164**	**2684**	**1480**
惠城区	275	153	122	2189	1268	921	1679	1062	617
惠阳区	533	331	202	2796	1743	1053	1761	1137	624
博罗县	63	42	21	752	464	288	446	291	155
惠东县	34	17	17	298	201	97	240	174	66
龙门县	9	9		47	34	13	38	20	18
梅州市	**32**	**15**	**17**	**463**	**301**	**162**	**288**	**208**	**80**
梅江区	10	3	7	174	108	66	90	60	30
梅县区	7	4	3	90	57	33	67	49	18
大埔县	4	2	2	22	16	6	13	9	4
丰顺县	4	1	3	18	16	2	17	11	6
五华县				33	24	9	44	38	6
平远县				52	41	11	9	6	3
蕉岭县				18	14	4	8	6	2
兴宁市	7	5	2	56	25	31	40	29	11

7–3　续表 5　　　　　　　　　　　　　　　　　　　　　　　　　　　　单位：人

现住地	户口登记地								
	天津			河北			山西		
	小计	男	女	小计	男	女	小计	男	女
汕尾市	**45**	**29**	**16**	**350**	**230**	**120**	**192**	**130**	**62**
城　区	24	13	11	115	73	42	52	36	16
海丰县	19	15	4	172	118	54	100	70	30
陆河县				28	22	6	16	14	2
陆丰市	2	1	1	35	17	18	24	10	14
河源市	**52**	**32**	**20**	**629**	**402**	**227**	**574**	**422**	**152**
源城区	32	17	15	383	243	140	197	126	71
紫金县	12	10	2	44	24	20	33	26	7
龙川县	4	3	1	97	67	30	96	71	25
连平县	1	1		8	5	3	12	9	3
和平县	1	1		32	23	9	42	39	3
东源县	2		2	65	40	25	194	151	43
阳江市	**63**	**45**	**18**	**1026**	**627**	**399**	**240**	**174**	**66**
江城区	39	30	9	234	142	92	89	67	22
阳东区	10	6	4	78	49	29	56	42	14
阳西县	3	2	1	37	24	13	27	20	7
阳春市	11	7	4	677	412	265	68	45	23
清远市	**99**	**58**	**41**	**1298**	**820**	**478**	**682**	**470**	**212**
清城区	61	36	25	795	482	313	393	268	125
清新区	9	3	6	87	62	25	65	42	23
佛冈县				54	40	14	28	21	7
阳山县	1	1		27	19	8	23	19	4
连山壮族瑶族自治县				1	1		2	2	
连南瑶族自治县				8	6	2	7	3	4
英德市	23	14	9	266	173	93	150	105	45
连州市	5	4	1	60	37	23	14	10	4
东莞市	**1437**	**875**	**562**	**14297**	**9094**	**5203**	**10894**	**6656**	**4238**
市辖区	1437	875	562	14297	9094	5203	10894	6656	4238
中山市	**535**	**298**	**237**	**4353**	**2543**	**1810**	**2619**	**1604**	**1015**
市辖区	535	298	237	4353	2543	1810	2619	1604	1015
潮州市	**21**	**13**	**8**	**311**	**202**	**109**	**331**	**203**	**128**
湘桥区	3	3		117	63	54	57	28	29
潮安区	15	7	8	149	107	42	249	157	92
饶平县	3	3		45	32	13	25	18	7
揭阳市	**16**	**10**	**6**	**150**	**108**	**42**	**144**	**97**	**47**
榕城区	1	1		48	39	9	90	63	27
揭东区	1		1	30	21	9	19	10	9
揭西县				22	14	8	6	5	1
惠来县	10	6	4	25	19	6	8	6	2
普宁市	4	3	1	25	15	10	21	13	8
云浮市	**32**	**23**	**9**	**343**	**242**	**101**	**121**	**84**	**37**
云城区	4	3	1	235	168	67	39	29	10
云安区	5	4	1	47	29	18	12	9	3
新兴县	14	9	5	35	24	11	32	17	15
郁南县	3	3		11	9	2	5	4	1
罗定市	6	4	2	15	12	3	33	25	8

7-3 续表 6 单位：人

现住地	户口登记地								
	内蒙古			辽宁			吉林		
	小计	男	女	小计	男	女	小计	男	女
广东	**47371**	**27183**	**20188**	**108821**	**60826**	**47995**	**117177**	**64395**	**52782**
广州市	**10400**	**5780**	**4620**	**26016**	**14420**	**11596**	**24506**	**13270**	**11236**
荔湾区	299	183	116	1197	626	571	779	407	372
越秀区	443	222	221	1087	523	564	974	480	494
海珠区	651	334	317	1994	990	1004	1661	854	807
天河区	2000	1059	941	4334	2344	1990	3734	1928	1806
白云区	2234	1251	983	6483	3675	2808	6195	3445	2750
黄埔区	936	550	386	2186	1334	852	2357	1396	961
番禺区	1811	974	837	3869	2088	1781	4008	2075	1933
花都区	887	522	365	1956	1079	877	2020	1115	905
南沙区	459	288	171	1566	1055	511	1214	760	454
从化区	56	32	24	208	109	99	259	131	128
增城区	624	365	259	1136	597	539	1305	679	626
韶关市	**270**	**168**	**102**	**476**	**274**	**202**	**567**	**320**	**247**
武江区	71	42	29	142	66	76	149	74	75
浈江区	69	40	29	88	51	37	134	69	65
曲江区	33	21	12	82	56	26	77	49	28
始兴县	9	6	3	16	10	6	12	7	5
仁化县	10	5	5	32	21	11	36	23	13
翁源县	25	18	7	36	22	14	37	26	11
乳源瑶族自治县	16	10	6	20	13	7	37	29	8
新丰县	14	9	5	10	7	3	13	9	4
乐昌市	15	11	4	20	10	10	37	13	24
南雄市	8	6	2	30	18	12	35	21	14
深圳市	**19135**	**11072**	**8063**	**45547**	**24871**	**20676**	**48217**	**26043**	**22174**
罗湖区	1246	665	581	4050	2051	1999	3770	1905	1865
福田区	2119	1160	959	5366	2690	2676	5754	2981	2773
南山区	3035	1636	1399	7711	3925	3786	7516	3816	3700
宝安区	4242	2467	1775	9551	5475	4076	10113	5635	4478
龙岗区	4239	2536	1703	9552	5303	4249	10565	5701	4864
盐田区	254	141	113	630	340	290	764	407	357
龙华区	2753	1678	1075	6132	3532	2600	6738	3772	2966
坪山区	492	310	182	1187	692	495	1210	708	502
光明区	755	479	276	1368	863	505	1787	1118	669
珠海市	**2407**	**1214**	**1193**	**5535**	**2909**	**2626**	**6344**	**3298**	**3046**
香洲区	1673	792	881	3926	1966	1960	4115	2075	2040
斗门区	277	154	123	623	356	267	802	440	362
金湾区	457	268	189	986	587	399	1427	783	644
汕头市	**289**	**172**	**117**	**487**	**302**	**185**	**490**	**287**	**203**
龙湖区	108	67	41	160	100	60	105	66	39
金平区	75	40	35	95	52	43	141	65	76
濠江区	15	12	3	18	12	6	19	12	7
潮阳区	46	30	16	74	43	31	94	57	37
潮南区	26	12	14	78	55	23	52	36	16
澄海区	19	11	8	56	37	19	74	48	26
南澳县				6	3	3	5	3	2
佛山市	**2998**	**1766**	**1232**	**6558**	**3811**	**2747**	**8752**	**5224**	**3528**
禅城区	432	248	184	905	512	393	953	513	440
南海区	1320	782	538	3041	1741	1300	4754	2936	1818
顺德区	950	552	398	2049	1205	844	2150	1255	895
三水区	207	129	78	415	256	159	681	383	298
高明区	89	55	34	148	97	51	214	137	77

7-3 续表 7

单位：人

现住地	户口登记地								
	内蒙古			辽宁			吉林		
	小计	男	女	小计	男	女	小计	男	女
江门市	**551**	**352**	**199**	**1290**	**781**	**509**	**1195**	**691**	**504**
蓬江区	169	115	54	414	219	195	415	234	181
江海区	109	64	45	185	120	65	236	129	107
新会区	75	50	25	159	98	61	156	96	60
台山市	104	68	36	157	103	54	123	78	45
开平市	20	11	9	169	112	57	71	40	31
鹤山市	61	35	26	176	108	68	170	97	73
恩平市	13	9	4	30	21	9	24	17	7
湛江市	**346**	**218**	**128**	**886**	**537**	**349**	**680**	**395**	**285**
赤坎区	61	29	32	152	82	70	115	66	49
霞山区	91	49	42	312	163	149	264	144	120
坡头区	33	16	17	55	29	26	55	30	25
麻章区	53	40	13	168	126	42	100	68	32
遂溪县	7	3	4	3		3	14	8	6
徐闻县	26	19	7	39	28	11	45	26	19
廉江市	17	8	9	30	13	17	29	11	18
雷州市	40	39	1	104	86	18	36	25	11
吴川市	18	15	3	23	10	13	22	17	5
茂名市	**111**	**67**	**44**	**326**	**219**	**107**	**294**	**188**	**106**
茂南区	62	35	27	210	136	74	179	114	65
电白区	22	13	9	64	48	16	69	47	22
高州市	12	9	3	18	12	6	23	15	8
化州市	7	6	1	23	14	9	12	6	6
信宜市	8	4	4	11	9	2	11	6	5
肇庆市	**361**	**212**	**149**	**559**	**348**	**211**	**601**	**359**	**242**
端州区	119	65	54	147	78	69	172	98	74
鼎湖区	18	10	8	42	29	13	53	33	20
高要区	28	19	9	34	24	10	30	16	14
广宁县	12	6	6	14	8	6	26	11	15
怀集县	11	7	4	21	16	5	14	10	4
封开县	14	9	5	19	13	6	11	8	3
德庆县	4	2	2	7	3	4	10	4	6
四会市	155	94	61	275	177	98	285	179	106
惠州市	**2613**	**1481**	**1132**	**4760**	**2766**	**1994**	**6249**	**3504**	**2745**
惠城区	1044	583	461	1561	910	651	2424	1349	1075
惠阳区	1203	677	526	2488	1426	1062	3023	1677	1346
博罗县	211	124	87	420	262	158	468	285	183
惠东县	132	82	50	245	134	111	284	160	124
龙门县	23	15	8	46	34	12	50	33	17
梅州市	**161**	**110**	**51**	**296**	**179**	**117**	**296**	**188**	**108**
梅江区	53	35	18	98	46	52	118	71	47
梅县区	42	27	15	71	45	26	86	52	34
大埔县	7	4	3	14	8	6	9	5	4
丰顺县	4	2	2	35	22	13	16	10	6
五华县	10	7	3	20	14	6	25	20	5
平远县	14	14		2	2		14	10	4
蕉岭县	11	9	2	14	10	4	11	8	3
兴宁市	20	12	8	42	32	10	17	12	5

7—3 续表 8 单位：人

现住地	户口登记地								
	内蒙古			辽宁			吉林		
	小计	男	女	小计	男	女	小计	男	女
汕尾市	**140**	**78**	**62**	**264**	**168**	**96**	**339**	**192**	**147**
城 区	42	24	18	70	44	26	114	63	51
海丰县	78	45	33	144	96	48	167	100	67
陆河县	2		2	12	10	2	13	7	6
陆丰市	18	9	9	38	18	20	45	22	23
河源市	**222**	**137**	**85**	**404**	**259**	**145**	**482**	**287**	**195**
源城区	135	82	53	237	145	92	336	188	148
紫金县	12	5	7	44	30	14	17	10	7
龙川县	37	27	10	70	49	21	42	30	12
连平县	4	2	2	10	4	6	12	11	1
和平县	6	3	3	14	8	6	21	11	10
东源县	28	18	10	29	23	6	54	37	17
阳江市	**175**	**111**	**64**	**220**	**146**	**74**	**327**	**184**	**143**
江城区	87	51	36	93	52	41	145	79	66
阳东区	34	26	8	62	42	20	70	48	22
阳西县	21	18	3	23	22	1	41	20	21
阳春市	33	16	17	42	30	12	71	37	34
清远市	**490**	**292**	**198**	**762**	**439**	**323**	**970**	**546**	**424**
清城区	316	173	143	481	255	226	694	385	309
清新区	38	22	16	86	56	30	121	65	56
佛冈县	29	19	10	50	28	22	29	17	12
阳山县	11	11		24	18	6	11	8	3
连山壮族瑶族自治县	3	1	2	1		1	1	1	
连南瑶族自治县	2	1	1	1	1		3	2	1
英德市	70	51	19	97	65	32	101	59	42
连州市	21	14	7	22	16	6	10	9	1
东莞市	**4671**	**2799**	**1872**	**10333**	**6116**	**4217**	**12027**	**6787**	**5240**
市辖区	4671	2799	1872	10333	6116	4217	12027	6787	5240
中山市	**1850**	**1046**	**804**	**3665**	**1980**	**1685**	**4352**	**2331**	**2021**
市辖区	1850	1046	804	3665	1980	1685	4352	2331	2021
潮州市	**63**	**36**	**27**	**171**	**117**	**54**	**175**	**100**	**75**
湘桥区	34	16	18	74	47	27	79	40	39
潮安区	20	13	7	63	44	19	75	44	31
饶平县	9	7	2	34	26	8	21	16	5
揭阳市	**46**	**30**	**16**	**89**	**65**	**24**	**179**	**129**	**50**
榕城区	6	5	1	7	4	3	7	6	1
揭东区	11	5	6	34	26	8	26	17	9
揭西县				2	1	1	3	1	2
惠来县	21	15	6	28	24	4	116	90	26
普宁市	8	5	3	18	10	8	27	15	12
云浮市	**72**	**42**	**30**	**177**	**119**	**58**	**135**	**72**	**63**
云城区	23	12	11	96	67	29	57	30	27
云安区	15	10	5	23	17	6	21	11	10
新兴县	10	6	4	39	21	18	35	15	20
郁南县	7	5	2	2	2		3	2	1
罗定市	17	9	8	17	12	5	19	14	5

7-3　续表 9　　　　单位：人

现住地	户口登记地								
	黑龙江			上海			江苏		
	小计	男	女	小计	男	女	小计	男	女
广东	**198311**	**107767**	**90544**	**19306**	**11408**	**7898**	**163111**	**102261**	**60850**
广州市	**42264**	**22739**	**19525**	**4157**	**2316**	**1841**	**35040**	**21325**	**13715**
荔湾区	1518	810	708	176	97	79	1515	883	632
越秀区	1446	705	741	309	165	144	1807	990	817
海珠区	2780	1389	1391	547	297	250	2714	1517	1197
天河区	6595	3414	3181	1049	568	481	5327	3227	2100
白云区	12046	6586	5460	538	298	240	7972	4966	3006
黄埔区	3590	2024	1566	291	180	111	3288	2188	1100
番禺区	6432	3424	3008	757	420	337	5404	3174	2230
花都区	3438	1918	1520	216	129	87	3071	1762	1309
南沙区	1848	1152	696	107	71	36	1680	1231	449
从化区	445	213	232	29	16	13	321	202	119
增城区	2126	1104	1022	138	75	63	1941	1185	756
韶关市	**793**	**428**	**365**	**84**	**55**	**29**	**966**	**621**	**345**
武江区	199	101	98	24	16	8	268	160	108
浈江区	156	78	78	25	14	11	200	115	85
曲江区	122	77	45	17	15	2	108	86	22
始兴县	43	22	21	1	1		39	26	13
仁化县	40	20	20				49	33	16
翁源县	62	34	28	5	2	3	55	37	18
乳源瑶族自治县	45	28	17	2	2		80	59	21
新丰县	21	9	12	1	1		41	31	10
乐昌市	61	30	31				65	40	25
南雄市	44	29	15	9	4	5	61	34	27
深圳市	**82673**	**44409**	**38264**	**9299**	**5431**	**3868**	**64385**	**39950**	**24435**
罗湖区	6343	3203	3140	879	489	390	4613	2646	1967
福田区	10386	5365	5021	1982	1066	916	6714	3931	2783
南山区	11879	6088	5791	2746	1572	1174	10629	6450	4179
宝安区	17467	9704	7763	1121	700	421	14065	8904	5161
龙岗区	18440	9842	8598	1431	894	537	13452	8275	5177
盐田区	1152	607	545	101	55	46	907	558	349
龙华区	11861	6565	5296	756	444	312	8909	5678	3231
坪山区	2079	1208	871	127	95	32	1850	1249	601
光明区	3066	1827	1239	156	116	40	3246	2259	987
珠海市	**10334**	**5454**	**4880**	**1054**	**631**	**423**	**7468**	**4972**	**2496**
香洲区	6822	3482	3340	908	535	373	5418	3546	1872
斗门区	1578	856	722	56	40	16	745	505	240
金湾区	1934	1116	818	90	56	34	1305	921	384
汕头市	**669**	**383**	**286**	**144**	**87**	**57**	**1285**	**806**	**479**
龙湖区	246	147	99	48	32	16	274	167	107
金平区	147	79	68	56	30	26	404	239	165
濠江区	28	16	12	4	2	2	44	32	12
潮阳区	102	62	40	13	9	4	259	165	94
潮南区	47	26	21	11	7	4	163	110	53
澄海区	96	53	43	12	7	5	125	80	45
南澳县	3		3				16	13	3
佛山市	**11115**	**6273**	**4842**	**1029**	**625**	**404**	**11764**	**7621**	**4143**
禅城区	1433	813	620	217	129	88	1603	1017	586
南海区	5072	2831	2241	395	226	169	5058	3212	1846
顺德区	3624	2052	1572	352	220	132	3916	2571	1345
三水区	689	383	306	37	27	10	737	519	218
高明区	297	194	103	28	23	5	450	302	148

7−3 续表 10

单位：人

现住地	户口登记地								
	黑龙江			上海			江苏		
	小计	男	女	小计	男	女	小计	男	女
江门市	**1907**	**1114**	**793**	**228**	**134**	**94**	**2802**	**1860**	**942**
蓬江区	682	387	295	85	37	48	811	522	289
江海区	348	193	155	22	15	7	455	293	162
新会区	242	155	87	39	26	13	536	365	171
台山市	175	105	70	24	18	6	330	224	106
开平市	118	75	43	16	9	7	208	140	68
鹤山市	299	169	130	35	24	11	386	259	127
恩平市	43	30	13	7	5	2	76	57	19
湛江市	**1038**	**533**	**505**	**570**	**470**	**100**	**1342**	**920**	**422**
赤坎区	243	107	136	55	31	24	165	99	66
霞山区	384	201	183	141	105	36	421	261	160
坡头区	83	50	33	19	14	5	98	72	26
麻章区	154	79	75	324	298	26	466	348	118
遂溪县	19	10	9	2	1	1	18	15	3
徐闻县	39	22	17	9	6	3	52	40	12
廉江市	50	23	27	4	2	2	58	38	20
雷州市	19	11	8	8	7	1	11	8	3
吴川市	47	30	17	8	6	2	53	39	14
茂名市	**433**	**248**	**185**	**35**	**16**	**19**	**639**	**463**	**176**
茂南区	276	154	122	20	11	9	444	327	117
电白区	70	42	28	8	2	6	67	48	19
高州市	43	31	12	4	1	3	37	22	15
化州市	23	12	11	3	2	1	64	51	13
信宜市	21	9	12				27	15	12
肇庆市	**956**	**528**	**428**	**77**	**43**	**34**	**1152**	**803**	**349**
端州区	214	106	108	40	20	20	251	156	95
鼎湖区	113	61	52	3	1	2	136	108	28
高要区	89	48	41	1	1		107	73	34
广宁县	18	14	4	7	4	3	14	9	5
怀集县	14	12	2	3	1	2	19	12	7
封开县	31	19	12	1	1		73	57	16
德庆县	24	6	18				20	10	10
四会市	453	262	191	22	15	7	532	378	154
惠州市	**11826**	**6528**	**5298**	**504**	**301**	**203**	**7164**	**4596**	**2568**
惠城区	3909	2140	1769	203	123	80	2807	1731	1076
惠阳区	6283	3444	2839	196	116	80	2891	1857	1034
博罗县	1010	589	421	64	40	24	914	613	301
惠东县	549	304	245	37	19	18	465	332	133
龙门县	75	51	24	4	3	1	87	63	24
梅州市	**434**	**247**	**187**	**42**	**25**	**17**	**482**	**317**	**165**
梅江区	172	89	83	19	12	7	186	125	61
梅县区	106	65	41	5	2	3	87	51	36
大埔县	14	8	6	1	1		29	20	9
丰顺县	9	6	3				35	24	11
五华县	38	30	8	4	2	2	58	45	13
平远县	9	5	4	2	2		26	18	8
蕉岭县	19	12	7	4	2	2	29	17	12
兴宁市	67	32	35	7	4	3	32	17	15

7-3　续表 11　　　　单位：人

现 住 地	户口登记地								
	黑 龙 江			上　　海			江　　苏		
	小计	男	女	小计	男	女	小计	男	女
汕尾市	**478**	**271**	**207**	**30**	**19**	**11**	**516**	**390**	**126**
城　区	187	103	84	9	6	3	155	116	39
海丰县	232	133	99	11	6	5	277	207	70
陆河县	8	6	2				14	13	1
陆丰市	51	29	22	10	7	3	70	54	16
河源市	**795**	**472**	**323**	**49**	**26**	**23**	**785**	**525**	**260**
源城区	557	311	246	34	17	17	437	294	143
紫金县	53	33	20	4	3	1	79	49	30
龙川县	82	59	23	2	2		93	65	28
连平县	10	7	3				47	28	19
和平县	16	11	5	4	2	2	32	20	12
东源县	77	51	26	5	2	3	97	69	28
阳江市	**381**	**224**	**157**	**38**	**25**	**13**	**394**	**269**	**125**
江城区	180	107	73	27	18	9	160	104	56
阳东区	53	34	19	4	3	1	141	99	42
阳西县	51	37	14	1		1	36	25	11
阳春市	97	46	51	6	4	2	57	41	16
清远市	**1563**	**833**	**730**	**78**	**48**	**30**	**1375**	**914**	**461**
清城区	1120	567	553	53	31	22	678	427	251
清新区	111	66	45	5	3	2	113	66	47
佛冈县	77	47	30	3	2	1	75	53	22
阳山县	18	8	10				26	19	7
连山壮族瑶族自治县	3	1	2	1		1	6	5	1
连南瑶族自治县	7	3	4				7	5	2
英德市	201	127	74	16	12	4	423	308	115
连州市	26	14	12				47	31	16
东莞市	**21882**	**12340**	**9542**	**1354**	**847**	**507**	**18496**	**11607**	**6889**
市辖区	21882	12340	9542	1354	847	507	18496	11607	6889
中山市	**8269**	**4429**	**3840**	**498**	**288**	**210**	**6193**	**3714**	**2479**
市辖区	8269	4429	3840	498	288	210	6193	3714	2479
潮州市	**210**	**116**	**94**	**19**	**10**	**9**	**367**	**225**	**142**
湘桥区	91	49	42	11	4	7	149	96	53
潮安区	90	49	41	6	5	1	182	107	75
饶平县	29	18	11	2	1	1	36	22	14
揭阳市	**107**	**78**	**29**	**7**	**5**	**2**	**237**	**183**	**54**
榕城区	17	12	5	2	2		36	22	14
揭东区	14	12	2				80	58	22
揭西县	3	1	2	2	1	1	14	11	3
惠来县	42	30	12	2	2		70	65	5
普宁市	31	23	8	1		1	37	27	10
云浮市	**184**	**120**	**64**	**10**	**6**	**4**	**259**	**180**	**79**
云城区	74	49	25	3	1	2	109	76	33
云安区	14	12	2	3	2	1	33	25	8
新兴县	63	38	25	3	2	1	69	47	22
郁南县	10	4	6	1	1		25	16	9
罗定市	23	17	6				23	16	7

7-3 续表 12

单位：人

现住地	户口登记地								
	浙江			安徽			福建		
	小计	男	女	小计	男	女	小计	男	女
广东	**189797**	**109472**	**80325**	**596572**	**351987**	**244585**	**640230**	**377049**	**263181**
广州市	**52292**	**29793**	**22499**	**89758**	**52911**	**36847**	**122233**	**71303**	**50930**
荔湾区	3167	1726	1441	2607	1526	1081	10844	5963	4881
越秀区	3434	1872	1562	3297	1787	1510	4958	2809	2149
海珠区	9725	5368	4357	6463	3625	2838	11701	6825	4876
天河区	5726	3259	2467	14060	8205	5855	14885	8712	6173
白云区	14170	8321	5849	23849	14344	9505	38802	22740	16062
黄埔区	1603	973	630	7105	4248	2857	5765	3472	2293
番禺区	5604	3142	2462	13408	7920	5488	15908	9302	6606
花都区	5701	3272	2429	7947	4678	3269	9489	5657	3832
南沙区	771	465	306	4625	2881	1744	2811	1727	1084
从化区	416	267	149	791	461	330	1048	591	457
增城区	1975	1128	847	5606	3236	2370	6022	3505	2517
韶关市	**1895**	**1081**	**814**	**2201**	**1331**	**870**	**3353**	**2026**	**1327**
武江区	539	294	245	463	256	207	945	544	401
浈江区	406	225	181	498	286	212	709	412	297
曲江区	137	81	56	267	165	102	461	291	170
始兴县	57	30	27	72	39	33	145	96	49
仁化县	60	35	25	162	100	62	180	126	54
翁源县	86	55	31	164	110	54	190	114	76
乳源瑶族自治县	236	140	96	180	117	63	109	73	36
新丰县	68	43	25	155	118	37	154	102	52
乐昌市	148	83	65	126	76	50	227	120	107
南雄市	158	95	63	114	64	50	233	148	85
深圳市	**49230**	**28177**	**21053**	**216788**	**126929**	**89859**	**196465**	**115404**	**81061**
罗湖区	3780	2033	1747	10232	5665	4567	11988	6773	5215
福田区	7119	3890	3229	19114	10656	8458	13568	7876	5692
南山区	7025	3919	3106	24590	14239	10351	15004	8633	6371
宝安区	11755	6955	4800	53602	31761	21841	47130	27987	19143
龙岗区	9664	5491	4173	50567	29387	21180	63759	37131	26628
盐田区	447	248	199	2820	1615	1205	1562	906	656
龙华区	6386	3774	2612	35710	21363	14347	26508	15924	10584
坪山区	853	516	337	6818	4065	2753	6297	3805	2492
光明区	2201	1351	850	13335	8178	5157	10649	6369	4280
珠海市	**4086**	**2360**	**1726**	**12606**	**7489**	**5117**	**10805**	**6174**	**4631**
香洲区	2891	1644	1247	8462	4955	3507	7327	4112	3215
斗门区	549	322	227	1832	1107	725	1635	1008	627
金湾区	646	394	252	2312	1427	885	1843	1054	789
汕头市	**1920**	**1023**	**897**	**16453**	**9634**	**6819**	**30264**	**17438**	**12826**
龙湖区	330	180	150	3566	2048	1518	7462	4293	3169
金平区	580	280	300	3595	1955	1640	7242	4035	3207
濠江区	22	15	7	484	314	170	465	281	184
潮阳区	430	244	186	4375	2609	1766	5217	2993	2224
潮南区	188	111	77	2198	1361	837	2708	1611	1097
澄海区	357	189	168	1853	1130	723	6999	4131	2868
南澳县	13	4	9	382	217	165	171	94	77
佛山市	**21370**	**12616**	**8754**	**39976**	**24455**	**15521**	**44858**	**27360**	**17498**
禅城区	2610	1547	1063	5664	3516	2148	8669	5493	3176
南海区	11058	6552	4506	16288	9960	6328	20727	12435	8292
顺德区	6326	3671	2655	14012	8520	5492	11805	7227	4578
三水区	1003	612	391	2589	1602	987	2555	1552	1003
高明区	373	234	139	1423	857	566	1102	653	449

7-3　续表 13　　　　单位：人

现住地	户口登记地								
	浙江			安徽			福建		
	小计	男	女	小计	男	女	小计	男	女
江门市	**7118**	**4180**	**2938**	**10587**	**6240**	**4347**	**9040**	**5331**	**3709**
蓬江区	1126	678	448	2345	1434	911	2385	1391	994
江海区	1206	673	533	1177	715	462	1041	614	427
新会区	907	557	350	3945	2255	1690	1222	745	477
台山市	1641	966	675	522	307	215	962	600	362
开平市	928	524	404	758	436	322	1354	762	592
鹤山市	786	475	311	1525	896	629	1746	1014	732
恩平市	524	307	217	315	197	118	330	205	125
湛江市	**1255**	**745**	**510**	**2266**	**1355**	**911**	**2549**	**1497**	**1052**
赤坎区	241	136	105	404	204	200	534	300	234
霞山区	338	190	148	666	399	267	661	388	273
坡头区	43	24	19	100	61	39	86	53	33
麻章区	202	138	64	545	366	179	410	216	194
遂溪县	55	32	23	87	51	36	92	58	34
徐闻县	80	50	30	95	52	43	158	108	50
廉江市	94	57	37	137	63	74	254	156	98
雷州市	101	57	44	50	30	20	157	109	48
吴川市	101	61	40	182	129	53	197	109	88
茂名市	**566**	**337**	**229**	**932**	**575**	**357**	**1802**	**1090**	**712**
茂南区	213	126	87	455	277	178	665	414	251
电白区	142	82	60	156	112	44	406	250	156
高州市	96	62	34	135	77	58	341	201	140
化州市	69	36	33	133	81	52	264	155	109
信宜市	46	31	15	53	28	25	126	70	56
肇庆市	**1572**	**998**	**574**	**3216**	**1989**	**1227**	**27354**	**15497**	**11857**
端州区	301	179	122	536	296	240	733	417	316
鼎湖区	123	82	41	445	291	154	340	212	128
高要区	218	132	86	371	238	133	524	335	189
广宁县	64	46	18	99	62	37	139	92	47
怀集县	77	42	35	65	38	27	118	78	40
封开县	40	25	15	72	50	22	147	120	27
德庆县	33	23	10	48	26	22	62	32	30
四会市	716	469	247	1580	988	592	25291	14211	11080
惠州市	**7190**	**4133**	**3057**	**38633**	**22680**	**15953**	**32418**	**19579**	**12839**
惠城区	2940	1678	1262	13625	7919	5706	10648	6293	4355
惠阳区	1883	1111	772	15012	8846	6166	13926	8505	5421
博罗县	1216	701	515	4806	2876	1930	4598	2779	1819
惠东县	976	542	434	4635	2671	1964	2791	1708	1083
龙门县	175	101	74	555	368	187	455	294	161
梅州市	**1103**	**638**	**465**	**1845**	**1022**	**823**	**9211**	**5270**	**3941**
梅江区	361	205	156	524	279	245	2174	1215	959
梅县区	178	104	74	338	191	147	2146	1161	985
大埔县	55	27	28	95	46	49	1657	930	727
丰顺县	83	55	28	305	169	136	434	281	153
五华县	126	70	56	102	61	41	519	358	161
平远县	65	42	23	50	27	23	360	231	129
蕉岭县	90	53	37	216	122	94	1380	781	599
兴宁市	145	82	63	215	127	88	541	313	228

7-3 续表 14

单位：人

现住地	户口登记地								
	浙江			安徽			福建		
	小计	男	女	小计	男	女	小计	男	女
汕尾市	**708**	**364**	**344**	**2138**	**1273**	**865**	**3034**	**1854**	**1180**
城　区	135	71	64	491	294	197	620	401	219
海丰县	441	231	210	1088	650	438	1564	983	581
陆河县	27	14	13	194	117	77	131	78	53
陆丰市	105	48	57	365	212	153	719	392	327
河源市	**1032**	**613**	**419**	**3253**	**1933**	**1320**	**4275**	**2602**	**1673**
源城区	514	283	231	1907	1102	805	2301	1339	962
紫金县	131	73	58	373	230	143	534	362	172
龙川县	103	65	38	355	222	133	571	351	220
连平县	124	77	47	108	67	41	217	133	84
和平县	59	39	20	121	74	47	244	158	86
东源县	101	76	25	389	238	151	408	259	149
阳江市	**864**	**528**	**336**	**852**	**543**	**309**	**1150**	**716**	**434**
江城区	356	202	154	349	222	127	510	292	218
阳东区	236	158	78	220	140	80	256	168	88
阳西县	177	116	61	88	53	35	143	95	48
阳春市	95	52	43	195	128	67	241	161	80
清远市	**2413**	**1425**	**988**	**3941**	**2364**	**1577**	**4626**	**2900**	**1726**
清城区	1352	803	549	2047	1197	850	2382	1416	966
清新区	195	126	69	473	275	198	359	213	146
佛冈县	217	123	94	226	154	72	332	231	101
阳山县	59	34	25	95	51	44	186	119	67
连山壮族瑶族自治县	44	25	19	16	7	9	32	17	15
连南瑶族自治县	22	14	8	29	11	18	52	37	15
英德市	419	239	180	960	616	344	1103	755	348
连州市	105	61	44	95	53	42	180	112	68
东莞市	**22284**	**13051**	**9233**	**119804**	**71042**	**48762**	**101063**	**60337**	**40726**
市辖区	22284	13051	9233	119804	71042	48762	101063	60337	40726
中山市	**11502**	**6649**	**4853**	**19963**	**11688**	**8275**	**19778**	**11607**	**8171**
市辖区	11502	6649	4853	19963	11688	8275	19778	11607	8171
潮州市	**578**	**277**	**301**	**6828**	**3892**	**2936**	**10879**	**6008**	**4871**
湘桥区	192	84	108	1137	645	492	2191	1182	1009
潮安区	297	145	152	5507	3143	2364	7651	4304	3347
饶平县	89	48	41	184	104	80	1037	522	515
揭阳市	**409**	**237**	**172**	**3799**	**2192**	**1607**	**3465**	**2033**	**1432**
榕城区	79	48	31	352	203	149	716	437	279
揭东区	98	54	44	333	197	136	1166	686	480
揭西县	25	16	9	40	23	17	178	100	78
惠来县	42	19	23	94	66	28	280	165	115
普宁市	165	100	65	2980	1703	1277	1125	645	480
云浮市	**410**	**247**	**163**	**733**	**450**	**283**	**1608**	**1023**	**585**
云城区	140	82	58	235	140	95	989	633	356
云安区	41	29	12	101	73	28	165	113	52
新兴县	109	69	40	203	123	80	180	108	72
郁南县	40	20	20	83	54	29	96	63	33
罗定市	80	47	33	111	60	51	178	106	72

7–3　续表 15　　　　单位：人

现住地	户口登记地								
	江西			山东			河南		
	小计	男	女	小计	男	女	小计	男	女
广东	**2303240**	**1366219**	**937021**	**198093**	**122306**	**75787**	**2773558**	**1697693**	**1075865**
广州市	**391628**	**229066**	**162562**	**41345**	**24756**	**16589**	**559068**	**345763**	**213305**
荔湾区	8065	4650	3415	1341	807	534	51147	31678	19469
越秀区	6459	3418	3041	2043	1088	955	23130	13825	9305
海珠区	34206	19274	14932	3050	1795	1255	41749	25738	16011
天河区	42142	25216	16926	6936	4047	2889	89790	54298	35492
白云区	112533	66163	46370	8703	5366	3337	135898	84313	51585
黄埔区	23987	14492	9495	4328	2669	1659	55342	35440	19902
番禺区	86411	49884	36527	6053	3636	2417	57869	35430	22439
花都区	34774	20415	14359	4079	2342	1737	46439	27851	18588
南沙区	14655	9084	5571	1992	1361	631	26504	17956	8548
从化区	2891	1723	1168	462	269	193	5322	3307	2015
增城区	25505	14747	10758	2358	1376	982	25878	15927	9951
韶关市	**13496**	**7744**	**5752**	**1264**	**816**	**448**	**10595**	**6608**	**3987**
武江区	3190	1783	1407	364	198	166	3422	2090	1332
浈江区	2432	1382	1050	233	129	104	1940	1110	830
曲江区	1507	867	640	117	79	38	2018	1305	713
始兴县	747	429	318	27	20	7	455	285	170
仁化县	990	602	388	103	90	13	460	314	146
翁源县	853	528	325	61	44	17	518	349	169
乳源瑶族自治县	424	256	168	96	76	20	351	235	116
新丰县	542	334	208	30	21	9	452	315	137
乐昌市	689	380	309	122	95	27	593	366	227
南雄市	2122	1183	939	111	64	47	386	239	147
深圳市	**820458**	**483529**	**336929**	**82396**	**50432**	**31964**	**801963**	**491141**	**310822**
罗湖区	35440	19340	16100	5008	2965	2043	47587	28987	18600
福田区	44631	24845	19786	8159	4811	3348	47973	29510	18463
南山区	55660	31712	23948	12776	7509	5267	64557	40785	23772
宝安区	243644	145672	97972	18957	11754	7203	233087	141512	91575
龙岗区	196157	113062	83095	16859	10202	6657	182901	109628	73273
盐田区	5638	3241	2397	963	605	358	10842	6729	4113
龙华区	158149	96212	61937	12138	7690	4448	124219	77269	46950
坪山区	28021	16886	11135	3029	1960	1069	30921	19375	11546
光明区	53118	32559	20559	4507	2936	1571	59876	37346	22530
珠海市	**39672**	**23380**	**16292**	**7627**	**4589**	**3038**	**81600**	**50745**	**30855**
香洲区	24117	13873	10244	4928	2826	2102	45784	27888	17896
斗门区	7716	4793	2923	1044	657	387	15343	9756	5587
金湾区	7839	4714	3125	1655	1106	549	20473	13101	7372
汕头市	**36410**	**21274**	**15136**	**1144**	**697**	**447**	**99298**	**58817**	**40481**
龙湖区	12536	7374	5162	226	138	88	15954	9818	6136
金平区	7372	4107	3265	293	156	137	8070	4785	3285
濠江区	662	473	189	50	40	10	1757	1251	506
潮阳区	4492	2643	1849	313	202	111	5213	3210	2003
潮南区	3699	2273	1426	124	70	54	4986	3043	1943
澄海区	7458	4307	3151	130	86	44	63051	36527	26524
南澳县	191	97	94	8	5	3	267	183	84
佛山市	**170515**	**105061**	**65454**	**12700**	**8144**	**4556**	**169621**	**107485**	**62136**
禅城区	15691	9529	6162	1698	1067	631	20066	12524	7542
南海区	59140	36772	22368	5014	3191	1823	74033	46652	27381
顺德区	83552	50926	32626	4652	3023	1629	52292	33080	19212
三水区	8353	5424	2929	879	571	308	16879	11034	5845
高明区	3779	2410	1369	457	292	165	6351	4195	2156

7—3 续表 16 单位：人

现住地	户口登记地								
	江西			山东			河南		
	小计	男	女	小计	男	女	小计	男	女
江门市	**31320**	**18834**	**12486**	**2809**	**1785**	**1024**	**43964**	**27036**	**16928**
蓬江区	8845	5286	3559	1018	617	401	12482	7501	4981
江海区	5667	3343	2324	424	272	152	6565	4078	2487
新会区	7260	4401	2859	480	315	165	5495	3554	1941
台山市	1644	1015	629	259	185	74	4459	2715	1744
开平市	2400	1429	971	217	133	84	3671	2210	1461
鹤山市	4745	2851	1894	328	206	122	9883	6043	3840
恩平市	759	509	250	83	57	26	1409	935	474
湛江市	**3007**	**1619**	**1388**	**1704**	**1058**	**646**	**10291**	**6881**	**3410**
赤坎区	724	390	334	284	149	135	2252	1401	851
霞山区	810	433	377	624	348	276	2644	1673	971
坡头区	158	84	74	117	68	49	843	566	277
麻章区	566	326	240	499	378	121	2032	1583	449
遂溪县	82	34	48	23	15	8	422	256	166
徐闻县	131	77	54	36	24	12	285	186	99
廉江市	261	120	141	64	44	20	782	458	324
雷州市	79	37	42	11	7	4	351	271	80
吴川市	196	118	78	46	25	21	680	487	193
茂名市	**1894**	**1142**	**752**	**897**	**660**	**237**	**3854**	**2686**	**1168**
茂南区	650	396	254	653	483	170	2016	1439	577
电白区	426	277	149	129	98	31	852	625	227
高州市	324	195	129	67	44	23	437	282	155
化州市	258	140	118	27	21	6	329	206	123
信宜市	236	134	102	21	14	7	220	134	86
肇庆市	**7670**	**4845**	**2825**	**1098**	**706**	**392**	**20699**	**13184**	**7515**
端州区	1104	653	451	269	148	121	2726	1644	1082
鼎湖区	841	560	281	77	50	27	1634	1166	468
高要区	1044	650	394	103	66	37	1895	1222	673
广宁县	263	173	90	35	32	3	557	375	182
怀集县	186	122	64	20	10	10	277	184	93
封开县	198	124	74	37	27	10	285	226	59
德庆县	99	53	46	23	16	7	209	150	59
四会市	3935	2510	1425	534	357	177	13116	8217	4899
惠州市	**125685**	**75616**	**50069**	**10059**	**6361**	**3698**	**177456**	**107640**	**69816**
惠城区	48376	28491	19885	3849	2350	1499	72191	42788	29403
惠阳区	41685	25760	15925	4514	2902	1612	69562	42765	26797
博罗县	23254	14018	9236	1203	770	433	24187	14828	9359
惠东县	10961	6468	4493	425	287	138	8949	5649	3300
龙门县	1409	879	530	68	52	16	2567	1610	957
梅州市	**25714**	**14350**	**11364**	**493**	**329**	**164**	**4801**	**3065**	**1736**
梅江区	7111	3961	3150	145	83	62	1540	989	551
梅县区	10116	5677	4439	110	70	40	798	490	308
大埔县	627	361	266	27	21	6	272	167	105
丰顺县	1900	1081	819	21	11	10	677	394	283
五华县	911	540	371	98	80	18	588	414	174
平远县	2177	1122	1055	19	14	5	219	158	61
蕉岭县	1153	655	498	38	26	12	202	136	66
兴宁市	1719	953	766	35	24	11	505	317	188

7-3　续表 17　　　　单位：人

现住地	户口登记地								
	江西			山东			河南		
	小计	男	女	小计	男	女	小计	男	女
汕尾市	**4164**	**2565**	**1599**	**450**	**324**	**126**	**7475**	**4983**	**2492**
城　区	845	567	278	131	85	46	1988	1399	589
海丰县	1960	1207	753	245	177	68	3135	2116	1019
陆河县	817	485	332	16	15	1	508	345	163
陆丰市	542	306	236	58	47	11	1844	1123	721
河源市	**16850**	**9962**	**6888**	**1031**	**706**	**325**	**13669**	**8684**	**4985**
源城区	10131	5853	4278	700	473	227	8797	5368	3429
紫金县	1183	748	435	73	49	24	968	659	309
龙川县	1907	1166	741	89	59	30	1117	741	376
连平县	695	426	269	30	25	5	528	354	174
和平县	699	414	285	25	19	6	397	289	108
东源县	2235	1355	880	114	81	33	1862	1273	589
阳江市	**2357**	**1378**	**979**	**499**	**358**	**141**	**5619**	**3649**	**1970**
江城区	932	540	392	238	154	84	2882	1837	1045
阳东区	778	478	300	128	99	29	1461	914	547
阳西县	241	141	100	58	50	8	511	387	124
阳春市	406	219	187	75	55	20	765	511	254
清远市	**14451**	**8704**	**5747**	**1661**	**1082**	**579**	**21705**	**13950**	**7755**
清城区	8513	5093	3420	1013	618	395	13793	8571	5222
清新区	1219	694	525	116	76	40	2565	1626	939
佛冈县	947	620	327	88	57	31	1329	917	412
阳山县	250	149	101	42	30	12	505	345	160
连山壮族瑶族自治县	70	46	24	16	11	5	51	32	19
连南瑶族自治县	65	36	29	20	13	7	42	28	14
英德市	3070	1862	1208	301	224	77	3030	2159	871
连州市	317	204	113	65	53	12	390	272	118
东莞市	**458427**	**274723**	**183704**	**23957**	**15198**	**8759**	**607265**	**363822**	**243443**
市辖区	458427	274723	183704	23957	15198	8759	607265	363822	243443
中山市	**107306**	**63786**	**43520**	**5969**	**3637**	**2332**	**114414**	**68525**	**45889**
市辖区	107306	63786	43520	5969	3637	2332	114414	68525	45889
潮州市	**20046**	**11454**	**8592**	**392**	**238**	**154**	**8382**	**5316**	**3066**
湘桥区	3630	2055	1575	152	90	62	2863	1766	1097
潮安区	15918	9113	6805	209	124	85	4799	3057	1742
饶平县	498	286	212	31	24	7	720	493	227
揭阳市	**10302**	**6059**	**4243**	**188**	**132**	**56**	**7988**	**5172**	**2816**
榕城区	2053	1262	791	36	26	10	2140	1380	760
揭东区	4932	2844	2088	62	38	24	2521	1628	893
揭西县	353	216	137	13	8	5	493	317	176
惠来县	331	200	131	32	26	6	753	591	162
普宁市	2633	1537	1096	45	34	11	2081	1256	825
云浮市	**1868**	**1128**	**740**	**410**	**298**	**112**	**3831**	**2541**	**1290**
云城区	727	440	287	242	182	60	1744	1145	599
云安区	186	127	59	50	36	14	527	421	106
新兴县	641	389	252	77	54	23	1022	648	374
郁南县	86	47	39	11	10	1	161	94	67
罗定市	228	125	103	30	16	14	377	233	144

7-3 续表 18

单位：人

现住地	户口登记地					
	湖北			湖南		
	小计	男	女	小计	男	女
广东	**2646357**	**1538154**	**1108203**	**5116703**	**2964308**	**2152395**
广州市	**540552**	**305525**	**235027**	**1012664**	**575990**	**436674**
荔湾区	10175	5679	4496	22798	12787	10011
越秀区	8117	4066	4051	26907	13689	13218
海珠区	160241	87113	73128	50477	27295	23182
天河区	53296	30380	22916	117453	65700	51753
白云区	108073	61905	46168	259512	147809	111703
黄埔区	41261	24870	16391	97657	58510	39147
番禺区	76119	42901	33218	167237	93842	73395
花都区	34862	19887	14975	143816	81305	62511
南沙区	21001	13126	7875	54131	33288	20843
从化区	3266	1972	1294	9713	5733	3980
增城区	24141	13626	10515	62963	36032	26931
韶关市	**7433**	**4213**	**3220**	**58828**	**32383**	**26445**
武江区	2261	1250	1011	16683	9091	7592
浈江区	1533	833	700	12432	6807	5625
曲江区	800	460	340	6723	3812	2911
始兴县	280	170	110	1595	892	703
仁化县	367	215	152	4526	2490	2036
翁源县	402	244	158	1721	1076	645
乳源瑶族自治县	266	161	105	2311	1348	963
新丰县	480	304	176	1348	825	523
乐昌市	559	292	267	9379	4801	4578
南雄市	485	284	201	2110	1241	869
深圳市	**978119**	**565152**	**412967**	**1462197**	**838635**	**623562**
罗湖区	41187	21258	19929	44183	22592	21591
福田区	51402	27188	24214	69338	36764	32574
南山区	88032	48754	39278	101132	56579	44553
宝安区	280769	164853	115916	483540	279243	204297
龙岗区	223089	126638	96451	297386	167162	130224
盐田区	8341	4812	3529	13126	7690	5436
龙华区	181660	108678	72982	271150	159419	111731
坪山区	33325	19951	13374	48188	28754	19434
光明区	70314	43020	27294	134154	80432	53722
珠海市	**53281**	**31093**	**22188**	**133084**	**77183**	**55901**
香洲区	30973	17651	13322	79612	45440	34172
斗门区	10459	6189	4270	25651	15062	10589
金湾区	11849	7253	4596	27821	16681	11140
汕头市	**22255**	**12519**	**9736**	**15035**	**8997**	**6038**
龙湖区	4053	2344	1709	2933	1713	1220
金平区	3290	1789	1501	2393	1356	1037
濠江区	592	400	192	615	440	175
潮阳区	2211	1230	981	4442	2624	1818
潮南区	2007	1070	937	2290	1419	871
澄海区	10031	5657	4374	2266	1391	875
南澳县	71	29	42	96	54	42
佛山市	**159404**	**96236**	**63168**	**435018**	**263792**	**171226**
禅城区	16617	9742	6875	49438	29268	20170
南海区	65314	39340	25974	188261	113827	74434
顺德区	59806	35911	23895	149922	91033	58889
三水区	12680	8098	4582	34387	21569	12818
高明区	4987	3145	1842	13010	8095	4915

7-3　续表 19　　单位：人

现住地	户口登记地					
	湖北			湖南		
	小计	男	女	小计	男	女
江门市	**36624**	**21547**	**15077**	**83640**	**49331**	**34309**
蓬江区	9858	5739	4119	20352	12083	8269
江海区	6356	3768	2588	14447	8417	6030
新会区	5180	3091	2089	17412	10211	7201
台山市	3217	1858	1359	6598	3880	2718
开平市	2654	1478	1176	7354	4241	3113
鹤山市	8471	5056	3415	15459	9221	6238
恩平市	888	557	331	2018	1278	740
湛江市	**5986**	**3185**	**2801**	**7807**	**4182**	**3625**
赤坎区	1104	544	560	1285	626	659
霞山区	2308	1165	1143	2210	1086	1124
坡头区	495	264	231	451	245	206
麻章区	694	451	243	1335	800	535
遂溪县	120	63	57	319	164	155
徐闻县	295	173	122	344	206	138
廉江市	396	181	215	699	321	378
雷州市	136	76	60	440	298	142
吴川市	438	268	170	724	436	288
茂名市	**2983**	**1782**	**1201**	**5645**	**3203**	**2442**
茂南区	1005	559	446	2189	1253	936
电白区	787	519	268	1254	742	512
高州市	536	339	197	950	581	369
化州市	354	188	166	655	331	324
信宜市	301	177	124	597	296	301
肇庆市	**10674**	**6851**	**3823**	**32514**	**20049**	**12465**
端州区	1541	883	658	4013	2256	1757
鼎湖区	1126	795	331	2878	1873	1005
高要区	1522	984	538	4716	2912	1804
广宁县	232	152	80	894	569	325
怀集县	211	139	72	645	417	228
封开县	168	93	75	406	270	136
德庆县	188	109	79	351	186	165
四会市	5686	3696	1990	18611	11566	7045
惠州市	**134221**	**80594**	**53627**	**252492**	**150689**	**101803**
惠城区	48374	28395	19979	83633	48888	34745
惠阳区	53631	32599	21032	84280	51454	32826
博罗县	20557	12489	8068	56920	33931	22989
惠东县	10181	6144	4037	23580	13975	9605
龙门县	1478	967	511	4079	2441	1638
梅州市	**4674**	**2696**	**1978**	**7662**	**4447**	**3215**
梅江区	1191	686	505	2158	1216	942
梅县区	1022	576	446	1667	926	741
大埔县	431	270	161	625	430	195
丰顺县	598	366	232	705	434	271
五华县	479	290	189	958	545	413
平远县	165	73	92	250	148	102
蕉岭县	268	147	121	423	264	159
兴宁市	520	288	232	876	484	392

7-3 续表 20　　单位：人

现住地	户口登记地 湖北 小计	湖北 男	湖北 女	湖南 小计	湖南 男	湖南 女
汕尾市	**5837**	**3366**	**2471**	**11646**	**6857**	**4789**
城　区	1657	1033	624	2279	1483	796
海丰县	2976	1790	1186	7724	4510	3214
陆河县	345	205	140	500	310	190
陆丰市	859	338	521	1143	554	589
河源市	**10005**	**6121**	**3884**	**19606**	**11255**	**8351**
源城区	6154	3576	2578	10819	5987	4832
紫金县	881	594	287	2102	1328	774
龙川县	801	495	306	2279	1306	973
连平县	283	187	96	864	476	388
和平县	232	162	70	580	348	232
东源县	1654	1107	547	2962	1810	1152
阳江市	**2461**	**1473**	**988**	**12372**	**7189**	**5183**
江城区	1081	611	470	3757	2153	1604
阳东区	614	383	231	5022	2919	2103
阳西县	327	201	126	776	498	278
阳春市	439	278	161	2817	1619	1198
清远市	**16639**	**10030**	**6609**	**56429**	**32774**	**23655**
清城区	9747	5797	3950	31462	18192	13270
清新区	1690	972	718	8587	4772	3815
佛冈县	1147	692	455	3238	2016	1222
阳山县	272	180	92	1104	661	443
连山壮族瑶族自治县	37	19	18	578	306	272
连南瑶族自治县	38	21	17	415	210	205
英德市	3367	2111	1256	8625	5247	3378
连州市	341	238	103	2420	1370	1050
东莞市	**533269**	**315361**	**217908**	**1233746**	**718503**	**515243**
市辖区	533269	315361	217908	1233746	718503	515243
中山市	**108519**	**62838**	**45681**	**256373**	**146811**	**109562**
市辖区	108519	62838	45681	256373	146811	109562
潮州市	**7058**	**4016**	**3042**	**11190**	**6710**	**4480**
湘桥区	1688	853	835	4164	2505	1659
潮安区	5101	3007	2094	6742	4025	2717
饶平县	269	156	113	284	180	104
揭阳市	**3648**	**1981**	**1667**	**3754**	**2311**	**1443**
榕城区	537	311	226	589	382	207
揭东区	528	337	191	1105	709	396
揭西县	314	161	153	355	183	172
惠来县	422	171	251	183	115	68
普宁市	1847	1001	846	1522	922	600
云浮市	**2715**	**1575**	**1140**	**5001**	**3017**	**1984**
云城区	1311	741	570	1939	1168	771
云安区	242	162	80	538	375	163
新兴县	705	398	307	1563	951	612
郁南县	154	102	52	350	193	157
罗定市	303	172	131	611	330	281

7-3 续表 21

单位：人

现住地	户口登记地								
	广西			海南			重庆		
	小计	男	女	小计	男	女	小计	男	女
广东	**6930342**	**4150226**	**2780116**	**198454**	**109319**	**89135**	**938737**	**544085**	**394652**
广州市	**987653**	**580271**	**407382**	**41261**	**21588**	**19673**	**115215**	**65260**	**49955**
荔湾区	52442	31205	21237	1277	649	628	2356	1297	1059
越秀区	31933	17399	14534	1596	758	838	2008	991	1017
海珠区	59393	33553	25840	2891	1356	1535	7979	4344	3635
天河区	105401	59854	45547	7605	3893	3712	8640	4470	4170
白云区	270519	158773	111746	10479	5633	4846	24323	13667	10656
黄埔区	63030	39485	23545	3448	1858	1590	10561	6289	4272
番禺区	193507	111500	82007	6786	3473	3313	25973	14671	11302
花都区	99739	60388	39351	3114	1757	1357	12325	7085	5240
南沙区	48945	30226	18719	1517	845	672	10912	6475	4437
从化区	8005	4909	3096	594	318	276	1073	661	412
增城区	54739	32979	21760	1954	1048	906	9065	5310	3755
韶关市	**17102**	**9417**	**7685**	**747**	**310**	**437**	**2768**	**1683**	**1085**
武江区	4428	2566	1862	162	70	92	795	468	327
浈江区	2586	1376	1210	145	71	74	355	192	163
曲江区	2201	1241	960	76	23	53	299	188	111
始兴县	1028	555	473	37	17	20	112	67	45
仁化县	1113	645	468	34	10	24	217	145	72
翁源县	1495	856	639	69	25	44	163	112	51
乳源瑶族自治县	787	417	370	18	7	11	118	72	46
新丰县	1176	661	515	44	16	28	302	210	92
乐昌市	1112	515	597	73	26	47	211	103	108
南雄市	1176	585	591	89	45	44	196	126	70
深圳市	**1332224**	**794552**	**537672**	**67487**	**37860**	**29627**	**276896**	**159179**	**117717**
罗湖区	38094	21454	16640	3355	1538	1817	12584	6733	5851
福田区	51191	28610	22581	4576	2269	2307	28324	16125	12199
南山区	62288	36365	25923	5641	2966	2675	18355	10480	7875
宝安区	509450	303242	206208	21804	12755	9049	55729	32052	23677
龙岗区	255184	151067	104117	14805	8065	6740	89766	50859	38907
盐田区	7389	4725	2664	623	342	281	1970	1158	812
龙华区	209559	129119	80440	10642	6356	4286	33798	19999	13799
坪山区	39199	24119	15080	1715	1011	704	19279	11332	7947
光明区	159870	95851	64019	4326	2558	1768	17091	10441	6650
珠海市	**158226**	**95800**	**62426**	**7978**	**4475**	**3503**	**32025**	**18783**	**13242**
香洲区	74557	44148	30409	5122	2859	2263	21574	12480	9094
斗门区	45950	28490	17460	1441	815	626	5027	2985	2042
金湾区	37719	23162	14557	1415	801	614	5424	3318	2106
汕头市	**38594**	**23220**	**15374**	**3967**	**2188**	**1779**	**7187**	**4209**	**2978**
龙湖区	7634	4795	2839	249	136	113	1612	917	695
金平区	4013	2468	1545	384	202	182	749	382	367
濠江区	1403	974	429	86	42	44	191	126	65
潮阳区	11428	6526	4902	1889	1017	872	1949	1152	797
潮南区	8075	4880	3195	646	358	288	1889	1176	713
澄海区	5794	3440	2354	704	429	275	780	447	333
南澳县	247	137	110	9	4	5	17	9	8
佛山市	**1259186**	**774550**	**484636**	**11982**	**6726**	**5256**	**81441**	**48509**	**32932**
禅城区	117390	69458	47932	1546	809	737	12769	7658	5111
南海区	483257	299564	183693	4871	2650	2221	29209	17195	12014
顺德区	528416	322174	206242	4131	2443	1688	26731	15836	10895
三水区	88626	57174	31452	847	489	358	6934	4323	2611
高明区	41497	26180	15317	587	335	252	5798	3497	2301

7–3 续表 22 单位：人

现住地	户口登记地								
	广西			海南			重庆		
	小计	男	女	小计	男	女	小计	男	女
江门市	**319842**	**189296**	**130546**	**4018**	**2200**	**1818**	**29587**	**17322**	**12265**
蓬江区	67722	40178	27544	1281	754	527	6848	3954	2894
江海区	37251	22510	14741	463	262	201	3860	2235	1625
新会区	75765	44847	30918	456	247	209	5877	3551	2326
台山市	25972	15320	10652	533	261	272	3005	1784	1221
开平市	45290	26098	19192	557	278	279	4563	2654	1909
鹤山市	55990	33005	22985	515	290	225	4739	2688	2051
恩平市	11852	7338	4514	213	108	105	695	456	239
湛江市	**56475**	**30521**	**25954**	**3923**	**1857**	**2066**	**4125**	**2341**	**1784**
赤坎区	6336	3598	2738	415	193	222	854	456	398
霞山区	8619	4888	3731	837	407	430	1442	770	672
坡头区	2917	1751	1166	282	152	130	254	158	96
麻章区	4462	2860	1602	427	227	200	428	264	164
遂溪县	2909	1524	1385	203	90	113	94	46	48
徐闻县	4779	2671	2108	631	271	360	418	273	145
廉江市	14276	6324	7952	597	287	310	206	115	91
雷州市	3134	1633	1501	250	116	134	77	41	36
吴川市	9043	5272	3771	281	114	167	352	218	134
茂名市	**41023**	**20813**	**20210**	**4886**	**2284**	**2602**	**2254**	**1357**	**897**
茂南区	11887	6738	5149	902	422	480	648	373	275
电白区	5739	2887	2852	803	247	556	527	353	174
高州市	9874	5199	4675	902	449	453	398	244	154
化州市	8342	3627	4715	247	95	152	477	265	212
信宜市	5181	2362	2819	2032	1071	961	204	122	82
肇庆市	**93543**	**56937**	**36606**	**1286**	**709**	**577**	**10068**	**6146**	**3922**
端州区	10767	6469	4298	208	119	89	760	396	364
鼎湖区	8458	5398	3060	297	163	134	941	626	315
高要区	31301	19057	12244	144	86	58	1211	729	482
广宁县	3165	1932	1233	59	32	27	347	250	97
怀集县	3016	1542	1474	37	9	28	269	189	80
封开县	3513	1875	1638	23	12	11	62	41	21
德庆县	1549	804	745	34	15	19	53	30	23
四会市	31774	19860	11914	484	273	211	6425	3885	2540
惠州市	**233292**	**145342**	**87950**	**8056**	**4666**	**3390**	**75182**	**44535**	**30647**
惠城区	73337	46197	27140	2956	1692	1264	27149	15936	11213
惠阳区	81189	51354	29835	3031	1821	1210	25584	15197	10387
博罗县	56541	34275	22266	1305	749	556	13739	8089	5650
惠东县	19085	11509	7576	653	351	302	7528	4540	2988
龙门县	3140	2007	1133	111	53	58	1182	773	409
梅州市	**8884**	**4479**	**4405**	**1487**	**668**	**819**	**1944**	**1129**	**815**
梅江区	2268	1232	1036	341	150	191	492	285	207
梅县区	1751	899	852	248	114	134	326	164	162
大埔县	689	331	358	125	43	82	140	77	63
丰顺县	864	443	421	163	71	92	226	137	89
五华县	1413	688	725	147	68	79	312	201	111
平远县	376	149	227	41	15	26	76	42	34
蕉岭县	356	191	165	51	25	26	94	59	35
兴宁市	1167	546	621	371	182	189	278	164	114

7-3 续表 23

单位：人

现住地	户口登记地								
	广西			海南			重庆		
	小计	男	女	小计	男	女	小计	男	女
汕尾市	**11015**	**6635**	**4380**	**938**	**482**	**456**	**14029**	**8155**	**5874**
城　区	2161	1414	747	204	105	99	2984	1778	1206
海丰县	6783	4050	2733	309	166	143	9988	5793	4195
陆河县	558	340	218	292	149	143	254	169	85
陆丰市	1513	831	682	133	62	71	803	415	388
河源市	**17864**	**10173**	**7691**	**1053**	**538**	**515**	**5426**	**3190**	**2236**
源城区	8542	4968	3574	490	259	231	2823	1585	1238
紫金县	2785	1552	1233	196	88	108	959	612	347
龙川县	1655	810	845	200	107	93	386	231	155
连平县	1117	613	504	34	15	19	222	136	86
和平县	784	414	370	31	14	17	210	134	76
东源县	2981	1816	1165	102	55	47	826	492	334
阳江市	**45777**	**25898**	**19879**	**1008**	**486**	**522**	**5641**	**3228**	**2413**
江城区	16889	9795	7094	308	141	167	3375	1916	1459
阳东区	21682	12421	9261	241	129	112	1829	1053	776
阳西县	2819	1553	1266	176	79	97	214	136	78
阳春市	4387	2129	2258	283	137	146	223	123	100
清远市	**41919**	**24270**	**17649**	**1643**	**779**	**864**	**6199**	**3868**	**2331**
清城区	20113	12495	7618	833	426	407	3271	2000	1271
清新区	7152	4077	3075	262	114	148	639	387	252
佛冈县	3005	1755	1250	161	69	92	525	346	179
阳山县	1674	850	824	44	19	25	168	121	47
连山壮族瑶族自治县	1076	532	544	13	5	8	22	8	14
连南瑶族自治县	293	151	142	5	3	2	35	26	9
英德市	7205	3694	3511	284	123	161	1368	865	503
连州市	1401	716	685	41	20	21	171	115	56
东莞市	**1416643**	**854209**	**562434**	**26757**	**15987**	**10770**	**199187**	**115437**	**83750**
市辖区	1416643	854209	562434	26757	15987	10770	199187	115437	83750
中山市	**779340**	**462434**	**316906**	**7611**	**4322**	**3289**	**57229**	**32462**	**24767**
市辖区	779340	462434	316906	7611	4322	3289	57229	32462	24767
潮州市	**19994**	**11603**	**8391**	**853**	**443**	**410**	**8374**	**4934**	**3440**
湘桥区	3629	2118	1511	375	184	191	4648	2740	1908
潮安区	15654	9100	6554	432	240	192	3511	2068	1443
饶平县	711	385	326	46	19	27	215	126	89
揭阳市	**19987**	**11724**	**8263**	**623**	**314**	**309**	**2440**	**1455**	**985**
榕城区	4992	3098	1894	46	24	22	551	352	199
揭东区	5852	3505	2347	109	64	45	527	335	192
揭西县	3272	1860	1412	161	68	93	132	72	60
惠来县	703	414	289	39	14	25	57	32	25
普宁市	5168	2847	2321	268	144	124	1173	664	509
云浮市	**31759**	**18082**	**13677**	**890**	**437**	**453**	**1520**	**903**	**617**
云城区	11060	6920	4140	138	72	66	298	169	129
云安区	2366	1513	853	44	17	27	147	107	40
新兴县	8255	4924	3331	82	42	40	738	427	311
郁南县	2943	1346	1597	23	13	10	133	94	39
罗定市	7135	3379	3756	603	293	310	204	106	98

7-3 续表 24 单位：人

现住地	户口登记地								
	四川			贵州			云南		
	小计	男	女	小计	男	女	小计	男	女
广东	**2623105**	**1520120**	**1102985**	**2086831**	**1259073**	**827758**	**757083**	**445150**	**311933**
广州市	**357899**	**206080**	**151819**	**253360**	**152040**	**101320**	**72859**	**41948**	**30911**
荔湾区	9131	5146	3985	10921	6735	4186	1335	763	572
越秀区	5864	3041	2823	5345	3058	2287	1104	594	510
海珠区	26835	14998	11837	13248	7764	5484	2721	1415	1306
天河区	25550	13799	11751	18226	10287	7939	5340	2806	2534
白云区	93436	53935	39501	53598	31781	21817	18412	10485	7927
黄埔区	26495	16161	10334	19529	12674	6855	9661	6030	3631
番禺区	65854	37120	28734	57818	33650	24168	10922	5934	4988
花都区	43456	25534	17922	33346	20058	13288	10463	6021	4442
南沙区	29916	18006	11910	17598	11234	6364	7718	4761	2957
从化区	3184	1941	1243	4184	2643	1541	1306	765	541
增城区	28178	16399	11779	19547	12156	7391	3877	2374	1503
韶关市	**10632**	**6147**	**4485**	**7892**	**4889**	**3003**	**2167**	**1276**	**891**
武江区	3276	1923	1353	2201	1389	812	521	316	205
浈江区	2460	1339	1121	845	490	355	217	115	102
曲江区	1457	899	558	852	561	291	279	170	109
始兴县	345	185	160	400	241	159	79	39	40
仁化县	382	255	127	486	288	198	149	92	57
翁源县	438	247	191	978	601	377	326	192	134
乳源瑶族自治县	459	295	164	335	207	128	110	78	32
新丰县	655	401	254	778	507	271	142	85	57
乐昌市	631	295	336	519	302	217	130	75	55
南雄市	529	308	221	498	303	195	214	114	100
深圳市	**698775**	**399686**	**299089**	**402122**	**242587**	**159535**	**181806**	**107556**	**74250**
罗湖区	37097	19971	17126	14820	8802	6018	3163	1778	1385
福田区	35207	18278	16929	15549	9319	6230	5466	3095	2371
南山区	57121	32343	24778	20102	12730	7372	10106	6230	3876
宝安区	211138	121180	89958	130539	77890	52649	58556	34319	24237
龙岗区	164376	92597	71779	89139	53146	35993	39804	23224	16580
盐田区	6626	3829	2797	2642	1831	811	1236	841	395
龙华区	92037	54113	37924	60089	36993	23096	27612	16833	10779
坪山区	24895	14981	9914	23876	14566	9310	12682	7670	5012
光明区	70278	42394	27884	45366	27310	18056	23181	13566	9615
珠海市	**66593**	**39192**	**27401**	**37211**	**22519**	**14692**	**23085**	**14070**	**9015**
香洲区	35188	20552	14636	17864	10985	6879	9091	5583	3508
斗门区	17726	10423	7303	8478	5310	3168	6240	3813	2427
金湾区	13679	8217	5462	10869	6224	4645	7754	4674	3080
汕头市	**50096**	**29561**	**20535**	**71114**	**42734**	**28380**	**13733**	**7972**	**5761**
龙湖区	8241	4885	3356	8877	5463	3414	1042	602	440
金平区	3821	2084	1737	8721	5234	3487	1004	559	445
濠江区	777	517	260	2278	1489	789	293	200	93
潮阳区	21671	12799	8872	20912	12383	8529	1113	670	443
潮南区	12473	7449	5024	9061	5505	3556	1419	830	589
澄海区	3056	1792	1264	20919	12454	8465	8857	5109	3748
南澳县	57	35	22	346	206	140	5	2	3
佛山市	**323949**	**190791**	**133158**	**219077**	**133613**	**85464**	**62784**	**37308**	**25476**
禅城区	34188	20080	14108	18966	11435	7531	2998	1692	1306
南海区	100488	59577	40911	76693	46825	29868	24437	14592	9845
顺德区	164259	95708	68551	75354	45923	29431	24450	14268	10182
三水区	16974	10475	6499	36832	22361	14471	6718	4199	2519
高明区	8040	4951	3089	11232	7069	4163	4181	2557	1624

7-3　续表 25

单位：人

现住地	户口登记地								
	四川			贵州			云南		
	小计	男	女	小计	男	女	小计	男	女
江门市	**66131**	**38254**	**27877**	**86515**	**51569**	**34946**	**29724**	**17314**	**12410**
蓬江区	20580	11772	8808	22802	13607	9195	5344	3190	2154
江海区	11186	6311	4875	13481	8037	5444	3224	1887	1337
新会区	10068	5955	4113	20874	12545	8329	4136	2383	1753
台山市	7043	4178	2865	6689	3995	2694	1745	1074	671
开平市	4875	2709	2166	9410	5425	3985	5017	2834	2183
鹤山市	10276	6015	4261	10778	6385	4393	6754	3973	2781
恩平市	2103	1314	789	2481	1575	906	3504	1973	1531
湛江市	**8570**	**4966**	**3604**	**15114**	**8612**	**6502**	**3200**	**1500**	**1700**
赤坎区	1539	817	722	1769	922	847	215	94	121
霞山区	2600	1442	1158	2326	1270	1056	375	170	205
坡头区	710	407	303	823	521	302	242	96	146
麻章区	1245	803	442	1406	864	542	487	310	177
遂溪县	267	140	127	1873	1040	833	126	60	66
徐闻县	379	233	146	1745	1018	727	452	229	223
廉江市	568	292	276	1579	807	772	284	88	196
雷州市	101	51	50	1167	721	446	78	42	36
吴川市	1161	781	380	2426	1449	977	941	411	530
茂名市	**5725**	**3530**	**2195**	**11724**	**6500**	**5224**	**4359**	**2065**	**2294**
茂南区	2809	1695	1114	3679	2141	1538	1228	648	580
电白区	1029	667	362	3164	1694	1470	1149	479	670
高州市	985	612	373	2824	1534	1290	1064	529	535
化州市	501	298	203	1236	671	565	629	287	342
信宜市	401	258	143	821	460	361	289	122	167
肇庆市	**21564**	**13425**	**8139**	**40026**	**24733**	**15293**	**6375**	**3887**	**2488**
端州区	6236	3649	2587	6320	3749	2571	344	195	149
鼎湖区	2484	1679	805	4498	2964	1534	711	471	240
高要区	3439	2104	1335	13782	8355	5427	1731	1007	724
广宁县	579	399	180	1262	862	400	232	150	82
怀集县	632	409	223	1547	1013	534	183	124	59
封开县	153	93	60	608	402	206	105	76	29
德庆县	185	115	70	982	634	348	70	33	37
四会市	7856	4977	2879	11027	6754	4273	2999	1831	1168
惠州市	**177380**	**105660**	**71720**	**173806**	**106678**	**67128**	**77205**	**46871**	**30334**
惠城区	57560	33980	23580	53074	33111	19963	22175	13768	8407
惠阳区	65299	38969	26330	63606	39284	24322	35376	21344	14032
博罗县	25239	15110	10129	37962	22740	15222	15532	9310	6222
惠东县	27032	16131	10901	16006	9605	6401	3578	2097	1481
龙门县	2250	1470	780	3158	1938	1220	544	352	192
梅州市	**5637**	**3264**	**2373**	**9178**	**5839**	**3339**	**2033**	**1290**	**743**
梅江区	1224	685	539	2286	1454	832	421	227	194
梅县区	1053	555	498	1299	804	495	337	191	146
大埔县	263	139	124	521	372	149	128	80	48
丰顺县	890	559	331	1200	737	463	254	172	82
五华县	572	374	198	2090	1359	731	516	412	104
平远县	165	73	92	236	135	101	59	31	28
蕉岭县	472	293	179	327	206	121	113	66	47
兴宁市	998	586	412	1219	772	447	205	111	94

7-3 续表 26 单位：人

现住地	户口登记地								
	四川			贵州			云南		
	小计	男	女	小计	男	女	小计	男	女
汕尾市	**21841**	**12854**	**8987**	**8313**	**5290**	**3023**	**2153**	**1341**	**812**
城　区	8127	4836	3291	1917	1344	573	722	459	263
海丰县	11536	6738	4798	4635	2879	1756	1092	683	409
陆河县	907	560	347	630	422	208	157	99	58
陆丰市	1271	720	551	1131	645	486	182	100	82
河源市	**24054**	**14303**	**9751**	**21091**	**13191**	**7900**	**4606**	**2742**	**1864**
源城区	17136	9894	7242	10888	6636	4252	2033	1176	857
紫金县	2133	1454	679	3347	2176	1171	547	328	219
龙川县	1436	888	548	1586	998	588	370	235	135
连平县	477	293	184	785	486	299	154	90	64
和平县	426	297	129	770	547	223	76	43	33
东源县	2446	1477	969	3715	2348	1367	1426	870	556
阳江市	**5006**	**3114**	**1892**	**13597**	**7882**	**5715**	**8919**	**5275**	**3644**
江城区	2115	1375	740	4708	2741	1967	3812	2418	1394
阳东区	1656	968	688	5566	3167	2399	2869	1579	1290
阳西县	441	269	172	1523	864	659	1645	928	717
阳春市	794	502	292	1800	1110	690	593	350	243
清远市	**16932**	**10272**	**6660**	**20773**	**13254**	**7519**	**6602**	**4090**	**2512**
清城区	9084	5531	3553	11924	7517	4407	3316	2066	1250
清新区	2680	1483	1197	2032	1277	755	448	260	188
佛冈县	1485	928	557	1788	1169	619	687	443	244
阳山县	294	181	113	710	503	207	238	172	66
连山壮族瑶族自治县	67	42	25	150	96	54	14	9	5
连南瑶族自治县	38	13	25	96	51	45	6	3	3
英德市	3032	1938	1094	3595	2324	1271	1810	1090	720
连州市	252	156	96	478	317	161	83	47	36
东莞市	**509494**	**294723**	**214771**	**467095**	**281003**	**186092**	**212464**	**123890**	**88574**
市辖区	509494	294723	214771	467095	281003	186092	212464	123890	88574
中山市	**222370**	**126466**	**95904**	**122728**	**72432**	**50296**	**38094**	**21866**	**16228**
市辖区	222370	126466	95904	122728	72432	50296	38094	21866	16228
潮州市	**20273**	**11627**	**8646**	**55129**	**32912**	**22217**	**2740**	**1585**	**1155**
湘桥区	4001	2271	1730	12374	7372	5002	402	201	201
潮安区	15878	9137	6741	40835	24385	16450	2194	1297	897
饶平县	394	219	175	1920	1155	765	144	87	57
揭阳市	**4576**	**2759**	**1817**	**42535**	**25738**	**16797**	**717**	**427**	**290**
榕城区	546	337	209	16466	10065	6401	84	50	34
揭东区	852	541	311	11642	7076	4566	279	170	109
揭西县	207	109	98	2045	1206	839	59	38	21
惠来县	264	177	87	1107	672	435	74	41	33
普宁市	2707	1595	1112	11275	6719	4556	221	128	93
云浮市	**5608**	**3446**	**2162**	**8431**	**5058**	**3373**	**1458**	**877**	**581**
云城区	2318	1434	884	2409	1495	914	535	343	192
云安区	326	217	109	938	595	343	132	93	39
新兴县	2265	1362	903	2603	1497	1106	512	301	211
郁南县	281	186	95	545	342	203	111	67	44
罗定市	418	247	171	1936	1129	807	168	73	95

7-3　续表 27　　　　单位：人

现住地	户口登记地								
	西藏			陕西			甘肃		
	小计	男	女	小计	男	女	小计	男	女
广　东	**1755**	**834**	**921**	**452099**	**276515**	**175584**	**179490**	**106525**	**72965**
广州市	**382**	**160**	**222**	**52916**	**31736**	**21180**	**23741**	**13825**	**9916**
荔湾区	5	2	3	1222	726	496	649	399	250
越秀区	22	5	17	1404	772	632	805	432	373
海珠区	64	12	52	2696	1461	1235	1249	634	615
天河区	89	34	55	6434	3716	2718	3698	2035	1663
白云区	42	19	23	9828	5895	3933	4352	2467	1885
黄埔区	4	2	2	9587	6200	3387	4800	3062	1738
番禺区	93	40	53	9276	5353	3923	3694	2057	1637
花都区	42	33	9	4675	2775	1900	1884	1118	766
南沙区	4	2	2	4050	2620	1430	1240	805	435
从化区	10	9	1	634	386	248	248	152	96
增城区	7	2	5	3110	1832	1278	1122	664	458
韶关市	**6**	**3**	**3**	**1260**	**769**	**491**	**658**	**389**	**269**
武江区	2	2		310	168	142	149	81	68
浈江区	3	1	2	263	151	112	138	76	62
曲江区				170	113	57	103	64	39
始兴县				67	49	18	25	15	10
仁化县				66	44	22	58	33	25
翁源县				118	76	42	40	27	13
乳源瑶族自治县	1		1	52	34	18	35	25	10
新丰县				72	52	20	25	16	9
乐昌市				74	45	29	54	34	20
南雄市				68	37	31	31	18	13
深圳市	**173**	**97**	**76**	**183172**	**111746**	**71426**	**76728**	**45234**	**31494**
罗湖区	8	3	5	5926	3280	2646	2603	1402	1201
福田区	20	13	7	10668	6087	4581	3968	2208	1760
南山区	42	22	20	16891	9860	7031	6037	3505	2532
宝安区	37	22	15	57334	35345	21989	19655	11647	8008
龙岗区	30	18	12	35180	20911	14269	16940	9679	7261
盐田区				1484	977	507	561	344	217
龙华区	27	15	12	31952	20135	11817	16947	10344	6603
坪山区				8114	5111	3003	4472	2734	1738
光明区	9	4	5	15623	10040	5583	5545	3371	2174
珠海市	**251**	**93**	**158**	**12869**	**7783**	**5086**	**5486**	**3226**	**2260**
香洲区	245	89	156	7137	4185	2952	3230	1875	1355
斗门区	3	2	1	2659	1653	1006	988	572	416
金湾区	3	2	1	3073	1945	1128	1268	779	489
汕头市	**13**	**4**	**9**	**1799**	**1089**	**710**	**606**	**344**	**262**
龙湖区	3	1	2	288	169	119	154	69	85
金平区				238	125	113	88	55	33
濠江区	2		2	101	68	33	39	23	16
潮阳区	2	2		342	216	126	122	84	38
潮南区	1		1	269	169	100	77	47	30
澄海区	5	1	4	555	338	217	123	66	57
南澳县				6	4	2	3		3
佛山市	**350**	**196**	**154**	**20649**	**12964**	**7685**	**7490**	**4504**	**2986**
禅城区	144	63	81	1867	1113	754	909	533	376
南海区	152	108	44	7416	4650	2766	2709	1577	1132
顺德区	26	12	14	8668	5427	3241	2999	1855	1144
三水区	23	9	14	1987	1309	678	612	378	234
高明区	5	4	1	711	465	246	261	161	100

7-3 续表 28 单位：人

现住地	户口登记地 西藏 小计	西藏 男	西藏 女	陕西 小计	陕西 男	陕西 女	甘肃 小计	甘肃 男	甘肃 女
江门市	**39**	**9**	**30**	**6922**	**4282**	**2640**	**1753**	**1107**	**646**
蓬江区				2680	1587	1093	530	331	199
江海区	31	4	27	1222	770	452	277	182	95
新会区	2	1	1	832	558	274	276	184	92
台山市	2	1	1	472	303	169	130	90	40
开平市				351	198	153	173	101	72
鹤山市	4	3	1	1202	746	456	305	176	129
恩平市				163	120	43	62	43	19
湛江市	**7**	**5**	**2**	**1196**	**693**	**503**	**790**	**449**	**341**
赤坎区	4	2	2	162	85	77	146	71	75
霞山区	1	1		384	213	171	224	121	103
坡头区				105	61	44	53	34	19
麻章区				256	163	93	256	155	101
遂溪县	1	1		26	15	11	11	6	5
徐闻县				37	19	18	16	11	5
廉江市	1	1		93	46	47	33	16	17
雷州市				32	17	15	14	8	6
吴川市				101	74	27	37	27	10
茂名市	**7**	**5**	**2**	**568**	**376**	**192**	**410**	**285**	**125**
茂南区	4	4		204	115	89	285	212	73
电白区	1		1	128	97	31	53	36	17
高州市	1	1		82	52	30	28	16	12
化州市				93	76	17	19	12	7
信宜市	1		1	61	36	25	25	9	16
肇庆市	**35**	**17**	**18**	**1956**	**1275**	**681**	**803**	**486**	**317**
端州区	1	1		400	205	195	221	114	107
鼎湖区	10	4	6	309	241	68	118	82	36
高要区	19	10	9	214	132	82	72	46	26
广宁县				37	22	15	20	13	7
怀集县				30	18	12	6	4	2
封开县				44	33	11	32	19	13
德庆县				17	11	6	9	4	5
四会市	5	2	3	905	613	292	325	204	121
惠州市	**174**	**77**	**97**	**26167**	**16526**	**9641**	**15391**	**9446**	**5945**
惠城区	144	61	83	8591	5315	3276	5073	3134	1939
惠阳区	19	10	9	12592	8079	4513	8348	5072	3276
博罗县	5	3	2	3582	2185	1397	1538	950	588
惠东县	6	3	3	1219	827	392	385	263	122
龙门县				183	120	63	47	27	20
梅州市	**10**	**4**	**6**	**791**	**462**	**329**	**353**	**196**	**157**
梅江区	3	2	1	243	128	115	131	68	63
梅县区	2		2	152	85	67	89	45	44
大埔县				71	34	37	20	14	6
丰顺县				51	40	11	12	8	4
五华县	2	1	1	101	79	22	42	29	13
平远县	1		1	26	12	14	8	4	4
蕉岭县	1	1		38	24	14	17	9	8
兴宁市	1		1	109	60	49	34	19	15

7-3 续表 29 单位：人

现住地	户口登记地								
	西藏			陕西			甘肃		
	小计	男	女	小计	男	女	小计	男	女
汕尾市	**3**	**1**	**2**	**1071**	**688**	**383**	**304**	**211**	**93**
城　区	1		1	279	180	99	133	89	44
海丰县	2	1	1	635	414	221	117	85	32
陆河县				74	54	20	19	16	3
陆丰市				83	40	43	35	21	14
河源市	**5**	**3**	**2**	**2044**	**1236**	**808**	**825**	**535**	**290**
源城区	1	1		1276	747	529	544	349	195
紫金县				141	97	44	61	47	14
龙川县	3	2	1	258	169	89	84	59	25
连平县	1		1	68	33	35	19	11	8
和平县				73	50	23	43	26	17
东源县				228	140	88	74	43	31
阳江市	**3**	**3**		**600**	**389**	**211**	**355**	**243**	**112**
江城区	1	1		206	118	88	131	99	32
阳东区	1	1		140	93	47	90	60	30
阳西县				126	96	30	41	24	17
阳春市	1	1		128	82	46	93	60	33
清远市	**6**	**4**	**2**	**2401**	**1587**	**814**	**931**	**564**	**367**
清城区	4	2	2	1264	794	470	558	331	227
清新区	2	2		229	145	84	68	37	31
佛冈县				246	187	59	95	59	36
阳山县				79	54	25	18	15	3
连山壮族瑶族自治县				11	7	4	3	1	2
连南瑶族自治县				14	9	5	6	4	2
英德市				493	343	150	165	102	63
连州市				65	48	17	18	15	3
东莞市	**149**	**94**	**55**	**117360**	**71742**	**45618**	**36594**	**21817**	**14777**
市辖区	149	94	55	117360	71742	45618	36594	21817	14777
中山市	**138**	**57**	**81**	**17141**	**10376**	**6765**	**5839**	**3398**	**2441**
市辖区	138	57	81	17141	10376	6765	5839	3398	2441
潮州市	**1**	**1**		**424**	**250**	**174**	**171**	**95**	**76**
湘桥区	1	1		141	80	61	71	34	37
潮安区				245	148	97	82	52	30
饶平县				38	22	16	18	9	9
揭阳市	**1**	**1**		**417**	**302**	**115**	**149**	**102**	**47**
榕城区				64	44	20	30	23	7
揭东区				223	170	53	27	20	7
揭西县				13	9	4	13	9	4
惠来县	1	1		40	31	9	40	28	12
普宁市				77	48	29	39	22	17
云浮市	**2**		**2**	**376**	**244**	**132**	**113**	**69**	**44**
云城区	1		1	144	89	55	47	27	20
云安区				63	50	13	20	15	5
新兴县	1		1	83	52	31	26	13	13
郁南县				17	11	6	2		2
罗定市				69	42	27	18	14	4

7−3 续表 30

单位：人

现住地	户口登记地								
	青海			宁夏			新疆		
	小计	男	女	小计	男	女	小计	男	女
广　东	**24059**	**13793**	**10266**	**14742**	**8827**	**5915**	**38021**	**19616**	**18405**
广州市	**4597**	**2497**	**2100**	**3677**	**2124**	**1553**	**9399**	**4566**	**4833**
荔湾区	157	85	72	163	107	56	595	272	323
越秀区	482	261	221	435	253	182	617	285	332
海珠区	341	177	164	215	122	93	823	367	456
天河区	817	442	375	539	286	253	1814	870	944
白云区	891	485	406	948	568	380	1825	930	895
黄埔区	438	248	190	278	168	110	600	300	300
番禺区	595	319	276	620	326	294	1770	865	905
花都区	359	219	140	214	137	77	625	304	321
南沙区	262	148	114	101	63	38	254	139	115
从化区	77	26	51	33	22	11	81	41	40
增城区	178	87	91	131	72	59	395	193	202
韶关市	**124**	**69**	**55**	**71**	**36**	**35**	**180**	**98**	**82**
武江区	42	23	19	8	3	5	50	23	27
浈江区	34	19	15	40	23	17	31	17	14
曲江区	8	4	4	6	2	4	24	15	9
始兴县	5	4	1	2	1	1	10	4	6
仁化县	5	3	2	3	2	1	11	4	7
翁源县	6	4	2				16	9	7
乳源瑶族自治县	3	3		6	3	3	10	8	2
新丰县	1		1	3	1	2	6	5	1
乐昌市	11	5	6	1		1	16	7	9
南雄市	9	4	5	2	1	1	6	6	
深圳市	**8017**	**4503**	**3514**	**5747**	**3443**	**2304**	**12582**	**6582**	**6000**
罗湖区	406	219	187	336	183	153	909	439	470
福田区	734	386	348	519	284	235	1516	756	760
南山区	1055	563	492	841	474	367	2059	1006	1053
宝安区	2222	1254	968	1326	807	519	2674	1428	1246
龙岗区	1466	846	620	1211	710	501	2505	1296	1209
盐田区	78	39	39	58	36	22	128	67	61
龙华区	1350	765	585	1080	692	388	1700	957	743
坪山区	211	125	86	169	111	58	462	215	247
光明区	495	306	189	207	146	61	629	418	211
珠海市	**910**	**502**	**408**	**675**	**362**	**313**	**2371**	**1070**	**1301**
香洲区	592	317	275	458	233	225	1447	635	812
斗门区	99	59	40	84	47	37	226	117	109
金湾区	219	126	93	133	82	51	698	318	380
汕头市	**214**	**117**	**97**	**43**	**27**	**16**	**191**	**107**	**84**
龙湖区	40	20	20	16	12	4	56	24	32
金平区	38	19	19	13	7	6	26	16	10
濠江区	6	5	1	1	1		12	5	7
潮阳区	41	24	17	5	3	2	35	26	9
潮南区	23	12	11	2	2		18	10	8
澄海区	66	37	29	6	2	4	44	26	18
南澳县									
佛山市	**1603**	**956**	**647**	**836**	**534**	**302**	**2214**	**1207**	**1007**
禅城区	203	119	84	79	48	31	371	197	174
南海区	439	255	184	363	233	130	847	470	377
顺德区	623	365	258	324	204	120	767	417	350
三水区	85	43	42	56	41	15	167	84	83
高明区	253	174	79	14	8	6	62	39	23

7–3 续表 31

单位：人

现住地	户口登记地								
	青海			宁夏			新疆		
	小计	男	女	小计	男	女	小计	男	女
江门市	**340**	**215**	**125**	**133**	**79**	**54**	**1044**	**449**	**595**
蓬江区	99	60	39	43	25	18	776	279	497
江海区	42	27	15	16	11	5	49	30	19
新会区	72	49	23	19	12	7	66	47	19
台山市	14	8	6	22	15	7	41	23	18
开平市	24	16	8	12	6	6	41	29	12
鹤山市	88	54	34	21	10	11	55	28	27
恩平市	1	1					16	13	3
湛江市	**139**	**80**	**59**	**50**	**28**	**22**	**257**	**108**	**149**
赤坎区	47	24	23	13	6	7	53	27	26
霞山区	38	19	19	12	8	4	86	38	48
坡头区	11	7	4	4	1	3	9	4	5
麻章区	23	20	3	8	5	3	74	21	53
遂溪县	4	2	2	1	1		2	2	
徐闻县	4	3	1	4	3	1	8	4	4
廉江市	9	4	5	3		3	8	3	5
雷州市				3	2	1			
吴川市	3	1	2	2	2		17	9	8
茂名市	**75**	**46**	**29**	**22**	**16**	**6**	**125**	**58**	**67**
茂南区	36	24	12	18	12	6	59	30	29
电白区	20	10	10				25	12	13
高州市	9	6	3	1	1		29	10	19
化州市	4	3	1	2	2		3	1	2
信宜市	6	3	3	1	1		9	5	4
肇庆市	**212**	**115**	**97**	**87**	**38**	**49**	**355**	**169**	**186**
端州区	77	34	43	49	13	36	227	91	136
鼎湖区	24	15	9	3	3		19	7	12
高要区	18	7	11	8	6	2	36	25	11
广宁县	21	14	7	2	2		5	4	1
怀集县	3	2	1	1	1		4	3	1
封开县	1		1	2	1	1	3	2	1
德庆县	7	4	3						
四会市	61	39	22	22	12	10	61	37	24
惠州市	**1721**	**1052**	**669**	**690**	**432**	**258**	**2005**	**1118**	**887**
惠城区	905	592	313	270	173	97	750	410	340
惠阳区	567	320	247	289	170	119	907	504	403
博罗县	162	93	69	103	70	33	140	85	55
惠东县	71	40	31	25	17	8	201	114	87
龙门县	16	7	9	3	2	1	7	5	2
梅州市	**118**	**69**	**49**	**37**	**23**	**14**	**285**	**163**	**122**
梅江区	52	35	17	16	9	7	99	62	37
梅县区	14	6	8	7	7		61	34	27
大埔县	3		3				11	6	5
丰顺县	9	6	3				12	10	2
五华县	14	9	5	1	1		25	13	12
平远县	3	2	1	3	2	1	1	1	
蕉岭县	5	3	2	3	1	2	26	11	15
兴宁市	18	8	10	7	3	4	50	26	24

7-3 续表 32

单位：人

现住地	户口登记地								
	青海			宁夏			新疆		
	小计	男	女	小计	男	女	小计	男	女
汕尾市	**88**	**54**	**34**	**30**	**17**	**13**	**105**	**57**	**48**
城　区	27	18	9	12	9	3	27	14	13
海丰县	52	30	22	13	7	6	52	29	23
陆河县	6	4	2	1	1		6	5	1
陆丰市	3	2	1	4		4	20	9	11
河源市	**114**	**68**	**46**	**94**	**58**	**36**	**185**	**99**	**86**
源城区	92	52	40	61	39	22	124	69	55
紫金县	5	4	1	8	5	3	9	4	5
龙川县	11	9	2	11	6	5	19	9	10
连平县	2	1	1	7	3	4	7	2	5
和平县				5	4	1	3	3	
东源县	4	2	2	2	1	1	23	12	11
阳江市	**84**	**56**	**28**	**36**	**24**	**12**	**113**	**65**	**48**
江城区	47	35	12	19	12	7	52	25	27
阳东区	12	7	5	3	2	1	29	20	9
阳西县	4	2	2	3	3		13	9	4
阳春市	21	12	9	11	7	4	19	11	8
清远市	**238**	**136**	**102**	**82**	**51**	**31**	**412**	**227**	**185**
清城区	147	75	72	51	29	22	225	112	113
清新区	20	14	6	9	5	4	36	25	11
佛冈县	54	35	19	3	2	1	94	59	35
阳山县	1	1		2	2		4	2	2
连山壮族瑶族自治县	4	2	2						
连南瑶族自治县	3	2	1	1	1		1	1	
英德市	7	5	2	14	11	3	42	21	21
连州市	2	2		2	1	1	10	7	3
东莞市	**4449**	**2666**	**1783**	**1876**	**1199**	**677**	**4700**	**2624**	**2076**
市辖区	4449	2666	1783	1876	1199	677	4700	2624	2076
中山市	**919**	**541**	**378**	**504**	**299**	**205**	**1334**	**740**	**594**
市辖区	919	541	378	504	299	205	1334	740	594
潮州市	**44**	**22**	**22**	**8**	**7**	**1**	**63**	**40**	**23**
湘桥区	19	6	13	3	3		23	17	6
潮安区	18	11	7	4	3	1	31	18	13
饶平县	7	5	2	1	1		9	5	4
揭阳市	**11**	**7**	**4**	**7**	**6**	**1**	**56**	**44**	**12**
榕城区							22	21	1
揭东区	2	2		2	2		7	4	3
揭西县	2	1	1	2	1	1	7	5	2
惠来县	5	4	1	2	2		17	12	5
普宁市	2		2	1	1		3	2	1
云浮市	**42**	**22**	**20**	**37**	**24**	**13**	**45**	**25**	**20**
云城区	26	15	11	13	7	6	22	16	6
云安区	3	2	1	14	13	1	3	1	2
新兴县	5	4	1	7	2	5	11	3	8
郁南县	4	1	3	1	1		1		1
罗定市	4		4	2	1	1	8	5	3

7—3a　全省按现住地、性别分的户口登记地在外省的人口(城市)

单位：人

现住地	户口登记地					
	合计			北京		
	合计	男	女	小计	男	女
广东	**24859982**	**14605610**	**10254372**	**30061**	**17656**	**12405**
广州市	**4035304**	**2322174**	**1713130**	**6563**	**3766**	**2797**
荔湾区	197894	116388	81506	224	138	86
越秀区	139185	75241	63944	617	362	255
海珠区	451308	251306	200002	847	473	374
天河区	562466	321083	241383	1921	1067	854
白云区	977135	563295	413840	675	376	299
黄埔区	377042	231171	145871	523	338	185
番禺区	717084	404940	312144	1239	679	560
花都区	350919	200532	150387	244	150	94
南沙区	156163	96370	59793	143	100	43
从化区	12321	6963	5358	14	8	6
增城区	93787	54885	38902	116	75	41
韶关市	**81412**	**44677**	**36735**	**99**	**56**	**43**
武江区	37210	20765	16445	26	13	13
浈江区	23520	12746	10774	59	36	23
曲江区	9995	5465	4530	3	2	1
始兴县						
仁化县						
翁源县						
乳源瑶族自治县						
新丰县						
乐昌市	6295	3248	3047	5	2	3
南雄市	4392	2453	1939	6	3	3
深圳市	**8190970**	**4803484**	**3387486**	**16824**	**9970**	**6854**
罗湖区	345541	189737	155804	1294	762	532
福田区	463150	256855	206295	3845	2209	1636
南山区	629212	360667	268545	6517	3814	2703
宝安区	2520020	1487152	1032868	1617	1019	598
龙岗区	1800655	1037869	762786	1824	1093	731
盐田区	71582	42884	28698	210	107	103
龙华区	1353644	817007	536637	1173	720	453
坪山区	301954	183253	118701	171	116	55
光明区	705212	428060	277152	173	130	43
珠海市	**559395**	**321647**	**237748**	**1977**	**1088**	**889**
香洲区	382135	217024	165111	1826	1005	821
斗门区	65306	39116	26190	58	27	31
金湾区	111954	65507	46447	93	56	37
汕头市	**228285**	**133887**	**94398**	**160**	**87**	**73**
龙湖区	69286	41638	27648	62	34	28
金平区	52787	30056	22731	71	39	32
濠江区	6316	4238	2078	5	2	3
潮阳区	15384	8984	6400	4	2	2
潮南区	22972	13753	9219	4	2	2
澄海区	61540	35218	26322	14	8	6
南澳县						
佛山市	**2761424**	**1674827**	**1086597**	**1278**	**793**	**485**
禅城区	244356	143845	100511	217	135	82
南海区	1129736	689202	440534	573	339	234
顺德区	1219145	737440	481705	417	278	139
三水区	77974	48070	29904	41	25	16
高明区	90213	56270	33943	30	16	14

7-3a 续表 1

单位：人

现住地	户口登记地					
	合计			北京		
	合计	男	女	小计	男	女
江门市	**500177**	**293524**	**206653**	**221**	**130**	**91**
蓬江区	188732	111343	77389	130	81	49
江海区	109811	65259	44552	27	14	13
新会区	75732	44327	31405	23	13	10
台山市	34146	20105	14041	15	5	10
开平市	22060	12306	9754	4	3	1
鹤山市	63953	36790	27163	20	12	8
恩平市	5743	3394	2349	2	2	
湛江市	**69761**	**38772**	**30989**	**153**	**88**	**65**
赤坎区	19544	10651	8893	44	28	16
霞山区	28393	15667	12726	74	37	37
坡头区	4174	2341	1833	18	11	7
麻章区	4223	2884	1339	12	9	3
遂溪县	749	393	356	1	1	
徐闻县						
廉江市	4587	2164	2423			
雷州市	680	382	298	2		2
吴川市	7411	4290	3121	2	2	
茂名市	**49069**	**28844**	**20225**	**32**	**21**	**11**
茂南区	23566	14023	9543	29	19	10
电白区	4775	3035	1740			
高州市	12277	7114	5163	2	2	
化州市	4129	2263	1866	1		1
信宜市	4322	2409	1913			
肇庆市	**153836**	**93145**	**60691**	**83**	**45**	**38**
端州区	38264	22292	15972	45	23	22
鼎湖区	13533	8998	4535	13	10	3
高要区	5008	3034	1974	3	2	1
广宁县						
怀集县						
封开县						
德庆县						
四会市	97031	58821	38210	22	10	12
惠州市	**903706**	**541720**	**361986**	**529**	**308**	**221**
惠城区	437324	257097	180227	253	156	97
惠阳区	455287	277956	177331	268	146	122
博罗县	11095	6667	4428	8	6	2
惠东县						
龙门县						
梅州市	**43627**	**24299**	**19328**	**36**	**23**	**13**
梅江区	22205	12592	9613	19	12	7
梅县区	16628	9152	7476	13	7	6
大埔县						
丰顺县						
五华县	93	59	34			
平远县						
蕉岭县						
兴宁市	4701	2496	2205	4	4	

7-3a 续表 2

单位：人

现住地	户口登记地 合计 合计	合计 男	合计 女	北京 小计	北京 男	北京 女
汕尾市	**20387**	**11642**	**8745**	**9**	**4**	**5**
城 区	16323	9526	6797	8	4	4
海丰县						
陆河县						
陆丰市	4064	2116	1948	1		1
河源市	**68106**	**39112**	**28994**	**45**	**25**	**20**
源城区	68106	39112	28994	45	25	20
紫金县						
龙川县						
连平县						
和平县						
东源县						
阳江市	**48418**	**26532**	**21886**	**35**	**22**	**13**
江城区	24875	13739	11136	29	17	12
阳东区	17427	9660	7767	2	2	
阳西县						
阳春市	6116	3133	2983	4	3	1
清远市	**81244**	**45291**	**35953**	**41**	**26**	**15**
清城区	55032	31163	23869	35	20	15
清新区	12390	6498	5892			
佛冈县						
阳山县						
连山壮族瑶族自治县						
连南瑶族自治县						
英德市	10265	5712	4553	4	4	
连州市	3557	1918	1639	2	2	
东莞市	**5671791**	**3350568**	**2321223**	**1486**	**931**	**555**
市辖区	5671791	3350568	2321223	1486	931	555
中山市	**1197764**	**696909**	**500855**	**431**	**240**	**191**
市辖区	1197764	696909	500855	431	240	191
潮州市	**116951**	**67772**	**49179**	**36**	**25**	**11**
湘桥区	36727	21271	15456	22	15	7
潮安区	80224	46501	33723	14	10	4
饶平县						
揭阳市	**51585**	**30680**	**20905**	**5**	**3**	**2**
榕城区	21992	13491	8501	3	2	1
揭东区	16127	9508	6619	1		1
揭西县						
惠来县						
普宁市	13466	7681	5785	1	1	
云浮市	**26770**	**16104**	**10666**	**18**	**5**	**13**
云城区	21758	13348	8410	15	5	10
云安区	656	445	211			
新兴县						
郁南县						
罗定市	4356	2311	2045	3		3

7-3a 续表 3

单位：人

现住地	户口登记地								
	天津			河北			山西		
	小计	男	女	小计	男	女	小计	男	女
广东	**17399**	**9973**	**7426**	**111315**	**66844**	**44471**	**72308**	**43534**	**28774**
广州市	**3926**	**2185**	**1741**	**26445**	**15390**	**11055**	**15341**	**8928**	**6413**
荔湾区	183	103	80	1126	654	472	480	285	195
越秀区	265	141	124	1572	866	706	705	384	321
海珠区	455	237	218	2339	1296	1043	1253	683	570
天河区	860	495	365	4887	2775	2112	3318	1897	1421
白云区	542	288	254	6304	3779	2525	3025	1798	1227
黄埔区	362	231	131	2422	1508	914	1656	1055	601
番禺区	832	435	397	4158	2386	1772	2765	1570	1195
花都区	188	111	77	1785	1003	782	1209	684	525
南沙区	141	94	47	1044	665	379	531	331	200
从化区	4	2	2	84	41	43	38	24	14
增城区	94	48	46	724	417	307	361	217	144
韶关市	**43**	**27**	**16**	**601**	**318**	**283**	**241**	**147**	**94**
武江区	20	11	9	268	151	117	100	61	39
浈江区	14	11	3	204	99	105	79	46	33
曲江区	2	2		67	32	35	32	20	12
始兴县									
仁化县									
翁源县									
乳源瑶族自治县									
新丰县									
乐昌市	1		1	33	18	15	13	8	5
南雄市	6	3	3	29	18	11	17	12	5
深圳市	**7964**	**4578**	**3386**	**42742**	**25927**	**16815**	**30718**	**18595**	**12123**
罗湖区	603	313	290	2506	1420	1086	1531	868	663
福田区	1189	621	568	4016	2309	1707	2737	1553	1184
南山区	2155	1226	929	6386	3728	2658	4624	2584	2040
宝安区	1335	824	511	10256	6245	4011	7305	4501	2804
龙岗区	1413	818	595	8802	5245	3557	6299	3778	2521
盐田区	110	70	40	589	354	235	331	210	121
龙华区	831	504	327	6613	4179	2434	5165	3285	1880
坪山区	148	90	58	1363	874	489	1230	829	401
光明区	180	112	68	2211	1573	638	1496	987	509
珠海市	**1127**	**599**	**528**	**4316**	**2368**	**1948**	**3333**	**1865**	**1468**
香洲区	836	430	406	3115	1673	1442	2356	1283	1073
斗门区	51	33	18	385	230	155	268	152	116
金湾区	240	136	104	816	465	351	709	430	279
汕头市	**89**	**49**	**40**	**540**	**322**	**218**	**299**	**191**	**108**
龙湖区	46	28	18	208	124	84	108	80	28
金平区	40	18	22	203	113	90	118	64	54
濠江区				17	14	3	3	3	
潮阳区	2	2		16	8	8	13	8	5
潮南区				53	40	13	18	11	7
澄海区	1	1		43	23	20	39	25	14
南澳县									
佛山市	**985**	**583**	**402**	**10673**	**6692**	**3981**	**5162**	**3286**	**1876**
禅城区	162	93	69	1154	707	447	611	374	237
南海区	390	229	161	5077	3151	1926	2177	1375	802
顺德区	376	220	156	3877	2471	1406	2059	1334	725
三水区	28	18	10	268	163	105	145	90	55
高明区	29	23	6	297	200	97	170	113	57

7-3a 续表 4

单位：人

现住地	户口登记地								
	天津			河北			山西		
	小计	男	女	小计	男	女	小计	男	女
江门市	**151**	**81**	**70**	**1495**	**923**	**572**	**719**	**457**	**262**
蓬江区	59	32	27	647	406	241	366	232	134
江海区	20	8	12	278	181	97	146	96	50
新会区	18	11	7	186	110	76	70	48	22
台山市	8	5	3	116	69	47	45	27	18
开平市	14	5	9	79	43	36	16	8	8
鹤山市	27	16	11	158	97	61	75	46	29
恩平市	5	4	1	31	17	14	1		1
湛江市	**265**	**188**	**77**	**891**	**515**	**376**	**382**	**183**	**199**
赤坎区	59	42	17	262	141	121	175	76	99
霞山区	77	44	33	363	208	155	108	45	63
坡头区	88	69	19	133	74	59	41	25	16
麻章区	38	32	6	95	70	25	29	23	6
遂溪县									
徐闻县									
廉江市	3	1	2	24	11	13	20	9	11
雷州市				1	1		1	1	
吴川市				13	10	3	8	4	4
茂名市	**71**	**50**	**21**	**291**	**181**	**110**	**160**	**106**	**54**
茂南区	56	37	19	237	146	91	115	74	41
电白区	5	5		15	12	3	12	8	4
高州市	2	2		21	13	8	22	18	4
化州市	2	1	1	12	7	5	6	4	2
信宜市	6	5	1	6	3	3	5	2	3
肇庆市	**99**	**49**	**50**	**736**	**429**	**307**	**383**	**230**	**153**
端州区	42	18	24	241	130	111	160	87	73
鼎湖区	8	5	3	62	36	26	27	20	7
高要区	2	2		28	17	11	15	12	3
广宁县									
怀集县									
封开县									
德庆县									
四会市	47	24	23	405	246	159	181	111	70
惠州市	**770**	**456**	**314**	**4516**	**2708**	**1808**	**2817**	**1767**	**1050**
惠城区	247	134	113	1946	1117	829	1242	755	487
惠阳区	519	319	200	2538	1574	964	1559	1000	559
博罗县	4	3	1	32	17	15	16	12	4
惠东县									
龙门县									
梅州市	**20**	**9**	**11**	**280**	**162**	**118**	**141**	**92**	**49**
梅江区	10	3	7	172	106	66	90	60	30
梅县区	5	3	2	69	39	30	38	24	14
大埔县									
丰顺县									
五华县									
平远县									
蕉岭县									
兴宁市	5	3	2	39	17	22	13	8	5

7-3a 续表 5 单位：人

现住地	户口登记地								
	天津			河北			山西		
	小计	男	女	小计	男	女	小计	男	女
汕尾市	**16**	**10**	**6**	**82**	**48**	**34**	**43**	**26**	**17**
城　区	15	10	5	72	42	30	34	21	13
海丰县									
陆河县									
陆丰市	1		1	10	6	4	9	5	4
河源市	**31**	**16**	**15**	**329**	**202**	**127**	**169**	**108**	**61**
源城区	31	16	15	329	202	127	169	108	61
紫金县									
龙川县									
连平县									
和平县									
东源县									
阳江市	**42**	**26**	**16**	**663**	**350**	**313**	**88**	**48**	**40**
江城区	26	17	9	151	80	71	42	23	19
阳东区	10	6	4	41	24	17	9	4	5
阳西县									
阳春市	6	3	3	471	246	225	37	21	16
清远市	**46**	**23**	**23**	**547**	**304**	**243**	**209**	**131**	**78**
清城区	31	15	16	398	225	173	152	104	48
清新区	1		1	44	26	18	23	10	13
佛冈县									
阳山县									
连山壮族瑶族自治县									
连南瑶族自治县									
英德市	9	4	5	61	29	32	26	12	14
连州市	5	4	1	44	24	20	8	5	3
东莞市	**1371**	**830**	**541**	**12990**	**8142**	**4848**	**10072**	**6131**	**3941**
市辖区	1371	830	541	12990	8142	4848	10072	6131	3941
中山市	**353**	**195**	**158**	**2712**	**1559**	**1153**	**1685**	**1029**	**656**
市辖区	353	195	158	2712	1559	1153	1685	1029	656
潮州市	**16**	**9**	**7**	**215**	**133**	**82**	**269**	**165**	**104**
湘桥区	3	3		111	61	50	42	24	18
潮安区	13	6	7	104	72	32	227	141	86
饶平县									
揭阳市	**6**	**4**	**2**	**41**	**28**	**13**	**37**	**21**	**16**
榕城区	1	1		15	11	4	13	7	6
揭东区	1		1	15	10	5	11	6	5
揭西县									
惠来县									
普宁市	4	3	1	11	7	4	13	8	5
云浮市	**8**	**6**	**2**	**210**	**143**	**67**	**40**	**28**	**12**
云城区	3	2	1	200	134	66	35	25	10
云安区				2	2				
新兴县									
郁南县									
罗定市	5	4	1	8	7	1	5	3	2

7-3a 续表 6 单位：人

现住地	户口登记地								
	内蒙古			辽宁			吉林		
	小计	男	女	小计	男	女	小计	男	女
广东	**42460**	**24084**	**18376**	**98692**	**54355**	**44337**	**106031**	**57734**	**48297**
广州市	**8958**	**4941**	**4017**	**23244**	**12751**	**10493**	**21464**	**11505**	**9959**
荔湾区	299	183	116	1197	626	571	779	407	372
越秀区	443	222	221	1087	523	564	974	480	494
海珠区	651	334	317	1994	990	1004	1661	854	807
天河区	2000	1059	941	4334	2344	1990	3734	1928	1806
白云区	1801	1004	797	5601	3120	2481	5327	2909	2418
黄埔区	867	512	355	2090	1276	814	2245	1325	920
番禺区	1596	863	733	3563	1899	1664	3667	1882	1785
花都区	599	341	258	1430	771	659	1422	773	649
南沙区	361	226	135	1355	903	452	1012	626	386
从化区	23	11	12	42	20	22	53	26	27
增城区	318	186	132	551	279	272	590	295	295
韶关市	**173**	**106**	**67**	**318**	**170**	**148**	**371**	**185**	**186**
武江区	69	42	27	139	66	73	145	71	74
浈江区	64	37	27	82	45	37	123	64	59
曲江区	20	12	8	64	41	23	43	24	19
始兴县									
仁化县									
翁源县									
乳源瑶族自治县									
新丰县									
乐昌市	12	9	3	11	5	6	30	10	20
南雄市	8	6	2	22	13	9	30	16	14
深圳市	**19010**	**10973**	**8037**	**45135**	**24569**	**20566**	**48053**	**25932**	**22121**
罗湖区	1246	665	581	4050	2051	1999	3770	1905	1865
福田区	2119	1160	959	5366	2690	2676	5754	2981	2773
南山区	3032	1633	1399	7671	3891	3780	7502	3804	3698
宝安区	4242	2467	1775	9551	5475	4076	10113	5635	4478
龙岗区	4118	2441	1677	9188	5037	4151	10422	5607	4815
盐田区	254	141	113	630	340	290	764	407	357
龙华区	2753	1678	1075	6132	3532	2600	6738	3772	2966
坪山区	491	309	182	1179	690	489	1203	703	500
光明区	755	479	276	1368	863	505	1787	1118	669
珠海市	**2051**	**978**	**1073**	**4677**	**2330**	**2347**	**5389**	**2701**	**2688**
香洲区	1583	729	854	3678	1794	1884	3891	1926	1965
斗门区	137	71	66	327	178	149	425	234	191
金湾区	331	178	153	672	358	314	1073	541	532
汕头市	**224**	**128**	**96**	**311**	**188**	**123**	**331**	**181**	**150**
龙湖区	106	65	41	150	93	57	104	65	39
金平区	75	40	35	95	52	43	141	65	76
濠江区	5	4	1	4	2	2	9	5	4
潮阳区	20	13	7	17	10	7	23	14	9
潮南区	8	3	5	13	10	3	24	15	9
澄海区	10	3	7	32	21	11	30	17	13
南澳县									
佛山市	**2792**	**1628**	**1164**	**6093**	**3506**	**2587**	**8134**	**4842**	**3292**
禅城区	366	210	156	743	417	326	815	438	377
南海区	1281	751	530	2966	1694	1272	4629	2857	1772
顺德区	946	549	397	2036	1195	841	2138	1247	891
三水区	115	68	47	213	114	99	356	178	178
高明区	84	50	34	135	86	49	196	122	74

7−3a 续表 7　　单位：人

现住地	户口登记地								
	内蒙古			辽宁			吉林		
	小计	男	女	小计	男	女	小计	男	女
江门市	**434**	**267**	**167**	**981**	**555**	**426**	**956**	**530**	**426**
蓬江区	168	114	54	414	219	195	415	234	181
江海区	109	64	45	185	120	65	236	129	107
新会区	51	32	19	104	60	44	94	51	43
台山市	55	33	22	79	48	31	67	41	26
开平市	16	8	8	65	27	38	31	16	15
鹤山市	31	15	16	120	73	47	106	54	52
恩平市	4	1	3	14	8	6	7	5	2
湛江市	**223**	**120**	**103**	**609**	**332**	**277**	**504**	**286**	**218**
赤坎区	61	29	32	152	82	70	115	66	49
霞山区	90	48	42	311	163	148	263	143	120
坡头区	32	16	16	49	25	24	43	24	19
麻章区	13	10	3	71	51	20	47	30	17
遂溪县							1	1	
徐闻县									
廉江市	16	7	9	11	5	6	12	5	7
雷州市	3	3		4	2	2	7	5	2
吴川市	8	7	1	11	4	7	16	12	4
茂名市	**70**	**36**	**34**	**234**	**145**	**89**	**216**	**137**	**79**
茂南区	48	27	21	178	112	66	164	103	61
电白区	8	2	6	21	13	8	28	19	9
高州市	9	6	3	12	6	6	8	7	1
化州市				14	7	7	9	4	5
信宜市	5	1	4	9	7	2	7	4	3
肇庆市	**274**	**157**	**117**	**428**	**254**	**174**	**470**	**277**	**193**
端州区	119	65	54	147	78	69	172	98	74
鼎湖区	14	8	6	35	24	11	45	28	17
高要区	7	5	2	15	9	6	13	8	5
广宁县									
怀集县									
封开县									
德庆县									
四会市	134	79	55	231	143	88	240	143	97
惠州市	**2028**	**1121**	**907**	**3781**	**2149**	**1632**	**4928**	**2708**	**2220**
惠城区	905	491	414	1381	792	589	2104	1156	948
惠阳区	1119	627	492	2324	1306	1018	2805	1539	1266
博罗县	4	3	1	76	51	25	19	13	6
惠东县									
龙门县									
梅州市	**88**	**54**	**34**	**151**	**76**	**75**	**193**	**116**	**77**
梅江区	48	30	18	95	45	50	114	68	46
梅县区	25	15	10	43	24	19	70	42	28
大埔县									
丰顺县									
五华县									
平远县									
蕉岭县									
兴宁市	15	9	6	13	7	6	9	6	3

7−3a 续表 8

单位：人

现住地	户口登记地								
	内蒙古			辽宁			吉林		
	小计	男	女	小计	男	女	小计	男	女
汕尾市	**39**	**22**	**17**	**57**	**35**	**22**	**76**	**42**	**34**
城 区	32	16	16	44	26	18	63	36	27
海丰县									
陆河县									
陆丰市	7	6	1	13	9	4	13	6	7
河源市	**118**	**67**	**51**	**194**	**111**	**83**	**295**	**164**	**131**
源城区	118	67	51	194	111	83	295	164	131
紫金县									
龙川县									
连平县									
和平县									
东源县									
阳江市	**93**	**46**	**47**	**110**	**57**	**53**	**184**	**89**	**95**
江城区	62	32	30	68	32	36	106	51	55
阳东区	11	6	5	23	12	11	21	11	10
阳西县									
阳春市	20	8	12	19	13	6	57	27	30
清远市	**268**	**147**	**121**	**337**	**177**	**160**	**471**	**249**	**222**
清城区	208	109	99	246	126	120	342	182	160
清新区	20	11	9	47	27	20	77	41	36
佛冈县									
阳山县									
连山壮族瑶族自治县									
连南瑶族自治县									
英德市	30	19	11	30	15	15	47	22	25
连州市	10	8	2	14	9	5	5	4	1
东莞市	**4365**	**2598**	**1767**	**9656**	**5643**	**4013**	**11332**	**6343**	**4989**
市辖区	4365	2598	1767	9656	5643	4013	11332	6343	4989
中山市	**1171**	**651**	**520**	**2128**	**1141**	**987**	**2443**	**1323**	**1120**
市辖区	1171	651	520	2128	1141	987	2443	1323	1120
潮州市	**28**	**16**	**12**	**119**	**78**	**41**	**122**	**68**	**54**
湘桥区	14	7	7	70	45	25	74	38	36
潮安区	14	9	5	49	33	16	48	30	18
饶平县									
揭阳市	**21**	**12**	**9**	**26**	**17**	**9**	**34**	**21**	**13**
榕城区	3	3		6	3	3	6	5	1
揭东区	10	4	6	8	6	2	18	12	6
揭西县									
惠来县									
普宁市	8	5	3	12	8	4	10	4	6
云浮市	**32**	**16**	**16**	**103**	**71**	**32**	**65**	**35**	**30**
云城区	19	10	9	92	65	27	55	29	26
云安区	1	1		1		1	2	1	1
新兴县									
郁南县									
罗定市	12	5	7	10	6	4	8	5	3

7-3a 续表 9 单位：人

现住地	户口登记地								
	黑龙江			上海			江苏		
	小计	男	女	小计	男	女	小计	男	女
广东	**178910**	**96380**	**82530**	**18065**	**10509**	**7556**	**144836**	**89562**	**55274**
广州市	**36825**	**19594**	**17231**	**3921**	**2164**	**1757**	**30346**	**18207**	**12139**
荔湾区	1518	810	708	176	97	79	1515	883	632
越秀区	1446	705	741	309	165	144	1807	990	817
海珠区	2780	1389	1391	547	297	250	2714	1517	1197
天河区	6595	3414	3181	1049	568	481	5327	3227	2100
白云区	10204	5477	4727	488	260	228	6700	4097	2603
黄埔区	3425	1926	1499	280	175	105	3069	2020	1049
番禺区	5886	3104	2782	720	394	326	4839	2804	2035
花都区	2370	1302	1068	166	100	66	2246	1259	987
南沙区	1573	965	608	93	61	32	1242	880	362
从化区	106	52	54	19	12	7	79	48	31
增城区	922	450	472	74	35	39	808	482	326
韶关市	**493**	**252**	**241**	**69**	**45**	**24**	**596**	**367**	**229**
武江区	194	96	98	23	15	8	261	155	106
浈江区	141	69	72	23	13	10	181	105	76
曲江区	83	46	37	15	13	2	68	57	11
始兴县									
仁化县									
翁源县									
乳源瑶族自治县									
新丰县									
乐昌市	41	19	22				32	18	14
南雄市	34	22	12	8	4	4	54	32	22
深圳市	**82347**	**44204**	**38143**	**9282**	**5419**	**3863**	**64057**	**39695**	**24362**
罗湖区	6343	3203	3140	879	489	390	4613	2646	1967
福田区	10386	5365	5021	1982	1066	916	6714	3931	2783
南山区	11856	6069	5787	2743	1569	1174	10518	6353	4165
宝安区	17467	9704	7763	1121	700	421	14065	8904	5161
龙岗区	18152	9663	8489	1419	887	532	13253	8126	5127
盐田区	1152	607	545	101	55	46	907	558	349
龙华区	11861	6565	5296	756	444	312	8909	5678	3231
坪山区	2064	1201	863	125	93	32	1832	1240	592
光明区	3066	1827	1239	156	116	40	3246	2259	987
珠海市	**8448**	**4305**	**4143**	**970**	**565**	**405**	**5947**	**3763**	**2184**
香洲区	6301	3158	3143	864	497	367	4774	2999	1775
斗门区	846	428	418	34	23	11	381	264	117
金湾区	1301	719	582	72	45	27	792	500	292
汕头市	**540**	**309**	**231**	**126**	**75**	**51**	**878**	**532**	**346**
龙湖区	241	144	97	47	31	16	269	164	105
金平区	147	79	68	56	30	26	403	238	165
濠江区	17	8	9	4	2	2	38	30	8
潮阳区	50	30	20	7	6	1	49	32	17
潮南区	19	13	6	4	2	2	62	38	24
澄海区	66	35	31	8	4	4	57	30	27
南澳县									
佛山市	**10405**	**5837**	**4568**	**998**	**602**	**396**	**10883**	**7000**	**3883**
禅城区	1224	691	533	209	124	85	1337	835	502
南海区	4948	2749	2199	393	226	167	4916	3116	1800
顺德区	3595	2031	1564	351	219	132	3889	2551	1338
三水区	345	176	169	28	20	8	345	237	108
高明区	293	190	103	17	13	4	396	261	135

7-3a 续表 10　　　　单位：人

现住地	户口登记地								
	黑龙江			上海			江苏		
	小计	男	女	小计	男	女	小计	男	女
江门市	**1562**	**872**	**690**	**197**	**108**	**89**	**2095**	**1322**	**773**
蓬江区	682	387	295	85	37	48	800	513	287
江海区	348	193	155	22	15	7	455	293	162
新会区	163	93	70	30	17	13	298	183	115
台山市	117	66	51	15	10	5	181	109	72
开平市	55	30	25	14	8	6	99	60	39
鹤山市	182	93	89	28	18	10	239	152	87
恩平市	15	10	5	3	3		23	12	11
湛江市	**801**	**399**	**402**	**269**	**195**	**74**	**820**	**531**	**289**
赤坎区	243	107	136	55	31	24	165	99	66
霞山区	384	201	183	141	105	36	418	259	159
坡头区	73	42	31	18	13	5	68	48	20
麻章区	54	29	25	48	41	7	120	94	26
遂溪县							1	1	
徐闻县									
廉江市	33	13	20	3	2	1	29	20	9
雷州市	1	1					3	1	2
吴川市	13	6	7	4	3	1	16	9	7
茂名市	**324**	**183**	**141**	**28**	**12**	**16**	**503**	**359**	**144**
茂南区	248	136	112	18	9	9	403	296	107
电白区	26	14	12	4		4	20	12	8
高州市	34	24	10	3	1	2	31	20	11
化州市	5	4	1	3	2	1	36	26	10
信宜市	11	5	6				13	5	8
肇庆市	**726**	**393**	**333**	**63**	**36**	**27**	**838**	**577**	**261**
端州区	214	106	108	40	20	20	251	156	95
鼎湖区	85	44	41	3	1	2	99	77	22
高要区	27	13	14	1	1		13	8	5
广宁县									
怀集县									
封开县									
德庆县									
四会市	400	230	170	19	14	5	475	336	139
惠州市	**9436**	**5110**	**4326**	**368**	**215**	**153**	**4989**	**3103**	**1886**
惠城区	3469	1865	1604	186	109	77	2487	1509	978
惠阳区	5953	3234	2719	177	102	75	2470	1576	894
博罗县	14	11	3	5	4	1	32	18	14
惠东县									
龙门县									
梅州市	**300**	**159**	**141**	**28**	**15**	**13**	**266**	**169**	**97**
梅江区	162	84	78	19	12	7	180	121	59
梅县区	83	48	35	4	1	3	69	37	32
大埔县									
丰顺县									
五华县							1	1	
平远县									
蕉岭县									
兴宁市	55	27	28	5	2	3	16	10	6

7-3a 续表 11 单位：人

现住地	户口登记地								
	黑龙江			上海			江苏		
	小计	男	女	小计	男	女	小计	男	女
汕尾市	**125**	**68**	**57**	**11**	**7**	**4**	**126**	**94**	**32**
城　区	102	56	46	7	4	3	94	71	23
海丰县									
陆河县									
陆丰市	23	12	11	4	3	1	32	23	9
河源市	**438**	**238**	**200**	**31**	**15**	**16**	**364**	**239**	**125**
源城区	438	238	200	31	15	16	364	239	125
紫金县									
龙川县									
连平县									
和平县									
东源县									
阳江市	**227**	**115**	**112**	**30**	**21**	**9**	**202**	**115**	**87**
江城区	131	72	59	24	16	8	110	65	45
阳东区	16	8	8	3	2	1	57	30	27
阳西县									
阳春市	80	35	45	3	3		35	20	15
清远市	**739**	**385**	**354**	**36**	**21**	**15**	**648**	**385**	**263**
清城区	553	279	274	31	18	13	420	264	156
清新区	64	37	27	1	1		74	41	33
佛冈县									
阳山县									
连山壮族瑶族自治县									
连南瑶族自治县									
英德市	97	56	41	4	2	2	123	60	63
连州市	25	13	12				31	20	11
东莞市	**20567**	**11488**	**9079**	**1305**	**816**	**489**	**17160**	**10656**	**6504**
市辖区	20567	11488	9079	1305	816	489	17160	10656	6504
中山市	**4337**	**2309**	**2028**	**311**	**167**	**144**	**3613**	**2127**	**1486**
市辖区	4337	2309	2028	311	167	144	3613	2127	1486
潮州市	**152**	**80**	**72**	**16**	**8**	**8**	**280**	**170**	**110**
湘桥区	84	45	39	11	4	7	137	87	50
潮安区	68	35	33	5	4	1	143	83	60
饶平县									
揭阳市	**38**	**27**	**11**	**3**	**2**	**1**	**111**	**73**	**38**
榕城区	8	5	3	2	2		32	20	12
揭东区	7	5	2				56	38	18
揭西县									
惠来县									
普宁市	23	17	6	1		1	23	15	8
云浮市	**80**	**53**	**27**	**3**	**1**	**2**	**114**	**78**	**36**
云城区	69	45	24	3	1	2	101	69	32
云安区	1	1					2	1	1
新兴县									
郁南县									
罗定市	10	7	3				11	8	3

7-3a　续表 12　　单位：人

现住地	户口登记地								
	浙江			安徽			福建		
	小计	男	女	小计	男	女	小计	男	女
广　东	**163609**	**93695**	**69914**	**518976**	**304449**	**214527**	**554134**	**324158**	**229976**
广州市	**47520**	**26847**	**20673**	**76062**	**44361**	**31701**	**106608**	**61724**	**44884**
荔湾区	3167	1726	1441	2607	1526	1081	10844	5963	4881
越秀区	3434	1872	1562	3297	1787	1510	4958	2809	2149
海珠区	9725	5368	4357	6463	3625	2838	11701	6825	4876
天河区	5726	3259	2467	14060	8205	5855	14885	8712	6173
白云区	12544	7315	5229	19712	11698	8014	33945	19750	14195
黄埔区	1524	922	602	6645	3966	2679	5410	3268	2142
番禺区	5089	2834	2255	11629	6795	4834	14149	8172	5977
花都区	4762	2682	2080	5790	3300	2490	6074	3497	2577
南沙区	521	294	227	3335	2021	1314	2012	1208	804
从化区	165	99	66	210	116	94	325	175	150
增城区	863	476	387	2314	1322	992	2305	1345	960
韶关市	**1183**	**646**	**537**	**1123**	**634**	**489**	**1923**	**1081**	**842**
武江区	525	283	242	427	234	193	895	508	387
浈江区	341	188	153	417	234	183	563	324	239
曲江区	83	45	38	164	102	62	188	96	92
始兴县									
仁化县									
翁源县									
乳源瑶族自治县									
新丰县									
乐昌市	104	53	51	50	28	22	131	67	64
南雄市	130	77	53	65	36	29	146	86	60
深圳市	**49153**	**28125**	**21028**	**216074**	**126424**	**89650**	**195709**	**114926**	**80783**
罗湖区	3780	2033	1747	10232	5665	4567	11988	6773	5215
福田区	7119	3890	3229	19114	10656	8458	13568	7876	5692
南山区	7022	3916	3106	24508	14160	10348	14997	8626	6371
宝安区	11755	6955	4800	53602	31761	21841	47130	27987	19143
龙岗区	9593	5444	4149	49951	28971	20980	63025	36667	26358
盐田区	447	248	199	2820	1615	1205	1562	906	656
龙华区	6386	3774	2612	35710	21363	14347	26508	15924	10584
坪山区	850	514	336	6802	4055	2747	6282	3798	2484
光明区	2201	1351	850	13335	8178	5157	10649	6369	4280
珠海市	**3374**	**1899**	**1475**	**10101**	**5773**	**4328**	**9210**	**5139**	**4071**
香洲区	2690	1506	1184	7776	4430	3346	6977	3867	3110
斗门区	186	109	77	776	460	316	770	479	291
金湾区	498	284	214	1549	883	666	1463	793	670
汕头市	**1319**	**677**	**642**	**9923**	**5671**	**4252**	**20866**	**11880**	**8986**
龙湖区	315	173	142	3262	1875	1387	7194	4146	3048
金平区	579	280	299	3582	1951	1631	7229	4028	3201
濠江区	13	8	5	353	225	128	313	178	135
潮阳区	112	54	58	616	345	271	842	468	374
潮南区	92	57	35	1133	692	441	998	584	414
澄海区	208	105	103	977	583	394	4290	2476	1814
南澳县									
佛山市	**20035**	**11746**	**8289**	**35784**	**21812**	**13972**	**38952**	**23482**	**15470**
禅城区	2150	1249	901	4213	2587	1626	5105	3079	2026
南海区	10878	6430	4448	15666	9563	6103	20175	12074	8101
顺德区	6227	3601	2626	13703	8329	5374	11665	7134	4531
三水区	438	251	187	920	577	343	1044	625	419
高明区	342	215	127	1282	756	526	963	570	393

7-3a 续表 13

单位：人

现住地	户口登记地								
	浙江			安徽			福建		
	小计	男	女	小计	男	女	小计	男	女
江门市	**3893**	**2261**	**1632**	**6927**	**4076**	**2851**	**6001**	**3511**	**2490**
蓬江区	1123	676	447	2276	1399	877	2369	1383	986
江海区	1206	673	533	1177	715	462	1041	614	427
新会区	509	301	208	2110	1193	917	768	451	317
台山市	244	139	105	300	174	126	622	372	250
开平市	226	123	103	187	107	80	319	178	141
鹤山市	502	302	200	728	402	326	758	433	325
恩平市	83	47	36	149	86	63	124	80	44
湛江市	**797**	**464**	**333**	**1375**	**794**	**581**	**1606**	**926**	**680**
赤坎区	241	136	105	394	199	195	534	300	234
霞山区	331	186	145	649	388	261	657	385	272
坡头区	29	15	14	69	38	31	43	24	19
麻章区	72	59	13	112	83	29	130	83	47
遂溪县	1		1	1		1	3	3	
徐闻县									
廉江市	44	27	17	50	21	29	102	57	45
雷州市	20	8	12	22	12	10	36	18	18
吴川市	59	33	26	78	53	25	101	56	45
茂名市	**376**	**230**	**146**	**647**	**407**	**240**	**1066**	**636**	**430**
茂南区	171	102	69	381	239	142	558	344	214
电白区	47	26	21	47	34	13	115	67	48
高州市	76	51	25	82	48	34	201	115	86
化州市	41	22	19	105	66	39	128	71	57
信宜市	41	29	12	32	20	12	64	39	25
肇庆市	**980**	**612**	**368**	**2045**	**1247**	**798**	**25160**	**14101**	**11059**
端州区	301	179	122	536	296	240	733	417	316
鼎湖区	107	71	36	249	163	86	202	125	77
高要区	55	32	23	87	53	34	126	75	51
广宁县									
怀集县									
封开县									
德庆县									
四会市	517	330	187	1173	735	438	24099	13484	10615
惠州市	**3591**	**2030**	**1561**	**23656**	**13757**	**9899**	**19069**	**11376**	**7693**
惠城区	2052	1144	908	11923	6845	5078	8939	5216	3723
惠阳区	1521	875	646	11562	6799	4763	9996	6079	3917
博罗县	18	11	7	171	113	58	134	81	53
惠东县									
龙门县									
梅州市	**622**	**354**	**268**	**907**	**494**	**413**	**4124**	**2271**	**1853**
梅江区	350	199	151	494	259	235	2061	1151	910
梅县区	147	83	64	263	144	119	1735	943	792
大埔县									
丰顺县									
五华县							4	2	2
平远县									
蕉岭县									
兴宁市	125	72	53	150	91	59	324	175	149

7-3a 续表 14

单位：人

现住地	户口登记地								
	浙江			安徽			福建		
	小计	男	女	小计	男	女	小计	男	女
汕尾市	**148**	**71**	**77**	**398**	**225**	**173**	**657**	**391**	**266**
城区	87	44	43	266	146	120	399	248	151
海丰县									
陆河县									
陆丰市	61	27	34	132	79	53	258	143	115
河源市	**469**	**258**	**211**	**1521**	**874**	**647**	**1980**	**1144**	**836**
源城区	469	258	211	1521	874	647	1980	1144	836
紫金县									
龙川县									
连平县									
和平县									
东源县									
阳江市	**402**	**221**	**181**	**426**	**250**	**176**	**628**	**353**	**275**
江城区	227	114	113	229	139	90	394	216	178
阳东区	100	65	35	101	54	47	124	70	54
阳西县									
阳春市	75	42	33	96	57	39	110	67	43
清远市	**1082**	**596**	**486**	**1577**	**877**	**700**	**1892**	**1055**	**837**
清城区	684	378	306	1058	609	449	1295	722	573
清新区	101	64	37	257	131	126	200	115	85
佛冈县									
阳山县									
连山壮族瑶族自治县									
连南瑶族自治县									
英德市	215	112	103	194	101	93	284	154	130
连州市	82	42	40	68	36	32	113	64	49
东莞市	**21085**	**12317**	**8768**	**110377**	**65217**	**45160**	**94756**	**56390**	**38366**
市辖区	21085	12317	8768	110377	65217	45160	94756	56390	38366
中山市	**6786**	**3933**	**2853**	**11803**	**6888**	**4915**	**12782**	**7445**	**5337**
市辖区	6786	3933	2853	11803	6888	4915	12782	7445	5337
潮州市	**391**	**180**	**211**	**5203**	**2932**	**2271**	**8051**	**4489**	**3562**
湘桥区	174	76	98	1094	616	478	2024	1105	919
潮安区	217	104	113	4109	2316	1793	6027	3384	2643
饶平县									
揭阳市	**218**	**123**	**95**	**2759**	**1566**	**1193**	**2056**	**1198**	**858**
榕城区	66	40	26	319	182	137	586	350	236
揭东区	53	26	27	254	147	107	905	529	376
揭西县									
惠来县									
普宁市	99	57	42	2186	1237	949	565	319	246
云浮市	**185**	**105**	**80**	**288**	**170**	**118**	**1038**	**640**	**398**
云城区	136	79	57	222	131	91	904	557	347
云安区	5	2	3	3	2	1	31	24	7
新兴县									
郁南县									
罗定市	44	24	20	63	37	26	103	59	44

7－3a 续表 15

单位：人

现住地	户口登记地								
	江西			山东			河南		
	小计	男	女	小计	男	女	小计	男	女
广　东	**2020718**	**1192909**	**827809**	**177413**	**108223**	**69190**	**2363950**	**1437732**	**926218**
广州市	**326905**	**189587**	**137318**	**35522**	**20989**	**14533**	**474407**	**291711**	**182696**
荔湾区	8065	4650	3415	1341	807	534	51147	31678	19469
越秀区	6459	3418	3041	2043	1088	955	23130	13825	9305
海珠区	34206	19274	14932	3050	1795	1255	41749	25738	16011
天河区	42142	25216	16926	6936	4047	2889	89790	54298	35492
白云区	92829	53869	38960	7112	4283	2829	108651	67073	41578
黄埔区	22471	13552	8919	4078	2522	1556	51290	32761	18529
番禺区	77296	44311	32985	5345	3154	2191	49595	30054	19541
花都区	25004	14384	10620	2968	1673	1295	30597	18002	12595
南沙区	9484	5808	3676	1453	954	499	17129	11447	5682
从化区	923	523	400	199	109	90	1542	937	605
增城区	8026	4582	3444	997	557	440	9787	5898	3889
韶关市	**7442**	**4107**	**3335**	**796**	**444**	**352**	**5922**	**3480**	**2442**
武江区	3018	1674	1344	355	192	163	2910	1761	1149
浈江区	2141	1201	940	213	113	100	1531	844	687
曲江区	937	511	426	90	58	32	1071	632	439
始兴县									
仁化县									
翁源县									
乳源瑶族自治县									
新丰县									
乐昌市	313	175	138	45	31	14	237	137	100
南雄市	1033	546	487	93	50	43	173	106	67
深圳市	**818569**	**482265**	**336304**	**81986**	**50128**	**31858**	**798724**	**488817**	**309907**
罗湖区	35440	19340	16100	5008	2965	2043	47587	28987	18600
福田区	44631	24845	19786	8159	4811	3348	47973	29510	18463
南山区	55555	31619	23936	12643	7389	5254	63912	40194	23718
宝安区	243644	145672	97972	18957	11754	7203	233087	141512	91575
龙岗区	194435	111927	82508	16594	10024	6570	180359	107920	72439
盐田区	5638	3241	2397	963	605	358	10842	6729	4113
龙华区	158149	96212	61937	12138	7690	4448	124219	77269	46950
坪山区	27959	16850	11109	3017	1954	1063	30869	19350	11519
光明区	53118	32559	20559	4507	2936	1571	59876	37346	22530
珠海市	**31970**	**18260**	**13710**	**6096**	**3451**	**2645**	**62143**	**37326**	**24817**
香洲区	22932	12952	9980	4552	2534	2018	42134	25025	17109
斗门区	3338	1981	1357	501	291	210	6441	4035	2406
金湾区	5700	3327	2373	1043	626	417	13568	8266	5302
汕头市	**26171**	**15149**	**11022**	**690**	**396**	**294**	**54696**	**32245**	**22451**
龙湖区	11858	6987	4871	222	136	86	14116	8690	5426
金平区	7320	4072	3248	291	156	135	7971	4726	3245
濠江区	390	268	122	35	26	9	1078	781	297
潮阳区	592	339	253	43	24	19	796	448	348
潮南区	1677	1032	645	38	17	21	1107	669	438
澄海区	4334	2451	1883	61	37	24	29628	16931	12697
南澳县									
佛山市	**153706**	**94142**	**59564**	**11709**	**7469**	**4240**	**148103**	**93299**	**54804**
禅城区	11634	6984	4650	1422	889	533	16172	10008	6164
南海区	56030	34724	21306	4844	3076	1768	69772	43854	25918
顺德区	79737	48511	31226	4586	2974	1612	51499	32553	18946
三水区	2936	1787	1149	420	255	165	5367	3414	1953
高明区	3369	2136	1233	437	275	162	5293	3470	1823

7-3a　续表 16　　　　单位：人

现住地	户口登记地								
	江西			山东			河南		
	小计	男	女	小计	男	女	小计	男	女
江门市	**23314**	**13833**	**9481**	**2106**	**1301**	**805**	**30133**	**18210**	**11923**
蓬江区	8776	5242	3534	1015	614	401	12343	7413	4930
江海区	5667	3343	2324	424	272	152	6565	4078	2487
新会区	4299	2558	1741	200	120	80	2540	1575	965
台山市	1152	697	455	174	119	55	2593	1533	1060
开平市	782	462	320	77	45	32	937	552	385
鹤山市	2340	1349	991	190	119	71	4861	2882	1979
恩平市	298	182	116	26	12	14	294	177	117
湛江市	**1997**	**1082**	**915**	**1186**	**677**	**509**	**5828**	**3694**	**2134**
赤坎区	724	390	334	284	149	135	2220	1380	840
霞山区	808	432	376	621	347	274	2363	1495	868
坡头区	110	57	53	109	61	48	296	171	125
麻章区	130	85	45	121	92	29	447	358	89
遂溪县	7	3	4				10	7	3
徐闻县									
廉江市	102	50	52	27	18	9	272	153	119
雷州市	18	8	10	3	2	1	39	23	16
吴川市	98	57	41	21	8	13	181	107	74
茂名市	**1115**	**689**	**426**	**713**	**530**	**183**	**2270**	**1599**	**671**
茂南区	542	332	210	609	455	154	1498	1089	409
电白区	110	75	35	28	24	4	235	167	68
高州市	213	135	78	50	31	19	314	206	108
化州市	109	64	45	15	11	4	145	90	55
信宜市	141	83	58	11	9	2	78	47	31
肇庆市	**4899**	**3051**	**1848**	**822**	**503**	**319**	**14631**	**9153**	**5478**
端州区	1104	653	451	269	148	121	2726	1644	1082
鼎湖区	518	328	190	59	36	23	1032	734	298
高要区	179	106	73	25	12	13	283	180	103
广宁县									
怀集县									
封开县									
德庆县									
四会市	3098	1964	1134	469	307	162	10590	6595	3995
惠州市	**73910**	**44014**	**29896**	**7467**	**4632**	**2835**	**114539**	**68546**	**45993**
惠城区	41691	24229	17462	3408	2052	1356	58331	34045	24286
惠阳区	31429	19314	12115	4018	2558	1460	55378	33952	21426
博罗县	790	471	319	41	22	19	830	549	281
惠东县									
龙门县									
梅州市	**17183**	**9570**	**7613**	**240**	**138**	**102**	**2079**	**1291**	**788**
梅江区	6798	3771	3027	143	82	61	1428	911	517
梅县区	9369	5255	4114	82	48	34	434	254	180
大埔县									
丰顺县									
五华县	6	5	1				3	2	1
平远县									
蕉岭县									
兴宁市	1010	539	471	15	8	7	214	124	90

7-3a 续表 17

单位：人

现住地	户口登记地								
	江西			山东			河南		
	小计	男	女	小计	男	女	小计	男	女
汕尾市	**719**	**440**	**279**	**85**	**58**	**27**	**1462**	**905**	**557**
城　区	551	355	196	62	40	22	860	572	288
海丰县									
陆河县									
陆丰市	168	85	83	23	18	5	602	333	269
河源市	**8052**	**4565**	**3487**	**502**	**331**	**171**	**6501**	**3971**	**2530**
源城区	8052	4565	3487	502	331	171	6501	3971	2530
紫金县									
龙川县									
连平县									
和平县									
东源县									
阳江市	**1289**	**713**	**576**	**209**	**112**	**97**	**2449**	**1407**	**1042**
江城区	611	325	286	149	79	70	1673	964	709
阳东区	452	265	187	29	15	14	451	253	198
阳西县									
阳春市	226	123	103	31	18	13	325	190	135
清远市	**7122**	**4041**	**3081**	**719**	**415**	**304**	**7009**	**4220**	**2789**
清城区	4904	2807	2097	557	318	239	5277	3164	2113
清新区	722	379	343	40	23	17	938	562	376
佛冈县									
阳山县									
连山壮族瑶族自治县									
连南瑶族自治县									
英德市	1350	779	571	97	58	39	645	396	249
连州市	146	76	70	25	16	9	149	98	51
东莞市	**424142**	**253151**	**170991**	**22355**	**14082**	**8273**	**557527**	**332548**	**224979**
市辖区	424142	253151	170991	22355	14082	8273	557527	332548	224979
中山市	**68403**	**40677**	**27726**	**3600**	**2164**	**1436**	**65635**	**39165**	**26470**
市辖区	68403	40677	27726	3600	2164	1436	65635	39165	26470
潮州市	**15546**	**8816**	**6730**	**265**	**156**	**109**	**4875**	**3033**	**1842**
湘桥区	3331	1875	1456	115	72	43	2309	1427	882
潮安区	12215	6941	5274	150	84	66	2566	1606	960
饶平县									
揭阳市	**7426**	**4255**	**3171**	**85**	**58**	**27**	**3360**	**2061**	**1299**
榕城区	1837	1098	739	23	16	7	1551	973	578
揭东区	3736	2097	1639	36	21	15	1140	697	443
揭西县									
惠来县									
普宁市	1853	1060	793	26	21	5	669	391	278
云浮市	**838**	**502**	**336**	**260**	**189**	**71**	**1657**	**1051**	**606**
云城区	694	414	280	232	172	60	1454	925	529
云安区	10	8	2	10	10		41	29	12
新兴县									
郁南县									
罗定市	134	80	54	18	7	11	162	97	65

7-3a　续表 18　　　　单位：人

现住地	户口登记地					
	湖北			湖南		
	小计	男	女	小计	男	女
广　东	**2356614**	**1358936**	**997678**	**4348588**	**2498293**	**1850295**
广州市	**473966**	**264931**	**209035**	**805560**	**451691**	**353869**
荔湾区	10175	5679	4496	22798	12787	10011
越秀区	8117	4066	4051	26907	13689	13218
海珠区	160241	87113	73128	50477	27295	23182
天河区	53296	30380	22916	117453	65700	51753
白云区	89313	50297	39016	196694	109953	86741
黄埔区	39012	23512	15500	91501	54622	36879
番禺区	66259	36772	29487	141372	77941	63431
花都区	24621	13666	10955	101841	56394	45447
南沙区	13848	8422	5426	32959	20026	12933
从化区	832	436	396	2898	1555	1343
增城区	8252	4588	3664	20660	11729	8931
韶关市	**4462**	**2387**	**2075**	**35671**	**19185**	**16486**
武江区	2129	1156	973	15541	8355	7186
浈江区	1321	699	622	10505	5692	4813
曲江区	500	271	229	4473	2386	2087
始兴县						
仁化县						
翁源县						
乳源瑶族自治县						
新丰县						
乐昌市	256	124	132	3932	2053	1879
南雄市	256	137	119	1220	699	521
深圳市	**975512**	**563362**	**412150**	**1457062**	**835253**	**621809**
罗湖区	41187	21258	19929	44183	22592	21591
福田区	51402	27188	24214	69338	36764	32574
南山区	87582	48352	39230	100726	56212	44514
宝安区	280769	164853	115916	483540	279243	204297
龙岗区	220977	125268	95709	292723	164176	128547
盐田区	8341	4812	3529	13126	7690	5436
龙华区	181660	108678	72982	271150	159419	111731
坪山区	33280	19933	13347	48122	28725	19397
光明区	70314	43020	27294	134154	80432	53722
珠海市	**41166**	**23032**	**18134**	**103627**	**58488**	**45139**
香洲区	28637	15857	12780	74212	41512	32700
斗门区	4691	2659	2032	10495	6088	4407
金湾区	7838	4516	3322	18920	10888	8032
汕头市	**14811**	**8233**	**6578**	**7734**	**4576**	**3158**
龙湖区	3849	2221	1628	2700	1579	1121
金平区	3271	1779	1492	2357	1335	1022
濠江区	420	281	139	344	242	102
潮阳区	350	195	155	424	245	179
潮南区	1144	557	587	822	519	303
澄海区	5777	3200	2577	1087	656	431
南澳县						
佛山市	**142263**	**85154**	**57109**	**384708**	**231772**	**152936**
禅城区	13608	7845	5763	39111	22821	16290
南海区	61971	37149	24822	177007	106674	70333
顺德区	58861	35295	23566	147004	89122	57882
三水区	3268	2012	1256	9815	5891	3924
高明区	4555	2853	1702	11771	7264	4507

7-3a 续表 19

单位：人

现住地	户口登记地					
	湖北			湖南		
	小计	男	女	小计	男	女
江门市	**27103**	**15572**	**11531**	**56199**	**32456**	**23743**
蓬江区	9777	5676	4101	20159	11954	8205
江海区	6356	3768	2588	14447	8417	6030
新会区	2669	1472	1197	8642	4805	3837
台山市	2229	1252	977	4150	2398	1752
开平市	737	349	388	1705	884	821
鹤山市	5101	2936	2165	6583	3704	2879
恩平市	234	119	115	513	294	219
湛江市	**4488**	**2284**	**2204**	**4889**	**2479**	**2410**
赤坎区	1104	544	560	1285	626	659
霞山区	2232	1121	1111	2187	1073	1114
坡头区	417	219	198	305	156	149
麻章区	284	187	97	455	300	155
遂溪县	5	3	2	41	26	15
徐闻县						
廉江市	197	81	116	281	124	157
雷州市	55	35	20	34	18	16
吴川市	194	94	100	301	156	145
茂名市	**2080**	**1283**	**797**	**3733**	**2185**	**1548**
茂南区	769	419	350	1895	1075	820
电白区	423	297	126	437	285	152
高州市	457	297	160	674	432	242
化州市	223	135	88	395	217	178
信宜市	208	135	73	332	176	156
肇庆市	**6789**	**4340**	**2449**	**19318**	**11764**	**7554**
端州区	1541	883	658	4013	2256	1757
鼎湖区	748	544	204	1563	1036	527
高要区	150	100	50	592	347	245
广宁县						
怀集县						
封开县						
德庆县						
四会市	4350	2813	1537	13150	8125	5025
惠州市	**83229**	**48974**	**34255**	**132765**	**77914**	**54851**
惠城区	39827	22819	17008	67326	38385	28941
惠阳区	42545	25614	16931	62955	38066	24889
博罗县	857	541	316	2484	1463	1021
惠东县						
龙门县						
梅州市	**2202**	**1224**	**978**	**3530**	**1929**	**1601**
梅江区	1173	674	499	2056	1155	901
梅县区	740	417	323	997	539	458
大埔县						
丰顺县						
五华县	5	5		4	1	3
平远县						
蕉岭县						
兴宁市	284	128	156	473	234	239

7-3a　续表 20

单位：人

现住地	户口登记地 湖北 小计	湖北 男	湖北 女	湖南 小计	湖南 男	湖南 女
汕尾市	**1222**	**580**	**642**	**1753**	**927**	**826**
城　区	879	473	406	1243	698	545
海丰县						
陆河县						
陆丰市	343	107	236	510	229	281
河源市	**4484**	**2518**	**1966**	**8047**	**4273**	**3774**
源城区	4484	2518	1966	8047	4273	3774
紫金县						
龙川县						
连平县						
和平县						
东源县						
阳江市	**1295**	**651**	**644**	**6800**	**3575**	**3225**
江城区	740	351	389	2494	1285	1209
阳东区	347	192	155	2517	1400	1117
阳西县						
阳春市	208	108	100	1789	890	899
清远市	**6457**	**3550**	**2907**	**24166**	**12886**	**11280**
清城区	4517	2499	2018	14860	7960	6900
清新区	968	511	457	4868	2557	2311
佛冈县						
阳山县						
连山壮族瑶族自治县						
连南瑶族自治县						
英德市	814	453	361	2725	1468	1257
连州市	158	87	71	1713	901	812
东莞市	**492375**	**289175**	**203200**	**1121000**	**648781**	**472219**
市辖区	492375	289175	203200	1121000	648781	472219
中山市	**63517**	**36560**	**26957**	**159091**	**90412**	**68679**
市辖区	63517	36560	26957	159091	90412	68679
潮州市	**5633**	**3142**	**2491**	**8735**	**5212**	**3523**
湘桥区	1567	777	790	3803	2293	1510
潮安区	4066	2365	1701	4932	2919	2013
饶平县						
揭阳市	**2072**	**1149**	**923**	**1950**	**1196**	**754**
榕城区	447	256	191	395	233	162
揭东区	317	190	127	818	512	306
揭西县						
惠来县						
普宁市	1308	703	605	737	451	286
云浮市	**1488**	**835**	**653**	**2250**	**1339**	**911**
云城区	1286	720	566	1826	1089	737
云安区	14	9	5	75	53	22
新兴县						
郁南县						
罗定市	188	106	82	349	197	152

7-3a 续表 21 单位：人

现住地	户口登记地								
	广西			海南			重庆		
	小计	男	女	小计	男	女	小计	男	女
广东	**5624426**	**3361890**	**2262536**	**169328**	**93389**	**75939**	**763693**	**438816**	**324877**
广州市	**787254**	**457142**	**330112**	**35268**	**18064**	**17204**	**87694**	**48829**	**38865**
荔湾区	52442	31205	21237	1277	649	628	2356	1297	1059
越秀区	31933	17399	14534	1596	758	838	2008	991	1017
海珠区	59393	33553	25840	2891	1356	1535	7979	4344	3635
天河区	105401	59854	45547	7605	3893	3712	8640	4470	4170
白云区	207177	120222	86955	8238	4287	3951	19564	10778	8786
黄埔区	58180	36241	21939	3254	1750	1504	9991	5926	4065
番禺区	164171	93310	70861	6120	3063	3057	21110	11763	9347
花都区	63030	37477	25553	2051	1123	928	8632	4902	3730
南沙区	26810	16401	10409	1120	594	526	5057	2979	2078
从化区	1969	1168	801	217	113	104	216	126	90
增城区	16748	10312	6436	899	478	421	2141	1253	888
韶关市	**6912**	**3792**	**3120**	**415**	**183**	**232**	**1315**	**726**	**589**
武江区	3607	2086	1521	152	67	85	710	406	304
浈江区	1879	988	891	126	61	65	294	148	146
曲江区	725	377	348	50	13	37	132	80	52
始兴县									
仁化县									
翁源县									
乳源瑶族自治县									
新丰县									
乐昌市	318	153	165	34	15	19	108	50	58
南雄市	383	188	195	53	27	26	71	42	29
深圳市	**1328411**	**792050**	**536361**	**67330**	**37761**	**29569**	**275382**	**158255**	**117127**
罗湖区	38094	21454	16640	3355	1538	1817	12584	6733	5851
福田区	51191	28610	22581	4576	2269	2307	28324	16125	12199
南山区	62057	36174	25883	5635	2960	2675	18262	10409	7853
宝安区	509450	303242	206208	21804	12755	9049	55729	32052	23677
龙岗区	251632	148772	102860	14657	7972	6685	88352	50007	38345
盐田区	7389	4725	2664	623	342	281	1970	1158	812
龙华区	209559	129119	80440	10642	6356	4286	33798	19999	13799
坪山区	39169	24103	15066	1712	1011	701	19272	11331	7941
光明区	159870	95851	64019	4326	2558	1768	17091	10441	6650
珠海市	**110227**	**65533**	**44694**	**6528**	**3603**	**2925**	**25973**	**14802**	**11171**
香洲区	70035	40914	29121	4960	2750	2210	19982	11256	8726
斗门区	16177	10032	6145	518	284	234	2329	1384	945
金湾区	24015	14587	9428	1050	569	481	3662	2162	1500
汕头市	**17953**	**11051**	**6902**	**1668**	**909**	**759**	**3878**	**2210**	**1668**
龙湖区	6752	4239	2513	212	111	101	1258	704	554
金平区	3945	2430	1515	384	202	182	747	381	366
濠江区	879	610	269	52	24	28	137	84	53
潮阳区	1229	707	522	299	158	141	281	154	127
潮南区	3160	1910	1250	324	180	144	1116	701	415
澄海区	1988	1155	833	397	234	163	339	186	153
南澳县									
佛山市	**1126584**	**689861**	**436723**	**11097**	**6176**	**4921**	**71206**	**42116**	**29090**
禅城区	86528	50581	35947	1344	695	649	10915	6514	4401
南海区	455329	281640	173689	4723	2547	2176	27336	16026	11310
顺德区	522013	317966	204047	4096	2418	1678	26244	15530	10714
三水区	28040	17881	10159	378	200	178	1469	906	563
高明区	34674	21793	12881	556	316	240	5242	3140	2102

7-3a 续表 22

单位：人

现住地	户口登记地								
	广西			海南			重庆		
	小计	男	女	小计	男	女	小计	男	女
江门市	**189099**	**111891**	**77208**	**3030**	**1638**	**1392**	**20606**	**11888**	**8718**
蓬江区	66843	39634	27209	1273	751	522	6756	3896	2860
江海区	37251	22510	14741	463	262	201	3860	2235	1625
新会区	33371	19772	13599	249	113	136	2533	1487	1046
台山市	10597	6305	4292	349	158	191	2016	1198	818
开平市	10223	5808	4415	322	160	162	2890	1662	1228
鹤山市	28710	16622	12088	303	165	138	2367	1283	1084
恩平市	2104	1240	864	71	29	42	184	127	57
湛江市	**23600**	**13282**	**10318**	**1946**	**960**	**986**	**2719**	**1466**	**1253**
赤坎区	6232	3543	2689	413	193	220	852	455	397
霞山区	8253	4681	3572	835	406	429	1435	767	668
坡头区	897	510	387	215	124	91	124	73	51
麻章区	884	545	339	156	88	68	88	58	30
遂溪县	279	147	132	12	4	8	16	8	8
徐闻县									
廉江市	2546	1199	1347	176	77	99	80	40	40
雷州市	254	132	122	35	23	12	9	5	4
吴川市	4255	2525	1730	104	45	59	115	60	55
茂名市	**18506**	**10359**	**8147**	**2549**	**1230**	**1319**	**1636**	**996**	**640**
茂南区	8491	4843	3648	681	319	362	514	293	221
电白区	1162	690	472	178	68	110	293	208	85
高州市	5867	3306	2561	510	253	257	342	210	132
化州市	1599	808	791	96	37	59	370	211	159
信宜市	1387	712	675	1084	553	531	117	74	43
肇庆市	**34789**	**21388**	**13401**	**890**	**506**	**384**	**5548**	**3303**	**2245**
端州区	10767	6469	4298	208	119	89	760	396	364
鼎湖区	3652	2299	1353	220	122	98	374	250	124
高要区	1904	1177	727	67	40	27	101	53	48
广宁县									
怀集县									
封开县									
德庆县									
四会市	18466	11443	7023	395	225	170	4313	2604	1709
惠州市	**107952**	**68271**	**39681**	**4994**	**2908**	**2086**	**39529**	**23080**	**16449**
惠城区	51778	32266	19512	2478	1396	1082	21525	12426	9099
惠阳区	55142	35350	19792	2476	1484	992	16980	10067	6913
博罗县	1032	655	377	40	28	12	1024	587	437
惠东县									
龙门县									
梅州市	**2934**	**1514**	**1420**	**734**	**349**	**385**	**843**	**458**	**385**
梅江区	1945	1058	887	328	145	183	466	264	202
梅县区	577	273	304	180	90	90	238	111	127
大埔县									
丰顺县									
五华县	24	15	9	4	2	2			
平远县									
蕉岭县									
兴宁市	388	168	220	222	112	110	139	83	56

7－3a 续表 23 单位：人

现住地	户口登记地 广西 小计	广西 男	广西 女	海南 小计	海南 男	海南 女	重庆 小计	重庆 男	重庆 女
汕尾市	**1314**	**772**	**542**	**193**	**101**	**92**	**2794**	**1604**	**1190**
城　区	1074	644	430	143	77	66	2349	1354	995
海丰县									
陆河县									
陆丰市	240	128	112	50	24	26	445	250	195
河源市	**6435**	**3695**	**2740**	**403**	**210**	**193**	**2175**	**1190**	**985**
源城区	6435	3695	2740	403	210	193	2175	1190	985
紫金县									
龙川县									
连平县									
和平县									
东源县									
阳江市	**20825**	**11660**	**9165**	**486**	**230**	**256**	**3800**	**2116**	**1684**
江城区	10733	6133	4600	228	99	129	2590	1435	1155
阳东区	8829	4914	3915	143	78	65	1083	617	466
阳西县									
阳春市	1263	613	650	115	53	62	127	64	63
清远市	**11559**	**6386**	**5173**	**823**	**394**	**429**	**1925**	**1079**	**846**
清城区	7996	4672	3324	511	257	254	1305	740	565
清新区	1795	843	952	185	71	114	205	107	98
佛冈县									
阳山县									
连山壮族瑶族自治县									
连南瑶族自治县									
英德市	1276	631	645	94	49	45	320	176	144
连州市	492	240	252	33	17	16	95	56	39
东莞市	**1291472**	**776259**	**515213**	**25077**	**14898**	**10179**	**181380**	**104503**	**76877**
市辖区	1291472	776259	515213	25077	14898	10179	181380	104503	76877
中山市	**509656**	**299812**	**209844**	**4658**	**2623**	**2035**	**26223**	**14891**	**11332**
市辖区	509656	299812	209844	4658	2623	2035	26223	14891	11332
潮州市	**10156**	**5906**	**4250**	**578**	**311**	**267**	**7099**	**4159**	**2940**
湘桥区	2494	1467	1027	334	171	163	4584	2704	1880
潮安区	7662	4439	3223	244	140	104	2515	1455	1060
饶平县									
揭阳市	**7283**	**4365**	**2918**	**162**	**88**	**74**	**1573**	**935**	**638**
榕城区	3619	2259	1360	20	9	11	512	325	187
揭东区	2542	1487	1055	49	30	19	331	196	135
揭西县									
惠来县									
普宁市	1122	619	503	93	49	44	730	414	316
云浮市	**11505**	**6901**	**4604**	**499**	**247**	**252**	**395**	**210**	**185**
云城区	9312	5773	3539	134	69	65	261	139	122
云安区	300	204	96	7	4	3	29	19	10
新兴县									
郁南县									
罗定市	1893	924	969	358	174	184	105	52	53

7-3a　续表 24　　　　单位：人

现住地	户口登记地								
	四川			贵州			云南		
	小计	男	女	小计	男	女	小计	男	女
广　东	**2192135**	**1259859**	**932276**	**1569210**	**943413**	**625797**	**581365**	**340693**	**240672**
广州市	**279778**	**159103**	**120675**	**190257**	**112894**	**77363**	**51337**	**29117**	**22220**
荔湾区	9131	5146	3985	10921	6735	4186	1335	763	572
越秀区	5864	3041	2823	5345	3058	2287	1104	594	510
海珠区	26835	14998	11837	13248	7764	5484	2721	1415	1306
天河区	25550	13799	11751	18226	10287	7939	5340	2806	2534
白云区	76234	43503	32731	39005	22856	16149	11176	6214	4962
黄埔区	24855	15109	9746	17819	11484	6335	9067	5642	3425
番禺区	55195	30706	24489	48035	27813	20222	8529	4532	3997
花都区	31280	18064	13216	20909	12276	8633	6282	3554	2728
南沙区	17293	10290	7003	9522	6066	3456	4350	2695	1655
从化区	959	565	394	1012	626	386	97	46	51
增城区	6582	3882	2700	6215	3929	2286	1336	856	480
韶关市	**6494**	**3612**	**2882**	**2746**	**1650**	**1096**	**665**	**363**	**302**
武江区	3033	1770	1263	1735	1074	661	382	229	153
浈江区	2100	1122	978	537	294	243	133	67	66
曲江区	713	395	318	221	136	85	81	35	46
始兴县									
仁化县									
翁源县									
乳源瑶族自治县									
新丰县									
乐昌市	361	151	210	112	57	55	28	14	14
南雄市	287	174	113	141	89	52	41	18	23
深圳市	**695678**	**397761**	**297917**	**400318**	**241432**	**158886**	**179375**	**106054**	**73321**
罗湖区	37097	19971	17126	14820	8802	6018	3163	1778	1385
福田区	35207	18278	16929	15549	9319	6230	5466	3095	2371
南山区	56873	32133	24740	19980	12632	7348	9615	5866	3749
宝安区	211138	121180	89958	130539	77890	52649	58556	34319	24237
龙岗区	161552	90892	70660	87478	52100	35378	37865	22087	15778
盐田区	6626	3829	2797	2642	1831	811	1236	841	395
龙华区	92037	54113	37924	60089	36993	23096	27612	16833	10779
坪山区	24870	14971	9899	23855	14555	9300	12681	7669	5012
光明区	70278	42394	27884	45366	27310	18056	23181	13566	9615
珠海市	**50830**	**29119**	**21711**	**27037**	**15766**	**11271**	**14695**	**8781**	**5914**
香洲区	32304	18325	13979	15628	9243	6385	7659	4544	3115
斗门区	8664	5062	3602	3075	1930	1145	2528	1556	972
金湾区	9862	5732	4130	8334	4593	3741	4508	2681	1827
汕头市	**23682**	**13906**	**9776**	**32443**	**19795**	**12648**	**7156**	**4114**	**3042**
龙湖区	7891	4678	3213	6785	4415	2370	984	569	415
金平区	3780	2060	1720	8583	5143	3440	997	554	443
濠江区	428	288	140	1572	1019	553	136	99	37
潮阳区	3129	1827	1302	5720	3440	2280	464	268	196
潮南区	6685	4039	2646	3627	2178	1449	689	394	295
澄海区	1769	1014	755	6156	3600	2556	3886	2230	1656
南澳县									
佛山市	**295686**	**173268**	**122418**	**181757**	**110561**	**71196**	**53102**	**31367**	**21735**
禅城区	27987	16312	11675	12147	7309	4838	2282	1290	992
南海区	94037	55521	38516	70907	43189	27718	22474	13397	9077
顺德区	162736	94772	67964	73642	44862	28780	24153	14080	10073
三水区	3715	2280	1435	16339	9742	6597	1014	639	375
高明区	7211	4383	2828	8722	5459	3263	3179	1961	1218

7-3a 续表 25

单位：人

现住地	户口登记地								
	四川			贵州			云南		
	小计	男	女	小计	男	女	小计	男	女
江门市	**48835**	**27738**	**21097**	**54064**	**32154**	**21910**	**12525**	**7417**	**5108**
蓬江区	20439	11673	8766	22405	13346	9059	5297	3159	2138
江海区	11186	6311	4875	13481	8037	5444	3224	1887	1337
新会区	5282	3003	2279	10057	5992	4065	894	518	376
台山市	5456	3189	2267	2287	1364	923	835	528	307
开平市	1549	803	746	1230	699	531	306	168	138
鹤山市	4181	2341	1840	4112	2397	1715	1696	987	709
恩平市	742	418	324	492	319	173	273	170	103
湛江市	**5761**	**3215**	**2546**	**6001**	**3223**	**2778**	**1051**	**506**	**545**
赤坎区	1536	815	721	1754	911	843	215	94	121
霞山区	2554	1413	1141	2142	1162	980	364	164	200
坡头区	537	292	245	201	115	86	110	59	51
麻章区	319	214	105	241	147	94	89	65	24
遂溪县	35	18	17	325	165	160	9	5	4
徐闻县									
廉江市	196	103	93	216	85	131	77	24	53
雷州市	18	10	8	99	68	31	8	3	5
吴川市	566	350	216	1023	570	453	179	92	87
茂名市	**4359**	**2700**	**1659**	**5178**	**3078**	**2100**	**2141**	**1203**	**938**
茂南区	2433	1453	980	2162	1283	879	875	490	385
电白区	522	346	176	585	372	213	338	215	123
高州市	792	493	299	1830	1046	784	628	339	289
化州市	331	204	127	300	181	119	165	83	82
信宜市	281	204	77	301	196	105	135	76	59
肇庆市	**13384**	**8212**	**5172**	**15129**	**9310**	**5819**	**2876**	**1750**	**1126**
端州区	6236	3649	2587	6320	3749	2571	344	195	149
鼎湖区	1620	1105	515	2057	1404	653	409	275	134
高要区	325	192	133	846	511	335	32	15	17
广宁县									
怀集县									
封开县									
德庆县									
四会市	5203	3266	1937	5906	3646	2260	2091	1265	826
惠州市	**100462**	**58959**	**41503**	**83823**	**52062**	**31761**	**42356**	**25813**	**16543**
惠城区	47117	27252	19865	38188	23626	14562	15829	9681	6148
惠阳区	51313	30536	20777	44767	27930	16837	26230	15968	10262
博罗县	2032	1171	861	868	506	362	297	164	133
惠东县									
龙门县									
梅州市	**2588**	**1397**	**1191**	**2678**	**1664**	**1014**	**588**	**309**	**279**
梅江区	1151	633	518	1979	1246	733	388	204	184
梅县区	772	388	384	342	197	145	126	68	58
大埔县									
丰顺县									
五华县	5	3	2	31	19	12	3	3	
平远县									
蕉岭县									
兴宁市	660	373	287	326	202	124	71	34	37

7-3a 续表 26 单位：人

现住地	户口登记地								
	四川			贵州			云南		
	小计	男	女	小计	男	女	小计	男	女
汕尾市	**7577**	**4349**	**3228**	**814**	**482**	**332**	**368**	**207**	**161**
城区	6744	3866	2878	635	393	242	308	176	132
海丰县									
陆河县									
陆丰市	833	483	350	179	89	90	60	31	29
河源市	**14686**	**8448**	**6238**	**8253**	**5003**	**3250**	**1219**	**675**	**544**
源城区	14686	8448	6238	8253	5003	3250	1219	675	544
紫金县									
龙川县									
连平县									
和平县									
东源县									
阳江市	**1943**	**996**	**947**	**4375**	**2412**	**1963**	**1370**	**721**	**649**
江城区	902	463	439	2443	1357	1086	466	253	213
阳东区	695	358	337	1497	817	680	769	406	363
阳西县									
阳春市	346	175	171	435	238	197	135	62	73
清远市	**5850**	**3274**	**2576**	**5445**	**3369**	**2076**	**929**	**556**	**373**
清城区	3548	1963	1585	4486	2810	1676	619	365	254
清新区	1226	658	568	300	158	142	107	62	45
佛冈县									
阳山县									
连山壮族瑶族自治县									
连南瑶族自治县									
英德市	937	577	360	521	316	205	179	119	60
连州市	139	76	63	138	85	53	24	10	14
东莞市	**471766**	**271533**	**200233**	**426389**	**255825**	**170564**	**188028**	**109490**	**78538**
市辖区	471766	271533	200233	426389	255825	170564	188028	109490	78538
中山市	**141073**	**79780**	**61293**	**71135**	**42010**	**29125**	**18609**	**10521**	**8088**
市辖区	141073	79780	61293	71135	42010	29125	18609	10521	8088
潮州市	**16848**	**9564**	**7284**	**29802**	**17690**	**12112**	**2032**	**1158**	**874**
湘桥区	3804	2147	1657	9989	5939	4050	312	149	163
潮安区	13044	7417	5627	19813	11751	8062	1720	1009	711
饶平县									
揭阳市	**2353**	**1381**	**972**	**19255**	**11634**	**7621**	**366**	**212**	**154**
榕城区	378	235	143	12020	7371	4649	64	35	29
揭东区	600	371	229	4836	2860	1976	184	111	73
揭西县									
惠来县									
普宁市	1375	775	600	2399	1403	996	118	66	52
云浮市	**2502**	**1544**	**958**	**2311**	**1399**	**912**	**577**	**359**	**218**
云城区	2233	1373	860	1717	1049	668	516	330	186
云安区	39	27	12	74	44	30	5	2	3
新兴县									
郁南县									
罗定市	230	144	86	520	306	214	56	27	29

7－3a 续表 27 单位：人

现住地	户口登记地								
	西藏			陕西			甘肃		
	小计	男	女	小计	男	女	小计	男	女
广东	**1553**	**715**	**838**	**404047**	**245233**	**158814**	**161536**	**95219**	**66317**
广州市	**331**	**121**	**210**	**43640**	**25755**	**17885**	**20466**	**11775**	**8691**
荔湾区	5	2	3	1222	726	496	649	399	250
越秀区	22	5	17	1404	772	632	805	432	373
海珠区	64	12	52	2696	1461	1235	1249	634	615
天河区	89	34	55	6434	3716	2718	3698	2035	1663
白云区	38	15	23	7677	4474	3203	3542	1963	1579
黄埔区	4	2	2	9124	5889	3235	4626	2956	1670
番禺区	84	37	47	7985	4541	3444	3196	1774	1422
花都区	18	10	8	3296	1878	1418	1280	729	551
南沙区	4	2	2	2374	1480	894	895	560	335
从化区				134	62	72	67	33	34
增城区	3	2	1	1294	756	538	459	260	199
韶关市	**5**	**3**	**2**	**689**	**371**	**318**	**387**	**209**	**178**
武江区	2	2		298	159	139	147	80	67
浈江区	3	1	2	230	129	101	118	63	55
曲江区				78	34	44	63	30	33
始兴县									
仁化县									
翁源县									
乳源瑶族自治县									
新丰县									
乐昌市				36	22	14	33	21	12
南雄市				47	27	20	26	15	11
深圳市	**173**	**97**	**76**	**182559**	**111318**	**71241**	**76555**	**45114**	**31441**
罗湖区	8	3	5	5926	3280	2646	2603	1402	1201
福田区	20	13	7	10668	6087	4581	3968	2208	1760
南山区	42	22	20	16830	9805	7025	6019	3489	2530
宝安区	37	22	15	57334	35345	21989	19655	11647	8008
龙岗区	30	18	12	34639	20542	14097	16787	9576	7211
盐田区				1484	977	507	561	344	217
龙华区	27	15	12	31952	20135	11817	16947	10344	6603
坪山区				8103	5107	2996	4470	2733	1737
光明区	9	4	5	15623	10040	5583	5545	3371	2174
珠海市	**247**	**90**	**157**	**9900**	**5796**	**4104**	**4455**	**2543**	**1912**
香洲区	242	87	155	6695	3843	2852	3069	1746	1323
斗门区	3	2	1	1112	693	419	534	303	231
金湾区	2	1	1	2093	1260	833	852	494	358
汕头市	**4**	**1**	**3**	**1051**	**603**	**448**	**411**	**227**	**184**
龙湖区	3	1	2	282	164	118	152	67	85
金平区				238	125	113	87	54	33
濠江区				36	18	18	17	11	6
潮阳区				168	111	57	59	38	21
潮南区				88	49	39	41	28	13
澄海区	1		1	239	136	103	55	29	26
南澳县									
佛山市	**274**	**157**	**117**	**18136**	**11268**	**6868**	**6775**	**4033**	**2742**
禅城区	77	32	45	1494	872	622	772	445	327
南海区	152	108	44	6888	4308	2580	2597	1503	1094
顺德区	26	12	14	8620	5390	3230	2954	1821	1133
三水区	18	5	13	503	295	208	227	130	97
高明区	1		1	631	403	228	225	134	91

7-3a 续表 28

单位：人

现住地	户口登记地 西藏 小计	西藏 男	西藏 女	陕西 小计	陕西 男	陕西 女	甘肃 小计	甘肃 男	甘肃 女
江门市	**35**	**6**	**29**	**5104**	**3059**	**2045**	**1136**	**690**	**446**
蓬江区				2675	1583	1092	526	328	198
江海区	31	4	27	1222	770	452	277	182	95
新会区	2	1	1	393	242	151	113	61	52
台山市				325	193	132	71	46	25
开平市				100	50	50	38	20	18
鹤山市	2	1	1	363	206	157	98	46	52
恩平市				26	15	11	13	7	6
湛江市	**5**	**3**	**2**	**760**	**422**	**338**	**532**	**310**	**222**
赤坎区	4	2	2	162	85	77	146	71	75
霞山区	1	1		372	207	165	224	121	103
坡头区				80	40	40	47	29	18
麻章区				74	52	22	85	73	12
遂溪县				1		1	1	1	
徐闻县									
廉江市				43	22	21	17	7	10
雷州市				7	2	5	1	1	
吴川市				21	14	7	11	7	4
茂名市	**5**	**4**	**1**	**322**	**193**	**129**	**309**	**218**	**91**
茂南区	3	3		166	91	75	254	190	64
电白区				66	51	15	23	12	11
高州市	1	1		51	31	20	14	9	5
化州市				12	4	8	4	2	2
信宜市	1		1	27	16	11	14	5	9
肇庆市	**33**	**16**	**17**	**1309**	**840**	**469**	**582**	**344**	**238**
端州区	1	1		400	205	195	221	114	107
鼎湖区	10	4	6	215	179	36	63	47	16
高要区	17	9	8	43	24	19	25	14	11
广宁县									
怀集县									
封开县									
德庆县									
四会市	5	2	3	651	432	219	273	169	104
惠州市	**154**	**65**	**89**	**17746**	**11079**	**6667**	**11430**	**6945**	**4485**
惠城区	138	58	80	7080	4267	2813	4046	2460	1586
惠阳区	16	7	9	10497	6704	3793	7313	4441	2872
博罗县				169	108	61	71	44	27
惠东县									
龙门县									
梅州市	**5**	**2**	**3**	**398**	**202**	**196**	**197**	**101**	**96**
梅江区	3	2	1	238	125	113	131	68	63
梅县区	2		2	107	54	53	51	26	25
大埔县									
丰顺县									
五华县							2		2
平远县									
蕉岭县									
兴宁市				53	23	30	13	7	6

7-3a 续表 29　　　　单位：人

现住地	户口登记地								
	西藏			陕西			甘肃		
	小计	男	女	小计	男	女	小计	男	女
汕尾市	**1**		**1**	**193**	**110**	**83**	**52**	**35**	**17**
城　区	1		1	165	99	66	44	30	14
海丰县									
陆河县									
陆丰市				28	11	17	8	5	3
河源市	**1**	**1**		**802**	**439**	**363**	**342**	**209**	**133**
源城区	1	1		802	439	363	342	209	133
紫金县									
龙川县									
连平县									
和平县									
东源县									
阳江市	**2**	**2**		**211**	**97**	**114**	**93**	**56**	**37**
江城区	1	1		118	52	66	49	33	16
阳东区	1	1		48	21	27	19	11	8
阳西县									
阳春市				45	24	21	25	12	13
清远市	**4**	**3**	**1**	**765**	**432**	**333**	**290**	**163**	**127**
清城区	3	2	1	563	324	239	212	124	88
清新区	1	1		78	36	42	23	11	12
佛冈县									
阳山县									
连山壮族瑶族自治县									
连南瑶族自治县									
英德市				102	59	43	48	23	25
连州市				22	13	9	7	5	2
东莞市	**145**	**92**	**53**	**109038**	**66330**	**42708**	**34120**	**20264**	**13856**
市辖区	145	92	53	109038	66330	42708	34120	20264	13856
中山市	**128**	**52**	**76**	**10717**	**6481**	**4236**	**3164**	**1839**	**1325**
市辖区	128	52	76	10717	6481	4236	3164	1839	1325
潮州市				**284**	**157**	**127**	**118**	**65**	**53**
湘桥区				126	69	57	63	31	32
潮安区				158	88	70	55	34	21
饶平县									
揭阳市				**249**	**179**	**70**	**61**	**42**	**19**
榕城区				29	20	9	15	9	6
揭东区				166	128	38	23	18	5
揭西县									
惠来县									
普宁市				54	31	23	23	15	8
云浮市	**1**		**1**	**174**	**102**	**72**	**61**	**37**	**24**
云城区	1		1	134	81	53	45	26	19
云安区							2	1	1
新兴县									
郁南县									
罗定市				40	21	19	14	10	4

7-3a　续表 30　　　　单位：人

现住地	户口登记地								
	青海			宁夏			新疆		
	小计	男	女	小计	男	女	小计	男	女
广　东	**21045**	**11941**	**9104**	**13315**	**7912**	**5403**	**34250**	**17504**	**16746**
广州市	**4031**	**2179**	**1852**	**3238**	**1857**	**1381**	**8427**	**4066**	**4361**
荔湾区	157	85	72	163	107	56	595	272	323
越秀区	482	261	221	435	253	182	617	285	332
海珠区	341	177	164	215	122	93	823	367	456
天河区	817	442	375	539	286	253	1814	870	944
白云区	748	412	336	792	474	318	1477	751	726
黄埔区	414	238	176	260	157	103	578	286	292
番禺区	507	271	236	541	285	256	1612	796	816
花都区	216	123	93	139	85	54	470	219	251
南沙区	216	118	98	78	46	32	208	108	100
从化区	47	9	38	8	3	5	39	18	21
增城区	86	43	43	68	39	29	194	94	100
韶关市	**89**	**45**	**44**	**55**	**28**	**27**	**114**	**58**	**56**
武江区	41	22	19	8	3	5	50	23	27
浈江区	29	15	14	39	22	17	30	16	14
曲江区	5	3	2	6	2	4	18	10	8
始兴县									
仁化县									
翁源县									
乳源瑶族自治县									
新丰县									
乐昌市	7	3	4				12	5	7
南雄市	7	2	5	2	1	1	4	4	
深圳市	**7980**	**4483**	**3497**	**5728**	**3431**	**2297**	**12560**	**6566**	**5994**
罗湖区	406	219	187	336	183	153	909	439	470
福田区	734	386	348	519	284	235	1516	756	760
南山区	1054	562	492	839	472	367	2057	1004	1053
宝安区	2222	1254	968	1326	807	519	2674	1428	1246
龙岗区	1430	827	603	1197	701	496	2489	1283	1206
盐田区	78	39	39	58	36	22	128	67	61
龙华区	1350	765	585	1080	692	388	1700	957	743
坪山区	211	125	86	166	110	56	458	214	244
光明区	495	306	189	207	146	61	629	418	211
珠海市	**796**	**418**	**378**	**579**	**298**	**281**	**2206**	**968**	**1238**
香洲区	575	307	268	440	220	220	1412	612	800
斗门区	62	29	33	53	29	24	141	70	71
金湾区	159	82	77	86	49	37	653	286	367
汕头市	**154**	**81**	**73**	**36**	**23**	**13**	**141**	**78**	**63**
龙湖区	40	20	20	16	12	4	54	23	31
金平区	38	19	19	13	7	6	26	16	10
濠江区	4	3	1	1	1		6	2	4
潮阳区	34	19	15	2	2		23	17	6
潮南区	12	6	6	1	1		13	6	7
澄海区	26	14	12	3		3	19	14	5
南澳县									
佛山市	**1287**	**754**	**533**	**777**	**490**	**287**	**2080**	**1131**	**949**
禅城区	169	100	69	62	35	27	326	174	152
南海区	422	244	178	355	229	126	823	459	364
顺德区	614	360	254	322	203	119	759	412	347
三水区	37	23	14	26	16	10	116	52	64
高明区	45	27	18	12	7	5	56	34	22

7-3a 续表 31 单位：人

现住地	户口登记地								
	青海			宁夏			新疆		
	小计	男	女	小计	男	女	小计	男	女
江门市	**197**	**124**	**73**	**89**	**54**	**35**	**970**	**400**	**570**
蓬江区	99	60	39	43	25	18	772	276	496
江海区	42	27	15	16	11	5	49	30	19
新会区	18	13	5	12	7	5	34	25	9
台山市	6	4	2	9	6	3	33	17	16
开平市	10	7	3	1	1		28	20	8
鹤山市	22	13	9	8	4	4	42	22	20
恩平市							12	10	2
湛江市	**102**	**52**	**50**	**33**	**16**	**17**	**168**	**80**	**88**
赤坎区	47	24	23	13	6	7	53	27	26
霞山区	38	19	19	12	8	4	86	38	48
坡头区	10	6	4	4	1	3	8	4	4
麻章区	1	1		2	1	1	6	4	2
遂溪县									
徐闻县									
廉江市	3	1	2	2		2	5	2	3
雷州市									
吴川市	3	1	2				10	5	5
茂名市	**57**	**37**	**20**	**15**	**10**	**5**	**63**	**27**	**36**
茂南区	28	20	8	14	9	5	26	15	11
电白区	16	9	7				11	4	7
高州市	8	6	2				23	6	17
化州市	2	1	1	1	1				
信宜市	3	1	2				3	2	1
肇庆市	**160**	**86**	**74**	**73**	**29**	**44**	**319**	**143**	**176**
端州区	77	34	43	49	13	36	227	91	136
鼎湖区	24	15	9	3	3		17	5	12
高要区	4	1	3	1	1		22	15	7
广宁县									
怀集县									
封开县									
德庆县									
四会市	55	36	19	20	12	8	53	32	21
惠州市	**1185**	**723**	**462**	**470**	**281**	**189**	**1217**	**646**	**571**
惠城区	639	412	227	210	132	78	579	302	277
惠阳区	521	296	225	259	149	110	637	344	293
博罗县	25	15	10	1		1	1		1
惠东县									
龙门县									
梅州市	**70**	**42**	**28**	**24**	**13**	**11**	**178**	**102**	**76**
梅江区	49	33	16	16	9	7	99	62	37
梅县区	7	2	5	2	2		38	18	20
大埔县									
丰顺县									
五华县	1	1							
平远县									
蕉岭县									
兴宁市	13	6	7	6	2	4	41	22	19

7-3a　续表 32　　单位：人

现住地	户口登记地								
	青海			宁夏			新疆		
	小计	男	女	小计	男	女	小计	男	女
汕尾市	**20**	**12**	**8**	**9**	**6**	**3**	**24**	**11**	**13**
城　区	20	12	8	8	6	2	14	7	7
海丰县									
陆河县									
陆丰市				1		1	10	4	6
河源市	**68**	**37**	**31**	**38**	**23**	**15**	**114**	**63**	**51**
源城区	68	37	31	38	23	15	114	63	51
紫金县									
龙川县									
连平县									
和平县									
东源县									
阳江市	**43**	**22**	**21**	**23**	**12**	**11**	**75**	**37**	**38**
江城区	25	13	12	13	6	7	41	16	25
阳东区	8	4	4	1		1	20	14	6
阳西县									
阳春市	10	5	5	9	6	3	14	7	7
清远市	**73**	**38**	**35**	**46**	**22**	**24**	**169**	**87**	**82**
清城区	60	27	33	31	14	17	130	66	64
清新区	9	7	2	8	4	4	8	4	4
佛冈县									
阳山县									
连山壮族瑶族自治县									
连南瑶族自治县									
英德市	4	4		7	4	3	22	10	12
连州市							9	7	2
东莞市	**4173**	**2500**	**1673**	**1783**	**1135**	**648**	**4499**	**2500**	**1999**
市辖区	4173	2500	1673	1783	1135	648	4499	2500	1999
中山市	**503**	**279**	**224**	**278**	**171**	**107**	**819**	**465**	**354**
市辖区	503	279	224	278	171	107	819	465	354
潮州市	**28**	**14**	**14**	**4**	**3**	**1**	**50**	**33**	**17**
湘桥区	11	4	7	3	3		22	17	5
潮安区	17	10	7	1		1	28	16	12
饶平县									
揭阳市	**2**	**2**		**3**	**3**		**30**	**25**	**5**
榕城区							22	21	1
揭东区	2	2		2	2		6	3	3
揭西县									
惠来县									
普宁市				1	1		2	1	1
云浮市	**27**	**13**	**14**	**14**	**7**	**7**	**27**	**18**	**9**
云城区	24	13	11	13	7	6	22	16	6
云安区							2	1	1
新兴县									
郁南县									
罗定市	3		3	1		1	3	1	2

7-3b 全省按现住地、性别分的户口登记地在外省的人口(镇)

单位：人

现住地	户口登记地					
	合计			北京		
	合计	男	女	小计	男	女
广东	**2271507**	**1352967**	**918540**	**813**	**528**	**285**
广州市	**338893**	**199904**	**138989**	**173**	**104**	**69**
荔湾区						
越秀区						
海珠区						
天河区						
白云区	66780	39796	26984	24	16	8
黄埔区	5403	2698	2705	17	9	8
番禺区	22578	13803	8775	9	6	3
花都区	32456	18822	13634	20	9	11
南沙区	48980	31038	17942	4	3	1
从化区	17832	11193	6639	16	10	6
增城区	144864	82554	62310	83	51	32
韶关市	**28772**	**15704**	**13068**	**15**	**14**	**1**
武江区	133	85	48			
浈江区	1792	1002	790			
曲江区	2208	1332	876			
始兴县	3026	1642	1384	3	3	
仁化县	5385	2913	2472	1	1	
翁源县	2342	1187	1155	6	6	
乳源瑶族自治县	4219	2384	1835	4	3	1
新丰县	3378	1951	1427			
乐昌市	5033	2499	2534			
南雄市	1256	709	547	1	1	
深圳市	**3811**	**3123**	**688**	**5**	**4**	**1**
罗湖区						
福田区						
南山区	3372	2911	461			
宝安区						
龙岗区						
盐田区						
龙华区						
坪山区	439	212	227	5	4	1
光明区						
珠海市	**129958**	**85380**	**44578**	**132**	**87**	**45**
香洲区	29442	22071	7371	83	55	28
斗门区	51321	31013	20308	21	10	11
金湾区	49195	32296	16899	28	22	6
汕头市	**107084**	**62566**	**44518**	**13**	**12**	**1**
龙湖区						
金平区						
濠江区	196	136	60			
潮阳区	48661	28503	20158	10	9	1
潮南区	14140	8311	5829	1	1	
澄海区	42591	24811	17780	2	2	
南澳县	1496	805	691			
佛山市	**202782**	**127853**	**74929**	**33**	**18**	**15**
禅城区	75604	46839	28765	20	9	11
南海区	23684	14772	8912	5	3	2
顺德区						
三水区	94479	60334	34145	8	6	2
高明区	9015	5908	3107			

7-3b　续表 1　　　　　　　　　　　　　　　　单位：人

现住地	户口登记地					
	合计			北京		
	合计	男	女	小计	男	女
江门市	**100110**	**58960**	**41150**	**7**	**4**	**3**
蓬江区						
江海区						
新会区	26921	15902	11019	1	1	
台山市	4863	2854	2009	2	1	1
开平市	30701	17438	13263	1		1
鹤山市	32317	19360	12957	3	2	1
恩平市	5308	3406	1902			
湛江市	**24903**	**14509**	**10394**	**21**	**13**	**8**
赤坎区						
霞山区	293	168	125			
坡头区	1610	1021	589			
麻章区	9401	5949	3452	18	10	8
遂溪县	2429	1319	1110	1	1	
徐闻县	3714	2110	1604	1	1	
廉江市	4263	2144	2119	1	1	
雷州市	674	352	322			
吴川市	2519	1446	1073			
茂名市	**11897**	**6261**	**5636**	**2**	**1**	**1**
茂南区	783	447	336			
电白区	4758	2690	2068	1		1
高州市	2584	1375	1209	1	1	
化州市	2449	1106	1343			
信宜市	1323	643	680			
肇庆市	**68142**	**41997**	**26145**	**12**	**11**	**1**
端州区						
鼎湖区	9867	6392	3475	1	1	
高要区	33065	20074	12991	3	3	
广宁县	3470	2197	1273	2	2	
怀集县	4877	3050	1827	1	1	
封开县	3575	2071	1504			
德庆县	2276	1229	1047	2	1	1
四会市	11012	6984	4028	3	3	
惠州市	**395935**	**233638**	**162297**	**109**	**68**	**41**
惠城区	38300	23009	15291	10	6	4
惠阳区	49680	29745	19935	3	2	1
博罗县	202922	119659	83263	46	31	15
惠东县	96431	56171	40260	48	28	20
龙门县	8602	5054	3548	2	1	1
梅州市	**23387**	**13464**	**9923**	**10**	**5**	**5**
梅江区	183	109	74			
梅县区	1474	827	647			
大埔县	3474	1825	1649	2	2	
丰顺县	6228	3760	2468	4	1	3
五华县	4353	2639	1714	2	2	
平远县	2974	1546	1428			
蕉岭县	3073	1669	1404	2		2
兴宁市	1628	1089	539			

7-3b 续表 2

单位：人

现住地	户口登记地					
	合计			北京		
	合计	男	女	小计	男	女
汕尾市	**46053**	**26815**	**19238**	**41**	**29**	**12**
城　区	3200	2265	935			
海丰县	35735	20435	15300	25	18	7
陆河县	3947	2495	1452	6	6	
陆丰市	3171	1620	1551	10	5	5
河源市	**40417**	**23559**	**16858**	**24**	**13**	**11**
源城区	12580	7606	4974	2	1	1
紫金县	7991	4827	3164	17	10	7
龙川县	5587	2861	2726			
连平县	2534	1449	1085	1		1
和平县	2556	1527	1029	1	1	
东源县	9169	5289	3880	3	1	2
阳江市	**12810**	**7374**	**5436**	**5**	**5**	
江城区	3019	1723	1296	1	1	
阳东区	3835	2287	1548			
阳西县	4327	2502	1825	2	2	
阳春市	1629	862	767	2	2	
清远市	**75303**	**45228**	**30075**	**44**	**32**	**12**
清城区	51084	31206	19878	28	19	9
清新区	2562	1531	1031	8	5	3
佛冈县	6896	3887	3009	1	1	
阳山县	2776	1558	1218	2	2	
连山壮族瑶族自治县	1340	697	643			
连南瑶族自治县	929	501	428			
英德市	9033	5440	3593	4	4	
连州市	683	408	275	1	1	
东莞市	**56482**	**33196**	**23286**	**4**	**3**	**1**
市辖区	56482	33196	23286	4	3	1
中山市	**546702**	**319138**	**227564**	**141**	**90**	**51**
市辖区	546702	319138	227564	141	90	51
潮州市	**21588**	**12934**	**8654**	**7**	**5**	**2**
湘桥区	3134	1802	1332	2	2	
潮安区	15176	9283	5893	1	1	
饶平县	3278	1849	1429	4	2	2
揭阳市	**19093**	**11415**	**7678**	**7**	**4**	**3**
榕城区	2228	1359	869			
揭东区	5113	3303	1810			
揭西县	2511	1398	1113	1	1	
惠来县	2355	1321	1034	4	1	3
普宁市	6886	4034	2852	2	2	
云浮市	**17385**	**9949**	**7436**	**8**	**6**	**2**
云城区						
云安区	2480	1650	830	1	1	
新兴县	10947	6223	4724	7	5	2
郁南县	2573	1390	1183			
罗定市	1385	686	699			

7-3b　续表 3　　　　单位：人

现住地	户口登记地								
	天津			河北			山西		
	小计	男	女	小计	男	女	小计	男	女
广东	**862**	**544**	**318**	**8138**	**5173**	**2965**	**4777**	**3014**	**1763**
广州市	**189**	**119**	**70**	**2042**	**1242**	**800**	**1131**	**679**	**452**
荔湾区									
越秀区									
海珠区									
天河区									
白云区	39	26	13	454	299	155	338	201	137
黄埔区	11	5	6	78	33	45	39	21	18
番禺区	3	2	1	105	68	37	78	47	31
花都区	20	11	9	234	134	100	137	75	62
南沙区	25	15	10	158	111	47	88	68	20
从化区	11	8	3	133	91	42	74	43	31
增城区	80	52	28	880	506	374	377	224	153
韶关市	**7**	**4**	**3**	**144**	**82**	**62**	**65**	**39**	**26**
武江区									
浈江区	1	1		14	10	4	3	3	
曲江区				7	4	3	6	4	2
始兴县	1	1		26	13	13	13	6	7
仁化县	1	1		23	13	10	6	4	2
翁源县	1		1	16	8	8	4	2	2
乳源瑶族自治县	2	1	1	26	13	13	15	10	5
新丰县	1		1	15	10	5	8	3	5
乐昌市				9	4	5	9	6	3
南雄市				8	7	1	1	1	
深圳市	**4**	**3**	**1**	**55**	**50**	**5**	**18**	**15**	**3**
罗湖区									
福田区									
南山区	4	3	1	50	47	3	18	15	3
宝安区									
龙岗区									
盐田区									
龙华区									
坪山区				5	3	2			
光明区									
珠海市	**150**	**103**	**47**	**863**	**647**	**216**	**535**	**375**	**160**
香洲区	80	51	29	291	241	50	121	93	28
斗门区	28	19	9	239	141	98	180	112	68
金湾区	42	33	9	333	265	68	234	170	64
汕头市	**34**	**18**	**16**	**243**	**154**	**89**	**139**	**88**	**51**
龙湖区									
金平区									
濠江区				1	1				
潮阳区	5	2	3	75	48	27	56	39	17
潮南区	28	16	12	108	73	35	57	32	25
澄海区	1		1	51	28	23	25	17	8
南澳县				8	4	4	1		1
佛山市	**27**	**17**	**10**	**620**	**418**	**202**	**325**	**215**	**110**
禅城区	14	7	7	234	154	80	122	82	40
南海区	2	2		64	45	19	40	26	14
顺德区									
三水区	11	8	3	288	190	98	143	93	50
高明区				34	29	5	20	14	6

7-3b 续表 4

单位：人

现住地	户口登记地								
	天津			河北			山西		
	小计	男	女	小计	男	女	小计	男	女
江门市	**10**	**8**	**2**	**193**	**115**	**78**	**165**	**113**	**52**
蓬江区									
江海区									
新会区				44	33	11	27	19	8
台山市	1	1		14	9	5	3	2	1
开平市				84	43	41	12	7	5
鹤山市	6	4	2	38	22	16	101	67	34
恩平市	3	3		13	8	5	22	18	4
湛江市	**44**	**30**	**14**	**253**	**158**	**95**	**230**	**104**	**126**
赤坎区									
霞山区									
坡头区	1	1		5	3	2	4	3	1
麻章区	32	19	13	201	131	70	215	95	120
遂溪县	7	6	1	16	6	10	2	1	1
徐闻县	3	3		20	12	8	2	1	1
廉江市	1	1		9	4	5	4	2	2
雷州市							1	1	
吴川市				2	2		2	1	1
茂名市	**7**	**2**	**5**	**54**	**40**	**14**	**23**	**18**	**5**
茂南区				1	1		4	4	
电白区	2	1	1	40	36	4	15	11	4
高州市				3	2	1			
化州市				7		7	4	3	1
信宜市	5	1	4	3	1	2			
肇庆市	**10**	**7**	**3**	**177**	**123**	**54**	**101**	**73**	**28**
端州区									
鼎湖区				32	25	7	5	4	1
高要区	2	2		24	14	10	43	34	9
广宁县				10	6	4	8	4	4
怀集县	2	1	1	34	22	12	12	7	5
封开县	1	1		32	24	8	6	6	
德庆县	2	1	1	5	2	3	5	2	3
四会市	3	2	1	40	30	10	22	16	6
惠州市	**101**	**61**	**40**	**1011**	**610**	**401**	**624**	**400**	**224**
惠城区	12	6	6	98	52	46	71	46	25
惠阳区	7	6	1	91	61	30	66	47	19
博罗县	57	38	19	590	349	241	328	209	119
惠东县	24	10	14	215	137	78	140	90	50
龙门县	1	1		17	11	6	19	8	11
梅州市	**5**	**2**	**3**	**91**	**66**	**25**	**48**	**36**	**12**
梅江区				2	2				
梅县区				7	5	2	4	4	
大埔县	2		2	16	12	4	8	6	2
丰顺县	2	1	1	13	11	2	11	7	4
五华县				21	14	7	11	9	2
平远县				21	13	8	6	4	2
蕉岭县				8	6	2	8	6	2
兴宁市	1	1		3	3				

7-3b　续表 5　　　　　　　　　　　　　　　　　　　　　　单位：人

现住地	户口登记地								
	天津			河北			山西		
	小计	男	女	小计	男	女	小计	男	女
汕尾市	**16**	**8**	**8**	**137**	**81**	**56**	**54**	**36**	**18**
城　区	6	1	5	19	14	5	3	2	1
海丰县	9	6	3	87	47	40	38	23	15
陆河县				21	17	4	12	11	1
陆丰市	1	1		10	3	7	1		1
河源市	**15**	**12**	**3**	**144**	**87**	**57**	**102**	**67**	**35**
源城区	1	1		31	18	13	21	14	7
紫金县	10	8	2	32	19	13	9	6	3
龙川县	2	1	1	34	16	18	42	24	18
连平县	1	1		3	1	2	4	3	1
和平县	1	1		19	15	4	15	15	
东源县				25	18	7	11	5	6
阳江市	**16**	**14**	**2**	**154**	**101**	**53**	**42**	**34**	**8**
江城区	11	11		9	3	6	3	3	
阳东区				1		1	19	16	3
阳西县	2	1	1	28	18	10	17	12	5
阳春市	3	2	1	116	80	36	3	3	
清远市	**33**	**23**	**10**	**443**	**286**	**157**	**231**	**145**	**86**
清城区	25	17	8	316	195	121	180	111	69
清新区	2		2	13	10	3	13	8	5
佛冈县				27	19	8	11	7	4
阳山县	1	1		13	8	5	5	3	2
连山壮族瑶族自治县				1	1		1	1	
连南瑶族自治县				5	3	2	7	3	4
英德市	5	5		59	43	16	13	11	2
连州市				9	7	2	1	1	
东莞市	**7**	**3**	**4**	**92**	**61**	**31**	**81**	**58**	**23**
市辖区	7	3	4	92	61	31	81	58	23
中山市	**160**	**91**	**69**	**1286**	**764**	**522**	**770**	**465**	**305**
市辖区	160	91	69	1286	764	522	770	465	305
潮州市	**2**	**2**		**32**	**23**	**9**	**37**	**18**	**19**
湘桥区				4	2	2	15	4	11
潮安区	1	1		22	18	4	14	9	5
饶平县	1	1		6	3	3	8	5	3
揭阳市	**3**	**1**	**2**	**43**	**25**	**18**	**16**	**10**	**6**
榕城区				3	1	2	1	1	
揭东区				9	7	2	2	1	1
揭西县				11	6	5	3	2	1
惠来县	3	1	2	12	7	5	2	1	1
普宁市				8	4	4	8	5	3
云浮市	**22**	**16**	**6**	**61**	**40**	**21**	**40**	**26**	**14**
云城区									
云安区	5	4	1	25	14	11	8	7	1
新兴县	14	9	5	29	20	9	14	5	9
郁南县	3	3		6	5	1	4	3	1
罗定市				1	1		14	11	3

7-3b 续表 6 单位：人

现住地	户口登记地								
	内蒙古			辽宁			吉林		
	小计	男	女	小计	男	女	小计	男	女
广东	**2781**	**1649**	**1132**	**5701**	**3379**	**2322**	**6769**	**3844**	**2925**
广州市	**746**	**417**	**329**	**1383**	**774**	**609**	**1628**	**896**	**732**
荔湾区									
越秀区									
海珠区									
天河区									
白云区	214	112	102	348	214	134	291	172	119
黄埔区	29	13	16	58	30	28	53	25	28
番禺区	47	22	25	54	30	24	72	45	27
花都区	126	77	49	215	104	111	333	176	157
南沙区	50	32	18	102	70	32	105	69	36
从化区	24	18	6	92	57	35	119	68	51
增城区	256	143	113	514	269	245	655	341	314
韶关市	**56**	**35**	**21**	**61**	**34**	**27**	**87**	**62**	**25**
武江区							1	1	
浈江区	2	1	1				3	2	1
曲江区	4	2	2	6	4	2	7	4	3
始兴县	6	3	3	12	7	5	6	4	2
仁化县	8	5	3	15	7	8	16	11	5
翁源县	11	10	1	4	2	2	17	12	5
乳源瑶族自治县	13	7	6	10	4	6	25	18	7
新丰县	12	7	5	7	6	1	9	7	2
乐昌市				4	2	2	2	2	
南雄市				3	2	1	1	1	
深圳市	**4**	**4**		**48**	**36**	**12**	**21**	**17**	**4**
罗湖区									
福田区									
南山区	3	3		40	34	6	14	12	2
宝安区									
龙岗区									
盐田区									
龙华区									
坪山区	1	1		8	2	6	7	5	2
光明区									
珠海市	**324**	**210**	**114**	**754**	**503**	**251**	**846**	**524**	**322**
香洲区	89	62	27	242	166	76	220	146	74
斗门区	112	61	51	213	119	94	290	149	141
金湾区	123	87	36	299	218	81	336	229	107
汕头市	**35**	**21**	**14**	**116**	**66**	**50**	**107**	**65**	**42**
龙湖区									
金平区									
濠江区									
潮阳区	18	12	6	50	27	23	58	33	25
潮南区	15	7	8	43	25	18	16	11	5
澄海区	2	2		19	12	7	28	18	10
南澳县				4	2	2	5	3	2
佛山市	**143**	**92**	**51**	**345**	**221**	**124**	**454**	**282**	**172**
禅城区	66	38	28	162	95	67	138	75	63
南海区	16	13	3	51	32	19	45	33	12
顺德区									
三水区	58	38	20	121	84	37	253	159	94
高明区	3	3		11	10	1	18	15	3

7-3b 续表 7

单位：人

现住地	户口登记地								
	内蒙古			辽宁			吉林		
	小计	男	女	小计	男	女	小计	男	女
江门市	**41**	**28**	**13**	**92**	**65**	**27**	**96**	**66**	**30**
蓬江区									
江海区									
新会区	5	4	1	28	21	7	19	14	5
台山市	7	3	4	6	4	2	11	7	4
开平市	3	2	1	18	17	1	16	10	6
鹤山市	22	15	7	35	20	15	39	28	11
恩平市	4	4		5	3	2	11	7	4
湛江市	**43**	**31**	**12**	**123**	**83**	**40**	**91**	**49**	**42**
赤坎区									
霞山区	1	1							
坡头区				4	2	2	7	3	4
麻章区	31	25	6	85	65	20	40	27	13
遂溪县	3		3	2		2	10	5	5
徐闻县	8	5	3	7	3	4	24	9	15
廉江市				14	7	7	8	4	4
雷州市				7	4	3	2	1	1
吴川市				4	2	2			
茂名市	**14**	**10**	**4**	**25**	**23**	**2**	**25**	**14**	**11**
茂南区	2	1	1	4	2	2			
电白区	10	7	3	19	19		20	11	9
高州市	1	1					4	3	1
化州市	1	1		2	2				
信宜市							1		1
肇庆市	**54**	**32**	**22**	**56**	**39**	**17**	**88**	**51**	**37**
端州区									
鼎湖区	3	2	1	4	3	1	3	2	1
高要区	18	11	7	11	10	1	12	6	6
广宁县	9	4	5	7	4	3	24	9	15
怀集县	6	3	3	11	9	2	12	9	3
封开县	12	7	5	9	4	5	10	8	2
德庆县	3	2	1	7	3	4	9	4	5
四会市	3	3		7	6	1	18	13	5
惠州市	**339**	**195**	**144**	**633**	**369**	**264**	**821**	**468**	**353**
惠城区	44	26	18	89	50	39	146	85	61
惠阳区	23	12	11	67	45	22	72	41	31
博罗县	164	92	72	269	161	108	370	222	148
惠东县	96	59	37	188	97	91	211	109	102
龙门县	12	6	6	20	16	4	22	11	11
梅州市	**31**	**24**	**7**	**65**	**40**	**25**	**51**	**31**	**20**
梅江区									
梅县区	5	3	2	4	2	2	3	2	1
大埔县	3	1	2	8	4	4	7	4	3
丰顺县	1		1	33	21	12	15	9	6
五华县	3	2	1	10	6	4	13	8	5
平远县	10	10					6	3	3
蕉岭县	8	7	1	8	5	3	6	4	2
兴宁市	1	1		2	2		1	1	

7-3b 续表 8

单位：人

现住地	户口登记地 内蒙古 小计	内蒙古 男	内蒙古 女	辽宁 小计	辽宁 男	辽宁 女	吉林 小计	吉林 男	吉林 女
汕尾市	**50**	**21**	**29**	**118**	**77**	**41**	**168**	**93**	**75**
城　区				11	8	3	22	14	8
海丰县	45	19	26	86	54	32	112	61	51
陆河县	1		1	11	9	2	12	7	5
陆丰市	4	2	2	10	6	4	22	11	11
河源市	**65**	**39**	**26**	**121**	**76**	**45**	**108**	**65**	**43**
源城区	12	10	2	30	21	9	36	21	15
紫金县	10	4	6	30	17	13	14	9	5
龙川县	17	10	7	37	22	15	20	11	9
连平县	3	1	2	3		3	5	4	1
和平县	6	3	3	11	7	4	14	7	7
东源县	17	11	6	10	9	1	19	13	6
阳江市	**15**	**9**	**6**	**25**	**18**	**7**	**56**	**28**	**28**
江城区	4	1	3	4	2	2	12	5	7
阳东区	1	1		4	1	3	11	9	2
阳西县	8	6	2	14	14		32	13	19
阳春市	2	1	1	3	1	2	1	1	
清远市	**149**	**88**	**61**	**301**	**169**	**132**	**370**	**211**	**159**
清城区	93	52	41	211	113	98	311	175	136
清新区	10	7	3	24	15	9	13	7	6
佛冈县	16	8	8	38	22	16	19	10	9
阳山县	8	8		13	8	5	6	4	2
连山壮族瑶族自治县	3	1	2	1		1	1	1	
连南瑶族自治县	2	1	1				3	2	1
英德市	9	7	2	11	9	2	16	11	5
连州市	8	4	4	3	2	1	1	1	
东莞市	**43**	**30**	**13**	**54**	**33**	**21**	**62**	**37**	**25**
市辖区	43	30	13	54	33	21	62	37	25
中山市	**570**	**329**	**241**	**1286**	**687**	**599**	**1597**	**834**	**763**
市辖区	570	329	241	1286	687	599	1597	834	763
潮州市	**22**	**10**	**12**	**21**	**15**	**6**	**20**	**11**	**9**
湘桥区	17	7	10	3	2	1	4	2	2
潮安区	3	2	1	8	7	1	13	7	6
饶平县	2	1	1	10	6	4	3	2	1
揭阳市	**14**	**8**	**6**	**33**	**26**	**7**	**24**	**15**	**9**
榕城区	1		1	1	1		1	1	
揭东区	1	1		20	18	2	6	4	2
揭西县				1		1			
惠来县	12	7	5	8	6	2	17	10	7
普宁市				3	1	2			
云浮市	**23**	**16**	**7**	**41**	**25**	**16**	**49**	**25**	**24**
云城区									
云安区	8	5	3	7	5	2	7	4	3
新兴县	8	6	2	33	19	14	32	13	19
郁南县	6	4	2	1	1		3	2	1
罗定市	1	1					7	6	1

7-3b　续表 9　　单位：人

现住地	户口登记地								
	黑龙江			上海			江苏		
	小计	男	女	小计	男	女	小计	男	女
广　东	**12066**	**6782**	**5284**	**895**	**663**	**232**	**10477**	**7019**	**3458**
广州市	**2631**	**1455**	**1176**	**129**	**80**	**49**	**2196**	**1373**	**823**
荔湾区									
越秀区									
海珠区									
天河区									
白云区	716	417	299	31	23	8	374	242	132
黄埔区	70	30	40	10	4	6	69	35	34
番禺区	96	58	38	3	3		87	57	30
花都区	450	243	207	18	12	6	343	183	160
南沙区	105	74	31	5	4	1	224	174	50
从化区	171	93	78	6	2	4	105	73	32
增城区	1023	540	483	56	32	24	994	609	385
韶关市	**147**	**77**	**70**	**6**	**2**	**4**	**166**	**104**	**62**
武江区	1	1							
浈江区	7	3	4	1		1	7	3	4
曲江区	3	2	1				13	11	2
始兴县	27	14	13				22	15	7
仁化县	27	12	15				14	7	7
翁源县	27	17	10	3	1	2	17	9	8
乳源瑶族自治县	32	18	14				47	29	18
新丰县	14	5	9	1	1		27	22	5
乐昌市	8	4	4				16	7	9
南雄市	1	1		1		1	3	1	2
深圳市	**38**	**26**	**12**	**5**	**5**		**129**	**106**	**23**
罗湖区									
福田区									
南山区	23	19	4	3	3		111	97	14
宝安区									
龙岗区									
盐田区									
龙华区									
坪山区	15	7	8	2	2		18	9	9
光明区									
珠海市	**1664**	**1009**	**655**	**76**	**60**	**16**	**1286**	**1013**	**273**
香洲区	507	313	194	44	38	6	640	543	97
斗门区	536	308	228	14	11	3	220	134	86
金湾区	621	388	233	18	11	7	426	336	90
汕头市	**87**	**51**	**36**	**10**	**5**	**5**	**280**	**176**	**104**
龙湖区									
金平区									
濠江区									
潮阳区	50	32	18	5	2	3	181	111	70
潮南区	18	10	8	4	3	1	58	36	22
澄海区	18	9	9	1		1	34	24	10
南澳县	1		1				7	5	2
佛山市	**500**	**310**	**190**	**28**	**20**	**8**	**609**	**437**	**172**
禅城区	209	122	87	8	5	3	266	182	84
南海区	84	53	31	2		2	64	44	20
顺德区									
三水区	204	132	72	7	5	2	240	179	61
高明区	3	3		11	10	1	39	32	7

7-3b 续表 10 单位：人

现住地	户口登记地								
	黑龙江			上海			江苏		
	小计	男	女	小计	男	女	小计	男	女
江门市	**149**	**92**	**57**	**13**	**11**	**2**	**297**	**199**	**98**
蓬江区									
江海区									
新会区	22	15	7	3	3		116	79	37
台山市	12	8	4	5	4	1	10	6	4
开平市	27	16	11	1	1		67	46	21
鹤山市	74	43	31	4	3	1	84	53	31
恩平市	14	10	4				20	15	5
湛江市	**151**	**82**	**69**	**283**	**262**	**21**	**388**	**285**	**103**
赤坎区									
霞山区									
坡头区	7	6	1	1	1		9	8	1
麻章区	87	43	44	274	256	18	317	233	84
遂溪县	14	7	7	2	1	1	15	13	2
徐闻县	27	15	12	4	4		28	19	9
廉江市	13	9	4	1		1	15	9	6
雷州市	3	2	1						
吴川市				1		1	4	3	1
茂名市	**36**	**24**	**12**	**3**	**1**	**2**	**38**	**31**	**7**
茂南区	1	1					4	3	1
电白区	20	14	6	3	1	2	20	15	5
高州市	6	5	1				1	1	
化州市	8	4	4				11	10	1
信宜市	1		1				2	2	
肇庆市	**161**	**94**	**67**	**6**	**3**	**3**	**210**	**141**	**69**
端州区									
鼎湖区	24	15	9				13	9	4
高要区	53	31	22				65	39	26
广宁县	7	5	2	6	3	3	13	9	4
怀集县	12	10	2				16	11	5
封开县	28	16	12				66	52	14
德庆县	19	6	13				20	10	10
四会市	18	11	7				17	11	6
惠州市	**1598**	**895**	**703**	**95**	**59**	**36**	**1344**	**888**	**456**
惠城区	173	98	75	13	11	2	136	83	53
惠阳区	115	71	44	4	2	2	143	95	48
博罗县	844	484	360	47	30	17	689	449	240
惠东县	443	230	213	31	16	15	333	232	101
龙门县	23	12	11				43	29	14
梅州市	**81**	**49**	**32**	**8**	**5**	**3**	**132**	**91**	**41**
梅江区	2	1	1						
梅县区	15	11	4				3	2	1
大埔县	11	5	6	1	1		22	14	8
丰顺县	9	6	3				31	21	10
五华县	18	12	6	1		1	37	28	9
平远县	9	5	4	1	1		13	10	3
蕉岭县	14	8	6	4	2	2	23	14	9
兴宁市	3	1	2	1	1		3	2	1

7-3b　续表 11　　单位：人

现住地	户口登记地								
	黑龙江			上　海			江　苏		
	小计	男	女	小计	男	女	小计	男	女
汕尾市	**220**	**121**	**99**	**11**	**6**	**5**	**241**	**171**	**70**
城　区	31	19	12	1	1		33	20	13
海丰县	169	90	79	9	5	4	175	122	53
陆河县	6	5	1				12	11	1
陆丰市	14	7	7	1		1	21	18	3
河源市	**229**	**143**	**86**	**14**	**9**	**5**	**234**	**151**	**83**
源城区	101	61	40	2	2		48	36	12
紫金县	34	20	14	4	3	1	48	28	20
龙川县	50	34	16	2	2		61	40	21
连平县	6	5	1				19	10	9
和平县	10	5	5	3	1	2	22	13	9
东源县	28	18	10	3	1	2	36	24	12
阳江市	**49**	**31**	**18**	**3**	**2**	**1**	**68**	**54**	**14**
江城区	9	6	3	1	1		6	3	3
阳东区	6	3	3				41	37	4
阳西县	29	18	11				18	11	7
阳春市	5	4	1	2	1	1	3	3	
清远市	**616**	**306**	**310**	**30**	**16**	**14**	**442**	**315**	**127**
清城区	508	247	261	18	9	9	201	124	77
清新区	23	12	11	4	2	2	17	10	7
佛冈县	47	26	21	1	1		35	23	12
阳山县	9	4	5				13	7	6
连山壮族瑶族自治县	3	1	2	1		1	4	3	1
连南瑶族自治县	7	3	4				7	5	2
英德市	19	13	6	6	4	2	162	141	21
连州市							3	2	1
东莞市	**131**	**85**	**46**	**3**	**2**	**1**	**85**	**55**	**30**
市辖区	131	85	46	3	2	1	85	55	30
中山市	**3444**	**1846**	**1598**	**163**	**108**	**55**	**2136**	**1291**	**845**
市辖区	3444	1846	1598	163	108	55	2136	1291	845
潮州市	**26**	**16**	**10**	**2**	**2**		**55**	**37**	**18**
湘桥区	4	3	1				11	8	3
潮安区	6	3	3	1	1		14	10	4
饶平县	16	10	6	1	1		30	19	11
揭阳市	**35**	**25**	**10**				**51**	**42**	**9**
榕城区							3	2	1
揭东区	7	7					24	20	4
揭西县	2	1	1				3	2	1
惠来县	24	16	8				18	15	3
普宁市	2	1	1				3	3	
云浮市	**73**	**45**	**28**	**7**	**5**	**2**	**90**	**59**	**31**
云城区									
云安区	7	6	1	3	2	1	22	17	5
新兴县	55	33	22	3	2	1	50	32	18
郁南县	8	3	5	1	1		16	10	6
罗定市	3	3					2		2

7—3b 续表 12 单位：人

现住地	户口登记地								
	浙江			安徽			福建		
	小计	男	女	小计	男	女	小计	男	女
广东	**14498**	**8462**	**6036**	**41548**	**24795**	**16753**	**48794**	**29119**	**19675**
广州市	**2279**	**1360**	**919**	**6316**	**3765**	**2551**	**7313**	**4378**	**2935**
荔湾区									
越秀区									
海珠区									
天河区									
白云区	566	337	229	1387	868	519	1695	1039	656
黄埔区	47	25	22	162	81	81	127	58	69
番禺区	118	67	51	358	210	148	568	376	192
花都区	228	137	91	679	414	265	1161	703	458
南沙区	151	104	47	648	435	213	349	226	123
从化区	184	124	60	336	207	129	400	251	149
增城区	985	566	419	2746	1550	1196	3013	1725	1288
韶关市	**430**	**248**	**182**	**499**	**296**	**203**	**581**	**349**	**232**
武江区				1		1	1	1	
浈江区	32	18	14	19	9	10	27	14	13
曲江区	11	8	3	35	21	14	32	25	7
始兴县	49	26	23	41	22	19	98	63	35
仁化县	42	22	20	96	58	38	78	48	30
翁源县	46	29	17	44	28	16	101	57	44
乳源瑶族自治县	188	106	82	137	84	53	59	31	28
新丰县	37	25	12	61	37	24	103	69	34
乐昌市	17	9	8	41	25	16	50	21	29
南雄市	8	5	3	24	12	12	32	20	12
深圳市	**6**	**5**	**1**	**98**	**89**	**9**	**22**	**14**	**8**
罗湖区									
福田区									
南山区	3	3		82	79	3	7	7	
宝安区									
龙岗区									
盐田区									
龙华区									
坪山区	3	2	1	16	10	6	15	7	8
光明区									
珠海市	**538**	**356**	**182**	**2060**	**1421**	**639**	**1252**	**808**	**444**
香洲区	200	137	63	681	520	161	347	242	105
斗门区	203	120	83	673	405	268	550	325	225
金湾区	135	99	36	706	496	210	355	241	114
汕头市	**471**	**268**	**203**	**4519**	**2710**	**1809**	**6604**	**3839**	**2765**
龙湖区									
金平区									
濠江区				8	6	2	12	8	4
潮阳区	270	162	108	3092	1863	1229	3571	2060	1511
潮南区	59	31	28	527	315	212	973	574	399
澄海区	130	72	58	577	351	226	1911	1125	786
南澳县	12	3	9	315	175	140	137	72	65
佛山市	**813**	**525**	**288**	**2894**	**1805**	**1089**	**4609**	**3062**	**1547**
禅城区	460	298	162	1451	929	522	3564	2414	1150
南海区	94	61	33	258	161	97	236	151	85
顺德区									
三水区	239	153	86	1073	633	440	744	462	282
高明区	20	13	7	112	82	30	65	35	30

7-3b　续表 13

单位：人

现住地	户口登记地								
	浙　江			安　徽			福　建		
	小计	男	女	小计	男	女	小计	男	女
江门市	**933**	**559**	**374**	**1507**	**882**	**625**	**1544**	**868**	**676**
蓬江区									
江海区									
新会区	99	64	35	606	344	262	230	140	90
台山市	214	138	76	67	41	26	66	40	26
开平市	393	217	176	367	204	163	775	425	350
鹤山市	146	92	54	432	269	163	370	206	164
恩平市	81	48	33	35	24	11	103	57	46
湛江市	**264**	**157**	**107**	**624**	**392**	**232**	**576**	**299**	**277**
赤坎区									
霞山区				12	8	4	3	2	1
坡头区	6	4	2	18	11	7	23	15	8
麻章区	112	68	44	380	244	136	235	102	133
遂溪县	40	26	14	41	27	14	60	35	25
徐闻县	56	31	25	72	39	33	71	40	31
廉江市	26	15	11	44	23	21	89	56	33
雷州市	9	4	5	10	6	4	27	17	10
吴川市	15	9	6	47	34	13	68	32	36
茂名市	**88**	**45**	**43**	**111**	**70**	**41**	**376**	**229**	**147**
茂南区	2		2	12	5	7	23	14	9
电白区	51	29	22	65	51	14	163	101	62
高州市	12	6	6	14	6	8	92	58	34
化州市	21	10	11	11	6	5	57	33	24
信宜市	2		2	9	2	7	41	23	18
肇庆市	**347**	**219**	**128**	**639**	**392**	**247**	**841**	**529**	**312**
端州区									
鼎湖区	14	9	5	127	84	43	130	81	49
高要区	117	71	46	202	120	82	243	154	89
广宁县	44	30	14	45	28	17	82	47	35
怀集县	74	40	34	61	36	25	107	72	35
封开县	37	23	14	64	43	21	64	44	20
德庆县	31	21	10	43	22	21	50	24	26
四会市	30	25	5	97	59	38	165	107	58
惠州市	**1927**	**1059**	**868**	**9621**	**5544**	**4077**	**8319**	**4935**	**3384**
惠城区	176	95	81	631	362	269	731	423	308
惠阳区	138	84	54	1379	795	584	1997	1209	788
博罗县	849	470	379	3729	2191	1538	3429	2020	1409
惠东县	685	371	314	3677	2073	1604	2005	1189	816
龙门县	79	39	40	205	123	82	157	94	63
梅州市	**367**	**209**	**158**	**674**	**366**	**308**	**3142**	**1799**	**1343**
梅江区				6	3	3	11	8	3
梅县区	19	12	7	30	16	14	139	72	67
大埔县	51	26	25	71	33	38	1210	658	552
丰顺县	60	38	22	295	164	131	357	235	122
五华县	97	53	44	64	38	26	293	181	112
平远县	51	32	19	36	18	18	218	135	83
蕉岭县	76	41	35	154	83	71	820	448	372
兴宁市	13	7	6	18	11	7	94	62	32

7-3b 续表 14

单位：人

现住地	户口登记地								
	浙江			安徽			福建		
	小计	男	女	小计	男	女	小计	男	女
汕尾市	**304**	**150**	**154**	**1107**	**629**	**478**	**1621**	**972**	**649**
城　区	25	14	11	78	50	28	106	69	37
海丰县	241	118	123	749	421	328	1126	677	449
陆河县	20	10	10	150	86	64	112	66	46
陆丰市	18	8	10	130	72	58	277	160	117
河源市	**315**	**187**	**128**	**920**	**542**	**378**	**1412**	**840**	**572**
源城区	22	12	10	181	109	72	225	134	91
紫金县	78	44	34	258	149	109	359	232	127
龙川县	71	44	27	171	99	72	322	173	149
连平县	89	53	36	51	34	17	132	74	58
和平县	41	25	16	68	37	31	180	108	72
东源县	14	9	5	191	114	77	194	119	75
阳江市	**121**	**73**	**48**	**141**	**84**	**57**	**250**	**157**	**93**
江城区	31	16	15	25	16	9	51	29	22
阳东区	19	13	6	31	21	10	61	41	20
阳西县	59	38	21	55	28	27	96	64	32
阳春市	12	6	6	30	19	11	42	23	19
清远市	**787**	**467**	**320**	**1306**	**791**	**515**	**1535**	**945**	**590**
清城区	483	292	191	805	471	334	918	579	339
清新区	17	13	4	47	33	14	33	16	17
佛冈县	125	60	65	146	96	50	170	95	75
阳山县	51	30	21	68	38	30	125	70	55
连山壮族瑶族自治县	31	16	15	15	7	8	23	12	11
连南瑶族自治县	19	12	7	28	10	18	46	33	13
英德市	50	34	16	189	132	57	193	124	69
连州市	11	10	1	8	4	4	27	16	11
东莞市	**101**	**57**	**44**	**886**	**539**	**347**	**770**	**464**	**306**
市辖区	101	57	44	886	539	347	770	464	306
中山市	**4020**	**2303**	**1717**	**6304**	**3701**	**2603**	**5611**	**3296**	**2315**
市辖区	4020	2303	1717	6304	3701	2603	5611	3296	2315
潮州市	**137**	**67**	**70**	**413**	**243**	**170**	**1298**	**691**	**607**
湘桥区	17	7	10	36	24	12	101	39	62
潮安区	43	19	24	263	163	100	693	396	297
饶平县	77	41	36	114	56	58	504	256	248
揭阳市	**103**	**59**	**44**	**612**	**364**	**248**	**831**	**478**	**353**
榕城区	12	7	5	10	6	4	66	46	20
揭东区	30	19	11	54	36	18	127	79	48
揭西县	13	6	7	17	9	8	112	60	52
惠来县	22	8	14	65	44	21	224	127	97
普宁市	26	19	7	466	269	197	302	166	136
云浮市	**147**	**89**	**58**	**297**	**170**	**127**	**287**	**167**	**120**
云城区									
云安区	22	16	6	56	35	21	73	45	28
新兴县	89	55	34	155	87	68	147	87	60
郁南县	31	16	15	61	36	25	44	25	19
罗定市	5	2	3	25	12	13	23	10	13

7-3b　续表 15　　　　　　　　　　　　　　　　　　　　　　　　　　　　单位：人

现住地	户口登记地								
	江西			山东			河南		
	小计	男	女	小计	男	女	小计	男	女
广　东	**151852**	**90343**	**61509**	**11277**	**7274**	**4003**	**183318**	**113567**	**69751**
广州市	**29014**	**16944**	**12070**	**2854**	**1740**	**1114**	**29322**	**18226**	**11096**
荔湾区									
越秀区									
海珠区									
天河区									
白云区	5454	3302	2152	619	411	208	7255	4500	2755
黄埔区	562	268	294	113	53	60	746	407	339
番禺区	1547	931	616	113	77	36	1575	1009	566
花都区	2234	1270	964	412	221	191	3276	1979	1297
南沙区	2625	1616	1009	257	182	75	4231	2987	1244
从化区	1297	818	479	153	101	52	1560	973	587
增城区	15295	8739	6556	1187	695	492	10679	6371	4308
韶关市	**3228**	**1843**	**1385**	**157**	**95**	**62**	**1333**	**790**	**543**
武江区	12	6	6				15	11	4
浈江区	117	68	49	2	1	1	136	80	56
曲江区	167	102	65	11	8	3	221	141	80
始兴县	507	278	229	11	8	3	165	97	68
仁化县	725	421	304	20	12	8	142	81	61
翁源县	342	178	164	21	11	10	130	66	64
乳源瑶族自治县	331	199	132	42	24	18	197	114	83
新丰县	346	196	150	21	13	8	177	104	73
乐昌市	187	105	82	29	18	11	110	70	40
南雄市	494	290	204				40	26	14
深圳市	**167**	**129**	**38**	**145**	**126**	**19**	**697**	**616**	**81**
罗湖区									
福田区									
南山区	105	93	12	133	120	13	645	591	54
宝安区									
龙岗区									
盐田区									
龙华区									
坪山区	62	36	26	12	6	6	52	25	27
光明区									
珠海市	**6269**	**4192**	**2077**	**1288**	**949**	**339**	**14419**	**10047**	**4372**
香洲区	1169	908	261	372	288	84	3559	2783	776
斗门区	3018	1939	1079	354	228	126	4590	2910	1680
金湾区	2082	1345	737	562	433	129	6270	4354	1916
汕头市	**6496**	**3761**	**2735**	**212**	**129**	**83**	**23261**	**13571**	**9690**
龙湖区									
金平区									
濠江区	9	7	2				41	29	12
潮阳区	3116	1811	1305	126	80	46	1552	953	599
潮南区	1125	677	448	41	18	23	1691	1010	681
澄海区	2068	1178	890	39	27	12	19798	11460	8338
南澳县	178	88	90	6	4	2	179	119	60
佛山市	**9169**	**5907**	**3262**	**697**	**461**	**236**	**13164**	**8617**	**4547**
禅城区	4057	2545	1512	276	178	98	3894	2516	1378
南海区	1318	820	498	99	64	35	1628	1032	596
顺德区									
三水区	3487	2339	1148	308	206	102	7058	4661	2397
高明区	307	203	104	14	13	1	584	408	176

7-3b 续表 16

单位：人

现住地	户口登记地								
	江西			山东			河南		
	小计	男	女	小计	男	女	小计	男	女
江门市	**3475**	**2101**	**1374**	**312**	**194**	**118**	**4711**	**2953**	**1758**
蓬江区									
江海区									
新会区	1055	658	397	111	73	38	974	619	355
台山市	79	44	35	14	10	4	304	186	118
开平市	888	515	373	88	50	38	1089	637	452
鹤山市	1271	766	505	75	44	31	2110	1332	778
恩平市	182	118	64	24	17	7	234	179	55
湛江市	**723**	**393**	**330**	**348**	**237**	**111**	**1842**	**1308**	**534**
赤坎区									
霞山区	2	1	1				112	62	50
坡头区	40	25	15	5	5		166	118	48
麻章区	380	206	174	275	188	87	1047	799	248
遂溪县	63	28	35	8	4	4	158	91	67
徐闻县	82	51	31	22	15	7	105	67	38
廉江市	83	43	40	24	16	8	130	82	48
雷州市	42	22	20	1	1		34	28	6
吴川市	31	17	14	13	8	5	90	61	29
茂名市	**300**	**173**	**127**	**51**	**36**	**15**	**353**	**250**	**103**
茂南区	4	4		1	1		40	29	11
电白区	147	90	57	48	34	14	215	167	48
高州市	53	31	22	1	1		24	14	10
化州市	59	28	31				53	29	24
信宜市	37	20	17	1		1	21	11	10
肇庆市	**1650**	**1039**	**611**	**174**	**124**	**50**	**2723**	**1838**	**885**
端州区									
鼎湖区	287	205	82	15	13	2	469	343	126
高要区	652	388	264	48	34	14	920	598	322
广宁县	116	72	44	13	12	1	248	157	91
怀集县	144	96	48	15	7	8	226	155	71
封开县	144	88	56	33	23	10	200	154	46
德庆县	82	44	38	20	13	7	73	51	22
四会市	225	146	79	30	22	8	587	380	207
惠州市	**34356**	**20312**	**14044**	**1577**	**992**	**585**	**31727**	**19079**	**12648**
惠城区	2892	1728	1164	173	103	70	4071	2505	1566
惠阳区	3817	2330	1487	163	115	48	4650	2774	1876
博罗县	18446	10929	7517	923	575	348	16543	9937	6606
惠东县	8522	4934	3588	292	180	112	5591	3337	2254
龙门县	679	391	288	26	19	7	872	526	346
梅州市	**5841**	**3278**	**2563**	**172**	**131**	**41**	**1217**	**729**	**488**
梅江区	37	20	17				15	9	6
梅县区	255	138	117	9	9		53	29	24
大埔县	461	256	205	19	14	5	127	68	59
丰顺县	1627	946	681	17	8	9	458	260	198
五华县	678	410	268	84	71	13	251	161	90
平远县	1745	907	838	8	4	4	108	67	41
蕉岭县	805	449	356	29	20	9	105	58	47
兴宁市	233	152	81	6	5	1	100	77	23

7-3b　续表 17　　　　单位：人

现住地	户口登记地								
	江西			山东			河南		
	小计	男	女	小计	男	女	小计	男	女
汕尾市	**2242**	**1348**	**894**	**153**	**97**	**56**	**3028**	**1963**	**1065**
城　区	118	80	38	20	11	9	302	230	72
海丰县	1180	715	465	104	58	46	1920	1212	708
陆河县	667	392	275	16	15	1	333	238	95
陆丰市	277	161	116	13	13		473	283	190
河源市	**5057**	**2954**	**2103**	**242**	**154**	**88**	**3497**	**2109**	**1388**
源城区	1580	979	601	94	59	35	1582	916	666
紫金县	666	393	273	38	23	15	460	288	172
龙川县	890	492	398	42	23	19	386	218	168
连平县	336	197	139	19	15	4	192	125	67
和平县	453	245	208	15	10	5	132	90	42
东源县	1132	648	484	34	24	10	745	472	273
阳江市	**326**	**178**	**148**	**70**	**53**	**17**	**592**	**405**	**187**
江城区	43	29	14	11	6	5	177	110	67
阳东区	56	27	29	15	12	3	122	87	35
阳西县	162	90	72	33	29	4	237	172	65
阳春市	65	32	33	11	6	5	56	36	20
清远市	**4181**	**2534**	**1647**	**570**	**373**	**197**	**7773**	**4840**	**2933**
清城区	2762	1682	1080	388	246	142	5955	3655	2300
清新区	120	76	44	29	20	9	169	102	67
佛冈县	480	295	185	45	23	22	557	345	212
阳山县	184	103	81	23	17	6	218	136	82
连山壮族瑶族自治县	58	39	19	10	6	4	28	17	11
连南瑶族自治县	60	33	27	17	11	6	36	23	13
英德市	486	289	197	56	48	8	767	541	226
连州市	31	17	14	2	2		43	21	22
东莞市	**4227**	**2556**	**1671**	**123**	**81**	**42**	**4205**	**2572**	**1633**
市辖区	4227	2556	1671	123	81	42	4205	2572	1633
中山市	**30959**	**18146**	**12813**	**1889**	**1145**	**744**	**35902**	**21344**	**14558**
市辖区	30959	18146	12813	1889	1145	744	35902	21344	14558
潮州市	**2030**	**1209**	**821**	**106**	**67**	**39**	**1441**	**940**	**501**
湘桥区	209	127	82	31	14	17	292	177	115
潮安区	1470	886	584	48	32	16	849	570	279
饶平县	351	196	155	27	21	6	300	193	107
揭阳市	**1486**	**962**	**524**	**47**	**31**	**16**	**1339**	**891**	**448**
榕城区	27	18	9	1		1	162	115	47
揭东区	588	399	189	21	14	7	451	316	135
揭西县	206	136	70	7	4	3	127	73	54
惠来县	297	179	118	16	12	4	175	120	55
普宁市	368	230	138	2	1	1	424	267	157
云浮市	**656**	**384**	**272**	**90**	**59**	**31**	**772**	**479**	**293**
云城区									
云安区	127	88	39	34	21	13	159	107	52
新兴县	428	239	189	45	29	16	503	309	194
郁南县	63	37	26	9	8	1	91	50	41
罗定市	38	20	18	2	1	1	19	13	6

7-3b 续表 18

单位：人

现住地	户口登记地					
	湖北			湖南		
	小计	男	女	小计	男	女
广东	**148867**	**87808**	**61059**	**366179**	**213493**	**152686**
广州市	**28113**	**16214**	**11899**	**75862**	**43616**	**32246**
荔湾区						
越秀区						
海珠区						
天河区						
白云区	4984	2971	2013	15593	9122	6471
黄埔区	664	296	368	1025	450	575
番禺区	1548	967	581	4952	3025	1927
花都区	2829	1560	1269	7723	4311	3412
南沙区	3268	2150	1118	9854	6132	3722
从化区	1694	1076	618	4274	2567	1707
增城区	13126	7194	5932	32441	18009	14432
韶关市	**1328**	**725**	**603**	**12609**	**6671**	**5938**
武江区	2	1	1	37	22	15
浈江区	60	38	22	798	440	358
曲江区	84	51	33	850	507	343
始兴县	171	105	66	964	511	453
仁化县	219	110	109	3005	1570	1435
翁源县	116	55	61	528	278	250
乳源瑶族自治县	219	124	95	1804	996	808
新丰县	235	127	108	733	396	337
乐昌市	168	81	87	3687	1830	1857
南雄市	54	33	21	203	121	82
深圳市	**495**	**420**	**75**	**472**	**396**	**76**
罗湖区						
福田区						
南山区	450	402	48	406	367	39
宝安区						
龙岗区						
盐田区						
龙华区						
坪山区	45	18	27	66	29	37
光明区						
珠海市	**9661**	**6472**	**3189**	**23147**	**14766**	**8381**
香洲区	2299	1766	533	5283	3833	1450
斗门区	3607	2159	1448	9413	5462	3951
金湾区	3755	2547	1208	8451	5471	2980
汕头市	**3771**	**2035**	**1736**	**3511**	**2022**	**1489**
龙湖区						
金平区						
濠江区	19	12	7	5	3	2
潮阳区	940	475	465	2272	1298	974
潮南区	457	242	215	739	434	305
澄海区	2300	1290	1010	414	245	169
南澳县	55	16	39	81	42	39
佛山市	**10934**	**6923**	**4011**	**31106**	**19545**	**11561**
禅城区	3009	1897	1112	10327	6447	3880
南海区	1367	855	512	4876	2963	1913
顺德区						
三水区	6271	3976	2295	14999	9537	5462
高明区	287	195	92	904	598	306

7−3b　续表 19　　　　单位：人

现住地	户口登记地					
	湖北			湖南		
	小计	男	女	小计	男	女
江门市	**4527**	**2604**	**1923**	**12245**	**7214**	**5031**
蓬江区						
江海区						
新会区	1060	627	433	2852	1630	1222
台山市	311	146	165	539	295	244
开平市	972	508	464	3492	2030	1462
鹤山市	1924	1149	775	4705	2817	1888
恩平市	260	174	86	657	442	215
湛江市	**893**	**525**	**368**	**1606**	**920**	**686**
赤坎区						
霞山区	50	29	21	12	6	6
坡头区	53	26	27	75	46	29
麻章区	351	225	126	752	423	329
遂溪县	77	42	35	199	105	94
徐闻县	191	108	83	219	131	88
廉江市	81	40	41	186	106	80
雷州市	35	16	19	46	23	23
吴川市	55	39	16	117	80	37
茂名市	**301**	**173**	**128**	**677**	**341**	**336**
茂南区	21	13	8	27	21	6
电白区	182	115	67	383	204	179
高州市	26	15	11	107	58	49
化州市	54	21	33	79	25	54
信宜市	18	9	9	81	33	48
肇庆市	**2333**	**1460**	**873**	**6971**	**4334**	**2637**
端州区						
鼎湖区	336	219	117	1191	754	437
高要区	1077	683	394	2948	1822	1126
广宁县	107	62	45	449	260	189
怀集县	192	130	62	544	347	197
封开县	132	66	66	248	151	97
德庆县	155	88	67	306	159	147
四会市	334	212	122	1285	841	444
惠州市	**30913**	**18192**	**12721**	**74072**	**42858**	**31214**
惠城区	3700	2247	1453	5953	3437	2516
惠阳区	3813	2291	1522	7616	4619	2997
博罗县	15418	9056	6362	41152	23799	17353
惠东县	7390	4264	3126	17522	10029	7493
龙门县	592	334	258	1829	974	855
梅州市	**1756**	**1012**	**744**	**2311**	**1387**	**924**
梅江区	2	1	1	2	2	
梅县区	176	92	84	277	159	118
大埔县	301	175	126	290	167	123
丰顺县	497	299	198	563	356	207
五华县	333	195	138	595	337	258
平远县	110	46	64	151	92	59
蕉岭县	181	88	93	237	125	112
兴宁市	156	116	40	196	149	47

7-3b 续表 20 单位：人

现住地	户口登记地					
	湖北			湖南		
	小计	男	女	小计	男	女
汕尾市	**2814**	**1504**	**1310**	**6494**	**3679**	**2815**
城　区	310	212	98	471	351	120
海丰县	1887	1017	870	5338	2945	2393
陆河县	271	160	111	391	255	136
陆丰市	346	115	231	294	128	166
河源市	**3050**	**1868**	**1182**	**6312**	**3489**	**2823**
源城区	1297	806	491	1862	1122	740
紫金县	509	319	190	1151	658	493
龙川县	298	159	139	1073	478	595
连平县	147	97	50	449	216	233
和平县	112	70	42	406	231	175
东源县	687	417	270	1371	784	587
阳江市	**417**	**260**	**157**	**1164**	**679**	**485**
江城区	74	48	26	218	129	89
阳东区	55	38	17	361	211	150
阳西县	249	151	98	408	242	166
阳春市	39	23	16	177	97	80
清远市	**6441**	**3827**	**2614**	**18499**	**10821**	**7678**
清城区	4024	2400	1624	12852	7681	5171
清新区	153	92	61	541	304	237
佛冈县	618	331	287	1510	806	704
阳山县	143	87	56	718	385	333
连山壮族瑶族自治县	19	11	8	472	243	229
连南瑶族自治县	28	18	10	343	165	178
英德市	1416	866	550	1851	1121	730
连州市	40	22	18	212	116	96
东莞市	**4243**	**2628**	**1615**	**13488**	**7692**	**5796**
市辖区	4243	2628	1615	13488	7692	5796
中山市	**34339**	**19586**	**14753**	**72171**	**41017**	**31154**
市辖区	34339	19586	14753	72171	41017	31154
潮州市	**676**	**416**	**260**	**1002**	**592**	**410**
湘桥区	77	44	33	241	134	107
潮安区	387	254	133	625	381	244
饶平县	212	118	94	136	77	59
揭阳市	**1028**	**497**	**531**	**853**	**529**	**324**
榕城区	50	26	24	80	55	25
揭东区	126	90	36	145	107	38
揭西县	229	113	116	172	91	81
惠来县	387	145	242	110	60	50
普宁市	236	123	113	346	216	130
云浮市	**834**	**467**	**367**	**1607**	**925**	**682**
云城区						
云安区	163	110	53	331	227	104
新兴县	548	283	265	972	544	428
郁南县	104	66	38	244	129	115
罗定市	19	8	11	60	25	35

7-3b　续表 21　　单位：人

现住地	户口登记地								
	广西			海南			重庆		
	小计	男	女	小计	男	女	小计	男	女
广　东	**578116**	**346313**	**231803**	**15544**	**8404**	**7140**	**95630**	**56038**	**39592**
广州市	**62780**	**37580**	**25200**	**2771**	**1587**	**1184**	**12373**	**7211**	**5162**
荔湾区									
越秀区									
海珠区									
天河区									
白云区	13934	8314	5620	822	486	336	1195	674	521
黄埔区	712	434	278	80	35	45	81	40	41
番禺区	5478	3399	2079	183	110	73	987	578	409
花都区	5618	3438	2180	369	227	142	514	296	218
南沙区	10971	6712	4259	195	123	72	3194	1896	1298
从化区	2573	1639	934	239	142	97	598	384	214
增城区	23494	13644	9850	883	464	419	5804	3343	2461
韶关市	**3320**	**1681**	**1639**	**183**	**70**	**113**	**560**	**343**	**217**
武江区	39	23	16						
浈江区	267	145	122	14	6	8	29	19	10
曲江区	352	183	169	10	5	5	50	32	18
始兴县	391	189	202	21	9	12	55	34	21
仁化县	407	229	178	21	7	14	60	37	23
翁源县	408	193	215	40	14	26	33	16	17
乳源瑶族自治县	419	224	195	12	4	8	84	46	38
新丰县	537	291	246	29	11	18	181	126	55
乐昌市	305	114	191	21	7	14	45	20	25
南雄市	195	90	105	15	7	8	23	13	10
深圳市	**261**	**207**	**54**	**9**	**6**	**3**	**100**	**72**	**28**
罗湖区									
福田区									
南山区	231	191	40	6	6		93	71	22
宝安区									
龙岗区									
盐田区									
龙华区									
坪山区	30	16	14	3		3	7	1	6
光明区									
珠海市	**31098**	**19719**	**11379**	**1086**	**660**	**426**	**4871**	**3253**	**1618**
香洲区	4389	3146	1243	152	100	52	1570	1209	361
斗门区	14558	8918	5640	603	345	258	1633	955	678
金湾区	12151	7655	4496	331	215	116	1668	1089	579
汕头市	**11927**	**6897**	**5030**	**1762**	**973**	**789**	**1941**	**1150**	**791**
龙湖区									
金平区									
濠江区	35	21	14				2	2	
潮阳区	7733	4411	3322	1372	740	632	1248	750	498
潮南区	1889	1107	782	174	99	75	428	257	171
澄海区	2106	1272	834	209	131	78	247	133	114
南澳县	164	86	78	7	3	4	16	8	8
佛山市	**72839**	**46037**	**26802**	**603**	**362**	**241**	**6408**	**3995**	**2413**
禅城区	30862	18877	11985	202	114	88	1854	1144	710
南海区	7444	4685	2759	66	46	20	715	445	270
顺德区									
三水区	31328	20420	10908	312	189	123	3387	2117	1270
高明区	3205	2055	1150	23	13	10	452	289	163

7-3b 续表 22

单位：人

现住地	户口登记地								
	广西			海南			重庆		
	小计	男	女	小计	男	女	小计	男	女
江门市	**41075**	**24002**	**17073**	**401**	**229**	**172**	**3242**	**1930**	**1312**
蓬江区									
江海区									
新会区	12738	7415	5323	71	48	23	1090	655	435
台山市	2168	1270	898	47	27	20	128	77	51
开平市	13731	7792	5939	122	60	62	704	413	291
鹤山市	10520	6316	4204	98	60	38	1164	685	479
恩平市	1918	1209	709	63	34	29	156	100	56
湛江市	**8921**	**4921**	**4000**	**958**	**445**	**513**	**959**	**587**	**372**
赤坎区									
霞山区	63	38	25	1	1		1	1	
坡头区	641	398	243	31	13	18	101	67	34
麻章区	1956	1284	672	198	101	97	285	161	124
遂溪县	902	486	416	108	50	58	60	32	28
徐闻县	1152	655	497	314	125	189	346	220	126
廉江市	2831	1342	1489	206	115	91	59	37	22
雷州市	265	120	145	40	16	24	8	5	3
吴川市	1111	598	513	60	24	36	99	64	35
茂名市	**5667**	**2815**	**2852**	**572**	**240**	**332**	**200**	**114**	**86**
茂南区	373	219	154	33	11	22	3		3
电白区	1350	708	642	186	63	123	123	75	48
高州市	1525	792	733	119	51	68	16	10	6
化州市	1713	751	962	44	19	25	34	17	17
信宜市	706	345	361	190	96	94	24	12	12
肇庆市	**29547**	**17847**	**11700**	**254**	**125**	**129**	**2341**	**1470**	**871**
端州区									
鼎湖区	3775	2411	1364	73	38	35	529	353	176
高要区	15676	9517	6159	52	32	20	778	459	319
广宁县	1141	702	439	28	15	13	202	146	56
怀集县	1615	878	737	32	9	23	251	176	75
封开县	2006	1046	960	15	9	6	32	20	12
德庆县	771	377	394	16	4	12	30	15	15
四会市	4563	2916	1647	38	18	20	519	301	218
惠州市	**59158**	**35404**	**23754**	**1947**	**1095**	**852**	**20857**	**12150**	**8707**
惠城区	5706	3483	2223	241	145	96	2077	1215	862
惠阳区	8063	4896	3167	248	140	108	3031	1772	1259
博罗县	34353	20418	13935	877	505	372	9711	5612	4099
惠东县	9806	5849	3957	522	275	247	5630	3291	2339
龙门县	1230	758	472	59	30	29	408	260	148
梅州市	**1962**	**937**	**1025**	**368**	**155**	**213**	**601**	**348**	**253**
梅江区	43	22	21	3	1	2			
梅县区	157	81	76	19	6	13	9	5	4
大埔县	305	111	194	85	29	56	91	46	45
丰顺县	454	241	213	111	52	59	170	103	67
五华县	476	241	235	73	36	37	178	110	68
平远县	187	73	114	27	9	18	39	21	18
蕉岭县	145	67	78	31	13	18	36	16	20
兴宁市	195	101	94	19	9	10	78	47	31

7-3b 续表 23

单位：人

现住地	户口登记地								
	广西			海南			重庆		
	小计	男	女	小计	男	女	小计	男	女
汕尾市	**4257**	**2476**	**1781**	**467**	**236**	**231**	**8062**	**4623**	**3439**
城　区	283	198	85	22	12	10	202	143	59
海丰县	3293	1893	1400	237	124	113	7484	4271	3213
陆河县	291	191	100	171	84	87	199	133	66
陆丰市	390	194	196	37	16	21	177	76	101
河源市	**4640**	**2495**	**2145**	**354**	**173**	**181**	**1783**	**1025**	**758**
源城区	1289	759	530	67	38	29	442	260	182
紫金县	1006	554	452	87	39	48	514	308	206
龙川县	566	232	334	125	63	62	143	68	75
连平县	398	202	196	16	7	9	102	64	38
和平县	335	186	149	15	6	9	128	76	52
东源县	1046	562	484	44	20	24	454	249	205
阳江市	**4624**	**2541**	**2083**	**240**	**102**	**138**	**726**	**407**	**319**
江城区	1155	641	514	20	9	11	417	239	178
阳东区	1883	1110	773	29	9	20	153	85	68
阳西县	1076	564	512	139	65	74	140	80	60
阳春市	510	226	284	52	19	33	16	3	13
清远市	**12525**	**7384**	**5141**	**497**	**226**	**271**	**2129**	**1315**	**814**
清城区	7508	4738	2770	240	116	124	1476	925	551
清新区	644	371	273	19	12	7	78	46	32
佛冈县	1266	718	548	128	57	71	187	105	82
阳山县	625	309	316	27	10	17	70	45	25
连山壮族瑶族自治县	544	262	282	10	3	7	13	5	8
连南瑶族自治县	187	105	82	5	3	2	26	18	8
英德市	1636	818	818	66	24	42	256	153	103
连州市	115	63	52	2	1	1	23	18	5
东莞市	**12485**	**7220**	**5265**	**182**	**110**	**72**	**2446**	**1410**	**1036**
市辖区	12485	7220	5265	182	110	72	2446	1410	1036
中山市	**197260**	**118338**	**78922**	**2397**	**1369**	**1028**	**24368**	**13662**	**10706**
市辖区	197260	118338	78922	2397	1369	1028	24368	13662	10706
潮州市	**3322**	**1982**	**1340**	**125**	**56**	**69**	**532**	**318**	**214**
湘桥区	590	333	257	29	8	21	21	8	13
潮安区	2486	1507	979	70	37	33	361	222	139
饶平县	246	142	104	26	11	15	150	88	62
揭阳市	**3527**	**2024**	**1503**	**207**	**107**	**100**	**497**	**282**	**215**
榕城区	386	231	155	10	6	4	14	9	5
揭东区	1052	634	418	13	8	5	109	78	31
揭西县	824	458	366	84	35	49	60	28	32
惠来县	222	133	89	23	11	12	36	16	20
普宁市	1043	568	475	77	47	30	278	151	127
云浮市	**6921**	**3806**	**3115**	**161**	**78**	**83**	**634**	**373**	**261**
云城区									
云安区	643	438	205	27	9	18	79	58	21
新兴县	4016	2286	1730	67	35	32	473	260	213
郁南县	1335	630	705	16	10	6	74	53	21
罗定市	927	452	475	51	24	27	8	2	6

7-3b 续表 24

单位：人

现住地	户口登记地								
	四川			贵州			云南		
	小计	男	女	小计	男	女	小计	男	女
广东	**243249**	**143172**	**100077**	**211963**	**127383**	**84580**	**70880**	**41987**	**28893**
广州市	**35116**	**20496**	**14620**	**19473**	**11944**	**7529**	**6694**	**3975**	**2719**
荔湾区									
越秀区									
海珠区									
天河区									
白云区	4541	2621	1920	3518	2064	1454	1190	681	509
黄埔区	228	112	116	218	132	86	29	16	13
番禺区	1950	1180	770	1708	988	720	472	278	194
花都区	2262	1279	983	1827	1124	703	750	454	296
南沙区	6141	3819	2322	3244	2177	1067	2010	1203	807
从化区	1409	886	523	1131	753	378	668	426	242
增城区	18585	10599	7986	7827	4706	3121	1575	917	658
韶关市	**1706**	**961**	**745**	**1374**	**777**	**597**	**320**	**181**	**139**
武江区	3	3		21	16	5			
浈江区	96	52	44	111	65	46	31	17	14
曲江区	138	89	49	134	84	50	39	26	13
始兴县	219	110	109	134	79	55	27	11	16
仁化县	186	105	81	147	80	67	46	29	17
翁源县	141	69	72	199	83	116	31	10	21
乳源瑶族自治县	292	175	117	153	87	66	44	32	12
新丰县	437	260	177	287	179	108	56	34	22
乐昌市	137	67	70	123	71	52	34	17	17
南雄市	57	31	26	65	33	32	12	5	7
深圳市	**273**	**220**	**53**	**143**	**109**	**34**	**492**	**365**	**127**
罗湖区									
福田区									
南山区	248	210	38	122	98	24	491	364	127
宝安区									
龙岗区									
盐田区									
龙华区									
坪山区	25	10	15	21	11	10	1	1	
光明区									
珠海市	**11197**	**7274**	**3923**	**7125**	**4848**	**2277**	**5877**	**3776**	**2101**
香洲区	2820	2181	639	2220	1731	489	1396	1007	389
斗门区	4796	2783	2013	2616	1657	959	1551	962	589
金湾区	3581	2310	1271	2289	1460	829	2930	1807	1123
汕头市	**17520**	**10339**	**7181**	**20702**	**12293**	**8409**	**2875**	**1666**	**1209**
龙湖区									
金平区									
濠江区	12	10	2	49	35	14	3	2	1
潮阳区	13328	7933	5395	8923	5272	3651	430	270	160
潮南区	3262	1862	1400	2131	1304	827	229	128	101
澄海区	890	524	366	9317	5521	3796	2210	1265	945
南澳县	28	10	18	282	161	121	3	1	2
佛山市	**18605**	**11377**	**7228**	**19789**	**12191**	**7598**	**5604**	**3405**	**2199**
禅城区	6201	3768	2433	6819	4126	2693	716	402	314
南海区	2779	1723	1056	1623	1016	607	550	332	218
顺德区									
三水区	8997	5462	3535	10094	6233	3861	3634	2257	1377
高明区	628	424	204	1253	816	437	704	414	290

7-3b　续表 25　　　　单位：人

现住地	户口登记地 四川 小计	男	女	贵州 小计	男	女	云南 小计	男	女
江门市	**7702**	**4526**	**3176**	**9759**	**5759**	**4000**	**6256**	**3596**	**2660**
蓬江区									
江海区									
新会区	1695	1009	686	2698	1622	1076	1074	608	466
台山市	248	154	94	482	302	180	89	56	33
开平市	1900	1076	824	3780	2135	1645	1939	1107	832
鹤山市	3431	1997	1434	2462	1485	977	2517	1479	1038
恩平市	428	290	138	337	215	122	637	346	291
湛江市	**1698**	**1041**	**657**	**2379**	**1384**	**995**	**886**	**469**	**417**
赤坎区									
霞山区	20	12	8	14	6	8			
坡头区	125	81	44	231	155	76	42	18	24
麻章区	816	507	309	589	338	251	306	186	120
遂溪县	139	73	66	406	224	182	66	38	28
徐闻县	275	172	103	532	305	227	130	69	61
廉江市	141	77	64	220	116	104	46	21	25
雷州市	7	2	5	117	74	43	5	3	2
吴川市	175	117	58	270	166	104	291	134	157
茂名市	**452**	**291**	**161**	**1819**	**971**	**848**	**609**	**291**	**318**
茂南区	16	6	10	183	102	81	26	9	17
电白区	282	186	96	1058	570	488	297	139	158
高州市	83	57	26	300	154	146	180	100	80
化州市	51	32	19	167	84	83	66	28	38
信宜市	20	10	10	111	61	50	40	15	25
肇庆市	**5141**	**3235**	**1906**	**11451**	**7075**	**4376**	**2283**	**1368**	**915**
端州区									
鼎湖区	765	513	252	1653	1036	617	290	188	102
高要区	2268	1362	906	6367	3828	2539	1308	751	557
广宁县	289	195	94	479	337	142	105	66	39
怀集县	528	350	178	826	579	247	114	75	39
封开县	101	59	42	252	171	81	55	38	17
德庆县	121	70	51	430	270	160	45	22	23
四会市	1069	686	383	1444	854	590	366	228	138
惠州市	**49114**	**28853**	**20261**	**41900**	**24939**	**16961**	**16323**	**9705**	**6618**
惠城区	4329	2611	1718	4381	2662	1719	1554	979	575
惠阳区	5384	3100	2284	5364	3167	2197	2200	1303	897
博罗县	17681	10395	7286	21748	12952	8796	10672	6369	4303
惠东县	20541	12015	8526	9494	5604	3890	1798	997	801
龙门县	1179	732	447	913	554	359	99	57	42
梅州市	**1558**	**929**	**629**	**1910**	**1233**	**677**	**596**	**374**	**222**
梅江区	7	5	2	48	31	17	5	4	1
梅县区	59	34	25	132	82	50	75	47	28
大埔县	133	55	78	133	81	52	37	19	18
丰顺县	619	394	225	577	373	204	238	164	74
五华县	253	158	95	656	435	221	104	64	40
平远县	89	28	61	68	34	34	37	17	20
蕉岭县	209	128	81	76	39	37	23	10	13
兴宁市	189	127	62	220	158	62	77	49	28

7-3b 续表 26

单位：人

现住地	户口登记地								
	四川			贵州			云南		
	小计	男	女	小计	男	女	小计	男	女
汕尾市	**9767**	**5663**	**4104**	**3301**	**2012**	**1289**	**665**	**387**	**278**
城　区	432	300	132	515	386	129	131	92	39
海丰县	8371	4798	3573	2149	1233	916	383	204	179
陆河县	733	449	284	314	212	102	101	65	36
陆丰市	231	116	115	323	181	142	50	26	24
河源市	**4901**	**2902**	**1999**	**4132**	**2509**	**1623**	**1641**	**967**	**674**
源城区	1476	857	619	1230	753	477	466	300	166
紫金县	1334	866	468	1007	639	368	191	110	81
龙川县	570	286	284	358	197	161	102	52	50
连平县	228	143	85	218	126	92	59	40	19
和平县	196	121	75	254	192	62	48	25	23
东源县	1097	629	468	1065	602	463	775	440	335
阳江市	**695**	**405**	**290**	**1628**	**943**	**685**	**1151**	**635**	**516**
江城区	96	51	45	360	207	153	255	140	115
阳东区	234	142	92	370	210	160	311	176	135
阳西县	283	166	117	611	354	257	503	280	223
阳春市	82	46	36	287	172	115	82	39	43
清远市	**5755**	**3560**	**2195**	**6343**	**3904**	**2439**	**2717**	**1657**	**1060**
清城区	4091	2589	1502	4810	2985	1825	1868	1166	702
清新区	228	134	94	205	131	74	71	42	29
佛冈县	556	311	245	471	265	206	169	96	73
阳山县	181	100	81	194	136	58	33	19	14
连山壮族瑶族自治县	27	18	9	55	35	20	9	8	1
连南瑶族自治县	31	12	19	51	27	24	5	3	2
英德市	599	367	232	481	271	210	550	315	235
连州市	42	29	13	76	54	22	12	8	4
东莞市	**4684**	**2708**	**1976**	**4252**	**2530**	**1722**	**2604**	**1509**	**1095**
市辖区	4684	2708	1976	4252	2530	1722	2604	1509	1095
中山市	**62794**	**35611**	**27183**	**37100**	**21567**	**15533**	**12475**	**7163**	**5312**
市辖区	62794	35611	27183	37100	21567	15533	12475	7163	5312
潮州市	**1239**	**753**	**486**	**8585**	**5179**	**3406**	**325**	**201**	**124**
湘桥区	122	71	51	1212	733	479	71	41	30
潮安区	878	552	326	6681	4042	2639	179	116	63
饶平县	239	130	109	692	404	288	75	44	31
揭阳市	**1239**	**772**	**467**	**6836**	**4097**	**2739**	**141**	**81**	**60**
榕城区	84	46	38	1306	783	523	4	2	2
揭东区	173	119	54	2109	1311	798	29	20	9
揭西县	91	53	38	497	285	212	29	19	10
惠来县	175	112	63	398	225	173	40	20	20
普宁市	716	442	274	2526	1493	1033	39	20	19
云浮市	**2093**	**1256**	**837**	**1962**	**1119**	**843**	**346**	**216**	**130**
云城区									
云安区	222	144	78	352	219	133	53	32	21
新兴县	1691	993	698	1238	680	558	231	143	88
郁南县	161	110	51	225	143	82	56	39	17
罗定市	19	9	10	147	77	70	6	2	4

7-3b 续表 27

单位：人

现住地	户口登记地								
	西藏			陕西			甘肃		
	小计	男	女	小计	男	女	小计	男	女
广　东	**140**	**78**	**62**	**22641**	**14027**	**8614**	**8760**	**5282**	**3478**
广州市	**14**	**12**	**2**	**3906**	**2384**	**1522**	**1417**	**827**	**590**
荔湾区									
越秀区									
海珠区									
天河区									
白云区	3	3		600	388	212	270	144	126
黄埔区				97	49	48	42	19	23
番禺区				211	149	62	145	76	69
花都区				414	232	182	178	108	70
南沙区				791	537	254	118	78	40
从化区	10	9	1	330	227	103	138	93	45
增城区	1		1	1463	802	661	526	309	217
韶关市	**1**		**1**	**201**	**117**	**84**	**116**	**63**	**53**
武江区									
浈江区				7	3	4	3		3
曲江区				15	10	5	11	8	3
始兴县				30	20	10	14	8	6
仁化县				38	23	15	31	16	15
翁源县				29	19	10	13	6	7
乳源瑶族自治县	1		1	28	14	14	23	13	10
新丰县				27	12	15	11	7	4
乐昌市				17	11	6	8	4	4
南雄市				10	5	5	2	1	1
深圳市				**72**	**59**	**13**	**20**	**17**	**3**
罗湖区									
福田区									
南山区				61	55	6	18	16	2
宝安区									
龙岗区									
盐田区									
龙华区									
坪山区				11	4	7	2	1	1
光明区									
珠海市	**4**	**3**	**1**	**2241**	**1517**	**724**	**862**	**570**	**292**
香洲区	3	2	1	440	341	99	157	125	32
斗门区				877	535	342	309	178	131
金湾区	1	1		924	641	283	396	267	129
汕头市	**5**	**1**	**4**	**313**	**179**	**134**	**64**	**38**	**26**
龙湖区									
金平区									
濠江区									
潮阳区				140	83	57	27	18	9
潮南区	1		1	36	21	15	18	11	7
澄海区	4	1	3	132	72	60	17	9	8
南澳县				5	3	2	2		2
佛山市	**75**	**38**	**37**	**1582**	**1051**	**531**	**410**	**262**	**148**
禅城区	67	31	36	373	241	132	137	88	49
南海区				193	126	67	43	28	15
顺德区									
三水区	4	3	1	950	630	320	196	121	75
高明区	4	4		66	54	12	34	25	9

7-3b 续表 28 单位：人

现住地	户口登记地								
	西藏			陕西			甘肃		
	小计	男	女	小计	男	女	小计	男	女
江门市	**1**	**1**		**936**	**586**	**350**	**297**	**189**	**108**
蓬江区									
江海区									
新会区				195	134	61	73	48	25
台山市				26	17	9	3		3
开平市				169	90	79	42	26	16
鹤山市	1	1		472	283	189	155	94	61
恩平市				74	62	12	24	21	3
湛江市	**1**	**1**		**284**	**182**	**102**	**199**	**100**	**99**
赤坎区									
霞山区				2	1	1			
坡头区				8	7	1	5	4	1
麻章区				163	98	65	163	77	86
遂溪县	1	1		16	10	6	7	3	4
徐闻县				12	5	7	5	1	4
廉江市				23	14	9	3	2	1
雷州市				13	7	6	1		1
吴川市				47	40	7	15	13	2
茂名市	**1**		**1**	**52**	**30**	**22**	**31**	**23**	**8**
茂南区				3	1	2			
电白区	1		1	31	21	10	22	19	3
高州市				7	5	2	6	3	3
化州市				3	1	2	2	1	1
信宜市				8	2	6	1		1
肇庆市	**1**		**1**	**370**	**240**	**130**	**134**	**85**	**49**
端州区									
鼎湖区				75	49	26	51	33	18
高要区	1		1	117	69	48	32	20	12
广宁县				18	8	10	6	5	1
怀集县				29	18	11	6	4	2
封开县				13	11	2	11	4	7
德庆县				16	10	6	8	4	4
四会市				102	75	27	20	15	5
惠州市	**15**	**10**	**5**	**4625**	**2789**	**1836**	**1914**	**1174**	**740**
惠城区	3	2	1	437	270	167	293	172	121
惠阳区	2	2		655	422	233	310	190	120
博罗县	4	3	1	2682	1573	1109	1010	616	394
惠东县	6	3	3	775	479	296	277	183	94
龙门县				76	45	31	24	13	11
梅州市	**4**	**2**	**2**	**194**	**112**	**82**	**83**	**54**	**29**
梅江区									
梅县区				5	3	2	10	8	2
大埔县				54	24	30	15	9	6
丰顺县				36	28	8	10	7	3
五华县	2	1	1	43	31	12	23	17	6
平远县	1		1	20	9	11	7	4	3
蕉岭县	1	1		24	13	11	14	7	7
兴宁市				12	4	8	4	2	2

7-3b　续表 29　　　　单位：人

现住地	西藏 小计	西藏 男	西藏 女	陕西 小计	陕西 男	陕西 女	甘肃 小计	甘肃 男	甘肃 女
汕尾市	**2**	**1**	**1**	**482**	**288**	**194**	**109**	**76**	**33**
城　区				25	17	8	23	14	9
海丰县	2	1	1	367	214	153	61	43	18
陆河县				66	48	18	18	15	3
陆丰市				24	9	15	7	4	3
河源市	**3**	**2**	**1**	**713**	**436**	**277**	**270**	**175**	**95**
源城区				309	198	111	129	91	38
紫金县				77	50	27	28	19	9
龙川县	3	2	1	129	72	57	41	25	16
连平县				34	19	15	10	8	2
和平县				37	19	18	31	16	15
东源县				127	78	49	31	16	15
阳江市				**124**	**86**	**38**	**81**	**53**	**28**
江城区				5	1	4	14	10	4
阳东区				30	24	6	21	14	7
阳西县				80	58	22	30	16	14
阳春市				9	3	6	16	13	3
清远市	**2**	**1**	**1**	**826**	**545**	**281**	**412**	**247**	**165**
清城区	1		1	565	371	194	275	159	116
清新区	1	1		37	30	7	18	11	7
佛冈县				75	46	29	67	40	27
阳山县				35	17	18	9	9	
连山壮族瑶族自治县				6	4	2	1	1	
连南瑶族自治县				7	5	2	6	4	2
英德市				89	64	25	35	22	13
连州市				12	8	4	1	1	
东莞市				**740**	**469**	**271**	**414**	**243**	**171**
市辖区				740	469	271	414	243	171
中山市	**8**	**4**	**4**	**4752**	**2802**	**1950**	**1838**	**1040**	**798**
市辖区	8	4	4	4752	2802	1950	1838	1040	798
潮州市	**1**	**1**		**70**	**46**	**24**	**32**	**16**	**16**
湘桥区	1	1		9	7	2	7	2	5
潮安区				41	31	10	13	10	3
饶平县				20	8	12	12	4	8
揭阳市	**1**	**1**		**60**	**47**	**13**	**28**	**14**	**14**
榕城区				4	1	3	2	2	
揭东区				13	13		3	1	2
揭西县				9	6	3	3	3	
惠来县	1	1		29	23	6	15	7	8
普宁市				5	4	1	5	1	4
云浮市	**1**		**1**	**98**	**62**	**36**	**29**	**16**	**13**
云城区									
云安区				22	15	7	9	7	2
新兴县	1		1	62	36	26	18	8	10
郁南县				7	5	2	1		1
罗定市				7	6	1	1	1	

7－3b 续表 30

单位：人

现住地	户口登记地								
	青海			宁夏			新疆		
	小计	男	女	小计	男	女	小计	男	女
广 东	**1665**	**991**	**674**	**777**	**480**	**297**	**2530**	**1356**	**1174**
广州市	**249**	**125**	**124**	**195**	**108**	**87**	**584**	**273**	**311**
荔湾区									
越秀区									
海珠区									
天河区									
白云区	65	29	36	51	26	25	209	94	115
黄埔区	10	4	6	14	7	7	12	7	5
番禺区	27	14	13	12	6	6	72	25	47
花都区	20	12	8	24	15	9	42	18	24
南沙区	24	14	10	15	10	5	28	17	11
从化区	25	15	10	23	17	6	39	22	17
增城区	78	37	41	56	27	29	182	90	92
韶关市	**27**	**18**	**9**	**8**	**3**	**5**	**37**	**20**	**17**
武江区									
浈江区	5	4	1						
曲江区							2	1	1
始兴县	5	4	1	2	1	1	6	1	5
仁化县	5	3	2	1		1	5	1	4
翁源县	5	3	2				9	5	4
乳源瑶族自治县				4	2	2	8	6	2
新丰县	1		1	1		1	4	3	1
乐昌市	4	2	2				2	2	
南雄市	2	2					1	1	
深圳市	**1**	**1**		**5**	**3**	**2**	**6**	**3**	**3**
罗湖区									
福田区									
南山区	1	1		2	2		2	2	
宝安区									
龙岗区									
盐田区									
龙华区									
坪山区				3	1	2	4	1	3
光明区									
珠海市	**102**	**74**	**28**	**88**	**58**	**30**	**143**	**86**	**57**
香洲区	17	10	7	17	12	5	34	22	12
斗门区	26	21	5	24	13	11	67	34	33
金湾区	59	43	16	47	33	14	42	30	12
汕头市	**34**	**19**	**15**	**3**	**2**	**1**	**29**	**18**	**11**
龙湖区									
金平区									
濠江区									
潮阳区	5	4	1	1		1	7	5	2
潮南区	7	3	4	1	1		4	3	1
澄海区	22	12	10	1	1		18	10	8
南澳县									
佛山市	**278**	**187**	**91**	**34**	**28**	**6**	**85**	**45**	**40**
禅城区	34	19	15	17	13	4	45	23	22
南海区	12	9	3	1	1		9	3	6
顺德区									
三水区	24	12	12	14	13	1	27	16	11
高明区	208	147	61	2	1	1	4	3	1

7-3b　续表 31　　　　单位：人

现住地	户口登记地								
	青海			宁夏			新疆		
	小计	男	女	小计	男	女	小计	男	女
江门市	**69**	**36**	**33**	**21**	**10**	**11**	**34**	**20**	**14**
蓬江区									
江海区									
新会区	20	10	10	2	1	1	13	8	5
台山市	3	2	1	2	2		2	2	
开平市	2	1	1	10	4	6	9	6	3
鹤山市	43	22	21	7	3	4	8	3	5
恩平市	1	1					2	1	1
湛江市	**31**	**25**	**6**	**7**	**5**	**2**	**77**	**21**	**56**
赤坎区									
霞山区									
坡头区	1	1					1		1
麻章区	22	19	3	3	2	1	68	17	51
遂溪县	4	2	2	1	1		1	1	
徐闻县	2	2					4	2	2
廉江市	2	1	1				3	1	2
雷州市				1		1			
吴川市				2	2				
茂名市	**2**		**2**				**8**	**5**	**3**
茂南区									
电白区							4	3	1
高州市	1		1				2	1	1
化州市							2	1	1
信宜市	1		1						
肇庆市	**34**	**18**	**16**	**7**	**6**	**1**	**26**	**19**	**7**
端州区									
鼎湖区							2	2	
高要区	12	5	7	4	3	1	12	8	4
广宁县	8	5	3	1	1		3	3	
怀集县	3	2	1	1	1		3	2	1
封开县				1	1		3	2	1
德庆县	7	4	3						
四会市	4	2	2				3	2	1
惠州市	**220**	**124**	**96**	**109**	**76**	**33**	**566**	**335**	**231**
惠城区	32	20	12	10	8	2	118	79	39
惠阳区	13	8	5	10	9	1	236	137	99
博罗县	114	65	49	69	45	24	108	64	44
惠东县	51	26	25	19	13	6	99	51	48
龙门县	10	5	5	1	1		5	4	1
梅州市	**32**	**18**	**14**	**7**	**4**	**3**	**70**	**38**	**32**
梅江区									
梅县区	2	1	1	1	1		6	3	3
大埔县	3		3				8	5	3
丰顺县	9	6	3				11	9	2
五华县	13	8	5	1	1		20	10	10
平远县	3	2	1	2	1	1	1	1	
蕉岭县	1		1	3	1	2	22	10	12
兴宁市	1	1					2		2

7-3b 续表 32 单位：人

现住地	户口登记地								
	青海			宁夏			新疆		
	小计	男	女	小计	男	女	小计	男	女
汕尾市	**48**	**27**	**21**	**8**	**3**	**5**	**66**	**38**	**28**
城　区	2	1	1	1	1		8	5	3
海丰县	37	20	17	6	1	5	45	25	20
陆河县	6	4	2	1	1		6	5	1
陆丰市	3	2	1				7	3	4
河源市	**32**	**20**	**12**	**35**	**23**	**12**	**52**	**27**	**25**
源城区	14	7	7	21	15	6	10	6	4
紫金县	5	4	1	6	4	2	9	4	5
龙川县	9	7	2	5	2	3	18	9	9
连平县				2	2		7	2	5
和平县				1		1	2	2	
东源县	4	2	2				6	4	2
阳江市	**6**	**3**	**3**	**4**	**4**		**17**	**10**	**7**
江城区	1	1		2	2		4	3	1
阳东区							1		1
阳西县	3	1	2	2	2		11	7	4
阳春市	2	1	1				1		1
清远市	**131**	**73**	**58**	**21**	**17**	**4**	**194**	**110**	**84**
清城区	73	37	36	18	14	4	81	38	43
清新区	7	5	2	1	1		17	15	2
佛冈县	44	27	17	1	1		86	53	33
阳山县				1	1		1	1	
连山壮族瑶族自治县	4	2	2						
连南瑶族自治县	3	2	1						
英德市							9	3	6
连州市									
东莞市	**26**	**15**	**11**	**16**	**11**	**5**	**28**	**15**	**13**
市辖区	26	15	11	16	11	5	28	15	13
中山市	**318**	**194**	**124**	**183**	**100**	**83**	**461**	**245**	**216**
市辖区	318	194	124	183	100	83	461	245	216
潮州市	**16**	**8**	**8**	**3**	**3**		**11**	**7**	**4**
湘桥区	8	2	6						
潮安区	1	1		3	3		2	2	
饶平县	7	5	2				9	5	4
揭阳市	**4**	**3**	**1**	**2**	**1**	**1**	**26**	**19**	**7**
榕城区									
揭东区							1	1	
揭西县	1	1		2	1	1	7	5	2
惠来县	3	2	1				17	12	5
普宁市							1	1	
云浮市	**5**	**3**	**2**	**21**	**15**	**6**	**10**	**2**	**8**
云城区									
云安区	1	1		14	13	1			
新兴县	3	2	1	6	1	5	9	2	7
郁南县	1		1	1	1		1		1
罗定市									

7—3c　全省按现住地、性别分的户口登记地在外省的人口(乡村)

单位：人

现住地	户口登记地					
	合计			北京		
	合计	男	女	小计	男	女
广　东	**2490621**	**1553104**	**937517**	**561**	**399**	**162**
广州市	**560801**	**350340**	**210461**	**201**	**151**	**50**
荔湾区						
越秀区						
海珠区						
天河区						
白云区	194708	120575	74133	70	63	7
黄埔区	20929	14266	6663			
番禺区	98153	60532	37621	59	39	20
花都区	130374	80842	49532	39	24	15
南沙区	53266	34036	19230	19	16	3
从化区	15074	9085	5989	8	4	4
增城区	48297	31004	17293	6	5	1
韶关市	**37134**	**23673**	**13461**	**18**	**11**	**7**
武江区	3748	2393	1355			
浈江区	3063	1904	1159	1	1	
曲江区	5902	3949	1953	1	1	
始兴县	2640	1601	1039			
仁化县	4202	2714	1488	1	1	
翁源县	5604	3668	1936	12	6	6
乳源瑶族自治县	1961	1363	598	2	1	1
新丰县	3209	2173	1036	1	1	
乐昌市	3648	2041	1607			
南雄市	3157	1867	1290			
深圳市	**26425**	**16926**	**9499**	**23**	**15**	**8**
罗湖区						
福田区						
南山区						
宝安区						
龙岗区	26425	16926	9499	23	15	8
盐田区						
龙华区						
坪山区						
光明区						
珠海市	**46948**	**29681**	**17267**	**6**	**5**	**1**
香洲区	597	466	131			
斗门区	42055	26276	15779	5	4	1
金湾区	4296	2939	1357	1	1	
汕头市	**79991**	**48573**	**31418**	**11**	**5**	**6**
龙湖区	7368	4216	3152	1	1	
金平区	496	298	198			
濠江区	3500	2412	1088	1	1	
潮阳区	22951	13672	9279	2		2
潮南区	15724	9778	5946	5	3	2
澄海区	29517	17896	11621	2		2
南澳县	435	301	134			
佛山市	**142561**	**91967**	**50594**	**12**	**9**	**3**
禅城区						
南海区	45419	29459	15960	6	5	1
顺德区	19802	12787	7015			
三水区	70637	45374	25263	6	4	2
高明区	6703	4347	2356			

7-3c 续表 1 单位：人

现住地	户口登记地					
	合计			北京		
	合计	男	女	小计	男	女
江门市	**182269**	**111010**	**71259**	**17**	**10**	**7**
蓬江区	2185	1400	785			
江海区						
新会区	59405	36410	22995	1	1	
台山市	27179	16408	10771	6	5	1
开平市	37753	22351	15402	3	2	1
鹤山市	39075	24034	15041	2	1	1
恩平市	16672	10407	6265	5	1	4
湛江市	**41407**	**22948**	**18459**	**11**	**10**	**1**
赤坎区	168	95	73			
霞山区	763	456	307	1	1	
坡头区	2558	1596	962			
麻章区	3671	2490	1181	5	4	1
遂溪县	3635	1942	1693			
徐闻县	6449	3680	2769	1	1	
廉江市	11763	5210	6553	1	1	
雷州市	5108	3007	2101			
吴川市	7292	4472	2820	3	3	
茂名市	**31422**	**15433**	**15989**	**14**	**8**	**6**
茂南区	6954	3991	2963	6	3	3
电白区	7683	3762	3921	3	3	
高州市	4416	2075	2341	1		1
化州市	7260	3257	4003	2	2	
信宜市	5109	2348	2761	2		2
肇庆市	**64629**	**40312**	**24317**	**12**	**5**	**7**
端州区						
鼎湖区	2455	1640	815			
高要区	24745	15291	9454			
广宁县	4662	3052	1610	3		3
怀集县	2599	1395	1204	5	3	2
封开县	2557	1595	962			
德庆县	1722	1047	675			
四会市	25889	16292	9597	4	2	2
惠州市	**314541**	**200875**	**113666**	**45**	**40**	**5**
惠城区	76354	50550	25804	4	4	
惠阳区	97785	60927	36858	7	6	1
博罗县	82994	52490	30504	20	18	2
惠东县	44200	28231	15969	12	10	2
龙门县	13208	8677	4531	2	2	
梅州市	**21792**	**13262**	**8530**	**6**	**4**	**2**
梅江区	1331	831	500			
梅县区	4187	2480	1707	1	1	
大埔县	2402	1598	804	1		1
丰顺县	2318	1307	1011			
五华县	4804	3076	1728			
平远县	1454	833	621			
蕉岭县	2317	1482	835	1		1
兴宁市	2979	1655	1324	3	3	

7-3c　续表 2

单位：人

现住地	户口登记地					
	合计			北京		
	合计	男	女	小计	男	女
汕尾市	**31318**	**20462**	**10856**	**12**	**8**	**4**
城　区	5995	4271	1724	2	1	1
海丰县	19841	12916	6925	4	4	
陆河县	1596	972	624	2	1	1
陆丰市	3886	2303	1583	4	2	2
河源市	**42638**	**27954**	**14684**	**18**	**13**	**5**
源城区	7042	4487	2555			
紫金县	8764	5786	2978	4	3	1
龙川县	8180	5441	2739	3	1	2
连平县	3315	2048	1267	2	2	
和平县	2391	1627	764			
东源县	12946	8565	4381	9	7	2
阳江市	**49046**	**30461**	**18585**	**57**	**38**	**19**
江城区	14963	9897	5066	5	4	1
阳东区	22128	13193	8935	47	30	17
阳西县	5242	3173	2069	1	1	
阳春市	6713	4198	2515	4	3	1
清远市	**70876**	**46304**	**24572**	**18**	**14**	**4**
清城区	19640	13361	6279	3	2	1
清新区	14472	8941	5531			
佛冈县	9120	6205	2915	3	2	1
阳山县	3117	2041	1076	5	5	
连山壮族瑶族自治县	882	479	403			
连南瑶族自治县	287	154	133			
英德市	20954	13504	7450	7	5	2
连州市	2404	1619	785			
东莞市	**465230**	**291744**	**173486**	**39**	**25**	**14**
市辖区	465230	291744	173486	39	25	14
中山市	**185536**	**113465**	**72071**	**25**	**15**	**10**
市辖区	185536	113465	72071	25	15	10
潮州市	**36602**	**21777**	**14825**	**3**	**1**	**2**
湘桥区	2482	1497	985			
潮安区	30573	18137	12436	1		1
饶平县	3547	2143	1404	2	1	1
揭阳市	**35389**	**21620**	**13769**	**8**	**7**	**1**
榕城区	5301	3370	1931	1	1	
揭东区	9243	5720	3523			
揭西县	5227	3040	2187	1	1	
惠来县	2460	1721	739	3	3	
普宁市	13158	7769	5389	3	2	1
云浮市	**24066**	**14317**	**9749**	**5**	**5**	
云城区	3236	2211	1025	1	1	
云安区	2945	1985	960	1	1	
新兴县	8449	5329	3120	1	1	
郁南县	2537	1301	1236	1	1	
罗定市	6899	3491	3408	1	1	

7-3c 续表 3 单位：人

现住地	户口登记地								
	天津			河北			山西		
	小计	男	女	小计	男	女	小计	男	女
广东	**479**	**344**	**135**	**7107**	**5104**	**2003**	**4925**	**3457**	**1468**
广州市	**167**	**118**	**49**	**2588**	**1802**	**786**	**1350**	**882**	**468**
荔湾区									
越秀区									
海珠区									
天河区									
白云区	34	25	9	964	648	316	493	327	166
黄埔区	7	6	1	69	55	14	63	51	12
番禺区	56	37	19	488	341	147	225	145	80
花都区	57	41	16	598	421	177	281	172	109
南沙区	5	3	2	289	208	81	81	61	20
从化区	2	2		49	36	13	138	73	65
增城区	6	4	2	131	93	38	69	53	16
韶关市	**21**	**18**	**3**	**154**	**120**	**34**	**82**	**64**	**18**
武江区	1	1		12	9	3			
浈江区	9	9		11	8	3	8	7	1
曲江区	1	1		30	25	5	12	11	1
始兴县				11	8	3	4	2	2
仁化县				9	6	3	7	6	1
翁源县	3	2	1	22	12	10	18	11	7
乳源瑶族自治县				18	17	1	6	6	
新丰县				17	16	1	12	12	
乐昌市	6	4	2	20	16	4	7	6	1
南雄市	1	1		4	3	1	8	3	5
深圳市	**24**	**14**	**10**	**142**	**99**	**43**	**86**	**63**	**23**
罗湖区									
福田区									
南山区									
宝安区									
龙岗区	24	14	10	142	99	43	86	63	23
盐田区									
龙华区									
坪山区									
光明区									
珠海市	**9**	**6**	**3**	**154**	**115**	**39**	**116**	**84**	**32**
香洲区	1	1		3	3		1		1
斗门区	6	4	2	114	76	38	96	66	30
金湾区	2	1	1	37	36	1	19	18	1
汕头市	**9**	**6**	**3**	**57**	**36**	**21**	**66**	**50**	**16**
龙湖区	3	2	1	12	5	7	1		1
金平区				2		2	1	1	
濠江区	2	1	1	11	8	3	8	6	2
潮阳区	2	1	1	9	7	2	12	10	2
潮南区	2	2		10	6	4	20	14	6
澄海区				13	10	3	21	16	5
南澳县							3	3	
佛山市	**15**	**13**	**2**	**214**	**156**	**58**	**184**	**120**	**64**
禅城区									
南海区	6	5	1	62	43	19	81	57	24
顺德区	2	2		46	34	12	14	10	4
三水区	7	6	1	106	79	27	87	52	35
高明区							2	1	1

7–3c　续表 4　　　　单位：人

现住地	户口登记地								
	天津			河北			山西		
	小计	男	女	小计	男	女	小计	男	女
江门市	**15**	**11**	**4**	**280**	**209**	**71**	**160**	**121**	**39**
蓬江区				22	12	10	1		1
江海区									
新会区	4	4		99	75	24	34	26	8
台山市	7	5	2	44	32	12	44	32	12
开平市	1	1		25	20	5	24	15	9
鹤山市	2	1	1	77	57	20	39	32	7
恩平市	1		1	13	13		18	16	2
湛江市	**18**	**17**	**1**	**130**	**94**	**36**	**100**	**74**	**26**
赤坎区									
霞山区				4	2	2	4	2	2
坡头区	1	1					5	3	2
麻章区	2	2		18	14	4	10	5	5
遂溪县				5	1	4	1	1	
徐闻县	1	1		20	11	9	8	8	
廉江市				10	5	5	8	5	3
雷州市	4	4		19	14	5	35	28	7
吴川市	10	9	1	54	47	7	29	22	7
茂名市	**9**	**5**	**4**	**67**	**45**	**22**	**69**	**50**	**19**
茂南区	7	3	4	22	15	7	30	21	9
电白区	1	1		21	14	7	11	9	2
高州市				3	1	2	2	1	1
化州市	1	1		10	7	3	19	15	4
信宜市				11	8	3	7	4	3
肇庆市	**5**	**3**	**2**	**98**	**72**	**26**	**78**	**58**	**20**
端州区									
鼎湖区				6	5	1			
高要区				23	17	6	18	12	6
广宁县				6	4	2			
怀集县	4	3	1	4	3	1	5	3	2
封开县				18	16	2	27	23	4
德庆县									
四会市	1		1	41	27	14	28	20	8
惠州市	**43**	**35**	**8**	**555**	**392**	**163**	**723**	**517**	**206**
惠城区	16	13	3	145	99	46	366	261	105
惠阳区	7	6	1	167	108	59	136	90	46
博罗县	2	1	1	130	98	32	102	70	32
惠东县	10	7	3	83	64	19	100	84	16
龙门县	8	8		30	23	7	19	12	7
梅州市	**7**	**4**	**3**	**92**	**73**	**19**	**99**	**80**	**19**
梅江区									
梅县区	2	1	1	14	13	1	25	21	4
大埔县	2	2		6	4	2	5	3	2
丰顺县	2		2	5	5		6	4	2
五华县				12	10	2	33	29	4
平远县				31	28	3	3	2	1
蕉岭县				10	8	2			
兴宁市	1	1		14	5	9	27	21	6

7–3c 续表 5 单位：人

现住地	户口登记地								
	天津			河北			山西		
	小计	男	女	小计	男	女	小计	男	女
汕尾市	**13**	**11**	**2**	**131**	**101**	**30**	**95**	**68**	**27**
城　区	3	2	1	24	17	7	15	13	2
海丰县	10	9	1	85	71	14	62	47	15
陆河县				7	5	2	4	3	1
陆丰市				15	8	7	14	5	9
河源市	**6**	**4**	**2**	**156**	**113**	**43**	**303**	**247**	**56**
源城区				23	23		7	4	3
紫金县	2	2		12	5	7	24	20	4
龙川县	2	2		63	51	12	54	47	7
连平县				5	4	1	8	6	2
和平县				13	8	5	27	24	3
东源县	2		2	40	22	18	183	146	37
阳江市	**5**	**5**		**209**	**176**	**33**	**110**	**92**	**18**
江城区	2	2		74	59	15	44	41	3
阳东区				36	25	11	28	22	6
阳西县	1	1		9	6	3	10	8	2
阳春市	2	2		90	86	4	28	21	7
清远市	**20**	**12**	**8**	**308**	**230**	**78**	**242**	**194**	**48**
清城区	5	4	1	81	62	19	61	53	8
清新区	6	3	3	30	26	4	29	24	5
佛冈县				27	21	6	17	14	3
阳山县				14	11	3	18	16	2
连山壮族瑶族自治县							1	1	
连南瑶族自治县				3	3				
英德市	9	5	4	146	101	45	111	82	29
连州市				7	6	1	5	4	1
东莞市	**59**	**42**	**17**	**1215**	**891**	**324**	**741**	**467**	**274**
市辖区	59	42	17	1215	891	324	741	467	274
中山市	**22**	**12**	**10**	**355**	**220**	**135**	**164**	**110**	**54**
市辖区	22	12	10	355	220	135	164	110	54
潮州市	**3**	**2**	**1**	**64**	**46**	**18**	**25**	**20**	**5**
湘桥区				2		2			
潮安区	1		1	23	17	6	8	7	1
饶平县	2	2		39	29	10	17	13	4
揭阳市	**7**	**5**	**2**	**66**	**55**	**11**	**91**	**66**	**25**
榕城区				30	27	3	76	55	21
揭东区				6	4	2	6	3	3
揭西县				11	8	3	3	3	
惠来县	7	5	2	13	12	1	6	5	1
普宁市				6	4	2			
云浮市	**2**	**1**	**1**	**72**	**59**	**13**	**41**	**30**	**11**
云城区	1	1		35	34	1	4	4	
云安区				20	13	7	4	2	2
新兴县				6	4	2	18	12	6
郁南县				5	4	1	1	1	
罗定市	1		1	6	4	2	14	11	3

7-3c　续表 6　　　　单位：人

现住地	户口登记地								
	内蒙古			辽宁			吉林		
	小计	男	女	小计	男	女	小计	男	女
广　东	**2130**	**1450**	**680**	**4428**	**3092**	**1336**	**4377**	**2817**	**1560**
广州市	**696**	**422**	**274**	**1389**	**895**	**494**	**1414**	**869**	**545**
荔湾区									
越秀区									
海珠区									
天河区									
白云区	219	135	84	534	341	193	577	364	213
黄埔区	40	25	15	38	28	10	59	46	13
番禺区	168	89	79	252	159	93	269	148	121
花都区	162	104	58	311	204	107	265	166	99
南沙区	48	30	18	109	82	27	97	65	32
从化区	9	3	6	74	32	42	87	37	50
增城区	50	36	14	71	49	22	60	43	17
韶关市	**41**	**27**	**14**	**97**	**70**	**27**	**109**	**73**	**36**
武江区	2		2	3		3	3	2	1
浈江区	3	2	1	6	6		8	3	5
曲江区	9	7	2	12	11	1	27	21	6
始兴县	3	3		4	3	1	6	3	3
仁化县	2		2	17	14	3	20	12	8
翁源县	14	8	6	32	20	12	20	14	6
乳源瑶族自治县	3	3		10	9	1	12	11	1
新丰县	2	2		3	1	2	4	2	2
乐昌市	3	2	1	5	3	2	5	1	4
南雄市				5	3	2	4	4	
深圳市	**121**	**95**	**26**	**364**	**266**	**98**	**143**	**94**	**49**
罗湖区									
福田区									
南山区									
宝安区									
龙岗区	121	95	26	364	266	98	143	94	49
盐田区									
龙华区									
坪山区									
光明区									
珠海市	**32**	**26**	**6**	**104**	**76**	**28**	**109**	**73**	**36**
香洲区	1	1		6	6		4	3	1
斗门区	28	22	6	83	59	24	87	57	30
金湾区	3	3		15	11	4	18	13	5
汕头市	**30**	**23**	**7**	**60**	**48**	**12**	**52**	**41**	**11**
龙湖区	2	2		10	7	3	1	1	
金平区									
濠江区	10	8	2	14	10	4	10	7	3
潮阳区	8	5	3	7	6	1	13	10	3
潮南区	3	2	1	22	20	2	12	10	2
澄海区	7	6	1	5	4	1	16	13	3
南澳县				2	1	1			
佛山市	**63**	**46**	**17**	**120**	**84**	**36**	**164**	**100**	**64**
禅城区									
南海区	23	18	5	24	15	9	80	46	34
顺德区	4	3	1	13	10	3	12	8	4
三水区	34	23	11	81	58	23	72	46	26
高明区	2	2		2	1	1			

7-3c 续表 7

单位：人

现住地	户口登记地								
	内蒙古			辽宁			吉林		
	小计	男	女	小计	男	女	小计	男	女
江门市	**76**	**57**	**19**	**217**	**161**	**56**	**143**	**95**	**48**
蓬江区	1	1							
江海区									
新会区	19	14	5	27	17	10	43	31	12
台山市	42	32	10	72	51	21	45	30	15
开平市	1	1		86	68	18	24	14	10
鹤山市	8	5	3	21	15	6	25	15	10
恩平市	5	4	1	11	10	1	6	5	1
湛江市	**80**	**67**	**13**	**154**	**122**	**32**	**85**	**60**	**25**
赤坎区									
霞山区				1		1	1	1	
坡头区	1		1	2	2		5	3	2
麻章区	9	5	4	12	10	2	13	11	2
遂溪县	4	3	1	1		1	3	2	1
徐闻县	18	14	4	32	25	7	21	17	4
廉江市	1	1		5	1	4	9	2	7
雷州市	37	36	1	93	80	13	27	19	8
吴川市	10	8	2	8	4	4	6	5	1
茂名市	**27**	**21**	**6**	**67**	**51**	**16**	**53**	**37**	**16**
茂南区	12	7	5	28	22	6	15	11	4
电白区	4	4		24	16	8	21	17	4
高州市	2	2		6	6		11	5	6
化州市	6	5	1	7	5	2	3	2	1
信宜市	3	3		2	2		3	2	1
肇庆市	**33**	**23**	**10**	**75**	**55**	**20**	**43**	**31**	**12**
端州区									
鼎湖区	1		1	3	2	1	5	3	2
高要区	3	3		8	5	3	5	2	3
广宁县	3	2	1	7	4	3	2	2	
怀集县	5	4	1	10	7	3	2	1	1
封开县	2	2		10	9	1	1		1
德庆县	1		1				1		1
四会市	18	12	6	37	28	9	27	23	4
惠州市	**246**	**165**	**81**	**346**	**248**	**98**	**500**	**328**	**172**
惠城区	95	66	29	91	68	23	174	108	66
惠阳区	61	38	23	97	75	22	146	97	49
博罗县	43	29	14	75	50	25	79	50	29
惠东县	36	23	13	57	37	20	73	51	22
龙门县	11	9	2	26	18	8	28	22	6
梅州市	**42**	**32**	**10**	**80**	**63**	**17**	**52**	**41**	**11**
梅江区	5	5		3	1	2	4	3	1
梅县区	12	9	3	24	19	5	13	8	5
大埔县	4	3	1	6	4	2	2	1	1
丰顺县	3	2	1	2	1	1	1	1	
五华县	7	5	2	10	8	2	12	12	
平远县	4	4		2	2		8	7	1
蕉岭县	3	2	1	6	5	1	5	4	1
兴宁市	4	2	2	27	23	4	7	5	2

7-3c　续表 8　　　　单位：人

现住地	户口登记地								
	内蒙古			辽宁			吉林		
	小计	男	女	小计	男	女	小计	男	女
汕尾市	**51**	**35**	**16**	**89**	**56**	**33**	**95**	**57**	**38**
城　区	10	8	2	15	10	5	29	13	16
海丰县	33	26	7	58	42	16	55	39	16
陆河县	1		1	1	1		1		1
陆丰市	7	1	6	15	3	12	10	5	5
河源市	**39**	**31**	**8**	**89**	**72**	**17**	**79**	**58**	**21**
源城区	5	5		13	13		5	3	2
紫金县	2	1	1	14	13	1	3	1	2
龙川县	20	17	3	33	27	6	22	19	3
连平县	1	1		7	4	3	7	7	
和平县				3	1	2	7	4	3
东源县	11	7	4	19	14	5	35	24	11
阳江市	**67**	**56**	**11**	**85**	**71**	**14**	**87**	**67**	**20**
江城区	21	18	3	21	18	3	27	23	4
阳东区	22	19	3	35	29	6	38	28	10
阳西县	13	12	1	9	8	1	9	7	2
阳春市	11	7	4	20	16	4	13	9	4
清远市	**73**	**57**	**16**	**124**	**93**	**31**	**129**	**86**	**43**
清城区	15	12	3	24	16	8	41	28	13
清新区	8	4	4	15	14	1	31	17	14
佛冈县	13	11	2	12	6	6	10	7	3
阳山县	3	3		11	10	1	5	4	1
连山壮族瑶族自治县									
连南瑶族自治县				1	1				
英德市	31	25	6	56	41	15	38	26	12
连州市	3	2	1	5	5		4	4	
东莞市	**263**	**171**	**92**	**623**	**440**	**183**	**633**	**407**	**226**
市辖区	263	171	92	623	440	183	633	407	226
中山市	**109**	**66**	**43**	**251**	**152**	**99**	**312**	**174**	**138**
市辖区	109	66	43	251	152	99	312	174	138
潮州市	**13**	**10**	**3**	**31**	**24**	**7**	**33**	**21**	**12**
湘桥区	3	2	1	1		1	1		1
潮安区	3	2	1	6	4	2	14	7	7
饶平县	7	6	1	24	20	4	18	14	4
揭阳市	**11**	**10**	**1**	**30**	**22**	**8**	**121**	**93**	**28**
榕城区	2	2							
揭东区				6	2	4	2	1	1
揭西县				1	1		3	1	2
惠来县	9	8	1	20	18	2	99	80	19
普宁市				3	1	2	17	11	6
云浮市	**17**	**10**	**7**	**33**	**23**	**10**	**21**	**12**	**9**
云城区	4	2	2	4	2	2	2	1	1
云安区	6	4	2	15	12	3	12	6	6
新兴县	2		2	6	2	4	3	2	1
郁南县	1	1		1	1				
罗定市	4	3	1	7	6	1	4	3	1

7-3c 续表 9

单位：人

现住地	户口登记地								
	黑龙江			上海			江苏		
	小计	男	女	小计	男	女	小计	男	女
广东	**7335**	**4605**	**2730**	**346**	**236**	**110**	**7798**	**5680**	**2118**
广州市	**2808**	**1690**	**1118**	**107**	**72**	**35**	**2498**	**1745**	**753**
荔湾区									
越秀区									
海珠区									
天河区									
白云区	1126	692	434	19	15	4	898	627	271
黄埔区	95	68	27	1	1		150	133	17
番禺区	450	262	188	34	23	11	478	313	165
花都区	618	373	245	32	17	15	482	320	162
南沙区	170	113	57	9	6	3	214	177	37
从化区	168	68	100	4	2	2	137	81	56
增城区	181	114	67	8	8		139	94	45
韶关市	**153**	**99**	**54**	**9**	**8**	**1**	**204**	**150**	**54**
武江区	4	4		1	1		7	5	2
浈江区	8	6	2	1	1		12	7	5
曲江区	36	29	7	2	2		27	18	9
始兴县	16	8	8	1	1		17	11	6
仁化县	13	8	5				35	26	9
翁源县	35	17	18	2	1	1	38	28	10
乳源瑶族自治县	13	10	3	2	2		33	30	3
新丰县	7	4	3				14	9	5
乐昌市	12	7	5				17	15	2
南雄市	9	6	3				4	1	3
深圳市	**288**	**179**	**109**	**12**	**7**	**5**	**199**	**149**	**50**
罗湖区									
福田区									
南山区									
宝安区									
龙岗区	288	179	109	12	7	5	199	149	50
盐田区									
龙华区									
坪山区									
光明区									
珠海市	**222**	**140**	**82**	**8**	**6**	**2**	**235**	**196**	**39**
香洲区	14	11	3				4	4	
斗门区	196	120	76	8	6	2	144	107	37
金湾区	12	9	3				87	85	2
汕头市	**42**	**23**	**19**	**8**	**7**	**1**	**127**	**98**	**29**
龙湖区	5	3	2	1	1		5	3	2
金平区							1	1	
濠江区	11	8	3				6	2	4
潮阳区	2		2	1	1		29	22	7
潮南区	10	3	7	3	2	1	43	36	7
澄海区	12	9	3	3	3		34	26	8
南澳县	2		2				9	8	1
佛山市	**210**	**126**	**84**	**3**	**3**		**272**	**184**	**88**
禅城区									
南海区	40	29	11				78	52	26
顺德区	29	21	8	1	1		27	20	7
三水区	140	75	65	2	2		152	103	49
高明区	1	1					15	9	6

7–3c　续表 10　　　　单位：人

现住地	户口登记地								
	黑龙江			上海			江苏		
	小计	男	女	小计	男	女	小计	男	女
江门市	**196**	**150**	**46**	**18**	**15**	**3**	**410**	**339**	**71**
蓬江区							11	9	2
江海区									
新会区	57	47	10	6	6		122	103	19
台山市	46	31	15	4	4		139	109	30
开平市	36	29	7	1		1	42	34	8
鹤山市	43	33	10	3	3		63	54	9
恩平市	14	10	4	4	2	2	33	30	3
湛江市	**86**	**52**	**34**	**18**	**13**	**5**	**134**	**104**	**30**
赤坎区									
霞山区							3	2	1
坡头区	3	2	1				21	16	5
麻章区	13	7	6	2	1	1	29	21	8
遂溪县	5	3	2				2	1	1
徐闻县	12	7	5	5	2	3	24	21	3
廉江市	4	1	3				14	9	5
雷州市	15	8	7	8	7	1	8	7	1
吴川市	34	24	10	3	3		33	27	6
茂名市	**73**	**41**	**32**	**4**	**3**	**1**	**98**	**73**	**25**
茂南区	27	17	10	2	2		37	28	9
电白区	24	14	10	1	1		27	21	6
高州市	3	2	1	1		1	5	1	4
化州市	10	4	6				17	15	2
信宜市	9	4	5				12	8	4
肇庆市	**69**	**41**	**28**	**8**	**4**	**4**	**104**	**85**	**19**
端州区									
鼎湖区	4	2	2				24	22	2
高要区	9	4	5				29	26	3
广宁县	11	9	2	1	1		1		1
怀集县	2	2		3	1	2	3	1	2
封开县	3	3		1	1		7	5	2
德庆县	5		5						
四会市	35	21	14	3	1	2	40	31	9
惠州市	**792**	**523**	**269**	**41**	**27**	**14**	**831**	**605**	**226**
惠城区	267	177	90	4	3	1	184	139	45
惠阳区	215	139	76	15	12	3	278	186	92
博罗县	152	94	58	12	6	6	193	146	47
惠东县	106	74	32	6	3	3	132	100	32
龙门县	52	39	13	4	3	1	44	34	10
梅州市	**53**	**39**	**14**	**6**	**5**	**1**	**84**	**57**	**27**
梅江区	8	4	4				6	4	2
梅县区	8	6	2	1	1		15	12	3
大埔县	3	3					7	6	1
丰顺县							4	3	1
五华县	20	18	2	3	2	1	20	16	4
平远县				1	1		13	8	5
蕉岭县	5	4	1				6	3	3
兴宁市	9	4	5	1	1		13	5	8

7-3c 续表 11　　单位：人

现住地	户口登记地								
	黑龙江			上海			江苏		
	小计	男	女	小计	男	女	小计	男	女
汕尾市	**133**	**82**	**51**	**8**	**6**	**2**	**149**	**125**	**24**
城　区	54	28	26	1	1		28	25	3
海丰县	63	43	20	2	1	1	102	85	17
陆河县	2	1	1				2	2	
陆丰市	14	10	4	5	4	1	17	13	4
河源市	**128**	**91**	**37**	**4**	**2**	**2**	**187**	**135**	**52**
源城区	18	12	6	1		1	25	19	6
紫金县	19	13	6				31	21	10
龙川县	32	25	7				32	25	7
连平县	4	2	2				28	18	10
和平县	6	6		1	1		10	7	3
东源县	49	33	16	2	1	1	61	45	16
阳江市	**105**	**78**	**27**	**5**	**2**	**3**	**124**	**100**	**24**
江城区	40	29	11	2	1	1	44	36	8
阳东区	31	23	8	1	1		43	32	11
阳西县	22	19	3	1		1	18	14	4
阳春市	12	7	5	1		1	19	18	1
清远市	**208**	**142**	**66**	**12**	**11**	**1**	**285**	**214**	**71**
清城区	59	41	18	4	4		57	39	18
清新区	24	17	7				22	15	7
佛冈县	30	21	9	2	1	1	40	30	10
阳山县	9	4	5				13	12	1
连山壮族瑶族自治县							2	2	
连南瑶族自治县									
英德市	85	58	27	6	6		138	107	31
连州市	1	1					13	9	4
东莞市	**1184**	**767**	**417**	**46**	**29**	**17**	**1251**	**896**	**355**
市辖区	1184	767	417	46	29	17	1251	896	355
中山市	**488**	**274**	**214**	**24**	**13**	**11**	**444**	**296**	**148**
市辖区	488	274	214	24	13	11	444	296	148
潮州市	**32**	**20**	**12**	**1**		**1**	**32**	**18**	**14**
湘桥区	3	1	2				1	1	
潮安区	16	11	5				25	14	11
饶平县	13	8	5	1		1	6	3	3
揭阳市	**34**	**26**	**8**	**4**	**3**	**1**	**75**	**68**	**7**
榕城区	9	7	2				1		1
揭东区									
揭西县	1		1	2	1	1	11	9	2
惠来县	18	14	4	2	2		52	50	2
普宁市	6	5	1				11	9	2
云浮市	**31**	**22**	**9**				**55**	**43**	**12**
云城区	5	4	1				8	7	1
云安区	6	5	1				9	7	2
新兴县	8	5	3				19	15	4
郁南县	2	1	1				9	6	3
罗定市	10	7	3				10	8	2

7-3c　续表 12　　　　单位：人

现住地	户口登记地								
	浙江			安徽			福建		
	小计	男	女	小计	男	女	小计	男	女
广　东	**11690**	**7315**	**4375**	**36048**	**22743**	**13305**	**37302**	**23772**	**13530**
广州市	**2493**	**1586**	**907**	**7380**	**4785**	**2595**	**8312**	**5201**	**3111**
荔湾区									
越秀区									
海珠区									
天河区									
白云区	1060	669	391	2750	1778	972	3162	1951	1211
黄埔区	32	26	6	298	201	97	228	146	82
番禺区	397	241	156	1421	915	506	1191	754	437
花都区	711	453	258	1478	964	514	2254	1457	797
南沙区	99	67	32	642	425	217	450	293	157
从化区	67	44	23	245	138	107	323	165	158
增城区	127	86	41	546	364	182	704	435	269
韶关市	**282**	**187**	**95**	**579**	**401**	**178**	**849**	**596**	**253**
武江区	14	11	3	35	22	13	49	35	14
浈江区	33	19	14	62	43	19	119	74	45
曲江区	43	28	15	68	42	26	241	170	71
始兴县	8	4	4	31	17	14	47	33	14
仁化县	18	13	5	66	42	24	102	78	24
翁源县	40	26	14	120	82	38	89	57	32
乳源瑶族自治县	48	34	14	43	33	10	50	42	8
新丰县	31	18	13	94	81	13	51	33	18
乐昌市	27	21	6	35	23	12	46	32	14
南雄市	20	13	7	25	16	9	55	42	13
深圳市	**71**	**47**	**24**	**616**	**416**	**200**	**734**	**464**	**270**
罗湖区									
福田区									
南山区									
宝安区									
龙岗区	71	47	24	616	416	200	734	464	270
盐田区									
龙华区									
坪山区									
光明区									
珠海市	**174**	**105**	**69**	**445**	**295**	**150**	**343**	**227**	**116**
香洲区	1	1		5	5		3	3	
斗门区	160	93	67	383	242	141	315	204	111
金湾区	13	11	2	57	48	9	25	20	5
汕头市	**130**	**78**	**52**	**2011**	**1253**	**758**	**2794**	**1719**	**1075**
龙湖区	15	7	8	304	173	131	268	147	121
金平区	1		1	13	4	9	13	7	6
濠江区	9	7	2	123	83	40	140	95	45
潮阳区	48	28	20	667	401	266	804	465	339
潮南区	37	23	14	538	354	184	737	453	284
澄海区	19	12	7	299	196	103	798	530	268
南澳县	1	1		67	42	25	34	22	12
佛山市	**522**	**345**	**177**	**1298**	**838**	**460**	**1297**	**816**	**481**
禅城区									
南海区	86	61	25	364	236	128	316	210	106
顺德区	99	70	29	309	191	118	140	93	47
三水区	326	208	118	596	392	204	767	465	302
高明区	11	6	5	29	19	10	74	48	26

7-3c 续表 13

单位：人

现住地	户口登记地								
	浙江			安徽			福建		
	小计	男	女	小计	男	女	小计	男	女
江门市	**2292**	**1360**	**932**	**2153**	**1282**	**871**	**1495**	**952**	**543**
蓬江区	3	2	1	69	35	34	16	8	8
江海区									
新会区	299	192	107	1229	718	511	224	154	70
台山市	1183	689	494	155	92	63	274	188	86
开平市	309	184	125	204	125	79	260	159	101
鹤山市	138	81	57	365	225	140	618	375	243
恩平市	360	212	148	131	87	44	103	68	35
湛江市	**194**	**124**	**70**	**267**	**169**	**98**	**367**	**272**	**95**
赤坎区				10	5	5			
霞山区	7	4	3	5	3	2	1	1	
坡头区	8	5	3	13	12	1	20	14	6
麻章区	18	11	7	53	39	14	45	31	14
遂溪县	14	6	8	45	24	21	29	20	9
徐闻县	24	19	5	23	13	10	87	68	19
廉江市	24	15	9	43	19	24	63	43	20
雷州市	72	45	27	18	12	6	94	74	20
吴川市	27	19	8	57	42	15	28	21	7
茂名市	**102**	**62**	**40**	**174**	**98**	**76**	**360**	**225**	**135**
茂南区	40	24	16	62	33	29	84	56	28
电白区	44	27	17	44	27	17	128	82	46
高州市	8	5	3	39	23	16	48	28	20
化州市	7	4	3	17	9	8	79	51	28
信宜市	3	2	1	12	6	6	21	8	13
肇庆市	**245**	**167**	**78**	**532**	**350**	**182**	**1353**	**867**	**486**
端州区									
鼎湖区	2	2		69	44	25	8	6	2
高要区	46	29	17	82	65	17	155	106	49
广宁县	20	16	4	54	34	20	57	45	12
怀集县	3	2	1	4	2	2	11	6	5
封开县	3	2	1	8	7	1	83	76	7
德庆县	2	2		5	4	1	12	8	4
四会市	169	114	55	310	194	116	1027	620	407
惠州市	**1672**	**1044**	**628**	**5356**	**3379**	**1977**	**5030**	**3268**	**1762**
惠城区	712	439	273	1071	712	359	978	654	324
惠阳区	224	152	72	2071	1252	819	1933	1217	716
博罗县	349	220	129	906	572	334	1035	678	357
惠东县	291	171	120	958	598	360	786	519	267
龙门县	96	62	34	350	245	105	298	200	98
梅州市	**114**	**75**	**39**	**264**	**162**	**102**	**1945**	**1200**	**745**
梅江区	11	6	5	24	17	7	102	56	46
梅县区	12	9	3	45	31	14	272	146	126
大埔县	4	1	3	24	13	11	447	272	175
丰顺县	23	17	6	10	5	5	77	46	31
五华县	29	17	12	38	23	15	222	175	47
平远县	14	10	4	14	9	5	142	96	46
蕉岭县	14	12	2	62	39	23	560	333	227
兴宁市	7	3	4	47	25	22	123	76	47

7–3c 续表 14

单位：人

现住地	户口登记地								
	浙江			安徽			福建		
	小计	男	女	小计	男	女	小计	男	女
汕尾市	**256**	**143**	**113**	**633**	**419**	**214**	**756**	**491**	**265**
城　区	23	13	10	147	98	49	115	84	31
海丰县	200	113	87	339	229	110	438	306	132
陆河县	7	4	3	44	31	13	19	12	7
陆丰市	26	13	13	103	61	42	184	89	95
河源市	**248**	**168**	**80**	**812**	**517**	**295**	**883**	**618**	**265**
源城区	23	13	10	205	119	86	96	61	35
紫金县	53	29	24	115	81	34	175	130	45
龙川县	32	21	11	184	123	61	249	178	71
连平县	35	24	11	57	33	24	85	59	26
和平县	18	14	4	53	37	16	64	50	14
东源县	87	67	20	198	124	74	214	140	74
阳江市	**341**	**234**	**107**	**285**	**209**	**76**	**272**	**206**	**66**
江城区	98	72	26	95	67	28	65	47	18
阳东区	117	80	37	88	65	23	71	57	14
阳西县	118	78	40	33	25	8	47	31	16
阳春市	8	4	4	69	52	17	89	71	18
清远市	**544**	**362**	**182**	**1058**	**696**	**362**	**1199**	**900**	**299**
清城区	185	133	52	184	117	67	169	115	54
清新区	77	49	28	169	111	58	126	82	44
佛冈县	92	63	29	80	58	22	162	136	26
阳山县	8	4	4	27	13	14	61	49	12
连山壮族瑶族自治县	13	9	4	1		1	9	5	4
连南瑶族自治县	3	2	1	1	1		6	4	2
英德市	154	93	61	577	383	194	626	477	149
连州市	12	9	3	19	13	6	40	32	8
东莞市	**1098**	**677**	**421**	**8541**	**5286**	**3255**	**5537**	**3483**	**2054**
市辖区	1098	677	421	8541	5286	3255	5537	3483	2054
中山市	**696**	**413**	**283**	**1856**	**1099**	**757**	**1385**	**866**	**519**
市辖区	696	413	283	1856	1099	757	1385	866	519
潮州市	**50**	**30**	**20**	**1212**	**717**	**495**	**1530**	**828**	**702**
湘桥区	1	1		7	5	2	66	38	28
潮安区	37	22	15	1135	664	471	931	524	407
饶平县	12	7	5	70	48	22	533	266	267
揭阳市	**88**	**55**	**33**	**428**	**262**	**166**	**578**	**357**	**221**
榕城区	1	1		23	15	8	64	41	23
揭东区	15	9	6	25	14	11	134	78	56
揭西县	12	10	2	23	14	9	66	40	26
惠来县	20	11	9	29	22	7	56	38	18
普宁市	40	24	16	328	197	131	258	160	98
云浮市	**78**	**53**	**25**	**148**	**110**	**38**	**283**	**216**	**67**
云城区	4	3	1	13	9	4	85	76	9
云安区	14	11	3	42	36	6	61	44	17
新兴县	20	14	6	48	36	12	33	21	12
郁南县	9	4	5	22	18	4	52	38	14
罗定市	31	21	10	23	11	12	52	37	15

7-3c 续表 15

单位：人

现住地	户口登记地								
	江西			山东			河南		
	小计	男	女	小计	男	女	小计	男	女
广　东	**130670**	**82967**	**47703**	**9403**	**6809**	**2594**	**226290**	**146394**	**79896**
广州市	**35709**	**22535**	**13174**	**2969**	**2027**	**942**	**55339**	**35826**	**19513**
荔湾区									
越秀区									
海珠区									
天河区									
白云区	14250	8992	5258	972	672	300	19992	12740	7252
黄埔区	954	672	282	137	94	43	3306	2272	1034
番禺区	7568	4642	2926	595	405	190	6699	4367	2332
花都区	7536	4761	2775	699	448	251	12566	7870	4696
南沙区	2546	1660	886	282	225	57	5144	3522	1622
从化区	671	382	289	110	59	51	2220	1397	823
增城区	2184	1426	758	174	124	50	5412	3658	1754
韶关市	**2826**	**1794**	**1032**	**311**	**277**	**34**	**3340**	**2338**	**1002**
武江区	160	103	57	9	6	3	497	318	179
浈江区	174	113	61	18	15	3	273	186	87
曲江区	403	254	149	16	13	3	726	532	194
始兴县	240	151	89	16	12	4	290	188	102
仁化县	265	181	84	83	78	5	318	233	85
翁源县	511	350	161	40	33	7	388	283	105
乳源瑶族自治县	93	57	36	54	52	2	154	121	33
新丰县	196	138	58	9	8	1	275	211	64
乐昌市	189	100	89	48	46	2	246	159	87
南雄市	595	347	248	18	14	4	173	107	66
深圳市	**1722**	**1135**	**587**	**265**	**178**	**87**	**2542**	**1708**	**834**
罗湖区									
福田区									
南山区									
宝安区									
龙岗区	1722	1135	587	265	178	87	2542	1708	834
盐田区									
龙华区									
坪山区									
光明区									
珠海市	**1433**	**928**	**505**	**243**	**189**	**54**	**5038**	**3372**	**1666**
香洲区	16	13	3	4	4		91	80	11
斗门区	1360	873	487	189	138	51	4312	2811	1501
金湾区	57	42	15	50	47	3	635	481	154
汕头市	**3743**	**2364**	**1379**	**242**	**172**	**70**	**21341**	**13001**	**8340**
龙湖区	678	387	291	4	2	2	1838	1128	710
金平区	52	35	17	2		2	99	59	40
濠江区	263	198	65	15	14	1	638	441	197
潮阳区	784	493	291	144	98	46	2865	1809	1056
潮南区	897	564	333	45	35	10	2188	1364	824
澄海区	1056	678	378	30	22	8	13625	8136	5489
南澳县	13	9	4	2	1	1	88	64	24
佛山市	**7640**	**5012**	**2628**	**294**	**214**	**80**	**8354**	**5569**	**2785**
禅城区									
南海区	1792	1228	564	71	51	20	2633	1766	867
顺德区	3815	2415	1400	66	49	17	793	527	266
三水区	1930	1298	632	151	110	41	4454	2959	1495
高明区	103	71	32	6	4	2	474	317	157

7-3c　续表 16　　　　单位：人

现住地	户口登记地								
	江西			山东			河南		
	小计	男	女	小计	男	女	小计	男	女
江门市	**4531**	**2900**	**1631**	**391**	**290**	**101**	**9120**	**5873**	**3247**
蓬江区	69	44	25	3	3		139	88	51
江海区									
新会区	1906	1185	721	169	122	47	1981	1360	621
台山市	413	274	139	71	56	15	1562	996	566
开平市	730	452	278	52	38	14	1645	1021	624
鹤山市	1134	736	398	63	43	20	2912	1829	1083
恩平市	279	209	70	33	28	5	881	579	302
湛江市	**287**	**144**	**143**	**170**	**144**	**26**	**2621**	**1879**	**742**
赤坎区							32	21	11
霞山区				3	1	2	169	116	53
坡头区	8	2	6	3	2	1	381	277	104
麻章区	56	35	21	103	98	5	538	426	112
遂溪县	12	3	9	15	11	4	254	158	96
徐闻县	49	26	23	14	9	5	180	119	61
廉江市	76	27	49	13	10	3	380	223	157
雷州市	19	7	12	7	4	3	278	220	58
吴川市	67	44	23	12	9	3	409	319	90
茂名市	**479**	**280**	**199**	**133**	**94**	**39**	**1231**	**837**	**394**
茂南区	104	60	44	43	27	16	478	321	157
电白区	169	112	57	53	40	13	402	291	111
高州市	58	29	29	16	12	4	99	62	37
化州市	90	48	42	12	10	2	131	87	44
信宜市	58	31	27	9	5	4	121	76	45
肇庆市	**1121**	**755**	**366**	**102**	**79**	**23**	**3345**	**2193**	**1152**
端州区									
鼎湖区	36	27	9	3	1	2	133	89	44
高要区	213	156	57	30	20	10	692	444	248
广宁县	147	101	46	22	20	2	309	218	91
怀集县	42	26	16	5	3	2	51	29	22
封开县	54	36	18	4	4		85	72	13
德庆县	17	9	8	3	3		136	99	37
四会市	612	400	212	35	28	7	1939	1242	697
惠州市	**17419**	**11290**	**6129**	**1015**	**737**	**278**	**31190**	**20015**	**11175**
惠城区	3793	2534	1259	268	195	73	9789	6238	3551
惠阳区	6439	4116	2323	333	229	104	9534	6039	3495
博罗县	4018	2618	1400	239	173	66	6814	4342	2472
惠东县	2439	1534	905	133	107	26	3358	2312	1046
龙门县	730	488	242	42	33	9	1695	1084	611
梅州市	**2690**	**1502**	**1188**	**81**	**60**	**21**	**1505**	**1045**	**460**
梅江区	276	170	106	2	1	1	97	69	28
梅县区	492	284	208	19	13	6	311	207	104
大埔县	166	105	61	8	7	1	145	99	46
丰顺县	273	135	138	4	3	1	219	134	85
五华县	227	125	102	14	9	5	334	251	83
平远县	432	215	217	11	10	1	111	91	20
蕉岭县	348	206	142	9	6	3	97	78	19
兴宁市	476	262	214	14	11	3	191	116	75

7-3c 续表 17

单位：人

现住地	户口登记地								
	江西			山东			河南		
	小计	男	女	小计	男	女	小计	男	女
汕尾市	**1203**	**777**	**426**	**212**	**169**	**43**	**2985**	**2115**	**870**
城　区	176	132	44	49	34	15	826	597	229
海丰县	780	492	288	141	119	22	1215	904	311
陆河县	150	93	57				175	107	68
陆丰市	97	60	37	22	16	6	769	507	262
河源市	**3741**	**2443**	**1298**	**287**	**221**	**66**	**3671**	**2604**	**1067**
源城区	499	309	190	104	83	21	714	481	233
紫金县	517	355	162	35	26	9	508	371	137
龙川县	1017	674	343	47	36	11	731	523	208
连平县	359	229	130	11	10	1	336	229	107
和平县	246	169	77	10	9	1	265	199	66
东源县	1103	707	396	80	57	23	1117	801	316
阳江市	**742**	**487**	**255**	**220**	**193**	**27**	**2578**	**1837**	**741**
江城区	278	186	92	78	69	9	1032	763	269
阳东区	270	186	84	84	72	12	888	574	314
阳西县	79	51	28	25	21	4	274	215	59
阳春市	115	64	51	33	31	2	384	285	99
清远市	**3148**	**2129**	**1019**	**372**	**294**	**78**	**6923**	**4890**	**2033**
清城区	847	604	243	68	54	14	2561	1752	809
清新区	377	239	138	47	33	14	1458	962	496
佛冈县	467	325	142	43	34	9	772	572	200
阳山县	66	46	20	19	13	6	287	209	78
连山壮族瑶族自治县	12	7	5	6	5	1	23	15	8
连南瑶族自治县	5	3	2	3	2	1	6	5	1
英德市	1234	794	440	148	118	30	1618	1222	396
连州市	140	111	29	38	35	3	198	153	45
东莞市	**30058**	**19016**	**11042**	**1479**	**1035**	**444**	**45533**	**28702**	**16831**
市辖区	30058	19016	11042	1479	1035	444	45533	28702	16831
中山市	**7944**	**4963**	**2981**	**480**	**328**	**152**	**12877**	**8016**	**4861**
市辖区	7944	4963	2981	480	328	152	12877	8016	4861
潮州市	**2470**	**1429**	**1041**	**21**	**15**	**6**	**2066**	**1343**	**723**
湘桥区	90	53	37	6	4	2	262	162	100
潮安区	2233	1286	947	11	8	3	1384	881	503
饶平县	147	90	57	4	3	1	420	300	120
揭阳市	**1390**	**842**	**548**	**56**	**43**	**13**	**3289**	**2220**	**1069**
榕城区	189	146	43	12	10	2	427	292	135
揭东区	608	348	260	5	3	2	930	615	315
揭西县	147	80	67	6	4	2	366	244	122
惠来县	34	21	13	16	14	2	578	471	107
普宁市	412	247	165	17	12	5	988	598	390
云浮市	**374**	**242**	**132**	**60**	**50**	**10**	**1402**	**1011**	**391**
云城区	33	26	7	10	10		290	220	70
云安区	49	31	18	6	5	1	327	285	42
新兴县	213	150	63	32	25	7	519	339	180
郁南县	23	10	13	2	2		70	44	26
罗定市	56	25	31	10	8	2	196	123	73

7-3c　续表 18　　　　单位：人

现住地	户口登记地					
	湖北			湖南		
	小计	男	女	小计	男	女
广　东	**140876**	**91410**	**49466**	**401936**	**252522**	**149414**
广州市	**38473**	**24380**	**14093**	**131242**	**80683**	**50559**
荔湾区						
越秀区						
海珠区						
天河区						
白云区	13776	8637	5139	47225	28734	18491
黄埔区	1585	1062	523	5131	3438	1693
番禺区	8312	5162	3150	20913	12876	8037
花都区	7412	4661	2751	34252	20600	13652
南沙区	3885	2554	1331	11318	7130	4188
从化区	740	460	280	2541	1611	930
增城区	2763	1844	919	9862	6294	3568
韶关市	**1643**	**1101**	**542**	**10548**	**6527**	**4021**
武江区	130	93	37	1105	714	391
浈江区	152	96	56	1129	675	454
曲江区	216	138	78	1400	919	481
始兴县	109	65	44	631	381	250
仁化县	148	105	43	1521	920	601
翁源县	286	189	97	1193	798	395
乳源瑶族自治县	47	37	10	507	352	155
新丰县	245	177	68	615	429	186
乐昌市	135	87	48	1760	918	842
南雄市	175	114	61	687	421	266
深圳市	**2112**	**1370**	**742**	**4663**	**2986**	**1677**
罗湖区						
福田区						
南山区						
宝安区						
龙岗区	2112	1370	742	4663	2986	1677
盐田区						
龙华区						
坪山区						
光明区						
珠海市	**2454**	**1589**	**865**	**6310**	**3929**	**2381**
香洲区	37	28	9	117	95	22
斗门区	2161	1371	790	5743	3512	2231
金湾区	256	190	66	450	322	128
汕头市	**3673**	**2251**	**1422**	**3790**	**2399**	**1391**
龙湖区	204	123	81	233	134	99
金平区	19	10	9	36	21	15
濠江区	153	107	46	266	195	71
潮阳区	921	560	361	1746	1081	665
潮南区	406	271	135	729	466	263
澄海区	1954	1167	787	765	490	275
南澳县	16	13	3	15	12	3
佛山市	**6207**	**4159**	**2048**	**19204**	**12475**	**6729**
禅城区						
南海区	1976	1336	640	6378	4190	2188
顺德区	945	616	329	2918	1911	1007
三水区	3141	2110	1031	9573	6141	3432
高明区	145	97	48	335	233	102

7－3c 续表 19

单位：人

现住地	户口登记地					
	湖北			湖南		
	小计	男	女	小计	男	女
江门市	**4994**	**3371**	**1623**	**15196**	**9661**	**5535**
蓬江区	81	63	18	193	129	64
江海区						
新会区	1451	992	459	5918	3776	2142
台山市	677	460	217	1909	1187	722
开平市	945	621	324	2157	1327	830
鹤山市	1446	971	475	4171	2700	1471
恩平市	394	264	130	848	542	306
湛江市	**605**	**376**	**229**	**1312**	**783**	**529**
赤坎区						
霞山区	26	15	11	11	7	4
坡头区	25	19	6	71	43	28
麻章区	59	39	20	128	77	51
遂溪县	38	18	20	79	33	46
徐闻县	104	65	39	125	75	50
廉江市	118	60	58	232	91	141
雷州市	46	25	21	360	257	103
吴川市	189	135	54	306	200	106
茂名市	**602**	**326**	**276**	**1235**	**677**	**558**
茂南区	215	127	88	267	157	110
电白区	182	107	75	434	253	181
高州市	53	27	26	169	91	78
化州市	77	32	45	181	89	92
信宜市	75	33	42	184	87	97
肇庆市	**1552**	**1051**	**501**	**6225**	**3951**	**2274**
端州区						
鼎湖区	42	32	10	124	83	41
高要区	295	201	94	1176	743	433
广宁县	125	90	35	445	309	136
怀集县	19	9	10	101	70	31
封开县	36	27	9	158	119	39
德庆县	33	21	12	45	27	18
四会市	1002	671	331	4176	2600	1576
惠州市	**20079**	**13428**	**6651**	**45655**	**29917**	**15738**
惠城区	4847	3329	1518	10354	7066	3288
惠阳区	7273	4694	2579	13709	8769	4940
博罗县	4282	2892	1390	13284	8669	4615
惠东县	2791	1880	911	6058	3946	2112
龙门县	886	633	253	2250	1467	783
梅州市	**716**	**460**	**256**	**1821**	**1131**	**690**
梅江区	16	11	5	100	59	41
梅县区	106	67	39	393	228	165
大埔县	130	95	35	335	263	72
丰顺县	101	67	34	142	78	64
五华县	141	90	51	359	207	152
平远县	55	27	28	99	56	43
蕉岭县	87	59	28	186	139	47
兴宁市	80	44	36	207	101	106

7–3c 续表 20 单位：人

现住地	户口登记地					
	湖北			湖南		
	小计	男	女	小计	男	女
汕尾市	**1801**	**1282**	**519**	**3399**	**2251**	**1148**
城 区	468	348	120	565	434	131
海丰县	1089	773	316	2386	1565	821
陆河县	74	45	29	109	55	54
陆丰市	170	116	54	339	197	142
河源市	**2471**	**1735**	**736**	**5247**	**3493**	**1754**
源城区	373	252	121	910	592	318
紫金县	372	275	97	951	670	281
龙川县	503	336	167	1206	828	378
连平县	136	90	46	415	260	155
和平县	120	92	28	174	117	57
东源县	967	690	277	1591	1026	565
阳江市	**749**	**562**	**187**	**4408**	**2935**	**1473**
江城区	267	212	55	1045	739	306
阳东区	212	153	59	2144	1308	836
阳西县	78	50	28	368	256	112
阳春市	192	147	45	851	632	219
清远市	**3741**	**2653**	**1088**	**13764**	**9067**	**4697**
清城区	1206	898	308	3750	2551	1199
清新区	569	369	200	3178	1911	1267
佛冈县	529	361	168	1728	1210	518
阳山县	129	93	36	386	276	110
连山壮族瑶族自治县	18	8	10	106	63	43
连南瑶族自治县	10	3	7	72	45	27
英德市	1137	792	345	4049	2658	1391
连州市	143	129	14	495	353	142
东莞市	**36651**	**23558**	**13093**	**99258**	**62030**	**37228**
市辖区	36651	23558	13093	99258	62030	37228
中山市	**10663**	**6692**	**3971**	**25111**	**15382**	**9729**
市辖区	10663	6692	3971	25111	15382	9729
潮州市	**749**	**458**	**291**	**1453**	**906**	**547**
湘桥区	44	32	12	120	78	42
潮安区	648	388	260	1185	725	460
饶平县	57	38	19	148	103	45
揭阳市	**548**	**335**	**213**	**951**	**586**	**365**
榕城区	40	29	11	114	94	20
揭东区	85	57	28	142	90	52
揭西县	85	48	37	183	92	91
惠来县	35	26	9	73	55	18
普宁市	303	175	128	439	255	184
云浮市	**393**	**273**	**120**	**1144**	**753**	**391**
云城区	25	21	4	113	79	34
云安区	65	43	22	132	95	37
新兴县	157	115	42	591	407	184
郁南县	50	36	14	106	64	42
罗定市	96	58	38	202	108	94

7-3c 续表 21

单位：人

现住地	户口登记地								
	广西			海南			重庆		
	小计	男	女	小计	男	女	小计	男	女
广东	**727800**	**442023**	**285777**	**13582**	**7526**	**6056**	**79414**	**49231**	**30183**
广州市	**137619**	**85549**	**52070**	**3222**	**1937**	**1285**	**15148**	**9220**	**5928**
荔湾区									
越秀区									
海珠区									
天河区									
白云区	49408	30237	19171	1419	860	559	3564	2215	1349
黄埔区	4138	2810	1328	114	73	41	489	323	166
番禺区	23858	14791	9067	483	300	183	3876	2330	1546
花都区	31091	19473	11618	694	407	287	3179	1887	1292
南沙区	11164	7113	4051	202	128	74	2661	1600	1061
从化区	3463	2102	1361	138	63	75	259	151	108
增城区	14497	9023	5474	172	106	66	1120	714	406
韶关市	**6870**	**3944**	**2926**	**149**	**57**	**92**	**893**	**614**	**279**
武江区	782	457	325	10	3	7	85	62	23
浈江区	440	243	197	5	4	1	32	25	7
曲江区	1124	681	443	16	5	11	117	76	41
始兴县	637	366	271	16	8	8	57	33	24
仁化县	706	416	290	13	3	10	157	108	49
翁源县	1087	663	424	29	11	18	130	96	34
乳源瑶族自治县	368	193	175	6	3	3	34	26	8
新丰县	639	370	269	15	5	10	121	84	37
乐昌市	489	248	241	18	4	14	58	33	25
南雄市	598	307	291	21	11	10	102	71	31
深圳市	**3552**	**2295**	**1257**	**148**	**93**	**55**	**1414**	**852**	**562**
罗湖区									
福田区									
南山区									
宝安区									
龙岗区	3552	2295	1257	148	93	55	1414	852	562
盐田区									
龙华区									
坪山区									
光明区									
珠海市	**16901**	**10548**	**6353**	**364**	**212**	**152**	**1181**	**728**	**453**
香洲区	133	88	45	10	9	1	22	15	7
斗门区	15215	9540	5675	320	186	134	1065	646	419
金湾区	1553	920	633	34	17	17	94	67	27
汕头市	**8714**	**5272**	**3442**	**537**	**306**	**231**	**1368**	**849**	**519**
龙湖区	882	556	326	37	25	12	354	213	141
金平区	68	38	30				2	1	1
濠江区	489	343	146	34	18	16	52	40	12
潮阳区	2466	1408	1058	218	119	99	420	248	172
潮南区	3026	1863	1163	148	79	69	345	218	127
澄海区	1700	1013	687	98	64	34	194	128	66
南澳县	83	51	32	2	1	1	1	1	
佛山市	**59763**	**38652**	**21111**	**282**	**188**	**94**	**3827**	**2398**	**1429**
禅城区									
南海区	20484	13239	7245	82	57	25	1158	724	434
顺德区	6403	4208	2195	35	25	10	487	306	181
三水区	29258	18873	10385	157	100	57	2078	1300	778
高明区	3618	2332	1286	8	6	2	104	68	36

7-3c　续表 22　　　　单位：人

现住地	户口登记地								
	广西			海南			重庆		
	小计	男	女	小计	男	女	小计	男	女
江门市	**89668**	**53403**	**36265**	**587**	**333**	**254**	**5739**	**3504**	**2235**
蓬江区	879	544	335	8	3	5	92	58	34
江海区									
新会区	29656	17660	11996	136	86	50	2254	1409	845
台山市	13207	7745	5462	137	76	61	861	509	352
开平市	21336	12498	8838	113	58	55	969	579	390
鹤山市	16760	10067	6693	114	65	49	1208	720	488
恩平市	7830	4889	2941	79	45	34	355	229	126
湛江市	**23954**	**12318**	**11636**	**1019**	**452**	**567**	**447**	**288**	**159**
赤坎区	104	55	49	2		2	2	1	1
霞山区	303	169	134	1		1	6	2	4
坡头区	1379	843	536	36	15	21	29	18	11
麻章区	1622	1031	591	73	38	35	55	45	10
遂溪县	1728	891	837	83	36	47	18	6	12
徐闻县	3627	2016	1611	317	146	171	72	53	19
廉江市	8899	3783	5116	215	95	120	67	38	29
雷州市	2615	1381	1234	175	77	98	60	31	29
吴川市	3677	2149	1528	117	45	72	138	94	44
茂名市	**16850**	**7639**	**9211**	**1765**	**814**	**951**	**418**	**247**	**171**
茂南区	3023	1676	1347	188	92	96	131	80	51
电白区	3227	1489	1738	439	116	323	111	70	41
高州市	2482	1101	1381	273	145	128	40	24	16
化州市	5030	2068	2962	107	39	68	73	37	36
信宜市	3088	1305	1783	758	422	336	63	36	27
肇庆市	**29207**	**17702**	**11505**	**142**	**78**	**64**	**2179**	**1373**	**806**
端州区									
鼎湖区	1031	688	343	4	3	1	38	23	15
高要区	13721	8363	5358	25	14	11	332	217	115
广宁县	2024	1230	794	31	17	14	145	104	41
怀集县	1401	664	737	5		5	18	13	5
封开县	1507	829	678	8	3	5	30	21	9
德庆县	778	427	351	18	11	7	23	15	8
四会市	8745	5501	3244	51	30	21	1593	980	613
惠州市	**66182**	**41667**	**24515**	**1115**	**663**	**452**	**14796**	**9305**	**5491**
惠城区	15853	10448	5405	237	151	86	3547	2295	1252
惠阳区	17984	11108	6876	307	197	110	5573	3358	2215
博罗县	21156	13202	7954	388	216	172	3004	1890	1114
惠东县	9279	5660	3619	131	76	55	1898	1249	649
龙门县	1910	1249	661	52	23	29	774	513	261
梅州市	**3988**	**2028**	**1960**	**385**	**164**	**221**	**500**	**323**	**177**
梅江区	280	152	128	10	4	6	26	21	5
梅县区	1017	545	472	49	18	31	79	48	31
大埔县	384	220	164	40	14	26	49	31	18
丰顺县	410	202	208	52	19	33	56	34	22
五华县	913	432	481	70	30	40	134	91	43
平远县	189	76	113	14	6	8	37	21	16
蕉岭县	211	124	87	20	12	8	58	43	15
兴宁市	584	277	307	130	61	69	61	34	27

7-3c 续表 23 单位：人

现住地	户口登记地								
	广西			海南			重庆		
	小计	男	女	小计	男	女	小计	男	女
汕尾市	**5444**	**3387**	**2057**	**278**	**145**	**133**	**3173**	**1928**	**1245**
城　区	804	572	232	39	16	23	433	281	152
海丰县	3490	2157	1333	72	42	30	2504	1522	982
陆河县	267	149	118	121	65	56	55	36	19
陆丰市	883	509	374	46	22	24	181	89	92
河源市	**6789**	**3983**	**2806**	**296**	**155**	**141**	**1468**	**975**	**493**
源城区	818	514	304	20	11	9	206	135	71
紫金县	1779	998	781	109	49	60	445	304	141
龙川县	1089	578	511	75	44	31	243	163	80
连平县	719	411	308	18	8	10	120	72	48
和平县	449	228	221	16	8	8	82	58	24
东源县	1935	1254	681	58	35	23	372	243	129
阳江市	**20328**	**11697**	**8631**	**282**	**154**	**128**	**1115**	**705**	**410**
江城区	5001	3021	1980	60	33	27	368	242	126
阳东区	10970	6397	4573	69	42	27	593	351	242
阳西县	1743	989	754	37	14	23	74	56	18
阳春市	2614	1290	1324	116	65	51	80	56	24
清远市	**17835**	**10500**	**7335**	**323**	**159**	**164**	**2145**	**1474**	**671**
清城区	4609	3085	1524	82	53	29	490	335	155
清新区	4713	2863	1850	58	31	27	356	234	122
佛冈县	1739	1037	702	33	12	21	338	241	97
阳山县	1049	541	508	17	9	8	98	76	22
连山壮族瑶族自治县	532	270	262	3	2	1	9	3	6
连南瑶族自治县	106	46	60				9	8	1
英德市	4293	2245	2048	124	50	74	792	536	256
连州市	794	413	381	6	2	4	53	41	12
东莞市	**112686**	**70730**	**41956**	**1498**	**979**	**519**	**15361**	**9524**	**5837**
市辖区	112686	70730	41956	1498	979	519	15361	9524	5837
中山市	**72424**	**44284**	**28140**	**556**	**330**	**226**	**6638**	**3909**	**2729**
市辖区	72424	44284	28140	556	330	226	6638	3909	2729
潮州市	**6516**	**3715**	**2801**	**150**	**76**	**74**	**743**	**457**	**286**
湘桥区	545	318	227	12	5	7	43	28	15
潮安区	5506	3154	2352	118	63	55	635	391	244
饶平县	465	243	222	20	8	12	65	38	27
揭阳市	**9177**	**5335**	**3842**	**254**	**119**	**135**	**370**	**238**	**132**
榕城区	987	608	379	16	9	7	25	18	7
揭东区	2258	1384	874	47	26	21	87	61	26
揭西县	2448	1402	1046	77	33	44	72	44	28
惠来县	481	281	200	16	3	13	21	16	5
普宁市	3003	1660	1343	98	48	50	165	99	66
云浮市	**13333**	**7375**	**5958**	**230**	**112**	**118**	**491**	**320**	**171**
云城区	1748	1147	601	4	3	1	37	30	7
云安区	1423	871	552	10	4	6	39	30	9
新兴县	4239	2638	1601	15	7	8	265	167	98
郁南县	1608	716	892	7	3	4	59	41	18
罗定市	4315	2003	2312	194	95	99	91	52	39

7-3c　续表 24　　　　单位：人

现住地	户口登记地								
	四川			贵州			云南		
	小计	男	女	小计	男	女	小计	男	女
广　东	**187721**	**117089**	**70632**	**305658**	**188277**	**117381**	**104838**	**62470**	**42368**
广州市	**43005**	**26481**	**16524**	**43630**	**27202**	**16428**	**14828**	**8856**	**5972**
荔湾区									
越秀区									
海珠区									
天河区									
白云区	12661	7811	4850	11075	6861	4214	6046	3590	2456
黄埔区	1412	940	472	1492	1058	434	565	372	193
番禺区	8709	5234	3475	8075	4849	3226	1921	1124	797
花都区	9914	6191	3723	10610	6658	3952	3431	2013	1418
南沙区	6482	3897	2585	4832	2991	1841	1358	863	495
从化区	816	490	326	2041	1264	777	541	293	248
增城区	3011	1918	1093	5505	3521	1984	966	601	365
韶关市	**2432**	**1574**	**858**	**3772**	**2462**	**1310**	**1182**	**732**	**450**
武江区	240	150	90	445	299	146	139	87	52
浈江区	264	165	99	197	131	66	53	31	22
曲江区	606	415	191	497	341	156	159	109	50
始兴县	126	75	51	266	162	104	52	28	24
仁化县	196	150	46	339	208	131	103	63	40
翁源县	297	178	119	779	518	261	295	182	113
乳源瑶族自治县	167	120	47	182	120	62	66	46	20
新丰县	218	141	77	491	328	163	86	51	35
乐昌市	133	77	56	284	174	110	68	44	24
南雄市	185	103	82	292	181	111	161	91	70
深圳市	**2824**	**1705**	**1119**	**1661**	**1046**	**615**	**1939**	**1137**	**802**
罗湖区									
福田区									
南山区									
宝安区									
龙岗区	2824	1705	1119	1661	1046	615	1939	1137	802
盐田区									
龙华区									
坪山区									
光明区									
珠海市	**4566**	**2799**	**1767**	**3049**	**1905**	**1144**	**2513**	**1513**	**1000**
香洲区	64	46	18	16	11	5	36	32	4
斗门区	4266	2578	1688	2787	1723	1064	2161	1295	866
金湾区	236	175	61	246	171	75	316	186	130
汕头市	**8894**	**5316**	**3578**	**17969**	**10646**	**7323**	**3702**	**2192**	**1510**
龙湖区	350	207	143	2092	1048	1044	58	33	25
金平区	41	24	17	138	91	47	7	5	2
濠江区	337	219	118	657	435	222	154	99	55
潮阳区	5214	3039	2175	6269	3671	2598	219	132	87
潮南区	2526	1548	978	3303	2023	1280	501	308	193
澄海区	397	254	143	5446	3333	2113	2761	1614	1147
南澳县	29	25	4	64	45	19	2	1	1
佛山市	**9658**	**6146**	**3512**	**17531**	**10861**	**6670**	**4078**	**2536**	**1542**
禅城区									
南海区	3672	2333	1339	4163	2620	1543	1413	863	550
顺德区	1523	936	587	1712	1061	651	297	188	109
三水区	4262	2733	1529	10399	6386	4013	2070	1303	767
高明区	201	144	57	1257	794	463	298	182	116

7-3c 续表 25 单位：人

现住地	户口登记地								
	四川			贵州			云南		
	小计	男	女	小计	男	女	小计	男	女
江门市	**9594**	**5990**	**3604**	**22692**	**13656**	**9036**	**10943**	**6301**	**4642**
蓬江区	141	99	42	397	261	136	47	31	16
江海区									
新会区	3091	1943	1148	8119	4931	3188	2168	1257	911
台山市	1339	835	504	3920	2329	1591	821	490	331
开平市	1426	830	596	4400	2591	1809	2772	1559	1213
鹤山市	2664	1677	987	4204	2503	1701	2541	1507	1034
恩平市	933	606	327	1652	1041	611	2594	1457	1137
湛江市	**1111**	**710**	**401**	**6734**	**4005**	**2729**	**1263**	**525**	**738**
赤坎区	3	2	1	15	11	4			
霞山区	26	17	9	170	102	68	11	6	5
坡头区	48	34	14	391	251	140	90	19	71
麻章区	110	82	28	576	379	197	92	59	33
遂溪县	93	49	44	1142	651	491	51	17	34
徐闻县	104	61	43	1213	713	500	322	160	162
廉江市	231	112	119	1143	606	537	161	43	118
雷州市	76	39	37	951	579	372	65	36	29
吴川市	420	314	106	1133	713	420	471	185	286
茂名市	**914**	**539**	**375**	**4727**	**2451**	**2276**	**1609**	**571**	**1038**
茂南区	360	236	124	1334	756	578	327	149	178
电白区	225	135	90	1521	752	769	514	125	389
高州市	110	62	48	694	334	360	256	90	166
化州市	119	62	57	769	406	363	398	176	222
信宜市	100	44	56	409	203	206	114	31	83
肇庆市	**3039**	**1978**	**1061**	**13446**	**8348**	**5098**	**1216**	**769**	**447**
端州区									
鼎湖区	99	61	38	788	524	264	12	8	4
高要区	846	550	296	6569	4016	2553	391	241	150
广宁县	290	204	86	783	525	258	127	84	43
怀集县	104	59	45	721	434	287	69	49	20
封开县	52	34	18	356	231	125	50	38	12
德庆县	64	45	19	552	364	188	25	11	14
四会市	1584	1025	559	3677	2254	1423	542	338	204
惠州市	**27804**	**17848**	**9956**	**48083**	**29677**	**18406**	**18526**	**11353**	**7173**
惠城区	6114	4117	1997	10505	6823	3682	4792	3108	1684
惠阳区	8602	5333	3269	13475	8187	5288	6946	4073	2873
博罗县	5526	3544	1982	15346	9282	6064	4563	2777	1786
惠东县	6491	4116	2375	6512	4001	2511	1780	1100	680
龙门县	1071	738	333	2245	1384	861	445	295	150
梅州市	**1491**	**938**	**553**	**4590**	**2942**	**1648**	**849**	**607**	**242**
梅江区	66	47	19	259	177	82	28	19	9
梅县区	222	133	89	825	525	300	136	76	60
大埔县	130	84	46	388	291	97	91	61	30
丰顺县	271	165	106	623	364	259	16	8	8
五华县	314	213	101	1403	905	498	409	345	64
平远县	76	45	31	168	101	67	22	14	8
蕉岭县	263	165	98	251	167	84	90	56	34
兴宁市	149	86	63	673	412	261	57	28	29

7-3c 续表 26

单位：人

现住地	四川 小计	四川 男	四川 女	贵州 小计	贵州 男	贵州 女	云南 小计	云南 男	云南 女
汕尾市	**4497**	**2842**	**1655**	**4198**	**2796**	**1402**	**1120**	**747**	**373**
城　区	951	670	281	767	565	202	283	191	92
海丰县	3165	1940	1225	2486	1646	840	709	479	230
陆河县	174	111	63	316	210	106	56	34	22
陆丰市	207	121	86	629	375	254	72	43	29
河源市	**4467**	**2953**	**1514**	**8706**	**5679**	**3027**	**1746**	**1100**	**646**
源城区	974	589	385	1405	880	525	348	201	147
紫金县	799	588	211	2340	1537	803	356	218	138
龙川县	866	602	264	1228	801	427	268	183	85
连平县	249	150	99	567	360	207	95	50	45
和平县	230	176	54	516	355	161	28	18	10
东源县	1349	848	501	2650	1746	904	651	430	221
阳江市	**2368**	**1713**	**655**	**7594**	**4527**	**3067**	**6398**	**3919**	**2479**
江城区	1117	861	256	1905	1177	728	3091	2025	1066
阳东区	727	468	259	3699	2140	1559	1789	997	792
阳西县	158	103	55	912	510	402	1142	648	494
阳春市	366	281	85	1078	700	378	376	249	127
清远市	**5327**	**3438**	**1889**	**8985**	**5981**	**3004**	**2956**	**1877**	**1079**
清城区	1445	979	466	2628	1722	906	829	535	294
清新区	1226	691	535	1527	988	539	270	156	114
佛冈县	929	617	312	1317	904	413	518	347	171
阳山县	113	81	32	516	367	149	205	153	52
连山壮族瑶族自治县	40	24	16	95	61	34	5	1	4
连南瑶族自治县	7	1	6	45	24	21	1		1
英德市	1496	994	502	2593	1737	856	1081	656	425
连州市	71	51	20	264	178	86	47	29	18
东莞市	**33044**	**20482**	**12562**	**36454**	**22648**	**13806**	**21832**	**12891**	**8941**
市辖区	33044	20482	12562	36454	22648	13806	21832	12891	8941
中山市	**18503**	**11075**	**7428**	**14493**	**8855**	**5638**	**7010**	**4182**	**2828**
市辖区	18503	11075	7428	14493	8855	5638	7010	4182	2828
潮州市	**2186**	**1310**	**876**	**16742**	**10043**	**6699**	**383**	**226**	**157**
湘桥区	75	53	22	1173	700	473	19	11	8
潮安区	1956	1168	788	14341	8592	5749	295	172	123
饶平县	155	89	66	1228	751	477	69	43	26
揭阳市	**984**	**606**	**378**	**16444**	**10007**	**6437**	**210**	**134**	**76**
榕城区	84	56	28	3140	1911	1229	16	13	3
揭东区	79	51	28	4697	2905	1792	66	39	27
揭西县	116	56	60	1548	921	627	30	19	11
惠来县	89	65	24	709	447	262	34	21	13
普宁市	616	378	238	6350	3823	2527	64	42	22
云浮市	**1013**	**646**	**367**	**4158**	**2540**	**1618**	**535**	**302**	**233**
云城区	85	61	24	692	446	246	19	13	6
云安区	65	46	19	512	332	180	74	59	15
新兴县	574	369	205	1365	817	548	281	158	123
郁南县	120	76	44	320	199	121	55	28	27
罗定市	169	94	75	1269	746	523	106	44	62

7-3c 续表 27

单位：人

现住地	户口登记地								
	西藏			陕西			甘肃		
	小计	男	女	小计	男	女	小计	男	女
广　东	**62**	**41**	**21**	**25411**	**17255**	**8156**	**9194**	**6024**	**3170**
广州市	**37**	**27**	**10**	**5370**	**3597**	**1773**	**1858**	**1223**	**635**
荔湾区									
越秀区									
海珠区									
天河区									
白云区	1	1		1551	1033	518	540	360	180
黄埔区				366	262	104	132	87	45
番禺区	9	3	6	1080	663	417	353	207	146
花都区	24	23	1	965	665	300	426	281	145
南沙区				885	603	282	227	167	60
从化区				170	97	73	43	26	17
增城区	3		3	353	274	79	137	95	42
韶关市				**370**	**281**	**89**	**155**	**117**	**38**
武江区				12	9	3	2	1	1
浈江区				26	19	7	17	13	4
曲江区				77	69	8	29	26	3
始兴县				37	29	8	11	7	4
仁化县				28	21	7	27	17	10
翁源县				89	57	32	27	21	6
乳源瑶族自治县				24	20	4	12	12	
新丰县				45	40	5	14	9	5
乐昌市				21	12	9	13	9	4
南雄市				11	5	6	3	2	1
深圳市				**541**	**369**	**172**	**153**	**103**	**50**
罗湖区									
福田区									
南山区									
宝安区									
龙岗区				541	369	172	153	103	50
盐田区									
龙华区									
坪山区									
光明区									
珠海市				**728**	**470**	**258**	**169**	**113**	**56**
香洲区				2	1	1	4	4	
斗门区				670	425	245	145	91	54
金湾区				56	44	12	20	18	2
汕头市	**4**	**2**	**2**	**435**	**307**	**128**	**131**	**79**	**52**
龙湖区				6	5	1	2	2	
金平区							1	1	
濠江区	2		2	65	50	15	22	12	10
潮阳区	2	2		34	22	12	36	28	8
潮南区				145	99	46	18	8	10
澄海区				184	130	54	51	28	23
南澳县				1	1		1		1
佛山市	**1**	**1**		**931**	**645**	**286**	**305**	**209**	**96**
禅城区									
南海区				335	216	119	69	46	23
顺德区				48	37	11	45	34	11
三水区	1	1		534	384	150	189	127	62
高明区				14	8	6	2	2	

7-3c　续表 28　　单位：人

现住地	户口登记地 西藏 小计	西藏 男	西藏 女	陕西 小计	陕西 男	陕西 女	甘肃 小计	甘肃 男	甘肃 女
江门市	**3**	**2**	**1**	**882**	**637**	**245**	**320**	**228**	**92**
蓬江区				5	4	1	4	3	1
江海区									
新会区				244	182	62	90	75	15
台山市	2	1	1	121	93	28	56	44	12
开平市				82	58	24	93	55	38
鹤山市	1	1		367	257	110	52	36	16
恩平市				63	43	20	25	15	10
湛江市	**1**	**1**		**152**	**89**	**63**	**59**	**39**	**20**
赤坎区									
霞山区				10	5	5			
坡头区				17	14	3	1	1	
麻章区				19	13	6	8	5	3
遂溪县				9	5	4	3	2	1
徐闻县				25	14	11	11	10	1
廉江市	1	1		27	10	17	13	7	6
雷州市				12	8	4	12	7	5
吴川市				33	20	13	11	7	4
茂名市	**1**	**1**		**194**	**153**	**41**	**70**	**44**	**26**
茂南区	1	1		35	23	12	31	22	9
电白区				31	25	6	8	5	3
高州市				24	16	8	8	4	4
化州市				78	71	7	13	9	4
信宜市				26	18	8	10	4	6
肇庆市	**1**	**1**		**277**	**195**	**82**	**87**	**57**	**30**
端州区									
鼎湖区				19	13	6	4	2	2
高要区	1	1		54	39	15	15	12	3
广宁县				19	14	5	14	8	6
怀集县				1		1			
封开县				31	22	9	21	15	6
德庆县				1	1		1		1
四会市				152	106	46	32	20	12
惠州市	**5**	**2**	**3**	**3796**	**2658**	**1138**	**2047**	**1327**	**720**
惠城区	3	1	2	1074	778	296	734	502	232
惠阳区	1	1		1440	953	487	725	441	284
博罗县	1		1	731	504	227	457	290	167
惠东县				444	348	96	108	80	28
龙门县				107	75	32	23	14	9
梅州市	**1**		**1**	**199**	**148**	**51**	**73**	**41**	**32**
梅江区				5	3	2			
梅县区				40	28	12	28	11	17
大埔县				17	10	7	5	5	
丰顺县				15	12	3	2	1	1
五华县				58	48	10	17	12	5
平远县				6	3	3	1		1
蕉岭县				14	11	3	3	2	1
兴宁市	1		1	44	33	11	17	10	7

7-3c 续表 29 单位：人

现住地	户口登记地								
	西藏			陕西			甘肃		
	小计	男	女	小计	男	女	小计	男	女
汕尾市				**396**	**290**	**106**	**143**	**100**	**43**
城　区				89	64	25	66	45	21
海丰县				268	200	68	56	42	14
陆河县				8	6	2	1	1	
陆丰市				31	20	11	20	12	8
河源市	**1**		**1**	**529**	**361**	**168**	**213**	**151**	**62**
源城区				165	110	55	73	49	24
紫金县				64	47	17	33	28	5
龙川县				129	97	32	43	34	9
连平县	1		1	34	14	20	9	3	6
和平县				36	31	5	12	10	2
东源县				101	62	39	43	27	16
阳江市	**1**	**1**		**265**	**206**	**59**	**181**	**134**	**47**
江城区				83	65	18	68	56	12
阳东区				62	48	14	50	35	15
阳西县				46	38	8	11	8	3
阳春市	1	1		74	55	19	52	35	17
清远市				**810**	**610**	**200**	**229**	**154**	**75**
清城区				136	99	37	71	48	23
清新区				114	79	35	27	15	12
佛冈县				171	141	30	28	19	9
阳山县				44	37	7	9	6	3
连山壮族瑶族自治县				5	3	2	2		2
连南瑶族自治县				7	4	3			
英德市				302	220	82	82	57	25
连州市				31	27	4	10	9	1
东莞市	**4**	**2**	**2**	**7582**	**4943**	**2639**	**2060**	**1310**	**750**
市辖区	4	2	2	7582	4943	2639	2060	1310	750
中山市	**2**	**1**	**1**	**1672**	**1093**	**579**	**837**	**519**	**318**
市辖区	2	1	1	1672	1093	579	837	519	318
潮州市				**70**	**47**	**23**	**21**	**14**	**7**
湘桥区				6	4	2	1	1	
潮安区				46	29	17	14	8	6
饶平县				18	14	4	6	5	1
揭阳市				**108**	**76**	**32**	**60**	**46**	**14**
榕城区				31	23	8	13	12	1
揭东区				44	29	15	1	1	
揭西县				4	3	1	10	6	4
惠来县				11	8	3	25	21	4
普宁市				18	13	5	11	6	5
云浮市				**104**	**80**	**24**	**23**	**16**	**7**
云城区				10	8	2	2	1	1
云安区				41	35	6	9	7	2
新兴县				21	16	5	8	5	3
郁南县				10	6	4	1		1
罗定市				22	15	7	3	3	

7-3c　续表 30　　　　单位：人

现住地	户口登记地								
	青海			宁夏			新疆		
	小计	男	女	小计	男	女	小计	男	女
广　东	**1349**	**861**	**488**	**650**	**435**	**215**	**1241**	**756**	**485**
广州市	**317**	**193**	**124**	**244**	**159**	**85**	**388**	**227**	**161**
荔湾区									
越秀区									
海珠区									
天河区									
白云区	78	44	34	105	68	37	139	85	54
黄埔区	14	6	8	4	4		10	7	3
番禺区	61	34	27	67	35	32	86	44	42
花都区	123	84	39	51	37	14	113	67	46
南沙区	22	16	6	8	7	1	18	14	4
从化区	5	2	3	2	2		3	1	2
增城区	14	7	7	7	6	1	19	9	10
韶关市	**8**	**6**	**2**	**8**	**5**	**3**	**29**	**20**	**9**
武江区	1	1							
浈江区				1	1		1	1	
曲江区	3	1	2				4	4	
始兴县							4	3	1
仁化县				2	2		6	3	3
翁源县	1	1					7	4	3
乳源瑶族自治县	3	3		2	1	1	2	2	
新丰县				2	1	1	2	2	
乐昌市				1		1	2		2
南雄市							1	1	
深圳市	**36**	**19**	**17**	**14**	**9**	**5**	**16**	**13**	**3**
罗湖区									
福田区									
南山区									
宝安区									
龙岗区	36	19	17	14	9	5	16	13	3
盐田区									
龙华区									
坪山区									
光明区									
珠海市	**12**	**10**	**2**	**8**	**6**	**2**	**22**	**16**	**6**
香洲区				1	1		1	1	
斗门区	11	9	2	7	5	2	18	13	5
金湾区	1	1					3	2	1
汕头市	**26**	**17**	**9**	**4**	**2**	**2**	**21**	**11**	**10**
龙湖区							2	1	1
金平区									
濠江区	2	2					6	3	3
潮阳区	2	1	1	2	1	1	5	4	1
潮南区	4	3	1				1	1	
澄海区	18	11	7	2	1	1	7	2	5
南澳县									
佛山市	**38**	**15**	**23**	**25**	**16**	**9**	**49**	**31**	**18**
禅城区									
南海区	5	2	3	7	3	4	15	8	7
顺德区	9	5	4	2	1	1	8	5	3
三水区	24	8	16	16	12	4	24	16	8
高明区							2	2	

7—3c　续表 31　　　单位：人

现住地	户口登记地								
	青海			宁夏			新疆		
	小计	男	女	小计	男	女	小计	男	女
江门市	**74**	**55**	**19**	**23**	**15**	**8**	**40**	**29**	**11**
蓬江区							4	3	1
江海区									
新会区	34	26	8	5	4	1	19	14	5
台山市	5	2	3	11	7	4	6	4	2
开平市	12	8	4	1	1		4	3	1
鹤山市	23	19	4	6	3	3	5	3	2
恩平市							2	2	
湛江市	**6**	**3**	**3**	**10**	**7**	**3**	**12**	**7**	**5**
赤坎区									
霞山区									
坡头区									
麻章区				3	2	1			
遂溪县							1	1	
徐闻县	2	1	1	4	3	1	4	2	2
廉江市	4	2	2	1		1			
雷州市				2	2				
吴川市							7	4	3
茂名市	**16**	**9**	**7**	**7**	**6**	**1**	**54**	**26**	**28**
茂南区	8	4	4	4	3	1	33	15	18
电白区	4	1	3				10	5	5
高州市				1	1		4	3	1
化州市	2	2		1	1		1		1
信宜市	2	2		1	1		6	3	3
肇庆市	**18**	**11**	**7**	**7**	**3**	**4**	**10**	**7**	**3**
端州区									
鼎湖区									
高要区	2	1	1	3	2	1	2	2	
广宁县	13	9	4	1	1		2	1	1
怀集县							1	1	
封开县	1		1	1		1			
德庆县									
四会市	2	1	1	2		2	5	3	2
惠州市	**316**	**205**	**111**	**111**	**75**	**36**	**222**	**137**	**85**
惠城区	234	160	74	50	33	17	53	29	24
惠阳区	33	16	17	20	12	8	34	23	11
博罗县	23	13	10	33	25	8	31	21	10
惠东县	20	14	6	6	4	2	102	63	39
龙门县	6	2	4	2	1	1	2	1	1
梅州市	**16**	**9**	**7**	**6**	**6**		**37**	**23**	**14**
梅江区	3	2	1						
梅县区	5	3	2	4	4		17	13	4
大埔县							3	1	2
丰顺县							1	1	
五华县							5	3	2
平远县				1	1				
蕉岭县	4	3	1				4	1	3
兴宁市	4	1	3	1	1		7	4	3

7-3c　续表 32　　　　单位：人

现住地	户口登记地								
	青海			宁夏			新疆		
	小计	男	女	小计	男	女	小计	男	女
汕尾市	**20**	**15**	**5**	**13**	**8**	**5**	**15**	**8**	**7**
城　区	5	5		3	2	1	5	2	3
海丰县	15	10	5	7	6	1	7	4	3
陆河县									
陆丰市				3		3	3	2	1
河源市	**14**	**11**	**3**	**21**	**12**	**9**	**19**	**9**	**10**
源城区	10	8	2	2	1	1			
紫金县				2	1	1			
龙川县	2	2		6	4	2	1		1
连平县	2	1	1	5	1	4			
和平县				4	4		1	1	
东源县				2	1	1	17	8	9
阳江市	**35**	**31**	**4**	**9**	**8**	**1**	**21**	**18**	**3**
江城区	21	21		4	4		7	6	1
阳东区	4	3	1	2	2		8	6	2
阳西县	1	1		1	1		2	2	
阳春市	9	6	3	2	1	1	4	4	
清远市	**34**	**25**	**9**	**15**	**12**	**3**	**49**	**30**	**19**
清城区	14	11	3	2	1	1	14	8	6
清新区	4	2	2				11	6	5
佛冈县	10	8	2	2	1	1	8	6	2
阳山县	1	1		1	1		3	1	2
连山壮族瑶族自治县									
连南瑶族自治县				1	1		1	1	
英德市	3	1	2	7	7		11	8	3
连州市	2	2		2	1	1	1		1
东莞市	**250**	**151**	**99**	**77**	**53**	**24**	**173**	**109**	**64**
市辖区	250	151	99	77	53	24	173	109	64
中山市	**98**	**68**	**30**	**43**	**28**	**15**	**54**	**30**	**24**
市辖区	98	68	30	43	28	15	54	30	24
潮州市				**1**	**1**		**2**		**2**
湘桥区							1		1
潮安区							1		1
饶平县				1	1				
揭阳市	**5**	**2**	**3**	**2**	**2**				
榕城区									
揭东区									
揭西县	1		1						
惠来县	2	2		2	2				
普宁市	2		2						
云浮市	**10**	**6**	**4**	**2**	**2**		**8**	**5**	**3**
云城区	2	2							
云安区	2	1	1				1		1
新兴县	2	2		1	1		2	1	1
郁南县	3	1	2						
罗定市	1		1	1	1		5	4	1

7–4 全省按现住地、离开户口登记地时间分的户口登记地在外乡镇街道的人口

单位：人

现住地	离开户口登记地时间							
	合计							
	合计	半年以上，不满一年	一年以上，不满二年	二年以上，不满三年	三年以上，不满四年	四年以上，不满五年	五年以上，不满十年	十年以上
广东	**60635086**	**10934129**	**8211659**	**7665233**	**6019423**	**4298112**	**9891957**	**13614573**
广州市	**11522907**	**2327741**	**1770307**	**1615054**	**1170692**	**776536**	**1648575**	**2214002**
荔湾区	768996	125394	105982	101622	71054	53505	119276	192163
越秀区	417677	64252	56131	56516	44628	32142	69329	94679
海珠区	1060498	171311	126677	147230	111299	79954	174025	250002
天河区	1573823	313875	267370	251399	173426	110350	221118	236285
白云区	2761490	639476	423384	342509	254950	173474	379564	548133
黄埔区	826321	180251	121194	97264	77150	55372	129659	165431
番禺区	1775598	347418	280795	294085	206427	126255	225383	295235
花都区	987462	194777	167777	150625	111665	67598	137982	157038
南沙区	444824	90655	62898	55386	41830	28962	70447	94646
从化区	219385	47267	52494	34686	20230	9344	22505	32859
增城区	686833	153065	105605	83732	58033	39580	99287	147531
韶关市	**896241**	**129895**	**116996**	**111404**	**92040**	**62909**	**165785**	**217212**
武江区	180820	31557	25255	22653	18887	12643	29211	40614
浈江区	164656	21872	25169	22836	21864	10738	25943	36234
曲江区	95570	12672	12816	12416	7789	6111	19229	24537
始兴县	48678	8218	6200	6212	5490	3874	9989	8695
仁化县	44651	6076	4788	4930	3600	2456	8524	14277
翁源县	65853	10944	8227	7432	6144	4305	12265	16536
乳源瑶族自治县	54228	6251	5504	5691	5114	4290	12007	15371
新丰县	51484	8776	6728	6105	4542	3668	9132	12533
乐昌市	103908	12362	11630	12390	11464	8734	22964	24364
南雄市	86393	11167	10679	10739	7146	6090	16521	24051
深圳市	**14089685**	**2119544**	**1551521**	**1445444**	**1280817**	**1044004**	**2674608**	**3973747**
罗湖区	792671	101533	80274	79905	73518	60478	151967	244996
福田区	1025636	164929	123465	111129	96819	75706	191283	262305
南山区	1191559	181070	163383	156403	123031	102842	181534	283296
宝安区	3907260	654843	430506	386878	355550	284897	754761	1039825
龙岗区	3366933	480046	364585	343307	289998	239727	640720	1008550
盐田区	156096	19665	14816	14254	11504	9443	27381	59033
龙华区	2173167	315014	242590	234731	216907	175654	431865	556406
坪山区	466743	72141	44000	37918	33808	27806	89177	161893
光明区	1009620	130303	87902	80919	79682	67451	205920	357443
珠海市	**1476534**	**241191**	**197658**	**175552**	**139447**	**93220**	**242743**	**386723**
香洲区	861208	139502	108586	101777	81925	54614	142037	232767
斗门区	315053	47767	37595	33434	29345	21768	56347	88797
金湾区	300273	53922	51477	40341	28177	16838	44359	65159
汕头市	**976345**	**250351**	**159014**	**135538**	**87386**	**58290**	**120582**	**165184**
龙湖区	209120	43021	32112	31276	23426	16330	30900	32055
金平区	226368	35695	25692	26970	25614	17467	38588	56342
濠江区	34064	10611	7805	5996	1463	1465	2463	4261
潮阳区	179994	61256	42017	24923	9623	5850	13707	22618
潮南区	87245	34191	15064	14633	6920	3522	5748	7167
澄海区	233620	64614	35426	31121	19881	13154	28298	41126
南澳县	5934	963	898	619	459	502	878	1615
佛山市	**5565101**	**919530**	**767585**	**803897**	**623309**	**430710**	**872549**	**1147521**
禅城区	761862	107419	106524	115851	90777	68486	126225	146580
南海区	2241402	386921	327020	343915	264768	179316	312222	427240
顺德区	1865658	301510	238536	258856	198242	133851	316584	418079
三水区	460823	88200	68409	55614	45382	29415	72444	101359
高明区	235356	35480	27096	29661	24140	19642	45074	54263

7-4　续表 1　　　　　　　　　　　　　　　　　　　　　　　　　　单位：人

现住地	离开户口登记地时间							
	合计							
	合计	半年以上，不满一年	一年以上，不满二年	二年以上，不满三年	三年以上，不满四年	四年以上，不满五年	五年以上，不满十年	十年以上
江门市	**1924205**	**297032**	**247776**	**243936**	**187694**	**142495**	**363765**	**441507**
蓬江区	429754	72714	64825	60313	46254	31190	69831	84627
江海区	212872	37666	28041	24797	19705	13647	37500	51516
新会区	361858	51688	42199	39124	34510	26407	75520	92410
台山市	223027	32368	34402	33708	20349	16575	42221	43404
开平市	314360	42561	32934	37813	31286	24212	65808	79746
鹤山市	243814	43000	30564	32127	23024	19307	44034	51758
恩平市	138520	17035	14811	16054	12566	11157	28851	38046
湛江市	**1584833**	**277343**	**226349**	**234513**	**174923**	**117446**	**250283**	**303976**
赤坎区	226538	34809	34672	34387	26681	16126	38455	41408
霞山区	370281	52729	52919	58769	44196	31868	66317	63483
坡头区	43315	10632	6527	5911	3915	2541	6020	7769
麻章区	131201	41215	21457	20379	18698	4805	10585	14062
遂溪县	111200	15823	15122	17431	10636	9105	17730	25353
徐闻县	113107	19353	13028	12194	8490	7432	18108	34502
廉江市	257295	41241	36060	36027	26673	20118	43218	53958
雷州市	199861	38285	30089	31320	23463	16252	28460	31992
吴川市	132035	23256	16475	18095	12171	9199	21390	31449
茂名市	**1014730**	**232228**	**163613**	**141468**	**80589**	**60194**	**142042**	**194596**
茂南区	270175	59683	42811	36845	25267	18179	37173	50217
电白区	186242	38398	29617	26181	13997	11418	26788	39843
高州市	200929	63447	38504	29808	12060	9104	20350	27656
化州市	209865	34147	32166	30514	17540	12971	33229	49298
信宜市	147519	36553	20515	18120	11725	8522	24502	27582
肇庆市	**1043590**	**213085**	**165030**	**147041**	**106580**	**76222**	**165356**	**170276**
端州区	251861	50120	47083	38671	26411	17288	34590	37698
鼎湖区	92749	25463	15408	9102	6465	5441	12988	17882
高要区	153033	33606	30399	23878	15590	11362	20102	18096
广宁县	59106	14149	10109	7908	5588	3520	8146	9686
怀集县	72480	22250	9563	11198	7280	4373	13085	4731
封开县	35129	9150	5360	3703	3459	2432	5294	5731
德庆县	37560	9010	4228	3606	3286	2663	5716	9051
四会市	341672	49337	42880	48975	38501	29143	65435	67401
惠州市	**3332388**	**596866**	**453135**	**392329**	**315024**	**224420**	**549564**	**801050**
惠城区	1244513	215502	153533	128222	113139	85752	207677	340688
惠阳区	1006478	208490	161718	136595	103110	68822	149803	177940
博罗县	522221	109980	85287	67164	50390	32039	74672	102689
惠东县	483304	50045	41785	52029	42229	33083	105283	158850
龙门县	75872	12849	10812	8319	6156	4724	12129	20883
梅州市	**1035174**	**144611**	**120185**	**114856**	**104827**	**74751**	**183155**	**292789**
梅江区	243283	37539	33690	25670	21434	13242	36155	75553
梅县区	231543	26159	23559	25296	27539	20732	46105	62153
大埔县	87883	11894	8591	9801	9132	6974	15848	25643
丰顺县	69361	14025	7823	8049	5992	4140	9883	19449
五华县	95182	23304	15158	13044	7803	5541	10803	19529
平远县	42624	4778	4859	4842	3989	3478	8303	12375
蕉岭县	61044	5217	4828	5516	5565	5316	13387	21215
兴宁市	204254	21695	21677	22638	23373	15328	42671	56872

7-4 续表 2

单位：人

现住地	离开户口登记地时间							
	合计							
	合计	半年以上，不满一年	一年以上，不满二年	二年以上，不满三年	三年以上，不满四年	四年以上，不满五年	五年以上，不满十年	十年以上
汕尾市	**712075**	**112349**	**90710**	**88440**	**78017**	**61774**	**135329**	**145456**
城　区	177919	28735	22185	21554	18598	14950	28330	43567
海丰县	362701	54818	47197	47347	44707	34445	77264	56923
陆河县	50736	8824	6591	5092	3034	3609	7652	15934
陆丰市	120719	19972	14737	14447	11678	8770	22083	29032
河源市	**1009881**	**161518**	**124725**	**125106**	**104463**	**80894**	**195847**	**217328**
源城区	465979	69460	50460	51108	44933	35456	99112	115450
紫金县	98443	18604	13908	13202	8787	6473	15308	22161
龙川县	185239	27449	22029	24568	20768	16818	38917	34690
连平县	63243	9334	7317	7055	5437	4857	12237	17006
和平县	81187	13293	11272	11927	9769	8802	14731	11393
东源县	115790	23378	19739	17246	14769	8488	15542	16628
阳江市	**837124**	**120537**	**88337**	**93186**	**83799**	**65394**	**168248**	**217623**
江城区	379278	46276	37216	41023	37045	31169	76194	110355
阳东区	196387	27453	23110	24081	22193	15458	42740	41352
阳西县	97055	15374	10182	10441	9950	7416	20566	23126
阳春市	164404	31434	17829	17641	14611	11351	28748	42790
清远市	**1329007**	**212080**	**175971**	**155960**	**131565**	**95138**	**253401**	**304892**
清城区	572125	99427	89361	69694	55095	40122	101640	116786
清新区	269341	27813	25723	26915	26055	19767	59306	83762
佛冈县	78057	12653	10298	9658	7813	5367	14187	18081
阳山县	73673	13810	9027	9508	8458	5592	14014	13264
连山壮族瑶族自治县	15651	2292	1774	1863	1579	1131	3217	3795
连南瑶族自治县	18849	3098	2418	2440	2157	1328	3672	3736
英德市	229076	42106	29208	27998	22615	16741	40595	49813
连州市	72235	10881	8162	7884	7793	5090	16770	15655
东莞市	**8308567**	**1808520**	**1255799**	**1152434**	**881314**	**562941**	**1141609**	**1505950**
市辖区	8308567	1808520	1255799	1152434	881314	562941	1141609	1505950
中山市	**2765605**	**489041**	**360766**	**331602**	**276357**	**199341**	**453089**	**655409**
市辖区	2765605	489041	360766	331602	276357	199341	453089	655409
潮州市	**452923**	**102701**	**57697**	**48761**	**34058**	**24895**	**64109**	**120702**
湘桥区	220082	35434	28033	25181	17622	12248	32732	68832
潮安区	193575	55451	24201	19224	14145	10856	27284	42414
饶平县	39266	11816	5463	4356	2291	1791	4093	9456
揭阳市	**279720**	**93533**	**50725**	**44215**	**18533**	**12712**	**24452**	**35550**
榕城区	50832	18139	7801	9475	3214	2179	4713	5311
揭东区	53319	15065	10084	8201	4399	3042	5807	6721
揭西县	27637	7757	3732	2916	1972	1673	3204	6383
惠来县	36310	15130	4216	3194	2619	1808	3762	5581
普宁市	111622	37442	24892	20429	6329	4010	6966	11554
云浮市	**478451**	**84433**	**67760**	**64497**	**47989**	**33826**	**76866**	**103080**
云城区	157016	23948	20252	20301	17543	11874	28747	34351
云安区	24003	6294	3771	3607	1681	1150	2848	4652
新兴县	110737	15730	17484	16898	12839	9087	19425	19274
郁南县	43881	9087	6680	5734	4405	3208	6343	8424
罗定市	142814	29374	19573	17957	11521	8507	19503	36379

7-4　续表 3　　　　　　　　　　　　　　　　　　　　　　　　　　　　　　　　　单位：人

现住地	离开户口登记地时间							
	省内							
	小计	半年以上，不满一年	一年以上，不满二年	二年以上，不满三年	三年以上，不满四年	四年以上，不满五年	五年以上，不满十年	十年以上
广　东	**31012976**	**5190861**	**4095897**	**3974884**	**3027434**	**2181960**	**5190224**	**7351716**
广州市	**6587909**	**1277090**	**997010**	**924977**	**649840**	**430066**	**951658**	**1357268**
荔湾区	571102	73314	75402	76782	52355	40280	93177	159792
越秀区	278492	37842	36469	38619	30096	21710	46880	66876
海珠区	609190	89070	69997	79378	57514	40965	100159	172107
天河区	1011357	203950	170836	164529	109101	69353	140635	152953
白云区	1522867	326474	225619	190699	140307	96644	217295	325829
黄埔区	422947	98938	62221	50020	39568	28598	64536	79066
番禺区	937783	189500	147939	153635	104868	61034	116930	163877
花都区	473713	90196	77495	69112	50911	30981	68246	86772
南沙区	186415	38709	27120	24535	18059	12172	29222	36598
从化区	174158	37434	43999	28738	15840	6771	16175	25201
增城区	399885	91663	59913	48930	31221	21558	58403	88197
韶关市	**748923**	**102478**	**96982**	**95612**	**77851**	**52852**	**139913**	**183235**
武江区	139729	22977	19479	18369	14777	9895	22794	31438
浈江区	136281	18512	20980	19438	18609	8764	20765	29213
曲江区	77465	9083	10509	10450	6219	4799	15828	20577
始兴县	43012	6826	5386	5664	4983	3500	9028	7625
仁化县	35064	4390	3837	4147	2795	1938	6558	11399
翁源县	57907	8767	6967	6542	5412	3789	11036	15394
乳源瑶族自治县	48048	5088	4711	5022	4609	3877	10854	13887
新丰县	44897	6925	5604	5262	4038	3260	8268	11540
乐昌市	88932	10418	10119	10987	10061	7554	19841	19952
南雄市	77588	9492	9390	9731	6348	5476	14941	22210
深圳市	**5868479**	**888053**	**630718**	**607671**	**522729**	**424371**	**1092236**	**1702701**
罗湖区	447130	50303	43533	46291	42143	34812	89353	140695
福田区	562486	92836	67746	63585	54133	41903	106268	136015
南山区	558975	92501	80421	76800	55653	45385	79801	128414
宝安区	1387240	232211	142625	134244	122718	98749	263965	392728
龙岗区	1539853	222603	158101	152345	128348	106031	288050	484375
盐田区	84514	10474	8665	8607	6573	5117	14322	30756
龙华区	819523	122036	88185	87962	78739	63655	159787	219159
坪山区	164350	25664	14740	12713	10951	9091	30247	60944
光明区	304408	39425	26702	25124	23471	19628	60443	109615
珠海市	**740233**	**119770**	**98385**	**91805**	**69664**	**44402**	**118876**	**197331**
香洲区	449034	73775	56348	54775	43190	27414	73130	120402
斗门区	156371	21616	17234	16303	13912	10383	28353	48570
金湾区	134828	24379	24803	20727	12562	6605	17393	28359
汕头市	**560985**	**99115**	**79489**	**78970**	**50532**	**36717**	**84233**	**131929**
龙湖区	132466	22048	18413	20131	14861	10375	21428	25210
金平区	173085	24522	18599	20345	20212	13692	29527	46188
濠江区	24052	6427	5952	5036	878	1080	1525	3154
潮阳区	92998	20347	17369	14187	4996	4178	11547	20374
潮南区	34409	11230	5302	4770	2587	1788	3214	5518
澄海区	99972	14056	13242	14113	6697	5269	16386	30209
南澳县	4003	485	612	388	301	335	606	1276
佛山市	**2458334**	**357246**	**343706**	**369861**	**276187**	**191345**	**396423**	**523566**
禅城区	441902	54305	61559	69111	53459	40970	76742	85756
南海区	1042563	155675	156904	169602	122473	81158	148066	208685
顺德区	626711	94474	80074	88164	64593	44378	109651	145377
三水区	217733	34637	32272	27788	23241	14208	35748	49839
高明区	129425	18155	12897	15196	12421	10631	26216	33909

7-4 续表 4

单位：人

现住地	离开户口登记地时间							
	省内							
	小计	半年以上，不满一年	一年以上，不满二年	二年以上，不满三年	三年以上，不满四年	四年以上，不满五年	五年以上，不满十年	十年以上
江门市	**1141649**	**142641**	**145110**	**151556**	**113220**	**86912**	**222814**	**279396**
蓬江区	238837	37341	38281	35138	26773	17106	38395	45803
江海区	103061	16309	14502	12798	9557	6861	18042	24992
新会区	199800	19165	21168	21430	18772	14755	44370	60140
台山市	156839	19017	24266	25412	14066	11876	30703	31499
开平市	223846	24074	22315	27384	22816	17697	48931	60629
鹤山市	108469	15077	13784	16415	10991	9313	18643	24246
恩平市	110797	11658	10794	12979	10245	9304	23730	32087
湛江市	**1448762**	**241121**	**205730**	**218621**	**162558**	**109665**	**231738**	**279329**
赤坎区	206826	30182	31522	31935	24703	14941	35647	37896
霞山区	340832	46668	48346	54893	41092	29920	61643	58270
坡头区	34973	8048	5257	4979	3208	2045	4881	6555
麻章区	113906	35077	18215	17991	16837	4083	9037	12666
遂溪县	104387	13779	14178	16670	10095	8748	16721	24196
徐闻县	102944	16591	11693	11310	7917	6877	16910	31646
廉江市	236682	36209	33175	33649	24783	18819	40191	49856
雷州市	193399	36399	28902	30803	23052	15978	27694	30571
吴川市	114813	18168	14442	16391	10871	8254	19014	27673
茂名市	**922342**	**205643**	**149787**	**131481**	**73625**	**55339**	**130149**	**176318**
茂南区	238872	50892	38287	33060	22557	16408	33107	44561
电白区	169026	33317	27193	24683	12903	10612	24408	35910
高州市	181652	57069	35136	27488	10578	8100	18445	24836
化州市	196027	30387	30091	29190	16601	12231	31190	46337
信宜市	136765	33978	19080	17060	10986	7988	22999	24674
肇庆市	**756983**	**148869**	**120645**	**104435**	**74923**	**54305**	**121400**	**132406**
端州区	213597	41943	40845	33720	22316	14640	28977	31156
鼎湖区	66894	16469	11839	6542	4554	3863	9594	14033
高要区	90215	15253	21174	14908	8936	6459	12090	11395
广宁县	50974	11805	8711	6862	4894	2977	7190	8535
怀集县	65004	19638	7942	10446	6525	3945	12332	4176
封开县	28997	6918	4441	3037	2873	2099	4606	5023
德庆县	33562	7469	3707	3316	3079	2415	5228	8348
四会市	207740	29374	21986	25604	21746	17907	41383	49740
惠州市	**1718206**	**253693**	**211441**	**193631**	**152144**	**116386**	**307837**	**483074**
惠城区	692535	106135	84283	73704	62146	47909	119782	198576
惠阳区	403726	71136	56355	51958	37557	27201	66209	93310
博罗县	225210	40017	36350	27260	19610	14197	34047	53729
惠东县	342673	29226	26995	34503	28268	23676	78545	121460
龙门县	54062	7179	7458	6206	4563	3403	9254	15999
梅州市	**946368**	**123469**	**107742**	**104993**	**96540**	**68771**	**169576**	**275277**
梅江区	219564	31330	30008	23079	19342	11815	32854	71136
梅县区	209254	22542	20703	22685	24886	18755	41856	57827
大埔县	82007	10513	7918	9238	8535	6449	14902	24452
丰顺县	60815	11653	6451	6740	5304	3752	8991	17924
五华县	85932	20026	13572	12077	7184	5152	9872	18049
平远县	38196	4004	4283	4452	3621	3150	7451	11235
蕉岭县	55654	4549	4170	4886	5067	4957	12393	19632
兴宁市	194946	18852	20637	21836	22601	14741	41257	55022

7-4 续表 5

单位：人

现住地	离开户口登记地时间							
	省内							
	小计	半年以上，不满一年	一年以上，不满二年	二年以上，不满三年	三年以上，不满四年	四年以上，不满五年	五年以上，不满十年	十年以上
汕尾市	**614317**	**92984**	**72762**	**75547**	**67096**	**55006**	**121509**	**129413**
城　区	152401	23048	17898	18828	15851	13158	25013	38605
海丰县	307125	45182	36780	39218	37887	30509	68921	48628
陆河县	45193	7258	5353	4586	2686	3185	7205	14920
陆丰市	109598	17496	12731	12915	10672	8154	20370	27260
河源市	**858720**	**126780**	**103963**	**108564**	**91117**	**70854**	**170686**	**186756**
源城区	378251	51904	40299	42359	37331	29528	82412	94418
紫金县	81688	13380	10913	11116	7582	5633	13198	19866
龙川县	171472	24262	19998	22893	19469	15798	37085	31967
连平县	57394	7524	6253	6432	4926	4517	11479	16263
和平县	76240	11846	10206	11142	9364	8523	14252	10907
东源县	93675	17864	16294	14622	12445	6855	12260	13335
阳江市	**726850**	**90820**	**72048**	**80668**	**73395**	**58307**	**151354**	**200258**
江城区	336421	35626	31196	36551	32942	28245	69078	102783
阳东区	152997	14491	16420	18581	17917	12732	36870	35986
阳西县	87486	12475	8682	9462	9283	6916	19127	21541
阳春市	149946	28228	15750	16074	13253	10414	26279	39948
清远市	**1101584**	**159839**	**140820**	**128340**	**110167**	**79378**	**217799**	**265241**
清城区	446369	71579	68354	53314	42779	30686	82110	97547
清新区	239917	22653	22017	23807	23421	17780	54071	76168
佛冈县	62041	8303	7943	7914	6345	4412	11843	15281
阳山县	67780	12335	8179	8823	7945	5227	13089	12182
连山壮族瑶族自治县	13429	1794	1552	1653	1372	1003	2824	3231
连南瑶族自治县	17633	2873	2252	2330	2060	1235	3452	3431
英德市	188824	30995	23179	23303	19051	14345	34845	43106
连州市	65591	9307	7344	7196	7194	4690	15565	14295
东莞市	**2115064**	**460582**	**290223**	**284746**	**213677**	**136943**	**297535**	**431358**
市辖区	2115064	460582	290223	284746	213677	136943	297535	431358
中山市	**835603**	**143616**	**104258**	**102244**	**79596**	**57745**	**140819**	**207325**
市辖区	835603	143616	104258	102244	79596	57745	140819	207325
潮州市	**277782**	**40997**	**33244**	**31878**	**20630**	**15800**	**43375**	**91858**
湘桥区	177739	21970	21190	20618	14162	10134	27904	61761
潮安区	67602	10321	7528	7622	4543	4120	11954	21514
饶平县	32441	8706	4526	3638	1925	1546	3517	8583
揭阳市	**173653**	**48082**	**33932**	**33101**	**10932**	**7657**	**13513**	**26436**
榕城区	21311	4592	3066	6836	1314	900	1501	3102
揭东区	22836	4301	5748	4992	1956	1173	1536	3130
揭西县	19899	4429	2291	2225	1503	1339	2538	5574
惠来县	31495	12576	3326	2704	2338	1686	3529	5336
普宁市	78112	22184	19501	16344	3821	2559	4409	9294
云浮市	**410230**	**67973**	**57902**	**56183**	**41011**	**29139**	**66781**	**91241**
云城区	132022	17636	16743	17438	14888	10202	24762	30353
云安区	17922	4608	2987	2872	1236	878	2019	3322
新兴县	91341	12112	14581	14050	10394	7373	16566	16265
郁南县	38771	7568	5934	5244	3910	2885	5637	7593
罗定市	130174	26049	17657	16579	10583	7801	17797	33708

7-4 续表 6　　　　单位：人

现住地	离开户口登记地时间							
	省外							
	小计	半年以上，不满一年	一年以上，不满二年	二年以上，不满三年	三年以上，不满四年	四年以上，不满五年	五年以上，不满十年	十年以上
广　东	**29622110**	**5743268**	**4115762**	**3690349**	**2991989**	**2116152**	**4701733**	**6262857**
广州市	**4934998**	**1050651**	**773297**	**690077**	**520852**	**346470**	**696917**	**856734**
荔湾区	197894	52080	30580	24840	18699	13225	26099	32371
越秀区	139185	26410	19662	17897	14532	10432	22449	27803
海珠区	451308	82241	56680	67852	53785	38989	73866	77895
天河区	562466	109925	96534	86870	64325	40997	80483	83332
白云区	1238623	313002	197765	151810	114643	76830	162269	222304
黄埔区	403374	81313	58973	47244	37582	26774	65123	86365
番禺区	837815	157918	132856	140450	101559	65221	108453	131358
花都区	513749	104581	90282	81513	60754	36617	69736	70266
南沙区	258409	51946	35778	30851	23771	16790	41225	58048
从化区	45227	9833	8495	5948	4390	2573	6330	7658
增城区	286948	61402	45692	34802	26812	18022	40884	59334
韶关市	**147318**	**27417**	**20014**	**15792**	**14189**	**10057**	**25872**	**33977**
武江区	41091	8580	5776	4284	4110	2748	6417	9176
浈江区	28375	3360	4189	3398	3255	1974	5178	7021
曲江区	18105	3589	2307	1966	1570	1312	3401	3960
始兴县	5666	1392	814	548	507	374	961	1070
仁化县	9587	1686	951	783	805	518	1966	2878
翁源县	7946	2177	1260	890	732	516	1229	1142
乳源瑶族自治县	6180	1163	793	669	505	413	1153	1484
新丰县	6587	1851	1124	843	504	408	864	993
乐昌市	14976	1944	1511	1403	1403	1180	3123	4412
南雄市	8805	1675	1289	1008	798	614	1580	1841
深圳市	**8221206**	**1231491**	**920803**	**837773**	**758088**	**619633**	**1582372**	**2271046**
罗湖区	345541	51230	36741	33614	31375	25666	62614	104301
福田区	463150	72093	55719	47544	42686	33803	85015	126290
南山区	632584	88569	82962	79603	67378	57457	101733	154882
宝安区	2520020	422632	287881	252634	232832	186148	490796	647097
龙岗区	1827080	257443	206484	190962	161650	133696	352670	524175
盐田区	71582	9191	6151	5647	4931	4326	13059	28277
龙华区	1353644	192978	154405	146769	138168	111999	272078	337247
坪山区	302393	46477	29260	25205	22857	18715	58930	100949
光明区	705212	90878	61200	55795	56211	47823	145477	247828
珠海市	**736301**	**121421**	**99273**	**83747**	**69783**	**48818**	**123867**	**189392**
香洲区	412174	65727	52238	47002	38735	27200	68907	112365
斗门区	158682	26151	20361	17131	15433	11385	27994	40227
金湾区	165445	29543	26674	19614	15615	10233	26966	36800
汕头市	**415360**	**151236**	**79525**	**56568**	**36854**	**21573**	**36349**	**33255**
龙湖区	76654	20973	13699	11145	8565	5955	9472	6845
金平区	53283	11173	7093	6625	5402	3775	9061	10154
濠江区	10012	4184	1853	960	585	385	938	1107
潮阳区	86996	40909	24648	10736	4627	1672	2160	2244
潮南区	52836	22961	9762	9863	4333	1734	2534	1649
澄海区	133648	50558	22184	17008	13184	7885	11912	10917
南澳县	1931	478	286	231	158	167	272	339
佛山市	**3106767**	**562284**	**423879**	**434036**	**347122**	**239365**	**476126**	**623955**
禅城区	319960	53114	44965	46740	37318	27516	49483	60824
南海区	1198839	231246	170116	174313	142295	98158	164156	218555
顺德区	1238947	207036	158462	170692	133649	89473	206933	272702
三水区	243090	53563	36137	27826	22141	15207	36696	51520
高明区	105931	17325	14199	14465	11719	9011	18858	20354

7-4　续表 7　　单位：人

现住地	离开户口登记地时间 省外 小计	半年以上，不满一年	一年以上，不满二年	二年以上，不满三年	三年以上，不满四年	四年以上，不满五年	五年以上，不满十年	十年以上
江门市	**782556**	**154391**	**102666**	**92380**	**74474**	**55583**	**140951**	**162111**
蓬江区	190917	35373	26544	25175	19481	14084	31436	38824
江海区	109811	21357	13539	11999	10148	6786	19458	26524
新会区	162058	32523	21031	17694	15738	11652	31150	32270
台山市	66188	13351	10136	8296	6283	4699	11518	11905
开平市	90514	18487	10619	10429	8470	6515	16877	19117
鹤山市	135345	27923	16780	15712	12033	9994	25391	27512
恩平市	27723	5377	4017	3075	2321	1853	5121	5959
湛江市	**136071**	**36222**	**20619**	**15892**	**12365**	**7781**	**18545**	**24647**
赤坎区	19712	4627	3150	2452	1978	1185	2808	3512
霞山区	29449	6061	4573	3876	3104	1948	4674	5213
坡头区	8342	2584	1270	932	707	496	1139	1214
麻章区	17295	6138	3242	2388	1861	722	1548	1396
遂溪县	6813	2044	944	761	541	357	1009	1157
徐闻县	10163	2762	1335	884	573	555	1198	2856
廉江市	20613	5032	2885	2378	1890	1299	3027	4102
雷州市	6462	1886	1187	517	411	274	766	1421
吴川市	17222	5088	2033	1704	1300	945	2376	3776
茂名市	**92388**	**26585**	**13826**	**9987**	**6964**	**4855**	**11893**	**18278**
茂南区	31303	8791	4524	3785	2710	1771	4066	5656
电白区	17216	5081	2424	1498	1094	806	2380	3933
高州市	19277	6378	3368	2320	1482	1004	1905	2820
化州市	13838	3760	2075	1324	939	740	2039	2961
信宜市	10754	2575	1435	1060	739	534	1503	2908
肇庆市	**286607**	**64216**	**44385**	**42606**	**31657**	**21917**	**43956**	**37870**
端州区	38264	8177	6238	4951	4095	2648	5613	6542
鼎湖区	25855	8994	3569	2560	1911	1578	3394	3849
高要区	62818	18353	9225	8970	6654	4903	8012	6701
广宁县	8132	2344	1398	1046	694	543	956	1151
怀集县	7476	2612	1621	752	755	428	753	555
封开县	6132	2232	919	666	586	333	688	708
德庆县	3998	1541	521	290	207	248	488	703
四会市	133932	19963	20894	23371	16755	11236	24052	17661
惠州市	**1614182**	**343173**	**241694**	**198698**	**162880**	**108034**	**241727**	**317976**
惠城区	551978	109367	69250	54518	50993	37843	87895	142112
惠阳区	602752	137354	105363	84637	65553	41621	83594	84630
博罗县	297011	69963	48937	39904	30780	17842	40625	48960
惠东县	140631	20819	14790	17526	13961	9407	26738	37390
龙门县	21810	5670	3354	2113	1593	1321	2875	4884
梅州市	**88806**	**21142**	**12443**	**9863**	**8287**	**5980**	**13579**	**17512**
梅江区	23719	6209	3682	2591	2092	1427	3301	4417
梅县区	22289	3617	2856	2611	2653	1977	4249	4326
大埔县	5876	1381	673	563	597	525	946	1191
丰顺县	8546	2372	1372	1309	688	388	892	1525
五华县	9250	3278	1586	967	619	389	931	1480
平远县	4428	774	576	390	368	328	852	1140
蕉岭县	5390	668	658	630	498	359	994	1583
兴宁市	9308	2843	1040	802	772	587	1414	1850

7-4 续表 8 单位：人

现住地	离开户口登记地时间 省外 小计	半年以上，不满一年	一年以上，不满二年	二年以上，不满三年	三年以上，不满四年	四年以上，不满五年	五年以上，不满十年	十年以上
汕尾市	**97758**	**19365**	**17948**	**12893**	**10921**	**6768**	**13820**	**16043**
城　区	25518	5687	4287	2726	2747	1792	3317	4962
海丰县	55576	9636	10417	8129	6820	3936	8343	8295
陆河县	5543	1566	1238	506	348	424	447	1014
陆丰市	11121	2476	2006	1532	1006	616	1713	1772
河源市	**151161**	**34738**	**20762**	**16542**	**13346**	**10040**	**25161**	**30572**
源城区	87728	17556	10161	8749	7602	5928	16700	21032
紫金县	16755	5224	2995	2086	1205	840	2110	2295
龙川县	13767	3187	2031	1675	1299	1020	1832	2723
连平县	5849	1810	1064	623	511	340	758	743
和平县	4947	1447	1066	785	405	279	479	486
东源县	22115	5514	3445	2624	2324	1633	3282	3293
阳江市	**110274**	**29717**	**16289**	**12518**	**10404**	**7087**	**16894**	**17365**
江城区	42857	10650	6020	4472	4103	2924	7116	7572
阳东区	43390	12962	6690	5500	4276	2726	5870	5366
阳西县	9569	2899	1500	979	667	500	1439	1585
阳春市	14458	3206	2079	1567	1358	937	2469	2842
清远市	**227423**	**52241**	**35151**	**27620**	**21398**	**15760**	**35602**	**39651**
清城区	125756	27848	21007	16380	12316	9436	19530	19239
清新区	29424	5160	3706	3108	2634	1987	5235	7594
佛冈县	16016	4350	2355	1744	1468	955	2344	2800
阳山县	5893	1475	848	685	513	365	925	1082
连山壮族瑶族自治县	2222	498	222	210	207	128	393	564
连南瑶族自治县	1216	225	166	110	97	93	220	305
英德市	40252	11111	6029	4695	3564	2396	5750	6707
连州市	6644	1574	818	688	599	400	1205	1360
东莞市	**6193503**	**1347938**	**965576**	**867688**	**667637**	**425998**	**844074**	**1074592**
市辖区	6193503	1347938	965576	867688	667637	425998	844074	1074592
中山市	**1930002**	**345425**	**256508**	**229358**	**196761**	**141596**	**312270**	**448084**
市辖区	1930002	345425	256508	229358	196761	141596	312270	448084
潮州市	**175141**	**61704**	**24453**	**16883**	**13428**	**9095**	**20734**	**28844**
湘桥区	42343	13464	6843	4563	3460	2114	4828	7071
潮安区	125973	45130	16673	11602	9602	6736	15330	20900
饶平县	6825	3110	937	718	366	245	576	873
揭阳市	**106067**	**45451**	**16793**	**11114**	**7601**	**5055**	**10939**	**9114**
榕城区	29521	13547	4735	2639	1900	1279	3212	2209
揭东区	30483	10764	4336	3209	2443	1869	4271	3591
揭西县	7738	3328	1441	691	469	334	666	809
惠来县	4815	2554	890	490	281	122	233	245
普宁市	33510	15258	5391	4085	2508	1451	2557	2260
云浮市	**68221**	**16460**	**9858**	**8314**	**6978**	**4687**	**10085**	**11839**
云城区	24994	6312	3509	2863	2655	1672	3985	3998
云安区	6081	1686	784	735	445	272	829	1330
新兴县	19396	3618	2903	2848	2445	1714	2859	3009
郁南县	5110	1519	746	490	495	323	706	831
罗定市	12640	3325	1916	1378	938	706	1706	2671

7-4a　全省按现住地、离开户口登记地时间分的户口登记地在外乡镇街道的人口(城市)

单位：人

现住地	离开户口登记地时间							
	合计							
	合计	半年以上，不满一年	一年以上，不满二年	二年以上，不满三年	三年以上，不满四年	四年以上，不满五年	五年以上，不满十年	十年以上
广　东	**49618272**	**8633653**	**6606446**	**6267100**	**4976942**	**3562392**	**8213173**	**11358566**
广州市	**9824621**	**1905452**	**1456366**	**1378094**	**1007395**	**676470**	**1450769**	**1950075**
荔湾区	768996	125394	105982	101622	71054	53505	119276	192163
越秀区	417677	64252	56131	56516	44628	32142	69329	94679
海珠区	1060498	171311	126677	147230	111299	79954	174025	250002
天河区	1573823	313875	267370	251399	173426	110350	221118	236285
白云区	2224579	474442	315815	269491	207434	146268	329933	481196
黄埔区	773322	166171	113309	91314	72852	52218	122685	154773
番禺区	1572674	313331	246310	259300	181433	109664	199794	262842
花都区	706132	124213	111753	108201	82048	51227	104933	123757
南沙区	286406	57380	41650	36727	27868	18066	45485	59230
从化区	103602	18003	22173	18112	8804	5041	12531	18938
增城区	336912	77080	49196	38182	26549	18035	51660	76210
韶关市	**490654**	**67433**	**66439**	**62912**	**52916**	**34849**	**89555**	**116550**
武江区	169011	29246	23874	21522	17797	11837	27327	37408
浈江区	142740	18137	21157	19883	18640	9426	23771	31726
曲江区	64848	6743	7480	7266	5874	4790	14744	17951
始兴县								
仁化县								
翁源县								
乳源瑶族自治县								
新丰县								
乐昌市	50750	6593	6173	6351	5545	4329	11162	10597
南雄市	63305	6714	7755	7890	5060	4467	12551	18868
深圳市	**14041548**	**2113041**	**1546907**	**1440942**	**1277455**	**1039953**	**2665771**	**3957479**
罗湖区	792671	101533	80274	79905	73518	60478	151967	244996
福田区	1025636	164929	123465	111129	96819	75706	191283	262305
南山区	1187566	180653	162974	156092	122748	102445	180745	281909
宝安区	3907260	654843	430506	386878	355550	284897	754761	1039825
龙岗区	3324279	474376	360695	339282	287036	236118	632818	993954
盐田区	156096	19665	14816	14254	11504	9443	27381	59033
龙华区	2173167	315014	242590	234731	216907	175654	431865	556406
坪山区	465253	71725	43685	37752	33691	27761	89031	161608
光明区	1009620	130303	87902	80919	79682	67451	205920	357443
珠海市	**1174271**	**188698**	**161651**	**144485**	**112701**	**73751**	**190916**	**302069**
香洲区	815332	126576	103876	97920	78845	52061	135885	220169
斗门区	140993	22014	16562	14826	12923	9938	25218	39512
金湾区	217946	40108	41213	31739	20933	11752	29813	42388
汕头市	**686063**	**139791**	**99365**	**92512**	**67049**	**46702**	**99676**	**140968**
龙湖区	199309	39373	30898	30081	22522	15665	29893	30877
金平区	224966	34842	25572	26911	25572	17440	38489	56140
濠江区	21058	6923	3976	2864	903	820	1947	3625
潮阳区	75895	15784	12964	9651	4628	3698	10790	18380
潮南区	37246	14554	6527	6402	3037	1703	2301	2722
澄海区	127589	28315	19428	16603	10387	7376	16256	29224
南澳县								
佛山市	**5045997**	**823694**	**687167**	**730381**	**567995**	**393463**	**794999**	**1048298**
禅城区	644487	87737	85446	94299	77495	59919	110312	129279
南海区	2141621	369247	312163	330657	252723	170211	297448	409172
顺德区	1840898	297916	235608	254706	195074	131748	312783	413063
三水区	207137	37693	30069	23692	20790	13596	34050	47247
高明区	211854	31101	23881	27027	21913	17989	40406	49537

7-4a 续表 1

单位：人

现住地	离开户口登记地时间							
	合计							
	合计	半年以上，不满一年	一年以上，不满二年	二年以上，不满三年	三年以上，不满四年	四年以上，不满五年	五年以上，不满十年	十年以上
江门市	**1456227**	**202222**	**189744**	**188675**	**144331**	**109654**	**281758**	**339843**
蓬江区	426603	71839	64295	59830	46004	31023	69491	84121
江海区	212872	37666	28041	24797	19705	13647	37500	51516
新会区	238175	28459	26697	23964	21279	17016	52935	67825
台山市	164870	20614	27241	27733	15592	12555	32397	28738
开平市	199071	18740	20013	24848	20661	16140	45571	53098
鹤山市	142542	18046	16095	18795	14029	12586	28067	34924
恩平市	72094	6858	7362	8708	7061	6687	15797	19621
湛江市	**1039358**	**162765**	**152970**	**162896**	**123746**	**83744**	**176422**	**176815**
赤坎区	225520	34676	34594	34293	26586	16054	38243	41074
霞山区	365104	51662	52082	58143	43777	31574	65611	62255
坡头区	22414	5501	4025	3560	2015	1208	2996	3109
麻章区	50084	14346	7248	6815	6489	2359	5717	7110
遂溪县	3532	457	334	319	172	164	612	1474
徐闻县								
廉江市	157181	20277	23478	23709	18610	14164	28726	28217
雷州市	129290	23371	20626	23295	17991	11677	18767	13563
吴川市	86233	12475	10583	12762	8106	6544	15750	20013
茂名市	**695893**	**154439**	**117828**	**101437**	**58234**	**43403**	**102324**	**118228**
茂南区	227635	44721	37158	31762	22152	16288	33519	42035
电白区	74388	12891	12113	11825	6100	5249	11805	14405
高州市	152831	50723	30914	23637	9060	6793	14966	16738
化州市	130569	18025	21273	19858	11834	8687	22851	28041
信宜市	110470	28079	16370	14355	9088	6386	19183	17009
肇庆市	**655704**	**116877**	**105654**	**91241**	**67933**	**49204**	**109110**	**115685**
端州区	251861	50120	47083	38671	26411	17288	34590	37698
鼎湖区	69850	20022	12845	6793	4584	3636	9473	12497
高要区	62622	9339	16485	10210	6306	4386	8780	7116
广宁县								
怀集县								
封开县								
德庆县								
四会市	271371	37396	29241	35567	30632	23894	56267	58374
惠州市	**1817919**	**318714**	**245115**	**215462**	**180031**	**128235**	**295705**	**434657**
惠城区	1022978	164661	113993	104211	94914	72098	177963	295138
惠阳区	776369	150747	127915	108985	83127	54751	114488	136356
博罗县	18572	3306	3207	2266	1990	1386	3254	3163
惠东县								
龙门县								
梅州市	**609336**	**72558**	**70925**	**66421**	**67292**	**45247**	**114389**	**172504**
梅江区	235710	36080	32735	25026	20949	12752	35077	73091
梅县区	201470	21451	19923	21982	25273	18939	40985	52917
大埔县								
丰顺县								
五华县	797	167	102	91	57	46	88	246
平远县								
蕉岭县								
兴宁市	171359	14860	18165	19322	21013	13510	38239	46250

7-4a　续表 2　　　　单位：人

现住地	离开户口登记地时间							
	合计							
	合计	半年以上，不满一年	一年以上，不满二年	二年以上，不满三年	三年以上，不满四年	四年以上，不满五年	五年以上，不满十年	十年以上
汕尾市	**207531**	**28764**	**24121**	**25655**	**22415**	**18010**	**35832**	**52734**
城　区	149312	21174	16894	17634	16110	13400	24486	39614
海丰县								
陆河县								
陆丰市	58219	7590	7227	8021	6305	4610	11346	13120
河源市	**418507**	**59399**	**45272**	**46373**	**40781**	**32311**	**89988**	**104383**
源城区	418507	59399	45272	46373	40781	32311	89988	104383
紫金县								
龙川县								
连平县								
和平县								
东源县								
阳江市	**573594**	**71166**	**58135**	**65053**	**59243**	**47570**	**119022**	**153405**
江城区	331948	34854	31121	36304	33154	28114	68274	100127
阳东区	129415	14875	14977	15209	14897	11015	30621	27821
阳西县								
阳春市	112231	21437	12037	13540	11192	8441	20127	25457
清远市	**766040**	**99750**	**89031**	**90617**	**82077**	**57607**	**161493**	**185465**
清城区	390184	54045	51009	49965	41964	28412	78338	86451
清新区	198906	17023	17205	19406	20576	15446	46487	62763
佛冈县								
阳山县								
连山壮族瑶族自治县								
连南瑶族自治县								
英德市	117022	20685	14249	14654	12757	9452	21593	23632
连州市	59928	7997	6568	6592	6780	4297	15075	12619
东莞市	**7663530**	**1669062**	**1159982**	**1063070**	**812155**	**515523**	**1047781**	**1395957**
市辖区	7663530	1669062	1159982	1063070	812155	515523	1047781	1395957
中山市	**1730279**	**296596**	**227317**	**206741**	**172539**	**122840**	**281319**	**422927**
市辖区	1730279	296596	227317	206741	172539	122840	281319	422927
潮州市	**332021**	**60678**	**37752**	**33227**	**26037**	**20000**	**53218**	**101109**
湘桥区	199829	28583	22953	21338	15810	11819	31868	67458
潮安区	132192	32095	14799	11889	10227	8181	21350	33651
饶平县								
揭阳市	**134539**	**40251**	**30361**	**27903**	**8797**	**5799**	**10137**	**11291**
榕城区	39714	13792	6135	8385	2437	1668	3517	3780
揭东区	30735	6278	6780	5727	2842	1966	3575	3567
揭西县								
惠来县								
普宁市	64090	20181	17446	13791	3518	2165	3045	3944
云浮市	**254640**	**42303**	**34344**	**33003**	**25820**	**18057**	**42989**	**58124**
云城区	148353	21484	19154	19348	16852	11441	27704	32370
云安区	4167	565	813	770	384	316	707	612
新兴县								
郁南县								
罗定市	102120	20254	14377	12885	8584	6300	14578	25142

7-4a 续表 3

单位：人

现住地	离开户口登记地时间							
	省内							
	小计	半年以上，不满一年	一年以上，不满二年	二年以上，不满三年	三年以上，不满四年	四年以上，不满五年	五年以上，不满十年	十年以上
广　东	**24758290**	**4024050**	**3224845**	**3179560**	**2442911**	**1761395**	**4186206**	**5939323**
广州市	**5789317**	**1067846**	**841487**	**811467**	**575535**	**388876**	**867966**	**1236140**
荔湾区	571102	73314	75402	76782	52355	40280	93177	159792
越秀区	278492	37842	36469	38619	30096	21710	46880	66876
海珠区	609190	89070	69997	79378	57514	40965	100159	172107
天河区	1011357	203950	170836	164529	109101	69353	140635	152953
白云区	1247444	239015	167272	151469	115898	84235	195884	293671
黄埔区	396280	91541	58086	46823	37464	27091	61366	73909
番禺区	855590	175357	134095	140025	95499	55177	107101	148336
花都区	355213	58310	54347	51787	38194	24998	55642	71935
南沙区	130243	26871	19522	17524	13237	8356	20166	24567
从化区	91281	15564	19572	16304	7731	4385	10808	16917
增城区	243125	57012	35889	28227	18446	12326	36148	55077
韶关市	**409242**	**55294**	**55366**	**53832**	**44544**	**28922**	**74559**	**96725**
武江区	131801	21951	18724	17587	14035	9298	21390	28816
浈江区	119220	15878	17763	17092	16009	7759	19115	25604
曲江区	54853	5548	6292	6123	4935	3901	12550	15504
始兴县								
仁化县								
翁源县								
乳源瑶族自治县								
新丰县								
乐昌市	44455	5830	5500	5697	4939	3836	9826	8827
南雄市	58913	6087	7087	7333	4626	4128	11678	17974
深圳市	**5850578**	**884850**	**628552**	**605928**	**521585**	**423184**	**1089315**	**1697164**
罗湖区	447130	50303	43533	46291	42143	34812	89353	140695
福田区	562486	92836	67746	63585	54133	41903	106268	136015
南山区	558354	92408	80350	76739	55603	45338	79698	128218
宝安区	1387240	232211	142625	134244	122718	98749	263965	392728
龙岗区	1523624	219816	156270	150796	127343	104924	285308	479167
盐田区	84514	10474	8665	8607	6573	5117	14322	30756
龙华区	819523	122036	88185	87962	78739	63655	159787	219159
坪山区	163299	25341	14476	12580	10862	9058	30171	60811
光明区	304408	39425	26702	25124	23471	19628	60443	109615
珠海市	**614876**	**100443**	**84643**	**78865**	**58778**	**36718**	**96643**	**158786**
香洲区	433197	69608	54617	53402	42035	26585	70701	116249
斗门区	75687	10937	8360	7804	6754	5233	13760	22839
金湾区	105992	19898	21666	17659	9989	4900	12182	19698
汕头市	**457778**	**70563**	**60695**	**61676**	**44292**	**32025**	**73358**	**115169**
龙湖区	130023	21528	18089	19827	14692	10189	21109	24589
金平区	172179	23869	18551	20317	20189	13679	29489	46085
濠江区	14742	4336	2920	2296	503	563	1306	2818
潮阳区	60511	7421	10047	8728	3783	3353	10035	17144
潮南区	14274	4768	2257	1709	1148	915	1406	2071
澄海区	66049	8641	8831	8799	3977	3326	10013	22462
南澳县								
佛山市	**2284573**	**327372**	**314372**	**343154**	**257403**	**179556**	**370956**	**491760**
禅城区	400131	48010	54062	60969	48786	37789	70808	79707
南海区	1011885	150031	151090	165485	119177	78759	143929	203414
顺德区	621753	94022	79499	87320	63954	43962	108772	144224
三水区	129163	17890	17711	15083	13773	9029	23084	32593
高明区	121641	17419	12010	14297	11713	10017	24363	31822

7-4a　续表 4　　单位：人

现住地	离开户口登记地时间 省内 小计	半年以上，不满一年	一年以上，不满二年	二年以上，不满三年	三年以上，不满四年	四年以上，不满五年	五年以上，不满十年	十年以上
江门市	**956050**	**110955**	**124983**	**129737**	**96012**	**73528**	**190352**	**230483**
蓬江区	237871	37113	38144	35016	26689	17042	38292	45575
江海区	103061	16309	14502	12798	9557	6861	18042	24992
新会区	162443	13458	17029	16891	14819	11937	37542	50767
台山市	130724	14523	21482	22689	12145	10139	26428	23318
开平市	177011	14862	17658	22200	18270	14221	41310	48490
鹤山市	78589	8810	9756	12157	8022	7103	13990	18751
恩平市	66351	5880	6412	7986	6510	6225	14748	18590
湛江市	**969597**	**147815**	**142153**	**153984**	**116468**	**79138**	**165641**	**164398**
赤坎区	205976	30102	31466	31857	24623	14880	35454	37594
霞山区	336711	45945	47662	54387	40744	29669	61105	57199
坡头区	18240	4600	3323	2993	1593	933	2311	2487
麻章区	45861	13048	6377	6309	6073	2146	5213	6695
遂溪县	2783	373	272	253	126	133	453	1173
徐闻县								
廉江市	152594	19543	22794	23058	18040	13750	27943	27466
雷州市	128610	23206	20535	23216	17897	11603	18660	13493
吴川市	78822	10998	9724	11911	7372	6024	14502	18291
茂名市	**646824**	**140912**	**110030**	**95566**	**53989**	**40583**	**95855**	**109889**
茂南区	204069	38625	33736	29065	19965	14870	30160	37648
电白区	69613	11893	11499	11269	5674	4927	11014	13337
高州市	140554	46336	28573	21929	8046	6136	13947	15587
化州市	126440	17010	20450	19429	11539	8515	22187	27310
信宜市	106148	27048	15772	13874	8765	6135	18547	16007
肇庆市	**501868**	**89104**	**83314**	**68591**	**49782**	**37127**	**81868**	**92082**
端州区	213597	41943	40845	33720	22316	14640	28977	31156
鼎湖区	56317	14572	10690	5597	3749	3083	8020	10606
高要区	57614	8324	15220	9614	5889	4053	8126	6388
广宁县								
怀集县								
封开县								
德庆县								
四会市	174340	24265	16559	19660	17828	15351	36745	43932
惠州市	**914213**	**139853**	**110454**	**104983**	**85465**	**63949**	**158394**	**251115**
惠城区	585654	83653	63338	61789	54101	41436	105096	176241
惠阳区	321082	55154	45590	42275	30474	21882	52003	73704
博罗县	7477	1046	1526	919	890	631	1295	1170
惠东县								
龙门县								
梅州市	**565709**	**63790**	**64701**	**61519**	**62688**	**41933**	**107139**	**163939**
梅江区	213505	30346	29227	22589	18984	11419	32002	68938
梅县区	184842	19386	17770	19975	23100	17303	37693	49615
大埔县								
丰顺县								
五华县	704	133	79	82	51	45	83	231
平远县								
蕉岭县								
兴宁市	166658	13925	17625	18873	20553	13166	37361	45155

7-4a 续表 5 单位：人

现住地	离开户口登记地时间							
	省内							
	小计	半年以上，不满一年	一年以上，不满二年	二年以上，不满三年	三年以上，不满四年	四年以上，不满五年	五年以上，不满十年	十年以上
汕尾市	**187144**	**25770**	**21372**	**23115**	**20156**	**16475**	**32397**	**47859**
城区	132989	18826	14772	15865	14246	12108	21849	35323
海丰县								
陆河县								
陆丰市	54155	6944	6600	7250	5910	4367	10548	12536
河源市	**350401**	**46219**	**37112**	**39494**	**34885**	**27551**	**76840**	**88300**
源城区	350401	46219	37112	39494	34885	27551	76840	88300
紫金县								
龙川县								
连平县								
和平县								
东源县								
阳江市	**525176**	**60475**	**51169**	**59260**	**53811**	**43865**	**110900**	**145696**
江城区	307073	29807	27920	33609	30416	26143	63780	95398
阳东区	111988	10231	12002	12863	12929	9781	28180	26002
阳西县								
阳春市	106115	20437	11247	12788	10466	7941	18940	24296
清远市	**684796**	**84329**	**77909**	**80506**	**73670**	**52163**	**146984**	**169235**
清城区	335152	42281	42905	42551	36096	24856	69195	77268
清新区	186516	15957	15982	18174	19471	14501	43745	58686
佛冈县								
阳山县								
连山壮族瑶族自治县								
连南瑶族自治县								
英德市	106757	18613	12850	13533	11665	8720	19763	21613
连州市	56371	7478	6172	6248	6438	4086	14281	11668
东莞市	**1991739**	**435552**	**273162**	**267464**	**200533**	**128183**	**278533**	**408312**
市辖区	1991739	435552	273162	267464	200533	128183	278533	408312
中山市	**532515**	**90224**	**68653**	**66395**	**49358**	**35372**	**88523**	**133990**
市辖区	532515	90224	68653	66395	49358	35372	88523	133990
潮州市	**215070**	**25043**	**22238**	**22038**	**16436**	**13276**	**37640**	**78399**
湘桥区	163102	17898	17006	17396	12758	9908	27389	60747
潮安区	51968	7145	5232	4642	3678	3368	10251	17652
饶平县								
揭阳市	**82954**	**20890**	**22208**	**22155**	**4545**	**2761**	**3859**	**6536**
榕城区	17722	3727	2622	6426	1016	668	1059	2204
揭东区	14608	2121	4703	3950	1362	767	668	1037
揭西县								
惠来县								
普宁市	50624	15042	14883	11779	2167	1326	2132	3295
云浮市	**227870**	**36751**	**30272**	**29831**	**22976**	**16210**	**38484**	**53346**
云城区	126595	16774	16104	16748	14424	9881	24013	28651
云安区	3511	423	695	695	324	284	585	505
新兴县								
郁南县								
罗定市	97764	19554	13473	12388	8228	6045	13886	24190

7-4a　续表 6　　　　　　　　　　　　　　　　　　　　　　　　　　单位：人

现住地	离开户口登记地时间							
	省外							
	小计	半年以上，不满一年	一年以上，不满二年	二年以上，不满三年	三年以上，不满四年	四年以上，不满五年	五年以上，不满十年	十年以上
广　东	**24859982**	**4609603**	**3381601**	**3087540**	**2534031**	**1800997**	**4026967**	**5419243**
广州市	**4035304**	**837606**	**614879**	**566627**	**431860**	**287594**	**582803**	**713935**
荔湾区	197894	52080	30580	24840	18699	13225	26099	32371
越秀区	139185	26410	19662	17897	14532	10432	22449	27803
海珠区	451308	82241	56680	67852	53785	38989	73866	77895
天河区	562466	109925	96534	86870	64325	40997	80483	83332
白云区	977135	235427	148543	118022	91536	62033	134049	187525
黄埔区	377042	74630	55223	44491	35388	25127	61319	80864
番禺区	717084	137974	112215	119275	85934	54487	92693	114506
花都区	350919	65903	57406	56414	43854	26229	49291	51822
南沙区	156163	30509	22128	19203	14631	9710	25319	34663
从化区	12321	2439	2601	1808	1073	656	1723	2021
增城区	93787	20068	13307	9955	8103	5709	15512	21133
韶关市	**81412**	**12139**	**11073**	**9080**	**8372**	**5927**	**14996**	**19825**
武江区	37210	7295	5150	3935	3762	2539	5937	8592
浈江区	23520	2259	3394	2791	2631	1667	4656	6122
曲江区	9995	1195	1188	1143	939	889	2194	2447
始兴县								
仁化县								
翁源县								
乳源瑶族自治县								
新丰县								
乐昌市	6295	763	673	654	606	493	1336	1770
南雄市	4392	627	668	557	434	339	873	894
深圳市	**8190970**	**1228191**	**918355**	**835014**	**755870**	**616769**	**1576456**	**2260315**
罗湖区	345541	51230	36741	33614	31375	25666	62614	104301
福田区	463150	72093	55719	47544	42686	33803	85015	126290
南山区	629212	88245	82624	79353	67145	57107	101047	153691
宝安区	2520020	422632	287881	252634	232832	186148	490796	647097
龙岗区	1800655	254560	204425	188486	159693	131194	347510	514787
盐田区	71582	9191	6151	5647	4931	4326	13059	28277
龙华区	1353644	192978	154405	146769	138168	111999	272078	337247
坪山区	301954	46384	29209	25172	22829	18703	58860	100797
光明区	705212	90878	61200	55795	56211	47823	145477	247828
珠海市	**559395**	**88255**	**77008**	**65620**	**53923**	**37033**	**94273**	**143283**
香洲区	382135	56968	49259	44518	36810	25476	65184	103920
斗门区	65306	11077	8202	7022	6169	4705	11458	16673
金湾区	111954	20210	19547	14080	10944	6852	17631	22690
汕头市	**228285**	**69228**	**38670**	**30836**	**22757**	**14677**	**26318**	**25799**
龙湖区	69286	17845	12809	10254	7830	5476	8784	6288
金平区	52787	10973	7021	6594	5383	3761	9000	10055
濠江区	6316	2587	1056	568	400	257	641	807
潮阳区	15384	8363	2917	923	845	345	755	1236
潮南区	22972	9786	4270	4693	1889	788	895	651
澄海区	61540	19674	10597	7804	6410	4050	6243	6762
南澳县								
佛山市	**2761424**	**496322**	**372795**	**387227**	**310592**	**213907**	**424043**	**556538**
禅城区	244356	39727	31384	33330	28709	22130	39504	49572
南海区	1129736	219216	161073	165172	133546	91452	153519	205758
顺德区	1219145	203894	156109	167386	131120	87786	204011	268839
三水区	77974	19803	12358	8609	7017	4567	10966	14654
高明区	90213	13682	11871	12730	10200	7972	16043	17715

7-4a 续表 7

单位：人

现住地	离开户口登记地时间 省外 小计	半年以上，不满一年	一年以上，不满二年	二年以上，不满三年	三年以上，不满四年	四年以上，不满五年	五年以上，不满十年	十年以上
江门市	**500177**	**91267**	**64761**	**58938**	**48319**	**36126**	**91406**	**109360**
蓬江区	188732	34726	26151	24814	19315	13981	31199	38546
江海区	109811	21357	13539	11999	10148	6786	19458	26524
新会区	75732	15001	9668	7073	6460	5079	15393	17058
台山市	34146	6091	5759	5044	3447	2416	5969	5420
开平市	22060	3878	2355	2648	2391	1919	4261	4608
鹤山市	63953	9236	6339	6638	6007	5483	14077	16173
恩平市	5743	978	950	722	551	462	1049	1031
湛江市	**69761**	**14950**	**10817**	**8912**	**7278**	**4606**	**10781**	**12417**
赤坎区	19544	4574	3128	2436	1963	1174	2789	3480
霞山区	28393	5717	4420	3756	3033	1905	4506	5056
坡头区	4174	901	702	567	422	275	685	622
麻章区	4223	1298	871	506	416	213	504	415
遂溪县	749	84	62	66	46	31	159	301
徐闻县								
廉江市	4587	734	684	651	570	414	783	751
雷州市	680	165	91	79	94	74	107	70
吴川市	7411	1477	859	851	734	520	1248	1722
茂名市	**49069**	**13527**	**7798**	**5871**	**4245**	**2820**	**6469**	**8339**
茂南区	23566	6096	3422	2697	2187	1418	3359	4387
电白区	4775	998	614	556	426	322	791	1068
高州市	12277	4387	2341	1708	1014	657	1019	1151
化州市	4129	1015	823	429	295	172	664	731
信宜市	4322	1031	598	481	323	251	636	1002
肇庆市	**153836**	**27773**	**22340**	**22650**	**18151**	**12077**	**27242**	**23603**
端州区	38264	8177	6238	4951	4095	2648	5613	6542
鼎湖区	13533	5450	2155	1196	835	553	1453	1891
高要区	5008	1015	1265	596	417	333	654	728
广宁县								
怀集县								
封开县								
德庆县								
四会市	97031	13131	12682	15907	12804	8543	19522	14442
惠州市	**903706**	**178861**	**134661**	**110479**	**94566**	**64286**	**137311**	**183542**
惠城区	437324	81008	50655	42422	40813	30662	72867	118897
惠阳区	455287	95593	82325	66710	52653	32869	62485	62652
博罗县	11095	2260	1681	1347	1100	755	1959	1993
惠东县								
龙门县								
梅州市	**43627**	**8768**	**6224**	**4902**	**4604**	**3314**	**7250**	**8565**
梅江区	22205	5734	3508	2437	1965	1333	3075	4153
梅县区	16628	2065	2153	2007	2173	1636	3292	3302
大埔县								
丰顺县								
五华县	93	34	23	9	6	1	5	15
平远县								
蕉岭县								
兴宁市	4701	935	540	449	460	344	878	1095

7-4a 续表 8

单位：人

现住地	离开户口登记地时间							
	省外							
	小计	半年以上，不满一年	一年以上，不满二年	二年以上，不满三年	三年以上，不满四年	四年以上，不满五年	五年以上，不满十年	十年以上
汕尾市	**20387**	**2994**	**2749**	**2540**	**2259**	**1535**	**3435**	**4875**
城 区	16323	2348	2122	1769	1864	1292	2637	4291
海丰县								
陆河县								
陆丰市	4064	646	627	771	395	243	798	584
河源市	**68106**	**13180**	**8160**	**6879**	**5896**	**4760**	**13148**	**16083**
源城区	68106	13180	8160	6879	5896	4760	13148	16083
紫金县								
龙川县								
连平县								
和平县								
东源县								
阳江市	**48418**	**10691**	**6966**	**5793**	**5432**	**3705**	**8122**	**7709**
江城区	24875	5047	3201	2695	2738	1971	4494	4729
阳东区	17427	4644	2975	2346	1968	1234	2441	1819
阳西县								
阳春市	6116	1000	790	752	726	500	1187	1161
清远市	**81244**	**15421**	**11122**	**10111**	**8407**	**5444**	**14509**	**16230**
清城区	55032	11764	8104	7414	5868	3556	9143	9183
清新区	12390	1066	1223	1232	1105	945	2742	4077
佛冈县								
阳山县								
连山壮族瑶族自治县								
连南瑶族自治县								
英德市	10265	2072	1399	1121	1092	732	1830	2019
连州市	3557	519	396	344	342	211	794	951
东莞市	**5671791**	**1233510**	**886820**	**795606**	**611622**	**387340**	**769248**	**987645**
市辖区	5671791	1233510	886820	795606	611622	387340	769248	987645
中山市	**1197764**	**206372**	**158664**	**140346**	**123181**	**87468**	**192796**	**288937**
市辖区	1197764	206372	158664	140346	123181	87468	192796	288937
潮州市	**116951**	**35635**	**15514**	**11189**	**9601**	**6724**	**15578**	**22710**
湘桥区	36727	10685	5947	3942	3052	1911	4479	6711
潮安区	80224	24950	9567	7247	6549	4813	11099	15999
饶平县								
揭阳市	**51585**	**19361**	**8153**	**5748**	**4252**	**3038**	**6278**	**4755**
榕城区	21992	10065	3513	1959	1421	1000	2458	1576
揭东区	16127	4157	2077	1777	1480	1199	2907	2530
揭西县								
惠来县								
普宁市	13466	5139	2563	2012	1351	839	913	649
云浮市	**26770**	**5552**	**4072**	**3172**	**2844**	**1847**	**4505**	**4778**
云城区	21758	4710	3050	2600	2428	1560	3691	3719
云安区	656	142	118	75	60	32	122	107
新兴县								
郁南县								
罗定市	4356	700	904	497	356	255	692	952

7-4b 全省按现住地、离开户口登记地时间分的户口登记地在外乡镇街道的人口(镇)

单位：人

现住地	离开户口登记地时间							
	合计							
	合计	半年以上，不满一年	一年以上，不满二年	二年以上，不满三年	三年以上，不满四年	四年以上，不满五年	五年以上，不满十年	十年以上
广　东	**6173567**	**1132783**	**864076**	**789703**	**608505**	**433763**	**1027851**	**1316886**
广州市	**734023**	**170364**	**142986**	**101399**	**65734**	**41558**	**86444**	**125538**
荔湾区								
越秀区								
海珠区								
天河区								
白云区	189287	53957	45437	28421	15244	9188	14223	22817
黄埔区	17332	4724	3299	2561	1322	841	1898	2687
番禺区	48168	7906	11190	8733	5001	2695	3800	8843
花都区	67420	16876	11969	9858	7272	4049	9507	7889
南沙区	76398	14473	9846	8672	6663	5637	12834	18273
从化区	65602	17727	19296	8079	5637	2157	5250	7456
增城区	269816	54701	41949	35075	24595	16991	38932	57573
韶关市	**259383**	**34267**	**30633**	**30129**	**26702**	**19202**	**52729**	**65721**
武江区	588	84	53	48	51	38	106	208
浈江区	11806	1779	2634	1863	2396	720	666	1748
曲江区	8328	1105	942	870	643	518	1822	2428
始兴县	39756	6074	4969	5268	4818	3401	8462	6764
仁化县	33493	4104	3681	3847	2652	1823	6406	10980
翁源县	42134	6045	4601	3918	3841	2759	8529	12441
乳源瑶族自治县	41062	4067	4168	4573	4168	3476	10228	10382
新丰县	41887	6455	5428	4946	3764	3070	7677	10547
乐昌市	32182	3187	3308	3842	3646	2740	7199	8260
南雄市	8147	1367	849	954	723	657	1634	1963
深圳市	**5483**	**833**	**724**	**477**	**400**	**442**	**935**	**1672**
罗湖区								
福田区								
南山区	3993	417	409	311	283	397	789	1387
宝安区								
龙岗区								
盐田区								
龙华区								
坪山区	1490	416	315	166	117	45	146	285
光明区								
珠海市	**218432**	**39317**	**24934**	**21857**	**19784**	**13995**	**38447**	**60098**
香洲区	44893	12782	4642	3784	3018	2501	5992	12174
斗门区	98428	14517	11021	10125	10066	6724	18933	27042
金湾区	75111	12018	9271	7948	6700	4770	13522	20882
汕头市	**172073**	**59241**	**37918**	**27042**	**12987**	**6663**	**13502**	**14720**
龙湖区								
金平区								
濠江区	314	146	29	33	25	14	33	34
潮阳区	70150	28075	23093	10627	3641	1250	1642	1822
潮南区	24726	9444	3533	5203	2107	906	1595	1938
澄海区	71759	20810	10491	10688	6809	4052	9439	9470
南澳县	5124	766	772	491	405	441	793	1456
佛山市	**309250**	**54650**	**49766**	**45622**	**32437**	**21943**	**46994**	**57838**
禅城区	117375	19682	21078	21552	13282	8567	15913	17301
南海区	33961	6176	6065	5112	4646	2819	4146	4997
顺德区								
三水区	143981	26976	20654	17333	13042	9568	23785	32623
高明区	13933	1816	1969	1625	1467	989	3150	2917

7-4b 续表 1

单位：人

现住地	离开户口登记地时间							
	合计							
	合计	半年以上，不满一年	一年以上，不满二年	二年以上，不满三年	三年以上，不满四年	四年以上，不满五年	五年以上，不满十年	十年以上
江门市	**176182**	**33336**	**21651**	**21442**	**16132**	**12812**	**32535**	**38274**
蓬江区								
江海区								
新会区	39398	6423	4380	4941	3950	3032	8123	8549
台山市	11645	2217	1357	1247	966	738	1913	3207
开平市	52054	9749	5921	5574	4424	3891	9500	12995
鹤山市	48934	11736	7491	7104	4492	3311	7153	7647
恩平市	24151	3211	2502	2576	2300	1840	5846	5876
湛江市	**294631**	**55535**	**39769**	**42741**	**33332**	**20181**	**42365**	**60708**
赤坎区								
霞山区	1245	248	382	162	72	46	149	186
坡头区	11355	2550	1382	1353	1188	786	1811	2285
麻章区	55124	17703	10444	10099	10722	1295	2271	2590
遂溪县	73813	8893	10327	13072	8113	7036	12723	13649
徐闻县	81412	12320	9084	8635	6494	5809	14213	24857
廉江市	35804	6880	4016	5336	3173	2444	5540	8415
雷州市	21233	3646	2101	2294	2312	1986	3728	5166
吴川市	14645	3295	2033	1790	1258	779	1930	3560
茂名市	**122817**	**23193**	**17333**	**16373**	**10386**	**7555**	**18896**	**29081**
茂南区	4445	745	391	353	311	264	709	1672
电白区	54824	9158	7965	7605	5065	3792	9228	12011
高州市	21423	5424	3509	2761	1444	998	2479	4808
化州市	31479	6255	4268	4466	2658	1780	4498	7554
信宜市	10646	1611	1200	1188	908	721	1982	3036
肇庆市	**258702**	**59660**	**38261**	**38913**	**27621**	**18745**	**40309**	**35193**
端州区								
鼎湖区	17523	3708	1510	1708	1513	1575	2997	4512
高要区	52269	13062	7749	8397	5924	4337	6813	5987
广宁县	44163	9421	7879	6262	4603	2868	6516	6614
怀集县	64002	19665	8316	10290	6540	3846	12061	3284
封开县	27407	6310	4210	3014	2739	2094	4452	4588
德庆县	29714	4520	3639	3207	2944	2316	5146	7942
四会市	23624	2974	4958	6035	3358	1709	2324	2266
惠州市	**984058**	**147400**	**122529**	**114114**	**88730**	**64940**	**178771**	**267574**
惠城区	87405	16704	13785	11022	7133	5703	13081	19977
惠阳区	86520	16036	12392	11131	8087	5339	14856	18679
博罗县	372925	72289	58802	46118	35738	23787	56572	79619
惠东县	388101	35855	30749	40192	33510	26866	85554	135375
龙门县	49107	6516	6801	5651	4262	3245	8708	13924
梅州市	**296144**	**46347**	**33110**	**34663**	**28362**	**21890**	**51298**	**80474**
梅江区	1028	210	86	65	68	55	134	410
梅县区	9155	973	959	1097	760	575	1616	3175
大埔县	70555	9128	6460	7793	7640	5586	13118	20830
丰顺县	55746	9940	5689	6528	5178	3540	8645	16226
五华县	65704	16496	11371	9848	5897	3911	7466	10715
平远县	34472	3649	4115	4222	3514	3077	7127	8768
蕉岭县	51578	3736	3679	4323	4752	4743	12150	18195
兴宁市	7906	2215	751	787	553	403	1042	2155

7-4b 续表 2

单位：人

现住地	离开户口登记地时间							
	合计							
	合计	半年以上，不满一年	一年以上，不满二年	二年以上，不满三年	三年以上，不满四年	四年以上，不满五年	五年以上，不满十年	十年以上
汕尾市	**409070**	**60008**	**52715**	**51459**	**46689**	**38102**	**86711**	**73386**
城　区	13112	3608	1886	1928	1228	800	2264	1398
海丰县	312875	41970	40291	40892	39313	31498	70319	48592
陆河县	43026	6777	5694	4451	2578	3190	6607	13729
陆丰市	40057	7653	4844	4188	3570	2614	7521	9667
河源市	**380153**	**54724**	**47863**	**51807**	**44977**	**34627**	**74593**	**71562**
源城区	29578	6245	3128	2773	2421	1914	5889	7208
紫金县	69341	10732	9988	9758	6927	4927	11605	15404
龙川县	120353	15445	14655	15788	14092	11428	27278	21667
连平县	41970	5055	3782	4070	3544	3517	9107	12895
和平县	61648	9869	8306	9731	7936	7187	11420	7199
东源县	57263	7378	8004	9687	10057	5654	9294	7189
阳江市	**122474**	**17923**	**12310**	**12138**	**12177**	**9247**	**26706**	**31973**
江城区	10538	1572	1005	968	927	753	2228	3085
阳东区	16727	1990	1748	1238	1158	1097	3948	5548
阳西县	79580	11933	8346	8860	8837	6286	17475	17843
阳春市	15629	2428	1211	1072	1255	1111	3055	5497
清远市	**311103**	**50905**	**42417**	**39955**	**32300**	**22463**	**57426**	**65637**
清城区	108656	19751	16425	14134	10618	7951	17737	22040
清新区	8874	1153	888	976	899	666	1714	2578
佛冈县	56175	6938	6855	7319	5891	3999	11056	14117
阳山县	61977	11377	7733	8226	7414	4796	12285	10146
连山壮族瑶族自治县	12610	1581	1490	1570	1348	922	2748	2951
连南瑶族自治县	16645	2646	2189	2190	1983	1153	3370	3114
英德市	42859	6594	6373	5212	3881	2783	8039	9977
连州市	3307	865	464	328	266	193	477	714
东莞市	**70155**	**13427**	**10587**	**10731**	**8595**	**5094**	**10731**	**10990**
市辖区	70155	13427	10587	10731	8595	5094	10731	10990
中山市	**777940**	**141772**	**95963**	**90239**	**77100**	**57778**	**133124**	**181964**
市辖区	777940	141772	95963	90239	77100	57778	133124	181964
潮州市	**64058**	**22105**	**10770**	**9221**	**4053**	**2345**	**5087**	**10477**
湘桥区	14128	4581	3860	2969	1224	242	515	737
潮安区	21711	9546	2879	2997	1074	804	1642	2769
饶平县	28219	7978	4031	3255	1755	1299	2930	6971
揭阳市	**67461**	**26029**	**9713**	**8083**	**4697**	**3265**	**6687**	**8987**
榕城区	3648	1537	514	353	257	156	396	435
揭东区	8666	3547	1174	983	607	369	867	1119
揭西县	12100	3157	1642	1275	969	865	1581	2611
惠来县	24213	11015	2784	2051	1847	1225	2633	2658
普宁市	18834	6773	3599	3421	1017	650	1210	2164
云浮市	**139975**	**21747**	**22124**	**21298**	**15310**	**10916**	**23561**	**25019**
云城区								
云安区	8735	1809	1473	1726	526	370	1053	1778
新兴县	90083	11691	14310	14029	10642	7543	16459	15409
郁南县	32976	6629	5432	4716	3534	2533	4786	5346
罗定市	8181	1618	909	827	608	470	1263	2486

7-4b 续表 3

单位：人

现住地	离开户口登记地时间							
	省内							
	小计	半年以上，不满一年	一年以上，不满二年	二年以上，不满三年	三年以上，不满四年	四年以上，不满五年	五年以上，不满十年	十年以上
广东	**3902060**	**659089**	**519101**	**499254**	**386103**	**281527**	**685137**	**871849**
广州市	**395130**	**100017**	**83815**	**55342**	**33165**	**19575**	**40284**	**62932**
荔湾区								
越秀区								
海珠区								
天河区								
白云区	122507	35792	31532	18688	9464	5568	7365	14098
黄埔区	11929	3571	2447	1843	902	525	1017	1624
番禺区	25590	3985	5089	3766	2310	1230	2075	7135
花都区	34964	9937	6078	5105	4095	1898	4231	3620
南沙区	27418	5205	3639	3293	2308	1919	4599	6455
从化区	47770	14671	16387	6030	3868	1023	2403	3388
增城区	124952	26856	18643	16617	10218	7412	18594	26612
韶关市	**230611**	**29996**	**27114**	**27186**	**23947**	**17135**	**47266**	**57967**
武江区	455	41	36	34	34	32	87	191
浈江区	10014	1497	2260	1583	2048	595	554	1477
曲江区	6120	678	636	622	446	369	1381	1988
始兴县	36730	5530	4541	4972	4508	3184	7911	6084
仁化县	28108	3463	3157	3407	2222	1548	5244	9067
翁源县	39792	5600	4304	3705	3572	2574	8098	11939
乳源瑶族自治县	36843	3565	3746	4089	3828	3154	9316	9145
新丰县	38509	5810	4855	4515	3462	2799	7189	9879
乐昌市	27149	2709	2886	3418	3202	2325	6099	6510
南雄市	6891	1103	693	841	625	555	1387	1687
深圳市	**1672**	**416**	**335**	**194**	**139**	**80**	**179**	**329**
罗湖区								
福田区								
南山区	621	93	71	61	50	47	103	196
宝安区								
龙岗区								
盐田区								
龙华区								
坪山区	1051	323	264	133	89	33	76	133
光明区								
珠海市	**88474**	**15022**	**9460**	**9002**	**8080**	**5391**	**15937**	**25582**
香洲区	15451	4110	1708	1345	1128	802	2360	3998
斗门区	47107	6916	4907	4865	4601	3039	8843	13936
金湾区	25916	3996	2845	2792	2351	1550	4734	7648
汕头市	**64989**	**18598**	**11032**	**9522**	**4106**	**2857**	**8125**	**10749**
龙湖区								
金平区								
濠江区	118	47	11	9	11	6	12	22
潮阳区	21489	10292	5190	2628	743	471	809	1356
潮南区	10586	3732	1502	1876	733	400	879	1464
澄海区	29168	4099	3762	4654	2347	1683	5868	6755
南澳县	3628	428	567	355	272	297	557	1152
佛山市	**106468**	**17534**	**17522**	**16789**	**10806**	**7704**	**16750**	**19363**
禅城区	41771	6295	7497	8142	4673	3181	5934	6049
南海区	10277	1844	1948	1591	1272	777	1290	1555
顺德区								
三水区	49502	9023	7509	6513	4369	3339	8234	10515
高明区	4918	372	568	543	492	407	1292	1244

7-4b 续表 4

单位：人

现住地	离开户口登记地时间							
	省内							
	小计	半年以上，不满一年	一年以上，不满二年	二年以上，不满三年	三年以上，不满四年	四年以上，不满五年	五年以上，不满十年	十年以上
江门市	**76072**	**12524**	**8167**	**9305**	**7088**	**5961**	**14655**	**18372**
蓬江区								
江海区								
新会区	12477	1967	1277	1608	1205	870	2467	3083
台山市	6782	1266	597	677	480	466	1128	2168
开平市	21353	3746	2211	2370	1745	1780	3844	5657
鹤山市	16617	3474	2356	2618	1761	1339	2451	2618
恩平市	18843	2071	1726	2032	1897	1506	4765	4846
湛江市	**269728**	**48593**	**35633**	**39219**	**30692**	**18826**	**39311**	**57454**
赤坎区								
霞山区	952	196	334	104	45	35	85	153
坡头区	9745	1939	1163	1199	1054	691	1631	2068
麻章区	45723	14395	8671	8563	9474	960	1563	2097
遂溪县	71384	8427	9965	12704	7857	6846	12277	13308
徐闻县	77698	11414	8497	8172	6245	5541	13701	24128
廉江市	31541	6189	3362	4702	2689	2138	4826	7635
雷州市	20559	3507	1998	2226	2241	1935	3597	5055
吴川市	12126	2526	1643	1549	1087	680	1631	3010
茂名市	**110920**	**20317**	**15517**	**15258**	**9442**	**6940**	**17091**	**26355**
茂南区	3662	438	302	280	263	220	635	1524
电白区	50066	7857	7200	7206	4723	3574	8447	11059
高州市	18839	4953	3044	2533	1220	867	2132	4090
化州市	29030	5688	3939	4235	2429	1613	4079	7047
信宜市	9323	1381	1032	1004	807	666	1798	2635
肇庆市	**190560**	**43137**	**27642**	**27727**	**20076**	**13261**	**31530**	**27187**
端州区								
鼎湖区	7656	1203	561	622	598	659	1298	2715
高要区	19204	4270	3218	3072	1990	1573	2494	2587
广宁县	40693	8559	7279	5733	4287	2547	6147	6141
怀集县	59125	18177	7199	9783	5977	3515	11549	2925
封开县	23832	5261	3696	2586	2393	1844	3984	4068
德庆县	27438	3948	3325	3035	2800	2167	4790	7373
四会市	12612	1719	2364	2896	2031	956	1268	1378
惠州市	**588123**	**70277**	**65074**	**65173**	**50138**	**39601**	**115940**	**181920**
惠城区	49105	8411	8313	6925	3899	3245	7672	10640
惠阳区	36840	4685	4339	4445	3391	2391	7044	10545
博罗县	170003	28796	24804	20133	15198	11187	27229	42656
惠东县	291670	23615	21969	28892	24165	20174	66629	106226
龙门县	40505	4770	5649	4778	3485	2604	7366	11853
梅州市	**272757**	**41274**	**29660**	**31627**	**26253**	**20427**	**47772**	**75744**
梅江区	845	113	76	55	61	40	118	382
梅县区	7681	812	777	870	614	482	1290	2836
大埔县	67081	8437	6030	7419	7284	5361	12514	20036
丰顺县	49518	8548	4668	5407	4636	3235	7957	15067
五华县	61351	15357	10495	9236	5501	3670	6955	10137
平远县	31498	3276	3714	3955	3233	2810	6501	8009
蕉岭县	48505	3388	3331	4021	4478	4509	11505	17273
兴宁市	6278	1343	569	664	446	320	932	2004

7-4b　续表 5　　　　单位：人

现住地	离开户口登记地时间 省内 小计	半年以上，不满一年	一年以上，不满二年	二年以上，不满三年	三年以上，不满四年	四年以上，不满五年	五年以上，不满十年	十年以上
汕尾市	**363017**	**52729**	**43632**	**44963**	**41589**	**34488**	**79693**	**65923**
城　区	9912	2017	1414	1662	975	550	2099	1195
海丰县	277140	38037	33328	35451	35070	28667	64182	42405
陆河县	39079	5746	4722	4073	2312	2831	6303	13092
陆丰市	36886	6929	4168	3777	3232	2440	7109	9231
河源市	**339736**	**47210**	**41941**	**47201**	**40913**	**31614**	**67693**	**63164**
源城区	16998	3855	1887	1594	1383	1150	3511	3618
紫金县	61350	8828	8432	8809	6204	4453	10562	14062
龙川县	114766	14608	13750	15172	13479	10979	26233	20545
连平县	39436	4444	3413	3788	3296	3325	8739	12431
和平县	59092	9302	7680	9367	7684	6979	11132	6948
东源县	48094	6173	6779	8471	8867	4728	7516	5560
阳江市	**109664**	**14688**	**10304**	**10789**	**11066**	**8496**	**24695**	**29626**
江城区	7519	813	547	670	655	573	1698	2563
阳东区	12892	1089	1217	905	861	825	3289	4706
阳西县	75253	10691	7558	8354	8467	6099	16884	17200
阳春市	14000	2095	982	860	1083	999	2824	5157
清远市	**235800**	**36074**	**30272**	**30041**	**24444**	**16995**	**45268**	**52706**
清城区	57572	9304	7695	7239	5264	4094	9848	14128
清新区	6312	864	583	604	585	455	1229	1992
佛冈县	49279	5899	5884	6428	5136	3512	9847	12573
阳山县	59201	10911	7243	7862	7145	4601	11773	9666
连山壮族瑶族自治县	11270	1360	1354	1450	1208	850	2491	2557
连南瑶族自治县	15716	2518	2058	2115	1905	1075	3191	2854
英德市	33826	4552	5068	4109	3007	2254	6529	8307
连州市	2624	666	387	234	194	154	360	629
东莞市	**13673**	**2446**	**1680**	**2159**	**1664**	**1033**	**2274**	**2417**
市辖区	13673	2446	1680	2159	1664	1033	2274	2417
中山市	**231238**	**40954**	**26491**	**25930**	**22968**	**17332**	**40990**	**56573**
市辖区	231238	40954	26491	25930	22968	17332	40990	56573
潮州市	**42470**	**11027**	**7732**	**7039**	**2823**	**1661**	**3664**	**8524**
湘桥区	10994	3140	3317	2549	939	159	332	558
潮安区	6535	1390	835	1672	312	291	661	1374
饶平县	24941	6497	3580	2818	1572	1211	2671	6592
揭阳市	**48368**	**17339**	**6514**	**5969**	**3367**	**2522**	**5086**	**7571**
榕城区	1420	519	146	156	96	85	144	274
揭东区	3553	1294	437	455	226	117	314	710
揭西县	9589	2197	1133	991	827	754	1361	2326
惠来县	21858	9963	2245	1727	1662	1157	2533	2571
普宁市	11948	3366	2553	2640	556	409	734	1690
云浮市	**122590**	**18917**	**19564**	**18819**	**13337**	**9628**	**20934**	**21391**
云城区								
云安区	6255	1346	1161	1394	356	258	703	1037
新兴县	79136	10217	12646	12332	9257	6635	14760	13289
郁南县	30403	6006	5002	4433	3220	2346	4419	4977
罗定市	6796	1348	755	660	504	389	1052	2088

7-4b 续表 6

单位：人

现住地	离开户口登记地时间							
	省外							
	小计	半年以上，不满一年	一年以上，不满二年	二年以上，不满三年	三年以上，不满四年	四年以上，不满五年	五年以上，不满十年	十年以上
广　东	**2271507**	**473694**	**344975**	**290449**	**222402**	**152236**	**342714**	**445037**
广州市	**338893**	**70347**	**59171**	**46057**	**32569**	**21983**	**46160**	**62606**
荔湾区								
越秀区								
海珠区								
天河区								
白云区	66780	18165	13905	9733	5780	3620	6858	8719
黄埔区	5403	1153	852	718	420	316	881	1063
番禺区	22578	3921	6101	4967	2691	1465	1725	1708
花都区	32456	6939	5891	4753	3177	2151	5276	4269
南沙区	48980	9268	6207	5379	4355	3718	8235	11818
从化区	17832	3056	2909	2049	1769	1134	2847	4068
增城区	144864	27845	23306	18458	14377	9579	20338	30961
韶关市	**28772**	**4271**	**3519**	**2943**	**2755**	**2067**	**5463**	**7754**
武江区	133	43	17	14	17	6	19	17
浈江区	1792	282	374	280	348	125	112	271
曲江区	2208	427	306	248	197	149	441	440
始兴县	3026	544	428	296	310	217	551	680
仁化县	5385	641	524	440	430	275	1162	1913
翁源县	2342	445	297	213	269	185	431	502
乳源瑶族自治县	4219	502	422	484	340	322	912	1237
新丰县	3378	645	573	431	302	271	488	668
乐昌市	5033	478	422	424	444	415	1100	1750
南雄市	1256	264	156	113	98	102	247	276
深圳市	**3811**	**417**	**389**	**283**	**261**	**362**	**756**	**1343**
罗湖区								
福田区								
南山区	3372	324	338	250	233	350	686	1191
宝安区								
龙岗区								
盐田区								
龙华区								
坪山区	439	93	51	33	28	12	70	152
光明区								
珠海市	**129958**	**24295**	**15474**	**12855**	**11704**	**8604**	**22510**	**34516**
香洲区	29442	8672	2934	2439	1890	1699	3632	8176
斗门区	51321	7601	6114	5260	5465	3685	10090	13106
金湾区	49195	8022	6426	5156	4349	3220	8788	13234
汕头市	**107084**	**40643**	**26886**	**17520**	**8881**	**3806**	**5377**	**3971**
龙湖区								
金平区								
濠江区	196	99	18	24	14	8	21	12
潮阳区	48661	17783	17903	7999	2898	779	833	466
潮南区	14140	5712	2031	3327	1374	506	716	474
澄海区	42591	16711	6729	6034	4462	2369	3571	2715
南澳县	1496	338	205	136	133	144	236	304
佛山市	**202782**	**37116**	**32244**	**28833**	**21631**	**14239**	**30244**	**38475**
禅城区	75604	13387	13581	13410	8609	5386	9979	11252
南海区	23684	4332	4117	3521	3374	2042	2856	3442
顺德区								
三水区	94479	17953	13145	10820	8673	6229	15551	22108
高明区	9015	1444	1401	1082	975	582	1858	1673

7-4b　续表 7　　　　单位：人

现住地	离开户口登记地时间							
	省外							
	小计	半年以上，不满一年	一年以上，不满二年	二年以上，不满三年	三年以上，不满四年	四年以上，不满五年	五年以上，不满十年	十年以上
江门市	**100110**	**20812**	**13484**	**12137**	**9044**	**6851**	**17880**	**19902**
蓬江区								
江海区								
新会区	26921	4456	3103	3333	2745	2162	5656	5466
台山市	4863	951	760	570	486	272	785	1039
开平市	30701	6003	3710	3204	2679	2111	5656	7338
鹤山市	32317	8262	5135	4486	2731	1972	4702	5029
恩平市	5308	1140	776	544	403	334	1081	1030
湛江市	**24903**	**6942**	**4136**	**3522**	**2640**	**1355**	**3054**	**3254**
赤坎区								
霞山区	293	52	48	58	27	11	64	33
坡头区	1610	611	219	154	134	95	180	217
麻章区	9401	3308	1773	1536	1248	335	708	493
遂溪县	2429	466	362	368	256	190	446	341
徐闻县	3714	906	587	463	249	268	512	729
廉江市	4263	691	654	634	484	306	714	780
雷州市	674	139	103	68	71	51	131	111
吴川市	2519	769	390	241	171	99	299	550
茂名市	**11897**	**2876**	**1816**	**1115**	**944**	**615**	**1805**	**2726**
茂南区	783	307	89	73	48	44	74	148
电白区	4758	1301	765	399	342	218	781	952
高州市	2584	471	465	228	224	131	347	718
化州市	2449	567	329	231	229	167	419	507
信宜市	1323	230	168	184	101	55	184	401
肇庆市	**68142**	**16523**	**10619**	**11186**	**7545**	**5484**	**8779**	**8006**
端州区								
鼎湖区	9867	2505	949	1086	915	916	1699	1797
高要区	33065	8792	4531	5325	3934	2764	4319	3400
广宁县	3470	862	600	529	316	321	369	473
怀集县	4877	1488	1117	507	563	331	512	359
封开县	3575	1049	514	428	346	250	468	520
德庆县	2276	572	314	172	144	149	356	569
四会市	11012	1255	2594	3139	1327	753	1056	888
惠州市	**395935**	**77123**	**57455**	**48941**	**38592**	**25339**	**62831**	**85654**
惠城区	38300	8293	5472	4097	3234	2458	5409	9337
惠阳区	49680	11351	8053	6686	4696	2948	7812	8134
博罗县	202922	43493	33998	25985	20540	12600	29343	36963
惠东县	96431	12240	8780	11300	9345	6692	18925	29149
龙门县	8602	1746	1152	873	777	641	1342	2071
梅州市	**23387**	**5073**	**3450**	**3036**	**2109**	**1463**	**3526**	**4730**
梅江区	183	97	10	10	7	15	16	28
梅县区	1474	161	182	227	146	93	326	339
大埔县	3474	691	430	374	356	225	604	794
丰顺县	6228	1392	1021	1121	542	305	688	1159
五华县	4353	1139	876	612	396	241	511	578
平远县	2974	373	401	267	281	267	626	759
蕉岭县	3073	348	348	302	274	234	645	922
兴宁市	1628	872	182	123	107	83	110	151

7-4b 续表 8

单位：人

现住地	离开户口登记地时间							
	省外							
	小计	半年以上，不满一年	一年以上，不满二年	二年以上，不满三年	三年以上，不满四年	四年以上，不满五年	五年以上，不满十年	十年以上
汕尾市	**46053**	**7279**	**9083**	**6496**	**5100**	**3614**	**7018**	**7463**
城　区	3200	1591	472	266	253	250	165	203
海丰县	35735	3933	6963	5441	4243	2831	6137	6187
陆河县	3947	1031	972	378	266	359	304	637
陆丰市	3171	724	676	411	338	174	412	436
河源市	**40417**	**7514**	**5922**	**4606**	**4064**	**3013**	**6900**	**8398**
源城区	12580	2390	1241	1179	1038	764	2378	3590
紫金县	7991	1904	1556	949	723	474	1043	1342
龙川县	5587	837	905	616	613	449	1045	1122
连平县	2534	611	369	282	248	192	368	464
和平县	2556	567	626	364	252	208	288	251
东源县	9169	1205	1225	1216	1190	926	1778	1629
阳江市	**12810**	**3235**	**2006**	**1349**	**1111**	**751**	**2011**	**2347**
江城区	3019	759	458	298	272	180	530	522
阳东区	3835	901	531	333	297	272	659	842
阳西县	4327	1242	788	506	370	187	591	643
阳春市	1629	333	229	212	172	112	231	340
清远市	**75303**	**14831**	**12145**	**9914**	**7856**	**5468**	**12158**	**12931**
清城区	51084	10447	8730	6895	5354	3857	7889	7912
清新区	2562	289	305	372	314	211	485	586
佛冈县	6896	1039	971	891	755	487	1209	1544
阳山县	2776	466	490	364	269	195	512	480
连山壮族瑶族自治县	1340	221	136	120	140	72	257	394
连南瑶族自治县	929	128	131	75	78	78	179	260
英德市	9033	2042	1305	1103	874	529	1510	1670
连州市	683	199	77	94	72	39	117	85
东莞市	**56482**	**10981**	**8907**	**8572**	**6931**	**4061**	**8457**	**8573**
市辖区	56482	10981	8907	8572	6931	4061	8457	8573
中山市	**546702**	**100818**	**69472**	**64309**	**54132**	**40446**	**92134**	**125391**
市辖区	546702	100818	69472	64309	54132	40446	92134	125391
潮州市	**21588**	**11078**	**3038**	**2182**	**1230**	**684**	**1423**	**1953**
湘桥区	3134	1441	543	420	285	83	183	179
潮安区	15176	8156	2044	1325	762	513	981	1395
饶平县	3278	1481	451	437	183	88	259	379
揭阳市	**19093**	**8690**	**3199**	**2114**	**1330**	**743**	**1601**	**1416**
榕城区	2228	1018	368	197	161	71	252	161
揭东区	5113	2253	737	528	381	252	553	409
揭西县	2511	960	509	284	142	111	220	285
惠来县	2355	1052	539	324	185	68	100	87
普宁市	6886	3407	1046	781	461	241	476	474
云浮市	**17385**	**2830**	**2560**	**2479**	**1973**	**1288**	**2627**	**3628**
云城区								
云安区	2480	463	312	332	170	112	350	741
新兴县	10947	1474	1664	1697	1385	908	1699	2120
郁南县	2573	623	430	283	314	187	367	369
罗定市	1385	270	154	167	104	81	211	398

7-4c 全省按现住地、离开户口登记地时间分的户口登记地在外乡镇街道的人口(乡村)

单位：人

现住地	离开户口登记地时间							
	合计							
	合计	半年以上，不满一年	一年以上，不满二年	二年以上，不满三年	三年以上，不满四年	四年以上，不满五年	五年以上，不满十年	十年以上
广 东	**4843247**	**1167693**	**741137**	**608430**	**433976**	**301957**	**650933**	**939121**
广州市	**964263**	**251925**	**170955**	**135561**	**97563**	**58508**	**111362**	**138389**
荔湾区								
越秀区								
海珠区								
天河区								
白云区	347624	111077	62132	44597	32272	18018	35408	44120
黄埔区	35667	9356	4586	3389	2976	2313	5076	7971
番禺区	154756	26181	23295	26052	19993	13896	21789	23550
花都区	213910	53688	44055	32566	22345	12322	23542	25392
南沙区	82020	18802	11402	9987	7299	5259	12128	17143
从化区	50181	11537	11025	8495	5789	2146	4724	6465
增城区	80105	21284	14460	10475	6889	4554	8695	13748
韶关市	**146204**	**28195**	**19924**	**18363**	**12422**	**8858**	**23501**	**34941**
武江区	11221	2227	1328	1083	1039	768	1778	2998
浈江区	10110	1956	1378	1090	828	592	1506	2760
曲江区	22394	4824	4394	4280	1272	803	2663	4158
始兴县	8922	2144	1231	944	672	473	1527	1931
仁化县	11158	1972	1107	1083	948	633	2118	3297
翁源县	23719	4899	3626	3514	2303	1546	3736	4095
乳源瑶族自治县	13166	2184	1336	1118	946	814	1779	4989
新丰县	9597	2321	1300	1159	778	598	1455	1986
乐昌市	20976	2582	2149	2197	2273	1665	4603	5507
南雄市	14941	3086	2075	1895	1363	966	2336	3220
深圳市	**42654**	**5670**	**3890**	**4025**	**2962**	**3609**	**7902**	**14596**
罗湖区								
福田区								
南山区								
宝安区								
龙岗区	42654	5670	3890	4025	2962	3609	7902	14596
盐田区								
龙华区								
坪山区								
光明区								
珠海市	**83831**	**13176**	**11073**	**9210**	**6962**	**5474**	**13380**	**24556**
香洲区	983	144	68	73	62	52	160	424
斗门区	75632	11236	10012	8483	6356	5106	12196	22243
金湾区	7216	1796	993	654	544	316	1024	1889
汕头市	**118209**	**51319**	**21731**	**15984**	**7350**	**4925**	**7404**	**9496**
龙湖区	9811	3648	1214	1195	904	665	1007	1178
金平区	1402	853	120	59	42	27	99	202
濠江区	12692	3542	3800	3099	535	631	483	602
潮阳区	33949	17397	5960	4645	1354	902	1275	2416
潮南区	25273	10193	5004	3028	1776	913	1852	2507
澄海区	34272	15489	5507	3830	2685	1726	2603	2432
南澳县	810	197	126	128	54	61	85	159
佛山市	**209854**	**41186**	**30652**	**27894**	**22877**	**15304**	**30556**	**41385**
禅城区								
南海区	65820	11498	8792	8146	7399	6286	10628	13071
顺德区	24760	3594	2928	4150	3168	2103	3801	5016
三水区	109705	23531	17686	14589	11550	6251	14609	21489
高明区	9569	2563	1246	1009	760	664	1518	1809

7-4c 续表 1 单位：人

现住地	离开户口登记地时间							
	合计							
	合计	半年以上，不满一年	一年以上，不满二年	二年以上，不满三年	三年以上，不满四年	四年以上，不满五年	五年以上，不满十年	十年以上
江门市	**291796**	**61474**	**36381**	**33819**	**27231**	**20029**	**49472**	**63390**
蓬江区	3151	875	530	483	250	167	340	506
江海区								
新会区	84285	16806	11122	10219	9281	6359	14462	16036
台山市	46512	9537	5804	4728	3791	3282	7911	11459
开平市	63235	14072	7000	7391	6201	4181	10737	13653
鹤山市	52338	13218	6978	6228	4503	3410	8814	9187
恩平市	42275	6966	4947	4770	3205	2630	7208	12549
湛江市	**250844**	**59043**	**33610**	**28876**	**17845**	**13521**	**31496**	**66453**
赤坎区	1018	133	78	94	95	72	212	334
霞山区	3932	819	455	464	347	248	557	1042
坡头区	9546	2581	1120	998	712	547	1213	2375
麻章区	25993	9166	3765	3465	1487	1151	2597	4362
遂溪县	33855	6473	4461	4040	2351	1905	4395	10230
徐闻县	31695	7033	3944	3559	1996	1623	3895	9645
廉江市	64310	14084	8566	6982	4890	3510	8952	17326
雷州市	49338	11268	7362	5731	3160	2589	5965	13263
吴川市	31157	7486	3859	3543	2807	1876	3710	7876
茂名市	**196020**	**54596**	**28452**	**23658**	**11969**	**9236**	**20822**	**47287**
茂南区	38095	14217	5262	4730	2804	1627	2945	6510
电白区	57030	16349	9539	6751	2832	2377	5755	13427
高州市	26675	7300	4081	3410	1556	1313	2905	6110
化州市	47817	9867	6625	6190	3048	2504	5880	13703
信宜市	26403	6863	2945	2577	1729	1415	3337	7537
肇庆市	**129184**	**36548**	**21115**	**16887**	**11026**	**8273**	**15937**	**19398**
端州区								
鼎湖区	5376	1733	1053	601	368	230	518	873
高要区	38142	11205	6165	5271	3360	2639	4509	4993
广宁县	14943	4728	2230	1646	985	652	1630	3072
怀集县	8478	2585	1247	908	740	527	1024	1447
封开县	7722	2840	1150	689	720	338	842	1143
德庆县	7846	4490	589	399	342	347	570	1109
四会市	46677	8967	8681	7373	4511	3540	6844	6761
惠州市	**530411**	**130752**	**85491**	**62753**	**46263**	**31245**	**75088**	**98819**
惠城区	134130	34137	25755	12989	11092	7951	16633	25573
惠阳区	143589	41707	21411	16479	11896	8732	20459	22905
博罗县	130724	34385	23278	18780	12662	6866	14846	19907
惠东县	95203	14190	11036	11837	8719	6217	19729	23475
龙门县	26765	6333	4011	2668	1894	1479	3421	6959
梅州市	**129694**	**25706**	**16150**	**13772**	**9173**	**7614**	**17468**	**39811**
梅江区	6545	1249	869	579	417	435	944	2052
梅县区	20918	3735	2677	2217	1506	1218	3504	6061
大埔县	17328	2766	2131	2008	1492	1388	2730	4813
丰顺县	13615	4085	2134	1521	814	600	1238	3223
五华县	28681	6641	3685	3105	1849	1584	3249	8568
平远县	8152	1129	744	620	475	401	1176	3607
蕉岭县	9466	1481	1149	1193	813	573	1237	3020
兴宁市	24989	4620	2761	2529	1807	1415	3390	8467

7-4c 续表 2

单位：人

现住地	离开户口登记地时间 合计							
	合计	半年以上，不满一年	一年以上，不满二年	二年以上，不满三年	三年以上，不满四年	四年以上，不满五年	五年以上，不满十年	十年以上
汕尾市	**95474**	**23577**	**13874**	**11326**	**8913**	**5662**	**12786**	**19336**
城 区	15495	3953	3405	1992	1260	750	1580	2555
海丰县	49826	12848	6906	6455	5394	2947	6945	8331
陆河县	7710	2047	897	641	456	419	1045	2205
陆丰市	22443	4729	2666	2238	1803	1546	3216	6245
河源市	**211221**	**47395**	**31590**	**26926**	**18705**	**13956**	**31266**	**41383**
源城区	17894	3816	2060	1962	1731	1231	3235	3859
紫金县	29102	7872	3920	3444	1860	1546	3703	6757
龙川县	64886	12004	7374	8780	6676	5390	11639	13023
连平县	21273	4279	3535	2985	1893	1340	3130	4111
和平县	19539	3424	2966	2196	1833	1615	3311	4194
东源县	58527	16000	11735	7559	4712	2834	6248	9439
阳江市	**141056**	**31448**	**17892**	**15995**	**12379**	**8577**	**22520**	**32245**
江城区	36792	9850	5090	3751	2964	2302	5692	7143
阳东区	50245	10588	6385	7634	6138	3346	8171	7983
阳西县	17475	3441	1836	1581	1113	1130	3091	5283
阳春市	36544	7569	4581	3029	2164	1799	5566	11836
清远市	**251864**	**61425**	**44523**	**25388**	**17188**	**15068**	**34482**	**53790**
清城区	73285	25631	21927	5595	2513	3759	5565	8295
清新区	61561	9637	7630	6533	4580	3655	11105	18421
佛冈县	21882	5715	3443	2339	1922	1368	3131	3964
阳山县	11696	2433	1294	1282	1044	796	1729	3118
连山壮族瑶族自治县	3041	711	284	293	231	209	469	844
连南瑶族自治县	2204	452	229	250	174	175	302	622
英德市	69195	14827	8586	8132	5977	4506	10963	16204
连州市	9000	2019	1130	964	747	600	1218	2322
东莞市	**574882**	**126031**	**85230**	**78633**	**60564**	**42324**	**83097**	**99003**
市辖区	574882	126031	85230	78633	60564	42324	83097	99003
中山市	**257386**	**50673**	**37486**	**34622**	**26718**	**18723**	**38646**	**50518**
市辖区	257386	50673	37486	34622	26718	18723	38646	50518
潮州市	**56844**	**19918**	**9175**	**6313**	**3968**	**2550**	**5804**	**9116**
湘桥区	6125	2270	1220	874	588	187	349	637
潮安区	39672	13810	6523	4338	2844	1871	4292	5994
饶平县	11047	3838	1432	1101	536	492	1163	2485
揭阳市	**77720**	**27253**	**10651**	**8229**	**5039**	**3648**	**7628**	**15272**
榕城区	7470	2810	1152	737	520	355	800	1096
揭东区	13918	5240	2130	1491	950	707	1365	2035
揭西县	15537	4600	2090	1641	1003	808	1623	3772
惠来县	12097	4115	1432	1143	772	583	1129	2923
普宁市	28698	10488	3847	3217	1794	1195	2711	5446
云浮市	**83836**	**20383**	**11292**	**10196**	**6859**	**4853**	**10316**	**19937**
云城区	8663	2464	1098	953	691	433	1043	1981
云安区	11101	3920	1485	1111	771	464	1088	2262
新兴县	20654	4039	3174	2869	2197	1544	2966	3865
郁南县	10905	2458	1248	1018	871	675	1557	3078
罗定市	32513	7502	4287	4245	2329	1737	3662	8751

7-4c 续表 3

单位：人

现住地	离开户口登记地时间							
	省内							
	小计	半年以上，不满一年	一年以上，不满二年	二年以上，不满三年	三年以上，不满四年	四年以上，不满五年	五年以上，不满十年	十年以上
广　东	**2352626**	**507722**	**351951**	**296070**	**198420**	**139038**	**318881**	**540544**
广州市	**403462**	**109227**	**71708**	**58168**	**41140**	**21615**	**43408**	**58196**
荔湾区								
越秀区								
海珠区								
天河区								
白云区	152916	51667	26815	20542	14945	6841	14046	18060
黄埔区	14738	3826	1688	1354	1202	982	2153	3533
番禺区	56603	10158	8755	9844	7059	4627	7754	8406
花都区	83536	21949	17070	12220	8622	4085	8373	11217
南沙区	28754	6633	3959	3718	2514	1897	4457	5576
从化区	35107	7199	8040	6404	4241	1363	2964	4896
增城区	31808	7795	5381	4086	2557	1820	3661	6508
韶关市	**109070**	**17188**	**14502**	**14594**	**9360**	**6795**	**18088**	**28543**
武江区	7473	985	719	748	708	565	1317	2431
浈江区	7047	1137	957	763	552	410	1096	2132
曲江区	16492	2857	3581	3705	838	529	1897	3085
始兴县	6282	1296	845	692	475	316	1117	1541
仁化县	6956	927	680	740	573	390	1314	2332
翁源县	18115	3167	2663	2837	1840	1215	2938	3455
乳源瑶族自治县	11205	1523	965	933	781	723	1538	4742
新丰县	6388	1115	749	747	576	461	1079	1661
乐昌市	17328	1879	1733	1872	1920	1393	3916	4615
南雄市	11784	2302	1610	1557	1097	793	1876	2549
深圳市	**16229**	**2787**	**1831**	**1549**	**1005**	**1107**	**2742**	**5208**
罗湖区								
福田区								
南山区								
宝安区								
龙岗区	16229	2787	1831	1549	1005	1107	2742	5208
盐田区								
龙华区								
坪山区								
光明区								
珠海市	**36883**	**4305**	**4282**	**3938**	**2806**	**2293**	**6296**	**12963**
香洲区	386	57	23	28	27	27	69	155
斗门区	33577	3763	3967	3634	2557	2111	5750	11795
金湾区	2920	485	292	276	222	155	477	1013
汕头市	**38218**	**9954**	**7762**	**7772**	**2134**	**1835**	**2750**	**6011**
龙湖区	2443	520	324	304	169	186	319	621
金平区	906	653	48	28	23	13	38	103
濠江区	9192	2044	3021	2731	364	511	207	314
潮阳区	10998	2634	2132	2831	470	354	703	1874
潮南区	9549	2730	1543	1185	706	473	929	1983
澄海区	4755	1316	649	660	373	260	505	992
南澳县	375	57	45	33	29	38	49	124
佛山市	**67293**	**12340**	**11812**	**9918**	**7978**	**4085**	**8717**	**12443**
禅城区								
南海区	20401	3800	3866	2526	2024	1622	2847	3716
顺德区	4958	452	575	844	639	416	879	1153
三水区	39068	7724	7052	6192	5099	1840	4430	6731
高明区	2866	364	319	356	216	207	561	843

7-4c　续表 4　　　　单位：人

现住地	离开户口登记地时间							
	省内							
	小计	半年以上，不满一年	一年以上，不满二年	二年以上，不满三年	三年以上，不满四年	四年以上，不满五年	五年以上，不满十年	十年以上
江门市	**109527**	**19162**	**11960**	**12514**	**10120**	**7423**	**17807**	**30541**
蓬江区	966	228	137	122	84	64	103	228
江海区								
新会区	24880	3740	2862	2931	2748	1948	4361	6290
台山市	19333	3228	2187	2046	1441	1271	3147	6013
开平市	25482	5466	2446	2814	2801	1696	3777	6482
鹤山市	13263	2793	1672	1640	1208	871	2202	2877
恩平市	25603	3707	2656	2961	1838	1573	4217	8651
湛江市	**209437**	**44713**	**27944**	**25418**	**15398**	**11701**	**26786**	**57477**
赤坎区	850	80	56	78	80	61	193	302
霞山区	3169	527	350	402	303	216	453	918
坡头区	6988	1509	771	787	561	421	939	2000
麻章区	22322	7634	3167	3119	1290	977	2261	3874
遂溪县	30220	4979	3941	3713	2112	1769	3991	9715
徐闻县	25246	5177	3196	3138	1672	1336	3209	7518
廉江市	52547	10477	7019	5889	4054	2931	7422	14755
雷州市	44230	9686	6369	5361	2914	2440	5437	12023
吴川市	23865	4644	3075	2931	2412	1550	2881	6372
茂名市	**164598**	**44414**	**24240**	**20657**	**10194**	**7816**	**17203**	**40074**
茂南区	31141	11829	4249	3715	2329	1318	2312	5389
电白区	49347	13567	8494	6208	2506	2111	4947	11514
高州市	22259	5780	3519	3026	1312	1097	2366	5159
化州市	40557	7689	5702	5526	2633	2103	4924	11980
信宜市	21294	5549	2276	2182	1414	1187	2654	6032
肇庆市	**64555**	**16628**	**9689**	**8117**	**5065**	**3917**	**8002**	**13137**
端州区								
鼎湖区	2921	694	588	323	207	121	276	712
高要区	13397	2659	2736	2222	1057	833	1470	2420
广宁县	10281	3246	1432	1129	607	430	1043	2394
怀集县	5879	1461	743	663	548	430	783	1251
封开县	5165	1657	745	451	480	255	622	955
德庆县	6124	3521	382	281	279	248	438	975
四会市	20788	3390	3063	3048	1887	1600	3370	4430
惠州市	**215870**	**43563**	**35913**	**23475**	**16541**	**12836**	**33503**	**50039**
惠城区	57776	14071	12632	4990	4146	3228	7014	11695
惠阳区	45804	11297	6426	5238	3692	2928	7162	9061
博罗县	47730	10175	10020	6208	3522	2379	5523	9903
惠东县	51003	5611	5026	5611	4103	3502	11916	15234
龙门县	13557	2409	1809	1428	1078	799	1888	4146
梅州市	**107902**	**18405**	**13381**	**11847**	**7599**	**6411**	**14665**	**35594**
梅江区	5214	871	705	435	297	356	734	1816
梅县区	16731	2344	2156	1840	1172	970	2873	5376
大埔县	14926	2076	1888	1819	1251	1088	2388	4416
丰顺县	11297	3105	1783	1333	668	517	1034	2857
五华县	23877	4536	2998	2759	1632	1437	2834	7681
平远县	6698	728	569	497	388	340	950	3226
蕉岭县	7149	1161	839	865	589	448	888	2359
兴宁市	22010	3584	2443	2299	1602	1255	2964	7863

7-4c 续表 5　　　　单位：人

现住地	离开户口登记地时间							
	省内							
	小计	半年以上，不满一年	一年以上，不满二年	二年以上，不满三年	三年以上，不满四年	四年以上，不满五年	五年以上，不满十年	十年以上
汕尾市	**64156**	**14485**	**7758**	**7469**	**5351**	**4043**	**9419**	**15631**
城　区	9500	2205	1712	1301	630	500	1065	2087
海丰县	29985	7145	3452	3767	2817	1842	4739	6223
陆河县	6114	1512	631	513	374	354	902	1828
陆丰市	18557	3623	1963	1888	1530	1347	2713	5493
河源市	**168583**	**33351**	**24910**	**21869**	**15319**	**11689**	**26153**	**35292**
源城区	10852	1830	1300	1271	1063	827	2061	2500
紫金县	20338	4552	2481	2307	1378	1180	2636	5804
龙川县	56706	9654	6248	7721	5990	4819	10852	11422
连平县	17958	3080	2840	2644	1630	1192	2740	3832
和平县	17148	2544	2526	1775	1680	1544	3120	3959
东源县	45581	11691	9515	6151	3578	2127	4744	7775
阳江市	**92010**	**15657**	**10575**	**10619**	**8518**	**5946**	**15759**	**24936**
江城区	21829	5006	2729	2272	1871	1529	3600	4822
阳东区	28117	3171	3201	4813	4127	2126	5401	5278
阳西县	12233	1784	1124	1108	816	817	2243	4341
阳春市	29831	5696	3521	2426	1704	1474	4515	10495
清远市	**180988**	**39436**	**32639**	**17793**	**12053**	**10220**	**25547**	**43300**
清城区	53645	19994	17754	3524	1419	1736	3067	6151
清新区	47089	5832	5452	5029	3365	2824	9097	15490
佛冈县	12762	2404	2059	1486	1209	900	1996	2708
阳山县	8579	1424	936	961	800	626	1316	2516
连山壮族瑶族自治县	2159	434	198	203	164	153	333	674
连南瑶族自治县	1917	355	194	215	155	160	261	577
英德市	48241	7830	5261	5661	4379	3371	8553	13186
连州市	6596	1163	785	714	562	450	924	1998
东莞市	**109652**	**22584**	**15381**	**15123**	**11480**	**7727**	**16728**	**20629**
市辖区	109652	22584	15381	15123	11480	7727	16728	20629
中山市	**71850**	**12438**	**9114**	**9919**	**7270**	**5041**	**11306**	**16762**
市辖区	71850	12438	9114	9919	7270	5041	11306	16762
潮州市	**20242**	**4927**	**3274**	**2801**	**1371**	**863**	**2071**	**4935**
湘桥区	3643	932	867	673	465	67	183	456
潮安区	9099	1786	1461	1308	553	461	1042	2488
饶平县	7500	2209	946	820	353	335	846	1991
揭阳市	**42331**	**9853**	**5210**	**4977**	**3020**	**2374**	**4568**	**12329**
榕城区	2169	346	298	254	202	147	298	624
揭东区	4675	886	608	587	368	289	554	1383
揭西县	10310	2232	1158	1234	676	585	1177	3248
惠来县	9637	2613	1081	977	676	529	996	2765
普宁市	15540	3776	2065	1925	1098	824	1543	4309
云浮市	**59770**	**12305**	**8066**	**7533**	**4698**	**3301**	**7363**	**16504**
云城区	5427	862	639	690	464	321	749	1702
云安区	8156	2839	1131	783	556	336	731	1780
新兴县	12205	1895	1935	1718	1137	738	1806	2976
郁南县	8368	1562	932	811	690	539	1218	2616
罗定市	25614	5147	3429	3531	1851	1367	2859	7430

7-4c　续表 6　　　　　　单位：人

现住地	离开户口登记地时间							
	省外							
	小计	半年以上，不满一年	一年以上，不满二年	二年以上，不满三年	三年以上，不满四年	四年以上，不满五年	五年以上，不满十年	十年以上
广　东	**2490621**	**659971**	**389186**	**312360**	**235556**	**162919**	**332052**	**398577**
广州市	**560801**	**142698**	**99247**	**77393**	**56423**	**36893**	**67954**	**80193**
荔湾区								
越秀区								
海珠区								
天河区								
白云区	194708	59410	35317	24055	17327	11177	21362	26060
黄埔区	20929	5530	2898	2035	1774	1331	2923	4438
番禺区	98153	16023	14540	16208	12934	9269	14035	15144
花都区	130374	31739	26985	20346	13723	8237	15169	14175
南沙区	53266	12169	7443	6269	4785	3362	7671	11567
从化区	15074	4338	2985	2091	1548	783	1760	1569
增城区	48297	13489	9079	6389	4332	2734	5034	7240
韶关市	**37134**	**11007**	**5422**	**3769**	**3062**	**2063**	**5413**	**6398**
武江区	3748	1242	609	335	331	203	461	567
浈江区	3063	819	421	327	276	182	410	628
曲江区	5902	1967	813	575	434	274	766	1073
始兴县	2640	848	386	252	197	157	410	390
仁化县	4202	1045	427	343	375	243	804	965
翁源县	5604	1732	963	677	463	331	798	640
乳源瑶族自治县	1961	661	371	185	165	91	241	247
新丰县	3209	1206	551	412	202	137	376	325
乐昌市	3648	703	416	325	353	272	687	892
南雄市	3157	784	465	338	266	173	460	671
深圳市	**26425**	**2883**	**2059**	**2476**	**1957**	**2502**	**5160**	**9388**
罗湖区								
福田区								
南山区								
宝安区								
龙岗区	26425	2883	2059	2476	1957	2502	5160	9388
盐田区								
龙华区								
坪山区								
光明区								
珠海市	**46948**	**8871**	**6791**	**5272**	**4156**	**3181**	**7084**	**11593**
香洲区	597	87	45	45	35	25	91	269
斗门区	42055	7473	6045	4849	3799	2995	6446	10448
金湾区	4296	1311	701	378	322	161	547	876
汕头市	**79991**	**41365**	**13969**	**8212**	**5216**	**3090**	**4654**	**3485**
龙湖区	7368	3128	890	891	735	479	688	557
金平区	496	200	72	31	19	14	61	99
濠江区	3500	1498	779	368	171	120	276	288
潮阳区	22951	14763	3828	1814	884	548	572	542
潮南区	15724	7463	3461	1843	1070	440	923	524
澄海区	29517	14173	4858	3170	2312	1466	2098	1440
南澳县	435	140	81	95	25	23	36	35
佛山市	**142561**	**28846**	**18840**	**17976**	**14899**	**11219**	**21839**	**28942**
禅城区								
南海区	45419	7698	4926	5620	5375	4664	7781	9355
顺德区	19802	3142	2353	3306	2529	1687	2922	3863
三水区	70637	15807	10634	8397	6451	4411	10179	14758
高明区	6703	2199	927	653	544	457	957	966

7-4c 续表 7 单位：人

现住地	离开户口登记地时间							
	省外							
	小计	半年以上，不满一年	一年以上，不满二年	二年以上，不满三年	三年以上，不满四年	四年以上，不满五年	五年以上，不满十年	十年以上
江门市	**182269**	**42312**	**24421**	**21305**	**17111**	**12606**	**31665**	**32849**
蓬江区	2185	647	393	361	166	103	237	278
江海区								
新会区	59405	13066	8260	7288	6533	4411	10101	9746
台山市	27179	6309	3617	2682	2350	2011	4764	5446
开平市	37753	8606	4554	4577	3400	2485	6960	7171
鹤山市	39075	10425	5306	4588	3295	2539	6612	6310
恩平市	16672	3259	2291	1809	1367	1057	2991	3898
湛江市	**41407**	**14330**	**5666**	**3458**	**2447**	**1820**	**4710**	**8976**
赤坎区	168	53	22	16	15	11	19	32
霞山区	763	292	105	62	44	32	104	124
坡头区	2558	1072	349	211	151	126	274	375
麻章区	3671	1532	598	346	197	174	336	488
遂溪县	3635	1494	520	327	239	136	404	515
徐闻县	6449	1856	748	421	324	287	686	2127
廉江市	11763	3607	1547	1093	836	579	1530	2571
雷州市	5108	1582	993	370	246	149	528	1240
吴川市	7292	2842	784	612	395	326	829	1504
茂名市	**31422**	**10182**	**4212**	**3001**	**1775**	**1420**	**3619**	**7213**
茂南区	6954	2388	1013	1015	475	309	633	1121
电白区	7683	2782	1045	543	326	266	808	1913
高州市	4416	1520	562	384	244	216	539	951
化州市	7260	2178	923	664	415	401	956	1723
信宜市	5109	1314	669	395	315	228	683	1505
肇庆市	**64629**	**19920**	**11426**	**8770**	**5961**	**4356**	**7935**	**6261**
端州区								
鼎湖区	2455	1039	465	278	161	109	242	161
高要区	24745	8546	3429	3049	2303	1806	3039	2573
广宁县	4662	1482	798	517	378	222	587	678
怀集县	2599	1124	504	245	192	97	241	196
封开县	2557	1183	405	238	240	83	220	188
德庆县	1722	969	207	118	63	99	132	134
四会市	25889	5577	5618	4325	2624	1940	3474	2331
惠州市	**314541**	**87189**	**49578**	**39278**	**29722**	**18409**	**41585**	**48780**
惠城区	76354	20066	13123	7999	6946	4723	9619	13878
惠阳区	97785	30410	14985	11241	8204	5804	13297	13844
博罗县	82994	24210	13258	12572	9140	4487	9323	10004
惠东县	44200	8579	6010	6226	4616	2715	7813	8241
龙门县	13208	3924	2202	1240	816	680	1533	2813
梅州市	**21792**	**7301**	**2769**	**1925**	**1574**	**1203**	**2803**	**4217**
梅江区	1331	378	164	144	120	79	210	236
梅县区	4187	1391	521	377	334	248	631	685
大埔县	2402	690	243	189	241	300	342	397
丰顺县	2318	980	351	188	146	83	204	366
五华县	4804	2105	687	346	217	147	415	887
平远县	1454	401	175	123	87	61	226	381
蕉岭县	2317	320	310	328	224	125	349	661
兴宁市	2979	1036	318	230	205	160	426	604

7-4c　续表 8　　　　单位：人

现住地	离开户口登记地时间 省外 小计	半年以上，不满一年	一年以上，不满二年	二年以上，不满三年	三年以上，不满四年	四年以上，不满五年	五年以上，不满十年	十年以上
汕尾市	**31318**	**9092**	**6116**	**3857**	**3562**	**1619**	**3367**	**3705**
城　区	5995	1748	1693	691	630	250	515	468
海丰县	19841	5703	3454	2688	2577	1105	2206	2108
陆河县	1596	535	266	128	82	65	143	377
陆丰市	3886	1106	703	350	273	199	503	752
河源市	**42638**	**14044**	**6680**	**5057**	**3386**	**2267**	**5113**	**6091**
源城区	7042	1986	760	691	668	404	1174	1359
紫金县	8764	3320	1439	1137	482	366	1067	953
龙川县	8180	2350	1126	1059	686	571	787	1601
连平县	3315	1199	695	341	263	148	390	279
和平县	2391	880	440	421	153	71	191	235
东源县	12946	4309	2220	1408	1134	707	1504	1664
阳江市	**49046**	**15791**	**7317**	**5376**	**3861**	**2631**	**6761**	**7309**
江城区	14963	4844	2361	1479	1093	773	2092	2321
阳东区	22128	7417	3184	2821	2011	1220	2770	2705
阳西县	5242	1657	712	473	297	313	848	942
阳春市	6713	1873	1060	603	460	325	1051	1341
清远市	**70876**	**21989**	**11884**	**7595**	**5135**	**4848**	**8935**	**10490**
清城区	19640	5637	4173	2071	1094	2023	2498	2144
清新区	14472	3805	2178	1504	1215	831	2008	2931
佛冈县	9120	3311	1384	853	713	468	1135	1256
阳山县	3117	1009	358	321	244	170	413	602
连山壮族瑶族自治县	882	277	86	90	67	56	136	170
连南瑶族自治县	287	97	35	35	19	15	41	45
英德市	20954	6997	3325	2471	1598	1135	2410	3018
连州市	2404	856	345	250	185	150	294	324
东莞市	**465230**	**103447**	**69849**	**63510**	**49084**	**34597**	**66369**	**78374**
市辖区	465230	103447	69849	63510	49084	34597	66369	78374
中山市	**185536**	**38235**	**28372**	**24703**	**19448**	**13682**	**27340**	**33756**
市辖区	185536	38235	28372	24703	19448	13682	27340	33756
潮州市	**36602**	**14991**	**5901**	**3512**	**2597**	**1687**	**3733**	**4181**
湘桥区	2482	1338	353	201	123	120	166	181
潮安区	30573	12024	5062	3030	2291	1410	3250	3506
饶平县	3547	1629	486	281	183	157	317	494
揭阳市	**35389**	**17400**	**5441**	**3252**	**2019**	**1274**	**3060**	**2943**
榕城区	5301	2464	854	483	318	208	502	472
揭东区	9243	4354	1522	904	582	418	811	652
揭西县	5227	2368	932	407	327	223	446	524
惠来县	2460	1502	351	166	96	54	133	158
普宁市	13158	6712	1782	1292	696	371	1168	1137
云浮市	**24066**	**8078**	**3226**	**2663**	**2161**	**1552**	**2953**	**3433**
云城区	3236	1602	459	263	227	112	294	279
云安区	2945	1081	354	328	215	128	357	482
新兴县	8449	2144	1239	1151	1060	806	1160	889
郁南县	2537	896	316	207	181	136	339	462
罗定市	6899	2355	858	714	478	370	803	1321

7-5 全省按户口登记地、性别、受教育程度分的户口登记地在外乡镇街道的人口

单位：人

受教育程度	合计			省内		
	合计	男	女	小计	男	女
总 计	**59439807**	**33068665**	**26371142**	**30203207**	**15763969**	**14439238**
未上过学	682564	249696	432868	394603	147283	247320
学前教育	1749145	942714	806431	1129885	608306	521579
小 学	8899821	4390390	4509431	4510205	2125018	2385187
初 中	23462802	13598469	9864333	9212673	4948065	4264608
高 中	13476423	7936147	5540276	7402409	4110851	3291558
大学专科	6247291	3340781	2906510	4046481	2045651	2000830
大学本科	4479753	2367713	2112040	3200047	1611862	1588185
硕士研究生	394808	212177	182631	276644	147350	129294
博士研究生	47200	30578	16622	30260	19583	10677

7-5 续表

单位：人

受教育程度	省内			省外		
	其中市辖区内人户分离					
	小计	男	女	小计	男	女
总 计	**8273570**	**4045875**	**4227695**	**29236600**	**17304696**	**11931904**
未上过学	98078	37802	60276	287961	102413	185548
学前教育	373452	199764	173688	619260	334408	284852
小 学	1136784	521567	615217	4389616	2265372	2124244
初 中	1717319	833759	883560	14250129	8650404	5599725
高 中	2034342	1029555	1004787	6074014	3825296	2248718
大学专科	1267120	606014	661106	2200810	1295130	905680
大学本科	1427521	701027	726494	1279706	755851	523855
硕士研究生	197609	102717	94892	118164	64827	53337
博士研究生	21345	13670	7675	16940	10995	5945

7-5a　全省按户口登记地、性别、受教育程度分的户口登记地在外乡镇街道的人口(城市)

单位：人

受教育程度	合计			省内		
	合计	男	女	小计	男	女
总　计	**48665908**	**27027549**	**21638359**	**24126429**	**12593837**	**11532592**
未上过学	510044	184358	325686	279183	103558	175625
学前教育	1389503	750045	639458	876796	472992	403804
小　学	6726281	3296240	3430041	3281050	1539161	1741889
初　中	18750832	10839977	7910855	7073975	3810022	3263953
高　中	11467791	6736641	4731150	6115229	3389478	2725751
大学专科	5455356	2900698	2554658	3445433	1726909	1718524
大学本科	3947125	2089599	1857526	2763973	1393636	1370337
硕士研究生	374090	200968	173122	262136	139561	122575
博士研究生	44886	29023	15863	28654	18520	10134

7-5a　续表

单位：人

受教育程度	省内			省外		
	其中市辖区内人户分离					
	小计	男	女	小计	男	女
总　计	**7643925**	**3731946**	**3911979**	**24539479**	**14433712**	**10105767**
未上过学	88723	34084	54639	230861	80800	150061
学前教育	348191	186349	161842	512707	277053	235654
小　学	1034789	473111	561678	3445231	1757079	1688152
初　中	1528825	738681	790144	11676857	7029955	4646902
高　中	1862807	941240	921567	5352562	3347163	2005399
大学专科	1196216	571533	624683	2009923	1173789	836134
大学本科	1369921	672974	696947	1183152	695963	487189
硕士研究生	193528	100585	92943	111954	61407	50547
博士研究生	20925	13389	7536	16232	10503	5729

7-5b 全省按户口登记地、性别、受教育程度分的户口登记地在外乡镇街道的人口(镇)

单位：人

受教育程度	合计			省内		
	合计	男	女	小计	男	女
总 计	**6021000**	**3269619**	**2751381**	**3782664**	**1934563**	**1848101**
未上过学	100441	37586	62855	72892	26946	45946
学前教育	231620	124332	107288	175165	94028	81137
小 学	1261081	616733	644348	816257	380608	435649
初 中	2484588	1401370	1083218	1298150	672286	625864
高 中	1148195	661157	487038	792523	434253	358270
大学专科	458561	250951	207610	352383	185846	166537
大学本科	323815	170466	153349	266433	135712	130721
硕士研究生	11507	6219	5288	8022	4324	3698
博士研究生	1192	805	387	839	560	279

7-5b 续表

单位：人

受教育程度	省内			省外		
	其中市辖区内人户分离					
	小计	男	女	小计	男	女
总 计	**349314**	**175420**	**173894**	**2238336**	**1335056**	**903280**
未上过学	5142	2128	3014	27549	10640	16909
学前教育	15568	8363	7205	56455	30304	26151
小 学	57690	27528	30162	444824	236125	208699
初 中	96537	48693	47844	1186438	729084	457354
高 中	91410	47311	44099	355672	226904	128768
大学专科	42948	21380	21568	106178	65105	41073
大学本科	37168	18499	18669	57382	34754	22628
硕士研究生	2580	1345	1235	3485	1895	1590
博士研究生	271	173	98	353	245	108

7–5c　全省按户口登记地、性别、受教育程度分的户口登记地在外乡镇街道的人口(乡村)

单位：人

受教育程度	合计			省内		
	合计	男	女	小计	男	女
总　计	**4752899**	**2771497**	**1981402**	**2294114**	**1235569**	**1058545**
未上过学	72079	27752	44327	42528	16779	25749
学前教育	128022	68337	59685	77924	41286	36638
小　学	912459	477417	435042	412898	205249	207649
初　中	2227382	1357122	870260	840548	465757	374791
高　中	860437	538349	322088	494657	287120	207537
大学专科	333374	189132	144242	248665	132896	115769
大学本科	208813	107648	101165	169641	82514	87127
硕士研究生	9211	4990	4221	6486	3465	3021
博士研究生	1122	750	372	767	503	264

7–5c　续表

单位：人

受教育程度	省内			省外		
	其中市辖区内人户分离					
	小计	男	女	小计	男	女
总　计	**280331**	**138509**	**141822**	**2458785**	**1535928**	**922857**
未上过学	4213	1590	2623	29551	10973	18578
学前教育	9693	5052	4641	50098	27051	23047
小　学	44305	20928	23377	499561	272168	227393
初　中	91957	46385	45572	1386834	891365	495469
高　中	80125	41004	39121	365780	251229	114551
大学专科	27956	13101	14855	84709	56236	28473
大学本科	20432	9554	10878	39172	25134	14038
硕士研究生	1501	787	714	2725	1525	1200
博士研究生	149	108	41	355	247	108

7-6 全省按现住地、受教育程度、性别分的户口登记地在本省其他乡镇街道的人口

单位：人

现住地	合计			未上过学		
	合计	男	女	小计	男	女
广东	**30203207**	**15763969**	**14439238**	**394603**	**147283**	**247320**
广州市	**6454914**	**3359045**	**3095869**	**55997**	**22159**	**33838**
荔湾区	557491	283986	273505	7542	3052	4490
越秀区	273577	133253	140324	2470	964	1506
海珠区	598725	295224	303501	4127	1516	2611
天河区	996301	519334	476967	5955	2473	3482
白云区	1494718	784962	709756	12038	4640	7398
黄埔区	412036	223907	188129	4383	1751	2632
番禺区	920189	476934	443255	7578	3036	4542
花都区	462145	243859	218286	4459	1832	2627
南沙区	181569	103798	77771	1977	709	1268
从化区	171207	91390	79817	1104	428	676
增城区	386956	202398	184558	4364	1758	2606
韶关市	**725391**	**354030**	**371361**	**18929**	**4196**	**14733**
武江区	136000	66175	69825	2542	672	1870
浈江区	133062	65634	67428	2266	605	1661
曲江区	75139	38104	37035	1757	400	1357
始兴县	41277	19083	22194	1123	209	914
仁化县	33953	16645	17308	962	222	740
翁源县	55713	26773	28940	1382	339	1043
乳源瑶族自治县	46101	22477	23624	1756	379	1377
新丰县	43469	21111	22358	710	192	518
乐昌市	85584	41627	43957	3925	857	3068
南雄市	75093	36401	38692	2506	321	2185
深圳市	**5696900**	**3027962**	**2668938**	**57827**	**20979**	**36848**
罗湖区	435521	216788	218733	4985	1515	3470
福田区	548110	283806	264304	4905	1640	3265
南山区	545789	285848	259941	4311	1496	2815
宝安区	1345614	730962	614652	12974	4952	8022
龙岗区	1492753	788623	704130	16903	6102	10801
盐田区	82480	43859	38621	824	269	555
龙华区	792496	424717	367779	7715	3035	4680
坪山区	159408	88224	71184	1899	748	1151
光明区	294729	165135	129594	3311	1222	2089
珠海市	**723201**	**382363**	**340838**	**9828**	**3331**	**6497**
香洲区	439746	230795	208951	5370	1738	3632
斗门区	151264	80479	70785	2833	972	1861
金湾区	132191	71089	61102	1625	621	1004
汕头市	**549489**	**278356**	**271133**	**9700**	**3333**	**6367**
龙湖区	129853	65872	63981	1713	599	1114
金平区	169402	83254	86148	3076	925	2151
濠江区	23777	14083	9694	426	116	310
潮阳区	91318	46572	44746	1937	683	1254
潮南区	33615	17832	15783	925	469	456
澄海区	97659	48923	48736	1466	490	976
南澳县	3865	1820	2045	157	51	106
佛山市	**2402328**	**1322201**	**1080127**	**24107**	**9381**	**14726**
禅城区	431744	229966	201778	4030	1627	2403
南海区	1020149	572670	447479	10224	4093	6131
顺德区	613543	337146	276397	6300	2358	3942
三水区	211832	115565	96267	2412	827	1585
高明区	125060	66854	58206	1141	476	665

7-6 续表 1

单位：人

现住地	合计			未上过学		
	合计	男	女	小计	男	女
江门市	**1106700**	**565325**	**541375**	**12370**	**4828**	**7542**
蓬江区	232517	118983	113534	2332	889	1443
江海区	100106	51122	48984	1209	411	798
新会区	193141	98281	94860	2131	715	1416
台山市	151413	76981	74432	1584	653	931
开平市	216926	107827	109099	2254	940	1314
鹤山市	105282	56173	49109	915	363	552
恩平市	107315	55958	51357	1945	857	1088
湛江市	**1404919**	**706353**	**698566**	**24423**	**10042**	**14381**
赤坎区	201387	98228	103159	2658	1073	1585
霞山区	330714	167159	163555	4982	2035	2947
坡头区	33632	16764	16868	618	236	382
麻章区	112046	57692	54354	1338	591	747
遂溪县	100966	50574	50392	1811	754	1057
徐闻县	99304	50286	49018	2191	929	1262
廉江市	228516	114284	114232	4205	1702	2503
雷州市	186943	96977	89966	4676	1965	2711
吴川市	111411	54389	57022	1944	757	1187
茂名市	**900621**	**454866**	**445755**	**11741**	**4683**	**7058**
茂南区	233116	118093	115023	2685	991	1694
电白区	164723	81611	83112	2810	1068	1742
高州市	178666	91039	87627	2274	964	1310
化州市	190862	97013	93849	2465	1058	1407
信宜市	133254	67110	66144	1507	602	905
肇庆市	**737478**	**384618**	**352860**	**9621**	**3523**	**6098**
端州区	209050	107911	101139	2023	695	1328
鼎湖区	65135	33798	31337	820	253	567
高要区	88349	48070	40279	1078	398	680
广宁县	49525	24553	24972	780	310	470
怀集县	63034	31526	31508	1066	400	666
封开县	28082	14034	14048	626	204	422
德庆县	32536	15843	16693	614	205	409
四会市	201767	108883	92884	2614	1058	1556
惠州市	**1667586**	**879284**	**788302**	**30188**	**12204**	**17984**
惠城区	673567	352854	320713	10962	4180	6782
惠阳区	391013	213600	177413	6043	2677	3366
博罗县	218965	116050	102915	3049	1259	1790
惠东县	331624	170764	160860	9298	3765	5533
龙门县	52417	26016	26401	836	323	513
梅州市	**917563**	**449280**	**468283**	**15212**	**6270**	**8942**
梅江区	214243	104777	109466	2768	1154	1614
梅县区	201575	98541	103034	3342	1503	1839
大埔县	79498	39043	40455	1320	474	846
丰顺县	59027	29457	29570	1177	470	707
五华县	83449	42414	41035	1429	660	769
平远县	36995	18068	18927	975	244	731
蕉岭县	53883	25801	28082	732	208	524
兴宁市	188893	91179	97714	3469	1557	1912

7-6 续表 2

单位：人

现住地	合计			未上过学		
	合计	男	女	小计	男	女
汕尾市	**593877**	**305093**	**288784**	**20605**	**7435**	**13170**
城　区	147895	75384	72511	5436	1818	3618
海丰县	296031	152961	143070	8852	3374	5478
陆河县	43544	21281	22263	1380	557	823
陆丰市	106407	55467	50940	4937	1686	3251
河源市	**832400**	**409013**	**423387**	**14415**	**5654**	**8761**
源城区	366808	182178	184630	5903	2265	3638
紫金县	79007	39277	39730	1743	737	1006
龙川县	166087	79273	86814	2867	1151	1716
连平县	55529	27473	28056	1244	436	808
和平县	73907	35342	38565	1336	529	807
东源县	91062	45470	45592	1322	536	786
阳江市	**703718**	**359710**	**344008**	**13466**	**5115**	**8351**
江城区	326195	167029	159166	5538	2322	3216
阳东区	147971	77444	70527	2065	806	1259
阳西县	84444	42894	41550	2423	961	1462
阳春市	145108	72343	72765	3440	1026	2414
清远市	**1064640**	**536195**	**528445**	**25034**	**7467**	**17567**
清城区	432238	223238	209000	7692	2474	5218
清新区	230952	116887	114065	6592	1749	4843
佛冈县	60198	29927	30271	845	341	504
阳山县	64963	31120	33843	2715	871	1844
连山壮族瑶族自治县	12924	6138	6786	226	67	159
连南瑶族自治县	17008	8202	8806	378	131	247
英德市	182867	90449	92418	4749	1322	3427
连州市	63490	30234	33256	1837	512	1325
东莞市	**2070524**	**1144249**	**926275**	**19363**	**8457**	**10906**
市辖区	2070524	1144249	926275	19363	8457	10906
中山市	**812979**	**426350**	**386629**	**8999**	**3297**	**5702**
市辖区	812979	426350	386629	8999	3297	5702
潮州市	**271112**	**131356**	**139756**	**4425**	**1440**	**2985**
湘桥区	173482	82737	90745	2424	779	1645
潮安区	65821	32770	33051	1183	431	752
饶平县	31809	15849	15960	818	230	588
揭阳市	**169720**	**86263**	**83457**	**3023**	**1320**	**1703**
榕城区	20916	10058	10858	301	147	154
揭东区	22388	12072	10316	341	146	195
揭西县	19285	9790	9495	387	172	215
惠来县	30553	15633	14920	896	363	533
普宁市	76578	38710	37868	1098	492	606
云浮市	**397147**	**202057**	**195090**	**5330**	**2169**	**3161**
云城区	127428	65980	61448	1716	670	1046
云安区	17596	9605	7991	217	90	127
新兴县	88253	44318	43935	882	386	496
郁南县	37512	18624	18888	630	240	390
罗定市	126358	63530	62828	1885	783	1102

7-6　续表 3　　　　单位：人

现住地	学前教育			小学		
	小计	男	女	小计	男	女
广　东	**1129885**	**608306**	**521579**	**4510205**	**2125018**	**2385187**
广州市	**165647**	**88832**	**76815**	**616434**	**286825**	**329609**
荔湾区	16775	8743	8032	77678	37245	40433
越秀区	6979	3732	3247	26710	11994	14716
海珠区	13615	7275	6340	55181	24726	30455
天河区	18768	9940	8828	58664	27162	31502
白云区	35141	19048	16093	135706	62756	72950
黄埔区	12104	6454	5650	38682	17830	20852
番禺区	21758	11659	10099	80648	37482	43166
花都区	15472	8439	7033	57185	27413	29772
南沙区	5488	2993	2495	20306	9488	10818
从化区	3795	2085	1710	12543	5767	6776
增城区	15752	8464	7288	53131	24962	28169
韶关市	**34204**	**18259**	**15945**	**166321**	**72459**	**93862**
武江区	5472	2920	2552	23959	10609	13350
浈江区	4877	2557	2320	20789	9493	11296
曲江区	3341	1782	1559	15422	6771	8651
始兴县	2457	1319	1138	11017	4342	6675
仁化县	1658	872	786	7756	3436	4320
翁源县	3142	1694	1448	14465	6298	8167
乳源瑶族自治县	2509	1373	1136	15271	6781	8490
新丰县	2249	1223	1026	10792	4591	6201
乐昌市	4620	2446	2174	26191	11923	14268
南雄市	3879	2073	1806	20659	8215	12444
深圳市	**221911**	**119358**	**102553**	**654995**	**310505**	**344490**
罗湖区	16506	8906	7600	55865	25948	29917
福田区	20722	11121	9601	57463	27340	30123
南山区	17542	9344	8198	47242	22445	24797
宝安区	51960	28181	23779	150582	71494	79088
龙岗区	60453	32414	28039	189375	89310	100065
盐田区	2692	1434	1258	9580	4527	5053
龙华区	33199	17732	15467	82473	39117	43356
坪山区	6577	3544	3033	23995	11792	12203
光明区	12260	6682	5578	38420	18532	19888
珠海市	**22013**	**11864**	**10149**	**90788**	**42811**	**47977**
香洲区	12361	6636	5725	48747	22826	25921
斗门区	6108	3277	2831	26459	12244	14215
金湾区	3544	1951	1593	15582	7741	7841
汕头市	**19066**	**9863**	**9203**	**108490**	**50104**	**58386**
龙湖区	4407	2288	2119	23112	10736	12376
金平区	6070	3091	2979	36812	16502	20310
濠江区	426	211	215	2437	1138	1299
潮阳区	3038	1644	1394	17837	8445	9392
潮南区	1226	639	587	8224	4237	3987
澄海区	3718	1904	1814	19199	8651	10548
南澳县	181	86	95	869	395	474
佛山市	**74478**	**40696**	**33782**	**323756**	**158599**	**165157**
禅城区	12651	6880	5771	48594	23300	25294
南海区	30418	16646	13772	141147	71009	70138
顺德区	18630	10187	8443	82266	40080	42186
三水区	7432	3984	3448	31060	14627	16433
高明区	5347	2999	2348	20689	9583	11106

7-6 续表 4

单位：人

现住地	学前教育			小学		
	小计	男	女	小计	男	女
江门市	**46158**	**24444**	**21714**	**201045**	**90378**	**110667**
蓬江区	8536	4526	4010	34556	15158	19398
江海区	4310	2253	2057	16348	7181	9167
新会区	9361	4966	4395	41284	17964	23320
台山市	6086	3237	2849	26178	12272	13906
开平市	9538	5027	4511	45339	20331	25008
鹤山市	4381	2335	2046	16405	7482	8923
恩平市	3946	2100	1846	20935	9990	10945
湛江市	**71205**	**38887**	**32318**	**260769**	**128709**	**132060**
赤坎区	9094	5010	4084	29136	14562	14574
霞山区	16468	9036	7432	58830	29055	29775
坡头区	2072	1086	986	6537	3216	3321
麻章区	2995	1588	1407	11334	5668	5666
遂溪县	5423	2909	2514	20099	10105	9994
徐闻县	5319	2869	2450	22563	10780	11783
廉江市	13274	7310	5964	46201	22858	23343
雷州市	10540	5805	4735	43036	21385	21651
吴川市	6020	3274	2746	23033	11080	11953
茂名市	**38144**	**20942**	**17202**	**147981**	**71313**	**76668**
茂南区	9116	5018	4098	31878	15170	16708
电白区	6846	3661	3185	29530	14309	15221
高州市	5976	3280	2696	27165	12954	14211
化州市	9675	5324	4351	34112	17035	17077
信宜市	6531	3659	2872	25296	11845	13451
肇庆市	**30691**	**17091**	**13600**	**130724**	**61815**	**68909**
端州区	7060	3921	3139	24973	11696	13277
鼎湖区	2859	1640	1219	12186	5868	6318
高要区	3213	1829	1384	17563	8881	8682
广宁县	2854	1571	1283	11432	5296	6136
怀集县	3545	2042	1503	13923	6793	7130
封开县	1543	822	721	6803	2921	3882
德庆县	1716	919	797	6954	3150	3804
四会市	7901	4347	3554	36890	17210	19680
惠州市	**68610**	**36578**	**32032**	**317367**	**152208**	**165159**
惠城区	25530	13669	11861	103440	48035	55405
惠阳区	16566	8805	7761	69705	34635	35070
博罗县	8607	4661	3946	38141	18667	19474
惠东县	15646	8272	7374	95027	45682	49345
龙门县	2261	1171	1090	11054	5189	5865
梅州市	**40155**	**21119**	**19036**	**169367**	**77287**	**92080**
梅江区	7144	3726	3418	29424	13354	16070
梅县区	9654	4980	4674	35795	16354	19441
大埔县	3790	2012	1778	19988	8798	11190
丰顺县	2202	1120	1082	14321	6808	7513
五华县	3679	1999	1680	14927	7201	7726
平远县	1742	912	830	8402	3479	4923
蕉岭县	2676	1448	1228	11152	4689	6463
兴宁市	9268	4922	4346	35358	16604	18754

7-6　续表 5

单位：人

现住地	学前教育			小学		
	小计	男	女	小计	男	女
汕尾市	**28880**	**15345**	**13535**	**178693**	**83024**	**95669**
城　区	6096	3197	2899	38148	17833	20315
海丰县	16337	8735	7602	95245	44160	51085
陆河县	1904	990	914	11241	5243	5998
陆丰市	4543	2423	2120	34059	15788	18271
河源市	**41696**	**22305**	**19391**	**180879**	**82251**	**98628**
源城区	18768	10019	8749	69918	31754	38164
紫金县	3701	2008	1693	16641	7698	8943
龙川县	8904	4687	4217	43884	19701	24183
连平县	2732	1484	1248	13938	6396	7542
和平县	3988	2166	1822	19529	8712	10817
东源县	3603	1941	1662	16969	7990	8979
阳江市	**33540**	**17921**	**15619**	**163411**	**77487**	**85924**
江城区	14711	7848	6863	68742	33479	35263
阳东区	7422	3960	3462	35353	16993	18360
阳西县	4193	2197	1996	22487	10612	11875
阳春市	7214	3916	3298	36829	16403	20426
清远市	**55451**	**30263**	**25188**	**264870**	**122048**	**142822**
清城区	20805	11350	9455	90811	41886	48925
清新区	14106	7755	6351	69408	32021	37387
佛冈县	2741	1519	1222	14247	6560	7687
阳山县	3970	2199	1771	18781	8695	10086
连山壮族瑶族自治县	730	402	328	2829	1294	1535
连南瑶族自治县	954	548	406	4584	2170	2414
英德市	9061	4877	4184	46499	21310	25189
连州市	3084	1613	1471	17711	8112	9599
东莞市	**69534**	**37699**	**31835**	**258082**	**128290**	**129792**
市辖区	69534	37699	31835	258082	128290	129792
中山市	**32431**	**17448**	**14983**	**120279**	**56550**	**63729**
市辖区	32431	17448	14983	120279	56550	63729
潮州市	**10673**	**5636**	**5037**	**49996**	**21994**	**28002**
湘桥区	6559	3471	3088	30257	12981	17276
潮安区	3237	1712	1525	13596	6306	7290
饶平县	877	453	424	6143	2707	3436
揭阳市	**5249**	**2721**	**2528**	**28789**	**14222**	**14567**
榕城区	519	276	243	3245	1691	1554
揭东区	597	319	278	3092	1582	1510
揭西县	781	408	373	4031	2024	2007
惠来县	1386	701	685	7501	3524	3977
普宁市	1966	1017	949	10920	5401	5519
云浮市	**20149**	**11035**	**9114**	**77169**	**36139**	**41030**
云城区	7063	3935	3128	26541	12302	14239
云安区	417	228	189	2088	1046	1042
新兴县	4468	2477	1991	17124	7993	9131
郁南县	2032	1091	941	7824	3654	4170
罗定市	6169	3304	2865	23592	11144	12448

7-6 续表 6

单位：人

现住地	初中			高中			大学专科		
	小计	男	女	小计	男	女	小计	男	女
广　东	**9212673**	**4948065**	**4264608**	**7402409**	**4110851**	**3291558**	**4046481**	**2045651**	**2000830**
广州市	**1552234**	**843908**	**708326**	**1694956**	**937249**	**757707**	**1231444**	**619548**	**611896**
荔湾区	144070	75763	68307	154990	81900	73090	82689	41204	41485
越秀区	58163	29979	28184	74261	38371	35890	40706	18596	22110
海珠区	155310	81761	73549	155456	80612	74844	94632	43613	51019
天河区	142945	76056	66889	288512	160579	127933	263256	133382	129874
白云区	420324	233581	186743	402095	223275	178820	295324	148285	147039
黄埔区	88549	49742	38807	102634	60852	41782	78535	41850	36685
番禺区	217107	117775	99332	248761	136715	112046	158717	74826	83891
花都区	150551	83339	67212	96659	54754	41905	67003	35775	31228
南沙区	52007	30508	21499	55401	34537	20864	27527	15351	12176
从化区	29954	15061	14893	32674	18094	14580	51644	29926	21718
增城区	93254	50343	42911	83513	47560	35953	71411	36740	34671
韶关市	**221062**	**110648**	**110414**	**157155**	**82925**	**74230**	**69654**	**36327**	**33327**
武江区	41370	20504	20866	32799	16343	16456	15963	8000	7963
浈江区	32886	16578	16308	33187	17272	15915	15927	7946	7981
曲江区	24364	12423	11941	15409	8242	7167	11815	6912	4903
始兴县	13416	6137	7279	8592	4689	3903	2741	1396	1345
仁化县	10358	5182	5176	7672	3996	3676	3037	1571	1466
翁源县	20702	9996	10706	10468	5609	4859	3042	1583	1459
乳源瑶族自治县	13469	7096	6373	7755	4148	3607	3223	1631	1592
新丰县	16539	8062	8477	8954	4868	4086	2648	1342	1306
乐昌市	26430	13453	12977	16042	8650	7392	4868	2519	2349
南雄市	21528	11217	10311	16277	9108	7169	6390	3427	2963
深圳市	**1647406**	**915130**	**732276**	**1314401**	**752986**	**561415**	**907197**	**446204**	**460993**
罗湖区	109287	57218	52069	111397	59071	52326	72009	32651	39358
福田区	126722	71511	55211	123847	70208	53639	87743	40498	47245
南山区	94501	52432	42069	113762	62614	51148	99315	48877	50438
宝安区	460198	255964	204234	290821	172291	118530	198513	100399	98114
龙岗区	454978	250824	204154	362598	205176	157422	236458	115803	120655
盐田区	21805	12359	9446	23825	13592	10233	11939	5757	6182
龙华区	217832	122812	95020	181400	105245	76155	146826	73033	73793
坪山区	53450	29993	23457	37139	22555	14584	18952	9935	9017
光明区	108633	62017	46616	69612	42234	27378	35442	19251	16191
珠海市	**189079**	**105227**	**83852**	**176697**	**100255**	**76442**	**109499**	**55857**	**53642**
香洲区	104139	57301	46838	111473	62197	49276	65350	33272	32078
斗门区	50828	28003	22825	39894	22950	16944	15235	7755	7480
金湾区	34112	19923	14189	25330	15108	10222	28914	14830	14084
汕头市	**157756**	**82555**	**75201**	**153391**	**80482**	**72909**	**59386**	**30606**	**28780**
龙湖区	38359	20349	18010	34695	17796	16899	15994	8052	7942
金平区	48010	24243	23767	41395	21415	19980	19507	9555	9952
濠江区	5985	4047	1938	8549	5013	3536	5123	3112	2011
潮阳区	23017	11672	11345	34395	18274	16121	6348	3441	2907
潮南区	12875	6886	5989	6437	3546	2891	1976	1060	916
澄海区	28432	14861	13571	27163	14069	13094	9978	5152	4826
南澳县	1078	497	581	757	369	388	460	234	226
佛山市	**834768**	**486270**	**348498**	**625767**	**359211**	**266556**	**311265**	**160782**	**150483**
禅城区	155011	85835	69176	112692	62665	50027	56372	28118	28254
南海区	357834	213347	144487	260548	151400	109148	132627	70651	61976
顺德区	210479	124075	86404	170293	97568	72725	78367	38362	40005
三水区	69041	40140	28901	51990	29890	22100	25049	13867	11182
高明区	42403	22873	19530	30244	17688	12556	18850	9784	9066

7-6　续表 7　　　　单位：人

现住地	初中			高中			大学专科		
	小计	男	女	小计	男	女	小计	男	女
江门市	**349276**	**179702**	**169574**	**296857**	**161824**	**135033**	**121973**	**61906**	**60067**
蓬江区	58672	30809	27863	54364	29842	24522	41250	19859	21391
江海区	30894	16054	14840	25829	14281	11548	14977	7637	7340
新会区	53277	27833	25444	52790	29074	23716	21210	11043	10167
台山市	46297	23038	23259	52721	27531	25190	12050	6437	5613
开平市	77057	38117	38940	58936	31278	27658	15572	7934	7638
鹤山市	37843	20515	17328	28135	16168	11967	9987	5255	4732
恩平市	45236	23336	21900	24082	13650	10432	6927	3741	3186
湛江市	**438921**	**213377**	**225544**	**337321**	**179987**	**157334**	**133864**	**67536**	**66328**
赤坎区	51973	25612	26361	50824	25985	24839	24645	12483	12162
霞山区	98946	48120	50826	84126	43783	40343	36299	18656	17643
坡头区	10056	4757	5299	7308	3820	3488	3675	1898	1777
麻章区	21519	10739	10780	30833	18450	12383	10137	3845	6292
遂溪县	34754	17042	17712	23520	12549	10971	9901	4357	5544
徐闻县	33235	16373	16862	21388	11342	10046	9140	5025	4115
廉江市	84959	40698	44261	50304	26562	23742	18045	9344	8701
雷州市	64821	32407	32414	43433	24157	19276	12757	7139	5618
吴川市	38658	17629	21029	25585	13339	12246	9265	4789	4476
茂名市	**257445**	**123748**	**133697**	**277379**	**149607**	**127772**	**99292**	**49194**	**50098**
茂南区	62363	30986	31377	64100	35258	28842	34943	16095	18848
电白区	42831	19686	23145	51320	26134	25186	21597	11881	9716
高州市	50113	24569	25544	65096	35901	29195	16664	7284	9380
化州市	59947	28154	31793	55506	30078	25428	16335	8850	7485
信宜市	42191	20353	21838	41357	22236	19121	9753	5084	4669
肇庆市	**231811**	**122129**	**109682**	**184883**	**101336**	**83547**	**79027**	**43759**	**35268**
端州区	46765	24156	22609	65167	35651	29516	30686	16790	13896
鼎湖区	18868	10373	8495	13458	7300	6158	8982	4706	4276
高要区	28426	15562	12864	18910	10575	8335	7683	4764	2919
广宁县	19138	9286	9852	10226	5463	4763	2926	1492	1434
怀集县	19788	9680	10108	16074	8015	8059	4744	2592	2152
封开县	8853	4434	4419	6277	3466	2811	2280	1262	1018
德庆县	11654	5576	6078	6854	3625	3229	2812	1382	1430
四会市	78319	43062	35257	47917	27241	20676	18914	10771	8143
惠州市	**615201**	**333660**	**281541**	**345409**	**193645**	**151764**	**169440**	**86948**	**82492**
惠城区	217964	117208	100756	154604	86801	67803	92090	46699	45391
惠阳区	156616	88459	68157	79302	45450	33852	35800	18964	16836
博罗县	85060	46109	38951	50104	28071	22033	22075	11136	10939
惠东县	137941	73070	64871	48504	26730	21774	14915	7842	7073
龙门县	17620	8814	8806	12895	6593	6302	4560	2307	2253
梅州市	**320856**	**152684**	**168172**	**225996**	**118442**	**107554**	**75302**	**38002**	**37300**
梅江区	61632	29761	31871	59210	30696	28514	21290	10587	10703
梅县区	74236	35744	38492	48264	24986	23278	18797	9003	9794
大埔县	29146	14244	14902	17392	9381	8011	4363	2312	2051
丰顺县	21323	10708	10615	13380	6942	6438	3482	1813	1669
五华县	29202	14091	15111	23270	12531	10739	5824	3155	2669
平远县	14459	7115	7344	7220	4151	3069	2553	1311	1242
蕉岭县	19894	9234	10660	13075	6999	6076	3787	1899	1888
兴宁市	70964	31787	39177	44185	22756	21429	15206	7922	7284

7-6 续表 8 单位：人

现住地	初中			高中			大学专科		
	小计	男	女	小计	男	女	小计	男	女
汕尾市	**207922**	**110490**	**97432**	**100048**	**57081**	**42967**	**37460**	**20182**	**17278**
城　区	46068	24149	21919	27273	15439	11834	16921	8370	8551
海丰县	110183	58785	51398	45141	26159	18982	12821	7468	5353
陆河县	15651	7753	7898	9605	4807	4798	2351	1224	1127
陆丰市	36020	19803	16217	18029	10676	7353	5367	3120	2247
河源市	**311660**	**151659**	**160001**	**182148**	**95858**	**86290**	**63522**	**32083**	**31439**
源城区	137625	67474	70151	81150	43395	37755	34733	17638	17095
紫金县	28240	14000	14240	19129	9844	9285	5423	2861	2562
龙川县	64049	29675	34374	31813	16495	15318	8966	4736	4230
连平县	19129	9630	9499	11659	6051	5608	4201	2141	2060
和平县	27651	13111	14540	14907	7715	7192	4195	2014	2181
东源县	34966	17769	17197	23490	12358	11132	6004	2693	3311
阳江市	**231552**	**118480**	**113072**	**155898**	**85177**	**70721**	**70873**	**36644**	**34229**
江城区	100353	51334	49019	75150	40217	34933	42327	21563	20764
阳东区	52700	27191	25509	32186	18343	13843	11587	6294	5293
阳西县	29282	14965	14317	16364	8984	7380	6271	3316	2955
阳春市	49217	24990	24227	32198	17633	14565	10688	5471	5217
清远市	**370582**	**192822**	**177760**	**185404**	**100465**	**84939**	**111375**	**56999**	**54376**
清城区	142515	76169	66346	72185	40802	31383	72011	37330	34681
清新区	87486	46742	40744	35433	19742	15691	11134	5499	5635
佛冈县	23582	11791	11791	12111	6390	5721	4431	2195	2236
阳山县	21427	10248	11179	11515	5740	5775	4316	2179	2137
连山壮族瑶族自治县	4109	1884	2225	2781	1392	1389	1222	620	602
连南瑶族自治县	5120	2408	2712	3489	1756	1733	1326	641	685
英德市	63965	32580	31385	35700	18785	16915	13109	6653	6456
连州市	22378	11000	11378	12190	5858	6332	3826	1882	1944
东莞市	**738795**	**422206**	**316589**	**564407**	**328259**	**236148**	**211179**	**109279**	**101900**
市辖区	738795	422206	316589	564407	328259	236148	211179	109279	101900
中山市	**272235**	**149878**	**122357**	**204014**	**111438**	**92576**	**99759**	**50307**	**49452**
市辖区	272235	149878	122357	204014	111438	92576	99759	50307	49452
潮州市	**76228**	**38280**	**37948**	**70675**	**35686**	**34989**	**28570**	**14317**	**14253**
湘桥区	46817	23143	23674	44328	22314	22014	19941	9862	10079
潮安区	20117	10394	9723	15935	8040	7895	6075	3038	3037
饶平县	9294	4743	4551	10412	5332	5080	2554	1417	1137
揭阳市	**47508**	**24856**	**22652**	**58108**	**29680**	**28428**	**18038**	**8705**	**9333**
榕城区	4490	2435	2055	4383	2224	2159	6636	2559	4077
揭东区	5917	3509	2408	9471	4862	4609	1898	1080	818
揭西县	7444	3714	3730	3578	1919	1659	1625	851	774
惠来县	10828	5577	5251	5637	3128	2509	2389	1304	1085
普宁市	18829	9621	9208	35039	17547	17492	5490	2911	2579
云浮市	**140376**	**70356**	**70020**	**91495**	**49258**	**42237**	**38362**	**20466**	**17896**
云城区	46279	23992	22287	24734	13905	10829	12722	6728	5994
云安区	4173	2295	1878	4668	2649	2019	2853	1706	1147
新兴县	31906	16183	15723	22025	11299	10726	7236	3617	3619
郁南县	12673	6217	6456	9753	5019	4734	2723	1402	1321
罗定市	45345	21669	23676	30315	16386	13929	12828	7013	5815

7-6　续表 9　　　　单位：人

现住地	大学本科			硕士研究生			博士研究生		
	小计	男	女	小计	男	女	小计	男	女
广　东	**3200047**	**1611862**	**1588185**	**276644**	**147350**	**129294**	**30260**	**19583**	**10677**
广州市	**1027670**	**502349**	**525321**	**96413**	**49483**	**46930**	**14119**	**8692**	**5427**
荔湾区	67912	33022	34890	5237	2698	2539	598	359	239
越秀区	54542	24645	29897	8496	4226	4270	1250	746	504
海珠区	105913	48382	57531	12393	6036	6357	2098	1303	795
天河区	191581	95888	95693	22970	11614	11356	3650	2240	1410
白云区	179352	85913	93439	12684	6288	6396	2054	1176	878
黄埔区	78385	40653	37732	7819	4149	3670	945	626	319
番禺区	163930	83377	80553	18928	10339	8589	2762	1725	1037
花都区	68079	30833	37246	2541	1341	1200	196	133	63
南沙区	17266	9318	7948	1410	768	642	187	126	61
从化区	38481	19576	18905	925	394	531	87	59	28
增城区	62229	30742	31487	3010	1630	1380	292	199	93
韶关市	**56089**	**28061**	**28028**	**1796**	**1033**	**763**	**181**	**122**	**59**
武江区	13134	6676	6458	707	408	299	54	43	11
浈江区	22484	10811	11673	564	315	249	82	57	25
曲江区	2935	1515	1420	88	55	33	8	4	4
始兴县	1887	968	919	39	20	19	5	3	2
仁化县	2450	1320	1130	56	42	14	4	4	
翁源县	2445	1218	1227	60	34	26	7	2	5
乳源瑶族自治县	2032	1014	1018	81	52	29	5	3	2
新丰县	1524	807	717	49	24	25	4	2	2
乐昌市	3420	1729	1691	83	48	35	5	2	3
南雄市	3778	2003	1775	69	35	34	7	2	5
深圳市	**769296**	**395207**	**374089**	**114659**	**61204**	**53455**	**9208**	**6389**	**2819**
罗湖区	56948	27142	29806	7962	3965	3997	562	372	190
福田区	101369	48541	52828	23671	11826	11845	1668	1121	547
南山区	136251	70557	65694	29995	16124	13871	2870	1959	911
宝安区	161210	86570	74640	18257	10294	7963	1099	817	282
龙岗区	153547	78478	75069	17081	9561	7520	1360	955	405
盐田区	10114	5019	5095	1537	786	751	164	116	48
龙华区	110001	56615	53386	12077	6447	5630	973	681	292
坪山区	15342	8522	6820	1858	993	865	196	142	54
光明区	24514	13763	10751	2221	1208	1013	316	226	90
珠海市	**115955**	**58104**	**57851**	**8288**	**4251**	**4037**	**1054**	**663**	**391**
香洲区	84377	42703	41674	7026	3567	3459	903	555	348
斗门区	9322	4956	4366	538	289	249	47	33	14
金湾区	22256	10445	11811	724	395	329	104	75	29
汕头市	**39409**	**20121**	**19288**	**2045**	**1143**	**902**	**246**	**149**	**97**
龙湖区	10844	5629	5215	646	371	275	83	52	31
金平区	13429	6891	6538	986	562	424	117	70	47
濠江区	806	431	375	22	14	8	3	1	2
潮阳区	4621	2346	2275	111	60	51	14	7	7
潮南区	1868	952	916	74	37	37	10	6	4
澄海区	7485	3688	3797	200	96	104	18	12	6
南澳县	356	184	172	6	3	3	1	1	
佛山市	**196912**	**101024**	**95888**	**10293**	**5600**	**4693**	**982**	**638**	**344**
禅城区	40078	20314	19764	2136	1109	1027	180	118	62
南海区	82554	42872	39682	4353	2372	1981	444	280	164
顺德区	44056	22724	21332	2881	1612	1269	271	180	91
三水区	24026	11778	12248	748	401	347	74	51	23
高明区	6198	3336	2862	175	106	69	13	9	4

7-6 续表 10

单位：人

现住地	大学本科			硕士研究生			博士研究生		
	小计	男	女	小计	男	女	小计	男	女
江门市	**76289**	**40648**	**35641**	**2496**	**1435**	**1061**	**236**	**160**	**76**
蓬江区	31529	17135	14394	1167	684	483	111	81	30
江海区	6231	3142	3089	277	143	134	31	20	11
新会区	12703	6466	6237	363	207	156	22	13	9
台山市	6292	3680	2612	198	131	67	7	2	5
开平市	8014	4088	3926	185	93	92	31	19	12
鹤山市	7423	3935	3488	178	108	70	15	12	3
恩平市	4097	2202	1895	128	69	59	19	13	6
湛江市	**133578**	**65130**	**68448**	**4264**	**2315**	**1949**	**574**	**370**	**204**
赤坎区	32007	12904	19103	911	505	406	139	94	45
霞山区	29022	15344	13678	1770	960	810	271	170	101
坡头区	3192	1653	1539	165	92	73	9	6	3
麻章区	33394	16550	16844	456	232	224	40	29	11
遂溪县	5242	2744	2498	190	100	90	26	14	12
徐闻县	5332	2891	2441	116	67	49	20	10	10
廉江市	11201	5634	5567	295	154	141	32	22	10
雷州市	7453	3993	3460	204	110	94	23	16	7
吴川市	6735	3417	3318	157	95	62	14	9	5
茂名市	**66829**	**34346**	**32483**	**1607**	**884**	**723**	**203**	**149**	**54**
茂南区	27193	14103	13090	735	392	343	103	80	23
电白区	9450	4692	4758	307	158	149	32	22	10
高州市	11169	5954	5215	193	124	69	16	9	7
化州市	12521	6342	6179	261	142	119	40	30	10
信宜市	6496	3255	3241	111	68	43	12	8	4
肇庆市	**69328**	**34224**	**35104**	**1277**	**672**	**605**	**116**	**69**	**47**
端州区	31732	14660	17072	594	310	284	50	32	18
鼎湖区	7849	3596	4253	103	55	48	10	7	3
高要区	11410	6022	5388	58	36	22	8	3	5
广宁县	2107	1102	1005	53	29	24	9	4	5
怀集县	3817	1959	1858	71	41	30	6	4	2
封开县	1664	909	755	35	15	20	1	1	
德庆县	1885	967	918	44	19	25	3		3
四会市	8864	5009	3855	319	167	152	29	18	11
惠州市	**115011**	**60367**	**54644**	**5842**	**3333**	**2509**	**518**	**341**	**177**
惠城区	65226	34044	31182	3438	2014	1424	313	204	109
惠阳区	25334	13677	11657	1514	843	671	133	90	43
博罗县	11440	5884	5556	442	234	208	47	29	18
惠东县	9906	5199	4707	369	193	176	18	11	7
龙门县	3105	1563	1542	79	49	30	7	7	
梅州市	**68607**	**34290**	**34317**	**1878**	**1062**	**816**	**190**	**124**	**66**
梅江区	31731	14881	16850	947	554	393	97	64	33
梅县区	11124	5769	5355	334	183	151	29	19	10
大埔县	3401	1770	1631	84	45	39	14	7	7
丰顺县	3059	1550	1509	72	38	34	11	8	3
五华县	4967	2696	2271	138	73	65	13	8	5
平远县	1612	834	778	30	20	10	2	2	
蕉岭县	2489	1276	1213	76	46	30	2	2	
兴宁市	10224	5514	4710	197	103	94	22	14	8

7-6　续表 11　　　　单位：人

现住地	大学本科			硕士研究生			博士研究生		
	小计	男	女	小计	男	女	小计	男	女
汕尾市	**19411**	**11030**	**8381**	**781**	**455**	**326**	**77**	**51**	**26**
城　区	7603	4353	3250	323	206	117	27	19	8
海丰县	7087	4076	3011	328	180	148	37	24	13
陆河县	1385	692	693	25	14	11	2	1	1
陆丰市	3336	1909	1427	105	55	50	11	7	4
河源市	**36782**	**18450**	**18332**	**1184**	**677**	**507**	**114**	**76**	**38**
源城区	17914	9143	8771	740	451	289	57	39	18
紫金县	4028	2067	1961	88	52	36	14	10	4
龙川县	5473	2764	2709	120	53	67	11	11	
连平县	2549	1293	1256	64	37	27	13	5	8
和平县	2250	1071	1179	43	20	23	8	4	4
东源县	4568	2112	2456	129	64	65	11	7	4
阳江市	**33621**	**18117**	**15504**	**1231**	**706**	**525**	**126**	**63**	**63**
江城区	18490	9777	8713	804	451	353	80	38	42
阳东区	6426	3717	2709	206	129	77	26	11	15
阳西县	3329	1803	1526	85	48	37	10	8	2
阳春市	5376	2820	2556	136	78	58	10	6	4
清远市	**49742**	**24880**	**24862**	**1964**	**1111**	**853**	**218**	**140**	**78**
清城区	24805	12412	12393	1284	730	554	130	85	45
清新区	6571	3260	3311	196	103	93	26	16	10
佛冈县	2162	1085	1077	74	42	32	5	4	1
阳山县	2163	1139	1024	65	42	23	11	7	4
连山壮族瑶族自治县	1007	468	539	18	10	8	2	1	1
连南瑶族自治县	1134	538	596	22	10	12	1		1
英德市	9510	4766	4744	240	134	106	34	22	12
连州市	2390	1212	1178	65	40	25	9	5	4
东莞市	**192942**	**100344**	**92598**	**14634**	**8649**	**5985**	**1588**	**1066**	**522**
市辖区	192942	100344	92598	14634	8649	5985	1588	1066	522
中山市	**70878**	**35008**	**35870**	**4102**	**2245**	**1857**	**282**	**179**	**103**
市辖区	70878	35008	35870	4102	2245	1857	282	179	103
潮州市	**29725**	**13526**	**16199**	**725**	**413**	**312**	**95**	**64**	**31**
湘桥区	22597	9859	12738	484	279	205	75	49	26
潮安区	5463	2725	2738	200	113	87	15	11	4
饶平县	1665	942	723	41	21	20	5	4	1
揭阳市	**8551**	**4514**	**4037**	**408**	**224**	**184**	**46**	**21**	**25**
榕城区	1277	682	595	59	41	18	6	3	3
揭东区	1012	543	469	54	26	28	6	5	1
揭西县	1363	662	701	68	36	32	8	4	4
惠来县	1814	987	827	90	46	44	12	3	9
普宁市	3085	1640	1445	137	75	62	14	6	8
云浮市	**23422**	**12122**	**11300**	**757**	**455**	**302**	**87**	**57**	**30**
云城区	8062	4249	3813	289	185	104	22	14	8
云安区	3116	1557	1559	54	27	27	10	7	3
新兴县	4404	2234	2170	182	110	72	26	19	7
郁南县	1816	964	852	56	36	20	5	1	4
罗定市	6024	3118	2906	176	97	79	24	16	8

7－6a 全省按现住地、受教育程度、性别分的户口登记地在本省其他乡镇街道的人口(城市)

单位：人

现住地	合计			未上过学		
	合计	男	女	小计	男	女
广　东	**24126429**	**12593837**	**11532592**	**279183**	**103558**	**175625**
广州市	**5672468**	**2930207**	**2742261**	**49284**	**19358**	**29926**
荔湾区	557491	283986	273505	7542	3052	4490
越秀区	273577	133253	140324	2470	964	1506
海珠区	598725	295224	303501	4127	1516	2611
天河区	996301	519334	476967	5955	2473	3482
白云区	1223347	636306	587041	10544	4016	6528
黄埔区	386300	209800	176500	4072	1631	2441
番禺区	839585	430702	408883	6845	2720	4125
花都区	345846	180876	164970	3201	1293	1908
南沙区	126788	73574	53214	1371	461	910
从化区	89393	46322	43071	636	225	411
增城区	235115	120830	114285	2521	1007	1514
韶关市	**397682**	**192307**	**205375**	**9329**	**1958**	**7371**
武江区	128306	62071	66235	2350	611	1739
浈江区	116432	56347	60085	1897	474	1423
曲江区	53077	25709	27368	1330	271	1059
始兴县						
仁化县						
翁源县						
乳源瑶族自治县						
新丰县						
乐昌市	42831	20632	22199	1715	370	1345
南雄市	57036	27548	29488	2037	232	1805
深圳市	**5679498**	**3017332**	**2662166**	**57580**	**20906**	**36674**
罗湖区	435521	216788	218733	4985	1515	3470
福田区	548110	283806	264304	4905	1640	3265
南山区	545168	285287	259881	4308	1496	2812
宝安区	1345614	730962	614652	12974	4952	8022
龙岗区	1476965	779029	697936	16663	6030	10633
盐田区	82480	43859	38621	824	269	555
龙华区	792496	424717	367779	7715	3035	4680
坪山区	158415	87749	70666	1895	747	1148
光明区	294729	165135	129594	3311	1222	2089
珠海市	**601288**	**311627**	**289661**	**7599**	**2551**	**5048**
香洲区	424072	220017	204055	5220	1684	3536
斗门区	73127	37455	35672	1260	443	817
金湾区	104089	54155	49934	1119	424	695
汕头市	**448621**	**224102**	**224519**	**7746**	**2508**	**5238**
龙湖区	127515	64597	62918	1657	576	1081
金平区	168504	82786	85718	3071	923	2148
濠江区	14515	7604	6911	393	104	289
潮阳区	59477	29346	30131	1313	387	926
潮南区	13979	7636	6343	352	198	154
澄海区	64631	32133	32498	960	320	640
南澳县						
佛山市	**2232035**	**1220870**	**1011165**	**22252**	**8670**	**13582**
禅城区	390884	206717	184167	3506	1422	2084
南海区	990089	553891	436198	9957	3986	5971
顺德区	608673	334179	274494	6257	2342	3915
三水区	124882	63572	61310	1496	485	1011
高明区	117507	62511	54996	1036	435	601

7-6a 续表 1

单位：人

现住地	合计			未上过学		
	合计	男	女	小计	男	女
江门市	**926147**	**465702**	**460445**	**9335**	**3592**	**5743**
蓬江区	231579	118437	113142	2311	880	1431
江海区	100106	51122	48984	1209	411	798
新会区	156881	77944	78937	1572	514	1058
台山市	125952	62780	63172	1081	450	631
开平市	171241	83340	87901	1585	662	923
鹤山市	76126	39282	36844	644	252	392
恩平市	64262	32797	31465	933	423	510
湛江市	**940705**	**473827**	**466878**	**14705**	**5983**	**8722**
赤坎区	200562	97784	102778	2649	1072	1577
霞山区	326751	165147	161604	4893	2002	2891
坡头区	17532	8645	8887	218	86	132
麻章区	44708	25174	19534	584	240	344
遂溪县	2685	1368	1317	87	40	47
徐闻县						
廉江市	147277	74024	73253	2469	1006	1463
雷州市	124461	64346	60115	2650	1105	1545
吴川市	76729	37339	39390	1155	432	723
茂名市	**632323**	**322254**	**310069**	**7007**	**2704**	**4303**
茂南区	198972	102679	96293	2296	828	1468
电白区	67948	33720	34228	985	354	631
高州市	138526	69942	68584	1456	611	845
化州市	123223	63414	59809	1353	557	796
信宜市	103654	52499	51155	917	354	563
肇庆市	**489440**	**256137**	**233303**	**5397**	**1912**	**3485**
端州区	209050	107911	101139	2023	695	1328
鼎湖区	54779	28027	26752	628	176	452
高要区	56364	29805	26559	649	217	432
广宁县						
怀集县						
封开县						
德庆县						
四会市	169247	90394	78853	2097	824	1273
惠州市	**887408**	**468859**	**418549**	**14210**	**5569**	**8641**
惠城区	569124	296261	272863	9454	3494	5960
惠阳区	311002	168716	142286	4692	2044	2648
博罗县	7282	3882	3400	64	31	33
惠东县						
龙门县						
梅州市	**548675**	**265899**	**282776**	**8283**	**3669**	**4614**
梅江区	208340	101759	106581	2625	1087	1538
梅县区	178053	86351	91702	2882	1303	1579
大埔县						
丰顺县						
五华县	683	390	293	10	8	2
平远县						
蕉岭县						
兴宁市	161599	77399	84200	2766	1271	1495

7-6a 续表 2

单位：人

现住地	合计			未上过学		
	合计	男	女	小计	男	女
汕尾市	**181734**	**92999**	**88735**	**7089**	**2339**	**4750**
城　区	129040	65150	63890	4968	1641	3327
海丰县						
陆河县						
陆丰市	52694	27849	24845	2121	698	1423
河源市	**339517**	**168256**	**171261**	**5591**	**2126**	**3465**
源城区	339517	168256	171261	5591	2126	3465
紫金县						
龙川县						
连平县						
和平县						
东源县						
阳江市	**508246**	**257363**	**250883**	**8343**	**3150**	**5193**
江城区	297462	151119	146343	4831	2016	2815
阳东区	108262	55703	52559	1229	488	741
阳西县						
阳春市	102522	50541	51981	2283	646	1637
清远市	**660713**	**327064**	**333649**	**14813**	**4039**	**10774**
清城区	323445	161481	161964	5963	1826	4137
清新区	179291	89392	89899	4998	1250	3748
佛冈县						
阳山县						
连山壮族瑶族自治县						
连南瑶族自治县						
英德市	103525	50757	52768	2244	523	1721
连州市	54452	25434	29018	1608	440	1168
东莞市	**1949532**	**1073034**	**876498**	**18351**	**7988**	**10363**
市辖区	1949532	1073034	876498	18351	7988	10363
中山市	**519013**	**270463**	**248550**	**5289**	**1938**	**3351**
市辖区	519013	270463	248550	5289	1938	3351
潮州市	**209390**	**102449**	**106941**	**3241**	**1039**	**2202**
湘桥区	158901	77226	81675	2294	697	1597
潮安区	50489	25223	25266	947	342	605
饶平县						
揭阳市	**81392**	**40860**	**40532**	**995**	**462**	**533**
榕城区	17443	8210	9233	229	118	111
揭东区	14356	7558	6798	157	73	84
揭西县						
惠来县						
普宁市	49593	25092	24501	609	271	338
云浮市	**220602**	**112226**	**108376**	**2744**	**1097**	**1647**
云城区	122098	63051	59047	1593	617	976
云安区	3445	1764	1681	12	2	10
新兴县						
郁南县						
罗定市	95059	47411	47648	1139	478	661

7-6a 续表 3 单位：人

现住地	学前教育			小学		
	小计	男	女	小计	男	女
广　东	**876796**	**472992**	**403804**	**3281050**	**1539161**	**1741889**
广州市	**145577**	**78096**	**67481**	**537461**	**247719**	**289742**
荔湾区	16775	8743	8032	77678	37245	40433
越秀区	6979	3732	3247	26710	11994	14716
海珠区	13615	7275	6340	55181	24726	30455
天河区	18768	9940	8828	58664	27162	31502
白云区	30317	16413	13904	115828	53012	62816
黄埔区	11067	5880	5187	34760	15981	18779
番禺区	19852	10689	9163	71778	32906	38872
花都区	12421	6807	5614	43687	20534	23153
南沙区	3692	2022	1670	13079	5932	7147
从化区	2601	1452	1149	7685	3351	4334
增城区	9490	5143	4347	32411	14876	17535
韶关市	**17256**	**9141**	**8115**	**79404**	**34366**	**45038**
武江区	5228	2781	2447	22183	9743	12440
浈江区	4186	2191	1995	17805	8110	9695
曲江区	2687	1430	1257	11924	5115	6809
始兴县						
仁化县						
翁源县						
乳源瑶族自治县						
新丰县						
乐昌市	2231	1169	1062	12216	5458	6758
南雄市	2924	1570	1354	15276	5940	9336
深圳市	**221370**	**119063**	**102307**	**652901**	**309401**	**343500**
罗湖区	16506	8906	7600	55865	25948	29917
福田区	20722	11121	9601	57463	27340	30123
南山区	17540	9343	8197	47216	22427	24789
宝安区	51960	28181	23779	150582	71494	79088
龙岗区	59960	32144	27816	187428	88276	99152
盐田区	2692	1434	1258	9580	4527	5053
龙华区	33199	17732	15467	82473	39117	43356
坪山区	6531	3520	3011	23874	11740	12134
光明区	12260	6682	5578	38420	18532	19888
珠海市	**17673**	**9482**	**8191**	**70042**	**32389**	**37653**
香洲区	12100	6495	5605	46962	21738	25224
斗门区	3036	1590	1446	12341	5418	6923
金湾区	2537	1397	1140	10739	5233	5506
汕头市	**15626**	**8071**	**7555**	**88806**	**40135**	**48671**
龙湖区	4347	2259	2088	22589	10466	12123
金平区	6063	3087	2976	36757	16478	20279
濠江区	368	181	187	2204	1015	1189
潮阳区	2137	1162	975	11614	5053	6561
潮南区	477	250	227	3410	1820	1590
澄海区	2234	1132	1102	12232	5303	6929
南澳县						
佛山市	**70052**	**38364**	**31688**	**301496**	**146911**	**154585**
禅城区	11439	6249	5190	43522	20710	22812
南海区	29750	16291	13459	137311	68853	68458
顺德区	18545	10134	8411	81618	39718	41900
三水区	5323	2895	2428	19853	8792	11061
高明区	4995	2795	2200	19192	8838	10354

7-6a 续表 4

单位：人

现住地	学前教育			小学		
	小计	男	女	小计	男	女
江门市	**38586**	**20442**	**18144**	**161500**	**70796**	**90704**
蓬江区	8476	4494	3982	34332	15035	19297
江海区	4310	2253	2057	16348	7181	9167
新会区	7632	4065	3567	32170	13436	18734
台山市	5112	2735	2377	20665	9558	11107
开平市	7600	4020	3580	35000	15319	19681
鹤山市	3144	1657	1487	11481	4965	6516
恩平市	2312	1218	1094	11504	5302	6202
湛江市	**49412**	**27235**	**22177**	**170495**	**84483**	**86012**
赤坎区	9067	4996	4071	28979	14486	14493
霞山区	16224	8909	7315	57921	28591	29330
坡头区	1040	548	492	2956	1416	1540
麻章区	1956	1040	916	6057	3068	2989
遂溪县	108	59	49	638	315	323
徐闻县						
廉江市	9495	5321	4174	29486	14712	14774
雷州市	7326	4065	3261	28466	14228	14238
吴川市	4196	2297	1899	15992	7667	8325
茂名市	**27107**	**15026**	**12081**	**98399**	**46866**	**51533**
茂南区	8143	4502	3641	27715	13007	14708
电白区	2770	1502	1268	11367	5466	5901
高州市	4434	2454	1980	20571	9672	10899
化州市	6885	3810	3075	20319	10151	10168
信宜市	4875	2758	2117	18427	8570	9857
肇庆市	**18318**	**10229**	**8089**	**76687**	**36201**	**40486**
端州区	7060	3921	3139	24973	11696	13277
鼎湖区	2502	1431	1071	9757	4720	5037
高要区	2177	1254	923	11782	5940	5842
广宁县						
怀集县						
封开县						
德庆县						
四会市	6579	3623	2956	30175	13845	16330
惠州市	**35965**	**19253**	**16712**	**143596**	**67884**	**75712**
惠城区	22197	11897	10300	88593	40736	47857
惠阳区	13489	7201	6288	53705	26521	27184
博罗县	279	155	124	1298	627	671
惠东县						
龙门县						
梅州市	**24024**	**12615**	**11409**	**90976**	**41679**	**49297**
梅江区	6848	3584	3264	28470	12909	15561
梅县区	9047	4660	4387	31743	14383	17360
大埔县						
丰顺县						
五华县	18	11	7	154	85	69
平远县						
蕉岭县						
兴宁市	8111	4360	3751	30609	14302	16307

7−6a　续表 5　　　　单位：人

现住地	学前教育			小学		
	小计	男	女	小计	男	女
汕尾市	**7479**	**3956**	**3523**	**50030**	**23208**	**26822**
城　区	5281	2749	2532	34807	16259	18548
海丰县						
陆河县						
陆丰市	2198	1207	991	15223	6949	8274
河源市	**17854**	**9537**	**8317**	**65492**	**29754**	**35738**
源城区	17854	9537	8317	65492	29754	35738
紫金县						
龙川县						
连平县						
和平县						
东源县						
阳江市	**24535**	**13161**	**11374**	**112608**	**53154**	**59454**
江城区	13587	7258	6329	62589	30313	32276
阳东区	5707	3052	2655	25295	12001	13294
阳西县						
阳春市	5241	2851	2390	24724	10840	13884
清远市	**37044**	**20322**	**16722**	**170265**	**77135**	**93130**
清城区	17190	9456	7734	73237	33110	40127
清新区	11609	6433	5176	55300	25181	30119
佛冈县						
阳山县						
连山壮族瑶族自治县						
连南瑶族自治县						
英德市	5405	2922	2483	26123	11783	14340
连州市	2840	1511	1329	15605	7061	8544
东莞市	**66077**	**35861**	**30216**	**241479**	**119438**	**122041**
市辖区	66077	35861	30216	241479	119438	122041
中山市	**19852**	**10778**	**9074**	**75559**	**34918**	**40641**
市辖区	19852	10778	9074	75559	34918	40641
潮州市	**9106**	**4802**	**4304**	**40371**	**17567**	**22804**
湘桥区	6386	3347	3039	29525	12563	16962
潮安区	2720	1455	1265	10846	5004	5842
饶平县						
揭阳市	**2015**	**1048**	**967**	**10597**	**5319**	**5278**
榕城区	400	223	177	2561	1350	1211
揭东区	327	165	162	1461	756	705
揭西县						
惠来县						
普宁市	1288	660	628	6575	3213	3362
云浮市	**11868**	**6510**	**5358**	**42886**	**19838**	**23048**
云城区	6835	3810	3025	25284	11630	13654
云安区	70	42	28	347	185	162
新兴县						
郁南县						
罗定市	4963	2658	2305	17255	8023	9232

7-6a 续表 6

单位：人

现住地	初中			高中			大学专科		
	小计	男	女	小计	男	女	小计	男	女
广 东	**7073975**	**3810022**	**3263953**	**6115229**	**3389478**	**2725751**	**3445433**	**1726909**	**1718524**
广州市	**1332368**	**715361**	**617007**	**1519318**	**833860**	**685458**	**1084606**	**539894**	**544712**
荔湾区	144070	75763	68307	154990	81900	73090	82689	41204	41485
越秀区	58163	29979	28184	74261	38371	35890	40706	18596	22110
海珠区	155310	81761	73549	155456	80612	74844	94632	43613	51019
天河区	142945	76056	66889	288512	160579	127933	263256	133382	129874
白云区	350473	192230	158243	341193	187157	154036	233270	114369	118901
黄埔区	81788	45725	36063	97390	57698	39692	74452	39720	34732
番禺区	191874	102601	89273	223801	121367	102434	148910	69403	79507
花都区	110107	59075	51032	73202	40944	32258	57064	30481	26583
南沙区	31062	18049	13013	40327	25822	14505	21501	12578	8923
从化区	15774	7758	8016	20128	11189	8939	27491	15161	12330
增城区	50802	26364	24438	50058	28221	21837	40635	21387	19248
韶关市	**111943**	**55874**	**56069**	**94955**	**48902**	**46053**	**41318**	**20485**	**20833**
武江区	38055	18686	19369	31465	15596	15869	15440	7707	7733
浈江区	27824	13852	13972	28717	14587	14130	13476	6289	7187
曲江区	17501	8659	8842	12629	6627	6002	4621	2395	2226
始兴县									
仁化县									
翁源县									
乳源瑶族自治县									
新丰县									
乐昌市	12745	6434	6311	9565	5016	4549	2539	1283	1256
南雄市	15818	8243	7575	12579	7076	5503	5242	2811	2431
深圳市	**1642056**	**911714**	**730342**	**1309464**	**749981**	**559483**	**905287**	**445038**	**460249**
罗湖区	109287	57218	52069	111397	59071	52326	72009	32651	39358
福田区	126722	71511	55211	123847	70208	53639	87743	40498	47245
南山区	94300	52249	42051	113526	62390	51136	99196	48769	50427
宝安区	460198	255964	204234	290821	172291	118530	198513	100399	98114
龙岗区	449959	247661	202298	358031	202450	155581	234881	114836	120045
盐田区	21805	12359	9446	23825	13592	10233	11939	5757	6182
龙华区	217832	122812	95020	181400	105245	76155	146826	73033	73793
坪山区	53320	29923	23397	37005	22500	14505	18738	9844	8894
光明区	108633	62017	46616	69612	42234	27378	35442	19251	16191
珠海市	**145157**	**78979**	**66178**	**145526**	**80833**	**64693**	**97525**	**48803**	**48722**
香洲区	99052	53514	45538	107669	59399	48270	62740	31580	31160
斗门区	22531	11949	10582	18895	10499	8396	9106	4498	4608
金湾区	23574	13516	10058	18962	10935	8027	25679	12725	12954
汕头市	**125338**	**64551**	**60787**	**127210**	**66070**	**61140**	**48618**	**24590**	**24028**
龙湖区	37474	19838	17636	34247	17556	16691	15798	7949	7849
金平区	47923	24194	23729	41264	21347	19917	19481	9540	9941
濠江区	3041	1584	1457	6944	3866	3078	914	522	392
潮阳区	12981	6344	6637	22851	11850	11001	4943	2696	2247
潮南区	5531	3042	2489	2714	1533	1181	758	400	358
澄海区	18388	9549	8839	19190	9918	9272	6724	3483	3241
南澳县									
佛山市	**766230**	**442912**	**323318**	**588535**	**335119**	**253416**	**292023**	**149705**	**142318**
禅城区	137961	75532	62429	102981	56935	46046	51521	25600	25921
南海区	344035	204288	139747	252061	145795	106266	130588	69581	61007
顺德区	208132	122501	85631	168941	96791	72150	78132	38254	39878
三水区	36980	19668	17312	35633	18728	16905	13533	6859	6674
高明区	39122	20923	18199	28919	16870	12049	18249	9411	8838

7-6a　续表 7　　单位：人

现住地	初中			高中			大学专科		
	小计	男	女	小计	男	女	小计	男	女
江门市	**276086**	**138624**	**137462**	**260127**	**139751**	**120376**	**110187**	**55374**	**54813**
蓬江区	58343	30605	27738	54195	29749	24446	41171	19809	21362
江海区	30894	16054	14840	25829	14281	11548	14977	7637	7340
新会区	39019	19448	19571	45390	24623	20767	19158	9903	9255
台山市	36952	17911	19041	47956	24611	23345	9911	5173	4738
开平市	58942	28178	30764	48659	25329	23330	12844	6491	6353
鹤山市	25978	13528	12450	21153	11780	9373	7728	3975	3753
恩平市	25958	12900	13058	16945	9378	7567	4398	2386	2012
湛江市	**286014**	**139373**	**146641**	**241180**	**126845**	**114335**	**92895**	**47817**	**45078**
赤坎区	51665	25440	26225	50622	25871	24751	24572	12444	12128
霞山区	97422	47363	50059	83385	43371	40014	36049	18540	17509
坡头区	3660	1670	1990	4537	2252	2285	2602	1367	1235
麻章区	10750	5502	5248	17798	10718	7080	3285	1602	1683
遂溪县	1059	526	533	470	273	197	204	96	108
徐闻县									
廉江市	52124	25472	26652	34944	18137	16807	11541	5775	5766
雷州市	43682	21644	22038	30487	16598	13889	8280	4736	3544
吴川市	25652	11756	13896	18937	9625	9312	6362	3257	3105
茂名市	**175726**	**85461**	**90265**	**213216**	**115069**	**98147**	**63943**	**32125**	**31818**
茂南区	54238	27074	27164	58512	32039	26473	25334	13002	12332
电白区	16628	7857	8771	26279	13377	12902	5996	3121	2875
高州市	37790	18362	19428	52475	28691	23784	13768	5798	7970
化州市	35329	16790	18539	39728	21557	18171	11568	6346	5222
信宜市	31741	15378	16363	36222	19405	16817	7277	3858	3419
肇庆市	**139405**	**73707**	**65698**	**131263**	**72293**	**58970**	**61597**	**34403**	**27194**
端州区	46765	24156	22609	65167	35651	29516	30686	16790	13896
鼎湖区	14320	7720	6600	11571	6135	5436	8392	4363	4029
高要区	15310	7868	7442	11646	6368	5278	5878	3701	2177
广宁县									
怀集县									
封开县									
德庆县									
四会市	63010	33963	29047	42879	24139	18740	16641	9549	7092
惠州市	**304627**	**165219**	**139408**	**201540**	**113042**	**88498**	**99841**	**51541**	**48300**
惠城区	184286	97985	86301	132748	74031	58717	68509	35012	33497
惠阳区	117072	65448	51624	67042	38047	28995	30869	16283	14586
博罗县	3269	1786	1483	1750	964	786	463	246	217
惠东县									
龙门县									
梅州市	**183995**	**85873**	**98122**	**138338**	**71067**	**67271**	**51395**	**25502**	**25893**
梅江区	59256	28518	30738	57950	30015	27935	20790	10332	10458
梅县区	64455	30689	33766	42264	21697	20567	17302	8240	9062
大埔县									
丰顺县									
五华县	283	155	128	125	79	46	55	34	21
平远县									
蕉岭县									
兴宁市	60001	26511	33490	37999	19276	18723	13248	6896	6352

7-6a 续表 8 单位：人

现住地	初中			高中			大学专科		
	小计	男	女	小计	男	女	小计	男	女
汕尾市	**60639**	**32003**	**28636**	**31883**	**18494**	**13389**	**17791**	**9000**	**8791**
城　区	41612	21618	19994	22491	12707	9784	14727	7205	7522
海丰县									
陆河县									
陆丰市	19027	10385	8642	9392	5787	3605	3064	1795	1269
河源市	**123166**	**60451**	**62715**	**75991**	**40268**	**35723**	**33276**	**16787**	**16489**
源城区	123166	60451	62715	75991	40268	35723	33276	16787	16489
紫金县									
龙川县									
连平县									
和平县									
东源县									
阳江市	**161677**	**82126**	**79551**	**117583**	**62966**	**54617**	**56817**	**28751**	**28066**
江城区	89654	45591	44063	69199	36572	32627	39663	19902	19761
阳东区	38715	19743	18972	24157	13538	10619	8613	4473	4140
阳西县									
阳春市	33308	16792	16516	24227	12856	11371	8541	4376	4165
清远市	**228469**	**117704**	**110765**	**115433**	**62203**	**53230**	**60489**	**28663**	**31826**
清城区	107306	55050	52256	56763	31816	24947	41032	19212	21820
清新区	67629	35808	31821	26745	14447	12298	8384	4034	4350
佛冈县									
阳山县									
连山壮族瑶族自治县									
连南瑶族自治县									
英德市	34565	17719	16846	21437	11058	10379	7961	3918	4043
连州市	18969	9127	9842	10488	4882	5606	3112	1499	1613
东莞市	**687277**	**390513**	**296764**	**532478**	**308362**	**224116**	**200391**	**103724**	**96667**
市辖区	687277	390513	296764	532478	308362	224116	200391	103724	96667
中山市	**166258**	**90627**	**75631**	**132376**	**71975**	**60401**	**69319**	**35354**	**33965**
市辖区	166258	90627	75631	132376	71975	60401	69319	35354	33965
潮州市	**61209**	**30492**	**30717**	**52823**	**27103**	**25720**	**24331**	**12127**	**12204**
湘桥区	45730	22547	23183	42039	21477	20562	19302	9627	9675
潮安区	15479	7945	7534	10784	5626	5158	5029	2500	2529
饶平县									
揭阳市	**17682**	**9392**	**8290**	**36103**	**18121**	**17982**	**11158**	**4996**	**6162**
榕城区	3457	1888	1569	3513	1730	1783	6277	2364	3913
揭东区	2811	1602	1209	7921	4005	3916	1239	712	527
揭西县									
惠来县									
普宁市	11414	5902	5512	24669	12386	12283	3642	1920	1722
云浮市	**78653**	**39066**	**39587**	**49887**	**27154**	**22733**	**22626**	**12230**	**10396**
云城区	44451	22928	21523	23774	13372	10402	12241	6483	5758
云安区	753	450	303	2050	973	1077	115	65	50
新兴县									
郁南县									
罗定市	33449	15688	17761	24063	12809	11254	10270	5682	4588

7-6a　续表 9　　　　　　　　　　　　　　　　　　　　　　　　　　　　　　单位：人

现 住 地	大学本科			硕士研究生			博士研究生		
	小计	男	女	小计	男	女	小计	男	女
广　东	**2763973**	**1393636**	**1370337**	**262136**	**139561**	**122575**	**28654**	**18520**	**10134**
广州市	**897892**	**440065**	**457827**	**92324**	**47490**	**44834**	**13638**	**8364**	**5274**
荔湾区	67912	33022	34890	5237	2698	2539	598	359	239
越秀区	54542	24645	29897	8496	4226	4270	1250	746	504
海珠区	105913	48382	57531	12393	6036	6357	2098	1303	795
天河区	191581	95888	95693	22970	11614	11356	3650	2240	1410
白云区	127724	62022	65702	12026	5975	6051	1972	1112	860
黄埔区	74430	38615	35815	7442	3948	3494	899	602	297
番禺区	155881	79440	76441	17989	9920	8069	2655	1656	999
花都区	43890	20480	23410	2119	1152	967	155	110	45
南沙区	14277	7889	6388	1305	707	598	174	114	60
从化区	14598	6963	7635	444	197	247	36	26	10
增城区	47144	22719	24425	1903	1017	886	151	96	55
韶关市	**41931**	**20679**	**21252**	**1402**	**797**	**605**	**144**	**105**	**39**
武江区	12836	6501	6335	698	403	295	51	43	8
浈江区	21901	10485	11416	547	303	244	79	56	23
曲江区	2313	1168	1145	65	40	25	7	4	3
始兴县									
仁化县									
翁源县									
乳源瑶族自治县									
新丰县									
乐昌市	1777	876	901	41	25	16	2	1	1
南雄市	3104	1649	1455	51	26	25	5	1	4
深圳市	**767271**	**393850**	**373421**	**114386**	**61006**	**53380**	**9183**	**6373**	**2810**
罗湖区	56948	27142	29806	7962	3965	3997	562	372	190
福田区	101369	48541	52828	23671	11826	11845	1668	1121	547
南山区	136219	70532	65687	29993	16122	13871	2870	1959	911
宝安区	161210	86570	74640	18257	10294	7963	1099	817	282
龙岗区	151840	77296	74544	16857	9390	7467	1346	946	400
盐田区	10114	5019	5095	1537	786	751	164	116	48
龙华区	110001	56615	53386	12077	6447	5630	973	681	292
坪山区	15056	8372	6684	1811	968	843	185	135	50
光明区	24514	13763	10751	2221	1208	1013	316	226	90
珠海市	**108931**	**53982**	**54949**	**7831**	**3986**	**3845**	**1004**	**622**	**382**
香洲区	82586	41594	40992	6864	3477	3387	879	536	343
斗门区	5614	2872	2742	311	163	148	33	23	10
金湾区	20731	9516	11215	656	346	310	92	63	29
汕头市	**33208**	**16992**	**16216**	**1842**	**1047**	**795**	**227**	**138**	**89**
龙湖区	10687	5534	5153	633	367	266	83	52	31
金平区	12844	6585	6259	984	562	422	117	70	47
濠江区	629	319	310	20	13	7	2		2
潮阳区	3574	1819	1755	57	32	25	7	3	4
潮南区	714	378	336	19	12	7	4	3	1
澄海区	4760	2357	2403	129	61	68	14	10	4
南澳县									
佛山市	**180651**	**93198**	**87453**	**9851**	**5382**	**4469**	**945**	**609**	**336**
禅城区	37756	19100	18656	2025	1055	970	173	114	59
南海区	81668	42476	39192	4281	2344	1937	438	277	161
顺德区	43907	22653	21254	2870	1606	1264	271	180	91
三水区	11500	5835	5665	512	279	233	52	31	21
高明区	5820	3134	2686	163	98	65	11	7	4

7-6a 续表 10 单位：人

现住地	大学本科			硕士研究生			博士研究生		
	小计	男	女	小计	男	女	小计	男	女
江门市	**67951**	**35759**	**32192**	**2180**	**1228**	**952**	**195**	**136**	**59**
蓬江区	31476	17102	14374	1164	682	482	111	81	30
江海区	6231	3142	3089	277	143	134	31	20	11
新会区	11603	5769	5834	318	175	143	19	11	8
台山市	4173	2286	1887	99	55	44	3	1	2
开平市	6468	3263	3205	127	68	59	16	10	6
鹤山市	5855	3040	2815	134	77	57	9	8	1
恩平市	2145	1157	988	61	28	33	6	5	1
湛江市	**82423**	**40066**	**42357**	**3144**	**1744**	**1400**	**437**	**281**	**156**
赤坎区	31961	12878	19083	909	504	405	138	93	45
霞山区	28827	15248	13579	1761	955	806	269	168	101
坡头区	2381	1226	1155	132	76	56	6	4	2
麻章区	4160	2939	1221	109	60	49	9	5	4
遂溪县	116	57	59	3	2	1			
徐闻县									
廉江市	7105	3534	3571	106	61	45	7	6	1
雷州市	3514	1931	1583	53	37	16	3	2	1
吴川市	4359	2253	2106	71	49	22	5	3	2
茂名市	**45805**	**24364**	**21441**	**1003**	**554**	**449**	**117**	**85**	**32**
茂南区	22009	11824	10185	648	345	303	77	58	19
电白区	3834	1989	1845	83	49	34	6	5	1
高州市	7904	4274	3630	115	72	43	13	8	5
化州市	7914	4134	3780	111	58	53	16	11	5
信宜市	4144	2143	2001	46	30	16	5	3	2
肇庆市	**55733**	**26830**	**28903**	**961**	**512**	**449**	**79**	**50**	**29**
端州区	31732	14660	17072	594	310	284	50	32	18
鼎湖区	7520	3432	4088	83	46	37	6	4	2
高要区	8907	4445	4462	14	11	3	1	1	
广宁县									
怀集县									
封开县									
德庆县									
四会市	7574	4293	3281	270	145	125	22	13	9
惠州市	**82661**	**43441**	**39220**	**4559**	**2639**	**1920**	**409**	**271**	**138**
惠城区	59919	31074	28845	3132	1845	1287	286	187	99
惠阳区	22584	12295	10289	1426	793	633	123	84	39
博罗县	158	72	86	1	1				
惠东县									
龙门县									
梅州市	**50170**	**24631**	**25539**	**1363**	**776**	**587**	**131**	**87**	**44**
梅江区	31372	14706	16666	932	544	388	97	64	33
梅县区	10046	5203	4843	296	163	133	18	13	5
大埔县									
丰顺县									
五华县	38	18	20						
平远县									
蕉岭县									
兴宁市	8714	4704	4010	135	69	66	16	10	6

7–6a　续表 11　　　　单位：人

现住地	大学本科			硕士研究生			博士研究生		
	小计	男	女	小计	男	女	小计	男	女
汕尾市	**6597**	**3861**	**2736**	**204**	**124**	**80**	**22**	**14**	**8**
城　区	4955	2852	2103	178	106	72	21	13	8
海丰县									
陆河县									
陆丰市	1642	1009	633	26	18	8	1	1	
河源市	**17377**	**8861**	**8516**	**718**	**437**	**281**	**52**	**35**	**17**
源城区	17377	8861	8516	718	437	281	52	35	17
紫金县									
龙川县									
连平县									
和平县									
东源县									
阳江市	**25675**	**13497**	**12178**	**917**	**517**	**400**	**91**	**41**	**50**
江城区	17158	9033	8125	710	401	309	71	33	38
阳东区	4406	2331	2075	124	70	54	16	7	9
阳西县									
阳春市	4111	2133	1978	83	46	37	4	1	3
清远市	**32856**	**16240**	**16616**	**1226**	**683**	**543**	**118**	**75**	**43**
清城区	20907	10407	10500	955	545	410	92	59	33
清新区	4512	2187	2325	105	48	57	9	4	5
佛冈县									
阳山县									
连山壮族瑶族自治县									
连南瑶族自治县									
英德市	5648	2757	2891	130	69	61	12	8	4
连州市	1789	889	900	36	21	15	5	4	1
东莞市	**187612**	**97637**	**89975**	**14314**	**8466**	**5848**	**1553**	**1045**	**508**
市辖区	187612	97637	89975	14314	8466	5848	1553	1045	508
中山市	**47324**	**23217**	**24107**	**2835**	**1534**	**1301**	**201**	**122**	**79**
市辖区	47324	23217	24107	2835	1534	1301	201	122	79
潮州市	**17625**	**8919**	**8706**	**607**	**349**	**258**	**77**	**51**	**26**
湘桥区	13107	6666	6441	454	260	194	64	42	22
潮安区	4518	2253	2265	153	89	64	13	9	4
饶平县									
揭阳市	**2734**	**1456**	**1278**	**100**	**62**	**38**	**8**	**4**	**4**
榕城区	961	506	455	40	28	12	5	3	2
揭东区	428	238	190	11	6	5	1	1	
揭西县									
惠来县									
普宁市	1345	712	633	49	28	21	2		2
云浮市	**11546**	**6091**	**5455**	**369**	**228**	**141**	**23**	**12**	**11**
云城区	7629	4027	3602	274	175	99	17	9	8
云安区	96	47	49	2		2			
新兴县									
郁南县									
罗定市	3821	2017	1804	93	53	40	6	3	3

7-6b 全省按现住地、受教育程度、性别分的户口登记地在本省其他乡镇街道的人口(镇)

单位：人

现住地	合计			未上过学		
	合计	男	女	小计	男	女
广东	**3782664**	**1934563**	**1848101**	**72892**	**26946**	**45946**
广州市	**386161**	**208545**	**177616**	**3253**	**1317**	**1936**
荔湾区						
越秀区						
海珠区						
天河区						
白云区	121053	65294	55759	548	230	318
黄埔区	11393	5574	5819	170	58	112
番禺区	24988	13827	11161	276	111	165
花都区	34106	17522	16584	335	140	195
南沙区	26656	14549	12107	330	140	190
从化区	47317	28706	18611	178	78	100
增城区	120648	63073	57575	1416	560	856
韶关市	**222276**	**106740**	**115536**	**6601**	**1380**	**5221**
武江区	437	231	206	10	6	4
浈江区	9801	5600	4201	151	55	96
曲江区	5943	3125	2818	215	53	162
始兴县	35211	16159	19052	978	166	812
仁化县	27219	13028	14191	712	144	568
翁源县	38199	17897	20302	1043	225	818
乳源瑶族自治县	35291	16940	18351	1328	260	1068
新丰县	37271	17760	19511	612	150	462
乐昌市	26240	12814	13426	1329	284	1045
南雄市	6664	3186	3478	223	37	186
深圳市	**1614**	**1036**	**578**	**7**	**1**	**6**
罗湖区						
福田区						
南山区	621	561	60	3		3
宝安区						
龙岗区						
盐田区						
龙华区						
坪山区	993	475	518	4	1	3
光明区						
珠海市	**86125**	**50735**	**35390**	**1421**	**539**	**882**
香洲区	15288	10495	4793	147	53	94
斗门区	45584	25001	20583	845	319	526
金湾区	25253	15239	10014	429	167	262
汕头市	**63353**	**32545**	**30808**	**1270**	**528**	**742**
龙湖区						
金平区						
濠江区	114	79	35	4	1	3
潮阳区	20997	11339	9658	417	214	203
潮南区	10351	5273	5078	303	139	164
澄海区	28391	14217	14174	423	137	286
南澳县	3500	1637	1863	123	37	86
佛山市	**104151**	**61322**	**42829**	**1208**	**479**	**729**
禅城区	40860	23249	17611	524	205	319
南海区	10073	5970	4103	81	35	46
顺德区						
三水区	48420	29298	19122	562	218	344
高明区	4798	2805	1993	41	21	20

7-6b　续表 1　　　　单位：人

现住地	合计			未上过学		
	合计	男	女	小计	男	女
江门市	**73806**	**39522**	**34284**	**994**	**402**	**592**
蓬江区						
江海区						
新会区	12080	6545	5535	146	47	99
台山市	6610	3447	3163	111	50	61
开平市	20703	11016	9687	280	122	158
鹤山市	16246	9178	7068	97	45	52
恩平市	18167	9336	8831	360	138	222
湛江市	**261172**	**130210**	**130962**	**4495**	**1891**	**2604**
赤坎区						
霞山区	916	437	479	11	5	6
坡头区	9352	4677	4675	233	100	133
麻章区	45371	21411	23960	350	189	161
遂溪县	68880	34037	34843	977	399	578
徐闻县	74598	37668	36930	1378	536	842
廉江市	30590	15969	14621	643	263	380
雷州市	19778	10265	9513	680	303	377
吴川市	11687	5746	5941	223	96	127
茂名市	**107757**	**53876**	**53881**	**1852**	**770**	**1082**
茂南区	3540	1746	1794	67	26	41
电白区	48534	24105	24429	900	326	574
高州市	18436	9340	9096	334	150	184
化州市	28264	14248	14016	418	211	207
信宜市	8983	4437	4546	133	57	76
肇庆市	**185004**	**93310**	**91694**	**3060**	**1117**	**1943**
端州区						
鼎湖区	7518	4127	3391	138	49	89
高要区	18832	10636	8196	245	111	134
广宁县	39553	19120	20433	565	221	344
怀集县	57329	28521	28808	946	352	594
封开县	23059	11361	11698	489	149	340
德庆县	26556	12860	13696	521	163	358
四会市	12157	6685	5472	156	72	84
惠州市	**569888**	**295434**	**274454**	**11916**	**4838**	**7078**
惠城区	47786	25628	22158	690	303	387
惠阳区	35674	19286	16388	607	294	313
博罗县	164912	87258	77654	2280	918	1362
惠东县	282246	144352	137894	7741	3120	4621
龙门县	39270	18910	20360	598	203	395
梅州市	**264784**	**129369**	**135415**	**4617**	**1639**	**2978**
梅江区	814	397	417	22	13	9
梅县区	7445	3820	3625	157	77	80
大埔县	65153	31312	33841	1047	344	703
丰顺县	47995	23782	24213	964	386	578
五华县	59717	29927	29790	858	408	450
平远县	30567	14680	15887	806	185	621
蕉岭县	47004	22376	24628	640	178	462
兴宁市	6089	3075	3014	123	48	75

7-6b 续表 2 单位：人

现住地	合计			未上过学		
	合计	男	女	小计	男	女
汕尾市	**350016**	**179042**	**170974**	**11054**	**4183**	**6871**
城　区	9578	5110	4468	179	63	116
海丰县	266987	137428	129559	7816	3011	4805
陆河县	37667	18401	19266	1170	475	695
陆丰市	35784	18103	17681	1889	634	1255
河源市	**328444**	**157464**	**170980**	**5943**	**2334**	**3609**
源城区	16695	8167	8528	146	62	84
紫金县	59062	28814	30248	1313	550	763
龙川县	110891	51819	59072	1950	763	1187
连平县	37986	18456	19530	883	293	590
和平县	57212	26840	30372	975	387	588
东源县	46598	23368	23230	676	279	397
阳江市	**105712**	**53468**	**52244**	**2753**	**987**	**1766**
江城区	7287	3858	3429	261	103	158
阳东区	12502	6593	5909	308	104	204
阳西县	72429	36444	35985	1825	645	1180
阳春市	13494	6573	6921	359	135	224
清远市	**227541**	**113351**	**114190**	**6118**	**2082**	**4036**
清城区	55846	30512	25334	1171	447	724
清新区	6112	3209	2903	170	69	101
佛冈县	47660	23372	24288	655	258	397
阳山县	56585	26673	29912	2433	762	1671
连山壮族瑶族自治县	10834	5057	5777	184	51	133
连南瑶族自治县	15144	7203	7941	345	118	227
英德市	32794	16064	16730	1105	361	744
连州市	2566	1261	1305	55	16	39
东莞市	**13502**	**7463**	**6039**	**72**	**31**	**41**
市辖区	13502	7463	6039	72	31	41
中山市	**223891**	**119131**	**104760**	**2994**	**1123**	**1871**
市辖区	223891	119131	104760	2994	1123	1871
潮州市	**41837**	**19497**	**22340**	**844**	**277**	**567**
湘桥区	10957	4122	6835	100	65	35
潮安区	6379	3215	3164	87	34	53
饶平县	24501	12160	12341	657	178	479
揭阳市	**47158**	**24009**	**23149**	**1082**	**474**	**608**
榕城区	1376	722	654	29	8	21
揭东区	3463	2105	1358	65	26	39
揭西县	9262	4607	4655	181	87	94
惠来县	21290	10921	10369	637	266	371
普宁市	11767	5654	6113	170	87	83
云浮市	**118472**	**58494**	**59978**	**1338**	**554**	**784**
云城区						
云安区	6120	3370	2750	59	25	34
新兴县	76394	37560	38834	728	325	403
郁南县	29409	14305	15104	420	150	270
罗定市	6549	3259	3290	131	54	77

7-6b　续表 3　　　　单位：人

现住地	学前教育			小学		
	小计	男	女	小计	男	女
广　东	**175165**	**94028**	**81137**	**816257**	**380608**	**435649**
广州市	**11161**	**5918**	**5243**	**37218**	**17762**	**19456**
荔湾区						
越秀区						
海珠区						
天河区						
白云区	1783	973	810	6936	3315	3621
黄埔区	536	294	242	1842	755	1087
番禺区	697	339	358	3459	1711	1748
花都区	1076	575	501	3321	1583	1738
南沙区	953	505	448	3721	1820	1901
从化区	663	341	322	1985	979	1006
增城区	5453	2891	2562	15954	7599	8355
韶关市	**12080**	**6514**	**5566**	**60811**	**25974**	**34837**
武江区	16	8	8	97	45	52
浈江区	303	162	141	1475	641	834
曲江区	233	123	110	1443	654	789
始兴县	2171	1180	991	9655	3762	5893
仁化县	1347	692	655	6044	2604	3440
翁源县	2317	1257	1060	10636	4534	6102
乳源瑶族自治县	2007	1108	899	11192	4825	6367
新丰县	1954	1056	898	9598	4040	5558
乐昌市	1330	717	613	8692	4045	4647
南雄市	402	211	191	1979	824	1155
深圳市	**48**	**25**	**23**	**147**	**70**	**77**
罗湖区						
福田区						
南山区	2	1	1	26	18	8
宝安区						
龙岗区						
盐田区						
龙华区						
坪山区	46	24	22	121	52	69
光明区						
珠海市	**3029**	**1665**	**1364**	**13726**	**6998**	**6728**
香洲区	261	141	120	1746	1063	683
斗门区	1855	1014	841	7843	3797	4046
金湾区	913	510	403	4137	2138	1999
汕头市	**2549**	**1314**	**1235**	**13671**	**6874**	**6797**
龙湖区						
金平区						
濠江区	7	4	3	23	17	6
潮阳区	696	372	324	4574	2513	2061
潮南区	365	175	190	2357	1197	1160
澄海区	1320	688	632	5942	2798	3144
南澳县	161	75	86	775	349	426
佛山市	**3050**	**1585**	**1465**	**14091**	**7222**	**6869**
禅城区	1212	631	581	5072	2590	2482
南海区	232	122	110	1217	669	548
顺德区						
三水区	1411	725	686	6877	3505	3372
高明区	195	107	88	925	458	467

7-6b 续表 4 单位：人

现住地	学前教育			小学		
	小计	男	女	小计	男	女
江门市	**3303**	**1764**	**1539**	**15155**	**7270**	**7885**
蓬江区						
江海区						
新会区	572	309	263	2790	1348	1442
台山市	256	135	121	1419	686	733
开平市	1058	563	495	4824	2278	2546
鹤山市	687	372	315	2376	1156	1220
恩平市	730	385	345	3746	1802	1944
湛江市	**13103**	**7063**	**6040**	**48708**	**23488**	**25220**
赤坎区						
霞山区	70	40	30	199	87	112
坡头区	752	396	356	2186	1073	1113
麻章区	421	218	203	1991	964	1027
遂溪县	3999	2128	1871	13426	6671	6755
徐闻县	4358	2373	1985	17382	8221	9161
廉江市	1521	824	697	5803	2798	3005
雷州市	1198	667	531	5171	2458	2713
吴川市	784	417	367	2550	1216	1334
茂名市	**5604**	**3094**	**2510**	**21971**	**10784**	**11187**
茂南区	195	103	92	764	388	376
电白区	2531	1394	1137	10035	4909	5126
高州市	729	398	331	3103	1563	1540
化州市	1533	850	683	6000	2948	3052
信宜市	616	349	267	2069	976	1093
肇庆市	**10004**	**5569**	**4435**	**41109**	**19139**	**21970**
端州区						
鼎湖区	260	153	107	1965	898	1067
高要区	609	339	270	3404	1748	1656
广宁县	2434	1337	1097	9232	4190	5042
怀集县	3307	1914	1393	12758	6218	6540
封开县	1369	731	638	5685	2430	3255
德庆县	1466	784	682	5928	2650	3278
四会市	559	311	248	2137	1005	1132
惠州市	**25419**	**13500**	**11919**	**133814**	**64117**	**69697**
惠城区	1622	856	766	6978	3356	3622
惠阳区	1551	807	744	7469	3691	3778
博罗县	6955	3774	3181	29179	14149	15030
惠东县	13520	7143	6377	81632	38976	42656
龙门县	1771	920	851	8556	3945	4611
梅州市	**12527**	**6640**	**5887**	**58763**	**25889**	**32874**
梅江区	47	17	30	146	59	87
梅县区	251	128	123	1480	693	787
大埔县	3337	1761	1576	16716	7176	9540
丰顺县	1889	961	928	12154	5620	6534
五华县	2906	1585	1321	9969	4725	5244
平远县	1557	816	741	7226	2895	4331
蕉岭县	2275	1243	1032	9989	4168	5821
兴宁市	265	129	136	1083	553	530

7-6b 续表 5 单位：人

现住地	学前教育			小学		
	小计	男	女	小计	男	女
汕尾市	**18759**	**9993**	**8766**	**112211**	**51797**	**60414**
城 区	544	310	234	1526	715	811
海丰县	15018	8024	6994	87035	40135	46900
陆河县	1651	868	783	9754	4540	5214
陆丰市	1546	791	755	13896	6407	7489
河源市	**16860**	**9067**	**7793**	**81508**	**36301**	**45207**
源城区	396	225	171	2161	887	1274
紫金县	2994	1648	1346	12574	5723	6851
龙川县	6216	3292	2924	31187	13853	17334
连平县	1957	1056	901	10309	4551	5758
和平县	3151	1714	1437	15245	6665	8580
东源县	2146	1132	1014	10032	4622	5410
阳江市	**5532**	**2955**	**2577**	**28763**	**13473**	**15290**
江城区	271	145	126	1719	870	849
阳东区	550	302	248	3413	1658	1755
阳西县	3839	2025	1814	19467	9095	10372
阳春市	872	483	389	4164	1850	2314
清远市	**12225**	**6679**	**5546**	**59185**	**27739**	**31446**
清城区	2755	1436	1319	12990	6478	6512
清新区	251	120	131	1575	791	784
佛冈县	2390	1352	1038	11840	5395	6445
阳山县	3668	2036	1632	16713	7649	9064
连山壮族瑶族自治县	633	347	286	2416	1078	1338
连南瑶族自治县	898	512	386	4149	1935	2214
英德市	1513	819	694	8813	4089	4724
连州市	117	57	60	689	324	365
东莞市	**343**	**172**	**171**	**1705**	**901**	**804**
市辖区	343	172	171	1705	901	804
中山市	**10212**	**5433**	**4779**	**34399**	**16513**	**17886**
市辖区	10212	5433	4779	34399	16513	17886
潮州市	**1071**	**586**	**485**	**6258**	**2804**	**3454**
湘桥区	147	110	37	412	234	178
潮安区	258	126	132	1054	492	562
饶平县	666	350	316	4792	2078	2714
揭阳市	**1916**	**977**	**939**	**9908**	**4824**	**5084**
榕城区	47	20	27	287	151	136
揭东区	96	55	41	653	329	324
揭西县	415	212	203	2073	1012	1061
惠来县	1088	547	541	5404	2572	2832
普宁市	270	143	127	1491	760	731
云浮市	**6370**	**3515**	**2855**	**23136**	**10669**	**12467**
云城区						
云安区	148	85	63	639	302	337
新兴县	4247	2366	1881	14957	6859	8098
郁南县	1625	872	753	6134	2841	3293
罗定市	350	192	158	1406	667	739

7-6b 续表 6 单位：人

现住地	初中			高中			大学专科		
	小计	男	女	小计	男	女	小计	男	女
广 东	**1298150**	**672286**	**625864**	**792523**	**434253**	**358270**	**352383**	**185846**	**166537**
广州市	**81708**	**45542**	**36166**	**75912**	**43560**	**32352**	**97894**	**53601**	**44293**
荔湾区									
越秀区									
海珠区									
天河区									
白云区	21318	12051	9267	23028	13515	9513	36804	20424	16380
黄埔区	1956	1022	934	1666	844	822	1883	890	993
番禺区	6605	3728	2877	6996	4370	2626	3050	1666	1384
花都区	7375	4046	3329	6866	3579	3287	3194	1611	1583
南沙区	9906	5723	4183	6888	3982	2906	3087	1519	1568
从化区	4829	2691	2138	4766	2971	1795	22138	13872	8266
增城区	29719	16281	13438	25702	14299	11403	27738	13619	14119
韶关市	**70270**	**34209**	**36061**	**45578**	**24559**	**21019**	**16212**	**8578**	**7634**
武江区	158	80	78	72	36	36	48	30	18
浈江区	2028	1036	992	3439	2076	1363	2076	1435	641
曲江区	2492	1350	1142	882	546	336	394	238	156
始兴县	10904	4980	5924	7566	4091	3475	2285	1132	1153
仁化县	7741	3717	4024	6697	3421	3276	2559	1307	1252
翁源县	13455	6323	7132	6821	3658	3163	2100	1034	1066
乳源瑶族自治县	9508	4907	4601	6641	3535	3106	2768	1376	1392
新丰县	13846	6693	7153	7806	4109	3697	2149	1039	1110
乐昌市	8230	4134	4096	4337	2392	1945	1351	733	618
南雄市	1908	989	919	1317	695	622	482	254	228
深圳市	**331**	**253**	**78**	**370**	**279**	**91**	**333**	**199**	**134**
罗湖区									
福田区									
南山区	201	183	18	236	224	12	119	108	11
宝安区									
龙岗区									
盐田区									
龙华区									
坪山区	130	70	60	134	55	79	214	91	123
光明区									
珠海市	**29483**	**17791**	**11692**	**21925**	**13902**	**8023**	**10070**	**5975**	**4095**
香洲区	4967	3690	1277	3693	2709	984	2544	1649	895
斗门区	15171	8414	6757	12381	7360	5021	4452	2332	2120
金湾区	9345	5687	3658	5851	3833	2018	3074	1994	1080
汕头市	**20011**	**10368**	**9643**	**17234**	**9106**	**8128**	**4687**	**2412**	**2275**
龙湖区									
金平区									
濠江区	25	16	9	28	23	5	14	11	3
潮阳区	7053	3722	3331	7035	3878	3157	755	400	355
潮南区	4053	2073	1980	2238	1155	1083	508	272	236
澄海区	7929	4123	3806	7230	3708	3522	2975	1510	1465
南澳县	951	434	517	703	342	361	435	219	216
佛山市	**43427**	**26684**	**16743**	**23145**	**14629**	**8516**	**14107**	**7972**	**6135**
禅城区	17050	10303	6747	9711	5730	3981	4851	2518	2333
南海区	5246	3290	1956	2068	1236	832	803	420	383
顺德区									
三水区	18952	11792	7160	10518	7124	3394	8064	4781	3283
高明区	2179	1299	880	848	539	309	389	253	136

7-6b 续表 7

单位：人

现住地	初中			高中			大学专科		
	小计	男	女	小计	男	女	小计	男	女
江门市	**29245**	**15521**	**13724**	**16310**	**9766**	**6544**	**5055**	**2672**	**2383**
蓬江区									
江海区									
新会区	4243	2384	1859	3060	1733	1327	806	432	374
台山市	2379	1235	1144	1238	690	548	582	290	292
开平市	8670	4603	4067	4290	2634	1656	955	489	466
鹤山市	6065	3388	2677	4643	2882	1761	1361	756	605
恩平市	7888	3911	3977	3079	1827	1252	1351	705	646
湛江市	**79959**	**39552**	**40407**	**52250**	**28662**	**23588**	**24460**	**11194**	**13266**
赤坎区									
霞山区	371	171	200	220	113	107	23	13	10
坡头区	3785	1821	1964	1480	832	648	563	267	296
麻章区	3588	2064	1524	5599	3384	2215	4935	1396	3539
遂溪县	23632	11551	12081	17062	9025	8037	6991	2800	4191
徐闻县	25036	12275	12761	15540	8209	7331	7143	3987	3156
廉江市	12036	6090	5946	6689	3802	2887	2720	1605	1115
雷州市	7062	3583	3479	3346	2009	1337	1296	697	599
吴川市	4449	1997	2452	2314	1288	1026	789	429	360
茂名市	**31269**	**14902**	**16367**	**29883**	**15666**	**14217**	**8815**	**4608**	**4207**
茂南区	1347	631	716	726	380	346	253	121	132
电白区	13067	6303	6764	13833	6981	6852	4642	2499	2143
高州市	5220	2465	2755	5811	3118	2693	1413	702	711
化州市	8726	4133	4593	8168	4429	3739	1650	847	803
信宜市	2909	1370	1539	1345	758	587	857	439	418
肇庆市	**64716**	**32604**	**32112**	**42837**	**22632**	**20205**	**13499**	**7170**	**6329**
端州区									
鼎湖区	3489	1986	1503	1127	720	407	387	236	151
高要区	7956	4646	3310	5212	3013	2199	888	493	395
广宁县	14663	6868	7795	8665	4492	4173	2341	1175	1166
怀集县	17438	8456	8982	15031	7413	7618	4296	2358	1938
封开县	6745	3280	3465	5315	2884	2431	1981	1087	894
德庆县	9192	4333	4859	5330	2840	2490	2440	1221	1219
四会市	5233	3035	2198	2157	1270	887	1166	600	566
惠州市	**225896**	**119771**	**106125**	**106751**	**59001**	**47750**	**41424**	**21509**	**19915**
惠城区	15296	8403	6893	11221	6500	4721	8889	4571	4318
惠阳区	18024	9992	8032	4977	2923	2054	1999	1065	934
博罗县	64304	34347	29957	37893	21385	16508	14467	7588	6879
惠东县	116067	61133	54934	42411	23129	19282	12593	6585	6008
龙门县	12205	5896	6309	10249	5064	5185	3476	1700	1776
梅州市	**97512**	**46745**	**50767**	**63587**	**33946**	**29641**	**15842**	**8232**	**7610**
梅江区	325	174	151	156	71	85	68	34	34
梅县区	3560	1803	1757	1335	767	568	380	195	185
大埔县	23945	11428	12517	14601	7728	6873	3190	1680	1510
丰顺县	17923	9002	8921	10055	5243	4812	2737	1415	1322
五华县	20397	9647	10750	18608	9797	8811	3774	2018	1756
平远县	11596	5639	5957	6012	3397	2615	2042	1058	984
蕉岭县	17436	7996	9440	11127	5975	5152	3276	1640	1636
兴宁市	2330	1056	1274	1693	968	725	375	192	183

7-6b 续表 8 单位：人

现住地	初中			高中			大学专科		
	小计	男	女	小计	男	女	小计	男	女
汕尾市	**125606**	**66568**	**59038**	**55792**	**31409**	**24383**	**16183**	**9202**	**6981**
城　区	1852	1010	842	1538	838	700	1660	867	793
海丰县	99593	52850	46743	39534	22968	16566	11606	6742	4864
陆河县	13253	6587	6666	8816	4362	4454	1923	1017	906
陆丰市	10908	6121	4787	5904	3241	2663	994	576	418
河源市	**128200**	**60382**	**67818**	**65567**	**33937**	**31630**	**19259**	**9891**	**9368**
源城区	9063	4066	4997	3575	2142	1433	1011	594	417
紫金县	20597	9968	10629	15012	7500	7512	3814	2001	1813
龙川县	43221	19501	23720	18991	9651	9340	5842	3032	2810
连平县	13650	6696	6954	7005	3752	3253	2805	1421	1384
和平县	21040	9776	11264	11998	6009	5989	3166	1538	1628
东源县	20629	10375	10254	8986	4883	4103	2621	1305	1316
阳江市	**37142**	**18948**	**18194**	**20415**	**11281**	**9134**	**7428**	**3909**	**3519**
江城区	2485	1325	1160	1534	846	688	666	379	287
阳东区	4535	2385	2150	2709	1598	1111	646	366	280
阳西县	24647	12546	12101	14552	7938	6614	5430	2817	2613
阳春市	5475	2692	2783	1620	899	721	686	347	339
清远市	**81758**	**41623**	**40135**	**42056**	**22127**	**19929**	**15677**	**7838**	**7839**
清城区	22392	13045	9347	9417	5445	3972	4116	2136	1980
清新区	2324	1236	1088	896	519	377	388	214	174
佛冈县	18476	8992	9484	9186	4900	4286	3415	1648	1767
阳山县	18185	8535	9650	10172	4955	5217	3687	1822	1865
连山壮族瑶族自治县	3322	1517	1805	2387	1163	1224	1034	516	518
连南瑶族自治县	4464	2063	2401	3149	1565	1584	1136	542	594
英德市	11727	5802	5925	6328	3312	3016	1751	884	867
连州市	868	433	435	521	268	253	150	76	74
东莞市	**6242**	**3508**	**2734**	**3654**	**2082**	**1572**	**975**	**506**	**469**
市辖区	6242	3508	2734	3654	2082	1572	975	506	469
中山市	**80469**	**44467**	**36002**	**54133**	**30214**	**23919**	**24895**	**12440**	**12455**
市辖区	80469	44467	36002	54133	30214	23919	24895	12440	12455
潮州市	**9281**	**4877**	**4404**	**12471**	**5984**	**6487**	**2888**	**1498**	**1390**
湘桥区	594	347	247	2019	697	1322	374	116	258
潮安区	1866	1009	857	2170	1053	1117	465	254	211
饶平县	6821	3521	3300	8282	4234	4048	2049	1128	921
揭阳市	**15729**	**8309**	**7420**	**12885**	**6416**	**6469**	**3102**	**1652**	**1450**
榕城区	404	201	203	383	223	160	116	59	57
揭东区	1584	1095	489	615	343	272	240	139	101
揭西县	3768	1862	1906	1651	856	795	650	327	323
惠来县	7498	3855	3643	3995	2228	1767	1530	823	707
普宁市	2475	1296	1179	6241	2766	3475	566	304	262
云浮市	**39896**	**19662**	**20234**	**29768**	**15095**	**14673**	**9578**	**4788**	**4790**
云城区									
云安区	1166	643	523	915	629	286	534	328	206
新兴县	26771	13250	13521	19384	9667	9717	6398	3157	3241
郁南县	9461	4543	4918	8379	4181	4198	2077	1030	1047
罗定市	2498	1226	1272	1090	618	472	569	273	296

7–6b　续表 9　　　　单位：人

现住地	大学本科			硕士研究生			博士研究生		
	小计	男	女	小计	男	女	小计	男	女
广　东	**266433**	**135712**	**130721**	**8022**	**4324**	**3698**	**839**	**560**	**279**
广州市	**76182**	**39368**	**36814**	**2545**	**1284**	**1261**	**288**	**193**	**95**
荔湾区									
越秀区									
海珠区									
天河区									
白云区	30273	14614	15659	332	148	184	31	24	7
黄埔区	2960	1515	1445	339	176	163	41	20	21
番禺区	3499	1710	1789	361	166	195	45	26	19
花都区	11725	5888	5837	195	89	106	19	11	8
南沙区	1708	824	884	56	30	26	7	6	1
从化区	12491	7646	4845	242	111	131	25	17	8
增城区	13526	7171	6355	1020	564	456	120	89	31
韶关市	**10463**	**5375**	**5088**	**242**	**141**	**101**	**19**	**10**	**9**
武江区	35	26	9	1		1			
浈江区	318	188	130	9	6	3	2	1	1
曲江区	280	159	121	4	2	2			
始兴县	1618	832	786	29	13	16	5	3	2
仁化县	2068	1104	964	48	36	12	3	3	
翁源县	1789	849	940	34	16	18	4	1	3
乳源瑶族自治县	1778	885	893	65	42	23	4	2	2
新丰县	1277	660	617	29	13	16			
乐昌市	949	498	451	21	11	10	1		1
南雄市	351	174	177	2	2				
深圳市	**318**	**175**	**143**	**49**	**27**	**22**	**11**	**7**	**4**
罗湖区									
福田区									
南山区	32	25	7	2	2				
宝安区									
龙岗区									
盐田区									
龙华区									
坪山区	286	150	136	47	25	22	11	7	4
光明区									
珠海市	**6028**	**3593**	**2435**	**397**	**235**	**162**	**46**	**37**	**9**
香洲区	1745	1082	663	161	89	72	24	19	5
斗门区	2856	1659	1197	171	100	71	10	6	4
金湾区	1427	852	575	65	46	19	12	12	
汕头市	**3806**	**1880**	**1926**	**118**	**58**	**60**	**7**	**5**	**2**
龙湖区									
金平区									
濠江区	13	7	6						
潮阳区	441	225	216	24	14	10	2	1	1
潮南区	497	246	251	28	14	14	2	2	
澄海区	2510	1225	1285	60	27	33	2	1	1
南澳县	345	177	168	6	3	3	1	1	
佛山市	**4849**	**2597**	**2252**	**249**	**134**	**115**	**25**	**20**	**5**
禅城区	2322	1214	1108	111	54	57	7	4	3
南海区	396	188	208	28	9	19	2	1	1
顺德区									
三水区	1919	1073	846	102	66	36	15	14	1
高明区	212	122	90	8	5	3	1	1	

7−6b 续表 10 单位：人

现住地	大学本科			硕士研究生			博士研究生		
	小计	男	女	小计	男	女	小计	男	女
江门市	**3639**	**2057**	**1582**	**89**	**60**	**29**	**16**	**10**	**6**
蓬江区									
江海区									
新会区	442	279	163	20	13	7	1		1
台山市	612	351	261	12	10	2	1		1
开平市	606	319	287	15	4	11	5	4	1
鹤山市	996	561	435	18	16	2	3	2	1
恩平市	983	547	436	24	17	7	6	4	2
湛江市	**37639**	**18066**	**19573**	**513**	**263**	**250**	**45**	**31**	**14**
赤坎区									
霞山区	22	8	14						
坡头区	345	185	160	7	2	5	1	1	
麻章区	28171	13032	15139	295	149	146	21	15	6
遂溪县	2707	1420	1287	78	38	40	8	5	3
徐闻县	3696	2028	1668	55	34	21	10	5	5
廉江市	1134	563	571	43	23	20	1	1	
雷州市	1002	535	467	21	11	10	2	2	
吴川市	562	295	267	14	6	8	2	2	
茂名市	**8172**	**3937**	**4235**	**172**	**101**	**71**	**19**	**14**	**5**
茂南区	182	93	89	6	4	2			
电白区	3401	1625	1776	116	62	54	9	6	3
高州市	1811	930	881	14	14		1		1
化州市	1734	809	925	27	14	13	8	7	1
信宜市	1044	480	564	9	7	2	1	1	
肇庆市	**9572**	**4974**	**4598**	**184**	**94**	**90**	**23**	**11**	**12**
端州区									
鼎湖区	146	81	65	2	1	1	4	3	1
高要区	504	276	228	12	9	3	2	1	1
广宁县	1617	820	797	29	15	14	7	2	5
怀集县	3497	1776	1721	53	32	21	3	2	1
封开县	1446	787	659	28	12	16	1	1	
德庆县	1643	854	789	33	15	18	3		3
四会市	719	380	339	27	10	17	3	2	1
惠州市	**23706**	**12186**	**11520**	**883**	**465**	**418**	**79**	**47**	**32**
惠城区	2889	1532	1357	179	94	85	22	13	9
惠阳区	1018	503	515	26	11	15	3		3
博罗县	9459	4891	4568	336	183	153	39	23	16
惠东县	7982	4114	3868	288	144	144	12	8	4
龙门县	2358	1146	1212	54	33	21	3	3	
梅州市	**11685**	**6136**	**5549**	**228**	**129**	**99**	**23**	**13**	**10**
梅江区	48	28	20	2	1	1			
梅县区	277	154	123	3	2	1	2	1	1
大埔县	2277	1178	1099	35	16	19	5	1	4
丰顺县	2217	1121	1096	48	28	20	8	6	2
五华县	3152	1720	1432	47	24	23	6	3	3
平远县	1312	678	634	16	12	4			
蕉岭县	2189	1132	1057	70	42	28	2	2	
兴宁市	213	125	88	7	4	3			

7-6b 续表 11

单位：人

现住地	大学本科			硕士研究生			博士研究生		
	小计	男	女	小计	男	女	小计	男	女
汕尾市	**9958**	**5620**	**4338**	**417**	**243**	**174**	**36**	**27**	**9**
城　区	2162	1224	938	111	77	34	6	6	
海丰县	6076	3525	2551	280	152	128	29	21	8
陆河县	1089	546	543	11	6	5			
陆丰市	631	325	306	15	8	7	1		1
河源市	**10889**	**5426**	**5463**	**195**	**112**	**83**	**23**	**14**	**9**
源城区	326	179	147	15	11	4	2	1	1
紫金县	2710	1397	1313	42	23	19	6	4	2
龙川县	3424	1698	1726	57	26	31	3	3	
连平县	1338	666	672	33	18	15	6	3	3
和平县	1621	740	881	13	10	3	3	1	2
东源县	1470	746	724	35	24	11	3	2	1
阳江市	**3594**	**1870**	**1724**	**74**	**38**	**36**	**11**	**7**	**4**
江城区	331	179	152	16	9	7	4	2	2
阳东区	333	177	156	7	3	4	1		1
阳西县	2623	1354	1269	41	20	21	5	4	1
阳春市	307	160	147	10	6	4	1	1	
清远市	**10111**	**5018**	**5093**	**362**	**213**	**149**	**49**	**32**	**17**
清城区	2789	1392	1397	189	114	75	27	19	8
清新区	487	249	238	19	10	9	2	1	1
佛冈县	1647	798	849	47	26	21	4	3	1
阳山县	1680	883	797	41	28	13	6	3	3
连山壮族瑶族自治县	846	378	468	12	7	5			
连南瑶族自治县	991	461	530	12	7	5			
英德市	1508	772	736	39	19	20	10	6	4
连州市	163	85	78	3	2	1			
东莞市	**460**	**240**	**220**	**43**	**18**	**25**	**8**	**5**	**3**
市辖区	460	240	220	43	18	25	8	5	3
中山市	**15865**	**8405**	**7460**	**872**	**497**	**375**	**52**	**39**	**13**
市辖区	15865	8405	7460	872	497	375	52	39	13
潮州市	**8942**	**3424**	**5518**	**69**	**39**	**30**	**13**	**8**	**5**
湘桥区	7276	2532	4744	25	15	10	10	6	4
潮安区	457	234	223	21	12	9	1	1	
饶平县	1209	658	551	23	12	11	2	1	1
揭阳市	**2403**	**1290**	**1113**	**122**	**62**	**60**	**11**	**5**	**6**
榕城区	105	56	49	5	4	1			
揭东区	193	113	80	17	5	12			
揭西县	495	234	261	28	16	12	1	1	
惠来县	1088	609	479	45	20	25	5	1	4
普宁市	522	278	244	27	17	10	5	3	2
云浮市	**8152**	**4075**	**4077**	**199**	**111**	**88**	**35**	**25**	**10**
云城区									
云安区	2627	1341	1286	23	11	12	9	6	3
新兴县	3743	1836	1907	145	83	62	21	17	4
郁南县	1290	678	612	21	10	11	2		2
罗定市	492	220	272	10	7	3	3	2	1

7-6c 全省按现住地、受教育程度、性别分的户口登记地在本省其他乡镇街道的人口(乡村)

单位：人

现住地	合计			未上过学		
	合计	男	女	小计	男	女
广　东	**2294114**	**1235569**	**1058545**	**42528**	**16779**	**25749**
广州市	**396285**	**220293**	**175992**	**3460**	**1484**	**1976**
荔湾区						
越秀区						
海珠区						
天河区						
白云区	150318	83362	66956	946	394	552
黄埔区	14343	8533	5810	141	62	79
番禺区	55616	32405	23211	457	205	252
花都区	82193	45461	36732	923	399	524
南沙区	28125	15675	12450	276	108	168
从化区	34497	16362	18135	290	125	165
增城区	31193	18495	12698	427	191	236
韶关市	**105433**	**54983**	**50450**	**2999**	**858**	**2141**
武江区	7257	3873	3384	182	55	127
浈江区	6829	3687	3142	218	76	142
曲江区	16119	9270	6849	212	76	136
始兴县	6066	2924	3142	145	43	102
仁化县	6734	3617	3117	250	78	172
翁源县	17514	8876	8638	339	114	225
乳源瑶族自治县	10810	5537	5273	428	119	309
新丰县	6198	3351	2847	98	42	56
乐昌市	16513	8181	8332	881	203	678
南雄市	11393	5667	5726	246	52	194
深圳市	**15788**	**9594**	**6194**	**240**	**72**	**168**
罗湖区						
福田区						
南山区						
宝安区						
龙岗区	15788	9594	6194	240	72	168
盐田区						
龙华区						
坪山区						
光明区						
珠海市	**35788**	**20001**	**15787**	**808**	**241**	**567**
香洲区	386	283	103	3	1	2
斗门区	32553	18023	14530	728	210	518
金湾区	2849	1695	1154	77	30	47
汕头市	**37515**	**21709**	**15806**	**684**	**297**	**387**
龙湖区	2338	1275	1063	56	23	33
金平区	898	468	430	5	2	3
濠江区	9148	6400	2748	29	11	18
潮阳区	10844	5887	4957	207	82	125
潮南区	9285	4923	4362	270	132	138
澄海区	4637	2573	2064	83	33	50
南澳县	365	183	182	34	14	20
佛山市	**66142**	**40009**	**26133**	**647**	**232**	**415**
禅城区						
南海区	19987	12809	7178	186	72	114
顺德区	4870	2967	1903	43	16	27
三水区	38530	22695	15835	354	124	230
高明区	2755	1538	1217	64	20	44

7-6c 续表 1

单位：人

现住地	合计			未上过学		
	合计	男	女	小计	男	女
江门市	**106747**	**60101**	**46646**	**2041**	**834**	**1207**
蓬江区	938	546	392	21	9	12
江海区						
新会区	24180	13792	10388	413	154	259
台山市	18851	10754	8097	392	153	239
开平市	24982	13471	11511	389	156	233
鹤山市	12910	7713	5197	174	66	108
恩平市	24886	13825	11061	652	296	356
湛江市	**203042**	**102316**	**100726**	**5223**	**2168**	**3055**
赤坎区	825	444	381	9	1	8
霞山区	3047	1575	1472	78	28	50
坡头区	6748	3442	3306	167	50	117
麻章区	21967	11107	10860	404	162	242
遂溪县	29401	15169	14232	747	315	432
徐闻县	24706	12618	12088	813	393	420
廉江市	50649	24291	26358	1093	433	660
雷州市	42704	22366	20338	1346	557	789
吴川市	22995	11304	11691	566	229	337
茂名市	**160541**	**78736**	**81805**	**2882**	**1209**	**1673**
茂南区	30604	13668	16936	322	137	185
电白区	48241	23786	24455	925	388	537
高州市	21704	11757	9947	484	203	281
化州市	39375	19351	20024	694	290	404
信宜市	20617	10174	10443	457	191	266
肇庆市	**63034**	**35171**	**27863**	**1164**	**494**	**670**
端州区						
鼎湖区	2838	1644	1194	54	28	26
高要区	13153	7629	5524	184	70	114
广宁县	9972	5433	4539	215	89	126
怀集县	5705	3005	2700	120	48	72
封开县	5023	2673	2350	137	55	82
德庆县	5980	2983	2997	93	42	51
四会市	20363	11804	8559	361	162	199
惠州市	**210290**	**114991**	**95299**	**4062**	**1797**	**2265**
惠城区	56657	30965	25692	818	383	435
惠阳区	44337	25598	18739	744	339	405
博罗县	46771	24910	21861	705	310	395
惠东县	49378	26412	22966	1557	645	912
龙门县	13147	7106	6041	238	120	118
梅州市	**104104**	**54012**	**50092**	**2312**	**962**	**1350**
梅江区	5089	2621	2468	121	54	67
梅县区	16077	8370	7707	303	123	180
大埔县	14345	7731	6614	273	130	143
丰顺县	11032	5675	5357	213	84	129
五华县	23049	12097	10952	561	244	317
平远县	6428	3388	3040	169	59	110
蕉岭县	6879	3425	3454	92	30	62
兴宁市	21205	10705	10500	580	238	342

7-6c 续表 2 单位：人

现住地	合计			未上过学		
	合计	男	女	小计	男	女
汕尾市	**62127**	**33052**	**29075**	**2462**	**913**	**1549**
城　区	9277	5124	4153	289	114	175
海丰县	29044	15533	13511	1036	363	673
陆河县	5877	2880	2997	210	82	128
陆丰市	17929	9515	8414	927	354	573
河源市	**164439**	**83293**	**81146**	**2881**	**1194**	**1687**
源城区	10596	5755	4841	166	77	89
紫金县	19945	10463	9482	430	187	243
龙川县	55196	27454	27742	917	388	529
连平县	17543	9017	8526	361	143	218
和平县	16695	8502	8193	361	142	219
东源县	44464	22102	22362	646	257	389
阳江市	**89760**	**48879**	**40881**	**2370**	**978**	**1392**
江城区	21446	12052	9394	446	203	243
阳东区	27207	15148	12059	528	214	314
阳西县	12015	6450	5565	598	316	282
阳春市	29092	15229	13863	798	245	553
清远市	**176386**	**95780**	**80606**	**4103**	**1346**	**2757**
清城区	52947	31245	21702	558	201	357
清新区	45549	24286	21263	1424	430	994
佛冈县	12538	6555	5983	190	83	107
阳山县	8378	4447	3931	282	109	173
连山壮族瑶族自治县	2090	1081	1009	42	16	26
连南瑶族自治县	1864	999	865	33	13	20
英德市	46548	23628	22920	1400	438	962
连州市	6472	3539	2933	174	56	118
东莞市	**107490**	**63752**	**43738**	**940**	**438**	**502**
市辖区	107490	63752	43738	940	438	502
中山市	**70075**	**36756**	**33319**	**716**	**236**	**480**
市辖区	70075	36756	33319	716	236	480
潮州市	**19885**	**9410**	**10475**	**340**	**124**	**216**
湘桥区	3624	1389	2235	30	17	13
潮安区	8953	4332	4621	149	55	94
饶平县	7308	3689	3619	161	52	109
揭阳市	**41170**	**21394**	**19776**	**946**	**384**	**562**
榕城区	2097	1126	971	43	21	22
揭东区	4569	2409	2160	119	47	72
揭西县	10023	5183	4840	206	85	121
惠来县	9263	4712	4551	259	97	162
普宁市	15218	7964	7254	319	134	185
云浮市	**58073**	**31337**	**26736**	**1248**	**518**	**730**
云城区	5330	2929	2401	123	53	70
云安区	8031	4471	3560	146	63	83
新兴县	11859	6758	5101	154	61	93
郁南县	8103	4319	3784	210	90	120
罗定市	24750	12860	11890	615	251	364

7-6c 续表 3

单位：人

现住地	学前教育			小学		
	小计	男	女	小计	男	女
广 东	**77924**	**41286**	**36638**	**412898**	**205249**	**207649**
广州市	**8909**	**4818**	**4091**	**41755**	**21344**	**20411**
荔湾区						
越秀区						
海珠区						
天河区						
白云区	3041	1662	1379	12942	6429	6513
黄埔区	501	280	221	2080	1094	986
番禺区	1209	631	578	5411	2865	2546
花都区	1975	1057	918	10177	5296	4881
南沙区	843	466	377	3506	1736	1770
从化区	531	292	239	2873	1437	1436
增城区	809	430	379	4766	2487	2279
韶关市	**4868**	**2604**	**2264**	**26106**	**12119**	**13987**
武江区	228	131	97	1679	821	858
浈江区	388	204	184	1509	742	767
曲江区	421	229	192	2055	1002	1053
始兴县	286	139	147	1362	580	782
仁化县	311	180	131	1712	832	880
翁源县	825	437	388	3829	1764	2065
乳源瑶族自治县	502	265	237	4079	1956	2123
新丰县	295	167	128	1194	551	643
乐昌市	1059	560	499	5283	2420	2863
南雄市	553	292	261	3404	1451	1953
深圳市	**493**	**270**	**223**	**1947**	**1034**	**913**
罗湖区						
福田区						
南山区						
宝安区						
龙岗区	493	270	223	1947	1034	913
盐田区						
龙华区						
坪山区						
光明区						
珠海市	**1311**	**717**	**594**	**7020**	**3424**	**3596**
香洲区				39	25	14
斗门区	1217	673	544	6275	3029	3246
金湾区	94	44	50	706	370	336
汕头市	**891**	**478**	**413**	**6013**	**3095**	**2918**
龙湖区	60	29	31	523	270	253
金平区	7	4	3	55	24	31
濠江区	51	26	25	210	106	104
潮阳区	205	110	95	1649	879	770
潮南区	384	214	170	2457	1220	1237
澄海区	164	84	80	1025	550	475
南澳县	20	11	9	94	46	48
佛山市	**1376**	**747**	**629**	**8169**	**4466**	**3703**
禅城区						
南海区	436	233	203	2619	1487	1132
顺德区	85	53	32	648	362	286
三水区	698	364	334	4330	2330	2000
高明区	157	97	60	572	287	285

7-6c 续表 4 单位：人

现住地	学前教育			小学		
	小计	男	女	小计	男	女
江门市	**4269**	**2238**	**2031**	**24390**	**12312**	**12078**
蓬江区	60	32	28	224	123	101
江海区						
新会区	1157	592	565	6324	3180	3144
台山市	718	367	351	4094	2028	2066
开平市	880	444	436	5515	2734	2781
鹤山市	550	306	244	2548	1361	1187
恩平市	904	497	407	5685	2886	2799
湛江市	**8690**	**4589**	**4101**	**41566**	**20738**	**20828**
赤坎区	27	14	13	157	76	81
霞山区	174	87	87	710	377	333
坡头区	280	142	138	1395	727	668
麻章区	618	330	288	3286	1636	1650
遂溪县	1316	722	594	6035	3119	2916
徐闻县	961	496	465	5181	2559	2622
廉江市	2258	1165	1093	10912	5348	5564
雷州市	2016	1073	943	9399	4699	4700
吴川市	1040	560	480	4491	2197	2294
茂名市	**5433**	**2822**	**2611**	**27611**	**13663**	**13948**
茂南区	778	413	365	3399	1775	1624
电白区	1545	765	780	8128	3934	4194
高州市	813	428	385	3491	1719	1772
化州市	1257	664	593	7793	3936	3857
信宜市	1040	552	488	4800	2299	2501
肇庆市	**2369**	**1293**	**1076**	**12928**	**6475**	**6453**
端州区						
鼎湖区	97	56	41	464	250	214
高要区	427	236	191	2377	1193	1184
广宁县	420	234	186	2200	1106	1094
怀集县	238	128	110	1165	575	590
封开县	174	91	83	1118	491	627
德庆县	250	135	115	1026	500	526
四会市	763	413	350	4578	2360	2218
惠州市	**7226**	**3825**	**3401**	**39957**	**20207**	**19750**
惠城区	1711	916	795	7869	3943	3926
惠阳区	1526	797	729	8531	4423	4108
博罗县	1373	732	641	7664	3891	3773
惠东县	2126	1129	997	13395	6706	6689
龙门县	490	251	239	2498	1244	1254
梅州市	**3604**	**1864**	**1740**	**19628**	**9719**	**9909**
梅江区	249	125	124	808	386	422
梅县区	356	192	164	2572	1278	1294
大埔县	453	251	202	3272	1622	1650
丰顺县	313	159	154	2167	1188	979
五华县	755	403	352	4804	2391	2413
平远县	185	96	89	1176	584	592
蕉岭县	401	205	196	1163	521	642
兴宁市	892	433	459	3666	1749	1917

7-6c 续表 5

单位：人

现住地	学前教育			小学		
	小计	男	女	小计	男	女
汕尾市	**2642**	**1396**	**1246**	**16452**	**8019**	**8433**
城 区	271	138	133	1815	859	956
海丰县	1319	711	608	8210	4025	4185
陆河县	253	122	131	1487	703	784
陆丰市	799	425	374	4940	2432	2508
河源市	**6982**	**3701**	**3281**	**33879**	**16196**	**17683**
源城区	518	257	261	2265	1113	1152
紫金县	707	360	347	4067	1975	2092
龙川县	2688	1395	1293	12697	5848	6849
连平县	775	428	347	3629	1845	1784
和平县	837	452	385	4284	2047	2237
东源县	1457	809	648	6937	3368	3569
阳江市	**3473**	**1805**	**1668**	**22040**	**10860**	**11180**
江城区	853	445	408	4434	2296	2138
阳东区	1165	606	559	6645	3334	3311
阳西县	354	172	182	3020	1517	1503
阳春市	1101	582	519	7941	3713	4228
清远市	**6182**	**3262**	**2920**	**35420**	**17174**	**18246**
清城区	860	458	402	4584	2298	2286
清新区	2246	1202	1044	12533	6049	6484
佛冈县	351	167	184	2407	1165	1242
阳山县	302	163	139	2068	1046	1022
连山壮族瑶族自治县	97	55	42	413	216	197
连南瑶族自治县	56	36	20	435	235	200
英德市	2143	1136	1007	11563	5438	6125
连州市	127	45	82	1417	727	690
东莞市	**3114**	**1666**	**1448**	**14898**	**7951**	**6947**
市辖区	3114	1666	1448	14898	7951	6947
中山市	**2367**	**1237**	**1130**	**10321**	**5119**	**5202**
市辖区	2367	1237	1130	10321	5119	5202
潮州市	**496**	**248**	**248**	**3367**	**1623**	**1744**
湘桥区	26	14	12	320	184	136
潮安区	259	131	128	1696	810	886
饶平县	211	103	108	1351	629	722
揭阳市	**1318**	**696**	**622**	**8284**	**4079**	**4205**
榕城区	72	33	39	397	190	207
揭东区	174	99	75	978	497	481
揭西县	366	196	170	1958	1012	946
惠来县	298	154	144	2097	952	1145
普宁市	408	214	194	2854	1428	1426
云浮市	**1911**	**1010**	**901**	**11147**	**5632**	**5515**
云城区	228	125	103	1257	672	585
云安区	199	101	98	1102	559	543
新兴县	221	111	110	2167	1134	1033
郁南县	407	219	188	1690	813	877
罗定市	856	454	402	4931	2454	2477

7-6c 续表 6

单位：人

现住地	初中			高中			大学专科		
	小计	男	女	小计	男	女	小计	男	女
广东	**840548**	**465757**	**374791**	**494657**	**287120**	**207537**	**248665**	**132896**	**115769**
广州市	**138158**	**83005**	**55153**	**99726**	**59829**	**39897**	**48944**	**26053**	**22891**
荔湾区									
越秀区									
海珠区									
天河区									
白云区	48533	29300	19233	37874	22603	15271	25250	13492	11758
黄埔区	4805	2995	1810	3578	2310	1268	2200	1240	960
番禺区	18628	11446	7182	17964	10978	6986	6757	3757	3000
花都区	33069	20218	12851	16591	10231	6360	6745	3683	3062
南沙区	11039	6736	4303	8186	4733	3453	2939	1254	1685
从化区	9351	4612	4739	7780	3934	3846	2015	893	1122
增城区	12733	7698	5035	7753	5040	2713	3038	1734	1304
韶关市	**38849**	**20565**	**18284**	**16622**	**9464**	**7158**	**12124**	**7264**	**4860**
武江区	3157	1738	1419	1262	711	551	475	263	212
浈江区	3034	1690	1344	1031	609	422	375	222	153
曲江区	4371	2414	1957	1898	1069	829	6800	4279	2521
始兴县	2512	1157	1355	1026	598	428	456	264	192
仁化县	2617	1465	1152	975	575	400	478	264	214
翁源县	7247	3673	3574	3647	1951	1696	942	549	393
乳源瑶族自治县	3961	2189	1772	1114	613	501	455	255	200
新丰县	2693	1369	1324	1148	759	389	499	303	196
乐昌市	5455	2885	2570	2140	1242	898	978	503	475
南雄市	3802	1985	1817	2381	1337	1044	666	362	304
深圳市	**5019**	**3163**	**1856**	**4567**	**2726**	**1841**	**1577**	**967**	**610**
罗湖区									
福田区									
南山区									
宝安区									
龙岗区	5019	3163	1856	4567	2726	1841	1577	967	610
盐田区									
龙华区									
坪山区									
光明区									
珠海市	**14439**	**8457**	**5982**	**9246**	**5520**	**3726**	**1904**	**1079**	**825**
香洲区	120	97	23	111	89	22	66	43	23
斗门区	13126	7640	5486	8618	5091	3527	1677	925	752
金湾区	1193	720	473	517	340	177	161	111	50
汕头市	**12407**	**7636**	**4771**	**8947**	**5306**	**3641**	**6081**	**3604**	**2477**
龙湖区	885	511	374	448	240	208	196	103	93
金平区	87	49	38	131	68	63	26	15	11
濠江区	2919	2447	472	1577	1124	453	4195	2579	1616
潮阳区	2983	1606	1377	4509	2546	1963	650	345	305
潮南区	3291	1771	1520	1485	858	627	710	388	322
澄海区	2115	1189	926	743	443	300	279	159	120
南澳县	127	63	64	54	27	27	25	15	10
佛山市	**25111**	**16674**	**8437**	**14087**	**9463**	**4624**	**5135**	**3105**	**2030**
禅城区									
南海区	8553	5769	2784	6419	4369	2050	1236	650	586
顺德区	2347	1574	773	1352	777	575	235	108	127
三水区	13109	8680	4429	5839	4038	1801	3452	2227	1225
高明区	1102	651	451	477	279	198	212	120	92

7-6c　续表 7

单位：人

现住地	初中			高中			大学专科		
	小计	男	女	小计	男	女	小计	男	女
江门市	**43945**	**25557**	**18388**	**20420**	**12307**	**8113**	**6731**	**3860**	**2871**
蓬江区	329	204	125	169	93	76	79	50	29
江海区									
新会区	10015	6001	4014	4340	2718	1622	1246	708	538
台山市	6966	3892	3074	3527	2230	1297	1557	974	583
开平市	9445	5336	4109	5987	3315	2672	1773	954	819
鹤山市	5800	3599	2201	2339	1506	833	898	524	374
恩平市	11390	6525	4865	4058	2445	1613	1178	650	528
湛江市	**72948**	**34452**	**38496**	**43891**	**24480**	**19411**	**16509**	**8525**	**7984**
赤坎区	308	172	136	202	114	88	73	39	34
霞山区	1153	586	567	521	299	222	227	103	124
坡头区	2611	1266	1345	1291	736	555	510	264	246
麻章区	7181	3173	4008	7436	4348	3088	1917	847	1070
遂溪县	10063	4965	5098	5988	3251	2737	2706	1461	1245
徐闻县	8199	4098	4101	5848	3133	2715	1997	1038	959
廉江市	20799	9136	11663	8671	4623	4048	3784	1964	1820
雷州市	14077	7180	6897	9600	5550	4050	3181	1706	1475
吴川市	8557	3876	4681	4334	2426	1908	2114	1103	1011
茂名市	**50450**	**23385**	**27065**	**34280**	**18872**	**15408**	**26534**	**12461**	**14073**
茂南区	6778	3281	3497	4862	2839	2023	9356	2972	6384
电白区	13136	5526	7610	11208	5776	5432	10959	6261	4698
高州市	7103	3742	3361	6810	4092	2718	1483	784	699
化州市	15892	7231	8661	7610	4092	3518	3117	1657	1460
信宜市	7541	3605	3936	3790	2073	1717	1619	787	832
肇庆市	**27690**	**15818**	**11872**	**10783**	**6411**	**4372**	**3931**	**2186**	**1745**
端州区									
鼎湖区	1059	667	392	760	445	315	203	107	96
高要区	5160	3048	2112	2052	1194	858	917	570	347
广宁县	4475	2418	2057	1561	971	590	585	317	268
怀集县	2350	1224	1126	1043	602	441	448	234	214
封开县	2108	1154	954	962	582	380	299	175	124
德庆县	2462	1243	1219	1524	785	739	372	161	211
四会市	10076	6064	4012	2881	1832	1049	1107	622	485
惠州市	**84678**	**48670**	**36008**	**37118**	**21602**	**15516**	**28175**	**13898**	**14277**
惠城区	18382	10820	7562	10635	6270	4365	14692	7116	7576
惠阳区	21520	13019	8501	7283	4480	2803	2932	1616	1316
博罗县	17487	9976	7511	10461	5722	4739	7145	3302	3843
惠东县	21874	11937	9937	6093	3601	2492	2322	1257	1065
龙门县	5415	2918	2497	2646	1529	1117	1084	607	477
梅州市	**39349**	**20066**	**19283**	**24071**	**13429**	**10642**	**8065**	**4268**	**3797**
梅江区	2051	1069	982	1104	610	494	432	221	211
梅县区	6221	3252	2969	4665	2522	2143	1115	568	547
大埔县	5201	2816	2385	2791	1653	1138	1173	632	541
丰顺县	3400	1706	1694	3325	1699	1626	745	398	347
五华县	8522	4289	4233	4537	2655	1882	1995	1103	892
平远县	2863	1476	1387	1208	754	454	511	253	258
蕉岭县	2458	1238	1220	1948	1024	924	511	259	252
兴宁市	8633	4220	4413	4493	2512	1981	1583	834	749

7-6c 续表 8

单位：人

现住地	初中			高中			大学专科		
	小计	男	女	小计	男	女	小计	男	女
汕尾市	**21677**	**11919**	**9758**	**12373**	**7178**	**5195**	**3486**	**1980**	**1506**
城　区	2604	1521	1083	3244	1894	1350	534	298	236
海丰县	10590	5935	4655	5607	3191	2416	1215	726	489
陆河县	2398	1166	1232	789	445	344	428	207	221
陆丰市	6085	3297	2788	2733	1648	1085	1309	749	560
河源市	**60294**	**30826**	**29468**	**40590**	**21653**	**18937**	**10987**	**5405**	**5582**
源城区	5396	2957	2439	1584	985	599	446	257	189
紫金县	7643	4032	3611	4117	2344	1773	1609	860	749
龙川县	20828	10174	10654	12822	6844	5978	3124	1704	1420
连平县	5479	2934	2545	4654	2299	2355	1396	720	676
和平县	6611	3335	3276	2909	1706	1203	1029	476	553
东源县	14337	7394	6943	14504	7475	7029	3383	1388	1995
阳江市	**32733**	**17406**	**15327**	**17900**	**10930**	**6970**	**6628**	**3984**	**2644**
江城区	8214	4418	3796	4417	2799	1618	1998	1282	716
阳东区	9450	5063	4387	5320	3207	2113	2328	1455	873
阳西县	4635	2419	2216	1812	1046	766	841	499	342
阳春市	10434	5506	4928	6351	3878	2473	1461	748	713
清远市	**60355**	**33495**	**26860**	**27915**	**16135**	**11780**	**35209**	**20498**	**14711**
清城区	12817	8074	4743	6005	3541	2464	26863	15982	10881
清新区	17533	9698	7835	7792	4776	3016	2362	1251	1111
佛冈县	5106	2799	2307	2925	1490	1435	1016	547	469
阳山县	3242	1713	1529	1343	785	558	629	357	272
连山壮族瑶族自治县	787	367	420	394	229	165	188	104	84
连南瑶族自治县	656	345	311	340	191	149	190	99	91
英德市	17673	9059	8614	7935	4415	3520	3397	1851	1546
连州市	2541	1440	1101	1181	708	473	564	307	257
东莞市	**45276**	**28185**	**17091**	**28275**	**17815**	**10460**	**9813**	**5049**	**4764**
市辖区	45276	28185	17091	28275	17815	10460	9813	5049	4764
中山市	**25508**	**14784**	**10724**	**17505**	**9249**	**8256**	**5545**	**2513**	**3032**
市辖区	25508	14784	10724	17505	9249	8256	5545	2513	3032
潮州市	**5738**	**2911**	**2827**	**5381**	**2599**	**2782**	**1351**	**692**	**659**
湘桥区	493	249	244	270	140	130	265	119	146
潮安区	2772	1440	1332	2981	1361	1620	581	284	297
饶平县	2473	1222	1251	2130	1098	1032	505	289	216
揭阳市	**14097**	**7155**	**6942**	**9120**	**5143**	**3977**	**3778**	**2057**	**1721**
榕城区	629	346	283	487	271	216	243	136	107
揭东区	1522	812	710	935	514	421	419	229	190
揭西县	3676	1852	1824	1927	1063	864	975	524	451
惠来县	3330	1722	1608	1642	900	742	859	481	378
普宁市	4940	2423	2517	4129	2395	1734	1282	687	595
云浮市	**21827**	**11628**	**10199**	**11840**	**7009**	**4831**	**6158**	**3448**	**2710**
云城区	1828	1064	764	960	533	427	481	245	236
云安区	2254	1202	1052	1703	1047	656	2204	1313	891
新兴县	5135	2933	2202	2641	1632	1009	838	460	378
郁南县	3212	1674	1538	1374	838	536	646	372	274
罗定市	9398	4755	4643	5162	2959	2203	1989	1058	931

7-6c　续表 9

单位：人

现住地	大学本科			硕士研究生			博士研究生		
	小计	男	女	小计	男	女	小计	男	女
广　东	**169641**	**82514**	**87127**	**6486**	**3465**	**3021**	**767**	**503**	**264**
广州市	**53596**	**22916**	**30680**	**1544**	**709**	**835**	**193**	**135**	**58**
荔湾区									
越秀区									
海珠区									
天河区									
白云区	21355	9277	12078	326	165	161	51	40	11
黄埔区	995	523	472	38	25	13	5	4	1
番禺区	4550	2227	2323	578	253	325	62	43	19
花都区	12464	4465	7999	227	100	127	22	12	10
南沙区	1281	605	676	49	31	18	6	6	
从化区	11392	4967	6425	239	86	153	26	16	10
增城区	1559	852	707	87	49	38	21	14	7
韶关市	**3695**	**2007**	**1688**	**152**	**95**	**57**	**18**	**7**	**11**
武江区	263	149	114	8	5	3	3		3
浈江区	265	138	127	8	6	2	1		1
曲江区	342	188	154	19	13	6	1		1
始兴县	269	136	133	10	7	3			
仁化县	382	216	166	8	6	2	1	1	
翁源县	656	369	287	26	18	8	3	1	2
乳源瑶族自治县	254	129	125	16	10	6	1	1	
新丰县	247	147	100	20	11	9	4	2	2
乐昌市	694	355	339	21	12	9	2	1	1
南雄市	323	180	143	16	7	9	2	1	1
深圳市	**1707**	**1182**	**525**	**224**	**171**	**53**	**14**	**9**	**5**
罗湖区									
福田区									
南山区									
宝安区									
龙岗区	1707	1182	525	224	171	53	14	9	5
盐田区									
龙华区									
坪山区									
光明区									
珠海市	**996**	**529**	**467**	**60**	**30**	**30**	**4**	**4**	
香洲区	46	27	19	1	1				
斗门区	852	425	427	56	26	30	4	4	
金湾区	98	77	21	3	3				
汕头市	**2395**	**1249**	**1146**	**85**	**38**	**47**	**12**	**6**	**6**
龙湖区	157	95	62	13	4	9			
金平区	585	306	279	2		2			
濠江区	164	105	59	2	1	1	1	1	
潮阳区	606	302	304	30	14	16	5	3	2
潮南区	657	328	329	27	11	16	4	1	3
澄海区	215	106	109	11	8	3	2	1	1
南澳县	11	7	4						
佛山市	**11412**	**5229**	**6183**	**193**	**84**	**109**	**12**	**9**	**3**
禅城区									
南海区	490	208	282	44	19	25	4	2	2
顺德区	149	71	78	11	6	5			
三水区	10607	4870	5737	134	56	78	7	6	1
高明区	166	80	86	4	3	1	1	1	

7-6c 续表 10

单位：人

现住地	大学本科			硕士研究生			博士研究生		
	小计	男	女	小计	男	女	小计	男	女
江门市	**4699**	**2832**	**1867**	**227**	**147**	**80**	**25**	**14**	**11**
蓬江区	53	33	20	3	2	1			
江海区									
新会区	658	418	240	25	19	6	2	2	
台山市	1507	1043	464	87	66	21	3	1	2
开平市	940	506	434	43	21	22	10	5	5
鹤山市	572	334	238	26	15	11	3	2	1
恩平市	969	498	471	43	24	19	7	4	3
湛江市	**13516**	**6998**	**6518**	**607**	**308**	**299**	**92**	**58**	**34**
赤坎区	46	26	20	2	1	1	1	1	
霞山区	173	88	85	9	5	4	2	2	
坡头区	466	242	224	26	14	12	2	1	1
麻章区	1063	579	484	52	23	29	10	9	1
遂溪县	2419	1267	1152	109	60	49	18	9	9
徐闻县	1636	863	773	61	33	28	10	5	5
廉江市	2962	1537	1425	146	70	76	24	15	9
雷州市	2937	1527	1410	130	62	68	18	12	6
吴川市	1814	869	945	72	40	32	7	4	3
茂名市	**12852**	**6045**	**6807**	**432**	**229**	**203**	**67**	**50**	**17**
茂南区	5002	2186	2816	81	43	38	26	22	4
电白区	2215	1078	1137	108	47	61	17	11	6
高州市	1454	750	704	64	38	26	2	1	1
化州市	2873	1399	1474	123	70	53	16	12	4
信宜市	1308	632	676	56	31	25	6	4	2
肇庆市	**4023**	**2420**	**1603**	**132**	**66**	**66**	**14**	**8**	**6**
端州区									
鼎湖区	183	83	100	18	8	10			
高要区	1999	1301	698	32	16	16	5	1	4
广宁县	490	282	208	24	14	10	2	2	
怀集县	320	183	137	18	9	9	3	2	1
封开县	218	122	96	7	3	4			
德庆县	242	113	129	11	4	7			
四会市	571	336	235	22	12	10	4	3	1
惠州市	**8644**	**4740**	**3904**	**400**	**229**	**171**	**30**	**23**	**7**
惠城区	2418	1438	980	127	75	52	5	4	1
惠阳区	1732	879	853	62	39	23	7	6	1
博罗县	1823	921	902	105	50	55	8	6	2
惠东县	1924	1085	839	81	49	32	6	3	3
龙门县	747	417	330	25	16	9	4	4	
梅州市	**6752**	**3523**	**3229**	**287**	**157**	**130**	**36**	**24**	**12**
梅江区	311	147	164	13	9	4			
梅县区	801	412	389	35	18	17	9	5	4
大埔县	1124	592	532	49	29	20	9	6	3
丰顺县	842	429	413	24	10	14	3	2	1
五华县	1777	958	819	91	49	42	7	5	2
平远县	300	156	144	14	8	6	2	2	
蕉岭县	300	144	156	6	4	2			
兴宁市	1297	685	612	55	30	25	6	4	2

7-6c　续表 11　　　　单位：人

现住地	大学本科			硕士研究生			博士研究生		
	小计	男	女	小计	男	女	小计	男	女
汕尾市	**2856**	**1549**	**1307**	**160**	**88**	**72**	**19**	**10**	**9**
城　区	486	277	209	34	23	11			
海丰县	1011	551	460	48	28	20	8	3	5
陆河县	296	146	150	14	8	6	2	1	1
陆丰市	1063	575	488	64	29	35	9	6	3
河源市	**8516**	**4163**	**4353**	**271**	**128**	**143**	**39**	**27**	**12**
源城区	211	103	108	7	3	4	3	3	
紫金县	1318	670	648	46	29	17	8	6	2
龙川县	2049	1066	983	63	27	36	8	8	
连平县	1211	627	584	31	19	12	7	2	5
和平县	629	331	298	30	10	20	5	3	2
东源县	3098	1366	1732	94	40	54	8	5	3
阳江市	**4352**	**2750**	**1602**	**240**	**151**	**89**	**24**	**15**	**9**
江城区	1001	565	436	78	41	37	5	3	2
阳东区	1687	1209	478	75	56	19	9	4	5
阳西县	706	449	257	44	28	16	5	4	1
阳春市	958	527	431	43	26	17	5	4	1
清远市	**6775**	**3622**	**3153**	**376**	**215**	**161**	**51**	**33**	**18**
清城区	1109	613	496	140	71	69	11	7	4
清新区	1572	824	748	72	45	27	15	11	4
佛冈县	515	287	228	27	16	11	1	1	
阳山县	483	256	227	24	14	10	5	4	1
连山壮族瑶族自治县	161	90	71	6	3	3	2	1	1
连南瑶族自治县	143	77	66	10	3	7	1		1
英德市	2354	1237	1117	71	46	25	12	8	4
连州市	438	238	200	26	17	9	4	1	3
东莞市	**4870**	**2467**	**2403**	**277**	**165**	**112**	**27**	**16**	**11**
市辖区	4870	2467	2403	277	165	112	27	16	11
中山市	**7689**	**3386**	**4303**	**395**	**214**	**181**	**29**	**18**	**11**
市辖区	7689	3386	4303	395	214	181	29	18	11
潮州市	**3158**	**1183**	**1975**	**49**	**25**	**24**	**5**	**5**	
湘桥区	2214	661	1553	5	4	1	1	1	
潮安区	488	238	250	26	12	14	1	1	
饶平县	456	284	172	18	9	9	3	3	
揭阳市	**3414**	**1768**	**1646**	**186**	**100**	**86**	**27**	**12**	**15**
榕城区	211	120	91	14	9	5	1		1
揭东区	391	192	199	26	15	11	5	4	1
揭西县	868	428	440	40	20	20	7	3	4
惠来县	726	378	348	45	26	19	7	2	5
普宁市	1218	650	568	61	30	31	7	3	4
云浮市	**3724**	**1956**	**1768**	**189**	**116**	**73**	**29**	**20**	**9**
云城区	433	222	211	15	10	5	5	5	
云安区	393	169	224	29	16	13	1	1	
新兴县	661	398	263	37	27	10	5	2	3
郁南县	526	286	240	35	26	9	3	1	2
罗定市	1711	881	830	73	37	36	15	11	4

7-7 全省按现住地、受教育程度、性别分的户口登记地在外省的人口

单位：人

现住地	合计			未上过学		
	合计	男	女	小计	男	女
广 东	**29236600**	**17304696**	**11931904**	**287961**	**102413**	**185548**
广州市	**4881845**	**2844108**	**2037737**	**38909**	**14035**	**24874**
荔湾区	195398	114994	80404	1729	647	1082
越秀区	137970	74608	63362	1137	369	768
海珠区	448236	249636	198600	2299	827	1472
天河区	557406	318388	239018	3711	1304	2407
白云区	1224233	716017	508216	9466	3359	6107
黄埔区	398192	245401	152791	3459	1038	2421
番禺区	830247	475277	354970	6281	2444	3837
花都区	507582	296944	210638	4557	1804	2753
南沙区	255350	159850	95500	2651	1003	1648
从化区	44745	26976	17769	381	143	238
增城区	282486	166017	116469	3238	1097	2141
韶关市	**144451**	**82502**	**61949**	**2470**	**787**	**1683**
武江区	40320	22826	17494	609	200	409
浈江区	27866	15369	12497	507	160	347
曲江区	17734	10538	7196	260	96	164
始兴县	5538	3180	2358	89	23	66
仁化县	9397	5519	3878	247	78	169
翁源县	7805	4779	3026	162	57	105
乳源瑶族自治县	6063	3681	2382	88	30	58
新丰县	6478	4065	2413	66	31	35
乐昌市	14631	7612	7019	324	88	236
南雄市	8619	4933	3686	118	24	94
深圳市	**8105955**	**4761848**	**3344107**	**74441**	**21694**	**52747**
罗湖区	341427	187531	153896	3106	845	2261
福田区	458251	254189	204062	4320	1042	3278
南山区	626781	360437	266344	5895	1553	4342
宝安区	2482801	1467219	1015582	20179	6326	13853
龙岗区	1800928	1040841	760087	19332	5620	13712
盐田区	70688	42426	28262	717	206	511
龙华区	1333151	805982	527169	10331	2861	7470
坪山区	297767	180997	116770	3658	1116	2542
光明区	694161	422226	271935	6903	2125	4778
珠海市	**726657**	**431541**	**295116**	**9663**	**3271**	**6392**
香洲区	407239	236949	170290	5555	1829	3726
斗门区	156227	95085	61142	2139	747	1392
金湾区	163191	99507	63684	1969	695	1274
汕头市	**410023**	**242242**	**167781**	**7068**	**2985**	**4083**
龙湖区	75693	45362	30331	1104	505	599
金平区	52423	29900	22523	1126	320	806
濠江区	9892	6721	3171	219	70	149
潮阳区	85724	50525	35199	1666	815	851
潮南区	52172	31482	20690	1092	570	522
澄海区	132213	77163	55050	1788	674	1114
南澳县	1906	1089	817	73	31	42
佛山市	**3070781**	**1875269**	**1195512**	**27314**	**11134**	**16180**
禅城区	316416	188745	127671	2314	983	1331
南海区	1186367	726749	459618	9880	4076	5804
顺德区	1224257	742326	481931	11062	4604	6458
三水区	239136	151623	87513	3175	1113	2062
高明区	104605	65826	38779	883	358	525

7-7 续表 1

单位：人

现住地	合计			未上过学		
	合计	男	女	小计	男	女
江门市	**769752**	**456503**	**313249**	**8893**	**3242**	**5651**
蓬江区	188172	111261	76911	2166	817	1349
江海区	107823	64190	43633	1401	463	938
新会区	159189	95062	64127	1897	693	1204
台山市	65138	38792	26346	734	292	442
开平市	88903	51208	37695	1219	447	772
鹤山市	133155	78987	54168	1064	372	692
恩平市	27372	17003	10369	412	158	254
湛江市	**133483**	**74841**	**58642**	**2256**	**707**	**1549**
赤坎区	19371	10563	8808	224	83	141
霞山区	28884	15970	12914	398	132	266
坡头区	8110	4828	3282	157	48	109
麻章区	17131	11238	5893	130	50	80
遂溪县	6597	3537	3060	177	47	130
徐闻县	9925	5666	4259	258	82	176
廉江市	20198	9307	10891	400	110	290
雷州市	6291	3655	2636	160	50	110
吴川市	16976	10077	6899	352	105	247
茂名市	**90773**	**49655**	**41118**	**1617**	**480**	**1137**
茂南区	30791	18170	12621	440	140	300
电白区	16950	9337	7613	398	95	303
高州市	18965	10391	8574	314	107	207
化州市	13555	6480	7075	237	77	160
信宜市	10512	5277	5235	228	61	167
肇庆市	**282711**	**173304**	**109407**	**2960**	**1197**	**1763**
端州区	37725	22004	15721	448	164	284
鼎湖区	25564	16868	8696	243	116	127
高要区	61955	37916	24039	728	289	439
广宁县	8029	5193	2836	80	42	38
怀集县	7343	4382	2961	117	50	67
封开县	6007	3602	2405	73	26	47
德庆县	3924	2235	1689	62	23	39
四会市	132164	81104	51060	1209	487	722
惠州市	**1591645**	**964180**	**627465**	**21871**	**8039**	**13832**
惠城区	543759	326222	217537	8501	2886	5615
惠阳区	594862	364440	230422	6720	2517	4203
博罗县	292707	176497	116210	3933	1491	2442
惠东县	138855	83473	55382	2384	1016	1368
龙门县	21462	13548	7914	333	129	204
梅州市	**87249**	**50176**	**37073**	**1510**	**549**	**961**
梅江区	23381	13353	10028	334	127	207
梅县区	21828	12202	9626	367	135	232
大埔县	5761	3365	2396	72	25	47
丰顺县	8417	5001	3416	133	53	80
五华县	9077	5674	3403	167	73	94
平远县	4346	2340	2006	131	28	103
蕉岭县	5303	3099	2204	129	35	94
兴宁市	9136	5142	3994	177	73	104

7-7 续表 2

单位：人

现住地	合计			未上过学		
	合计	男	女	小计	男	女
汕尾市	**96411**	**58226**	**38185**	**1776**	**707**	**1069**
城　区	25213	15908	9305	520	208	312
海丰县	54769	32935	21834	884	364	520
陆河县	5478	3437	2041	87	33	54
陆丰市	10951	5946	5005	285	102	183
河源市	**148364**	**89180**	**59184**	**2485**	**936**	**1549**
源城区	86012	50309	35703	1472	533	939
紫金县	16443	10444	5999	315	139	176
龙川县	13500	8180	5320	171	71	100
连平县	5730	3437	2293	97	38	59
和平县	4864	3107	1757	83	31	52
东源县	21815	13703	8112	347	124	223
阳江市	**108406**	**63357**	**45049**	**1770**	**623**	**1147**
江城区	42195	25010	17185	741	277	464
阳东区	42649	24736	17913	593	201	392
阳西县	9403	5573	3830	200	63	137
阳春市	14159	8038	6121	236	82	154
清远市	**223464**	**134628**	**88836**	**3310**	**1180**	**2130**
清城区	123508	74476	49032	1705	584	1121
清新区	28902	16699	12203	446	161	285
佛冈县	15819	9998	5821	213	90	123
阳山县	5761	3515	2246	112	50	62
连山壮族瑶族自治县	2164	1142	1022	35	10	25
连南瑶族自治县	1183	640	543	36	13	23
英德市	39591	24273	15318	641	231	410
连州市	6536	3885	2651	122	41	81
东莞市	**6119619**	**3635741**	**2483878**	**52921**	**21059**	**31862**
市辖区	6119619	3635741	2483878	52921	21059	31862
中山市	**1901680**	**1114168**	**787512**	**18938**	**7166**	**11772**
市辖区	1901680	1114168	787512	18938	7166	11772
潮州市	**172263**	**100925**	**71338**	**4245**	**1358**	**2887**
湘桥区	41703	24214	17489	789	264	525
潮安区	123835	72778	51057	3275	1035	2240
饶平县	6725	3933	2792	181	59	122
揭阳市	**104155**	**62667**	**41488**	**2492**	**874**	**1618**
榕城区	28935	17904	11031	851	248	603
揭东区	29926	18230	11696	749	264	485
揭西县	7591	4356	3235	200	74	126
惠来县	4764	3013	1751	66	25	41
普宁市	32939	19164	13775	626	263	363
云浮市	**66913**	**39635**	**27278**	**1052**	**390**	**662**
云城区	24526	15292	9234	374	149	225
云安区	5984	4022	1962	91	36	55
新兴县	19108	11386	7722	214	70	144
郁南县	4961	2612	2349	109	41	68
罗定市	12334	6323	6011	264	94	170

7-7　续表 3　　　　单位：人

现住地	学前教育			小学		
	小计	男	女	小计	男	女
广　东	**619260**	**334408**	**284852**	**4389616**	**2265372**	**2124244**
广州市	**77790**	**41974**	**35816**	**612884**	**316925**	**295959**
荔湾区	3709	2078	1631	30333	16304	14029
越秀区	1768	974	794	16295	7710	8585
海珠区	4480	2530	1950	51598	26057	25541
天河区	7210	3851	3359	49380	24872	24508
白云区	20173	10877	9296	161438	82338	79100
黄埔区	6957	3704	3253	43193	22491	20702
番禺区	11054	6015	5039	94580	49402	45178
花都区	10246	5452	4794	72449	37459	34990
南沙区	4314	2300	2014	38096	20813	17283
从化区	799	420	379	5981	3235	2746
增城区	7080	3773	3307	49541	26244	23297
韶关市	**5177**	**2777**	**2400**	**31816**	**16290**	**15526**
武江区	1288	682	606	8080	4211	3869
浈江区	966	522	444	5776	2869	2907
曲江区	629	340	289	3898	2032	1866
始兴县	234	136	98	1283	672	611
仁化县	380	203	177	2499	1289	1210
翁源县	253	147	106	1698	883	815
乳源瑶族自治县	217	119	98	1314	718	596
新丰县	198	109	89	1225	658	567
乐昌市	627	320	307	3928	1844	2084
南雄市	385	199	186	2115	1114	1001
深圳市	**171245**	**92168**	**79077**	**906940**	**432900**	**474040**
罗湖区	6598	3550	3048	43813	20610	23203
福田区	7939	4282	3657	54503	25440	29063
南山区	9790	5277	4513	64460	30368	34092
宝安区	52963	28504	24459	249715	118867	130848
龙岗区	41909	22500	19409	234314	112743	121571
盐田区	1378	749	629	9317	4517	4800
龙华区	28681	15421	13260	118668	54608	64060
坪山区	6563	3499	3064	45038	22687	22351
光明区	15424	8386	7038	87112	43060	44052
珠海市	**15069**	**8105**	**6964**	**108969**	**57700**	**51269**
香洲区	7967	4282	3685	57317	30117	27200
斗门区	3545	1909	1636	26504	13816	12688
金湾区	3557	1914	1643	25148	13767	11381
汕头市	**9893**	**5342**	**4551**	**107141**	**58794**	**48347**
龙湖区	1958	1073	885	18641	10396	8245
金平区	1930	1035	895	13870	7232	6638
濠江区	217	115	102	2220	1249	971
潮阳区	2123	1171	952	19858	11024	8834
潮南区	1016	525	491	14446	8263	6183
澄海区	2593	1397	1196	37472	20268	17204
南澳县	56	26	30	634	362	272
佛山市	**55850**	**30478**	**25372**	**528409**	**290377**	**238032**
禅城区	5059	2709	2350	41180	22720	18460
南海区	19690	10763	8927	211704	117950	93754
顺德区	23925	13098	10827	207908	112315	95593
三水区	4934	2680	2254	48373	26499	21874
高明区	2242	1228	1014	19244	10893	8351

7-7 续表 4

单位：人

现住地	学前教育			小学		
	小计	男	女	小计	男	女
江门市	**25082**	**13642**	**11440**	**184473**	**96513**	**87960**
蓬江区	4985	2693	2292	39734	20560	19174
江海区	3533	1919	1614	22928	11722	11206
新会区	5638	3059	2579	44676	23607	21069
台山市	1899	1038	861	15483	8217	7266
开平市	3655	1995	1660	26727	13934	12793
鹤山市	4799	2608	2191	28445	15020	13425
恩平市	573	330	243	6480	3453	3027
湛江市	**4087**	**2174**	**1913**	**29374**	**14993**	**14381**
赤坎区	558	295	263	3431	1781	1650
霞山区	896	493	403	5540	2867	2673
坡头区	276	131	145	1767	940	827
麻章区	229	116	113	1917	1166	751
遂溪县	296	154	142	1767	866	901
徐闻县	381	197	184	3240	1687	1553
廉江市	750	404	346	4845	2038	2807
雷州市	217	125	92	1773	892	881
吴川市	484	259	225	5094	2756	2338
茂名市	**2963**	**1558**	**1405**	**21892**	**10475**	**11417**
茂南区	941	496	445	6394	3360	3034
电白区	438	211	227	4329	1961	2368
高州市	620	326	294	4671	2276	2395
化州市	542	291	251	3586	1600	1986
信宜市	422	234	188	2912	1278	1634
肇庆市	**7495**	**4077**	**3418**	**55182**	**30126**	**25056**
端州区	944	499	445	6312	3410	2902
鼎湖区	543	300	243	5176	3066	2110
高要区	1479	804	675	14204	7673	6531
广宁县	198	107	91	1263	691	572
怀集县	163	84	79	1784	1080	704
封开县	207	97	110	1101	580	521
德庆县	116	74	42	790	393	397
四会市	3845	2112	1733	24552	13233	11319
惠州市	**37470**	**20057**	**17413**	**296937**	**158379**	**138558**
惠城区	13629	7247	6382	94675	49300	45375
惠阳区	12310	6546	5764	97430	52130	45300
博罗县	7288	3920	3368	59922	31843	28079
惠东县	3773	2069	1704	39072	21652	17420
龙门县	470	275	195	5838	3454	2384
梅州市	**2592**	**1351**	**1241**	**19314**	**10104**	**9210**
梅江区	603	328	275	4310	2198	2112
梅县区	770	401	369	5065	2565	2500
大埔县	191	85	106	1315	690	625
丰顺县	180	96	84	2302	1257	1045
五华县	219	117	102	1982	1140	842
平远县	178	86	92	1154	546	608
蕉岭县	165	97	68	1322	683	639
兴宁市	286	141	145	1864	1025	839

7-7　续表 5　　　　　　　　　　　　　　　　　　单位：人

现住地	学前教育			小　学		
	小计	男	女	小计	男	女
汕尾市	**2325**	**1199**	**1126**	**28177**	**15386**	**12791**
城　区	452	239	213	6612	3703	2909
海丰县	1513	791	722	16803	9141	7662
陆河县	94	46	48	1472	828	644
陆丰市	266	123	143	3290	1714	1576
河源市	**4688**	**2560**	**2128**	**32721**	**18006**	**14715**
源城区	3113	1689	1424	19255	10163	9092
紫金县	399	216	183	3842	2251	1591
龙川县	370	202	168	2576	1451	1125
连平县	174	95	79	1275	733	542
和平县	125	69	56	1115	727	388
东源县	507	289	218	4658	2681	1977
阳江市	**3459**	**1876**	**1583**	**28799**	**14812**	**13987**
江城区	1283	706	577	10860	5725	5135
阳东区	1407	779	628	12059	6152	5907
阳西县	252	131	121	2761	1419	1342
阳春市	517	260	257	3119	1516	1603
清远市	**7428**	**4024**	**3404**	**47194**	**25076**	**22118**
清城区	4299	2368	1931	24791	13152	11639
清新区	989	552	437	6509	3324	3185
佛冈县	360	177	183	3089	1696	1393
阳山县	240	123	117	1340	713	627
连山壮族瑶族自治县	98	50	48	618	298	320
连南瑶族自治县	50	23	27	301	164	137
英德市	1206	639	567	9052	4940	4112
连州市	186	92	94	1494	789	705
东莞市	**128648**	**69777**	**58871**	**886497**	**457417**	**429080**
市辖区	128648	69777	58871	886497	457417	429080
中山市	**45875**	**24689**	**21186**	**354089**	**182482**	**171607**
市辖区	45875	24689	21186	354089	182482	171607
潮州市	**6178**	**3370**	**2808**	**60984**	**32980**	**28004**
湘桥区	1257	691	566	12972	7060	5912
潮安区	4746	2582	2164	46337	25055	21282
饶平县	175	97	78	1675	865	810
揭阳市	**3821**	**2079**	**1742**	**31929**	**17242**	**14687**
榕城区	1115	615	500	8780	4863	3917
揭东区	1220	671	549	10016	5428	4588
揭西县	266	136	130	2635	1363	1272
惠来县	92	49	43	1042	602	440
普宁市	1128	608	520	9456	4986	4470
云浮市	**2125**	**1131**	**994**	**15895**	**8395**	**7500**
云城区	764	417	347	5953	3401	2552
云安区	164	86	78	1224	727	497
新兴县	494	257	237	4175	2246	1929
郁南县	221	121	100	1244	557	687
罗定市	482	250	232	3299	1464	1835

7-7 续表 6

单位：人

现住地	初中			高中			大学专科		
	小计	男	女	小计	男	女	小计	男	女
广 东	**14250129**	**8650404**	**5599725**	**6074014**	**3825296**	**2248718**	**2200810**	**1295130**	**905680**
广州市	**2273947**	**1367724**	**906223**	**1118841**	**685274**	**433567**	**437990**	**246265**	**191725**
荔湾区	93734	58057	35677	40566	24190	16376	16167	8895	7272
越秀区	55659	32169	23490	34318	19670	14648	13035	6439	6596
海珠区	257466	147397	110069	80102	46574	33528	26723	13791	12932
天河区	159376	94198	65178	170235	101995	68240	90422	51021	39401
白云区	601171	364904	236267	271952	167765	104187	104217	57896	46321
黄埔区	156350	97856	58494	111883	73976	37907	42299	25918	16381
番禺区	379819	223353	156466	212885	126798	86087	69853	38203	31650
花都区	289888	174050	115838	81151	50191	30960	31109	17937	13172
南沙区	128585	82022	46563	56482	37696	18786	16288	10290	5998
从化区	19716	12460	7256	8282	5292	2990	4149	2501	1648
增城区	132183	81258	50925	50985	31127	19858	23728	13374	10354
韶关市	**63746**	**38121**	**25625**	**24501**	**14642**	**9859**	**9415**	**5609**	**3806**
武江区	18245	10845	7400	7163	4134	3029	2689	1506	1183
浈江区	10563	6076	4487	5787	3392	2395	2231	1288	943
曲江区	8546	5311	3235	2704	1646	1058	1088	695	393
始兴县	2522	1464	1058	913	574	339	299	187	112
仁化县	4223	2628	1595	1222	768	454	454	303	151
翁源县	3899	2509	1390	1125	759	366	409	259	150
乳源瑶族自治县	2471	1564	907	988	585	403	524	344	180
新丰县	3335	2144	1191	1105	727	378	374	269	105
乐昌市	6297	3418	2879	2136	1221	915	783	427	356
南雄市	3645	2162	1483	1358	836	522	564	331	233
深圳市	**3468306**	**2067828**	**1400478**	**1858589**	**1180231**	**678358**	**969784**	**569502**	**400282**
罗湖区	130065	75127	54938	87344	50411	36933	43860	22416	21444
福田区	153733	88228	65505	116352	69736	46616	64093	33720	30373
南山区	191667	114446	77221	147671	90558	57113	90346	49911	40435
宝安区	1170635	690205	480430	529152	339815	189337	282462	170934	111528
龙岗区	784505	465618	318887	398114	246781	151333	200785	114909	85876
盐田区	28112	17555	10557	18897	12196	6701	7729	4558	3171
龙华区	526265	321922	204343	341208	224548	116660	197035	119091	77944
坪山区	137530	84110	53420	64330	42928	21402	25398	16291	9107
光明区	345794	210617	135177	155521	103258	52263	58076	37672	20404
珠海市	**309961**	**192522**	**117439**	**165660**	**104076**	**61584**	**59242**	**34334**	**24908**
香洲区	158936	97104	61832	99480	60863	38617	36640	20554	16086
斗门区	76414	48076	28338	33352	21810	11542	9234	5661	3573
金湾区	74611	47342	27269	32828	21403	11425	13368	8119	5249
汕头市	**223862**	**136288**	**87574**	**49925**	**31338**	**18587**	**7713**	**4867**	**2846**
龙湖区	40076	24722	15354	11161	7026	4135	1881	1112	769
金平区	23675	14349	9326	7992	4805	3187	1736	1051	685
濠江区	5312	3848	1464	1232	909	323	449	334	115
潮阳区	47706	28436	19270	11891	7455	4436	1881	1226	655
潮南区	29476	18234	11242	5512	3497	2015	429	280	149
澄海区	76717	46156	30561	11951	7551	4400	1288	837	451
南澳县	900	543	357	186	95	91	49	27	22
佛山市	**1686016**	**1058298**	**627718**	**565019**	**359336**	**205683**	**139452**	**84304**	**55148**
禅城区	172336	105028	67308	63612	38739	24873	20819	12184	8635
南海区	655765	413210	242555	206744	131197	75547	57518	34858	22660
顺德区	662054	411097	250957	245089	156160	88929	48203	28969	19234
三水区	137900	91368	46532	31792	21694	10098	8092	5234	2858
高明区	57961	37595	20366	17782	11546	6236	4820	3059	1761

7-7 续表 7

单位：人

现住地	初中			高中			大学专科		
	小计	男	女	小计	男	女	小计	男	女
江门市	**394979**	**242968**	**152011**	**116396**	**74748**	**41648**	**26688**	**16829**	**9859**
蓬江区	91714	56358	35356	34730	21714	13016	9514	5795	3719
江海区	53416	32868	20548	18738	12141	6597	5384	3488	1896
新会区	81331	50839	30492	19990	13158	6832	3807	2464	1343
台山市	32992	20340	12652	10981	6861	4120	1977	1334	643
开平市	45230	27270	17960	9883	6228	3655	1529	908	621
鹤山市	74389	44996	29393	19074	12577	6497	3804	2380	1424
恩平市	15907	10297	5610	3000	2069	931	673	460	213
湛江市	**57586**	**34189**	**23397**	**17869**	**10291**	**7578**	**8768**	**5299**	**3469**
赤坎区	7725	4592	3133	3478	1944	1534	1590	843	747
霞山区	10947	6339	4608	4938	2683	2255	2460	1333	1127
坡头区	3146	1958	1188	975	604	371	900	570	330
麻章区	5713	4342	1371	2546	1831	715	1567	1253	314
遂溪县	3222	1873	1349	715	367	348	266	137	129
徐闻县	4408	2657	1751	983	591	392	368	249	119
廉江市	10611	5020	5591	2319	1104	1215	825	373	452
雷州市	2768	1687	1081	616	382	234	343	251	92
吴川市	9046	5721	3325	1299	785	514	449	290	159
茂名市	**42899**	**24472**	**18427**	**12952**	**7771**	**5181**	**4713**	**2668**	**2045**
茂南区	13547	8393	5154	4858	3093	1765	1947	1104	843
电白区	8415	4998	3417	1887	1093	794	1020	699	321
高州市	8523	4922	3601	3456	2092	1364	1103	518	585
化州市	7095	3376	3719	1598	870	728	318	161	157
信宜市	5319	2783	2536	1153	623	530	325	186	139
肇庆市	**147466**	**93810**	**53656**	**50244**	**32251**	**17993**	**11548**	**7328**	**4220**
端州区	14835	9048	5787	9580	5899	3681	2874	1630	1244
鼎湖区	13510	9229	4281	3669	2552	1117	1393	975	418
高要区	35602	22696	12906	7825	5092	2733	1215	820	395
广宁县	5055	3401	1654	1014	684	330	242	163	79
怀集县	3984	2422	1562	831	473	358	273	165	108
封开县	2805	1745	1060	1036	674	362	416	250	166
德庆县	2036	1217	819	559	326	233	197	122	75
四会市	69639	44052	25587	25730	16551	9179	4938	3203	1735
惠州市	**850488**	**530691**	**319797**	**259778**	**168004**	**91774**	**83380**	**52171**	**31209**
惠城区	266498	165301	101197	102627	65383	37244	36662	22574	14088
惠阳区	329620	206835	122785	102057	66750	35307	32624	20557	12067
博罗县	166514	103503	63011	39878	25977	13901	10516	6716	3800
惠东县	76965	47909	29056	12378	8061	4317	2893	1864	1029
龙门县	10891	7143	3748	2838	1833	1005	685	460	225
梅州市	**44568**	**26762**	**17806**	**12674**	**7596**	**5078**	**3340**	**2040**	**1300**
梅江区	10878	6601	4277	4219	2542	1677	1093	663	430
梅县区	10882	6323	4559	3380	1952	1428	935	550	385
大埔县	3189	1947	1242	647	388	259	196	124	72
丰顺县	4456	2722	1734	926	576	350	262	183	79
五华县	5312	3417	1895	942	611	331	276	186	90
平远县	2096	1188	908	523	341	182	132	62	70
蕉岭县	2737	1710	1027	720	437	283	139	81	58
兴宁市	5018	2854	2164	1317	749	568	307	191	116

7-7 续表 8

单位：人

现住地	初中			高中			大学专科		
	小计	男	女	小计	男	女	小计	男	女
汕尾市	**49389**	**31094**	**18295**	**9482**	**6275**	**3207**	**2797**	**1886**	**911**
城　区	11757	7783	3974	3286	2193	1093	1404	951	453
海丰县	28812	18070	10742	4788	3209	1579	970	675	295
陆河县	3197	2127	1070	459	288	171	121	84	37
陆丰市	5623	3114	2509	949	585	364	302	176	126
河源市	**76138**	**47109**	**29029**	**21351**	**13383**	**7968**	**7444**	**4821**	**2623**
源城区	41584	25111	16473	13509	8323	5186	4918	3069	1849
紫金县	9673	6377	3296	1547	1013	534	422	286	136
龙川县	6641	3940	2701	2157	1347	810	1061	773	288
连平县	3194	1964	1230	699	430	269	222	126	96
和平县	2556	1637	919	668	429	239	188	128	60
东源县	12490	8080	4410	2771	1841	930	633	439	194
阳江市	**51879**	**31765**	**20114**	**13156**	**8254**	**4902**	**6252**	**3936**	**2316**
江城区	20144	12583	7561	5680	3582	2098	2267	1394	873
阳东区	21256	12838	8418	4175	2663	1512	2438	1554	884
阳西县	4124	2542	1582	1149	746	403	427	299	128
阳春市	6355	3802	2553	2152	1263	889	1120	689	431
清远市	**111568**	**70572**	**40996**	**32680**	**20602**	**12078**	**13419**	**7997**	**5422**
清城区	60854	38959	21895	17966	11107	6859	8898	5106	3792
清新区	14938	8864	6074	4182	2652	1530	1112	671	441
佛冈县	8549	5547	3002	2447	1676	771	767	525	242
阳山县	2894	1830	1064	751	496	255	254	183	71
连山壮族瑶族自治县	1017	565	452	246	139	107	91	46	45
连南瑶族自治县	513	274	239	140	79	61	68	39	29
英德市	19612	12507	7105	5989	3890	2099	1890	1219	671
连州市	3191	2026	1165	959	563	396	339	208	131
东莞市	**3194380**	**1926707**	**1267673**	**1385141**	**874947**	**510194**	**318508**	**192139**	**126369**
市辖区	3194380	1926707	1267673	1385141	874947	510194	318508	192139	126369
中山市	**1027042**	**618811**	**408231**	**331566**	**208047**	**123519**	**84517**	**49453**	**35064**
市辖区	1027042	618811	408231	331566	208047	123519	84517	49453	35064
潮州市	**85314**	**53361**	**31953**	**12077**	**7761**	**4316**	**1814**	**1131**	**683**
湘桥区	21036	12885	8151	3715	2262	1453	817	465	352
潮安区	60631	38272	22359	7720	5086	2634	771	508	263
饶平县	3647	2204	1443	642	413	229	226	158	68
揭阳市	**55464**	**35539**	**19925**	**8200**	**5389**	**2811**	**1485**	**995**	**490**
榕城区	15487	10347	5140	2129	1461	668	428	272	156
揭东区	14704	9648	5056	2621	1782	839	476	335	141
揭西县	4023	2497	1526	383	236	147	63	37	26
惠来县	2521	1620	901	570	349	221	226	170	56
普宁市	18729	11427	7302	2497	1561	936	292	181	111
云浮市	**35131**	**21773**	**13358**	**7913**	**5080**	**2833**	**2541**	**1556**	**985**
云城区	12628	8267	4361	3027	1978	1049	1033	626	407
云安区	2830	2056	774	987	721	266	294	190	104
新兴县	10872	6769	4103	2175	1352	823	562	330	232
郁南县	2524	1378	1146	509	302	207	182	117	65
罗定市	6277	3303	2974	1215	727	488	470	293	177

7-7　续表 9　　　　单位：人

现 住 地	大学本科			硕士研究生			博士研究生		
	小计	男	女	小计	男	女	小计	男	女
广　东	**1279706**	**755851**	**523855**	**118164**	**64827**	**53337**	**16940**	**10995**	**5945**
广州市	**276488**	**149689**	**126799**	**38439**	**18389**	**20050**	**6557**	**3833**	**2724**
荔湾区	8455	4456	3999	644	337	307	61	30	31
越秀区	12663	5908	6755	2727	1162	1565	368	207	161
海珠区	20397	10088	10309	3987	1667	2320	1184	705	479
天河区	63009	34205	28804	11929	5670	6259	2134	1272	862
白云区	50858	26723	24135	4068	1718	2350	890	437	453
黄埔区	30022	18195	11827	3663	1991	1672	366	232	134
番禺区	45817	23973	21844	8619	4296	4323	1339	793	546
花都区	17186	9477	7709	935	529	406	61	45	16
南沙区	8386	5388	2998	511	310	201	37	28	9
从化区	5027	2724	2303	375	172	203	35	29	6
增城区	14668	8552	6116	981	537	444	82	55	27
韶关市	**6653**	**3884**	**2769**	**628**	**361**	**267**	**45**	**31**	**14**
武江区	1923	1071	852	313	168	145	10	9	1
浈江区	1908	990	918	104	57	47	24	15	9
曲江区	551	378	173	52	36	16	6	4	2
始兴县	182	115	67	16	9	7			
仁化县	353	235	118	17	14	3	2	1	1
翁源县	240	154	86	18	11	7	1		1
乳源瑶族自治县	419	287	132	40	32	8	2	2	
新丰县	167	123	44	8	4	4			
乐昌市	499	277	222	37	17	20			
南雄市	411	254	157	23	13	10			
深圳市	**601804**	**364565**	**237239**	**49194**	**28959**	**20235**	**5652**	**4001**	**1651**
罗湖区	24526	13423	11103	1935	1025	910	180	124	56
福田区	50042	27730	22312	6683	3567	3116	586	444	142
南山区	95380	55427	39953	18736	10995	7741	2836	1902	934
宝安区	168963	106999	61964	8152	5126	3026	580	443	137
龙岗区	115073	68434	46639	6190	3708	2482	706	528	178
盐田区	4026	2387	1639	425	212	213	87	46	41
龙华区	105936	64481	41455	4615	2750	1865	412	300	112
坪山区	13930	9517	4413	1222	769	453	98	80	18
光明区	23928	16167	7761	1236	807	429	167	134	33
珠海市	**51812**	**28238**	**23574**	**5248**	**2677**	**2571**	**1033**	**618**	**415**
香洲区	36128	19504	16624	4331	2166	2165	885	530	355
斗门区	4578	2814	1764	418	226	192	43	26	17
金湾区	11106	5920	5186	499	285	214	105	62	43
汕头市	**3813**	**2349**	**1464**	**516**	**216**	**300**	**92**	**63**	**29**
龙湖区	818	500	318	49	25	24	5	3	2
金平区	1594	891	703	419	161	258	81	56	25
濠江区	228	189	39	15	7	8			
潮阳区	586	389	197	12	9	3	1		1
潮南区	193	108	85	7	5	2	1		1
澄海区	386	267	119	14	9	5	4	4	
南澳县	8	5	3						
佛山市	**63552**	**38277**	**25275**	**4706**	**2734**	**1972**	**463**	**331**	**132**
禅城区	10248	5918	4330	780	419	361	68	45	23
南海区	23531	13858	9673	1393	742	651	142	95	47
顺德区	23727	14597	9130	2060	1313	747	229	173	56
三水区	4530	2858	1672	322	164	158	18	13	5
高明区	1516	1046	470	151	96	55	6	5	1

7-7 续表 10 单位：人

现住地	大学本科			硕士研究生			博士研究生		
	小计	男	女	小计	男	女	小计	男	女
江门市	**12272**	**7954**	**4318**	**888**	**541**	**347**	**81**	**66**	**15**
蓬江区	4812	3010	1802	465	272	193	52	42	10
江海区	2226	1457	769	188	125	63	9	7	2
新会区	1716	1156	560	127	80	47	7	6	1
台山市	1028	684	344	43	25	18	1	1	
开平市	636	413	223	24	13	11			
鹤山市	1535	1005	530	33	19	14	12	10	2
恩平市	319	229	90	8	7	1			
湛江市	**12377**	**6552**	**5825**	**981**	**506**	**475**	**185**	**130**	**55**
赤坎区	2177	911	1266	114	63	51	74	51	23
霞山区	3245	1897	1348	395	182	213	65	44	21
坡头区	796	517	279	90	57	33	3	3	
麻章区	4665	2285	2380	330	171	159	34	24	10
遂溪县	148	91	57	5	2	3	1		1
徐闻县	280	197	83	6	5	1	1	1	
廉江市	417	240	177	29	16	13	2	2	
雷州市	409	264	145	4	3	1	1	1	
吴川市	240	150	90	8	7	1	4	4	
茂名市	**3464**	**2088**	**1376**	**217**	**102**	**115**	**56**	**41**	**15**
茂南区	2480	1481	999	140	69	71	44	34	10
电白区	403	255	148	50	19	31	10	6	4
高州市	264	143	121	13	6	7	1	1	
化州市	170	99	71	9	6	3			
信宜市	147	110	37	5	2	3	1		1
肇庆市	**7403**	**4285**	**3118**	**377**	**206**	**171**	**36**	**24**	**12**
端州区	2621	1295	1326	96	48	48	15	11	4
鼎湖区	972	598	374	52	28	24	6	4	2
高要区	894	537	357	8	5	3			
广宁县	158	98	60	17	7	10	2		2
怀集县	182	104	78	9	4	5			
封开县	343	213	130	23	15	8	3	2	1
德庆县	133	66	67	31	14	17			
四会市	2100	1374	726	141	85	56	10	7	3
惠州市	**39351**	**25432**	**13919**	**2141**	**1259**	**882**	**229**	**148**	**81**
惠城区	19895	12749	7146	1171	715	456	101	67	34
惠阳区	13359	8680	4679	644	367	277	98	58	40
博罗县	4449	2921	1528	185	110	75	22	16	6
惠东县	1288	844	444	96	53	43	6	5	1
龙门县	360	238	122	45	14	31	2	2	
梅州市	**3048**	**1655**	**1393**	**165**	**87**	**78**	**38**	**32**	**6**
梅江区	1819	818	1001	94	48	46	31	28	3
梅县区	409	264	145	17	9	8	3	3	
大埔县	144	102	42	7	4	3			
丰顺县	151	110	41	6	3	3	1	1	
五华县	162	119	43	17	11	6			
平远县	127	86	41	5	3	2			
蕉岭县	77	51	26	14	5	9			
兴宁市	159	105	54	5	4	1	3		3

7-7　续表 11　　　　　　　　　　　　　　　　　　　　　　　　　　　　单位：人

现住地	大学本科			硕士研究生			博士研究生		
	小计	男	女	小计	男	女	小计	男	女
汕尾市	**2243**	**1559**	**684**	**208**	**110**	**98**	**14**	**10**	**4**
城　区	1086	777	309	90	49	41	6	5	1
海丰县	895	624	271	98	56	42	6	5	1
陆河县	48	31	17						
陆丰市	214	127	87	20	5	15	2		2
河源市	**3335**	**2240**	**1095**	**191**	**116**	**75**	**11**	**9**	**2**
源城区	2003	1322	681	147	90	57	11	9	2
紫金县	240	160	80	5	2	3			
龙川县	511	387	124	13	9	4			
连平县	65	48	17	4	3	1			
和平县	129	86	43						
东源县	387	237	150	22	12	10			
阳江市	**2932**	**1994**	**938**	**142**	**85**	**57**	**17**	**12**	**5**
江城区	1135	695	440	72	38	34	13	10	3
阳东区	698	534	164	21	13	8	2	2	
阳西县	469	356	113	21	17	4			
阳春市	630	409	221	28	17	11	2		2
清远市	**7268**	**4799**	**2469**	**560**	**348**	**212**	**37**	**30**	**7**
清城区	4530	2910	1620	433	264	169	32	26	6
清新区	686	450	236	36	22	14	4	3	1
佛冈县	381	276	105	13	11	2			
阳山县	167	117	50	3	3				
连山壮族瑶族自治县	56	32	24	3	2	1			
连南瑶族自治县	70	45	25	5	3	2			
英德市	1137	806	331	63	40	23	1	1	
连州市	241	163	78	4	3	1			
东莞市	**140099**	**85401**	**54698**	**11239**	**6821**	**4418**	**2186**	**1473**	**713**
市辖区	140099	85401	54698	11239	6821	4418	2186	1473	713
中山市	**37600**	**22343**	**15257**	**1883**	**1058**	**825**	**170**	**119**	**51**
市辖区	37600	22343	15257	1883	1058	825	170	119	51
潮州市	**1445**	**838**	**607**	**181**	**112**	**69**	**25**	**14**	**11**
湘桥区	973	501	472	121	73	48	23	13	10
潮安区	302	206	96	52	33	19	1	1	
饶平县	170	131	39	8	6	2	1		1
揭阳市	**733**	**526**	**207**	**29**	**21**	**8**	**2**	**2**	
榕城区	140	96	44	5	2	3			
揭东区	135	98	37	5	4	1			
揭西县	21	13	8						
惠来县	236	189	47	11	9	2			
普宁市	201	130	71	8	6	2	2	2	
云浮市	**2014**	**1183**	**831**	**231**	**119**	**112**	**11**	**8**	**3**
云城区	646	402	244	97	49	48	4	3	1
云安区	375	197	178	16	7	9	3	2	1
新兴县	514	306	208	98	53	45	4	3	1
郁南县	167	94	73	5	2	3			
罗定市	312	184	128	15	8	7			

7-7a 全省按现住地、受教育程度、性别分的户口登记地在外省的人口(城市)

单位：人

现住地	合计			未上过学		
	合计	男	女	小计	男	女
广　东	**24539479**	**14433712**	**10105767**	**230861**	**80800**	**150061**
广州市	**3992789**	**2299598**	**1693191**	**31440**	**11148**	**20292**
荔湾区	195398	114994	80404	1729	647	1082
越秀区	137970	74608	63362	1137	369	768
海珠区	448236	249636	198600	2299	827	1472
天河区	557406	318388	239018	3711	1304	2407
白云区	966028	557433	408595	7650	2661	4989
黄埔区	372206	228619	143587	3166	947	2219
番禺区	710681	401565	309116	5482	2096	3386
花都区	346620	198261	148359	3084	1223	1861
南沙区	154079	95282	58797	1804	644	1160
从化区	12168	6886	5282	119	42	77
增城区	91997	53926	38071	1259	388	871
韶关市	**79826**	**43795**	**36031**	**1325**	**406**	**919**
武江区	36495	20376	16119	547	178	369
浈江区	23102	12510	10592	421	133	288
曲江区	9756	5324	4432	158	52	106
始兴县						
仁化县						
翁源县						
乳源瑶族自治县						
新丰县						
乐昌市	6157	3171	2986	139	35	104
南雄市	4316	2414	1902	60	8	52
深圳市	**8076026**	**4741955**	**3334071**	**74092**	**21597**	**52495**
罗湖区	341427	187531	153896	3106	845	2261
福田区	458251	254189	204062	4320	1042	3278
南山区	623411	357528	265883	5854	1538	4316
宝安区	2482801	1467219	1015582	20179	6326	13853
龙岗区	1774803	1024067	750736	19035	5541	13494
盐田区	70688	42426	28262	717	206	511
龙华区	1333151	805982	527169	10331	2861	7470
坪山区	297333	180787	116546	3647	1113	2534
光明区	694161	422226	271935	6903	2125	4778
珠海市	**552123**	**317754**	**234369**	**7313**	**2340**	**4973**
香洲区	377379	214507	162872	5053	1566	3487
斗门区	64305	38572	25733	939	327	612
金湾区	110439	64675	45764	1321	447	874
汕头市	**225340**	**132352**	**92988**	**3744**	**1491**	**2253**
龙湖区	68443	41209	27234	953	448	505
金平区	51933	29605	22328	1114	316	798
濠江区	6229	4193	2036	135	34	101
潮阳区	15127	8856	6271	230	109	121
潮南区	22698	13606	9092	560	304	256
澄海区	60910	34883	26027	752	280	472
南澳县						
佛山市	**2729453**	**1657634**	**1071819**	**24107**	**9831**	**14276**
禅城区	241450	142267	99183	1749	736	1013
南海区	1117836	682814	435022	9404	3887	5517
顺德区	1204652	729648	475004	10909	4534	6375
三水区	76422	47226	29196	1350	394	956
高明区	89093	55679	33414	695	280	415

7-7a　续表 1　　　　单位：人

现住地	合计			未上过学		
	合计	男	女	小计	男	女
江门市	**491882**	**289038**	**202844**	**5387**	**1986**	**3401**
蓬江区	186015	109882	76133	2135	806	1329
江海区	107823	64190	43633	1401	463	938
新会区	74320	43571	30749	799	292	507
台山市	33593	19796	13797	310	136	174
开平市	21665	12090	9575	244	98	146
鹤山市	62805	36164	26641	444	164	280
恩平市	5661	3345	2316	54	27	27
湛江市	**68422**	**38048**	**30374**	**955**	**319**	**636**
赤坎区	19205	10470	8735	223	83	140
霞山区	27846	15358	12488	381	127	254
坡头区	4009	2251	1758	60	15	45
麻章区	4160	2850	1310	44	14	30
遂溪县	726	381	345	28	8	20
徐闻县						
廉江市	4501	2125	2376	67	26	41
雷州市	664	373	291	11	2	9
吴川市	7311	4240	3071	141	44	97
茂名市	**48323**	**28432**	**19891**	**640**	**217**	**423**
茂南区	23154	13793	9361	315	106	209
电白区	4725	3005	1720	75	22	53
高州市	12132	7034	5098	134	54	80
化州市	4048	2220	1828	46	15	31
信宜市	4264	2380	1884	70	20	50
肇庆市	**151744**	**91986**	**59758**	**1503**	**596**	**907**
端州区	37725	22004	15721	448	164	284
鼎湖区	13361	8905	4456	157	75	82
高要区	4932	2991	1941	41	14	27
广宁县						
怀集县						
封开县						
德庆县						
四会市	95726	58086	37640	857	343	514
惠州市	**890636**	**534718**	**355918**	**12249**	**4280**	**7969**
惠城区	430446	253380	177066	7085	2368	4717
惠阳区	449264	274777	174487	5060	1881	3179
博罗县	10926	6561	4365	104	31	73
惠东县						
龙门县						
梅州市	**42853**	**23876**	**18977**	**637**	**245**	**392**
梅江区	21884	12424	9460	299	114	185
梅县区	16271	8951	7320	257	91	166
大埔县						
丰顺县						
五华县	89	56	33	3		3
平远县						
蕉岭县						
兴宁市	4609	2445	2164	78	40	38

7-7a 续表 2

单位：人

现住地	合计			未上过学		
	合计	男	女	小计	男	女
汕尾市	**20086**	**11497**	**8589**	**501**	**194**	**307**
城　区	16082	9409	6673	415	159	256
海丰县						
陆河县						
陆丰市	4004	2088	1916	86	35	51
河源市	**66685**	**38375**	**28310**	**1208**	**440**	**768**
源城区	66685	38375	28310	1208	440	768
紫金县						
龙川县						
连平县						
和平县						
东源县						
阳江市	**47464**	**26025**	**21439**	**577**	**217**	**360**
江城区	24411	13496	10915	301	119	182
阳东区	17101	9482	7619	187	69	118
阳西县						
阳春市	5952	3047	2905	89	29	60
清远市	**79489**	**44332**	**35157**	**1241**	**430**	**811**
清城区	53812	30496	23316	784	270	514
清新区	12111	6352	5759	235	78	157
佛冈县						
阳山县						
连山壮族瑶族自治县						
连南瑶族自治县						
英德市	10072	5603	4469	154	60	94
连州市	3494	1881	1613	68	22	46
东莞市	**5603475**	**3313816**	**2289659**	**48747**	**19375**	**29372**
市辖区	5603475	3313816	2289659	48747	19375	29372
中山市	**1180854**	**687723**	**493131**	**11063**	**4232**	**6831**
市辖区	1180854	687723	493131	11063	4232	6831
潮州市	**115084**	**66753**	**48331**	**2573**	**879**	**1694**
湘桥区	36171	20961	15210	675	229	446
潮安区	78913	45792	33121	1898	650	1248
饶平县						
揭阳市	**50693**	**30206**	**20487**	**1167**	**414**	**753**
榕城区	21560	13255	8305	611	180	431
揭东区	15857	9366	6491	330	127	203
揭西县						
惠来县						
普宁市	13276	7585	5691	226	107	119
云浮市	**26232**	**15799**	**10433**	**392**	**163**	**229**
云城区	21332	13107	8225	320	133	187
云安区	640	434	206	5	2	3
新兴县						
郁南县						
罗定市	4260	2258	2002	67	28	39

7-7a　续表 3　　　　单位：人

现住地	学前教育			小学		
	小计	男	女	小计	男	女
广　东	**512707**	**277053**	**235654**	**3445231**	**1757079**	**1688152**
广州市	**61986**	**33492**	**28494**	**476988**	**243350**	**233638**
荔湾区	3709	2078	1631	30333	16304	14029
越秀区	1768	974	794	16295	7710	8585
海珠区	4480	2530	1950	51598	26057	25541
天河区	7210	3851	3359	49380	24872	24508
白云区	15753	8496	7257	125922	63699	62223
黄埔区	6527	3475	3052	38907	20043	18864
番禺区	9435	5124	4311	78053	40016	38037
花都区	7104	3772	3332	47002	23749	23253
南沙区	2861	1525	1336	21832	11515	10317
从化区	251	128	123	1576	818	758
增城区	2888	1539	1349	16090	8567	7523
韶关市	**2879**	**1536**	**1343**	**16775**	**8350**	**8425**
武江区	1203	638	565	7208	3691	3517
浈江区	808	432	376	4823	2363	2460
曲江区	435	238	197	2252	1103	1149
始兴县						
仁化县						
翁源县						
乳源瑶族自治县						
新丰县						
乐昌市	251	129	122	1613	757	856
南雄市	182	99	83	879	436	443
深圳市	**170851**	**91954**	**78897**	**902491**	**430480**	**472011**
罗湖区	6598	3550	3048	43813	20610	23203
福田区	7939	4282	3657	54503	25440	29063
南山区	9790	5277	4513	64095	30134	33961
宝安区	52963	28504	24459	249715	118867	130848
龙岗区	41526	22290	19236	230332	110599	119733
盐田区	1378	749	629	9317	4517	4800
龙华区	28681	15421	13260	118668	54608	64060
坪山区	6552	3495	3057	44936	22645	22291
光明区	15424	8386	7038	87112	43060	44052
珠海市	**11422**	**6137**	**5285**	**78937**	**40647**	**38290**
香洲区	7605	4051	3554	51836	26270	25566
斗门区	1384	766	618	10688	5484	5204
金湾区	2433	1320	1113	16413	8893	7520
汕头市	**6094**	**3280**	**2814**	**57892**	**31502**	**26390**
龙湖区	1734	951	783	16606	9359	7247
金平区	1925	1033	892	13767	7177	6590
濠江区	162	86	76	1633	925	708
潮阳区	545	291	254	3789	2023	1766
潮南区	438	218	220	6051	3463	2588
澄海区	1290	701	589	16046	8555	7491
南澳县						
佛山市	**50349**	**27499**	**22850**	**465365**	**254805**	**210560**
禅城区	3945	2112	1833	30092	16400	13692
南海区	18919	10346	8573	198910	110472	88438
顺德区	23624	12934	10690	204551	110302	94249
三水区	1973	1063	910	16347	8890	7457
高明区	1888	1044	844	15465	8741	6724

7-7a 续表 4

单位：人

现住地	学前教育			小学		
	小计	男	女	小计	男	女
江门市	**15808**	**8587**	**7221**	**108717**	**56477**	**52240**
蓬江区	4924	2655	2269	39162	20245	18917
江海区	3533	1919	1614	22928	11722	11206
新会区	2767	1491	1276	20117	10610	9507
台山市	982	545	437	6319	3377	2942
开平市	760	421	339	5749	2984	2765
鹤山市	2680	1459	1221	13445	7018	6427
恩平市	162	97	65	997	521	476
湛江市	**2179**	**1181**	**998**	**13430**	**6927**	**6503**
赤坎区	554	294	260	3394	1769	1625
霞山区	861	470	391	5227	2700	2527
坡头区	154	74	80	673	311	362
麻章区	108	55	53	448	233	215
遂溪县	47	25	22	269	130	139
徐闻县						
廉江市	193	113	80	895	415	480
雷州市	31	21	10	168	93	75
吴川市	231	129	102	2356	1276	1080
茂名市	**1471**	**798**	**673**	**9639**	**5117**	**4522**
茂南区	732	405	327	4578	2438	2140
电白区	94	43	51	813	461	352
高州市	353	190	163	2395	1284	1111
化州市	164	87	77	850	443	407
信宜市	128	73	55	1003	491	512
肇庆市	**4552**	**2478**	**2074**	**27620**	**15111**	**12509**
端州区	944	499	445	6312	3410	2902
鼎湖区	356	196	160	2883	1814	1069
高要区	117	58	59	893	481	412
广宁县						
怀集县						
封开县						
德庆县						
四会市	3135	1725	1410	17532	9406	8126
惠州市	**21087**	**11214**	**9873**	**143996**	**75052**	**68944**
惠城区	11532	6129	5403	73165	37131	36034
惠阳区	9286	4944	4342	68430	36634	31796
博罗县	269	141	128	2401	1287	1114
惠东县						
龙门县						
梅州市	**1350**	**714**	**636**	**8784**	**4504**	**4280**
梅江区	569	314	255	3926	1999	1927
梅县区	629	325	304	3859	1952	1907
大埔县						
丰顺县						
五华县	4	4		24	13	11
平远县						
蕉岭县						
兴宁市	148	71	77	975	540	435

7−7a 续表 5 单位：人

现住地	学前教育			小学		
	小计	男	女	小计	男	女
汕尾市	**481**	**241**	**240**	**5969**	**3184**	**2785**
城　区	370	192	178	4791	2567	2224
海丰县						
陆河县						
陆丰市	111	49	62	1178	617	561
河源市	**2583**	**1406**	**1177**	**15939**	**8464**	**7475**
源城区	2583	1406	1177	15939	8464	7475
紫金县						
龙川县						
连平县						
和平县						
东源县						
阳江市	**1871**	**1010**	**861**	**12014**	**6083**	**5931**
江城区	909	498	411	5971	3075	2896
阳东区	659	348	311	4811	2415	2396
阳西县						
阳春市	303	164	139	1232	593	639
清远市	**3276**	**1787**	**1489**	**16566**	**8358**	**8208**
清城区	2277	1249	1028	10728	5407	5321
清新区	532	299	233	2844	1363	1481
佛冈县						
阳山县						
连山壮族瑶族自治县						
连南瑶族自治县						
英德市	349	180	169	2160	1175	985
连州市	118	59	59	834	413	421
东莞市	**119387**	**64733**	**54654**	**803983**	**412641**	**391342**
市辖区	119387	64733	54654	803983	412641	391342
中山市	**27855**	**15053**	**12802**	**216746**	**111589**	**105157**
市辖区	27855	15053	12802	216746	111589	105157
潮州市	**4338**	**2364**	**1974**	**41326**	**22408**	**18918**
湘桥区	1127	624	503	11531	6288	5243
潮安区	3211	1740	1471	29795	16120	13675
饶平县						
揭阳市	**2010**	**1118**	**892**	**15890**	**8600**	**7290**
榕城区	848	472	376	6640	3676	2964
揭东区	763	424	339	5737	3065	2672
揭西县						
惠来县						
普宁市	399	222	177	3513	1859	1654
云浮市	**878**	**471**	**407**	**6164**	**3430**	**2734**
云城区	701	376	325	5096	2900	2196
云安区	21	12	9	114	72	42
新兴县						
郁南县						
罗定市	156	83	73	954	458	496

7-7a 续表 6

单位：人

现住地	初中			高中			大学专科		
	小计	男	女	小计	男	女	小计	男	女
广 东	**11676857**	**7029955**	**4646902**	**5352562**	**3347163**	**2005399**	**2009923**	**1173789**	**836134**
广州市	**1800904**	**1070463**	**730441**	**952191**	**576293**	**375898**	**382324**	**212436**	**169888**
荔湾区	93734	58057	35677	40566	24190	16376	16167	8895	7272
越秀区	55659	32169	23490	34318	19670	14648	13035	6439	6596
海珠区	257466	147397	110069	80102	46574	33528	26723	13791	12932
天河区	159376	94198	65178	170235	101995	68240	90422	51021	39401
白云区	465789	279339	186450	221253	134497	86756	84569	45916	38653
黄埔区	144842	90058	54784	106275	70111	36164	40049	24511	15538
番禺区	319460	185891	133569	183521	107478	76043	63841	34326	29515
花都区	195304	114536	80768	56900	34145	22755	23425	13258	10167
南沙区	69180	44001	25179	38512	25250	13262	12574	7759	4815
从化区	4460	2682	1778	2719	1551	1168	1793	1006	787
增城区	35634	22135	13499	17790	10832	6958	9726	5514	4212
韶关市	**32696**	**18720**	**13976**	**15257**	**8772**	**6485**	**5740**	**3196**	**2544**
武江区	16129	9448	6681	6665	3806	2859	2577	1428	1149
浈江区	8319	4691	3628	5043	2938	2105	1767	973	794
曲江区	4214	2381	1833	1663	920	743	621	365	256
始兴县									
仁化县									
翁源县									
乳源瑶族自治县									
新丰县									
乐昌市	2463	1307	1156	1022	580	442	358	189	169
南雄市	1571	893	678	864	528	336	417	241	176
深圳市	**3452430**	**2057136**	**1395294**	**1852678**	**1175831**	**676847**	**967736**	**568000**	**399736**
罗湖区	130065	75127	54938	87344	50411	36933	43860	22416	21444
福田区	153733	88228	65505	116352	69736	46616	64093	33720	30373
南山区	189633	112649	76984	146974	89904	57070	90160	49741	40419
宝安区	1170635	690205	480430	529152	339815	189337	282462	170934	111528
龙岗区	770758	456774	313984	393001	243083	149918	198990	113614	85376
盐田区	28112	17555	10557	18897	12196	6701	7729	4558	3171
龙华区	526265	321922	204343	341208	224548	116660	197035	119091	77944
坪山区	137435	84059	53376	64229	42880	21349	25331	16254	9077
光明区	345794	210617	135177	155521	103258	52263	58076	37672	20404
珠海市	**223590**	**135037**	**88553**	**130376**	**79245**	**51131**	**48555**	**27035**	**21520**
香洲区	145228	86355	58873	94100	56677	37423	34291	18841	15450
斗门区	29959	18866	11093	14239	9006	5233	4543	2648	1895
金湾区	48403	29816	18587	22037	13562	8475	9721	5546	4175
汕头市	**116551**	**70797**	**45754**	**32089**	**19970**	**12119**	**5438**	**3300**	**2138**
龙湖区	36039	22296	13743	10493	6614	3879	1775	1034	741
金平区	23451	14198	9253	7952	4769	3183	1728	1047	681
濠江区	3146	2286	860	838	617	221	210	162	48
潮阳区	5937	3512	2425	3527	2230	1297	818	512	306
潮南区	12886	7893	4993	2547	1606	941	135	82	53
澄海区	35092	20612	14480	6732	4134	2598	772	463	309
南澳县									
佛山市	**1481787**	**924652**	**557135**	**515166**	**325244**	**189922**	**128742**	**77311**	**51431**
禅城区	128495	77435	51060	50651	30410	20241	16934	9740	7194
南海区	613961	385939	228022	196071	123899	72172	55947	33844	22103
顺德区	650372	403400	246972	241279	153624	87655	47960	28809	19151
三水区	40218	26637	13581	10954	6846	4108	3380	2076	1304
高明区	48741	31241	17500	16211	10465	5746	4521	2842	1679

7—7a　续表 7

单位：人

现住地	初中			高中			大学专科		
	小计	男	女	小计	男	女	小计	男	女
江门市	**243829**	**148389**	**95440**	**85745**	**53505**	**32240**	**21313**	**13151**	**8162**
蓬江区	90524	55545	34979	34498	21555	12943	9461	5765	3696
江海区	53416	32868	20548	18738	12141	6597	5384	3488	1896
新会区	36909	22714	14195	10163	6256	3907	2340	1459	881
台山市	16136	9824	6312	7939	4749	3190	1253	781	472
开平市	10307	5962	4345	3744	2129	1615	565	321	244
鹤山市	33510	19638	13872	9570	6007	3563	2109	1219	890
恩平市	3027	1838	1189	1093	668	425	201	118	83
湛江市	**26859**	**15766**	**11093**	**11484**	**6416**	**5068**	**5706**	**3183**	**2523**
赤坎区	7637	4534	3103	3452	1926	1526	1584	840	744
霞山区	10381	5987	4394	4854	2633	2221	2446	1323	1123
坡头区	1017	554	463	541	302	239	774	488	286
麻章区	1457	1041	416	1135	811	324	403	295	108
遂溪县	316	178	138	45	26	19	15	11	4
徐闻县									
廉江市	2061	992	1069	763	339	424	283	111	172
雷州市	247	148	99	99	49	50	42	27	15
吴川市	3743	2332	1411	595	330	265	159	88	71
茂名市	**21730**	**13453**	**8277**	**9222**	**5616**	**3606**	**3033**	**1701**	**1332**
茂南区	9791	6067	3724	4163	2600	1563	1548	971	577
电白区	2683	1862	821	702	404	298	188	113	75
高州市	5185	3179	2006	2870	1758	1112	977	446	531
化州市	1912	1062	850	833	489	344	156	80	76
信宜市	2159	1283	876	654	365	289	164	91	73
肇庆市	**69257**	**43319**	**25938**	**33964**	**21517**	**12447**	**8698**	**5488**	**3210**
端州区	14835	9048	5787	9580	5899	3681	2874	1630	1244
鼎湖区	5771	4052	1719	2152	1436	716	1140	788	352
高要区	1882	1177	705	936	584	352	452	330	122
广宁县									
怀集县									
封开县									
德庆县									
四会市	46769	29042	17727	21296	13598	7698	4232	2740	1492
惠州市	**449700**	**278046**	**171654**	**171084**	**108441**	**62643**	**60784**	**37511**	**23273**
惠城区	204814	124919	79895	83661	51879	31782	31536	19197	12339
惠阳区	238688	149310	89378	85940	55585	30355	28897	18080	10817
博罗县	6198	3817	2381	1483	977	506	351	234	117
惠东县									
龙门县									
梅州市	**20043**	**11649**	**8394**	**7612**	**4417**	**3195**	**2040**	**1189**	**851**
梅江区	10000	6016	3984	4088	2447	1641	1075	652	423
梅县区	7669	4373	3296	2728	1565	1163	777	434	343
大埔县									
丰顺县									
五华县	46	33	13	8	3	5	4	3	1
平远县									
蕉岭县									
兴宁市	2328	1227	1101	788	402	386	184	100	84

7-7a 续表 8

单位：人

现住地	初中			高中			大学专科		
	小计	男	女	小计	男	女	小计	男	女
汕尾市	**8792**	**5073**	**3719**	**2694**	**1702**	**992**	**903**	**573**	**330**
城　区	6755	4049	2706	2284	1456	828	795	506	289
海丰县									
陆河县									
陆丰市	2037	1024	1013	410	246	164	108	67	41
河源市	**30956**	**18456**	**12500**	**10321**	**6121**	**4200**	**3837**	**2305**	**1532**
源城区	30956	18456	12500	10321	6121	4200	3837	2305	1532
紫金县									
龙川县									
连平县									
和平县									
东源县									
阳江市	**22259**	**12761**	**9498**	**6658**	**3719**	**2939**	**2516**	**1340**	**1176**
江城区	11352	6605	4747	3512	1934	1578	1445	748	697
阳东区	8878	5130	3748	1989	1204	785	380	204	176
阳西县									
阳春市	2029	1026	1003	1157	581	576	691	388	303
清远市	**34422**	**20235**	**14187**	**13582**	**7597**	**5985**	**6287**	**3385**	**2902**
清城区	23147	13995	9152	9017	5090	3927	4743	2533	2210
清新区	5413	2857	2556	2145	1216	929	611	349	262
佛冈县									
阳山县									
连山壮族瑶族自治县									
连南瑶族自治县									
英德市	4390	2540	1850	1819	985	834	713	380	333
连州市	1472	843	629	601	306	295	220	123	97
东莞市	**2906162**	**1745024**	**1161138**	**1280169**	**804023**	**476146**	**299073**	**179287**	**119786**
市辖区	2906162	1745024	1161138	1280169	804023	476146	299073	179287	119786
中山市	**639991**	**382157**	**257834**	**205309**	**128007**	**77302**	**53810**	**31315**	**22495**
市辖区	639991	382157	257834	205309	128007	77302	53810	31315	22495
潮州市	**56037**	**34346**	**21691**	**8768**	**5484**	**3284**	**1313**	**784**	**529**
湘桥区	18205	11026	7179	3335	2006	1329	761	425	336
潮安区	37832	23320	14512	5433	3478	1955	552	359	193
饶平县									
揭阳市	**25822**	**16309**	**9513**	**4628**	**2981**	**1647**	**809**	**534**	**275**
榕城区	11438	7591	3847	1572	1045	527	332	211	121
揭东区	6994	4406	2588	1629	1061	568	320	224	96
揭西县									
惠来县									
普宁市	7390	4312	3078	1427	875	552	157	99	58
云浮市	**13040**	**8167**	**4873**	**3565**	**2262**	**1303**	**1266**	**765**	**501**
云城区	10861	6993	3868	2715	1733	982	939	555	384
云安区	296	200	96	171	126	45	21	14	7
新兴县									
郁南县									
罗定市	1883	974	909	679	403	276	306	196	110

7-7a 续表 9

单位：人

现住地	大学本科			硕士研究生			博士研究生		
	小计	男	女	小计	男	女	小计	男	女
广 东	**1183152**	**695963**	**487189**	**111954**	**61407**	**50547**	**16232**	**10503**	**5729**
广州市	**244550**	**131506**	**113044**	**36116**	**17259**	**18857**	**6290**	**3651**	**2639**
荔湾区	8455	4456	3999	644	337	307	61	30	31
越秀区	12663	5908	6755	2727	1162	1565	368	207	161
海珠区	20397	10088	10309	3987	1667	2320	1184	705	479
天河区	63009	34205	28804	11929	5670	6259	2134	1272	862
白云区	40608	20937	19671	3637	1490	2147	847	398	449
黄埔区	28538	17326	11212	3551	1928	1623	351	220	131
番禺区	41955	21973	19982	7714	3933	3781	1220	728	492
花都区	12991	7102	5889	764	444	320	46	32	14
南沙区	6812	4281	2531	468	280	188	36	27	9
从化区	1117	597	520	123	53	70	10	9	1
增城区	8005	4633	3372	572	295	277	33	23	10
韶关市	**4629**	**2527**	**2102**	**486**	**261**	**225**	**39**	**27**	**12**
武江区	1846	1012	834	310	166	144	10	9	1
浈江区	1804	915	889	93	50	43	24	15	9
曲江区	376	243	133	32	19	13	5	3	2
始兴县									
仁化县									
翁源县									
乳源瑶族自治县									
新丰县									
乐昌市	279	159	120	32	15	17			
南雄市	324	198	126	19	11	8			
深圳市	**600987**	**364046**	**236941**	**49130**	**28926**	**20204**	**5631**	**3985**	**1646**
罗湖区	24526	13423	11103	1935	1025	910	180	124	56
福田区	50042	27730	22312	6683	3567	3116	586	444	142
南山区	95334	55389	39945	18735	10994	7741	2836	1902	934
宝安区	168963	106999	61964	8152	5126	3026	580	443	137
龙岗区	114343	67974	46369	6132	3680	2452	686	512	174
盐田区	4026	2387	1639	425	212	213	87	46	41
龙华区	105936	64481	41455	4615	2750	1865	412	300	112
坪山区	13889	9496	4393	1217	765	452	97	80	17
光明区	23928	16167	7761	1236	807	429	167	134	33
珠海市	**46118**	**24302**	**21816**	**4845**	**2438**	**2407**	**967**	**573**	**394**
香洲区	34239	18158	16081	4180	2083	2097	847	506	341
斗门区	2268	1321	947	263	143	120	22	11	11
金湾区	9611	4823	4788	402	212	190	98	56	42
汕头市	**2955**	**1752**	**1203**	**490**	**201**	**289**	**87**	**59**	**28**
龙湖区	790	480	310	48	24	24	5	3	2
金平区	1496	848	648	419	161	258	81	56	25
濠江区	98	79	19	7	4	3			
潮阳区	275	175	100	5	4	1	1		1
潮南区	78	37	41	3	3				
澄海区	218	133	85	8	5	3			
南澳县									
佛山市	**59065**	**35372**	**23693**	**4422**	**2601**	**1821**	**450**	**319**	**131**
禅城区	8801	5003	3798	718	389	329	65	42	23
南海区	23124	13607	9517	1360	727	633	140	93	47
顺德区	23670	14561	9109	2058	1311	747	229	173	56
三水区	2052	1234	818	138	80	58	10	6	4
高明区	1418	967	451	148	94	54	6	5	1

7-7a 续表 10

单位：人

现住地	大学本科			硕士研究生			博士研究生		
	小计	男	女	小计	男	女	小计	男	女
江门市	**10214**	**6414**	**3800**	**799**	**471**	**328**	**70**	**58**	**12**
蓬江区	4795	2997	1798	465	272	193	51	42	9
江海区	2226	1457	769	188	125	63	9	7	2
新会区	1142	703	439	80	43	37	3	3	
台山市	628	374	254	26	10	16			
开平市	285	172	113	11	3	8			
鹤山市	1015	639	376	25	14	11	7	6	1
恩平市	123	72	51	4	4				
湛江市	**7018**	**3828**	**3190**	**646**	**328**	**318**	**145**	**100**	**45**
赤坎区	2175	911	1264	112	62	50	74	51	23
霞山区	3236	1892	1344	395	182	213	65	44	21
坡头区	701	450	251	86	54	32	3	3	
麻章区	527	382	145	36	18	18	2	1	1
遂溪县	6	3	3						
徐闻县									
廉江市	226	121	105	13	8	5			
雷州市	66	33	33						
吴川市	81	36	45	4	4		1	1	
茂名市	**2404**	**1433**	**971**	**145**	**67**	**78**	**39**	**30**	**9**
茂南区	1879	1125	754	114	54	60	34	27	7
电白区	157	94	63	10	4	6	3	2	1
高州市	205	117	88	12	5	7	1	1	
化州市	81	41	40	6	3	3			
信宜市	82	56	26	3	1	2	1		1
肇庆市	**5868**	**3317**	**2551**	**254**	**139**	**115**	**28**	**21**	**7**
端州区	2621	1295	1326	96	48	48	15	11	4
鼎湖区	867	526	341	30	14	16	5	4	1
高要区	611	347	264						
广宁县									
怀集县									
封开县									
德庆县									
四会市	1769	1149	620	128	77	51	8	6	2
惠州市	**29885**	**19065**	**10820**	**1666**	**995**	**671**	**185**	**114**	**71**
惠城区	17514	11054	6460	1048	643	405	91	60	31
惠阳区	12253	7939	4314	616	350	266	94	54	40
博罗县	118	72	46	2	2				
惠东县									
龙门县									
梅州市	**2237**	**1067**	**1170**	**114**	**60**	**54**	**36**	**31**	**5**
梅江区	1802	806	996	94	48	46	31	28	3
梅县区	332	199	133	17	9	8	3	3	
大埔县									
丰顺县									
五华县									
平远县									
蕉岭县									
兴宁市	103	62	41	3	3		2		2

7-7a　续表 11　　　　单位：人

现住地	大学本科			硕士研究生			博士研究生		
	小计	男	女	小计	男	女	小计	男	女
汕尾市	**676**	**492**	**184**	**65**	**35**	**30**	**5**	**3**	**2**
城　区	606	444	162	62	33	29	4	3	1
海丰县									
陆河县									
陆丰市	70	48	22	3	2	1	1		1
河源市	**1697**	**1095**	**602**	**135**	**81**	**54**	**9**	**7**	**2**
源城区	1697	1095	602	135	81	54	9	7	2
紫金县									
龙川县									
连平县									
和平县									
东源县									
阳江市	**1459**	**831**	**628**	**97**	**54**	**43**	**13**	**10**	**3**
江城区	844	475	369	66	34	32	11	8	3
阳东区	188	105	83	7	5	2	2	2	
阳西县									
阳春市	427	251	176	24	15	9			
清远市	**3737**	**2311**	**1426**	**353**	**209**	**144**	**25**	**20**	**5**
清城区	2793	1751	1042	300	183	117	23	18	5
清新区	311	180	131	18	8	10	2	2	
佛冈县									
阳山县									
连山壮族瑶族自治县									
连南瑶族自治县									
英德市	455	267	188	32	16	16			
连州市	178	113	65	3	2	1			
东莞市	**133226**	**80904**	**52322**	**10650**	**6428**	**4222**	**2078**	**1401**	**677**
市辖区	133226	80904	52322	10650	6428	4222	2078	1401	677
中山市	**24661**	**14573**	**10088**	**1302**	**716**	**586**	**117**	**81**	**36**
市辖区	24661	14573	10088	1302	716	586	117	81	36
潮州市	**597**	**403**	**194**	**120**	**77**	**43**	**12**	**8**	**4**
湘桥区	416	285	131	109	70	39	12	8	4
潮安区	181	118	63	11	7	4			
饶平县									
揭阳市	**351**	**239**	**112**	**14**	**9**	**5**	**2**	**2**	
榕城区	114	78	36	5	2	3			
揭东区	81	57	24	3	2	1			
揭西县									
惠来县									
普宁市	156	104	52	6	5	1	2	2	
云浮市	**818**	**486**	**332**	**105**	**52**	**53**	**4**	**3**	**1**
云城区	602	368	234	94	46	48	4	3	1
云安区	12	8	4						
新兴县									
郁南县									
罗定市	204	110	94	11	6	5			

7-7b 全省按现住地、受教育程度、性别分的户口登记地在外省的人口(镇)

单位：人

现住地	合计			未上过学		
	合计	男	女	小计	男	女
广 东	**2238336**	**1335056**	**903280**	**27549**	**10640**	**16909**
广州市	**334536**	**197567**	**136969**	**3066**	**1131**	**1935**
荔湾区						
越秀区						
海珠区						
天河区						
白云区	65916	39328	26588	421	156	265
黄埔区	5294	2641	2653	114	17	97
番禺区	22371	13693	8678	176	70	106
花都区	31968	18576	13392	317	123	194
南沙区	48576	30832	17744	427	186	241
从化区	17673	11103	6570	94	43	51
增城区	142738	81394	61344	1517	536	981
韶关市	**28148**	**15361**	**12787**	**577**	**175**	**402**
武江区	131	84	47	3	1	2
浈江区	1759	987	772	24	7	17
曲江区	2164	1309	855	47	23	24
始兴县	2967	1615	1352	42	8	34
仁化县	5267	2844	2423	163	47	116
翁源县	2279	1150	1129	63	16	47
乳源瑶族自治县	4130	2329	1801	61	20	41
新丰县	3321	1917	1404	32	11	21
乐昌市	4907	2435	2472	122	34	88
南雄市	1223	691	532	20	8	12
深圳市	**3804**	**3119**	**685**	**52**	**18**	**34**
罗湖区						
福田区						
南山区	3370	2909	461	41	15	26
宝安区						
龙岗区						
盐田区						
龙华区						
坪山区	434	210	224	11	3	8
光明区						
珠海市	**128235**	**84461**	**43774**	**1744**	**714**	**1030**
香洲区	29263	21976	7287	489	258	231
斗门区	50453	30556	19897	695	236	459
金湾区	48519	31929	16590	560	220	340
汕头市	**105679**	**61822**	**43857**	**1835**	**849**	**986**
龙湖区						
金平区						
濠江区	194	135	59	20	15	5
潮阳区	48020	28167	19853	851	433	418
潮南区	13964	8213	5751	289	147	142
澄海区	42023	24515	17508	618	232	386
南澳县	1478	792	686	57	22	35
佛山市	**200388**	**126541**	**73847**	**1853**	**751**	**1102**
禅城区	74966	46478	28488	565	247	318
南海区	23477	14677	8800	167	67	100
顺德区						
三水区	93027	59527	33500	1032	398	634
高明区	8918	5859	3059	89	39	50

7-7b　续表 1　　　　单位：人

现住地	合计			未上过学		
	合计	男	女	小计	男	女
江门市	**98519**	**58066**	**40453**	**1072**	**393**	**679**
蓬江区						
江海区						
新会区	26479	15640	10839	328	118	210
台山市	4792	2813	1979	39	14	25
开平市	30154	17135	13019	381	141	240
鹤山市	31864	19114	12750	246	88	158
恩平市	5230	3364	1866	78	32	46
湛江市	**24548**	**14325**	**10223**	**313**	**119**	**194**
赤坎区						
霞山区	291	166	125	4	2	2
坡头区	1587	1011	576	35	16	19
麻章区	9357	5923	3434	37	20	17
遂溪县	2372	1285	1087	31	8	23
徐闻县	3637	2079	1558	71	26	45
廉江市	4173	2100	2073	70	22	48
雷州市	653	340	313	20	10	10
吴川市	2478	1421	1057	45	15	30
茂名市	**11656**	**6124**	**5532**	**248**	**82**	**166**
茂南区	776	443	333	21	6	15
电白区	4689	2648	2041	96	25	71
高州市	2521	1342	1179	64	23	41
化州市	2388	1074	1314	41	18	23
信宜市	1282	617	665	26	10	16
肇庆市	**67331**	**41545**	**25786**	**639**	**289**	**350**
端州区						
鼎湖区	9789	6346	3443	62	30	32
高要区	32728	19884	12844	360	161	199
广宁县	3419	2172	1247	33	21	12
怀集县	4793	3011	1782	34	15	19
封开县	3492	2024	1468	35	13	22
德庆县	2235	1208	1027	31	8	23
四会市	10875	6900	3975	84	41	43
惠州市	**390132**	**230562**	**159570**	**5235**	**2081**	**3154**
惠城区	37718	22697	15021	527	198	329
惠阳区	48974	29369	19605	500	207	293
博罗县	199846	118018	81828	2475	919	1556
惠东县	95170	55505	39665	1601	709	892
龙门县	8424	4973	3451	132	48	84
梅州市	**22986**	**13265**	**9721**	**415**	**124**	**291**
梅江区	178	107	71	5	2	3
梅县区	1446	816	630	21	11	10
大埔县	3403	1793	1610	40	11	29
丰顺县	6138	3715	2423	85	36	49
五华县	4267	2591	1676	60	21	39
平远县	2930	1526	1404	91	15	76
蕉岭县	3019	1643	1376	92	22	70
兴宁市	1605	1074	531	21	6	15

7-7b 续表 2 单位：人

现住地	合计			未上过学		
	合计	男	女	小计	男	女
汕尾市	**45342**	**26453**	**18889**	**757**	**310**	**447**
城　区	3175	2251	924	30	8	22
海丰县	35145	20135	15010	587	249	338
陆河县	3908	2479	1429	53	23	30
陆丰市	3114	1588	1526	87	30	57
河源市	**39710**	**23192**	**16518**	**549**	**231**	**318**
源城区	12411	7519	4892	139	49	90
紫金县	7822	4738	3084	128	63	65
龙川县	5454	2798	2656	72	31	41
连平县	2483	1423	1060	38	13	25
和平县	2511	1498	1013	32	13	19
东源县	9029	5216	3813	140	62	78
阳江市	**12580**	**7238**	**5342**	**244**	**81**	**163**
江城区	2963	1693	1270	76	25	51
阳东区	3758	2244	1514	67	27	40
阳西县	4263	2458	1805	65	19	46
阳春市	1596	843	753	36	10	26
清远市	**73964**	**44465**	**29499**	**1087**	**367**	**720**
清城区	50211	30711	19500	717	230	487
清新区	2521	1509	1012	24	10	14
佛冈县	6781	3830	2951	81	32	49
阳山县	2710	1518	1192	55	18	37
连山壮族瑶族自治县	1312	680	632	17	3	14
连南瑶族自治县	904	488	416	26	8	18
英德市	8848	5325	3523	149	58	91
连州市	677	404	273	18	8	10
东莞市	**55989**	**32914**	**23075**	**389**	**167**	**222**
市辖区	55989	32914	23075	389	167	222
中山市	**537752**	**314306**	**223446**	**6264**	**2334**	**3930**
市辖区	537752	314306	223446	6264	2334	3930
潮州市	**21232**	**12742**	**8490**	**539**	**173**	**366**
湘桥区	3086	1776	1310	47	17	30
潮安区	14914	9142	5772	402	113	289
饶平县	3232	1824	1408	90	43	47
揭阳市	**18775**	**11230**	**7545**	**438**	**163**	**275**
榕城区	2191	1335	856	68	23	45
揭东区	5026	3251	1775	135	43	92
揭西县	2464	1375	1089	52	18	34
惠来县	2330	1307	1023	35	14	21
普宁市	6764	3962	2802	148	65	83
云浮市	**17030**	**9758**	**7272**	**233**	**88**	**145**
云城区						
云安区	2448	1630	818	39	19	20
新兴县	10746	6113	4633	123	42	81
郁南县	2493	1352	1141	32	13	19
罗定市	1343	663	680	39	14	25

7-7b 续表 3

单位：人

现住地	学前教育			小学		
	小计	男	女	小计	男	女
广 东	**56455**	**30304**	**26151**	**444824**	**236125**	**208699**
广州市	**6738**	**3589**	**3149**	**51004**	**27005**	**23999**
荔湾区						
越秀区						
海珠区						
天河区						
白云区	1185	650	535	7863	3962	3901
黄埔区	113	57	56	928	367	561
番禺区	273	142	131	3042	1750	1292
花都区	870	454	416	4276	2122	2154
南沙区	674	357	317	8066	4891	3175
从化区	287	150	137	2070	1102	968
增城区	3336	1779	1557	24759	12811	11948
韶关市	**1268**	**698**	**570**	**6896**	**3359**	**3537**
武江区	2	1	1	33	25	8
浈江区	47	29	18	273	132	141
曲江区	81	49	32	509	259	250
始兴县	136	78	58	687	346	341
仁化县	252	135	117	1449	694	755
翁源县	116	70	46	585	254	331
乳源瑶族自治县	190	106	84	949	492	457
新丰县	127	68	59	570	290	280
乐昌市	243	131	112	1435	648	787
南雄市	74	31	43	406	219	187
深圳市	**11**	**4**	**7**	**467**	**276**	**191**
罗湖区						
福田区						
南山区				365	234	131
宝安区						
龙岗区						
盐田区						
龙华区						
坪山区	11	4	7	102	42	60
光明区						
珠海市	**2734**	**1477**	**1257**	**21554**	**12468**	**9086**
香洲区	361	230	131	5333	3746	1587
斗门区	1332	694	638	8365	4356	4009
金湾区	1041	553	488	7856	4366	3490
汕头市	**2328**	**1262**	**1066**	**26741**	**14645**	**12096**
龙湖区						
金平区						
濠江区	9	5	4	61	43	18
潮阳区	1083	602	481	10210	5721	4489
潮南区	278	141	137	3984	2238	1746
澄海区	912	494	418	11967	6354	5613
南澳县	46	20	26	519	289	230
佛山市	**3518**	**1907**	**1611**	**34012**	**18900**	**15112**
禅城区	1114	597	517	11088	6320	4768
南海区	293	152	141	3585	2069	1516
顺德区						
三水区	1927	1064	863	17411	9444	7967
高明区	184	94	90	1928	1067	861

7-7b 续表 4

单位：人

现住地	学前教育			小学		
	小计	男	女	小计	男	女
江门市	**3611**	**1909**	**1702**	**24942**	**13010**	**11932**
蓬江区						
江海区						
新会区	974	508	466	7460	3879	3581
台山市	140	72	68	1218	638	580
开平市	1488	772	716	9219	4767	4452
鹤山市	901	503	398	5806	3064	2742
恩平市	108	54	54	1239	662	577
湛江市	**614**	**321**	**293**	**4364**	**2367**	**1997**
赤坎区						
霞山区	7	7		88	46	42
坡头区	56	26	30	447	287	160
麻章区	55	26	29	609	414	195
遂溪县	99	52	47	487	243	244
徐闻县	130	68	62	1049	563	486
廉江市	157	81	76	857	385	472
雷州市	30	18	12	173	87	86
吴川市	80	43	37	654	342	312
茂名市	**453**	**232**	**221**	**3456**	**1589**	**1867**
茂南区	27	12	15	203	95	108
电白区	140	72	68	1207	592	615
高州市	88	51	37	912	426	486
化州市	120	58	62	735	307	428
信宜市	78	39	39	399	169	230
肇庆市	**1445**	**787**	**658**	**12600**	**6924**	**5676**
端州区						
鼎湖区	148	82	66	1772	981	791
高要区	662	352	310	6553	3532	3021
广宁县	100	52	48	522	295	227
怀集县	119	64	55	1034	689	345
封开县	144	70	74	609	308	301
德庆县	66	43	23	426	198	228
四会市	206	124	82	1684	921	763
惠州市	**10527**	**5679**	**4848**	**86395**	**46054**	**40341**
惠城区	933	490	443	7763	4098	3665
惠阳区	1119	582	537	9606	5009	4597
博罗县	5438	2935	2503	39289	20666	18623
惠东县	2794	1530	1264	27344	14934	12410
龙门县	243	142	101	2393	1347	1046
梅州市	**727**	**367**	**360**	**5316**	**2769**	**2547**
梅江区	4	2	2	50	34	16
梅县区	42	23	19	291	143	148
大埔县	138	60	78	839	405	434
丰顺县	142	79	63	1606	906	700
五华县	118	63	55	757	430	327
平远县	137	62	75	763	344	419
蕉岭县	112	67	45	795	380	415
兴宁市	34	11	23	215	127	88

7-7b　续表 5　　单位：人

现住地	学前教育			小学		
	小计	男	女	小计	男	女
汕尾市	**1271**	**645**	**626**	**13986**	**7584**	**6402**
城　区	31	12	19	866	561	305
海丰县	1107	571	536	11209	6000	5209
陆河县	67	32	35	998	572	426
陆丰市	66	30	36	913	451	462
河源市	**1112**	**614**	**498**	**7777**	**4142**	**3635**
源城区	293	158	135	1874	905	969
紫金县	253	141	112	1709	966	743
龙川县	186	97	89	1104	528	576
连平县	73	41	32	552	303	249
和平县	66	38	28	610	401	209
东源县	241	139	102	1928	1039	889
阳江市	**392**	**196**	**196**	**3502**	**1833**	**1669**
江城区	90	42	48	849	442	407
阳东区	119	59	60	1196	642	554
阳西县	117	69	48	1023	538	485
阳春市	66	26	40	434	211	223
清远市	**2685**	**1459**	**1226**	**16193**	**8587**	**7606**
清城区	1785	997	788	10885	5910	4975
清新区	79	40	39	475	243	232
佛冈县	226	107	119	1288	645	643
阳山县	129	70	59	643	332	311
连山壮族瑶族自治县	58	32	26	374	170	204
连南瑶族自治县	44	20	24	226	117	109
英德市	346	183	163	2139	1087	1052
连州市	18	10	8	163	83	80
东莞市	**836**	**464**	**372**	**7996**	**4081**	**3915**
市辖区	836	464	372	7996	4081	3915
中山市	**14434**	**7755**	**6679**	**101754**	**52020**	**49734**
市辖区	14434	7755	6679	101754	52020	49734
潮州市	**615**	**337**	**278**	**6695**	**3644**	**3051**
湘桥区	60	31	29	766	401	365
潮安区	468	261	207	5155	2820	2335
饶平县	87	45	42	774	423	351
揭阳市	**555**	**298**	**257**	**5303**	**2876**	**2427**
榕城区	75	44	31	701	375	326
揭东区	136	73	63	1386	769	617
揭西县	65	37	28	824	442	382
惠来县	49	27	22	467	274	193
普宁市	230	117	113	1925	1016	909
云浮市	**581**	**304**	**277**	**3871**	**1992**	**1879**
云城区						
云安区	70	37	33	414	251	163
新兴县	336	170	166	2486	1302	1184
郁南县	120	66	54	557	265	292
罗定市	55	31	24	414	174	240

7-7b 续表 6

单位：人

现住地	初中			高中			大学专科		
	小计	男	女	小计	男	女	小计	男	女
广 东	**1186438**	**729084**	**457354**	**355672**	**226904**	**128768**	**106178**	**65105**	**41073**
广州市	**162252**	**98536**	**63716**	**63464**	**39441**	**24023**	**28885**	**16840**	**12045**
荔湾区									
越秀区									
海珠区									
天河区									
白云区	30509	18751	11758	12943	8253	4690	8132	4909	3223
黄埔区	1485	837	648	875	456	419	787	394	393
番禺区	9850	6066	3784	6533	4284	2249	1131	728	403
花都区	15795	9526	6269	5872	3551	2321	2540	1427	1113
南沙区	27887	17584	10303	8562	5770	2792	2033	1370	663
从化区	7694	4870	2824	3449	2354	1095	1932	1240	692
增城区	69032	40902	28130	25230	14773	10457	12330	6772	5558
韶关市	**11605**	**6526**	**5079**	**4593**	**2615**	**1978**	**1877**	**1163**	**714**
武江区	68	43	25	15	7	8	4	1	3
浈江区	659	382	277	409	215	194	307	203	104
曲江区	1024	635	389	285	182	103	126	90	36
始兴县	1257	688	569	528	305	223	171	105	66
仁化县	2029	1138	891	776	456	320	295	186	109
翁源县	941	501	440	362	193	169	122	67	55
乳源瑶族自治县	1416	804	612	763	427	336	375	236	139
新丰县	1666	985	681	653	390	263	185	120	65
乐昌市	2065	1068	997	658	352	306	241	123	118
南雄市	480	282	198	144	88	56	51	32	19
深圳市	**2129**	**1848**	**281**	**798**	**702**	**96**	**253**	**207**	**46**
罗湖区									
福田区									
南山区	2034	1797	237	697	654	43	186	170	16
宝安区									
龙岗区									
盐田区									
龙华区									
坪山区	95	51	44	101	48	53	67	37	30
光明区									
珠海市	**60618**	**40709**	**19909**	**26699**	**18929**	**7770**	**9250**	**6302**	**2948**
香洲区	13445	10534	2911	5271	4093	1178	2296	1671	625
斗门区	23303	14291	9012	11286	7520	3766	3427	2151	1276
金湾区	23870	15884	7986	10142	7316	2826	3527	2480	1047
汕头市	**61616**	**36835**	**24781**	**11550**	**7154**	**4396**	**1260**	**845**	**415**
龙湖区									
金平区									
濠江区	90	61	29	13	10	3	1	1	
潮阳区	28742	16977	11765	6184	3799	2385	753	505	248
潮南区	7765	4688	3077	1482	902	580	126	79	47
澄海区	24358	14739	9619	3722	2377	1345	341	239	102
南澳县	661	370	291	149	66	83	39	21	18
佛山市	**119225**	**77103**	**42122**	**30660**	**20643**	**10017**	**7888**	**5108**	**2780**
禅城区	43841	27593	16248	12961	8329	4632	3885	2444	1441
南海区	15332	9717	5615	3300	2182	1118	567	351	216
顺德区									
三水区	54670	36061	18609	13343	9415	3928	3228	2160	1068
高明区	5382	3732	1650	1056	717	339	208	153	55

7-7b　续表 7

单位：人

现住地	初中			高中			大学专科		
	小计	男	女	小计	男	女	小计	男	女
江门市	**51746**	**31251**	**20495**	**13830**	**9299**	**4531**	**2436**	**1581**	**855**
蓬江区									
江海区									
新会区	13409	8236	5173	3514	2356	1158	588	388	200
台山市	2593	1575	1018	663	412	251	95	68	27
开平市	15135	8919	6216	3234	2112	1122	496	287	209
鹤山市	17851	10710	7141	5697	3858	1839	1037	679	358
恩平市	2758	1811	947	722	561	161	220	159	61
湛江市	**9572**	**6098**	**3474**	**3052**	**1835**	**1217**	**1790**	**1263**	**527**
赤坎区									
霞山区	172	102	70	18	8	10	2	1	1
坡头区	756	493	263	189	123	66	56	35	21
麻章区	2302	1914	388	966	692	274	1010	836	174
遂溪县	1108	652	456	396	200	196	158	73	85
徐闻县	1588	937	651	526	303	223	152	99	53
廉江市	2020	1056	964	690	351	339	272	132	140
雷州市	260	136	124	68	38	30	42	19	23
吴川市	1366	808	558	199	120	79	98	68	30
茂名市	**5488**	**3021**	**2467**	**1230**	**697**	**533**	**556**	**380**	**176**
茂南区	438	275	163	57	35	22	20	14	6
电白区	2168	1269	899	521	309	212	405	298	107
高州市	1130	659	471	251	143	108	49	29	20
化州市	1131	508	623	284	142	142	52	25	27
信宜市	621	310	311	117	68	49	30	14	16
肇庆市	**40125**	**25555**	**14570**	**9621**	**6167**	**3454**	**1811**	**1164**	**647**
端州区									
鼎湖区	6272	4127	2145	1290	943	347	183	136	47
高要区	20252	12705	7547	4250	2719	1531	532	341	191
广宁县	1886	1253	633	590	373	217	145	95	50
怀集县	2490	1593	897	696	402	294	241	146	95
封开县	1353	795	558	683	421	262	354	219	135
德庆县	1032	575	457	398	232	166	139	81	58
四会市	6840	4507	2333	1714	1077	637	217	146	71
惠州市	**216656**	**131430**	**85226**	**51503**	**32870**	**18633**	**13825**	**8626**	**5199**
惠城区	19675	12211	7464	6180	4080	2100	1878	1158	720
惠阳区	30844	18938	11906	5442	3664	1778	1151	752	399
博罗县	110563	66803	43760	29927	18976	10951	8408	5275	3133
惠东县	51842	31178	20664	8573	5330	3243	2070	1254	816
龙门县	3732	2300	1432	1381	820	561	318	187	131
梅州市	**12349**	**7451**	**4898**	**2888**	**1751**	**1137**	**741**	**436**	**305**
梅江区	105	59	46	10	9	1	2		2
梅县区	920	531	389	138	89	49	26	13	13
大埔县	1685	909	776	468	264	204	131	76	55
丰顺县	3210	1982	1228	744	468	276	219	148	71
五华县	2515	1584	931	570	338	232	133	79	54
平远县	1371	763	608	365	234	131	95	38	57
蕉岭县	1423	838	585	437	246	191	89	48	41
兴宁市	1120	785	335	156	103	53	46	34	12

7-7b 续表 8

单位：人

现住地	初中			高中			大学专科		
	小计	男	女	小计	男	女	小计	男	女
汕尾市	**23443**	**14194**	**9249**	**4138**	**2611**	**1527**	**958**	**612**	**346**
城 区	1490	1133	357	362	266	96	238	161	77
海丰县	17985	10677	7308	3149	1956	1193	564	351	213
陆河县	2282	1526	756	365	229	136	102	70	32
陆丰市	1686	858	828	262	160	102	54	30	24
河源市	**21255**	**12429**	**8826**	**6082**	**3795**	**2287**	**2098**	**1416**	**682**
源城区	6541	3957	2584	2378	1603	775	897	633	264
紫金县	4424	2774	1650	892	537	355	262	164	98
龙川县	2504	1202	1302	952	506	446	471	331	140
连平县	1279	733	546	372	227	145	134	80	54
和平县	1163	664	499	418	245	173	119	72	47
东源县	5344	3099	2245	1070	677	393	215	136	79
阳江市	**5643**	**3277**	**2366**	**1771**	**1151**	**620**	**592**	**400**	**192**
江城区	1442	840	602	344	230	114	116	80	36
阳东区	1706	1057	649	448	291	157	163	127	36
阳西县	1733	990	743	791	497	294	231	139	92
阳春市	762	390	372	188	133	55	82	54	28
清远市	**37466**	**23551**	**13915**	**10394**	**6693**	**3701**	**3830**	**2284**	**1546**
清城区	25916	16695	9221	6852	4449	2403	2681	1572	1109
清新区	1177	689	488	402	281	121	117	58	59
佛冈县	3360	1907	1453	1182	725	457	415	262	153
阳山县	1216	695	521	426	254	172	144	91	53
连山壮族瑶族自治县	590	328	262	169	92	77	57	28	29
连南瑶族自治县	355	194	161	122	70	52	61	35	26
英德市	4523	2843	1680	1179	784	395	302	199	103
连州市	329	200	129	62	38	24	53	39	14
东莞市	**32810**	**19380**	**13430**	**11079**	**7007**	**4072**	**2074**	**1335**	**739**
市辖区	32810	19380	13430	11079	7007	4072	2074	1335	739
中山市	**282526**	**171039**	**111487**	**96912**	**60164**	**36748**	**24916**	**14457**	**10459**
市辖区	282526	171039	111487	96912	60164	36748	24916	14457	10459
潮州市	**11067**	**7178**	**3889**	**1443**	**955**	**488**	**225**	**149**	**76**
湘桥区	1499	991	508	220	141	79	29	19	10
潮安区	7794	5169	2625	875	617	258	89	68	21
饶平县	1774	1018	756	348	197	151	107	62	45
揭阳市	**10582**	**6671**	**3911**	**1570**	**1013**	**557**	**220**	**138**	**82**
榕城区	1176	775	401	144	103	41	20	11	9
揭东区	2792	1928	864	476	362	114	71	52	19
揭西县	1316	755	561	176	104	72	28	17	11
惠来县	1304	745	559	356	176	180	68	39	29
普宁市	3994	2468	1526	418	268	150	33	19	14
云浮市	**8265**	**5002**	**3263**	**2395**	**1412**	**983**	**693**	**399**	**294**
云城区									
云安区	953	707	246	551	393	158	114	74	40
新兴县	5456	3284	2172	1427	788	639	400	216	184
郁南县	1179	658	521	345	196	149	135	85	50
罗定市	677	353	324	72	35	37	44	24	20

7-7b　续表 9　　　　单位：人

现住地	大学本科			硕士研究生			博士研究生		
	小计	男	女	小计	男	女	小计	男	女
广　东	**57382**	**34754**	**22628**	**3485**	**1895**	**1590**	**353**	**245**	**108**
广州市	**17843**	**10359**	**7484**	**1162**	**581**	**581**	**122**	**85**	**37**
荔湾区									
越秀区									
海珠区									
天河区									
白云区	4618	2526	2092	231	108	123	14	13	1
黄埔区	898	463	435	80	39	41	14	11	3
番禺区	1117	554	563	214	79	135	35	20	15
花都区	2218	1336	882	77	34	43	3	3	
南沙区	906	658	248	20	15	5	1	1	
从化区	1985	1259	726	155	79	76	7	6	1
增城区	6101	3563	2538	385	227	158	48	31	17
韶关市	**1242**	**772**	**470**	**86**	**50**	**36**	**4**	**3**	**1**
武江区	5	5		1	1				
浈江区	33	16	17	7	3	4			
曲江区	85	67	18	7	4	3			
始兴县	135	80	55	11	5	6			
仁化县	286	175	111	15	12	3	2	1	1
翁源县	78	43	35	12	6	6			
乳源瑶族自治县	351	227	124	23	15	8	2	2	
新丰县	82	51	31	6	2	4			
乐昌市	140	78	62	3	1	2			
南雄市	47	30	17	1	1				
深圳市	**87**	**59**	**28**	**6**	**5**	**1**	**1**		**1**
罗湖区									
福田区									
南山区	46	38	8	1	1				
宝安区									
龙岗区									
盐田区									
龙华区									
坪山区	41	21	20	5	4	1	1		1
光明区									
珠海市	**5210**	**3597**	**1613**	**363**	**222**	**141**	**63**	**43**	**20**
香洲区	1881	1339	542	149	81	68	38	24	14
斗门区	1907	1224	683	119	70	49	19	14	5
金湾区	1422	1034	388	95	71	24	6	5	1
汕头市	**336**	**222**	**114**	**9**	**7**	**2**	**4**	**3**	**1**
龙湖区									
金平区									
濠江区									
潮阳区	195	128	67	2	2				
潮南区	37	17	20	2	1	1	1		1
澄海区	97	73	24	5	4	1	3	3	
南澳县	7	4	3						
佛山市	**3057**	**2034**	**1023**	**167**	**88**	**79**	**8**	**7**	**1**
禅城区	1447	915	532	62	30	32	3	3	
南海区	206	126	80	27	13	14			
顺德区									
三水区	1335	937	398	76	44	32	5	4	1
高明区	69	56	13	2	1	1			

7-7b 续表 10

单位：人

现住地	大学本科			硕士研究生			博士研究生		
	小计	男	女	小计	男	女	小计	男	女
江门市	**861**	**608**	**253**	**17**	**12**	**5**	**4**	**3**	**1**
蓬江区									
江海区									
新会区	200	151	49	6	4	2			
台山市	43	33	10	1	1				
开平市	196	133	63	5	4	1			
鹤山市	318	207	111	4	2	2	4	3	1
恩平市	104	84	20	1	1				
湛江市	**4499**	**2136**	**2363**	**311**	**161**	**150**	**33**	**25**	**8**
赤坎区									
霞山区									
坡头区	46	29	17	2	2				
麻章区	4059	1849	2210	288	149	139	31	23	8
遂溪县	91	56	35	2	1	1			
徐闻县	118	81	37	2	1	1	1	1	
廉江市	92	66	26	14	6	8	1	1	
雷州市	59	31	28	1	1				
吴川市	34	24	10	2	1	1			
茂名市	**187**	**105**	**82**	**37**	**17**	**20**	**1**	**1**	
茂南区	9	5	4	1	1				
电白区	121	71	50	30	11	19	1	1	
高州市	26	10	16	1	1				
化州市	22	13	9	3	3				
信宜市	9	6	3	2	1	1			
肇庆市	**999**	**611**	**388**	**84**	**46**	**38**	**7**	**2**	**5**
端州区									
鼎湖区	58	44	14	3	3		1		1
高要区	115	73	42	4	1	3			
广宁县	125	76	49	16	7	9	2		2
怀集县	170	98	72	9	4	5			
封开县	290	183	107	21	13	8	3	2	1
德庆县	120	60	60	23	11	12			
四会市	121	77	44	8	7	1	1		1
惠州市	**5662**	**3645**	**2017**	**304**	**158**	**146**	**25**	**19**	**6**
惠城区	723	444	279	35	15	20	4	3	1
惠阳区	298	207	91	13	9	4	1	1	
博罗县	3601	2357	1244	128	75	53	17	12	5
惠东县	857	520	337	87	48	39	2	2	
龙门县	183	117	66	41	11	30	1	1	
梅州市	**508**	**345**	**163**	**42**	**22**	**20**			
梅江区	2	1	1						
梅县区	8	6	2						
大埔县	99	67	32	3	1	2			
丰顺县	127	93	34	5	3	2			
五华县	99	67	32	15	9	6			
平远县	103	67	36	5	3	2			
蕉岭县	58	37	21	13	5	8			
兴宁市	12	7	5	1	1				

7-7b 续表 11

单位：人

现住地	大学本科			硕士研究生			博士研究生		
	小计	男	女	小计	男	女	小计	男	女
汕尾市	**702**	**454**	**248**	**83**	**40**	**43**	**4**	**3**	**1**
城 区	153	109	44	4		4	1	1	
海丰县	464	290	174	77	39	38	3	2	1
陆河县	41	27	14						
陆丰市	44	28	16	2	1	1			
河源市	**809**	**546**	**263**	**26**	**17**	**9**	**2**	**2**	
源城区	277	205	72	10	7	3	2	2	
紫金县	151	92	59	3	1	2			
龙川县	159	99	60	6	4	2			
连平县	34	26	8	1		1			
和平县	103	65	38						
东源县	85	59	26	6	5	1			
阳江市	**422**	**291**	**131**	**14**	**9**	**5**			
江城区	46	34	12						
阳东区	57	41	16	2		2			
阳西县	291	197	94	12	9	3			
阳春市	28	19	9						
清远市	**2210**	**1467**	**743**	**94**	**53**	**41**	**5**	**4**	**1**
清城区	1308	825	483	62	29	33	5	4	1
清新区	233	178	55	14	10	4			
佛冈县	221	145	76	8	7	1			
阳山县	96	57	39	1	1				
连山壮族瑶族自治县	45	26	19	2	1	1			
连南瑶族自治县	65	41	24	5	3	2			
英德市	208	169	39	2	2				
连州市	34	26	8						
东莞市	**715**	**422**	**293**	**76**	**49**	**27**	**14**	**9**	**5**
市辖区	715	422	293	76	49	27	14	9	5
中山市	**10463**	**6241**	**4222**	**445**	**270**	**175**	**38**	**26**	**12**
市辖区	10463	6241	4222	445	270	175	38	26	12
潮州市	**586**	**271**	**315**	**51**	**30**	**21**	**11**	**5**	**6**
湘桥区	447	169	278	8	2	6	10	5	5
潮安区	90	68	22	41	26	15			
饶平县	49	34	15	2	2		1		1
揭阳市	**100**	**66**	**34**	**7**	**5**	**2**			
榕城区	7	4	3						
揭东区	28	22	6	2	2				
揭西县	3	2	1						
惠来县	46	29	17	5	3	2			
普宁市	16	9	7						
云浮市	**884**	**503**	**381**	**101**	**53**	**48**	**7**	**5**	**2**
云城区									
云安区	298	145	153	6	2	4	3	2	1
新兴县	423	258	165	91	50	41	4	3	1
郁南县	121	68	53	4	1	3			
罗定市	42	32	10						

7-7c 全省按现住地、受教育程度、性别分的户口登记地在外省的人口(乡村)

单位：人

现住地	合计			未上过学		
	合计	男	女	小计	男	女
广　东	**2458785**	**1535928**	**922857**	**29551**	**10973**	**18578**
广州市	**554520**	**346943**	**207577**	**4403**	**1756**	**2647**
荔湾区						
越秀区						
海珠区						
天河区						
白云区	192289	119256	73033	1395	542	853
黄埔区	20692	14141	6551	179	74	105
番禺区	97195	60019	37176	623	278	345
花都区	128994	80107	48887	1156	458	698
南沙区	52695	33736	18959	420	173	247
从化区	14904	8987	5917	168	58	110
增城区	47751	30697	17054	462	173	289
韶关市	**36477**	**23346**	**13131**	**568**	**206**	**362**
武江区	3694	2366	1328	59	21	38
浈江区	3005	1872	1133	62	20	42
曲江区	5814	3905	1909	55	21	34
始兴县	2571	1565	1006	47	15	32
仁化县	4130	2675	1455	84	31	53
翁源县	5526	3629	1897	99	41	58
乳源瑶族自治县	1933	1352	581	27	10	17
新丰县	3157	2148	1009	34	20	14
乐昌市	3567	2006	1561	63	19	44
南雄市	3080	1828	1252	38	8	30
深圳市	**26125**	**16774**	**9351**	**297**	**79**	**218**
罗湖区						
福田区						
南山区						
宝安区						
龙岗区	26125	16774	9351	297	79	218
盐田区						
龙华区						
坪山区						
光明区						
珠海市	**46299**	**29326**	**16973**	**606**	**217**	**389**
香洲区	597	466	131	13	5	8
斗门区	41469	25957	15512	505	184	321
金湾区	4233	2903	1330	88	28	60
汕头市	**79004**	**48068**	**30936**	**1489**	**645**	**844**
龙湖区	7250	4153	3097	151	57	94
金平区	490	295	195	12	4	8
濠江区	3469	2393	1076	64	21	43
潮阳区	22577	13502	9075	585	273	312
潮南区	15510	9663	5847	243	119	124
澄海区	29280	17765	11515	418	162	256
南澳县	428	297	131	16	9	7
佛山市	**140940**	**91094**	**49846**	**1354**	**552**	**802**
禅城区						
南海区	45054	29258	15796	309	122	187
顺德区	19605	12678	6927	153	70	83
三水区	69687	44870	24817	793	321	472
高明区	6594	4288	2306	99	39	60

7-7c 续表 1

单位：人

现住地	合计			未上过学		
	合计	男	女	小计	男	女
江门市	**179351**	**109399**	**69952**	**2434**	**863**	**1571**
蓬江区	2157	1379	778	31	11	20
江海区						
新会区	58390	35851	22539	770	283	487
台山市	26753	16183	10570	385	142	243
开平市	37084	21983	15101	594	208	386
鹤山市	38486	23709	14777	374	120	254
恩平市	16481	10294	6187	280	99	181
湛江市	**40513**	**22468**	**18045**	**988**	**269**	**719**
赤坎区	166	93	73	1		1
霞山区	747	446	301	13	3	10
坡头区	2514	1566	948	62	17	45
麻章区	3614	2465	1149	49	16	33
遂溪县	3499	1871	1628	118	31	87
徐闻县	6288	3587	2701	187	56	131
廉江市	11524	5082	6442	263	62	201
雷州市	4974	2942	2032	129	38	91
吴川市	7187	4416	2771	166	46	120
茂名市	**30794**	**15099**	**15695**	**729**	**181**	**548**
茂南区	6861	3934	2927	104	28	76
电白区	7536	3684	3852	227	48	179
高州市	4312	2015	2297	116	30	86
化州市	7119	3186	3933	150	44	106
信宜市	4966	2280	2686	132	31	101
肇庆市	**63636**	**39773**	**23863**	**818**	**312**	**506**
端州区						
鼎湖区	2414	1617	797	24	11	13
高要区	24295	15041	9254	327	114	213
广宁县	4610	3021	1589	47	21	26
怀集县	2550	1371	1179	83	35	48
封开县	2515	1578	937	38	13	25
德庆县	1689	1027	662	31	15	16
四会市	25563	16118	9445	268	103	165
惠州市	**310877**	**198900**	**111977**	**4387**	**1678**	**2709**
惠城区	75595	50145	25450	889	320	569
惠阳区	96624	60294	36330	1160	429	731
博罗县	81935	51918	30017	1354	541	813
惠东县	43685	27968	15717	783	307	476
龙门县	13038	8575	4463	201	81	120
梅州市	**21410**	**13035**	**8375**	**458**	**180**	**278**
梅江区	1319	822	497	30	11	19
梅县区	4111	2435	1676	89	33	56
大埔县	2358	1572	786	32	14	18
丰顺县	2279	1286	993	48	17	31
五华县	4721	3027	1694	104	52	52
平远县	1416	814	602	40	13	27
蕉岭县	2284	1456	828	37	13	24
兴宁市	2922	1623	1299	78	27	51

7—7c 续表 2 单位：人

现住地	合计			未上过学		
	合计	男	女	小计	男	女
汕尾市	**30983**	**20276**	**10707**	**518**	**203**	**315**
城　区	5956	4248	1708	75	41	34
海丰县	19624	12800	6824	297	115	182
陆河县	1570	958	612	34	10	24
陆丰市	3833	2270	1563	112	37	75
河源市	**41969**	**27613**	**14356**	**728**	**265**	**463**
源城区	6916	4415	2501	125	44	81
紫金县	8621	5706	2915	187	76	111
龙川县	8046	5382	2664	99	40	59
连平县	3247	2014	1233	59	25	34
和平县	2353	1609	744	51	18	33
东源县	12786	8487	4299	207	62	145
阳江市	**48362**	**30094**	**18268**	**949**	**325**	**624**
江城区	14821	9821	5000	364	133	231
阳东区	21790	13010	8780	339	105	234
阳西县	5140	3115	2025	135	44	91
阳春市	6611	4148	2463	111	43	68
清远市	**70011**	**45831**	**24180**	**982**	**383**	**599**
清城区	19485	13269	6216	204	84	120
清新区	14270	8838	5432	187	73	114
佛冈县	9038	6168	2870	132	58	74
阳山县	3051	1997	1054	57	32	25
连山壮族瑶族自治县	852	462	390	18	7	11
连南瑶族自治县	279	152	127	10	5	5
英德市	20671	13345	7326	338	113	225
连州市	2365	1600	765	36	11	25
东莞市	**460155**	**289011**	**171144**	**3785**	**1517**	**2268**
市辖区	460155	289011	171144	3785	1517	2268
中山市	**183074**	**112139**	**70935**	**1611**	**600**	**1011**
市辖区	183074	112139	70935	1611	600	1011
潮州市	**35947**	**21430**	**14517**	**1133**	**306**	**827**
湘桥区	2446	1477	969	67	18	49
潮安区	30008	17844	12164	975	272	703
饶平县	3493	2109	1384	91	16	75
揭阳市	**34687**	**21231**	**13456**	**887**	**297**	**590**
榕城区	5184	3314	1870	172	45	127
揭东区	9043	5613	3430	284	94	190
揭西县	5127	2981	2146	148	56	92
惠来县	2434	1706	728	31	11	20
普宁市	12899	7617	5282	252	91	161
云浮市	**23651**	**14078**	**9573**	**427**	**139**	**288**
云城区	3194	2185	1009	54	16	38
云安区	2896	1958	938	47	15	32
新兴县	8362	5273	3089	91	28	63
郁南县	2468	1260	1208	77	28	49
罗定市	6731	3402	3329	158	52	106

7-7c　续表 3

单位：人

现住地	学前教育			小　学		
	小计	男	女	小计	男	女
广　东	**50098**	**27051**	**23047**	**499561**	**272168**	**227393**
广州市	**9066**	**4893**	**4173**	**84892**	**46570**	**38322**
荔湾区						
越秀区						
海珠区						
天河区						
白云区	3235	1731	1504	27653	14677	12976
黄埔区	317	172	145	3358	2081	1277
番禺区	1346	749	597	13485	7636	5849
花都区	2272	1226	1046	21171	11588	9583
南沙区	779	418	361	8198	4407	3791
从化区	261	142	119	2335	1315	1020
增城区	856	455	401	8692	4866	3826
韶关市	**1030**	**543**	**487**	**8145**	**4581**	**3564**
武江区	83	43	40	839	495	344
浈江区	111	61	50	680	374	306
曲江区	113	53	60	1137	670	467
始兴县	98	58	40	596	326	270
仁化县	128	68	60	1050	595	455
翁源县	137	77	60	1113	629	484
乳源瑶族自治县	27	13	14	365	226	139
新丰县	71	41	30	655	368	287
乐昌市	133	60	73	880	439	441
南雄市	129	69	60	830	459	371
深圳市	**383**	**210**	**173**	**3982**	**2144**	**1838**
罗湖区						
福田区						
南山区						
宝安区						
龙岗区	383	210	173	3982	2144	1838
盐田区						
龙华区						
坪山区						
光明区						
珠海市	**913**	**491**	**422**	**8478**	**4585**	**3893**
香洲区	1	1		148	101	47
斗门区	829	449	380	7451	3976	3475
金湾区	83	41	42	879	508	371
汕头市	**1471**	**800**	**671**	**22508**	**12647**	**9861**
龙湖区	224	122	102	2035	1037	998
金平区	5	2	3	103	55	48
濠江区	46	24	22	526	281	245
潮阳区	495	278	217	5859	3280	2579
潮南区	300	166	134	4411	2562	1849
澄海区	391	202	189	9459	5359	4100
南澳县	10	6	4	115	73	42
佛山市	**1983**	**1072**	**911**	**29032**	**16672**	**12360**
禅城区						
南海区	478	265	213	9209	5409	3800
顺德区	301	164	137	3357	2013	1344
三水区	1034	553	481	14615	8165	6450
高明区	170	90	80	1851	1085	766

7-7c 续表 4

单位：人

现住地	学前教育			小学		
	小计	男	女	小计	男	女
江门市	**5663**	**3146**	**2517**	**50814**	**27026**	**23788**
蓬江区	61	38	23	572	315	257
江海区						
新会区	1897	1060	837	17099	9118	7981
台山市	777	421	356	7946	4202	3744
开平市	1407	802	605	11759	6183	5576
鹤山市	1218	646	572	9194	4938	4256
恩平市	303	179	124	4244	2270	1974
湛江市	**1294**	**672**	**622**	**11580**	**5699**	**5881**
赤坎区	4	1	3	37	12	25
霞山区	28	16	12	225	121	104
坡头区	66	31	35	647	342	305
麻章区	66	35	31	860	519	341
遂溪县	150	77	73	1011	493	518
徐闻县	251	129	122	2191	1124	1067
廉江市	400	210	190	3093	1238	1855
雷州市	156	86	70	1432	712	720
吴川市	173	87	86	2084	1138	946
茂名市	**1039**	**528**	**511**	**8797**	**3769**	**5028**
茂南区	182	79	103	1613	827	786
电白区	204	96	108	2309	908	1401
高州市	179	85	94	1364	566	798
化州市	258	146	112	2001	850	1151
信宜市	216	122	94	1510	618	892
肇庆市	**1498**	**812**	**686**	**14962**	**8091**	**6871**
端州区						
鼎湖区	39	22	17	521	271	250
高要区	700	394	306	6758	3660	3098
广宁县	98	55	43	741	396	345
怀集县	44	20	24	750	391	359
封开县	63	27	36	492	272	220
德庆县	50	31	19	364	195	169
四会市	504	263	241	5336	2906	2430
惠州市	**5856**	**3164**	**2692**	**66546**	**37273**	**29273**
惠城区	1164	628	536	13747	8071	5676
惠阳区	1905	1020	885	19394	10487	8907
博罗县	1581	844	737	18232	9890	8342
惠东县	979	539	440	11728	6718	5010
龙门县	227	133	94	3445	2107	1338
梅州市	**515**	**270**	**245**	**5214**	**2831**	**2383**
梅江区	30	12	18	334	165	169
梅县区	99	53	46	915	470	445
大埔县	53	25	28	476	285	191
丰顺县	38	17	21	696	351	345
五华县	97	50	47	1201	697	504
平远县	41	24	17	391	202	189
蕉岭县	53	30	23	527	303	224
兴宁市	104	59	45	674	358	316

7-7c 续表 5

单位：人

现住地	学前教育			小学		
	小计	男	女	小计	男	女
汕尾市	**573**	**313**	**260**	**8222**	**4618**	**3604**
城区	51	35	16	955	575	380
海丰县	406	220	186	5594	3141	2453
陆河县	27	14	13	474	256	218
陆丰市	89	44	45	1199	646	553
河源市	**993**	**540**	**453**	**9005**	**5400**	**3605**
源城区	237	125	112	1442	794	648
紫金县	146	75	71	2133	1285	848
龙川县	184	105	79	1472	923	549
连平县	101	54	47	723	430	293
和平县	59	31	28	505	326	179
东源县	266	150	116	2730	1642	1088
阳江市	**1196**	**670**	**526**	**13283**	**6896**	**6387**
江城区	284	166	118	4040	2208	1832
阳东区	629	372	257	6052	3095	2957
阳西县	135	62	73	1738	881	857
阳春市	148	70	78	1453	712	741
清远市	**1467**	**778**	**689**	**14435**	**8131**	**6304**
清城区	237	122	115	3178	1835	1343
清新区	378	213	165	3190	1718	1472
佛冈县	134	70	64	1801	1051	750
阳山县	111	53	58	697	381	316
连山壮族瑶族自治县	40	18	22	244	128	116
连南瑶族自治县	6	3	3	75	47	28
英德市	511	276	235	4753	2678	2075
连州市	50	23	27	497	293	204
东莞市	**8425**	**4580**	**3845**	**74518**	**40695**	**33823**
市辖区	8425	4580	3845	74518	40695	33823
中山市	**3586**	**1881**	**1705**	**35589**	**18873**	**16716**
市辖区	3586	1881	1705	35589	18873	16716
潮州市	**1225**	**669**	**556**	**12963**	**6928**	**6035**
湘桥区	70	36	34	675	371	304
潮安区	1067	581	486	11387	6115	5272
饶平县	88	52	36	901	442	459
揭阳市	**1256**	**663**	**593**	**10736**	**5766**	**4970**
榕城区	192	99	93	1439	812	627
揭东区	321	174	147	2893	1594	1299
揭西县	201	99	102	1811	921	890
惠来县	43	22	21	575	328	247
普宁市	499	269	230	4018	2111	1907
云浮市	**666**	**356**	**310**	**5860**	**2973**	**2887**
云城区	63	41	22	857	501	356
云安区	73	37	36	696	404	292
新兴县	158	87	71	1689	944	745
郁南县	101	55	46	687	292	395
罗定市	271	136	135	1931	832	1099

7—7c 续表 6 单位：人

现住地	初中			高中			大学专科		
	小计	男	女	小计	男	女	小计	男	女
广东	**1386834**	**891365**	**495469**	**365780**	**251229**	**114551**	**84709**	**56236**	**28473**
广州市	**310791**	**198725**	**112066**	**103186**	**69540**	**33646**	**26781**	**16989**	**9792**
荔湾区									
越秀区									
海珠区									
天河区									
白云区	104873	66814	38059	37756	25015	12741	11516	7071	4445
黄埔区	10023	6961	3062	4733	3409	1324	1463	1013	450
番禺区	50509	31396	19113	22831	15036	7795	4881	3149	1732
花都区	78789	49988	28801	18379	12495	5884	5144	3252	1892
南沙区	31518	20437	11081	9408	6676	2732	1681	1161	520
从化区	7562	4908	2654	2114	1387	727	424	255	169
增城区	27517	18221	9296	7965	5522	2443	1672	1088	584
韶关市	**19445**	**12875**	**6570**	**4651**	**3255**	**1396**	**1798**	**1250**	**548**
武江区	2048	1354	694	483	321	162	108	77	31
浈江区	1585	1003	582	335	239	96	157	112	45
曲江区	3308	2295	1013	756	544	212	341	240	101
始兴县	1265	776	489	385	269	116	128	82	46
仁化县	2194	1490	704	446	312	134	159	117	42
翁源县	2958	2008	950	763	566	197	287	192	95
乳源瑶族自治县	1055	760	295	225	158	67	149	108	41
新丰县	1669	1159	510	452	337	115	189	149	40
乐昌市	1769	1043	726	456	289	167	184	115	69
南雄市	1594	987	607	350	220	130	96	58	38
深圳市	**13747**	**8844**	**4903**	**5113**	**3698**	**1415**	**1795**	**1295**	**500**
罗湖区									
福田区									
南山区									
宝安区									
龙岗区	13747	8844	4903	5113	3698	1415	1795	1295	500
盐田区									
龙华区									
坪山区									
光明区									
珠海市	**25753**	**16776**	**8977**	**8585**	**5902**	**2683**	**1437**	**997**	**440**
香洲区	263	215	48	109	93	16	53	42	11
斗门区	23152	14919	8233	7827	5284	2543	1264	862	402
金湾区	2338	1642	696	649	525	124	120	93	27
汕头市	**45695**	**28656**	**17039**	**6286**	**4214**	**2072**	**1015**	**722**	**293**
龙湖区	4037	2426	1611	668	412	256	106	78	28
金平区	224	151	73	40	36	4	8	4	4
濠江区	2076	1501	575	381	282	99	238	171	67
潮阳区	13027	7947	5080	2180	1426	754	310	209	101
潮南区	8825	5653	3172	1483	989	494	168	119	49
澄海区	17267	10805	6462	1497	1040	457	175	135	40
南澳县	239	173	66	37	29	8	10	6	4
佛山市	**85004**	**56543**	**28461**	**19193**	**13449**	**5744**	**2822**	**1885**	**937**
禅城区									
南海区	26472	17554	8918	7373	5116	2257	1004	663	341
顺德区	11682	7697	3985	3810	2536	1274	243	160	83
三水区	43012	28670	14342	7495	5433	2062	1484	998	486
高明区	3838	2622	1216	515	364	151	91	64	27

7-7c　续表 7　　　　单位：人

现住地	初中			高中			大学专科		
	小计	男	女	小计	男	女	小计	男	女
江门市	**99404**	**63328**	**36076**	**16821**	**11944**	**4877**	**2939**	**2097**	**842**
蓬江区	1190	813	377	232	159	73	53	30	23
江海区									
新会区	31013	19889	11124	6313	4546	1767	879	617	262
台山市	14263	8941	5322	2379	1700	679	629	485	144
开平市	19788	12389	7399	2905	1987	918	468	300	168
鹤山市	23028	14648	8380	3807	2712	1095	658	482	176
恩平市	10122	6648	3474	1185	840	345	252	183	69
湛江市	**21155**	**12325**	**8830**	**3333**	**2040**	**1293**	**1272**	**853**	**419**
赤坎区	88	58	30	26	18	8	6	3	3
霞山区	394	250	144	66	42	24	12	9	3
坡头区	1373	911	462	245	179	66	70	47	23
麻章区	1954	1387	567	445	328	117	154	122	32
遂溪县	1798	1043	755	274	141	133	93	53	40
徐闻县	2820	1720	1100	457	288	169	216	150	66
廉江市	6530	2972	3558	866	414	452	270	130	140
雷州市	2261	1403	858	449	295	154	259	205	54
吴川市	3937	2581	1356	505	335	170	192	134	58
茂名市	**15681**	**7998**	**7683**	**2500**	**1458**	**1042**	**1124**	**587**	**537**
茂南区	3318	2051	1267	638	458	180	379	119	260
电白区	3564	1867	1697	664	380	284	427	288	139
高州市	2208	1084	1124	335	191	144	77	43	34
化州市	4052	1806	2246	481	239	242	110	56	54
信宜市	2539	1190	1349	382	190	192	131	81	50
肇庆市	**38084**	**24936**	**13148**	**6659**	**4567**	**2092**	**1039**	**676**	**363**
端州区									
鼎湖区	1467	1050	417	227	173	54	70	51	19
高要区	13468	8814	4654	2639	1789	850	231	149	82
广宁县	3169	2148	1021	424	311	113	97	68	29
怀集县	1494	829	665	135	71	64	32	19	13
封开县	1452	950	502	353	253	100	62	31	31
德庆县	1004	642	362	161	94	67	58	41	17
四会市	16030	10503	5527	2720	1876	844	489	317	172
惠州市	**184132**	**121215**	**62917**	**37191**	**26693**	**10498**	**8771**	**6034**	**2737**
惠城区	42009	28171	13838	12786	9424	3362	3248	2219	1029
惠阳区	60088	38587	21501	10675	7501	3174	2576	1725	851
博罗县	49753	32883	16870	8468	6024	2444	1757	1207	550
惠东县	25123	16731	8392	3805	2731	1074	823	610	213
龙门县	7159	4843	2316	1457	1013	444	367	273	94
梅州市	**12176**	**7662**	**4514**	**2174**	**1428**	**746**	**559**	**415**	**144**
梅江区	773	526	247	121	86	35	16	11	5
梅县区	2293	1419	874	514	298	216	132	103	29
大埔县	1504	1038	466	179	124	55	65	48	17
丰顺县	1246	740	506	182	108	74	43	35	8
五华县	2751	1800	951	364	270	94	139	104	35
平远县	725	425	300	158	107	51	37	24	13
蕉岭县	1314	872	442	283	191	92	50	33	17
兴宁市	1570	842	728	373	244	129	77	57	20

7-7c 续表 8 单位：人

现住地	初中			高中			大学专科		
	小计	男	女	小计	男	女	小计	男	女
汕尾市	**17154**	**11827**	**5327**	**2650**	**1962**	**688**	**936**	**701**	**235**
城　区	3512	2601	911	640	471	169	371	284	87
海丰县	10827	7393	3434	1639	1253	386	406	324	82
陆河县	915	601	314	94	59	35	19	14	5
陆丰市	1900	1232	668	277	179	98	140	79	61
河源市	**23927**	**16224**	**7703**	**4948**	**3467**	**1481**	**1509**	**1100**	**409**
源城区	4087	2698	1389	810	599	211	184	131	53
紫金县	5249	3603	1646	655	476	179	160	122	38
龙川县	4137	2738	1399	1205	841	364	590	442	148
连平县	1915	1231	684	327	203	124	88	46	42
和平县	1393	973	420	250	184	66	69	56	13
东源县	7146	4981	2165	1701	1164	537	418	303	115
阳江市	**23977**	**15727**	**8250**	**4727**	**3384**	**1343**	**3144**	**2196**	**948**
江城区	7350	5138	2212	1824	1418	406	706	566	140
阳东区	10672	6651	4021	1738	1168	570	1895	1223	672
阳西县	2391	1552	839	358	249	109	196	160	36
阳春市	3564	2386	1178	807	549	258	347	247	100
清远市	**39680**	**26786**	**12894**	**8704**	**6312**	**2392**	**3302**	**2328**	**974**
清城区	11791	8269	3522	2097	1568	529	1474	1001	473
清新区	8348	5318	3030	1635	1155	480	384	264	120
佛冈县	5189	3640	1549	1265	951	314	352	263	89
阳山县	1678	1135	543	325	242	83	110	92	18
连山壮族瑶族自治县	427	237	190	77	47	30	34	18	16
连南瑶族自治县	158	80	78	18	9	9	7	4	3
英德市	10699	7124	3575	2991	2121	870	875	640	235
连州市	1390	983	407	296	219	77	66	46	20
东莞市	**255408**	**162303**	**93105**	**93893**	**63917**	**29976**	**17361**	**11517**	**5844**
市辖区	255408	162303	93105	93893	63917	29976	17361	11517	5844
中山市	**104525**	**65615**	**38910**	**29345**	**19876**	**9469**	**5791**	**3681**	**2110**
市辖区	104525	65615	38910	29345	19876	9469	5791	3681	2110
潮州市	**18210**	**11837**	**6373**	**1866**	**1322**	**544**	**276**	**198**	**78**
湘桥区	1332	868	464	160	115	45	27	21	6
潮安区	15005	9783	5222	1412	991	421	130	81	49
饶平县	1873	1186	687	294	216	78	119	96	23
揭阳市	**19060**	**12559**	**6501**	**2002**	**1395**	**607**	**456**	**323**	**133**
榕城区	2873	1981	892	413	313	100	76	50	26
揭东区	4918	3314	1604	516	359	157	85	59	26
揭西县	2707	1742	965	207	132	75	35	20	15
惠来县	1217	875	342	214	173	41	158	131	27
普宁市	7345	4647	2698	652	418	234	102	63	39
云浮市	**13826**	**8604**	**5222**	**1953**	**1406**	**547**	**582**	**392**	**190**
云城区	1767	1274	493	312	245	67	94	71	23
云安区	1581	1149	432	265	202	63	159	102	57
新兴县	5416	3485	1931	748	564	184	162	114	48
郁南县	1345	720	625	164	106	58	47	32	15
罗定市	3717	1976	1741	464	289	175	120	73	47

7-7c 续表 9

单位：人

现住地	大学本科			硕士研究生			博士研究生		
	小计	男	女	小计	男	女	小计	男	女
广　东	**39172**	**25134**	**14038**	**2725**	**1525**	**1200**	**355**	**247**	**108**
广州市	**14095**	**7824**	**6271**	**1161**	**549**	**612**	**145**	**97**	**48**
荔湾区									
越秀区									
海珠区									
天河区									
白云区	5632	3260	2372	200	120	80	29	26	3
黄埔区	586	406	180	32	24	8	1	1	
番禺区	2745	1446	1299	691	284	407	84	45	39
花都区	1977	1039	938	94	51	43	12	10	2
南沙区	668	449	219	23	15	8			
从化区	1925	868	1057	97	40	57	18	14	4
增城区	562	356	206	24	15	9	1	1	
韶关市	**782**	**585**	**197**	**56**	**50**	**6**	**2**	**1**	**1**
武江区	72	54	18	2	1	1			
浈江区	71	59	12	4	4				
曲江区	90	68	22	13	13		1	1	
始兴县	47	35	12	5	4	1			
仁化县	67	60	7	2	2				
翁源县	162	111	51	6	5	1	1		1
乳源瑶族自治县	68	60	8	17	17				
新丰县	85	72	13	2	2				
乐昌市	80	40	40	2	1	1			
南雄市	40	26	14	3	1	2			
深圳市	**730**	**460**	**270**	**58**	**28**	**30**	**20**	**16**	**4**
罗湖区									
福田区									
南山区									
宝安区									
龙岗区	730	460	270	58	28	30	20	16	4
盐田区									
龙华区									
坪山区									
光明区									
珠海市	**484**	**339**	**145**	**40**	**17**	**23**	**3**	**2**	**1**
香洲区	8	7	1	2	2				
斗门区	403	269	134	36	13	23	2	1	1
金湾区	73	63	10	2	2		1	1	
汕头市	**522**	**375**	**147**	**17**	**8**	**9**	**1**	**1**	
龙湖区	28	20	8	1	1				
金平区	98	43	55						
濠江区	130	110	20	8	3	5			
潮阳区	116	86	30	5	3	2			
潮南区	78	54	24	2	1	1			
澄海区	71	61	10	1		1	1	1	
南澳县	1	1							
佛山市	**1430**	**871**	**559**	**117**	**45**	**72**	**5**	**5**	
禅城区									
南海区	201	125	76	6	2	4	2	2	
顺德区	57	36	21	2	2				
三水区	1143	687	456	108	40	68	3	3	
高明区	29	23	6	1	1				

7-7c　续表 10　　　　单位：人

现住地	大学本科			硕士研究生			博士研究生		
	小计	男	女	小计	男	女	小计	男	女
江门市	**1197**	**932**	**265**	**72**	**58**	**14**	**7**	**5**	**2**
蓬江区	17	13	4				1		1
江海区									
新会区	374	302	72	41	33	8	4	3	1
台山市	357	277	80	16	14	2	1	1	
开平市	155	108	47	8	6	2			
鹤山市	202	159	43	4	3	1	1	1	
恩平市	92	73	19	3	2	1			
湛江市	**860**	**588**	**272**	**24**	**17**	**7**	**7**	**5**	**2**
赤坎区	2		2	2	1	1			
霞山区	9	5	4						
坡头区	49	38	11	2	1	1			
麻章区	79	54	25	6	4	2	1		1
遂溪县	51	32	19	3	1	2	1		1
徐闻县	162	116	46	4	4				
廉江市	99	53	46	2	2		1	1	
雷州市	284	200	84	3	2	1	1	1	
吴川市	125	90	35	2	2		3	3	
茂名市	**873**	**550**	**323**	**35**	**18**	**17**	**16**	**10**	**6**
茂南区	592	351	241	25	14	11	10	7	3
电白区	125	90	35	10	4	6	6	3	3
高州市	33	16	17						
化州市	67	45	22						
信宜市	56	48	8						
肇庆市	**536**	**357**	**179**	**39**	**21**	**18**	**1**	**1**	
端州区									
鼎湖区	47	28	19	19	11	8			
高要区	168	117	51	4	4				
广宁县	33	22	11	1		1			
怀集县	12	6	6						
封开县	53	30	23	2	2				
德庆县	13	6	7	8	3	5			
四会市	210	148	62	5	1	4	1	1	
惠州市	**3804**	**2722**	**1082**	**171**	**106**	**65**	**19**	**15**	**4**
惠城区	1658	1251	407	88	57	31	6	4	2
惠阳区	808	534	274	15	8	7	3	3	
博罗县	730	492	238	55	33	22	5	4	1
惠东县	431	324	107	9	5	4	4	3	1
龙门县	177	121	56	4	3	1	1	1	
梅州市	**303**	**243**	**60**	**9**	**5**	**4**	**2**	**1**	**1**
梅江区	15	11	4						
梅县区	69	59	10						
大埔县	45	35	10	4	3	1			
丰顺县	24	17	7	1		1	1	1	
五华县	63	52	11	2	2				
平远县	24	19	5						
蕉岭县	19	14	5	1		1			
兴宁市	44	36	8	1		1	1		1

7-7c 续表 11

单位：人

现住地	大学本科			硕士研究生			博士研究生		
	小计	男	女	小计	男	女	小计	男	女
汕尾市	**865**	**613**	**252**	**60**	**35**	**25**	**5**	**4**	**1**
城　区	327	224	103	24	16	8	1	1	
海丰县	431	334	97	21	17	4	3	3	
陆河县	7	4	3						
陆丰市	100	51	49	15	2	13	1		1
河源市	**829**	**599**	**230**	**30**	**18**	**12**			
源城区	29	22	7	2	2				
紫金县	89	68	21	2	1	1			
龙川县	352	288	64	7	5	2			
连平县	31	22	9	3	3				
和平县	26	21	5						
东源县	302	178	124	16	7	9			
阳江市	**1051**	**872**	**179**	**31**	**22**	**9**	**4**	**2**	**2**
江城区	245	186	59	6	4	2	2	2	
阳东区	453	388	65	12	8	4			
阳西县	178	159	19	9	8	1			
阳春市	175	139	36	4	2	2	2		2
清远市	**1321**	**1021**	**300**	**113**	**86**	**27**	**7**	**6**	**1**
清城区	429	334	95	71	52	19	4	4	
清新区	142	92	50	4	4		2	1	1
佛冈县	160	131	29	5	4	1			
阳山县	71	60	11	2	2				
连山壮族瑶族自治县	11	6	5	1	1				
连南瑶族自治县	5	4	1						
英德市	474	370	104	29	22	7	1	1	
连州市	29	24	5	1	1				
东莞市	**6158**	**4075**	**2083**	**513**	**344**	**169**	**94**	**63**	**31**
市辖区	6158	4075	2083	513	344	169	94	63	31
中山市	**2476**	**1529**	**947**	**136**	**72**	**64**	**15**	**12**	**3**
市辖区	2476	1529	947	136	72	64	15	12	3
潮州市	**262**	**164**	**98**	**10**	**5**	**5**	**2**	**1**	**1**
湘桥区	110	47	63	4	1	3	1		1
潮安区	31	20	11				1	1	
饶平县	121	97	24	6	4	2			
揭阳市	**282**	**221**	**61**	**8**	**7**	**1**			
榕城区	19	14	5						
揭东区	26	19	7						
揭西县	18	11	7						
惠来县	190	160	30	6	6				
普宁市	29	17	12	2	1	1			
云浮市	**312**	**194**	**118**	**25**	**14**	**11**			
云城区	44	34	10	3	3				
云安区	65	44	21	10	5	5			
新兴县	91	48	43	7	3	4			
郁南县	46	26	20	1	1				
罗定市	66	42	24	4	2	2			

7-8 全省分年龄、性别、迁移原因的户口登记地在外乡镇街道的人口

单位：人

年龄	合计			工作就业		
	合计	男	女	小计	男	女
总计	**60635086**	**33711847**	**26923239**	**38313156**	**22873704**	**15439452**
0-4岁	**2382369**	**1282227**	**1100142**			
0	235595	127237	108358			
1	454502	244603	209899			
2	505182	271342	233840			
3	602795	323136	279659			
4	584295	315909	268386			
5-9岁	**2842584**	**1555599**	**1286985**			
5	553302	300729	252573			
6	553846	302825	251021			
7	561181	307333	253848			
8	621808	340828	280980			
9	552447	303884	248563			
10-14岁	**2376707**	**1314510**	**1062197**	**14882**	**8730**	**6152**
10	523610	290255	233355	2615	1519	1096
11	522922	289161	233761	2831	1629	1202
12	482187	266381	215806	2604	1539	1065
13	433325	239494	193831	2732	1608	1124
14	414663	229219	185444	4100	2435	1665
15-19岁	**3877777**	**2189958**	**1687819**	**1124890**	**712789**	**412101**
15	545649	298252	247397	38154	23738	14416
16	783320	435829	347491	109742	71220	38522
17	810719	462672	348047	212026	136524	75502
18	789728	456790	332938	318772	202170	116602
19	948361	536415	411946	446196	279137	167059
20-24岁	**6079425**	**3417440**	**2661985**	**4453135**	**2612161**	**1840974**
20	1059176	595679	463497	560824	345843	214981
21	1097509	616969	480540	707784	424154	283630
22	1241600	704068	537532	946907	554689	392218
23	1296279	728980	567299	1069064	617177	451887
24	1384861	771744	613117	1168556	670298	498258
25-29岁	**7372239**	**4157198**	**3215041**	**6273232**	**3689845**	**2583387**
25	1461736	817735	644001	1244709	719515	525194
26	1397828	781498	616330	1187871	690213	497658
27	1479951	832374	647577	1260047	739915	520132
28	1501866	852952	648914	1277201	760104	517097
29	1530858	872639	658219	1303404	780098	523306

7-8　续表 1　　单位：人

年　龄	合　计			工作就业		
	合计	男	女	小计	男	女
30-34岁	**8252419**	**4713508**	**3538911**	**7036068**	**4228697**	**2807371**
30	1802471	1029402	773069	1544995	925993	619002
31	1704789	972814	731975	1457081	874245	582836
32	1571423	897307	674116	1338529	804872	533657
33	1676860	960717	716143	1430436	862828	567608
34	1496876	853268	643608	1265027	760759	504268
35-39岁	**6420664**	**3669345**	**2751319**	**5343703**	**3222989**	**2120714**
35	1337185	763531	573654	1121502	676156	445346
36	1327963	758388	569575	1107322	668185	439137
37	1234948	707676	527272	1024360	619613	404747
38	1324342	759482	564860	1102599	666320	436279
39	1196226	680268	515958	987920	592715	395205
40-44岁	**5088307**	**2865830**	**2222477**	**4182438**	**2470147**	**1712291**
40	1065109	604270	460839	876540	523751	352789
41	1116359	633125	483234	910759	543614	367145
42	996840	561867	434973	817541	482962	334579
43	908349	508933	399416	749202	438809	310393
44	1001650	557635	444015	828396	481011	347385
45-49岁	**5266151**	**2898508**	**2367643**	**4286091**	**2465282**	**1820809**
45	1021142	563513	457629	843975	485077	358898
46	1119832	614332	505500	921032	525994	395038
47	1085241	596129	489112	881514	506050	375464
48	1038165	571021	467144	840200	483712	356488
49	1001771	553513	448258	799370	464449	334921
50-54岁	**4198957**	**2324793**	**1874164**	**3148139**	**1889465**	**1258674**
50	995418	548066	447352	781663	456036	325627
51	885189	491107	394082	676343	403160	273183
52	912274	504742	407532	684941	411286	273655
53	691014	382672	308342	502122	305611	196511
54	715062	398206	316856	503070	313372	189698
55-59岁	**2670293**	**1444590**	**1225703**	**1570208**	**1006222**	**563986**
55	668150	369046	299104	440185	277345	162840
56	608478	331287	277191	377251	239844	137407
57	641842	349334	292508	373633	243072	130561
58	497501	264903	232598	261457	170567	90890
59	254322	130020	124302	117682	75394	42288
60-64岁	**1432888**	**726985**	**705903**	**494404**	**325983**	**168421**
60	253905	129002	124903	105264	67810	37454
61	261703	134945	126758	95324	63695	31629
62	317015	161980	155035	110303	73514	36789
63	328049	166215	161834	104528	69402	35126
64	272216	134843	137373	78985	51562	27423
65岁及以上	**2374306**	**1151356**	**1222950**	**385966**	**241394**	**144572**

7-8 续表 2

单位：人

年龄	学习培训			随同离开/投亲靠友			拆迁/搬家		
	小计	男	女	小计	男	女	小计	男	女
总 计	**5350101**	**2852987**	**2497114**	**5189696**	**2564108**	**2625588**	**5568002**	**2895303**	**2672699**
0-4岁	**161143**	**87258**	**73885**	**1337814**	**719703**	**618111**	**269129**	**145675**	**123454**
0	3645	1995	1650	134639	72806	61833	26902	14604	12298
1	11219	6067	5152	262559	141416	121143	48721	26474	22247
2	19997	10832	9165	290372	156003	134369	57180	30801	26379
3	53521	28824	24697	333128	178181	154947	71369	38499	32870
4	72761	39540	33221	317116	171297	145819	64957	35297	29660
5-9岁	**950187**	**525932**	**424255**	**1190087**	**649677**	**540410**	**317688**	**171833**	**145855**
5	77821	42684	35137	294819	160320	134499	62101	33390	28711
6	190471	105182	85289	230274	125463	104811	60709	33063	27646
7	215372	119345	96027	218405	119223	99182	62837	33860	28977
8	245582	136194	109388	237421	129763	107658	69560	37562	31998
9	220941	122527	98414	209168	114908	94260	62481	33958	28523
10-14岁	**974273**	**544519**	**429754**	**841258**	**464174**	**377084**	**295665**	**160479**	**135186**
10	210503	118212	92291	194366	107503	86863	60856	33065	27791
11	212232	118865	93367	190428	104991	85437	62491	33779	28712
12	194809	109197	85612	171680	94383	77297	61725	33438	28287
13	176349	98413	77936	150140	82635	67505	57696	31367	26329
14	180380	99832	80548	134644	74662	59982	52897	28830	24067
15-19岁	**2170043**	**1150499**	**1019544**	**292846**	**165768**	**127078**	**156489**	**88095**	**68394**
15	354112	189194	164918	84484	47281	37203	38735	21450	17285
16	551595	296097	255498	63758	36188	27570	31762	17689	14073
17	490132	265137	224995	53563	30439	23124	29327	16477	12850
18	369210	197274	171936	47993	27303	20690	28723	16339	12384
19	404994	202797	202197	43048	24557	18491	27942	16140	11802
20-24岁	**952073**	**469490**	**482583**	**209468**	**112837**	**96631**	**231468**	**126220**	**105248**
20	396567	193647	202920	40818	23251	17567	31051	17772	13279
21	280998	135519	145479	38096	21007	17089	36535	20516	16019
22	157266	80178	77088	43512	23316	20196	47713	26138	21575
23	73367	37801	35566	43592	22882	20710	54792	29313	25479
24	43875	22345	21530	43450	22381	21069	61377	32481	28896
25-29岁	**83849**	**44644**	**39205**	**189983**	**90560**	**99423**	**375345**	**195011**	**180334**
25	29505	15434	14071	42438	21268	21170	66412	34918	31494
26	19374	10232	9142	38432	18923	19509	68704	35860	32844
27	14609	7885	6724	37597	17928	19669	75158	38700	36458
28	11274	6078	5196	36429	16918	19511	80328	41835	38493
29	9087	5015	4072	35087	15523	19564	84743	43698	41045

7-8 续表 3

单位：人

年 龄	学习培训			随同离开/投亲靠友			拆迁/搬家		
	小计	男	女	小计	男	女	小计	男	女
30-34岁	**26199**	**14338**	**11861**	**159162**	**62301**	**96861**	**501261**	**254675**	**246586**
30	8261	4523	3738	37288	15770	21518	98362	50431	47931
31	5821	3226	2595	33197	13360	19837	99684	50695	48989
32	4640	2476	2164	30127	11697	18430	96374	49093	47281
33	4192	2277	1915	30694	11383	19311	104906	52939	51967
34	3285	1836	1449	27856	10091	17765	101935	51517	50418
35-39岁	**11906**	**6350**	**5556**	**119742**	**41049**	**78693**	**506113**	**257978**	**248135**
35	2776	1533	1243	25160	9007	16153	97627	49808	47819
36	2653	1464	1189	25090	8788	16302	101843	51925	49918
37	2282	1177	1105	23457	8155	15302	99195	50765	48430
38	2226	1183	1043	24017	7986	16031	106067	54192	51875
39	1969	993	976	22018	7113	14905	101381	51288	50093
40-44岁	**6749**	**3405**	**3344**	**89751**	**27360**	**62391**	**466165**	**236683**	**229482**
40	1668	849	819	19233	6198	13035	93898	47522	46376
41	1580	780	800	20401	6399	14002	105124	53464	51660
42	1286	664	622	17719	5557	12162	92366	47011	45355
43	1073	555	518	15502	4470	11032	82876	42095	40781
44	1142	557	585	16896	4736	12160	91901	46591	45310
45-49岁	**4845**	**2426**	**2419**	**97103**	**24964**	**72139**	**533459**	**270825**	**262634**
45	1092	550	542	17393	4659	12734	94962	48147	46815
46	1039	511	528	19518	5066	14452	107639	54752	52887
47	979	509	470	19882	5174	14708	111558	56276	55282
48	903	447	456	19782	5004	14778	108488	55019	53469
49	832	409	423	20528	5061	15467	110812	56631	54181
50-54岁	**3139**	**1574**	**1565**	**117883**	**27773**	**90110**	**518865**	**265690**	**253175**
50	844	411	433	22035	5255	16780	113685	57934	55751
51	677	340	337	22551	5288	17263	107783	54884	52899
52	648	341	307	25749	5992	19757	112127	57089	55038
53	470	220	250	22047	5070	16977	89778	46516	43262
54	500	262	238	25501	6168	19333	95492	49267	46225
55-59岁	**2068**	**991**	**1077**	**130502**	**33211**	**97291**	**458653**	**238636**	**220017**
55	491	252	239	27154	6632	20522	101020	52604	48416
56	501	264	237	27473	6725	20748	97808	50685	47123
57	491	210	281	31826	8163	23663	109447	57110	52337
58	397	180	217	27930	7390	20540	95426	49903	45523
59	188	85	103	16119	4301	11818	54952	28334	26618
60-64岁	**1214**	**529**	**685**	**119021**	**38411**	**80610**	**318071**	**167106**	**150965**
60	209	87	122	17788	5148	12640	55594	28897	26697
61	202	90	112	20538	6483	14055	59239	31532	27707
62	273	117	156	26189	8417	17772	69657	36721	32936
63	275	128	147	28922	9645	19277	72236	38117	34119
64	255	107	148	25584	8718	16866	61345	31839	29506
65岁及以上	**2413**	**1032**	**1381**	**295076**	**106320**	**188756**	**619631**	**316397**	**303234**

7－8 续表 4 单位：人

年 龄	寄挂户口			婚姻嫁娶			照料孙子女		
	小计	男	女	小计	男	女	小计	男	女
总 计	**866135**	**468523**	**397612**	**964048**	**97803**	**866245**	**1179456**	**368520**	**810936**
0–4岁	**62048**	**32757**	**29291**						
0	5603	2966	2637						
1	14053	7354	6699						
2	14364	7544	6820						
3	15160	8062	7098						
4	12868	6831	6037						
5–9岁	**55516**	**29300**	**26216**						
5	11550	6198	5352						
6	10861	5681	5180						
7	10898	5763	5135						
8	11962	6269	5693						
9	10245	5389	4856						
10–14岁	**51159**	**27295**	**23864**	**77**	**35**	**42**			
10	10150	5391	4759	11	6	5			
11	10653	5688	4965	20	9	11			
12	10725	5671	5054	14	11	3			
13	10376	5573	4803	16	7	9			
14	9255	4972	4283	16	2	14			
15–19岁	**23678**	**13630**	**10048**	**4465**	**254**	**4211**	**93**	**22**	**71**
15	5775	3253	2522	177	46	131	6	3	3
16	4640	2576	2064	290	34	256	15	4	11
17	4805	2669	2136	605	41	564	11	3	8
18	4218	2542	1676	1162	51	1111	30	7	23
19	4240	2590	1650	2231	82	2149	31	5	26
20–24岁	**52926**	**27783**	**25143**	**52478**	**1046**	**51432**	**742**	**43**	**699**
20	5225	3116	2109	3625	82	3543	55	2	53
21	6626	3742	2884	5833	100	5733	112	11	101
22	10344	5507	4837	9455	164	9291	155	10	145
23	13446	6913	6533	13815	292	13523	185	4	181
24	17285	8505	8780	19750	408	19342	235	16	219
25–29岁	**102943**	**49921**	**53022**	**178269**	**6780**	**171489**	**1760**	**79**	**1681**
25	20541	9947	10594	26005	677	25328	316	13	303
26	21113	10064	11049	30448	918	29530	312	14	298
27	21421	10430	10991	36927	1265	35662	369	13	356
28	20465	9932	10533	41402	1718	39684	370	19	351
29	19403	9548	9855	43487	2202	41285	393	20	373

7-8　续表 5　　单位：人

年　龄	寄挂户口			婚姻嫁娶			照料孙子女		
	小计	男	女	小计	男	女	小计	男	女
30-34岁	**88374**	**44733**	**43641**	**234370**	**16684**	**217686**	**4693**	**672**	**4021**
30	21099	10592	10507	50390	2857	47533	996	110	886
31	19082	9621	9461	48503	3205	45298	963	125	838
32	16765	8500	8265	45304	3271	42033	924	123	801
33	16633	8452	8181	46803	3692	43111	941	158	783
34	14795	7568	7227	43370	3659	39711	869	156	713
35-39岁	**65808**	**33329**	**32479**	**174179**	**18125**	**156054**	**3743**	**730**	**3013**
35	13092	6653	6439	38654	3495	35159	748	117	631
36	13251	6740	6511	37550	3655	33895	830	148	682
37	12955	6588	6367	33815	3698	30117	713	163	550
38	13793	6988	6805	33659	3727	29932	750	158	592
39	12717	6360	6357	30501	3550	26951	702	144	558
40-44岁	**60522**	**31340**	**29182**	**108798**	**14851**	**93947**	**4358**	**973**	**3385**
40	11793	6009	5784	26031	3259	22772	615	143	472
41	13460	7009	6451	25820	3390	22430	855	235	620
42	12323	6442	5881	21309	2976	18333	771	174	597
43	11018	5680	5338	17746	2605	15141	933	198	735
44	11928	6200	5728	17892	2621	15271	1184	223	961
45-49岁	**65707**	**34430**	**31277**	**84806**	**13889**	**70917**	**22202**	**2604**	**19598**
45	12025	6314	5711	17523	2689	14834	1586	242	1344
46	13661	7194	6467	18473	2929	15544	2614	320	2294
47	13800	7142	6658	17652	2950	14702	3923	461	3462
48	13228	6931	6297	15962	2667	13295	5752	627	5125
49	12993	6849	6144	15196	2654	12542	8327	954	7373
50-54岁	**57640**	**31460**	**26180**	**54778**	**9643**	**45135**	**126971**	**19756**	**107215**
50	13420	7141	6279	14188	2465	11723	13018	1515	11503
51	12179	6450	5729	12011	2061	9950	18943	2656	16287
52	12503	6864	5639	11620	2060	9560	27590	4103	23487
53	9624	5410	4214	8616	1548	7068	28334	4574	23760
54	9914	5595	4319	8343	1509	6834	39086	6908	32178
55-59岁	**45424**	**26980**	**18444**	**31587**	**6551**	**25036**	**266621**	**57745**	**208876**
55	10063	5905	4158	7941	1512	6429	46451	8874	37577
56	10045	5930	4115	7133	1520	5613	53118	10602	42516
57	10621	6347	4274	7248	1542	5706	68556	15068	53488
58	9305	5624	3681	6041	1280	4761	62308	14343	47965
59	5390	3174	2216	3224	697	2527	36188	8858	27330
60-64岁	**31547**	**19446**	**12101**	**16696**	**3910**	**12786**	**303616**	**101105**	**202511**
60	5414	3287	2127	3217	732	2485	43271	12414	30857
61	5979	3645	2334	3180	773	2407	50995	16194	34801
62	7021	4295	2726	3664	819	2845	67363	22483	44880
63	7070	4428	2642	3624	871	2753	76276	26798	49478
64	6063	3791	2272	3011	715	2296	65711	23216	42495
65岁及以上	**102843**	**66119**	**36724**	**23545**	**6035**	**17510**	**444657**	**184791**	**259866**

7-8 续表 6

单位：人

年 龄	为子女就学			养老/康养			其 他		
	小计	男	女	小计	男	女	小计	男	女
总 计	**219403**	**78296**	**141107**	**460450**	**192149**	**268301**	**2524639**	**1320454**	**1204185**
0-4岁							**552235**	**296834**	**255401**
0							64806	34866	29940
1							117950	63292	54658
2							123269	66162	57107
3							129617	69570	60047
4							116593	62944	53649
5-9岁							**329106**	**178857**	**150249**
5							107011	58137	48874
6							61531	33436	28095
7							53669	29142	24527
8							57283	31040	26243
9							49612	27102	22510
10-14岁				**40**	**30**	**10**	**199353**	**109248**	**90105**
10				16	15	1	45093	24544	20549
11				6	2	4	44261	24198	20063
12				4	3	1	40626	22139	18487
13				10	6	4	36006	19885	16121
14				4	4		33367	18482	14885
15-19岁	**4070**	**2250**	**1820**	**77**	**56**	**21**	**101126**	**56595**	**44531**
15	1329	713	616	12	9	3	22865	12565	10300
16	931	505	426	14	10	4	20573	11506	9067
17	700	420	280	12	10	2	19538	10952	8586
18	610	337	273	16	12	4	18994	10755	8239
19	500	275	225	23	15	8	19156	10817	8339
20-24岁	**3576**	**1094**	**2482**	**144**	**90**	**54**	**123415**	**66676**	**56739**
20	601	319	282	24	20	4	20386	11627	8759
21	505	199	306	25	12	13	20995	11709	9286
22	658	204	454	28	19	9	25562	13843	11719
23	766	179	587	33	22	11	27219	14397	12822
24	1046	193	853	34	17	17	29253	15100	14153
25-29岁	**13276**	**2155**	**11121**	**155**	**95**	**60**	**153427**	**78108**	**75319**
25	1358	207	1151	39	26	13	30413	15730	14683
26	1782	274	1508	31	23	8	29761	14977	14784
27	2547	370	2177	26	13	13	31250	15855	15395
28	3280	526	2754	31	15	16	31086	15807	15279
29	4309	778	3531	28	18	10	30917	15739	15178

7-8　续表 7　　　　单位：人

年　龄	为子女就学			养老/康养			其　他		
	小计	男	女	小计	男	女	小计	男	女
30—34岁	**40119**	**9545**	**30574**	**214**	**123**	**91**	**161959**	**81740**	**80219**
30	6006	1183	4823	40	28	12	35034	17915	17119
31	6986	1466	5520	46	25	21	33426	16846	16580
32	7852	1802	6050	38	21	17	30870	15452	15418
33	9540	2442	7098	46	23	23	32669	16523	16146
34	9735	2652	7083	44	26	18	29960	15004	14956
35—39岁	**54816**	**17842**	**36974**	**234**	**123**	**111**	**140420**	**70830**	**69590**
35	9959	2804	7155	38	19	19	27629	13939	13690
36	10974	3340	7634	41	25	16	28409	14118	14291
37	10930	3634	7296	46	27	19	27195	13856	13339
38	11796	4049	7747	46	23	23	29389	14856	14533
39	11157	4015	7142	63	29	34	27798	14061	13737
40—44岁	**44083**	**17579**	**26504**	**373**	**158**	**215**	**125070**	**63334**	**61736**
40	9878	3717	6161	56	32	24	25397	12790	12607
41	10580	4134	6446	81	36	45	27699	14064	13635
42	8841	3469	5372	66	29	37	24618	12583	12035
43	7498	3114	4384	68	22	46	22433	11385	11048
44	7286	3145	4141	102	39	63	24923	12512	12411
45—49岁	**29055**	**13382**	**15673**	**1451**	**487**	**964**	**141432**	**70219**	**71213**
45	6904	3046	3858	153	59	94	25529	12730	12799
46	6825	3118	3707	203	72	131	28828	14376	14452
47	6015	2751	3264	270	88	182	29648	14728	14920
48	4931	2326	2605	338	120	218	28581	14168	14413
49	4380	2141	2239	487	148	339	28846	14217	14629
50—54岁	**13202**	**6477**	**6725**	**22643**	**6767**	**15876**	**135697**	**66188**	**69509**
50	3816	1852	1964	2482	663	1819	30267	14794	15473
51	2939	1503	1436	3792	1092	2700	27971	13673	14298
52	2614	1310	1304	5113	1504	3609	29369	14193	15176
53	1957	890	1067	4848	1482	3366	23218	11351	11867
54	1876	922	954	6408	2026	4382	24872	12177	12695
55—59岁	**7090**	**3251**	**3839**	**46193**	**16049**	**30144**	**111947**	**54954**	**56993**
55	1714	823	891	7863	2721	5142	25268	12378	12890
56	1582	725	857	9093	3047	6046	24474	11945	12529
57	1672	747	925	11483	3903	7580	26865	13172	13693
58	1390	601	789	10632	3771	6861	22615	11244	11371
59	732	355	377	7122	2607	4515	12725	6215	6510
60—64岁	**4120**	**1833**	**2287**	**68138**	**30272**	**37866**	**76061**	**38390**	**37671**
60	697	325	372	9346	3872	5474	13105	6430	6675
61	766	349	417	11313	5009	6304	14167	7175	6992
62	919	406	513	14937	6688	8249	16689	8520	8169
63	960	427	533	16917	7632	9285	17241	8767	8474
64	778	326	452	15625	7071	8554	14859	7498	7361
65岁及以上	**5996**	**2888**	**3108**	**320788**	**137899**	**182889**	**173391**	**88481**	**84910**

7-8a 全省分年龄、性别、迁移原因的户口登记地在外乡镇街道的人口(城市)

单位：人

年龄	合计			工作就业		
	合计	男	女	小计	男	女
总计	**49618272**	**27539974**	**22078298**	**32479765**	**19226242**	**13253523**
0–4岁	**1894199**	**1019959**	**874240**			
0	189390	102162	87228			
1	361909	194744	167165			
2	401065	215519	185546			
3	479213	256979	222234			
4	462622	250555	212067			
5–9岁	**2191357**	**1203783**	**987574**			
5	434224	236571	197653			
6	427492	234512	192980			
7	430322	236878	193444			
8	477386	262966	214420			
9	421933	232856	189077			
10–14岁	**1805887**	**1004947**	**800940**	**12681**	**7432**	**5249**
10	400529	223365	177164	2257	1318	939
11	397476	221042	176434	2376	1369	1007
12	365516	203059	162457	2195	1280	915
13	329119	183042	146077	2320	1382	938
14	313247	174439	138808	3533	2083	1450
15–19岁	**3012858**	**1709894**	**1302964**	**960243**	**604801**	**355442**
15	412841	227511	185330	31701	19704	11997
16	596644	334502	262142	91745	59275	32470
17	628749	361213	267536	179032	114774	64258
18	617190	358295	258895	272687	171924	100763
19	757434	428373	329061	385078	239124	145954
20–24岁	**5169737**	**2893293**	**2276444**	**3920976**	**2271380**	**1649596**
20	868085	487498	380587	488111	297984	190127
21	919605	515835	403770	619350	366755	252595
22	1061819	598794	463025	833693	482072	351621
23	1119645	625876	493769	944424	538311	406113
24	1200583	665290	535293	1035398	586258	449140
25–29岁	**6347606**	**3574708**	**2772898**	**5524053**	**3218168**	**2305885**
25	1265733	704817	560916	1101906	629259	472647
26	1207358	673008	534350	1049201	602837	446364
27	1275485	716611	558874	1110680	646127	464553
28	1289414	732579	556835	1121892	662149	459743
29	1309616	747693	561923	1140374	677796	462578

7-8a　续表 1

单位：人

年　龄	合　计			工作就业		
	合计	男	女	小计	男	女
30-34岁	**7006894**	**4009792**	**2997102**	**6092178**	**3640970**	**2451208**
30	1540288	880802	659486	1348856	803165	545691
31	1451956	830227	621729	1266327	755432	510895
32	1335529	763992	571537	1159428	693398	466030
33	1418960	814752	604208	1232832	739890	492942
34	1260161	720019	540142	1084735	649085	435650
35-39岁	**5332579**	**3055989**	**2276590**	**4523366**	**2717386**	**1805980**
35	1120374	641280	479094	956997	574413	382584
36	1108515	635058	473457	942335	566418	375917
37	1026181	589962	436219	867567	522872	344695
38	1095166	629602	465564	929238	559315	369923
39	982343	560087	422256	827229	494368	332861
40-44岁	**4144200**	**2334689**	**1809511**	**3463712**	**2035491**	**1428221**
40	872278	496233	376045	731185	435437	295748
41	914468	519011	395457	759239	450963	308276
42	811587	457416	354171	676625	397784	278841
43	737581	412622	324959	617751	359492	258259
44	808286	449407	358879	678912	391815	287097
45-49岁	**4216741**	**2311906**	**1904835**	**3485838**	**1987435**	**1498403**
45	820457	451910	368547	688663	393127	295536
46	897257	490657	406600	750061	424789	325272
47	869567	476111	393456	717638	408482	309156
48	830627	454645	375982	682130	388963	293167
49	798833	438583	360250	647346	372074	275272
50-54岁	**3331055**	**1825332**	**1505723**	**2531407**	**1500093**	**1031314**
50	791216	432735	358481	630911	364113	266798
51	703434	386785	316649	544727	320717	224010
52	724208	396615	327593	550659	326628	224031
53	546666	299022	247644	402720	241821	160899
54	565531	310175	255356	402390	246814	155576
55-59岁	**2136924**	**1132722**	**1004202**	**1259964**	**794427**	**465537**
55	531115	288318	242797	352518	218601	133917
56	485979	259506	226473	302492	189340	113152
57	516035	274674	241361	300220	191971	108249
58	399079	207875	191204	209940	134757	75183
59	204716	102349	102367	94794	59758	35036
60-64岁	**1166778**	**579628**	**587150**	**398681**	**259238**	**139443**
60	207906	103381	104525	85275	54110	31165
61	212344	107082	105262	76843	50678	26165
62	256900	128543	128357	88575	58190	30385
63	267732	132764	134968	84296	55190	29106
64	221896	107858	114038	63692	41070	22622
65岁及以上	**1861457**	**883332**	**978125**	**306666**	**189421**	**117245**

7-8a 续表 2

单位：人

年 龄	学习培训			随同离开/投亲靠友			拆迁/搬家		
	小计	男	女	小计	男	女	小计	男	女
总 计	**4204785**	**2248715**	**1956070**	**3992224**	**1974725**	**2017499**	**4277277**	**2211460**	**2065817**
0-4岁	**145868**	**78863**	**67005**	**1060144**	**570372**	**489772**	**201005**	**109009**	**91996**
0	3276	1782	1494	108413	58539	49874	19810	10733	9077
1	10013	5414	4599	209935	112944	96991	36339	19790	16549
2	17954	9726	8228	231106	124103	107003	42865	23164	19701
3	48519	26085	22434	263002	140692	122310	53943	29130	24813
4	66106	35856	30250	247688	134094	113594	48048	26192	21856
5-9岁	**788623**	**437550**	**351073**	**891310**	**488615**	**402695**	**225896**	**122441**	**103455**
5	70319	38492	31827	227364	124060	103304	45282	24375	20907
6	158351	87585	70766	172285	94223	78062	43265	23589	19676
7	177128	98388	78740	161737	88814	72923	44314	24010	20304
8	202130	112609	89521	175657	96595	79062	49196	26570	22626
9	180695	100476	80219	154267	84923	69344	43839	23897	19942
10-14岁	**787549**	**442600**	**344949**	**620367**	**344660**	**275707**	**208507**	**113521**	**94986**
10	171908	96936	74972	143501	79934	63567	43226	23605	19621
11	172500	97059	75441	140051	77728	62323	43702	23669	20033
12	157500	88706	68794	126153	69792	56361	43453	23574	19879
13	142498	79891	62607	111087	61608	49479	40938	22345	18593
14	143143	80008	63135	99575	55598	43977	37188	20328	16860
15-19岁	**1609013**	**855098**	**753915**	**229136**	**130238**	**98898**	**119308**	**67049**	**52259**
15	267105	144302	122803	63945	35928	28017	28519	15775	12744
16	411054	222295	188759	50212	28642	21570	24386	13590	10796
17	365884	198947	166937	42686	24441	18245	22782	12825	9957
18	266693	142211	124482	38081	21711	16370	22015	12500	9515
19	298277	147343	150934	34212	19516	14696	21606	12359	9247
20-24岁	**746817**	**367422**	**379395**	**166677**	**89339**	**77338**	**180130**	**97617**	**82513**
20	302059	146065	155994	32924	18652	14272	24334	13824	10510
21	218445	105379	113066	30477	16672	13805	28487	15846	12641
22	125598	64234	61364	34675	18534	16141	37050	20157	16893
23	61889	31968	29921	34442	17957	16485	42595	22695	19900
24	38826	19776	19050	34159	17524	16635	47664	25095	22569
25-29岁	**76182**	**40525**	**35657**	**145391**	**68684**	**76707**	**294708**	**152052**	**142656**
25	26760	14021	12739	33021	16380	16641	51706	26900	24806
26	17705	9357	8348	29584	14429	15155	54001	27980	26021
27	13277	7134	6143	28747	13597	15150	58993	30130	28863
28	10270	5506	4764	27611	12684	14927	63342	32816	30526
29	8170	4507	3663	26428	11594	14834	66666	34226	32440

7-8a 续表 3

单位：人

年 龄	学习培训			随同离开/投亲靠友			拆迁/搬家		
	小计	男	女	小计	男	女	小计	男	女
30-34岁	**23404**	**12835**	**10569**	**118725**	**45934**	**72791**	**396147**	**201033**	**195114**
30	7447	4089	3358	27933	11646	16287	77083	39290	37793
31	5229	2891	2338	24749	9820	14929	78933	40140	38793
32	4139	2228	1911	22570	8616	13954	76614	39031	37583
33	3711	2021	1690	22851	8385	14466	82865	41816	41049
34	2878	1606	1272	20622	7467	13155	80652	40756	39896
35-39岁	**10304**	**5534**	**4770**	**87559**	**30099**	**57460**	**393341**	**200324**	**193017**
35	2432	1353	1079	18544	6612	11932	76821	39218	37603
36	2314	1288	1026	18358	6411	11947	79525	40511	39014
37	1944	1020	924	17210	6034	11176	77308	39563	37745
38	1911	1014	897	17477	5811	11666	81724	41712	40012
39	1703	859	844	15970	5231	10739	77963	39320	38643
40-44岁	**5738**	**2904**	**2834**	**66039**	**20409**	**45630**	**364265**	**184195**	**180070**
40	1437	730	707	13956	4564	9392	72721	36758	35963
41	1316	657	659	15120	4772	10348	82212	41690	40522
42	1103	566	537	12953	4126	8827	72407	36719	35688
43	920	484	436	11515	3380	8135	65046	32821	32225
44	962	467	495	12495	3567	8928	71879	36207	35672
45-49岁	**4057**	**2018**	**2039**	**72007**	**18860**	**53147**	**416367**	**209890**	**206477**
45	925	472	453	12810	3491	9319	74007	37286	36721
46	854	413	441	14337	3795	10542	83709	42362	41347
47	823	423	400	14690	3912	10778	87197	43709	43488
48	771	369	402	14770	3794	10976	84977	42798	42179
49	684	341	343	15400	3868	11532	86477	43735	42742
50-54岁	**2571**	**1273**	**1298**	**90960**	**21616**	**69344**	**401172**	**203415**	**197757**
50	687	337	350	16608	3997	12611	88324	44745	43579
51	561	281	280	17221	4039	13182	83922	42337	41585
52	529	269	260	19928	4722	15206	87071	43797	43274
53	383	177	206	17178	3999	13179	68745	35231	33514
54	411	209	202	20025	4859	15166	73110	37305	35805
55-59岁	**1698**	**815**	**883**	**105884**	**27033**	**78851**	**359194**	**184892**	**174302**
55	395	203	192	21661	5291	16370	78296	40421	37875
56	402	208	194	22144	5413	16731	76515	39193	37322
57	408	177	231	26101	6718	19383	86474	44601	41873
58	330	157	173	22828	6103	16725	74794	38740	36054
59	163	70	93	13150	3508	9642	43115	21937	21178
60-64岁	**1001**	**431**	**570**	**99428**	**32400**	**67028**	**249352**	**129735**	**119617**
60	179	74	105	14794	4297	10497	44767	23149	21618
61	162	74	88	17179	5479	11700	46448	24367	22081
62	236	99	137	21723	7041	14682	54299	28389	25910
63	212	95	117	24313	8180	16133	56380	29415	26965
64	212	89	123	21419	7403	14016	47458	24415	23043
65岁及以上	**1960**	**847**	**1113**	**238597**	**86466**	**152131**	**467885**	**236287**	**231598**

7-8a 续表 4 单位：人

年龄	寄挂户口			婚姻嫁娶			照料孙子女		
	小计	男	女	小计	男	女	小计	男	女
总计	**513222**	**275027**	**238195**	**660406**	**79153**	**581253**	**1048482**	**327837**	**720645**
0—4岁	**38803**	**20528**	**18275**						
0	3734	1990	1744						
1	8763	4558	4205						
2	8790	4656	4134						
3	9449	5076	4373						
4	8067	4248	3819						
5—9岁	**34191**	**18107**	**16084**						
5	7243	3899	3344						
6	6697	3491	3206						
7	6652	3522	3130						
8	7375	3887	3488						
9	6224	3308	2916						
10—14岁	**30600**	**16311**	**14289**	**56**	**30**	**26**			
10	6182	3314	2868	9	5	4			
11	6316	3331	2985	16	8	8			
12	6520	3469	3051	13	10	3			
13	6097	3241	2856	13	7	6			
14	5485	2956	2529	5		5			
15—19岁	**14176**	**8111**	**6065**	**1649**	**203**	**1446**	**87**	**20**	**67**
15	3412	1904	1508	92	37	55	5	2	3
16	2799	1551	1248	109	29	80	13	4	9
17	2872	1596	1276	203	29	174	11	3	8
18	2567	1547	1020	392	44	348	29	6	23
19	2526	1513	1013	853	64	789	29	5	24
20—24岁	**31301**	**16323**	**14978**	**28179**	**810**	**27369**	**667**	**34**	**633**
20	3107	1876	1231	1582	61	1521	48	1	47
21	3841	2160	1681	2689	76	2613	102	9	93
22	6152	3224	2928	4840	123	4717	141	10	131
23	7803	3978	3825	7564	229	7335	171	3	168
24	10398	5085	5313	11504	321	11183	205	11	194
25—29岁	**63613**	**30652**	**32961**	**118296**	**5688**	**112608**	**1628**	**67**	**1561**
25	12564	6034	6530	15957	543	15414	285	11	274
26	13458	6327	7131	19459	735	18724	296	12	284
27	13651	6606	7045	24517	1059	23458	348	12	336
28	12483	6049	6434	28192	1458	26734	334	15	319
29	11457	5636	5821	30171	1893	28278	365	17	348

7–8a 续表 5

单位：人

年 龄	寄挂户口			婚姻嫁娶			照料孙子女		
	小计	男	女	小计	男	女	小计	男	女
30–34岁	**53133**	**26689**	**26444**	**168542**	**14309**	**154233**	**3958**	**565**	**3393**
30	12316	6122	6194	35442	2416	33026	850	93	757
31	11257	5632	5625	34682	2740	31942	816	104	712
32	10093	5025	5068	32865	2825	30040	764	99	665
33	10321	5209	5112	33955	3174	30781	783	133	650
34	9146	4701	4445	31598	3154	28444	745	136	609
35–39岁	**40928**	**20703**	**20225**	**127824**	**15371**	**112453**	**3069**	**597**	**2472**
35	8154	4111	4043	28501	2996	25505	615	92	523
36	8352	4208	4144	27482	3119	24363	690	126	564
37	8115	4133	3982	24852	3131	21721	575	131	444
38	8531	4360	4171	24813	3153	21660	608	126	482
39	7776	3891	3885	22176	2972	19204	581	122	459
40–44岁	**36557**	**18826**	**17731**	**78151**	**12282**	**65869**	**3502**	**767**	**2735**
40	7273	3652	3621	18974	2740	16234	488	119	369
41	8351	4334	4017	18792	2840	15952	662	188	474
42	7430	3841	3589	15419	2457	12962	631	136	495
43	6592	3398	3194	12662	2143	10519	755	156	599
44	6911	3601	3310	12304	2102	10202	966	168	798
45–49岁	**38112**	**19933**	**18179**	**55844**	**11112**	**44732**	**19033**	**2153**	**16880**
45	6932	3632	3300	11910	2170	9740	1302	201	1101
46	7702	4064	3638	12239	2351	9888	2237	272	1965
47	8046	4164	3882	11623	2352	9271	3313	364	2949
48	7886	4138	3748	10406	2144	8262	4959	517	4442
49	7546	3935	3611	9666	2095	7571	7222	799	6423
50–54岁	**33849**	**18371**	**15478**	**33770**	**7354**	**26416**	**111241**	**16889**	**94352**
50	7807	4094	3713	8897	1928	6969	11308	1275	10033
51	7296	3860	3436	7458	1619	5839	16583	2244	14339
52	7450	4081	3369	7153	1561	5592	24119	3492	20627
53	5519	3063	2456	5203	1139	4064	24844	3956	20888
54	5777	3273	2504	5059	1107	3952	34387	5922	28465
55–59岁	**26751**	**15738**	**11013**	**20608**	**4933**	**15675**	**237014**	**50721**	**186293**
55	5986	3484	2502	5009	1117	3892	41042	7732	33310
56	6071	3533	2538	4604	1149	3455	47077	9217	37860
57	6210	3700	2510	4809	1194	3615	61130	13278	47852
58	5352	3184	2168	4023	939	3084	55456	12627	42829
59	3132	1837	1295	2163	534	1629	32309	7867	24442
60–64岁	**18353**	**11091**	**7262**	**11514**	**2927**	**8587**	**273010**	**90915**	**182095**
60	3312	1955	1357	2260	591	1669	39050	11116	27934
61	3541	2143	1398	2169	562	1607	45709	14460	31249
62	4039	2387	1652	2520	614	1906	60376	20207	40169
63	4056	2503	1553	2467	632	1835	68655	24114	44541
64	3405	2103	1302	2098	528	1570	59220	21018	38202
65岁及以上	**52855**	**33644**	**19211**	**15973**	**4134**	**11839**	**395273**	**165109**	**230164**

7-8a 续表 6 单位：人

年 龄	为子女就学			养老/康养			其 他		
	小计	男	女	小计	男	女	小计	男	女
总 计	**173840**	**63386**	**110454**	**374480**	**150490**	**223990**	**1893791**	**982939**	**910852**
0-4岁							**448379**	**241187**	**207192**
0							54157	29118	25039
1							96859	52038	44821
2							100350	53870	46480
3							104300	55996	48304
4							92713	50165	42548
5-9岁							**251337**	**137070**	**114267**
5							84016	45745	38271
6							46894	25624	21270
7							40491	22144	18347
8							43028	23305	19723
9							36908	20252	16656
10-14岁				**30**	**21**	**9**	**146097**	**80372**	**65725**
10				11	10	1	33435	18243	15192
11				4	1	3	32511	17877	14634
12				3	2	1	29679	16226	13453
13				8	4	4	26158	14564	11594
14				4	4		24314	13462	10852
15-19岁	**3660**	**2046**	**1614**	**66**	**47**	**19**	**75520**	**42281**	**33239**
15	1208	651	557	10	7	3	16844	9201	7643
16	843	461	382	10	6	4	15473	8649	6824
17	626	385	241	11	9	2	14642	8204	6438
18	543	306	237	13	10	3	14170	8036	6134
19	440	243	197	22	15	7	14391	8191	6200
20-24岁	**2843**	**913**	**1930**	**129**	**83**	**46**	**92018**	**49372**	**42646**
20	530	275	255	22	18	4	15368	8742	6626
21	410	169	241	21	10	11	15783	8759	7024
22	524	172	352	24	18	6	19122	10250	8872
23	602	149	453	29	20	9	20126	10566	9560
24	777	148	629	33	17	16	21619	11055	10564
25-29岁	**9894**	**1573**	**8321**	**134**	**83**	**51**	**113707**	**57216**	**56491**
25	1049	161	888	32	21	11	22453	11487	10966
26	1339	202	1137	27	21	6	22288	11108	11180
27	1899	270	1629	23	11	12	23350	11665	11685
28	2400	375	2025	28	14	14	22862	11513	11349
29	3207	565	2642	24	16	8	22754	11443	11311

7-8a　续表 7　　　　单位：人

年　龄	为子女就学			养老/康养			其　他		
	小计	男	女	小计	男	女	小计	男	女
30–34岁	**30796**	**7491**	**23305**	**188**	**109**	**79**	**119823**	**59857**	**59966**
30	4515	892	3623	34	22	12	25812	13067	12745
31	5381	1177	4204	42	23	19	24540	12268	12272
32	6033	1399	4634	34	20	14	22989	11351	11638
33	7317	1915	5402	40	21	19	24285	12188	12097
34	7550	2108	5442	38	23	15	22197	10983	11214
35–39岁	**43050**	**14341**	**28709**	**200**	**107**	**93**	**102938**	**51527**	**51411**
35	7777	2246	5531	32	16	16	20501	10223	10278
36	8527	2665	5862	32	20	12	20900	10292	10608
37	8576	2922	5654	40	24	16	19994	10132	9862
38	9360	3266	6094	40	20	20	21464	10825	10639
39	8810	3242	5568	56	27	29	20079	10055	10024
40–44岁	**35863**	**14517**	**21346**	**303**	**130**	**173**	**90070**	**45168**	**44902**
40	7883	3047	4836	45	25	20	18316	9161	9155
41	8550	3398	5152	66	30	36	20160	10139	10021
42	7211	2861	4350	50	24	26	17758	8902	8856
43	6224	2597	3627	57	17	40	16059	8134	7925
44	5995	2614	3381	85	34	51	17777	8832	8945
45–49岁	**24025**	**11189**	**12836**	**1189**	**385**	**804**	**100269**	**48931**	**51338**
45	5717	2549	3168	125	51	74	18066	8931	9135
46	5609	2573	3036	162	52	110	20347	9986	10361
47	5003	2325	2678	213	67	146	21021	10313	10708
48	4072	1955	2117	279	98	181	20377	9869	10508
49	3624	1787	1837	410	117	293	20458	9832	10626
50–54岁	**10686**	**5274**	**5412**	**18325**	**5223**	**13102**	**97074**	**45824**	**51250**
50	3116	1511	1605	1995	508	1487	21563	10227	11336
51	2398	1238	1160	3088	844	2244	20180	9606	10574
52	2129	1078	1051	4105	1160	2945	21065	9827	11238
53	1544	711	833	3963	1148	2815	16567	7777	8790
54	1499	736	763	5174	1563	3611	17699	8387	9312
55–59岁	**5514**	**2564**	**2950**	**37886**	**12684**	**25202**	**82411**	**38915**	**43496**
55	1369	666	703	6478	2170	4308	18361	8633	9728
56	1221	562	659	7449	2390	5059	18004	8501	9503
57	1317	598	719	9422	3069	6353	19944	9368	10576
58	1068	468	600	8686	2955	5731	16602	7945	8657
59	539	270	269	5851	2100	3751	9500	4468	5032
60–64岁	**3034**	**1350**	**1684**	**55906**	**24056**	**31850**	**56499**	**27485**	**29014**
60	531	254	277	7792	3136	4656	9946	4699	5247
61	572	270	302	9237	3939	5298	10484	5110	5374
62	670	282	388	12162	5262	6900	12300	6072	6228
63	702	308	394	13906	6073	7833	12745	6254	6491
64	559	236	323	12809	5646	7163	11024	5350	5674
65岁及以上	**4475**	**2128**	**2347**	**260124**	**107562**	**152562**	**117649**	**57734**	**59915**

7-8b 全省分年龄、性别、迁移原因的户口登记地在外乡镇街道的人口(镇)

单位：人

年龄	合计			工作就业		
	合计	男	女	小计	男	女
总计	**6173567**	**3352112**	**2821455**	**2963627**	**1793551**	**1170076**
0-4岁	**309226**	**166818**	**142408**			
0	29788	16270	13518			
1	57553	31147	26406			
2	65226	35076	30150			
3	78812	42409	36403			
4	77847	41916	35931			
5-9岁	**425786**	**230355**	**195431**			
5	76892	41565	35327			
6	82407	44733	37674			
7	85983	46258	39725			
8	94850	51115	43735			
9	85654	46684	38970			
10-14岁	**376251**	**203197**	**173054**	**1228**	**724**	**504**
10	81003	43997	37006	202	116	86
11	82364	44590	37774	248	140	108
12	77305	41881	35424	231	142	89
13	68795	36901	31894	243	138	105
14	66784	35828	30956	304	188	116
15-19岁	**503912**	**273388**	**230524**	**73725**	**46860**	**26865**
15	83460	43933	39527	3373	2080	1293
16	114618	60464	54154	7727	4895	2832
17	110098	59039	51059	14149	8890	5259
18	95816	53578	42238	20568	13120	7448
19	99920	56374	43546	27908	17875	10033
20-24岁	**468001**	**265017**	**202984**	**257550**	**159322**	**98228**
20	100330	56104	44226	33823	21680	12143
21	91773	51491	40282	41902	26356	15546
22	91274	52581	38693	54342	33706	20636
23	89456	51290	38166	60801	37218	23583
24	95168	53551	41617	66682	40362	26320
25-29岁	**538155**	**298158**	**239997**	**383585**	**232448**	**151137**
25	101357	57254	44103	72197	44032	28165
26	99886	55455	44431	70642	42752	27890
27	107438	59172	48266	76585	46149	30436
28	111922	61827	50095	79770	48534	31236
29	117552	64450	53102	84391	50981	33410

7-8b　续表 1

单位：人

年　龄	合　计			工作就业		
	合计	男	女	小计	男	女
30-34岁	**674078**	**365988**	**308090**	**494935**	**295846**	**199089**
30	139490	76333	63157	101888	61263	40625
31	135777	73637	62140	99575	59519	40056
32	127408	69129	58279	93766	56017	37749
33	140547	76302	64245	103926	62042	41884
34	130856	70587	60269	95780	57005	38775
35-39岁	**615502**	**333155**	**282347**	**439701**	**261307**	**178394**
35	120893	65247	55646	87615	51960	35655
36	124624	67297	57327	89057	52950	36107
37	118498	63863	54635	84184	49870	34314
38	130334	71140	59194	93060	55614	37446
39	121153	65608	55545	85785	50913	34872
40-44岁	**513992**	**280604**	**233388**	**372828**	**219472**	**153356**
40	107459	58080	49379	76538	45017	31521
41	112136	61200	50936	79669	47174	32495
42	100968	55319	45649	73331	43260	30071
43	91061	49945	41116	67121	39507	27614
44	102368	56060	46308	76169	44514	31655
45-49岁	**549486**	**299477**	**250009**	**400459**	**233680**	**166779**
45	105658	57270	48388	78596	45452	33144
46	116895	63466	53429	86339	49968	36371
47	113384	61348	52036	82270	47747	34523
48	108173	59192	48981	78382	45985	32397
49	105376	58201	47175	74872	44528	30344
50-54岁	**454006**	**251853**	**202153**	**298386**	**184283**	**114103**
50	105927	58108	47819	73706	44052	29654
51	94742	52670	42072	64072	39226	24846
52	97707	54075	43632	64625	39811	24814
53	76259	42425	33834	47896	30074	17822
54	79371	44575	34796	48087	31120	16967
55-59岁	**294312**	**161600**	**132712**	**148910**	**99083**	**49827**
55	74340	41522	32818	42158	27564	14594
56	67210	37227	29983	35731	23664	12067
57	68834	38076	30758	34900	23565	11335
58	55450	29963	25487	24934	16923	8011
59	28478	14812	13666	11187	7367	3820
60-64岁	**161691**	**83262**	**78429**	**48422**	**32735**	**15687**
60	26983	13983	13000	9944	6615	3329
61	29636	15592	14044	9269	6348	2921
62	36744	18908	17836	11067	7533	3534
63	37082	19132	17950	10248	6960	3288
64	31246	15647	15599	7894	5279	2615
65岁及以上	**289169**	**139240**	**149929**	**43898**	**27791**	**16107**

7-8b 续表 2 单位：人

年龄	学习培训			随同离开/投亲靠友			拆迁/搬家		
	小计	男	女	小计	男	女	小计	男	女
总计	**711214**	**374092**	**337122**	**794453**	**386833**	**407620**	**910595**	**478580**	**432015**
0-4岁	**9930**	**5465**	**4465**	**175723**	**94891**	**80832**	**48146**	**25964**	**22182**
0	249	144	105	16785	9125	7660	4813	2680	2133
1	799	430	369	32816	17813	15003	8580	4637	3943
2	1383	741	642	37145	20086	17059	10119	5399	4720
3	3248	1792	1456	44751	24045	20706	12467	6735	5732
4	4251	2358	1893	44226	23822	20404	12167	6513	5654
5-9岁	**108226**	**59008**	**49218**	**193675**	**104808**	**88867**	**67344**	**36281**	**31063**
5	4717	2633	2084	43139	23286	19853	12304	6605	5699
6	21433	11719	9714	37629	20433	17196	12699	6890	5809
7	26003	14236	11767	36795	19746	17049	13638	7263	6375
8	29231	15808	13423	40369	21747	18622	14962	8085	6877
9	26842	14612	12230	35743	19596	16147	13741	7438	6303
10-14岁	**126640**	**68731**	**57909**	**145804**	**78636**	**67168**	**63302**	**33999**	**29303**
10	25929	14255	11674	33203	17990	15213	13033	6993	6040
11	26789	14640	12149	32872	17838	15034	13752	7381	6371
12	25664	14014	11650	30149	16241	13908	13249	7159	6090
13	23311	12578	10733	26054	13921	12133	12032	6433	5599
14	24947	13244	11703	23526	12646	10880	11236	6033	5203
15-19岁	**340864**	**177254**	**163610**	**43914**	**24330**	**19584**	**26564**	**14847**	**11717**
15	53990	27507	26483	13983	7666	6317	7510	4143	3367
16	88300	45376	42924	9361	5160	4201	5442	2999	2443
17	80042	41428	38614	7641	4234	3407	4719	2596	2123
18	60228	32121	28107	6911	3870	3041	4632	2600	2032
19	58304	30822	27482	6018	3400	2618	4261	2509	1752
20-24岁	**115234**	**58280**	**56954**	**30072**	**16495**	**13577**	**33265**	**18331**	**14934**
20	53050	26918	26132	5402	3137	2265	4332	2528	1804
21	34996	17197	17799	5246	2974	2272	5177	2981	2196
22	17614	9180	8434	6245	3364	2881	6857	3805	3052
23	6578	3451	3127	6513	3523	2990	7848	4222	3626
24	2996	1534	1462	6666	3497	3169	9051	4795	4256
25-29岁	**5073**	**2739**	**2334**	**32075**	**15845**	**16230**	**55196**	**29057**	**26139**
25	1748	916	832	6721	3511	3210	9729	5242	4487
26	1124	594	530	6451	3294	3157	10056	5331	4725
27	865	478	387	6364	3134	3230	11063	5794	5269
28	684	389	295	6254	3022	3232	11812	6203	5609
29	652	362	290	6285	2884	3401	12536	6487	6049

7-8b　续表 3　　　　单位：人

年　龄	学习培训			随同离开/投亲靠友			拆迁/搬家		
	小计	男	女	小计	男	女	小计	男	女
30-34岁	**1946**	**1027**	**919**	**29483**	**11949**	**17534**	**75585**	**37966**	**37619**
30	574	303	271	6771	2994	3777	14776	7632	7144
31	417	231	186	6180	2614	3566	14727	7411	7316
32	360	165	195	5461	2212	3249	14229	7137	7092
33	330	179	151	5746	2222	3524	16076	7982	8094
34	265	149	116	5325	1907	3418	15777	7804	7973
35-39岁	**1094**	**562**	**532**	**23731**	**7993**	**15738**	**86042**	**43683**	**42359**
35	227	117	110	4896	1777	3119	15531	7871	7660
36	237	133	104	4950	1723	3227	17012	8642	8370
37	221	102	119	4663	1577	3086	16715	8458	8257
38	211	112	99	4759	1561	3198	18778	9585	9193
39	198	98	100	4463	1355	3108	18006	9127	8879
40-44岁	**644**	**312**	**332**	**16957**	**4840**	**12117**	**75256**	**38667**	**36589**
40	150	80	70	3849	1191	2658	16021	8127	7894
41	171	81	90	3786	1136	2650	17306	8863	8443
42	118	59	59	3436	1013	2423	14662	7538	7124
43	97	42	55	2831	716	2115	12912	6697	6215
44	108	50	58	3055	784	2271	14355	7442	6913
45-49岁	**502**	**252**	**250**	**17473**	**3957**	**13516**	**83149**	**43360**	**39789**
45	104	45	59	3222	776	2446	14983	7768	7215
46	112	61	51	3641	851	2790	16905	8853	8052
47	96	51	45	3587	790	2797	17321	8899	8422
48	84	48	36	3460	790	2670	16801	8722	8079
49	106	47	59	3563	750	2813	17139	9118	8021
50-54岁	**348**	**165**	**183**	**18497**	**3862**	**14635**	**83289**	**44044**	**39245**
50	98	48	50	3722	791	2931	17899	9300	8599
51	70	27	43	3657	799	2858	16793	8852	7941
52	61	31	30	3964	807	3157	17666	9378	8288
53	60	27	33	3382	663	2719	14948	8038	6910
54	59	32	27	3772	802	2970	15983	8476	7507
55-59岁	**243**	**101**	**142**	**17092**	**3994**	**13098**	**70231**	**37494**	**32737**
55	58	26	32	3822	886	2936	16196	8563	7633
56	66	30	36	3707	848	2859	15293	8217	7076
57	54	17	37	3966	925	3041	16065	8562	7503
58	47	16	31	3527	815	2712	14484	7729	6755
59	18	12	6	2070	520	1550	8193	4423	3770
60-64岁	**151**	**67**	**84**	**13637**	**3856**	**9781**	**48495**	**25825**	**22670**
60	23	10	13	2076	552	1524	7508	3864	3644
61	27	12	15	2355	642	1713	8994	4952	4042
62	22	11	11	3088	863	2225	10888	5750	5138
63	47	24	23	3220	927	2293	11294	6102	5192
64	32	10	22	2898	872	2026	9811	5157	4654
65岁及以上	**319**	**129**	**190**	**36320**	**11377**	**24943**	**94731**	**49062**	**45669**

7-8b 续表 4

单位：人

年 龄	寄挂户口			婚姻嫁娶			照料孙子女		
	小计	男	女	小计	男	女	小计	男	女
总 计	**105853**	**57104**	**48749**	**139691**	**7801**	**131890**	**101960**	**32075**	**69885**
0-4岁	**8277**	**4378**	**3899**						
0	734	390	344						
1	1901	1005	896						
2	1924	1003	921						
3	2044	1075	969						
4	1674	905	769						
5-9岁	**7306**	**3827**	**3479**						
5	1614	861	753						
6	1423	745	678						
7	1410	737	673						
8	1497	755	742						
9	1362	729	633						
10-14岁	**6635**	**3475**	**3160**	**11**	**3**	**8**			
10	1372	732	640	2	1	1			
11	1467	759	708	1		1			
12	1280	686	594						
13	1283	680	603	1		1			
14	1233	618	615	7	2	5			
15-19岁	**2936**	**1703**	**1233**	**712**	**32**	**680**	**3**		**3**
15	760	430	330	25	5	20			
16	604	335	269	41	3	38	2		2
17	561	311	250	93	11	82			
18	532	329	203	193	4	189			
19	479	298	181	360	9	351	1		1
20-24岁	**6794**	**3554**	**3240**	**8470**	**112**	**8358**	**37**	**5**	**32**
20	607	356	251	561	11	550	3		3
21	831	481	350	931	6	925	5	1	4
22	1272	667	605	1564	22	1542	8		8
23	1766	896	870	2201	30	2171	6		6
24	2318	1154	1164	3213	43	3170	15	4	11
25-29岁	**12515**	**6120**	**6395**	**26136**	**512**	**25624**	**67**	**7**	**60**
25	2618	1284	1334	4015	66	3949	16	1	15
26	2572	1262	1310	4672	85	4587	7	2	5
27	2535	1238	1297	5329	87	5242	10		10
28	2404	1173	1231	5944	119	5825	21	4	17
29	2386	1163	1223	6176	155	6021	13		13

7-8b 续表 5

单位：人

年 龄	寄挂户口			婚姻嫁娶			照料孙子女		
	小计	男	女	小计	男	女	小计	男	女
30-34岁	**9609**	**4896**	**4713**	**32098**	**1126**	**30972**	**445**	**71**	**374**
30	2447	1241	1206	7037	194	6843	73	8	65
31	2117	1068	1049	6719	233	6486	96	14	82
32	1733	916	817	6098	202	5896	101	21	80
33	1671	882	789	6374	258	6116	88	12	76
34	1641	789	852	5870	239	5631	87	16	71
35-39岁	**8729**	**4355**	**4374**	**24101**	**1203**	**22898**	**459**	**98**	**361**
35	1553	793	760	5181	213	4968	92	17	75
36	1658	833	825	5210	237	4973	95	19	76
37	1693	847	846	4747	256	4491	90	21	69
38	2000	997	1003	4667	245	4422	100	26	74
39	1825	885	940	4296	252	4044	82	15	67
40-44岁	**7207**	**3825**	**3382**	**14839**	**1153**	**13686**	**615**	**149**	**466**
40	1535	821	714	3629	246	3383	95	19	76
41	1689	897	792	3499	254	3245	145	35	110
42	1425	749	676	2862	223	2639	97	29	68
43	1200	630	570	2390	210	2180	126	31	95
44	1358	728	630	2459	220	2239	152	35	117
45-49岁	**7998**	**4151**	**3847**	**12346**	**1237**	**11109**	**2260**	**330**	**1930**
45	1378	694	684	2454	220	2234	179	20	159
46	1582	814	768	2792	268	2524	270	39	231
47	1761	901	860	2547	269	2278	434	68	366
48	1608	846	762	2315	238	2077	565	80	485
49	1669	896	773	2238	242	1996	812	123	689
50-54岁	**7301**	**4033**	**3268**	**8964**	**924**	**8040**	**11945**	**2236**	**9709**
50	1700	915	785	2201	221	1980	1264	177	1087
51	1495	816	679	1886	166	1720	1769	320	1449
52	1462	806	656	1919	200	1719	2631	479	2152
53	1280	732	548	1499	166	1333	2674	487	2187
54	1364	764	600	1459	171	1288	3607	773	2834
55-59岁	**6151**	**3674**	**2477**	**5233**	**619**	**4614**	**23411**	**5651**	**17760**
55	1531	910	621	1296	148	1148	4224	918	3306
56	1439	876	563	1189	139	1050	4736	1090	3646
57	1367	826	541	1176	135	1041	5863	1430	4433
58	1142	681	461	1022	132	890	5522	1407	4115
59	672	381	291	550	65	485	3066	806	2260
60-64岁	**4170**	**2614**	**1556**	**2784**	**327**	**2457**	**24343**	**8176**	**16167**
60	654	429	225	488	51	437	3342	1037	2305
61	792	478	314	536	70	466	4190	1373	2817
62	1007	644	363	609	69	540	5564	1820	3744
63	961	598	363	651	79	572	6035	2150	3885
64	756	465	291	500	58	442	5212	1796	3416
65岁及以上	**10225**	**6499**	**3726**	**3997**	**553**	**3444**	**38375**	**15352**	**23023**

7-8b 续表 6

单位：人

年龄	为子女就学			养老/康养			其他		
	小计	男	女	小计	男	女	小计	男	女
总　计	**37141**	**12281**	**24860**	**55668**	**24035**	**31633**	**353365**	**185760**	**167605**
0-4岁							**67150**	**36120**	**31030**
0							7207	3931	3276
1							13457	7262	6195
2							14655	7847	6808
3							16302	8762	7540
4							15529	8318	7211
5-9岁							**49235**	**26431**	**22804**
5							15118	8180	6938
6							9223	4946	4277
7							8137	4276	3861
8							8791	4720	4071
9							7966	4309	3657
10-14岁				**7**	**6**	**1**	**32624**	**17623**	**15001**
10				2	2		7260	3908	3352
11				2	1	1	7233	3831	3402
12				1	1		6731	3638	3093
13				2	2		5869	3149	2720
14							5531	3097	2434
15-19岁	**239**	**130**	**109**	**4**	**4**		**14951**	**8228**	**6723**
15	83	45	38	2	2		3734	2055	1679
16	51	27	24	1	1		3089	1668	1421
17	41	22	19	1	1		2851	1546	1305
18	33	18	15				2719	1516	1203
19	31	18	13				2558	1443	1115
20-24岁	**516**	**130**	**386**	**8**	**4**	**4**	**16055**	**8784**	**7271**
20	51	30	21	1	1		2500	1443	1057
21	57	19	38	1	1		2627	1475	1152
22	94	23	71	2		2	3276	1814	1462
23	111	21	90	4	2	2	3628	1927	1701
24	203	37	166				4024	2125	1899
25-29岁	**2624**	**470**	**2154**	**9**	**5**	**4**	**20875**	**10955**	**9920**
25	229	34	195	5	4	1	4079	2164	1915
26	336	61	275				4026	2074	1952
27	504	79	425	2	1	1	4181	2212	1969
28	692	123	569	1		1	4340	2260	2080
29	863	173	690	1		1	4249	2245	2004

7-8b 续表 7

单位：人

年 龄	为子女就学			养老/康养			其 他		
	小计	男	女	小计	男	女	小计	男	女
30-34岁	**7629**	**1743**	**5886**	**16**	**9**	**7**	**22332**	**11355**	**10977**
30	1195	245	950	5	5		4724	2448	2276
31	1322	239	1083	3	1	2	4621	2307	2314
32	1489	346	1143	1		1	4170	2113	2057
33	1850	459	1391	4	2	2	4482	2264	2218
34	1773	454	1319	3	1	2	4335	2223	2112
35-39岁	**9838**	**2969**	**6869**	**18**	**8**	**10**	**21789**	**10977**	**10812**
35	1788	466	1322	2		2	4008	2033	1975
36	2058	571	1487	4	2	2	4343	2187	2156
37	1960	590	1370	3	2	1	4222	2140	2082
38	2055	675	1380	4	2	2	4700	2323	2377
39	1977	667	1310	5	2	3	4516	2294	2222
40-44岁	**6873**	**2577**	**4296**	**49**	**19**	**30**	**18724**	**9590**	**9134**
40	1667	562	1105	4	3	1	3971	2014	1957
41	1697	611	1086	13	6	7	4161	2143	2018
42	1368	523	845	12	4	8	3657	1921	1736
43	1055	434	621	10	4	6	3319	1674	1645
44	1086	447	639	10	2	8	3616	1838	1778
45-49岁	**4065**	**1763**	**2302**	**182**	**63**	**119**	**21052**	**10684**	**10368**
45	977	415	562	19	6	13	3746	1874	1872
46	999	448	551	26	10	16	4229	2154	2075
47	811	331	480	39	11	28	4518	2281	2237
48	675	292	383	44	16	28	4239	2175	2064
49	603	277	326	54	20	34	4320	2200	2120
50-54岁	**2009**	**972**	**1037**	**3357**	**1128**	**2229**	**19910**	**10206**	**9704**
50	546	268	278	352	94	258	4439	2242	2197
51	444	225	219	548	179	369	4008	2060	1948
52	387	187	200	801	254	547	4191	2122	2069
53	329	143	186	691	253	438	3500	1842	1658
54	303	149	154	965	348	617	3772	1940	1832
55-59岁	**1274**	**556**	**718**	**6237**	**2350**	**3887**	**15530**	**8078**	**7452**
55	290	133	157	1040	388	652	3725	1986	1739
56	295	133	162	1274	475	799	3480	1755	1725
57	282	117	165	1537	570	967	3624	1929	1695
58	258	108	150	1441	569	872	3073	1583	1490
59	149	65	84	945	348	597	1628	825	803
60-64岁	**897**	**386**	**511**	**8557**	**3931**	**4626**	**10235**	**5345**	**4890**
60	139	58	81	1113	495	618	1696	872	824
61	164	64	100	1436	664	772	1873	989	884
62	198	95	103	1975	903	1072	2326	1220	1106
63	212	94	118	2082	990	1092	2332	1208	1124
64	184	75	109	1951	879	1072	2008	1056	952
65岁及以上	**1177**	**585**	**592**	**37224**	**16508**	**20716**	**22903**	**11384**	**11519**

7–8c 全省分年龄、性别、迁移原因的户口登记地在外乡镇街道的人口(乡村)

单位：人

年 龄	合 计			工作就业		
	合计	男	女	小计	男	女
总 计	**4843247**	**2819761**	**2023486**	**2869764**	**1853911**	**1015853**
0—4岁	**178944**	**95450**	**83494**			
0	16417	8805	7612			
1	35040	18712	16328			
2	38891	20747	18144			
3	44770	23748	21022			
4	43826	23438	20388			
5—9岁	**225441**	**121461**	**103980**			
5	42186	22593	19593			
6	43947	23580	20367			
7	44876	24197	20679			
8	49572	26747	22825			
9	44860	24344	20516			
10—14岁	**194569**	**106366**	**88203**	**973**	**574**	**399**
10	42078	22893	19185	156	85	71
11	43082	23529	19553	207	120	87
12	39366	21441	17925	178	117	61
13	35411	19551	15860	169	88	81
14	34632	18952	15680	263	164	99
15—19岁	**361007**	**206676**	**154331**	**90922**	**61128**	**29794**
15	49348	26808	22540	3080	1954	1126
16	72058	40863	31195	10270	7050	3220
17	71872	42420	29452	18845	12860	5985
18	76722	44917	31805	25517	17126	8391
19	91007	51668	39339	33210	22138	11072
20—24岁	**441687**	**259130**	**182557**	**274609**	**181459**	**93150**
20	90761	52077	38684	38890	26179	12711
21	86131	49643	36488	46532	31043	15489
22	88507	52693	35814	58872	38911	19961
23	87178	51814	35364	63839	41648	22191
24	89110	52903	36207	66476	43678	22798
25—29岁	**486478**	**284332**	**202146**	**365594**	**239229**	**126365**
25	94646	55664	38982	70606	46224	24382
26	90584	53035	37549	68028	44624	23404
27	97028	56591	40437	72782	47639	25143
28	100530	58546	41984	75539	49421	26118
29	103690	60496	43194	78639	51321	27318

7-8c　续表 1　　　　单位：人

年　龄	合　计			工作就业		
	合计	男	女	小计	男	女
30-34岁	**571447**	**337728**	**233719**	**448955**	**291881**	**157074**
30	122693	72267	50426	94251	61565	32686
31	117056	68950	48106	91179	59294	31885
32	108486	64186	44300	85335	55457	29878
33	117353	69663	47690	93678	60896	32782
34	105859	62662	43197	84512	54669	29843
35-39岁	**472583**	**280201**	**192382**	**380636**	**244296**	**136340**
35	95918	57004	38914	76890	49783	27107
36	94824	56033	38791	75930	48817	27113
37	90269	53851	36418	72609	46871	25738
38	98842	58740	40102	80301	51391	28910
39	92730	54573	38157	74906	47434	27472
40-44岁	**430115**	**250537**	**179578**	**345898**	**215184**	**130714**
40	85372	49957	35415	68817	43297	25520
41	89755	52914	36841	71851	45477	26374
42	84285	49132	35153	67585	41918	25667
43	79707	46366	33341	64330	39810	24520
44	90996	52168	38828	73315	44682	28633
45-49岁	**499924**	**287125**	**212799**	**399794**	**244167**	**155627**
45	95027	54333	40694	76716	46498	30218
46	105680	60209	45471	84632	51237	33395
47	102290	58670	43620	81606	49821	31785
48	99365	57184	42181	79688	48764	30924
49	97562	56729	40833	77152	47847	29305
50-54岁	**413896**	**247608**	**166288**	**318346**	**205089**	**113257**
50	98275	57223	41052	77046	47871	29175
51	87013	51652	35361	67544	43217	24327
52	90359	54052	36307	69657	44847	24810
53	68089	41225	26864	51506	33716	17790
54	70160	43456	26704	52593	35438	17155
55-59岁	**239057**	**150268**	**88789**	**161334**	**112712**	**48622**
55	62695	39206	23489	45509	31180	14329
56	55289	34554	20735	39028	26840	12188
57	56973	36584	20389	38513	27536	10977
58	42972	27065	15907	26583	18887	7696
59	21128	12859	8269	11701	8269	3432
60-64岁	**104419**	**64095**	**40324**	**47301**	**34010**	**13291**
60	19016	11638	7378	10045	7085	2960
61	19723	12271	7452	9212	6669	2543
62	23371	14529	8842	10661	7791	2870
63	23235	14319	8916	9984	7252	2732
64	19074	11338	7736	7399	5213	2186
65岁及以上	**223680**	**128784**	**94896**	**35402**	**24182**	**11220**

7-8c 续表 2

单位：人

年 龄	学习培训			随同离开/投亲靠友			拆迁/搬家		
	小计	男	女	小计	男	女	小计	男	女
总 计	**434102**	**230180**	**203922**	**403019**	**202550**	**200469**	**380130**	**205263**	**174867**
0-4岁	**5345**	**2930**	**2415**	**101947**	**54440**	**47507**	**19978**	**10702**	**9276**
0	120	69	51	9441	5142	4299	2279	1191	1088
1	407	223	184	19808	10659	9149	3802	2047	1755
2	660	365	295	22121	11814	10307	4196	2238	1958
3	1754	947	807	25375	13444	11931	4959	2634	2325
4	2404	1326	1078	25202	13381	11821	4742	2592	2150
5-9岁	**53338**	**29374**	**23964**	**105102**	**56254**	**48848**	**24448**	**13111**	**11337**
5	2785	1559	1226	24316	12974	11342	4515	2410	2105
6	10687	5878	4809	20360	10807	9553	4745	2584	2161
7	12241	6721	5520	19873	10663	9210	4885	2587	2298
8	14221	7777	6444	21395	11421	9974	5402	2907	2495
9	13404	7439	5965	19158	10389	8769	4901	2623	2278
10-14岁	**60084**	**33188**	**26896**	**75087**	**40878**	**34209**	**23856**	**12959**	**10897**
10	12666	7021	5645	17662	9579	8083	4597	2467	2130
11	12943	7166	5777	17505	9425	8080	5037	2729	2308
12	11645	6477	5168	15378	8350	7028	5023	2705	2318
13	10540	5944	4596	12999	7106	5893	4726	2589	2137
14	12290	6580	5710	11543	6418	5125	4473	2469	2004
15-19岁	**220166**	**118147**	**102019**	**19796**	**11200**	**8596**	**10617**	**6199**	**4418**
15	33017	17385	15632	6556	3687	2869	2706	1532	1174
16	52241	28426	23815	4185	2386	1799	1934	1100	834
17	44206	24762	19444	3236	1764	1472	1826	1056	770
18	42289	22942	19347	3001	1722	1279	2076	1239	837
19	48413	24632	23781	2818	1641	1177	2075	1272	803
20-24岁	**90022**	**43788**	**46234**	**12719**	**7003**	**5716**	**18073**	**10272**	**7801**
20	41458	20664	20794	2492	1462	1030	2385	1420	965
21	27557	12943	14614	2373	1361	1012	2871	1689	1182
22	14054	6764	7290	2592	1418	1174	3806	2176	1630
23	4900	2382	2518	2637	1402	1235	4349	2396	1953
24	2053	1035	1018	2625	1360	1265	4662	2591	2071
25-29岁	**2594**	**1380**	**1214**	**12517**	**6031**	**6486**	**25441**	**13902**	**11539**
25	997	497	500	2696	1377	1319	4977	2776	2201
26	545	281	264	2397	1200	1197	4647	2549	2098
27	467	273	194	2486	1197	1289	5102	2776	2326
28	320	183	137	2564	1212	1352	5174	2816	2358
29	265	146	119	2374	1045	1329	5541	2985	2556

7-8c 续表 3

单位：人

年龄	学习培训			随同离开/投亲靠友			拆迁/搬家		
	小计	男	女	小计	男	女	小计	男	女
30–34岁	**849**	**476**	**373**	**10954**	**4418**	**6536**	**29529**	**15676**	**13853**
30	240	131	109	2584	1130	1454	6503	3509	2994
31	175	104	71	2268	926	1342	6024	3144	2880
32	141	83	58	2096	869	1227	5531	2925	2606
33	151	77	74	2097	776	1321	5965	3141	2824
34	142	81	61	1909	717	1192	5506	2957	2549
35–39岁	**508**	**254**	**254**	**8452**	**2957**	**5495**	**26730**	**13971**	**12759**
35	117	63	54	1720	618	1102	5275	2719	2556
36	102	43	59	1782	654	1128	5306	2772	2534
37	117	55	62	1584	544	1040	5172	2744	2428
38	104	57	47	1781	614	1167	5565	2895	2670
39	68	36	32	1585	527	1058	5412	2841	2571
40–44岁	**367**	**189**	**178**	**6755**	**2111**	**4644**	**26644**	**13821**	**12823**
40	81	39	42	1428	443	985	5156	2637	2519
41	93	42	51	1495	491	1004	5606	2911	2695
42	65	39	26	1330	418	912	5297	2754	2543
43	56	29	27	1156	374	782	4918	2577	2341
44	72	40	32	1346	385	961	5667	2942	2725
45–49岁	**286**	**156**	**130**	**7623**	**2147**	**5476**	**33943**	**17575**	**16368**
45	63	33	30	1361	392	969	5972	3093	2879
46	73	37	36	1540	420	1120	7025	3537	3488
47	60	35	25	1605	472	1133	7040	3668	3372
48	48	30	18	1552	420	1132	6710	3499	3211
49	42	21	21	1565	443	1122	7196	3778	3418
50–54岁	**220**	**136**	**84**	**8426**	**2295**	**6131**	**34404**	**18231**	**16173**
50	59	26	33	1705	467	1238	7462	3889	3573
51	46	32	14	1673	450	1223	7068	3695	3373
52	58	41	17	1857	463	1394	7390	3914	3476
53	27	16	11	1487	408	1079	6085	3247	2838
54	30	21	9	1704	507	1197	6399	3486	2913
55–59岁	**127**	**75**	**52**	**7526**	**2184**	**5342**	**29228**	**16250**	**12978**
55	38	23	15	1671	455	1216	6528	3620	2908
56	33	26	7	1622	464	1158	6000	3275	2725
57	29	16	13	1759	520	1239	6908	3947	2961
58	20	7	13	1575	472	1103	6148	3434	2714
59	7	3	4	899	273	626	3644	1974	1670
60–64岁	**62**	**31**	**31**	**5956**	**2155**	**3801**	**20224**	**11546**	**8678**
60	7	3	4	918	299	619	3319	1884	1435
61	13	4	9	1004	362	642	3797	2213	1584
62	15	7	8	1378	513	865	4470	2582	1888
63	16	9	7	1389	538	851	4562	2600	1962
64	11	8	3	1267	443	824	4076	2267	1809
65岁及以上	**134**	**56**	**78**	**20159**	**8477**	**11682**	**57015**	**31048**	**25967**

7-8c 续表 4

单位：人

年 龄	寄挂户口			婚姻嫁娶			照料孙子女		
	小计	男	女	小计	男	女	小计	男	女
总 计	**247060**	**136392**	**110668**	**163951**	**10849**	**153102**	**29014**	**8608**	**20406**
0-4岁	**14968**	**7851**	**7117**						
0	1135	586	549						
1	3389	1791	1598						
2	3650	1885	1765						
3	3667	1911	1756						
4	3127	1678	1449						
5-9岁	**14019**	**7366**	**6653**						
5	2693	1438	1255						
6	2741	1445	1296						
7	2836	1504	1332						
8	3090	1627	1463						
9	2659	1352	1307						
10-14岁	**13924**	**7509**	**6415**	**10**	**2**	**8**			
10	2596	1345	1251						
11	2870	1598	1272	3	1	2			
12	2925	1516	1409	1	1				
13	2996	1652	1344	2		2			
14	2537	1398	1139	4		4			
15-19岁	**6566**	**3816**	**2750**	**2104**	**19**	**2085**	**3**	**2**	**1**
15	1603	919	684	60	4	56	1	1	
16	1237	690	547	140	2	138			
17	1372	762	610	309	1	308			
18	1119	666	453	577	3	574	1	1	
19	1235	779	456	1018	9	1009	1		1
20-24岁	**14831**	**7906**	**6925**	**15829**	**124**	**15705**	**38**	**4**	**34**
20	1511	884	627	1482	10	1472	4	1	3
21	1954	1101	853	2213	18	2195	5	1	4
22	2920	1616	1304	3051	19	3032	6		6
23	3877	2039	1838	4050	33	4017	8	1	7
24	4569	2266	2303	5033	44	4989	15	1	14
25-29岁	**26815**	**13149**	**13666**	**33837**	**580**	**33257**	**65**	**5**	**60**
25	5359	2629	2730	6033	68	5965	15	1	14
26	5083	2475	2608	6317	98	6219	9		9
27	5235	2586	2649	7081	119	6962	11	1	10
28	5578	2710	2868	7266	141	7125	15		15
29	5560	2749	2811	7140	154	6986	15	3	12

7-8c　续表 5　　　　单位：人

年　龄	寄挂户口			婚姻嫁娶			照料孙子女		
	小计	男	女	小计	男	女	小计	男	女
30–34岁	**25632**	**13148**	**12484**	**33730**	**1249**	**32481**	**290**	**36**	**254**
30	6336	3229	3107	7911	247	7664	73	9	64
31	5708	2921	2787	7102	232	6870	51	7	44
32	4939	2559	2380	6341	244	6097	59	3	56
33	4641	2361	2280	6474	260	6214	70	13	57
34	4008	2078	1930	5902	266	5636	37	4	33
35–39岁	**16151**	**8271**	**7880**	**22254**	**1551**	**20703**	**215**	**35**	**180**
35	3385	1749	1636	4972	286	4686	41	8	33
36	3241	1699	1542	4858	299	4559	45	3	42
37	3147	1608	1539	4216	311	3905	48	11	37
38	3262	1631	1631	4179	329	3850	42	6	36
39	3116	1584	1532	4029	326	3703	39	7	32
40–44岁	**16758**	**8689**	**8069**	**15808**	**1416**	**14392**	**241**	**57**	**184**
40	2985	1536	1449	3428	273	3155	32	5	27
41	3420	1778	1642	3529	296	3233	48	12	36
42	3468	1852	1616	3028	296	2732	43	9	34
43	3226	1652	1574	2694	252	2442	52	11	41
44	3659	1871	1788	3129	299	2830	66	20	46
45–49岁	**19597**	**10346**	**9251**	**16616**	**1540**	**15076**	**909**	**121**	**788**
45	3715	1988	1727	3159	299	2860	105	21	84
46	4377	2316	2061	3442	310	3132	107	9	98
47	3993	2077	1916	3482	329	3153	176	29	147
48	3734	1947	1787	3241	285	2956	228	30	198
49	3778	2018	1760	3292	317	2975	293	32	261
50–54岁	**16490**	**9056**	**7434**	**12044**	**1365**	**10679**	**3785**	**631**	**3154**
50	3913	2132	1781	3090	316	2774	446	63	383
51	3388	1774	1614	2667	276	2391	591	92	499
52	3591	1977	1614	2548	299	2249	840	132	708
53	2825	1615	1210	1914	243	1671	816	131	685
54	2773	1558	1215	1825	231	1594	1092	213	879
55–59岁	**12522**	**7568**	**4954**	**5746**	**999**	**4747**	**6196**	**1373**	**4823**
55	2546	1511	1035	1636	247	1389	1185	224	961
56	2535	1521	1014	1340	232	1108	1305	295	1010
57	3044	1821	1223	1263	213	1050	1563	360	1203
58	2811	1759	1052	996	209	787	1330	309	1021
59	1586	956	630	511	98	413	813	185	628
60–64岁	**9024**	**5741**	**3283**	**2398**	**656**	**1742**	**6263**	**2014**	**4249**
60	1448	903	545	469	90	379	879	261	618
61	1646	1024	622	475	141	334	1096	361	735
62	1975	1264	711	535	136	399	1423	456	967
63	2053	1327	726	506	160	346	1586	534	1052
64	1902	1223	679	413	129	284	1279	402	877
65岁及以上	**39763**	**25976**	**13787**	**3575**	**1348**	**2227**	**11009**	**4330**	**6679**

7-8c 续表 6 单位：人

年 龄	为子女就学			养老/康养			其 他		
	小计	男	女	小计	男	女	小计	男	女
总 计	**8422**	**2629**	**5793**	**30302**	**17624**	**12678**	**277483**	**151755**	**125728**
0-4岁							**36706**	**19527**	**17179**
0							3442	1817	1625
1							7634	3992	3642
2							8264	4445	3819
3							9015	4812	4203
4							8351	4461	3890
5-9岁							**28534**	**15356**	**13178**
5							7877	4212	3665
6							5414	2866	2548
7							5041	2722	2319
8							5464	3015	2449
9							4738	2541	2197
10-14岁				**3**	**3**		**20632**	**11253**	**9379**
10				3	3		4398	2393	2005
11							4517	2490	2027
12							4216	2275	1941
13							3979	2172	1807
14							3522	1923	1599
15-19岁	**171**	**74**	**97**	**7**	**5**	**2**	**10655**	**6086**	**4569**
15	38	17	21				2287	1309	978
16	37	17	20	3	3		2011	1189	822
17	33	13	20				2045	1202	843
18	34	13	21	3	2	1	2105	1203	902
19	29	14	15	1		1	2207	1183	1024
20-24岁	**217**	**51**	**166**	**7**	**3**	**4**	**15342**	**8520**	**6822**
20	20	14	6	1	1		2518	1442	1076
21	38	11	27	3	1	2	2585	1475	1110
22	40	9	31	2	1	1	3164	1779	1385
23	53	9	44				3465	1904	1561
24	66	8	58	1		1	3610	1920	1690
25-29岁	**758**	**112**	**646**	**12**	**7**	**5**	**18845**	**9937**	**8908**
25	80	12	68	2	1	1	3881	2079	1802
26	107	11	96	4	2	2	3447	1795	1652
27	144	21	123	1	1		3719	1978	1741
28	188	28	160	2	1	1	3884	2034	1850
29	239	40	199	3	2	1	3914	2051	1863

7-8c　续表 7　　　　单位：人

年　龄	为子女就学			养老/康养			其　他		
	小计	男	女	小计	男	女	小计	男	女
30-34岁	**1694**	**311**	**1383**	**10**	**5**	**5**	**19804**	**10528**	**9276**
30	296	46	250	1	1		4498	2400	2098
31	283	50	233	1	1		4265	2271	1994
32	330	57	273	3	1	2	3711	1988	1723
33	373	68	305	2		2	3902	2071	1831
34	412	90	322	3	2	1	3428	1798	1630
35-39岁	**1928**	**532**	**1396**	**16**	**8**	**8**	**15693**	**8326**	**7367**
35	394	92	302	4	3	1	3120	1683	1437
36	389	104	285	5	3	2	3166	1639	1527
37	394	122	272	3	1	2	2979	1584	1395
38	381	108	273	2	1	1	3225	1708	1517
39	370	106	264	2		2	3203	1712	1491
40-44岁	**1347**	**485**	**862**	**21**	**9**	**12**	**16276**	**8576**	**7700**
40	328	108	220	7	4	3	3110	1615	1495
41	333	125	208	2		2	3378	1782	1596
42	262	85	177	4	1	3	3203	1760	1443
43	219	83	136	1	1		3055	1577	1478
44	205	84	121	7	3	4	3530	1842	1688
45-49岁	**965**	**430**	**535**	**80**	**39**	**41**	**20111**	**10604**	**9507**
45	210	82	128	9	2	7	3717	1925	1792
46	217	97	120	15	10	5	4252	2236	2016
47	201	95	106	18	10	8	4109	2134	1975
48	184	79	105	15	6	9	3965	2124	1841
49	153	77	76	23	11	12	4068	2185	1883
50-54岁	**507**	**231**	**276**	**961**	**416**	**545**	**18713**	**10158**	**8555**
50	154	73	81	135	61	74	4265	2325	1940
51	97	40	57	156	69	87	3783	2007	1776
52	98	45	53	207	90	117	4113	2244	1869
53	84	36	48	194	81	113	3151	1732	1419
54	74	37	37	269	115	154	3401	1850	1551
55-59岁	**302**	**131**	**171**	**2070**	**1015**	**1055**	**14006**	**7961**	**6045**
55	55	24	31	345	163	182	3182	1759	1423
56	66	30	36	370	182	188	2990	1689	1301
57	73	32	41	524	264	260	3297	1875	1422
58	64	25	39	505	247	258	2940	1716	1224
59	44	20	24	326	159	167	1597	922	675
60-64岁	**189**	**97**	**92**	**3675**	**2285**	**1390**	**9327**	**5560**	**3767**
60	27	13	14	441	241	200	1463	859	604
61	30	15	15	640	406	234	1810	1076	734
62	51	29	22	800	523	277	2063	1228	835
63	46	25	21	929	569	360	2164	1305	859
64	35	15	20	865	546	319	1827	1092	735
65岁及以上	**344**	**175**	**169**	**23440**	**13829**	**9611**	**32839**	**19363**	**13476**

7-9 全省按现住地、性别、迁移原因分的户口登记地在本省其他乡镇街道的人口

单位：人

现住地	合计			工作就业		
	合计	男	女	小计	男	女
广东	**31012976**	**16200166**	**14812810**	**13876575**	**7854641**	**6021934**
广州市	**6587909**	**3430418**	**3157491**	**3304407**	**1836710**	**1467697**
荔湾区	571102	291204	279898	146779	79624	67155
越秀区	278492	135901	142591	116180	61183	54997
海珠区	609190	300849	308341	259098	138623	120475
天河区	1011357	527376	483981	593218	324685	268533
白云区	1522867	800004	722863	893353	488240	405113
黄埔区	422947	229784	193163	239983	142284	97699
番禺区	937783	486417	451366	536611	296224	240387
花都区	473713	250159	223554	233238	132719	100519
南沙区	186415	106428	79987	115648	74124	41524
从化区	174158	92966	81192	27253	15800	11453
增城区	399885	209330	190555	143046	83204	59842
韶关市	**748923**	**366545**	**382378**	**174786**	**96664**	**78122**
武江区	139729	68175	71554	40561	21581	18980
浈江区	136281	67371	68910	30121	16905	13216
曲江区	77465	39337	38128	18984	11229	7755
始兴县	43012	20005	23007	10977	5185	5792
仁化县	35064	17207	17857	10007	5863	4144
翁源县	57907	27964	29943	13946	7669	6277
乳源瑶族自治县	48048	23497	24551	11949	6720	5229
新丰县	44897	21909	22988	9586	5506	4080
乐昌市	88932	43422	45510	15819	8778	7041
南雄市	77588	37658	39930	12836	7228	5608
深圳市	**5868479**	**3119794**	**2748685**	**3917000**	**2166886**	**1750114**
罗湖区	447130	223116	224014	263143	135037	128106
福田区	562486	291482	271004	349502	189582	159920
南山区	558975	292844	266131	371236	200386	170850
宝安区	1387240	753449	633791	998442	562564	435878
龙岗区	1539853	813651	726202	1002881	551660	451221
盐田区	84514	44961	39553	49190	28249	20941
龙华区	819523	439122	380401	568551	316447	252104
坪山区	164350	90870	73480	102072	59309	42763
光明区	304408	170299	134109	211983	123652	88331
珠海市	**740233**	**391446**	**348787**	**356899**	**208910**	**147989**
香洲区	449034	235764	213270	227009	130555	96454
斗门区	156371	83180	73191	69467	41271	28196
金湾区	134828	72502	62326	60423	37084	23339
汕头市	**560985**	**284362**	**276623**	**117766**	**66760**	**51006**
龙湖区	132466	67230	65236	41770	23795	17975
金平区	173085	85188	87897	26106	14739	11367
濠江区	24052	14232	9820	2615	1878	737
潮阳区	92998	47446	45552	11994	6667	5327
潮南区	34409	18261	16148	11926	6619	5307
澄海区	99972	50108	49864	22897	12762	10135
南澳县	4003	1897	2106	458	300	158
佛山市	**2458334**	**1352724**	**1105610**	**1376271**	**821972**	**554299**
禅城区	441902	235500	206402	261762	147997	113765
南海区	1042563	584879	457684	601425	360821	240604
顺德区	626711	344290	282421	362952	220980	141972
三水区	217733	118750	98983	93445	58493	34952
高明区	129425	69305	60120	56687	33681	23006

7–9　续表 1　　单位：人

现住地	合计			工作就业		
	合计	男	女	小计	男	女
江门市	**1141649**	**583755**	**557894**	**286572**	**168754**	**117818**
蓬江区	238837	122282	116555	75773	43700	32073
江海区	103061	52670	50391	38656	23031	15625
新会区	199800	101767	98033	45452	27417	18035
台山市	156839	79882	76957	36770	21898	14872
开平市	223846	111464	112382	31702	18112	13590
鹤山市	108469	57901	50568	42297	24936	17361
恩平市	110797	57789	53008	15922	9660	6262
湛江市	**1448762**	**730261**	**718501**	**311375**	**170275**	**141100**
赤坎区	206826	101150	105676	50686	27192	23494
霞山区	340832	172735	168097	102559	54051	48508
坡头区	34973	17493	17480	6547	4100	2447
麻章区	113906	58718	55188	18989	11741	7248
遂溪县	104387	52402	51985	14096	7927	6169
徐闻县	102944	52275	50669	26824	15026	11798
廉江市	236682	118751	117931	47299	25082	22217
雷州市	193399	100487	92912	26598	15127	11471
吴川市	114813	56250	58563	17777	10029	7748
茂名市	**922342**	**466799**	**455543**	**171422**	**94048**	**77374**
茂南区	238872	121210	117662	58462	32645	25817
电白区	169026	83975	85051	27766	15749	12017
高州市	181652	92716	88936	40507	20859	19648
化州市	196027	99845	96182	23210	13013	10197
信宜市	136765	69053	67712	21477	11782	9695
肇庆市	**756983**	**395473**	**361510**	**234010**	**134695**	**99315**
端州区	213597	110445	103152	52013	29305	22708
鼎湖区	66894	34769	32125	19672	11627	8045
高要区	90215	49095	41120	35093	20074	15019
广宁县	50974	25343	25631	14309	7606	6703
怀集县	65004	32639	32365	17054	8906	8148
封开县	28997	14557	14440	7231	4183	3048
德庆县	33562	16409	17153	9355	5014	4341
四会市	207740	112216	95524	79283	47980	31303
惠州市	**1718206**	**906588**	**811618**	**703369**	**411189**	**292180**
惠城区	692535	363065	329470	306148	175651	130497
惠阳区	403726	220384	183342	192473	115095	77378
博罗县	225210	119435	105775	98316	56982	41334
惠东县	342673	176780	165893	91623	54710	36913
龙门县	54062	26924	27138	14809	8751	6058
梅州市	**946368**	**464642**	**481726**	**172949**	**96165**	**76784**
梅江区	219564	107584	111980	39759	22321	17438
梅县区	209254	102607	106647	44075	24848	19227
大埔县	82007	40385	41622	16156	9034	7122
丰顺县	60815	30401	30414	9041	5041	4000
五华县	85932	43798	42134	15017	8398	6619
平远县	38196	18712	19484	7510	4271	3239
蕉岭县	55654	26776	28878	12098	6769	5329
兴宁市	194946	94379	100567	29293	15483	13810

7-9 续表 2

单位：人

现住地	合计			工作就业		
	合计	男	女	小计	男	女
汕尾市	**614317**	**316006**	**298311**	**111618**	**69562**	**42056**
城　区	152401	77874	74527	29058	18142	10916
海丰县	307125	158863	148262	64474	39773	24701
陆河县	45193	22128	23065	4672	2863	1809
陆丰市	109598	57141	52457	13414	8784	4630
河源市	**858720**	**423353**	**435367**	**199838**	**109321**	**90517**
源城区	378251	188432	189819	106361	58713	47648
紫金县	81688	40734	40954	12935	7624	5311
龙川县	171472	82215	89257	37003	18839	18164
连平县	57394	28509	28885	7028	4145	2883
和平县	76240	36581	39659	11848	6280	5568
东源县	93675	46882	46793	24663	13720	10943
阳江市	**726850**	**372381**	**354469**	**101866**	**60094**	**41772**
江城区	336421	172567	163854	39517	22991	16526
阳东区	152997	80221	72776	27358	16917	10441
阳西县	87486	44562	42924	12629	7559	5070
阳春市	149946	75031	74915	22362	12627	9735
清远市	**1101584**	**556388**	**545196**	**258331**	**147841**	**110490**
清城区	446369	230990	215379	104792	61030	43762
清新区	239917	121854	118063	61367	34295	27072
佛冈县	62041	30956	31085	16819	9737	7082
阳山县	67780	32640	35140	9669	5180	4489
连山壮族瑶族自治县	13429	6391	7038	3465	1976	1489
连南瑶族自治县	17633	8525	9108	4476	2350	2126
英德市	188824	93669	95155	47659	27256	20403
连州市	65591	31363	34228	10084	6017	4067
东莞市	**2115064**	**1168280**	**946784**	**1452401**	**838714**	**613687**
市辖区	2115064	1168280	946784	1452401	838714	613687
中山市	**835603**	**438462**	**397141**	**469791**	**268301**	**201490**
市辖区	835603	438462	397141	469791	268301	201490
潮州市	**277782**	**134850**	**142932**	**40307**	**22606**	**17701**
湘桥区	177739	84927	92812	21682	11656	10026
潮安区	67602	33737	33865	12975	7642	5333
饶平县	32441	16186	16255	5650	3308	2342
揭阳市	**173653**	**88331**	**85322**	**26061**	**14729**	**11332**
榕城区	21311	10261	11050	2577	1606	971
揭东区	22836	12301	10535	3867	2291	1576
揭西县	19899	10101	9798	2176	1240	936
惠来县	31495	16129	15366	5181	2825	2356
普宁市	78112	39539	38573	12260	6767	5493
云浮市	**410230**	**209308**	**200922**	**89536**	**50445**	**39091**
云城区	132022	68555	63467	36319	20842	15477
云安区	17922	9781	8141	3632	2446	1186
新兴县	91341	46019	45322	26834	14829	12005
郁南县	38771	19306	19465	6596	3791	2805
罗定市	130174	65647	64527	16155	8537	7618

7-9 续表 3

单位：人

现住地	学习培训			随同离开/投亲靠友			拆迁/搬家		
	小计	男	女	小计	男	女	小计	男	女
广　东	**3954716**	**2071466**	**1883250**	**3404520**	**1671421**	**1733099**	**5228809**	**2716960**	**2511849**
广州市	**948888**	**492511**	**456377**	**432414**	**213100**	**219314**	**936608**	**473470**	**463138**
荔湾区	22156	11272	10884	39780	19137	20643	172450	87464	84986
越秀区	22257	10486	11771	24369	11831	12538	45498	22735	22763
海珠区	63040	29592	33448	44726	21811	22915	150991	74769	76222
天河区	172238	87360	84878	48279	23714	24565	91355	46073	45282
白云区	223517	120411	103106	71309	35206	36103	175239	87344	87895
黄埔区	48899	26416	22483	22553	11169	11384	52938	26930	26008
番禺区	134492	68072	66420	65189	32147	33042	84282	42363	41919
花都区	78380	38961	39419	43920	22404	21516	57417	29932	27485
南沙区	15789	8961	6828	14351	7147	7204	11793	5977	5816
从化区	84268	47721	36547	11357	5704	5653	24887	13652	11235
增城区	83852	43259	40593	46581	22830	23751	69758	36231	33527
韶关市	**104186**	**53910**	**50276**	**140582**	**66883**	**73699**	**198904**	**100452**	**98452**
武江区	15167	7629	7538	21847	10377	11470	38397	19567	18830
浈江区	30621	15273	15348	25817	12362	13455	28075	14494	13581
曲江区	12012	6809	5203	14387	6828	7559	19139	9991	9148
始兴县	5958	3186	2772	7366	3595	3771	11377	5357	6020
仁化县	4315	2201	2114	6441	3102	3339	6689	3363	3326
翁源县	6525	3353	3172	11378	5515	5863	13389	6622	6767
乳源瑶族自治县	4413	2243	2170	9710	4521	5189	11967	6232	5735
新丰县	5219	2641	2578	8408	4187	4221	12849	6543	6306
乐昌市	11304	6070	5234	19544	9478	10066	27412	13381	14031
南雄市	8652	4505	4147	15684	6918	8766	29610	14902	14708
深圳市	**632353**	**345607**	**286746**	**455890**	**226996**	**228894**	**289402**	**142151**	**147251**
罗湖区	51060	27717	23343	39367	19350	20017	35972	17393	18579
福田区	58113	31232	26881	35715	17290	18425	43624	21035	22589
南山区	71761	37113	34648	47835	24076	23759	28670	14119	14551
宝安区	136921	75961	60960	88179	43850	44329	46313	22947	23366
龙岗区	167868	92264	75604	128334	63976	64358	74506	36812	37694
盐田区	11699	5991	5708	7791	3779	4012	7748	3796	3952
龙华区	79844	43665	36179	62050	30860	31190	37185	18331	18854
坪山区	24162	13980	10182	13253	6636	6617	7599	3803	3796
光明区	30925	17684	13241	33366	17179	16187	7785	3915	3870
珠海市	**111740**	**56007**	**55733**	**87337**	**43226**	**44111**	**81968**	**42006**	**39962**
香洲区	61095	31084	30011	47138	23093	24045	47295	23558	23737
斗门区	10214	5726	4488	28140	13975	14165	27584	14696	12888
金湾区	40431	19197	21234	12059	6158	5901	7089	3752	3337
汕头市	**66930**	**34600**	**32330**	**91292**	**41409**	**49883**	**202637**	**104024**	**98613**
龙湖区	10236	4489	5747	25075	11290	13785	38103	19727	18376
金平区	11676	5649	6027	34554	15443	19111	78223	39830	38393
濠江区	12815	8249	4566	1604	770	834	4760	2393	2367
潮阳区	21258	11067	10191	11701	5477	6224	31389	16097	15292
潮南区	2222	1099	1123	3817	1832	1985	5970	3207	2763
澄海区	8660	4013	4647	14159	6429	7730	42639	21956	20683
南澳县	63	34	29	382	168	214	1553	814	739
佛山市	**225365**	**122031**	**103334**	**282897**	**145705**	**137192**	**251717**	**132284**	**119433**
禅城区	24006	12988	11018	51155	26072	25083	49156	25375	23781
南海区	101109	57709	43400	112519	58244	54275	88474	46876	41598
顺德区	50098	25787	24311	71881	37168	34713	60072	31632	28440
三水区	37719	19225	18494	24799	12600	12199	36724	19086	17638
高明区	12433	6322	6111	22543	11621	10922	17291	9315	7976

7-9 续表 4

单位：人

现住地	学习培训			随同离开/投亲靠友			拆迁/搬家		
	小计	男	女	小计	男	女	小计	男	女
江门市	**105850**	**54737**	**51113**	**168674**	**79506**	**89168**	**426366**	**220877**	**205489**
蓬江区	38059	20095	17964	34161	16540	17621	58133	29610	28523
江海区	12656	5450	7206	18689	8892	9797	22675	11687	10988
新会区	13684	7329	6355	37117	17188	19929	77148	40506	36642
台山市	14319	7500	6819	24468	11045	13423	53981	28547	25434
开平市	13301	6925	6376	31020	14314	16706	123572	62556	61016
鹤山市	8734	4683	4051	14880	7438	7442	28884	15188	13696
恩平市	5097	2755	2342	8339	4089	4250	61973	32783	29190
湛江市	**222896**	**112026**	**110870**	**205613**	**102932**	**102681**	**364306**	**196844**	**167462**
赤坎区	32976	13230	19746	25100	12616	12484	55034	29258	25776
霞山区	35660	20083	15577	56869	28599	28270	85613	45329	40284
坡头区	3480	1794	1686	4823	2291	2532	9053	4784	4269
麻章区	58538	28889	29649	9537	4764	4773	10656	5905	4751
遂溪县	9317	3908	5409	17685	8453	9232	28543	15619	12924
徐闻县	11521	6072	5449	11070	5534	5536	20855	11521	9334
廉江市	36963	19857	17106	33608	17359	16249	56456	31060	25396
雷州市	21008	11185	9823	30307	15066	15241	60399	32819	27580
吴川市	13433	7008	6425	16614	8250	8364	37697	20549	17148
茂名市	**206797**	**110744**	**96053**	**113173**	**57255**	**55918**	**226228**	**122005**	**104223**
茂南区	52065	27406	24659	25940	12922	13018	51720	28027	23693
电白区	40311	21314	18997	22204	11137	11067	38031	20428	17603
高州市	53826	29400	24426	19688	10165	9523	35213	18757	16456
化州市	30693	16449	14244	25812	13146	12666	66307	35979	30328
信宜市	29902	16175	13727	19529	9885	9644	34957	18814	16143
肇庆市	**142823**	**75843**	**66980**	**105969**	**53273**	**52696**	**158039**	**82255**	**75784**
端州区	61049	32365	28684	18463	9413	9050	45425	23683	21742
鼎湖区	16513	8008	8505	12046	6088	5958	11930	6354	5576
高要区	25554	14361	11193	13016	6636	6380	5825	3075	2750
广宁县	7974	4269	3705	5334	2675	2659	8489	4161	4328
怀集县	10420	4726	5694	9563	4996	4567	18477	9551	8926
封开县	2906	1446	1460	5009	2434	2575	7549	3963	3586
德庆县	2980	1549	1431	6003	2942	3061	9172	4707	4465
四会市	15427	9119	6308	36535	18089	18446	51172	26761	24411
惠州市	**207293**	**109557**	**97736**	**240184**	**117217**	**122967**	**266065**	**141409**	**124656**
惠城区	105275	55377	49898	63790	31579	32211	89920	46102	43818
惠阳区	32986	17802	15184	61273	30051	31222	44814	23953	20861
博罗县	33900	18184	15716	27547	13700	13847	26809	14037	12772
惠东县	28533	14957	13576	81407	39013	42394	93664	51653	42011
龙门县	6599	3237	3362	6167	2874	3293	10858	5664	5194
梅州市	**120236**	**59499**	**60737**	**137298**	**65416**	**71882**	**292672**	**149205**	**143467**
梅江区	35822	17244	18578	29503	13543	15960	71005	36211	34794
梅县区	17706	8384	9322	43989	20627	23362	63810	33266	30544
大埔县	13504	6847	6657	7243	3509	3734	18330	9196	9134
丰顺县	6460	3041	3419	10617	5200	5417	22214	11702	10512
五华县	17718	9258	8460	7582	3755	3827	13477	7210	6267
平远县	4221	2188	2033	5084	2459	2625	10496	5406	5090
蕉岭县	4755	2344	2411	8288	3937	4351	16801	8480	8321
兴宁市	20050	10193	9857	24992	12386	12606	76539	37734	38805

7-9　续表 5　　　　单位：人

现住地	学习培训			随同离开/投亲靠友			拆迁/搬家		
	小计	男	女	小计	男	女	小计	男	女
汕尾市	**45618**	**22773**	**22845**	**142363**	**64799**	**77564**	**195464**	**108118**	**87346**
城　区	16186	7715	8471	28243	12915	15328	46726	25235	21491
海丰县	16925	8864	8061	84095	38340	45755	83833	47105	36728
陆河县	6198	2955	3243	6159	2915	3244	17973	9715	8258
陆丰市	6309	3239	3070	23866	10629	13237	46932	26063	20869
河源市	**125260**	**62088**	**63172**	**127899**	**61543**	**66356**	**232566**	**119619**	**112947**
源城区	43964	22287	21677	62495	29999	32496	103013	54251	48762
紫金县	12170	5991	6179	10318	5002	5316	23709	12277	11432
龙川县	30764	15523	15241	23683	11567	12116	41344	20064	21280
连平县	4711	2149	2562	11314	5342	5972	19956	10503	9453
和平县	11781	5851	5930	12776	6140	6636	21654	10631	11023
东源县	21870	10287	11583	7313	3493	3820	22890	11893	10997
阳江市	**55151**	**28311**	**26840**	**122531**	**60233**	**62298**	**335763**	**181745**	**154018**
江城区	24408	11517	12891	56999	27911	29088	166874	90242	76632
阳东区	9339	5291	4048	29111	14488	14623	68248	37630	30618
阳西县	6024	3326	2698	13144	6474	6670	39709	21260	18449
阳春市	15380	8177	7203	23277	11360	11917	60932	32613	28319
清远市	**139790**	**73966**	**65824**	**192991**	**94105**	**98886**	**320427**	**167576**	**152851**
清城区	72307	39422	32885	60662	30496	30166	140805	73283	67522
清新区	23062	12598	10464	45116	22293	22823	68440	36682	31758
佛冈县	7275	3689	3586	8680	4360	4320	17031	8808	8223
阳山县	5803	2887	2916	17517	8434	9083	21993	11029	10964
连山壮族瑶族自治县	1674	790	884	2722	1262	1460	2312	1218	1094
连南瑶族自治县	3931	2067	1864	2709	1384	1325	2245	1165	1080
英德市	19675	9920	9755	39957	18766	21191	45665	24255	21410
连州市	6063	2593	3470	15628	7110	8518	21936	11136	10800
东莞市	**236922**	**130020**	**106902**	**156302**	**80002**	**76300**	**95004**	**48285**	**46719**
市辖区	236922	130020	106902	156302	80002	76300	95004	48285	46719
中山市	**112185**	**58506**	**53679**	**84639**	**42764**	**41875**	**69383**	**35021**	**34362**
市辖区	112185	58506	53679	84639	42764	41875	69383	35021	34362
潮州市	**37211**	**15035**	**22176**	**37755**	**16465**	**21290**	**125583**	**65434**	**60149**
湘桥区	24767	9347	15420	25805	11012	14793	89753	46504	43249
潮安区	6404	2895	3509	9023	4075	4948	25383	13368	12015
饶平县	6040	2793	3247	2927	1378	1549	10447	5562	4885
揭阳市	**44057**	**20939**	**23118**	**15662**	**7438**	**8224**	**38822**	**20785**	**18037**
榕城区	6240	2087	4153	939	439	500	5728	3191	2537
揭东区	7251	3777	3474	2047	1031	1016	4567	2538	2029
揭西县	711	363	348	2247	1080	1167	5609	2998	2611
惠来县	868	487	381	3951	1853	2098	9915	5121	4794
普宁市	28987	14225	14762	6478	3035	3443	13003	6937	6066
云浮市	**63165**	**32756**	**30409**	**63055**	**31154**	**31901**	**120885**	**63395**	**57490**
云城区	10559	5916	4643	28592	14080	14512	38139	20677	17462
云安区	7005	3761	3244	1145	593	552	2104	1111	993
新兴县	13365	6119	7246	12921	6369	6552	23510	12066	11444
郁南县	5769	2788	2981	5588	2737	2851	12182	6242	5940
罗定市	26467	14172	12295	14809	7375	7434	44950	23299	21651

7-9 续表 6 单位：人

现住地	寄挂户口			婚姻嫁娶			照料孙子女		
	小计	男	女	小计	男	女	小计	男	女
广　东	**853308**	**462173**	**391135**	**762664**	**75455**	**687209**	**572700**	**182701**	**389999**
广州市	**210450**	**114009**	**96441**	**158789**	**26011**	**132778**	**106358**	**33870**	**72488**
荔湾区	90901	49559	41342	16852	3475	13377	5935	2065	3870
越秀区	13776	7385	6391	15616	3960	11656	6115	2064	4051
海珠区	11468	6119	5349	23404	4774	18630	9143	3114	6029
天河区	18028	9596	8432	16500	3045	13455	13898	4503	9395
白云区	21859	11763	10096	20542	3096	17446	18213	5334	12879
黄埔区	8273	4518	3755	10038	1122	8916	12370	3710	8660
番禺区	15690	8457	7233	23309	3627	19682	15872	5139	10733
花都区	8655	4732	3923	7885	635	7250	9284	3005	6279
南沙区	3465	1876	1589	9118	1287	7831	5092	1554	3538
从化区	6728	3705	3023	7386	502	6884	2274	726	1548
增城区	11607	6299	5308	8139	488	7651	8162	2656	5506
韶关市	**18577**	**9969**	**8608**	**28435**	**2620**	**25815**	**20699**	**6806**	**13893**
武江区	4024	2160	1864	5427	744	4683	4023	1310	2713
浈江区	3538	1873	1665	5275	590	4685	2477	864	1613
曲江区	1779	999	780	3597	241	3356	1858	570	1288
始兴县	758	381	377	1044	88	956	1962	649	1313
仁化县	1175	640	535	1786	170	1616	1014	296	718
翁源县	1675	918	757	2423	146	2277	1728	520	1208
乳源瑶族自治县	1001	522	479	1831	149	1682	2212	756	1456
新丰县	1301	694	607	2484	146	2338	1173	379	794
乐昌市	2128	1147	981	2535	178	2357	2600	850	1750
南雄市	1198	635	563	2033	168	1865	1652	612	1040
深圳市	**66538**	**34127**	**32411**	**33064**	**3439**	**29625**	**143826**	**44261**	**99565**
罗湖区	5402	2738	2664	4169	499	3670	12088	3864	8224
福田区	9505	4711	4794	4349	696	3653	13684	4579	9105
南山区	7442	3849	3593	1010	118	892	10711	3522	7189
宝安区	12645	6516	6129	6534	623	5911	30879	8868	22011
龙岗区	17136	8835	8301	9741	812	8929	44666	13933	30733
盐田区	618	330	288	587	70	517	2347	736	1611
龙华区	9467	4793	4674	3583	384	3199	19024	5717	13307
坪山区	1933	1069	864	1601	137	1464	3849	1123	2726
光明区	2390	1286	1104	1490	100	1390	6578	1919	4659
珠海市	**16691**	**8976**	**7715**	**17758**	**2570**	**15188**	**16246**	**5165**	**11081**
香洲区	9954	5336	4618	10242	1912	8330	10784	3533	7251
斗门区	3678	1961	1717	5444	437	5007	3032	893	2139
金湾区	3059	1679	1380	2072	221	1851	2430	739	1691
汕头市	**22032**	**11959**	**10073**	**13358**	**2151**	**11207**	**2759**	**973**	**1786**
龙湖区	4566	2523	2043	2596	521	2075	1029	359	670
金平区	3602	1936	1666	5368	1189	4179	1013	364	649
濠江区	737	414	323	561	41	520	19	8	11
潮阳区	4363	2376	1987	1684	101	1583	208	71	137
潮南区	5240	2804	2436	264	23	241	141	62	79
澄海区	3272	1775	1497	2486	248	2238	331	105	226
南澳县	252	131	121	399	28	371	18	4	14
佛山市	**57583**	**31303**	**26280**	**71232**	**11270**	**59962**	**47548**	**15181**	**32367**
禅城区	10817	5974	4843	12246	2143	10103	7436	2395	5041
南海区	25933	14073	11860	22202	4460	17742	19040	6227	12813
顺德区	13967	7588	6379	28320	3906	24414	11522	3598	7924
三水区	3698	1997	1701	5192	485	4707	5375	1606	3769
高明区	3168	1671	1497	3272	276	2996	4175	1355	2820

7-9　续表 7　　　　单位：人

现 住 地	寄挂户口			婚姻嫁娶			照料孙子女		
	小计	男	女	小计	男	女	小计	男	女
江门市	**29254**	**15965**	**13289**	**36609**	**3163**	**33446**	**16906**	**5551**	**11355**
蓬江区	4111	2236	1875	7817	914	6903	5902	1991	3911
江海区	1323	717	606	2785	281	2504	1699	532	1167
新会区	5215	2847	2368	7901	659	7242	3117	995	2122
台山市	4492	2485	2007	6055	366	5689	1860	662	1198
开平市	5009	2733	2276	5769	383	5386	1628	518	1110
鹤山市	2677	1499	1178	2845	441	2404	2233	700	1533
恩平市	6427	3448	2979	3437	119	3318	467	153	314
湛江市	**85394**	**46655**	**38739**	**58530**	**2614**	**55916**	**14597**	**4606**	**9991**
赤坎区	7324	4041	3283	6004	550	5454	2393	770	1623
霞山区	11500	6235	5265	11625	964	10661	5041	1529	3512
坡头区	2688	1477	1211	2151	46	2105	432	116	316
麻章区	5144	2783	2361	2358	90	2268	433	133	300
遂溪县	14637	8019	6618	3934	107	3827	485	160	325
徐闻县	8016	4381	3635	5624	167	5457	848	258	590
廉江市	15584	8488	7096	13261	270	12991	3178	1052	2126
雷州市	13259	7225	6034	4971	272	4699	1190	409	781
吴川市	7242	4006	3236	8602	148	8454	597	179	418
茂名市	**46287**	**25392**	**20895**	**45491**	**1617**	**43874**	**10853**	**3507**	**7346**
茂南区	8294	4564	3730	11813	673	11140	3893	1236	2657
电白区	12298	6710	5588	11758	303	11455	783	239	544
高州市	5177	2794	2383	5641	228	5413	2804	966	1838
化州市	15286	8461	6825	9872	203	9669	984	303	681
信宜市	5232	2863	2369	6407	210	6197	2389	763	1626
肇庆市	**17311**	**9494**	**7817**	**18150**	**2100**	**16050**	**15575**	**5333**	**10242**
端州区	3197	1743	1454	6795	1293	5502	3545	1148	2397
鼎湖区	1206	649	557	1263	56	1207	1325	464	861
高要区	2499	1350	1149	848	43	805	1843	699	1144
广宁县	3209	1768	1441	1368	91	1277	1440	457	983
怀集县	1932	1114	818	914	42	872	1018	382	636
封开县	703	381	322	995	42	953	842	276	566
德庆县	631	326	305	1451	81	1370	703	212	491
四会市	3934	2163	1771	4516	452	4064	4859	1695	3164
惠州市	**65961**	**35825**	**30136**	**44986**	**2589**	**42397**	**35642**	**11489**	**24153**
惠城区	23682	12837	10845	13543	1290	12253	23281	7682	15599
惠阳区	21666	11742	9924	6796	390	6406	5089	1579	3510
博罗县	8962	4883	4079	5946	294	5652	3910	1219	2691
惠东县	7766	4197	3569	15520	500	15020	2581	787	1794
龙门县	3885	2166	1719	3181	115	3066	781	222	559
梅州市	**46762**	**25601**	**21161**	**38646**	**2801**	**35845**	**22484**	**8165**	**14319**
梅江区	9329	5150	4179	8376	707	7669	2936	1023	1913
梅县区	5552	3035	2517	8597	609	7988	5864	2100	3764
大埔县	5953	3234	2719	2456	111	2345	4087	1547	2540
丰顺县	4234	2279	1955	2533	138	2395	581	216	365
五华县	11000	6011	4989	4193	229	3964	1358	557	801
平远县	1917	1130	787	2793	337	2456	1618	572	1046
蕉岭县	756	414	342	2961	227	2734	1926	649	1277
兴宁市	8021	4348	3673	6737	443	6294	4114	1501	2613

7-9 续表 8 单位：人

现住地	寄挂户口			婚姻嫁娶			照料孙子女		
	小计	男	女	小计	男	女	小计	男	女
汕尾市	**15566**	**8524**	**7042**	**21043**	**731**	**20312**	**3662**	**1153**	**2509**
城　区	3324	1780	1544	5418	266	5152	820	267	553
海丰县	5656	3121	2535	9473	256	9217	2250	711	1539
陆河县	1287	706	581	2864	73	2791	320	108	212
陆丰市	5299	2917	2382	3288	136	3152	272	67	205
河源市	**32953**	**17972**	**14981**	**26980**	**1344**	**25636**	**27445**	**9357**	**18088**
源城区	9261	5043	4218	13367	508	12859	11592	3790	7802
紫金县	7068	3834	3234	3657	153	3504	1129	380	749
龙川县	5464	2998	2466	3567	198	3369	7869	2805	5064
连平县	4595	2519	2076	2587	184	2403	519	172	347
和平县	2520	1390	1130	1887	175	1712	3510	1225	2285
东源县	4045	2188	1857	1915	126	1789	2826	985	1841
阳江市	**24346**	**13234**	**11112**	**31036**	**1314**	**29722**	**4675**	**1426**	**3249**
江城区	13318	7267	6051	11573	727	10846	1455	472	983
阳东区	4394	2363	2031	7772	219	7553	657	197	460
阳西县	2314	1255	1059	4232	93	4139	523	137	386
阳春市	4320	2349	1971	7459	275	7184	2040	620	1420
清远市	**39746**	**21666**	**18080**	**36588**	**1416**	**35172**	**31043**	**10106**	**20937**
清城区	14567	7810	6757	10857	442	10415	12461	4157	8304
清新区	7482	4115	3367	7982	112	7870	8509	2877	5632
佛冈县	1791	1025	766	3198	113	3085	2017	638	1379
阳山县	2915	1609	1306	1947	114	1833	1909	614	1295
连山壮族瑶族自治县	554	314	240	872	53	819	345	97	248
连南瑶族自治县	574	312	262	483	43	440	567	137	430
英德市	9396	5125	4271	8969	325	8644	3664	1133	2531
连州市	2467	1356	1111	2280	214	2066	1571	453	1118
东莞市	**3082**	**1585**	**1497**	**26206**	**2967**	**23239**	**28497**	**8247**	**20250**
市辖区	3082	1585	1497	26206	2967	23239	28497	8247	20250
中山市	**1492**	**723**	**769**	**30020**	**2933**	**27087**	**16615**	**5124**	**11491**
市辖区	1492	723	769	30020	2933	27087	16615	5124	11491
潮州市	**9624**	**5274**	**4350**	**9362**	**1112**	**8250**	**1284**	**427**	**857**
湘桥区	3525	1959	1566	3853	478	3375	781	269	512
潮安区	4112	2227	1885	3444	284	3160	328	105	223
饶平县	1987	1088	899	2065	350	1715	175	53	122
揭阳市	**21847**	**11875**	**9972**	**3275**	**170**	**3105**	**706**	**300**	**406**
榕城区	3112	1677	1435	311	26	285	116	63	53
揭东区	2657	1493	1164	250	11	239	56	15	41
揭西县	4307	2307	2000	896	62	834	84	28	56
惠来县	4619	2481	2138	566	24	542	201	90	111
普宁市	7152	3917	3235	1252	47	1205	249	104	145
云浮市	**21812**	**12045**	**9767**	**13106**	**523**	**12583**	**5280**	**1654**	**3626**
云城区	4887	2646	2241	4429	151	4278	1957	558	1399
云安区	1674	928	746	611	26	585	89	30	59
新兴县	3672	2028	1644	1627	80	1547	1829	586	1243
郁南县	2608	1499	1109	1795	92	1703	424	125	299
罗定市	8971	4944	4027	4644	174	4470	981	355	626

7–9　续表 9　　　　单位：人

现住地	为子女就学			养老/康养			其他		
	小计	男	女	小计	男	女	小计	男	女
广　东	**183588**	**69174**	**114414**	**346811**	**146992**	**199819**	**1829285**	**949183**	**880102**
广州市	**31239**	**13323**	**17916**	**78224**	**31396**	**46828**	**380532**	**196018**	**184514**
荔湾区	1546	686	860	8168	2879	5289	66535	35043	31492
越秀区	4971	2287	2684	5177	1880	3297	24533	12090	12443
海珠区	3314	1517	1797	9695	3580	6115	34311	16950	17361
天河区	5109	2220	2889	7181	2962	4219	45551	23218	22333
白云区	5117	2037	3080	17251	6841	10410	76467	39732	36735
黄埔区	2902	1197	1705	4394	1801	2593	20597	10637	9960
番禺区	3706	1589	2117	12933	5495	7438	45699	23304	22395
花都区	1738	696	1042	4868	2132	2736	28328	14943	13385
南沙区	591	215	376	2396	1029	1367	8172	4258	3914
从化区	460	196	264	1878	892	986	7667	4068	3599
增城区	1785	683	1102	4283	1905	2378	22672	11775	10897
韶关市	**10519**	**3831**	**6688**	**14641**	**5926**	**8715**	**37594**	**19484**	**18110**
武江区	934	391	543	2932	1123	1809	6417	3293	3124
浈江区	558	217	341	2724	1094	1630	7075	3699	3376
曲江区	644	247	397	1392	524	868	3673	1899	1774
始兴县	1000	308	692	950	416	534	1620	840	780
仁化县	891	304	587	1065	413	652	1681	855	826
翁源县	1553	594	959	1069	424	645	4221	2203	2018
乳源瑶族自治县	845	338	507	900	364	536	3220	1652	1568
新丰县	790	271	519	808	362	446	2279	1180	1099
乐昌市	1972	635	1337	1665	731	934	3953	2174	1779
南雄市	1332	526	806	1136	475	661	3455	1689	1766
深圳市	**40887**	**15241**	**25646**	**52238**	**21009**	**31229**	**237281**	**120077**	**117204**
罗湖区	7028	2856	4172	5591	2156	3435	23310	11506	11804
福田区	10889	4718	6171	6780	2679	4101	30325	14960	15365
南山区	1482	546	936	4767	1877	2890	14061	7238	6823
宝安区	6462	2037	4425	8818	3543	5275	52047	26540	25507
龙岗区	8181	2826	5355	15408	6314	9094	71132	36219	34913
盐田区	979	371	608	1088	398	690	2467	1241	1226
龙华区	3767	1274	2493	6779	2836	3943	29273	14815	14458
坪山区	1028	349	679	1230	488	742	7623	3976	3647
光明区	1071	264	807	1777	718	1059	7043	3582	3461
珠海市	**4820**	**1995**	**2825**	**10580**	**4333**	**6247**	**36194**	**18258**	**17936**
香洲区	4077	1720	2357	6879	2807	4072	24561	12166	12395
斗门区	497	200	297	2346	978	1368	5969	3043	2926
金湾区	246	75	171	1355	548	807	5664	3049	2615
汕头市	**1084**	**454**	**630**	**4550**	**1941**	**2609**	**38577**	**20091**	**18486**
龙湖区	200	92	108	1340	550	790	7551	3884	3667
金平区	382	154	228	1726	701	1025	10435	5183	5252
濠江区	25	10	15	97	41	56	819	428	391
潮阳区	132	45	87	402	205	197	9867	5340	4527
潮南区	20	1	19	182	108	74	4627	2506	2121
澄海区	308	148	160	790	332	458	4430	2340	2090
南澳县	17	4	13	13	4	9	848	410	438
佛山市	**4657**	**2051**	**2606**	**30298**	**12500**	**17798**	**110766**	**58427**	**52339**
禅城区	761	326	435	4869	1949	2920	19694	10281	9413
南海区	1955	881	1074	14156	6067	8089	55750	29521	26229
顺德区	1072	480	592	5740	2223	3517	21087	10928	10159
三水区	626	250	376	3521	1433	2088	6634	3575	3059
高明区	243	114	129	2012	828	1184	7601	4122	3479

7-9 续表 10　　　　单位：人

现住地	为子女就学			养老/康养			其他		
	小计	男	女	小计	男	女	小计	男	女
江门市	**2613**	**1167**	**1446**	**12638**	**5124**	**7514**	**56167**	**28911**	**27256**
蓬江区	746	341	405	3663	1484	2179	10472	5371	5101
江海区	209	84	125	1146	402	744	3223	1594	1629
新会区	508	226	282	2412	910	1502	7246	3690	3556
台山市	364	138	226	1595	668	927	12935	6573	6362
开平市	279	117	162	1796	771	1025	9770	5035	4735
鹤山市	390	213	177	1424	617	807	4105	2186	1919
恩平市	117	48	69	602	272	330	8416	4462	3954
湛江市	**16875**	**5637**	**11238**	**14286**	**6914**	**7372**	**154890**	**81758**	**73132**
赤坎区	2286	846	1440	2610	1133	1477	22413	11514	10899
霞山区	3990	1511	2479	2966	1278	1688	25009	13156	11853
坡头区	790	222	568	571	324	247	4438	2339	2099
麻章区	496	184	312	615	311	304	7140	3918	3222
遂溪县	482	166	316	838	482	356	14370	7561	6809
徐闻县	734	220	514	1377	677	700	16075	8419	7656
廉江市	2420	791	1629	2827	1350	1477	25086	13442	11644
雷州市	2978	1095	1883	1382	727	655	31307	16562	14745
吴川市	2699	602	2097	1100	632	468	9052	4847	4205
茂名市	**10260**	**3709**	**6551**	**12108**	**6520**	**5588**	**79723**	**42002**	**37721**
茂南区	2424	1056	1368	4781	2386	2395	19480	10295	9185
电白区	1939	659	1280	1358	788	570	12578	6648	5930
高州市	1887	665	1222	2553	1364	1189	14356	7518	6838
化州市	1849	623	1226	1298	694	604	20716	10974	9742
信宜市	2161	706	1455	2118	1288	830	12593	6567	6026
肇庆市	**4829**	**1966**	**2863**	**8853**	**3808**	**5045**	**51424**	**26706**	**24718**
端州区	1739	787	952	2425	939	1486	18946	9769	9177
鼎湖区	459	193	266	485	223	262	1995	1107	888
高要区	512	225	287	588	256	332	4437	2376	2061
广宁县	568	175	393	1073	542	531	7210	3599	3611
怀集县	533	193	340	549	277	272	4544	2452	2092
封开县	367	134	233	437	185	252	2958	1513	1445
德庆县	294	110	184	448	183	265	2525	1285	1240
四会市	357	149	208	2848	1203	1645	8809	4605	4204
惠州市	**9292**	**3322**	**5970**	**22572**	**9455**	**13117**	**122842**	**64536**	**58306**
惠城区	4811	1654	3157	12306	4993	7313	49779	25900	23879
惠阳区	2061	791	1270	4241	1865	2376	32327	17116	15211
博罗县	967	331	636	2360	1027	1333	16493	8778	7715
惠东县	531	196	335	3100	1294	1806	17948	9473	8475
龙门县	922	350	572	565	276	289	6295	3269	3026
梅州市	**8951**	**3268**	**5683**	**23007**	**10793**	**12214**	**83363**	**43729**	**39634**
梅江区	995	421	574	4310	1838	2472	17529	9126	8403
梅县区	1588	645	943	3893	1777	2116	14180	7316	6864
大埔县	1591	507	1084	3705	1696	2009	8982	4704	4278
丰顺县	194	66	128	566	289	277	4375	2429	1946
五华县	689	242	447	1632	1022	610	13266	7116	6150
平远县	493	191	302	1209	604	605	2855	1554	1301
蕉岭县	659	238	421	1865	839	1026	5545	2879	2666
兴宁市	2742	958	1784	5827	2728	3099	16631	8605	8026

7-9　续表 11　　　　单位：人

现住地	为子女就学			养老/康养			其他		
	小计	男	女	小计	男	女	小计	男	女
汕尾市	**1900**	**656**	**1244**	**7103**	**3210**	**3893**	**69980**	**36480**	**33500**
城　区	581	230	351	985	418	567	21060	10906	10154
海丰县	787	263	524	4955	2253	2702	34677	18177	16500
陆河县	352	128	224	371	167	204	4997	2498	2499
陆丰市	180	35	145	792	372	420	9246	4899	4347
河源市	**12059**	**4276**	**7783**	**6611**	**2875**	**3736**	**67109**	**34958**	**32151**
源城区	3352	1267	2085	2560	1029	1531	22286	11545	10741
紫金县	593	222	371	836	388	448	9273	4863	4410
龙川县	4666	1564	3102	1108	456	652	16004	8201	7803
连平县	249	89	160	391	206	185	6044	3200	2844
和平县	1968	651	1317	1106	515	591	7190	3723	3467
东源县	1231	483	748	610	281	329	6312	3426	2886
阳江市	**1890**	**718**	**1172**	**4543**	**1908**	**2635**	**45049**	**23398**	**21651**
江城区	610	263	347	1623	651	972	20044	10526	9518
阳东区	127	47	80	711	287	424	5280	2782	2498
阳西县	386	126	260	743	295	448	7782	4037	3745
阳春市	767	282	485	1466	675	791	11943	6053	5890
清远市	**10786**	**3822**	**6964**	**16415**	**7051**	**9364**	**55467**	**28839**	**26628**
清城区	3624	1469	2155	7083	2996	4087	19211	9885	9326
清新区	1759	643	1116	3948	1680	2268	12252	6559	5693
佛冈县	837	353	484	1078	493	585	3315	1740	1575
阳山县	921	231	690	804	373	431	4302	2169	2133
连山壮族瑶族自治县	199	57	142	242	96	146	1044	528	516
连南瑶族自治县	1059	278	781	194	85	109	1395	704	691
英德市	1262	446	816	2050	915	1135	10527	5528	4999
连州市	1125	345	780	1016	413	603	3421	1726	1695
东莞市	**5804**	**1867**	**3937**	**11511**	**4687**	**6824**	**99335**	**51906**	**47429**
市辖区	5804	1867	3937	11511	4687	6824	99335	51906	47429
中山市	**2610**	**957**	**1653**	**9422**	**3814**	**5608**	**39446**	**20319**	**19127**
市辖区	2610	957	1653	9422	3814	5608	39446	20319	19127
潮州市	**528**	**222**	**306**	**2458**	**1115**	**1343**	**13670**	**7160**	**6510**
湘桥区	363	153	210	1780	757	1023	5430	2792	2638
潮安区	62	30	32	325	160	165	5546	2951	2595
饶平县	103	39	64	353	198	155	2694	1417	1277
揭阳市	**182**	**56**	**126**	**932**	**508**	**424**	**22109**	**11531**	**10578**
榕城区	21	2	19	79	47	32	2188	1123	1065
揭东区	17	5	12	211	111	100	1913	1029	884
揭西县	30	12	18	221	125	96	3618	1886	1732
惠来县	21	5	16	121	66	55	6052	3177	2875
普宁市	93	32	61	300	159	141	8338	4316	4022
云浮市	**1803**	**636**	**1167**	**3821**	**2105**	**1716**	**27767**	**14595**	**13172**
云城区	496	184	312	880	431	449	5764	3070	2694
云安区	37	11	26	317	201	116	1308	674	634
新兴县	546	224	322	956	501	455	6081	3217	2864
郁南县	245	81	164	510	323	187	3054	1628	1426
罗定市	479	136	343	1158	649	509	11560	6006	5554

7-9a 全省按现住地、性别、迁移原因分的户口登记地在本省其他乡镇街道的人口(城市)

单位：人

现住地	合计			工作就业		
	合计	男	女	小计	男	女
广　东	**24758290**	**12934364**	**11823926**	**11907809**	**6678555**	**5229254**
广州市	**5789317**	**2992887**	**2796430**	**2927573**	**1609068**	**1318505**
荔湾区	571102	291204	279898	146779	79624	67155
越秀区	278492	135901	142591	116180	61183	54997
海珠区	609190	300849	308341	259098	138623	120475
天河区	1011357	527376	483981	593218	324685	268533
白云区	1247444	649182	598262	757342	408820	348522
黄埔区	396280	215164	181116	227283	134245	93038
番禺区	855590	439321	416269	485170	263014	222156
花都区	355213	185999	169214	175183	97321	77862
南沙区	130243	75471	54772	85455	55009	30446
从化区	91281	47334	43947	13793	7749	6044
增城区	243125	125086	118039	68072	38795	29277
韶关市	**409242**	**198459**	**210783**	**92080**	**50043**	**42037**
武江区	131801	63952	67849	37962	20004	17958
浈江区	119220	57864	61356	26034	14403	11631
曲江区	54853	26656	28197	12212	6950	5262
始兴县						
仁化县						
翁源县						
乳源瑶族自治县						
新丰县						
乐昌市	44455	21494	22961	6951	3743	3208
南雄市	58913	28493	30420	8921	4943	3978
深圳市	**5850578**	**3108901**	**2741677**	**3905733**	**2159167**	**1746566**
罗湖区	447130	223116	224014	263143	135037	128106
福田区	562486	291482	271004	349502	189582	159920
南山区	558354	292283	266071	370663	199850	170813
宝安区	1387240	753449	633791	998442	562564	435878
龙岗区	1523624	803822	719802	992443	544610	447833
盐田区	84514	44961	39553	49190	28249	20941
龙华区	819523	439122	380401	568551	316447	252104
坪山区	163299	90367	72932	101816	59176	42640
光明区	304408	170299	134109	211983	123652	88331
珠海市	**614876**	**318881**	**295995**	**289040**	**164750**	**124290**
香洲区	433197	224890	208307	214238	121209	93029
斗门区	75687	38821	36866	32944	18740	14204
金湾区	105992	55170	50822	41858	24801	17057
汕头市	**457778**	**228896**	**228882**	**93916**	**53256**	**40660**
龙湖区	130023	65910	64113	41021	23349	17672
金平区	172179	84720	87459	26054	14705	11349
濠江区	14742	7724	7018	1401	1006	395
潮阳区	60511	29885	30626	4357	2456	1901
潮南区	14274	7805	6469	5629	3253	2376
澄海区	66049	32852	33197	15454	8487	6967
南澳县						
佛山市	**2284573**	**1249528**	**1035045**	**1271640**	**754004**	**517636**
禅城区	400131	211769	188362	234462	131093	103369
南海区	1011885	565762	446123	581431	347790	233641
顺德区	621753	341280	280473	359389	218555	140834
三水区	129163	65882	63281	44018	25634	18384
高明区	121641	64835	56806	52340	30932	21408

7–9a　续表 1

单位：人

现住地	合计			工作就业		
	合计	男	女	小计	男	女
江门市	**956050**	**481438**	**474612**	**216515**	**125153**	**91362**
蓬江区	237871	121719	116152	75389	43447	31942
江海区	103061	52670	50391	38656	23031	15625
新会区	162443	80845	81598	29462	17209	12253
台山市	130724	65338	65386	26358	15222	11136
开平市	177011	86367	90644	16791	9163	7628
鹤山市	78589	40614	37975	24582	14024	10558
恩平市	66351	33885	32466	5277	3057	2220
湛江市	**969597**	**489707**	**479890**	**230556**	**123173**	**107383**
赤坎区	205976	100690	105286	50516	27070	23446
霞山区	336711	170639	166072	101506	53459	48047
坡头区	18240	9028	9212	3397	2069	1328
麻章区	45861	25807	20054	11447	6428	5019
遂溪县	2783	1421	1362	536	341	195
徐闻县						
廉江市	152594	76972	75622	34913	18167	16746
雷州市	128610	66649	61961	16648	9278	7370
吴川市	78822	38501	40321	11593	6361	5232
茂名市	**646824**	**330248**	**316576**	**128603**	**69633**	**58970**
茂南区	204069	105456	98613	54234	29890	24344
电白区	69613	34627	34986	14507	7907	6600
高州市	140554	71073	69481	30995	15758	15237
化州市	126440	65205	61235	13197	7492	5705
信宜市	106148	53887	52261	15670	8586	7084
肇庆市	**501868**	**263045**	**238823**	**149290**	**86271**	**63019**
端州区	213597	110445	103152	52013	29305	22708
鼎湖区	56317	28873	27444	15096	8740	6356
高要区	57614	30496	27118	18811	10236	8575
广宁县						
怀集县						
封开县						
德庆县						
四会市	174340	93231	81109	63370	37990	25380
惠州市	**914213**	**483303**	**430910**	**418291**	**240978**	**177313**
惠城区	585654	305180	280474	266098	150526	115572
惠阳区	321082	174125	146957	147899	88079	59820
博罗县	7477	3998	3479	4294	2373	1921
惠东县						
龙门县						
梅州市	**565709**	**274945**	**290764**	**104973**	**57499**	**47474**
梅江区	213505	104477	109028	38923	21790	17133
梅县区	184842	89945	94897	39848	22123	17725
大埔县						
丰顺县						
五华县	704	400	304	76	59	17
平远县						
蕉岭县						
兴宁市	166658	80123	86535	26126	13527	12599

7-9a 续表 2

单位：人

现住地	合计			工作就业		
	合计	男	女	小计	男	女
汕尾市	**187144**	**95974**	**91170**	**30987**	**19263**	**11724**
城　区	132989	67321	65668	25045	15366	9679
海丰县						
陆河县						
陆丰市	54155	28653	25502	5942	3897	2045
河源市	**350401**	**174210**	**176191**	**88699**	**49513**	**39186**
源城区	350401	174210	176191	88699	49513	39186
紫金县						
龙川县						
连平县						
和平县						
东源县						
阳江市	**525176**	**266639**	**258537**	**67507**	**38345**	**29162**
江城区	307073	156329	150744	33852	19132	14720
阳东区	111988	57770	54218	17476	10423	7053
阳西县						
阳春市	106115	52540	53575	16179	8790	7389
清远市	**684796**	**340376**	**344420**	**151077**	**83141**	**67936**
清城区	335152	167947	167205	70364	38698	31666
清新区	186516	93428	93088	46138	25304	20834
佛冈县						
阳山县						
连山壮族瑶族自治县						
连南瑶族自治县						
英德市	106757	52519	54238	26656	14573	12083
连州市	56371	26482	29889	7919	4566	3353
东莞市	**1991739**	**1095811**	**895928**	**1357014**	**779066**	**577948**
市辖区	1991739	1095811	895928	1357014	779066	577948
中山市	**532515**	**277705**	**254810**	**292318**	**164952**	**127366**
市辖区	532515	277705	254810	292318	164952	127366
潮州市	**215070**	**105411**	**109659**	**30968**	**17033**	**13935**
湘桥区	163102	79385	83717	21169	11350	9819
潮安区	51968	26026	25942	9799	5683	4116
饶平县						
揭阳市	**82954**	**41698**	**41256**	**13696**	**7792**	**5904**
榕城区	17722	8358	9364	1961	1205	756
揭东区	14608	7677	6931	2612	1546	1066
揭西县						
惠来县						
普宁市	50624	25663	24961	9123	5041	4082
云浮市	**227870**	**116302**	**111568**	**47333**	**26455**	**20878**
云城区	126595	65571	61024	35163	20078	15085
云安区	3511	1801	1710	655	464	191
新兴县						
郁南县						
罗定市	97764	48930	48834	11515	5913	5602

7-9a　续表 3

单位：人

现住地	学习培训			随同离开/投亲靠友			拆迁/搬家		
	小计	男	女	小计	男	女	小计	男	女
广　东	**3014422**	**1583193**	**1431229**	**2572368**	**1266385**	**1305983**	**4009883**	**2072163**	**1937720**
广州市	**732681**	**377556**	**355125**	**382562**	**188184**	**194378**	**881093**	**444935**	**436158**
荔湾区	22156	11272	10884	39780	19137	20643	172450	87464	84986
越秀区	22257	10486	11771	24369	11831	12538	45498	22735	22763
海珠区	63040	29592	33448	44726	21811	22915	150991	74769	76222
天河区	172238	87360	84878	48279	23714	24565	91355	46073	45282
白云区	123262	67419	55843	63191	31208	31983	165568	82407	83161
黄埔区	47817	25813	22004	20271	10045	10226	48202	24458	23744
番禺区	126120	63893	62227	60552	29731	30821	75748	38170	37578
花都区	47100	24365	22735	35829	18294	17535	50959	26606	24353
南沙区	9580	5216	4364	9481	4631	4850	7580	3794	3786
从化区	35394	19134	16260	8233	4136	4097	19944	11059	8885
增城区	63717	33006	30711	27851	13646	14205	52798	27400	25398
韶关市	**59850**	**29599**	**30251**	**76512**	**36010**	**40502**	**117599**	**59569**	**58030**
武江区	14893	7484	7409	20648	9787	10861	36476	18495	17981
浈江区	26540	12554	13986	23090	11040	12050	25581	13132	12449
曲江区	5542	2762	2780	10794	5115	5679	17127	8862	8265
始兴县									
仁化县									
翁源县									
乳源瑶族自治县									
新丰县									
乐昌市	6666	3563	3103	9713	4699	5014	14312	6869	7443
南雄市	6209	3236	2973	12267	5369	6898	24103	12211	11892
深圳市	**629967**	**344454**	**285513**	**453959**	**226044**	**227915**	**288451**	**141693**	**146758**
罗湖区	51060	27717	23343	39367	19350	20017	35972	17393	18579
福田区	58113	31232	26881	35715	17290	18425	43624	21035	22589
南山区	71761	37113	34648	47832	24074	23758	28659	14116	14543
宝安区	136921	75961	60960	88179	43850	44329	46313	22947	23366
龙岗区	165528	91136	74392	126501	63071	63430	74042	36582	37460
盐田区	11699	5991	5708	7791	3779	4012	7748	3796	3952
龙华区	79844	43665	36179	62050	30860	31190	37185	18331	18854
坪山区	24116	13955	10161	13158	6591	6567	7123	3578	3545
光明区	30925	17684	13241	33366	17179	16187	7785	3915	3870
珠海市	**103083**	**51242**	**51841**	**67597**	**33168**	**34429**	**68275**	**34430**	**33845**
香洲区	60407	30698	29709	46320	22709	23611	46905	23345	23560
斗门区	3079	1799	1280	13591	6543	7048	15901	8229	7672
金湾区	39597	18745	20852	7686	3916	3770	5469	2856	2613
汕头市	**47702**	**23103**	**24599**	**81371**	**36676**	**44695**	**179694**	**92203**	**87491**
龙湖区	10202	4474	5728	24831	11174	13657	37604	19467	18137
金平区	11042	5322	5720	34531	15430	19101	78157	39798	38359
濠江区	5668	3078	2590	1439	682	757	4486	2253	2233
潮阳区	13533	6832	6701	9391	4309	5082	27554	14071	13483
潮南区	732	347	385	1447	729	718	2927	1601	1326
澄海区	6525	3050	3475	9732	4352	5380	28966	15013	13953
南澳县									
佛山市	**197373**	**106148**	**91225**	**269232**	**138725**	**130507**	**243268**	**127852**	**115416**
禅城区	21479	11595	9884	47974	24474	23500	46555	24019	22536
南海区	97189	54844	42345	110653	57254	53399	87105	46150	40955
顺德区	50001	25731	24270	71580	37014	34566	59866	31530	28336
三水区	16494	7777	8717	17406	8843	8563	33175	17191	15984
高明区	12210	6201	6009	21619	11140	10479	16567	8962	7605

7-9a 续表 4

单位：人

现住地	学习培训			随同离开/投亲靠友			拆迁/搬家		
	小计	男	女	小计	男	女	小计	男	女
江门市	**95263**	**48859**	**46404**	**145397**	**68035**	**77362**	**379128**	**195891**	**183237**
蓬江区	38017	20073	17944	34059	16492	17567	58018	29539	28479
江海区	12656	5450	7206	18689	8892	9797	22675	11687	10988
新会区	11190	5983	5207	31081	14281	16800	70812	37081	33731
台山市	13376	6978	6398	21740	9743	11997	48985	25906	23079
开平市	9619	4857	4762	24071	10966	13105	109587	55234	54353
鹤山市	6364	3329	3035	11358	5573	5785	26536	13951	12585
恩平市	4041	2189	1852	4399	2088	2311	42515	22493	20022
湛江市	**143301**	**73891**	**69410**	**148288**	**74644**	**73644**	**262399**	**141044**	**121355**
赤坎区	32937	13213	19724	24945	12535	12410	54914	29193	25721
霞山区	35549	20026	15523	55865	28091	27774	85029	44999	40030
坡头区	2528	1264	1264	2178	1004	1174	5897	3055	2842
麻章区	16710	10533	6177	6006	3050	2956	5147	2878	2269
遂溪县	145	81	64	568	275	293	542	321	221
徐闻县									
廉江市	28813	14878	13935	23134	12023	11111	37811	20787	17024
雷州市	15468	8172	7296	23544	11710	11834	44120	24005	20115
吴川市	11151	5724	5427	12048	5956	6092	28939	15806	13133
茂名市	**148678**	**81272**	**67406**	**82268**	**41457**	**40811**	**178014**	**95792**	**82222**
茂南区	38006	22176	15830	23100	11446	11654	48517	26249	22268
电白区	17674	9154	8520	9897	4881	5016	16620	8793	7827
高州市	44047	23350	20697	15357	7883	7474	29706	15767	13939
化州市	20720	11328	9392	19137	9823	9314	53696	29176	24520
信宜市	28231	15264	12967	14777	7424	7353	29475	15807	13668
肇庆市	**111214**	**59584**	**51630**	**70720**	**35417**	**35303**	**102960**	**53914**	**49046**
端州区	61049	32365	28684	18463	9413	9050	45425	23683	21742
鼎湖区	15912	7699	8213	10134	5117	5017	10103	5335	4768
高要区	20450	11321	9129	9707	4902	4805	3141	1705	1436
广宁县									
怀集县									
封开县									
德庆县									
四会市	13803	8199	5604	32416	15985	16431	44291	23191	21100
惠州市	**107859**	**57846**	**50013**	**101104**	**49916**	**51188**	**114715**	**59530**	**55185**
惠城区	78332	42145	36187	52871	26245	26626	76702	39232	37470
惠阳区	27730	14751	12979	47535	23326	24209	37794	20174	17620
博罗县	1797	950	847	698	345	353	219	124	95
惠东县									
龙门县									
梅州市	**69170**	**33557**	**35613**	**91223**	**42943**	**48280**	**198331**	**100187**	**98144**
梅江区	35773	17222	18551	28493	13075	15418	69478	35385	34093
梅县区	15409	7252	8157	41085	19169	21916	57393	29826	27567
大埔县									
丰顺县									
五华县	17	9	8	63	35	28	113	65	48
平远县									
蕉岭县									
兴宁市	17971	9074	8897	21582	10664	10918	71347	34911	36436

7−9a 续表 5

单位：人

现住地	学习培训			随同离开/投亲靠友			拆迁/搬家		
	小计	男	女	小计	男	女	小计	男	女
汕尾市	**14756**	**6880**	**7876**	**38550**	**17764**	**20786**	**66993**	**36735**	**30258**
城　区	13934	6437	7497	26376	12047	14329	39122	21271	17851
海丰县									
陆河县									
陆丰市	822	443	379	12174	5717	6457	27871	15464	12407
河源市	**40861**	**20593**	**20268**	**60482**	**29027**	**31455**	**101309**	**53338**	**47971**
源城区	40861	20593	20268	60482	29027	31455	101309	53338	47971
紫金县									
龙川县									
连平县									
和平县									
东源县									
阳江市	**41276**	**20214**	**21062**	**92717**	**45617**	**47100**	**255674**	**138135**	**117539**
江城区	21608	9806	11802	53140	25967	27173	158496	85591	72905
阳东区	8270	4662	3608	22339	11171	11168	52728	28815	23913
阳西县									
阳春市	11398	5746	5652	17238	8479	8759	44450	23729	20721
清远市	**74793**	**38138**	**36655**	**127999**	**62437**	**65562**	**231847**	**121180**	**110667**
清城区	38409	19865	18544	50324	25358	24966	127900	66289	61611
清新区	18456	9746	8710	36580	18032	18548	57144	30553	26591
佛冈县									
阳山县									
连山壮族瑶族自治县									
连南瑶族自治县									
英德市	12485	6260	6225	26521	12419	14102	26796	14221	12575
连州市	5443	2267	3176	14574	6628	7946	20007	10117	9890
东莞市	**229104**	**125902**	**103202**	**146987**	**75188**	**71799**	**93254**	**47371**	**45883**
市辖区	229104	125902	103202	146987	75188	71799	93254	47371	45883
中山市	**79263**	**41203**	**38060**	**55535**	**27886**	**27649**	**44952**	**22389**	**22563**
市辖区	79263	41203	38060	55535	27886	27649	44952	22389	22563
潮州市	**16872**	**7321**	**9551**	**33071**	**14273**	**18798**	**111610**	**57997**	**53613**
湘桥区	13509	5668	7841	25630	10926	14704	89000	46117	42883
潮安区	3363	1653	1710	7441	3347	4094	22610	11880	10730
饶平县									
揭阳市	**34503**	**16027**	**18476**	**6878**	**3269**	**3609**	**15301**	**8396**	**6905**
榕城区	6044	1988	4056	755	353	402	4745	2676	2069
揭东区	6448	3145	3303	1419	720	699	2649	1512	1137
揭西县									
惠来县									
普宁市	22011	10894	11117	4704	2196	2508	7907	4208	3699
云浮市	**36853**	**19804**	**17049**	**39916**	**19705**	**20211**	**75016**	**39582**	**35434**
云城区	10479	5872	4607	28119	13827	14292	37167	20136	17031
云安区	1700	759	941	237	126	111	570	282	288
新兴县									
郁南县									
罗定市	24674	13173	11501	11560	5752	5808	37279	19164	18115

7—9a 续表 6 单位：人

现住地	寄挂户口			婚姻嫁娶			照料孙子女		
	小计	男	女	小计	男	女	小计	男	女
广 东	**503319**	**270090**	**233229**	**525677**	**62458**	**463219**	**484519**	**153983**	**330536**
广州市	**187639**	**101474**	**86165**	**136618**	**23624**	**112994**	**97688**	**31273**	**66415**
荔湾区	90901	49559	41342	16852	3475	13377	5935	2065	3870
越秀区	13776	7385	6391	15616	3960	11656	6115	2064	4051
海珠区	11468	6119	5349	23404	4774	18630	9143	3114	6029
天河区	18028	9596	8432	16500	3045	13455	13898	4503	9395
白云区	17659	9496	8163	17820	2758	15062	16483	4900	11583
黄埔区	7322	3976	3346	9017	1051	7966	11370	3387	7983
番禺区	13955	7511	6444	18698	2904	15794	15528	5049	10479
花都区	5257	2871	2386	6155	503	5652	8084	2626	5458
南沙区	2020	1093	927	3622	474	3148	4533	1418	3115
从化区	2826	1495	1331	3798	384	3414	1856	590	1266
增城区	4427	2373	2054	5136	296	4840	4743	1557	3186
韶关市	**7597**	**4015**	**3582**	**14389**	**1546**	**12843**	**10838**	**3625**	**7213**
武江区	3340	1776	1564	4950	687	4263	3979	1297	2682
浈江区	2578	1363	1215	4522	512	4010	2345	818	1527
曲江区	823	438	385	2490	155	2335	1731	531	1200
始兴县									
仁化县									
翁源县									
乳源瑶族自治县									
新丰县									
乐昌市	455	244	211	1097	96	1001	1369	455	914
南雄市	401	194	207	1330	96	1234	1414	524	890
深圳市	**66259**	**33968**	**32291**	**32877**	**3419**	**29458**	**143694**	**44220**	**99474**
罗湖区	5402	2738	2664	4169	499	3670	12088	3864	8224
福田区	9505	4711	4794	4349	696	3653	13684	4579	9105
南山区	7421	3837	3584	1010	118	892	10711	3522	7189
宝安区	12645	6516	6129	6534	623	5911	30879	8868	22011
龙岗区	16941	8720	8221	9562	793	8769	44570	13903	30667
盐田区	618	330	288	587	70	517	2347	736	1611
龙华区	9467	4793	4674	3583	384	3199	19024	5717	13307
坪山区	1870	1037	833	1593	136	1457	3813	1112	2701
光明区	2390	1286	1104	1490	100	1390	6578	1919	4659
珠海市	**13079**	**7000**	**6079**	**14020**	**2223**	**11797**	**14699**	**4720**	**9979**
香洲区	9539	5097	4442	10166	1906	8260	10667	3503	7164
斗门区	1404	741	663	2596	214	2382	1906	561	1345
金湾区	2136	1162	974	1258	103	1155	2126	656	1470
汕头市	**11645**	**6325**	**5320**	**11550**	**1993**	**9557**	**2471**	**876**	**1595**
龙湖区	4005	2228	1777	2576	514	2062	1021	358	663
金平区	3530	1901	1629	5360	1188	4172	1011	363	648
濠江区	551	300	251	448	35	413	16	6	10
潮阳区	941	524	417	1438	83	1355	157	54	103
潮南区	1675	890	785	73	3	70	66	32	34
澄海区	943	482	461	1655	170	1485	200	63	137
南澳县									
佛山市	**51602**	**28088**	**23514**	**67731**	**11021**	**56710**	**45542**	**14585**	**30957**
禅城区	9104	5049	4055	11035	2071	8964	6754	2173	4581
南海区	24550	13344	11206	21476	4396	17080	18936	6193	12743
顺德区	13735	7444	6291	27948	3877	24071	11506	3595	7911
三水区	1781	962	819	4088	403	3685	4265	1302	2963
高明区	2432	1289	1143	3184	274	2910	4081	1322	2759

7-9a 续表 7

单位：人

现住地	寄挂户口			婚姻嫁娶			照料孙子女		
	小计	男	女	小计	男	女	小计	男	女
江门市	**14832**	**7987**	**6845**	**32140**	**2924**	**29216**	**16079**	**5307**	**10772**
蓬江区	3933	2135	1798	7794	913	6881	5889	1988	3901
江海区	1323	717	606	2785	281	2504	1699	532	1167
新会区	2698	1457	1241	6988	610	6378	2914	926	1988
台山市	1388	732	656	5158	321	4837	1778	641	1137
开平市	1921	1056	865	4797	333	4464	1431	459	972
鹤山市	1303	703	600	2326	397	1929	2081	669	1412
恩平市	2266	1187	1079	2292	69	2223	287	92	195
湛江市	**27761**	**15116**	**12645**	**31982**	**1965**	**30017**	**12067**	**3793**	**8274**
赤坎区	7226	3975	3251	5914	548	5366	2393	770	1623
霞山区	10940	5954	4986	11397	960	10437	5032	1526	3506
坡头区	498	267	231	848	19	829	325	87	238
麻章区	1147	630	517	866	27	839	327	101	226
遂溪县	363	202	161	269	11	258	15	3	12
徐闻县									
廉江市	2708	1482	1226	5225	141	5084	2660	874	1786
雷州市	2926	1538	1388	2483	167	2316	851	301	550
吴川市	1953	1068	885	4980	92	4888	464	131	333
茂名市	**12728**	**6800**	**5928**	**23035**	**1111**	**21924**	**9514**	**2999**	**6515**
茂南区	5436	2937	2499	8881	622	8259	3753	1164	2589
电白区	1910	1020	890	2839	93	2746	467	130	337
高州市	1280	574	706	2893	156	2737	2497	849	1648
化州市	3032	1667	1365	4975	120	4855	671	199	472
信宜市	1070	602	468	3447	120	3327	2126	657	1469
肇庆市	**6296**	**3413**	**2883**	**12372**	**1793**	**10579**	**10839**	**3763**	**7076**
端州区	3197	1743	1454	6795	1293	5502	3545	1148	2397
鼎湖区	556	295	261	937	51	886	1280	451	829
高要区	263	134	129	514	31	483	1632	636	996
广宁县									
怀集县									
封开县									
德庆县									
四会市	2280	1241	1039	4126	418	3708	4382	1528	2854
惠州市	**35611**	**19303**	**16308**	**17536**	**1487**	**16049**	**26575**	**8743**	**17832**
惠城区	18369	9932	8437	11983	1188	10795	21983	7291	14692
惠阳区	17168	9332	7836	5503	297	5206	4516	1427	3089
博罗县	74	39	35	50	2	48	76	25	51
惠东县									
龙门县									
梅州市	**13892**	**7604**	**6288**	**18576**	**1257**	**17319**	**12434**	**4374**	**8060**
梅江区	8390	4611	3779	7804	621	7183	2899	1010	1889
梅县区	2618	1414	1204	6776	406	6370	5677	2019	3658
大埔县									
丰顺县									
五华县	180	108	72	69	1	68	7	5	2
平远县									
蕉岭县									
兴宁市	2704	1471	1233	3927	229	3698	3851	1340	2511

7-9a 续表 8

单位：人

现住地	寄挂户口			婚姻嫁娶			照料孙子女		
	小计	男	女	小计	男	女	小计	男	女
汕尾市	**2990**	**1588**	**1402**	**6375**	**293**	**6082**	**814**	**257**	**557**
城　区	2095	1099	996	4800	234	4566	724	233	491
海丰县									
陆河县									
陆丰市	895	489	406	1575	59	1516	90	24	66
河源市	**8194**	**4470**	**3724**	**12956**	**469**	**12487**	**11054**	**3647**	**7407**
源城区	8194	4470	3724	12956	469	12487	11054	3647	7407
紫金县									
龙川县									
连平县									
和平县									
东源县									
阳江市	**11814**	**6315**	**5499**	**20527**	**1003**	**19524**	**3863**	**1185**	**2678**
江城区	9480	5085	4395	10168	660	9508	1414	460	954
阳东区	1251	653	598	5830	157	5673	575	175	400
阳西县									
阳春市	1083	577	506	4529	186	4343	1874	550	1324
清远市	**12635**	**6697**	**5938**	**19990**	**763**	**19227**	**23256**	**7727**	**15529**
清城区	7502	3992	3510	9001	396	8605	11278	3783	7495
清新区	2235	1188	1047	6049	85	5964	7664	2620	5044
佛冈县									
阳山县									
连山壮族瑶族自治县									
连南瑶族自治县									
英德市	1997	1028	969	3201	128	3073	2813	894	1919
连州市	901	489	412	1739	154	1585	1501	430	1071
东莞市	**2955**	**1516**	**1439**	**22779**	**2651**	**20128**	**27654**	**8046**	**19608**
市辖区	2955	1516	1439	22779	2651	20128	27654	8046	19608
中山市	**852**	**379**	**473**	**16590**	**1976**	**14614**	**11369**	**3544**	**7825**
市辖区	852	379	473	16590	1976	14614	11369	3544	7825
潮州市	**4641**	**2498**	**2143**	**6118**	**651**	**5467**	**1055**	**350**	**705**
湘桥区	2713	1484	1229	3753	462	3291	769	261	508
潮安区	1928	1014	914	2365	189	2176	286	89	197
饶平县									
揭阳市	**4595**	**2466**	**2129**	**672**	**46**	**626**	**289**	**137**	**152**
榕城区	2195	1184	1011	238	23	215	90	56	34
揭东区	722	380	342	48	4	44	25	6	19
揭西县									
惠来县									
普宁市	1678	902	776	386	19	367	174	75	99
云浮市	**5702**	**3068**	**2634**	**6844**	**243**	**6601**	**2725**	**812**	**1913**
云城区	3513	1862	1651	4112	142	3970	1928	543	1385
云安区	164	98	66	46	2	44	6	2	4
新兴县									
郁南县									
罗定市	2025	1108	917	2686	99	2587	791	267	524

7-9a 续表 9

单位：人

现住地	为子女就学			养老/康养			其他		
	小计	男	女	小计	男	女	小计	男	女
广 东	**143571**	**55825**	**87746**	**272836**	**110413**	**162423**	**1323886**	**681299**	**642587**
广州市	**29484**	**12679**	**16805**	**70982**	**28163**	**42819**	**342997**	**175931**	**167066**
荔湾区	1546	686	860	8168	2879	5289	66535	35043	31492
越秀区	4971	2287	2684	5177	1880	3297	24533	12090	12443
海珠区	3314	1517	1797	9695	3580	6115	34311	16950	17361
天河区	5109	2220	2889	7181	2962	4219	45551	23218	22333
白云区	4661	1869	2792	14975	5939	9036	66483	34366	32117
黄埔区	2658	1080	1578	3460	1384	2076	18880	9725	9155
番禺区	3671	1569	2102	12726	5410	7316	43422	22070	21352
花都区	1501	616	885	3722	1595	2127	21423	11202	10221
南沙区	519	187	332	2136	907	1229	5317	2742	2575
从化区	345	162	183	1106	492	614	3986	2133	1853
增城区	1189	486	703	2636	1135	1501	12556	6392	6164
韶关市	**4231**	**1642**	**2589**	**8314**	**3218**	**5096**	**17832**	**9192**	**8640**
武江区	919	385	534	2824	1073	1751	5810	2964	2846
浈江区	520	205	315	2484	985	1499	5526	2852	2674
曲江区	590	223	367	1227	446	781	2317	1174	1143
始兴县									
仁化县									
翁源县									
乳源瑶族自治县									
新丰县									
乐昌市	1221	422	799	789	316	473	1882	1087	795
南雄市	981	407	574	990	398	592	2297	1115	1182
深圳市	**40826**	**15223**	**25603**	**52046**	**20923**	**31123**	**236766**	**119790**	**116976**
罗湖区	7028	2856	4172	5591	2156	3435	23310	11506	11804
福田区	10889	4718	6171	6780	2679	4101	30325	14960	15365
南山区	1482	546	936	4767	1877	2890	14048	7230	6818
宝安区	6462	2037	4425	8818	3543	5275	52047	26540	25507
龙岗区	8126	2810	5316	15237	6236	9001	70674	35961	34713
盐田区	979	371	608	1088	398	690	2467	1241	1226
龙华区	3767	1274	2493	6779	2836	3943	29273	14815	14458
坪山区	1022	347	675	1209	480	729	7579	3955	3624
光明区	1071	264	807	1777	718	1059	7043	3582	3461
珠海市	**4514**	**1884**	**2630**	**9463**	**3866**	**5597**	**31106**	**15598**	**15508**
香洲区	4019	1700	2319	6845	2791	4054	24091	11932	12159
斗门区	285	116	169	1464	609	855	2517	1269	1248
金湾区	210	68	142	1154	466	688	4498	2397	2101
汕头市	**965**	**410**	**555**	**4160**	**1747**	**2413**	**24304**	**12307**	**11997**
龙湖区	200	92	108	1330	545	785	7233	3709	3524
金平区	381	154	227	1724	700	1024	10389	5159	5230
濠江区	19	7	12	93	40	53	621	317	304
潮阳区	120	39	81	307	148	159	2713	1369	1344
潮南区	7	1	6	95	59	36	1623	890	733
澄海区	238	117	121	611	255	356	1725	863	862
南澳县									
佛山市	**4402**	**1982**	**2420**	**29165**	**12019**	**17146**	**104618**	**55104**	**49514**
禅城区	690	310	380	4476	1828	2648	17602	9157	8445
南海区	1890	856	1034	14080	6024	8056	54575	28911	25664
顺德区	1071	480	591	5726	2217	3509	20931	10837	10094
三水区	513	223	290	2925	1154	1771	4498	2393	2105
高明区	238	113	125	1958	796	1162	7012	3806	3206

7–9a 续表 10 单位：人

现住地	为子女就学			养老/康养			其他		
	小计	男	女	小计	男	女	小计	男	女
江门市	**2373**	**1088**	**1285**	**11232**	**4326**	**6906**	**43091**	**21868**	**21223**
蓬江区	745	341	404	3654	1478	2176	10373	5313	5060
江海区	209	84	125	1146	402	744	3223	1594	1629
新会区	472	214	258	2160	766	1394	4666	2318	2348
台山市	306	121	185	1321	514	807	10314	5160	5154
开平市	239	104	135	1492	606	886	7063	3589	3474
鹤山市	359	204	155	1068	419	649	2612	1345	1267
恩平市	43	20	23	391	141	250	4840	2549	2291
湛江市	**13271**	**4618**	**8653**	**9206**	**4015**	**5191**	**90766**	**47448**	**43318**
赤坎区	2285	845	1440	2584	1123	1461	22262	11418	10844
霞山区	3981	1508	2473	2886	1230	1656	24526	12886	11640
坡头区	314	101	213	305	151	154	1950	1011	939
麻章区	381	129	252	283	119	164	3547	1912	1635
遂溪县	20	10	10	56	30	26	269	147	122
徐闻县									
廉江市	1964	668	1296	1866	786	1080	13500	7166	6334
雷州市	2177	831	1346	669	329	340	19724	10318	9406
吴川市	2149	526	1623	557	247	310	4988	2590	2398
茂名市	**8479**	**3226**	**5253**	**7458**	**3301**	**4157**	**48047**	**24657**	**23390**
茂南区	2292	1023	1269	3652	1604	2048	16198	8345	7853
电白区	1174	406	768	492	231	261	4033	2012	2021
高州市	1706	628	1078	1608	696	912	10465	5412	5053
化州市	1355	502	853	609	258	351	9048	4640	4408
信宜市	1952	667	1285	1097	512	585	8303	4248	4055
肇庆市	**2967**	**1320**	**1647**	**5535**	**2166**	**3369**	**29675**	**15404**	**14271**
端州区	1739	787	952	2425	939	1486	18946	9769	9177
鼎湖区	449	191	258	345	156	189	1505	838	667
高要区	462	206	256	460	177	283	2174	1148	1026
广宁县									
怀集县									
封开县									
德庆县									
四会市	317	136	181	2305	894	1411	7050	3649	3401
惠州市	**6439**	**2287**	**4152**	**15260**	**6235**	**9025**	**70823**	**36978**	**33845**
惠城区	4464	1522	2942	11395	4556	6839	43457	22543	20914
惠阳区	1968	764	1204	3832	1664	2168	27137	14311	12826
博罗县	7	1	6	33	15	18	229	124	105
惠东县									
龙门县									
梅州市	**5172**	**1978**	**3194**	**12242**	**5193**	**7049**	**39696**	**20353**	**19343**
梅江区	987	418	569	4178	1756	2422	16580	8589	7991
梅县区	1532	627	905	3368	1442	1926	11136	5667	5469
大埔县									
丰顺县									
五华县	2	1	1	62	47	15	115	70	45
平远县									
蕉岭县									
兴宁市	2651	932	1719	4634	1948	2686	11865	6027	5838

7–9a　续表 11　　　　单位：人

现住地	为子女就学			养老/康养			其他		
	小计	男	女	小计	男	女	小计	男	女
汕尾市	**621**	**236**	**385**	**982**	**416**	**566**	**24076**	**12542**	**11534**
城　区	537	210	327	825	348	477	19531	10076	9455
海丰县									
陆河县									
陆丰市	84	26	58	157	68	89	4545	2466	2079
河源市	**3216**	**1230**	**1986**	**2511**	**1001**	**1510**	**21119**	**10922**	**10197**
源城区	3216	1230	1986	2511	1001	1510	21119	10922	10197
紫金县									
龙川县									
连平县									
和平县									
东源县									
阳江市	**1365**	**549**	**816**	**2937**	**1139**	**1798**	**27496**	**14137**	**13359**
江城区	591	259	332	1449	553	896	16875	8816	8059
阳东区	104	38	66	490	186	304	2925	1490	1435
阳西县									
阳春市	670	252	418	998	400	598	7696	3831	3865
清远市	**6450**	**2489**	**3961**	**10424**	**4151**	**6273**	**26325**	**13653**	**12672**
清城区	3064	1295	1769	5374	2130	3244	11936	6141	5795
清新区	1518	539	979	3033	1238	1795	7699	4123	3576
佛冈县									
阳山县									
连山壮族瑶族自治县									
连南瑶族自治县									
英德市	815	317	498	1113	435	678	4360	2244	2116
连州市	1053	338	715	904	348	556	2330	1145	1185
东莞市	**5588**	**1797**	**3791**	**11153**	**4524**	**6629**	**95251**	**49750**	**45501**
市辖区	5588	1797	3791	11153	4524	6629	95251	49750	45501
中山市	**1806**	**684**	**1122**	**6135**	**2440**	**3695**	**23695**	**12252**	**11443**
市辖区	1806	684	1122	6135	2440	3695	23695	12252	11443
潮州市	**400**	**172**	**228**	**1937**	**818**	**1119**	**8398**	**4298**	**4100**
湘桥区	351	148	203	1750	739	1011	4458	2230	2228
潮安区	49	24	25	187	79	108	3940	2068	1872
饶平县									
揭阳市	**95**	**28**	**67**	**298**	**151**	**147**	**6627**	**3386**	**3241**
榕城区	12	2	10	65	39	26	1617	832	785
揭东区	7	2	5	44	18	26	634	344	290
揭西县									
惠来县									
普宁市	76	24	52	189	94	95	4376	2210	2166
云浮市	**907**	**303**	**604**	**1396**	**601**	**795**	**11178**	**5729**	**5449**
云城区	488	181	307	749	343	406	4877	2587	2290
云安区	2		2	12	8	4	119	60	59
新兴县									
郁南县									
罗定市	417	122	295	635	250	385	6182	3082	3100

7–9b 全省按现住地、性别、迁移原因分的户口登记地在本省其他乡镇街道的人口(镇)

单位：人

现住地	合计			工作就业		
	合计	男	女	小计	男	女
广　东	**3902060**	**1999145**	**1902915**	**1177852**	**678251**	**499601**
广州市	**395130**	**213408**	**181722**	**152758**	**88738**	**64020**
荔湾区						
越秀区						
海珠区						
天河区						
白云区	122507	66086	56421	41442	23415	18027
黄埔区	11929	5872	6057	3715	2006	1709
番禺区	25590	14155	11435	13097	8312	4785
花都区	34964	17975	16989	12238	6949	5289
南沙区	27418	14953	12465	14493	9015	5478
从化区	47770	28950	18820	8697	5151	3546
增城区	124952	65417	59535	59076	33890	25186
韶关市	**230611**	**111183**	**119428**	**54379**	**29404**	**24975**
武江区	455	237	218	119	76	43
浈江区	10014	5706	4308	1578	944	634
曲江区	6120	3221	2899	2747	1713	1034
始兴县	36730	16964	19766	8579	3997	4582
仁化县	28108	13467	14641	7983	4481	3502
翁源县	39792	18759	21033	7942	4212	3730
乳源瑶族自治县	36843	17755	19088	10174	5606	4568
新丰县	38509	18456	20053	7697	4192	3505
乐昌市	27149	13319	13830	6092	3348	2744
南雄市	6891	3299	3592	1468	835	633
深圳市	**1672**	**1064**	**608**	**829**	**669**	**160**
罗湖区						
福田区						
南山区	621	561	60	573	536	37
宝安区						
龙岗区						
盐田区						
龙华区						
坪山区	1051	503	548	256	133	123
光明区						
珠海市	**88474**	**52012**	**36462**	**51334**	**33622**	**17712**
香洲区	15451	10591	4860	12417	9073	3344
斗门区	47107	25817	21290	21902	13317	8585
金湾区	25916	15604	10312	17015	11232	5783
汕头市	**64989**	**33389**	**31600**	**15556**	**8461**	**7095**
龙湖区						
金平区						
濠江区	118	81	37	46	42	4
潮阳区	21489	11592	9897	5714	3092	2622
潮南区	10586	5386	5200	3997	2079	1918
澄海区	29168	14621	14547	5405	2994	2411
南澳县	3628	1709	1919	394	254	140
佛山市	**106468**	**62559**	**43909**	**67635**	**42984**	**24651**
禅城区	41771	23731	18040	27300	16904	10396
南海区	10277	6086	4191	7659	4764	2895
顺德区						
三水区	49502	29874	19628	29447	19280	10167
高明区	4918	2868	2050	3229	2036	1193

7–9b　续表 1　　　　　　　　　　　　　　　　　　　　　　单位：人

现住地	合计			工作就业		
	合计	男	女	小计	男	女
江门市	**76072**	**40738**	**35334**	**29515**	**17396**	**12119**
蓬江区						
江海区						
新会区	12477	6752	5725	5297	3197	2100
台山市	6782	3537	3245	2931	1717	1214
开平市	21353	11365	9988	7030	4086	2944
鹤山市	16617	9377	7240	10175	6003	4172
恩平市	18843	9707	9136	4082	2393	1689
湛江市	**269728**	**134841**	**134887**	**51867**	**29333**	**22534**
赤坎区						
霞山区	952	454	498	306	163	143
坡头区	9745	4901	4844	2190	1349	841
麻章区	45723	21597	24126	3502	2573	929
遂溪县	71384	35379	36005	10729	5873	4856
徐闻县	77698	39352	38346	22685	12448	10237
廉江市	31541	16487	15054	6104	3269	2835
雷州市	20559	10684	9875	3895	2270	1625
吴川市	12126	5987	6139	2456	1388	1068
茂名市	**110920**	**55654**	**55266**	**23324**	**12453**	**10871**
茂南区	3662	1807	1855	670	397	273
电白区	50066	24972	25094	8646	4853	3793
高州市	18839	9568	9271	5722	2823	2899
化州市	29030	14676	14354	5629	3014	2615
信宜市	9323	4631	4692	2657	1366	1291
肇庆市	**190560**	**96425**	**94135**	**60351**	**33338**	**27013**
端州区						
鼎湖区	7656	4200	3456	3461	2175	1286
高要区	19204	10847	8357	11149	6636	4513
广宁县	40693	19743	20950	11538	5885	5653
怀集县	59125	29546	29579	15642	8077	7565
封开县	23832	11805	12027	5815	3259	2556
德庆县	27438	13348	14090	7467	4007	3460
四会市	12612	6936	5676	5279	3299	1980
惠州市	**588123**	**305363**	**282760**	**199443**	**115704**	**83739**
惠城区	49105	26343	22762	17504	10464	7040
惠阳区	36840	19893	16947	19527	11340	8187
博罗县	170003	90024	79979	76656	43544	33112
惠东县	291670	149505	142165	75539	44708	30831
龙门县	40505	19598	20907	10217	5648	4569
梅州市	**272757**	**133694**	**139063**	**54478**	**29945**	**24533**
梅江区	845	415	430	81	59	22
梅县区	7681	3929	3752	2040	1249	791
大埔县	67081	32347	34734	13731	7468	6263
丰顺县	49518	24590	24928	7421	4131	3290
五华县	61351	30850	30501	12404	6720	5684
平远县	31498	15189	16309	6594	3590	3004
蕉岭县	48505	23207	25298	11004	6013	4991
兴宁市	6278	3167	3111	1203	715	488

7-9b 续表 2 单位：人

现住地	合计			工作就业		
	合计	男	女	小计	男	女
汕尾市	**363017**	**185860**	**177157**	**68863**	**42491**	**26372**
城　区	9912	5301	4611	1880	1257	623
海丰县	277140	142802	134338	58304	35837	22467
陆河县	39079	19121	19958	4016	2425	1591
陆丰市	36886	18636	18250	4663	2972	1691
河源市	**339736**	**163614**	**176122**	**75675**	**39200**	**36475**
源城区	16998	8322	8676	12433	6049	6384
紫金县	61350	30070	31280	9713	5498	4215
龙川县	114766	53952	60814	24653	12283	12370
连平县	39436	19256	20180	4370	2440	1930
和平县	59092	27848	31244	9527	4878	4649
东源县	48094	24166	23928	14979	8052	6927
阳江市	**109664**	**55641**	**54023**	**15442**	**8997**	**6445**
江城区	7519	3992	3527	1404	938	466
阳东区	12892	6794	6098	1761	1103	658
阳西县	75253	38001	37252	10101	5760	4341
阳春市	14000	6854	7146	2176	1196	980
清远市	**235800**	**117816**	**117984**	**62481**	**35705**	**26776**
清城区	57572	31441	26131	23312	14465	8847
清新区	6312	3325	2987	2064	1208	856
佛冈县	49279	24289	24990	12442	6857	5585
阳山县	59201	28092	31109	8316	4245	4071
连山壮族瑶族自治县	11270	5274	5996	2945	1615	1330
连南瑶族自治县	15716	7501	8215	4112	2127	1985
英德市	33826	16600	17226	8552	4780	3772
连州市	2624	1294	1330	738	408	330
东莞市	**13673**	**7558**	**6115**	**10566**	**5990**	**4576**
市辖区	13673	7558	6115	10566	5990	4576
中山市	**231238**	**123061**	**108177**	**139067**	**79550**	**59517**
市辖区	231238	123061	108177	139067	79550	59517
潮州市	**42470**	**19838**	**22632**	**6000**	**3438**	**2562**
湘桥区	10994	4145	6849	348	194	154
潮安区	6535	3300	3235	1576	983	593
饶平县	24941	12393	12548	4076	2261	1815
揭阳市	**48368**	**24661**	**23707**	**7272**	**4011**	**3261**
榕城区	1420	743	677	247	142	105
揭东区	3553	2153	1400	592	362	230
揭西县	9589	4787	4802	1159	620	539
惠来县	21858	11227	10631	3920	2122	1798
普宁市	11948	5751	6197	1354	765	589
云浮市	**122590**	**60766**	**61824**	**31017**	**16822**	**14195**
云城区						
云安区	6255	3447	2808	1784	1186	598
新兴县	79136	39078	40058	22425	12035	10390
郁南县	30403	14845	15558	5001	2706	2295
罗定市	6796	3396	3400	1807	895	912

7-9b 续表 3

单位：人

现住地	学习培训			随同离开/投亲靠友			拆迁/搬家		
	小计	男	女	小计	男	女	小计	男	女
广　东	**599929**	**311486**	**288443**	**602586**	**290795**	**311791**	**860947**	**451897**	**409050**
广州市	**133575**	**73382**	**60193**	**28312**	**13975**	**14337**	**36332**	**18449**	**17883**
荔湾区									
越秀区									
海珠区									
天河区									
白云区	64468	34657	29811	3057	1495	1562	5438	2763	2675
黄埔区	479	269	210	1210	577	633	3185	1655	1530
番禺区	3048	1467	1581	1073	574	499	6737	3222	3515
花都区	12982	6410	6572	2428	1213	1215	2570	1309	1261
南沙区	2517	1387	1130	2721	1395	1326	2871	1464	1407
从化区	32546	20737	11809	1542	772	770	1990	1016	974
增城区	17535	8455	9080	16281	7949	8332	13541	7020	6521
韶关市	**32378**	**17466**	**14912**	**45331**	**21766**	**23565**	**57265**	**28163**	**29102**
武江区	14	9	5	88	43	45	121	57	64
浈江区	3906	2643	1263	1295	600	695	1410	747	663
曲江区	260	134	126	1390	595	795	720	436	284
始兴县	5606	3019	2587	6512	3163	3349	10370	4830	5540
仁化县	4116	2091	2025	5222	2496	2726	5411	2628	2783
翁源县	4679	2483	2196	8580	4116	4464	10809	5249	5560
乳源瑶族自治县	4136	2091	2045	7868	3697	4171	6769	3456	3313
新丰县	4967	2515	2452	7362	3652	3710	11664	5898	5766
乐昌市	3786	2039	1747	5833	2862	2971	7661	3759	3902
南雄市	908	442	466	1181	542	639	2330	1103	1227
深圳市	**46**	**25**	**21**	**98**	**47**	**51**	**487**	**228**	**259**
罗湖区									
福田区									
南山区				3	2	1	11	3	8
宝安区									
龙岗区									
盐田区									
龙华区									
坪山区	46	25	21	95	45	50	476	225	251
光明区									
珠海市	**5862**	**3322**	**2540**	**12939**	**6606**	**6333**	**8243**	**4467**	**3776**
香洲区	675	383	292	816	384	432	387	213	174
斗门区	4387	2509	1878	8350	4271	4079	6469	3490	2979
金湾区	800	430	370	3773	1951	1822	1387	764	623
汕头市	**7818**	**3974**	**3844**	**7704**	**3650**	**4054**	**17751**	**9086**	**8665**
龙湖区									
金平区									
濠江区				10	5	5	28	14	14
潮阳区	4530	2446	2084	1791	909	882	2230	1173	1057
潮南区	1156	567	589	1569	729	840	1015	537	478
澄海区	2077	931	1146	4018	1867	2151	13004	6594	6410
南澳县	55	30	25	316	140	176	1474	768	706
佛山市	**11570**	**6803**	**4767**	**9468**	**4838**	**4630**	**5525**	**2891**	**2634**
禅城区	2527	1393	1134	3181	1598	1583	2601	1356	1245
南海区	293	166	127	732	397	335	327	183	144
顺德区									
三水区	8556	5136	3420	4924	2516	2408	2329	1234	1095
高明区	194	108	86	631	327	304	268	118	150

7-9b 续表 4

单位：人

现住地	学习培训			随同离开/投亲靠友			拆迁/搬家		
	小计	男	女	小计	男	女	小计	男	女
江门市	**5311**	**3152**	**2159**	**11210**	**5461**	**5749**	**21327**	**11026**	**10301**
蓬江区									
江海区									
新会区	1175	626	549	2103	1031	1072	1977	1053	924
台山市	225	133	92	938	449	489	1490	732	758
开平市	1632	1077	555	4591	2151	2440	6179	3279	2900
鹤山市	1865	1096	769	1999	1040	959	1339	659	680
恩平市	414	220	194	1579	790	789	10342	5303	5039
湛江市	**63300**	**30174**	**33126**	**38541**	**18789**	**19752**	**56368**	**31077**	**25291**
赤坎区									
霞山区	10	7	3	361	169	192	63	35	28
坡头区	777	434	343	2041	973	1068	1879	1036	843
麻章区	35509	15672	19837	1911	900	1011	2083	1162	921
遂溪县	8747	3604	5143	14933	7092	7841	21864	11883	9981
徐闻县	8707	4621	4086	8854	4396	4458	16457	9136	7321
廉江市	6315	4040	2275	4914	2500	2414	6191	3535	2656
雷州市	1622	882	740	3244	1613	1631	5511	2961	2550
吴川市	1613	914	699	2283	1146	1137	2320	1329	991
茂名市	**20998**	**11146**	**9852**	**17502**	**8787**	**8715**	**23595**	**12801**	**10794**
茂南区	193	114	79	1065	500	565	448	275	173
电白区	8688	4361	4327	8252	4149	4103	13807	7464	6343
高州市	5063	2889	2174	2323	1186	1137	2406	1294	1112
化州市	6373	3392	2981	3878	1948	1930	4943	2665	2278
信宜市	681	390	291	1984	1004	980	1991	1103	888
肇庆市	**26534**	**13241**	**13293**	**28175**	**14254**	**13921**	**45929**	**23422**	**22507**
端州区									
鼎湖区	344	173	171	1651	826	825	1413	788	625
高要区	2993	1601	1392	2181	1150	1031	1001	540	461
广宁县	7579	4054	3525	4510	2265	2245	7300	3515	3785
怀集县	10268	4650	5618	9102	4748	4354	17088	8819	8269
封开县	2668	1349	1319	4220	2059	2161	6254	3220	3034
德庆县	2191	1137	1054	5353	2614	2739	8471	4336	4135
四会市	491	277	214	1158	592	566	4402	2204	2198
惠州市	**67843**	**36349**	**31494**	**112905**	**54480**	**58425**	**122292**	**66124**	**56168**
惠城区	11918	6320	5598	6458	3177	3281	7124	3690	3434
惠阳区	1986	1068	918	7199	3562	3637	3663	1961	1702
博罗县	21703	12329	9374	22148	11034	11114	21875	11366	10509
惠东县	25902	13545	12357	72367	34551	37816	80352	44312	36040
龙门县	6334	3087	3247	4733	2156	2577	9278	4795	4483
梅州市	**44046**	**22403**	**21643**	**35145**	**16874**	**18271**	**73746**	**37829**	**35917**
梅江区	4	2	2	177	70	107	214	121	93
梅县区	514	254	260	755	358	397	2480	1272	1208
大埔县	12680	6391	6289	5989	2893	3096	15842	7879	7963
丰顺县	4610	2172	2438	10144	4954	5190	20018	10531	9487
五华县	17082	8908	8174	5878	2871	3007	9115	4854	4261
平远县	4067	2106	1961	4169	1936	2233	9602	4887	4715
蕉岭县	4180	2031	2149	7006	3308	3698	15297	7680	7617
兴宁市	909	539	370	1027	484	543	1178	605	573

7-9b　续表 5　　　　单位：人

现 住 地	学习培训			随同离开/投亲靠友			拆迁/搬家		
	小计	男	女	小计	男	女	小计	男	女
汕尾市	**24709**	**12595**	**12114**	**94489**	**42721**	**51768**	**110141**	**61230**	**48911**
城　区	152	88	64	778	375	403	5780	2976	2804
海丰县	13768	7224	6544	79714	36293	43421	74788	42028	32760
陆河县	6100	2899	3201	5459	2584	2875	15653	8503	7150
陆丰市	4689	2384	2305	8538	3469	5069	13920	7723	6197
河源市	**53725**	**26917**	**26808**	**48890**	**23516**	**25374**	**97595**	**48763**	**48832**
源城区	1658	930	728	886	425	461	407	200	207
紫金县	10903	5258	5645	8661	4188	4473	19924	10252	9672
龙川县	21094	10628	10466	16292	7963	8329	29724	14221	15503
连平县	2458	1169	1289	8768	4129	4639	15772	8273	7499
和平县	9821	4826	4995	10005	4803	5202	17859	8647	9212
东源县	7791	4106	3685	4278	2008	2270	13909	7170	6739
阳江市	**7296**	**4079**	**3217**	**18258**	**8997**	**9261**	**49687**	**26756**	**22931**
江城区	80	45	35	1224	652	572	2790	1517	1273
阳东区	788	485	303	2934	1439	1495	5270	3105	2165
阳西县	5869	3241	2628	11508	5652	5856	35550	18945	16605
阳春市	559	308	251	2592	1254	1338	6077	3189	2888
清远市	**27201**	**14056**	**13145**	**44706**	**21795**	**22911**	**57195**	**29496**	**27699**
清城区	4215	2255	1960	8130	4059	4071	9170	4983	4187
清新区	187	124	63	1585	771	814	1032	563	469
佛冈县	5727	3038	2689	7163	3633	3530	15099	7769	7330
阳山县	5555	2769	2786	16479	7923	8556	20128	10028	10100
连山壮族瑶族自治县	1638	773	865	2428	1114	1314	2018	1057	961
连南瑶族自治县	3867	2032	1835	2559	1305	1254	1775	903	872
英德市	5562	2825	2737	5908	2783	3125	7567	3978	3589
连州市	450	240	210	454	207	247	406	215	191
东莞市	**641**	**355**	**286**	**918**	**469**	**449**	**270**	**152**	**118**
市辖区	641	355	286	918	469	449	270	152	118
中山市	**23545**	**12832**	**10713**	**21145**	**10754**	**10391**	**18632**	**9541**	**9091**
市辖区	23545	12832	10713	21145	10754	10391	18632	9541	9091
潮州市	**15104**	**5812**	**9292**	**3294**	**1530**	**1764**	**10851**	**5767**	**5084**
湘桥区	8938	2999	5939	100	48	52	411	206	205
潮安区	1289	544	745	805	363	442	1169	634	535
饶平县	4877	2269	2608	2389	1119	1270	9271	4927	4344
揭阳市	**6932**	**3292**	**3640**	**5888**	**2852**	**3036**	**13615**	**7145**	**6470**
榕城区	134	76	58	79	42	37	408	210	198
揭东区	706	569	137	266	135	131	802	428	374
揭西县	245	114	131	1598	774	824	3186	1726	1460
惠来县	718	410	308	3167	1506	1661	7590	3918	3672
普宁市	5129	2123	3006	778	395	383	1629	863	766
云浮市	**21495**	**10111**	**11384**	**17668**	**8634**	**9034**	**34101**	**17484**	**16617**
云城区									
云安区	2648	1347	1301	375	187	188	576	310	266
新兴县	12765	5780	6985	11832	5802	6030	21483	10973	10510
郁南县	5555	2682	2873	4621	2237	2384	10643	5411	5232
罗定市	527	302	225	840	408	432	1399	790	609

7-9b 续表 6

单位：人

现住地	寄挂户口			婚姻嫁娶			照料孙子女		
	小计	男	女	小计	男	女	小计	男	女
广　东	**104521**	**56458**	**48063**	**116021**	**5541**	**110480**	**72370**	**23280**	**49090**
广州市	**7016**	**3789**	**3227**	**6319**	**714**	**5605**	**6684**	**2125**	**4559**
荔湾区									
越秀区									
海珠区									
天河区									
白云区	1112	590	522	697	77	620	775	222	553
黄埔区	257	139	118	361	30	331	882	293	589
番禺区	230	130	100	682	91	591	102	34	68
花都区	562	307	255	382	38	344	897	296	601
南沙区	586	313	273	1965	293	1672	366	105	261
从化区	620	345	275	364	32	332	332	102	230
增城区	3649	1965	1684	1868	153	1715	3330	1073	2257
韶关市	**3741**	**1922**	**1819**	**8095**	**429**	**7666**	**8480**	**2710**	**5770**
武江区	35	23	12	27		27	4	1	3
浈江区	376	189	187	304	16	288	61	21	40
曲江区	175	109	66	393	22	371	65	18	47
始兴县	271	123	148	723	41	682	1855	610	1245
仁化县	504	272	232	1101	69	1032	956	279	677
翁源县	596	312	284	1498	69	1429	1585	468	1117
乳源瑶族自治县	397	196	201	1379	97	1282	2031	699	1332
新丰县	753	364	389	1803	81	1722	1105	349	756
乐昌市	468	246	222	666	26	640	709	224	485
南雄市	166	88	78	201	8	193	109	41	68
深圳市	**84**	**44**	**40**	**8**	**1**	**7**	**36**	**11**	**25**
罗湖区									
福田区									
南山区	21	12	9						
宝安区									
龙岗区									
盐田区									
龙华区									
坪山区	63	32	31	8	1	7	36	11	25
光明区									
珠海市	**2102**	**1160**	**942**	**2056**	**181**	**1875**	**1276**	**371**	**905**
香洲区	406	236	170	76	6	70	117	30	87
斗门区	907	487	420	1327	84	1243	873	265	608
金湾区	789	437	352	653	91	562	286	76	210
汕头市	**4520**	**2474**	**2046**	**1238**	**105**	**1133**	**215**	**73**	**142**
龙湖区									
金平区									
濠江区	21	15	6	4	1	3			
潮阳区	1482	798	684	120	11	109	19	8	11
潮南区	1362	745	617	94	6	88	53	22	31
澄海区	1461	819	642	666	64	602	126	40	86
南澳县	194	97	97	354	23	331	17	3	14
佛山市	**3193**	**1736**	**1457**	**2103**	**164**	**1939**	**1805**	**545**	**1260**
禅城区	1713	925	788	1211	72	1139	682	222	460
南海区	388	217	171	191	30	161	58	19	39
顺德区									
三水区	901	492	409	647	61	586	989	279	710
高明区	191	102	89	54	1	53	76	25	51

7-9b　续表 7　　　　单位：人

现住地	寄挂户口			婚姻嫁娶			照料孙子女		
	小计	男	女	小计	男	女	小计	男	女
江门市	**2610**	**1400**	**1210**	**1671**	**80**	**1591**	**476**	**132**	**344**
蓬江区									
江海区									
新会区	609	324	285	350	26	324	105	33	72
台山市	408	217	191	273	17	256	24	4	20
开平市	599	311	288	410	17	393	110	32	78
鹤山市	303	174	129	138	9	129	115	22	93
恩平市	691	374	317	500	11	489	122	41	81
湛江市	**13317**	**7246**	**6071**	**9853**	**252**	**9601**	**1700**	**500**	**1200**
赤坎区									
霞山区	48	22	26	68	2	66			
坡头区	487	259	228	522	9	513	75	15	60
麻章区	793	430	363	419	27	392	24	5	19
遂溪县	4536	2440	2096	1700	59	1641	394	133	261
徐闻县	3130	1693	1437	3623	84	3539	744	216	528
廉江市	2008	1085	923	2014	39	1975	236	70	166
雷州市	1339	767	572	569	21	548	169	50	119
吴川市	976	550	426	938	11	927	58	11	47
茂名市	**6502**	**3582**	**2920**	**5605**	**170**	**5435**	**736**	**203**	**533**
茂南区	306	178	128	374	12	362	19	9	10
电白区	2979	1630	1349	2893	82	2811	224	68	156
高州市	708	387	321	650	21	629	179	52	127
化州市	2013	1113	900	1205	30	1175	211	57	154
信宜市	496	274	222	483	25	458	103	17	86
肇庆市	**3110**	**1651**	**1459**	**3778**	**204**	**3574**	**4334**	**1420**	**2914**
端州区									
鼎湖区	185	101	84	283	3	280	38	11	27
高要区	494	285	209	147	6	141	135	40	95
广宁县	1053	519	534	920	61	859	1395	442	953
怀集县	819	454	365	553	32	521	991	367	624
封开县	185	102	83	654	28	626	822	265	557
德庆县	178	90	88	1128	70	1058	672	199	473
四会市	196	100	96	93	4	89	281	96	185
惠州市	**13755**	**7456**	**6299**	**19783**	**663**	**19120**	**8057**	**2450**	**5607**
惠城区	1674	911	763	635	39	596	906	277	629
惠阳区	1242	679	563	656	37	619	316	82	234
博罗县	4903	2641	2262	3708	168	3540	3616	1131	2485
惠东县	4223	2297	1926	12902	372	12530	2468	746	1722
龙门县	1713	928	785	1882	47	1835	751	214	537
梅州市	**9642**	**5126**	**4516**	**10278**	**528**	**9750**	**8905**	**3192**	**5713**
梅江区	132	77	55	100	7	93	5		5
梅县区	397	225	172	404	25	379	72	24	48
大埔县	1991	1076	915	1880	52	1828	3744	1393	2351
丰顺县	1674	860	814	1960	100	1860	526	195	331
五华县	3817	2008	1809	2238	81	2157	1122	414	708
平远县	751	423	328	1381	121	1260	1546	530	1016
蕉岭县	332	164	168	1969	120	1849	1839	610	1229
兴宁市	548	293	255	346	22	324	51	26	25

7-9b 续表 8 单位：人

现住地	寄挂户口			婚姻嫁娶			照料孙子女		
	小计	男	女	小计	男	女	小计	男	女
汕尾市	**5371**	**2907**	**2464**	**11685**	**287**	**11398**	**2627**	**828**	**1799**
城　区	285	162	123	215	12	203	74	29	45
海丰县	3138	1711	1427	8384	209	8175	2137	672	1465
陆河县	567	295	272	2226	38	2188	300	102	198
陆丰市	1381	739	642	860	28	832	116	25	91
河源市	**6944**	**3758**	**3186**	**8316**	**347**	**7969**	**12844**	**4420**	**8424**
源城区	533	285	248	68	1	67	317	93	224
紫金县	2186	1180	1006	2257	61	2196	1005	320	685
龙川县	1363	751	612	2314	89	2225	5978	2094	3884
连平县	1679	894	785	1685	94	1591	410	135	275
和平县	475	247	228	1150	79	1071	2981	1036	1945
东源县	708	401	307	842	23	819	2153	742	1411
阳江市	**2579**	**1377**	**1202**	**5441**	**161**	**5280**	**595**	**154**	**441**
江城区	770	435	335	511	22	489	15	2	13
阳东区	451	233	218	981	47	934	27	4	23
阳西县	951	490	461	3157	71	3086	490	128	362
阳春市	407	219	188	792	21	771	63	20	43
清远市	**8610**	**4619**	**3991**	**7769**	**307**	**7462**	**6193**	**1877**	**4316**
清城区	4265	2271	1994	1293	33	1260	992	315	677
清新区	435	247	188	176	2	174	30	7	23
佛冈县	700	389	311	2169	75	2094	1937	612	1325
阳山县	1071	564	507	1337	83	1254	1862	588	1274
连山壮族瑶族自治县	176	89	87	539	19	520	334	90	244
连南瑶族自治县	199	106	93	373	27	346	560	135	425
英德市	1587	865	722	1763	56	1707	438	118	320
连州市	177	88	89	119	12	107	40	12	28
东莞市				**125**	**17**	**108**	**45**	**11**	**34**
市辖区				125	17	108	45	11	34
中山市	**397**	**204**	**193**	**6901**	**499**	**6402**	**4646**	**1412**	**3234**
市辖区	397	204	193	6901	499	6402	4646	1412	3234
潮州市	**2002**	**1080**	**922**	**1506**	**245**	**1261**	**164**	**52**	**112**
湘桥区	419	246	173	42	8	34	7	4	3
潮安区	723	391	332	298	23	275	14	3	11
饶平县	860	443	417	1166	214	952	143	45	98
揭阳市	**5474**	**3006**	**2468**	**834**	**56**	**778**	**276**	**105**	**171**
榕城区	280	145	135	17	2	15	21	6	15
揭东区	570	334	236	47		47	12	4	8
揭西县	1155	608	547	423	33	390	45	11	34
惠来县	1951	1051	900	213	15	198	170	74	96
普宁市	1518	868	650	134	6	128	28	10	18
云浮市	**3552**	**1921**	**1631**	**2657**	**131**	**2526**	**2276**	**689**	**1587**
云城区									
云安区	297	186	111	105	5	100	51	12	39
新兴县	1593	860	733	1294	63	1231	1775	560	1215
郁南县	924	494	430	958	54	904	378	98	280
罗定市	738	381	357	300	9	291	72	19	53

7-9b　续表 9　　　　单位：人

现住地	为子女就学			养老/康养			其他		
	小计	男	女	小计	男	女	小计	男	女
广　东	**33207**	**11095**	**22112**	**47142**	**20496**	**26646**	**287485**	**149846**	**137639**
广州市	**1240**	**463**	**777**	**4235**	**1837**	**2398**	**18659**	**9936**	**8723**
荔湾区									
越秀区									
海珠区									
天河区									
白云区	197	75	122	947	384	563	4374	2408	1966
黄埔区	209	106	103	656	279	377	975	518	457
番禺区	12	7	5	51	18	33	558	300	258
花都区	126	44	82	454	202	252	2325	1207	1118
南沙区	54	20	34	164	68	96	1681	893	788
从化区	75	22	53	540	244	296	1064	529	535
增城区	567	189	378	1423	642	781	7682	4081	3601
韶关市	**5270**	**1829**	**3441**	**4610**	**1839**	**2771**	**11062**	**5655**	**5407**
武江区				2	1	1	45	27	18
浈江区	30	9	21	132	56	76	922	481	441
曲江区	19	7	12	67	25	42	284	162	122
始兴县	878	268	610	816	331	485	1120	582	538
仁化县	869	299	570	989	369	620	957	483	474
翁源县	1434	542	892	619	247	372	2050	1061	989
乳源瑶族自治县	781	315	466	831	324	507	2477	1274	1203
新丰县	704	247	457	645	256	389	1809	902	907
乐昌市	436	109	327	471	211	260	1027	495	532
南雄市	119	33	86	38	19	19	371	188	183
深圳市	**6**	**2**	**4**	**21**	**8**	**13**	**57**	**29**	**28**
罗湖区									
福田区									
南山区							13	8	5
宝安区									
龙岗区									
盐田区									
龙华区									
坪山区	6	2	4	21	8	13	44	21	23
光明区									
珠海市	**275**	**100**	**175**	**868**	**354**	**514**	**3519**	**1829**	**1690**
香洲区	58	20	38	32	15	17	467	231	236
斗门区	182	74	108	648	263	385	2062	1057	1005
金湾区	35	6	29	188	76	112	990	541	449
汕头市	**102**	**38**	**64**	**254**	**121**	**133**	**9831**	**5407**	**4424**
龙湖区									
金平区									
濠江区							9	4	5
潮阳区	10	5	5	50	32	18	5543	3118	2425
潮南区	11		11	46	25	21	1283	676	607
澄海区	65	29	36	148	61	87	2198	1222	976
南澳县	16	4	12	10	3	7	798	387	411
佛山市	**228**	**59**	**169**	**787**	**304**	**483**	**4154**	**2235**	**1919**
禅城区	71	16	55	393	121	272	2092	1124	968
南海区	57	21	36	26	13	13	546	276	270
顺德区									
三水区	97	21	76	336	152	184	1276	703	573
高明区	3	1	2	32	18	14	240	132	108

7-9b 续表 10

单位：人

现住地	为子女就学			养老/康养			其他		
	小计	男	女	小计	男	女	小计	男	女
江门市	**120**	**38**	**82**	**338**	**161**	**177**	**3494**	**1892**	**1602**
蓬江区									
江海区									
新会区	17	4	13	75	37	38	769	421	348
台山市	15	5	10	61	34	27	417	229	188
开平市	15	4	11	94	38	56	693	370	323
鹤山市	20	5	15	71	32	39	592	337	255
恩平市	53	20	33	37	20	17	1023	535	488
湛江市	**2736**	**803**	**1933**	**1890**	**879**	**1011**	**30156**	**15788**	**14368**
赤坎区									
霞山区	1		1	7	4	3	88	52	36
坡头区	442	117	325	71	41	30	1261	668	593
麻章区	55	32	23	47	28	19	1380	768	612
遂溪县	402	145	257	343	156	187	7736	3994	3742
徐闻县	651	197	454	878	378	500	11969	6183	5786
廉江市	268	68	200	316	157	159	3175	1724	1451
雷州市	493	181	312	107	42	65	3610	1897	1713
吴川市	424	63	361	121	73	48	937	502	435
茂名市	**1354**	**387**	**967**	**953**	**555**	**398**	**10351**	**5570**	**4781**
茂南区	36	9	27	146	105	41	405	208	197
电白区	675	238	437	408	220	188	3494	1907	1587
高州市	129	26	103	159	92	67	1500	798	702
化州市	379	91	288	150	76	74	4249	2290	1959
信宜市	135	23	112	90	62	28	703	367	336
肇庆市	**1772**	**622**	**1150**	**2238**	**911**	**1327**	**14339**	**7362**	**6977**
端州区									
鼎湖区	8	2	6	98	33	65	175	88	87
高要区	40	16	24	62	29	33	1002	544	458
广宁县	538	169	369	756	306	450	5104	2527	2577
怀集县	523	191	332	454	203	251	3685	2005	1680
封开县	358	132	226	341	128	213	2515	1263	1252
德庆县	288	109	179	394	154	240	1296	632	664
四会市	17	3	14	133	58	75	562	303	259
惠州市	**2507**	**905**	**1602**	**5906**	**2474**	**3432**	**35632**	**18758**	**16874**
惠城区	170	57	113	505	231	274	2211	1177	1034
惠阳区	55	14	41	203	87	116	1993	1063	930
博罗县	889	307	582	1955	808	1147	12550	6696	5854
惠东县	503	185	318	2858	1178	1680	14556	7611	6945
龙门县	890	342	548	385	170	215	4322	2211	2111
梅州市	**3526**	**1205**	**2321**	**7216**	**3189**	**4027**	**25775**	**13403**	**12372**
梅江区	1	1		12	9	3	119	69	50
梅县区	28	7	21	109	49	60	882	466	416
大埔县	1544	493	1051	3293	1426	1867	6387	3276	3111
丰顺县	173	58	115	470	224	246	2522	1365	1157
五华县	629	223	406	916	486	430	8150	4285	3865
平远县	485	186	299	847	329	518	2056	1081	975
蕉岭县	640	231	409	1492	618	874	4746	2432	2314
兴宁市	26	6	20	77	48	29	913	429	484

7—9b　续表 11　　　　单位：人

现住地	为子女就学			养老/康养			其　他		
	小计	男	女	小计	男	女	小计	男	女
汕尾市	**1211**	**407**	**804**	**5698**	**2562**	**3136**	**38223**	**19832**	**18391**
城　区	34	17	17	103	45	58	611	340	271
海丰县	764	256	508	4762	2156	2606	31381	16416	14965
陆河县	343	127	216	293	113	180	4122	2035	2087
陆丰市	70	7	63	540	248	292	2109	1041	1068
河源市	**6953**	**2361**	**4592**	**2756**	**1116**	**1640**	**26038**	**13216**	**12822**
源城区	60	15	45	30	15	15	606	309	297
紫金县	571	214	357	610	254	356	5520	2845	2675
龙川县	3692	1200	2492	789	301	488	8867	4422	4445
连平县	230	85	145	191	78	113	3873	1959	1914
和平县	1578	522	1056	787	320	467	4909	2490	2419
东源县	822	325	497	349	148	201	2263	1191	1072
阳江市	**428**	**137**	**291**	**835**	**333**	**502**	**9103**	**4650**	**4453**
江城区	5	2	3	48	27	21	672	352	320
阳东区	10	4	6	28	10	18	642	364	278
阳西县	364	118	246	700	272	428	6563	3324	3239
阳春市	49	13	36	59	24	35	1226	610	616
清远市	**3759**	**1113**	**2646**	**3868**	**1745**	**2123**	**14018**	**7103**	**6915**
清城区	516	158	358	1289	640	649	4390	2262	2128
清新区	9	2	7	172	81	91	622	320	302
佛冈县	785	327	458	875	361	514	2382	1228	1154
阳山县	905	228	677	652	265	387	2896	1399	1497
连山壮族瑶族自治县	186	52	134	212	79	133	794	386	408
连南瑶族自治县	1051	275	776	162	64	98	1058	527	531
英德市	263	68	195	488	246	242	1698	881	817
连州市	44	3	41	18	9	9	178	100	78
东莞市	**73**	**36**	**37**	**26**	**11**	**15**	**1009**	**517**	**492**
市辖区	73	36	37	26	11	15	1009	517	492
中山市	**682**	**227**	**455**	**2851**	**1200**	**1651**	**13372**	**6842**	**6530**
市辖区	682	227	455	2851	1200	1651	13372	6842	6530
潮州市	**102**	**42**	**60**	**293**	**156**	**137**	**3154**	**1716**	**1438**
湘桥区	8	5	3	15	11	4	706	424	282
潮安区	8	3	5	32	18	14	621	338	283
饶平县	86	34	52	246	127	119	1827	954	873
揭阳市	**49**	**10**	**39**	**366**	**181**	**185**	**7662**	**4003**	**3659**
榕城区	9		9	7	4	3	218	116	102
揭东区	3	1	2	134	68	66	421	252	169
揭西县	19	6	13	108	51	57	1651	844	807
惠来县	13	2	11	86	43	43	4030	2086	1944
普宁市	5	1	4	31	15	16	1342	705	637
云浮市	**814**	**311**	**503**	**1133**	**560**	**573**	**7877**	**4103**	**3774**
云城区									
云安区	25	7	18	31	18	13	363	189	174
新兴县	538	222	316	733	335	398	4698	2448	2250
郁南县	219	77	142	295	159	136	1809	927	882
罗定市	32	5	27	74	48	26	1007	539	468

7-9c 全省按现住地、性别、迁移原因分的户口登记地在本省其他乡镇街道的人口(乡村)

单位：人

现住地	合计			工作就业		
	合计	男	女	小计	男	女
广东	**2352626**	**1266657**	**1085969**	**790914**	**497835**	**293079**
广州市	**403462**	**224123**	**179339**	**224076**	**138904**	**85172**
荔湾区						
越秀区						
海珠区						
天河区						
白云区	152916	84736	68180	94569	56005	38564
黄埔区	14738	8748	5990	8985	6033	2952
番禺区	56603	32941	23662	38344	24898	13446
花都区	83536	46185	37351	45817	28449	17368
南沙区	28754	16004	12750	15700	10100	5600
从化区	35107	16682	18425	4763	2900	1863
增城区	31808	18827	12981	15898	10519	5379
韶关市	**109070**	**56903**	**52167**	**28327**	**17217**	**11110**
武江区	7473	3986	3487	2480	1501	979
浈江区	7047	3801	3246	2509	1558	951
曲江区	16492	9460	7032	4025	2566	1459
始兴县	6282	3041	3241	2398	1188	1210
仁化县	6956	3740	3216	2024	1382	642
翁源县	18115	9205	8910	6004	3457	2547
乳源瑶族自治县	11205	5742	5463	1775	1114	661
新丰县	6388	3453	2935	1889	1314	575
乐昌市	17328	8609	8719	2776	1687	1089
南雄市	11784	5866	5918	2447	1450	997
深圳市	**16229**	**9829**	**6400**	**10438**	**7050**	**3388**
罗湖区						
福田区						
南山区						
宝安区						
龙岗区	16229	9829	6400	10438	7050	3388
盐田区						
龙华区						
坪山区						
光明区						
珠海市	**36883**	**20553**	**16330**	**16525**	**10538**	**5987**
香洲区	386	283	103	354	273	81
斗门区	33577	18542	15035	14621	9214	5407
金湾区	2920	1728	1192	1550	1051	499
汕头市	**38218**	**22077**	**16141**	**8294**	**5043**	**3251**
龙湖区	2443	1320	1123	749	446	303
金平区	906	468	438	52	34	18
濠江区	9192	6427	2765	1168	830	338
潮阳区	10998	5969	5029	1923	1119	804
潮南区	9549	5070	4479	2300	1287	1013
澄海区	4755	2635	2120	2038	1281	757
南澳县	375	188	187	64	46	18
佛山市	**67293**	**40637**	**26656**	**36996**	**24984**	**12012**
禅城区						
南海区	20401	13031	7370	12335	8267	4068
顺德区	4958	3010	1948	3563	2425	1138
三水区	39068	22994	16074	19980	13579	6401
高明区	2866	1602	1264	1118	713	405

7−9c　续表 1

单位：人

现住地	合计			工作就业		
	合计	男	女	小计	男	女
江门市	**109527**	**61579**	**47948**	**40542**	**26205**	**14337**
蓬江区	966	563	403	384	253	131
江海区						
新会区	24880	14170	10710	10693	7011	3682
台山市	19333	11007	8326	7481	4959	2522
开平市	25482	13732	11750	7881	4863	3018
鹤山市	13263	7910	5353	7540	4909	2631
恩平市	25603	14197	11406	6563	4210	2353
湛江市	**209437**	**105713**	**103724**	**28952**	**17769**	**11183**
赤坎区	850	460	390	170	122	48
霞山区	3169	1642	1527	747	429	318
坡头区	6988	3564	3424	960	682	278
麻章区	22322	11314	11008	4040	2740	1300
遂溪县	30220	15602	14618	2831	1713	1118
徐闻县	25246	12923	12323	4139	2578	1561
廉江市	52547	25292	27255	6282	3646	2636
雷州市	44230	23154	21076	6055	3579	2476
吴川市	23865	11762	12103	3728	2280	1448
茂名市	**164598**	**80897**	**83701**	**19495**	**11962**	**7533**
茂南区	31141	13947	17194	3558	2358	1200
电白区	49347	24376	24971	4613	2989	1624
高州市	22259	12075	10184	3790	2278	1512
化州市	40557	19964	20593	4384	2507	1877
信宜市	21294	10535	10759	3150	1830	1320
肇庆市	**64555**	**36003**	**28552**	**24369**	**15086**	**9283**
端州区						
鼎湖区	2921	1696	1225	1115	712	403
高要区	13397	7752	5645	5133	3202	1931
广宁县	10281	5600	4681	2771	1721	1050
怀集县	5879	3093	2786	1412	829	583
封开县	5165	2752	2413	1416	924	492
德庆县	6124	3061	3063	1888	1007	881
四会市	20788	12049	8739	10634	6691	3943
惠州市	**215870**	**117922**	**97948**	**85635**	**54507**	**31128**
惠城区	57776	31542	26234	22546	14661	7885
惠阳区	45804	26366	19438	25047	15676	9371
博罗县	47730	25413	22317	17366	11065	6301
惠东县	51003	27275	23728	16084	10002	6082
龙门县	13557	7326	6231	4592	3103	1489
梅州市	**107902**	**56003**	**51899**	**13498**	**8721**	**4777**
梅江区	5214	2692	2522	755	472	283
梅县区	16731	8733	7998	2187	1476	711
大埔县	14926	8038	6888	2425	1566	859
丰顺县	11297	5811	5486	1620	910	710
五华县	23877	12548	11329	2537	1619	918
平远县	6698	3523	3175	916	681	235
蕉岭县	7149	3569	3580	1094	756	338
兴宁市	22010	11089	10921	1964	1241	723

7–9c 续表 2

单位：人

现住地	合计			工作就业		
	合计	男	女	小计	男	女
汕尾市	**64156**	**34172**	**29984**	**11768**	**7808**	**3960**
城　区	9500	5252	4248	2133	1519	614
海丰县	29985	16061	13924	6170	3936	2234
陆河县	6114	3007	3107	656	438	218
陆丰市	18557	9852	8705	2809	1915	894
河源市	**168583**	**85529**	**83054**	**35464**	**20608**	**14856**
源城区	10852	5900	4952	5229	3151	2078
紫金县	20338	10664	9674	3222	2126	1096
龙川县	56706	28263	28443	12350	6556	5794
连平县	17958	9253	8705	2658	1705	953
和平县	17148	8733	8415	2321	1402	919
东源县	45581	22716	22865	9684	5668	4016
阳江市	**92010**	**50101**	**41909**	**18917**	**12752**	**6165**
江城区	21829	12246	9583	4261	2921	1340
阳东区	28117	15657	12460	8121	5391	2730
阳西县	12233	6561	5672	2528	1799	729
阳春市	29831	15637	14194	4007	2641	1366
清远市	**180988**	**98196**	**82792**	**44773**	**28995**	**15778**
清城区	53645	31602	22043	11116	7867	3249
清新区	47089	25101	21988	13165	7783	5382
佛冈县	12762	6667	6095	4377	2880	1497
阳山县	8579	4548	4031	1353	935	418
连山壮族瑶族自治县	2159	1117	1042	520	361	159
连南瑶族自治县	1917	1024	893	364	223	141
英德市	48241	24550	23691	12451	7903	4548
连州市	6596	3587	3009	1427	1043	384
东莞市	**109652**	**64911**	**44741**	**84821**	**53658**	**31163**
市辖区	109652	64911	44741	84821	53658	31163
中山市	**71850**	**37696**	**34154**	**38406**	**23799**	**14607**
市辖区	71850	37696	34154	38406	23799	14607
潮州市	**20242**	**9601**	**10641**	**3339**	**2135**	**1204**
湘桥区	3643	1397	2246	165	112	53
潮安区	9099	4411	4688	1600	976	624
饶平县	7500	3793	3707	1574	1047	527
揭阳市	**42331**	**21972**	**20359**	**5093**	**2926**	**2167**
榕城区	2169	1160	1009	369	259	110
揭东区	4675	2471	2204	663	383	280
揭西县	10310	5314	4996	1017	620	397
惠来县	9637	4902	4735	1261	703	558
普宁市	15540	8125	7415	1783	961	822
云浮市	**59770**	**32240**	**27530**	**11186**	**7168**	**4018**
云城区	5427	2984	2443	1156	764	392
云安区	8156	4533	3623	1193	796	397
新兴县	12205	6941	5264	4409	2794	1615
郁南县	8368	4461	3907	1595	1085	510
罗定市	25614	13321	12293	2833	1729	1104

7-9c 续表 3

单位：人

现住地	学习培训			随同离开/投亲靠友			拆迁/搬家		
	小计	男	女	小计	男	女	小计	男	女
广　东	**340365**	**176787**	**163578**	**229566**	**114241**	**115325**	**357979**	**192900**	**165079**
广州市	**82632**	**41573**	**41059**	**21540**	**10941**	**10599**	**19183**	**10086**	**9097**
荔湾区									
越秀区									
海珠区									
天河区									
白云区	35787	18335	17452	5061	2503	2558	4233	2174	2059
黄埔区	603	334	269	1072	547	525	1551	817	734
番禺区	5324	2712	2612	3564	1842	1722	1797	971	826
花都区	18298	8186	10112	5663	2897	2766	3888	2017	1871
南沙区	3692	2358	1334	2149	1121	1028	1342	719	623
从化区	16328	7850	8478	1582	796	786	2953	1577	1376
增城区	2600	1798	802	2449	1235	1214	3419	1811	1608
韶关市	**11958**	**6845**	**5113**	**18739**	**9107**	**9632**	**24040**	**12720**	**11320**
武江区	260	136	124	1111	547	564	1800	1015	785
浈江区	175	76	99	1432	722	710	1084	615	469
曲江区	6210	3913	2297	2203	1118	1085	1292	693	599
始兴县	352	167	185	854	432	422	1007	527	480
仁化县	199	110	89	1219	606	613	1278	735	543
翁源县	1846	870	976	2798	1399	1399	2580	1373	1207
乳源瑶族自治县	277	152	125	1842	824	1018	5198	2776	2422
新丰县	252	126	126	1046	535	511	1185	645	540
乐昌市	852	468	384	3998	1917	2081	5439	2753	2686
南雄市	1535	827	708	2236	1007	1229	3177	1588	1589
深圳市	**2340**	**1128**	**1212**	**1833**	**905**	**928**	**464**	**230**	**234**
罗湖区									
福田区									
南山区									
宝安区									
龙岗区	2340	1128	1212	1833	905	928	464	230	234
盐田区									
龙华区									
坪山区									
光明区									
珠海市	**2795**	**1443**	**1352**	**6801**	**3452**	**3349**	**5450**	**3109**	**2341**
香洲区	13	3	10	2		2	3		3
斗门区	2748	1418	1330	6199	3161	3038	5214	2977	2237
金湾区	34	22	12	600	291	309	233	132	101
汕头市	**11410**	**7523**	**3887**	**2217**	**1083**	**1134**	**5192**	**2735**	**2457**
龙湖区	34	15	19	244	116	128	499	260	239
金平区	634	327	307	23	13	10	66	32	34
濠江区	7147	5171	1976	155	83	72	246	126	120
潮阳区	3195	1789	1406	519	259	260	1605	853	752
潮南区	334	185	149	801	374	427	2028	1069	959
澄海区	58	32	26	409	210	199	669	349	320
南澳县	8	4	4	66	28	38	79	46	33
佛山市	**16422**	**9080**	**7342**	**4197**	**2142**	**2055**	**2924**	**1541**	**1383**
禅城区									
南海区	3627	2699	928	1134	593	541	1042	543	499
顺德区	97	56	41	301	154	147	206	102	104
三水区	12669	6312	6357	2469	1241	1228	1220	661	559
高明区	29	13	16	293	154	139	456	235	221

7-9c 续表 4

单位：人

现住地	学习培训			随同离开/投亲靠友			拆迁/搬家		
	小计	男	女	小计	男	女	小计	男	女
江门市	**5276**	**2726**	**2550**	**12067**	**6010**	**6057**	**25911**	**13960**	**11951**
蓬江区	42	22	20	102	48	54	115	71	44
江海区									
新会区	1319	720	599	3933	1876	2057	4359	2372	1987
台山市	718	389	329	1790	853	937	3506	1909	1597
开平市	2050	991	1059	2358	1197	1161	7806	4043	3763
鹤山市	505	258	247	1523	825	698	1009	578	431
恩平市	642	346	296	2361	1211	1150	9116	4987	4129
湛江市	**16295**	**7961**	**8334**	**18784**	**9499**	**9285**	**45539**	**24723**	**20816**
赤坎区	39	17	22	155	81	74	120	65	55
霞山区	101	50	51	643	339	304	521	295	226
坡头区	175	96	79	604	314	290	1277	693	584
麻章区	6319	2684	3635	1620	814	806	3426	1865	1561
遂溪县	425	223	202	2184	1086	1098	6137	3415	2722
徐闻县	2814	1451	1363	2216	1138	1078	4398	2385	2013
廉江市	1835	939	896	5560	2836	2724	12454	6738	5716
雷州市	3918	2131	1787	3519	1743	1776	10768	5853	4915
吴川市	669	370	299	2283	1148	1135	6438	3414	3024
茂名市	**37121**	**18326**	**18795**	**13403**	**7011**	**6392**	**24619**	**13412**	**11207**
茂南区	13866	5116	8750	1775	976	799	2755	1503	1252
电白区	13949	7799	6150	4055	2107	1948	7604	4171	3433
高州市	4716	3161	1555	2008	1096	912	3101	1696	1405
化州市	3600	1729	1871	2797	1375	1422	7668	4138	3530
信宜市	990	521	469	2768	1457	1311	3491	1904	1587
肇庆市	**5075**	**3018**	**2057**	**7074**	**3602**	**3472**	**9150**	**4919**	**4231**
端州区									
鼎湖区	257	136	121	261	145	116	414	231	183
高要区	2111	1439	672	1128	584	544	1683	830	853
广宁县	395	215	180	824	410	414	1189	646	543
怀集县	152	76	76	461	248	213	1389	732	657
封开县	238	97	141	789	375	414	1295	743	552
德庆县	789	412	377	650	328	322	701	371	330
四会市	1133	643	490	2961	1512	1449	2479	1366	1113
惠州市	**31591**	**15362**	**16229**	**26175**	**12821**	**13354**	**29058**	**15755**	**13303**
惠城区	15025	6912	8113	4461	2157	2304	6094	3180	2914
惠阳区	3270	1983	1287	6539	3163	3376	3357	1818	1539
博罗县	10400	4905	5495	4701	2321	2380	4715	2547	2168
惠东县	2631	1412	1219	9040	4462	4578	13312	7341	5971
龙门县	265	150	115	1434	718	716	1580	869	711
梅州市	**7020**	**3539**	**3481**	**10930**	**5599**	**5331**	**20595**	**11189**	**9406**
梅江区	45	20	25	833	398	435	1313	705	608
梅县区	1783	878	905	2149	1100	1049	3937	2168	1769
大埔县	824	456	368	1254	616	638	2488	1317	1171
丰顺县	1850	869	981	473	246	227	2196	1171	1025
五华县	619	341	278	1641	849	792	4249	2291	1958
平远县	154	82	72	915	523	392	894	519	375
蕉岭县	575	313	262	1282	629	653	1504	800	704
兴宁市	1170	580	590	2383	1238	1145	4014	2218	1796

7–9c　续表 5　　单位：人

现住地	学习培训			随同离开/投亲靠友			拆迁/搬家		
	小计	男	女	小计	男	女	小计	男	女
汕尾市	**6153**	**3298**	**2855**	**9324**	**4314**	**5010**	**18330**	**10153**	**8177**
城　区	2100	1190	910	1089	493	596	1824	988	836
海丰县	3157	1640	1517	4381	2047	2334	9045	5077	3968
陆河县	98	56	42	700	331	369	2320	1212	1108
陆丰市	798	412	386	3154	1443	1711	5141	2876	2265
河源市	**30674**	**14578**	**16096**	**18527**	**9000**	**9527**	**33662**	**17518**	**16144**
源城区	1445	764	681	1127	547	580	1297	713	584
紫金县	1267	733	534	1657	814	843	3785	2025	1760
龙川县	9670	4895	4775	7391	3604	3787	11620	5843	5777
连平县	2253	980	1273	2546	1213	1333	4184	2230	1954
和平县	1960	1025	935	2771	1337	1434	3795	1984	1811
东源县	14079	6181	7898	3035	1485	1550	8981	4723	4258
阳江市	**6579**	**4018**	**2561**	**11556**	**5619**	**5937**	**30402**	**16854**	**13548**
江城区	2720	1666	1054	2635	1292	1343	5588	3134	2454
阳东区	281	144	137	3838	1878	1960	10250	5710	4540
阳西县	155	85	70	1636	822	814	4159	2315	1844
阳春市	3423	2123	1300	3447	1627	1820	10405	5695	4710
清远市	**37796**	**21772**	**16024**	**20286**	**9873**	**10413**	**31385**	**16900**	**14485**
清城区	29683	17302	12381	2208	1079	1129	3735	2011	1724
清新区	4419	2728	1691	6951	3490	3461	10264	5566	4698
佛冈县	1548	651	897	1517	727	790	1932	1039	893
阳山县	248	118	130	1038	511	527	1865	1001	864
连山壮族瑶族自治县	36	17	19	294	148	146	294	161	133
连南瑶族自治县	64	35	29	150	79	71	470	262	208
英德市	1628	835	793	7528	3564	3964	11302	6056	5246
连州市	170	86	84	600	275	325	1523	804	719
东莞市	**7177**	**3763**	**3414**	**8397**	**4345**	**4052**	**1480**	**762**	**718**
市辖区	7177	3763	3414	8397	4345	4052	1480	762	718
中山市	**9377**	**4471**	**4906**	**7959**	**4124**	**3835**	**5799**	**3091**	**2708**
市辖区	9377	4471	4906	7959	4124	3835	5799	3091	2708
潮州市	**5235**	**1902**	**3333**	**1390**	**662**	**728**	**3122**	**1670**	**1452**
湘桥区	2320	680	1640	75	38	37	342	181	161
潮安区	1752	698	1054	777	365	412	1604	854	750
饶平县	1163	524	639	538	259	279	1176	635	541
揭阳市	**2622**	**1620**	**1002**	**2896**	**1317**	**1579**	**9906**	**5244**	**4662**
榕城区	62	23	39	105	44	61	575	305	270
揭东区	97	63	34	362	176	186	1116	598	518
揭西县	466	249	217	649	306	343	2423	1272	1151
惠来县	150	77	73	784	347	437	2325	1203	1122
普宁市	1847	1208	639	996	444	552	3467	1866	1601
云浮市	**4817**	**2841**	**1976**	**5471**	**2815**	**2656**	**11768**	**6329**	**5439**
云城区	80	44	36	473	253	220	972	541	431
云安区	2657	1655	1002	533	280	253	958	519	439
新兴县	600	339	261	1089	567	522	2027	1093	934
郁南县	214	106	108	967	500	467	1539	831	708
罗定市	1266	697	569	2409	1215	1194	6272	3345	2927

7–9c 续表 6 单位：人

现住地	寄挂户口			婚姻嫁娶			照料孙子女		
	小计	男	女	小计	男	女	小计	男	女
广 东	**245468**	**135625**	**109843**	**120966**	**7456**	**113510**	**15811**	**5438**	**10373**
广州市	**15795**	**8746**	**7049**	**15852**	**1673**	**14179**	**1986**	**472**	**1514**
荔湾区									
越秀区									
海珠区									
天河区									
白云区	3088	1677	1411	2025	261	1764	955	212	743
黄埔区	694	403	291	660	41	619	118	30	88
番禺区	1505	816	689	3929	632	3297	242	56	186
花都区	2836	1554	1282	1348	94	1254	303	83	220
南沙区	859	470	389	3531	520	3011	193	31	162
从化区	3282	1865	1417	3224	86	3138	86	34	52
增城区	3531	1961	1570	1135	39	1096	89	26	63
韶关市	**7239**	**4032**	**3207**	**5951**	**645**	**5306**	**1381**	**471**	**910**
武江区	649	361	288	450	57	393	40	12	28
浈江区	584	321	263	449	62	387	71	25	46
曲江区	781	452	329	714	64	650	62	21	41
始兴县	487	258	229	321	47	274	107	39	68
仁化县	671	368	303	685	101	584	58	17	41
翁源县	1079	606	473	925	77	848	143	52	91
乳源瑶族自治县	604	326	278	452	52	400	181	57	124
新丰县	548	330	218	681	65	616	68	30	38
乐昌市	1205	657	548	772	56	716	522	171	351
南雄市	631	353	278	502	64	438	129	47	82
深圳市	**195**	**115**	**80**	**179**	**19**	**160**	**96**	**30**	**66**
罗湖区									
福田区									
南山区									
宝安区									
龙岗区	195	115	80	179	19	160	96	30	66
盐田区									
龙华区									
坪山区									
光明区									
珠海市	**1510**	**816**	**694**	**1682**	**166**	**1516**	**271**	**74**	**197**
香洲区	9	3	6						
斗门区	1367	733	634	1521	139	1382	253	67	186
金湾区	134	80	54	161	27	134	18	7	11
汕头市	**5867**	**3160**	**2707**	**570**	**53**	**517**	**73**	**24**	**49**
龙湖区	561	295	266	20	7	13	8	1	7
金平区	72	35	37	8	1	7	2	1	1
濠江区	165	99	66	109	5	104	3	2	1
潮阳区	1940	1054	886	126	7	119	32	9	23
潮南区	2203	1169	1034	97	14	83	22	8	14
澄海区	868	474	394	165	14	151	5	2	3
南澳县	58	34	24	45	5	40	1	1	
佛山市	**2788**	**1479**	**1309**	**1398**	**85**	**1313**	**201**	**51**	**150**
禅城区									
南海区	995	512	483	535	34	501	46	15	31
顺德区	232	144	88	372	29	343	16	3	13
三水区	1016	543	473	457	21	436	121	25	96
高明区	545	280	265	34	1	33	18	8	10

7-9c 续表 7

单位：人

现住地	寄挂户口			婚姻嫁娶			照料孙子女		
	小计	男	女	小计	男	女	小计	男	女
江门市	**11812**	**6578**	**5234**	**2798**	**159**	**2639**	**351**	**112**	**239**
蓬江区	178	101	77	23	1	22	13	3	10
江海区									
新会区	1908	1066	842	563	23	540	98	36	62
台山市	2696	1536	1160	624	28	596	58	17	41
开平市	2489	1366	1123	562	33	529	87	27	60
鹤山市	1071	622	449	381	35	346	37	9	28
恩平市	3470	1887	1583	645	39	606	58	20	38
湛江市	**44316**	**24293**	**20023**	**16695**	**397**	**16298**	**830**	**313**	**517**
赤坎区	98	66	32	90	2	88			
霞山区	512	259	253	160	2	158	9	3	6
坡头区	1703	951	752	781	18	763	32	14	18
麻章区	3204	1723	1481	1073	36	1037	82	27	55
遂溪县	9738	5377	4361	1965	37	1928	76	24	52
徐闻县	4886	2688	2198	2001	83	1918	104	42	62
廉江市	10868	5921	4947	6022	90	5932	282	108	174
雷州市	8994	4920	4074	1919	84	1835	170	58	112
吴川市	4313	2388	1925	2684	45	2639	75	37	38
茂名市	**27057**	**15010**	**12047**	**16851**	**336**	**16515**	**603**	**305**	**298**
茂南区	2552	1449	1103	2558	39	2519	121	63	58
电白区	7409	4060	3349	6026	128	5898	92	41	51
高州市	3189	1833	1356	2098	51	2047	128	65	63
化州市	10241	5681	4560	3692	53	3639	102	47	55
信宜市	3666	1987	1679	2477	65	2412	160	89	71
肇庆市	**7905**	**4430**	**3475**	**2000**	**103**	**1897**	**402**	**150**	**252**
端州区									
鼎湖区	465	253	212	43	2	41	7	2	5
高要区	1742	931	811	187	6	181	76	23	53
广宁县	2156	1249	907	448	30	418	45	15	30
怀集县	1113	660	453	361	10	351	27	15	12
封开县	518	279	239	341	14	327	20	11	9
德庆县	453	236	217	323	11	312	31	13	18
四会市	1458	822	636	297	30	267	196	71	125
惠州市	**16595**	**9066**	**7529**	**7667**	**439**	**7228**	**1010**	**296**	**714**
惠城区	3639	1994	1645	925	63	862	392	114	278
惠阳区	3256	1731	1525	637	56	581	257	70	187
博罗县	3985	2203	1782	2188	124	2064	218	63	155
惠东县	3543	1900	1643	2618	128	2490	113	41	72
龙门县	2172	1238	934	1299	68	1231	30	8	22
梅州市	**23228**	**12871**	**10357**	**9792**	**1016**	**8776**	**1145**	**599**	**546**
梅江区	807	462	345	472	79	393	32	13	19
梅县区	2537	1396	1141	1417	178	1239	115	57	58
大埔县	3962	2158	1804	576	59	517	343	154	189
丰顺县	2560	1419	1141	573	38	535	55	21	34
五华县	7003	3895	3108	1886	147	1739	229	138	91
平远县	1166	707	459	1412	216	1196	72	42	30
蕉岭县	424	250	174	992	107	885	87	39	48
兴宁市	4769	2584	2185	2464	192	2272	212	135	77

7−9c 续表 8

单位：人

现住地	寄挂户口			婚姻嫁娶			照料孙子女		
	小计	男	女	小计	男	女	小计	男	女
汕尾市	**7205**	**4029**	**3176**	**2983**	**151**	**2832**	**221**	**68**	**153**
城　区	944	519	425	403	20	383	22	5	17
海丰县	2518	1410	1108	1089	47	1042	113	39	74
陆河县	720	411	309	638	35	603	20	6	14
陆丰市	3023	1689	1334	853	49	804	66	18	48
河源市	**17815**	**9744**	**8071**	**5708**	**528**	**5180**	**3547**	**1290**	**2257**
源城区	534	288	246	343	38	305	221	50	171
紫金县	4882	2654	2228	1400	92	1308	124	60	64
龙川县	4101	2247	1854	1253	109	1144	1891	711	1180
连平县	2916	1625	1291	902	90	812	109	37	72
和平县	2045	1143	902	737	96	641	529	189	340
东源县	3337	1787	1550	1073	103	970	673	243	430
阳江市	**9953**	**5542**	**4411**	**5068**	**150**	**4918**	**217**	**87**	**130**
江城区	3068	1747	1321	894	45	849	26	10	16
阳东区	2692	1477	1215	961	15	946	55	18	37
阳西县	1363	765	598	1075	22	1053	33	9	24
阳春市	2830	1553	1277	2138	68	2070	103	50	53
清远市	**18501**	**10350**	**8151**	**8829**	**346**	**8483**	**1594**	**502**	**1092**
清城区	2800	1547	1253	563	13	550	191	59	132
清新区	4812	2680	2132	1757	25	1732	815	250	565
佛冈县	1091	636	455	1029	38	991	80	26	54
阳山县	1844	1045	799	610	31	579	47	26	21
连山壮族瑶族自治县	378	225	153	333	34	299	11	7	4
连南瑶族自治县	375	206	169	110	16	94	7	2	5
英德市	5812	3232	2580	4005	141	3864	413	121	292
连州市	1389	779	610	422	48	374	30	11	19
东莞市	**127**	**69**	**58**	**3302**	**299**	**3003**	**798**	**190**	**608**
市辖区	127	69	58	3302	299	3003	798	190	608
中山市	**243**	**140**	**103**	**6529**	**458**	**6071**	**600**	**168**	**432**
市辖区	243	140	103	6529	458	6071	600	168	432
潮州市	**2981**	**1696**	**1285**	**1738**	**216**	**1522**	**65**	**25**	**40**
湘桥区	393	229	164	58	8	50	5	4	1
潮安区	1461	822	639	781	72	709	28	13	15
饶平县	1127	645	482	899	136	763	32	8	24
揭阳市	**11778**	**6403**	**5375**	**1769**	**68**	**1701**	**141**	**58**	**83**
榕城区	637	348	289	56	1	55	5	1	4
揭东区	1365	779	586	155	7	148	19	5	14
揭西县	3152	1699	1453	473	29	444	39	17	22
惠来县	2668	1430	1238	353	9	344	31	16	15
普宁市	3956	2147	1809	732	22	710	47	19	28
云浮市	**12558**	**7056**	**5502**	**3605**	**149**	**3456**	**279**	**153**	**126**
云城区	1374	784	590	317	9	308	29	15	14
云安区	1213	644	569	460	19	441	32	16	16
新兴县	2079	1168	911	333	17	316	54	26	28
郁南县	1684	1005	679	837	38	799	46	27	19
罗定市	6208	3455	2753	1658	66	1592	118	69	49

7－9c　续表 9

单位：人

现住地	为子女就学			养老/康养			其　他		
	小计	男	女	小计	男	女	小计	男	女
广　东	**6810**	**2254**	**4556**	**26833**	**16083**	**10750**	**217914**	**118038**	**99876**
广州市	**515**	**181**	**334**	**3007**	**1396**	**1611**	**18876**	**10151**	**8725**
荔湾区									
越秀区									
海珠区									
天河区									
白云区	259	93	166	1329	518	811	5610	2958	2652
黄埔区	35	11	24	278	138	140	742	394	348
番禺区	23	13	10	156	67	89	1719	934	785
花都区	111	36	75	692	335	357	4580	2534	2046
南沙区	18	8	10	96	54	42	1174	623	551
从化区	40	12	28	232	156	76	2617	1406	1211
增城区	29	8	21	224	128	96	2434	1302	1132
韶关市	**1018**	**360**	**658**	**1717**	**869**	**848**	**8700**	**4637**	**4063**
武江区	15	6	9	106	49	57	562	302	260
浈江区	8	3	5	108	53	55	627	366	261
曲江区	35	17	18	98	53	45	1072	563	509
始兴县	122	40	82	134	85	49	500	258	242
仁化县	22	5	17	76	44	32	724	372	352
翁源县	119	52	67	450	177	273	2171	1142	1029
乳源瑶族自治县	64	23	41	69	40	29	743	378	365
新丰县	86	24	62	163	106	57	470	278	192
乐昌市	315	104	211	405	204	201	1044	592	452
南雄市	232	86	146	108	58	50	787	386	401
深圳市	**55**	**16**	**39**	**171**	**78**	**93**	**458**	**258**	**200**
罗湖区									
福田区									
南山区									
宝安区									
龙岗区	55	16	39	171	78	93	458	258	200
盐田区									
龙华区									
坪山区									
光明区									
珠海市	**31**	**11**	**20**	**249**	**113**	**136**	**1569**	**831**	**738**
香洲区				2	1	1	3	3	
斗门区	30	10	20	234	106	128	1390	717	673
金湾区	1	1		13	6	7	176	111	65
汕头市	**17**	**6**	**11**	**136**	**73**	**63**	**4442**	**2377**	**2065**
龙湖区				10	5	5	318	175	143
金平区	1		1	2	1	1	46	24	22
濠江区	6	3	3	4	1	3	189	107	82
潮阳区	2	1	1	45	25	20	1611	853	758
潮南区	2		2	41	24	17	1721	940	781
澄海区	5	2	3	31	16	15	507	255	252
南澳县	1		1	3	1	2	50	23	27
佛山市	**27**	**10**	**17**	**346**	**177**	**169**	**1994**	**1088**	**906**
禅城区									
南海区	8	4	4	50	30	20	629	334	295
顺德区	1		1	14	6	8	156	91	65
三水区	16	6	10	260	127	133	860	479	381
高明区	2		2	22	14	8	349	184	165

7-9c 续表 10

单位：人

现住地	为子女就学			养老/康养			其他		
	小计	男	女	小计	男	女	小计	男	女
江门市	**120**	**41**	**79**	**1068**	**637**	**431**	**9582**	**5151**	**4431**
蓬江区	1		1	9	6	3	99	58	41
江海区									
新会区	19	8	11	177	107	70	1811	951	860
台山市	43	12	31	213	120	93	2204	1184	1020
开平市	25	9	16	210	127	83	2014	1076	938
鹤山市	11	4	7	285	166	119	901	504	397
恩平市	21	8	13	174	111	63	2553	1378	1175
湛江市	**868**	**216**	**652**	**3190**	**2020**	**1170**	**33968**	**18522**	**15446**
赤坎区	1	1		26	10	16	151	96	55
霞山区	8	3	5	73	44	29	395	218	177
坡头区	34	4	30	195	132	63	1227	660	567
麻章区	60	23	37	285	164	121	2213	1238	975
遂溪县	60	11	49	439	296	143	6365	3420	2945
徐闻县	83	23	60	499	299	200	4106	2236	1870
廉江市	188	55	133	645	407	238	8411	4552	3859
雷州市	308	83	225	606	356	250	7973	4347	3626
吴川市	126	13	113	422	312	110	3127	1755	1372
茂名市	**427**	**96**	**331**	**3697**	**2664**	**1033**	**21325**	**11775**	**9550**
茂南区	96	24	72	983	677	306	2877	1742	1135
电白区	90	15	75	458	337	121	5051	2729	2322
高州市	52	11	41	786	576	210	2391	1308	1083
化州市	115	30	85	539	360	179	7419	4044	3375
信宜市	74	16	58	931	714	217	3587	1952	1635
肇庆市	**90**	**24**	**66**	**1080**	**731**	**349**	**7410**	**3940**	**3470**
端州区									
鼎湖区	2		2	42	34	8	315	181	134
高要区	10	3	7	66	50	16	1261	684	577
广宁县	30	6	24	317	236	81	2106	1072	1034
怀集县	10	2	8	95	74	21	859	447	412
封开县	9	2	7	96	57	39	443	250	193
德庆县	6	1	5	54	29	25	1229	653	576
四会市	23	10	13	410	251	159	1197	653	544
惠州市	**346**	**130**	**216**	**1406**	**746**	**660**	**16387**	**8800**	**7587**
惠城区	177	75	102	406	206	200	4111	2180	1931
惠阳区	38	13	25	206	114	92	3197	1742	1455
博罗县	71	23	48	372	204	168	3714	1958	1756
惠东县	28	11	17	242	116	126	3392	1862	1530
龙门县	32	8	24	180	106	74	1973	1058	915
梅州市	**253**	**85**	**168**	**3549**	**2411**	**1138**	**17892**	**9973**	**7919**
梅江区	7	2	5	120	73	47	830	468	362
梅县区	28	11	17	416	286	130	2162	1183	979
大埔县	47	14	33	412	270	142	2595	1428	1167
丰顺县	21	8	13	96	65	31	1853	1064	789
五华县	58	18	40	654	489	165	5001	2761	2240
平远县	8	5	3	362	275	87	799	473	326
蕉岭县	19	7	12	373	221	152	799	447	352
兴宁市	65	20	45	1116	732	384	3853	2149	1704

7-9c 续表 11

单位：人

现住地	为子女就学			养老/康养			其他		
	小计	男	女	小计	男	女	小计	男	女
汕尾市	**68**	**13**	**55**	**423**	**232**	**191**	**7681**	**4106**	**3575**
城 区	10	3	7	57	25	32	918	490	428
海丰县	23	7	16	193	97	96	3296	1761	1535
陆河县	9	1	8	78	54	24	875	463	412
陆丰市	26	2	24	95	56	39	2592	1392	1200
河源市	**1890**	**685**	**1205**	**1344**	**758**	**586**	**19952**	**10820**	**9132**
源城区	76	22	54	19	13	6	561	314	247
紫金县	22	8	14	226	134	92	3753	2018	1735
龙川县	974	364	610	319	155	164	7137	3779	3358
连平县	19	4	15	200	128	72	2171	1241	930
和平县	390	129	261	319	195	124	2281	1233	1048
东源县	409	158	251	261	133	128	4049	2235	1814
阳江市	**97**	**32**	**65**	**771**	**436**	**335**	**8450**	**4611**	**3839**
江城区	14	2	12	126	71	55	2497	1358	1139
阳东区	13	5	8	193	91	102	1713	928	785
阳西县	22	8	14	43	23	20	1219	713	506
阳春市	48	17	31	409	251	158	3021	1612	1409
清远市	**577**	**220**	**357**	**2123**	**1155**	**968**	**15124**	**8083**	**7041**
清城区	44	16	28	420	226	194	2885	1482	1403
清新区	232	102	130	743	361	382	3931	2116	1815
佛冈县	52	26	26	203	132	71	933	512	421
阳山县	16	3	13	152	108	44	1406	770	636
连山壮族瑶族自治县	13	5	8	30	17	13	250	142	108
连南瑶族自治县	8	3	5	32	21	11	337	177	160
英德市	184	61	123	449	234	215	4469	2403	2066
连州市	28	4	24	94	56	38	913	481	432
东莞市	**143**	**34**	**109**	**332**	**152**	**180**	**3075**	**1639**	**1436**
市辖区	143	34	109	332	152	180	3075	1639	1436
中山市	**122**	**46**	**76**	**436**	**174**	**262**	**2379**	**1225**	**1154**
市辖区	122	46	76	436	174	262	2379	1225	1154
潮州市	**26**	**8**	**18**	**228**	**141**	**87**	**2118**	**1146**	**972**
湘桥区	4		4	15	7	8	266	138	128
潮安区	5	3	2	106	63	43	985	545	440
饶平县	17	5	12	107	71	36	867	463	404
揭阳市	**38**	**18**	**20**	**268**	**176**	**92**	**7820**	**4142**	**3678**
榕城区				7	4	3	353	175	178
揭东区	7	2	5	33	25	8	858	433	425
揭西县	11	6	5	113	74	39	1967	1042	925
惠来县	8	3	5	35	23	12	2022	1091	931
普宁市	12	7	5	80	50	30	2620	1401	1219
云浮市	**82**	**22**	**60**	**1292**	**944**	**348**	**8712**	**4763**	**3949**
云城区	8	3	5	131	88	43	887	483	404
云安区	10	4	6	274	175	99	826	425	401
新兴县	8	2	6	223	166	57	1383	769	614
郁南县	26	4	22	215	164	51	1245	701	544
罗定市	30	9	21	449	351	98	4371	2385	1986

7-10 全省按现住地、性别、迁移原因分的户口登记地在外省的人口

单位：人

现住地	合计			工作就业		
	合计	男	女	小计	男	女
广东	**29622110**	**17511681**	**12110429**	**24436581**	**15019063**	**9417518**
广州市	**4934998**	**2872418**	**2062580**	**4129426**	**2488245**	**1641181**
荔湾区	197894	116388	81506	156515	95946	60569
越秀区	139185	75241	63944	107790	61844	45946
海珠区	451308	251306	200002	392703	224351	168352
天河区	562466	321083	241383	457925	271965	185960
白云区	1238623	723666	514957	1068727	640620	428107
黄埔区	403374	248135	155239	341506	219887	121619
番禺区	837815	479275	358540	708449	418156	290293
花都区	513749	300196	213553	419059	252779	166280
南沙区	258409	161444	96965	222901	144487	78414
从化区	45227	27241	17986	29439	19271	10168
增城区	286948	168443	118505	224412	138939	85473
韶关市	**147318**	**84054**	**63264**	**82685**	**54580**	**28105**
武江区	41091	23243	17848	24730	15632	9098
浈江区	28375	15652	12723	13353	8487	4866
曲江区	18105	10746	7359	10778	7414	3364
始兴县	5666	3243	2423	3473	2260	1213
仁化县	9587	5627	3960	5382	3802	1580
翁源县	7946	4855	3091	5508	3841	1667
乳源瑶族自治县	6180	3747	2433	3748	2617	1131
新丰县	6587	4124	2463	4554	3248	1306
乐昌市	14976	7788	7188	6468	4139	2329
南雄市	8805	5029	3776	4691	3140	1551
深圳市	**8221206**	**4823533**	**3397673**	**6869592**	**4206081**	**2663511**
罗湖区	345541	189737	155804	273403	157846	115557
福田区	463150	256855	206295	369623	216627	152996
南山区	632584	363578	269006	510285	308052	202233
宝安区	2520020	1487152	1032868	2160732	1321488	839244
龙岗区	1827080	1054795	772285	1491517	901664	589853
盐田区	71582	42884	28698	55316	35526	19790
龙华区	1353644	817007	536637	1152163	726968	425195
坪山区	302393	183465	118928	249104	157537	91567
光明区	705212	428060	277152	607449	380373	227076
珠海市	**736301**	**436708**	**299593**	**559299**	**354572**	**204727**
香洲区	412174	239561	172613	312717	194310	118407
斗门区	158682	96405	62277	122120	78766	43354
金湾区	165445	100742	64703	124462	81496	42966
汕头市	**415360**	**245026**	**170334**	**310732**	**190067**	**120665**
龙湖区	76654	45854	30800	58328	36598	21730
金平区	53283	30354	22929	31456	19621	11835
濠江区	10012	6786	3226	7588	5522	2066
潮阳区	86996	51159	35837	60417	36523	23894
潮南区	52836	31842	20994	41361	25550	15811
澄海区	133648	77925	55723	110307	65409	44898
南澳县	1931	1106	825	1275	844	431
佛山市	**3106767**	**1894647**	**1212120**	**2641645**	**1658856**	**982789**
禅城区	319960	190684	129276	274081	167805	106276
南海区	1198839	733433	465406	1032324	648542	383782
顺德区	1238947	750227	488720	1048378	653917	394461
三水区	243090	153778	89312	200657	132285	68372
高明区	105931	66525	39406	86205	56307	29898

7-10　续表 1　　　　单位：人

现住地	合计			工作就业		
	合计	男	女	小计	男	女
江门市	**782556**	**463494**	**319062**	**560904**	**349840**	**211064**
蓬江区	190917	112743	78174	139943	86532	53411
江海区	109811	65259	44552	80459	50678	29781
新会区	162058	96639	65419	115180	72602	42578
台山市	66188	39367	26821	44771	28744	16027
开平市	90514	52095	38419	58181	35340	22841
鹤山市	135345	80184	55161	102654	62772	39882
恩平市	27723	17207	10516	19716	13172	6544
湛江市	**136071**	**76229**	**59842**	**80652**	**54021**	**26631**
赤坎区	19712	10746	8966	11380	7229	4151
霞山区	29449	16291	13158	17326	10783	6543
坡头区	8342	4958	3384	4912	3631	1281
麻章区	17295	11323	5972	9974	8009	1965
遂溪县	6813	3654	3159	3874	2559	1315
徐闻县	10163	5790	4373	6590	4306	2284
廉江市	20613	9518	11095	9796	6200	3596
雷州市	6462	3741	2721	4260	2874	1386
吴川市	17222	10208	7014	12540	8430	4110
茂名市	**92388**	**50538**	**41850**	**52245**	**35190**	**17055**
茂南区	31303	18461	12842	19647	13296	6351
电白区	17216	9487	7729	10670	7650	3020
高州市	19277	10564	8713	10821	6827	3994
化州市	13838	6626	7212	6561	4221	2340
信宜市	10754	5400	5354	4546	3196	1350
肇庆市	**286607**	**175454**	**111153**	**213761**	**138240**	**75521**
端州区	38264	22292	15972	23498	14692	8806
鼎湖区	25855	17030	8825	19786	13946	5840
高要区	62818	38399	24419	51470	32256	19214
广宁县	8132	5249	2883	6157	4310	1847
怀集县	7476	4445	3031	5356	3567	1789
封开县	6132	3666	2466	4005	2807	1198
德庆县	3998	2276	1722	2620	1693	927
四会市	133932	82097	51835	100869	64969	35900
惠州市	**1614182**	**976233**	**637949**	**1275002**	**811951**	**463051**
惠城区	551978	330656	221322	425231	270149	155082
惠阳区	602752	368628	234124	491608	315039	176569
博罗县	297011	178816	118195	238064	149086	88978
惠东县	140631	84402	56229	103232	66273	36959
龙门县	21810	13731	8079	16867	11404	5463
梅州市	**88806**	**51025**	**37781**	**49958**	**34039**	**15919**
梅江区	23719	13532	10187	12654	8480	4174
梅县区	22289	12459	9830	11058	7265	3793
大埔县	5876	3423	2453	3557	2524	1033
丰顺县	8546	5067	3479	6036	4034	2002
五华县	9250	5774	3476	6511	4777	1734
平远县	4428	2379	2049	1943	1338	605
蕉岭县	5390	3151	2239	2972	2064	908
兴宁市	9308	5240	4068	5227	3557	1670

7-10 续表 2

单位：人

现住地	合计			工作就业		
	合计	男	女	小计	男	女
汕尾市	**97758**	**58919**	**38839**	**63201**	**42498**	**20703**
城　区	25518	16062	9456	17634	12373	5261
海丰县	55576	33351	22225	34638	23005	11633
陆河县	5543	3467	2076	3767	2690	1077
陆丰市	11121	6039	5082	7162	4430	2732
河源市	**151161**	**90625**	**60536**	**104906**	**69192**	**35714**
源城区	87728	51205	36523	59009	37698	21311
紫金县	16755	10613	6142	12221	8623	3598
龙川县	13767	8302	5465	9433	6398	3035
连平县	5849	3497	2352	3918	2647	1271
和平县	4947	3154	1793	3366	2507	859
东源县	22115	13854	8261	16959	11319	5640
阳江市	**110274**	**64367**	**45907**	**70120**	**45085**	**25035**
江城区	42857	25359	17498	26824	17385	9439
阳东区	43390	25140	18250	28333	17547	10786
阳西县	9569	5675	3894	6324	4321	2003
阳春市	14458	8193	6265	8639	5832	2807
清远市	**227423**	**136823**	**90600**	**151092**	**101716**	**49376**
清城区	125756	75730	50026	82644	54893	27751
清新区	29424	16970	12454	18933	11959	6974
佛冈县	16016	10092	5924	12431	8552	3879
阳山县	5893	3599	2294	3625	2691	934
连山壮族瑶族自治县	2222	1176	1046	1139	773	366
连南瑶族自治县	1216	655	561	689	445	244
英德市	40252	24656	15596	27733	19565	8168
连州市	6644	3945	2699	3898	2838	1060
东莞市	**6193503**	**3675508**	**2517995**	**5354844**	**3252457**	**2102387**
市辖区	6193503	3675508	2517995	5354844	3252457	2102387
中山市	**1930002**	**1129512**	**800490**	**1609641**	**970373**	**639268**
市辖区	1930002	1129512	800490	1609641	970373	639268
潮州市	**175141**	**102483**	**72658**	**134185**	**82051**	**52134**
湘桥区	42343	24570	17773	31512	19253	12259
潮安区	125973	73921	52052	97682	59495	38187
饶平县	6825	3992	2833	4991	3303	1688
揭阳市	**106067**	**63715**	**42352**	**76653**	**49253**	**27400**
榕城区	29521	18220	11301	22177	14449	7728
揭东区	30483	18531	11952	21517	13980	7537
揭西县	7738	4438	3300	5278	3376	1902
惠来县	4815	3042	1773	3679	2537	1142
普宁市	33510	19484	14026	24002	14911	9091
云浮市	**68221**	**40370**	**27851**	**46038**	**30756**	**15282**
云城区	24994	15559	9435	17924	12132	5792
云安区	6081	4080	2001	4164	3163	1001
新兴县	19396	11552	7844	14711	9345	5366
郁南县	5110	2691	2419	2708	1845	863
罗定市	12640	6488	6152	6531	4271	2260

7-10 续表 3

单位：人

现住地	学习培训			随同离开/投亲靠友			拆迁/搬家		
	小计	男	女	小计	男	女	小计	男	女
广 东	**1395385**	**781521**	**613864**	**1785176**	**892687**	**892489**	**339193**	**178343**	**160850**
广州市	**261241**	**141833**	**119408**	**223337**	**110601**	**112736**	**46678**	**22820**	**23858**
荔湾区	7535	4339	3196	15487	7996	7491	4397	2171	2226
越秀区	7124	3327	3797	8765	4199	4566	1896	906	990
海珠区	18207	8982	9225	16275	8176	8099	5996	2963	3033
天河区	42371	22213	20158	22892	11096	11796	4318	1998	2320
白云区	63273	34904	28369	42405	21096	21309	6803	3316	3487
黄埔区	17794	10348	7446	14736	7038	7698	1706	757	949
番禺区	43227	22600	20627	36644	18206	18438	7154	3520	3634
花都区	28197	16136	12061	29140	14744	14396	6861	3414	3447
南沙区	9621	5602	4019	11479	5638	5841	1612	784	828
从化区	8087	4578	3509	3010	1470	1540	1511	804	707
增城区	15805	8804	7001	22504	10942	11562	4424	2187	2237
韶关市	**10335**	**5617**	**4718**	**24824**	**11900**	**12924**	**12511**	**6619**	**5892**
武江区	2938	1605	1333	5948	2886	3062	3154	1674	1480
浈江区	3357	1862	1495	5873	2899	2974	2534	1343	1191
曲江区	1122	602	520	3053	1456	1597	1276	683	593
始兴县	337	175	162	847	409	438	336	184	152
仁化县	486	244	242	1656	793	863	784	427	357
翁源县	258	134	124	979	475	504	267	150	117
乳源瑶族自治县	325	192	133	1023	486	537	207	121	86
新丰县	198	104	94	815	402	413	250	132	118
乐昌市	932	500	432	3078	1365	1713	2539	1277	1262
南雄市	382	199	183	1552	729	823	1164	628	536
深圳市	**408629**	**230728**	**177901**	**394168**	**188580**	**205588**	**21709**	**9962**	**11747**
罗湖区	17492	9649	7843	19911	9288	10623	2157	997	1160
福田区	23260	12676	10584	21232	9663	11569	2801	1217	1584
南山区	33163	18855	14308	38395	17701	20694	2958	1291	1667
宝安区	120754	68073	52681	99648	47871	51777	4002	1848	2154
龙岗区	97256	54645	42611	94606	45688	48918	6013	2831	3182
盐田区	4755	2656	2099	5480	2550	2930	410	184	226
龙华区	60492	34007	26485	59874	28129	31745	2351	1106	1245
坪山区	21263	12455	8808	13792	6699	7093	490	221	269
光明区	30194	17712	12482	41230	20991	20239	527	267	260
珠海市	**52838**	**27167**	**25671**	**60165**	**29452**	**30713**	**9421**	**4882**	**4539**
香洲区	30385	15345	15040	32271	15537	16734	3425	1638	1787
斗门区	6596	3938	2658	15858	7951	7907	3919	2097	1822
金湾区	15857	7884	7973	12036	5964	6072	2077	1147	930
汕头市	**13296**	**7533**	**5763**	**49180**	**25375**	**23805**	**13799**	**7567**	**6232**
龙湖区	2505	1398	1107	9782	4936	4846	2142	1156	986
金平区	3070	1617	1453	11031	5355	5676	4530	2379	2151
濠江区	730	514	216	964	427	537	228	130	98
潮阳区	1859	1064	795	10052	5410	4642	3110	1839	1271
潮南区	1328	749	579	5358	2926	2432	445	255	190
澄海区	3776	2176	1600	11744	6222	5522	3276	1775	1501
南澳县	28	15	13	249	99	150	68	33	35
佛山市	**92319**	**53808**	**38511**	**212176**	**111125**	**101051**	**40432**	**22513**	**17919**
禅城区	7564	4324	3240	19862	10248	9614	3986	2195	1791
南海区	31873	18767	13106	71200	37083	34117	14357	8107	6250
顺德区	38968	22640	16328	93041	49105	43936	16146	8913	7233
三水区	9759	5594	4165	18799	9810	8989	4446	2465	1981
高明区	4155	2483	1672	9274	4879	4395	1497	833	664

7-10 续表 4

单位：人

现住地	学习培训			随同离开/投亲靠友			拆迁/搬家		
	小计	男	女	小计	男	女	小计	男	女
江门市	**47014**	**26771**	**20243**	**96137**	**49472**	**46665**	**42006**	**22805**	**19201**
蓬江区	10559	6039	4520	21865	11371	10494	9383	5103	4280
江海区	4588	2487	2101	15025	7542	7483	4957	2750	2207
新会区	10211	5809	4402	21347	10916	10431	8486	4612	3874
台山市	4095	2271	1824	8146	4081	4065	4066	2170	1896
开平市	7712	4424	3288	13073	6683	6390	7026	3795	3231
鹤山市	8684	5068	3616	14103	7564	6539	5233	2797	2436
恩平市	1165	673	492	2578	1315	1263	2855	1578	1277
湛江市	**13878**	**6989**	**6889**	**14608**	**6910**	**7698**	**6649**	**3456**	**3193**
赤坎区	1904	728	1176	2045	966	1079	1579	836	743
霞山区	2779	1632	1147	3325	1527	1798	1984	1005	979
坡头区	245	136	109	851	391	460	669	336	333
麻章区	5298	2516	2782	890	417	473	219	118	101
遂溪县	402	207	195	1064	506	558	293	154	139
徐闻县	587	336	251	1186	560	626	304	168	136
廉江市	1764	899	865	2776	1317	1459	991	502	489
雷州市	290	171	119	692	343	349	180	94	86
吴川市	609	364	245	1779	883	896	430	243	187
茂名市	**7356**	**3964**	**3392**	**10884**	**5474**	**5410**	**4484**	**2451**	**2033**
茂南区	3347	1840	1507	3187	1600	1587	1072	596	476
电白区	712	397	315	1756	839	917	413	216	197
高州市	1930	949	981	2430	1309	1121	1266	702	564
化州市	907	525	382	1876	907	969	956	484	472
信宜市	460	253	207	1635	819	816	777	453	324
肇庆市	**19160**	**11104**	**8056**	**30634**	**15972**	**14662**	**6694**	**3631**	**3063**
端州区	5877	3377	2500	3132	1585	1547	1646	870	776
鼎湖区	1979	1109	870	2363	1185	1178	802	438	364
高要区	3820	2236	1584	5155	2812	2343	231	130	101
广宁县	294	160	134	496	256	240	138	71	67
怀集县	201	106	95	703	348	355	327	162	165
封开县	203	105	98	772	365	407	279	153	126
德庆县	198	101	97	454	239	215	166	89	77
四会市	6588	3910	2678	17559	9182	8377	3105	1718	1387
惠州市	**75650**	**42560**	**33090**	**125036**	**61878**	**63158**	**28908**	**15419**	**13489**
惠城区	34430	19288	15142	37018	18409	18609	7402	3836	3566
惠阳区	20795	11636	9159	42878	20982	21896	9813	5136	4677
博罗县	15281	8718	6563	24373	12361	12012	4151	2244	1907
惠东县	4471	2534	1937	18603	9055	9548	7032	3909	3123
龙门县	673	384	289	2164	1071	1093	510	294	216
梅州市	**5154**	**2553**	**2601**	**11811**	**5512**	**6299**	**9224**	**4956**	**4268**
梅江区	2237	1008	1229	3209	1449	1760	3063	1681	1382
梅县区	1223	664	559	3904	1807	2097	3212	1765	1447
大埔县	366	198	168	569	264	305	315	144	171
丰顺县	196	100	96	894	439	455	439	219	220
五华县	255	153	102	755	353	402	147	74	73
平远县	226	111	115	591	277	314	674	369	305
蕉岭县	226	115	111	676	325	351	647	351	296
兴宁市	425	204	221	1213	598	615	727	353	374

7-10　续表 5

单位：人

现住地	学习培训			随同离开/投亲靠友			拆迁/搬家		
	小计	男	女	小计	男	女	小计	男	女
汕尾市	**2078**	**1089**	**989**	**14512**	**6344**	**8168**	**7914**	**4611**	**3303**
城　区	528	272	256	2920	1245	1675	2112	1196	916
海丰县	1062	610	452	9609	4238	5371	4612	2756	1856
陆河县	147	76	71	573	258	315	343	197	146
陆丰市	341	131	210	1410	603	807	847	462	385
河源市	**8608**	**4691**	**3917**	**16320**	**7908**	**8412**	**7753**	**4144**	**3609**
源城区	5605	3075	2530	10555	5047	5508	5105	2727	2378
紫金县	519	283	236	1729	857	872	716	379	337
龙川县	678	360	318	1320	674	646	601	316	285
连平县	152	83	69	783	395	388	271	149	122
和平县	224	114	110	479	221	258	194	98	96
东源县	1430	776	654	1454	714	740	866	475	391
阳江市	**5486**	**3083**	**2403**	**14282**	**7126**	**7156**	**11392**	**6230**	**5162**
江城区	2306	1297	1009	5185	2624	2561	5217	2797	2420
阳东区	2325	1316	1009	6210	3086	3124	4072	2339	1733
阳西县	254	145	109	1038	522	516	831	421	410
阳春市	601	325	276	1849	894	955	1272	673	599
清远市	**13402**	**7420**	**5982**	**26252**	**13007**	**13245**	**15463**	**8116**	**7347**
清城区	8735	4830	3905	12923	6582	6341	9972	5214	4758
清新区	1984	1186	798	3855	1978	1877	2126	1151	975
佛冈县	594	322	272	1340	643	697	536	277	259
阳山县	345	169	176	957	456	501	259	132	127
连山壮族瑶族自治县	112	52	60	402	179	223	99	46	53
连南瑶族自治县	88	45	43	200	86	114	62	35	27
英德市	1226	664	562	5511	2593	2918	1965	1036	929
连州市	318	152	166	1064	490	574	444	225	219
东莞市	**254751**	**145330**	**109421**	**295404**	**151152**	**144252**	**23118**	**11818**	**11300**
市辖区	254751	145330	109421	295404	151152	144252	23118	11818	11300
中山市	**86359**	**49422**	**36937**	**123000**	**63361**	**59639**	**21235**	**11056**	**10179**
市辖区	86359	49422	36937	123000	63361	59639	21235	11056	10179
潮州市	**7367**	**4116**	**3251**	**21039**	**10658**	**10381**	**4720**	**2512**	**2208**
湘桥区	2437	1256	1181	4094	2079	2015	2632	1348	1284
潮安区	4736	2760	1976	16399	8306	8093	1926	1085	841
饶平县	194	100	94	546	273	273	162	79	83
揭阳市	**6552**	**3606**	**2946**	**13327**	**6793**	**6534**	**1735**	**958**	**777**
榕城区	1605	905	700	3669	1901	1768	153	100	53
揭东区	2865	1574	1291	4061	2087	1974	247	135	112
揭西县	454	237	217	1011	484	527	110	57	53
惠来县	56	31	25	398	190	208	143	80	63
普宁市	1572	859	713	4188	2131	2057	1082	586	496
云浮市	**3912**	**2137**	**1775**	**8080**	**4087**	**3993**	**3348**	**1817**	**1531**
云城区	1221	678	543	3348	1712	1636	1165	646	519
云安区	763	445	318	569	296	273	109	62	47
新兴县	1079	538	541	1862	953	909	538	289	249
郁南县	262	126	136	761	382	379	350	187	163
罗定市	587	350	237	1540	744	796	1186	633	553

7-10 续表 6

单位：人

现住地	寄挂户口			婚姻嫁娶			照料孙子女		
	小计	男	女	小计	男	女	小计	男	女
广　东	**12827**	**6350**	**6477**	**201384**	**22348**	**179036**	**606756**	**185819**	**420937**
广州市	**1777**	**854**	**923**	**35287**	**5115**	**30172**	**93980**	**30164**	**63816**
荔湾区	146	58	88	2760	343	2417	2944	998	1946
越秀区	111	49	62	2634	440	2194	5453	1911	3542
海珠区	106	57	49	3556	548	3008	5700	1855	3845
天河区	213	103	110	4151	559	3592	13053	4426	8627
白云区	331	156	175	6152	742	5410	15478	4530	10948
黄埔区	117	61	56	2622	298	2324	13843	4266	9577
番禺区	361	182	179	5811	1089	4722	14091	4652	9439
花都区	189	87	102	2570	261	2309	9296	3052	6244
南沙区	44	24	20	1921	535	1386	5308	1627	3681
从化区	59	26	33	885	95	790	737	239	498
增城区	100	51	49	2225	205	2020	8077	2608	5469
韶关市	**230**	**112**	**118**	**6742**	**884**	**5858**	**3805**	**1245**	**2560**
武江区	52	21	31	1311	191	1120	1433	490	943
浈江区	18	11	7	1193	148	1045	810	275	535
曲江区	19	8	11	689	57	632	392	130	262
始兴县	9	6	3	315	63	252	109	34	75
仁化县	21	11	10	589	75	514	240	61	179
翁源县	16	6	10	523	54	469	77	22	55
乳源瑶族自治县	3	1	2	327	65	262	198	65	133
新丰县	42	20	22	401	45	356	65	22	43
乐昌市	23	13	10	881	75	806	367	117	250
南雄市	27	15	12	513	111	402	114	29	85
深圳市	**2167**	**1134**	**1033**	**20767**	**1422**	**19345**	**299143**	**91066**	**208077**
罗湖区	151	75	76	2010	152	1858	15508	5076	10432
福田区	169	79	90	2153	207	1946	25375	8532	16843
南山区	153	72	81	831	60	771	34318	11857	22461
宝安区	482	259	223	5177	263	4914	71286	19874	51412
龙岗区	423	215	208	5696	401	5295	76728	23829	52899
盐田区	20	10	10	325	19	306	3422	1144	2278
龙华区	291	155	136	2632	174	2458	48970	14264	34706
坪山区	114	63	51	870	62	808	9323	2804	6519
光明区	364	206	158	1073	84	989	14213	3686	10527
珠海市	**425**	**227**	**198**	**6776**	**983**	**5793**	**21805**	**7110**	**14695**
香洲区	205	105	100	3848	602	3246	13582	4581	9001
斗门区	90	49	41	1744	219	1525	4075	1276	2799
金湾区	130	73	57	1184	162	1022	4148	1253	2895
汕头市	**266**	**131**	**135**	**3023**	**426**	**2597**	**1407**	**479**	**928**
龙湖区	42	14	28	696	83	613	410	135	275
金平区	43	17	26	807	185	622	303	84	219
濠江区	4	1	3	215	29	186	33	8	25
潮阳区	129	72	57	545	40	505	272	118	154
潮南区	17	9	8	262	17	245	191	84	107
澄海区	30	17	13	395	63	332	193	48	145
南澳县	1	1		103	9	94	5	2	3
佛山市	**1489**	**748**	**741**	**21799**	**3980**	**17819**	**35108**	**11019**	**24089**
禅城区	112	55	57	2610	546	2064	4108	1321	2787
南海区	491	234	257	6522	1289	5233	12990	4110	8880
顺德区	683	358	325	10427	1875	8552	13483	4251	9232
三水区	137	67	70	1468	183	1285	3212	929	2283
高明区	66	34	32	772	87	685	1315	408	907

7-10 续表 7

单位：人

现住地	寄挂户口			婚姻嫁娶			照料孙子女		
	小计	男	女	小计	男	女	小计	男	女
江门市	**441**	**204**	**237**	**7365**	**910**	**6455**	**7556**	**2183**	**5373**
蓬江区	110	48	62	1690	289	1401	2612	850	1762
江海区	37	17	20	774	90	684	1726	516	1210
新会区	111	52	59	1578	169	1409	1027	233	794
台山市	29	12	17	1192	87	1105	376	106	270
开平市	78	43	35	804	73	731	661	160	501
鹤山市	56	26	30	773	170	603	1046	282	764
恩平市	20	6	14	554	32	522	108	36	72
湛江市	**242**	**113**	**129**	**10345**	**397**	**9948**	**2488**	**754**	**1734**
赤坎区	13	6	7	793	81	712	519	167	352
霞山区	35	16	19	1236	127	1109	1153	379	774
坡头区	21	12	9	645	13	632	331	99	232
麻章区	13	7	6	358	13	345	125	30	95
遂溪县	26	13	13	739	15	724	29	6	23
徐闻县	14	8	6	712	32	680	59	13	46
廉江市	67	29	38	3984	48	3936	155	32	123
雷州市	15	6	9	562	16	546	46	11	35
吴川市	38	16	22	1316	52	1264	71	17	54
茂名市	**301**	**138**	**163**	**10741**	**304**	**10437**	**986**	**311**	**675**
茂南区	45	26	19	1794	106	1688	555	174	381
电白区	46	19	27	2930	46	2884	76	21	55
高州市	65	31	34	1412	48	1364	114	36	78
化州市	66	22	44	2560	48	2512	46	13	33
信宜市	79	40	39	2045	56	1989	195	67	128
肇庆市	**194**	**84**	**110**	**3902**	**431**	**3471**	**3045**	**962**	**2083**
端州区	37	19	18	908	204	704	656	218	438
鼎湖区	11	4	7	248	15	233	215	77	138
高要区	20	10	10	347	11	336	217	58	159
广宁县	26	10	16	303	7	296	36	11	25
怀集县	29	11	18	406	5	401	30	6	24
封开县	13	4	9	394	15	379	108	25	83
德庆县	11	3	8	242	14	228	63	16	47
四会市	47	23	24	1054	160	894	1720	551	1169
惠州市	**890**	**438**	**452**	**11782**	**1229**	**10553**	**33892**	**10847**	**23045**
惠城区	322	145	177	4598	561	4037	18515	6052	12463
惠阳区	240	118	122	2725	238	2487	11048	3558	7490
博罗县	201	117	84	1904	216	1688	3499	1032	2467
惠东县	109	52	57	2027	179	1848	725	180	545
龙门县	18	6	12	528	35	493	105	25	80
梅州市	**152**	**76**	**76**	**5821**	**617**	**5204**	**1177**	**414**	**763**
梅江区	19	9	10	818	93	725	290	99	191
梅县区	31	10	21	1202	139	1063	400	145	255
大埔县	9	6	3	502	40	462	112	33	79
丰顺县	26	12	14	474	22	452	56	17	39
五华县	27	17	10	943	71	872	42	13	29
平远县	7	3	4	604	111	493	119	40	79
蕉岭县	6	2	4	421	70	351	67	27	40
兴宁市	27	17	10	857	71	786	91	40	51

7-10 续表 8

单位：人

现住地	寄挂户口			婚姻嫁娶			照料孙子女		
	小计	男	女	小计	男	女	小计	男	女
汕尾市	**155**	**86**	**69**	**2540**	**250**	**2290**	**412**	**129**	**283**
城　区	18	11	7	458	33	425	191	68	123
海丰县	93	55	38	1012	109	903	157	44	113
陆河县	32	17	15	371	53	318	33	9	24
陆丰市	12	3	9	699	55	644	31	8	23
河源市	**175**	**97**	**78**	**4342**	**497**	**3845**	**2724**	**864**	**1860**
源城区	122	64	58	1700	167	1533	2118	663	1455
紫金县	20	13	7	775	59	716	75	21	54
龙川县	12	8	4	714	97	617	198	63	135
连平县	6	4	2	419	58	361	34	12	22
和平县	9	5	4	324	46	278	66	23	43
东源县	6	3	3	410	70	340	233	82	151
阳江市	**171**	**72**	**99**	**3528**	**195**	**3333**	**955**	**272**	**683**
江城区	83	36	47	891	73	818	387	115	272
阳东区	30	12	18	919	60	859	221	50	171
阳西县	26	12	14	609	17	592	59	19	40
阳春市	32	12	20	1109	45	1064	288	88	200
清远市	**322**	**159**	**163**	**6335**	**434**	**5901**	**5417**	**1676**	**3741**
清城区	172	86	86	1502	122	1380	4002	1283	2719
清新区	22	7	15	858	38	820	564	173	391
佛冈县	12	7	5	459	18	441	178	44	134
阳山县	17	8	9	396	16	380	51	11	40
连山壮族瑶族自治县	7	6	1	312	60	252	33	8	25
连南瑶族自治县	4	1	3	91	6	85	37	11	26
英德市	52	24	28	2239	115	2124	463	121	342
连州市	36	20	16	478	59	419	89	25	64
东莞市	**2256**	**1126**	**1130**	**18226**	**1804**	**16422**	**66466**	**18582**	**47884**
市辖区	2256	1126	1130	18226	1804	16422	66466	18582	47884
中山市	**795**	**366**	**429**	**14209**	**1994**	**12215**	**24457**	**7240**	**17217**
市辖区	795	366	429	14209	1994	12215	24457	7240	17217
潮州市	**137**	**62**	**75**	**2201**	**258**	**1943**	**639**	**159**	**480**
湘桥区	13	4	9	487	47	440	145	31	114
潮安区	107	54	53	1087	116	971	471	121	350
饶平县	17	4	13	627	95	532	23	7	16
揭阳市	**140**	**75**	**65**	**2129**	**129**	**2000**	**514**	**125**	**389**
榕城区	29	16	13	361	20	341	139	28	111
揭东区	20	9	11	389	28	361	191	53	138
揭西县	32	16	16	380	25	355	27	8	19
惠来县	15	9	6	176	8	168	11	4	7
普宁市	44	25	19	823	48	775	146	32	114
云浮市	**102**	**48**	**54**	**3524**	**89**	**3435**	**780**	**218**	**562**
云城区	20	11	9	458	21	437	302	90	212
云安区	7	3	4	246	9	237	47	13	34
新兴县	18	9	9	300	13	287	256	74	182
郁南县	25	9	16	700	16	684	53	10	43
罗定市	32	16	16	1820	30	1790	122	31	91

7-10　续表 9　　　　单位：人

现 住 地	为子女就学			养老/康养			其　他		
	小计	男	女	小计	男	女	小计	男	女
广　东	**35815**	**9122**	**26693**	**113639**	**45157**	**68482**	**695354**	**371271**	**324083**
广州市	**5397**	**1680**	**3717**	**17505**	**6966**	**10539**	**120370**	**64140**	**56230**
荔湾区	182	61	121	494	193	301	7434	4283	3151
越秀区	263	105	158	782	308	474	4367	2152	2215
海珠区	294	106	188	1028	395	633	7443	3873	3570
天河区	650	198	452	2486	958	1528	14407	7567	6840
白云区	1338	398	940	3125	1186	1939	30991	16718	14273
黄埔区	578	141	437	1281	516	765	9191	4823	4368
番禺区	675	215	460	3839	1561	2278	17564	9094	8470
花都区	469	141	328	1583	651	932	16385	8931	7454
南沙区	206	48	158	1084	466	618	4233	2233	2000
从化区	64	18	46	272	105	167	1163	635	528
增城区	678	249	429	1531	627	904	7192	3831	3361
韶关市	**586**	**166**	**420**	**1108**	**454**	**654**	**4492**	**2477**	**2015**
武江区	89	20	69	303	117	186	1133	607	526
浈江区	73	26	47	267	110	157	897	491	406
曲江区	74	17	57	120	53	67	582	326	256
始兴县	29	12	17	32	11	21	179	89	90
仁化县	55	18	37	95	36	59	279	160	119
翁源县	27	4	23	31	17	14	260	152	108
乳源瑶族自治县	27	12	15	51	18	33	271	170	101
新丰县	15	4	11	14	7	7	233	140	93
乐昌市	153	43	110	170	76	94	365	183	182
南雄市	44	10	34	25	9	16	293	159	134
深圳市	**11091**	**1937**	**9154**	**41002**	**15662**	**25340**	**152938**	**76961**	**75977**
罗湖区	672	169	503	3466	1318	2148	10771	5167	5604
福田区	1068	286	782	5513	2024	3489	11956	5544	6412
南山区	351	58	293	5000	1909	3091	7130	3723	3407
宝安区	3345	453	2892	7918	2987	4931	46676	24036	22640
龙岗区	2599	475	2124	10827	4199	6628	41415	20848	20567
盐田区	140	34	106	615	242	373	1099	519	580
龙华区	1652	270	1382	5208	2043	3165	20011	9891	10120
坪山区	407	69	338	927	349	578	6103	3206	2897
光明区	857	123	734	1528	591	937	7777	4027	3750
珠海市	**1491**	**458**	**1033**	**7153**	**2951**	**4202**	**16928**	**8906**	**8022**
香洲区	1044	330	714	4537	1844	2693	10160	5269	4891
斗门区	220	73	147	1242	534	708	2818	1502	1316
金湾区	227	55	172	1374	573	801	3950	2135	1815
汕头市	**280**	**90**	**190**	**406**	**169**	**237**	**22971**	**13189**	**9782**
龙湖区	57	18	39	111	43	68	2581	1473	1108
金平区	49	11	38	92	41	51	1902	1044	858
濠江区	10	2	8	10	4	6	230	149	81
潮阳区	59	29	30	52	24	28	10501	6040	4461
潮南区	28	7	21	77	35	42	3769	2210	1559
澄海区	76	23	53	61	20	41	3790	2172	1618
南澳县	1		1	3	2	1	198	101	97
佛山市	**2169**	**817**	**1352**	**7913**	**3197**	**4716**	**51717**	**28584**	**23133**
禅城区	211	77	134	818	337	481	6608	3776	2832
南海区	1002	387	615	3163	1306	1857	24917	13608	11309
顺德区	586	216	370	3022	1190	1832	14213	7762	6451
三水区	301	109	192	692	277	415	3619	2059	1560
高明区	69	28	41	218	87	131	2360	1379	981

7-10 续表 10

单位：人

现住地	为子女就学			养老/康养			其他		
	小计	男	女	小计	男	女	小计	男	女
江门市	**663**	**259**	**404**	**1570**	**634**	**936**	**18900**	**10416**	**8484**
蓬江区	183	78	105	688	286	402	3884	2147	1737
江海区	131	54	77	253	103	150	1861	1022	839
新会区	110	41	69	222	72	150	3786	2133	1653
台山市	42	12	30	99	41	58	3372	1843	1529
开平市	70	17	53	138	58	80	2771	1502	1269
鹤山市	116	56	60	146	67	79	2534	1382	1152
恩平市	11	1	10	24	7	17	692	387	305
湛江市	**379**	**98**	**281**	**776**	**321**	**455**	**6054**	**3170**	**2884**
赤坎区	82	25	57	159	66	93	1238	642	596
霞山区	87	33	54	226	89	137	1298	700	598
坡头区	36	8	28	59	26	33	573	306	267
麻章区	24	9	15	40	14	26	354	190	164
遂溪县	12	5	7	23	13	10	351	176	175
徐闻县	16	3	13	84	34	50	611	330	281
廉江市	78	11	67	88	36	52	914	444	470
雷州市	14	1	13	53	22	31	350	203	147
吴川市	30	3	27	44	21	23	365	179	186
茂名市	**299**	**83**	**216**	**875**	**470**	**405**	**4217**	**2153**	**2064**
茂南区	67	26	41	228	106	122	1361	691	670
电白区	45	10	35	54	32	22	514	257	257
高州市	48	21	27	131	71	60	1060	570	490
化州市	59	10	49	45	23	22	762	373	389
信宜市	80	16	64	417	238	179	520	262	258
肇庆市	**413**	**161**	**252**	**627**	**260**	**367**	**8177**	**4609**	**3568**
端州区	132	57	75	172	65	107	2206	1205	1001
鼎湖区	53	19	34	55	24	31	343	213	130
高要区	59	23	36	37	13	24	1462	850	612
广宁县	17	3	14	17	9	8	648	412	236
怀集县	19	11	8	9	5	4	396	224	172
封开县	8	2	6	13	5	8	337	185	152
德庆县	16	6	10	18	9	9	210	106	104
四会市	109	40	69	306	130	176	2575	1414	1161
惠州市	**3340**	**954**	**2386**	**10516**	**4333**	**6183**	**49166**	**26624**	**22542**
惠城区	1443	360	1083	4404	1769	2635	18615	10087	8528
惠阳区	1377	472	905	4727	2018	2709	17541	9431	8110
博罗县	351	80	271	715	281	434	8472	4681	3791
惠东县	137	35	102	647	253	394	3648	1932	1716
龙门县	32	7	25	23	12	11	890	493	397
梅州市	**378**	**105**	**273**	**821**	**393**	**428**	**4310**	**2360**	**1950**
梅江区	56	15	41	203	85	118	1170	613	557
梅县区	122	41	81	178	72	106	959	551	408
大埔县	73	16	57	67	38	29	306	160	146
丰顺县	7	2	5	22	9	13	396	213	183
五华县	14		14	53	32	21	503	284	219
平远县	34	11	23	52	27	25	178	92	86
蕉岭县	14	3	11	62	26	36	299	168	131
兴宁市	58	17	41	184	104	80	499	279	220

7-10　续表 11　　　　单位：人

现住地	为子女就学			养老/康养			其　他		
	小计	男	女	小计	男	女	小计	男	女
汕尾市	**55**	**13**	**42**	**225**	**100**	**125**	**6666**	**3799**	**2867**
城　区	19	6	13	67	26	41	1571	832	739
海丰县	19	2	17	102	46	56	4272	2486	1786
陆河县	8	4	4	30	16	14	239	147	92
陆丰市	9	1	8	26	12	14	584	334	250
河源市	**485**	**125**	**360**	**420**	**179**	**241**	**5428**	**2928**	**2500**
源城区	245	68	177	297	118	179	2972	1578	1394
紫金县	23	5	18	32	14	18	645	359	286
龙川县	111	22	89	30	14	16	670	350	320
连平县	6	2	4	10	8	2	250	139	111
和平县	37	8	29	19	11	8	229	121	108
东源县	63	20	43	32	14	18	662	381	281
阳江市	**104**	**33**	**71**	**212**	**87**	**125**	**4024**	**2184**	**1840**
江城区	53	19	34	75	27	48	1836	986	850
阳东区	12	6	6	61	25	36	1207	699	508
阳西县	14	3	11	11	5	6	403	210	193
阳春市	25	5	20	65	30	35	578	289	289
清远市	**1409**	**419**	**990**	**1695**	**724**	**971**	**6036**	**3152**	**2884**
清城区	1062	343	719	1307	562	745	3437	1815	1622
清新区	133	28	105	202	84	118	747	366	381
佛冈县	35	11	24	47	20	27	384	198	186
阳山县	37	6	31	15	8	7	191	102	89
连山壮族瑶族自治县	15	4	11	12	4	8	91	44	47
连南瑶族自治县	6	3	3	9	4	5	30	19	11
英德市	84	17	67	75	28	47	904	493	411
连州市	37	7	30	28	14	14	252	115	137
东莞市	**5173**	**1099**	**4074**	**12987**	**5078**	**7909**	**160278**	**87062**	**73216**
市辖区	5173	1099	4074	12987	5078	7909	160278	87062	73216
中山市	**1728**	**541**	**1187**	**7364**	**2964**	**4400**	**41214**	**22195**	**19019**
市辖区	1728	541	1187	7364	2964	4400	41214	22195	19019
潮州市	**98**	**20**	**78**	**157**	**72**	**85**	**4598**	**2575**	**2023**
湘桥区	37	13	24	68	32	36	918	507	411
潮安区	46	7	39	68	29	39	3451	1948	1503
饶平县	15		15	21	11	10	229	120	109
揭阳市	**153**	**35**	**118**	**96**	**46**	**50**	**4768**	**2695**	**2073**
榕城区	32	6	26	15	9	6	1341	786	555
揭东区	69	16	53	14	6	8	1110	643	467
揭西县	29	8	21	20	10	10	397	217	180
惠来县	2	1	1	3	1	2	332	181	151
普宁市	21	4	17	44	20	24	1588	868	720
云浮市	**124**	**29**	**95**	**211**	**97**	**114**	**2102**	**1092**	**1010**
云城区	36	7	29	49	15	34	471	247	224
云安区	9	1	8	6	3	3	161	85	76
新兴县	22	7	15	34	13	21	576	311	265
郁南县	16	3	13	15	10	5	220	103	117
罗定市	41	11	30	107	56	51	674	346	328

7-10a 全省按现住地、性别、迁移原因分的户口登记地在外省的人口(城市)

单位：人

现住地	合计			工作就业		
	合计	男	女	小计	男	女
广　东	**24859982**	**14605610**	**10254372**	**20571956**	**12547687**	**8024269**
广州市	**4035304**	**2322174**	**1713130**	**3368520**	**2007978**	**1360542**
荔湾区	197894	116388	81506	156515	95946	60569
越秀区	139185	75241	63944	107790	61844	45946
海珠区	451308	251306	200002	392703	224351	168352
天河区	562466	321083	241383	457925	271965	185960
白云区	977135	563295	413840	844140	499420	344720
黄埔区	377042	231171	145871	319663	204846	114817
番禺区	717084	404940	312144	601007	350366	250641
花都区	350919	200532	150387	284717	168084	116633
南沙区	156163	96370	59793	132422	85713	46709
从化区	12321	6963	5358	6372	3987	2385
增城区	93787	54885	38902	65266	41456	23810
韶关市	**81412**	**44677**	**36735**	**41749**	**26159**	**15590**
武江区	37210	20765	16445	21835	13620	8215
浈江区	23520	12746	10774	10457	6501	3956
曲江区	9995	5465	4530	4845	3126	1719
始兴县						
仁化县						
翁源县						
乳源瑶族自治县						
新丰县						
乐昌市	6295	3248	3047	2389	1466	923
南雄市	4392	2453	1939	2223	1446	777
深圳市	**8190970**	**4803484**	**3387486**	**6842791**	**4187617**	**2655174**
罗湖区	345541	189737	155804	273403	157846	115557
福田区	463150	256855	206295	369623	216627	152996
南山区	629212	360667	268545	506936	305151	201785
宝安区	2520020	1487152	1032868	2160732	1321488	839244
龙岗区	1800655	1037869	762786	1468293	886232	582061
盐田区	71582	42884	28698	55316	35526	19790
龙华区	1353644	817007	536637	1152163	726968	425195
坪山区	301954	183253	118701	248876	157406	91470
光明区	705212	428060	277152	607449	380373	227076
珠海市	**559395**	**321647**	**237748**	**414833**	**255283**	**159550**
香洲区	382135	217024	165111	285488	173179	112309
斗门区	65306	39116	26190	49933	31835	18098
金湾区	111954	65507	46447	79412	50269	29143
汕头市	**228285**	**133887**	**94398**	**165477**	**101531**	**63946**
龙湖区	69286	41638	27648	52632	33206	19426
金平区	52787	30056	22731	31141	19412	11729
濠江区	6316	4238	2078	4707	3444	1263
潮阳区	15384	8984	6400	8775	5421	3354
潮南区	22972	13753	9219	18574	11275	7299
澄海区	61540	35218	26322	49648	28773	20875
南澳县						
佛山市	**2761424**	**1674827**	**1086597**	**2337109**	**1460183**	**876926**
禅城区	244356	143845	100511	207000	125273	81727
南海区	1129736	689202	440534	968489	607170	361319
顺德区	1219145	737440	481705	1030247	642061	388186
三水区	77974	48070	29904	58551	38436	20115
高明区	90213	56270	33943	72822	47243	25579

7-10a　续表 1

单位：人

现住地	合计			工作就业		
	合计	男	女	小计	男	女
江门市	**500177**	**293524**	**206653**	**346520**	**214881**	**131639**
蓬江区	188732	111343	77389	138133	85329	52804
江海区	109811	65259	44552	80459	50678	29781
新会区	75732	44327	31405	48904	30544	18360
台山市	34146	20105	14041	20918	13506	7412
开平市	22060	12306	9754	10868	6536	4332
鹤山市	63953	36790	27163	44154	26276	17878
恩平市	5743	3394	2349	3084	2012	1072
湛江市	**69761**	**38772**	**30989**	**40967**	**26193**	**14774**
赤坎区	19544	10651	8893	11264	7154	4110
霞山区	28393	15667	12726	16556	10270	6286
坡头区	4174	2341	1833	2118	1539	579
麻章区	4223	2884	1339	2777	2121	656
遂溪县	749	393	356	375	235	140
徐闻县						
廉江市	4587	2164	2423	2220	1284	936
雷州市	680	382	298	335	228	107
吴川市	7411	4290	3121	5322	3362	1960
茂名市	**49069**	**28844**	**20225**	**29662**	**19744**	**9918**
茂南区	23566	14023	9543	14857	9961	4896
电白区	4775	3035	1740	3603	2578	1025
高州市	12277	7114	5163	7060	4444	2616
化州市	4129	2263	1866	2044	1322	722
信宜市	4322	2409	1913	2098	1439	659
肇庆市	**153836**	**93145**	**60691**	**105200**	**67895**	**37305**
端州区	38264	22292	15972	23498	14692	8806
鼎湖区	13533	8998	4535	9136	6755	2381
高要区	5008	3034	1974	2563	1632	931
广宁县						
怀集县						
封开县						
德庆县						
四会市	97031	58821	38210	70003	44816	25187
惠州市	**903706**	**541720**	**361986**	**704958**	**447099**	**257859**
惠城区	437324	257097	180227	329502	205997	123505
惠阳区	455287	277956	177331	366591	235621	130970
博罗县	11095	6667	4428	8865	5481	3384
惠东县						
龙门县						
梅州市	**43627**	**24299**	**19328**	**21589**	**14038**	**7551**
梅江区	22205	12592	9613	11587	7720	3867
梅县区	16628	9152	7476	7564	4803	2761
大埔县						
丰顺县						
五华县	93	59	34	54	41	13
平远县						
蕉岭县						
兴宁市	4701	2496	2205	2384	1474	910

7－10a 续表 2

单位：人

现住地	合计			工作就业		
	合计	男	女	小计	男	女
汕尾市	**20387**	**11642**	**8745**	**12540**	**8061**	**4479**
城 区	16323	9526	6797	10048	6669	3379
海丰县						
陆河县						
陆丰市	4064	2116	1948	2492	1392	1100
河源市	**68106**	**39112**	**28994**	**43046**	**27373**	**15673**
源城区	68106	39112	28994	43046	27373	15673
紫金县						
龙川县						
连平县						
和平县						
东源县						
阳江市	**48418**	**26532**	**21886**	**26051**	**15720**	**10331**
江城区	24875	13739	11136	13358	8090	5268
阳东区	17427	9660	7767	9812	5939	3873
阳西县						
阳春市	6116	3133	2983	2881	1691	1190
清远市	**81244**	**45291**	**35953**	**42999**	**27129**	**15870**
清城区	55032	31163	23869	29334	18795	10539
清新区	12390	6498	5892	6135	3497	2638
佛冈县						
阳山县						
连山壮族瑶族自治县						
连南瑶族自治县						
英德市	10265	5712	4553	5866	3747	2119
连州市	3557	1918	1639	1664	1090	574
东莞市	**5671791**	**3350568**	**2321223**	**4890155**	**2957048**	**1933107**
市辖区	5671791	3350568	2321223	4890155	2957048	1933107
中山市	**1197764**	**696909**	**500855**	**995156**	**595673**	**399483**
市辖区	1197764	696909	500855	995156	595673	399483
潮州市	**116951**	**67772**	**49179**	**88707**	**53518**	**35189**
湘桥区	36727	21271	15456	27290	16567	10723
潮安区	80224	46501	33723	61417	36951	24466
饶平县						
揭阳市	**51585**	**30680**	**20905**	**36091**	**22765**	**13326**
榕城区	21992	13491	8501	16391	10620	5771
揭东区	16127	9508	6619	10352	6504	3848
揭西县						
惠来县						
普宁市	13466	7681	5785	9348	5641	3707
云浮市	**26770**	**16104**	**10666**	**17836**	**11799**	**6037**
云城区	21758	13348	8410	15224	10147	5077
云安区	656	445	211	466	342	124
新兴县						
郁南县						
罗定市	4356	2311	2045	2146	1310	836

7-10a　续表 3　　　　单位：人

现 住 地	学习培训			随同离开/投亲靠友			拆迁/搬家		
	小计	男	女	小计	男	女	小计	男	女
广　东	**1190363**	**665522**	**524841**	**1419856**	**708340**	**711516**	**267394**	**139297**	**128097**
广州市	**211328**	**113528**	**97800**	**178267**	**87935**	**90332**	**42110**	**20414**	**21696**
荔湾区	7535	4339	3196	15487	7996	7491	4397	2171	2226
越秀区	7124	3327	3797	8765	4199	4566	1896	906	990
海珠区	18207	8982	9225	16275	8176	8099	5996	2963	3033
天河区	42371	22213	20158	22892	11096	11796	4318	1998	2320
白云区	45305	24563	20742	33557	16615	16942	6193	2968	3225
黄埔区	16979	9887	7092	13453	6427	7026	1522	669	853
番禺区	37868	20018	17850	31805	15680	16125	6980	3424	3556
花都区	18459	10397	8062	19528	9835	9693	6095	3022	3073
南沙区	5604	3139	2465	7527	3622	3905	1022	465	557
从化区	2496	1406	1090	1117	510	607	1034	548	486
增城区	9380	5257	4123	7861	3779	4082	2657	1280	1377
韶关市	**7019**	**3780**	**3239**	**14605**	**7073**	**7532**	**8691**	**4596**	**4095**
武江区	2812	1525	1287	5506	2662	2844	3017	1600	1417
浈江区	2832	1534	1298	5032	2503	2529	2418	1287	1131
曲江区	789	398	391	1963	927	1036	1186	636	550
始兴县									
仁化县									
翁源县									
乳源瑶族自治县									
新丰县									
乐昌市	393	221	172	1363	630	733	1342	687	655
南雄市	193	102	91	741	351	390	728	386	342
深圳市	**407866**	**230312**	**177554**	**392385**	**187769**	**204616**	**21635**	**9930**	**11705**
罗湖区	17492	9649	7843	19911	9288	10623	2157	997	1160
福田区	23260	12676	10584	21232	9663	11569	2801	1217	1584
南山区	33162	18855	14307	38383	17695	20688	2957	1290	1667
宝安区	120754	68073	52681	99648	47871	51777	4002	1848	2154
龙岗区	96512	54238	42274	92892	44908	47984	5979	2819	3160
盐田区	4755	2656	2099	5480	2550	2930	410	184	226
龙华区	60492	34007	26485	59874	28129	31745	2351	1106	1245
坪山区	21245	12446	8799	13735	6674	7061	451	202	249
光明区	30194	17712	12482	41230	20991	20239	527	267	260
珠海市	**46211**	**23311**	**22900**	**44875**	**21905**	**22970**	**6847**	**3468**	**3379**
香洲区	29332	14780	14552	31414	15151	16263	3363	1610	1753
斗门区	2191	1306	885	6218	3129	3089	1832	959	873
金湾区	14688	7225	7463	7243	3625	3618	1652	899	753
汕头市	**8503**	**4778**	**3725**	**31042**	**15775**	**15267**	**11542**	**6287**	**5255**
龙湖区	2205	1238	967	8876	4482	4394	2090	1132	958
金平区	2971	1570	1401	10976	5323	5653	4523	2376	2147
濠江区	316	210	106	716	316	400	212	122	90
潮阳区	632	384	248	1954	976	978	2053	1187	866
潮南区	410	231	179	2708	1554	1154	174	105	69
澄海区	1969	1145	824	5812	3124	2688	2490	1365	1125
南澳县									
佛山市	**82386**	**47854**	**34532**	**191948**	**100496**	**91452**	**38801**	**21614**	**17187**
禅城区	5660	3228	2432	16292	8402	7890	3683	2046	1637
南海区	30463	17784	12679	68429	35630	32799	14260	8059	6201
顺德区	38649	22446	16203	92124	48574	43550	15989	8821	7168
三水区	3889	2153	1736	7076	3658	3418	3401	1874	1527
高明区	3725	2243	1482	8027	4232	3795	1468	814	654

7-10a 续表 4

单位：人

现住地	学习培训			随同离开/投亲靠友			拆迁/搬家		
	小计	男	女	小计	男	女	小计	男	女
江门市	**30583**	**17395**	**13188**	**63822**	**32741**	**31081**	**34160**	**18478**	**15682**
蓬江区	10441	5973	4468	21701	11278	10423	9382	5102	4280
江海区	4588	2487	2101	15025	7542	7483	4957	2750	2207
新会区	5502	3170	2332	11650	5959	5691	6424	3467	2957
台山市	2637	1459	1178	4286	2113	2173	3437	1830	1607
开平市	1742	986	756	3303	1681	1622	4255	2263	1992
鹤山市	5255	3061	2194	7415	3938	3477	4392	2362	2030
恩平市	418	259	159	442	230	212	1313	704	609
湛江市	**6290**	**3273**	**3017**	**7843**	**3650**	**4193**	**5060**	**2589**	**2471**
赤坎区	1897	724	1173	2024	959	1065	1578	835	743
霞山区	2741	1611	1130	3161	1454	1707	1983	1005	978
坡头区	105	57	48	412	175	237	566	278	288
麻章区	654	437	217	368	170	198	110	56	54
遂溪县	72	36	36	195	89	106	27	16	11
徐闻县									
廉江市	463	195	268	655	296	359	434	212	222
雷州市	42	22	20	97	50	47	73	34	39
吴川市	316	191	125	931	457	474	289	153	136
茂名市	**4507**	**2457**	**2050**	**5375**	**2750**	**2625**	**3270**	**1798**	**1472**
茂南区	2295	1301	994	2515	1265	1250	1019	563	456
电白区	139	82	57	417	185	232	158	80	78
高州市	1501	727	774	1374	776	598	1097	610	487
化州市	385	244	141	519	256	263	443	221	222
信宜市	187	103	84	550	268	282	553	324	229
肇庆市	**14448**	**8439**	**6009**	**19660**	**10193**	**9467**	**4921**	**2695**	**2226**
端州区	5877	3377	2500	3132	1585	1547	1646	870	776
鼎湖区	1725	962	763	1472	714	758	548	300	248
高要区	1551	955	596	532	275	257	119	71	48
广宁县									
怀集县									
封开县									
德庆县									
四会市	5295	3145	2150	14524	7619	6905	2608	1454	1154
惠州市	**47004**	**26201**	**20803**	**60350**	**29744**	**30606**	**15354**	**8014**	**7340**
惠城区	29140	16292	12848	29477	14689	14788	6425	3340	3085
惠阳区	16510	9151	7359	30275	14756	15519	8874	4644	4230
博罗县	1354	758	596	598	299	299	55	30	25
惠东县									
龙门县									
梅州市	**3445**	**1651**	**1794**	**6852**	**3167**	**3685**	**6708**	**3642**	**3066**
梅江区	2208	997	1211	2999	1356	1643	3028	1661	1367
梅县区	962	521	441	3152	1460	1692	3038	1677	1361
大埔县									
丰顺县									
五华县	6	3	3	13	9	4			
平远县									
蕉岭县									
兴宁市	269	130	139	688	342	346	642	304	338

7−10a　续表 5　　　　单位：人

现住地	学习培训			随同离开/投亲靠友			拆迁/搬家		
	小计	男	女	小计	男	女	小计	男	女
汕尾市	**503**	**266**	**237**	**3113**	**1280**	**1833**	**2000**	**1091**	**909**
城　区	443	227	216	2538	1056	1482	1537	845	692
海丰县									
陆河县									
陆丰市	60	39	21	575	224	351	463	246	217
河源市	**4281**	**2355**	**1926**	**9321**	**4442**	**4879**	**5045**	**2694**	**2351**
源城区	4281	2355	1926	9321	4442	4879	5045	2694	2351
紫金县									
龙川县									
连平县									
和平县									
东源县									
阳江市	**2789**	**1497**	**1292**	**7839**	**3833**	**4006**	**7190**	**3915**	**3275**
江城区	1542	819	723	3610	1814	1796	3802	2009	1793
阳东区	985	550	435	3292	1565	1727	2292	1328	964
阳西县									
阳春市	262	128	134	937	454	483	1096	578	518
清远市	**6578**	**3581**	**2997**	**11539**	**5704**	**5835**	**11597**	**6080**	**5517**
清城区	4757	2581	2176	7005	3491	3514	8307	4345	3962
清新区	1104	619	485	1916	995	921	1846	992	854
佛冈县									
阳山县									
连山壮族瑶族自治县									
连南瑶族自治县									
英德市	516	285	231	1886	868	1018	1027	534	493
连州市	201	96	105	732	350	382	417	209	208
东莞市	**239292**	**136309**	**102983**	**270216**	**138221**	**131995**	**22006**	**11186**	**10820**
市辖区	239292	136309	102983	270216	138221	131995	22006	11186	10820
中山市	**56989**	**32750**	**24239**	**75575**	**38948**	**36627**	**12878**	**6733**	**6145**
市辖区	56989	32750	24239	75575	38948	36627	12878	6733	6145
潮州市	**4831**	**2727**	**2104**	**14578**	**7290**	**7288**	**4330**	**2306**	**2024**
湘桥区	1721	955	766	3721	1878	1843	2608	1334	1274
潮安区	3110	1772	1338	10857	5412	5445	1722	972	750
饶平县									
揭阳市	**4101**	**2259**	**1842**	**6992**	**3557**	**3435**	**1282**	**704**	**578**
榕城区	1197	660	537	2842	1463	1379	129	83	46
揭东区	2247	1231	1016	2552	1317	1235	205	112	93
揭西县									
惠来县									
普宁市	657	368	289	1598	777	821	948	509	439
云浮市	**1409**	**799**	**610**	**3659**	**1867**	**1792**	**1967**	**1063**	**904**
云城区	1107	612	495	3143	1600	1543	1154	641	513
云安区	31	17	14	54	32	22	71	42	29
新兴县									
郁南县									
罗定市	271	170	101	462	235	227	742	380	362

7-10a 续表 6

单位：人

现住地	寄挂户口			婚姻嫁娶			照料孙子女		
	小计	男	女	小计	男	女	小计	男	女
广　东	**9903**	**4937**	**4966**	**134729**	**16695**	**118034**	**563963**	**173854**	**390109**
广州市	**1540**	**738**	**802**	**29819**	**4049**	**25770**	**83956**	**27247**	**56709**
荔湾区	146	58	88	2760	343	2417	2944	998	1946
越秀区	111	49	62	2634	440	2194	5453	1911	3542
海珠区	106	57	49	3556	548	3008	5700	1855	3845
天河区	213	103	110	4151	559	3592	13053	4426	8627
白云区	270	124	146	4988	563	4425	13660	4099	9561
黄埔区	110	57	53	2322	268	2054	12683	3914	8769
番禺区	323	161	162	5139	837	4302	13566	4526	9040
花都区	147	74	73	1916	178	1738	7668	2552	5116
南沙区	24	11	13	1079	173	906	4752	1491	3261
从化区	52	25	27	310	56	254	386	133	253
增城区	38	19	19	964	84	880	4091	1342	2749
韶关市	**76**	**34**	**42**	**2977**	**405**	**2572**	**2818**	**953**	**1865**
武江区	43	15	28	1172	172	1000	1407	485	922
浈江区	11	7	4	953	122	831	776	268	508
曲江区	5	2	3	378	33	345	344	114	230
始兴县									
仁化县									
翁源县									
乳源瑶族自治县									
新丰县									
乐昌市	12	7	5	255	31	224	195	61	134
南雄市	5	3	2	219	47	172	96	25	71
深圳市	**2166**	**1133**	**1033**	**20704**	**1415**	**19289**	**298866**	**91006**	**207860**
罗湖区	151	75	76	2010	152	1858	15508	5076	10432
福田区	169	79	90	2153	207	1946	25375	8532	16843
南山区	153	72	81	828	60	768	34317	11857	22460
宝安区	482	259	223	5177	263	4914	71286	19874	51412
龙岗区	422	214	208	5639	394	5245	76509	23786	52723
盐田区	20	10	10	325	19	306	3422	1144	2278
龙华区	291	155	136	2632	174	2458	48970	14264	34706
坪山区	114	63	51	867	62	805	9266	2787	6479
光明区	364	206	158	1073	84	989	14213	3686	10527
珠海市	**354**	**192**	**162**	**5215**	**771**	**4444**	**19309**	**6413**	**12896**
香洲区	201	103	98	3786	598	3188	13379	4523	8856
斗门区	39	22	17	679	87	592	2336	761	1575
金湾区	114	67	47	750	86	664	3594	1129	2465
汕头市	**105**	**44**	**61**	**2039**	**338**	**1701**	**858**	**271**	**587**
龙湖区	40	14	26	640	80	560	381	127	254
金平区	43	17	26	801	184	617	301	84	217
濠江区	2	1	1	154	25	129	23	6	17
潮阳区				211	20	191	43	17	26
潮南区	7	3	4	63	4	59	38	17	21
澄海区	13	9	4	170	25	145	72	20	52
南澳县									
佛山市	**1389**	**710**	**679**	**20497**	**3806**	**16691**	**32581**	**10333**	**22248**
禅城区	88	46	42	2290	495	1795	3431	1104	2327
南海区	478	229	249	6343	1258	5085	12702	4030	8672
顺德区	680	356	324	10361	1855	8506	13429	4238	9191
三水区	84	47	37	829	115	714	1827	588	1239
高明区	59	32	27	674	83	591	1192	373	819

7-10a　续表 7　　　　单位：人

现 住 地	寄挂户口			婚姻嫁娶			照料孙子女		
	小计	男	女	小计	男	女	小计	男	女
江门市	**309**	**144**	**165**	**5049**	**754**	**4295**	**5985**	**1827**	**4158**
蓬江区	110	48	62	1673	287	1386	2594	845	1749
江海区	37	17	20	774	90	684	1726	516	1210
新会区	83	39	44	1005	129	876	530	129	401
台山市	4	3	1	578	49	529	229	68	161
开平市	23	13	10	335	41	294	153	43	110
鹤山市	45	22	23	523	140	383	726	219	507
恩平市	7	2	5	161	18	143	27	7	20
湛江市	**77**	**36**	**41**	**3151**	**266**	**2885**	**2165**	**693**	**1472**
赤坎区	13	6	7	786	81	705	515	166	349
霞山区	32	14	18	1193	126	1067	1144	378	766
坡头区	6	4	2	247	7	240	312	96	216
麻章区	9	3	6	96	5	91	69	19	50
遂溪县				52	2	50	5	1	4
徐闻县									
廉江市	3	3		416	14	402	71	21	50
雷州市	2	1	1	48	3	45	10	3	7
吴川市	12	5	7	313	28	285	39	9	30
茂名市	**75**	**40**	**35**	**2237**	**173**	**2064**	**759**	**245**	**514**
茂南区	36	21	15	1002	90	912	502	160	342
电白区	4	3	1	261	10	251	32	9	23
高州市	6	2	4	248	22	226	84	28	56
化州市	8	2	6	328	19	309	9	4	5
信宜市	21	12	9	398	32	366	132	44	88
肇庆市	**86**	**42**	**44**	**1980**	**369**	**1611**	**2385**	**799**	**1586**
端州区	37	19	18	908	204	704	656	218	438
鼎湖区	7	1	6	132	13	119	186	70	116
高要区	4	2	2	42	1	41	35	13	22
广宁县									
怀集县									
封开县									
德庆县									
四会市	38	20	18	898	151	747	1508	498	1010
惠州市	**498**	**236**	**262**	**6228**	**672**	**5556**	**27524**	**9063**	**18461**
惠城区	280	131	149	3996	478	3518	17248	5696	11552
惠阳区	216	105	111	2213	193	2020	10214	3346	6868
博罗县	2		2	19	1	18	62	21	41
惠东县									
龙门县									
梅州市	**52**	**21**	**31**	**1639**	**194**	**1445**	**692**	**248**	**444**
梅江区	17	7	10	720	79	641	279	96	183
梅县区	22	8	14	616	83	533	360	132	228
大埔县									
丰顺县									
五华县				12	3	9	2		2
平远县									
蕉岭县									
兴宁市	13	6	7	291	29	262	51	20	31

7-10a 续表 8

单位：人

现住地	寄挂户口			婚姻嫁娶			照料孙子女		
	小计	男	女	小计	男	女	小计	男	女
汕尾市	**18**	**10**	**8**	**444**	**34**	**410**	**141**	**48**	**93**
城　区	13	8	5	317	20	297	130	43	87
海丰县									
陆河县									
陆丰市	5	2	3	127	14	113	11	5	6
河源市	**81**	**40**	**41**	**1570**	**148**	**1422**	**1802**	**589**	**1213**
源城区	81	40	41	1570	148	1422	1802	589	1213
紫金县									
龙川县									
连平县									
和平县									
东源县									
阳江市	**95**	**40**	**55**	**1424**	**126**	**1298**	**641**	**200**	**441**
江城区	69	30	39	609	58	551	316	102	214
阳东区	17	6	11	514	42	472	64	15	49
阳西县									
阳春市	9	4	5	301	26	275	261	83	178
清远市	**133**	**68**	**65**	**1941**	**195**	**1746**	**3213**	**1039**	**2174**
清城区	93	46	47	964	96	868	2417	792	1625
清新区	6	3	3	389	24	365	447	141	306
佛冈县									
阳山县									
连山壮族瑶族自治县									
连南瑶族自治县									
英德市	6	2	4	367	40	327	275	85	190
连州市	28	17	11	221	35	186	74	21	53
东莞市	**2146**	**1074**	**1072**	**16824**	**1531**	**15293**	**63631**	**17906**	**45725**
市辖区	2146	1074	1072	16824	1531	15293	63631	17906	45725
中山市	**551**	**250**	**301**	**8906**	**1272**	**7634**	**15630**	**4702**	**10928**
市辖区	551	250	301	8906	1272	7634	15630	4702	10928
潮州市	**63**	**36**	**27**	**971**	**114**	**857**	**385**	**99**	**286**
湘桥区	8	4	4	387	42	345	125	27	98
潮安区	55	32	23	584	72	512	260	72	188
饶平县									
揭阳市	**65**	**35**	**30**	**458**	**25**	**433**	**278**	**74**	**204**
榕城区	26	14	12	247	16	231	103	20	83
揭东区	13	6	7	89	5	84	115	38	77
揭西县									
惠来县									
普宁市	26	15	11	122	4	118	60	16	44
云浮市	**24**	**14**	**10**	**656**	**38**	**618**	**344**	**99**	**245**
云城区	16	10	6	343	21	322	275	81	194
云安区	1		1	10	2	8	4		4
新兴县									
郁南县									
罗定市	7	4	3	303	15	288	65	18	47

7-10a 续表 9

单位：人

现住地	为子女就学			养老/康养			其他		
	小计	男	女	小计	男	女	小计	男	女
广东	**30269**	**7561**	**22708**	**101644**	**40077**	**61567**	**569905**	**301640**	**268265**
广州市	**4475**	**1345**	**3130**	**15485**	**6128**	**9357**	**99804**	**52812**	**46992**
荔湾区	182	61	121	494	193	301	7434	4283	3151
越秀区	263	105	158	782	308	474	4367	2152	2215
海珠区	294	106	188	1028	395	633	7443	3873	3570
天河区	650	198	452	2486	958	1528	14407	7567	6840
白云区	1114	331	783	2765	1047	1718	25143	13565	11578
黄埔区	531	129	402	1129	445	684	8650	4529	4121
番禺区	650	203	447	3750	1527	2223	15996	8198	7798
花都区	340	101	239	1259	512	747	10790	5777	5013
南沙区	171	36	135	954	412	542	2608	1308	1300
从化区	31	12	19	121	49	72	402	237	165
增城区	249	63	186	717	282	435	2564	1323	1241
韶关市	**325**	**93**	**232**	**767**	**317**	**450**	**2385**	**1267**	**1118**
武江区	88	19	69	292	112	180	1038	555	483
浈江区	70	26	44	243	103	140	728	395	333
曲江区	66	17	49	110	51	59	309	161	148
始兴县									
仁化县									
翁源县									
乳源瑶族自治县									
新丰县									
乐昌市	77	23	54	101	44	57	168	78	90
南雄市	24	8	16	21	7	14	142	78	64
深圳市	**11073**	**1935**	**9138**	**40898**	**15620**	**25278**	**152586**	**76747**	**75839**
罗湖区	672	169	503	3466	1318	2148	10771	5167	5604
福田区	1068	286	782	5513	2024	3489	11956	5544	6412
南山区	351	58	293	5000	1909	3091	7125	3720	3405
宝安区	3345	453	2892	7918	2987	4931	46676	24036	22640
龙岗区	2584	474	2110	10747	4165	6582	41078	20639	20439
盐田区	140	34	106	615	242	373	1099	519	580
龙华区	1652	270	1382	5208	2043	3165	20011	9891	10120
坪山区	404	68	336	903	341	562	6093	3204	2889
光明区	857	123	734	1528	591	937	7777	4027	3750
珠海市	**1329**	**415**	**914**	**6478**	**2660**	**3818**	**13944**	**7229**	**6715**
香洲区	1019	324	695	4493	1823	2670	9660	4933	4727
斗门区	116	39	77	751	320	431	1211	658	553
金湾区	194	52	142	1234	517	717	3073	1638	1435
汕头市	**165**	**47**	**118**	**281**	**115**	**166**	**8273**	**4701**	**3572**
龙湖区	53	16	37	102	39	63	2267	1304	963
金平区	49	11	38	92	41	51	1890	1038	852
濠江区	8	2	6	8	3	5	170	109	61
潮阳区	7	4	3	31	13	18	1678	962	716
潮南区	8	3	5	25	11	14	965	550	415
澄海区	40	11	29	23	8	15	1303	738	565
南澳县									
佛山市	**1914**	**734**	**1180**	**7504**	**3038**	**4466**	**47295**	**26059**	**21236**
禅城区	125	45	80	728	307	421	5059	2899	2160
南海区	980	379	601	3126	1296	1830	24466	13367	11099
顺德区	586	216	370	3013	1186	1827	14067	7687	6380
三水区	160	68	92	444	172	272	1713	959	754
高明区	63	26	37	193	77	116	1990	1147	843

7-10a 续表 10

单位：人

现住地	为子女就学			养老/康养			其他		
	小计	男	女	小计	男	女	小计	男	女
江门市	**521**	**217**	**304**	**1292**	**534**	**758**	**11936**	**6553**	**5383**
蓬江区	172	75	97	683	284	399	3843	2122	1721
江海区	131	54	77	253	103	150	1861	1022	839
新会区	70	28	42	116	41	75	1448	821	627
台山市	33	9	24	66	28	38	1958	1040	918
开平市	22	6	16	61	29	32	1298	708	590
鹤山市	89	45	44	104	46	58	1250	681	569
恩平市	4		4	9	3	6	278	159	119
湛江市	**248**	**74**	**174**	**503**	**194**	**309**	**3457**	**1804**	**1653**
赤坎区	82	25	57	159	66	93	1226	635	591
霞山区	86	33	53	224	88	136	1273	688	585
坡头区	14	3	11	47	19	28	347	163	184
麻章区	9	2	7	21	6	15	110	65	45
遂溪县							23	14	9
徐闻县									
廉江市	41	8	33	37	13	24	247	118	129
雷州市	3		3	3	1	2	67	40	27
吴川市	13	3	10	12	1	11	164	81	83
茂名市	**182**	**64**	**118**	**457**	**222**	**235**	**2545**	**1351**	**1194**
茂南区	58	24	34	188	86	102	1094	552	542
电白区	13	3	10	18	11	7	130	74	56
高州市	40	18	22	60	29	31	807	458	349
化州市	24	5	19	9	3	6	360	187	173
信宜市	47	14	33	182	93	89	154	80	74
肇庆市	**293**	**122**	**171**	**464**	**187**	**277**	**4399**	**2404**	**1995**
端州区	132	57	75	172	65	107	2206	1205	1001
鼎湖区	50	19	31	34	13	21	243	151	92
高要区	12	7	5	14	6	8	136	72	64
广宁县									
怀集县									
封开县									
德庆县									
四会市	99	39	60	244	103	141	1814	976	838
惠州市	**2582**	**782**	**1800**	**8700**	**3623**	**5077**	**30508**	**16286**	**14222**
惠城区	1265	318	947	4113	1661	2452	15878	8495	7383
惠阳区	1310	463	847	4565	1957	2608	14519	7720	6799
博罗县	7	1	6	22	5	17	111	71	40
惠东县									
龙门县									
梅州市	**214**	**70**	**144**	**422**	**172**	**250**	**2014**	**1096**	**918**
梅江区	55	15	40	192	78	114	1120	583	537
梅县区	112	40	72	129	44	85	673	384	289
大埔县									
丰顺县									
五华县				4	2	2	2	1	1
平远县									
蕉岭县									
兴宁市	47	15	32	97	48	49	219	128	91

7-10a　续表 11　　　　单位：人

现住地	为子女就学			养老/康养			其他		
	小计	男	女	小计	男	女	小计	男	女
汕尾市	**18**	**5**	**13**	**66**	**26**	**40**	**1544**	**821**	**723**
城　区	17	5	12	52	19	33	1228	634	594
海丰县									
陆河县									
陆丰市	1		1	14	7	7	316	187	129
河源市	**194**	**59**	**135**	**277**	**107**	**170**	**2489**	**1305**	**1184**
源城区	194	59	135	277	107	170	2489	1305	1184
紫金县									
龙川县									
连平县									
和平县									
东源县									
阳江市	**66**	**25**	**41**	**122**	**44**	**78**	**2201**	**1132**	**1069**
江城区	44	17	27	52	17	35	1473	783	690
阳东区	3	3		23	7	16	425	205	220
阳西县									
阳春市	19	5	14	47	20	27	303	144	159
清远市	**474**	**134**	**340**	**747**	**308**	**439**	**2023**	**1053**	**970**
清城区	324	103	221	554	232	322	1277	682	595
清新区	67	12	55	121	48	73	359	167	192
佛冈县									
阳山县									
连山壮族瑶族自治县									
连南瑶族自治县									
英德市	52	13	39	46	16	30	224	122	102
连州市	31	6	25	26	12	14	163	82	81
东莞市	**4877**	**1034**	**3843**	**12415**	**4871**	**7544**	**150229**	**81388**	**68841**
市辖区	4877	1034	3843	12415	4871	7544	150229	81388	68841
中山市	**1132**	**360**	**772**	**4533**	**1814**	**2719**	**26414**	**14407**	**12007**
市辖区	1132	360	772	4533	1814	2719	26414	14407	12007
潮州市	**60**	**18**	**42**	**88**	**37**	**51**	**2938**	**1627**	**1311**
湘桥区	32	12	20	59	28	31	776	424	352
潮安区	28	6	22	29	9	20	2162	1203	959
饶平县									
揭阳市	**73**	**16**	**57**	**35**	**16**	**19**	**2210**	**1229**	**981**
榕城区	18	3	15	8	4	4	1031	608	423
揭东区	50	12	38	7	3	4	497	280	217
揭西县									
惠来县									
普宁市	5	1	4	20	9	11	682	341	341
云浮市	**54**	**12**	**42**	**110**	**44**	**66**	**711**	**369**	**342**
云城区	34	7	27	47	15	32	415	214	201
云安区							19	10	9
新兴县									
郁南县									
罗定市	20	5	15	63	29	34	277	145	132

7-10b 全省按现住地、性别、迁移原因分的户口登记地在外省的人口(镇)

单位：人

现住地	合计			工作就业		
	合计	男	女	小计	男	女
广　东	**2271507**	**1352967**	**918540**	**1785775**	**1115300**	**670475**
广州市	**338893**	**199904**	**138989**	**272133**	**166812**	**105321**
荔湾区						
越秀区						
海珠区						
天河区						
白云区	66780	39796	26984	53056	32438	20618
黄埔区	5403	2698	2705	3116	1833	1283
番禺区	22578	13803	8775	19751	12448	7303
花都区	32456	18822	13634	23488	14207	9281
南沙区	48980	31038	17942	43319	28142	15177
从化区	17832	11193	6639	13142	8571	4571
增城区	144864	82554	62310	116261	69173	47088
韶关市	**28772**	**15704**	**13068**	**14666**	**9478**	**5188**
武江区	133	85	48	87	63	24
浈江区	1792	1002	790	783	511	272
曲江区	2208	1332	876	1502	1035	467
始兴县	3026	1642	1384	1650	1027	623
仁化县	5385	2913	2472	2578	1699	879
翁源县	2342	1187	1155	1130	692	438
乳源瑶族自治县	4219	2384	1835	2308	1487	821
新丰县	3378	1951	1427	2026	1345	681
乐昌市	5033	2499	2534	2073	1250	823
南雄市	1256	709	547	529	369	160
深圳市	**3811**	**3123**	**688**	**3577**	**3032**	**545**
罗湖区						
福田区						
南山区	3372	2911	461	3349	2901	448
宝安区						
龙岗区						
盐田区						
龙华区						
坪山区	439	212	227	228	131	97
光明区						
珠海市	**129958**	**85380**	**44578**	**105600**	**73505**	**32095**
香洲区	29442	22071	7371	26648	20671	5977
斗门区	51321	31013	20308	37379	24170	13209
金湾区	49195	32296	16899	41573	28664	12909
汕头市	**107084**	**62566**	**44518**	**83005**	**49432**	**33573**
龙湖区						
金平区						
濠江区	196	136	60	159	120	39
潮阳区	48661	28503	20158	36643	21700	14943
潮南区	14140	8311	5829	10937	6621	4316
澄海区	42591	24811	17780	34302	20389	13913
南澳县	1496	805	691	964	602	362
佛山市	**202782**	**127853**	**74929**	**176690**	**114583**	**62107**
禅城区	75604	46839	28765	67081	42532	24549
南海区	23684	14772	8912	21937	13882	8055
顺德区						
三水区	94479	60334	34145	79882	52871	27011
高明区	9015	5908	3107	7790	5298	2492

7-10b　续表 1　　　　单位：人

现住地	合计			工作就业		
	合计	男	女	小计	男	女
江门市	**100110**	**58960**	**41150**	**72756**	**44820**	**27936**
蓬江区						
江海区						
新会区	26921	15902	11019	19580	12210	7370
台山市	4863	2854	2009	3570	2230	1340
开平市	30701	17438	13263	19378	11548	7830
鹤山市	32317	19360	12957	26295	16091	10204
恩平市	5308	3406	1902	3933	2741	1192
湛江市	**24903**	**14509**	**10394**	**13596**	**9752**	**3844**
赤坎区						
霞山区	293	168	125	188	129	59
坡头区	1610	1021	589	1047	782	265
麻章区	9401	5949	3452	4416	3752	664
遂溪县	2429	1319	1110	1351	885	466
徐闻县	3714	2110	1604	2482	1602	880
廉江市	4263	2144	2119	1870	1163	707
雷州市	674	352	322	370	225	145
吴川市	2519	1446	1073	1872	1214	658
茂名市	**11897**	**6261**	**5636**	**6864**	**4476**	**2388**
茂南区	783	447	336	518	356	162
电白区	4758	2690	2068	3144	2183	961
高州市	2584	1375	1209	1578	939	639
化州市	2449	1106	1343	1082	636	446
信宜市	1323	643	680	542	362	180
肇庆市	**68142**	**41997**	**26145**	**55988**	**35754**	**20234**
端州区						
鼎湖区	9867	6392	3475	8527	5710	2817
高要区	33065	20074	12991	28554	17602	10952
广宁县	3470	2197	1273	2346	1624	722
怀集县	4877	3050	1827	3524	2372	1152
封开县	3575	2071	1504	2179	1450	729
德庆县	2276	1229	1047	1390	836	554
四会市	11012	6984	4028	9468	6160	3308
惠州市	**395935**	**233638**	**162297**	**302590**	**187563**	**115027**
惠城区	38300	23009	15291	29312	18610	10702
惠阳区	49680	29745	19935	41148	25582	15566
博罗县	202922	119659	83263	158451	97230	61221
惠东县	96431	56171	40260	67962	42435	25527
龙门县	8602	5054	3548	5717	3706	2011
梅州市	**23387**	**13464**	**9923**	**14171**	**9510**	**4661**
梅江区	183	109	74	117	82	35
梅县区	1474	827	647	898	591	307
大埔县	3474	1825	1649	1837	1181	656
丰顺县	6228	3760	2468	4343	2916	1427
五华县	4353	2639	1714	3002	2062	940
平远县	2974	1546	1428	1209	770	439
蕉岭县	3073	1669	1404	1496	959	537
兴宁市	1628	1089	539	1269	949	320

7-10b 续表 2

单位：人

现住地	合计			工作就业		
	合计	男	女	小计	男	女
汕尾市	**46053**	**26815**	**19238**	**27581**	**17892**	**9689**
城　区	3200	2265	935	2498	1884	614
海丰县	35735	20435	15300	20204	12860	7344
陆河县	3947	2495	1452	2775	1973	802
陆丰市	3171	1620	1551	2104	1175	929
河源市	**40417**	**23559**	**16858**	**29051**	**18306**	**10745**
源城区	12580	7606	4974	10464	6590	3874
紫金县	7991	4827	3164	5320	3586	1734
龙川县	5587	2861	2726	3250	1855	1395
连平县	2534	1449	1085	1562	1007	555
和平县	2556	1527	1029	1601	1103	498
东源县	9169	5289	3880	6854	4165	2689
阳江市	**12810**	**7374**	**5436**	**8066**	**5175**	**2891**
江城区	3019	1723	1296	2035	1261	774
阳东区	3835	2287	1548	2393	1536	857
阳西县	4327	2502	1825	2671	1785	886
阳春市	1629	862	767	967	593	374
清远市	**75303**	**45228**	**30075**	**52564**	**34795**	**17769**
清城区	51084	31206	19878	36978	24497	12481
清新区	2562	1531	1031	1549	1029	520
佛冈县	6896	3887	3009	4634	2879	1755
阳山县	2776	1558	1218	1442	972	470
连山壮族瑶族自治县	1340	697	643	696	453	243
连南瑶族自治县	929	501	428	520	323	197
英德市	9033	5440	3593	6280	4317	1963
连州市	683	408	275	465	325	140
东莞市	**56482**	**33196**	**23286**	**50199**	**29910**	**20289**
市辖区	56482	33196	23286	50199	29910	20289
中山市	**546702**	**319138**	**227564**	**454259**	**273606**	**180653**
市辖区	546702	319138	227564	454259	273606	180653
潮州市	**21588**	**12934**	**8654**	**17073**	**10750**	**6323**
湘桥区	3134	1802	1332	2246	1421	825
潮安区	15176	9283	5893	12386	7819	4567
饶平县	3278	1849	1429	2441	1510	931
揭阳市	**19093**	**11415**	**7678**	**14269**	**9089**	**5180**
榕城区	2228	1359	869	1691	1072	619
揭东区	5113	3303	1810	4190	2851	1339
揭西县	2511	1398	1113	1597	998	599
惠来县	2355	1321	1034	1644	971	673
普宁市	6886	4034	2852	5147	3197	1950
云浮市	**17385**	**9949**	**7436**	**11077**	**7060**	**4017**
云城区						
云安区	2480	1650	830	1560	1178	382
新兴县	10947	6223	4724	7553	4605	2948
郁南县	2573	1390	1183	1342	888	454
罗定市	1385	686	699	622	389	233

7-10b　续表 3　　　　单位：人

现住地	学习培训			随同离开/投亲靠友			拆迁/搬家		
	小计	男	女	小计	男	女	小计	男	女
广　东	**111285**	**62606**	**48679**	**191867**	**96038**	**95829**	**49648**	**26683**	**22965**
广州市	**21878**	**12572**	**9306**	**20457**	**10114**	**10343**	**3487**	**1815**	**1672**
荔湾区									
越秀区									
海珠区									
天河区									
白云区	8181	4782	3399	2367	1213	1154	266	146	120
黄埔区	190	98	92	470	211	259	147	70	77
番禺区	1249	578	671	809	413	396	37	19	18
花都区	2904	1750	1154	2285	1139	1146	472	253	219
南沙区	1545	871	674	1904	981	923	524	287	237
从化区	2477	1611	866	870	440	430	426	224	202
增城区	5332	2882	2450	11752	5717	6035	1615	816	799
韶关市	**2128**	**1135**	**993**	**5326**	**2526**	**2800**	**2679**	**1395**	**1284**
武江区	6	5	1	19	10	9	5	2	3
浈江区	461	285	176	255	115	140	60	27	33
曲江区	84	39	45	392	183	209	47	25	22
始兴县	222	116	106	474	231	243	303	163	140
仁化县	371	179	192	1061	510	551	548	294	254
翁源县	146	77	69	461	224	237	183	97	86
乳源瑶族自治县	242	131	111	825	398	427	178	106	72
新丰县	154	78	76	494	250	244	229	121	108
乐昌市	380	192	188	1120	494	626	857	418	439
南雄市	62	33	29	225	111	114	269	142	127
深圳市	**19**	**9**	**10**	**69**	**31**	**38**	**40**	**20**	**20**
罗湖区									
福田区									
南山区	1		1	12	6	6	1	1	
宝安区									
龙岗区									
盐田区									
龙华区									
坪山区	18	9	9	57	25	32	39	19	20
光明区									
珠海市	**5395**	**3177**	**2218**	**10998**	**5394**	**5604**	**1686**	**922**	**764**
香洲区	1043	562	481	855	385	470	61	28	33
斗门区	3241	1990	1251	5852	2910	2942	1268	682	586
金湾区	1111	625	486	4291	2099	2192	357	212	145
汕头市	**2395**	**1322**	**1073**	**10813**	**5787**	**5026**	**1815**	**1033**	**782**
龙湖区									
金平区									
濠江区				23	11	12			
潮阳区	688	371	317	5121	2851	2270	921	566	355
潮南区	463	252	211	1297	662	635	122	69	53
澄海区	1225	688	537	4171	2185	1986	719	373	346
南澳县	19	11	8	201	78	123	53	25	28
佛山市	**6108**	**3568**	**2540**	**12342**	**6397**	**5945**	**1206**	**666**	**540**
禅城区	1904	1096	808	3570	1846	1724	303	149	154
南海区	290	174	116	1042	539	503	17	9	8
顺德区									
三水区	3682	2176	1506	7065	3680	3385	878	502	376
高明区	232	122	110	665	332	333	8	6	2

7-10b 续表 4

单位：人

现住地	学习培训			随同离开/投亲靠友			拆迁/搬家		
	小计	男	女	小计	男	女	小计	男	女
江门市	**6815**	**3909**	**2906**	**12561**	**6386**	**6175**	**4487**	**2454**	**2033**
蓬江区									
江海区									
新会区	1569	843	726	3562	1783	1779	1074	601	473
台山市	201	108	93	635	321	314	226	117	109
开平市	3260	1883	1377	5044	2512	2532	1969	1095	874
鹤山市	1626	986	640	2863	1547	1316	691	358	333
恩平市	159	89	70	457	223	234	527	283	244
湛江市	**5638**	**2663**	**2975**	**2278**	**1045**	**1233**	**790**	**421**	**369**
赤坎区									
霞山区	7	3	4	81	34	47			
坡头区	59	36	23	220	101	119	58	33	25
麻章区	4434	1978	2456	264	116	148	53	29	24
遂溪县	158	69	89	341	159	182	211	108	103
徐闻县	164	102	62	347	139	208	162	87	75
廉江市	708	412	296	673	323	350	217	113	104
雷州市	26	17	9	89	49	40	40	20	20
吴川市	82	46	36	263	124	139	49	31	18
茂名市	**506**	**279**	**227**	**1841**	**879**	**962**	**612**	**306**	**306**
茂南区	33	20	13	108	50	58	6	4	2
电白区	122	60	62	561	272	289	165	83	82
高州市	145	83	62	463	234	229	117	61	56
化州市	155	87	68	404	166	238	245	118	127
信宜市	51	29	22	305	157	148	79	40	39
肇庆市	**2310**	**1314**	**996**	**5147**	**2759**	**2388**	**1440**	**755**	**685**
端州区									
鼎湖区	197	112	85	736	393	343	233	129	104
高要区	1186	670	516	2255	1264	991	68	34	34
广宁县	177	101	76	244	131	113	116	58	58
怀集县	126	67	59	496	257	239	312	155	157
封开县	117	67	50	527	250	277	258	141	117
德庆县	119	60	59	306	159	147	158	85	73
四会市	388	237	151	583	305	278	295	153	142
惠州市	**19508**	**11142**	**8366**	**41000**	**20275**	**20725**	**10777**	**5861**	**4916**
惠城区	2673	1525	1148	3554	1728	1826	589	305	284
惠阳区	1386	807	579	5010	2454	2556	483	241	242
博罗县	11395	6516	4879	17644	8974	8670	3573	1914	1659
惠东县	3521	1989	1532	13708	6617	7091	5667	3135	2532
龙门县	533	305	228	1084	502	582	465	266	199
梅州市	**1069**	**558**	**511**	**2642**	**1222**	**1420**	**2008**	**1024**	**984**
梅江区	5	2	3	24	12	12	3	1	2
梅县区	68	38	30	246	97	149	81	45	36
大埔县	288	153	135	358	161	197	293	129	164
丰顺县	148	72	76	716	363	353	397	190	207
五华县	147	91	56	370	170	200	121	59	62
平远县	196	98	98	396	181	215	588	321	267
蕉岭县	174	86	88	387	176	211	500	265	235
兴宁市	43	18	25	145	62	83	25	14	11

7–10b　续表 5　　　　单位：人

现住地	学习培训			随同离开/投亲靠友			拆迁/搬家		
	小计	男	女	小计	男	女	小计	男	女
汕尾市	**892**	**487**	**405**	**8312**	**3633**	**4679**	**4370**	**2574**	**1796**
城　区	14	8	6	139	71	68	272	154	118
海丰县	665	377	288	7328	3195	4133	3563	2122	1441
陆河县	125	60	65	419	183	236	252	141	111
陆丰市	88	42	46	426	184	242	283	157	126
河源市	**2213**	**1179**	**1034**	**3738**	**1824**	**1914**	**2010**	**1079**	**931**
源城区	744	390	354	711	364	347	10	4	6
紫金县	296	152	144	997	488	509	643	337	306
龙川县	400	207	193	641	319	322	447	237	210
连平县	68	36	32	416	202	214	202	113	89
和平县	140	73	67	289	133	156	161	87	74
东源县	565	321	244	684	318	366	547	301	246
阳江市	**560**	**339**	**221**	**1811**	**876**	**935**	**1210**	**644**	**566**
江城区	108	66	42	505	241	264	145	92	53
阳东区	265	165	100	584	296	288	393	227	166
阳西县	121	67	54	426	203	223	569	275	294
阳春市	66	41	25	296	136	160	103	50	53
清远市	**3920**	**2145**	**1775**	**8626**	**4295**	**4331**	**2776**	**1443**	**1333**
清城区	2651	1432	1219	4890	2536	2354	1544	806	738
清新区	183	147	36	472	230	242	84	45	39
佛冈县	398	222	176	723	346	377	479	244	235
阳山县	196	100	96	602	287	315	235	121	114
连山壮族瑶族自治县	87	41	46	264	109	155	85	41	44
连南瑶族自治县	74	37	37	166	75	91	56	34	22
英德市	293	151	142	1411	666	745	281	147	134
连州市	38	15	23	98	46	52	12	5	7
东莞市	**1539**	**894**	**645**	**2365**	**1228**	**1137**	**348**	**179**	**169**
市辖区	1539	894	645	2365	1228	1137	348	179	169
中山市	**24851**	**14065**	**10786**	**35204**	**18152**	**17052**	**6317**	**3249**	**3068**
市辖区	24851	14065	10786	35204	18152	17052	6317	3249	3068
潮州市	**1212**	**638**	**574**	**1982**	**1042**	**940**	**250**	**123**	**127**
湘桥区	548	222	326	185	100	85	15	8	7
潮安区	588	373	215	1536	814	722	100	51	49
饶平县	76	43	33	261	128	133	135	64	71
揭阳市	**796**	**426**	**370**	**2201**	**1118**	**1083**	**304**	**167**	**137**
榕城区	136	77	59	233	130	103	17	13	4
揭东区	177	92	85	460	238	222	19	8	11
揭西县	176	87	89	325	145	180	71	35	36
惠来县	20	13	7	236	115	121	136	75	61
普宁市	287	157	130	947	490	457	61	36	25
云浮市	**1533**	**785**	**748**	**2154**	**1055**	**1099**	**1036**	**553**	**483**
云城区									
云安区	521	296	225	233	107	126	21	10	11
新兴县	827	398	429	1273	647	626	508	273	235
郁南县	130	61	69	397	195	202	291	150	141
罗定市	55	30	25	251	106	145	216	120	96

7−10b 续表 6

单位：人

现住地	寄挂户口			婚姻嫁娶			照料孙子女		
	小计	男	女	小计	男	女	小计	男	女
广　东	**1332**	**646**	**686**	**23670**	**2260**	**21410**	**29590**	**8795**	**20795**
广州市	**114**	**57**	**57**	**2118**	**317**	**1801**	**7126**	**2259**	**4867**
荔湾区									
越秀区									
海珠区									
天河区									
白云区	24	13	11	291	33	258	640	159	481
黄埔区	1	1		146	14	132	1008	324	684
番禺区	16	8	8	95	31	64	118	29	89
花都区	14	5	9	212	32	180	1026	360	666
南沙区	10	7	3	351	105	246	319	89	230
从化区				117	11	106	255	83	172
增城区	49	23	26	906	91	815	3760	1215	2545
韶关市	**75**	**35**	**40**	**1706**	**199**	**1507**	**803**	**239**	**564**
武江区				10	1	9	2		2
浈江区	1		1	114	11	103	20	4	16
曲江区	4	2	2	91	7	84	27	9	18
始兴县	6	4	2	142	18	124	98	31	67
仁化县	15	8	7	290	25	265	228	60	168
翁源县	4		4	231	22	209	58	14	44
乳源瑶族自治县	2		2	205	45	160	187	61	126
新丰县	33	16	17	220	24	196	52	18	34
乐昌市	2	1	1	307	25	282	124	41	83
南雄市	8	4	4	96	21	75	7	1	6
深圳市				**6**		**6**	**58**	**17**	**41**
罗湖区									
福田区									
南山区				3		3	1		1
宝安区									
龙岗区									
盐田区									
龙华区									
坪山区				3		3	57	17	40
光明区									
珠海市	**45**	**23**	**22**	**1017**	**125**	**892**	**2096**	**591**	**1505**
香洲区	4	2	2	62	4	58	203	58	145
斗门区	28	15	13	600	60	540	1378	419	959
金湾区	13	6	7	355	61	294	515	114	401
汕头市	**99**	**51**	**48**	**406**	**49**	**357**	**335**	**149**	**186**
龙湖区									
金平区									
濠江区				7		7			
潮阳区	84	44	40	104	9	95	127	68	59
潮南区	4	1	3	69	7	62	122	59	63
澄海区	10	5	5	142	27	115	81	20	61
南澳县	1	1		84	6	78	5	2	3
佛山市	**62**	**24**	**38**	**809**	**119**	**690**	**1968**	**561**	**1407**
禅城区	24	9	15	320	51	269	677	217	460
南海区	7	3	4	48	13	35	125	46	79
顺德区									
三水区	29	11	18	404	54	350	1108	281	827
高明区	2	1	1	37	1	36	58	17	41

7-10b　续表 7　　　　单位：人

现住地	寄挂户口			婚姻嫁娶			照料孙子女		
	小计	男	女	小计	男	女	小计	男	女
江门市	**30**	**17**	**13**	**564**	**43**	**521**	**618**	**153**	**465**
蓬江区									
江海区									
新会区	11	6	5	199	11	188	170	34	136
台山市	2	1	1	83	9	74	19	8	11
开平市	8	5	3	138	13	125	242	65	177
鹤山市	3	2	1	66	10	56	154	33	121
恩平市	6	3	3	78		78	33	13	20
湛江市	**33**	**10**	**23**	**1347**	**53**	**1294**	**105**	**21**	**84**
赤坎区									
霞山区				11		11			
坡头区	4		4	100	5	95	8	2	6
麻章区	2	2		68	5	63	35	8	27
遂溪县	6	1	5	179	8	171	10	3	7
徐闻县	3	1	2	208	11	197	20	4	16
廉江市	9	3	6	522	15	507	19	1	18
雷州市	7	2	5	67	2	65	10	2	8
吴川市	2	1	1	192	7	185	3	1	2
茂名市	**56**	**25**	**31**	**1352**	**26**	**1326**	**77**	**21**	**56**
茂南区	2	1	1	83	1	82	10	4	6
电白区	12	6	6	579	9	570	24	9	15
高州市	22	13	9	163	4	159	7		7
化州市	11	3	8	337	10	327	16	3	13
信宜市	9	2	7	190	2	188	20	5	15
肇庆市	**47**	**19**	**28**	**642**	**36**	**606**	**352**	**94**	**258**
端州区									
鼎湖区	3	3		81	2	79	15	4	11
高要区	5	1	4	96	6	90	78	23	55
广宁县	11	4	7	99	2	97	28	9	19
怀集县	18	7	11	67	2	65	27	6	21
封开县				148	9	139	103	23	80
德庆县	8	3	5	118	13	105	53	15	38
四会市	2	1	1	33	2	31	48	14	34
惠州市	**209**	**101**	**108**	**3429**	**305**	**3124**	**4817**	**1400**	**3417**
惠城区	14	3	11	239	32	207	719	213	506
惠阳区	18	11	7	231	16	215	311	83	228
博罗县	89	47	42	1189	120	1069	3105	933	2172
惠东县	79	36	43	1532	127	1405	599	150	449
龙门县	9	4	5	238	10	228	83	21	62
梅州市	**41**	**24**	**17**	**1428**	**157**	**1271**	**347**	**114**	**233**
梅江区	1	1		19	2	17	2		2
梅县区				85	10	75	8	3	5
大埔县				273	23	250	99	29	70
丰顺县	16	8	8	220	14	206	46	16	30
五华县	16	10	6	286	28	258	24	7	17
平远县	3	2	1	279	45	234	107	36	71
蕉岭县	4	2	2	197	27	170	55	21	34
兴宁市	1	1		69	8	61	6	2	4

7-10b 续表 8

单位：人

现住地	寄挂户口			婚姻嫁娶			照料孙子女		
	小计	男	女	小计	男	女	小计	男	女
汕尾市	**121**	**70**	**51**	**970**	**90**	**880**	**187**	**55**	**132**
城　区	1	1		34	2	32	24	11	13
海丰县	91	55	36	646	66	580	135	38	97
陆河县	27	14	13	152	15	137	21	6	15
陆丰市	2		2	138	7	131	7		7
河源市	**40**	**25**	**15**	**1076**	**124**	**952**	**625**	**187**	**438**
源城区	27	15	12	50	4	46	230	54	176
紫金县	5	4	1	289	23	266	49	17	32
龙川县	4	4		343	43	300	132	44	88
连平县				150	18	132	17	7	10
和平县	4	2	2	119	22	97	58	19	39
东源县				125	14	111	139	46	93
阳江市	**19**	**9**	**10**	**539**	**27**	**512**	**75**	**19**	**56**
江城区	6	3	3	103	4	99	7	1	6
阳东区	1		1	90	7	83	21	2	19
阳西县	9	5	4	225	11	214	42	16	26
阳春市	3	1	2	121	5	116	5		5
清远市	**82**	**34**	**48**	**1377**	**99**	**1278**	**1836**	**549**	**1287**
清城区	57	26	31	337	21	316	1468	461	1007
清新区	1		1	68	1	67	31	9	22
佛冈县	5	1	4	199	11	188	156	40	116
阳山县	2		2	132	12	120	41	8	33
连山壮族瑶族自治县	2	1	1	105	15	90	32	8	24
连南瑶族自治县	2	1	1	44	3	41	36	11	25
英德市	13	5	8	455	28	427	65	9	56
连州市				37	8	29	7	3	4
东莞市	**5**	**3**	**2**	**85**	**7**	**78**	**220**	**52**	**168**
市辖区	5	3	2	85	7	78	220	52	168
中山市	**175**	**86**	**89**	**3490**	**383**	**3107**	**7499**	**2195**	**5304**
市辖区	175	86	89	3490	383	3107	7499	2195	5304
潮州市	**28**	**7**	**21**	**398**	**53**	**345**	**69**	**17**	**52**
湘桥区	3		3	44	3	41	8	1	7
潮安区	19	7	12	137	12	125	53	14	39
饶平县	6		6	217	38	179	8	2	6
揭阳市	**34**	**22**	**12**	**394**	**26**	**368**	**69**	**11**	**58**
榕城区	1	1		20		20	7	1	6
揭东区	3	2	1	70	7	63	18	3	15
揭西县	11	7	4	95	7	88	11	2	9
惠来县	9	6	3	55	3	52	4	2	2
普宁市	10	6	4	154	9	145	29	3	26
云浮市	**17**	**4**	**13**	**517**	**22**	**495**	**308**	**91**	**217**
云城区									
云安区				28	1	27	34	11	23
新兴县	7	3	4	121	12	109	217	65	152
郁南县	9	1	8	208	7	201	39	10	29
罗定市	1		1	160	2	158	18	5	13

7-10b 续表 9 单位：人

现住地	为子女就学			养老/康养			其他		
	小计	男	女	小计	男	女	小计	男	女
广东	**3934**	**1186**	**2748**	**8526**	**3539**	**4987**	**65880**	**35914**	**29966**
广州市	**626**	**251**	**375**	**1551**	**653**	**898**	**9403**	**5054**	**4349**
荔湾区									
越秀区									
海珠区									
天河区									
白云区	58	18	40	160	64	96	1737	930	807
黄埔区	26	5	21	142	66	76	157	76	81
番禺区	14	7	7	48	22	26	441	248	193
花都区	69	24	45	190	78	112	1796	974	822
南沙区	23	8	15	79	37	42	906	511	395
从化区	22	5	17	144	55	89	379	193	186
增城区	414	184	230	788	331	457	3987	2122	1865
韶关市	**191**	**56**	**135**	**265**	**107**	**158**	**933**	**534**	**399**
武江区	1	1					3	3	
浈江区	2		2	12	4	8	84	45	39
曲江区	3		3	3		3	55	32	23
始兴县	22	9	13	25	8	17	84	35	49
仁化县	53	18	35	94	36	58	147	84	63
翁源县	26	4	22	25	15	10	78	42	36
乳源瑶族自治县	22	9	13	48	17	31	202	130	72
新丰县	13	4	9	8	4	4	149	91	58
乐昌市	39	10	29	48	22	26	83	46	37
南雄市	10	1	9	2	1	1	48	26	22
深圳市	**3**	**1**	**2**	**24**	**8**	**16**	**15**	**5**	**10**
罗湖区									
福田区									
南山区							5	3	2
宝安区									
龙岗区									
盐田区									
龙华区									
坪山区	3	1	2	24	8	16	10	2	8
光明区									
珠海市	**140**	**36**	**104**	**590**	**263**	**327**	**2391**	**1344**	**1047**
香洲区	25	6	19	43	20	23	498	335	163
斗门区	82	27	55	416	190	226	1077	550	527
金湾区	33	3	30	131	53	78	816	459	357
汕头市	**40**	**12**	**28**	**60**	**26**	**34**	**8116**	**4705**	**3411**
龙湖区									
金平区									
濠江区							7	5	2
潮阳区	4		4	8	4	4	4961	2890	2071
潮南区	8	3	5	27	13	14	1091	624	467
澄海区	27	9	18	22	7	15	1892	1108	784
南澳县	1		1	3	2	1	165	78	87
佛山市	**198**	**62**	**136**	**310**	**119**	**191**	**3089**	**1754**	**1335**
禅城区	86	32	54	90	30	60	1549	877	672
南海区	13	5	8	10	3	7	195	98	97
顺德区									
三水区	97	25	72	197	82	115	1137	652	485
高明区	2		2	13	4	9	208	127	81

7-10b 续表 10　　　　单位：人

现住地	为子女就学			养老/康养			其他		
	小计	男	女	小计	男	女	小计	男	女
江门市	**63**	**20**	**43**	**93**	**38**	**55**	**2123**	**1120**	**1003**
蓬江区									
江海区									
新会区	16	6	10	38	15	23	702	393	309
台山市	1		1	5	2	3	121	58	63
开平市	31	8	23	36	13	23	595	296	299
鹤山市	14	6	8	14	8	6	591	319	272
恩平市	1		1				114	54	60
湛江市	**67**	**18**	**49**	**73**	**34**	**39**	**976**	**492**	**484**
赤坎区									
霞山区							6	2	4
坡头区	18	5	13	5	3	2	91	54	37
麻章区	14	7	7	9	3	6	106	49	57
遂溪县	9	4	5	7	3	4	157	79	78
徐闻县	5	1	4	25	13	12	298	150	148
廉江市	10	1	9	18	6	12	217	107	110
雷州市	4		4	3	2	1	58	33	25
吴川市	7		7	6	4	2	43	18	25
茂名市	**67**	**11**	**56**	**70**	**34**	**36**	**452**	**204**	**248**
茂南区	2	1	1	3	2	1	18	8	10
电白区	18	3	15	12	6	6	121	59	62
高州市	4	2	2	13	7	6	72	32	40
化州市	20	3	17	14	5	9	165	75	90
信宜市	23	2	21	28	14	14	76	30	46
肇庆市	**82**	**30**	**52**	**87**	**37**	**50**	**2047**	**1199**	**848**
端州区									
鼎湖区	3		3	15	6	9	57	33	24
高要区	22	8	14	12	4	8	789	462	327
广宁县	14	3	11	9	4	5	426	261	165
怀集县	17	10	7	4	2	2	286	172	114
封开县	8	2	6	13	5	8	222	124	98
德庆县	16	6	10	18	9	9	90	43	47
四会市	2	1	1	16	7	9	177	104	73
惠州市	**571**	**128**	**443**	**1502**	**580**	**922**	**11532**	**6283**	**5249**
惠城区	90	17	73	188	62	126	922	514	408
惠阳区	38	4	34	86	30	56	969	517	452
博罗县	302	71	231	631	252	379	6543	3602	2941
惠东县	116	31	85	586	230	356	2661	1421	1240
龙门县	25	5	20	11	6	5	437	229	208
梅州市	**136**	**27**	**109**	**174**	**86**	**88**	**1371**	**742**	**629**
梅江区				1	1		11	8	3
梅县区	5		5	15	7	8	68	36	32
大埔县	66	15	51	46	28	18	214	106	108
丰顺县	6	1	5	15	5	10	321	175	146
五华县	9		9	23	12	11	355	200	155
平远县	30	9	21	36	18	18	130	66	64
蕉岭县	12	2	10	36	13	23	212	118	94
兴宁市	8		8	2	2		60	33	27

7-10b　续表 11　　　　单位：人

现住地	为子女就学			养老/康养			其　他		
	小计	男	女	小计	男	女	小计	男	女
汕尾市	**27**	**7**	**20**	**122**	**54**	**68**	**3471**	**1953**	**1518**
城　区				11	4	7	207	130	77
海丰县	17	2	15	91	41	50	2995	1679	1316
陆河县	8	4	4	18	9	9	150	90	60
陆丰市	2	1	1	2		2	119	54	65
河源市	**205**	**47**	**158**	**77**	**35**	**42**	**1382**	**753**	**629**
源城区	33	4	29	16	9	7	295	172	123
紫金县	19	5	14	18	7	11	355	208	147
龙川县	88	18	70	14	5	9	268	129	139
连平县	5	2	3	5	3	2	109	61	48
和平县	29	6	23	8	4	4	147	78	69
东源县	31	12	19	16	7	9	208	105	103
阳江市	**12**	**1**	**11**	**26**	**12**	**14**	**492**	**272**	**220**
江城区	2		2	11	5	6	97	50	47
阳东区	1		1	3	1	2	84	53	31
阳西县	8	1	7	10	5	5	246	134	112
阳春市	1		1	2	1	1	65	35	30
清远市	**854**	**266**	**588**	**850**	**374**	**476**	**2418**	**1228**	**1190**
清城区	722	235	487	729	320	409	1708	872	836
清新区	37	11	26	44	20	24	93	39	54
佛冈县	23	8	15	34	14	20	245	122	123
阳山县	30	5	25	9	5	4	87	48	39
连山壮族瑶族自治县	13	2	11	12	4	8	44	23	21
连南瑶族自治县	6	3	3	9	4	5	16	10	6
英德市	20	2	18	12	6	6	203	109	94
连州市	3		3	1	1		22	5	17
东莞市	**65**	**29**	**36**	**74**	**31**	**43**	**1582**	**863**	**719**
市辖区	65	29	36	74	31	43	1582	863	719
中山市	**487**	**154**	**333**	**2467**	**996**	**1471**	**11953**	**6252**	**5701**
市辖区	487	154	333	2467	996	1471	11953	6252	5701
潮州市	**12**	**2**	**10**	**21**	**10**	**11**	**543**	**292**	**251**
湘桥区	4	1	3	6	3	3	75	43	32
潮安区	5	1	4	8	4	4	344	188	156
饶平县	3		3	7	3	4	124	61	63
揭阳市	**43**	**13**	**30**	**41**	**18**	**23**	**942**	**525**	**417**
榕城区	4	1	3	5	3	2	114	61	53
揭东区	10	3	7	1		1	165	99	66
揭西县	25	8	17	17	8	9	183	101	82
惠来县				3	1	2	248	135	113
普宁市	4	1	3	15	6	9	232	129	103
云浮市	**45**	**15**	**30**	**49**	**24**	**25**	**649**	**340**	**309**
云城区									
云安区	6	1	5	2	2		75	44	31
新兴县	22	7	15	32	12	20	387	201	186
郁南县	9	3	6	12	9	3	136	66	70
罗定市	8	4	4	3	1	2	51	29	22

7-10c 全省按现住地、性别、迁移原因分的户口登记地在外省的人口(乡村)

单位：人

现住地	合计			工作就业		
	合计	男	女	小计	男	女
广　东	**2490621**	**1553104**	**937517**	**2078850**	**1356076**	**722774**
广州市	**560801**	**350340**	**210461**	**488773**	**313455**	**175318**
荔湾区						
越秀区						
海珠区						
天河区						
白云区	194708	120575	74133	171531	108762	62769
黄埔区	20929	14266	6663	18727	13208	5519
番禺区	98153	60532	37621	87691	55342	32349
花都区	130374	80842	49532	110854	70488	40366
南沙区	53266	34036	19230	47160	30632	16528
从化区	15074	9085	5989	9925	6713	3212
增城区	48297	31004	17293	42885	28310	14575
韶关市	**37134**	**23673**	**13461**	**26270**	**18943**	**7327**
武江区	3748	2393	1355	2808	1949	859
浈江区	3063	1904	1159	2113	1475	638
曲江区	5902	3949	1953	4431	3253	1178
始兴县	2640	1601	1039	1823	1233	590
仁化县	4202	2714	1488	2804	2103	701
翁源县	5604	3668	1936	4378	3149	1229
乳源瑶族自治县	1961	1363	598	1440	1130	310
新丰县	3209	2173	1036	2528	1903	625
乐昌市	3648	2041	1607	2006	1423	583
南雄市	3157	1867	1290	1939	1325	614
深圳市	**26425**	**16926**	**9499**	**23224**	**15432**	**7792**
罗湖区						
福田区						
南山区						
宝安区						
龙岗区	26425	16926	9499	23224	15432	7792
盐田区						
龙华区						
坪山区						
光明区						
珠海市	**46948**	**29681**	**17267**	**38866**	**25784**	**13082**
香洲区	597	466	131	581	460	121
斗门区	42055	26276	15779	34808	22761	12047
金湾区	4296	2939	1357	3477	2563	914
汕头市	**79991**	**48573**	**31418**	**62250**	**39104**	**23146**
龙湖区	7368	4216	3152	5696	3392	2304
金平区	496	298	198	315	209	106
濠江区	3500	2412	1088	2722	1958	764
潮阳区	22951	13672	9279	14999	9402	5597
潮南区	15724	9778	5946	11850	7654	4196
澄海区	29517	17896	11621	26357	16247	10110
南澳县	435	301	134	311	242	69
佛山市	**142561**	**91967**	**50594**	**127846**	**84090**	**43756**
禅城区						
南海区	45419	29459	15960	41898	27490	14408
顺德区	19802	12787	7015	18131	11856	6275
三水区	70637	45374	25263	62224	40978	21246
高明区	6703	4347	2356	5593	3766	1827

7-10c 续表 1

单位：人

现住地	合计			工作就业		
	合计	男	女	小计	男	女
江门市	**182269**	**111010**	**71259**	**141628**	**90139**	**51489**
蓬江区	2185	1400	785	1810	1203	607
江海区						
新会区	59405	36410	22995	46696	29848	16848
台山市	27179	16408	10771	20283	13008	7275
开平市	37753	22351	15402	27935	17256	10679
鹤山市	39075	24034	15041	32205	20405	11800
恩平市	16672	10407	6265	12699	8419	4280
湛江市	**41407**	**22948**	**18459**	**26089**	**18076**	**8013**
赤坎区	168	95	73	116	75	41
霞山区	763	456	307	582	384	198
坡头区	2558	1596	962	1747	1310	437
麻章区	3671	2490	1181	2781	2136	645
遂溪县	3635	1942	1693	2148	1439	709
徐闻县	6449	3680	2769	4108	2704	1404
廉江市	11763	5210	6553	5706	3753	1953
雷州市	5108	3007	2101	3555	2421	1134
吴川市	7292	4472	2820	5346	3854	1492
茂名市	**31422**	**15433**	**15989**	**15719**	**10970**	**4749**
茂南区	6954	3991	2963	4272	2979	1293
电白区	7683	3762	3921	3923	2889	1034
高州市	4416	2075	2341	2183	1444	739
化州市	7260	3257	4003	3435	2263	1172
信宜市	5109	2348	2761	1906	1395	511
肇庆市	**64629**	**40312**	**24317**	**52573**	**34591**	**17982**
端州区						
鼎湖区	2455	1640	815	2123	1481	642
高要区	24745	15291	9454	20353	13022	7331
广宁县	4662	3052	1610	3811	2686	1125
怀集县	2599	1395	1204	1832	1195	637
封开县	2557	1595	962	1826	1357	469
德庆县	1722	1047	675	1230	857	373
四会市	25889	16292	9597	21398	13993	7405
惠州市	**314541**	**200875**	**113666**	**267454**	**177289**	**90165**
惠城区	76354	50550	25804	66417	45542	20875
惠阳区	97785	60927	36858	83869	53836	30033
博罗县	82994	52490	30504	70748	46375	24373
惠东县	44200	28231	15969	35270	23838	11432
龙门县	13208	8677	4531	11150	7698	3452
梅州市	**21792**	**13262**	**8530**	**14198**	**10491**	**3707**
梅江区	1331	831	500	950	678	272
梅县区	4187	2480	1707	2596	1871	725
大埔县	2402	1598	804	1720	1343	377
丰顺县	2318	1307	1011	1693	1118	575
五华县	4804	3076	1728	3455	2674	781
平远县	1454	833	621	734	568	166
蕉岭县	2317	1482	835	1476	1105	371
兴宁市	2979	1655	1324	1574	1134	440

7-10c 续表 2 单位：人

现住地	合计			工作就业		
	合计	男	女	小计	男	女
汕尾市	**31318**	**20462**	**10856**	**23080**	**16545**	**6535**
城　区	5995	4271	1724	5088	3820	1268
海丰县	19841	12916	6925	14434	10145	4289
陆河县	1596	972	624	992	717	275
陆丰市	3886	2303	1583	2566	1863	703
河源市	**42638**	**27954**	**14684**	**32809**	**23513**	**9296**
源城区	7042	4487	2555	5499	3735	1764
紫金县	8764	5786	2978	6901	5037	1864
龙川县	8180	5441	2739	6183	4543	1640
连平县	3315	2048	1267	2356	1640	716
和平县	2391	1627	764	1765	1404	361
东源县	12946	8565	4381	10105	7154	2951
阳江市	**49046**	**30461**	**18585**	**36003**	**24190**	**11813**
江城区	14963	9897	5066	11431	8034	3397
阳东区	22128	13193	8935	16128	10072	6056
阳西县	5242	3173	2069	3653	2536	1117
阳春市	6713	4198	2515	4791	3548	1243
清远市	**70876**	**46304**	**24572**	**55529**	**39792**	**15737**
清城区	19640	13361	6279	16332	11601	4731
清新区	14472	8941	5531	11249	7433	3816
佛冈县	9120	6205	2915	7797	5673	2124
阳山县	3117	2041	1076	2183	1719	464
连山壮族瑶族自治县	882	479	403	443	320	123
连南瑶族自治县	287	154	133	169	122	47
英德市	20954	13504	7450	15587	11501	4086
连州市	2404	1619	785	1769	1423	346
东莞市	**465230**	**291744**	**173486**	**414490**	**265499**	**148991**
市辖区	465230	291744	173486	414490	265499	148991
中山市	**185536**	**113465**	**72071**	**160226**	**101094**	**59132**
市辖区	185536	113465	72071	160226	101094	59132
潮州市	**36602**	**21777**	**14825**	**28405**	**17783**	**10622**
湘桥区	2482	1497	985	1976	1265	711
潮安区	30573	18137	12436	23879	14725	9154
饶平县	3547	2143	1404	2550	1793	757
揭阳市	**35389**	**21620**	**13769**	**26293**	**17399**	**8894**
榕城区	5301	3370	1931	4095	2757	1338
揭东区	9243	5720	3523	6975	4625	2350
揭西县	5227	3040	2187	3681	2378	1303
惠来县	2460	1721	739	2035	1566	469
普宁市	13158	7769	5389	9507	6073	3434
云浮市	**24066**	**14317**	**9749**	**17125**	**11897**	**5228**
云城区	3236	2211	1025	2700	1985	715
云安区	2945	1985	960	2138	1643	495
新兴县	8449	5329	3120	7158	4740	2418
郁南县	2537	1301	1236	1366	957	409
罗定市	6899	3491	3408	3763	2572	1191

7-10c 续表 3 单位：人

现住地	学习培训			随同离开/投亲靠友			拆迁/搬家		
	小计	男	女	小计	男	女	小计	男	女
广 东	**93737**	**53393**	**40344**	**173453**	**88309**	**85144**	**22151**	**12363**	**9788**
广州市	**28035**	**15733**	**12302**	**24613**	**12552**	**12061**	**1081**	**591**	**490**
荔湾区									
越秀区									
海珠区									
天河区									
白云区	9787	5559	4228	6481	3268	3213	344	202	142
黄埔区	625	363	262	813	400	413	37	18	19
番禺区	4110	2004	2106	4030	2113	1917	137	77	60
花都区	6834	3989	2845	7327	3770	3557	294	139	155
南沙区	2472	1592	880	2048	1035	1013	66	32	34
从化区	3114	1561	1553	1023	520	503	51	32	19
增城区	1093	665	428	2891	1446	1445	152	91	61
韶关市	**1188**	**702**	**486**	**4893**	**2301**	**2592**	**1141**	**628**	**513**
武江区	120	75	45	423	214	209	132	72	60
浈江区	64	43	21	586	281	305	56	29	27
曲江区	249	165	84	698	346	352	43	22	21
始兴县	115	59	56	373	178	195	33	21	12
仁化县	115	65	50	595	283	312	236	133	103
翁源县	112	57	55	518	251	267	84	53	31
乳源瑶族自治县	83	61	22	198	88	110	29	15	14
新丰县	44	26	18	321	152	169	21	11	10
乐昌市	159	87	72	595	241	354	340	172	168
南雄市	127	64	63	586	267	319	167	100	67
深圳市	**744**	**407**	**337**	**1714**	**780**	**934**	**34**	**12**	**22**
罗湖区									
福田区									
南山区									
宝安区									
龙岗区	744	407	337	1714	780	934	34	12	22
盐田区									
龙华区									
坪山区									
光明区									
珠海市	**1232**	**679**	**553**	**4292**	**2153**	**2139**	**888**	**492**	**396**
香洲区	10	3	7	2	1	1	1		1
斗门区	1164	642	522	3788	1912	1876	819	456	363
金湾区	58	34	24	502	240	262	68	36	32
汕头市	**2398**	**1433**	**965**	**7325**	**3813**	**3512**	**442**	**247**	**195**
龙湖区	300	160	140	906	454	452	52	24	28
金平区	99	47	52	55	32	23	7	3	4
濠江区	414	304	110	225	100	125	16	8	8
潮阳区	539	309	230	2977	1583	1394	136	86	50
潮南区	455	266	189	1353	710	643	149	81	68
澄海区	582	343	239	1761	913	848	67	37	30
南澳县	9	4	5	48	21	27	15	8	7
佛山市	**3825**	**2386**	**1439**	**7886**	**4232**	**3654**	**425**	**233**	**192**
禅城区									
南海区	1120	809	311	1729	914	815	80	39	41
顺德区	319	194	125	917	531	386	157	92	65
三水区	2188	1265	923	4658	2472	2186	167	89	78
高明区	198	118	80	582	315	267	21	13	8

7－10c 续表 4

单位：人

现住地	学习培训			随同离开/投亲靠友			拆迁/搬家		
	小计	男	女	小计	男	女	小计	男	女
江门市	**9616**	**5467**	**4149**	**19754**	**10345**	**9409**	**3359**	**1873**	**1486**
蓬江区	118	66	52	164	93	71	1	1	
江海区									
新会区	3140	1796	1344	6135	3174	2961	988	544	444
台山市	1257	704	553	3225	1647	1578	403	223	180
开平市	2710	1555	1155	4726	2490	2236	802	437	365
鹤山市	1803	1021	782	3825	2079	1746	150	77	73
恩平市	588	325	263	1679	862	817	1015	591	424
湛江市	**1950**	**1053**	**897**	**4487**	**2215**	**2272**	**799**	**446**	**353**
赤坎区	7	4	3	21	7	14	1	1	
霞山区	31	18	13	83	39	44	1		1
坡头区	81	43	38	219	115	104	45	25	20
麻章区	210	101	109	258	131	127	56	33	23
遂溪县	172	102	70	528	258	270	55	30	25
徐闻县	423	234	189	839	421	418	142	81	61
廉江市	593	292	301	1448	698	750	340	177	163
雷州市	222	132	90	506	244	262	67	40	27
吴川市	211	127	84	585	302	283	92	59	33
茂名市	**2343**	**1228**	**1115**	**3668**	**1845**	**1823**	**602**	**347**	**255**
茂南区	1019	519	500	564	285	279	47	29	18
电白区	451	255	196	778	382	396	90	53	37
高州市	284	139	145	593	299	294	52	31	21
化州市	367	194	173	953	485	468	268	145	123
信宜市	222	121	101	780	394	386	145	89	56
肇庆市	**2402**	**1351**	**1051**	**5827**	**3020**	**2807**	**333**	**181**	**152**
端州区									
鼎湖区	57	35	22	155	78	77	21	9	12
高要区	1083	611	472	2368	1273	1095	44	25	19
广宁县	117	59	58	252	125	127	22	13	9
怀集县	75	39	36	207	91	116	15	7	8
封开县	86	38	48	245	115	130	21	12	9
德庆县	79	41	38	148	80	68	8	4	4
四会市	905	528	377	2452	1258	1194	202	111	91
惠州市	**9138**	**5217**	**3921**	**23686**	**11859**	**11827**	**2777**	**1544**	**1233**
惠城区	2617	1471	1146	3987	1992	1995	388	191	197
惠阳区	2899	1678	1221	7593	3772	3821	456	251	205
博罗县	2532	1444	1088	6131	3088	3043	523	300	223
惠东县	950	545	405	4895	2438	2457	1365	774	591
龙门县	140	79	61	1080	569	511	45	28	17
梅州市	**640**	**344**	**296**	**2317**	**1123**	**1194**	**508**	**290**	**218**
梅江区	24	9	15	186	81	105	32	19	13
梅县区	193	105	88	506	250	256	93	43	50
大埔县	78	45	33	211	103	108	22	15	7
丰顺县	48	28	20	178	76	102	42	29	13
五华县	102	59	43	372	174	198	26	15	11
平远县	30	13	17	195	96	99	86	48	38
蕉岭县	52	29	23	289	149	140	147	86	61
兴宁市	113	56	57	380	194	186	60	35	25

7-10c　续表 5　　　　　　　　　　　　　　　　　　　　　　　　　　　　单位：人

现住地	学习培训			随同离开/投亲靠友			拆迁/搬家		
	小计	男	女	小计	男	女	小计	男	女
汕尾市	**683**	**336**	**347**	**3087**	**1431**	**1656**	**1544**	**946**	**598**
城　区	71	37	34	243	118	125	303	197	106
海丰县	397	233	164	2281	1043	1238	1049	634	415
陆河县	22	16	6	154	75	79	91	56	35
陆丰市	193	50	143	409	195	214	101	59	42
河源市	**2114**	**1157**	**957**	**3261**	**1642**	**1619**	**698**	**371**	**327**
源城区	580	330	250	523	241	282	50	29	21
紫金县	223	131	92	732	369	363	73	42	31
龙川县	278	153	125	679	355	324	154	79	75
连平县	84	47	37	367	193	174	69	36	33
和平县	84	41	43	190	88	102	33	11	22
东源县	865	455	410	770	396	374	319	174	145
阳江市	**2137**	**1247**	**890**	**4632**	**2417**	**2215**	**2992**	**1671**	**1321**
江城区	656	412	244	1070	569	501	1270	696	574
阳东区	1075	601	474	2334	1225	1109	1387	784	603
阳西县	133	78	55	612	319	293	262	146	116
阳春市	273	156	117	616	304	312	73	45	28
清远市	**2904**	**1694**	**1210**	**6087**	**3008**	**3079**	**1090**	**593**	**497**
清城区	1327	817	510	1028	555	473	121	63	58
清新区	697	420	277	1467	753	714	196	114	82
佛冈县	196	100	96	617	297	320	57	33	24
阳山县	149	69	80	355	169	186	24	11	13
连山壮族瑶族自治县	25	11	14	138	70	68	14	5	9
连南瑶族自治县	14	8	6	34	11	23	6	1	5
英德市	417	228	189	2214	1059	1155	657	355	302
连州市	79	41	38	234	94	140	15	11	4
东莞市	**13920**	**8127**	**5793**	**22823**	**11703**	**11120**	**764**	**453**	**311**
市辖区	13920	8127	5793	22823	11703	11120	764	453	311
中山市	**4519**	**2607**	**1912**	**12221**	**6261**	**5960**	**2040**	**1074**	**966**
市辖区	4519	2607	1912	12221	6261	5960	2040	1074	966
潮州市	**1324**	**751**	**573**	**4479**	**2326**	**2153**	**140**	**83**	**57**
湘桥区	168	79	89	188	101	87	9	6	3
潮安区	1038	615	423	4006	2080	1926	104	62	42
饶平县	118	57	61	285	145	140	27	15	12
揭阳市	**1655**	**921**	**734**	**4134**	**2118**	**2016**	**149**	**87**	**62**
榕城区	272	168	104	594	308	286	7	4	3
揭东区	441	251	190	1049	532	517	23	15	8
揭西县	278	150	128	686	339	347	39	22	17
惠来县	36	18	18	162	75	87	7	5	2
普宁市	628	334	294	1643	864	779	73	41	32
云浮市	**970**	**553**	**417**	**2267**	**1165**	**1102**	**345**	**201**	**144**
云城区	114	66	48	205	112	93	11	5	6
云安区	211	132	79	282	157	125	17	10	7
新兴县	252	140	112	589	306	283	30	16	14
郁南县	132	65	67	364	187	177	59	37	22
罗定市	261	150	111	827	403	424	228	133	95

7-10c 续表 6

单位：人

现住地	寄挂户口			婚姻嫁娶			照料孙子女		
	小计	男	女	小计	男	女	小计	男	女
广　东	**1592**	**767**	**825**	**42985**	**3393**	**39592**	**13203**	**3170**	**10033**
广州市	**123**	**59**	**64**	**3350**	**749**	**2601**	**2898**	**658**	**2240**
荔湾区									
越秀区									
海珠区									
天河区									
白云区	37	19	18	873	146	727	1178	272	906
黄埔区	6	3	3	154	16	138	152	28	124
番禺区	22	13	9	577	221	356	407	97	310
花都区	28	8	20	442	51	391	602	140	462
南沙区	10	6	4	491	257	234	237	47	190
从化区	7	1	6	458	28	430	96	23	73
增城区	13	9	4	355	30	325	226	51	175
韶关市	**79**	**43**	**36**	**2059**	**280**	**1779**	**184**	**53**	**131**
武江区	9	6	3	129	18	111	24	5	19
浈江区	6	4	2	126	15	111	14	3	11
曲江区	10	4	6	220	17	203	21	7	14
始兴县	3	2	1	173	45	128	11	3	8
仁化县	6	3	3	299	50	249	12	1	11
翁源县	12	6	6	292	32	260	19	8	11
乳源瑶族自治县	1	1		122	20	102	11	4	7
新丰县	9	4	5	181	21	160	13	4	9
乐昌市	9	5	4	319	19	300	48	15	33
南雄市	14	8	6	198	43	155	11	3	8
深圳市	**1**	**1**		**57**	**7**	**50**	**219**	**43**	**176**
罗湖区									
福田区									
南山区									
宝安区									
龙岗区	1	1		57	7	50	219	43	176
盐田区									
龙华区									
坪山区									
光明区									
珠海市	**26**	**12**	**14**	**544**	**87**	**457**	**400**	**106**	**294**
香洲区									
斗门区	23	12	11	465	72	393	361	96	265
金湾区	3		3	79	15	64	39	10	29
汕头市	**62**	**36**	**26**	**578**	**39**	**539**	**214**	**59**	**155**
龙湖区	2		2	56	3	53	29	8	21
金平区				6	1	5	2		2
濠江区	2		2	54	4	50	10	2	8
潮阳区	45	28	17	230	11	219	102	33	69
潮南区	6	5	1	130	6	124	31	8	23
澄海区	7	3	4	83	11	72	40	8	32
南澳县				19	3	16			
佛山市	**38**	**14**	**24**	**493**	**55**	**438**	**559**	**125**	**434**
禅城区									
南海区	6	2	4	131	18	113	163	34	129
顺德区	3	2	1	66	20	46	54	13	41
三水区	24	9	15	235	14	221	277	60	217
高明区	5	1	4	61	3	58	65	18	47

7-10c　续表 7　　　　单位：人

现住地	寄挂户口			婚姻嫁娶			照料孙子女		
	小计	男	女	小计	男	女	小计	男	女
江门市	**102**	**43**	**59**	**1752**	**113**	**1639**	**953**	**203**	**750**
蓬江区				17	2	15	18	5	13
江海区									
新会区	17	7	10	374	29	345	327	70	257
台山市	23	8	15	531	29	502	128	30	98
开平市	47	25	22	331	19	312	266	52	214
鹤山市	8	2	6	184	20	164	166	30	136
恩平市	7	1	6	315	14	301	48	16	32
湛江市	**132**	**67**	**65**	**5847**	**78**	**5769**	**218**	**40**	**178**
赤坎区				7		7	4	1	3
霞山区	3	2	1	32	1	31	9	1	8
坡头区	11	8	3	298	1	297	11	1	10
麻章区	2	2		194	3	191	21	3	18
遂溪县	20	12	8	508	5	503	14	2	12
徐闻县	11	7	4	504	21	483	39	9	30
廉江市	55	23	32	3046	19	3027	65	10	55
雷州市	6	3	3	447	11	436	26	6	20
吴川市	24	10	14	811	17	794	29	7	22
茂名市	**170**	**73**	**97**	**7152**	**105**	**7047**	**150**	**45**	**105**
茂南区	7	4	3	709	15	694	43	10	33
电白区	30	10	20	2090	27	2063	20	3	17
高州市	37	16	21	1001	22	979	23	8	15
化州市	47	17	30	1895	19	1876	21	6	15
信宜市	49	26	23	1457	22	1435	43	18	25
肇庆市	**61**	**23**	**38**	**1280**	**26**	**1254**	**308**	**69**	**239**
端州区									
鼎湖区	1		1	35		35	14	3	11
高要区	11	7	4	209	4	205	104	22	82
广宁县	15	6	9	204	5	199	8	2	6
怀集县	11	4	7	339	3	336	3		3
封开县	13	4	9	246	6	240	5	2	3
德庆县	3		3	124	1	123	10	1	9
四会市	7	2	5	123	7	116	164	39	125
惠州市	**183**	**101**	**82**	**2125**	**252**	**1873**	**1551**	**384**	**1167**
惠城区	28	11	17	363	51	312	548	143	405
惠阳区	6	2	4	281	29	252	523	129	394
博罗县	110	70	40	696	95	601	332	78	254
惠东县	30	16	14	495	52	443	126	30	96
龙门县	9	2	7	290	25	265	22	4	18
梅州市	**59**	**31**	**28**	**2754**	**266**	**2488**	**138**	**52**	**86**
梅江区	1	1		79	12	67	9	3	6
梅县区	9	2	7	501	46	455	32	10	22
大埔县	9	6	3	229	17	212	13	4	9
丰顺县	10	4	6	254	8	246	10	1	9
五华县	11	7	4	645	40	605	16	6	10
平远县	4	1	3	325	66	259	12	4	8
蕉岭县	2		2	224	43	181	12	6	6
兴宁市	13	10	3	497	34	463	34	18	16

7-10c 续表 8

单位：人

现住地	寄挂户口			婚姻嫁娶			照料孙子女		
	小计	男	女	小计	男	女	小计	男	女
汕尾市	**16**	**6**	**10**	**1126**	**126**	**1000**	**84**	**26**	**58**
城　区	4	2	2	107	11	96	37	14	23
海丰县	2		2	366	43	323	22	6	16
陆河县	5	3	2	219	38	181	12	3	9
陆丰市	5	1	4	434	34	400	13	3	10
河源市	**54**	**32**	**22**	**1696**	**225**	**1471**	**297**	**88**	**209**
源城区	14	9	5	80	15	65	86	20	66
紫金县	15	9	6	486	36	450	26	4	22
龙川县	8	4	4	371	54	317	66	19	47
连平县	6	4	2	269	40	229	17	5	12
和平县	5	3	2	205	24	181	8	4	4
东源县	6	3	3	285	56	229	94	36	58
阳江市	**57**	**23**	**34**	**1565**	**42**	**1523**	**239**	**53**	**186**
江城区	8	3	5	179	11	168	64	12	52
阳东区	12	6	6	315	11	304	136	33	103
阳西县	17	7	10	384	6	378	17	3	14
阳春市	20	7	13	687	14	673	22	5	17
清远市	**107**	**57**	**50**	**3017**	**140**	**2877**	**368**	**88**	**280**
清城区	22	14	8	201	5	196	117	30	87
清新区	15	4	11	401	13	388	86	23	63
佛冈县	7	6	1	260	7	253	22	4	18
阳山县	15	8	7	264	4	260	10	3	7
连山壮族瑶族自治县	5	5		207	45	162	1		1
连南瑶族自治县	2		2	47	3	44	1		1
英德市	33	17	16	1417	47	1370	123	27	96
连州市	8	3	5	220	16	204	8	1	7
东莞市	**105**	**49**	**56**	**1317**	**266**	**1051**	**2615**	**624**	**1991**
市辖区	105	49	56	1317	266	1051	2615	624	1991
中山市	**69**	**30**	**39**	**1813**	**339**	**1474**	**1328**	**343**	**985**
市辖区	69	30	39	1813	339	1474	1328	343	985
潮州市	**46**	**19**	**27**	**832**	**91**	**741**	**185**	**43**	**142**
湘桥区	2		2	56	2	54	12	3	9
潮安区	33	15	18	366	32	334	158	35	123
饶平县	11	4	7	410	57	353	15	5	10
揭阳市	**41**	**18**	**23**	**1277**	**78**	**1199**	**167**	**40**	**127**
榕城区	2	1	1	94	4	90	29	7	22
揭东区	4	1	3	230	16	214	58	12	46
揭西县	21	9	12	285	18	267	16	6	10
惠来县	6	3	3	121	5	116	7	2	5
普宁市	8	4	4	547	35	512	57	13	44
云浮市	**61**	**30**	**31**	**2351**	**29**	**2322**	**128**	**28**	**100**
云城区	4	1	3	115		115	27	9	18
云安区	6	3	3	208	6	202	9	2	7
新兴县	11	6	5	179	1	178	39	9	30
郁南县	16	8	8	492	9	483	14		14
罗定市	24	12	12	1357	13	1344	39	8	31

7-10c　续表 9　　　　单位：人

现住地	为子女就学			养老/康养			其　他		
	小计	男	女	小计	男	女	小计	男	女
广　东	**1612**	**375**	**1237**	**3469**	**1541**	**1928**	**59569**	**33717**	**25852**
广州市	**296**	**84**	**212**	**469**	**185**	**284**	**11163**	**6274**	**4889**
荔湾区									
越秀区									
海珠区									
天河区									
白云区	166	49	117	200	75	125	4111	2223	1888
黄埔区	21	7	14	10	5	5	384	218	166
番禺区	11	5	6	41	12	29	1127	648	479
花都区	60	16	44	134	61	73	3799	2180	1619
南沙区	12	4	8	51	17	34	719	414	305
从化区	11	1	10	7	1	6	382	205	177
增城区	15	2	13	26	14	12	641	386	255
韶关市	**70**	**17**	**53**	**76**	**30**	**46**	**1174**	**676**	**498**
武江区				11	5	6	92	49	43
浈江区	1		1	12	3	9	85	51	34
曲江区	5		5	7	2	5	218	133	85
始兴县	7	3	4	7	3	4	95	54	41
仁化县	2		2	1		1	132	76	56
翁源县	1		1	6	2	4	182	110	72
乳源瑶族自治县	5	3	2	3	1	2	69	40	29
新丰县	2		2	6	3	3	84	49	35
乐昌市	37	10	27	21	10	11	114	59	55
南雄市	10	1	9	2	1	1	103	55	48
深圳市	**15**	**1**	**14**	**80**	**34**	**46**	**337**	**209**	**128**
罗湖区									
福田区									
南山区									
宝安区									
龙岗区	15	1	14	80	34	46	337	209	128
盐田区									
龙华区									
坪山区									
光明区									
珠海市	**22**	**7**	**15**	**85**	**28**	**57**	**593**	**333**	**260**
香洲区				1	1		2	1	1
斗门区	22	7	15	75	24	51	530	294	236
金湾区				9	3	6	61	38	23
汕头市	**75**	**31**	**44**	**65**	**28**	**37**	**6582**	**3783**	**2799**
龙湖区	4	2	2	9	4	5	314	169	145
金平区							12	6	6
濠江区	2		2	2	1	1	53	35	18
潮阳区	48	25	23	13	7	6	3862	2188	1674
潮南区	12	1	11	25	11	14	1713	1036	677
澄海区	9	3	6	16	5	11	595	326	269
南澳县							33	23	10
佛山市	**57**	**21**	**36**	**99**	**40**	**59**	**1333**	**771**	**562**
禅城区									
南海区	9	3	6	27	7	20	256	143	113
顺德区				9	4	5	146	75	71
三水区	44	16	28	51	23	28	769	448	321
高明区	4	2	2	12	6	6	162	105	57

7-10c 续表 10

单位：人

现住地	为子女就学			养老/康养			其　他		
	小计	男	女	小计	男	女	小计	男	女
江门市	**79**	**22**	**57**	**185**	**62**	**123**	**4841**	**2743**	**2098**
蓬江区	11	3	8	5	2	3	41	25	16
江海区									
新会区	24	7	17	68	16	52	1636	919	717
台山市	8	3	5	28	11	17	1293	745	548
开平市	17	3	14	41	16	25	878	498	380
鹤山市	13	5	8	28	13	15	693	382	311
恩平市	6	1	5	15	4	11	300	174	126
湛江市	**64**	**6**	**58**	**200**	**93**	**107**	**1621**	**874**	**747**
赤坎区							12	7	5
霞山区	1		1	2	1	1	19	10	9
坡头区	4		4	7	4	3	135	89	46
麻章区	1		1	10	5	5	138	76	62
遂溪县	3	1	2	16	10	6	171	83	88
徐闻县	11	2	9	59	21	38	313	180	133
廉江市	27	2	25	33	17	16	450	219	231
雷州市	7	1	6	47	19	28	225	130	95
吴川市	10		10	26	16	10	158	80	78
茂名市	**50**	**8**	**42**	**348**	**214**	**134**	**1220**	**598**	**622**
茂南区	7	1	6	37	18	19	249	131	118
电白区	14	4	10	24	15	9	263	124	139
高州市	4	1	3	58	35	23	181	80	101
化州市	15	2	13	22	15	7	237	111	126
信宜市	10		10	207	131	76	290	152	138
肇庆市	**38**	**9**	**29**	**76**	**36**	**40**	**1731**	**1006**	**725**
端州区									
鼎湖区				6	5	1	43	29	14
高要区	25	8	17	11	3	8	537	316	221
广宁县	3		3	8	5	3	222	151	71
怀集县	2	1	1	5	3	2	110	52	58
封开县							115	61	54
德庆县							120	63	57
四会市	8		8	46	20	26	584	334	250
惠州市	**187**	**44**	**143**	**314**	**130**	**184**	**7126**	**4055**	**3071**
惠城区	88	25	63	103	46	57	1815	1078	737
惠阳区	29	5	24	76	31	45	2053	1194	859
博罗县	42	8	34	62	24	38	1818	1008	810
惠东县	21	4	17	61	23	38	987	511	476
龙门县	7	2	5	12	6	6	453	264	189
梅州市	**28**	**8**	**20**	**225**	**135**	**90**	**925**	**522**	**403**
梅江区	1		1	10	6	4	39	22	17
梅县区	5	1	4	34	21	13	218	131	87
大埔县	7	1	6	21	10	11	92	54	38
丰顺县	1	1		7	4	3	75	38	37
五华县	5		5	26	18	8	146	83	63
平远县	4	2	2	16	9	7	48	26	22
蕉岭县	2	1	1	26	13	13	87	50	37
兴宁市	3	2	1	85	54	31	220	118	102

7-10c　续表 11　　　　　　　　　　　　　　　　　　　　单位：人

现住地	为子女就学			养老/康养			其他		
	小计	男	女	小计	男	女	小计	男	女
汕尾市	**10**	**1**	**9**	**37**	**20**	**17**	**1651**	**1025**	**626**
城　区	2	1	1	4	3	1	136	68	68
海丰县	2		2	11	5	6	1277	807	470
陆河县				12	7	5	89	57	32
陆丰市	6		6	10	5	5	149	93	56
河源市	**86**	**19**	**67**	**66**	**37**	**29**	**1557**	**870**	**687**
源城区	18	5	13	4	2	2	188	101	87
紫金县	4		4	14	7	7	290	151	139
龙川县	23	4	19	16	9	7	402	221	181
连平县	1		1	5	5		141	78	63
和平县	8	2	6	11	7	4	82	43	39
东源县	32	8	24	16	7	9	454	276	178
阳江市	**26**	**7**	**19**	**64**	**31**	**33**	**1331**	**780**	**551**
江城区	7	2	5	12	5	7	266	153	113
阳东区	8	3	5	35	17	18	698	441	257
阳西县	6	2	4	1		1	157	76	81
阳春市	5		5	16	9	7	210	110	100
清远市	**81**	**19**	**62**	**98**	**42**	**56**	**1595**	**871**	**724**
清城区	16	5	11	24	10	14	452	261	191
清新区	29	5	24	37	16	21	295	160	135
佛冈县	12	3	9	13	6	7	139	76	63
阳山县	7	1	6	6	3	3	104	54	50
连山壮族瑶族自治县	2	2					47	21	26
连南瑶族自治县							14	9	5
英德市	12	2	10	17	6	11	477	262	215
连州市	3	1	2	1	1		67	28	39
东莞市	**231**	**36**	**195**	**498**	**176**	**322**	**8467**	**4811**	**3656**
市辖区	231	36	195	498	176	322	8467	4811	3656
中山市	**109**	**27**	**82**	**364**	**154**	**210**	**2847**	**1536**	**1311**
市辖区	109	27	82	364	154	210	2847	1536	1311
潮州市	**26**		**26**	**48**	**25**	**23**	**1117**	**656**	**461**
湘桥区	1		1	3	1	2	67	40	27
潮安区	13		13	31	16	15	945	557	388
饶平县	12		12	14	8	6	105	59	46
揭阳市	**37**	**6**	**31**	**20**	**12**	**8**	**1616**	**941**	**675**
榕城区	10	2	8	2	2		196	117	79
揭东区	9	1	8	6	3	3	448	264	184
揭西县	4		4	3	2	1	214	116	98
惠来县	2	1	1				84	46	38
普宁市	12	2	10	9	5	4	674	398	276
云浮市	**25**	**2**	**23**	**52**	**29**	**23**	**742**	**383**	**359**
云城区	2		2	2		2	56	33	23
云安区	3		3	4	1	3	67	31	36
新兴县				2	1	1	189	110	79
郁南县	7		7	3	1	2	84	37	47
罗定市	13	2	11	41	26	15	346	172	174

第一部分　全部数据资料

第八卷　住房

8-1　各地区按住房间数分的家庭户户数

单位：户

地　　区	家庭户户　数	住房间数				
		一间	二间	三间	四间	五间
广　东	**38953156**	**12287028**	**7191383**	**9838853**	**4196105**	**1851140**
广州市	**6803376**	**2895390**	**1711132**	**1489926**	**376191**	**141609**
荔湾区	392097	142259	158512	74825	11745	2569
越秀区	369923	95107	162653	95834	13669	1889
海珠区	730490	296973	268705	134943	24053	4241
天河区	844860	421320	211690	168830	35039	5941
白云区	1475291	744956	376728	234775	52939	23779
黄埔区	449090	201994	109530	95396	24971	7441
番禺区	1061490	537455	189804	222369	66810	24188
花都区	551977	220356	80107	166706	42812	14152
南沙区	292401	117867	46128	65611	27206	16690
从化区	179852	11971	27883	72560	25944	12761
增城区	455905	105132	79392	158077	51003	27958
韶关市	**906571**	**40675**	**156210**	**368456**	**152128**	**70324**
武江区	122543	13920	34226	51918	12918	3611
浈江区	112862	7265	35044	47661	10453	4057
曲江区	91235	3287	18259	44545	12208	5464
始兴县	67115	2295	7888	25731	13714	6322
仁化县	60155	2000	6456	18869	11282	7220
翁源县	95213	2321	7484	29956	21970	11605
乳源瑶族自治县	56534	1255	7199	26379	9276	4668
新丰县	56913	1305	5168	21956	13172	4532
乐昌市	127560	3976	21069	51278	21035	11317
南雄市	116441	3051	13417	50163	26100	11528
深圳市	**5973267**	**3245010**	**1294671**	**1063749**	**283159**	**63166**
罗湖区	349468	131639	105412	90945	16590	3429
福田区	479626	174069	122582	138404	35485	6935
南山区	524139	210941	122458	142878	39470	6564
宝安区	1631815	1047920	295499	211103	58551	13617
龙岗区	1390618	702045	321158	268660	73673	18111
盐田区	56602	16759	16227	17768	4511	952
龙华区	942728	573381	198850	122959	34955	9160
坪山区	183451	103368	39768	26911	9906	2083
光明区	414820	284888	72717	44121	10018	2315
珠海市	**781411**	**262063**	**144702**	**273200**	**62853**	**16739**
香洲区	461310	161082	94450	157661	37645	6265
斗门区	197850	62417	29019	67362	16651	8239
金湾区	122251	38564	21233	48177	8557	2235
汕头市	**1279908**	**149158**	**355334**	**349414**	**244757**	**64529**
龙湖区	175681	23956	34557	66948	26608	9002
金平区	242570	21817	111947	81077	18266	4354
濠江区	59195	3964	12805	14612	10610	4296
潮阳区	335917	55353	85102	80658	64132	16493
潮南区	253864	21620	54643	46296	77412	18736
澄海区	194862	20123	51546	54598	45013	10437
南澳县	17819	2325	4734	5225	2716	1211
佛山市	**2962794**	**1089869**	**436143**	**874735**	**294585**	**134753**
禅城区	470011	176724	106815	131073	33110	10469
南海区	1065015	375291	154522	318263	102135	48925
顺德区	1056260	451579	109498	265669	120953	63221
三水区	221270	49463	37738	88502	27831	9695
高明区	150238	36812	27570	71228	10556	2443

注：本表数据为居住在普通住宅的家庭户。

8-1 续表 1

单位：户

地　区	家庭户户数	住房间数				
		一间	二间	三间	四间	五间
江门市	**1478619**	**205929**	**335960**	**595511**	**178102**	**82170**
蓬江区	261741	44469	68283	98863	27628	11875
江海区	106491	27422	27118	32761	10491	4828
新会区	279738	35430	80775	113199	28084	12807
台山市	295055	31724	70302	131436	36770	13632
开平市	230187	21994	41379	118632	29094	10637
鹤山市	165558	35370	28628	56388	20311	12332
恩平市	139849	9520	19475	44232	25724	16059
湛江市	**1880857**	**111842**	**266488**	**523782**	**293442**	**166189**
赤坎区	126847	17499	34736	53404	13190	2728
霞山区	206205	32787	65904	81565	17597	2683
坡头区	94053	2863	11358	28812	11349	7530
麻章区	116242	6088	15263	30662	18873	8913
遂溪县	223914	6602	21806	66343	40935	19486
徐闻县	164149	9632	18441	43845	35633	18281
廉江市	359367	12170	32367	81212	57872	33053
雷州市	347459	14295	39282	92604	70149	52231
吴川市	242621	9906	27331	45335	27844	21284
茂名市	**1670757**	**57815**	**144603**	**343590**	**273460**	**159967**
茂南区	293038	17010	42443	110917	54388	21663
电白区	378160	12588	29076	70868	55831	36008
高州市	372809	11023	26221	59540	56688	44480
化州市	342601	9574	24422	54034	50052	27781
信宜市	284149	7620	22441	48231	56501	30035
肇庆市	**1234450**	**119770**	**213347**	**417886**	**176299**	**101695**
端州区	193535	12595	54648	98371	19832	4362
鼎湖区	50725	6466	9419	18120	7436	3999
高要区	213288	46152	52777	68136	27298	10512
广宁县	136620	6792	19980	42820	22199	18927
怀集县	233225	6575	16688	44184	39843	34662
封开县	116650	3776	11473	25158	20255	12691
德庆县	104707	11719	16692	29328	17393	8812
四会市	185700	25695	31670	91769	22043	7730
惠州市	**1667933**	**407288**	**286855**	**517550**	**223260**	**94485**
惠城区	596675	146925	112412	215883	74400	19022
惠阳区	427825	164016	79241	109390	36457	13788
博罗县	296513	46570	39588	90763	50317	29922
惠东县	255478	43428	39769	71262	47782	22793
龙门县	91442	6349	15845	30252	14304	8960
梅州市	**1114654**	**38394**	**89604**	**280706**	**251299**	**121158**
梅江区	110963	4661	11540	46280	26855	6775
梅县区	167409	4313	11251	47993	41631	17982
大埔县	111027	3361	11165	36434	30443	11073
丰顺县	134311	17419	21680	33803	25984	14471
五华县	232645	2778	8177	25167	38161	27858
平远县	60516	657	2776	11941	14096	6677
蕉岭县	59813	1241	4936	16868	18658	6146
兴宁市	237970	3964	18079	62220	55471	30176

8-1　续表 2　　　　单位：户

地　区	家庭户户数	住房间数 一间	二间	三间	四间	五间
汕尾市	**673055**	**84009**	**130590**	**229742**	**115801**	**48143**
城　区	113223	18400	26461	46160	15767	3830
海丰县	207755	24902	33725	85619	42971	11356
陆河县	53503	1244	3274	9559	9031	9052
陆丰市	298574	39463	67130	88404	48032	23905
河源市	**809480**	**42038**	**62350**	**215234**	**186440**	**94923**
源城区	177748	25253	19617	60237	37899	16488
紫金县	144896	2458	7706	27227	24830	20591
龙川县	189092	4315	13518	48967	54564	17725
连平县	85820	1869	4936	19286	20755	12205
和平县	115528	2087	9374	35522	29833	14424
东源县	96396	6056	7199	23995	18559	13490
阳江市	**751107**	**48208**	**93658**	**233658**	**152014**	**94820**
江城区	230849	12745	35479	86240	51946	23785
阳东区	137043	18001	21723	43219	27303	14478
阳西县	123601	6190	12809	37843	24737	15173
阳春市	259614	11272	23647	66356	48028	41384
清远市	**1132699**	**62184**	**130704**	**452095**	**207810**	**88872**
清城区	290095	17771	33152	144813	48711	12999
清新区	181748	12203	17715	76193	46157	10117
佛冈县	94511	7377	15492	40027	17972	5139
阳山县	111780	3777	10428	40800	15821	11292
连山壮族瑶族自治县	27753	516	1990	9652	5236	2510
连南瑶族自治县	40462	1017	4463	13432	7547	4700
英德市	264885	15655	32245	91706	45238	25780
连州市	121465	3868	15219	35472	21128	16335
东莞市	**3743775**	**2356264**	**499836**	**569902**	**184587**	**72561**
市辖区	3743775	2356264	499836	569902	184587	72561
中山市	**1412906**	**606983**	**203344**	**365413**	**140916**	**59223**
市辖区	1412906	606983	203344	365413	140916	59223
潮州市	**671741**	**114753**	**189243**	**182237**	**103600**	**38973**
湘桥区	166104	25718	54052	54573	19981	4616
潮安区	276956	37202	71201	73715	49989	20003
饶平县	228681	51833	63990	53949	33630	14354
揭阳市	**1323122**	**314473**	**372919**	**312030**	**174255**	**63550**
榕城区	215870	66130	77619	46846	15169	5384
揭东区	227814	83753	75317	38017	16978	7200
揭西县	175597	36422	44387	33319	24112	15596
惠来县	228173	23982	49942	58367	47729	15630
普宁市	475668	104186	125654	135481	70267	19740
云浮市	**680674**	**34913**	**73690**	**180037**	**121147**	**73291**
云城区	108422	6918	15570	46990	18848	8210
云安区	63042	2573	5708	11713	11116	8982
新兴县	126173	12192	17249	41502	26741	13183
郁南县	111125	4313	11188	22438	18525	11547
罗定市	271912	8917	23975	57394	45917	31369

8—1 续表 3

单位：户

地　区	住房间数				
	六间	七间	八间	九间	十间及以上
广　东	**1707117**	**458316**	**647286**	**297230**	**478698**
广州市	**90800**	**26280**	**28743**	**15207**	**28098**
荔湾区	1145	245	410	110	277
越秀区	536	92	71	28	44
海珠区	953	202	173	53	194
天河区	1308	223	176	67	266
白云区	14942	5562	6647	4577	10386
黄埔区	3859	1216	1772	954	1957
番禺区	11802	3284	2882	927	1969
花都区	12712	3049	4213	3116	4754
南沙区	10358	3378	2444	1092	1627
从化区	15838	3581	4499	1984	2831
增城区	17347	5448	5456	2299	3793
韶关市	**71223**	**15327**	**18568**	**5334**	**8326**
武江区	3480	951	777	368	374
浈江区	5018	931	1119	560	754
曲江区	5082	831	951	296	312
始兴县	6837	1362	1875	452	639
仁化县	9274	1781	1665	640	968
翁源县	11144	3508	4333	863	2029
乳源瑶族自治县	5510	773	878	245	351
新丰县	5477	1334	2243	635	1091
乐昌市	10904	2569	3070	952	1390
南雄市	8497	1287	1657	323	418
深圳市	**14064**	**3903**	**2471**	**1062**	**2012**
罗湖区	907	244	167	44	91
福田区	1455	382	172	43	99
南山区	1337	202	156	28	105
宝安区	2992	963	472	237	461
龙岗区	3827	1108	844	411	781
盐田区	213	86	45	16	25
龙华区	2138	582	364	147	192
坪山区	708	225	186	103	193
光明区	487	111	65	33	65
珠海市	**11206**	**3089**	**3063**	**1732**	**2764**
香洲区	2462	540	578	207	420
斗门区	7042	1961	1951	1283	1925
金湾区	1702	588	534	242	419
汕头市	**68639**	**10514**	**21809**	**4730**	**11024**
龙湖区	7274	1560	3092	742	1942
金平区	3343	445	747	268	306
濠江区	5629	1498	2885	1017	1879
潮阳区	20920	3043	6556	1062	2598
潮南区	21849	2733	6256	1176	3143
澄海区	8673	1007	2038	389	1038
南澳县	951	228	235	76	118
佛山市	**78194**	**18873**	**18140**	**4835**	**12667**
禅城区	6303	1983	1904	488	1142
南海区	37524	9827	10231	2756	5541
顺德区	27919	5674	4903	1264	5580
三水区	5196	1237	969	297	342
高明区	1252	152	133	30	62

8-1　续表 4　　　　单位：户

地　区	住房间数				
	六间	七间	八间	九间	十间及以上
江门市	**50660**	**12586**	**10028**	**3344**	**4329**
蓬江区	6979	1810	959	300	575
江海区	2378	644	424	180	245
新会区	6178	1329	871	486	579
台山市	6941	1778	1481	396	595
开平市	5634	1091	1227	195	304
鹤山市	7516	2297	1527	495	694
恩平市	15034	3637	3539	1292	1337
湛江市	**233296**	**60022**	**103205**	**55941**	**66650**
赤坎区	2470	409	862	633	916
霞山区	2912	357	885	727	788
坡头区	16360	3743	5364	4057	2617
麻章区	14797	3178	8433	3140	6895
遂溪县	35838	7021	13836	5729	6318
徐闻县	25365	3370	5592	2005	1985
廉江市	57249	14699	30645	16395	23705
雷州市	40747	11699	14190	4527	7735
吴川市	37558	15546	23398	18728	15691
茂名市	**230221**	**74681**	**132425**	**99993**	**154002**
茂南区	15971	6279	10320	5955	8092
电白区	58803	21474	35058	24674	33780
高州市	68319	21419	32403	26467	26249
化州市	46774	13583	31032	30392	54957
信宜市	40354	11926	23612	12505	30924
肇庆市	**104097**	**27512**	**37669**	**14587**	**21588**
端州区	2299	417	534	180	297
鼎湖区	2622	782	930	290	661
高要区	5612	1202	1043	279	277
广宁县	17287	3118	3166	1341	990
怀集县	41818	14178	17430	7355	10492
封开县	19500	4794	9979	2932	6092
德庆县	10611	2122	3794	1901	2335
四会市	4348	899	793	309	444
惠州市	**73381**	**20025**	**22029**	**9094**	**13966**
惠城区	13486	3463	5062	2615	3407
惠阳区	11312	3309	4193	2163	3956
博罗县	22856	6316	5692	1863	2626
惠东县	16772	4375	4787	1606	2904
龙门县	8955	2562	2295	847	1073
梅州市	**142398**	**40663**	**77791**	**20024**	**52617**
梅江区	6762	1632	3153	985	2320
梅县区	20179	5195	10787	1470	6608
大埔县	9273	2318	3956	707	2297
丰顺县	11689	2995	3741	904	1625
五华县	46311	13971	32486	11167	26569
平远县	9669	3228	6033	1543	3896
蕉岭县	5834	1574	2428	584	1544
兴宁市	32681	9750	15207	2664	7758

8-1 续表 5

单位：户

地 区	住房间数				
	六间	七间	八间	九间	十间及以上
汕尾市	**33208**	**10669**	**10978**	**3890**	**6025**
城 区	1641	385	261	86	232
海丰县	5551	1435	1214	331	651
陆河县	10749	3312	3617	1572	2093
陆丰市	15267	5537	5886	1901	3049
河源市	**100677**	**37183**	**38368**	**12633**	**19634**
源城区	9080	3444	2685	1338	1707
紫金县	28702	12516	11523	4075	5268
龙川县	22767	7829	10475	3028	5904
连平县	13111	4011	4967	1630	3050
和平县	12436	4307	4416	1235	1894
东源县	14581	5076	4302	1327	1811
阳江市	**71287**	**19944**	**20512**	**7303**	**9703**
江城区	12975	2788	2784	811	1296
阳东区	7849	1643	1601	435	791
阳西县	13963	4297	4531	1871	2187
阳春市	36500	11216	11596	4186	5429
清远市	**111073**	**25649**	**29002**	**11249**	**14061**
清城区	19742	4242	3998	2255	2412
清新区	12809	2289	3065	540	660
佛冈县	5235	1038	1427	320	484
阳山县	16899	3815	4527	2204	2217
连山壮族瑶族自治县	4175	738	1220	751	965
连南瑶族自治县	5452	1299	1453	496	603
英德市	30170	7537	9103	2930	4521
连州市	16591	4691	4209	1753	2199
东莞市	**34537**	**7599**	**8362**	**2687**	**7440**
市辖区	34537	7599	8362	2687	7440
中山市	**22159**	**5697**	**4167**	**1441**	**3563**
市辖区	22159	5697	4167	1441	3563
潮州市	**28673**	**3779**	**6430**	**1671**	**2382**
湘桥区	4717	619	1157	277	394
潮安区	16110	2045	3879	1173	1639
饶平县	7846	1115	1394	221	349
揭阳市	**52544**	**10073**	**13047**	**4231**	**6000**
榕城区	2942	712	661	157	250
揭东区	4145	961	924	219	300
揭西县	12765	3100	3480	1018	1398
惠来县	20696	2741	4845	1729	2512
普宁市	11996	2559	3137	1108	1540
云浮市	**84780**	**24248**	**40479**	**16242**	**31847**
云城区	6684	1610	1860	671	1061
云安区	9954	4204	4436	1745	2611
新兴县	9383	2355	2251	486	831
郁南县	17339	5141	9427	3744	7463
罗定市	41420	10938	22505	9596	19881

8-1a　各地区按住房间数分的家庭户户数(城市)

单位：户

地　　区	家庭户户　数	住房间数				
		一间	二间	三间	四间	五间
广　东	**25244435**	**10280089**	**5192306**	**6616911**	**1935159**	**583851**
广州市	**5630762**	**2499602**	**1519261**	**1242910**	**254872**	**65363**
荔湾区	392097	142259	158512	74825	11745	2569
越秀区	369923	95107	162653	95834	13669	1889
海珠区	730490	296973	268705	134943	24053	4241
天河区	844860	421320	211690	168830	35039	5941
白云区	1181911	624535	317405	192204	34586	8333
黄埔区	410251	193011	102564	85121	20852	5040
番禺区	926714	463385	171389	208301	54965	16897
花都区	384378	168129	55920	124626	25148	5464
南沙区	165886	69322	30271	44338	10768	4915
从化区	62276	4289	12318	36342	5896	1220
增城区	161976	21272	27834	77546	18151	8854
韶关市	**307027**	**22325**	**85801**	**159330**	**27932**	**5512**
武江区	104655	12895	31614	46412	10065	1722
浈江区	88218	6662	31812	37369	7932	2036
曲江区	48360	1020	11963	30814	3931	367
始兴县						
仁化县						
翁源县						
乳源瑶族自治县						
新丰县						
乐昌市	33309	868	6949	20737	3124	868
南雄市	32485	880	3463	23998	2880	519
深圳市	**5958895**	**3237238**	**1292086**	**1061916**	**282174**	**62758**
罗湖区	349468	131639	105412	90945	16590	3429
福田区	479626	174069	122582	138404	35485	6935
南山区	524064	210868	122457	142877	39470	6564
宝安区	1631815	1047920	295499	211103	58551	13617
龙岗区	1377068	694351	318579	267048	73130	17764
盐田区	56602	16759	16227	17768	4511	952
龙华区	942728	573381	198850	122959	34955	9160
坪山区	182704	103363	39763	26691	9464	2022
光明区	414820	284888	72717	44121	10018	2315
珠海市	**626201**	**206484**	**121070**	**233596**	**49736**	**8375**
香洲区	452511	157076	92861	155123	37166	6176
斗门区	89611	27954	13101	38447	6738	1356
金湾区	84079	21454	15108	40026	5832	843
汕头市	**650657**	**59903**	**196362**	**223795**	**101481**	**26460**
龙湖区	154447	23224	31976	63395	22125	6186
金平区	239238	21456	111148	80374	17512	4101
濠江区	43850	2920	9636	12049	7948	3162
潮阳区	71502	1111	12248	26822	20135	2914
潮南区	83929	5755	18657	16804	23895	7374
澄海区	57691	5437	12697	24351	9866	2723
南澳县						
佛山市	**2704968**	**999590**	**399085**	**817159**	**265060**	**114487**
禅城区	410239	156456	99903	117893	27177	4890
南海区	1014791	355527	148298	311213	96747	44272
顺德区	1042473	445146	107444	264601	119251	61612
三水区	112566	13156	22706	60281	12931	2037
高明区	124899	29305	20734	63171	8954	1676

注：本表数据为居住在普通住宅的家庭户。

8−1a 续表 1 单位：户

地　区	家庭户户数	住房间数				
		一间	二间	三间	四间	五间
江门市	**868544**	**115753**	**198511**	**412353**	**79398**	**31167**
蓬江区	254977	44289	67691	97664	26025	9942
江海区	106491	27422	27118	32761	10491	4828
新会区	149185	13796	48987	69174	10638	3857
台山市	114228	6476	20830	73357	10106	2403
开平市	103062	3024	12929	78480	6957	1145
鹤山市	86771	18542	16796	38571	7972	2700
恩平市	53830	2204	4160	22346	7209	6292
湛江市	**565348**	**59844**	**130206**	**228466**	**68821**	**20494**
赤坎区	124688	17435	34394	52874	12900	2628
霞山区	197152	31741	64416	79782	16232	2154
坡头区	20928	598	3115	10909	2220	756
麻章区	24452	1474	3780	9255	2842	1341
遂溪县	6158	612	1215	1249	816	605
徐闻县						
廉江市	64799	2745	8981	26081	11727	3493
雷州市	65479	1364	5771	31535	14228	4348
吴川市	61692	3875	8534	16781	7856	5169
茂名市	**471069**	**24116**	**64278**	**167283**	**105861**	**27691**
茂南区	195021	13904	34644	90203	37298	7916
电白区	58725	2223	6064	17905	9231	4843
高州市	71965	4057	9545	22377	19717	4889
化州市	69738	2407	6902	17286	14817	4828
信宜市	75620	1525	7123	19512	24798	5215
肇庆市	**370013**	**27615**	**82069**	**203218**	**37007**	**9945**
端州区	193535	12595	54648	98371	19832	4362
鼎湖区	25411	1313	4300	11964	3383	1915
高要区	35098	1386	7504	19923	3612	1260
广宁县						
怀集县						
封开县						
德庆县						
四会市	115969	12321	15617	72960	10180	2408
惠州市	**809090**	**245508**	**160880**	**279067**	**85980**	**17979**
惠城区	477738	116551	94858	187842	60109	10559
惠阳区	325604	127269	64891	89295	25273	7162
博罗县	5748	1688	1131	1930	598	258
惠东县						
龙门县						
梅州市	**248704**	**8433**	**22839**	**113659**	**65634**	**12689**
梅江区	98512	4353	10533	43897	24013	4874
梅县区	68396	3023	5060	32655	20242	2654
大埔县						
丰顺县						
五华县	4153	25	137	357	561	429
平远县						
蕉岭县						
兴宁市	77643	1032	7109	36750	20818	4732

8-1a 续表 2

单位：户

地 区	家庭户户数	住房间数 一间	二间	三间	四间	五间
汕尾市	**122293**	**13671**	**26559**	**52877**	**19346**	**5319**
城 区	75001	10397	17466	34240	9509	2087
海丰县						
陆河县						
陆丰市	47292	3274	9093	18637	9837	3232
河源市	**160898**	**19212**	**17036**	**57601**	**36514**	**15150**
源城区	160898	19212	17036	57601	36514	15150
紫金县						
龙川县						
连平县						
和平县						
东源县						
阳江市	**284210**	**19016**	**35991**	**120958**	**57379**	**28419**
江城区	160898	7346	24140	68125	36185	15135
阳东区	51795	8597	5172	19794	8057	5528
阳西县						
阳春市	71517	3073	6679	33039	13137	7756
清远市	**344102**	**18919**	**41696**	**206196**	**53244**	**8855**
清城区	180400	9200	22551	110358	28676	3869
清新区	65995	5465	5331	42910	10999	711
佛冈县						
阳山县						
连山壮族瑶族自治县						
连南瑶族自治县						
英德市	56713	3526	7667	33354	8953	1498
连州市	40994	728	6147	19574	4616	2777
东莞市	**3480691**	**2199644**	**467803**	**537374**	**166105**	**59952**
市辖区	3480691	2199644	467803	537374	166105	59952
中山市	**901455**	**378841**	**141119**	**249308**	**81572**	**31431**
市辖区	901455	378841	141119	249308	81572	31431
潮州市	**252837**	**37362**	**69007**	**85943**	**36906**	**11290**
湘桥区	131365	16577	41580	50769	14195	3433
潮安区	121472	20785	27427	35174	22711	7857
饶平县						
揭阳市	**342198**	**79784**	**102243**	**102841**	**38217**	**11179**
榕城区	149357	39678	54580	36825	11192	3916
揭东区	69719	27770	21321	14377	3803	1317
揭西县						
惠来县						
普宁市	123122	12336	26342	51639	23222	5946
云浮市	**144473**	**7229**	**18404**	**61061**	**21920**	**9336**
云城区	80204	4818	11718	40431	13186	4021
云安区	4692	109	441	1150	920	643
新兴县						
郁南县						
罗定市	59577	2302	6245	19480	7814	4672

8-1a 续表 3

单位：户

地　区	住房间数				
	六间	七间	八间	九间	十间及以上
广　东	**327073**	**81659**	**99506**	**41196**	**86685**
广州市	**25402**	**7014**	**6341**	**3080**	**6917**
荔湾区	1145	245	410	110	277
越秀区	536	92	71	28	44
海珠区	953	202	173	53	194
天河区	1308	223	176	67	266
白云区	2455	635	495	249	1014
黄埔区	1794	507	566	261	535
番禺区	6838	1882	1310	520	1227
花都区	2479	554	654	418	986
南沙区	2796	1201	935	463	877
从化区	1114	238	314	215	330
增城区	3984	1235	1237	696	1167
韶关市	**3137**	**1017**	**901**	**448**	**624**
武江区	850	419	333	148	197
浈江区	1349	247	349	184	278
曲江区	215	6	15	12	17
始兴县					
仁化县					
翁源县					
乳源瑶族自治县					
新丰县					
乐昌市	402	112	116	50	83
南雄市	321	233	88	54	49
深圳市	**13813**	**3789**	**2341**	**986**	**1794**
罗湖区	907	244	167	44	91
福田区	1455	382	172	43	99
南山区	1337	202	156	28	105
宝安区	2992	963	472	237	461
龙岗区	3582	996	718	336	564
盐田区	213	86	45	16	25
龙华区	2138	582	364	147	192
坪山区	702	223	182	102	192
光明区	487	111	65	33	65
珠海市	**3846**	**951**	**972**	**474**	**697**
香洲区	2414	530	563	197	405
斗门区	994	292	281	225	223
金湾区	438	129	128	52	69
汕头市	**24513**	**3729**	**8391**	**1961**	**4062**
龙湖区	4271	828	1395	250	797
金平区	3011	423	700	226	287
濠江区	3825	782	1771	737	1020
潮阳区	4315	484	2280	399	794
潮南区	7350	935	1861	277	1021
澄海区	1741	277	384	72	143
南澳县					
佛山市	**64596**	**14961**	**14927**	**3873**	**11230**
禅城区	2048	533	780	130	429
南海区	33500	8600	9076	2414	5144
顺德区	27296	5531	4823	1253	5516
三水区	921	219	169	57	89
高明区	831	78	79	19	52

8-1a　续表 4

单位：户

地　　区	住房间数				
	六间	七间	八间	九间	十间及以上
江门市	**19461**	**5003**	**3507**	**1431**	**1960**
蓬江区	6137	1538	857	277	557
江海区	2378	644	424	180	245
新会区	1825	420	238	110	140
台山市	794	117	88	26	31
开平市	363	69	46	27	22
鹤山市	1218	355	261	143	213
恩平市	6746	1860	1593	668	752
湛江市	**22290**	**6939**	**11559**	**5826**	**10903**
赤坎区	2190	364	678	512	713
霞山区	1597	186	348	314	382
坡头区	1631	280	640	467	312
麻章区	2257	436	1166	568	1333
遂溪县	1177	119	211	90	64
徐闻县					
廉江市	3489	1145	3036	877	3225
雷州市	3688	1007	1360	736	1442
吴川市	6261	3402	4120	2262	3432
茂名市	**27117**	**9144**	**15329**	**10030**	**20220**
茂南区	3918	1501	2290	1291	2056
电白区	6307	3088	3537	2186	3341
高州市	5013	1224	2268	1292	1583
化州市	6043	1939	4024	3333	8159
信宜市	5836	1392	3210	1928	5081
肇庆市	**5860**	**1346**	**1441**	**675**	**837**
端州区	2299	417	534	180	297
鼎湖区	1299	367	418	159	293
高要区	825	142	185	177	84
广宁县					
怀集县					
封开县					
德庆县					
四会市	1437	420	304	159	163
惠州市	**9176**	**2331**	**3002**	**1714**	**3453**
惠城区	4145	891	1127	542	1114
惠阳区	4973	1417	1846	1158	2320
博罗县	58	23	29	14	19
惠东县					
龙门县					
梅州市	**11720**	**2705**	**5171**	**1688**	**4166**
梅江区	4854	1145	2214	814	1815
梅县区	2256	511	943	312	740
大埔县					
丰顺县					
五华县	866	169	624	242	743
平远县					
蕉岭县					
兴宁市	3744	880	1390	320	868

8—1a 续表 5 单位：户

地区	住房间数				
	六间	七间	八间	九间	十间及以上
汕尾市	**2738**	**717**	**554**	**162**	**350**
城 区	836	165	127	51	123
海丰县					
陆河县					
陆丰市	1902	552	427	111	227
河源市	**7863**	**2887**	**2159**	**1058**	**1418**
源城区	7863	2887	2159	1058	1418
紫金县					
龙川县					
连平县					
和平县					
东源县					
阳江市	**14054**	**3005**	**3020**	**841**	**1527**
江城区	6694	1284	1188	286	515
阳东区	2961	589	612	206	279
阳西县					
阳春市	4399	1132	1220	349	733
清远市	**8042**	**1930**	**2378**	**1100**	**1742**
清城区	3327	607	778	431	603
清新区	370	48	93	16	52
佛冈县					
阳山县					
连山壮族瑶族自治县					
连南瑶族自治县					
英德市	953	190	211	150	211
连州市	3392	1085	1296	503	876
东莞市	**27748**	**6223**	**6997**	**2171**	**6674**
市辖区	27748	6223	6997	2171	6674
中山市	**11498**	**3143**	**2078**	**656**	**1809**
市辖区	11498	3143	2078	656	1809
潮州市	**8510**	**939**	**1893**	**394**	**593**
湘桥区	3191	410	803	140	267
潮安区	5319	529	1090	254	326
饶平县					
揭阳市	**4707**	**1184**	**1137**	**240**	**666**
榕城区	1979	496	457	67	167
揭东区	791	143	131	20	46
揭西县					
惠来县					
普宁市	1937	545	549	153	453
云浮市	**10982**	**2702**	**5408**	**2388**	**5043**
云城区	3141	681	982	402	824
云安区	697	229	270	106	127
新兴县					
郁南县					
罗定市	7144	1792	4156	1880	4092

8-1b 各地区按住房间数分的家庭户户数(镇)

单位：户

地 区	家庭户户 数	住房间数				
		一间	二间	三间	四间	五间
广 东	**4521015**	**784664**	**721869**	**1419887**	**735954**	**300688**
广州市	**378710**	**126611**	**75703**	**111762**	**33744**	**14410**
荔湾区						
越秀区						
海珠区						
天河区						
白云区	73266	28714	21150	15679	3213	1676
黄埔区	11995	381	2311	6633	1776	352
番禺区	26564	14360	4533	3509	2319	1012
花都区	25439	6417	4814	10297	1870	573
南沙区	51905	20324	6924	12375	6307	3386
从化区	19235	2924	3209	9710	1775	557
增城区	170306	53491	32762	53559	16484	6854
韶关市	**208725**	**6911**	**31332**	**112877**	**36211**	**8963**
武江区	889	43	181	325	211	67
浈江区	9673	153	1780	7131	255	135
曲江区	9189	609	2083	4167	1581	356
始兴县	26431	1291	3730	16614	3188	671
仁化县	24717	972	3980	13207	3349	1218
翁源县	34402	842	3447	18857	9179	981
乳源瑶族自治县	25428	515	4106	16896	2528	526
新丰县	26975	639	3087	14372	6502	840
乐昌市	32697	1411	7257	14849	4398	1761
南雄市	18324	436	1681	6459	5020	2408
深圳市	**822**	**78**	**6**	**221**	**442**	**61**
罗湖区						
福田区						
南山区	75	73	1	1		
宝安区						
龙岗区						
盐田区						
龙华区						
坪山区	747	5	5	220	442	61
光明区						
珠海市	**86564**	**32277**	**13596**	**27308**	**6300**	**2504**
香洲区	8773	4000	1579	2537	479	87
斗门区	44616	12546	6904	17845	3536	1310
金湾区	33175	15731	5113	6926	2285	1107
汕头市	**281983**	**30158**	**67490**	**63859**	**69766**	**19800**
龙湖区						
金平区						
濠江区	1524	85	313	350	278	87
潮阳区	115675	15421	26729	26145	22492	9026
潮南区	64920	3371	11456	11260	23381	5927
澄海区	85746	9261	24936	21938	21601	3922
南澳县	14118	2020	4056	4166	2014	838
佛山市	**142952**	**58907**	**17583**	**35137**	**11440**	**8583**
禅城区	59772	20268	6912	13180	5933	5579
南海区	17337	10686	2085	1307	1035	790
顺德区						
三水区	57923	24882	7175	17945	4057	2038
高明区	7920	3071	1411	2705	415	176

注：本表数据为居住在普通住宅的家庭户。

8－1b 续表 1

单位：户

地区	家庭户户数	住房间数 一间	二间	三间	四间	五间
江门市	**125380**	**22258**	**23614**	**49766**	**14033**	**6962**
蓬江区						
江海区						
新会区	36673	5753	7535	15710	4055	1963
台山市	24527	1564	5196	12119	3188	1408
开平市	27135	5537	6088	11162	2616	838
鹤山市	22396	8757	3231	5574	2122	1251
恩平市	14649	647	1564	5201	2052	1502
湛江市	**286955**	**15488**	**34424**	**87125**	**43374**	**28442**
赤坎区						
霞山区	1141	155	236	238	122	25
坡头区	19285	1125	3368	5935	1931	1513
麻章区	15969	960	2592	5636	2551	1239
遂溪县	70741	2172	7742	32514	10131	4683
徐闻县	58221	5605	6640	17741	10682	6084
廉江市	47195	1933	4716	9373	6374	6472
雷州市	39315	1818	4059	10412	7718	5307
吴川市	35088	1720	5071	5276	3865	3119
茂名市	**217397**	**8813**	**19497**	**38902**	**33093**	**22276**
茂南区	11143	594	1047	2506	1779	1348
电白区	89722	3448	7762	17798	14598	8977
高州市	44334	1852	3639	6330	5689	5442
化州市	47184	2098	4681	8348	7198	3580
信宜市	25014	821	2368	3920	3829	2929
肇庆市	**240177**	**22618**	**38953**	**92792**	**36708**	**18915**
端州区						
鼎湖区	7875	1613	1454	1802	1008	496
高要区	40997	11221	10587	11403	4567	1817
广宁县	52306	1917	7044	25668	7264	4519
怀集县	59443	2882	6346	20728	11478	7014
封开县	37575	1695	5558	13986	6072	3072
德庆县	33791	1876	6498	16417	4653	1575
四会市	8190	1414	1466	2788	1666	422
惠州市	**444004**	**87325**	**70500**	**149839**	**74356**	**28246**
惠城区	35259	10001	6773	10822	4494	1403
惠阳区	30828	10218	5484	7693	3193	1420
博罗县	171446	32365	24579	62799	29339	11512
惠东县	162660	30894	23305	50688	31188	11488
龙门县	43811	3847	10359	17837	6142	2423
梅州市	**274678**	**13022**	**25405**	**79351**	**71983**	**25185**
梅江区	1942	70	221	356	390	263
梅县区	12137	311	1318	2985	2524	1413
大埔县	46044	1312	3607	21118	14588	2273
丰顺县	65543	8723	11516	19112	12381	5821
五华县	70972	1487	3276	11563	17310	8183
平远县	28110	350	1667	8760	8860	2227
蕉岭县	29956	444	2331	11584	11496	1682
兴宁市	19974	325	1469	3873	4434	3323

8-1b　续表 2　　　　单位：户

地　区	家庭户户　数	住房间数				
		一间	二间	三间	四间	五间
汕尾市	**256014**	**29349**	**45455**	**99348**	**47636**	**14888**
城　区	10100	824	1782	4101	2506	551
海丰县	138857	12491	20504	66620	28864	5834
陆河县	26424	656	1813	5015	5201	4398
陆丰市	80633	15378	21356	23612	11065	4105
河源市	**195921**	**10742**	**15949**	**69181**	**58065**	**14692**
源城区	4948	2353	1076	1130	347	25
紫金县	49168	1030	3197	12287	11515	6492
龙川县	55474	1965	5240	21893	22237	1581
连平县	30399	775	1977	9565	8402	3316
和平县	31930	555	2638	16118	10278	1145
东源县	24002	4064	1821	8188	5286	2133
阳江市	**107439**	**6144**	**11480**	**34020**	**22934**	**14850**
江城区	14655	1701	2683	3510	3092	1668
阳东区	16761	1461	2867	5181	4122	1725
阳西县	48829	1775	3869	18990	9898	6010
阳春市	27194	1207	2061	6339	5822	5447
清远市	**255459**	**14319**	**28808**	**114372**	**42432**	**16896**
清城区	67538	6495	7232	25684	10000	4580
清新区	12014	938	1378	5847	2593	619
佛冈县	40710	2636	5183	23899	7220	788
阳山县	44099	722	4363	26019	6062	2029
连山壮族瑶族自治县	11306	193	970	5767	2488	527
连南瑶族自治县	17930	491	2313	7308	2789	1623
英德市	51241	2407	6204	17751	9092	4881
连州市	10621	437	1165	2097	2188	1849
东莞市	**24707**	**16672**	**3212**	**2782**	**998**	**495**
市辖区	24707	16672	3212	2782	998	495
中山市	**361536**	**175061**	**46709**	**88477**	**30195**	**12396**
市辖区	361536	175061	46709	88477	30195	12396
潮州市	**179701**	**33029**	**52520**	**44923**	**27788**	**10454**
湘桥区	16569	3545	5729	2061	2898	779
潮安区	54400	6680	16156	13764	9189	3687
饶平县	108732	22804	30635	29098	15701	5988
揭阳市	**320351**	**67560**	**84959**	**73595**	**50170**	**19854**
榕城区	20102	9151	6618	2627	871	438
揭东区	47492	15094	14493	7686	4957	2722
揭西县	52381	10276	9572	10443	9733	5654
惠来县	96880	7472	23616	29487	19398	6828
普宁市	103496	25567	30660	23352	15211	4212
云浮市	**131540**	**7322**	**14674**	**44250**	**24286**	**11816**
云城区						
云安区	11215	540	958	2345	1929	1823
新兴县	53122	4541	6516	24618	11624	2776
郁南县	46337	1434	5340	13927	7507	4614
罗定市	20866	807	1860	3360	3226	2603

8-1b 续表 3 单位：户

地区	住房间数				
	六间	七间	八间	九间	十间及以上
广 东	**272573**	**72778**	**94586**	**43815**	**74201**
广州市	**8248**	**2282**	**2485**	**1123**	**2342**
荔湾区					
越秀区					
海珠区					
天河区					
白云区	1002	370	504	274	684
黄埔区	222	62	95	46	117
番禺区	392	97	260	29	53
花都区	645	229	146	154	294
南沙区	1563	425	289	149	163
从化区	537	102	174	68	179
增城区	3887	997	1017	403	852
韶关市	**7464**	**1405**	**1772**	**725**	**1065**
武江区	36	6	6	9	5
浈江区	106	43	30	14	26
曲江区	274	39	37	18	25
始兴县	490	107	140	76	124
仁化县	1256	239	222	125	149
翁源县	582	166	184	60	104
乳源瑶族自治县	581	51	147	36	42
新丰县	757	126	249	153	250
乐昌市	1719	415	477	174	236
南雄市	1663	213	280	60	104
深圳市	**6**	**2**	**4**	**1**	**1**
罗湖区					
福田区					
南山区					
宝安区					
龙岗区					
盐田区					
龙华区					
坪山区	6	2	4	1	1
光明区					
珠海市	**2061**	**720**	**671**	**399**	**728**
香洲区	46	7	15	10	13
斗门区	1100	351	342	246	436
金湾区	915	362	314	143	279
汕头市	**20075**	**3281**	**4884**	**735**	**1935**
龙湖区					
金平区					
濠江区	225	17	80	26	63
潮阳区	10446	1889	2375	314	838
潮南区	5589	1040	1771	305	820
澄海区	3180	191	513	53	151
南澳县	635	144	145	37	63
佛山市	**6050**	**2034**	**1636**	**528**	**1054**
禅城区	4255	1450	1124	358	713
南海区	642	225	273	70	224
顺德区					
三水区	1046	350	223	96	111
高明区	107	9	16	4	6

8-1b　续表 4　　　　单位：户

地　区	住房间数				
	六间	七间	八间	九间	十间及以上
江门市	**5072**	**1359**	**1138**	**559**	**619**
蓬江区					
江海区					
新会区	1121	229	137	85	85
台山市	688	210	92	31	31
开平市	506	144	156	29	59
鹤山市	785	209	210	71	186
恩平市	1972	567	543	343	258
湛江市	**34459**	**11143**	**13292**	**8384**	**10824**
赤坎区					
霞山区	167	16	65	73	44
坡头区	2479	604	874	659	797
麻章区	1353	296	419	320	603
遂溪县	6138	1753	2338	1523	1747
徐闻县	6768	1311	1688	817	885
廉江市	7437	3012	3092	1992	2794
雷州市	4781	1569	1899	582	1170
吴川市	5336	2582	2917	2418	2784
茂名市	**32093**	**10936**	**17903**	**12265**	**21619**
茂南区	1314	472	876	527	680
电白区	12528	4813	7237	4739	7822
高州市	8505	2690	3927	2701	3559
化州市	5920	1676	3732	3221	6730
信宜市	3826	1285	2131	1077	2828
肇庆市	**16159**	**4011**	**5275**	**1784**	**2962**
端州区					
鼎湖区	496	203	374	105	324
高要区	894	260	180	29	39
广宁县	3710	670	781	374	359
怀集县	5905	1724	1786	699	881
封开县	3533	860	1450	377	972
德庆县	1377	248	631	174	342
四会市	244	46	73	26	45
惠州市	**18091**	**4971**	**4847**	**2294**	**3535**
惠城区	892	259	293	160	162
惠阳区	1245	396	466	303	410
博罗县	6082	1734	1479	559	998
惠东县	8163	2076	2179	1037	1642
龙门县	1709	506	430	235	323
梅州市	**26678**	**6682**	**12705**	**3865**	**9802**
梅江区	288	64	131	52	107
梅县区	1732	434	679	108	633
大埔县	1691	403	556	117	379
丰顺县	4596	1043	1308	363	680
五华县	11180	2784	6821	2243	6125
平远县	2626	691	1375	500	1054
蕉岭县	1336	285	379	162	257
兴宁市	3229	978	1456	320	567

8-1b 续表 5　　　　单位：户

地　区	住房间数				
	六间	七间	八间	九间	十间及以上
汕尾市	**10000**	**3004**	**3132**	**1210**	**1992**
城　区	211	69	34	8	14
海丰县	2831	554	579	186	394
陆河县	4318	1439	1711	714	1159
陆丰市	2640	942	808	302	425
河源市	**13145**	**4409**	**4639**	**1978**	**3121**
源城区	12	3			2
紫金县	6600	2591	2613	1161	1682
龙川县	1321	314	352	176	395
连平县	3174	880	1139	419	752
和平县	676	133	174	97	116
东源县	1362	488	361	125	174
阳江市	**10240**	**2518**	**2628**	**860**	**1765**
江城区	1233	201	323	50	194
阳东区	922	158	184	41	100
阳西县	4575	1156	1244	370	942
阳春市	3510	1003	877	399	529
清远市	**21806**	**5152**	**5172**	**3121**	**3381**
清城区	8435	1915	1471	833	893
清新区	356	89	84	55	55
佛冈县	594	143	141	39	67
阳山县	2795	434	576	690	409
连山壮族瑶族自治县	648	153	212	154	194
连南瑶族自治县	1838	456	504	278	330
英德市	5483	1536	1744	921	1222
连州市	1657	426	440	151	211
东莞市	**299**	**71**	**97**	**20**	**61**
市辖区	299	71	97	20	61
中山市	**4930**	**1230**	**1046**	**415**	**1077**
市辖区	4930	1230	1046	415	1077
潮州市	**7367**	**978**	**1605**	**436**	**601**
湘桥区	1010	131	247	92	77
潮安区	3099	451	760	255	359
饶平县	3258	396	598	89	165
揭阳市	**14958**	**3012**	**3708**	**1030**	**1505**
榕城区	266	86	34	5	6
揭东区	1480	386	443	97	134
揭西县	4252	874	1034	183	360
惠来县	5957	1187	1528	586	821
普宁市	3003	479	669	159	184
云浮市	**13372**	**3578**	**5947**	**2083**	**4212**
云城区					
云安区	1677	556	680	332	375
新兴县	1708	415	452	137	335
郁南县	5982	1595	2809	976	2153
罗定市	4005	1012	2006	638	1349

8-1c　各地区按住房间数分的家庭户户数(乡村)

单位：户

地　区	家庭户户　数	住房间数				
		一间	二间	三间	四间	五间
广　东	**9187706**	**1222275**	**1277208**	**1802055**	**1524992**	**966601**
广州市	**793904**	**269177**	**116168**	**135254**	**87575**	**61836**
荔湾区						
越秀区						
海珠区						
天河区						
白云区	220114	91707	38173	26892	15140	13770
黄埔区	26844	8602	4655	3642	2343	2049
番禺区	108212	59710	13882	10559	9526	6279
花都区	142160	45810	19373	31783	15794	8115
南沙区	74610	28221	8933	8898	10131	8389
从化区	98341	4758	12356	26508	18273	10984
增城区	123623	30369	18796	26972	16368	12250
韶关市	**390819**	**11439**	**39077**	**96249**	**87985**	**55849**
武江区	16999	982	2431	5181	2642	1822
浈江区	14971	450	1452	3161	2266	1886
曲江区	33686	1658	4213	9564	6696	4741
始兴县	40684	1004	4158	9117	10526	5651
仁化县	35438	1028	2476	5662	7933	6002
翁源县	60811	1479	4037	11099	12791	10624
乳源瑶族自治县	31106	740	3093	9483	6748	4142
新丰县	29938	666	2081	7584	6670	3692
乐昌市	61554	1697	6863	15692	13513	8688
南雄市	65632	1735	8273	19706	18200	8601
深圳市	**13550**	**7694**	**2579**	**1612**	**543**	**347**
罗湖区						
福田区						
南山区						
宝安区						
龙岗区	13550	7694	2579	1612	543	347
盐田区						
龙华区						
坪山区						
光明区						
珠海市	**68646**	**23302**	**10036**	**12296**	**6817**	**5860**
香洲区	26	6	10	1		2
斗门区	63623	21917	9014	11070	6377	5573
金湾区	4997	1379	1012	1225	440	285
汕头市	**347268**	**59097**	**91482**	**61760**	**73510**	**18269**
龙湖区	21234	732	2581	3553	4483	2816
金平区	3332	361	799	703	754	253
濠江区	13821	959	2856	2213	2384	1047
潮阳区	148740	38821	46125	27691	21505	4553
潮南区	105015	12494	24530	18232	30136	5435
澄海区	51425	5425	13913	8309	13546	3792
南澳县	3701	305	678	1059	702	373
佛山市	**114874**	**31372**	**19475**	**22439**	**18085**	**11683**
禅城区						
南海区	32887	9078	4139	5743	4353	3863
顺德区	13787	6433	2054	1068	1702	1609
三水区	50781	11425	7857	10276	10843	5620
高明区	17419	4436	5425	5352	1187	591

注：本表数据为居住在普通住宅的家庭户。

8-1c 续表 1

单位：户

地　区	家庭户户　数	住房间数				
		一间	二间	三间	四间	五间
江门市	**484695**	**67918**	**113835**	**133392**	**84671**	**44041**
蓬江区	6764	180	592	1199	1603	1933
江海区						
新会区	93880	15881	24253	28315	13391	6987
台山市	156300	23684	44276	45960	23476	9821
开平市	99990	13433	22362	28990	19521	8654
鹤山市	56391	8071	8601	12243	10217	8381
恩平市	71370	6669	13751	16685	16463	8265
湛江市	**1028554**	**36510**	**101858**	**208191**	**181247**	**117253**
赤坎区	2159	64	342	530	290	100
霞山区	7912	891	1252	1545	1243	504
坡头区	53840	1140	4875	11968	7198	5261
麻章区	75821	3654	8891	15771	13480	6333
遂溪县	147015	3818	12849	32580	29988	14198
徐闻县	105928	4027	11801	26104	24951	12197
廉江市	247373	7492	18670	45758	39771	23088
雷州市	242665	11113	29452	50657	48203	42576
吴川市	145841	4311	13726	23278	16123	12996
茂名市	**982291**	**24886**	**60828**	**137405**	**134506**	**110000**
茂南区	86874	2512	6752	18208	15311	12399
电白区	229713	6917	15250	35165	32002	22188
高州市	256510	5114	13037	30833	31282	34149
化州市	225679	5069	12839	28400	28037	19373
信宜市	183515	5274	12950	24799	27874	21891
肇庆市	**624260**	**69537**	**92325**	**121876**	**102584**	**72835**
端州区						
鼎湖区	17439	3540	3665	4354	3045	1588
高要区	137193	33545	34686	36810	19119	7435
广宁县	84314	4875	12936	17152	14935	14408
怀集县	173782	3693	10342	23456	28365	27648
封开县	79075	2081	5915	11172	14183	9619
德庆县	70916	9843	10194	12911	12740	7237
四会市	61541	11960	14587	16021	10197	4900
惠州市	**414839**	**74455**	**55475**	**88644**	**62924**	**48260**
惠城区	83678	20373	10781	17219	9797	7060
惠阳区	71393	26529	8866	12402	7991	5206
博罗县	119319	12517	13878	26034	20380	18152
惠东县	92818	12534	16464	20574	16594	11305
龙门县	47631	2502	5486	12415	8162	6537
梅州市	**591272**	**16939**	**41360**	**87696**	**113682**	**83284**
梅江区	10509	238	786	2027	2452	1638
梅县区	86876	979	4873	12353	18865	13915
大埔县	64983	2049	7558	15316	15855	8800
丰顺县	68768	8696	10164	14691	13603	8650
五华县	157520	1266	4764	13247	20290	19246
平远县	32406	307	1109	3181	5236	4450
蕉岭县	29857	797	2605	5284	7162	4464
兴宁市	140353	2607	9501	21597	30219	22121

8－1c　续表 2　　　　单位：户

地　区	家庭户户　数	住房间数 一间	二间	三间	四间	五间
汕尾市	**294748**	**40989**	**58576**	**77517**	**48819**	**27936**
城　区	28122	7179	7213	7819	3752	1192
海丰县	68898	12411	13221	18999	14107	5522
陆河县	27079	588	1461	4544	3830	4654
陆丰市	170649	20811	36681	46155	27130	16568
河源市	**452661**	**12084**	**29365**	**88452**	**91861**	**65081**
源城区	11902	3688	1505	1506	1038	1313
紫金县	95728	1428	4509	14940	13315	14099
龙川县	133618	2350	8278	27074	32327	16144
连平县	55421	1094	2959	9721	12353	8889
和平县	83598	1532	6736	19404	19555	13279
东源县	72394	1992	5378	15807	13273	11357
阳江市	**359458**	**23048**	**46187**	**78680**	**71701**	**51551**
江城区	55296	3698	8656	14605	12669	6982
阳东区	68487	7943	13684	18244	15124	7225
阳西县	74772	4415	8940	18853	14839	9163
阳春市	160903	6992	14907	26978	29069	28181
清远市	**533138**	**28946**	**60200**	**131527**	**112134**	**63121**
清城区	42157	2076	3369	8771	10035	4550
清新区	103739	5800	11006	27436	32565	8787
佛冈县	53801	4741	10309	16128	10752	4351
阳山县	67681	3055	6065	14781	9759	9263
连山壮族瑶族自治县	16447	323	1020	3885	2748	1983
连南瑶族自治县	22532	526	2150	6124	4758	3077
英德市	156931	9722	18374	40601	27193	19401
连州市	69850	2703	7907	13801	14324	11709
东莞市	**238377**	**139948**	**28821**	**29746**	**17484**	**12114**
市辖区	238377	139948	28821	29746	17484	12114
中山市	**149915**	**53081**	**15516**	**27628**	**29149**	**15396**
市辖区	149915	53081	15516	27628	29149	15396
潮州市	**239203**	**44362**	**67716**	**51371**	**38906**	**17229**
湘桥区	18170	5596	6743	1743	2888	404
潮安区	101084	9737	27618	24777	18089	8459
饶平县	119949	29029	33355	24851	17929	8366
揭阳市	**660573**	**167129**	**185717**	**135594**	**85868**	**32517**
榕城区	46411	17301	16421	7394	3106	1030
揭东区	110603	40889	39503	15954	8218	3161
揭西县	123216	26146	34815	22876	14379	9942
惠来县	131293	16510	26326	28880	28331	8802
普宁市	249050	66283	68652	60490	31834	9582
云浮市	**404661**	**20362**	**40612**	**74726**	**74941**	**52139**
云城区	28218	2100	3852	6559	5662	4189
云安区	47135	1924	4309	8218	8267	6516
新兴县	73051	7651	10733	16884	15117	10407
郁南县	64788	2879	5848	8511	11018	6933
罗定市	191469	5808	15870	34554	34877	24094

8－1c 续表 3

单位：户

地区	住房间数				
	六间	七间	八间	九间	十间及以上
广 东	**1107471**	**303879**	**453194**	**212219**	**317812**
广州市	**57150**	**16984**	**19917**	**11004**	**18839**
荔湾区					
越秀区					
海珠区					
天河区					
白云区	11485	4557	5648	4054	8688
黄埔区	1843	647	1111	647	1305
番禺区	4572	1305	1312	378	689
花都区	9588	2266	3413	2544	3474
南沙区	5999	1752	1220	480	587
从化区	14187	3241	4011	1701	2322
增城区	9476	3216	3202	1200	1774
韶关市	**60622**	**12905**	**15895**	**4161**	**6637**
武江区	2594	526	438	211	172
浈江区	3563	641	740	362	450
曲江区	4593	786	899	266	270
始兴县	6347	1255	1735	376	515
仁化县	8018	1542	1443	515	819
翁源县	10562	3342	4149	803	1925
乳源瑶族自治县	4929	722	731	209	309
新丰县	4720	1208	1994	482	841
乐昌市	8783	2042	2477	728	1071
南雄市	6513	841	1289	209	265
深圳市	**245**	**112**	**126**	**75**	**217**
罗湖区					
福田区					
南山区					
宝安区					
龙岗区	245	112	126	75	217
盐田区					
龙华区					
坪山区					
光明区					
珠海市	**5299**	**1418**	**1420**	**859**	**1339**
香洲区	2	3			2
斗门区	4948	1318	1328	812	1266
金湾区	349	97	92	47	71
汕头市	**24051**	**3504**	**8534**	**2034**	**5027**
龙湖区	3003	732	1697	492	1145
金平区	332	22	47	42	19
濠江区	1579	699	1034	254	796
潮阳区	6159	670	1901	349	966
潮南区	8910	758	2624	594	1302
澄海区	3752	539	1141	264	744
南澳县	316	84	90	39	55
佛山市	**7548**	**1878**	**1577**	**434**	**383**
禅城区					
南海区	3382	1002	882	272	173
顺德区	623	143	80	11	64
三水区	3229	668	577	144	142
高明区	314	65	38	7	4

8-1c　续表 4　　　　单位：户

地　区	住房间数				
	六间	七间	八间	九间	十间及以上
江门市	**26127**	**6224**	**5383**	**1354**	**1750**
蓬江区	842	272	102	23	18
江海区					
新会区	3232	680	496	291	354
台山市	5459	1451	1301	339	533
开平市	4765	878	1025	139	223
鹤山市	5513	1733	1056	281	295
恩平市	6316	1210	1403	281	327
湛江市	**176547**	**41940**	**78354**	**41731**	**44923**
赤坎区	280	45	184	121	203
霞山区	1148	155	472	340	362
坡头区	12250	2859	3850	2931	1508
麻章区	11187	2446	6848	2252	4959
遂溪县	28523	5149	11287	4116	4507
徐闻县	18597	2059	3904	1188	1100
廉江市	46323	10542	24517	13526	17686
雷州市	32278	9123	10931	3209	5123
吴川市	25961	9562	16361	14048	9475
茂名市	**171011**	**54601**	**99193**	**77698**	**112163**
茂南区	10739	4306	7154	4137	5356
电白区	39968	13573	24284	17749	22617
高州市	54801	17505	26208	22474	21107
化州市	34811	9968	23276	23838	40068
信宜市	30692	9249	18271	9500	23015
肇庆市	**82078**	**22155**	**30953**	**12128**	**17789**
端州区					
鼎湖区	827	212	138	26	44
高要区	3893	800	678	73	154
广宁县	13577	2448	2385	967	631
怀集县	35913	12454	15644	6656	9611
封开县	15967	3934	8529	2555	5120
德庆县	9234	1874	3163	1727	1993
四会市	2667	433	416	124	236
惠州市	**46114**	**12723**	**14180**	**5086**	**6978**
惠城区	8449	2313	3642	1913	2131
惠阳区	5094	1496	1881	702	1226
博罗县	16716	4559	4184	1290	1609
惠东县	8609	2299	2608	569	1262
龙门县	7246	2056	1865	612	750
梅州市	**104000**	**31276**	**59915**	**14471**	**38649**
梅江区	1620	423	808	119	398
梅县区	16191	4250	9165	1050	5235
大埔县	7582	1915	3400	590	1918
丰顺县	7093	1952	2433	541	945
五华县	34265	11018	25041	8682	19701
平远县	7043	2537	4658	1043	2842
蕉岭县	4498	1289	2049	422	1287
兴宁市	25708	7892	12361	2024	6323

8－1c 续表 5 单位：户

地 区	住房间数				
	六间	七间	八间	九间	十间及以上
汕尾市	**20470**	**6948**	**7292**	**2518**	**3683**
城 区	594	151	100	27	95
海丰县	2720	881	635	145	257
陆河县	6431	1873	1906	858	934
陆丰市	10725	4043	4651	1488	2397
河源市	**79669**	**29887**	**31570**	**9597**	**15095**
源城区	1205	554	526	280	287
紫金县	22102	9925	8910	2914	3586
龙川县	21446	7515	10123	2852	5509
连平县	9937	3131	3828	1211	2298
和平县	11760	4174	4242	1138	1778
东源县	13219	4588	3941	1202	1637
阳江市	**46993**	**14421**	**14864**	**5602**	**6411**
江城区	5048	1303	1273	475	587
阳东区	3966	896	805	188	412
阳西县	9388	3141	3287	1501	1245
阳春市	28591	9081	9499	3438	4167
清远市	**81225**	**18567**	**21452**	**7028**	**8938**
清城区	7980	1720	1749	991	916
清新区	12083	2152	2888	469	553
佛冈县	4641	895	1286	281	417
阳山县	14104	3381	3951	1514	1808
连山壮族瑶族自治县	3527	585	1008	597	771
连南瑶族自治县	3614	843	949	218	273
英德市	23734	5811	7148	1859	3088
连州市	11542	3180	2473	1099	1112
东莞市	**6490**	**1305**	**1268**	**496**	**705**
市辖区	6490	1305	1268	496	705
中山市	**5731**	**1324**	**1043**	**370**	**677**
市辖区	5731	1324	1043	370	677
潮州市	**12796**	**1862**	**2932**	**841**	**1188**
湘桥区	516	78	107	45	50
潮安区	7692	1065	2029	664	954
饶平县	4588	719	796	132	184
揭阳市	**32879**	**5877**	**8202**	**2961**	**3829**
榕城区	697	130	170	85	77
揭东区	1874	432	350	102	120
揭西县	8513	2226	2446	835	1038
惠来县	14739	1554	3317	1143	1691
普宁市	7056	1535	1919	796	903
云浮市	**60426**	**17968**	**29124**	**11771**	**22592**
云城区	3543	929	878	269	237
云安区	7580	3419	3486	1307	2109
新兴县	7675	1940	1799	349	496
郁南县	11357	3546	6618	2768	5310
罗定市	30271	8134	16343	7078	14440

8-2 各地区按人均住房建筑面积分的家庭户户数

单位：户

地 区	家庭户户 数	人均住房建筑面积(平方米)			
		8及以下	9-12	13-16	17-19
广 东	**38953156**	**2348833**	**3651726**	**4261776**	**1503579**
广州市	**6803376**	**416391**	**778477**	**922237**	**284230**
荔湾区	392097	15456	39224	49127	21636
越秀区	369923	18172	34524	43960	22640
海珠区	730490	39361	85645	96584	37596
天河区	844860	46518	99481	124861	42296
白云区	1475291	99039	199096	232563	57131
黄埔区	449090	30484	53870	67727	20057
番禺区	1061490	85913	148649	157209	31451
花都区	551977	38231	56519	68164	22668
南沙区	292401	29914	32167	36711	7444
从化区	179852	1123	4736	10779	6616
增城区	455905	12180	24566	34552	14695
韶关市	**906571**	**3600**	**14762**	**35516**	**25537**
武江区	122543	1285	3750	7313	4053
浈江区	112862	476	2674	5738	4054
曲江区	91235	185	1134	3374	2875
始兴县	67115	222	743	1879	1438
仁化县	60155	142	560	1536	1151
翁源县	95213	255	1241	3332	2564
乳源瑶族自治县	56534	132	796	2245	1803
新丰县	56913	211	1068	2533	1561
乐昌市	127560	496	1919	4305	3022
南雄市	116441	196	877	3261	3016
深圳市	**5973267**	**758582**	**1011258**	**1020441**	**339696**
罗湖区	349468	29909	43252	46603	24419
福田区	479626	44862	55907	54646	26783
南山区	524139	43790	56516	58659	35368
宝安区	1631815	263363	318005	308386	103516
龙岗区	1390618	149923	235531	226150	72784
盐田区	56602	5803	6986	7519	3719
龙华区	942728	123629	176777	191922	51821
坪山区	183451	25607	35732	33226	6916
光明区	414820	71696	82552	93330	14370
珠海市	**781411**	**53256**	**74853**	**92306**	**39005**
香洲区	461310	35616	47960	54033	24612
斗门区	197850	11435	17526	24716	8819
金湾区	122251	6205	9367	13557	5574
汕头市	**1279908**	**49984**	**92055**	**135028**	**66835**
龙湖区	175681	4678	9363	14903	8169
金平区	242570	5244	14603	24300	15181
濠江区	59195	2503	3889	5115	3104
潮阳区	335917	20566	30859	41374	17425
潮南区	253864	9589	19356	28545	12739
澄海区	194862	7020	13273	19604	9470
南澳县	17819	384	712	1187	747
佛山市	**2962794**	**175838**	**265744**	**326397**	**113782**
禅城区	470011	15287	39227	54009	22189
南海区	1065015	42466	84566	113247	43062
顺德区	1056260	106228	120871	128697	32007
三水区	221270	7394	12159	16444	8680
高明区	150238	4463	8921	14000	7844

注：本表数据为居住在普通住宅的家庭户。

8-2 续表 1

单位：户

地　　区	家庭户户　数	人均住房建筑面积(平方米)			
		8及以下	9-12	13-16	17-19
江门市	**1478619**	**37148**	**69349**	**106981**	**59708**
蓬江区	261741	8010	13416	19322	10377
江海区	106491	7173	9471	10766	5187
新会区	279738	5896	12921	21624	13875
台山市	295055	2996	9383	18401	10619
开平市	230187	5377	10611	18217	10108
鹤山市	165558	6933	10565	12925	6302
恩平市	139849	763	2982	5726	3240
湛江市	**1880857**	**33751**	**66546**	**106181**	**59124**
赤坎区	126847	3024	6672	9600	5430
霞山区	206205	7493	13618	18854	11228
坡头区	94053	633	1819	3159	2281
麻章区	116242	3140	4874	7371	3039
遂溪县	223914	2257	5015	9563	6018
徐闻县	164149	5026	8321	12233	5466
廉江市	359367	2143	6295	13506	8398
雷州市	347459	8265	15187	24170	13377
吴川市	242621	1770	4745	7725	3887
茂名市	**1670757**	**8539**	**26056**	**52333**	**33045**
茂南区	293038	2347	8369	15798	11571
电白区	378160	2049	4723	9091	5684
高州市	372809	1074	3826	8344	4923
化州市	342601	1867	5074	10199	5769
信宜市	284149	1202	4064	8901	5098
肇庆市	**1234450**	**13322**	**41945**	**81333**	**44200**
端州区	193535	1414	5125	10638	7835
鼎湖区	50725	824	1700	3201	1706
高要区	213288	7140	18778	28070	11173
广宁县	136620	325	1694	4676	3180
怀集县	233225	598	3114	8257	5284
封开县	116650	431	2267	5906	3589
德庆县	104707	940	3561	7382	3521
四会市	185700	1650	5706	13203	7912
惠州市	**1667933**	**49477**	**110064**	**159562**	**56922**
惠城区	596675	19530	41372	61200	23615
惠阳区	427825	16026	36829	49648	15203
博罗县	296513	5719	14222	20490	7978
惠东县	255478	7548	15218	23276	7237
龙门县	91442	654	2423	4948	2889
梅州市	**1114654**	**7394**	**21351**	**47214**	**25811**
梅江区	110963	443	1731	4274	2594
梅县区	167409	717	2483	6664	4051
大埔县	111027	566	1891	4658	2747
丰顺县	134311	3737	7509	11499	4864
五华县	232645	747	3103	7144	4367
平远县	60516	54	297	1204	907
蕉岭县	59813	169	557	1839	949
兴宁市	237970	961	3780	9932	5332

8-2 续表 2

单位：户

地区	家庭户户数	人均住房建筑面积(平方米)			
		8及以下	9-12	13-16	17-19
汕尾市	**673055**	**20471**	**38366**	**56277**	**29540**
城 区	113223	4402	8337	11003	5250
海丰县	207755	5520	12075	19125	10385
陆河县	53503	243	1209	2572	1434
陆丰市	298574	10306	16745	23577	12471
河源市	**809480**	**5435**	**15038**	**30669**	**20172**
源城区	177748	3510	7994	12275	7034
紫金县	144896	260	1106	3184	2106
龙川县	189092	344	1845	5459	4341
连平县	85820	151	600	1923	1274
和平县	115528	243	1171	3713	2794
东源县	96396	927	2322	4115	2623
阳江市	**751107**	**7055**	**14607**	**26406**	**15086**
江城区	230849	1979	4593	8758	5322
阳东区	137043	3569	5403	7449	3587
阳西县	123601	628	1902	3930	2380
阳春市	259614	879	2709	6269	3797
清远市	**1132699**	**7222**	**25589**	**59656**	**39467**
清城区	290095	1880	6989	16914	11767
清新区	181748	1753	5442	11839	8083
佛冈县	94511	811	3084	6701	3945
阳山县	111780	336	1247	3485	2894
连山壮族瑶族自治县	27753	48	292	826	709
连南瑶族自治县	40462	105	559	1587	1039
英德市	264885	2019	6433	14328	8104
连州市	121465	270	1543	3976	2926
东莞市	**3743775**	**404144**	**597035**	**558986**	**99402**
市辖区	3743775	404144	597035	558986	99402
中山市	**1412906**	**155120**	**179690**	**175825**	**43326**
市辖区	1412906	155120	179690	175825	43326
潮州市	**671741**	**24448**	**46001**	**64663**	**30262**
湘桥区	166104	5025	9142	13461	7113
潮安区	276956	10496	20691	29937	13066
饶平县	228681	8927	16168	21265	10083
揭阳市	**1323122**	**114100**	**148700**	**172458**	**59393**
榕城区	215870	26115	32563	33296	9539
揭东区	227814	26967	35166	33769	10878
揭西县	175597	10634	15311	19294	6072
惠来县	228173	11537	19777	28204	11226
普宁市	475668	38847	45883	57895	21678
云浮市	**680674**	**3556**	**14240**	**31307**	**19036**
云城区	108422	776	3305	7270	4668
云安区	63042	232	887	2197	1765
新兴县	126173	1076	4033	7980	3920
郁南县	111125	550	1715	3662	1954
罗定市	271912	922	4300	10198	6729

8-2 续表 3

单位：户

地　区	人均住房建筑面积(平方米)					
	20-29	30-39	40-49	50-59	60-69	70及以上
广　东	**8341354**	**5338218**	**3584591**	**2184216**	**1888296**	**5850567**
广州市	**1661865**	**962678**	**526078**	**315481**	**239345**	**696594**
荔湾区	103422	64577	35022	19354	14816	29463
越秀区	90086	58317	34572	22097	15541	30014
海珠区	186347	108070	57116	36190	27009	56572
天河区	227727	125385	57338	31910	23235	66109
白云区	374624	197852	95800	57364	41562	120260
黄埔区	118478	63492	32551	16589	12037	33805
番禺区	245112	135000	68723	42495	34705	112233
花都区	125040	76636	49516	25910	18462	70831
南沙区	51881	30726	21956	16267	13766	51569
从化区	41321	31076	23164	14262	12054	34721
增城区	97827	71547	50320	33043	26158	91017
韶关市	**166712**	**153848**	**125614**	**81669**	**80879**	**218434**
武江区	25274	22884	16917	9157	9212	22698
浈江区	22559	20233	15315	8974	8544	24295
曲江区	18889	16950	13166	8297	8489	17876
始兴县	10933	10269	9336	6153	7235	18907
仁化县	8489	8983	8605	5654	6505	18530
翁源县	17472	16275	13018	9051	8567	23438
乳源瑶族自治县	11175	9873	7672	5036	5175	12627
新丰县	10624	8697	7168	5638	4134	15279
乐昌市	20898	19690	17978	12339	11881	35032
南雄市	20399	19994	16439	11370	11137	29752
深圳市	**1376619**	**610222**	**319293**	**154176**	**105615**	**277365**
罗湖区	82224	47130	29605	12635	9435	24256
福田区	103813	68606	44889	20754	14577	44789
南山区	125504	72762	45335	24144	13601	48460
宝安区	339669	133178	65023	27920	19889	52866
龙岗区	363092	145098	71730	40123	25730	60457
盐田区	13208	6535	4780	2094	1553	4405
龙华区	222916	84945	35000	15614	12653	27451
坪山区	43232	17084	7992	4693	2838	6131
光明区	82961	34884	14939	6199	5339	8550
珠海市	**169396**	**107452**	**80213**	**36283**	**27135**	**101512**
香洲区	96928	60775	46454	19616	15814	59502
斗门区	41117	27994	20486	10724	7817	27216
金湾区	31351	18683	13273	5943	3504	14794
汕头市	**314497**	**198896**	**138271**	**70367**	**65379**	**148596**
龙湖区	36457	28377	22480	12773	11920	26561
金平区	63081	39709	25605	16605	12984	25258
濠江区	12016	8992	6511	3638	3531	9896
潮阳区	84616	46554	33745	14028	13498	33252
潮南区	68179	37365	26634	12107	9988	29362
澄海区	46553	34885	20929	9924	12171	21033
南澳县	3595	3014	2367	1292	1287	3234
佛山市	**647308**	**409971**	**283874**	**158219**	**132183**	**449478**
禅城区	116938	76011	46824	23551	18565	57410
南海区	240323	150768	111986	57876	50371	170350
顺德区	198939	120000	82033	56313	44269	166903
三水区	51135	35767	27083	12835	12662	37111
高明区	39973	27425	15948	7644	6316	17704

8-2 续表 4

单位：户

地 区	人均住房建筑面积(平方米)					
	20-29	30-39	40-49	50-59	60-69	70及以上
江门市	**328032**	**241728**	**172815**	**107819**	**87428**	**267611**
蓬江区	58342	43786	32764	17391	14006	44327
江海区	25522	15330	10321	5692	4136	12893
新会区	67219	49267	33638	17849	15343	42106
台山市	64979	51799	36204	25972	19820	54882
开平市	53207	36785	25606	17428	11839	41009
鹤山市	35992	25630	17196	11419	8728	29868
恩平市	22771	19131	17086	12068	13556	42526
湛江市	**331928**	**280007**	**217796**	**144419**	**157880**	**483225**
赤坎区	29151	22684	14319	8766	6870	20331
霞山区	49558	35369	21582	11967	10060	26476
坡头区	13363	13051	12168	6314	10900	30365
麻章区	21160	16882	14218	7494	11227	26837
遂溪县	36663	33988	29176	18781	23154	59299
徐闻县	31239	25836	19331	12763	13037	30897
廉江市	54966	51473	43136	32540	31623	115287
雷州市	67352	53806	40302	24168	28246	72586
吴川市	28476	26918	23564	21626	22763	101147
茂名市	**216394**	**224543**	**190526**	**148143**	**161224**	**609954**
茂南区	58802	51230	37443	21833	23893	61752
电白区	42036	48160	44938	33012	39520	148947
高州市	37548	43652	38675	37100	37612	160055
化州市	40794	42150	36831	29021	33381	137515
信宜市	37214	39351	32639	27177	26818	101685
肇庆市	**250137**	**194295**	**157762**	**92569**	**88600**	**270287**
端州区	42240	34444	25658	14504	12113	39564
鼎湖区	10601	8287	6348	4325	3505	10228
高要区	53572	32637	19608	10331	10053	21926
广宁县	21170	20308	18397	13627	10372	42871
怀集县	34370	35074	34660	20918	21863	69087
封开县	21195	17888	16254	9665	9898	29557
德庆县	21793	16116	13415	8478	8098	21403
四会市	45196	29541	23422	10721	12698	35651
惠州市	**401983**	**257449**	**179701**	**108480**	**88847**	**255448**
惠城区	151326	94464	62921	36376	27613	78258
惠阳区	110482	63997	38858	23300	17402	56080
博罗县	62003	48164	34754	23835	20866	58482
惠东县	60809	36520	31965	16567	15497	40841
龙门县	17363	14304	11203	8402	7469	21787
梅州市	**194155**	**175790**	**137295**	**105725**	**95431**	**304488**
梅江区	22055	21083	15409	10947	9027	23400
梅县区	33641	30336	21190	16090	13917	38320
大埔县	20547	17705	13410	11327	8917	29259
丰顺县	28422	20381	16618	9377	8525	23379
五华县	29931	30793	26468	22426	21773	85893
平远县	7850	8217	7392	6494	6422	21679
蕉岭县	9746	9882	7630	6345	5822	16874
兴宁市	41963	37393	29178	22719	21028	65684

8-2 续表 5

单位：户

地 区	人均住房建筑面积(平方米)					
	20-29	30-39	40-49	50-59	60-69	70及以上
汕尾市	**148840**	**99087**	**78059**	**41100**	**35521**	**125794**
城 区	26396	16422	13466	6840	5139	15968
海丰县	51233	32834	21916	13292	9812	31563
陆河县	8944	7744	6525	4809	4270	15753
陆丰市	62267	42087	36152	16159	16300	62510
河源市	**136281**	**123007**	**99095**	**76170**	**65931**	**237682**
源城区	41524	30762	20498	14655	9736	29760
紫金县	16654	18366	16966	15617	14364	56273
龙川县	29701	28003	22745	18312	16541	61801
连平县	11435	13031	11829	8634	8554	28389
和平县	21241	19077	15323	11083	9225	31658
东源县	15726	13768	11734	7869	7511	29801
阳江市	**112544**	**113545**	**96415**	**69107**	**69809**	**226533**
江城区	38569	38934	31081	20652	19938	61023
阳东区	24513	19998	16226	11267	11568	33463
阳西县	18528	18399	16507	10905	11954	38468
阳春市	30934	36214	32601	26283	26349	93579
清远市	**230285**	**184044**	**148447**	**87439**	**84389**	**266161**
清城区	66420	48835	39495	19953	17926	59916
清新区	39462	28020	21743	11280	13035	41091
佛冈县	23443	16735	11386	6983	6015	15408
阳山县	18065	18192	14981	10181	9146	33253
连山壮族瑶族自治县	4534	4453	3806	2746	2522	7817
连南瑶族自治县	7047	6126	5472	3866	3096	11565
英德市	53178	43725	35752	21612	21644	58090
连州市	18136	17958	15812	10818	11005	39021
东莞市	**840208**	**453220**	**217214**	**152732**	**103526**	**317308**
市辖区	840208	453220	217214	152732	103526	317308
中山市	**254659**	**171022**	**115632**	**78931**	**56962**	**181739**
市辖区	254659	171022	115632	78931	56962	181739
潮州市	**153150**	**109283**	**80312**	**40153**	**38702**	**84767**
湘桥区	35936	28572	22102	10711	10535	23507
潮安区	69036	45202	30514	15011	14315	28688
饶平县	48178	35509	27696	14431	13852	32572
揭阳市	**288110**	**160613**	**134471**	**54365**	**48498**	**142414**
榕城区	44903	23517	19044	6840	6638	13415
揭东区	42980	29096	21124	6444	5790	15600
揭西县	37152	21461	21477	9034	9366	25796
惠来县	54097	27611	27834	9951	9241	28695
普宁市	108978	58928	44992	22096	17463	58908
云浮市	**118251**	**107518**	**85708**	**60869**	**55012**	**185177**
云城区	25844	19496	13624	8523	7126	17790
云安区	9376	9497	8473	5821	5227	19567
新兴县	26205	22062	15750	11130	8916	25101
郁南县	14480	15570	13787	10647	9910	38850
罗定市	42346	40893	34074	24748	23833	83869

8−2a　各地区按人均住房建筑面积分的家庭户户数(城市)

单位：户

地　　区	家庭户户　数	人均住房建筑面积(平方米)			
		8及以下	9−12	13−16	17−19
广　东	**25244435**	**1938081**	**2945223**	**3265814**	**1095068**
广州市	**5630762**	**358188**	**678634**	**798240**	**251103**
荔湾区	392097	15456	39224	49127	21636
越秀区	369923	18172	34524	43960	22640
海珠区	730490	39361	85645	96584	37596
天河区	844860	46518	99481	124861	42296
白云区	1181911	85426	170862	196651	48912
黄埔区	410251	29195	51323	64093	18785
番禺区	926714	74832	128459	137687	28410
花都区	384378	31727	43219	51335	16406
南沙区	165886	14991	19618	20991	5667
从化区	62276	192	1247	3332	2801
增城区	161976	2318	5032	9619	5954
韶关市	**307027**	**1829**	**6957**	**15496**	**11280**
武江区	104655	1209	3458	6551	3683
浈江区	88218	426	2343	4851	3308
曲江区	48360	46	488	1780	1934
始兴县					
仁化县					
翁源县					
乳源瑶族自治县					
新丰县					
乐昌市	33309	96	447	1041	1035
南雄市	32485	52	221	1273	1320
深圳市	**5958895**	**757279**	**1008936**	**1018487**	**339203**
罗湖区	349468	29909	43252	46603	24419
福田区	479626	44862	55907	54646	26783
南山区	524064	43789	56505	58657	35313
宝安区	1631815	263363	318005	308386	103516
龙岗区	1377068	148621	233221	224204	72371
盐田区	56602	5803	6986	7519	3719
龙华区	942728	123629	176777	191922	51821
坪山区	182704	25607	35731	33220	6891
光明区	414820	71696	82552	93330	14370
珠海市	**626201**	**42848**	**60541**	**71567**	**32649**
香洲区	452511	35061	46928	53109	24233
斗门区	89611	4708	8640	10110	4232
金湾区	84079	3079	4973	8348	4184
汕头市	**650657**	**15916**	**37479**	**61298**	**36086**
龙湖区	154447	4198	8132	13095	7322
金平区	239238	5135	14424	24034	14959
濠江区	43850	1859	2978	3754	2322
潮阳区	71502	561	1972	4441	3852
潮南区	83929	2320	7333	10437	4754
澄海区	57691	1843	2640	5537	2877
南澳县					
佛山市	**2704968**	**162633**	**243377**	**300634**	**104562**
禅城区	410239	13247	33641	48674	20149
南海区	1014791	39630	80303	107749	41522
顺德区	1042473	104794	119390	126791	31647
三水区	112566	1375	3149	6075	5040
高明区	124899	3587	6894	11345	6204

注：本表数据为居住在普通住宅的家庭户。

8-2a 续表 1

单位：户

地 区	家庭户户数	人均住房建筑面积(平方米) 8及以下	9-12	13-16	17-19
江门市	**868544**	**23044**	**40220**	**62500**	**39703**
蓬江区	254977	8000	13356	19183	10282
江海区	106491	7173	9471	10766	5187
新会区	149185	2412	5536	10696	8649
台山市	114228	680	2527	5478	4642
开平市	103062	761	2876	7571	5546
鹤山市	86771	3721	5303	6528	3795
恩平市	53830	297	1151	2278	1602
湛江市	**565348**	**12637**	**26546**	**40355**	**25325**
赤坎区	124688	2995	6598	9505	5387
霞山区	197152	7017	12966	18103	10939
坡头区	20928	115	430	856	874
麻章区	24452	334	853	1634	772
遂溪县	6158	147	249	334	156
徐闻县					
廉江市	64799	338	1318	3063	2383
雷州市	65479	865	2152	4073	3325
吴川市	61692	826	1980	2787	1489
茂名市	**471069**	**3626**	**12023**	**21911**	**14564**
茂南区	195021	1964	6696	11394	7843
电白区	58725	402	871	1698	1099
高州市	71965	587	1824	3203	1810
化州市	69738	394	1207	2319	1521
信宜市	75620	279	1425	3297	2291
肇庆市	**370013**	**2724**	**9790**	**21900**	**16318**
端州区	193535	1414	5125	10638	7835
鼎湖区	25411	100	460	1314	1050
高要区	35098	245	818	1754	1329
广宁县					
怀集县					
封开县					
德庆县					
四会市	115969	965	3387	8194	6104
惠州市	**809090**	**27725**	**61812**	**86644**	**33182**
惠城区	477738	15356	33192	48059	20414
惠阳区	325604	12262	28371	38147	12633
博罗县	5748	107	249	438	135
惠东县					
龙门县					
梅州市	**248704**	**1032**	**4097**	**10404**	**7308**
梅江区	98512	410	1565	3773	2361
梅县区	68396	261	952	2568	2088
大埔县					
丰顺县					
五华县	4153	7	41	87	68
平远县					
蕉岭县					
兴宁市	77643	354	1539	3976	2791

8-2a 续表 2

单位：户

地 区	家庭户户 数	人均住房建筑面积(平方米) 8及以下	9-12	13-16	17-19
汕尾市	**122293**	**2767**	**6724**	**10103**	**5797**
城 区	75001	2186	4961	6967	3591
海丰县					
陆河县					
陆丰市	47292	581	1763	3136	2206
河源市	**160898**	**2332**	**5726**	**10519**	**6538**
源城区	160898	2332	5726	10519	6538
紫金县					
龙川县					
连平县					
和平县					
东源县					
阳江市	**284210**	**3965**	**6407**	**9986**	**7048**
江城区	160898	1260	2657	5078	3525
阳东区	51795	2344	2756	2953	1881
阳西县					
阳春市	71517	361	994	1955	1642
清远市	**344102**	**2202**	**8636**	**21299**	**17149**
清城区	180400	760	4162	10773	8817
清新区	65995	1125	2782	6142	4627
佛冈县					
阳山县					
连山壮族瑶族自治县					
连南瑶族自治县					
英德市	56713	264	1241	3044	2416
连州市	40994	53	451	1340	1289
东莞市	**3480691**	**380107**	**558435**	**523605**	**92212**
市辖区	3480691	380107	558435	523605	92212
中山市	**901455**	**102162**	**113292**	**108218**	**25307**
市辖区	901455	102162	113292	108218	25307
潮州市	**252837**	**7006**	**13936**	**21131**	**10255**
湘桥区	131365	2392	5499	9065	5175
潮安区	121472	4614	8437	12066	5080
饶平县					
揭阳市	**342198**	**27182**	**37778**	**43139**	**13614**
榕城区	149357	15525	21846	22795	6476
揭东区	69719	9174	10911	11015	2224
揭西县					
惠来县					
普宁市	123122	2483	5021	9329	4914
云浮市	**144473**	**877**	**3877**	**8378**	**5865**
云城区	80204	603	2570	5791	3860
云安区	4692	8	40	146	100
新兴县					
郁南县					
罗定市	59577	266	1267	2441	1905

8-2a 续表 3 单位：户

地 区	人均住房建筑面积(平方米)					
	20-29	30-39	40-49	50-59	60-69	70及以上
广 东	**5821484**	**3405834**	**2039653**	**1168290**	**894249**	**2670739**
广州市	**1423728**	**808197**	**419857**	**241571**	**177671**	**473573**
荔湾区	103422	64577	35022	19354	14816	29463
越秀区	90086	58317	34572	22097	15541	30014
海珠区	186347	108070	57116	36190	27009	56572
天河区	227727	125385	57338	31910	23235	66109
白云区	314347	159928	74281	40465	28409	62630
黄埔区	110068	58274	28829	14245	9959	25480
番禺区	216444	120457	60402	36569	28896	94558
花都区	87847	53738	33026	16343	11246	39491
南沙区	36168	19037	12065	7335	5851	24163
从化区	15043	11668	7944	4704	3757	11588
增城区	36229	28746	19262	12359	8952	33505
韶关市	**66410**	**58583**	**42800**	**25576**	**23654**	**54442**
武江区	22419	19893	14646	7634	7425	17737
浈江区	18918	16394	11812	7193	6506	16467
曲江区	11208	9836	7316	4125	4360	7267
始兴县						
仁化县						
翁源县						
乳源瑶族自治县						
新丰县						
乐昌市	6163	5918	4880	3298	3029	7402
南雄市	7702	6542	4146	3326	2334	5569
深圳市	**1372991**	**608830**	**318531**	**153607**	**105106**	**275925**
罗湖区	82224	47130	29605	12635	9435	24256
福田区	103813	68606	44889	20754	14577	44789
南山区	125499	72762	45334	24144	13601	48460
宝安区	339669	133178	65023	27920	19889	52866
龙岗区	359616	143815	71101	39611	25328	59180
盐田区	13208	6535	4780	2094	1553	4405
龙华区	222916	84945	35000	15614	12653	27451
坪山区	43085	16975	7860	4636	2731	5968
光明区	82961	34884	14939	6199	5339	8550
珠海市	**137683**	**87121**	**65436**	**27712**	**20723**	**79921**
香洲区	94975	59763	45583	19231	15527	58101
斗门区	20366	13193	9699	4476	2806	11381
金湾区	22342	14165	10154	4005	2390	10439
汕头市	**157629**	**106216**	**72424**	**42997**	**35957**	**84655**
龙湖区	31968	25205	19145	10931	10574	23877
金平区	62228	39157	25164	16463	12847	24827
濠江区	9309	6675	4750	2652	2589	6962
潮阳区	16293	12684	8757	5454	4239	13249
潮南区	23873	12432	7954	3939	2641	8246
澄海区	13958	10063	6654	3558	3067	7494
南澳县						
佛山市	**594567**	**376002**	**259487**	**144065**	**117171**	**402470**
禅城区	104904	69594	41249	19949	15122	43710
南海区	231277	144826	107390	54422	47210	160462
顺德区	196143	118304	81149	55595	43701	164959
三水区	27880	21013	15945	7516	6268	18305
高明区	34363	22265	13754	6583	4870	15034

8-2a 续表 4

单位：户

地 区	人均住房建筑面积(平方米)					
	20-29	30-39	40-49	50-59	60-69	70及以上
江门市	**205968**	**149346**	**102200**	**56857**	**43680**	**145026**
蓬江区	57501	42750	31716	16590	13359	42240
江海区	25522	15330	10321	5692	4136	12893
新会区	39267	28502	16686	9393	7286	20758
台山市	26099	22486	14727	9048	6962	21579
开平市	27106	18409	13184	6278	3944	17387
鹤山市	21327	14449	9083	5799	3894	12872
恩平市	9146	7420	6483	4057	4099	17297
湛江市	**124504**	**92961**	**62353**	**39189**	**33204**	**108274**
赤坎区	28740	22371	14100	8554	6688	19750
霞山区	47757	33859	20591	11379	9398	25143
坡头区	4057	3881	2719	1390	1761	4845
麻章区	5174	3720	3076	1633	2016	5240
遂溪县	973	720	742	639	446	1752
徐闻县						
廉江市	14217	10062	7258	5156	4109	16895
雷州市	13718	9989	7320	5058	3992	14987
吴川市	9868	8359	6547	5380	4794	19662
茂名市	**84424**	**78620**	**57727**	**38800**	**37078**	**122296**
茂南区	39935	35150	25128	15194	13456	38261
电白区	7902	8272	6981	5291	5495	20714
高州市	12761	11947	8294	6281	5856	19402
化州市	10188	10425	8243	5655	6008	23778
信宜市	13638	12826	9081	6379	6263	20141
肇庆市	**86583**	**63134**	**48851**	**24720**	**20725**	**75268**
端州区	42240	34444	25658	14504	12113	39564
鼎湖区	5828	4426	3194	2297	1455	5287
高要区	7349	5301	5381	1869	2154	8898
广宁县						
怀集县						
封开县						
德庆县						
四会市	31166	18963	14618	6050	5003	21519
惠州市	**211876**	**127622**	**82262**	**44845**	**33765**	**99357**
惠城区	124634	78274	51615	27656	21016	57522
惠阳区	86031	48488	30110	16656	12379	40527
博罗县	1211	860	537	533	370	1308
惠东县						
龙门县						
梅州市	**55515**	**49141**	**33205**	**21947**	**19426**	**46629**
梅江区	19754	19063	13912	9554	7942	20178
梅县区	17261	15060	9129	5462	5041	10574
大埔县						
丰顺县						
五华县	439	418	438	391	417	1847
平远县						
蕉岭县						
兴宁市	18061	14600	9726	6540	6026	14030

8-2a 续表 5 单位：户

地 区	人均住房建筑面积(平方米)					
	20-29	30-39	40-49	50-59	60-69	70及以上
汕尾市	**28580**	**18718**	**14791**	**7513**	**6017**	**21283**
城 区	18384	11347	8569	4775	3383	10838
海丰县						
陆河县						
陆丰市	10196	7371	6222	2738	2634	10445
河源市	**38400**	**28810**	**18892**	**13596**	**8987**	**27098**
源城区	38400	28810	18892	13596	8987	27098
紫金县						
龙川县						
连平县						
和平县						
东源县						
阳江市	**46877**	**47049**	**35697**	**25660**	**23763**	**77758**
江城区	26083	27892	21637	14966	13834	43966
阳东区	9379	7293	4822	4146	3406	12815
阳西县						
阳春市	11415	11864	9238	6548	6523	20977
清远市	**84443**	**61818**	**44438**	**24083**	**20302**	**59732**
清城区	44440	33546	24293	12444	10585	30580
清新区	18952	11017	6867	3551	2597	8335
佛冈县						
阳山县						
连山壮族瑶族自治县						
连南瑶族自治县						
英德市	13470	10619	7827	4433	3944	9455
连州市	7581	6636	5451	3655	3176	11362
东莞市	**779796**	**422454**	**201504**	**140515**	**92720**	**289343**
市辖区	779796	422454	201504	140515	92720	289343
中山市	**159671**	**111045**	**75415**	**52091**	**35746**	**118508**
市辖区	159671	111045	75415	52091	35746	118508
潮州市	**58821**	**44534**	**32053**	**16454**	**15776**	**32871**
湘桥区	28404	24061	18186	9440	9384	19759
潮安区	30417	20473	13867	7014	6392	13112
饶平县						
揭阳市	**71597**	**41179**	**34207**	**15098**	**12831**	**45573**
榕城区	31542	17956	13402	5317	5056	9442
揭东区	12956	5980	6330	2639	1946	6544
揭西县						
惠来县						
普宁市	27099	17243	14475	7142	5829	29587
云浮市	**31421**	**24454**	**17523**	**11394**	**9947**	**30737**
云城区	20625	14665	9771	6010	4763	11546
云安区	693	722	679	457	486	1361
新兴县						
郁南县						
罗定市	10103	9067	7073	4927	4698	17830

8-2b　各地区按人均住房建筑面积分的家庭户户数(镇)

单位：户

地　　区	家庭户户　数	人均住房建筑面积(平方米)			
		8及以下	9-12	13-16	17-19
广　东	**4521015**	**158904**	**267574**	**366259**	**157914**
广州市	**378710**	**18459**	**30612**	**38312**	**12221**
荔湾区					
越秀区					
海珠区					
天河区					
白云区	73266	2891	6556	9325	2609
黄埔区	11995	61	183	637	796
番禺区	26564	2182	3172	3943	566
花都区	25439	528	1357	2253	1064
南沙区	51905	5769	6091	6056	997
从化区	19235	127	561	983	614
增城区	170306	6901	12692	15115	5575
韶关市	**208725**	**798**	**3490**	**8486**	**6795**
武江区	889	5	31	53	20
浈江区	9673	10	142	425	530
曲江区	9189	57	198	527	271
始兴县	26431	141	428	958	805
仁化县	24717	80	351	902	686
翁源县	34402	96	544	1371	1347
乳源瑶族自治县	25428	36	270	885	912
新丰县	26975	135	650	1524	1011
乐昌市	32697	198	707	1414	868
南雄市	18324	40	169	427	345
深圳市	**822**	**1**	**12**	**8**	**80**
罗湖区					
福田区					
南山区	75	1	11	2	55
宝安区					
龙岗区					
盐田区					
龙华区					
坪山区	747		1	6	25
光明区					
珠海市	**86564**	**6124**	**8695**	**10860**	**3728**
香洲区	8773	555	1030	917	378
斗门区	44616	2543	3534	5227	2103
金湾区	33175	3026	4131	4716	1247
汕头市	**281983**	**11426**	**21543**	**31653**	**13565**
龙湖区					
金平区					
濠江区	1524	24	49	98	43
潮阳区	115675	6717	11301	15317	6340
潮南区	64920	1195	3053	6451	2767
澄海区	85746	3149	6548	8848	3820
南澳县	14118	341	592	939	595
佛山市	**142952**	**8055**	**15032**	**16078**	**5756**
禅城区	59772	2040	5586	5335	2040
南海区	17337	1279	2570	3022	738
顺德区					
三水区	57923	4480	6214	6880	2516
高明区	7920	256	662	841	462

注：本表数据为居住在普通住宅的家庭户。

8-2b 续表 1

单位：户

地　区	家庭户 户　数	人均住房建筑面积(平方米) 8及以下	9-12	13-16	17-19
江门市	**125380**	**4634**	**7534**	**10742**	**4740**
蓬江区					
江海区					
新会区	36673	934	1884	2952	1631
台山市	24527	310	730	1455	877
开平市	27135	1884	2319	3103	1149
鹤山市	22396	1443	2377	2739	741
恩平市	14649	63	224	493	342
湛江市	**286955**	**5656**	**9675**	**14870**	**8147**
赤坎区					
霞山区	1141	115	114	77	37
坡头区	19285	379	872	1206	619
麻章区	15969	304	576	1013	512
遂溪县	70741	643	1442	3005	2260
徐闻县	58221	2371	3091	4080	1804
廉江市	47195	506	1007	1800	910
雷州市	39315	878	1421	2204	1420
吴川市	35088	460	1152	1485	585
茂名市	**217397**	**1524**	**3905**	**6942**	**3820**
茂南区	11143	32	293	636	437
电白区	89722	476	1209	2256	1326
高州市	44334	179	591	1122	597
化州市	47184	574	1195	1964	977
信宜市	25014	263	617	964	483
肇庆市	**240177**	**2057**	**7080**	**14932**	**8613**
端州区					
鼎湖区	7875	304	510	748	218
高要区	40997	965	3287	5558	2225
广宁县	52306	175	731	2095	1601
怀集县	59443	200	913	2333	1834
封开县	37575	148	745	1905	1375
德庆县	33791	202	671	1608	1054
四会市	8190	63	223	685	306
惠州市	**444004**	**11924**	**27159**	**38310**	**13472**
惠城区	35259	1052	2903	3644	1250
惠阳区	30828	823	2305	3400	790
博罗县	171446	4030	9882	12811	4815
惠东县	162660	5609	10605	15770	5063
龙门县	43811	410	1464	2685	1554
梅州市	**274678**	**2449**	**6468**	**13142**	**7585**
梅江区	1942	4	24	47	21
梅县区	12137	103	352	724	384
大埔县	46044	154	698	1960	1541
丰顺县	65543	1684	3615	5425	2431
五华县	70972	343	1072	2532	1526
平远县	28110	31	193	710	613
蕉岭县	29956	61	240	997	724
兴宁市	19974	69	274	747	345

8-2b　续表 2　　单位：户

地　　区	家庭户户　数	人均住房建筑面积(平方米) 8及以下	9-12	13-16	17-19
汕尾市	**256014**	**7753**	**14797**	**21756**	**12172**
城　区	10100	559	797	906	468
海丰县	138857	2673	7295	12172	7501
陆河县	26424	123	646	1302	733
陆丰市	80633	4398	6059	7376	3470
河源市	**195921**	**1194**	**3738**	**8268**	**6688**
源城区	4948	95	315	443	315
紫金县	49168	147	570	1540	1121
龙川县	55474	186	965	2714	2380
连平县	30399	71	293	803	583
和平县	31930	87	445	1089	1133
东源县	24002	608	1150	1679	1156
阳江市	**107439**	**727**	**1535**	**2896**	**1956**
江城区	14655	125	356	696	370
阳东区	16761	237	315	631	287
阳西县	48829	235	570	999	1019
阳春市	27194	130	294	570	280
清远市	**255459**	**1751**	**5797**	**13309**	**9132**
清城区	67538	876	2108	4231	2196
清新区	12014	134	416	797	553
佛冈县	40710	220	1026	2468	1983
阳山县	44099	90	517	1742	1700
连山壮族瑶族自治县	11306	19	122	355	360
连南瑶族自治县	17930	43	202	650	499
英德市	51241	322	1242	2771	1663
连州市	10621	47	164	295	178
东莞市	**24707**	**2490**	**3818**	**4098**	**553**
市辖区	24707	2490	3818	4098	553
中山市	**361536**	**40718**	**50049**	**49594**	**13357**
市辖区	361536	40718	50049	49594	13357
潮州市	**179701**	**7967**	**13463**	**17774**	**8422**
湘桥区	16569	1180	1532	1991	783
潮安区	54400	2300	4500	6134	2894
饶平县	108732	4487	7431	9649	4745
揭阳市	**320351**	**22426**	**30439**	**38549**	**13866**
榕城区	20102	2770	2888	2746	1052
揭东区	47492	4889	6107	6515	1851
揭西县	52381	2859	3995	4778	1659
惠来县	96880	3889	7633	12293	4035
普宁市	103496	8019	9816	12217	5269
云浮市	**131540**	**771**	**2733**	**5680**	**3246**
云城区					
云安区	11215	26	144	372	322
新兴县	53122	456	1656	3199	1673
郁南县	46337	216	635	1396	876
罗定市	20866	73	298	713	375

8-2b 续表 3

单位：户

地区	人均住房建筑面积(平方米)					
	20-29	30-39	40-49	50-59	60-69	70及以上
广东	**934399**	**674357**	**502951**	**309453**	**278467**	**870737**
广州市	**83810**	**54425**	**37809**	**22666**	**17817**	**62579**
荔湾区						
越秀区						
海珠区						
天河区						
白云区	18802	11461	6836	3941	2975	7870
黄埔区	3339	2198	1626	486	429	2240
番禺区	6921	2970	1661	1105	1080	2964
花都区	7632	3723	2883	1289	774	3936
南沙区	7762	5555	4331	3234	2696	9414
从化区	4819	3010	2380	1474	854	4413
增城区	34535	25508	18092	11137	9009	31742
韶关市	**42845**	**38047**	**28860**	**18990**	**17048**	**43366**
武江区	197	141	139	64	56	183
浈江区	1754	1967	1652	303	520	2370
曲江区	1985	1870	1123	801	804	1553
始兴县	5530	4848	3406	2728	2216	5371
仁化县	4708	4497	3767	2224	2251	5251
翁源县	7661	6690	4739	2983	2510	6461
乳源瑶族自治县	5744	4946	3521	2225	2341	4548
新丰县	6236	4727	3442	2575	1537	5138
乐昌市	6292	5323	4531	3241	2757	7366
南雄市	2738	3038	2540	1846	2056	5125
深圳市	**152**	**109**	**133**	**57**	**107**	**163**
罗湖区						
福田区						
南山区	5		1			
宝安区						
龙岗区						
盐田区						
龙华区						
坪山区	147	109	132	57	107	163
光明区						
珠海市	**19267**	**11157**	**8301**	**4196**	**2599**	**11637**
香洲区	1951	1007	871	385	285	1394
斗门区	9445	6477	4858	2192	1485	6752
金湾区	7871	3673	2572	1619	829	3491
汕头市	**71779**	**45495**	**29737**	**13003**	**14834**	**28948**
龙湖区						
金平区						
濠江区	286	205	194	118	114	393
潮阳区	30775	16926	10188	4418	4563	9130
潮南区	17334	9937	8306	3733	3296	8848
澄海区	20560	16031	9149	3693	5852	8096
南澳县	2824	2396	1900	1041	1009	2481
佛山市	**32907**	**17308**	**12114**	**6847**	**6234**	**22621**
禅城区	12034	6417	5575	3602	3443	13700
南海区	3955	1724	807	786	601	1855
顺德区						
三水区	14726	7612	5007	2201	1918	6369
高明区	2192	1555	725	258	272	697

8–2b　续表 4　　　　单位：户

地　区	人均住房建筑面积(平方米)					
	20–29	30–39	40–49	50–59	60–69	70及以上
江门市	**26685**	**19408**	**14084**	**7667**	**6991**	**22895**
蓬江区						
江海区						
新会区	8389	6248	4635	2285	2116	5599
台山市	4988	3962	3509	1684	1491	5521
开平市	6087	4028	2379	1402	1321	3463
鹤山市	5116	3247	1649	1056	783	3245
恩平市	2105	1923	1912	1240	1280	5067
湛江市	**47569**	**40409**	**32326**	**23028**	**23568**	**81707**
赤坎区						
霞山区	160	176	119	78	86	179
坡头区	3599	2690	2230	1220	1746	4724
麻章区	3339	2313	1792	1087	1312	3721
遂溪县	12865	11240	8691	6275	5860	18460
徐闻县	10755	9080	6330	4400	4469	11841
廉江市	5922	5575	5318	4153	3940	18064
雷州市	6847	5766	4552	2916	3059	10252
吴川市	4082	3569	3294	2899	3096	14466
茂名市	**26066**	**27160**	**23540**	**19831**	**20943**	**83666**
茂南区	2150	1746	1364	831	1042	2612
电白区	10107	11527	10594	8035	9006	35186
高州市	4435	4846	4236	4529	4301	19498
化州市	6314	5763	4700	3999	4231	17467
信宜市	3060	3278	2646	2437	2363	8903
肇庆市	**47237**	**38345**	**29920**	**18850**	**18084**	**55059**
端州区						
鼎湖区	1632	1197	900	540	592	1234
高要区	10878	6807	3588	2349	2003	3337
广宁县	9382	8168	7093	4605	3759	14697
怀集县	10180	9452	8274	4940	5146	16171
封开县	6923	5967	4855	2979	3103	9575
德庆县	6515	5351	4160	2980	2775	8475
四会市	1727	1403	1050	457	706	1570
惠州市	**104110**	**70487**	**51810**	**30257**	**26169**	**70306**
惠城区	9374	5342	3607	2106	1507	4474
惠阳区	7714	5440	2930	2075	1407	3944
博罗县	37375	29101	19790	12749	10923	29970
惠东县	40532	23487	20385	9532	8859	22818
龙门县	9115	7117	5098	3795	3473	9100
梅州市	**51734**	**44536**	**34474**	**25657**	**21626**	**67007**
梅江区	246	262	214	210	217	697
梅县区	2022	1776	1577	998	946	3255
大埔县	10394	8284	5506	4925	2957	9625
丰顺县	13977	10227	8331	4868	4161	10824
五华县	11158	10764	8563	6817	6436	21761
平远县	4902	4631	3833	2761	2712	7724
蕉岭县	6210	5839	4065	3106	2422	6292
兴宁市	2825	2753	2385	1972	1775	6829

8-2b 续表 5

单位：户

地 区	人均住房建筑面积(平方米)					
	20-29	30-39	40-49	50-59	60-69	70及以上
汕尾市	**59533**	**39468**	**28644**	**16829**	**13604**	**41458**
城 区	1919	1462	1230	596	632	1531
海丰县	36529	23519	14542	9227	6339	19060
陆河县	4511	3863	3286	2194	2104	7662
陆丰市	16574	10624	9586	4812	4529	13205
河源市	**40752**	**33593**	**23642**	**16955**	**14913**	**46178**
源城区	1461	847	667	368	82	355
紫金县	7674	7424	5808	4761	4398	15725
龙川县	13567	10437	6608	4645	3897	10075
连平县	4858	4925	4213	2827	2968	8858
和平县	7671	6248	4074	2841	2213	6129
东源县	5521	3712	2272	1513	1355	5036
阳江市	**14742**	**15773**	**13604**	**9881**	**10082**	**36243**
江城区	2458	2347	1813	1191	1192	4107
阳东区	2525	2593	2332	1513	1701	4627
阳西县	7049	7279	6336	4473	4425	16444
阳春市	2710	3554	3123	2704	2764	11065
清远市	**56021**	**42483**	**33075**	**19835**	**17547**	**56509**
清城区	15057	10063	9030	4282	4201	15494
清新区	2837	2007	1472	893	537	2368
佛冈县	11176	7483	4856	2952	2103	6443
阳山县	9776	8051	5883	3745	2947	9648
连山壮族瑶族自治县	2145	2074	1644	1053	1019	2515
连南瑶族自治县	3344	2917	2383	1735	1374	4783
英德市	10290	8436	6524	4149	4348	11496
连州市	1396	1452	1283	1026	1018	3762
东莞市	**5285**	**3541**	**1154**	**1556**	**882**	**1330**
市辖区	5285	3541	1154	1556	882	1330
中山市	**70094**	**41401**	**25714**	**16430**	**11901**	**42278**
市辖区	70094	41401	25714	16430	11901	42278
潮州市	**39980**	**28503**	**21210**	**9996**	**9959**	**22427**
湘桥区	3697	2122	2026	714	537	1987
潮安区	13672	9137	5927	2470	2416	4950
饶平县	22611	17244	13257	6812	7006	15490
揭阳市	**71591**	**41389**	**36331**	**14882**	**13424**	**37454**
榕城区	3963	2009	1736	658	608	1672
揭东区	9665	8084	4677	1435	1332	2937
揭西县	10582	6608	6441	3155	3336	8968
惠来县	23303	11098	13347	3729	4444	13109
普宁市	24078	13590	10130	5905	3704	10768
云浮市	**22240**	**21320**	**16469**	**12040**	**10135**	**36906**
云城区						
云安区	1538	1776	1509	1025	814	3689
新兴县	11963	10228	6846	4473	3448	9180
郁南县	6063	6491	5619	4444	3927	16670
罗定市	2676	2825	2495	2098	1946	7367

8-2c　各地区按人均住房建筑面积分的家庭户户数(乡村)

单位：户

地　区	家庭户户数	人均住房建筑面积(平方米)			
		8及以下	9-12	13-16	17-19
广　东	**9187706**	**251848**	**438929**	**629703**	**250597**
广州市	**793904**	**39744**	**69231**	**85685**	**20906**
荔湾区					
越秀区					
海珠区					
天河区					
白云区	220114	10722	21678	26587	5610
黄埔区	26844	1228	2364	2997	476
番禺区	108212	8899	17018	15579	2475
花都区	142160	5976	11943	14576	5198
南沙区	74610	9154	6458	9664	780
从化区	98341	804	2928	6464	3201
增城区	123623	2961	6842	9818	3166
韶关市	**390819**	**973**	**4315**	**11534**	**7462**
武江区	16999	71	261	709	350
浈江区	14971	40	189	462	216
曲江区	33686	82	448	1067	670
始兴县	40684	81	315	921	633
仁化县	35438	62	209	634	465
翁源县	60811	159	697	1961	1217
乳源瑶族自治县	31106	96	526	1360	891
新丰县	29938	76	418	1009	550
乐昌市	61554	202	765	1850	1119
南雄市	65632	104	487	1561	1351
深圳市	**13550**	**1302**	**2310**	**1946**	**413**
罗湖区					
福田区					
南山区					
宝安区					
龙岗区	13550	1302	2310	1946	413
盐田区					
龙华区					
坪山区					
光明区					
珠海市	**68646**	**4284**	**5617**	**9879**	**2628**
香洲区	26		2	7	1
斗门区	63623	4184	5352	9379	2484
金湾区	4997	100	263	493	143
汕头市	**347268**	**22642**	**33033**	**42077**	**17184**
龙湖区	21234	480	1231	1808	847
金平区	3332	109	179	266	222
濠江区	13821	620	862	1263	739
潮阳区	148740	13288	17586	21616	7233
潮南区	105015	6074	8970	11657	5218
澄海区	51425	2028	4085	5219	2773
南澳县	3701	43	120	248	152
佛山市	**114874**	**5150**	**7335**	**9685**	**3464**
禅城区					
南海区	32887	1557	1693	2476	802
顺德区	13787	1434	1481	1906	360
三水区	50781	1539	2796	3489	1124
高明区	17419	620	1365	1814	1178

注：本表数据为居住在普通住宅的家庭户。

8－2c　续表 1　　　　单位：户

地　区	家庭户户　数	人均住房建筑面积(平方米)			
		8及以下	9－12	13－16	17－19
江门市	**484695**	**9470**	**21595**	**33739**	**15265**
蓬江区	6764	10	60	139	95
江海区					
新会区	93880	2550	5501	7976	3595
台山市	156300	2006	6126	11468	5100
开平市	99990	2732	5416	7543	3413
鹤山市	56391	1769	2885	3658	1766
恩平市	71370	403	1607	2955	1296
湛江市	**1028554**	**15458**	**30325**	**50956**	**25652**
赤坎区	2159	29	74	95	43
霞山区	7912	361	538	674	252
坡头区	53840	139	517	1097	788
麻章区	75821	2502	3445	4724	1755
遂溪县	147015	1467	3324	6224	3602
徐闻县	105928	2655	5230	8153	3662
廉江市	247373	1299	3970	8643	5105
雷州市	242665	6522	11614	17893	8632
吴川市	145841	484	1613	3453	1813
茂名市	**982291**	**3389**	**10128**	**23480**	**14661**
茂南区	86874	351	1380	3768	3291
电白区	229713	1171	2643	5137	3259
高州市	256510	308	1411	4019	2516
化州市	225679	899	2672	5916	3271
信宜市	183515	660	2022	4640	2324
肇庆市	**624260**	**8541**	**25075**	**44501**	**19269**
端州区					
鼎湖区	17439	420	730	1139	438
高要区	137193	5930	14673	20758	7619
广宁县	84314	150	963	2581	1579
怀集县	173782	398	2201	5924	3450
封开县	79075	283	1522	4001	2214
德庆县	70916	738	2890	5774	2467
四会市	61541	622	2096	4324	1502
惠州市	**414839**	**9828**	**21093**	**34608**	**10268**
惠城区	83678	3122	5277	9497	1951
惠阳区	71393	2941	6153	8101	1780
博罗县	119319	1582	4091	7241	3028
惠东县	92818	1939	4613	7506	2174
龙门县	47631	244	959	2263	1335
梅州市	**591272**	**3913**	**10786**	**23668**	**10918**
梅江区	10509	29	142	454	212
梅县区	86876	353	1179	3372	1579
大埔县	64983	412	1193	2698	1206
丰顺县	68768	2053	3894	6074	2433
五华县	157520	397	1990	4525	2773
平远县	32406	23	104	494	294
蕉岭县	29857	108	317	842	225
兴宁市	140353	538	1967	5209	2196

8-2c　续表 2　　　　单位：户

地　　区	家庭户户　数	人均住房建筑面积(平方米) 8及以下	9-12	13-16	17-19
汕尾市	**294748**	**9951**	**16845**	**24418**	**11571**
城　区	28122	1657	2579	3130	1191
海丰县	68898	2847	4780	6953	2884
陆河县	27079	120	563	1270	701
陆丰市	170649	5327	8923	13065	6795
河源市	**452661**	**1909**	**5574**	**11882**	**6946**
源城区	11902	1083	1953	1313	181
紫金县	95728	113	536	1644	985
龙川县	133618	158	880	2745	1961
连平县	55421	80	307	1120	691
和平县	83598	156	726	2624	1661
东源县	72394	319	1172	2436	1467
阳江市	**359458**	**2363**	**6665**	**13524**	**6082**
江城区	55296	594	1580	2984	1427
阳东区	68487	988	2332	3865	1419
阳西县	74772	393	1332	2931	1361
阳春市	160903	388	1421	3744	1875
清远市	**533138**	**3269**	**11156**	**25048**	**13186**
清城区	42157	244	719	1910	754
清新区	103739	494	2244	4900	2903
佛冈县	53801	591	2058	4233	1962
阳山县	67681	246	730	1743	1194
连山壮族瑶族自治县	16447	29	170	471	349
连南瑶族自治县	22532	62	357	937	540
英德市	156931	1433	3950	8513	4025
连州市	69850	170	928	2341	1459
东莞市	**238377**	**21547**	**34782**	**31283**	**6637**
市辖区	238377	21547	34782	31283	6637
中山市	**149915**	**12240**	**16349**	**18013**	**4662**
市辖区	149915	12240	16349	18013	4662
潮州市	**239203**	**9475**	**18602**	**25758**	**11585**
湘桥区	18170	1453	2111	2405	1155
潮安区	101084	3582	7754	11737	5092
饶平县	119949	4440	8737	11616	5338
揭阳市	**660573**	**64492**	**80483**	**90770**	**31913**
榕城区	46411	7820	7829	7755	2011
揭东区	110603	12904	18148	16239	6803
揭西县	123216	7775	11316	14516	4413
惠来县	131293	7648	12144	15911	7191
普宁市	249050	28345	31046	36349	11495
云浮市	**404661**	**1908**	**7630**	**17249**	**9925**
云城区	28218	173	735	1479	808
云安区	47135	198	703	1679	1343
新兴县	73051	620	2377	4781	2247
郁南县	64788	334	1080	2266	1078
罗定市	191469	583	2735	7044	4449

8-2c 续表 3

单位：户

地 区	人均住房建筑面积(平方米)					
	20-29	30-39	40-49	50-59	60-69	70及以上
广 东	**1585471**	**1258027**	**1041987**	**706473**	**715580**	**2309091**
广州市	**154327**	**100056**	**68412**	**51244**	**43857**	**160442**
荔湾区						
越秀区						
海珠区						
天河区						
白云区	41475	26463	14683	12958	10178	49760
黄埔区	5071	3020	2096	1858	1649	6085
番禺区	21747	11573	6660	4821	4729	14711
花都区	29561	19175	13607	8278	6442	27404
南沙区	7951	6134	5560	5698	5219	17992
从化区	21459	16398	12840	8084	7443	18720
增城区	27063	17293	12966	9547	8197	25770
韶关市	**57457**	**57218**	**53954**	**37103**	**40177**	**120626**
武江区	2658	2850	2132	1459	1731	4778
浈江区	1887	1872	1851	1478	1518	5458
曲江区	5696	5244	4727	3371	3325	9056
始兴县	5403	5421	5930	3425	5019	13536
仁化县	3781	4486	4838	3430	4254	13279
翁源县	9811	9585	8279	6068	6057	16977
乳源瑶族自治县	5431	4927	4151	2811	2834	8079
新丰县	4388	3970	3726	3063	2597	10141
乐昌市	8443	8449	8567	5800	6095	20264
南雄市	9959	10414	9753	6198	6747	19058
深圳市	**3476**	**1283**	**629**	**512**	**402**	**1277**
罗湖区						
福田区						
南山区						
宝安区						
龙岗区	3476	1283	629	512	402	1277
盐田区						
龙华区						
坪山区						
光明区						
珠海市	**12446**	**9174**	**6476**	**4375**	**3813**	**9954**
香洲区	2	5			2	7
斗门区	11306	8324	5929	4056	3526	9083
金湾区	1138	845	547	319	285	864
汕头市	**85089**	**47185**	**36110**	**14367**	**14588**	**34993**
龙湖区	4489	3172	3335	1842	1346	2684
金平区	853	552	441	142	137	431
濠江区	2421	2112	1567	868	828	2541
潮阳区	37548	16944	14800	4156	4696	10873
潮南区	26972	14996	10374	4435	4051	12268
澄海区	12035	8791	5126	2673	3252	5443
南澳县	771	618	467	251	278	753
佛山市	**19834**	**16661**	**12273**	**7307**	**8778**	**24387**
禅城区						
南海区	5091	4218	3789	2668	2560	8033
顺德区	2796	1696	884	718	568	1944
三水区	8529	7142	6131	3118	4476	12437
高明区	3418	3605	1469	803	1174	1973

8-2c　续表 4

单位：户

地　区	人均住房建筑面积(平方米)					
	20-29	30-39	40-49	50-59	60-69	70及以上
江门市	**95379**	**72974**	**56531**	**43295**	**36757**	**99690**
蓬江区	841	1036	1048	801	647	2087
江海区						
新会区	19563	14517	12317	6171	5941	15749
台山市	33892	25351	17968	15240	11367	27782
开平市	20014	14348	10043	9748	6574	20159
鹤山市	9549	7934	6464	4564	4051	13751
恩平市	11520	9788	8691	6771	8177	20162
湛江市	**159855**	**146637**	**123117**	**82202**	**101108**	**293244**
赤坎区	411	313	219	212	182	581
霞山区	1641	1334	872	510	576	1154
坡头区	5707	6480	7219	3704	7393	20796
麻章区	12647	10849	9350	4774	7899	17876
遂溪县	22825	22028	19743	11867	16848	39087
徐闻县	20484	16756	13001	8363	8568	19056
廉江市	34827	35836	30560	23231	23574	80328
雷州市	46787	38051	28430	16194	21195	47347
吴川市	14526	14990	13723	13347	14873	67019
茂名市	**105904**	**118763**	**109259**	**89512**	**103203**	**403992**
茂南区	16717	14334	10951	5808	9395	20879
电白区	24027	28361	27363	19686	25019	93047
高州市	20352	26859	26145	26290	27455	121155
化州市	24292	25962	23888	19367	23142	96270
信宜市	20516	23247	20912	18361	18192	72641
肇庆市	**116317**	**92816**	**78991**	**48999**	**49791**	**139960**
端州区						
鼎湖区	3141	2664	2254	1488	1458	3707
高要区	35345	20529	10639	6113	5896	9691
广宁县	11788	12140	11304	9022	6613	28174
怀集县	24190	25622	26386	15978	16717	52916
封开县	14272	11921	11399	6686	6795	19982
德庆县	15278	10765	9255	5498	5323	12928
四会市	12303	9175	7754	4214	6989	12562
惠州市	**85997**	**59340**	**45629**	**33378**	**28913**	**85785**
惠城区	17318	10848	7699	6614	5090	16262
惠阳区	16737	10069	5818	4569	3616	11609
博罗县	23417	18203	14427	10553	9573	27204
惠东县	20277	13033	11580	7035	6638	18023
龙门县	8248	7187	6105	4607	3996	12687
梅州市	**86906**	**82113**	**69616**	**58121**	**54379**	**190852**
梅江区	2055	1758	1283	1183	868	2525
梅县区	14358	13500	10484	9630	7930	24491
大埔县	10153	9421	7904	6402	5960	19634
丰顺县	14445	10154	8287	4509	4364	12555
五华县	18334	19611	17467	15218	14920	62285
平远县	2948	3586	3559	3733	3710	13955
蕉岭县	3536	4043	3565	3239	3400	10582
兴宁市	21077	20040	17067	14207	13227	44825

8-2c 续表 5

单位：户

地区	人均住房建筑面积(平方米)					
	20-29	30-39	40-49	50-59	60-69	70及以上
汕尾市	**60727**	**40901**	**34624**	**16758**	**15900**	**63053**
城 区	6093	3613	3667	1469	1124	3599
海丰县	14704	9315	7374	4065	3473	12503
陆河县	4433	3881	3239	2615	2166	8091
陆丰市	35497	24092	20344	8609	9137	38860
河源市	**57129**	**60604**	**56561**	**45619**	**42031**	**164406**
源城区	1663	1105	939	691	667	2307
紫金县	8980	10942	11158	10856	9966	40548
龙川县	16134	17566	16137	13667	12644	51726
连平县	6577	8106	7616	5807	5586	19531
和平县	13570	12829	11249	8242	7012	25529
东源县	10205	10056	9462	6356	6156	24765
阳江市	**50925**	**50723**	**47114**	**33566**	**35964**	**112532**
江城区	10028	8695	7631	4495	4912	12950
阳东区	12609	10112	9072	5608	6461	16021
阳西县	11479	11120	10171	6432	7529	22024
阳春市	16809	20796	20240	17031	17062	61537
清远市	**89821**	**79743**	**70934**	**43521**	**46540**	**149920**
清城区	6923	5226	6172	3227	3140	13842
清新区	17673	14996	13404	6836	9901	30388
佛冈县	12267	9252	6530	4031	3912	8965
阳山县	8289	10141	9098	6436	6199	23605
连山壮族瑶族自治县	2389	2379	2162	1693	1503	5302
连南瑶族自治县	3703	3209	3089	2131	1722	6782
英德市	29418	24670	21401	13030	13352	37139
连州市	9159	9870	9078	6137	6811	23897
东莞市	**55127**	**27225**	**14556**	**10661**	**9924**	**26635**
市辖区	55127	27225	14556	10661	9924	26635
中山市	**24894**	**18576**	**14503**	**10410**	**9315**	**20953**
市辖区	24894	18576	14503	10410	9315	20953
潮州市	**54349**	**36246**	**27049**	**13703**	**12967**	**29469**
湘桥区	3835	2389	1890	557	614	1761
潮安区	24947	15592	10720	5527	5507	10626
饶平县	25567	18265	14439	7619	6846	17082
揭阳市	**144922**	**78045**	**63933**	**24385**	**22243**	**59387**
榕城区	9398	3552	3906	865	974	2301
揭东区	20359	15032	10117	2370	2512	6119
揭西县	26570	14853	15036	5879	6030	16828
惠来县	30794	16513	14487	6222	4797	15586
普宁市	57801	28095	20387	9049	7930	18553
云浮市	**64590**	**61744**	**51716**	**37435**	**34930**	**117534**
云城区	5219	4831	3853	2513	2363	6244
云安区	7145	6999	6285	4339	3927	14517
新兴县	14242	11834	8904	6657	5468	15921
郁南县	8417	9079	8168	6203	5983	22180
罗定市	29567	29001	24506	17723	17189	58672

8−3　各地区按家庭户类别和住房间数分的家庭户户数

单位：户

地　　区	家庭户户　数	一代户				
		一间	二间	三间	四间	五间及以上
广　东	**38953156**	**10715560**	**3474158**	**3365084**	**1169597**	**1373564**
广州市	**6803376**	**2644995**	**933999**	**532797**	**108498**	**77121**
荔湾区	392097	116705	76459	27093	3702	1270
越秀区	369923	69264	76526	34119	4327	888
海珠区	730490	259749	138501	50033	8227	1783
天河区	844860	393834	118948	63766	11773	2583
白云区	1475291	693866	231861	91177	16454	16557
黄埔区	449090	185818	56353	29660	6037	3035
番禺区	1061490	505448	111066	81459	20033	11623
花都区	551977	207941	43761	53934	10957	10406
南沙区	292401	106791	24812	23851	7158	7967
从化区	179852	10558	13993	23001	5733	6517
增城区	455905	95021	41719	54704	14097	14492
韶关市	**906571**	**34865**	**86145**	**146720**	**53284**	**57219**
武江区	122543	12158	17499	19082	3602	2132
浈江区	112862	6230	19144	20161	3391	3028
曲江区	91235	2933	10254	16425	3709	3490
始兴县	67115	1915	4602	10773	5406	5775
仁化县	60155	1674	3621	8087	4391	6569
翁源县	95213	2031	4431	11896	7222	9881
乳源瑶族自治县	56534	1044	3726	9190	2847	3225
新丰县	56913	1148	2985	8803	4683	5175
乐昌市	127560	3203	12117	22207	8171	10240
南雄市	116441	2529	7766	20096	9862	7704
深圳市	**5973267**	**2839731**	**568002**	**311381**	**72472**	**22555**
罗湖区	349468	103156	41060	27360	4571	1453
福田区	479626	139677	55171	46294	11385	2858
南山区	524139	169835	51205	44876	11713	2844
宝安区	1631815	933286	135459	60455	14187	4756
龙岗区	1390618	616319	135271	74363	17314	5886
盐田区	56602	12529	5911	5275	1197	371
龙华区	942728	516974	92947	33763	7995	3035
坪山区	183451	91641	17702	7023	2001	736
光明区	414820	256314	33276	11972	2109	616
珠海市	**781411**	**235025**	**69232**	**98133**	**18378**	**7993**
香洲区	461310	142123	43796	58129	11736	3035
斗门区	197850	57498	14306	23378	4197	3751
金湾区	122251	35404	11130	16626	2445	1207
汕头市	**1279908**	**81034**	**117991**	**86163**	**40605**	**20632**
龙湖区	175681	21335	13781	19818	5350	2649
金平区	242570	14508	46300	23292	3831	1188
濠江区	59195	2234	4185	3743	2004	2261
潮阳区	335917	18368	20861	16455	10067	5122
潮南区	253864	9996	13206	8122	12075	6440
澄海区	194862	13059	17457	12779	6498	2311
南澳县	17819	1534	2201	1954	780	661
佛山市	**2962794**	**999745**	**232043**	**302316**	**79207**	**59648**
禅城区	470011	162994	56947	46702	9942	5603
南海区	1065015	350118	84118	116536	28734	24131
顺德区	1056260	410675	56151	84653	28447	23498
三水区	221270	44181	20165	30783	9052	5188
高明区	150238	31777	14662	23642	3032	1228

注：本表数据为居住在普通住宅的家庭户。

8-3 续表 1

单位：户

地 区	家庭户户 数	一代户				
		一间	二间	三间	四间	五间及以上
江门市	**1478619**	**160975**	**155842**	**200579**	**51669**	**39977**
蓬江区	261741	39118	32105	32756	7343	4915
江海区	106491	24092	10629	8280	1940	1300
新会区	279738	27677	38265	37222	7986	5293
台山市	295055	19918	33330	48009	11058	6147
开平市	230187	14367	19157	39277	8809	5424
鹤山市	165558	29208	13052	19639	6772	7359
恩平市	139849	6595	9304	15396	7761	9539
湛江市	**1880857**	**81969**	**127103**	**195327**	**89111**	**167758**
赤坎区	126847	14164	15964	18712	3964	1614
霞山区	206205	24373	26767	26848	5079	1605
坡头区	94053	1991	5340	11149	3606	9187
麻章区	116242	4209	7328	10996	5104	9814
遂溪县	223914	4709	11871	26128	12558	20822
徐闻县	164149	6511	9171	16147	9656	12603
廉江市	359367	9843	17934	31279	18550	44327
雷州市	347459	9306	21031	38491	21806	33477
吴川市	242621	6863	11697	15577	8788	34309
茂名市	**1670757**	**48235**	**79964**	**137608**	**88936**	**235656**
茂南区	293038	14701	21603	40938	15301	16577
电白区	378160	9602	13847	24620	15651	47404
高州市	372809	9702	16718	27990	21585	69262
化州市	342601	7630	13906	22339	16366	56382
信宜市	284149	6600	13890	21721	20033	46031
肇庆市	**1234450**	**86726**	**111824**	**157302**	**52946**	**79268**
端州区	193535	10434	29853	40188	6268	2194
鼎湖区	50725	4522	4727	5997	1837	1951
高要区	213288	29968	22184	19934	5589	3393
广宁县	136620	5258	11477	17319	7372	13907
怀集县	233225	5309	9347	17404	12751	32016
封开县	116650	3075	7501	11409	7498	15335
德庆县	104707	6519	9518	11481	5071	6693
四会市	185700	21641	17217	33570	6560	3779
惠州市	**1667933**	**371417**	**147054**	**164891**	**53507**	**49688**
惠城区	596675	134986	55809	64312	16652	9592
惠阳区	427825	156145	45163	38424	9336	8147
博罗县	296513	40954	20414	29946	12449	15682
惠东县	255478	33978	16648	20502	10875	9953
龙门县	91442	5354	9020	11707	4195	6314
梅州市	**1114654**	**28519**	**51894**	**113251**	**88409**	**146284**
梅江区	110963	4192	6053	16407	7265	4800
梅县区	167409	3866	6908	17228	13520	20778
大埔县	111027	2865	7481	16716	12010	12212
丰顺县	134311	10085	9689	12130	8067	9102
五华县	232645	2434	5320	11331	13848	46616
平远县	60516	597	1740	5444	5699	11697
蕉岭县	59813	1092	3138	7207	6764	7079
兴宁市	237970	3388	11565	26788	21236	34000

8–3　续表 2　单位：户

地　区	家庭户户数	一代户 一间	二间	三间	四间	五间及以上
汕尾市	**673055**	**52238**	**52713**	**69260**	**30078**	**26668**
城　区	113223	11857	11177	14246	3948	1441
海丰县	207755	17881	15291	24723	10184	4957
陆河县	53503	1028	1385	3143	2498	6641
陆丰市	298574	21472	24860	27148	13448	13629
河源市	**809480**	**37645**	**34583**	**81637**	**60931**	**92854**
源城区	177748	22845	8522	15630	7711	5155
紫金县	144896	2087	4575	11196	8323	22940
龙川县	189092	3760	8251	21739	20403	26710
连平县	85820	1686	3217	8521	7118	11216
和平县	115528	1829	5956	14540	10882	13700
东源县	96396	5438	4062	10011	6494	13133
阳江市	**751107**	**37902**	**50378**	**86698**	**46546**	**60055**
江城区	230849	9977	18137	31109	13509	10166
阳东区	137043	13719	10842	14391	7447	5878
阳西县	123601	4719	7154	14194	8258	11274
阳春市	259614	9487	14245	27004	17332	32737
清远市	**1132699**	**51644**	**70044**	**150926**	**64390**	**72897**
清城区	290095	15858	17361	42737	13232	9902
清新区	181748	10086	9326	23424	15890	7772
佛冈县	94511	6342	8251	13135	4572	3035
阳山县	111780	3120	5971	15868	5363	11800
连山壮族瑶族自治县	27753	447	1126	3746	1566	2582
连南瑶族自治县	40462	763	1972	4668	2156	3582
英德市	264885	11936	17719	33382	13929	20399
连州市	121465	3092	8318	13966	7682	13825
东莞市	**3743775**	**2151051**	**280408**	**217441**	**51592**	**34046**
市辖区	3743775	2151051	280408	217441	51592	34046
中山市	**1412906**	**555103**	**101458**	**117790**	**27743**	**15251**
市辖区	1412906	555103	101458	117790	27743	15251
潮州市	**671741**	**68551**	**64527**	**47101**	**19311**	**11707**
湘桥区	166104	16731	21729	17488	4546	1502
潮安区	276956	26438	19897	13554	6753	4448
饶平县	228681	25382	22901	16059	8012	5757
揭阳市	**1323122**	**119939**	**96481**	**81908**	**34185**	**24877**
榕城区	215870	21541	14734	7802	1467	1004
揭东区	227814	29972	15470	8379	2033	1298
揭西县	175597	15318	13666	10189	6526	8379
惠来县	228173	11791	18621	16480	9903	7604
普宁市	475668	41317	33990	39058	14256	6592
云浮市	**680674**	**28251**	**42473**	**65855**	**37799**	**71410**
云城区	108422	5749	7790	13470	4088	3772
云安区	63042	2148	3352	4320	3273	7761
新兴县	126173	8975	9319	14033	7197	6659
郁南县	111125	3736	6761	9309	7019	15860
罗定市	271912	7643	15251	24723	16222	37358

8-3 续表 3

单位：户

地区	二代户				
	一间	二间	三间	四间	五间及以上
广东	**1348649**	**2899405**	**4670246**	**1906782**	**2160445**
广州市	**226662**	**636755**	**708745**	**179307**	**134754**
荔湾区	22428	65659	34601	5556	1858
越秀区	22150	68499	44009	6099	1113
海珠区	33083	104924	61705	11044	2258
天河区	25585	77416	80177	17075	3283
白云区	47161	121302	107666	24182	25213
黄埔区	14800	42137	46484	12214	6326
番禺区	29814	66650	107788	32848	19684
花都区	11485	30445	82371	19848	15475
南沙区	10064	17142	30107	12664	14801
从化区	1150	11315	36013	12138	16954
增城区	8942	31266	77824	25639	27789
韶关市	**5255**	**58131**	**157544**	**62554**	**73137**
武江区	1640	13648	23677	5982	3912
浈江区	921	13038	20032	4614	5230
曲江区	320	6771	19607	4843	4930
始兴县	325	2732	10494	5291	6434
仁化县	306	2460	8089	4655	8784
翁源县	268	2614	12649	9241	12623
乳源瑶族自治县	186	2812	11536	3798	4917
新丰县	148	1774	9070	4993	5283
乐昌市	686	7533	21639	8547	11686
南雄市	455	4749	20751	10590	9338
深圳市	**365940**	**550810**	**524000**	**142821**	**35582**
罗湖区	25607	50727	45177	8259	1967
福田区	30689	52848	66920	17008	3783
南山区	35670	52858	68925	19770	3779
宝安区	104328	120119	105494	30706	7795
龙岗区	78028	141061	131786	36595	10143
盐田区	3800	7922	8627	2140	539
龙华区	50803	78083	61006	18017	5086
坪山区	10763	17132	13640	5014	1227
光明区	26252	30060	22425	5312	1263
珠海市	**24852**	**61798**	**125962**	**28444**	**13367**
香洲区	17661	41880	72568	17664	3780
斗门区	4311	11593	31086	7065	7601
金湾区	2880	8325	22308	3715	1986
汕头市	**49712**	**169043**	**175438**	**108781**	**65129**
龙湖区	2319	16868	35040	11784	7090
金平区	6068	51514	41053	7935	3123
濠江区	1319	5914	6846	4546	6183
潮阳区	25891	43019	41398	30630	20174
潮南区	8964	29376	24851	37181	21296
澄海区	4558	20567	24115	15661	6257
南澳县	593	1785	2135	1044	1006
佛山市	**82842**	**170383**	**432697**	**138424**	**97640**
禅城区	12683	41609	63794	16200	8971
南海区	23085	59110	156379	48691	42359
顺德区	37897	44837	137180	56724	38293
三水区	4910	14372	41660	12022	6518
高明区	4267	10455	33684	4787	1499

8-3　续表 4　　单位：户

地　区	二代户				
	一间	二间	三间	四间	五间及以上
江门市	**37636**	**142973**	**281227**	**77949**	**63645**
蓬江区	4967	29490	48323	13302	8635
江海区	3082	13236	17262	4600	3056
新会区	6596	34326	54043	12048	8350
台山市	8925	28222	60032	15486	9678
开平市	6166	17046	54305	12232	7311
鹤山市	5630	12531	26386	8601	9484
恩平市	2270	8122	20876	11680	17131
湛江市	**27491**	**117451**	**253947**	**140654**	**305246**
赤坎区	3132	15808	27626	6952	3451
霞山区	7857	32486	42073	8846	3631
坡头区	829	5255	13956	5624	19062
麻章区	1687	6686	15330	9960	22036
遂溪县	1681	8277	30833	19652	41169
徐闻县	2817	7454	19221	15292	22847
廉江市	2119	12268	38866	27206	73704
雷州市	4518	15367	41731	33342	57557
吴川市	2851	13850	24311	13780	61789
茂名市	**8530**	**55510**	**162016**	**132967**	**367671**
茂南区	2069	17569	53606	27824	30567
电白区	2670	12910	36647	28573	95891
高州市	1167	8116	24339	24433	87922
化州市	1722	9285	26203	25496	91924
信宜市	902	7630	21221	26641	61367
肇庆市	**25080**	**80155**	**189091**	**78862**	**132169**
端州区	1865	20949	45534	9360	2730
鼎湖区	1529	3702	8592	3452	3436
高要区	11910	22042	31965	11445	6804
广宁县	1214	6721	18278	9144	17174
怀集县	1078	6235	21214	19728	60202
封开县	589	3370	10419	9048	24296
德庆县	3654	5714	13038	8053	12519
四会市	3241	11422	40051	8632	5008
惠州市	**32264**	**116943**	**258421**	**106642**	**90475**
惠城区	10900	47586	110146	37236	18958
惠阳区	7330	29393	53664	17652	15026
博罗县	4995	16230	45764	24228	27957
惠东县	8166	18126	35830	21626	19223
龙门县	873	5608	13017	5900	9311
梅州市	**7654**	**30353**	**118279**	**101141**	**159637**
梅江区	430	4425	20309	11357	6915
梅县区	409	3606	20778	16549	20552
大埔县	442	3139	14436	11813	9829
丰顺县	5379	8826	14968	10651	12692
五华县	299	2457	10457	16265	59370
平远县	55	865	4728	5319	10349
蕉岭县	137	1501	6826	7215	5670
兴宁市	503	5534	25777	21972	34260

8-3 续表 5 单位：户

地　区	二代户				
	一间	二间	三间	四间	五间及以上
汕尾市	**25270**	**60653**	**113345**	**52367**	**45278**
城　区	5027	11636	21506	6722	2204
海丰县	5602	14807	43030	19080	7595
陆河县	189	1483	4412	3747	11063
陆丰市	14452	32727	44397	22818	24416
河源市	**4091**	**23265**	**95891**	**79924**	**112691**
源城区	2275	9064	29630	17116	12440
紫金县	337	2645	11808	10710	31276
龙川县	528	4586	20788	23241	24701
连平县	168	1483	8091	8852	14767
和平县	237	2953	15829	12524	14879
东源县	546	2534	9745	7481	14628
阳江市	**8976**	**35691**	**110020**	**66791**	**86335**
江城区	2367	14319	41510	23857	17061
阳东区	3841	8712	20694	11860	9840
阳西县	1205	4705	18155	10919	16391
阳春市	1563	7955	29661	20155	43043
清远市	**8857**	**49255**	**201858**	**83841**	**102248**
清城区	1714	12802	67429	19830	16087
清新区	1819	6770	33720	17421	10382
佛冈县	876	5765	18252	7730	5001
阳山县	556	3624	17081	6247	14815
连山壮族瑶族自治县	62	700	4250	2221	4060
连南瑶族自治县	231	2074	6394	3392	5725
英德市	2943	11869	39849	18467	28883
连州市	656	5651	14883	8533	17295
东莞市	**188931**	**187267**	**274478**	**92948**	**53904**
市辖区	188931	187267	274478	92948	53904
中山市	**48335**	**84532**	**180703**	**61834**	**30885**
市辖区	48335	84532	180703	61834	30885
潮州市	**31201**	**76714**	**78481**	**39003**	**25705**
湘桥区	6250	21744	24700	8066	3863
潮安区	8052	29940	31241	17959	13349
饶平县	16899	25030	22540	12978	8493
揭阳市	**133869**	**166011**	**144213**	**76971**	**56062**
榕城区	28243	31281	20983	5458	2693
揭东区	35827	30079	14875	6100	3759
揭西县	13729	18020	13953	10168	14198
惠来县	9369	24160	30099	22901	20118
普宁市	46701	62471	64303	32344	15294
云浮市	**5201**	**25712**	**83890**	**54557**	**108885**
云城区	948	6342	23317	8470	7275
云安区	353	1936	5452	4972	12813
新兴县	2290	6246	19291	11719	10561
郁南县	518	3698	9865	7376	20222
罗定市	1092	7490	25965	22020	58014

8-3 续表 6

单位：户

地 区	三代户				
	一间	二间	三间	四间	五间及以上
广 东	**218140**	**802911**	**1768155**	**1083790**	**1814587**
广州市	**23348**	**138472**	**243979**	**85944**	**113352**
荔湾区	3093	16194	12904	2434	1577
越秀区	3663	17461	17458	3187	638
海珠区	4086	24875	22696	4638	1697
天河区	1877	15164	24522	6060	2036
白云区	3813	23118	34894	11769	22457
黄埔区	1352	10883	18951	6557	7474
番禺区	2160	11966	32713	13684	13309
花都区	895	5807	29837	11578	15338
南沙区	997	4131	11474	7171	12172
从化区	260	2543	13376	7893	17484
增城区	1152	6330	25154	10973	19170
韶关市	**548**	**11792**	**62779**	**34908**	**55246**
武江区	121	3042	8967	3245	3322
浈江区	114	2840	7351	2372	3938
曲江区	34	1224	8348	3505	4226
始兴县	52	547	4373	2913	4962
仁化县	20	373	2658	2170	5885
翁源县	22	432	5273	5266	10177
乳源瑶族自治县	25	650	5484	2511	4028
新丰县	8	400	3966	3334	4502
乐昌市	86	1397	7293	4186	7896
南雄市	66	887	9066	5406	6310
深圳市	**39105**	**174503**	**224948**	**66230**	**27363**
罗湖区	2856	13489	18046	3645	1398
福田区	3679	14422	24763	6904	2372
南山区	5419	18295	28803	7881	1732
宝安区	10237	39602	44489	13324	5945
龙岗区	7647	44486	61559	19265	8632
盐田区	425	2372	3791	1141	410
龙华区	5580	27651	27811	8739	4307
坪山区	950	4877	6131	2793	1422
光明区	2312	9309	9555	2538	1145
珠海市	**2171**	**13549**	**48497**	**15683**	**16588**
香洲区	1290	8683	26612	8089	3558
斗门区	602	3096	12726	5231	10582
金湾区	279	1770	9159	2363	2448
汕头市	**17894**	**66339**	**85174**	**90864**	**89072**
龙湖区	297	3796	11787	9020	12738
金平区	1221	13971	16433	6271	4797
濠江区	402	2649	3951	3932	8374
潮阳区	10813	20591	22087	22497	23920
潮南区	2580	11711	12871	26866	24665
澄海区	2384	12891	16935	21439	13494
南澳县	197	730	1110	839	1084
佛山市	**7186**	**33491**	**138188**	**75545**	**107097**
禅城区	1028	8190	20319	6832	7546
南海区	2064	11234	44909	24348	47204
顺德区	2964	8453	43329	35043	45163
三水区	370	3182	15865	6652	5870
高明区	760	2432	13766	2670	1314

8-3 续表 7

单位：户

地区	三代户				
	一间	二间	三间	四间	五间及以上
江门市	**7138**	**36569**	**111827**	**47206**	**57266**
蓬江区	377	6610	17517	6834	8584
江海区	243	3190	7091	3838	4168
新会区	1138	8090	21600	7853	8297
台山市	2784	8570	22996	9949	8654
开平市	1437	5089	24623	7802	6088
鹤山市	518	3007	10167	4779	7701
恩平市	641	2013	7833	6151	13774
湛江市	**2361**	**21691**	**73341**	**62141**	**204886**
赤坎区	203	2949	7006	2238	2874
霞山区	556	6609	12514	3618	3065
坡头区	42	752	3660	2091	11160
麻章区	191	1238	4261	3745	13152
遂溪县	211	1634	9252	8561	25467
徐闻县	293	1773	8215	10223	20130
廉江市	207	2138	10895	11827	55332
雷州市	467	2838	12161	14636	38684
吴川市	191	1760	5377	5202	35022
茂名市	**1032**	**8970**	**43080**	**50266**	**237466**
茂南区	233	3205	16012	10959	20246
电白区	312	2290	9446	11354	64314
高州市	153	1359	7025	10360	58887
化州市	219	1212	5410	8006	53993
信宜市	115	904	5187	9587	40026
肇庆市	**7799**	**21001**	**70223**	**43256**	**91554**
端州区	290	3781	12455	4104	3048
鼎湖区	409	974	3479	2088	3709
高要区	4202	8416	15966	10007	8477
广宁县	314	1750	7115	5546	13193
怀集县	181	1080	5421	7140	32079
封开县	107	591	3275	3622	15606
德庆县	1499	1438	4741	4158	10019
四会市	797	2971	17771	6591	5423
惠州市	**3513**	**22468**	**92277**	**60764**	**87078**
惠城区	1019	8924	40670	19823	17351
惠阳区	533	4634	17055	9170	14555
博罗县	598	2883	14678	13059	24104
惠东县	1244	4834	14507	14661	22515
龙门县	119	1193	5367	4051	8553
梅州市	**2158**	**7223**	**48156**	**59870**	**140831**
梅江区	38	1047	9385	7993	9388
梅县区	38	727	9783	11186	19690
大埔县	52	538	5149	6374	7192
丰顺县	1900	3097	6538	7012	12979
五华县	41	389	3301	7800	49244
平远县	5	166	1721	2972	8367
蕉岭县	11	293	2777	4529	5031
兴宁市	73	966	9502	12004	28940

8-3 续表 8

单位：户

地区	三代户				
	一间	二间	三间	四间	五间及以上
汕尾市	**6323**	**16779**	**45947**	**32122**	**38399**
城区	1486	3583	10188	4923	2659
海丰县	1387	3563	17499	13273	7519
陆河县	25	393	1939	2648	11735
陆丰市	3425	9240	16321	11278	16486
河源市	**294**	**4426**	**36785**	**43793**	**91392**
源城区	130	2009	14610	12534	15842
紫金县	32	468	4088	5504	26475
龙川县	27	676	6311	10560	15328
连平县	15	230	2609	4615	12212
和平县	20	457	5041	6199	9579
东源县	70	586	4126	4381	11956
阳江市	**1307**	**7485**	**36334**	**37720**	**74339**
江城区	394	2983	13404	14229	16560
阳东区	438	2141	7977	7774	10699
阳西县	256	938	5425	5449	13950
阳春市	219	1423	9528	10268	33130
清远市	**1630**	**11191**	**97066**	**57209**	**98114**
清城区	194	2953	34005	15113	18716
清新区	288	1591	18574	12344	10643
佛冈县	155	1446	8484	5460	5288
阳山县	97	800	7600	3997	13115
连山壮族瑶族自治县	7	159	1614	1395	3554
连南瑶族自治县	23	413	2322	1939	4436
英德市	748	2607	18010	12272	28632
连州市	118	1222	6457	4689	13730
东莞市	**16067**	**31903**	**76934**	**39141**	**43422**
市辖区	16067	31903	76934	39141	43422
中山市	**3485**	**17104**	**65541**	**49412**	**47401**
市辖区	3485	17104	65541	49412	47401
潮州市	**14522**	**46293**	**54504**	**42849**	**41254**
湘桥区	2676	10306	12135	7096	6070
潮安区	2643	20601	27701	23814	24975
饶平县	9203	15386	14668	11939	10209
揭阳市	**58835**	**106242**	**82725**	**60743**	**65110**
榕城区	15888	30387	17355	7884	5989
揭东区	17409	28439	14004	8378	8059
揭西县	7133	12233	8846	7165	14125
惠来县	2765	7007	11516	14500	19678
普宁市	15640	28176	31004	22816	17259
云浮市	**1424**	**5420**	**29850**	**28124**	**87357**
云城区	220	1415	10054	6129	8712
云安区	68	409	1898	2778	10858
新兴县	899	1654	8042	7617	10711
郁南县	58	722	3220	4033	17757
罗定市	179	1220	6636	7567	39319

8-3 续表 9 单位：户

地　区	四代户				
	一间	二间	三间	四间	五间及以上
广　东	**4674**	**14897**	**35341**	**35896**	**91111**
广州市	**385**	**1904**	**4401**	**2438**	**5501**
荔湾区	33	200	227	52	51
越秀区	30	167	247	56	21
海珠区	55	404	508	144	78
天河区	24	162	365	131	79
白云区	116	447	1038	533	1663
黄埔区	24	156	301	163	363
番禺区	33	122	408	244	434
花都区	35	94	564	429	775
南沙区	15	43	179	213	649
从化区	3	32	170	180	539
增城区	17	77	394	293	849
韶关市	**7**	**142**	**1412**	**1382**	**3497**
武江区	1	37	191	89	195
浈江区		22	117	76	243
曲江区		10	165	151	289
始兴县	3	7	91	104	316
仁化县		2	35	66	310
翁源县		7	138	241	801
乳源瑶族自治县		11	169	120	255
新丰县	1	9	117	162	351
乐昌市	1	22	139	131	380
南雄市	1	15	250	242	357
深圳市	**233**	**1356**	**3415**	**1633**	**1175**
罗湖区	19	136	361	114	63
福田区	24	141	426	188	73
南山区	17	100	274	106	37
宝安区	69	319	665	333	246
龙岗区	51	340	951	498	420
盐田区	5	22	75	33	17
龙华区	24	169	379	204	155
坪山区	14	57	117	98	112
光明区	10	72	167	59	52
珠海市	**15**	**123**	**608**	**347**	**643**
香洲区	8	91	352	156	99
斗门区	6	24	172	157	465
金湾区	1	8	84	34	79
汕头市	**518**	**1960**	**2633**	**4496**	**6401**
龙湖区	5	112	302	454	1132
金平区	20	162	299	229	355
濠江区	9	57	71	128	386
潮阳区	281	631	717	935	1455
潮南区	80	350	451	1284	1487
澄海区	122	630	767	1413	1518
南澳县	1	18	26	53	68
佛山市	**96**	**226**	**1533**	**1408**	**3077**
禅城区	19	69	257	136	169
南海区	24	60	439	361	1110
顺德区	43	57	507	739	1607
三水区	2	19	194	105	160
高明区	8	21	136	67	31

8-3　续表 10　　　　单位：户

地　　区	四代户				
	一间	二间	三间	四间	五间及以上
江门市	**180**	**576**	**1878**	**1278**	**2227**
蓬江区	7	78	267	149	364
江海区	5	63	128	113	175
新会区	19	94	334	197	310
台山市	97	180	399	277	343
开平市	24	87	427	251	264
鹤山市	14	38	196	159	317
恩平市	14	36	127	132	454
湛江市	**21**	**243**	**1167**	**1533**	**7405**
赤坎区		15	60	36	79
霞山区	1	42	130	54	51
坡头区	1	11	47	28	262
麻章区	1	11	75	63	354
遂溪县	1	24	130	164	768
徐闻县	11	43	262	462	1015
廉江市	1	27	172	289	2381
雷州市	4	46	221	363	1410
吴川市	1	24	70	74	1085
茂名市	**18**	**159**	**886**	**1291**	**10488**
茂南区	7	66	361	304	888
电白区	4	29	155	253	2187
高州市	1	28	186	310	3263
化州市	3	19	82	184	2219
信宜市	3	17	102	240	1931
肇庆市	**165**	**367**	**1269**	**1234**	**4157**
端州区	6	65	193	99	117
鼎湖区	6	16	52	59	188
高要区	72	135	271	257	251
广宁县	6	32	108	137	555
怀集县	7	26	145	224	1638
封开县	5	11	55	87	751
德庆县	47	22	68	111	344
四会市	16	60	377	260	313
惠州市	**94**	**390**	**1961**	**2347**	**5732**
惠城区	20	93	755	689	1152
惠阳区	8	51	247	299	993
博罗县	23	61	375	581	1528
惠东县	40	161	423	620	1546
龙门县	3	24	161	158	513
梅州市	**62**	**134**	**1020**	**1876**	**7893**
梅江区	1	15	179	240	524
梅县区		10	204	375	1199
大埔县	2	7	133	245	391
丰顺县	54	68	167	254	652
五华县	4	11	78	248	3130
平远县		5	48	105	633
蕉岭县	1	4	58	150	330
兴宁市		14	153	259	1034

8-3 续表 11　　单位：户

地　区	四代户				
	一间	二间	三间	四间	五间及以上
汕尾市	**178**	**445**	**1190**	**1232**	**2566**
城　区	30	65	220	174	131
海丰县	32	64	367	433	467
陆河县	2	13	65	138	956
陆丰市	114	303	538	487	1012
河源市	**8**	**76**	**921**	**1792**	**6474**
源城区	3	22	367	538	1302
紫金县	2	18	135	293	1982
龙川县		5	129	360	988
连平县		6	65	170	778
和平县	1	8	112	228	554
东源县	2	17	113	203	870
阳江市	**23**	**104**	**605**	**956**	**2839**
江城区	7	40	216	350	651
阳东区	3	28	157	222	380
阳西县	10	12	69	111	407
阳春市	3	24	163	273	1401
清远市	**53**	**214**	**2245**	**2367**	**6645**
清城区	5	36	642	535	942
清新区	10	28	475	502	683
佛冈县	4	30	156	210	319
阳山县	4	33	251	214	1223
连山壮族瑶族自治县		5	42	54	163
连南瑶族自治县		4	48	60	260
英德市	28	50	465	569	2127
连州市	2	28	166	223	928
东莞市	**215**	**258**	**1048**	**906**	**1813**
市辖区	215	258	1048	906	1813
中山市	**60**	**250**	**1377**	**1926**	**2712**
市辖区	60	250	1377	1926	2712
潮州市	**479**	**1707**	**2151**	**2434**	**3238**
湘桥区	61	273	250	273	345
潮安区	69	762	1219	1463	2074
饶平县	349	672	682	698	819
揭阳市	**1827**	**4178**	**3179**	**2353**	**3393**
榕城区	457	1214	705	360	419
揭东区	545	1326	757	466	632
揭西县	240	468	331	253	655
惠来县	57	153	272	423	753
普宁市	528	1017	1114	851	934
云浮市	**37**	**85**	**442**	**667**	**3235**
云城区	1	23	149	161	337
云安区	4	11	43	93	500
新兴县	28	30	136	208	558
郁南县	1	7	44	97	822
罗定市	3	14	70	108	1018

8-3 续表 12 单位：户

地 区	五代及以上户				
	一间	二间	三间	四间	五间及以上
广 东	**5**	**12**	**27**	**40**	**80**
广州市		**2**	**4**	**4**	**9**
荔湾区				1	
越秀区			1		
海珠区		1	1		
天河区					
白云区				1	3
黄埔区		1			1
番禺区			1	1	2
花都区					2
南沙区					
从化区					
增城区			1	1	1
韶关市			**1**		**3**
武江区			1		
浈江区					
曲江区					1
始兴县					
仁化县					
翁源县					
乳源瑶族自治县					
新丰县					1
乐昌市					
南雄市					1
深圳市	**1**		**5**	**3**	**3**
罗湖区	1		1	1	1
福田区			1		
南山区					
宝安区				1	
龙岗区			1	1	1
盐田区					
龙华区					
坪山区					1
光明区			2		
珠海市				**1**	**2**
香洲区					
斗门区				1	2
金湾区					
汕头市		**1**	**6**	**11**	**11**
龙湖区			1		3
金平区					
濠江区			1		
潮阳区			1	3	1
潮南区			1	6	5
澄海区		1	2	2	2
南澳县					
佛山市			**1**	**1**	
禅城区			1		
南海区				1	
顺德区					
三水区					
高明区					

8－3 续表 13

单位：户

地　区	五代及以上户				
	一间	二间	三间	四间	五间及以上
江门市					**2**
蓬江区					
江海区					
新会区					
台山市					1
开平市					1
鹤山市					
恩平市					
湛江市				**3**	**8**
赤坎区					
霞山区					
坡头区					
麻章区				1	
遂溪县					2
徐闻县					3
廉江市					2
雷州市				2	1
吴川市					
茂名市					**8**
茂南区					2
电白区					1
高州市					3
化州市					1
信宜市					1
肇庆市			**1**	**1**	
端州区			1	1	
鼎湖区					
高要区					
广宁县					
怀集县					
封开县					
德庆县					
四会市					
惠州市					**7**
惠城区					2
惠阳区					
博罗县					4
惠东县					
龙门县					1
梅州市	**1**			**3**	**6**
梅江区					
梅县区				1	2
大埔县				1	
丰顺县	1				
五华县					2
平远县				1	
蕉岭县					
兴宁市					2

8–3 续表 14 单位：户

地 区	五代及以上户				
	一间	二间	三间	四间	五间及以上
汕尾市				**2**	**2**
城 区					
海丰县				1	
陆河县					
陆丰市				1	2
河源市					**7**
源城区					3
紫金县					2
龙川县					1
连平县					1
和平县					
东源县					
阳江市			**1**	**1**	**1**
江城区			1	1	1
阳东区					
阳西县					
阳春市					
清远市				**3**	**2**
清城区				1	1
清新区					
佛冈县					
阳山县					1
连山壮族瑶族自治县					
连南瑶族自治县					
英德市				1	
连州市				1	
东莞市			**1**		**1**
市辖区			1		1
中山市			**2**	**1**	**1**
市辖区			2	1	1
潮州市		**2**		**3**	**4**
湘桥区					
潮安区		1			3
饶平县		1		3	1
揭阳市	**3**	**7**	**5**	**3**	**3**
榕城区	1	3	1		1
揭东区		3	2	1	1
揭西县	2				
惠来县		1		2	
普宁市			2		1
云浮市					
云城区					
云安区					
新兴县					
郁南县					
罗定市					

8-3a 各地区按家庭户类别和住房间数分的家庭户户数(城市)

单位：户

地　　区	家庭户户　数	一代户				
		一间	二间	三间	四间	五间及以上
广　东	**25244435**	**9185333**	**2550931**	**2210745**	**499471**	**266050**
广州市	**5630762**	**2280126**	**822925**	**444852**	**75392**	**29476**
荔湾区	392097	116705	76459	27093	3702	1270
越秀区	369923	69264	76526	34119	4327	888
海珠区	730490	259749	138501	50033	8227	1783
天河区	844860	393834	118948	63766	11773	2583
白云区	1181911	580541	191958	74038	11031	4278
黄埔区	410251	177538	52733	26649	5094	1699
番禺区	926714	437085	100077	75906	16397	7534
花都区	384378	159055	30167	39019	5779	2699
南沙区	165886	63488	16591	16464	2943	2414
从化区	62276	3952	6547	11949	1466	438
增城区	161976	18915	14418	25816	4653	3890
韶关市	**307027**	**19445**	**45395**	**59378**	**8294**	**2892**
武江区	104655	11319	16086	17102	2781	747
浈江区	88218	5713	17156	15004	2595	1077
曲江区	48360	905	6651	10923	1070	123
始兴县						
仁化县						
翁源县						
乳源瑶族自治县						
新丰县						
乐昌市	33309	715	3772	8283	1080	512
南雄市	32485	793	1730	8066	768	433
深圳市	**5958895**	**2832887**	**566565**	**310639**	**72115**	**22094**
罗湖区	349468	103156	41060	27360	4571	1453
福田区	479626	139677	55171	46294	11385	2858
南山区	524064	169763	51204	44875	11713	2844
宝安区	1631815	933286	135459	60455	14187	4756
龙岗区	1377068	609551	133838	73717	17121	5452
盐田区	56602	12529	5911	5275	1197	371
龙华区	942728	516974	92947	33763	7995	3035
坪山区	182704	91637	17699	6928	1837	709
光明区	414820	256314	33276	11972	2109	616
珠海市	**626201**	**184951**	**57288**	**83626**	**15115**	**3995**
香洲区	452511	138473	42873	56828	11534	2946
斗门区	89611	26355	6521	13308	1924	648
金湾区	84079	20123	7894	13490	1657	401
汕头市	**650657**	**45664**	**77128**	**62510**	**19130**	**8043**
龙湖区	154447	20846	13116	19278	4795	1886
金平区	239238	14324	46104	23181	3734	1133
濠江区	43850	1680	3270	3111	1541	1493
潮阳区	71502	769	5060	8102	4525	1328
潮南区	83929	3192	4002	2379	3052	1690
澄海区	57691	4853	5576	6459	1483	513
南澳县						
佛山市	**2704968**	**918400**	**209954**	**280629**	**69862**	**49471**
禅城区	410239	144249	52392	41910	8194	2598
南海区	1014791	331807	80314	113854	27458	22101
顺德区	1042473	404683	54732	84257	28121	23046
三水区	112566	11494	11578	20349	3657	925
高明区	124899	26167	10938	20259	2432	801

注：本表数据为居住在普通住宅的家庭户。

8-3a　续表 1　　　　单位：户

地　区	家庭户	一代户				
	户　数	一间	二间	三间	四间	五间及以上
江门市	**868544**	**97989**	**88465**	**131621**	**20829**	**13460**
蓬江区	254977	38961	31808	32328	6921	4299
江海区	106491	24092	10629	8280	1940	1300
新会区	149185	11103	21023	20360	2653	1336
台山市	114228	4768	10106	26362	3190	921
开平市	103062	1959	5927	24718	1667	346
鹤山市	86771	15189	7197	12664	2528	1500
恩平市	53830	1917	1775	6909	1930	3758
湛江市	**565348**	**45830**	**56706**	**79895**	**19704**	**17342**
赤坎区	124688	14135	15827	18576	3903	1455
霞山区	197152	23614	26132	26347	4835	1138
坡头区	20928	466	1499	4492	727	785
麻章区	24452	1166	1816	3048	704	1406
遂溪县	6158	430	655	631	283	663
徐闻县						
廉江市	64799	2266	4222	7895	2909	3327
雷州市	65479	966	3220	13847	4352	3246
吴川市	61692	2787	3335	5059	1991	5322
茂名市	**471069**	**20681**	**32451**	**62218**	**30227**	**25829**
茂南区	195021	12344	17663	33469	10398	4045
电白区	58725	1674	2711	6351	2908	5215
高州市	71965	3488	4929	9069	6559	4551
化州市	69738	1915	3628	6226	3702	6548
信宜市	75620	1260	3520	7103	6660	5470
肇庆市	**370013**	**23577**	**44728**	**77685**	**10566**	**4604**
端州区	193535	10434	29853	40188	6268	2194
鼎湖区	25411	954	2076	3685	707	818
高要区	35098	1186	4529	7777	939	539
广宁县						
怀集县						
封开县						
德庆县						
四会市	115969	11003	8270	26035	2652	1053
惠州市	**809090**	**230348**	**84899**	**88129**	**20062**	**7425**
惠城区	477738	107105	46524	55375	13326	3632
惠阳区	325604	121691	37752	32002	6574	3699
博罗县	5748	1552	623	752	162	94
惠东县						
龙门县						
梅州市	**248704**	**7569**	**11689**	**37546**	**16032**	**8381**
梅江区	98512	3935	5410	15339	6225	3141
梅县区	68396	2777	2402	8986	3881	1324
大埔县						
丰顺县						
五华县	4153	20	96	194	227	973
平远县						
蕉岭县						
兴宁市	77643	837	3781	13027	5699	2943

8–3a 续表 2

单位：户

地区	家庭户户数	一代户				
		一间	二间	三间	四间	五间及以上
汕尾市	**122293**	**9686**	**10918**	**16169**	**5315**	**1858**
城　区	75001	7214	7191	10452	2290	743
海丰县						
陆河县						
陆丰市	47292	2472	3727	5717	3025	1115
河源市	**160898**	**17344**	**7404**	**14886**	**7432**	**4340**
源城区	160898	17344	7404	14886	7432	4340
紫金县						
龙川县						
连平县						
和平县						
东源县						
阳江市	**284210**	**14797**	**17812**	**40887**	**14507**	**11250**
江城区	160898	5861	12310	24353	8908	5376
阳东区	51795	6387	2134	5327	1742	1829
阳西县						
阳春市	71517	2549	3368	11207	3857	4045
清远市	**344102**	**16557**	**20462**	**58261**	**11846**	**4986**
清城区	180400	8263	11601	31100	6161	1763
清新区	65995	4530	1945	10000	2177	212
佛冈县						
阳山县						
连山壮族瑶族自治县						
连南瑶族自治县						
英德市	56713	3219	4035	10625	2273	684
连州市	40994	545	2881	6536	1235	2327
东莞市	**3480691**	**2009324**	**262695**	**205940**	**47181**	**29217**
市辖区	3480691	2009324	262695	205940	47181	29217
中山市	**901455**	**345338**	**71430**	**80766**	**17226**	**8698**
市辖区	901455	345338	71430	80766	17226	8698
潮州市	**252837**	**29355**	**27110**	**23612**	**6695**	**2388**
湘桥区	131365	12825	18601	16680	3557	1054
潮安区	121472	16530	8509	6932	3138	1334
饶平县						
揭阳市	**342198**	**29307**	**25596**	**33097**	**7187**	**2597**
榕城区	149357	13838	10945	6280	970	640
揭东区	69719	7982	3946	4461	295	120
揭西县						
惠来县						
普宁市	123122	7487	10705	22356	5922	1837
云浮市	**144473**	**6158**	**9311**	**18399**	**4754**	**7704**
云城区	80204	4102	5818	11216	2393	1396
云安区	4692	102	255	424	235	454
新兴县						
郁南县						
罗定市	59577	1954	3238	6759	2126	5854

8-3a　续表 3　　　　单位：户

地　区	二代户				
	一间	二间	三间	四间	五间及以上
广　东	**982446**	**2106186**	**3210629**	**924024**	**461867**
广州市	**198959**	**569979**	**591863**	**122642**	**45080**
荔湾区	22428	65659	34601	5556	1858
越秀区	22150	68499	44009	6099	1113
海珠区	33083	104924	61705	11044	2258
天河区	25585	77416	80177	17075	3283
白云区	40832	105292	89285	16328	4388
黄埔区	14157	39426	41303	10166	3074
番禺区	24512	60192	101051	26975	12049
花都区	8467	21710	63229	12441	3902
南沙区	5341	10870	20034	4948	4482
从化区	290	4858	18143	2784	1283
增城区	2114	11133	38326	9226	7390
韶关市	**2649**	**33235**	**70589**	**12355**	**4560**
武江区	1469	12637	21127	4729	1454
浈江区	852	11983	16369	3539	1833
曲江区	106	4479	13767	1594	221
始兴县					
仁化县					
翁源县					
乳源瑶族自治县					
新丰县					
乐昌市	142	2702	9128	1320	597
南雄市	80	1434	10198	1173	455
深圳市	**365078**	**549859**	**523204**	**142408**	**35181**
罗湖区	25607	50727	45177	8259	1967
福田区	30689	52848	66920	17008	3783
南山区	35669	52858	68925	19770	3779
宝安区	104328	120119	105494	30706	7795
龙岗区	77168	140112	131086	36384	9775
盐田区	3800	7922	8627	2140	539
龙华区	50803	78083	61006	18017	5086
坪山区	10762	17130	13544	4812	1194
光明区	26252	30060	22425	5312	1263
珠海市	**20057**	**52648**	**108469**	**23148**	**5450**
香洲区	17326	41333	71608	17479	3732
斗门区	1481	5304	18028	3004	1088
金湾区	1250	6011	18833	2665	630
汕头市	**11654**	**92424**	**113890**	**46082**	**24100**
龙湖区	2149	15733	33442	10084	4303
金平区	5936	51148	40781	7665	2872
濠江区	942	4474	5697	3468	4044
潮阳区	270	5567	13576	9848	4430
潮南区	1819	10069	8596	11261	7286
澄海区	538	5433	11798	3756	1165
南澳县					
佛山市	**74865**	**158333**	**406350**	**126008**	**80948**
禅城区	11294	39601	57003	13200	3238
南海区	21853	57155	153154	46213	37765
顺德区	37481	44320	136742	55996	37456
三水区	1517	9169	28910	6369	1434
高明区	2720	8088	30541	4230	1055

8-3a 续表 4 单位：户

地区	二代户				
	一间	二间	三间	四间	五间及以上
江门市	**16133**	**89320**	**202910**	**37444**	**24664**
蓬江区	4948	29273	47824	12616	7430
江海区	3082	13236	17262	4600	3056
新会区	2416	22762	35162	5088	2498
台山市	1404	8700	35682	4754	1526
开平市	856	5474	36837	3238	666
鹤山市	3187	7941	18982	3801	2062
恩平市	240	1934	11161	3347	7426
湛江市	**13087**	**61733**	**117072**	**35654**	**33220**
赤坎区	3101	15620	27292	6777	2939
霞山区	7592	31760	41083	8105	2114
坡头区	123	1361	5025	1117	2129
麻章区	285	1765	4906	1588	3367
遂溪县	160	419	440	336	914
徐闻县					
廉江市	445	4042	14170	6105	5994
雷州市	371	2226	14611	7487	5491
吴川市	1010	4540	9545	4139	10272
茂名市	**3127**	**27588**	**82239**	**54632**	**46759**
茂南区	1447	14497	43822	19614	8385
电白区	493	2938	9327	4593	10202
高州市	528	4010	10185	9063	6253
化州市	436	2921	9247	8476	12749
信宜市	223	3222	9658	12886	9170
肇庆市	**3481**	**31464**	**93489**	**16940**	**7130**
端州区	1865	20949	45534	9360	2730
鼎湖区	259	1836	5843	1583	1541
高要区	155	2518	9558	1707	1066
广宁县					
怀集县					
封开县					
德庆县					
四会市	1202	6161	32554	4290	1793
惠州市	**13980**	**64164**	**139873**	**42730**	**14418**
惠城区	8667	40482	95868	30208	7216
惠阳区	5178	23226	43080	12235	7035
博罗县	135	456	925	287	167
惠东县					
龙门县					
梅州市	**782**	**9043**	**51533**	**28046**	**12344**
梅江区	381	4108	19355	10276	4925
梅县区	231	2194	15485	8686	2349
大埔县					
丰顺县					
五华县	5	36	133	223	1163
平远县					
蕉岭县					
兴宁市	165	2705	16560	8861	3907

8−3a　续表 5　　　　单位：户

地　区	二代户				
	一间	二间	三间	四间	五间及以上
汕尾市	**3338**	**12645**	**26511**	**9008**	**4063**
城　区	2633	8147	16365	4240	1210
海丰县					
陆河县					
陆丰市	705	4498	10146	4768	2853
河源市	**1773**	**7913**	**28324**	**16461**	**10844**
源城区	1773	7913	28324	16461	10844
紫金县					
龙川县					
连平县					
和平县					
东源县					
阳江市	**3851**	**15475**	**60394**	**26736**	**19417**
江城区	1326	10022	33471	17109	9685
阳东区	2071	2581	10645	3801	4073
阳西县					
阳春市	454	2872	16278	5826	5659
清远市	**2168**	**17269**	**95475**	**22424**	**8372**
清城区	837	8839	51636	12386	3248
清新区	876	2718	19863	4309	483
佛冈县					
阳山县					
连山壮族瑶族自治县					
连南瑶族自治县					
英德市	286	3040	15209	3804	1087
连州市	169	2672	8767	1925	3554
东莞市	**175452**	**175095**	**258031**	**83166**	**42890**
市辖区	175452	175095	258031	83166	42890
中山市	**31272**	**58539**	**126271**	**37951**	**16437**
市辖区	31272	58539	126271	37951	16437
潮州市	**6500**	**29264**	**39469**	**14453**	**6963**
湘桥区	3102	17178	23420	6117	2781
潮安区	3398	12086	16049	8336	4182
饶平县					
揭阳市	**33340**	**42683**	**44181**	**15424**	**5845**
榕城区	16872	22886	17467	4126	1802
揭东区	12694	8069	4838	1176	616
揭西县					
惠来县					
普宁市	3774	11728	21876	10122	3427
云浮市	**900**	**7513**	**30492**	**10312**	**13182**
云城区	593	4865	20298	5967	3207
云安区	6	161	540	472	849
新兴县					
郁南县					
罗定市	301	2487	9654	3873	9126

8-3a 续表 6

单位：户

地区	三代户				
	一间	二间	三间	四间	五间及以上
广　东	**110785**	**528569**	**1176194**	**497734**	**470589**
广州市	**20211**	**124709**	**202688**	**55394**	**37753**
荔湾区	3093	16194	12904	2434	1577
越秀区	3663	17461	17458	3187	638
海珠区	4086	24875	22696	4638	1697
天河区	1877	15164	24522	6060	2036
白云区	3087	19823	28126	6979	4234
黄埔区	1293	10254	16909	5461	3732
番禺区	1759	11016	30957	11382	8809
花都区	579	3984	22012	6694	3735
南沙区	489	2783	7734	2810	4062
从化区	47	902	6190	1610	1649
增城区	238	2253	13180	4139	5584
韶关市	**230**	**7098**	**28803**	**7059**	**3957**
武江区	106	2857	8024	2495	1383
浈江区	97	2653	5902	1750	1449
曲江区	9	826	6026	1219	272
始兴县					
仁化县					
翁源县					
乳源瑶族自治县					
新丰县					
乐昌市	11	467	3262	706	495
南雄市	7	295	5589	889	358
深圳市	**39040**	**174307**	**224663**	**66024**	**27048**
罗湖区	2856	13489	18046	3645	1398
福田区	3679	14422	24763	6904	2372
南山区	5419	18295	28803	7881	1732
宝安区	10237	39602	44489	13324	5945
龙岗区	7582	44290	61303	19133	8332
盐田区	425	2372	3791	1141	410
龙华区	5580	27651	27811	8739	4307
坪山区	950	4877	6102	2719	1407
光明区	2312	9309	9555	2538	1145
珠海市	**1468**	**11033**	**41000**	**11258**	**5703**
香洲区	1269	8564	26337	8001	3510
斗门区	118	1271	7032	1768	1581
金湾区	81	1198	7631	1489	612
汕头市	**2528**	**26318**	**46313**	**34799**	**34699**
龙湖区	228	3054	10440	6902	6928
金平区	1177	13745	16135	5897	4409
濠江区	294	1856	3194	2855	5537
潮阳区	72	1590	5054	5624	5174
潮南区	711	4439	5597	9122	9328
澄海区	46	1634	5893	4399	3323
南澳县					
佛山市	**6237**	**30595**	**128757**	**67911**	**90913**
禅城区	895	7842	18741	5665	2871
南海区	1845	10771	43777	22740	42136
顺德区	2939	8336	43096	34403	43949
三水区	145	1949	10886	2859	1099
高明区	413	1697	12257	2244	858

8-3a 续表 7

单位：户

地区	三代户				
	一间	二间	三间	四间	五间及以上
江门市	**1587**	**20472**	**76732**	**20635**	**23528**
蓬江区	373	6532	17248	6347	7277
江海区	243	3190	7091	3838	4168
新会区	269	5147	13487	2834	2635
台山市	290	1998	11179	2126	978
开平市	205	1517	16699	2008	644
鹤山市	161	1644	6806	1598	1289
恩平市	46	444	4222	1884	6537
湛江市	**925**	**11680**	**31177**	**13232**	**26610**
赤坎区	199	2933	6948	2185	2616
霞山区	534	6483	12224	3243	1697
坡头区	9	249	1376	368	1138
麻章区	23	199	1282	540	2272
遂溪县	22	138	176	191	672
徐闻县					
廉江市	34	710	3976	2656	5733
雷州市	27	322	3047	2350	3737
吴川市	77	646	2148	1699	8745
茂名市	**306**	**4172**	**22410**	**20541**	**35476**
茂南区	112	2439	12654	7102	6261
电白区	56	411	2200	1695	7649
高州市	41	599	3062	3998	5192
化州市	56	347	1794	2601	8714
信宜市	41	376	2700	5145	7660
肇庆市	**547**	**5786**	**31543**	**9257**	**8015**
端州区	290	3781	12455	4104	3048
鼎湖区	98	383	2392	1064	1969
高要区	45	450	2569	953	1039
广宁县					
怀集县					
封开县					
德庆县					
四会市	114	1172	14127	3136	1959
惠州市	**1164**	**11703**	**50242**	**22464**	**14821**
惠城区	766	7782	35980	16049	7085
惠阳区	397	3870	14021	6272	7608
博罗县	1	51	241	143	128
惠东县					
龙门县					
梅州市	**81**	**2075**	**24132**	**20960**	**16593**
梅江区	36	1000	9033	7297	7264
梅县区	15	460	8026	7441	3533
大埔县					
丰顺县					
五华县		5	30	103	886
平远县					
蕉岭县					
兴宁市	30	610	7043	6119	4910

8-3a 续表 8 单位：户

地　区	三代户				
	一间	二间	三间	四间	五间及以上
汕尾市	**637**	**2956**	**9995**	**4856**	**3728**
城　区	542	2102	7282	2874	1378
海丰县					
陆河县					
陆丰市	95	854	2713	1982	2350
河源市	**93**	**1699**	**14038**	**12107**	**14192**
源城区	93	1699	14038	12107	14192
紫金县					
龙川县					
连平县					
和平县					
东源县					
阳江市	**367**	**2674**	**19406**	**15768**	**19454**
江城区	159	1789	10166	9949	9678
阳东区	139	453	3757	2451	4117
阳西县					
阳春市	69	432	5483	3368	5659
清远市	**191**	**3925**	**51418**	**18298**	**10054**
清城区	98	2087	27128	9803	4347
清新区	59	665	12738	4317	551
佛冈县					
阳山县					
连山壮族瑶族自治县					
连南瑶族自治县					
英德市	21	586	7367	2777	1345
连州市	13	587	4185	1401	3811
东莞市	**14691**	**29773**	**72423**	**34932**	**36083**
市辖区	14691	29773	72423	34932	36083
中山市	**2195**	**11026**	**41509**	**25553**	**24139**
市辖区	2195	11026	41509	25553	24139
潮州市	**1481**	**12348**	**22277**	**15016**	**13218**
湘桥区	643	5726	10514	4383	4180
潮安区	838	6622	11763	10633	9038
饶平县					
揭阳市	**16636**	**32662**	**24658**	**14963**	**10051**
榕城区	8745	20049	12668	5855	4377
揭东区	6844	8797	4754	2172	1578
揭西县					
惠来县					
普宁市	1047	3816	7236	6936	4096
云浮市	**170**	**1558**	**12010**	**6707**	**14554**
云城区	123	1022	8793	4709	5245
云安区	1	25	180	211	744
新兴县					
郁南县					
罗定市	46	511	3037	1787	8565

8-3a 续表 9

单位：户

地 区	四代户				
	一间	二间	三间	四间	五间及以上
广 东	**1524**	**6614**	**19325**	**13915**	**21441**
广州市	**306**	**1646**	**3504**	**1442**	**1803**
荔湾区	33	200	227	52	51
越秀区	30	167	247	56	21
海珠区	55	404	508	144	78
天河区	24	162	365	131	79
白云区	75	332	755	248	281
黄埔区	23	150	260	131	197
番禺区	29	104	386	210	280
花都区	28	59	366	234	218
南沙区	4	27	106	67	229
从化区		11	60	36	61
增城区	5	30	224	133	308
韶关市	**1**	**73**	**559**	**224**	**230**
武江区	1	34	158	60	85
浈江区		20	94	48	84
曲江区		7	98	48	16
始兴县					
仁化县					
翁源县					
乳源瑶族自治县					
新丰县					
乐昌市		8	64	18	27
南雄市		4	145	50	18
深圳市	**232**	**1355**	**3405**	**1624**	**1155**
罗湖区	19	136	361	114	63
福田区	24	141	426	188	73
南山区	17	100	274	106	37
宝安区	69	319	665	333	246
龙岗区	50	339	941	491	400
盐田区	5	22	75	33	17
龙华区	24	169	379	204	155
坪山区	14	57	117	96	112
光明区	10	72	167	59	52
珠海市	**8**	**101**	**501**	**214**	**166**
香洲区	8	91	350	152	97
斗门区		5	79	41	53
金湾区		5	72	21	16
汕头市	**57**	**492**	**1079**	**1467**	**2270**
龙湖区	1	73	234	344	607
金平区	19	151	277	216	334
濠江区	4	36	47	84	223
潮阳区		31	90	137	254
潮南区	33	147	231	458	513
澄海区		54	200	228	339
南澳县					
佛山市	**88**	**203**	**1422**	**1278**	**2742**
禅城区	18	68	238	118	103
南海区	22	58	428	335	1004
顺德区	43	56	506	731	1580
三水区		10	136	46	34
高明区	5	11	114	48	21

8-3a 续表 10

单位：户

地区	四代户				
	一间	二间	三间	四间	五间及以上
江门市	**44**	**254**	**1090**	**490**	**877**
蓬江区	7	78	264	141	302
江海区	5	63	128	113	175
新会区	8	55	165	63	121
台山市	14	26	134	36	34
开平市	4	11	226	44	16
鹤山市	5	14	119	45	39
恩平市	1	7	54	48	190
湛江市	**2**	**87**	**322**	**231**	**838**
赤坎区		14	58	35	75
霞山区	1	41	128	49	32
坡头区		6	16	8	34
麻章区			19	10	56
遂溪县		3	2	6	17
徐闻县					
廉江市		7	40	57	210
雷州市		3	30	39	107
吴川市	1	13	29	27	307
茂名市	**2**	**67**	**416**	**461**	**1466**
茂南区	1	45	258	184	281
电白区		4	27	35	236
高州市		7	61	97	272
化州市		6	19	38	315
信宜市	1	5	51	107	362
肇庆市	**10**	**91**	**500**	**243**	**355**
端州区	6	65	193	99	117
鼎湖区	2	5	44	29	123
高要区		7	19	13	29
广宁县					
怀集县					
封开县					
德庆县					
四会市	2	14	244	102	86
惠州市	**16**	**114**	**823**	**724**	**991**
惠城区	13	70	619	526	445
惠阳区	3	43	192	192	534
博罗县		1	12	6	12
惠东县					
龙门县					
梅州市	**1**	**32**	**448**	**595**	**821**
梅江区	1	15	170	215	386
梅县区		4	158	233	210
大埔县					
丰顺县					
五华县				8	51
平远县					
蕉岭县					
兴宁市		13	120	139	174

8-3a　续表 11　　单位：户

地　区	四代户				
	一间	二间	三间	四间	五间及以上
汕尾市	**10**	**40**	**202**	**167**	**190**
城　区	8	26	141	105	58
海丰县					
陆河县					
陆丰市	2	14	61	62	132
河源市	**2**	**20**	**353**	**514**	**1156**
源城区	2	20	353	514	1156
紫金县					
龙川县					
连平县					
和平县					
东源县					
阳江市	**1**	**30**	**270**	**367**	**745**
江城区		19	134	218	363
阳东区		4	65	63	156
阳西县					
阳春市	1	7	71	86	226
清远市	**3**	**40**	**1042**	**675**	**635**
清城区	2	24	494	325	257
清新区		3	309	196	44
佛冈县					
阳山县					
连山壮族瑶族自治县					
连南瑶族自治县					
英德市		6	153	99	97
连州市	1	7	86	55	237
东莞市	**177**	**240**	**979**	**826**	**1574**
市辖区	177	240	979	826	1574
中山市	**36**	**124**	**761**	**841**	**1340**
市辖区	36	124	761	841	1340
潮州市	**26**	**284**	**585**	**742**	**1049**
湘桥区	7	75	155	138	229
潮安区	19	209	430	604	820
饶平县					
揭阳市	**501**	**1299**	**904**	**643**	**619**
榕城区	223	699	410	241	263
揭东区	250	507	323	160	133
揭西县					
惠来县					
普宁市	28	93	171	242	223
云浮市	**1**	**22**	**160**	**147**	**419**
云城区		13	124	117	203
云安区			6	2	25
新兴县					
郁南县					
罗定市	1	9	30	28	191

8-3a 续表 12 单位：户

地 区	五代及以上户				
	一间	二间	三间	四间	五间及以上
广 东	**1**	**6**	**18**	**15**	**23**
广州市		**2**	**3**	**2**	**5**
荔湾区				1	
越秀区			1		
海珠区		1	1		
天河区					
白云区					
黄埔区		1			1
番禺区			1	1	2
花都区					1
南沙区					
从化区					
增城区					1
韶关市			**1**		
武江区			1		
浈江区					
曲江区					
始兴县					
仁化县					
翁源县					
乳源瑶族自治县					
新丰县					
乐昌市					
南雄市					
深圳市	**1**		**5**	**3**	**3**
罗湖区	1		1	1	1
福田区			1		
南山区					
宝安区				1	
龙岗区			1	1	1
盐田区					
龙华区					
坪山区					1
光明区			2		
珠海市				**1**	**1**
香洲区					
斗门区				1	1
金湾区					
汕头市			**3**	**3**	**4**
龙湖区			1		3
金平区					
濠江区					
潮阳区				1	
潮南区			1	2	1
澄海区			1		
南澳县					
佛山市			**1**	**1**	
禅城区			1		
南海区				1	
顺德区					
三水区					
高明区					

8—3a　续表 13　　单位：户

地　区	五代及以上户				
	一间	二间	三间	四间	五间及以上
江门市					
蓬江区					
江海区					
新会区					
台山市					
开平市					
鹤山市					
恩平市					
湛江市					**1**
赤坎区					
霞山区					
坡头区					
麻章区					
遂溪县					
徐闻县					
廉江市					1
雷州市					
吴川市					
茂名市					**1**
茂南区					
电白区					
高州市					1
化州市					
信宜市					
肇庆市			**1**	**1**	
端州区			1	1	
鼎湖区					
高要区					
广宁县					
怀集县					
封开县					
德庆县					
四会市					
惠州市					
惠城区					
惠阳区					
博罗县					
惠东县					
龙门县					
梅州市				**1**	
梅江区					
梅县区				1	
大埔县					
丰顺县					
五华县					
平远县					
蕉岭县					
兴宁市					

8-3a 续表 14

单位：户

地 区	五代及以上户				
	一间	二间	三间	四间	五间及以上
汕尾市					**1**
城 区					
海丰县					
陆河县					
陆丰市					1
河源市					**3**
源城区					3
紫金县					
龙川县					
连平县					
和平县					
东源县					
阳江市			**1**	**1**	
江城区			1	1	
阳东区					
阳西县					
阳春市					
清远市				**1**	
清城区				1	
清新区					
佛冈县					
阳山县					
连山壮族瑶族自治县					
连南瑶族自治县					
英德市					
连州市					
东莞市			**1**		**1**
市辖区			1		1
中山市			**1**	**1**	**1**
市辖区			1	1	1
潮州市		**1**			**1**
湘桥区					
潮安区		1			1
饶平县					
揭阳市		**3**	**1**		**1**
榕城区		1			
揭东区		2	1		1
揭西县					
惠来县					
普宁市					
云浮市					
云城区					
云安区					
新兴县					
郁南县					
罗定市					

8-3b　各地区按家庭户类别和住房间数分的家庭户户数(镇)

单位：户

地　区	家庭户户　数	一代户				
		一间	二间	三间	四间	五间及以上
广　东	**4521015**	**635077**	**329526**	**481018**	**191684**	**201208**
广州市	**378710**	**118022**	**43610**	**41282**	**10090**	**7638**
荔湾区						
越秀区						
海珠区						
天河区						
白云区	73266	27352	14447	6381	989	943
黄埔区	11995	342	1006	1964	449	144
番禺区	26564	13215	2733	1563	773	583
花都区	25439	6128	2214	3280	573	662
南沙区	51905	18365	3612	4345	1614	1368
从化区	19235	2786	1881	3963	595	387
增城区	170306	49834	17717	19786	5097	3551
韶关市	**208725**	**5636**	**17007**	**43803**	**11005**	**5954**
武江区	889	32	97	130	72	40
浈江区	9673	134	1190	3844	91	108
曲江区	9189	535	1267	1788	459	199
始兴县	26431	1104	1957	6305	1054	405
仁化县	24717	808	2131	5349	1160	919
翁源县	34402	694	1668	6827	2455	557
乳源瑶族自治县	25428	425	2011	5483	644	327
新丰县	26975	545	1582	5153	1845	594
乐昌市	32697	1079	4175	6372	1491	1461
南雄市	18324	280	929	2552	1734	1344
深圳市	**822**	**76**	**4**	**96**	**164**	**27**
罗湖区						
福田区						
南山区	75	72	1	1		
宝安区						
龙岗区						
盐田区						
龙华区						
坪山区	747	4	3	95	164	27
光明区						
珠海市	**86564**	**29226**	**7122**	**10563**	**1746**	**1381**
香洲区	8773	3644	914	1301	202	85
斗门区	44616	11477	3493	6552	884	702
金湾区	33175	14105	2715	2710	660	594
汕头市	**281983**	**14869**	**20545**	**13144**	**10977**	**5727**
龙湖区						
金平区						
濠江区	1524	45	149	138	74	121
潮阳区	115675	5708	6836	4205	2811	2192
潮南区	64920	2241	3355	2244	4239	1983
澄海区	85746	5536	8299	4979	3260	976
南澳县	14118	1339	1906	1578	593	455
佛山市	**142952**	**53911**	**10432**	**12052**	**3263**	**4537**
禅城区	59772	18745	4555	4792	1748	3005
南海区	17337	10065	1359	453	196	321
顺德区						
三水区	57923	22510	3778	5764	1185	1116
高明区	7920	2591	740	1043	134	95

注：本表数据为居住在普通住宅的家庭户。

8-3b 续表 1

单位：户

地 区	家庭户户数	一代户 一间	二间	三间	四间	五间及以上
江门市	**125380**	**17822**	**11593**	**18069**	**4077**	**4183**
蓬江区						
江海区						
新会区	36673	4517	3891	5669	1137	883
台山市	24527	1071	2689	4948	895	541
开平市	27135	3905	2572	3384	699	426
鹤山市	22396	7801	1732	2144	703	886
恩平市	14649	528	709	1924	643	1447
湛江市	**286955**	**10514**	**16112**	**32776**	**13372**	**26722**
赤坎区						
霞山区	1141	140	97	50	18	47
坡头区	19285	677	1131	1827	500	1448
麻章区	15969	725	1382	2155	786	1194
遂溪县	70741	1559	4176	12372	2917	3916
徐闻县	58221	3897	3009	6258	3008	3816
廉江市	47195	1378	2488	4156	2309	7136
雷州市	39315	1070	2020	4221	2547	4174
吴川市	35088	1068	1809	1737	1287	4991
茂名市	**217397**	**6890**	**9997**	**15242**	**10881**	**31864**
茂南区	11143	548	567	924	453	1203
电白区	89722	2548	3524	6075	4174	10878
高州市	44334	1614	2404	3159	2381	8494
化州市	47184	1556	2298	3371	2440	7165
信宜市	25014	624	1204	1713	1433	4124
肇庆市	**240177**	**18065**	**21394**	**35680**	**11071**	**12821**
端州区						
鼎湖区	7875	1217	731	591	244	448
高要区	40997	8908	4848	2964	790	474
广宁县	52306	1463	3870	10072	2027	2858
怀集县	59443	2402	3621	7922	3806	4603
封开县	37575	1347	3404	6164	2223	2931
德庆县	33791	1472	4090	6845	1508	1220
四会市	8190	1256	830	1122	473	287
惠州市	**444004**	**76962**	**34970**	**46934**	**16761**	**11110**
惠城区	35259	9168	3392	3442	1078	606
惠阳区	30828	9567	2661	2249	665	734
博罗县	171446	29442	13087	20777	7210	4545
惠东县	162660	25519	9928	13408	6120	3981
龙门县	43811	3266	5902	7058	1688	1244
梅州市	**274678**	**8740**	**12825**	**30488**	**22517**	**23422**
梅江区	1942	61	128	150	147	270
梅县区	12137	256	927	1522	1050	1527
大埔县	46044	1092	2063	8207	4425	1822
丰顺县	65543	5083	4565	6070	3288	2793
五华县	70972	1275	1929	4487	5376	9803
平远县	28110	311	923	3653	3077	2735
蕉岭县	29956	388	1308	4328	3373	1177
兴宁市	19974	274	982	2071	1781	3295

8−3b　续表 2　　　　单位：户

地　区	家庭户户数	一代户				
		一间	二间	三间	四间	五间及以上
汕尾市	**256014**	**19726**	**18681**	**28471**	**11382**	**7755**
城　区	10100	628	697	1199	573	150
海丰县	138857	10274	9144	18095	6277	2221
陆河县	26424	532	722	1536	1391	2854
陆丰市	80633	8292	8118	7641	3141	2530
河源市	**195921**	**9392**	**7687**	**23517**	**15917**	**10947**
源城区	4948	2068	472	294	62	13
紫金县	49168	829	1623	4198	3178	5035
龙川县	55474	1632	2335	7602	6236	1283
连平县	30399	656	1150	3765	2459	2562
和平县	31930	444	1332	5131	2640	721
东源县	24002	3763	775	2527	1342	1333
阳江市	**107439**	**4799**	**5681**	**11800**	**6946**	**8576**
江城区	14655	1321	1156	1173	896	967
阳东区	16761	1127	1500	1914	1036	617
阳西县	48829	1394	1806	5905	2866	3526
阳春市	27194	957	1219	2808	2148	3466
清远市	**255459**	**12149**	**14737**	**38226**	**11872**	**12935**
清城区	67538	5800	3792	8223	3213	3773
清新区	12014	798	828	2232	713	283
佛冈县	40710	2356	2718	7407	1630	373
阳山县	44099	574	2131	8908	1561	1720
连山壮族瑶族自治县	11306	168	567	2129	683	455
连南瑶族自治县	17930	353	919	2390	768	1186
英德市	51241	1774	3165	6090	2518	3817
连州市	10621	326	617	847	786	1328
东莞市	**24707**	**14883**	**1733**	**1007**	**219**	**232**
市辖区	24707	14883	1733	1007	219	232
中山市	**361536**	**160730**	**23332**	**30077**	**6227**	**3424**
市辖区	361536	160730	23332	30077	6227	3424
潮州市	**179701**	**16701**	**17420**	**12277**	**5257**	**3362**
湘桥区	16569	1493	1318	429	405	264
潮安区	54400	3998	4045	2265	1004	787
饶平县	108732	11210	12057	9583	3848	2311
揭阳市	**320351**	**29685**	**26215**	**19788**	**10648**	**7524**
榕城区	20102	2961	1156	389	72	66
揭东区	47492	6303	3120	1256	560	429
揭西县	52381	4929	3330	3904	2904	2975
惠来县	96880	4745	10344	9221	4346	2821
普宁市	103496	10747	8265	5018	2766	1233
云浮市	**131540**	**6279**	**8429**	**15726**	**7292**	**11067**
云城区						
云安区	11215	457	526	824	484	1298
新兴县	53122	3957	3681	7899	2945	1323
郁南县	46337	1173	3075	5466	2634	5242
罗定市	20866	692	1147	1537	1229	3204

8-3b 续表 3

单位：户

地　区	二代户				
	一间	二间	三间	四间	五间及以上
广　东	**118465**	**299062**	**669380**	**327329**	**326270**
广州市	**7879**	**26868**	**53403**	**16162**	**12656**
荔湾区					
越秀区					
海珠区					
天河区					
白云区	1237	5622	6810	1267	1492
黄埔区	37	1049	3413	898	307
番禺区	1084	1604	1570	1173	827
花都区	267	2126	5087	863	684
南沙区	1766	2729	5834	2904	2413
从化区	133	1154	4444	765	612
增城区	3355	12584	26245	8292	6321
韶关市	**1163**	**12012**	**48242**	**15190**	**7846**
武江区	11	75	149	100	48
浈江区	15	497	2292	107	150
曲江区	70	680	1659	610	262
始兴县	168	1465	7005	1233	571
仁化县	155	1613	5829	1434	1202
翁源县	136	1519	8136	3931	667
乳源瑶族自治县	79	1681	7490	1052	525
新丰县	89	1209	6274	2600	664
乐昌市	305	2636	6448	1920	1879
南雄市	135	637	2960	2203	1878
深圳市	**2**	**2**	**96**	**202**	**33**
罗湖区					
福田区					
南山区	1				
宝安区					
龙岗区					
盐田区					
龙华区					
坪山区	1	2	96	202	33
光明区					
珠海市	**2792**	**5348**	**12245**	**2626**	**2380**
香洲区	335	546	959	185	43
斗门区	987	2854	8366	1558	1291
金湾区	1470	1948	2920	883	1046
汕头市	**10557**	**31808**	**31701**	**30766**	**18549**
龙湖区					
金平区					
濠江区	34	110	141	143	202
潮阳区	6713	14355	14291	10721	9655
潮南区	935	6130	6432	11810	6048
澄海区	2361	9687	9109	7317	1988
南澳县	514	1526	1728	775	656
佛山市	**4606**	**5873**	**17317**	**5272**	**7817**
禅城区	1389	2008	6791	3000	5733
南海区	581	616	573	436	685
顺德区					
三水区	2222	2709	8794	1688	1308
高明区	414	540	1159	148	91

8-3b 续表 4

单位：户

地　区	二代户				
	一间	二间	三间	四间	五间及以上
江门市	**3938**	**9779**	**22436**	**5832**	**5903**
蓬江区					
江海区					
新会区	1090	2949	7211	1643	1409
台山市	392	1939	4933	1253	874
开平市	1478	2906	5390	1171	695
鹤山市	869	1268	2595	887	952
恩平市	109	717	2307	878	1973
湛江市	**4578**	**15555**	**41745**	**20182**	**43964**
赤坎区					
霞山区	13	124	153	62	170
坡头区	427	1982	3248	960	3035
麻章区	203	977	2736	1234	1687
遂溪县	549	2979	15555	5007	8178
徐闻县	1583	2966	8391	4675	6680
廉江市	506	1897	4126	2784	9274
雷州市	685	1662	4700	3614	6310
吴川市	612	2968	2836	1846	8630
茂名市	**1754**	**8195**	**19018**	**15964**	**49584**
茂南区	40	384	1212	857	2370
电白区	805	3553	9363	7508	20426
高州市	214	1041	2497	2292	10627
化州市	504	2170	4151	3611	10764
信宜市	191	1047	1795	1696	5397
肇庆市	**3742**	**14062**	**41379**	**16095**	**19797**
端州区					
鼎湖区	331	578	849	466	717
高要区	1848	4224	5410	1919	1088
广宁县	374	2539	11163	3056	3841
怀集县	427	2350	9998	5375	8042
封开县	287	1819	5742	2578	4114
德庆县	329	2017	6975	1988	1711
四会市	146	535	1242	713	284
惠州市	**9456**	**30310**	**75866**	**35152**	**23084**
惠城区	778	3011	5594	2209	1205
惠阳区	634	2564	4162	1535	1637
博罗县	2685	9833	31870	14380	8902
惠东县	4831	11177	26620	14581	9489
龙门县	528	3725	7620	2447	1851
梅州市	**3318**	**9844**	**34734**	**30490**	**29768**
梅江区	8	86	146	142	339
梅县区	47	330	1032	953	1636
大埔县	195	1316	9282	6261	1787
丰顺县	2744	5049	8838	5172	4733
五华县	189	1160	5288	7863	13839
平远县	35	604	3659	3550	2763
蕉岭县	50	860	5054	4715	1217
兴宁市	50	439	1435	1834	3454

8－3b 续表 5

单位：户

地区	二代户				
	一间	二间	三间	四间	五间及以上
汕尾市	**7745**	**21318**	**50552**	**21836**	**12740**
城区	143	790	1940	1088	309
海丰县	1966	9514	34672	13481	3804
陆河县	112	890	2407	2188	4851
陆丰市	5524	10124	11533	5079	3776
河源市	**1271**	**6999**	**32749**	**26453**	**15049**
源城区	265	468	574	176	11
紫金县	184	1336	5869	5291	7571
龙川县	322	2520	10495	10405	1461
连平县	112	703	4224	3690	3553
和平县	105	1104	7881	4668	859
东源县	283	868	3706	2223	1594
阳江市	**1210**	**4749**	**16934**	**10131**	**12541**
江城区	324	1171	1584	1216	1326
阳东区	298	1116	2348	1794	1121
阳西县	358	1752	10304	4773	5706
阳春市	230	710	2698	2348	4388
清远市	**1961**	**11673**	**52227**	**17553**	**19359**
清城区	643	2840	12133	3797	6333
清新区	135	465	2532	1052	395
佛冈县	259	2021	11112	3214	655
阳山县	135	1876	11481	2488	2310
连山壮族瑶族自治县	24	335	2603	1090	691
连南瑶族自治县	126	1182	3556	1237	1956
英德市	537	2490	7887	3779	5262
连州市	102	464	923	896	1757
东莞市	**1606**	**1276**	**1387**	**483**	**375**
市辖区	1606	1276	1387	483	375
中山市	**13407**	**19255**	**41634**	**12705**	**6648**
市辖区	13407	19255	41634	12705	6648
潮州市	**10521**	**20738**	**18675**	**10281**	**6553**
湘桥区	1233	2120	740	979	691
潮安区	1864	6674	5635	3183	2385
饶平县	7424	11944	12300	6119	3477
揭阳市	**26070**	**38183**	**36165**	**23187**	**16221**
榕城区	3705	2466	953	298	245
揭东区	5935	5826	3659	2020	1296
揭西县	3473	3725	4378	4169	4494
惠来县	2024	10748	14897	9311	6725
普宁市	10933	15418	12278	7389	3461
云浮市	**889**	**5215**	**20875**	**10767**	**15403**
云城区					
云安区	72	342	1104	861	2052
新兴县	469	2369	11913	5343	2085
郁南县	242	1898	6366	3091	6505
罗定市	106	606	1492	1472	4761

8-3b 续表 6

单位：户

地 区	三代户				
	一间	二间	三间	四间	五间及以上
广 东	**30217**	**90745**	**263423**	**208964**	**314282**
广州市	**702**	**5152**	**16823**	**7279**	**10095**
荔湾区					
越秀区					
海珠区					
天河区					
白云区	121	1039	2389	907	1906
黄埔区	2	255	1246	425	425
番禺区	61	196	373	369	426
花都区	22	471	1910	421	662
南沙区	190	578	2161	1735	2091
从化区	5	172	1289	401	596
增城区	301	2441	7455	3021	3989
韶关市	**111**	**2288**	**20383**	**9629**	**7115**
武江区		9	44	37	38
浈江区	4	93	985	56	93
曲江区	4	136	696	491	265
始兴县	18	305	3246	871	590
仁化县	9	235	2009	740	1027
翁源县	12	258	3809	2681	790
乳源瑶族自治县	11	409	3808	784	502
新丰县	5	288	2862	1970	1029
乐昌市	27	441	1996	954	1370
南雄市	21	114	928	1045	1411
深圳市			**29**	**74**	**15**
罗湖区					
福田区					
南山区					
宝安区					
龙岗区					
盐田区					
龙华区					
坪山区			29	74	15
光明区					
珠海市	**258**	**1123**	**4455**	**1882**	**3184**
香洲区	21	119	275	88	48
斗门区	82	555	2892	1064	1704
金湾区	155	449	1288	730	1432
汕头市	**4565**	**14556**	**18331**	**26574**	**24583**
龙湖区					
金平区					
濠江区	6	54	69	60	167
潮阳区	2910	5348	7405	8572	12237
潮南区	195	1915	2519	7033	6964
澄海区	1288	6629	7498	10305	4506
南澳县	166	610	840	604	709
佛山市	**384**	**1272**	**5696**	**2851**	**7395**
禅城区	133	348	1578	1167	4675
南海区	38	110	276	392	1193
顺德区					
三水区	148	683	3345	1164	1398
高明区	65	131	497	128	129

8-3b 续表 7　　　　单位：户

地 区	三代户				
	一间	二间	三间	四间	五间及以上
江门市	**488**	**2205**	**9078**	**4010**	**5414**
蓬江区					
江海区					
新会区	144	686	2776	1242	1286
台山市	99	555	2194	1014	1012
开平市	151	601	2343	725	582
鹤山市	84	226	818	509	846
恩平市	10	137	947	520	1688
湛江市	**391**	**2720**	**12402**	**9581**	**34517**
赤坎区					
霞山区	2	15	35	42	172
坡头区	21	253	843	465	2376
麻章区	31	230	729	524	1306
遂溪县	64	579	4544	2174	5901
徐闻县	122	652	3010	2888	6710
廉江市	49	327	1077	1245	8018
雷州市	62	372	1468	1523	4668
吴川市	40	292	696	720	5366
茂名市	**166**	**1280**	**4568**	**6093**	**34150**
茂南区	6	94	360	453	1581
电白区	92	675	2316	2849	14284
高州市	24	189	668	983	7348
化州市	38	209	817	1123	6637
信宜市	6	113	407	685	4300
肇庆市	**792**	**3450**	**15518**	**9299**	**15855**
端州区					
鼎湖区	65	141	362	293	811
高要区	453	1495	2987	1810	1619
广宁县	79	629	4381	2128	3570
怀集县	53	366	2754	2233	5119
封开县	58	331	2047	1243	3085
德庆县	72	388	2569	1132	1378
四会市	12	100	418	460	273
惠州市	**882**	**5118**	**26451**	**21556**	**26066**
惠城区	54	366	1750	1169	1279
惠阳区	17	257	1265	963	1735
博罗县	228	1629	9932	7420	8390
惠东县	531	2147	10437	10088	12289
龙门县	52	719	3067	1916	2373
梅州市	**937**	**2690**	**13824**	**18360**	**30009**
梅江区	1	7	58	98	289
梅县区	8	60	424	504	1735
大埔县	24	225	3541	3745	1703
丰顺县	873	1866	4113	3801	6027
五华县	21	186	1749	3948	12901
平远县	4	136	1407	2164	2743
蕉岭县	5	162	2169	3297	1604
兴宁市	1	48	363	803	3007

8-3b　续表 8　　　　单位：户

地　区	三代户				
	一间	二间	三间	四间	五间及以上
汕尾市	**1813**	**5323**	**19879**	**13956**	**12841**
城　区	51	286	929	812	400
海丰县	247	1821	13588	8843	4146
陆河县	11	195	1044	1555	5527
陆丰市	1504	3021	4318	2746	2768
河源市	**76**	**1242**	**12638**	**15113**	**14890**
源城区	19	135	256	104	18
紫金县	15	229	2153	2886	7930
龙川县	11	382	3733	5423	1308
连平县	7	121	1538	2171	3337
和平县	6	201	3045	2863	708
东源县	18	174	1913	1666	1589
阳江市	**132**	**1043**	**5220**	**5716**	**11375**
江城区	55	353	743	954	1328
阳东区	35	249	900	1258	1332
阳西县	23	310	2756	2216	4944
阳春市	19	131	821	1288	3771
清远市	**202**	**2367**	**23395**	**12508**	**21825**
清城区	50	593	5227	2887	7658
清新区	5	84	1058	798	543
佛冈县	21	437	5303	2308	708
阳山县	12	351	5463	1912	2650
连山壮族瑶族自治县	1	67	1012	694	713
连南瑶族自治县	12	210	1338	759	1790
英德市	92	545	3677	2667	6233
连州市	9	80	317	483	1530
东莞市	**178**	**202**	**383**	**287**	**421**
市辖区	178	202	383	287	421
中山市	**907**	**4048**	**16346**	**10713**	**10326**
市辖区	907	4048	16346	10713	10326
潮州市	**5617**	**13839**	**13355**	**11592**	**10756**
湘桥区	803	2204	839	1443	1306
潮安区	791	5232	5566	4696	5043
饶平县	4023	6403	6950	5453	4407
揭阳市	**11464**	**19807**	**17082**	**15808**	**19477**
榕城区	2398	2850	1201	469	485
揭东区	2776	5304	2652	2268	3274
揭西县	1853	2464	2118	2603	4740
惠来县	689	2468	5262	5578	7151
普宁市	3748	6721	5849	4890	3827
云浮市	**152**	**1020**	**7567**	**6083**	**13973**
云城区					
云安区	11	89	412	551	1984
新兴县	114	462	4752	3280	2315
郁南县	19	364	2074	1737	6147
罗定市	8	105	329	515	3527

8-3b 续表 9

单位：户

地 区	四代户				
	一间	二间	三间	四间	五间及以上
广 东	**905**	**2535**	**6062**	**7969**	**16868**
广州市	**8**	**73**	**253**	**213**	**500**
荔湾区					
越秀区					
海珠区					
天河区					
白云区	4	42	99	50	168
黄埔区		1	10	4	18
番禺区			3	4	7
花都区		3	20	13	33
南沙区	3	5	35	54	103
从化区		2	14	14	22
增城区	1	20	72	74	149
韶关市	**1**	**25**	**449**	**387**	**478**
武江区			2	2	3
浈江区			10	1	3
曲江区			24	21	22
始兴县	1	3	58	30	42
仁化县		1	20	15	61
翁源县		2	85	112	63
乳源瑶族自治县		5	115	48	29
新丰县		8	83	87	88
乐昌市		5	33	33	72
南雄市		1	19	38	95
深圳市				**2**	
罗湖区					
福田区					
南山区					
宝安区					
龙岗区					
盐田区					
龙华区					
坪山区				2	
光明区					
珠海市	**1**	**3**	**45**	**46**	**138**
香洲区			2	4	2
斗门区		2	35	30	88
金湾区	1	1	8	12	48
汕头市	**167**	**581**	**682**	**1447**	**1847**
龙湖区					
金平区					
濠江区			2	1	8
潮阳区	90	190	244	387	803
潮南区		56	65	298	454
澄海区	76	321	351	719	540
南澳县	1	14	20	42	42
佛山市	**6**	**6**	**72**	**54**	**136**
禅城区	1	1	19	18	66
南海区	2		5	11	25
顺德区					
三水区	2	5	42	20	42
高明区	1		6	5	3

8-3b　续表 10　　　　　　　　　　　　　　　　　　单位：户

地　区	四代户				
	一间	二间	三间	四间	五间及以上
江门市	**10**	**37**	**183**	**114**	**209**
蓬江区					
江海区					
新会区	2	9	54	33	42
台山市	2	13	44	26	33
开平市	3	9	45	21	29
鹤山市	3	5	17	23	28
恩平市		1	23	11	77
湛江市	**5**	**37**	**202**	**239**	**1340**
赤坎区					
霞山区					1
坡头区		2	17	6	67
麻章区	1	3	16	7	43
遂溪县		8	43	33	187
徐闻县	3	13	82	111	347
廉江市		4	14	36	370
雷州市	1	5	23	34	156
吴川市		2	7	12	169
茂名市	**3**	**25**	**74**	**155**	**1494**
茂南区		2	10	16	63
电白区	3	10	44	67	528
高州市		5	6	33	355
化州市		4	9	24	293
信宜市		4	5	15	255
肇庆市	**19**	**47**	**215**	**243**	**633**
端州区					
鼎湖区		4		5	22
高要区	12	20	42	48	38
广宁县	1	6	52	53	144
怀集县		9	54	64	245
封开县	3	4	33	28	134
德庆县	3	3	28	25	38
四会市		1	6	20	12
惠州市	**25**	**102**	**588**	**887**	**1722**
惠城区	1	4	36	38	79
惠阳区		2	17	30	134
博罗县	10	30	220	329	525
惠东县	13	53	223	399	826
龙门县	1	13	92	91	158
梅州市	**27**	**46**	**305**	**615**	**1717**
梅江区			2	3	7
梅县区		1	7	17	101
大埔县	1	3	88	156	107
丰顺县	23	36	91	120	258
五华县	2	1	39	123	792
平远县		4	41	69	232
蕉岭县	1	1	33	111	103
兴宁市			4	16	117

8-3b 续表 11

单位：户

地 区	四代户				
	一间	二间	三间	四间	五间及以上
汕尾市	**65**	**133**	**446**	**460**	**890**
城 区	2	9	33	33	28
海丰县	4	25	265	262	207
陆河县	1	6	28	67	507
陆丰市	58	93	120	98	148
河源市	**3**	**21**	**277**	**582**	**1098**
源城区	1	1	6	5	
紫金县	2	9	67	160	603
龙川县		3	63	173	87
连平县		3	38	82	228
和平县		1	61	107	53
东源县		4	42	55	127
阳江市	**3**	**7**	**66**	**141**	**369**
江城区	1	3	10	26	48
阳东区	1	2	19	34	60
阳西县		1	25	43	121
阳春市	1	1	12	38	140
清远市	**7**	**31**	**524**	**499**	**1407**
清城区	2	7	101	103	362
清新区		1	25	30	37
佛冈县		7	77	68	36
阳山县	1	5	167	101	252
连山壮族瑶族自治县		1	23	21	29
连南瑶族自治县		2	24	25	97
英德市	4	4	97	128	475
连州市		4	10	23	119
东莞市	**5**	**1**	**5**	**9**	**15**
市辖区	5	1	5	9	15
中山市	**17**	**74**	**419**	**550**	**696**
市辖区	17	74	419	550	696
潮州市	**190**	**523**	**616**	**657**	**769**
湘桥区	16	87	53	71	75
潮安区	27	205	298	306	395
饶平县	147	231	265	280	299
揭阳市	**341**	**753**	**559**	**525**	**845**
榕城区	87	146	83	32	39
揭东区	80	242	119	109	263
揭西县	21	53	43	57	148
惠来县	14	56	107	161	210
普宁市	139	256	207	166	185
云浮市	**2**	**10**	**82**	**144**	**565**
云城区					
云安区		1	5	33	109
新兴县	1	4	54	56	100
郁南县		3	21	45	235
罗定市	1	2	2	10	121

8-3b　续表 12　　　　单位：户

地　区	五代及以上户				
	一间	二间	三间	四间	五间及以上
广　东		**1**	**4**	**8**	**13**
广州市			**1**		**1**
荔湾区					
越秀区					
海珠区					
天河区					
白云区					1
黄埔区					
番禺区					
花都区					
南沙区					
从化区					
增城区			1		
韶关市					**1**
武江区					
浈江区					
曲江区					1
始兴县					
仁化县					
翁源县					
乳源瑶族自治县					
新丰县					
乐昌市					
南雄市					
深圳市					
罗湖区					
福田区					
南山区					
宝安区					
龙岗区					
盐田区					
龙华区					
坪山区					
光明区					
珠海市					
香洲区					
斗门区					
金湾区					
汕头市			**1**	**2**	**4**
龙湖区					
金平区					
濠江区					
潮阳区				1	1
潮南区				1	3
澄海区			1		
南澳县					
佛山市					
禅城区					
南海区					
顺德区					
三水区					
高明区					

8-3b 续表 13　　单位：户

地　区	五代及以上户				
	一间	二间	三间	四间	五间及以上
江门市					
蓬江区					
江海区					
新会区					
台山市					
开平市					
鹤山市					
恩平市					
湛江市					**1**
赤坎区					
霞山区					
坡头区					
麻章区					
遂溪县					
徐闻县					
廉江市					1
雷州市					
吴川市					
茂名市					
茂南区					
电白区					
高州市					
化州市					
信宜市					
肇庆市					
端州区					
鼎湖区					
高要区					
广宁县					
怀集县					
封开县					
德庆县					
四会市					
惠州市					**2**
惠城区					
惠阳区					
博罗县					2
惠东县					
龙门县					
梅州市				**1**	**1**
梅江区					
梅县区					
大埔县				1	
丰顺县					
五华县					1
平远县					
蕉岭县					
兴宁市					

8−3b　续表 14　　　　单位：户

地　区	五代及以上户				
	一间	二间	三间	四间	五间及以上
汕尾市				**2**	
城　区					
海丰县				1	
陆河县					
陆丰市				1	
河源市					
源城区					
紫金县					
龙川县					
连平县					
和平县					
东源县					
阳江市					
江城区					
阳东区					
阳西县					
阳春市					
清远市					**2**
清城区					1
清新区					
佛冈县					
阳山县					1
连山壮族瑶族自治县					
连南瑶族自治县					
英德市					
连州市					
东莞市					
市辖区					
中山市			**1**		
市辖区			1		
潮州市				**1**	**1**
湘桥区					
潮安区					1
饶平县				1	
揭阳市		**1**	**1**	**2**	
榕城区			1		
揭东区		1			
揭西县					
惠来县				2	
普宁市					
云浮市					
云城区					
云安区					
新兴县					
郁南县					
罗定市					

8-3c 各地区按家庭户类别和住房间数分的家庭户户数(乡村)

单位：户

地　区	家庭户户数	一代户				
		一间	二间	三间	四间	五间及以上
广　东	**9187706**	**895150**	**593701**	**673321**	**478442**	**906306**
广州市	**793904**	**246847**	**67464**	**46663**	**23016**	**40007**
荔湾区						
越秀区						
海珠区						
天河区						
白云区	220114	85973	25456	10758	4434	11336
黄埔区	26844	7938	2614	1047	494	1192
番禺区	108212	55148	8256	3990	2863	3506
花都区	142160	42758	11380	11635	4605	7045
南沙区	74610	24938	4609	3042	2601	4185
从化区	98341	3820	5565	7089	3672	5692
增城区	123623	26272	9584	9102	4347	7051
韶关市	**390819**	**9784**	**23743**	**43539**	**33985**	**48373**
武江区	16999	807	1316	1850	749	1345
浈江区	14971	383	798	1313	705	1843
曲江区	33686	1493	2336	3714	2180	3168
始兴县	40684	811	2645	4468	4352	5370
仁化县	35438	866	1490	2738	3231	5650
翁源县	60811	1337	2763	5069	4767	9324
乳源瑶族自治县	31106	619	1715	3707	2203	2898
新丰县	29938	603	1403	3650	2838	4581
乐昌市	61554	1409	4170	7552	5600	8267
南雄市	65632	1456	5107	9478	7360	5927
深圳市	**13550**	**6768**	**1433**	**646**	**193**	**434**
罗湖区						
福田区						
南山区						
宝安区						
龙岗区	13550	6768	1433	646	193	434
盐田区						
龙华区						
坪山区						
光明区						
珠海市	**68646**	**20848**	**4822**	**3944**	**1517**	**2617**
香洲区	26	6	9			4
斗门区	63623	19666	4292	3518	1389	2401
金湾区	4997	1176	521	426	128	212
汕头市	**347268**	**20501**	**20318**	**10509**	**10498**	**6862**
龙湖区	21234	489	665	540	555	763
金平区	3332	184	196	111	97	55
濠江区	13821	509	766	494	389	647
潮阳区	148740	11891	8965	4148	2731	1602
潮南区	105015	4563	5849	3499	4784	2767
澄海区	51425	2670	3582	1341	1755	822
南澳县	3701	195	295	376	187	206
佛山市	**114874**	**27434**	**11657**	**9635**	**6082**	**5640**
禅城区						
南海区	32887	8246	2445	2229	1080	1709
顺德区	13787	5992	1419	396	326	452
三水区	50781	10177	4809	4670	4210	3147
高明区	17419	3019	2984	2340	466	332

注：本表数据为居住在普通住宅的家庭户。

8-3c 续表 1

单位：户

地 区	家庭户户 数	一代户				
		一间	二间	三间	四间	五间及以上
江门市	**484695**	**45164**	**55784**	**50889**	**26763**	**22334**
蓬江区	6764	157	297	428	422	616
江海区						
新会区	93880	12057	13351	11193	4196	3074
台山市	156300	14079	20535	16699	6973	4685
开平市	99990	8503	10658	11175	6443	4652
鹤山市	56391	6218	4123	4831	3541	4973
恩平市	71370	4150	6820	6563	5188	4334
湛江市	**1028554**	**25625**	**54285**	**82656**	**56035**	**123694**
赤坎区	2159	29	137	136	61	159
霞山区	7912	619	538	451	226	420
坡头区	53840	848	2710	4830	2379	6954
麻章区	75821	2318	4130	5793	3614	7214
遂溪县	147015	2720	7040	13125	9358	16243
徐闻县	105928	2614	6162	9889	6648	8787
廉江市	247373	6199	11224	19228	13332	33864
雷州市	242665	7270	15791	20423	14907	26057
吴川市	145841	3008	6553	8781	5510	23996
茂名市	**982291**	**20664**	**37516**	**60148**	**47828**	**177963**
茂南区	86874	1809	3373	6545	4450	11329
电白区	229713	5380	7612	12194	8569	31311
高州市	256510	4600	9385	15762	12645	56217
化州市	225679	4159	7980	12742	10224	42669
信宜市	183515	4716	9166	12905	11940	36437
肇庆市	**624260**	**45084**	**45702**	**43937**	**31309**	**61843**
端州区						
鼎湖区	17439	2351	1920	1721	886	685
高要区	137193	19874	12807	9193	3860	2380
广宁县	84314	3795	7607	7247	5345	11049
怀集县	173782	2907	5726	9482	8945	27413
封开县	79075	1728	4097	5245	5275	12404
德庆县	70916	5047	5428	4636	3563	5473
四会市	61541	9382	8117	6413	3435	2439
惠州市	**414839**	**64107**	**27185**	**29828**	**16684**	**31153**
惠城区	83678	18713	5893	5495	2248	5354
惠阳区	71393	24887	4750	4173	2097	3714
博罗县	119319	9960	6704	8417	5077	11043
惠东县	92818	8459	6720	7094	4755	5972
龙门县	47631	2088	3118	4649	2507	5070
梅州市	**591272**	**12210**	**27380**	**45217**	**49860**	**114481**
梅江区	10509	196	515	918	893	1389
梅县区	86876	833	3579	6720	8589	17927
大埔县	64983	1773	5418	8509	7585	10390
丰顺县	68768	5002	5124	6060	4779	6309
五华县	157520	1139	3295	6650	8245	35840
平远县	32406	286	817	1791	2622	8962
蕉岭县	29857	704	1830	2879	3391	5902
兴宁市	140353	2277	6802	11690	13756	27762

8－3c　续表 2　　　　单位：户

地　　区	家庭户户　数	一代户				
		一间	二间	三间	四间	五间及以上
汕尾市	**294748**	**22826**	**23114**	**24620**	**13381**	**17055**
城　区	28122	4015	3289	2595	1085	548
海丰县	68898	7607	6147	6628	3907	2736
陆河县	27079	496	663	1607	1107	3787
陆丰市	170649	10708	13015	13790	7282	9984
河源市	**452661**	**10909**	**19492**	**43234**	**37582**	**77567**
源城区	11902	3433	646	450	217	802
紫金县	95728	1258	2952	6998	5145	17905
龙川县	133618	2128	5916	14137	14167	25427
连平县	55421	1030	2067	4756	4659	8654
和平县	83598	1385	4624	9409	8242	12979
东源县	72394	1675	3287	7484	5152	11800
阳江市	**359458**	**18306**	**26885**	**34011**	**25093**	**40229**
江城区	55296	2795	4671	5583	3705	3823
阳东区	68487	6205	7208	7150	4669	3432
阳西县	74772	3325	5348	8289	5392	7748
阳春市	160903	5981	9658	12989	11327	25226
清远市	**533138**	**22938**	**34845**	**54439**	**40672**	**54976**
清城区	42157	1795	1968	3414	3858	4366
清新区	103739	4758	6553	11192	13000	7277
佛冈县	53801	3986	5533	5728	2942	2662
阳山县	67681	2546	3840	6960	3802	10080
连山壮族瑶族自治县	16447	279	559	1617	883	2127
连南瑶族自治县	22532	410	1053	2278	1388	2396
英德市	156931	6943	10519	16667	9138	15898
连州市	69850	2221	4820	6583	5661	10170
东莞市	**238377**	**126844**	**15980**	**10494**	**4192**	**4597**
市辖区	238377	126844	15980	10494	4192	4597
中山市	**149915**	**49035**	**6696**	**6947**	**4290**	**3129**
市辖区	149915	49035	6696	6947	4290	3129
潮州市	**239203**	**22495**	**19997**	**11212**	**7359**	**5957**
湘桥区	18170	2413	1810	379	584	184
潮安区	101084	5910	7343	4357	2611	2327
饶平县	119949	14172	10844	6476	4164	3446
揭阳市	**660573**	**60947**	**44670**	**29023**	**16350**	**14756**
榕城区	46411	4742	2633	1133	425	298
揭东区	110603	15687	8404	2662	1178	749
揭西县	123216	10389	10336	6285	3622	5404
惠来县	131293	7046	8277	7259	5557	4783
普宁市	249050	23083	15020	11684	5568	3522
云浮市	**404661**	**15814**	**24733**	**31730**	**25753**	**52639**
云城区	28218	1647	1972	2254	1695	2376
云安区	47135	1589	2571	3072	2554	6009
新兴县	73051	5018	5638	6134	4252	5336
郁南县	64788	2563	3686	3843	4385	10618
罗定市	191469	4997	10866	16427	12867	28300

8-3c 续表 3

单位：户

地 区	二代户				
	一间	二间	三间	四间	五间及以上
广 东	**247738**	**494157**	**790237**	**655429**	**1372308**
广州市	**19824**	**39908**	**63479**	**40503**	**77018**
荔湾区					
越秀区					
海珠区					
天河区					
白云区	5092	10388	11571	6587	19333
黄埔区	606	1662	1768	1150	2945
番禺区	4218	4854	5167	4700	6808
花都区	2751	6609	14055	6544	10889
南沙区	2957	3543	4239	4812	7906
从化区	727	5303	13426	8589	15059
增城区	3473	7549	13253	8121	14078
韶关市	**1443**	**12884**	**38713**	**35009**	**60731**
武江区	160	936	2401	1153	2410
浈江区	54	558	1371	968	3247
曲江区	144	1612	4181	2639	4447
始兴县	157	1267	3489	4058	5863
仁化县	151	847	2260	3221	7582
翁源县	132	1095	4513	5310	11956
乳源瑶族自治县	107	1131	4046	2746	4392
新丰县	59	565	2796	2393	4619
乐昌市	239	2195	6063	5307	9210
南雄市	240	2678	7593	7214	7005
深圳市	**860**	**949**	**700**	**211**	**368**
罗湖区					
福田区					
南山区					
宝安区					
龙岗区	860	949	700	211	368
盐田区					
龙华区					
坪山区					
光明区					
珠海市	**2003**	**3802**	**5248**	**2670**	**5537**
香洲区		1	1		5
斗门区	1843	3435	4692	2503	5222
金湾区	160	366	555	167	310
汕头市	**27501**	**44811**	**29847**	**31933**	**22480**
龙湖区	170	1135	1598	1700	2787
金平区	132	366	272	270	251
濠江区	343	1330	1008	935	1937
潮阳区	18908	23097	13531	10061	6089
潮南区	6210	13177	9823	14110	7962
澄海区	1659	5447	3208	4588	3104
南澳县	79	259	407	269	350
佛山市	**3371**	**6177**	**9030**	**7144**	**8875**
禅城区					
南海区	651	1339	2652	2042	3909
顺德区	416	517	438	728	837
三水区	1171	2494	3956	3965	3776
高明区	1133	1827	1984	409	353

8−3c 续表 4

单位：户

地　区	二代户				
	一间	二间	三间	四间	五间及以上
江门市	**17565**	**43874**	**55881**	**34673**	**33078**
蓬江区	19	217	499	686	1205
江海区					
新会区	3090	8615	11670	5317	4443
台山市	7129	17583	19417	9479	7278
开平市	3832	8666	12078	7823	5950
鹤山市	1574	3322	4809	3913	6470
恩平市	1921	5471	7408	7455	7732
湛江市	**9826**	**40163**	**95130**	**84818**	**228062**
赤坎区	31	188	334	175	512
霞山区	252	602	837	679	1347
坡头区	279	1912	5683	3547	13898
麻章区	1199	3944	7688	7138	16982
遂溪县	972	4879	14838	14309	32077
徐闻县	1234	4488	10830	10617	16167
廉江市	1168	6329	20570	18317	58436
雷州市	3462	11479	22420	22241	45756
吴川市	1229	6342	11930	7795	42887
茂名市	**3649**	**19727**	**60759**	**62371**	**271328**
茂南区	582	2688	8572	7353	19812
电白区	1372	6419	17957	16472	65263
高州市	425	3065	11657	13078	71042
化州市	782	4194	12805	13409	68411
信宜市	488	3361	9768	12059	46800
肇庆市	**17857**	**34629**	**54223**	**45827**	**105242**
端州区					
鼎湖区	939	1288	1900	1403	1178
高要区	9907	15300	16997	7819	4650
广宁县	840	4182	7115	6088	13333
怀集县	651	3885	11216	14353	52160
封开县	302	1551	4677	6470	20182
德庆县	3325	3697	6063	6065	10808
四会市	1893	4726	6255	3629	2931
惠州市	**8828**	**22469**	**42682**	**28760**	**52973**
惠城区	1455	4093	8684	4819	10537
惠阳区	1518	3603	6422	3882	6354
博罗县	2175	5941	12969	9561	18888
惠东县	3335	6949	9210	7045	9734
龙门县	345	1883	5397	3453	7460
梅州市	**3554**	**11466**	**32012**	**42605**	**117525**
梅江区	41	231	808	939	1651
梅县区	131	1082	4261	6910	16567
大埔县	247	1823	5154	5552	8042
丰顺县	2635	3777	6130	5479	7959
五华县	105	1261	5036	8179	44368
平远县	20	261	1069	1769	7586
蕉岭县	87	641	1772	2500	4453
兴宁市	288	2390	7782	11277	26899

8-3c　续表 5

单位：户

地　区	二代户				
	一间	二间	三间	四间	五间及以上
汕尾市	**14187**	**26690**	**36282**	**21523**	**28475**
城　区	2251	2699	3201	1394	685
海丰县	3636	5293	8358	5599	3791
陆河县	77	593	2005	1559	6212
陆丰市	8223	18105	22718	12971	17787
河源市	**1047**	**8353**	**34818**	**37010**	**86798**
源城区	237	683	732	479	1585
紫金县	153	1309	5939	5419	23705
龙川县	206	2066	10293	12836	23240
连平县	56	780	3867	5162	11214
和平县	132	1849	7948	7856	14020
东源县	263	1666	6039	5258	13034
阳江市	**3915**	**15467**	**32692**	**29924**	**54377**
江城区	717	3126	6455	5532	6050
阳东区	1472	5015	7701	6265	4646
阳西县	847	2953	7851	6146	10685
阳春市	879	4373	10685	11981	32996
清远市	**4728**	**20313**	**54156**	**43864**	**74517**
清城区	234	1123	3660	3647	6506
清新区	808	3587	11325	12060	9504
佛冈县	617	3744	7140	4516	4346
阳山县	421	1748	5600	3759	12505
连山壮族瑶族自治县	38	365	1647	1131	3369
连南瑶族自治县	105	892	2838	2155	3769
英德市	2120	6339	16753	10884	22534
连州市	385	2515	5193	5712	11984
东莞市	**11873**	**10896**	**15060**	**9299**	**10639**
市辖区	11873	10896	15060	9299	10639
中山市	**3656**	**6738**	**12798**	**11178**	**7800**
市辖区	3656	6738	12798	11178	7800
潮州市	**14180**	**26712**	**20337**	**14269**	**12189**
湘桥区	1915	2446	540	970	391
潮安区	2790	11180	9557	6440	6782
饶平县	9475	13086	10240	6859	5016
揭阳市	**74459**	**85145**	**63867**	**38360**	**33996**
榕城区	7666	5929	2563	1034	646
揭东区	17198	16184	6378	2904	1847
揭西县	10256	14295	9575	5999	9704
惠来县	7345	13412	15202	13590	13393
普宁市	31994	35325	30149	14833	8406
云浮市	**3412**	**12984**	**32523**	**33478**	**80300**
云城区	355	1477	3019	2503	4068
云安区	275	1433	3808	3639	9912
新兴县	1821	3877	7378	6376	8476
郁南县	276	1800	3499	4285	13717
罗定市	685	4397	14819	16675	44127

8-3c 续表 6

单位：户

地 区	三代户				
	一间	二间	三间	四间	五间及以上
广 东	**77138**	**183597**	**328538**	**377092**	**1029716**
广州市	**2435**	**8611**	**24468**	**23271**	**65504**
荔湾区					
越秀区					
海珠区					
天河区					
白云区	605	2256	4379	3883	16317
黄埔区	57	374	796	671	3317
番禺区	340	754	1383	1933	4074
花都区	294	1352	5915	4463	10941
南沙区	318	770	1579	2626	6019
从化区	208	1469	5897	5882	15239
增城区	613	1636	4519	3813	9597
韶关市	**207**	**2406**	**13593**	**18220**	**44174**
武江区	15	176	899	713	1901
浈江区	13	94	464	566	2396
曲江区	21	262	1626	1795	3689
始兴县	34	242	1127	2042	4372
仁化县	11	138	649	1430	4858
翁源县	10	174	1464	2585	9387
乳源瑶族自治县	14	241	1676	1727	3526
新丰县	3	112	1104	1364	3473
乐昌市	48	489	2035	2526	6031
南雄市	38	478	2549	3472	4541
深圳市	**65**	**196**	**256**	**132**	**300**
罗湖区					
福田区					
南山区					
宝安区					
龙岗区	65	196	256	132	300
盐田区					
龙华区					
坪山区					
光明区					
珠海市	**445**	**1393**	**3042**	**2543**	**7701**
香洲区					
斗门区	402	1270	2802	2399	7297
金湾区	43	123	240	144	404
汕头市	**10801**	**25465**	**20530**	**29491**	**29790**
龙湖区	69	742	1347	2118	5810
金平区	44	226	298	374	388
濠江区	102	739	688	1017	2670
潮阳区	7831	13653	9628	8301	6509
潮南区	1674	5357	4755	10711	8373
澄海区	1050	4628	3544	6735	5665
南澳县	31	120	270	235	375
佛山市	**565**	**1624**	**3735**	**4783**	**8789**
禅城区					
南海区	181	353	856	1216	3875
顺德区	25	117	233	640	1214
三水区	77	550	1634	2629	3373
高明区	282	604	1012	298	327

8-3c 续表 7

单位：户

地区	三代户				
	一间	二间	三间	四间	五间及以上
江门市	**5063**	**13892**	**26017**	**22561**	**28324**
蓬江区	4	78	269	487	1307
江海区					
新会区	725	2257	5337	3777	4376
台山市	2395	6017	9623	6809	6664
开平市	1081	2971	5581	5069	4862
鹤山市	273	1137	2543	2672	5566
恩平市	585	1432	2664	3747	5549
湛江市	**1045**	**7291**	**29762**	**39328**	**143759**
赤坎区	4	16	58	53	258
霞山区	20	111	255	333	1196
坡头区	12	250	1441	1258	7646
麻章区	137	809	2250	2681	9574
遂溪县	125	917	4532	6196	18894
徐闻县	171	1121	5205	7335	13420
廉江市	124	1101	5842	7926	41581
雷州市	378	2144	7646	10763	30279
吴川市	74	822	2533	2783	20911
茂名市	**560**	**3518**	**16102**	**23632**	**167840**
茂南区	115	672	2998	3404	12404
电白区	164	1204	4930	6810	42381
高州市	88	571	3295	5379	46347
化州市	125	656	2799	4282	38642
信宜市	68	415	2080	3757	28066
肇庆市	**6460**	**11765**	**23162**	**24700**	**67684**
端州区					
鼎湖区	246	450	725	731	929
高要区	3704	6471	10410	7244	5819
广宁县	235	1121	2734	3418	9623
怀集县	128	714	2667	4907	26960
封开县	49	260	1228	2379	12521
德庆县	1427	1050	2172	3026	8641
四会市	671	1699	3226	2995	3191
惠州市	**1467**	**5647**	**15584**	**16744**	**46191**
惠城区	199	776	2940	2605	8987
惠阳区	119	507	1769	1935	5212
博罗县	369	1203	4505	5496	15586
惠东县	713	2687	4070	4573	10226
龙门县	67	474	2300	2135	6180
梅州市	**1140**	**2458**	**10200**	**20550**	**94229**
梅江区	1	40	294	598	1835
梅县区	15	207	1333	3241	14422
大埔县	28	313	1608	2629	5489
丰顺县	1027	1231	2425	3211	6952
五华县	20	198	1522	3749	35457
平远县	1	30	314	808	5624
蕉岭县	6	131	608	1232	3427
兴宁市	42	308	2096	5082	21023

8-3c 续表 8

单位：户

地　区	三代户				
	一间	二间	三间	四间	五间及以上
汕尾市	**3873**	**8500**	**16073**	**13310**	**21830**
城　区	893	1195	1977	1237	881
海丰县	1140	1742	3911	4430	3373
陆河县	14	198	895	1093	6208
陆丰市	1826	5365	9290	6550	11368
河源市	**125**	**1485**	**10109**	**16573**	**62310**
源城区	18	175	316	323	1632
紫金县	17	239	1935	2618	18545
龙川县	16	294	2578	5137	14020
连平县	8	109	1071	2444	8875
和平县	14	256	1996	3336	8871
东源县	52	412	2213	2715	10367
阳江市	**808**	**3768**	**11708**	**16236**	**43510**
江城区	180	841	2495	3326	5554
阳东区	264	1439	3320	4065	5250
阳西县	233	628	2669	3233	9006
阳春市	131	860	3224	5612	23700
清远市	**1237**	**4899**	**22253**	**26403**	**66235**
清城区	46	273	1650	2423	6711
清新区	224	842	4778	7229	9549
佛冈县	134	1009	3181	3152	4580
阳山县	85	449	2137	2085	10465
连山壮族瑶族自治县	6	92	602	701	2841
连南瑶族自治县	11	203	984	1180	2646
英德市	635	1476	6966	6828	21054
连州市	96	555	1955	2805	8389
东莞市	**1198**	**1928**	**4128**	**3922**	**6918**
市辖区	1198	1928	4128	3922	6918
中山市	**383**	**2030**	**7686**	**13146**	**12936**
市辖区	383	2030	7686	13146	12936
潮州市	**7424**	**20106**	**18872**	**16241**	**17280**
湘桥区	1230	2376	782	1270	584
潮安区	1014	8747	10372	8485	10894
饶平县	5180	8983	7718	6486	5802
揭阳市	**30735**	**53773**	**40985**	**29972**	**35582**
榕城区	4745	7488	3486	1560	1127
揭东区	7789	14338	6598	3938	3207
揭西县	5280	9769	6728	4562	9385
惠来县	2076	4539	6254	8922	12527
普宁市	10845	17639	17919	10990	9336
云浮市	**1102**	**2842**	**10273**	**15334**	**58830**
云城区	97	393	1261	1420	3467
云安区	56	295	1306	2016	8130
新兴县	785	1192	3290	4337	8396
郁南县	39	358	1146	2296	11610
罗定市	125	604	3270	5265	27227

8-3c　续表 9　　　　单位：户

地　区	四代户				
	一间	二间	三间	四间	五间及以上
广　东	**2245**	**5748**	**9954**	**14012**	**52802**
广州市	**71**	**185**	**644**	**783**	**3198**
荔湾区					
越秀区					
海珠区					
天河区					
白云区	37	73	184	235	1214
黄埔区	1	5	31	28	148
番禺区	4	18	19	30	147
花都区	7	32	178	182	524
南沙区	8	11	38	92	317
从化区	3	19	96	130	456
增城区	11	27	98	86	392
韶关市	**5**	**44**	**404**	**771**	**2789**
武江区		3	31	27	107
浈江区		2	13	27	156
曲江区		3	43	82	251
始兴县	2	4	33	74	274
仁化县		1	15	51	249
翁源县		5	53	129	738
乳源瑶族自治县		6	54	72	226
新丰县	1	1	34	75	263
乐昌市	1	9	42	80	281
南雄市	1	10	86	154	244
深圳市	**1**	**1**	**10**	**7**	**20**
罗湖区					
福田区					
南山区					
宝安区					
龙岗区	1	1	10	7	20
盐田区					
龙华区					
坪山区					
光明区					
珠海市	**6**	**19**	**62**	**87**	**339**
香洲区					
斗门区	6	17	58	86	324
金湾区		2	4	1	15
汕头市	**294**	**887**	**872**	**1582**	**2284**
龙湖区	4	39	68	110	525
金平区	1	11	22	13	21
濠江区	5	21	22	43	155
潮阳区	191	410	383	411	398
潮南区	47	147	155	528	520
澄海区	46	255	216	466	639
南澳县		4	6	11	26
佛山市	**2**	**17**	**39**	**76**	**199**
禅城区					
南海区		2	6	15	81
顺德区		1	1	8	27
三水区		4	16	39	84
高明区	2	10	16	14	7

8-3c 续表 10

单位：户

地 区	四代户				
	一间	二间	三间	四间	五间及以上
江门市	**126**	**285**	**605**	**674**	**1141**
蓬江区			3	8	62
江海区					
新会区	9	30	115	101	147
台山市	81	141	221	215	276
开平市	17	67	156	186	219
鹤山市	6	19	60	91	250
恩平市	13	28	50	73	187
湛江市	**14**	**119**	**643**	**1063**	**5227**
赤坎区		1	2	1	4
霞山区		1	2	5	18
坡头区	1	3	14	14	161
麻章区		8	40	46	255
遂溪县	1	13	85	125	564
徐闻县	8	30	180	351	668
廉江市	1	16	118	196	1801
雷州市	3	38	168	290	1147
吴川市		9	34	35	609
茂名市	**13**	**67**	**396**	**675**	**7528**
茂南区	6	19	93	104	544
电白区	1	15	84	151	1423
高州市	1	16	119	180	2636
化州市	3	9	54	122	1611
信宜市	2	8	46	118	1314
肇庆市	**136**	**229**	**554**	**748**	**3169**
端州区					
鼎湖区	4	7	8	25	43
高要区	60	108	210	196	184
广宁县	5	26	56	84	411
怀集县	7	17	91	160	1393
封开县	2	7	22	59	617
德庆县	44	19	40	86	306
四会市	14	45	127	138	215
惠州市	**53**	**174**	**550**	**736**	**3019**
惠城区	6	19	100	125	628
惠阳区	5	6	38	77	325
博罗县	13	30	143	246	991
惠东县	27	108	200	221	720
龙门县	2	11	69	67	355
梅州市	**34**	**56**	**267**	**666**	**5355**
梅江区			7	22	131
梅县区		5	39	125	888
大埔县	1	4	45	89	284
丰顺县	31	32	76	134	394
五华县	2	10	39	117	2287
平远县		1	7	36	401
蕉岭县		3	25	39	227
兴宁市		1	29	104	743

8-3c　续表 11　　　　单位：户

地　区	四代户				
	一间	二间	三间	四间	五间及以上
汕尾市	**103**	**272**	**542**	**605**	**1486**
城　区	20	30	46	36	45
海丰县	28	39	102	171	260
陆河县	1	7	37	71	449
陆丰市	54	196	357	327	732
河源市	**3**	**35**	**291**	**696**	**4220**
源城区		1	8	19	146
紫金县		9	68	133	1379
龙川县		2	66	187	901
连平县		3	27	88	550
和平县	1	7	51	121	501
东源县	2	13	71	148	743
阳江市	**19**	**67**	**269**	**448**	**1725**
江城区	6	18	72	106	240
阳东区	2	22	73	125	164
阳西县	10	11	44	68	286
阳春市	1	16	80	149	1035
清远市	**43**	**143**	**679**	**1193**	**4603**
清城区	1	5	47	107	323
清新区	10	24	141	276	602
佛冈县	4	23	79	142	283
阳山县	3	28	84	113	971
连山壮族瑶族自治县		4	19	33	134
连南瑶族自治县		2	24	35	163
英德市	24	40	215	342	1555
连州市	1	17	70	145	572
东莞市	**33**	**17**	**64**	**71**	**224**
市辖区	33	17	64	71	224
中山市	**7**	**52**	**197**	**535**	**676**
市辖区	7	52	197	535	676
潮州市	**263**	**900**	**950**	**1035**	**1420**
湘桥区	38	111	42	64	41
潮安区	23	348	491	553	859
饶平县	202	441	417	418	520
揭阳市	**985**	**2126**	**1716**	**1185**	**1929**
榕城区	147	369	212	87	117
揭东区	215	577	315	197	236
揭西县	219	415	288	196	507
惠来县	43	97	165	262	543
普宁市	361	668	736	443	526
云浮市	**34**	**53**	**200**	**376**	**2251**
云城区	1	10	25	44	134
云安区	4	10	32	58	366
新兴县	27	26	82	152	458
郁南县	1	4	23	52	587
罗定市	1	3	38	70	706

8-3c 续表 12 单位：户

地区	五代及以上户				
	一间	二间	三间	四间	五间及以上
广 东	**4**	**5**	**5**	**17**	**44**
广州市				**2**	**3**
荔湾区					
越秀区					
海珠区					
天河区					
白云区				1	2
黄埔区					
番禺区					
花都区					1
南沙区					
从化区					
增城区				1	
韶关市					**2**
武江区					
浈江区					
曲江区					
始兴县					
仁化县					
翁源县					
乳源瑶族自治县					
新丰县					1
乐昌市					
南雄市					1
深圳市					
罗湖区					
福田区					
南山区					
宝安区					
龙岗区					
盐田区					
龙华区					
坪山区					
光明区					
珠海市					**1**
香洲区					
斗门区					1
金湾区					
汕头市		**1**	**2**	**6**	**3**
龙湖区					
金平区					
濠江区			1		
潮阳区			1	1	
潮南区				3	1
澄海区		1		2	2
南澳县					
佛山市					
禅城区					
南海区					
顺德区					
三水区					
高明区					

8-3c　续表 13　　　　单位：户

地　区	五代及以上户				
	一间	二间	三间	四间	五间及以上
江门市					**2**
蓬江区					
江海区					
新会区					
台山市					1
开平市					1
鹤山市					
恩平市					
湛江市				**3**	**6**
赤坎区					
霞山区					
坡头区					
麻章区				1	
遂溪县					2
徐闻县					3
廉江市					
雷州市				2	1
吴川市					
茂名市					**7**
茂南区					2
电白区					1
高州市					2
化州市					1
信宜市					1
肇庆市					
端州区					
鼎湖区					
高要区					
广宁县					
怀集县					
封开县					
德庆县					
四会市					
惠州市					**5**
惠城区					2
惠阳区					
博罗县					2
惠东县					
龙门县					1
梅州市	**1**			**1**	**5**
梅江区					
梅县区					2
大埔县					
丰顺县	1				
五华县					1
平远县				1	
蕉岭县					
兴宁市					2

8-3c 续表 14 单位：户

地区	五代及以上户				
	一间	二间	三间	四间	五间及以上
汕尾市					**1**
城　区					
海丰县					
陆河县					
陆丰市					1
河源市					**4**
源城区					
紫金县					2
龙川县					1
连平县					1
和平县					
东源县					
阳江市					**1**
江城区					1
阳东区					
阳西县					
阳春市					
清远市				**2**	
清城区					
清新区					
佛冈县					
阳山县					
连山壮族瑶族自治县					
连南瑶族自治县					
英德市				1	
连州市				1	
东莞市					
市辖区					
中山市					
市辖区					
潮州市		**1**		**2**	**2**
湘桥区					
潮安区					1
饶平县		1		2	1
揭阳市	**3**	**3**	**3**	**1**	**2**
榕城区	1	2			1
揭东区			1	1	
揭西县	2				
惠来县		1			
普宁市			2		1
云浮市					
云城区					
云安区					
新兴县					
郁南县					
罗定市					

8-4　全省按户主的受教育程度分的家庭户住房状况

受教育程度	户　数 (户)	人　数 (人)	平均每户住房间数 (间/户)	人均住房建筑面积 (平方米/人)	人均住房间　数 (间/人)
总　计	**35476259**	**98226457**	**2.75**	**32.35**	**0.99**
未上过学	548283	1574255	3.20	36.47	1.12
学前教育	56876	156944	3.14	36.58	1.14
小　学	6046829	19428402	3.33	34.17	1.04
初　中	14378802	40332746	2.79	31.40	0.99
高　中	7503794	19105366	2.45	31.32	0.96
大学专科	3667086	9119572	2.39	32.49	0.96
大学本科	2897951	7528156	2.50	33.84	0.96
硕士研究生	337703	881119	2.56	35.34	0.98
博士研究生	38935	99897	2.63	36.59	1.02

注：本表数据为居住在普通住宅的家庭户。

8-4a　全省按户主的受教育程度分的家庭户住房状况(城市)

受教育程度	户　数 (户)	人　数 (人)	平均每户住房间数 (间/户)	人均住房建筑面积 (平方米/人)	人均住房间　数 (间/人)
总　计	**23578223**	**58500100**	**2.21**	**28.85**	**0.89**
未上过学	174775	488779	2.72	33.72	0.97
学前教育	26089	63670	2.63	35.91	1.08
小　学	2559751	7334354	2.57	30.61	0.90
初　中	8587321	20582132	2.02	25.70	0.84
高　中	5919993	14129586	2.12	28.54	0.89
大学专科	3254406	7989285	2.28	31.05	0.93
大学本科	2688325	6953967	2.46	33.14	0.95
硕士研究生	329520	860572	2.55	35.17	0.98
博士研究生	38043	97755	2.62	36.38	1.02

注：本表数据为居住在普通住宅的家庭户。

8-4b 全省按户主的受教育程度分的家庭户住房状况(镇)

受教育程度	户 数 (户)	人 数 (人)	平均每户住房间数 (间/户)	人均住房建筑面积 (平方米/人)	人均住房间 数 (间/人)
总 计	**4144922**	**13328919**	**3.32**	**35.50**	**1.03**
未上过学	94404	296061	3.27	34.97	1.04
学前教育	8621	25686	3.24	36.32	1.09
小 学	962090	3360010	3.46	33.71	0.99
初 中	1905201	6209714	3.33	34.67	1.02
高 中	734450	2216648	3.24	37.53	1.07
大学专科	272126	750576	3.11	41.27	1.13
大学本科	160964	451900	3.07	40.62	1.09
硕士研究生	6459	16807	2.91	41.46	1.12
博士研究生	607	1517	2.92	43.93	1.17

注：本表数据为居住在普通住宅的家庭户。

8-4c 全省按户主的受教育程度分的家庭户住房状况(乡村)

受教育程度	户 数 (户)	人 数 (人)	平均每户住房间数 (间/户)	人均住房建筑面积 (平方米/人)	人均住房间 数 (间/人)
总 计	**7753114**	**26397438**	**4.10**	**38.52**	**1.20**
未上过学	279104	789415	3.48	38.73	1.23
学前教育	22166	67588	3.71	37.31	1.22
小 学	2524988	8734038	4.05	37.34	1.17
初 中	3886280	13540900	4.22	38.55	1.21
高 中	849351	2759132	4.04	40.59	1.24
大学专科	140554	379711	3.46	45.43	1.28
大学本科	48662	122289	3.28	48.89	1.30
硕士研究生	1724	3740	2.72	48.43	1.26
博士研究生	285	625	3.00	51.72	1.37

注：本表数据为居住在普通住宅的家庭户。

8－5　全省按户主受教育程度、人均住房建筑面积分的家庭户户数

单位：户

受教育程度	户　数	人均住房建筑面积(平方米)			
		8及以下	9－12	13－16	17－19
总　计	**35476259**	**2301386**	**3528397**	**4067784**	**1442303**
未上过学	548283	18388	31966	41324	17012
学前教育	56876	2271	3682	4524	1661
小　学	6046829	321483	486787	584290	218104
初　中	14378802	1242229	1724118	1826000	538152
高　中	7503794	500831	807348	928686	316188
大学专科	3667086	152809	303183	400705	174867
大学本科	2897951	60297	160393	258090	155501
硕士研究生	337703	2755	9963	21907	18893
博士研究生	38935	323	957	2258	1925

注：本表数据为居住在普通住宅的家庭户。

8－5　续表

单位：户

受教育程度	人均住房建筑面积(平方米)				
	20－29	30－39	40－49	50－59	60及以上
总　计	**7862463**	**4937540**	**3232747**	**1942249**	**6161390**
未上过学	94531	79612	61128	40032	164290
学前教育	9842	7767	6087	4120	16922
小　学	1185628	844112	631703	408500	1366222
初　中	3081452	1812463	1154608	733527	2266253
高　中	1749676	1046304	631150	371367	1152244
大学专科	905275	570055	360680	191766	607746
大学本科	740387	504933	337163	167530	513657
硕士研究生	86375	64820	44865	22478	65647
博士研究生	9297	7474	5363	2929	8409

8-5a 全省按户主受教育程度、人均住房建筑面积分的家庭户户数(城市)

单位：户

受教育程度	户 数	人均住房建筑面积(平方米)			
		8及以下	9-12	13-16	17-19
总 计	**23578223**	**1904308**	**2852073**	**3122627**	**1053252**
未上过学	174775	9295	15326	17025	6599
学前教育	26089	1409	2273	2402	778
小 学	2559751	212380	300452	315338	102131
初 中	8587321	1026454	1366604	1339216	346771
高 中	5919993	448819	714324	799378	264153
大学专科	3254406	144819	287209	376478	163081
大学本科	2688325	58127	155149	248992	149239
硕士研究生	329520	2700	9807	21578	18603
博士研究生	38043	305	929	2220	1897

注：本表数据为居住在普通住宅的家庭户。

8-5a 续表

单位：户

受教育程度	人均住房建筑面积(平方米)				
	20-29	30-39	40-49	50-59	60及以上
总 计	**5513665**	**3177535**	**1869940**	**1055817**	**3029006**
未上过学	32612	22837	16134	11717	43230
学前教育	4603	3277	2369	1718	7260
小 学	525988	325975	213382	141975	422130
初 中	1906304	969510	512417	306626	813419
高 中	1430766	815588	458642	257235	731088
大学专科	822950	503200	309655	160134	486880
大学本科	696599	466435	308383	151597	453804
硕士研究生	84726	63363	43712	21938	63093
博士研究生	9117	7350	5246	2877	8102

8−5b　全省按户主受教育程度、人均住房建筑面积分的家庭户户数(镇)

单位：户

受教育程度	户　数	人均住房建筑面积(平方米)			
		8及以下	9−12	13−16	17−19
总　计	**4144922**	**154650**	**258358**	**351819**	**152514**
未上过学	94404	3319	5318	7287	3202
学前教育	8621	330	429	657	261
小　学	962090	38993	64033	87421	36920
初　中	1905201	85763	138833	180989	71676
高　中	734450	21695	39627	57607	26819
大学专科	272126	3475	7291	12202	8268
大学本科	160964	1049	2737	5423	5100
硕士研究生	6459	22	76	212	247
博士研究生	607	4	14	21	21

注：本表数据为居住在普通住宅的家庭户。

8−5b　续表

单位：户

受教育程度	人均住房建筑面积(平方米)				
	20−29	30−39	40−49	50−59	60及以上
总　计	**889320**	**631843**	**461037**	**282343**	**963038**
未上过学	17200	13583	10521	6409	27565
学前教育	1526	1155	988	632	2643
小　学	199688	139685	106466	64652	224232
初　中	421127	282841	197359	123920	402693
高　中	157382	114399	83572	51751	181598
大学专科	56174	47432	37374	21942	77968
大学本科	34776	31451	23715	12588	44125
硕士研究生	1331	1201	953	409	2008
博士研究生	116	96	89	40	206

8–5c 全省按户主受教育程度、人均住房建筑面积分的家庭户户数(乡村)

单位：户

受教育程度	户 数	人均住房建筑面积(平方米)			
		8及以下	9–12	13–16	17–19
总 计	**7753114**	**242428**	**417966**	**593338**	**236537**
未上过学	279104	5774	11322	17012	7211
学前教育	22166	532	980	1465	622
小 学	2524988	70110	122302	181531	79053
初 中	3886280	130012	218681	305795	119705
高 中	849351	30317	53397	71701	25216
大学专科	140554	4515	8683	12025	3518
大学本科	48662	1121	2507	3675	1162
硕士研究生	1724	33	80	117	43
博士研究生	285	14	14	17	7

注：本表数据为居住在普通住宅的家庭户。

8–5c 续表

单位：户

受教育程度	人均住房建筑面积(平方米)				
	20–29	30–39	40–49	50–59	60及以上
总 计	**1459478**	**1128162**	**901770**	**604089**	**2169346**
未上过学	44719	43192	34473	21906	93495
学前教育	3713	3335	2730	1770	7019
小 学	459952	378452	311855	201873	719860
初 中	754021	560112	444832	302981	1050141
高 中	161528	116317	88936	62381	239558
大学专科	26151	19423	13651	9690	42898
大学本科	9012	7047	5065	3345	15728
硕士研究生	318	256	200	131	546
博士研究生	64	28	28	12	101